사회학 논문집 I

사회학 논문집 I

초판 1쇄 발행 2017년 3월 10일
초판 2쇄 발행 2024년 3월 22일

—

지은이 테오도르 W. 아도르노
지은이 문병호
펴낸이 이방원
책임편집 홍순용   **책임디자인** 손경화
마케팅 최성수·김 준   **경영지원** 이병은·이석원

펴낸곳 세창출판사
　　　　신고번호 제1990–000013호 주소 03736 서울특별시 서대문구 경기대로 58 경기빌딩 602호
　　　　전화 02–723–8660 팩스 02–720–4579 이메일 edit@sechangpub.co.kr
　　　　홈페이지 http://www.sechangpub.co.kr 블로그 blog.naver.com/scpc1992
　　　　페이스북 fb.me/Sechangofficial 인스타그램 @sechang_official

—

ISBN 978–89–8411–670–2 93160

사회학 논문집 I

Soziologische Schriften I

테오도르 W. 아도르노 지음

문병호 옮김

세창출판사

사회학 논문집 I

제1부

사 회

　"그 내부에 전체 과정을 의미론적으로 요약하는" 개념들이, 니체의 통찰에 따르면, 말로 된 정의定義를 얼마나 적게 허용하고 있는가에 대한 본보기적인 예가 바로 사회의 개념이다. 사회는, 본질적으로, 과정이다.[01] 사회로부터 끄집어내서 준비된 불변적인 것들로서의 사회의 운동법칙들은 사회가 과정이라는 사실보다 더욱 많은 것을 사회에 대해 말하고 있을 뿐이다. 이에 대한 증거에 해당되는 것이 바로, 사회를 다른 말로 표현해 보려는 노력들이기도 하다. 사회는 집단들로 분해되며, 집단들로 형성되는바, 우리가 사회의 개념을 모든 집단들이 함께 모여 있는 인간 사人間事의 개념으로 파악한다거나 또는 더욱 단순하게 어떤 시대에 살고 있는 사람들의 총체성으로 파악한다면, 이것은 사회라는 단어에서 사고되어 실행된 것을 그르치게 될 것이다. 사회에 대한 최고로 형식적으로 들리는 정의는 사회가 사람들의 사회라는 점을 미리 판단하였다. 이러한 정의는 사회가 인간적인 것이고 인간이 갖는 주체들과 직접적으로 하나인 것처럼 예단하였다. 이처럼 형식적인 정의는, 특별히 사회적인 것이 인간의 위에 놓여 있는 관계들이 —인간이 힘을 빼앗겨 버린 결과의 산

01　변증법적 사회이론가로서의 아도르노는 사회가 과정이라는 관점에서 사회를 분석하고 사회의 변혁을 추구한다(역주).

물들이 바로 인간의 위에 놓여 있는 관계들이다— 갖는 더 높은 비중에서 성립되지 않는 것처럼 사회를 인간적인 것이라고 예단하고 있는 것이다. 이러한 사정이 달랐던 지난 시대에서는, 석기 시대에서는, 절정 자본주의에서 사회에 관해 말할 수 있는 것과 같은 정도로 사회에 대해 말하는 것이 거의 불가능할 것이다. 국가법률학자인 불룬칠리J. C. Bluntschli는 100여 년 전에 사회를 "제3의 신분 개념"으로 특징지었다. 제3의 신분 개념은, 이 개념 안으로 침투되어 있으며 이 개념을 봉건적-절대주의적인 "좋은 사회"와 구분시켜 주는 정치적·사회적 평등을 향하는 경향들 때문에 존재한다. 그뿐만 아니라 이 개념의 구축이 시민사회의 모델에 종속되어 있기 때문에 존재한다.

제3의 신분 개념은 어떻든 분류적인 개념은 아니다. 이 개념은 다른 모든 사회적인 형상물들을 그것 아래에서 포괄할 것 같기도 한, 사회학의 가장 높은 추상화가 아니다. 그러한 파악은 카테고리들의 지속적이고도 위계질서적인 질서에 대해 현재 통용되는 과학주의적인 이상理想을 인식의 대상과 혼동하게 할 우려가 있다. 사회와 더불어 의도된 것은 그 내부에서 합리적으로 지속적이지 않다. 사회와 더불어 의도된 것은 또한 그것의 요소들의 세계가 아니다. 그것은 동역학적인 카테고리일 뿐만 아니라 기능적인 카테고리이다. 가장 먼저, 그리고 전적으로 추상적으로 접근해 본다면, 모든 개별 인간들이 그들이 형성한 총체성에 의존되어 있다는 점이 상기될 만하다. 이러한 총체성에서는 또한 모든 사람이 모든 사람에 의존되어 있다. 전체Das Ganze는 전체의 구성원들에 의해 충족된 기능들의 통일성에 힘입어서만이 유지된다. 일반적으로, 모든 개별 인간은 자신의 삶을 이어가기 위해서는 하나의 기능을 떠맡아야 하며, 자신이 하나의 기능을 갖는 한 이에 대해 감사해야 한다고 교육된다.

사회의 개념은 그것의 기능적인 규정을 위해서 직접적으로 파악될 수도 없고, 마치 자연과학적인 법칙들처럼 확실하게 증명될 수도 없다. 이런 이유 때문에 사회학의 실증주의적 흐름들은 사회의 개념을 철학적 유물로 보아 학문으로부터 추방하고 싶어 한다. 그러한 종류의 실재주의는 비현실적이다. 그 이유는 다음과 같다. 사회는 한편으로 개별 사실들로부터 추상화될 수 없고 사회 나름대로 하나의 사실처럼 잡아 묶어질 수 없으면서도, 다른 한편으로는 사회에 의해 결정되지 않을 것 같은 사회적 사실은 존재하지 않기 때문이다. 사회는 사실적인 사회적 상황들에서 출현한다. 상사와 상사에 의존되어 있는 사람들 사이의 갈등처럼 전형적인 갈등들은 그것들이 보이는 마지막 모습이 아니며 그것들이 나타나는 장소에 환원되어질 수 없다. 그것들은 오히려 사회가 담지하는 대립주의들의 가면假面들이다. 이러한 가면들에 개별적인 갈등들이 더욱더 일반적인 것으로서 포괄될 수는 없다. 가면들은 진행적으로, 법칙적으로 갈등들을 여기저기에서 유발시킨다. 현재의 경영사회학에서 여러모로 주제가 되듯이, 이른바 임금 만족성은 단지 겉으로 보기에만 어떤 특정한 공장 내부나 어떤 특정한 부문 내부에서의 조건들에 따라 정렬된다. 임금 만족성은 더 나아가 임금률 규정들, 이러한 규정들이 특별한 부문에 대해 갖는 관계에 의존된다. 임금 만족성은 '동일한 지점에서 공격하는 두 개의 힘은 하나의 유일한 힘에 의하여 대체된다는 역학에 기초하여 성립되는 평행사변형'Kräfteparallelogramm[02]에 의존되고, 이것의 결과물이 임금률 규정이다. 이것은 기업가들과 노동자들 사이에 서로 투쟁하는, 제도적으로 가지가 쳐진 조직들로서 더욱 멀리 그 영향을 미친다. 이러한 조직들은 조직상으로 정의된, 선택자가 갖는 잠재력에 대한 최종적인 것을 넘어서는 더욱 최종적인 고려들에 퇴적되어 있기 때문이다. 임금 만족성에 대해서도 역시 최종적으로는, 그것이 간접적이라고 할지라도, 권력관계들이 척

---

02 물리학에서 힘들의 기하학적인 탐구를 위해 사용되는 보조 수단임(역주). 작은따옴표는 독자의 편의를 위해 옮긴이가 임의로 붙인 것임.

도가 된다. 다시 말해, 기업가들이 생산 도구를 운용하는 것이 척도가 되는 것이다. 이에 대해 접합된 의식이 없이는, 그리고 학문이 부분에 —부분은 전체에서 유일하게 그 위치 가치를 갖는다— 산입되려고 하지 않는 바에는, 어떠한 개별 상황도 만족스럽게 파악될 수 없다. 사회적인 매개가 매개된 것이 없이는, 그리고 개별 인간들, 개별 제도들, 개별 상황들과 같은 요소들이 없이는 매우 적게 존재하듯이, 이러한 요소들도 사회적인 매개가 없이는 매우 적게 존재한다. 세부적인 것들이 그것들의 직접적으로 접촉 가능한 직접성 때문에 가장 실재적인 것으로 받아들여지는 곳에서는, 세부적인 것들이 동시에 현혹眩惑된다.

사회는 통용되는 논리에 따라 개념으로 정의될 수도 없고 "지시적으로" 시위하듯이 보일 수도 없기 때문에 —한편으로 사회적인 현상들이 불가피하게 그 개념들을 요구하는 동안에도—, 사회 개념의 기관器官은 이론이다. 사회에 대해 상세하게 실행된 이론만이 사회가 무엇인지를 말할 수 있을 것 같다. 최근에는 사회의 개념과 같은 개념들을 주장하는 것은 비학문적이라는 반론의 목소리가 커졌다. 문장들의 참이나 또는 거짓에 대해 오로지 판단할 수 있을 뿐이며 개념들의 참이나 거짓에 대해서는 판단할 수 없기 때문이라는 것이다. 그러한 반론은 사회의 개념처럼 강조되는 개념을 전통적으로 내려오는-정의적定義的인 개념과 혼동하고 있다. 사회의 개념은 전개될 수 있다. 사회의 개념은 잘못된 결벽성 때문에 자의적으로 용어적으로 확정될 수 없다.

이론을 통해서 사회를 규정하려는 요구는 —이것은 사회이론에 대한 요구이다— 더 나아가, 그러한 요구가 자연과학들에서 구속력이 있는 것으로 상정된 본보기의 배후에서 암묵적으로 머물러 있다는 걱정에 노출되어 있다. 이론은 잘 정의된 개념들과 반복 가능한 실험들의 연관관계를 자연과학들에서 관련시킬 수 있다는 것이다. 사회에 대한 강조된 이론은 신비적인 매개에 부름을 받는 것에 종속되면서 대단한 인상을 만들어 내는 본보기에 신경을 쓰지 않는다는 것이다. 이러한 반론은 사회의 개념을 사회에 직접적으로 주어진 것의 기준에서 ―사회는, 매개로서, 바로 이러한 기준에서 본질적으로 벗어나 있다― 측정하고 있다. 이렇기 때문에 사물[03]의 본질에 이르려는 이상理想은 내부로부터 시종일관 공격을 받게 된다. 사회이론이 사물의 본질을 구실로 둘러대고 있다는 공격을 받게 되는 것이다. 사물들의 본질은 학문들의 진전을 방해할 뿐이며 성공적인 학문들에게는 이미 오래전에 제거되었다는 것이다. 사회는 그러나 두 가지 경우에 모두 해당된다. 다시 말해, 사회는 내부로부터 인식될 수도 있고, 인식될 수 없을 수도 있다. 인간의 생산물인 사회 내부에는 살아 있는 주체들이 그 모든 것에도 불구하고, 그리고 먼 곳으로부터 오는 것일지라도 항상 다시 발견될 수 있다. 이것은 화학이나 물리학에서와는 다른 현상이다. 사실상으로 시민사회 내부에서의 행위는, 합리성으로서, 광범위하게 객관적이며 동기가 부여된 만큼 "이해 가능"하다. 이에 대해서는 막스 베버와 뒤르켐 세대가 제대로 상기시켜 놓은 바 있다. 이해에의 이상은 그러나 일방적이었다. 베버의 이상은 이해하는 사람에 의해 동일화되는 사회에 반대되는 것을 배제함으로써 일방적인 것에 머물렀던 것이다. 이에 관련되어 있었던 것이 바로 뒤르켐의 규준이었다. 뒤르켐은 사회적 사실들을 마치 사물들처럼 다루어야 하며 사회적 사실들을 이해하는 것을 원리적으로 포기해야 한다는 규준을 세웠다. 그는 사회가 모든 개별 인간

---

03 원어는 Sache이다. 이 개념은 원래 법률 용어에서 유래하였으며, 다툼의 근거나 이유를 뜻하였다. 이런 과정을 거쳐 오늘날에는 대상, 객체, 물건 등을 의미하는 개념이 되었다. 이 개념은 우리말로 사태라고 번역될 수도 있으며, 이것은 이 개념의 유래와 일치한다고 볼 수 있다. 표준 국어대사전에는 사물이 "일과 물건", "물질세계에 있는 모든 구체적이며 개별적인 존재의 총체"라고 되어 있는바, 옮긴이는 이것이 독일어의 Sache와 많은 정도로 일치한다고 보아 Sache를 '사물'로 주로 번역한다. 그러나 문맥상 '사태'가 더 적합하다고 판단되는 경우에는 '사태'로 옮긴다(역주).

에게 일차적으로 동일하지 않은 것으로, "강제적 속박"에 부딪친다는 점에 대해 말하지 않은 채 놓아두었다. 이러는 한, 사회에 대한 성찰은 이해 가능성이 끝나는 곳, 바로 그곳에서 시작된다. 뒤르켐에서는 그가 옹호한 자연과학적인 방법론이 헤겔의 "제2의 자연"을 ―사회는 살아 있는 것들의 맞은편에서 제2의 자연으로 흘러 들어갔다― 등록하고 있다. 베버에 대한 뒤르켐의 반反테제는 이러는 사이에 베버의 테제만큼이나 독특한 것으로 머물러 있게 된다. 뒤르켐의 테제는 마치 베버가 이해 가능성의 입장에서 편안하게 머무르는 것과 같이 이해 불가능성에 안주하기 때문이다. 이렇게 안주하는 것보다는 이해 불가능성을 이해할 수 있어야 할 것 같으며, 인간들의 맞은편에서 불투명성으로 스스로 독립적으로 되어 버린 관계들을 인간들 사이의 관계들로부터 도출할 수 있어야 할 것 같다. 오늘날 사회학은 철두철미하게 이해 불가능한 것을 이해하고 인간사人間事가 비인간성으로 진입해 버린 것을 이해해야 할 것 같다.

철학으로부터 떨어져 나온 사회학에 있는, 이론에 적대적인 개념들도 또한 망각되거나 배제된 이론의 부서진 조각들이다. 1910년대와 1920년대에 있었던 독일 학계에서의 이해 개념은 헤겔적인 정신을, 즉 파악되어져야 하는 전체를 단독으로 행해지는 활동들이나 또는 이상형적인 형상물들로 세속화시켰다. 이해되어져야 하는 현상들이 오로지 사회로부터 파악되어져야 하는 전체의 의미를 받아들이고 있음에도 불구하고, 이러한 세속화는 사회의 총체성을 고려하지 않고 이루어졌다. 이에 반해, 이해 불가능한 것에 대해 열광하는 것은, 지속적으로 살아남아 있는 사회적 대립주의를 사실에 관한 물음의 문제로 넘어가게 하고 있다. 화해되지 않은 상태가 이 상태에 대한 이론에 대항하는 금욕에 의해서 단순히 감내되고 있으며, 감내된 것은 종국적으로는 집단적인 강제적 속박의 메커니즘으로서의 사회를 찬미하고 있을 뿐이다.

오늘날 사회학에서 지배적인 카테고리들도 역시, 적지 않은 해악을 부르면서, 이론적인 연관관계들의 단편斷片들이다. 그러한 지배적인 카테고리들은 실증주의적인 성향으로 인해 이론적 연관관계들의 단편들을 거부하고 있을 뿐이다. 최근에는 "역할"이 사회학에 이르는 핵심 열쇠들 중의 하나로 여러모로 사용되고 있다. "역할"이 사회적 행위에의 통찰을 즉각적으로 열어 준다는 것이다. 역할 개념은 개별 인간들이 다른 것을 위해 존재하는 것으로부터 빼낸 개념이다. 다른 것을 위해 존재하는 것은 개별 인간들을 화해되지 않은 채, 그리고 모든 개별 인간을 개별 인간 자신과 동일하지 않게 하면서 사회적 속박에 붙여서 쇠사슬로 묶어 둔다. 인간은 역할을 사회의 구조 연관관계에서 갖는다. 사회의 구조 연관관계는 인간을 단순히 자기보존을 하도록 길들일 뿐만 아니라 인간 자신의 보존이 인간에게서 거부되게끔 해 버린다. 모든 것을 지배하는 동일성 원리는, 즉 인간의 사회적 노동을 추상적인 비교 가능성에 종속시키는 동일성 원리는 인간을 그 동일성이 말소되도록 하는 데까지 몰아붙인다. 가치 자유적으로 행동하는 역할 개념이 극장으로부터 ─역할을 연기하는 연극배우들이 실재적으로는 연극배우들이 아닌 곳이 바로 극장이다─ 빌러 온 것이라는 점에는 이유가 없지 않다. 그러한 배치背馳는 사회적으로는 대립주의를 표현하고 있다. 사회의 이론은 대립주의의 직접적인 명증성으로부터 앞으로 더 나아가서 대립주의의 사회적 원인을 인식해야 할 것이다. 인간들은 왜 아직도 항상 역할들에 선서되고 있는가? 역할 카테고리를 예견하였을 뿐만 아니라 그것을 사회적으로 연역하였던 마르크스의, 특징을 나타내는 분장은 인간이 역할에 선서되는 것이 경향이 되어 간다는 점을 보여 주는 성과를 올렸다. 사회에 관한 학문이 역할과 같은 그러한 종류의 개념들과 함께 작업을 하게 되면, 그 모멘트들이 개념들로 되어 있는 이론의 앞에서 깜짝 놀라 뒤로 물러서게 된다. 사회에 관한 학문은 이렇게 해서 이데올로기를 위해 봉사하는 것이다. 역할의 개념은, 사회적으로 전면에 나타나는 것에 관련되어 분석되지 않은 채, 역할이 부리는 행패를 영속화시키는 것을 도와준다.

이러한 것에 만족하지 못하는 사회의 개념은 **비판적**이어야 할 것이다. 사회에 대한 비판적 개념은 모든 것이 모든 것과 연관되어 있다는 상투성을 넘어서야 할 것이다. 모든 것이 모든 것과 연관되어 있다는 문장의 잘못된 추상성은 얇은 사고의 산물도 아닐 뿐만 아니라 사회 자체의 잘못되어 있는 기본적 구성 요소의 산물도 아니다. 이처럼 잘못되어 있는 기본적 구성 요소가 바로 현대 사회에서의 교환[04]이다. 교환의 보편적 실행에서, 학문적 성찰에서 최초로 실행되는 것만은 아닌 채, 객관적으로 추상화된다. 생산자와 소비자의 질적인 속성은, 생산의 방식이 도외시된 채, 심지어는 사회적 메커니즘과 나란히 가는 욕구조차 도외시된 채, 이차적인 것으로 만족될 뿐이다. 일차적인 것은 이윤에 대한 관심이다. 고객이 되는 것으로 등급이 올려진, 욕구를 찾는 주체로서의 인간은 모든 순진무구한 표상을 넘어서서 사회적으로 이미 먼저 형성되어 있다. 인간은 생산력이 기술적으로 도달한 상태에 의해서뿐만 아니라 경제적 관계들에 의해서도, 이러한 상태가 경험적으로 제어되기 힘든 것이라고 할지라도, 사회적으로 미리 형성되어 있는 것이다. 교환가치의 추상성은, 모든 사회적인 계층에 앞서서, 특수한 것에 대한 일반적인 것의 지배, 강제적 구성원으로서의 개인에 대한 사회의 지배와 함께 간다. 교환가치의 추상성은, 사회적으로 평균적인 노동 시간과 같은 단위들에게 환원시키는 과정의 논리성이 겉으로 그럴 듯하게 보이면서 우리를 속이는 것처럼, 사회적으로 중립적이지 않다. 인간을 상품 교환의 대리인이나 교환을 떠맡는 자

---

04 이곳에서부터 이 단락 끝까지의 부분은 아도르노 사회이론 연구에서 자주 인용되는 매우 유명한 구절이다. 교환법칙 또는 교환합리성은 아도르노의 사회상(社會像)을 이해하는 데 결정적인 개념이다. 아도르노는 교환 행위에서 '동일한 것'이 '동일한 것'과 교환되지 않기 때문에 비합리와 불의가 필연적으로 발생한다고 보고 있으며, 이것이 추상화된 총체가 바로 현대 사회라고 보고 있다(역주).

로 환원시키는 것에는 인간에 대한 인간의 지배가 은폐되어 있다. 이것은, 정치경제학 비판의 많은 카테고리들이 그동안 대결하였던 모든 어려움에도 불구하고, 아직도 사실로 머물러 있다. 총체적인 연관관계는 모든 사람이 교환법칙에 자기 자신을 종속시키지 않을 수 없게 하는 형태를 갖는다. 모든 사람이, 주체적으로 "이윤 추구"의 동기에 의해 이끌어졌는지 또는 그렇지 않은지의 여부와는 상관이 없이, 사회적으로 도태되지 않으려면 교환법칙에 종속되어야만 하는 것이다.

교환법칙성은 뒤에 머물러 있는 영역들과 사회적 형식들에 의해서 결코 제한되지 않는다. 오래된 제국주의 이론은 자본주의가 고도로 발달한 나라들의 경제적 경향과 그 당시에 "비자본주의적 공간"이라고 명명된 나라들 사이에도 역시 하나의 기능의 연관관계가 지배하고 있음을 이미 논구한 바 있었다. 자본주의가 고도로 발달한 나라들과 비자본주의적 나라들은 단순히 서로 나란히 놓여 있는 것이 아니고, 오히려 서로를 통해서 생명이 유지된다. 이것은 오래된 스타일의 식민주의가 폐기된 후에는 직접적으로 정치적인 이해관계로 넘어 갔다. 합리적인 개발도상국 원조는 결코 사치가 아닐 것이다. 자본주의 이전의 잔재들과 자국의 영토 내에 있는 타국의 영토들은 교환사회의 한가운데에서는 교환사회에 낯선 것만은 결코 아니며, 과거의 유물이 아니다. 교환사회는 이러한 것들을 필요로 한다. 비합리적인 제도들은 수단들에서만 합리적이지 목적들에서는 합리적이지 않은 사회의 완고한 비합리성에 도움이 된다. 예를 들어 가족의 경우처럼 현물 연합체로부터 유래하며 그 내부 구조에서 등가 가치 교환에 의해서 조종되지 않는 제도는 그것의 상대적인 저항력을 다음과 같은 점에 기대고 있다. 다시 말해, 가족의 비합리적인 모멘트들의 존속이 없이는 소규모 농업적인 생산관계들과 같은 특별한 생산관계들이 거의 존속될 수 없을 수 있다는 점에 기대고 있는 것이다. 그러한 특별한 생산관계들은 시민사회적인 전체 틀이 뒤흔들어지는 것이 없이는 그것들 나름대로 합리화될 수 없을 것이다.

사회적 조직화의 과정은 갈등들과 대립주의들의 저 건너편에서 실행되지 않는다. 또한 갈등들과 대립주의들에도 불구하고 사회적 조직화의 과정이 실행되는 것도 아니다. 사회적 조직화 과정의 수단은 사회를 동시에 찢어 놓는 대립주의들 자체이다. 그것 자체로서의 사회적 교환관계에서 대립주의가 자리를 잡게 되며 재생산된다. 대립주의는 조직화된 사회를 총체적인 재앙과 함께 매일 소멸시켜 버릴 수도 있다. 사회의 작동 장치는 오로지 철저하게 이윤에의 이해관계와 내재적이고-전체 사회적인 부서짐을 통해서 삐걱거리면서, 신음하면서, 이루 말할 수 없는 희생자들을 내면서 오늘날까지 유지되고 있다. 모든 사회는 계급 사회의 개념이 나타났을 때의 시대와 똑같이 아직도 계급 사회이다. 동구권 국가들[05]에서의 과도한 압제는 그곳도 다르지 않다는 것을 증명하고 있다. 빈곤화에 대한 진단이 장기간에 걸쳐 진실이 아니었음이 드러났음에도 불구하고 계급의 소멸은 일시적 현상일 뿐이다. 자본주의가 고도로 발달한 나라들에서는 주관적인 계급의식이 약화되었을 수도 있다. 계급의식은 미국에서 항상 결여되어 있었다. 그러나 계급의식은 어떤 곳에서도 사회적으로 곧바로 주어지지 않았다. 이론에 따르면, 계급의식은 이론으로부터 비로소 산출될 수 있다. 사회가 의식의 형식들을 더욱 많이 통합시키면 시킬수록, 계급의식은 더욱더 무겁게 떨어져 내려간다. 많이 불려 나오는 견해인, 소비 습관들과 교육 기회의 균등화는 그러나 사회적으로 조직화된 것의 의식에 편입될 뿐이며, 사회의 생산관계들이 오래된 대립을 불안정하게 보존하는 사회의 객체성에 편입되지는 않는다. 계급관계는, 또한 주관적으로도, 지배적인 이데올로기의 마음에 들 정도로 그렇게 철저

---

05 1980년대 후반 구 소련이 해체되면서 함께 붕괴된 동구권 사회주의 국가들을 의미함 (역주).

하게 제거되지 않았다. 가장 최근의 경험적 사회연구는 가장 조야한 통계적인 표징들에 따라 상위 계급과 하위 계급으로 표시된 사람들에 관한 근본적인 직관들의 본질적인 차이들을 끄집어낼 수 있다. 환상을 덜 품으며 덜 "이상주의적"으로 표시된 사람들은 하위 계급으로 표시된 사람들이다. 행복한 소수의 사람들은 하위 계급으로 표시된 사람들을 유물주의라고 비난한다. 노동자들은 예나 지금이나 사회가 상류층과 하류층으로 쪼개져 있다고 보고 있다. 노동자의 자녀가 대학생 집단에서 차지하는 비율이 교육 기회의 형식적인 균등에 결코 상응하지 않는다는 점도 잘 알려져 있다.

자본의 제어되지 않는 지속적으로 진보하는 집중에 힘입어 계급 차이는 주관적으로 위장되면서 객관적으로 증대된다. 계급 차이는 실재로 개별 인간들의 실존 내부로 결정적으로 파고들면서 작용을 한다. 이렇지 않다면 계급 개념은 우상에 지나지 않을 것이다. 소비 습관들이 상위 계급과 하위 계급 사이에 서로 접근하는 동안에도 ㅡ부르주아지 계급은, 봉건 계급과는 반대로, 보불 전쟁의 포말泡沫 회사 범람 시기에 때때로 있었던 경우들을 제외하고는 축적을 위한 지출을 예로부터 억제하였다ㅡ, 사회적으로 권력을 가진 사람들과 무력한 사람들 사이의 차이는 예전보다 더욱 커지고 있다. 거의 모든 개별 인간은 자신의 사회적인 실존을 자신의 주도로 더 이상 규정하지 못하고 빈틈, 비어 있는 자리들에 맞춰 "일자리"를 찾아야 한다는 것을 자기 스스로 경험할 수 있다. 일자리는 개별 인간에게 고유한 인간적인 규정으로서 개별 인간의 눈앞에 놓여 있는 것을 ㅡ개별 인간이 자신에게 고유한 규정을 일자리와는 다르게 무언가 마음속에 품고 있다고 할지라도ㅡ 고려하지 않은 상태에서 개별 인간에게 생계를 유지시켜 줄 뿐이다. 생물학으로부터 이른바 인간에 관한 학문들에 되돌아 전용되고 표준적으로 사용된 개념인 적응의 개념이, 가장 깊은 곳에서 사회-진화론적으로, 개별 인간의 사회적 실존을 표현하고 있으며, 사회적 실존에 대한 이데올로기가 되고 있다. 계급관계가 기술적으로 충분하게 발달된 나라들과 뒤처진 나라들 사이의 계급관계에 부과되었는지의 여부와 어느 정도의 범위에서 부과되었는가 하는 문제는 고려되지 않아도 될 것이다.

그럼에도 계급관계가 허약한 균형에서 지속되고 있다는 사실은 지구상의 모든 나라들에서 오래전부터 형성되어 온, 사회적인 힘의 게임game들에 대한 통제의 탓으로 돌려질 수 있다. 이러한 통제는 사회적인 질서의 전체주의적인 경향들, 총체적인 사회적 조직화에의 정치적인 적응을 필연적으로 강화시킨다. 이렇게 됨으로써, 최소한 소련06과 중국의 권력영역에 들어와 있는 나라들에서 통제와 간섭이 인간을 강제적 틀에 묶어 두려고 하는 위험이 배가된다. 이러한 모든 것에 대한 책임이 자체로서의 기술에 떠맡겨 질수는 없다. 기술은 단지 인간이 가진 생산력의 한 형체일 뿐이며, 사이버네틱스한 기계들에서 연장된 팔에 불과할 뿐이다. 그러므로 기술은 그것 스스로 생산력과 생산관계의 변증법에서 오로지 하나의 모멘트일 뿐이며, 제3의 것도 아니고 초자연적인 힘을 가진 독자적인 것도 아니다. 기술은 기존의 질서에서는 중앙집중적으로 그 기능을 수행한다. 기술은 그것 자체로는 이와는 다르게 기능을 수행할 수도 있을 것이다. 인간의 거주 공간에까지 들어와 제공되는 텔레비전에서처럼 인간이 가장 가까이 함께하고 있다고 믿는 곳에서, 가까움은 사회적으로 먼 것, 즉 집중된 권력을 통해서 매개된다. 인간이 소유하고 있고 획득하고 있다고 잘못 생각하고 있으며 가장 가까운 것과 가장 현실적인 것이라고 생각하고 있는 인간의 삶이 인간에게서 삶의 구체적인 내용에 따라서 볼 때 넓은 척도로 위로부터 지정된 것에 지나지 않는다는 사실만큼 인간

---

06 1980년대 후반에 소멸한 구 소련을 의미함(역주).

의 삶을 절박하게 상징하는 것도 없을 것 같다. 개별 인간적인 실존은, 모든 상상력을 넘어서서, 단순한 재사유화再私有化일 뿐이다. 인간이 달라붙어 있는 가장 현실적인 것은 동시에 비현실적인 것이다. "삶이 살고 있지 않다."

합리적으로 투명하고 진정으로 자유로운 사회도 관리로부터 벗어날 수 있는 정도는 매우 적은 정도에 지나지 않을 것이다. 이는 노동 분업이 없이 사회가 유지되는 것이 매우 적은 정도에 지나지 않은 것과 동일한 이치이다. 강제적 속박의 아래에서 실행되는 관리管理는 지구의 전체에서 관리되는 사람들에 대해 스스로 독립적이 되고 관리된 사람들을 추상적으로 명명된 처리의 객체들로 끌어 내리는 경향을 보이고 있다. 이러한 경향들은, 막스 베버의 통찰에 따르면, 경제의 목적-수단-합리성을 되돌아 가리키고 있다. 경제의 목적-수단-합리성이 그 목적인 합리적인 사회를 거역하면서 어떻든 상관없는 것이 되어 버리고, 또한 되어 버리는 한, 그러한 합리성은 주체들에게는 비합리적이 된다. 전문가가 이러한 비합리성의 합리적인 형체로서 여러모로 나타난다. 전문가의 합리성은 기술적 과정들과 기술적 과정들에 동화된 전문화와 더불어 근거가 세워진다. 그러나 전문가의 합리성은 기술적 과정들의 이데올로기적인 측면도 갖는다. 항상 더욱더 작은 단위들로 쪼개지는, 점차적으로 질이 떨어지는 노동과정들은 서로 가까워진다.

압도적으로 위력적인 사회적 과정들과 제도들이 인간의 노동과정들에서 발원하였다는 사실, 즉 그것들이 살아 있는 인간들의 본질적으로 대상화된 노동의 결과라는 사실의 면전에서, 압도적인 힘의 독자성은 동시에 이데올로기, 다시 말해 사회적으로 필연적인 가상假像의 성격을 갖는다. 이러한 가상은 간파되어야 할 것이며, 변화되어야 할 것이다. 그러나 이러한 가상은 인간의 직접적인 삶에 대해서 가장 실재적인 존재ens realissimum이다. 사실적 관계들의 중력은 이러한 가상의 밀도를 더욱 높이기 위해 모든 것을 행한다. 스펜서가 사회적 조직화의 근본 법칙으로 구상하였던 통합은, 계급의식이 사회적으로 내재적인 집단인 부르주아지 집단과 사회의 밖에서 존재하는 집단인 프롤레타리아 집단 사이의 갈등으로 표명되었던 시기인 1848년경의 시기와는 매우 거친 대립을 보이면서, 사회의 객체들인 사람들의 의식을 파악하였다. 스펜서의 파악에서 드러나는 것처럼, 통합과 분화는 더 이상 밀접한 관계를 갖고 있지 않다. 주체들이 자신을 주체로서 알아차리는 것은 자동적으로뿐만 아니라 계획적으로 방해를 받는다. 주체들에게 넘쳐 나게 다가오는 상품 제공은, 문화산업과 정신적인 통제를 하는 수많은 직접적이고도 간접적인 메커니즘들이 주체의 자기 인식을 방해하는 것과 똑같은 정도로, 주체가 자신을 주체로서 알아차리게 하는 것을 방해하는 것에 기여한다. 문화산업은 자본의 활용 경향으로부터 튀어나왔다. 문화산업은 고객에 적응해야 한다는 강제적 속박이라는 시장 법칙 아래에서 발전되었다. 그리고 나서 문화산업은 그러나 의식을 고객의 매번 성립되는 형식들에서, 정신적인 현재 상태status quo에서 고정시키고 강화시키는 역할을 관할하는 것Instanz으로 전도顚倒되었다. 사회는 어떻든 원래 그렇게 되어 있는 것을 지칠 줄 모르면서 정신적으로 중첩시키는 작업을 필요로 한다. 항상 동일한 것을 칭찬하는 것에서와는 달리, 그리고 현존하는 것을 그것이 거기에 있다는 것을 통해서 정당화시키는 느슨한 노력에서와는 달리, 인간은 원래 그렇게 되어 있는 것을 뒤흔들어 놓을 수도 있기 때문이다.

통합은 더욱더 넓게 미친다. 인간이 사회적인 관계들과 과정들에 —바로 이것들이 역사를 만들며 이것들이 없이는 인간이 지속적으로 실존하는 것이 어려울 것이다— 적응하는 것은, 감내할 수 없는 충동 갈등들이 없이는 단지 의식에서만 터트릴 수 있는 가능성조차도 수축시키는 방향으로 인간 내부에서 퇴적되었다. 통합이 올리는 환호성인 사회적인 관계들과 과정들은 인간의 가장 내적인 깊은 곳까지, 인간과 더불어 일어나는 것과 동일화되면서, 들어와 있다. 주체와 객체는 철학이 품고 있는 희망을 비웃으면서 대립하는 모습에서 서로 화해되어 있다. 과정은 인간에게 자행된 것에서 인간의 삶이 신세를 지고 있다는 것을 통해 유지된다. 기술의 격렬한 점령, 스포츠가 대중에게서 갖는 호소력, 소비재들의 물신화는 이러한 경향의 징후들이다. 잡동사니는 ―이데올로기들은 한때 잡동사니로 작용하였다― 한편으로 이데올로기들에 의해 그것 자체로 위력적으로 현존하는 관계들 내부로 스며들었고, 다른 한편으로는 인간을 심리학적으로 잘못 끼워 넣는 것 내부로 침투하였다. 중요하다고 하는 인간의 개념이 인간은 단지 기계장치의 첨가물에 지나지 않는다는 이데올로기가 되고 말았다면, 지나친 과장이 없이도 다음과 같이 말할 수 있을 것 같다. 다시 말해, 현재의 상황에서는 인간 자체가 그렇게 존재하고 있고 다르게 존재하고 있지 않은 것에서 문자 그대로 이데올로기가, 즉 잘못된 삶을 그것의 드러난 잘못에도 불구하고 영구화하려고 착수하는 이데올로기가 되었다고 말할 수 있다. 원圓은 닫혀져 있다. 굳어 버린 상태들을 변화시키기 위해서는 의식이 살아 있는 사람들을 필요로 할 것 같다. 그러나 이데올로기들이 살아 있는 사람들 내부로, 그들의 삶과 그들의 개별화를 희생시키면서, 계속해서 파고들어 와 있기 때문에, 인간은 모든 것이 의존되어 있다고 하는 동시성을 제어할 수 있는 능력을 더 이상 거의 갖지 못하는 것 같다. 이데올로기들이 살아 있는 인간들에게 깊게 들어와 있는 이러한 상태로부터, 기존의 것을 옹호하는 사람들은 인류 역사가 아직도 성숙하지 않았다는 주장에 대한 새로운 힘을 끌어낸다. 원圓을 보여주는 것만으로도 통합된 사회의 금기를 이미 훼손한다. 통합된 사회가 결정적으로 다른 것이 될 수 있을 것 같다는 것을 견디는 정도가 적으면 적을수록, 통합된 사회는 이 사회 내부에서 항상 생각되어지고 말해진 것이 독특한 변화에서라도 쓸모가 있는 것은 아닌지 또는 이데올로기들이 명명하고 있듯이 긍정적인 기여를 성취하는 것은 아닌지에 대해 더욱 엄격하게 감시한다. 사고는 통용 시점의 면밀한 검열에 종속된다. 사고는, 그 것이 비판적으로 등장하는 경우에, 사고가 의도한다고 하는 긍정적인 것을 제시해야 한다는 검열에 종속되는 것이다. 그러한 긍정성이 차단되어 있는 것을 사고가 알게 되면, 사고는 차단되어 있는 것이 사고의 책임이며 사물 자체의 징표가 아닌 것처럼 체념하고 피로감을 느끼게 된다는 것이다. 사회가, 인간을 둘러싸면서, 그리고 인간 내부에서 처음으로 한 번은 비로소 보편적인 블록Block으로 인식되어야 할 것으로 보인다. 변화를 위한 지적들은 블록에만 도움을 미리 줄 뿐이다. 그러한 지적들은 관리될 수 없는 것에 대한 관리로 블록에 도움을 주거나, 또는 그러한 지적들이 괴물과 같은 전체에 대한 반박을 즉각적으로 유발함으로써 블록에 도움을 줄 뿐이다. 사회의 개념과 이론은 이것들이 개념과 이론에 대해서 스스로 미혹되지 않고 이것들이 생기가 있게 부정적으로 붙잡고 있는 가능성, 즉 가능성이 질식하게 될 위협에 처해 있다는 가능성을 말할 때만이 오로지 정당하다. 그러한 인식이, 이것을 벗어날 것 같은 선취先取가 없는 상태에서, 사회의 강제적 속박의 틀이 한 번은 그래도 풀리는 제1차적인 조건이 될 것으로 보인다.

1965년

수정된 심리분석

    지난 25년 이래로 심리분석에서 주목을 끄는 경향이 나타나고 있다. 주저함이 없이 의식에 다가갈 수 있는 사회적 또는 문화적 종류의 동기 부여들에게 —무의식적인 것의 숨겨진 메커니즘들을 희생하는 것을 대가로 해서— 지금까지 허용했던 것보다는 더욱 많은 결정적인 역할을 심리분석이 허용하는 경향이 우리의 주의를 끌고 있다. 심리분석이 얻고자 하는 것은 대략 심리분석의 사회학화社會學化이다. 이런 경향을 추구하는 학자들은 프로이트가 사회적이고 경제적인 구조들을 인간의 많은 적든 역사성이 없는 본능적인 구성으로부터 발원한다고 하는 심리적인 충동들의 단순한 작용으로 간주하고 있다고 프로이트를 비난한다. 나르시즘, 마조히즘Machochismus, 또는 항문증후군과 같은 성격 특징들은 이것들이 사회와 환경을 조건지우는 것에 못지않게 사회와 환경의 산물이라는 점이 앞에서 말한 그러한 설명이 행하는 시도들에 놓여 있다. 이것은 마치 전쟁을 파괴적인 충동으로부터 설명하려는 시도나 또는 자본주의적인 체계를 유아기의 항문 배설에서 느끼는 성적 쾌감에서 오는 수집 본능으로부터 설명하려는 시도와 유사하다. 앞에서 본 도출에서 보이는 논란의 여지가 없는 불충분함으로부터, 진정한 학문은 사회적인 요인들과 심리적인 요인들의 상호작용을 확고하게 뚫어 보아야 할 것이라는 결론에 이른다. 다시 말해, 개인 내부에서의 원자론적으로 고립된 본능 동역학이

분석의 대상이 되어서는 안 될 것이며, 오히려 삶의 과정이 그 총체성에서 분석되어야 할 것이라는 결론에 도달하고 있는 것이다.

분업적인 학문의 한 영역으로서의 심리학은 사회적이고 경제적인 문제점을 사실상 전체적으로 장악할 수는 없다. 라포그Laforgue 같은 사람이 보여 주는 고루함을, 즉 그의 책에서 보들레르를 노이로제에 걸린 사람으로 다루면서 만약 보들레르가 그의 어머니에 묶여 있는 것으로부터 빠져 나왔더라면 그의 삶이 전혀 다르게 더욱 행복했었을 것이라고 말하는 고루함을 어떤 대가를 치르고라도 방어하기 위하여 심리분석이 스스로 이에 대해 관심을 가질 수는 없다. 오히려 심리분석이 사회이론에 대해 갖는 관계의 방법론적인 문제가 근본적으로 철저하게 다루어지는 것이 심리분석에게 중요한 일이 되어야 한다. 이 점을 지적한 것은 네오 프로이트학파 또는 수정주의적 학파의 공로이다.[01] 심리분석을 곧바로 사회학화하려는 이들 학파의 시도가 심리분석이 처리할 수 있을 것 같은, 사회의 본질에 파고드는 비판적 통찰들에 사실상으로 이르고 있는지에 대해 다음에 이어지는 글에서 설명될 것이다. 이와 동시에 프로이트의 이론의 근본적인 것에 달라붙어 있는 분석가들이 심리학 영역에서 심리분석에 대해 이미 행하였던 비판이 ―심리분석이 프로이트의 역동적이고 욕구 원리에 기초한 이론을 단순한 자아 심리학을 통해 대체시켰다는 비판을 말한다― 사회학화가 된 심리분석의 원래부터 사회학적인 관점들에 적용

---

01 다음에 이어지는 설명들은 내가 깊게 들어가서 자세히 다루었던 저작들의 저자들에게만 관련되어 있다. 특히 관건이 되는 저자는 캐런 호네이(Karen Horney)이며, 그녀의 「심리분석에서 새로운 길」(Neue Wege in der Psychoanalyse, übers. von Heinz Neumann, Stuttgart 1951)이라는 논문이 다음에 이어지는 설명에서 주로 다루어진다. 수정주의적인 저자들 사이에 존재하고 있는 현저한 이론적인 차이들은 등한시될 수밖에 없었다. 이들 저자들에게 공통적인 점은 심리분석을 "현실주의적인 방향"으로 몰고 가려는 경향이다. 나의 글은 이 방향에 대해 논의할 것이다.

될 것이다.

제1부는 수정주의적인 착수 지점을 결정적으로 특징짓는 모티프들과 주장의 연관관계들 중에서 몇 가지를 토론할 것이다. 제2부는 문화 및 개인과 그 함의들에 관한 수정주의적인 이론을 다루며, 이것이 사회에 관한 논의에 가져오는 몇몇 결과들을 증명해 보일 것이다. 제3부에서는 신프로이트주의자들과 프로이트에 대한 그들의 관계에 대한 간단한 사회학적인 판단이 시도될 것이다.

I

네오 프로이트학파가 프로이트로부터 벗어나 있는 내용의 핵심을 호네이는 다음과 같이 말하고 있다. "심리분석은 그것이 충동에 관한 심리학이며 발생에 관한 심리학이라는 점을 통해서 심리분석에 설정되어 있는 한계들을 넘어서서 뻗어 나가야 할 것이다."[02] 충동 심리학의 개념이 신전神殿에 바치는 제물처럼 기능하고 있다. 이 개념은, 19세기 후반부의 몇몇 학파들에서 일어났던 것처럼, 영혼을 많든 적든 기계적으로 충동들의 하나의 무리로 나누는 심리학을 한때 다의적으로 표시했던 개념이다. 충동 심리학의 개념은 다른 한편으로는 심리학적인 처리방식이다. 이것은 이성과 사회적으로 규정된 행동방식들을 해체되지 않은 상태에서 머물러 있게 하는 것에 스스로 만족하지 못하고 자기보존과 욕구를 향한 노력으로부터 분화된 영혼적인 행동방식들을 도출하려고 시도한다. 영혼을 환원될 수 없는 충동들로 고집스럽게 세분하는 것이 불가능하다고 말하는 것, 충동들의 구체적인 출현이 변이들과 역동적인 변전들을 가장 넓

---

02   Karen Horney, Neue Wege in der Psychoanalyse, a. a. O., S.9.

은 정도로 경험할 수 있다고 말하는 것은 2번째의 착수 지점을 통해서 어떤 방식으로도 배제되어 있지 않다. 프로이트의 리비도 이론은, 오로지 이러한 의미에서 볼 때는, 충동 심리학적이라고 명명할 수 있을 것 같다.

수정주의자들은 프로이트가 기계주의적인, 19세기로부터 유래하는 사고 습관에서 명목상의 편견에 사로잡혀 있기 때문에 프로이트를 공격한다. 그들은 한편으로 이렇게 공격하면서도 그들이 실체화시키고 절대적인 것으로 앞에 제시하는 심리적인 동역학의 단순한 결과들에 지나지 않는 카테고리들을 이론의 근원에 놓고 있다. 수정주의자들이 취하는 이러한 입장보다도 더 예리하게 그들의 입장을 특징짓는 것은 없다. 프로이트가 충동들을 통해서 행했다고 하는 것을 네오 프로이트학파는 성격 특징들을 통해 행한다. 네오 프로이트학파가 성격 특징들의 역사적 의미를 집요하게 주장하면서 프로이트가 자연과학적인 방법론들에 붙잡혀 있다고 프로이트를 비난하는 것은 투사投射이다. 네오 프로이트학파는 영혼을 단단하게 미리 주어져 있는 충동들의 정돈으로 분해시키는 합리주의적인 모형을 프로이트에서 보고 있으며, 자아를 자아가 무의식적인 것에 대해 발생적으로 갖는 관계로부터 분리하고 "합리적인" 영혼 능력의 총체에, 이러한 총체가 마치 하늘로부터 떨어져 내려온 것처럼, 즉자로서의 하나의 존재를 편입시키고 있다. 이것은 투사이다.

호네이는 리비도의 자리에 "정서적 동인動因, 자극, 욕구 또는 정열을 대체시키려고 한다."[03] 분석되지 않은 채 통과되어 있는 이러한 카테고리들이 리비도에 대한 단순한 다른 언어들이나 또는 독단적으로 주장된 실재들과는 다른 어떤 카테고리들이라면, 이것들의 원천은 ―이것들이 도출되지 않은 채 리비도적인 에너지로 표면상으로 되돌아가기 때문에―

---

[03] a. a. O., S.21.

오로지 하나의 자아에 놓여 있을 수도 있다. 더욱 구체적으로 말해서, 리비도에 발생적으로 관련되지 않고 리비도의 옆에서 리비도와 같은 정도로 정돈되어 있는, 관할하는 것Instanz으로서의 리비도와 나란히 놓여 있음직한 자아에 앞에서 말한 원천이 놓여 있을 수도 있는 것이다. 그러나 발달된 문명에서는 자아가 사실상으로 독자적인 관할 기능을 갖는 것이 되었기 때문에, 즉 오로지 이러한 이유 때문에 수정주의자들의 심리적인 카테고리들은 프로이트의 카테고리들보다도 심리학의 역사적인 차원에 더욱 합치되는 것 같다. 이에 대한 대가로 지불되어야 할 것이 있다. 다시 말해, 수정주의자들이 현재적인 상황의 모습에 직접적으로 맞추는 것은 우리가 현재적 상황의 내재적 역사성이라고 부를 수 있을 것 같은 것에 대한 분석을 희생하게 된다. 프로이트의 충동 심리학의 거부는 프로이트에 대한 거부라는 결과에 구체적으로 이르게 된다. "문화가 리비도적인 충동과 특히 파괴 충동에게 제한을 강요함으로써, 문화는 억압, 죄의식, 그리고 자기 처벌에 대한 요구를 성립시키게 하는 데 기여한다. 이렇게 해서 프로이트의 일반적인 확신, 즉 우리는 문화적인 축복을 불만족스러움과 불행함을 통해 지불해야만 한다는 확신이 생기는 것이다."[04] 문화적 갈등들의 불가피성에 대한 프로이트의 통찰이, 즉 진보의 변증법에의 통찰이, 문화적 갈등들을 수정주의자들에 따르면 노이로제적인 갈등들의 발생을 설명한다고 하는 환경 인자들에 조급하게 되돌려 버리는 것보다 더 많은 것인 역사의 본질에 의해서 드러나게 된 것이 아닌 것처럼 말하고 있는 것이다.

심리분석적인 이론의 핵심에 속하는 어린 시절 기억의 중심적인 역할이, 프로이트의 충동 심리학에 대한 논박으로부터 오는 가장 중대한 결

04 a. a. O., S.173.

과로서, 논란의 대상이 된다. 특히 "비교적 늦은 연령기의 체험은 많은 부분 어린 시절 체험의 반복이다"[05]라는 프로이트의 전제가 그에 대한 논박을 자극하고 있다. 트라우마의 모델에 맞춰져 있는 프로이트가 노이로제와 다른 성격 특징들을 가능한 한 넓게 아동의 삶에서 이루어지는 개별적인 진행 과정들, 체험들로 소급시키려고 시도하고 있는 반면에, 호네이는 "어떤 사람에게서 보이는 특정한 충동들이나 반응들은 동일한 체험들을 반복적으로 당연하게 필요로 해야 한다"라는 점을 받아들인다. 예를 들어 영웅 숭배는 다음과 같이 모순을 보이는 충동들에 의해서 규정될 수 있다. 탐욕에 관련되어 있는 사람들이 탐욕을 양보하는 것을 스스로 두려워할 정도로 파괴적인 방식을 보이는 한계가 없는 탐욕, 또는 성공한 사람들을 우상화하며 사랑하고 그들의 성공에 참여하려는 성향을 보이면서도 자기 스스로는 무엇을 성취할 필요를 느끼지 않으면서 동시에 성공한 사람들에 극도로 파괴적이고 숨겨져 있는 질투를 느끼는 성향이 그러한 모순적인 충동들에 속한다."[06] "한계가 없는 탐욕"이나 "성공한 사람들에 대한 우상"처럼 문제를 유일하게 제시하는 명칭 부여가 마치 이것이 설명이라도 되는 것처럼 분명하게 말해지고 있다. 이와 동시에 프로이트 이론의 결정적인 모멘트가 숨겨진다. 프로이트로 하여금 어린 시절의 개별적인 진행 과정들에 특별한 비중을 두게 한 원래의 계기는, 명백하게 표현된 것은 아니지만, 손상의 개념이다. 수정주의자들이 미리 주어진 것으로 전제하고 있는 성격의 총체성은 트라우마적이지 않은 사회에서 비로소 실현될 수 있을 법한 하나의 이상理想이다. 대부분의 수정주의자들이 그렇듯이 현재의 사회를 비판하는 사람은 현재의 사회가 충격들에서, 개인의 사회로부터의 소외에 의해 조건이 지어진 거칠고도 급작스

05 a. a. O., S.31.
06 a. a. O., S.138.

런 부딪침에서 경험된다는 점을 자기 스스로 밀폐시켜서는 안 된다. 이러한 소외는 몇몇 수정주의자들도, 그들이 사회학적으로 논의할 때는, 제대로 강조한 바 있다. 수정주의자들이 실체화시키는 성격은 지속적인 경험에 의해서라기보다는 훨씬 더 넓은 정도로 그러한 충격들의 작용이다. 성격의 총체성은 허구적이다. 우리는 성격을 오로지 고통 아래서만, 그렇다고 해서 전체는 아니지만, 통합되는 상처들의 체계라고 거의 명명할 수도 있다. 이러한 상처들을 첨가시키는 것은 원래부터 사회가 개인에게서 관철되는 형식이며, 수정주의자들이 말하는 환상에 지나지 않는 지속성이 아니다. 이러한 지속성을 위해서 수정주의자들은 경험의 충격적인 구조를 도외시하는 것이다. 프로이트는 바로 개인의 원자적인 실존에 고집스럽게 머물러 있다. 이렇게 함으로써 프로이트는 사회적 사정들에 대한 수정주의자들의 날쌘 곁눈질보다는 더욱 많이 사회적 조직화의 본질을 알아보고 있는 것이다.

겉으로 보기에 그럴듯한 확인들이 수정주의자들이 말하는 통찰의 빛에서 자기만족적인 낙관주의와 타협주의의 ―의심할 여지가 없이 의도되지 않았던― 첨가물을 공공연하게 드러내고 있다. "고립된 체험들의 어떤 고립된 반복과 같은 것은 존재하지 않으며, 유아기 체험의 전체가 특정한 성격적인 구조의 형성에 기여한다. 바로 이러한 구조로부터 추후의 어려움들이 발생한다."[07] 어린 시절 체험들의 직접적인 반복이 아니고 확고하게 고정된 성격 구조에 의해 매개된 심리적 특징들과 충동들이 존재한다는 것은 이러한 구조 자체가 어린이의 삶에서 고립된 돌발적 사건들에 소급된다는 점을 배제하지 않는다. 심리학에서 말하는 원래부터 비판적인 현상들, 즉 가장 넓은 의미에서 병적 징후들은 성격학의 과대평가

---

[07] a. a. O., S.9.

에 의해서 변명적으로 하나의 긍정적인 것으로 변조된 반복에의 강제적 속박의 도식에 항상 종속된다. 일회적이고 깨어진 조각과 같은 충동의 대립 개념으로서의 총체성을 고집하는 것은, 기존의 사회에서 불가능하며 아마도 한 번도 전혀 알아차릴 수 없는 인격의 통일성에 대한 조화주의적인 믿음을 함축한다. 프로이트가 영혼의 유기적인 구조에 관한 신화를 깨트린 것은 그의 가장 위대한 공적에 속한다. 그는 이렇게 함으로써 성격과 사회적인 영향들의 그 어떤 직접적인 병렬주의가 할 수 있었던 것보다는 더욱 많이, 사회적으로 불구가 되는 것의 본질에 대해 인식하였다. 수정주의자들이 전면으로 밀어붙이는 성격의 퇴적된 총체성은 사실상으로는 실재적 경험들의 사물화의 결과이다. 수정주의자들이 성격의 퇴적된 총체성을 절대적으로 설정하면, 이로부터 개인의 심리적인 현재 상태에 대한 이데올로기적인 은신처가 너무나 쉽게 생기게 된다. 심리적인 힘들이 벌이는 게임의 경직된 결과가 이론에 의하여 원천적인 힘으로서 즉위하면, 일반적으로 볼 때 트라우마적인 경험들은 ―"선천적인" 성격은 이러한 경험의 파생체를 결코 형성하지 않는다― 하찮은 것과 해악이 없는 것의 영역 안으로 추방된다. "노이로제의 발생에서 결정적인 것은 외디푸스 콤플렉스도 아니고 그 어떤 종류의 유아적인 욕구-추구도 아니다. 이보다 오히려 결정적인 것은, 어떤 어린이에게 의지할 곳이 없다는 감정과 방어할 수 없다는 감정을 주고 어린이로 하여금 세계를 잠재적으로 위협적인 것으로서 느끼게 하는 모든 불리한 영향들이다."[08] 부모의 사랑에서 특별하게 높게 내재되어 있는 부족함이 불리한 영향들이라는 개념 아래에서 중요한 자리를 차지하고 있는, 많든 적든 애매하게 표상된 "불리한 영향들"은 거세 위협과 같은 소름끼치고 이해될 수 없는 현상들 대

08 a. a. O., S.10.

신에 밑으로 밀어 넣어진다. 네오 프로이트학파는 이러한 현상들을 심리분석으로부터 쫓아냄으로써, 심리분석 자체를 거세한다. 성격에 관한 네오 프로이트학파의 개념은 편안한 추상화이다. 이러한 추상화는 심리학적 인식의 바늘을 완성시키는 것을 도외시한다. 우위를 획득하고 있는 일반 개념들은, 성격 특징들을 발생시키는 상처들을 덮지 않는다고 할지라도 성격 특징들의 고통스러운 심각함을 덮어 버린다. 특히 항문성肛門性, Analität에 관한 호네이의 설명이 이 점을 보여 준다. "다른 말로 하면, 먹을 때나 마실 때 드러나는 욕망은 욕망의 원인이라기보다는 일반적인 욕망의 많은 표명들 중의 하나의 욕망이 되어야 하는 것이 아닌가? 기능상으로 빽빽이 채우는 것은 소유와 지배 의지의 일반적인 경향이 보이는 많은 표명들 중의 하나가 되어야 하는 것이 아닌가?"[09] 이렇게 해서, 그 비합리성 때문에 심리학적인 설명을 가장 절박하게 필요로 하는 현상들이 설명의 원칙들로서 다시 도입되고 있으며 자명성으로 평평하게 되고 만다. 그 밖에도, 동일한 도식이 리비도 이론에 대한 호네이의 공격의 근원에 놓여 있다. 호네이는 안전은 다른 곳이 아닌, 바로 시간에서의 욕망 추구의 객체화라는 프로이트의 통찰에 더욱더 마음을 쓰지 않은 채, 프로이트의 욕망 원리에 "2개의 주도적인 원리: 안전과 만족"[10]을 대립시킨다.

II

충동 동역학의 결과는 성격임에도, 수정주의자들은 충동 동역학의 자리에 환경을 도입한다. "모든 중점은 성격을 형성하는 삶의 조건들에 놓여 있다. 우리는 노이로제적인 갈등들에 책임이 있는 환경 인자들을 새롭

---

09 a. a. O., S.59
10 a. a. O., S.72.

게 탐구해야 한다."[11] 이것은 동료와의 관계의 영역에서 일어나는 장애가 노이로제 발생에서 중심 인자"[12]가 되는 결과에 이르게 된다. 자아를 최소한 확실한 정도에서 미리 주어진 것으로서 —미리 주어진 것에서 외부 세계는 그 자국들의 압형을 뜬다— 필연적으로 착수 지점을 설정해야만 하는 이러한 구성의 심리학적 관점이 그토록 의문시되고 있듯이, 사회학적인 관점도 역시, 특히 "영향"에 관한 무비판적인 생각도 의문투성이이다. 텐느Taine가 만들려고 노력하였던 환경이론의 전제가 되는 것은 순진한 개인주의이다. 환경이론은, 19세기의 사고 습관을 따르면서, 개인을 독립적이고 자율적이며 지속적인 이른바 외부적인 힘에 의해 영향을 받는다고 하는 단자Monade로 받아들인다. 이와 전적으로 유사하게, 수정주의자들은 그들의 중심 주제에 속하는 것인 개인과 사회의 분리를 원시적 수준의 현실주의적인 인식론의 종류에 따라 무비판적으로 파악한다. 그들은 사회가 개인에게 미치는 영향에 대해 부단히 말하면서도, 개인뿐만 아니라 개별성의 카테고리도 이미 사회의 산물이라는 점을 망각하고 있다. 사회적인 과정들이 형성하는 영향을 서술하기 위해서 개인을 사회적인 과정들로부터 잘라 버리는 것 대신에, 분석적 사회심리학은 개별적인 것의 가장 깊은 내적인 메커니즘들에서 특정한 사회적 힘들을 발견해야만 할 것으로 보인다. 어떻든 사회적 영향들에 대해 말하는 것은 문제가 있다. 이것은 개별화된 사회가 그것 자체에 대해서 이데올로기적으로 표상하는 것의 단순한 반복일 뿐이다. 개인에 이미 먼저 형성되어 있는 경향들만이 대부분의 경우 외부적인 영향에 의해서 강화되며 전면에 부상된다. 심리학이 개인 내부에서 비판적인 지대를 더 깊게 탐침하면 할수록, 개별성을 산출한 사회적 메커니즘들을 더욱더 적절하게 알아차리게 될 수 있

---

11 a. a. O., S.9.
12 a. a. O.

다. 내부적인 세계와 외부적인 세계의 상호작용이 더욱 염려할 필요가 없이 표면으로 잘못 옮겨지면 질수록, 사회이론적인 숙고들을 심리학에 적용하는 것이 더욱더 가상적인 것이 된다. 성격이 문화의 압박에 의해 결정되는 만큼 그 정도로 성적인 갈등에 의해 규정되지는 않는다는 것이 호네이의 근본적인 확신이다. 그러나 호네이가 문화와 개별 심리학의 결정자를 결합시키는 것으로 제시하는 것은 문화와 개별 심리학의 분리를 영구화시킨다. 반면에 급진적인 심리분석은, 사회 이전에 존재하는 것으로서의 리비도를 향하면서, 계통 발생적으로나 개체 발생사적으로 지배의 사회적 원리와 충동 억압의 심리적 원리가 동시에 일어나는 지점들에 도달한다. 네오 프로이트학파는 이러한 두 개의 원리를 미리 해악이 없는 것으로 한 이후에 두 원리를 비로소 하나로 합친다. 지배는 가족 규율로서 나타난다. 사랑, 다른 일시적 현상들에의 결여, 충동 억압은 하나의 불안스러운 것으로서 출현한다. 다시 말해, 나르시즘의 외적인 층性들에서 그 자리를 가지며 무의식적인 것에서보다는 전前의식적인 것에서 더욱 많이 발생하는 갈등들에서 그 자리를 갖는 불안스러운 것으로서 출현하는 것이다. 심리분석이 더욱 많이 사회학화로 가면 갈수록, 심리분석의 기관Organ은 사회적으로 그 원인이 있는 갈등들의 인식에 대해 더욱 무디게 된다. 이와 동일한 경향이 모든 원래부터 신체적인 표상들의 배제에서도 역시 드러난다. 이렇게 해서 심리분석은 일종의 더욱 높은 사회사업으로 변질된다. 수정주의자들은 승화를 분석하는 것 대신에 분석 자체를 승화시키고 있는 것이다. 바로 이 점이 심리분석이 일반적으로 수용되는 것을 가능하게 한다.

이 점은 성성性性, Sexualität에 대한 수정주의자들의 태도를 다른 모든 것보다도 더욱 많이 보여 준다. 이러한 태도는 오래된 관습에 따라 선입견이 없고 객관적인 학자의 공평무사한 시선을, 즉 프로이트에 따르면 성적인 현상들에서 성적인 것을 전혀 확인할 수 없다는 시선을 요구하고 있다. 이러한 태도는 근본적으로 이론에 적대적이다. 이 태도는 현상과 본질의 구분에 ―이러한 구분이 없이는 심리분석은 그것의 비판적인 자극들을 탈취당한다― 반대하는 상식과 결탁되어 있다. 성성에 대한 수정주의자들의 태도는 사회학의 이름으로 시도된 탈성화脫性化, Desexualisierung로서 사회적인 선입견을 확인시킨다. "애착이 리비도적인 것이 아닌 여러 가지의 원천들로부터 발생하지 않을 수 있다는 점, 즉 예를 들어 어머니의 배려와 보호의 표현이 아닐 수 있다는 점은 증명되지 않았다."[13] 그러한 확인은 더욱 고귀한 충동들의 실존에 관한 논의를 통해서 성性을 비방할 뿐만 아니라 동시에 가족을 그 기존적인 형식에서 찬양하는 사람의 공정한 분노와 거의 구분될 수 없다. "사디즘적인 권력 탐욕은 허약함, 불안, 복수 충동으로부터 발생한다[14]"는 호네이의 주장은 그러한 분노와 동일한 종류의 일격이다.

사디즘을 하나의 순수한 사회적인 행동방식으로 묽게 희석시키는 사디즘 이론이 호네이에 의해 제기되었을 때, 파시즘적인 절멸 정책은 이른바 사회적인 권력 추구와 성적인 충동의 동일성에 대한 잔인한 증거만을 이끌어 냈다. 이러한 증거를 안개로 가려 버리는 것은 야만성이 매듭을 풀고 나오는 것에 적지 않게 기여하였다. 원래는 프로이트의 구상의 청교도적인 요소들에 반대하여 방어하였던 수정주의자들의 후기 저작들에서 성성을 얕잡아 보면서 다루는 경향이 몰래 끼어들어 있다면, 이것은 성성의 역할에 대한 이론적 과소평가와 연관이 있을 개연성이 있다. 이러한 경향은 성도착증에서는 가장 근소한 저항점을 발견한다. "그러한 활동들은 성적으로 도착적인 것에만 제한되지 않는다. 이에 관한 징후는 건

---

13 a. a. O., S.57.
14 a. a. O.

강한 사람들에서도 보인다."[15] 정상성의 개념에 부담을 주는 문제성을 전적으로 알고 있는 호네이가 성적으로 정상적인 사람에 대해 이러한 사람이 마치 자명한 이상理想이나 되는 것처럼 —매개됨이 없이— 말하고 있는 것은 하나의 특징적인, 잘못 알고 행하는 행위이다. 다른 자리에서는 사랑을 나누는 삶의 행복에 관한 논의가 성적인 관계를 의도하지 않았다는 것을[16] 독자에게 과시하듯이 알려 주고 있다. 그러한 언급들에서 사회적 타협주의가 네오 프로이트학파의 구상의 본질적인 모멘트로서 그 정체를 드러낸다. 사회적 타협주의는 무엇보다도 특히 심리분석적인 개념들을 구성적인 개념들과 비구성적인 개념들로 분할한다. 모든 것이 잠재적으로 제거된다. 정상적인 사람은 이러한 모든 것에 관하여 자신의 머리를 스스로 깨트리지는 않는다. 사회적인 적응을 북돋아 주는 것만이 남아 있다.

이것은 수정주의의 분위기뿐만 아니라 수정주의에 결정적으로 중요한 사회학적 개념들에 대해서도 해당된다. 이에 속하는 것이, 성에 대한 평가와 밀접하게 연관되면서, 도덕에 대한 평가이다. 비교적 초기 단계에서, 에리히 프롬도 그 안에 들어 있었던 몇몇 수정주의자들은 프로이트의 이론에 모순이 내포되어 있다고 보았다. 다시 말해, 한편으로 도덕이 프로이트의 이론에서 발생적으로 도출되면서도 다른 한편으로는 공식적인 도덕적 표준들, 즉 사회적 유용성과 생산성의 관념이 건드려지지 않은 채 머물러 있다는 것이다. 이러한 비판은, 프로이트가 학문들 사이에 이미 존재하는 분업을 건드리지 않았고 프로이트 자신이 특별한 전문가로서 앞으로 밀치고 들어갔던 비판적인 통찰에 의해서 자신이 거의 —그의 특별한 심리학적인 이론들이 직접적으로 공격을 받지 않았던 곳에서

---

15 a. a. O., S.47.
16 Vgl. a. a. O., S.116.

는— 방해를 받지 않도록 하였다는 점에서 보는 한, 진실을 내포한다. 수정주의자들은 단순한 뒤집기를 통해서 모순을 넘어서려고 시도한다. 프로이트가 도덕적인 규범들을 그토록 염려 없이 감내하였던 반면에, 19세기의 모든 물리학자도 이렇게 행했을 것 같듯이 수정주의자들은 미리 주어진 도덕적 규범들을 다시 한 번, 독단적인 태도로써, 겉으로 보기에 자유로운 반성으로부터 산출해 낸다. 수정주의자들은 도덕적 선입견으로부터 자신을 자유롭게 하였다. 그러나 이와 동시에 도덕적 선입견을 해체시켰던 분석으로부터도 자유롭게 되었다. 이러한 분석을 통해 수정주의자들은 심리학적 진보의 결정적인 자극들 중의 하나를 밀쳐 무너뜨렸으며, 도덕적 규범들의 —이것들이 자체로 참된 것들인가 또는 그렇지 않은가에 대해 배려하지 않은 채— 필연성을 개인과 사회의 안녕이라는 이름에서 선언한다. 그들은 오늘날의 관습적인 도덕에 맹목적으로 동의한다. "도덕적인 문제들은 다른 한편으로 의미를 획득한다. 환자가 이른바 치고받고 싸우는 대상이 되는 도덕 문제들을('초자아', 노이로제적인 죄책감) 중요하게 받아들이는 것은 진퇴양난에 빠져드는 것 같다. 이것은 사이비-도덕적인 문제들이며, 도덕적 문제들은 그 자체로 드러나야 한다. 그러나 우리는 환자로 하여금 모든 노이로제에 들어 있는 진정한 도덕적 문제들을 떳떳하게 쳐다보게 하고 도덕적 문제들에 대해 의견을 표명하도록 환자를 도와주어야 할 것이다."[17] 사이비-도덕적인 문제들과 진정한 도덕적 문제들의 구분이, 구분의 객관적 기준이나 또는 의미 있는 방법론이 거론되지 않은 상태에서, 권위적이고 추상적으로 일어나고 있다. 이 점이 결여되어 있다고 해서 호네이가 비난받을 수는 없다. 그러나 분석의 대상이 되어야 하지 해결책으로 제시되어서는 안 될 구분을 호네이가 절

---

17   a. a. O., S.10.

대적으로 설정함으로써 사고를 억제하고 있는 것은 비난을 받아 마땅하다. 도덕적 이상을 내용적으로 규정하려는 그녀의 유일한 시도는 잘못되어 있다. "모든 능력이 완전히 유용 가능하게 되는, 내적인 자유의 상태." 이것은 모호할 뿐만 아니라 의심스러운 상태이다. 완전한 유용성은 목적들에 대한 성찰과 ―목적들을 위해 능력이 현존한다― 관련이 있는 것보다는 완전 고용의 산업적인 개념과 더욱 많은 관련이 있다. 이념들이 그것들의 신화적인 성격이 벗겨지는 것을 통해 더욱 많이 해체될수록 개인과 사회가 총체적 퇴행에 의해서 위협을 받게 된다는, 진보의 변증법의 관점은 논란의 여지가 없다. 심리분석이 계몽의 한 부분으로서 간여되어 있는 이러한 이율배반이 파악되어야 한다. 무엇보다도 특히 앞에서 말한 두 개의 대립주의적인 모멘트들의 설명은 오늘날 철학적 사고의 전개에 속한다. 진퇴양난을 그대로 놔두고, 일종의 이중으로 중첩된 도덕을 공포하는 것은 지적인 패배주의라 할 것이다. 한편으로 초-자아와 노이로제적인 죄책감의 원천으로의 환원에 의한 도덕적 관념들의 심리적-발생적인 해체가 있고, 다른 한편으로는 도덕적 가치들의 ―추상적이고도, 심리학적인 통찰에 의해 접촉되지 않은― 선포가 있다. 네오 프로이트적인 구상은 그것에 고유한 객관적인 의미에 따라 관습적인 고사본古寫本을 그러한 방식으로 확인하는 것에, 양심의 거리낌과 함께, 결과적으로 이르게 된다. 도덕의 중첩된 도덕. 중첩된 도덕은 변하는 사정에 고분고분하게 적응해도 될 것 같다.

호네이가 「우리 시대의 노이로제적인 인간」[18]이라는, 의문이 드는 제목과 함께 논의의 장에 가져 왔던 갈등들의 원인들에 대한 수정주의적인 이론은 사회학적으로는 문제성이 있다. 호네이는 경쟁을 현재의 사회에서

---

18 Karen Horney, The Neurotic Personality of Our Time, New York 1937; deutsch: Der neurotische Mensch unserer Zeit, Stuttgart 1951.

성격이 비틀어지는 중심적인 이유로 고찰한다. 그녀는 서구 문명에서 잠재적인 적대감을 산출하는 인자들 중에서 문화가 개별적인 경쟁에서 세워졌다는 상황이 아마도 가장 위에 있는 자리를 차지하고 있을 것이라고 말한다.[19] 이것은 최소한 에리히 프롬의 『자유로부터의 도피』[20]가 개인에게 오늘날 고통을 주는 자율성 및 자발성 상실을 강조했던 것보다도 더욱 낯설게 들린다. 다시 말해, 프롬이 말하는 사실들은 매머드 재벌에 의해 자유로운 경쟁이 더욱 줄어드는 것과 명백하게 관련이 있는 사실들이다. 사회적 현실에서는 경쟁이 사라지는 반면에 개인은 경쟁의 정신에 아직도 붙잡혀 있다는 심리학적인 "문화적 간극"의 가설은 유지되기가 어려울 것 같다. 이데올로기들은 결정적인 경제적 구조들보다도 더 느리게 변화되는 것을 좋아한다. 그러나 심적인 반응 형식들은 느리게 변화되는 것을 좋아하지 않는다. 중간 계층의 초기의 경쟁 정신은 오히려 새로운 테크놀로지적인 위계질서에 들어가려고, 회의를 지닌 채, 노력한다. 수정주의자들이 그 버팀목으로 삼는, 바로 자아-심리학이 이러한 사실로부터 결과들을 이끌어낼 수 있을 것 같다. 그러나 이처럼 최근에 나타나는 변이는 일단은 결정적인 것이 되어서는 안 될 것 같다. 고도로 자유주의적인 사회에서도 경쟁은 사회를 작동시키는 법칙이 아니었다. 사회는 항상 전면에 드러나는 하나의 현상이었다. 사회는 전체적인 폭력의 ―비록 여러모로 간접적이라고 할지라도― 위협에 의해서 하나로 응집된다. 노이로제와 성격 장애에서 작용되는 "잠재적 적대감"은 이러한 위협에 소급된다. 개인에 의해 내면화되는 것은 폭력이라는 사실을 자신의 이론의 모든 단계에서 기억하고 있었던 프로이트와는 달리, 수정주의적 학파는 원

---

19 Vgl. a. a. O., S.284.
20 Vgl. Erich Fromm, Escape from Freedom, New York, Toronto 1941; deutsch: Die Furcht vor der Freiheit, Zürich 1945.

시사회에 못지않게 오늘날의 사회에서도 나오는 정화되지 않은 위협들의 자리에 경쟁이라는 온건한 개념을 제시하면서 그러한 위협들을 대체시킨다. 사회적인 카테고리들로부터 출발하지 않았던 프로이트는 사회가 개인에게 가하는 압력을 심리학을 사회학화하는 그의 후계자들이 파악했던 정도로 최소한 파악하고 있었으며, 그는 이것을 그의 구체적인 형식들에서 보여 주었다. 집단 강제수용소의 시대에서는 거세가 경쟁보다 사회적 현실에 대해서 더욱 특징적으로 나타난다. 수정주의 학파의 복수주의와 같은 수정주의적 구상의 모멘트만큼 무해함의 인장을 그토록 오해할 여지가 없이 담지하는 모멘트도 없다. 수정주의자들의 복수주의複數主義는 표면 현상들과 사회에 대한 기본적인 규정들을 공평하게 나란히 열거한다. "잘 알려져 있듯이 경쟁 투쟁은 우리의 직접적인 관계들을 지배할 뿐만 아니라 우리의 사회적 관계들, 우리의 우정, 우리의 성적 관계, 가족 내부에서의 관계들까지도 장악한다. 경쟁 투쟁은 이렇게 해서 파괴적인 라이벌 의식, 경멸, 의심, 꺼림, 모든 인간관계에 파고드는 질투의 맹아들을 지닌다. 소유에서뿐만 아니라 교육, 휴식, 건강 유지와 건강 회복에 대해 개별 인간에게 부여되어 있는 가능성들에서도 나타나는 강력한 불평등은 잠재적인 적대감의 형성에 지속적으로 기여한다. 마지막으로, 상호간의 약탈의 가능성에, 약탈이 집단에 의한 약탈이든 또는 개별 인간에 의한 약탈이든 관계없이, 앞에서 말한 인자들에 이어서 나타나는 또 하나의 인자가 들어 있다."[21] 고전적인 경제이론이 경제적인 과정을 내재적-법칙적인 총체성으로 파악하려고 끊임없이 노력하였던 반면에, 호네이에서는 "경멸과 의심"이 경제적인 집단 관계들과 같은 차원에서 나타난다. 이러한 도식은 성 심리학의 비판적 현상들을 중화中和시키는 것

---

21   Karen Horney, Neue Wege in der Psychoanalyse, a. a. O., S.175f.

과 유사하다.

적지 않은 네오 프로이트적인 언어적 정리가, 심리학이 성공과 사회적 적응의 수단으로 다루어지고 있는 곳들인 신문의 독자의 소리 난들과 통속 잡지들의 수준에 사실상으로 놓여 있다. "우리가 나르시즘을 발생적으로 고찰하지 않고 그것에 고유한 의미의 관점에서 고찰하면, 나르시즘은, 내 생각으로는, 본질적으로 자아-과대평가나 또는 자기 칭송으로 기술되어야 마땅하다. 다시 말해, 경제적 인플레이션처럼 현실에서 존재하는 것보다도 더욱 큰 가치들을 정말인 것처럼 믿게 하는 일종의 심적인 인플레이션으로 기술되어야 할 것이다."[22] 사회에 의해서 개별적인 발전이 방해를 받는다고 말하는 모든 한탄에도 불구하고, 그러한 언급들은 개인에 반대하는 사회를 지지한다. 개인이 통용되는 가치들에 굽히지 않는 경우에 개인에 반대하는 사회가 맞다는 것이다. 나르시즘이 오늘날의 형식에서는 최소한 부분적으로라도 불의에 의해 받은 피해를 보상받으려는 개인의 절망적인 노력이라는 통찰과 보편적 교환이 이루어지는 사회에서는 어느 누구도 여태껏 보상받지 못한다는 통찰은 호네이의 생물학적-사회학적-경제적 복수주의에 의해 잘못 건축되고 있다. 호네이는 나르시즘의 사회학적 뿌리를 오인하고 있다. 인간들 사이의 모든 동시적이고 직접적인 관계들에서 오늘날 길에 놓여 있는 거의 극복 불가능한 어려움들에 의해서 개인은 자신의 아직 사용되지 않은 충동 에너지들을 자기 자신에게 스스로 향하도록 강요받고 있다는 점을 호네이가 잘못 이해하고 있는 것이다. 호네이의 머리에 떠오르고 있는 건강은 그녀가 노이로제의 발생에 대해 책임을 지우고 있는 사회와 같은 사회에서 나타나는 건강과 같은 종류이다. "건강하고 확실한 자기 신뢰는 결단력, 용기, 독립성,

---

[22] a. a. O., S.87.

42

재능, 에로스적인 가치와 같은 인간적인 자질들의 넓은 기초와 상황들을 제어하는 능력에 기초한다."[23] 너무나 심한 정도로 과거로 들어가고자 하는 호네이의 성향과 적응에 대한 공감이 서로 밀접하게 연관되어 있다. 호네이의 성향은 긍정적이지 않은 사실, 여기에서 지금 파악 가능한 사실에 해당되는 모든 것을 추방하고 싶어 하는 지배적인 정신에 결탁되어 있다. 자기 자신에게 고유한 어린 시절에 관한 의식이 재발견되어야만 할 것이라는 프로이트의 고집스러운 강조에 반대하는 호네이의 저항은, 과거가 미래에 대한 통제에 쓸모가 있지 않는 한 과거를 어둡게 해 버리는 실용주의와 똑같이 닮아 있는 것이다. "그러한 노력들을(어린 시절의 재구성을 위한 노력) 포기하고 한 인간을 실제로 밀어붙이고 방해하는 힘들에 대해 관심을 향하는 것이, 내가 보기에는, 더욱 유익한 것 같다. 이러한 힘들을 점차적으로 인식하는 것은 어린 시절에 시선을 돌리지 않고도 제대로 가능하다. … 우리는 과거를 오랫동안 찾아 온 보물로 고찰하지 않으며, 과거에서는 단지 환자의 행동발달을 이해하는 데 환영받는 도움만을 볼 뿐이다."[24] 잃어버린 시간을 찾아서. 호네이의 신선하고도-기쁜 제안은 제안이 이른바 기여한다는 개별성을 무효로 선언한다. 우리가 호네이의 제안을 따르려고 하면, 직접적인 현재를 넘어서는 모든 것을 마지막에는 제거시켜야 할 것이며, 자아를 정초시키는 모든 것을 이와 더불어 제거하지 않을 수 없을 것이다.

III

프로이트의 사고에 들어 있는 확실히 독재적인 특성들에 대한 저항은

[23] a. a. O., S.116.
[24] a. a. O.

원래는 사회이론적인 모티프였으며, 네오 프로이트적인 운동은 이러한 동기로부터 발원하여 기존의 학설로부터 갈라져 나왔다. 그러한 특성들이 실존한다는 점이나 또는 그런 특성들이 염려를 일으킨다는 점이 단순히 부인될 수는 없다. 그럼에도 우리가 그러한 특성들을 수정주의가 없애 버렸던 행동발달의 빛 내부로 밀어 넣어 보면, 독재적인 특성들에서 진리의 한 모멘트가 출현한다. 수정주의자들이 출발점으로 삼았던 이념은, 즉 심리분석이 권위적인 것 안으로 얽혀 들어가는 것으로부터 심리분석을 풀어 놓으려는 이념은 이것과 정확히 반대되는 결과에 이르게 되었으며, 사회에 대한 명확한 표현을 통해 도전하지 않았던 프로이트의 경우에서보다도 심리분석을 더욱 비좁게 억압과 결합시켰다. 이러한 기능 변화는 우연하게 일어나지 않았다. 정감과 인간적인 호의가 성性에 그 뿌리가 있을 수 있다는 의심에 대항하여 정감과 인간적인 호의를 열심히 방어하는 것은 금기가 프로이트에 대해서 행사하는 힘보다도 수정주의자들에 대해 행사하는 힘이 더욱 크다는 것을 증명해 준다. 수정주의자들이 사랑의 이름으로 프로이트의 성性이론에 대해 저항했을 때마다, 그들은 아예 처음부터 동시에 성적인 사랑과 고상한 사랑에 대한 전통적인 구분을 ―프로이트에 반대하면서― 붙잡고 있었으며, 고상한 사랑의 거짓으로 얻어진 순수함에 대해 공격하는 것으로부터 그들을 지키지 않으려고 했던 것만큼이나 성적인 사랑의 억압으로부터도 그들을 지키지 않으려고 했다. 프로이트가 한편으로 성성을 중심으로 삼으면서도 다른 한편으로는 성에 대한 금기에 붙잡혀 있는 것은 프로이트의 사고에 들어 있는 모순이며, 수정주의자들은 이러한 모순에 대해 흥분한다. 어떻든 이러한 모순은 단순히 사고의 오류는 결코 아니었다. 프로이트의 사고에 들어 있는 모순은 욕구와 금지가 기계적으로 분해될 수는 없으며 서로 조건을 지운다는 객관적인 사실과 일치한다. 욕구와 금지는 그것들의 상호작용에서 파악되어야 한다. 욕구가 없는 금지가 표상되기 어려운 것처럼 금지가 없는 욕구도 이와 마찬가지로 표상되기 어렵다. 심리분석이 이러한 교차 관계를 거부하면, 심리분석은 자아 갈등들의 건강한 해결을 위한 일종의 사회적 치료법으로 축소되며, 분리파인 수정주의자들이 회피하고자 하였던 가부장적 사회를 확인하는 것에서 제한되고 마는 것이다.

　프로이트가 옳지 않았던 곳에서 그는 옳았다. 프로이트의 이론이 갖는 힘은, 많은 수정주의자들이 독일철학 전통의 언어에서 인간의 자기 소외라고 명명하는 사회적 과정들의 결과인 사회학과 심리학의 분리의 맞은편에서 프로이트가 구사하는 현혹에 의해 유지된다. 수정주의자들이 분리의 파괴적인 측면에 대한 비판적인 통찰을 통해서 개인의 사적인 존재와 사회적인 존재 사이의 대립주의가 치유될 수 있는 것처럼 행하는 쪽으로 그들을 그릇되게 이끌었다면, 프로이트는 그의 심리학적인 원자학을 통해서 사람들이 사실상으로 원자화되어 있고 다리를 놓기 어려운 간극에 의해서 서로 분리되어 있는 현장인 현실에 ─적절하게─ 표현을 부여하였다. 이것은 프로이트의 방법론에 대한 실질적인 정당화이다. 다시 말해, 개인의 원시적인 깊은 곳까지 파고들어가서 오로지 고통, 생활고를 통해서 총체성에 묶어 두는 하나의 절대적인 것으로 개인을 받아들이는 방법론에 대한 정당화인 것이다. 프로이트는 사회의 단자론적인 구조를 순진하게도 수용하였다. 반면에 네오 프로이트학파는 사회의 단자론적 구조에 관한 비판적 의식을 제 것으로 만들려고 하였다. 수정주의자들은 그러나 여기에서 수미일관하게 머물러 있는 것 대신에, 비인간적인 관계들이 이미 인간적인 관계들인 것처럼 비인간적인 관계들을 다룸으로써 부정적인 것을 극복하려고 한다. 현존재의 기존의 상태에서는 인간들 사이의 관계들이 그들의 자유로운 의지에서 나오지도 않고 그들의 충동으로부터 나오지도 않는다. 이러한 관계들은 오히려 인간의 머리 위에서 관철되고 있는 사회적이고 경제적인 법칙들로부터 나온다. 심리학이 사회가 인간들의 사회이고 사회가 인간들의 가장 내적인 것 자체에 의해 규정되는 것처럼 행함으로써 현존재의 기존의 상태에서 심리학 자체를 인간적이거나 또는 사회적으로 능력이 있는 것으로 만들고 있다면, 심리학은 비인간적인 현실에 인간애적인 것의 광택을 빌려주는 것이 된다. 인간의 본성은 잘못되어 있으며 개선의 가능성이 없다는 점에 기대면서 권위의 필연성을 비관주의적으로 선언하고 있는 어두운 사상가들이 ―프로이트도 홉스, 마키아벨리, 사드와 함께 여기에 속한다― 반동적인 사상가들로서 편안하게 처리될 수는 없다. 그들은 그들이 속한 계층에서 결코 환영받지 못하였다. 개인과 사회의 밝은 측면을 말해야지 더욱 어두운 측면을 말해서는 안 된다는 것은 바로 공식적으로 마음에 드는 존경을 받을 만한 이데올로기이다. 프로이트가 반동적이라며 프로이트에 대해 불만을 갖고 있는 네오 프로이트주의자들은 바로 이러한 이데올로기에 빠져든다. 반면에 프로이트의 화해되어 있지 않은 비관주의는 관계들에 ―프로이트는 이 관계들에 대해 말하고 있지 않다― 대해 진실을 증명해 준다.

논쟁의 이러한 관점은 수정주의자들이 새로운 것의 개념에 대해 토론하는 곳에서 특히 노출된다. 호네이에 따르면, 프로이트의 사고는 "진화론적이지만, 기계적인 형식에서 진화론적이다. 도식적으로 보면, 프로이트의 파악은 5세 이후의 행동발달에 들어오지 않으며 5세 이후에 일어나는 반응들이나 경험들은 이른 시기의 반응들이나 경험들을 반복한다는 점을 말하고 있다."[25] "프로이트의 기계적이고-진화론적인 사고의 가장 일반적인 표현은 반복에의 강제적 속박에 관한 그의 이론에서 발견된다."[26] 사실상 최초의 행동발달 단계 이후에는 프로이트에게 원래부터 새로운 것은 더 이상 존재하지 않는다. 심리적인 반응들의 동일한 반복은 역사적인 단계를 ―이 단계에서 문명의 원시적인 특징들이 다시 출현한

---

25 a. a. O., S.42.
26 a. a. O., S.43.

다— 특징짓는다. 호네이는 이 점을 간과한다. 프로이트에게 새로운 것에 대한 믿음이 결여되어 있다고 호네이가 프로이트를 비난한다면, 그녀는 새로운 것이 어느 때나 가능하며 동시에 주문에 의해서 만들어질 수 있는 것이라고 믿고 있는 것 같다. 새로운 것에 대한 호네이의 개념은 대량생산의 개념이며, 대량생산은 모든 표준화된 도구가 아직도 결코 현존하지 않았음을 모든 표준화된 도구에 대해 선포한다. "지나간 것은 현재적인 것의 그 어떤 형식에 항상 내포되어 있다. … 여기에서 문제가 되는 것은 '현재적인 것과 지나간 것의 대립'의 물음이 아니고 반복의 원리에 대비되는 발전의 원리라는 점을 말하고자 한다."[27] 그러나 이론의 반복을 이름에서 부르고 겉으로 보기에 새로운 것에서 부정적인 항상 동일한 것을 고집하는 것에만 머무른다면, 이론은 아마도 새로운 것의 약속을 항상 동일한 것에 강요할 수 있다. 그러나 이것은 호네이에 의해서 노이로제적인 것 또는 기계적인 것으로 배척된다. 호네이가 형편들이 그렇게 나쁘지는 않다고 보증하는 곳에서, 낙관주의는 사이비 급진적이 되며 인간의 제한되지 않는 가능성들에 대한 믿음은 입술로 하는 고백이 된다. 수정주의자들이 그의 스승인 프로이트에 반대하여 도대체 무엇을 갖고 있느냐고 수정주의자들에게 물어 보면, 그들은 추정컨대 프로이트에게는 사랑이 결여되어 있다고 대답하게 될 것이다. 학자들은 언젠가 그로덱[28]의 넓은 도량과 페렌치[29]의 공감적인 정감과 프로이트의 냉정함, 거리감을 비교한 적이 있었다. 진보적인 사상가나 예술가 치고 이러한 비난으로부터 벗어난 사람은 없다. 사랑이 특히 심리기술적인 도구가 되어 버린 세계에서는, 의사는 "인간적인 관심"이라고 속임수를 쓰지 않고 환자를 치료해

---

27 a. a. O., S. 154.
28 Georg Groddeck, 1866~1934, 독일의 물리학자, 작가, 심신 의학의 개척자로 간주됨(역주).
29 Sándor, Ferenczi, 1873~1933, 헝가리의 신경과 의사, 정신분석가(역주).

야 한다고 주장하는 사고에 의해서 사랑에 대한 신의가 지켜진다. 사랑은 아마도 가족의 질서에 대항하는 저항으로써만 사랑이 될 수 있는 곳에서, 사회는 극단에 이를 정도로 전개되었다. "내가 사악한 것을 증오하지 않는다면, 나는 좋은 것을 사랑할 수 없다."[30] 이 말은 스트린드베리의 『검은 깃발』에 들어 있는 구절이다. 사랑에 대한 수정주의자들의 주장을 구체적으로 적용하는 것에 대한 시각은 교훈적이다. 환자에 대한 개인적인 동정은 하나의 확실한 전달의 산출을 위한 수단으로 처방이 되며, 사랑의 성에 대해 무감한 본성이 칭찬된다. 사랑이 그러나 더 이상 실제적이지 않게 되는 순간에, 다시 말해 사랑이 행복하고도 실재적인 대상 관계에 이르지 않게 되는 순간에, 사랑은 비방된다. 호네이는 그녀의 책 『자기 분석』[31]에서 병적인 의존성의 개념을 도입하였다. 그녀는 자신이 이 개념을 도입함으로써 나타내는 현상, 즉 어떤 사람에게 에로스적으로 구속되는 것이 만족을 넘어서면서까지 나타나는 이 현상을 철저하게 노이로제적인 것으로 생각한다. 그러한 구속은 호네이에게는 "'사랑'과 '신의'처럼 요구가 많은 개념들의 배후에 숨어 있는" 질병을 앓는 것으로 통용된다. 그녀의 도식에 따르면, 건강하고 잘 적응하는 사람은 이 사람이 틈을 발라서 채우는 것보다 더 많은 감정을 결코 내주지 않는 사람이다. 애당초 사회적인 것으로 되어 있는 사랑은 심리적으로 되어야 한다는 것이다. 이것은 등가치 교환이다. 지배적인 교환관계들의 순환을 초월하는 것인 사랑이 수정주의자들이 추방하려고 하는 희망 없음의 첨가물을 필연적으로 포함하고 있지는 않은지 하는 물음이 남아 있다. 인간에 대한 프로이트의 적대감은 아마도 다른 것이 아닌, 바로 그러한 희망 없는 사랑이며 아직도 남아 있는 희망의 유일한 표현일 것이다.

30 August Strindberg, Schwarze Fahnen, München und Berlin 1917, S.254.
31 Vgl. Karen Horney, Selfanalysis, New York 1942.

프로이트의 복합적인 사고는 네오 프로이트적인 운동의 전체 의도에게 더욱 동류적인 관점을 포함한다. 프로이트의 복합적인 사고가 처음에 여겨지는 것보다는 더욱 동류적인 관점을 내포하고 있는 것이다. 네오 프로이트적인 운동은 프로이트 이론의 핵심과는 결합될 수 없는 결과들에 이르기 위해서 이러한 관점을 오로지 일방적으로 몰아낼 필요가 있었다. 프로이트는 그의 "기술적인" 저작들에서 치료를 위해, 융통성, 지속적인 수정, 실제적인 억제의 태도들을 언어적으로 정리하였다. 이것들은 수정주의자들에 의해서 그들의 착수 지점의 정당화를 위해서 인용될 만한 것들이다. 호네이가 행복하지 않은 사랑을 노이로제적인 것의 카테고리로 추방하고 있다면, 그녀는 프로이트의 정신에 대항해서 죄를 짓고 있는바, 죄는 그 생각의 내용에 의해서보다는 심적인 건강에 대한 그녀의 무비판적인 칭찬의 취지를 통해서 저질러진다. 프로이트는 그의 「전달되는 사랑에 대한 언급」에서 다음과 같은 정도로까지 멀리 나아가서 말한다. 다시 말해, 사랑에 빠지는 모든 것은 "이전의 특징들이 새롭게 부과되는 것으로부터 성립되며 유아기적인 반응들을 반복한다. … 유아기적인 본보기들을 반복하지 않는 본보기들은 존재하지 않는다. 이러한 본보기들의 강제적인, 병리적인 것을 생각나게 하는 성격을 완성시키는 것은 이것들이 유아기적으로 조건이 지어진 것으로부터 유래한다."[32] 프로이트가 사랑에 빠지는 것을, 이것의 일차적인 리비도적인 특징들을 억압에 의해 산출된 특징들과 구분하지 않은 채, 유아기적이라고 부른다면, 수정주의자들도 현실 원리와 결합될 수 없는 사랑을 병리적이라고 비방할 수 있을 것이다.

아포리아Aporie는 자체로서의 심리분석에 되돌아가게 한다. 한편으로

---

32 Sigmund Freud, Gesammelte Werke, Bd. 10, London 1946, S.317.

리비도는 심리분석에게 원래부터 심적인 현실로 통용된다. 만족은 긍정적인 것으로, 거절은 그것이 병을 앓게 하는 것에 이르게 하기 때문에 부정적인 것으로 통용된다. 그러나 다른 한편으로는 심리분석은 거절을 강요하는 문명을, 곧바로 무비판적이지는 않지만, 체념한 채 감내한다. 심리분석은 현실 원리라는 이름에서 현실 원리 자체를, 합리적인 조사에 내맡기지 않은 채, 개인의 심적인 희생을 정당화한다. 리비도의 평가에서 하나의 '둘로 갈라져 대립되어 있는 상태Zwieschlächtigkeit'[33]가 교육의 문제성을 상기시키는 '둘로 갈라져 대립되어 있는 상태'에 의해 필연적으로 뚜렷하게 드러나게 된다. 심리분석은 주어진 사회적인 관계들 내부에서 의학적 치료의 방법으로서 환자가 노동을 하고 기쁨을 느끼도록 환자에게 생기를 불어넣어 주어야 한다. 이와 동시에, 심리분석은 심리분석적 이론, 리비도 이론의 핵심에 맞춰 측정하면 의심스러운 대체물인 확실한 행동방식들과 만족 형식들을 감내하거나 또는 심지어 강화시키는 것을 회피할 수 없다. 프로이트 자신도 이러한 알력을 명확하게 언어로 정리하는 일에 자주 몰려 있었다. 「전달되는 사랑에 관한 언급」의 어느 구절에서 프로이트는 분석가들이 그들의 여성 환자들의 에로스적인 소망에 굴복하는 태도를 보이고 있다면서 분석가들에게 경고를 보냈다. 그는 다음과 같이 경고를 이어 갔다. "의사가 사랑을 아무리 높게 평가한다 할지라도, 그는 자신의 여자 환자를 그녀의 삶의 결정적인 단계를 넘어서서 들어 올려 주는 기회를 가질 정도로 더욱 높은 곳에 위치시켜야 한다. 여성 환자는 의사로부터 욕구 원리의 극복을 배워야 한다. 더욱더 멀리 떨어져 있

---

[33] 상품의 본질에 대한 마르크스의 이론에서 유래하는 개념임. 그는 상품에는 사용가치와 교환가치가 동시에 들어 있다고 보았음. 두 가치가 서로 갈라져 있으면서 대립적인 특징을 갖고 있는 상태를 마르크스가 Zwieschlächtig라고 표현하였고 아도르노가 이 개념을 여기에서 사용하고 있음(역주). 작은따옴표는 독자의 편의를 위해 옮긴이가 임의로 붙인 것임.

는, 아마도 확실하지 않지만 심리적으로나 사회적으로는 나무랄 데가 없는 만족을 위해서 가까이 놓여 있지만 사회적으로는 정돈되어 있지 않은 만족을 포기하는 것을 배워야 하는 것이다."[34] "나무랄 데가 없는 것"이 무엇인가에 대해서는 분석되고 있지 않다. 만족의 요구된 형식이 더욱더 불확실한 형식이라는 점은 원리, 즉 바로 이 원리의 이름에서 이러한 형식이 요구되는 원리에 대한 의문을 일깨우고 있다.

프로이트의 위대함은, 모든 급진적인 시민적 사상가의 위대함처럼, 그가 그러한 모순들을 해체시키지 않은 채 그냥 놓아두면서 체계적인 조화를 —이곳에서는 사물 자체가 그 내부에서 균열되어 있다— 요구하는 것을 경멸한다는 사실에서 성립된다. 그 모습이 그려져 있는 노동 분업 내부에서 그의 이론과 실제가 미치는 한, 그는 사회적 현실의 대립주의적 성격을 명백하게 드러내 준다. 적응의 원래의 목적의 불확실성, 즉 심리분석이 발견한 이성적인 행위의 비이성이 객관적인 비이성에 관한 무엇을 반영하고 있는 것이다. 심리분석은 문명에 대한 고소告訴가 된다. 수정주의자들은, 그들이 프로이트가 가진 의도들의 집행자로서 자신을 느끼고 의도들에게서 근간을 깨트리기 위해서, 프로이트의 구상의 실제적-현실적인 측면만을 고립시키고 심리분석적인 방법을 무조건적으로 적응에 봉사하도록 하기만 하면 된다. 수정주의자들에서 관건이 되는 것은 프로이트의 가르침으로부터 이단적으로 벗어나는 일이라기보다는 그들이 갖고 있는 모순들을 편안하게 마무리 짓는 일이다. 프로이트의 이론은 수정주의자들의 손에서 심적인 자극들을 사회적인 현재 상태에 통합시켜 버리는 수단이 된다. 수정주의자들은 무의식적인 것에 대한 분석으로부터 산업화된 대중문화의 한 부분을 만들어 내고, 계몽의 수단으로부터는 가

---

34 Sigmund Freud, Gesammelte Werke, Bd. 10, a. a. O., S.319.

상의 수단을, 즉 사회와 개인, 전능한 힘을 가진 현실에의 적응과 행복이
서로 합치되었다는 가상을 만들어 낸다. 이러한 가상은, 개인을 빈틈이
없는 조직화로 남김없이 감금해 버리는 세계의 도처에 존재하는 이데올
로기로 ─항상 더욱더 많이─ 된다. 이와 동시에, 이렇게 되는 것은 개인
의 심리적인 손상이 강제적이고 비합리적이었던 것 못지않게 강제적이
고 비합리적이다.

[라이너 쾨네Rainer Köhne가 독일어로 옮김]

1952년

사회학과 심리학의 관계에 대하여

고도로 산업화된 나라들의 대중에게 지난 30년 이상에 걸쳐 뚜렷하게 나타나는 경향이 있다. 대중이 합리적인 이해관계, 그리고 무엇보다도 앞서서 자신의 고유한 삶의 보존이라는 이해관계를 추적하는 대신에, 자신을 재앙 정책에 넘겨주는 경향이 나타나고 있는 것이다. 재앙 정책에서는 대중들에게 유리한 점들이 약속된다. 그러나 이와 동시에 대중의 행복이라는 이념은 위협과 폭력에 의해 단호하게 대체되고 있으며, 과도한 희생이 대중에게 부과되고 있고, 대중의 실존이 직접적으로 위험에 처해 있으며, 죽고 싶다는 마음이 잠복된 채 호소되고 있다. 이러한 상태들의 많은 것은 해당되는 주체들에게 너무나 명백하게 놓여 있기 때문에, 이러한 상태를 이해하려고 노력하는 사람에게는 결정적인 것, 즉 대중의 움직임에 대한 객관적인 조건들의 제시에 만족하는 것이 어려운 일이 되며, 객관적인 법칙들이 더 이상 통용되지 않는다는 암시에 굴복하지 않는 것도 역시 어려운 일이 된다. 이해당사자들이 공론적公論的인 견해의 모든 수단들을 통제한다는 오래된 설명만으로는 충분하지 않다. 대중은 어설프고 눈을 깜박이면서 행하는 진실하지 않은 선전 선동에 의해서는 ―희생과 생명이 위험한 상황을 알리는 어떤 것이 대중 자신에서 대중을 향해 다가오지 않는 한― 거의 그 특징이 포착되지 않기 때문이다. 이런 이유로 인해, 사람들은 파시즘에 직면하여 사회의 이론을 심리학, 그중에서도 특히 분석

적으로 지향된 사회심리학을 통해 보완하는 것을 필연적인 것으로 간주
하게 되었다. 사회적으로 결정되는 요인要因들의 인식과 대중에게서 지
배적인 충동 구조들의 인식의 협력은 총체성에 응집되어 있는 상태에 대
한 충분한 통찰을 약속하였다. 루카치가 과감하게 행하였듯이, 동구권[01]
의 고분고분한 학문은 객관적인 비합리성의 주관적인 조건들을 진지하
게 탐구하는 유일한 학문인 분석적 심리학을 악마의 소행이라고 저주를
퍼부었다. 이처럼 고분고분한 학문이 스슈펭글러와 니체를 파시즘에 통
틀어 귀속시켰던 동안에도, 동구권 장막에서 벗어나 있는 서방 세계에서
는 학문이, 편안함이 없는 것은 아닌 상태에서, 영혼적인 것, 인간, 그리
고 인간의 이른바 실존성으로 강조점을 옮겨 갔다. 이렇게 함으로써 학문
은 사회에 대해 구속력이 있는 이론으로부터 벗어나게 되었다. 사회의 이
론은 마침내, 문화에서의 불편함에 관한 프로이트의 후기 저작에서 이미
나타났던 것처럼, 적절하지 않은, 단순히 주관적인 동기부여들로서 회의
적으로 균등화되고 만다. 사회이론과 심리학의 관계에 대해 숙고하는 곳
에서, 학자들은 두 학문 분과에게 그것들의 자리를 학문들의 체계성에서
단순히 지정할 뿐이었으며, 두 학문 분과의 관계가 유발하는 어려움들을
매번 사용될 수 있는 개념적인 모델들의 물음으로 다루었을 뿐이었다. 사
회적 현상들이 객관적인 조건들로부터 도출될 수 있는지 또는 사회적으
로 조직화된 개인들의 영혼적인 삶으로부터 도출될 수 있는지의 여부, 또
는 두 가지로부터 도출될 수 있는지의 여부, 설명의 두 유형들이 서로 보
완되는지, 서로 배제되는지, 또는 두 개의 관계 자체가 비로소 그 이상의
이론적 숙고를 필요로 하는지의 여부와 같은 모든 것은 방법론학에 환원
되고 만다. 그러한 의도에 특징적인 탤컷 파슨스Talcott Parsons는 『심리분석

---

01 1980년대 후반에 붕괴된 동구권 사회주의 국가들을 의미함(역주).

과 사회구조』라는 연구[02]에서, 이 연구의 내부에서 비교적 오래된 독일 전통, 그리고 뒤르켐과도 일치하였다. 그는 사회체계가 그것에 고유한 측면에서, 개인들의 행위의 단순한 결과물로서 파악될 필요는 없다[03]고 말하는바, 이렇게 함으로써 그가 사회체계의 독립성과 벗어나 있음을 강조한 것은 당연한 일이다. 그러나 파슨스에서의 구분도 역시 사회학자가 "관심을 갖고" 있는 것, 즉 사회체계에 대해 중요한 행동방식들과 태도들에 달라붙어 있다. 오로지 이런 이유에서 파슨스는 사회학적인 동기부여 문제들이 "사회체계에 중요한 프레임"의 카테고리들에서 정리되어야 하며, "인성"의 카테고리들에서 정리될 필요는 없다는 점을 요구한다. 사회학적인 사고 모델들은 오로지 정립된 심리학적인 통찰과 일치해야 한다는 것이다.[04] 차이가 사물 자체에 놓여 있는지의 여부에 개의치 않는 상태에서, 사회적인 또는 심리학적인 시선 방향의 선택이 분업적인 학문 분과들의 자의에 간직되어 있는 것이다. 파슨스는, 통합 학문의 원시성과는 대립관계를 보이면서, "심리학자와 사회학자의 전형적인 문제들은 서로 상이하다"라는 사실에 대해 자신을 차단시키지는 않는다. 바로 이렇기 때문에 "심리학자와 사회학자는 동일한 개념들을 상이한 개념화 수준에 사용하고 상이한 조합들에서 사용해야"[05] 한다는 것이다. 사회학과 심리학은 배치背馳가 대상의 속성으로부터 독립된 채 극복될 수 있음으로써만 가능하다는 것이다. 두 학문 분과가, 지속적으로 전개되는 조직화에서, 두 학문의 개념들의 논리적 구조를 해명하게 된다면, 사회학과 심리학은 이러한 파악에 걸맞게 서로 부서지지 않고 결합될 수 있다는 것이다. 인

---

02 Talcott Parsons, Psychoanalysis and the Social Structure(심리분석과 사회구조), in: The Psychoanalytic Quarterly, Vol. XIX, 1950, No. 3, S.371ff.

03 Vgl. a. a. O., S.372.

04 Vgl. a. a. O., S.375.

05 Vgl. a. a. O., S.376.

간의 동기부여에 관한 완전히 적절한 역동적인 이론이 마침내 가능해진 다면, 파슨스에 따르면 "추상화 수준"의 차이가 사라질 수도 있는 개연성 이 있다. 객관적-사회적 모멘트들과 심적-개별적인 모멘트들이 어떻게 서로 행동하는가 하는 것은 이러한 모멘트들이 아카데믹한 작업에서 경 험하는, 단순히 개념적인 주조물에 의존되어 있다는 것이다. 여기에는 물 론 통상적인 제한이 있는바, 종합을 하기에는 너무나 이르다는 점, 더욱 많은 사실들을 모아야 한다는 점, 개념들을 더욱 예리하게 다듬어야 한다 는 점이 제한에 해당된다는 것이다. 막스 베버에 기대어서 교육이 된 파 슨스가 사회적인 것에 대해 통상적으로 많이 행해지는 심리학적인 설명 들의 부적절성을 예리하게 알아차리고 있는 동안에도, 그는 이러한 부적 절성의 뒤에서 특별한 것과 일반적인 것의 실재적인 충동에 대해 의구심 을 갖고 있지 않다. 그는 또한 즉자적으로 존재하는 삶의 과정과 단순히 대자적으로 존재하는 개별적인 것이 서로 이름이 같지 않다는 것에 대해 서도 의심하지 않는다. 오히려 파슨스에게는 대립주의가 학문적 조직화 의 문제로 된다. 즉, 끊임없는 진보에서 조화적으로 해결된다고 하는 문 제로 되고 있는 것이다. 자연과학들에서 추상된 이상인 개념적 동일화라 는 이상理想은 그러나 사회에 대해서 즉각적으로 해당되지는 않는다. 사 회는 통일적이지 않다는 것에서 사회의 통일체를 갖고 있기 때문이다. 사 회와 심리에 관한 학문들은, 이것들이 결합되지 않은 채 병렬적으로 서 로 뒤쫓아 진행되지 않는 한, 대개의 경우 인식의 분업을 인식의 토대에 투사시키는 암시에 빠져들고 만다. 학문과 심리의 분리는 잘못된 의식이 다. 이러한 분리는 살아 있는 주체와 주체들을 관리하면서도 주체들로부 터 유래하는 객체성을 카테고리적으로 두 동강을 내는 것을 영구화시킨 다. 그러나 방법론적인 명령에 의해 이러한 잘못된 의식으로부터 토대가 탈취될 수는 없다. 인간은 사회에서 자기 자신을 재인식할 수 없으며, 사 회를 자기 자신에서 재인식할 수 없게 되었다. 인간이 서로 소외되어 있고 전체와의 관계에서도 소외되어 있기 때문이다.[06] 인간의 대상화된 사회적 관계들은 인간에게서 즉자 존재에서 필연적으로 그 모습을 보이고 있다. 분업적 학문이 세계에 투사한 것은 세계에서 실행되었던 것만을 반영할 뿐이다. 잘못된 의식은 동시에 맞는 의식이기도 하다. 내적인 삶과 외적인 삶은 서로 균열되었다. 내적인 삶과 외적인 삶의 관계는 오로지 차이를 철저하게 규정하는 것을 통해서만이 적절하게 표현될 뿐이지 확대된 개념들을 통해서 표현되지 않는다. 전체가 갖고 있는 진실은 일방성에 놓여 있지, 복수複數적인 종합에 놓여 있지 않다. 사회에 대해 아무것도 들으려고 하지 않고 개인과 개인의 원시적인 유산에 병적으로 집착하는 심리학은 사회적인 운명에 대해서 다음과 같은 운명보다도 더욱 많은 것을 말해 준다. 다시 말해, 사회적인 "인자들"에 대한 고려를 통해서나 또는 더 이상 실존하지 않는 우니베르시타스universitas literarum[07]에 대한 "전체를 포괄하는 접근"을 통해서 끼워 넣어진 운명보다도 더욱 많은 것을 말해 주는 것이다.

동일한 개념들이 상이한 추상화 측면들에서 사용되는 것을 통해서 심리학과 사회론이 통일되는 것은, 내용적으로는 조화화에 필연적으로 이르는 결과가 된다. 파슨스에 따르면, 사회의 기능적인 필요성들이 —객관적·사회적인 모멘트로서— "평균적인 초자아"의 모형과 일치하게 되면,[08] 그에 의해 암묵적이고도 일반적으로 긍정적인 것으로 간주된 것인

---

06 경험주의적 사회학은 이로부터 개인화를 이끌어 낸다. 이것은 객관적으로 그 원인이 있는 사회적인 진행들을 좋은 개인들 또는 잘못된 개인들의 행위로 정돈시키는 성향을 갖고 있다. 공론적인 정보 수단들은 객관적으로 그 원인이 있는 사회적 진행들을 개인들의 이름과 연합시킨다(Vgl. Theodor W. Adorno u. a., The Authoritarian Personality, New York 1950, S.663ff.).

07 서양 중세의 대학 학문. 신학, 법학, 의학, 학예의 4부로 이루어짐(역주).

08 Vgl. Talcott Parsons, a. a. O., S.373.

사회의 통합이 성공에 이르게 된다. 인간과 체계라는 두 "척도들"이 사회적 과정의 전체에서 차지하는 위치에 대해 묻지 않은 채, 무엇보다도 특히 "평균적인 초자아"의 원천과 권리 주장에 대해 묻지 않은 채 인간과 체계가 내부적으로 서로 맞아 돌아가는 것이 규범으로 끌어올려진다. 잘못된, 억압적인 상태들도 역시 그러한 초자아에서는 규범적으로 퇴적된다. 파슨스가 개념적인 조화를 위해서 설치한 것은 그의 통합 개념, 즉 주체와 객체의 동일성에 대한 실증주의적 복제像複製像이, 그에게 속하는 것들을 미리 모델화시키는 힘을 그가 충분히 갖고 있는 한, 사회의 비이성적인 상태에 공간들을 남겨 놓을 수 있을 것 같은 대가를 요구한다. 평균적인 초자아와 사회체계의 기능적인 필요성의 부합은, 즉 사회체계에 고유한 영속화의 부합은 헉슬리의 『멋진 신세계』에서 환호성을 올리면서 성취되었다. 물론 그러한 결과가 파슨스의 이론에 의해 의도된 것은 아니다. 경험주의적 근성은 앞에서 말한 부합이 실현된 것으로 간주하는 것으로부터 파슨스를 보호한다. 그는 심리적인 존재로서의 인간 —"인성구조"— 과 오늘날 세계의 객관적인 설치 —"제도적인 구조"— 사이의 배치背馳를 강조한다.[09] 심리학으로 오리엔테이션이 된 파슨스는 사회적인 전통과 일치를 보이면서, 인간이 심리학에서 인성 구조라고 명명되는 것과 반대되는 경우에도 역시 객관적-제도적인 기대에 상응하여 행위하도록 작용하는 비-심리적인 동기부여들과 메커니즘들에 대해 보고한다.[10] 개인들의 사회적-목적합리적으로 매개된 일반적인 목적 설정들에 우위가, 개인들이 매번 보이는 주관적인 경향들에 비해서, 귀속되고 있는 것 같다. 물론 경제적인 매개, 즉 자기보존의 이성은 막스 베버[11]에서보다는

---

09 Vgl. a. a. O.
10 Vgl. a. a. O., S.374.
11 Vgl. Max Weber, Über einige Kategorien der verstehenden Soziologie(이해 사회학의 몇

덜 강조된다. 파슨스는 앞에서 말한 비-심리적인 동기부여들이나 메커니즘들과 같은 사회적인 본보기들 자체를 적응이 퇴적된 모형으로 파악하며, 종국적으로는 본질적으로 심리적인 것으로 다시 파악한다. 파슨스는 그러나 어떤 경우이든, 지배적인 주관적인 경제학과는 반대로, 경제적인 동기부여들이 "이윤 추구"와 같은 심리적인 동기부여들에서 떠오르지는 않는다는 점을 꿰뚫어 본다.[12] 개인들의 합리적인 경제적 계산이 단순히 경제적 계산, 이윤 추구에 의해서만 성립되지 않는다는 점은 확실하다. 사람들은 합리적인 행동을 오히려 보충적으로 구축해 왔으며, 이는 평균적으로 이루어지는 경제적인 행동의 합리성, 즉 개인에서 출발해 볼 때는 결코 자명하지 않은 합리성이 사실관계에 새로운 것을 적게 추가하는 공식을 통해서 사람들에게 어느 정도 정돈되게 하기 위함이었다. 객관적인 합리성의 주관적인 모티프보다 더욱 본질적인 것은 불안이다. 불안은 매개된다. 경제적인 규칙들에 따라 행동하지 않는 사람들이 오늘날 즉시 멸망에 이르는 경우는 드물다. 그러나 계급에서 추락하여 영락零落에 이르는 것이 지평선에서 뚜렷하게 드러나고 있다. 비사회적인 것, 범죄적인 것에 이르는 길은 명백하게 드러나 있다. 사회에서 함께 게임을 하는 것에 대한 거부는 의심을 불러일으키며, 아직도 굶을 필요가 없고 다리 밑에서 잠을 잘 필요가 없는 사람이 사회적으로 보복을 당하게 만든다. 배척되는 것에 대한 불안은, 즉 경제적 행동에 대한 사회적 제재는 오래전부터 다른 금기들과 더불어 내면화되었으며 개별적으로 퇴적되어 왔다. 불안은 역사적으로 제2의 자연이 되었다. 실존이 —철학적으로 시들지 않은— 언어 사용에서 자연적인 현존재를 의미하는 바가 경제 과정

몇 카테고리에 대하여), in : Gesammelte Aufsätze zur Wissenschaftslehre(학문론 논문집), Tübingen 1922, S.412.

12 Vgl. Talcott Parsons, a. a. O., S.374.

에서의 자기보존의 가능성과 똑같은 정도인 것은 이유가 없는 것이 아니다. 양심을 관할하는 것이 되어 버린 초자아는 사회적으로 경멸된 것을 즉자적으로 사악한 것으로서 개별 인간의 눈앞에 가져다 놓을 뿐만 아니라, 육체적인 절멸에 대한 오래된 불안을 이것에 뒤이어 나타난 불안, 즉 자연을 대신하여 인간을 묶어 두는 사회적 결합에 더 이상 속하지 않는 것에 대한 불안과 비합리적으로 융합시킨다. 환원적인 원천들로부터 자양분이 공급된 불안, 여러모로 넓은 정도로 과도한 사회적 불안은 요즈음에는 모든 순간에서 실재의 불안으로 넘어갈 수 있다. 이러한 불안은 모든 순간이 이미 도덕적인 영웅이 되어야만 할 것 같은 정도로 그러한 폭력을 축적하였다. 도덕적인 영웅이 이처럼 폭력적인 것에서 광기적인 것을 근본적으로 꿰뚫어 보는 경우에도, 도덕적인 영웅은 폭력으로부터 벗어나 있을 정도로 폭력이 축적되어 있는 것이다. 추정컨대 인간들은 오래전부터 문제가 있으며 훨씬 전부터 불합리한 것인 문명의 재화들에, 즉 인간들에게 경제적으로 이성적인 행동을 보증해 준다고 하는 문명의 재화들에 자포 자기하면서 매달리고 있다. 인간들이 자신을 문명에 스스로 가져가는 것이 일찍이 말할 수 없을 정도로 어렵게 되어 버렸기 때문이다. 또한 의사소통이 인간들을 막대기에 묶어 둘 수 있을 정도로 그 권력을 행사하기 때문이다. 심리적 인간homo psychologius에게 명령하는 경제적 인간homo oeconomicus의 충동 에너지는 사람들이 한때 중요했던 것에 대한 강제적인, 억지로 주입된 사랑이다. 그러한 "심리학"은 합리적인 교환관계의 한계를 폭력에서 드러내 보인다. 그러나 그러한 심리학은 동시에 주체들의 매번 각기 고유한 심리학이 갖고 있는 힘을 제한한다. 경제의 투명한 합리성에 대한 확신은 부르주아지적인 사회의 자기기만이다. 행위의 충분한 근거로서의 심리학에 대한 확신도 이에 못지않을 정도로 부르주아지적인 사회의 자기기만에 지나지 않는다. 경제의 합리성은 육체적인 속박, 몸이 당하는 고통, 물질적인 모멘트에 기초한다. 물질적 모멘트는 이것이 심리적인 충동 경제를 부숴 버리는 것과 똑같은 정도로 경제 내부적인 "물질적 동인動因들"을 훨씬 능가한다. 발달된 교환사회에서 이러한 불안은, 권력과 개별 인간의 무력감 사이의 잘못된 관계에 직면하여, 불안의 밖에 머물러 있기 위해서는 초인간적인 힘을 필요로 할 것 같은 정도로 일반화되었다. 이러한 동안에도 불안을 일반화시키는 작동장치는 저항의 힘들을 모든 개별 인간에게서 부단히 감소시킨다. 불안을 일반화시키는 작동장치는, 경제학이 심리학에 대해 우위를 갖고 있다는 점은 논란의 여지가 없음에도 불구하고, 개별 인간의 합리성이 어떻든 합리적인지의 여부가 불확실할 정도로, 그리고 개별 인간의 합리성이 사회학에 의해서 절제를 잃은 합리화로 매번 드러나지 않을 수 있을 정도로 불확실하게 개별 인간의 행동에 머물러 있다. 경제적 합리성이 국부적인 것이 되고 전체의 이성이 의문시되는 한, 비합리적인 힘들이 전체의 이성의 영속화를 위해서 얽어매져 있는 것이다. 합리적인 체계의 비합리성이 감금된 주체의 심리학에서 전면에 나타나게 된다. 합리적인 행동에 관한 교설敎說은 모순들에 이르게 된다. 경제적인 목적에 맞는 행위들의 총체성이 전체가 실행하는 모든 재생산과 더불어 와해를 진척시키는 한, 체계의 이성이 체계에 속해 있는 사람들에게 요구하는 것이 내재적으로 비이성적이듯이, 합리성의 절대적인 목적, 즉 충족은 ―역으로― 합리성 자체를 넘어선다. 합리성은 항상, 헛되이 희생당한 사람에게 붙어 있는 척도일 뿐이다. 이렇게 됨으로써 합리성은 더 이상 합리성을 필요로 하지 않을 것 같은 상태, 즉 희생자가 없는 상태가 비합리적인 것과 똑같은 정도로 비합리적이다.

파슨스는 대립주의적인 상태에 대한 비판을 통해서만이 제거될 수 있을 것 같은 대안에 도달한다. 그는 잘못된 의식의 두 가지 형태들, 즉 서로가 대립되면서 끝없이 서로 맞다고 하는 형태들 사이의 선택이라는 대안에 이르고 있으며, 이것은 합리주의적인 심리학과 심리학주의적인 사회이론 사이의 대안이다. 그렇지만 여기에서 성찰이 단절된다. 동기부여에 대한 내용적인 규정의 자리에 "중요성의 프레임"의 선택, 즉 학문적인 관계 체계의 선택이 들어선다. 이것은 막스 베버에서 이상형의 선택[13]이 연구자의 임의에 맡겨져 있는 것과 유사하다. 사회학적인 동기부여 이론들이 인성 구조에 대해 매번 획득된 지식과 일치해야 된다는 요구는 학문적 설명의 통일이라는 목적을 위해서 쪼개져 있는 대상에 대해 일치된 대상을 대리물로 집어넣는다. 개인들이 매우 대단한 정도로 전체에 대해 필연적으로 모순 관계에 들어가 있다. 파슨스가 고르게 정리해 주는 학문적인 박자가 올리는 성취에 만족하는 곳에서는, 그가 하나로 통합하려고 하는 카테고리들의 모순성이 체계와 인간들 사이의 ─체계는 인간들로부터 성립된다─ 모순성을 가리킨다. 사회학은 사회학이 어떻든 무엇이라고 해도 별 수 없게 된 것으로서, 체념된 채, 받아들여지게 되며 이를 감수하게 된다. "사회학자에게 다가오는 문제들은 상이하다."[14] 그러나 이렇게 되면 심리학자들이 왜 같은 개념들을 상이한 추상화 수준들과 상이한 조합들[15]에서 사용해야 하는가 하는 물음이 더 이상 거의 통찰될 수 없게 된다. 관건이 되는 것은 단순한 추상화 수준들이 아니다. 추상화 수준들 사이에서 우리의 경험주의적 지식의 불완전성을 위해 단순히 빈틈들이 갈라져 있는[16] 그러한 추상화 수준들이 관건이 되고 있지 않은 것이다. 객관적인 모순들은 시간과 함께 사라져 버리는, 지성의 임시적인 것들이 아니다. 기존의 사회에서 짧은 간격들에 걸쳐서, 그리고 제한된 영역들에서 완화되지만 폐기될 수 없는 긴장들이 더욱더 일반적인 ─사회적─ 개념

13 Vgl. Max Weber, Die Objektivität sozialwissenschaftlicher und sozialpolitischer Erkenntnis(사회과학적 및 사회정책적 인식의 객관성), a. a. O., S.190ff.
14 Talcott Parsons, a. a. O., S.376.
15 Vgl. a. a. O.
16 Vgl. a. a. O.

들과 더욱 특별한 —심리적인— 개념들의, 즉 그럭저럭 하는 동안에도 어떠한 지속성을 형성하지 않았던 개념들의 통계적인 모형으로 잘못 투사되고 있다. 개인적인 것들의 추상화에 대한 양적으로 충분한 데이터들이 결여되어 있기 때문이다. 개인과 사회의 구분은 그러나 단지 양적인 것만은 아니다. 개인과 사회의 구분은 오로지 —개별 주체들을 전체 과정에서 그들이 행하는 기능의 담지자로 미리 각인시키는— 사회적 과정의 강제적 속박의 틀에서만이 저울에 올려진다. 미래의 어떠한 학문적 종합도 원리적으로 둘로 갈라져 있는 것을 하나로 통합시킬 수 없다.

사회적인 법칙들이 심리적인 검사 결과들로부터 "이미 알려진 것으로부터 해명되는 방식으로 해명될 수 없는" 반면에, 이것의 대극對極에서는 개인이 단순히 개인만은 아니며 심리학의 기체基體가 아니다. 오히려 개인은, 개인이 합리적으로 행동하는 한, 개인에서 선명하게 각인되는 사회적 규정들의 담지자이다. 비합리성의 지대로서의 개인의 "심리학"은 합리성에 못지않게 사회적인 모멘트들로 되돌아가도록 가리킨다. 개별적인 개인들에서 보이는 차이들은 사회적인 압력의 흔적들이며, 이와 똑같은 정도로 인간의 자유에 대한 암호들이기도 하다. 두 영역의 대립은, 즉 개인과 사회의 대립은 학문적인 일반화의 모형을 통해서 슬쩍 넘어가서는 안 되며, 절대화될 수도 없다. 이렇게 하지 않으면, 우리는 개별 인간의 자의식을, 자체로 개인주의적인 사회의 일시적인 산물인 자의식을 문자 그대로 받아들여야만 할 것이다. 개인과 사회의 배치背馳는 본질적으로 사회적인 원천을 갖고 있으며, 사회적으로 영속화된다. 개인과 사회의 배치가 나타내는 것들은 우선은 사회적으로 설명될 수 있다. 개별적인 반응형식들이 단단하게 굳어 있는 것인 이유의 이해관계들을 그 근원으로 놓고 있는 독특한 유물론이, 성인들의 경제적 행동방식들을 그들의 어린 시절로부터 도출하는 심리학자에 대항한 것은 맞는 일이다. 성인들의 경제적 행동들은 객관적인 경제적 법칙들을 따르며, 계약당사자들이 갖고 있는 개별적인 성질은 법칙들 안으로 들어가지도 못하거나 또는 단지 단순한 첨가물로서만 들어갈 뿐이다. 파슨스가 요구하듯이 심리학적인 개념들이 사회이론의 정교한 요구에 적응하는 것이 가능한 경우라고 할지라도, 이것이 가져오는 도움은 적은 것에 지나지 않을 뿐이다. 그 이유는 다음과 같다. 특별히 사회적인 현상들이 사람들 사이의 추상적인 규정들을 삽입시키는 것에 의해서, 특히 등가 교환을 삽입시키는 것에 의해서, 그리고 그처럼 사람들로부터 떨어져 나온 규정들의 모델에 따라서 형성된 기관器官, 즉 합리성의 지배에 의해서 심리학으로부터 해방되었기 때문이다. 이렇기 때문에 "주관적인" 경제학은 이데올로기적이다. 주관적인 경제학이 시장의 진행들을 설명하는 데 끌어들이는 심리학적인 모멘트들은 시장의 진행들이 보여 주는 단순히 우연적인 것들에 지나지 않는다. 강조점들의 위치를 변동시키는 것은 현상을 현상이 아닌 본질로 나타나게 한다. 파슨스의 정당한 의심, 즉 심리분석적인 전문가들은 분석적인 개념들을 그들 자신으로부터 출발해서 사회적인 문제들에 적절하게 적용시키는 능력을 갖고 있지 못하다는 의심은 전문가들이 갖는 보편적인 성향, 즉 그들이 부분적으로 구사하는 개념들을 개념들에서 벗어난 총체성으로 확대시키려는 성향을 적중시키고 있다. 그뿐만 아니라 그의 의심은 심리분석적인 전문가들이 개별 인간의 영혼적인 삶으로부터 전혀 발원하지 않은 것에 대해 심리학적으로 설명할 능력이 없다는 점을 제대로 지적하고 있다. 개별적인 행동방식들이 동일한 기준에 수렴되는 가능성은, 즉 실재적인 사회적 조직화는 경제 주체들의 개별적인 행동방식들이 직접적으로 서로 마주 서 있지 않고 교환가치의 척도에 따라 역할을 맡는 점에 근거한다. 이것은 학문들이 서로 갖고 있는 관계에도 규칙을 지시한다. 학문들의 전문화는 사회학과 심리학을 같은 정도로 많이 이해하고 있음직한 박식한 사람의 이상理想을 통해서 교정될 수도 없을 것 같다. 학문들의 통합을 향하는 함성은 아무런 도움이 되지 않는 것의 표현일 뿐이

며, 진보의 표현이 아니다. 실재로 와해되어 있는 것에 대한 개념적 종합
이 와해에게 명령하는 것보다는 특별한 것, 쪼개진 것에 대한 완강한 주
장이 일반적인 것을 알아차리는 것을 희망하는 것이 더 낫다. 인식은 그
어떤 다른 총체성보다 대립주의적인 총체성에 대해 힘을 발휘한다. 인식
은 모순의 힘을 빌려서만 총체성에 이를 수 있다. 특별한 심리학적인 소
질이 거의 항상 비합리적인, 어떤 경우이든 반反체계적인 모멘트를 내포
하고 있다는 점은 그것 자체로 심리학적인 우연성이 아니다. 대상으로부
터, 즉 지배적인 합리성의 보충으로서의 쪼개진 비합리성으로부터 프로
이트가 성취한 학문전략적인 성공은 배제성 및 지배 충동과 함께 엉클어
져 있는 체계적인 특징이 프로이트에서 심리학적인 통찰과 짝을 이루고
있다는 사실에 최종적으로 기인하고 있지는 않다. 프로이트가 찾아낸 것
들을 총체적인 것 안으로 몰고 가려는 의도가 심리분석에서 비진실의 모
멘트를 유발시켰던 반면에, 그러한 의도는 바로 이러한 총체적인 것의 덕
택으로 설득력을 갖는다. 그러한 의도는 모든 것을 해결할 수 있다고 약
속하는 주술적 공식으로 수용된다. 대단한 정신적인 작용들은 항상 폭력
성의 모멘트, 인간에 대한 지배의 모멘트와 결탁되어 있다. 프로이트 자
신도 알고 있듯이,[17] 명령하는 자들이 갖고 있는 자기애적인 것과 고립된
것은 집단을 유인한다. 대단하며 강력한 인물이 갖고 있는 이데올로기는
비인간적인 것, 이름이 서로 다른 것에 대한 잔혹한 처리를 ―강력한 인
물이 갖고 있는 지위로서― 그 인물의 대변貸邊에 기록하는 경향을 보인

---

17 "대중으로서의 개인들은 오늘날에도 아직도 그들이 지도자에 의해서 동등하게, 그리
   고 정당한 방식으로 사랑받고 있다는 것을 그럴듯하게 꾸며 보이는 것을 필요로 하고
   있다. 그러나 지도자 자신은 다른 누구도 사랑할 필요를 느끼지 않는다. 그는 타고난
   지배자이기만 하면 된다. 그는 절대적으로 자기애적이고, 자신에 대한 확신을 가지며
   독자적이기만 하면 되는 것이다"(Sigmund Freud, Gesammelte Werke, Bd. 13, London
   1940, Massenpsychologie und Ich-Analyse[대중심리학과 자아 분석], S.138).

다. 기존의 질서에서의 진실은 그것이 진실이 되기 위해서는 바로 이러한 강제적 모멘트로부터 벗어나야 한다는 것은 기존의 질서에서의 진실에 들어 있는 무력감에 속한다.

파슨스의 연구에 대해서 의견을 말한 바 있었던 심리분석가인 하인츠 하르트만Heinz Hartmann은 사회학과 심리학이 공동의 언어 개념들을 사용하자는 파슨스의 생각에 동조한다. 하르트만은 그러나 프로이트의 정통 학설에서 보이는 지배적인 심리학주의에 대해서는 명시하지 않은 대립 관계에서, 사회과학들이 개별적인 인성 구조들에 대한 고려가 없이도 통용되는 예언을 할 수 있다고 인정한다.[18] 이렇게 함으로써 하르트만은 동시에 의식된 자아의 행위들 또는 미리 의식된 자아의 행위들과 의식되지 않은 것 사이의 내적인–분석적인 차이로 되돌아간다. 수정주의자들의 경우처럼 무의식적인 것을 사회적 해석을 위해서 직접적인 사회적 영향들에 환원시키는 것 대신에, 그는 자아와 무의식적인 것에 대한 프로이트의 구분에 접속한다. 원천적인 본능 에너지로부터 쪼개져 나와 현실을 "시험해 보는"[19] 것을 관할하고 본질적으로 현실에 적응하는 일을 처리하는 것을 관할하는 자아는 하르트만의 함축된 논리에 따르면 심리적인 동기부여로부터 고립되며, 논리적으로–객관화되는 기능을 현실 원리로서 행사한다. 심적인 힘들이 서로 대립되어 있다는 것을 알고 있는 엄격

---

[18] Vgl. Heinz Hartmann, The Application of Psychoanalytic Concepts to Social Science(심리분석적 개념의 사회과학에의 적용), in : The Psychoanalytic Quarterly, Vol. XIX, 1950, No. 3, S.385.

[19] "우리는 현실에 대한 시험을 심적인 체계들 사이에서 우리에게 알려지게 된 검열들 외에도 자아가 설치한 위대한 제도들 중의 하나로서 세우게 될 것이며, 나르시즘적인 흥분 상태들에 대한 분석이 그러한 제도들 중에서 다른 어떤 제도를 발견하는 데 우리에게 도움을 줄 것으로 기대하고 있다"(Freud, Gesammelte Werke, Bd. 10, London 1946, Metapsychologische Ergänzung zur Traumlehre[꿈에 관한 교설에 대한 메타심리학적인 보완], S.424).

한 심리분석은 오히려 특히 경제적인 운동법칙들의 객관성을, 주관적인 본능 자극들의 맞은편에서, 학설들로서 ─이것들은 사회와 심적인 것 사이의 연속체를 산출하기 위한 목적으로 분석적인 이론의 핵심, 즉 자아와 무의식적인 것의 충돌을 부인한다[20]─ 통용시킬 수 있다. 하르트만은 심리적인 영역에 특이하게 붙잡혀 있다. 심리분석가인 하르트만의 행동은 성격 노이로제에 시달리는 사람, 즉 지력智力이 그것 자체로는 "정상적으로" 기능함에도 불구하고 세계에서 상처를 입은 사람의 행동이다. 하르트만의 행동은 사실상 사업가의 행동보다도 비교할 수 없을 정도로 더욱 더 "심리적이다." 사업가는 자신이 움직이고 있는 역할의 성격 특징들을 갖든 또는 갖지 못하든 역할을 일단 수용한 이후에는, 사업가 자신이 스스로 신경증 환자가 되지 않는 한, 그가 행하는 것과 다른 방향으로는 거의 행동할 수 없다. 심리분석가인 하르트만의 행동은 사업가의 이런 행동보다도 비교할 수 없을 정도로 심리적인 것이다. 심리분석가의 스스로 완성된 나르시즘적인 행동방식은 사회적인 관점이 없는 행동방식에 지나지 않음이 확실하다. 우리는 물론 정신적인 질병의 특정 유형들을 병든 사회의 모델에 따라 구축할 수 있다. 이미 30년 전에 루카치는 정신분열증을 주체가 객체성으로부터 사회적으로 소외되는 것의 극단적인 결과로 파악한 바 있었다. 자폐증에 걸린 사람들에게서 보이는 심리적인 영역의 농축화가 그것 자체로 사회적인 원천을 갖고 있음에도, 그러한 농축화는, 일단 그 기초가 이루어진 채, 그 내부에서 비교적 한 목소리를 내면서 닫혀진 심리적인 동기부여 구조를 설치한다. 이에 반해 자기 스스로 권력적인 자아는 현실에 대한 통찰적인 관계에서 동기가 부여된다. 이러

---

20 Vgl. Theodor W. Adorno, Zum Verhältnis von Psychoanalyse und Gesellschaftstheorie(심리분석과 사회이론의 관계에 대하여), in: Psyche 6[1952], S.17f. 지금은 이 책 49쪽 하단 이하를 참조.

한 자아가 가진 심리는 대부분의 경우 오로지 방해로 출현한다. 그 내부에 객관적인 사회적 이해관계의 상황들이 구체화되어 있는 합리성의 격렬하게 작동하는 우위적 권력은 이러한 심리가 힘을 발휘하지 못하도록 방어한다. 자아가 가진 목표는 일차적인 충동 목표들과 더 이상 동질적이지 않게 되며, 그러한 충동 목표들에 더 이상 되돌아 건너갈 수 없고, 충동 목표들에서 여러 겹으로 서로 모순된다. 심리적인 것의 개념이 심적인 에너지의 "수학화"를 포함할 정도로 우리가 심적인 것의 개념을 확대하는 것의 여부는 단순한 학술 용어 명명법에 관한 일은 아니다. 심리적인 것의 개념은 비합리성이 심리외적인 것으로서의 합리적인 것에 대해 갖는 대립관계에서 유일하게 그 실체를 갖는다. 심리분석이 사생활, 가족 갈등, 경제적으로 말하자면 소비의 영역에서 구상된 것은 우연한 일이 아니다. 소비 영역은 심리분석의 전문 분야이다. 원래부터 심리적인, 힘의 게임은 그것 자체가 사적인 부분에 제한되어 있으며 물질적 생산의 영역에 대해서는 거의 권력을 갖지 못하기 때문이다.

인간의 삶은 사회적인 활동들에서 재생산되며 사회적인 활동 자체에 의해 재생산된다. 사회적인 활동들의 분리는 인간이 작동장치를 꿰뚫어 보는 것을 방해하며, 모든 것이 인간에게 달려 있을 뿐이라는 상투어에 인간을 넘겨 버린다. 이러한 상투어는 컨베이어 벨트 시대에서 더욱 기승을 부리며 그 이전에는 이와 같은 정도로 소비된 적이 거의 없었다. 사회적인 경향들이 인간의 머리 위에서 관철되고 있다는 점, 인간이 이러한 경향을 자신에게 고유한 경향들로서 알고 있지 못하다는 점은 사회적인 가면을 완성시킨다. 인간이 행하는 노동은 인간과 전체가 생명을 유지하게 해 주지만 인간의 삶은 전체에 의해 불투명하게 의존되어 있다. 이러한 상태에 처해 있는 인간은 사회가 인간을 잡고 있는 총체일 뿐만 아니라 인간과 대립되어 있는 것이라는 사실을 인식할 능력이 없다. 소외된 객체성의 불투명성은 주체들을 주체들의 제한된 자기 자신에게 되돌려 던지며, 이러한 자기 자신의 쪼개진 대자-존재, 즉 단자론적인 주체와 그것의 심리학이 주체들에서 본질적인 것으로서 그 모습을 그럴듯하게 꾸며 보이고 있다. 인류에게 거짓말을 곧이듣게 하는, 미국에서는 그 사이에 프로이트로부터 김빠진 국민 영양제를 준비하였던 심리학의 의식儀式은 탈인간화의 보충제이며, 인간의 운명이 타고난 것에 달려 있다고 말하는 무력한 사람들의 환상이다. 인간이 주체로서의 자신을 만나고 싶은 곳인 학문이 이와 동시에 학문에게 고유한 형태에 따라 인간을 다시 한 번 객체들로 변모시키는 것은 충분히 아이러니적이다. 이것은 사회적으로 미리 준비되어 있지 않은, 그 어떤 독립적인 주체성이 숨어 있을 수도 있는 은신처들을 더 이상 용인하지 않는 전체 체제의 위임에서 일어난다. 외부적인 것에 대해 비교적 독자적인 내적인 것으로서의 심리학은 그것이 끊임없이 폐를 끼치고 있는 사회에게 질병이 되고 말았다. 이렇기 때문에 심리 치료는 심리학의 유산을 떠맡았다. 사회적 합리성으로부터 벗어난 것으로서의 심리학이 그것의 우위를 보였던 곳인 주체는 예로부터 변칙적인 것, 올빼미 같은 것으로 통용되었다. 전체주의 시대에서 이러한 주체가 머무르는 곳은 노동수용소나 강제수용소이다. 앞에서 말한 주체는 이런 곳들에서 "완성되고," 성공적으로 통합되었기 때문이다. 그러나 심리학의 나머지인 인간은, 즉 심리학에서 중요한 관건인 인간은 바보들이나 또는 심적으로 불구가 된 사람들이 쉽게 도달하는 곳인 전체주의적인 위계질서의 꼭대기로 찌그러진다. 바보들이나 심적 불구자들이 갖고 있는 결함은, 즉 원래부터 심리학적인 것은 가장 높은 곳에 위치하는 결정들인 목적들의 비합리성과 ─공허한 장광설에 의해서 단지 구분될 뿐인 체계들의 모든 합리성은 목적들의 그러한 비합리성을 위해 수단들로서 소집될 뿐이다─ 정확하게 조화를 이루기 때문이다. 파악되지 않은 것으로 이처럼 마지막으로 특별하게 남은 영역은 독재자들이 독재의 기반에서 머리를 굴리게 하고 히스테리성 경련을 일으키게 하거나 또는 상상 속의 음모를 찾아내는 것을 가리켜 준다. 파악되지 않은 것으로 최후에 특별하게 남은 영역은 사회적인 광기의 단순한 가면일 뿐이다.[21] 심리학 영역이 객체성에의 통찰의 자리를 대신해서 이데올로기에 더욱 많이 들어오면 올수록, 심리학 영역은 더욱더 많이 수축될 뿐만 아니라 심리학적인 것의 여분들도 희화와 찌푸린 얼굴로 전도된다. 심리학이 질병이 되고 말았다는 것은 사회의 잘못된 의식을 사회 자체로부터 표현하고 있을 뿐만 아니라 이러한 사회에서 인간으로부터 사실상으로 성립된 것이 무엇인가를 동시에 표현하고 있다. 심리학의 실체, 즉 개인이 그 스스로 사회적 조직화의 —오늘날에는 낡아 빠진— 형식만을 성찰하고 있기 때문이다. 철학의 순수한 개별자(제일 실체)τόδε τι, 즉 인식의 구체화의 극이 불확실한 것으로서 전적으로 추상적인 것처럼, 겉으로 보기에 그럴듯한 사회적인 지속성, 그리고 계약당사자로서의 각 개별 인간도 추상적이다. 다시 말해, 자신의 확실성을 그에게 특별한 규정으로부터 벗어나 있는 추상적인 교환 행위, 사물적인 것에서 유일하게 갖고 있을 뿐인 각 개별 인간도 역시 추상적이다. 교환 행위가 바로 핵심이었으며, 개별적인 성격은 이러한 핵심 주변을 돌면서 결정結晶되었다. 사물화된 심리학은 이러한 핵심을 개별적인 성격에 고유한 척도를 갖고 측정한다. 개별화된 개인, 즉 자기보존의 순수한 실체는 사회에 대한 절대적인 대립관계에서 자신의 가장 내적인 원리를 구체화시킨다. 개별화된 개인이 무엇으로부터 이루어지는가, 개별화된 개인의 내부에서 무엇이 서로 충돌하는가와 같은 모멘트들과 개별화된 개인의 "속성들"은 동시에 항상 사회적인 총체성의 모멘트들이다. 개별화된 개인이, 매번 전체를 의식하지 않은 상태에서, 전체가 갖고 있는 모순들로 전체를 표상한다는 엄격한 의미에서 볼

---

21 "광기는 개별 인간들에서는 드문 것이다 — 그러나 집단, 정당, 민족, 시대에서는 규칙이다"(Nietzsche, Jenseits von Gut und Böse[선악의 피안에서], Aph. 156).

때, 개별화된 개인은 단자單子이다. 개별화된 개인은 그러나 전체가 갖고 있는 모순들의 형체에서 전체와 항상, 그리고 통상적으로 소통하지 않는다. 이러한 모순들의 형체는 전체에 대한 경험으로부터 직접적으로 유래하지는 않는다. 사회는 개별화된 개인에게 개별화를 각인시켰다. 개별화는 사회적인 관계로서 개별화된 개인의 운명에 관여한다. "심리동역학"은 사회적인 갈등들이 개인에서 재생산된 것이다. 그러나 개인이 현재적으로 중요한 사회적인 긴장들을 단순히 모사하였던 것과 같은 종류의 재생산은 아니다. 오히려 개인은, 사회에 의해 조밀하게 메워진 것으로서, 사회에 의해 쪼개진 것으로서 실존하면서, 개별화의 저주가 다시 한 번 스스로 관리하는 것인 사회적인 총체성의 병적인 생성을 개인 자신으로부터 발달시킨다.

상황에 관계없이 개인에게서 부착되는 모든 형태의 심리학주의는 이데올로기이다. 심리학주의는 사회적 조직화의 개인주의적인 형식을 개인에 대한 사회외적인, 자연적인 규정으로 주술화시킨다. 심리학주의는 계몽에 대한 다른 구상들을 가지면서 개인의 기능을 근본적으로 변화시켰다. 사실상으로 개별적인 동시성들로부터 벗어나 있으며 추상적인 주체들 사이에 매달려 있는 과정들이 영혼으로부터 설명되는 순간에, 사람들은 사물화된 것을 위로를 받으면서 인간화시킨다. 그러나 스스로 소외된 사람들은 그럼에도 불구하고 아직도 인간들이다. 역사적인 경향들은 인간에 맞서서 실현될 뿐만 아니라 인간 내부에서, 그리고 인간과 함께 실현된다. 인간의 평균적인 심리적 질質도 그것 자체로 인간의 평균적인 사회적 관계로 들어간다. 인간과 인간의 동기부여들은 객관적인 합리성에서 쇠진되지 않으며, 때로는 객관적인 합리성에 대립되는 방향으로 행위한다. 그럼에도 불구하고 인간은 객관적 합리성을 실행하는 기능적인 담지자이다. 심리학으로 되돌아가는 것의 조건들 자체도 사회적으로 미리 그 그림이 그려져 있으며, 이는 주체가 현실에 의해서 과도하게 요구를 받고 있는 것에 기인한다. 그렇지 않다면, 명백하게 드러나거나 또는 배제된 충동 모멘트는 사회적 객체성에서 단지 하나의 구성 요소, 즉 욕구의 구성 요소로서 나타날 뿐인 것이다. 욕구의 구성 요소는 오늘날 완벽하게 이윤에 대한 관심을 위한 기능이 되었다. 주관적인 합리성과 합리성의 존재 이유가 서로 갈라진다. 계산적인 이성이 약속해 주는 모든 이점利點을 계산적인 이성이 그 사람에게서 내동댕이쳐 버리는 대상이 되는 사람 자신은 이러한 이점을 행복으로서 즐길 수 있는 능력을 갖지 못한다. 오히려 이런 사람은 소비자로서 사회적으로 미리 그 모습이 그려져 있는 것, 그리고 생산을 통제하는 사람들이 제공한 것에 다시 한 번 순응해야 한다. 욕구들은 항상 사회적으로 매개되었다. 오늘날 욕구들은 그것의 담지자들에게서 완전히 외적인 것이 되고 말았다. 욕구의 충족은 광고의 게임 규칙들에 복종하는 것으로 넘어가고 있다. 각 개별 인간의 자기보존적 합리성의 총체는 비합리성으로 비난받게 되었다. 사회적인 전체 주체를 이성적으로 형성하는 것, 즉 이성적인 인류의 형성이 성공에 이르지 못하였기 때문이다. 이렇게 된 상태에서 각 개별 인간은 다시, 역으로, 지칠 대로 지쳐 있다. "무의식적인 것이 있던 곳에서 자아가 생성되어야 한다"[22]는 프로이트의 명령은 스토아학파의 명령처럼 공허한 것, 명료하지 않은 것을 지닌다. 현실에 맞는, "건강한" 개인은 합리적으로 경제 행위를 하는 주체가 경제적이지 않은 것과 마찬가지로 위기에 강하지 못하다. 사회적으로 비합리적인 결과는 개별 인간의 차원에서도 역시 비합리적인 결과가 된다. 이렇게 되어 있는 한, 노이로제는 사실상 그 형식에 따라 사회의 ─사회에서는 노이로제가 폐기될 수 없다─ 구조로부터 도출될 수 있을 것 같다. 성공에 이른 치료조차도 상처 입은 것의 징후, 헛

---

22 Freud, Gesammelte Werke, Bd. 15, London 1944, Neue Folge der Vorlesungen zur Einführung in die Psychoanalyse, 31. Vorlesung, S.86.

되고 병적으로 혹사당한 적응의 징후를 짊어진다. 자아가 올리는 환호성은 독특한 것에 의한 현혹의 하나일 뿐이다. 바로 이것이 심리치료자들을 속임수에 이르도록 자극시키는 모든 심리치료가 갖고 있는 객관적인 비진실의 근거이다. 치료된 사람이 미친 전체에 자신을 비슷하게 함으로써 치료된 사람은 비로소 제대로, 치료가 성공에 이르지 못한 사람이 그렇다고 해서 더욱더 건강하지는 않는 상태에서, 질병에 걸리게 된다.

사회학과 심리학의 분리는 맞지 않는 것이면서도 동시에 맞는 것이다. 분리는 사회학과 심리학의 분리를 명령하는 총체성에 대한 인식을 포기하는 것을 양도함으로써 맞지 않는 것이 된다. 사회학과 심리학의 분리가 실재로 실행된 단절을 개념에서의 성급한 통합보다도 더욱 비화해적으로 기록하는 한, 그것은 맞는 것이 된다. 특별한 의미에서의 사회학은, 물론 항상 다시, 그리고 막스 베버에서도 역시 주관적으로 약화된 의미에서의 사회학은 사회적 과정의 객관적 모멘트를 붙들고 있다. 그러나 사회학이 주체들과 그것들의 동시성을 더욱더 엄격하게 도외시하면 할수록 사회학은 더욱더 배타적으로 사물화된, 동시에 자연과학적인 증류蒸溜 찌꺼기caput mortuum와 관련을 맺게 된다. 그런 곳에서, 사회적인 대상 자체를 결코 한 번도 손에 넣지 못하는 자연과학적 이상理想들과 처리방식들을 모방하려는 시도가 이루어지고 있는 것이다. 자연과학적 이상들과 처리방식들이 그것들의 엄격한 객관성을 과시하는 동안에도, 그것들은 이미 과학적 행사에 의해서 매개된 것들에 ─전문 분야들과 인자因子들─ 마치 그것들이 직접적으로 사물 자체라도 되는 듯이 만족해야 한다. 사회가 들어 있지 않은 사회학이 그 결과로 초래된다. 인간이 그 속에서 자신을 스스로 망각해 버리는 상태의 모사물이 초래되는 것이다. 개별적으로 찾아낸 것들에 대한 확인이 ─이러한 확인은 전체의 본질법칙으로부터 비로소 논의가 시작될 만한 작업일 것 같다─ 본질법칙 앞으로 밀고 들어간다. 이에 반해 심리학은 주체의 관심을 지각하지만, 그것도 마찬가지로 고립되어 있고 "추상적이다." 심리학은 사회적인 생산 과정을 도외시하며 심리학 나름대로 하나의 산출된 것, 즉 시민사회적인 형태에서의 개인을 절대적으로 설정한다. 사회학과 심리학은 그것들을 불충분함으로 인지하게 되지만, 불충분함을 고치는 것에는 무력한 채 인지할 뿐이다. 사회학과 심리학의 피할 수 없는 분립 체계는 순수하게 유지될 수 없다. 사회학은 "주관적인 인자"를 그 내부에서 끌어들이려고 모색하면서 이를 통해 단순한 사실들의 수용에 맞서서 스스로 심화되었다고 생각한다. 이렇게 함으로써 사회학은 동시에 곳곳에서 아포리아Aporie에 빠져든다. 사회학이 객관성에 관한 사회학에 고유한 개념을 흘러 들어온 물이 고여서 이루어진 것과 같은 결과에서 갖지 않는 과정에서, 즉 이러한 결과를 산출시키고 총체성으로서 굳어 있는 것이 될 수 없는 과정에서 확보하지 않기 때문에, 사회학은 길을 잘못 들 수 있게 된다. 다시 말해, 사회학은 개별적인 개인들과 개인들이 갖는 의식의 내용들을 명백한 자료로서 사회학이 통계적으로 찾아낸 것들의 기초에, 상황에 관계없이 다시 한 번, 놓는 잘못을 저지르게 되는 것이다. 이제 심리학주의가 도처에서 사회학을 위협한다. 사회학은 인간의 의식을 그것 자체로부터 끌어내야 한다는 위협, 그리고 인간이 하는 행위의 해명을 위해서는 인간의 항상 기만적인 "의견"을 행위가 객관적으로 결정되어 있는 곳, 인간들 스스로 해명을 필요로 하는 곳에서 끌어내야 한다는 위협을 가하는 것이다. 또는 사회학은 사회적인 총체성에 대해서는 반응하지만 총체성에 동기를 부여하지는 않는 무의식적인 원동력들을 탐색해야 한다는 위협에 시달리게 된다. 나치즘은 그 지지자들이 갖고 있었던 죽음에의 충동을 철저하게 이용할 수 있었다. 확실한 것은, 나치즘의 권력이 가장 강한 집단들의 삶에의 의지에서 발원하였다는 사실이다. 심리학은, 역으로, 심리학이 발견한 메커니즘들이 사회적으로 중요한 행동을 설명하지 않고 있다는 사실에 직면해 있음을 알아차리고 있다. 이러한 메커니즘들이 제시하는 가정假定

이 각 개인들의 개인적인 동역학에서 얼마만큼 설득력이 있다고 할지라도, 이러한 메커니즘들은, 정치와 경제에 비해서, 불합리한 것과 광기적인 것의 성격을 되풀이해서 받아들인다. 이렇기 때문에 자기비판적으로 불안해 하는 심층심리학은 사회-심리적으로 확장되어야 한다는 압박을 받고 있음을 스스로 알아차리고 있다. 이러한 확장은 한편으로 심리학적인 통찰, 즉 의식적인 것과 무의식적인 것의 구분을 밝게 한다. 이러한 확장은 다른 한편으로는 사회적인 원동력들을 심리적인 원동력으로, 즉 표면적인 자아 심리학의 원동력으로 변조시킴으로써 비진실만을 강화시킬 뿐이다. 실제로 개별 인간의 행동에서의 합리성은 그것 스스로 결코 속이 들여다보이지 않고, 대체로 이질적이며 강요된 것이다. 개별 인간의 행동에서 보이는 합리성은 그러므로 어느 정도 기능을 발휘하기 위해서는 무의식적인 것과 혼합되어야 한다. 가장 앞서가는 나라들에서는 각 개인이 학교에서 배운 심리학적 지식이 꿈꾸게 할 수 있는 정도보다도 더욱 많은 것을 계산하고 있다는 것이 의문의 여지가 없음에도 불구하고, 자신의 삶을 전체로서 계산하거나 또는 자신의 행위의 결과들로서 항상 예외 없이 계산하는 사람은 거의 없다. 철저하게 사회적으로 조직된 사회에서는, 결정이 이루어지는 대부분의 상황들이 미리 그 모습이 그려져 있으며, 자아의 합리성은 가장 작은 발걸음의 선택으로 내려앉게 되었다. 다른 것이 아닌 바로 최소한의 대안들, 그리고 더욱 적은 손해에 대한 저울질이 철저하게 관건이 되고 있다. 그러한 결정들을 틀리지 않고 내리는 사람이 "현실적"이다. 이에 비해 각 개인의 비합리성은 별로 중요하지 않다. 무의식적인 것의 선택가능성들도, 이것들이 이미 원천적으로 보잘것없는 것이 아니라면, 권위 있는 이해집단들이 심리학적인 기법을 통해 오래전부터 전체주의적인 국가와 비전체주의적인 국가에서 실험된 방법들을 동원하여 그러한 선택가능성들을 몇 개 안 되는 통로로 조정해 버릴 정도로 축소되었다. 무의식적인 것은, 자아가 내보내는 눈빛 앞에서 조작을 통해 주도면밀하게 막혀진 채, 그 곤궁함과 차별되지 않은 상태에서 표준화, 관리된 세계와 행복하게 함께한다. 이런 모습에서 무의식적인 것은 그것 자체를 발견한다. 이렇기 때문에 전체주의 체계의 선전 선동가들도 하위 선전 선동가들에 의해 천재로 칭찬받을 만큼의 천재는 결코 아니다. 전체 주의적 선전 선동가들은 그들의 동맹에서 현실의 더욱 강한 무리들, 개인 들의 수많은 단기간적인 이해관계들을 이용하여 작업을 할 뿐만 아니라 가차 없는 현실 원리와 최상으로 조화를 이루는 심리적인 성향들을 이용 하여 작업을 한다. 개인에 관한 추상적인 견해에게 본능에 굴복하는 더욱 가벼운 것처럼 보이는 것, 바로 이것이 구체적으로 사회적으로는 더욱 무 거운 것이 된다. 더욱 무거운 것은 사회에 의해 예측되어 있으며 비합리 적으로 행위하는 사람에게 모자라는 힘을 오늘날 전제하기 때문이다. 무 의식적인 것과 초자아는 서로 결합에 들어가며, 이러한 결합은 여권에 사 증을 주는 것처럼 이미 인증된 것이었다. 무의식적인 것과 초자아의 결 합은 본능에 따라 행위하는 바로 그곳에서 일어나며, 대중은 검열에 의 해 미리 형성되어 있고, 권력의 은총을 받게 된다. 전체주의 시대에서 대 중이 자신의 이해관계를 거역하는 방향으로 행위한다는 테제는 거의 진 실이 아니며 어떤 경우이든 사후 소급 적용ex post facto에 해당될 뿐이다. 충 성스러운 추종자들로 하여금 따르도록 자극하는 개별 행위들은 —추종자 들이 광기로 넘어가는 것은 한계 가치를 표현해 준다— 항상 일단은 가불 형식으로 이루어지는 만족을 제공한다. 계산서가 제시되었을 때 비로소 실망이 일어난다. 실제로, 전체주의적인 행위들은 이러한 행위를 하는 사 람들의 경쟁자들에 대해서 비이성적으로 보이는 것과 같은 정도로 행위 자들에 대해서는 이성적으로 보인다. 전체주의적 행위들은 비로소 이성 자체의 힘을 빌려서 변증법에 빠져든다.

이러한 변증법은 그러나 외부 세계에 대한 주체의 행동을 병에 걸리 게 할 뿐만 아니라 자체로서의 주체도 역시 병들게 한다. 경직된 관계들에의 적응 메커니즘은 동시에 주체가 그 내부에서 경직되는 현상의 하나이다. 주체가 현실에 맞는 정도가 많으면 많을수록, 주체는 그것 자체로 더욱더 많이 사물이 되며, 더욱더 적게 살아 있게 된다. 주체가 현실에 맞는 정도가 많으면 많을수록, 주체의 모든 "실재주의"는 ─실재주의는 자기보존적인 이성이 얻기 위해서 게임에 들어섰던 모든 것을 파괴하며, 그 결과에서 벌거벗은 삶을 위협한다─ 더욱더 광기적으로 된다. 주체는 사회적인 생산의 내부를 향하여 끊임없이 계속되는 기계장치로서, 해체되지 않은 찌꺼기로서, 즉 무성하게 자라고 있는 "합리적인" 구성 요소에 비해서 무력한 유보적인 영역으로서, 호기심으로 영락零落한 찌꺼기로 분해된다. 억압되고 배제된 충동이 아닌 자기 자체에 고유한 충족이고자 하는 원천적인 충동이 종국적으로는 "병든" 것으로 출현하며, 사랑이 노이로제로 출현하게 된다. 그 이데올로기에 맞춰 노이로제를 치료하겠다는 요구를 제기하는 심리분석의 실제는, 모든 것을 지배하는 실제와 그 전통에 이미 동조하면서, 노동능력과 건강한 성생활을 위해 사랑과 행복에 대한 인간의 습관을 바꾸어 놓는다. 행복은 발육 부진과 같은 것이 되며, 카타르시스적인 방법론은 사악한 것, 적대적인 것, 비인간적인 것이 된다. 이처럼 사회적 동역학은 심리분석적인 학문의 최근 형체까지도 병들게 하는 것이다. 항상 더욱더 많이 서로 멀어지는 경향을 보이는 심리학과 사회의 괴리성에도 불구하고, 배제시키는 것, 검열, 초자아로서의 사회는 모든 심리적인 것 안으로 손을 뻗치고 있다. 사회적-합리적 행동은 통합의 행렬에서 심리적인 잔재들과 용해된다. 이것을 보고 있는 수정주의자들만이 서로 소외되어 있는 관할처管轄處[23]들인 자아와 무의식적

---

[23] Instanz라는 독일어는 어떤 경우나 어떤 결정에 대해 관할 권한이 있는 위치나 자리를 의미한다. 이 자리에서 이 뜻을 살려 우리말로 번역하는 것이 문장의 흐름으로 보아 거의 불가능하기 때문에 하는 수 없이 관할처라는 말을 써 보았다(역주).

인 것의 의사소통을 극도로 단순하게 기술記述한다. 수정주의자들은 충동적인 삶과 사회적 경험의 직접적인 연관관계를 주장한다. 사회적 경험은 그러나 프로이트에 따르면 현실을 시험해 보기가 종속되어 있다고 하는 층인 자아의 외부 층層에서만 위상적으로 실행된다. 충동 동역학의 내부에서 현실은 무의식적인 것의 언어로 "번역된다." 이러는 한, 무의식적인 것의 "무시간성"조차도 없는 곳인 원시성에 관한 프로이트의 견해는 맞다. 구체적인 사회적 관계들과 동기부여들이, 변모되지 않은 상태는 아닌 채, 단지 "축소된 채", 무의식적인 것의 언어의 영역으로 들어간다는 프로이트의 견해가 맞는 것이다. 무의식적인 것과 의식적인 것의 비동시성은, 그것 자체로, 모순이 가득 차 있는 사회적 전개의 징후이다. 무의식적인 것에는 주체 내부에서 항상 함께 오지 않는 것, 진보와 계몽의 동맹이 지불해야만 하는 것이 퇴적되어 있다. 퇴적되고 남는 찌꺼기가 "무시간적인 것"이 된다. 행복에 관한 요구도 이러한 남는 찌꺼기 안으로 빠져들어 간다. 행복에 관한 요구가 신체적으로-국부화된 민족의 왜곡된, 모든 충족으로부터 쪼개진 형체만을 유일하게 목표하는 즉시, 그러한 요구는 사실상 그 모습을 "원시적으로" 드러낸다. 사회가 심리학에 의해 격리되듯이, 심리학도 역시 사회에 의해 격리되면서 피상적인 학문이 되고 만다. 심리학적인 층은 사회적인 압력에 놓이면서 항상 동일한 것에 대해서만 말을 걸 뿐이며 특별한 것 앞에서는 쓸모가 없어진다. 트라우마적인 것은 추상적인 것이다. 바로 이 점에서 무의식적인 것은 사회와 닮아 있다. 무의식적인 것은 사회에 대해 아무것도 알지 못하며 사회 자체도 추상적인 법칙에 종속되어 있다. 사회에 대해 아무것도 모르는 무의식적인 것은 사회의 잡동사니가 되는 것에 쓸모가 있을 뿐이다. 프로이트가 구체적으로 사회적인 것을 소홀하게 다루었다고 비난할 수는 없으며, 앞에서 말한 추상성의 사회적인 원천에서 지나치게 쉽게 만족한 것에서, 즉 무의식적인 것의 완고함에 만족한 것에서 비난받을 수 있다. 프로이트는 부정否定적인 것의 영구적인 전통에 의한 궁핍화를 인류학적인 규정으로서 실체화시켰던 것이다. 역사적인 것은 불변적으로 되며, 영혼적인 것은 역사적으로 주어진 것이 된다. 심리적인 이미지들에서 역사적인 현실로의 전이에서 프로이트는 자신이 발견한, 무의식적인 것에 들어 있는 모든 실재적인 것의 변경을 망각하고 있으며, 이렇기 때문에 원原유목민 집단에 의한 아버지 살해처럼 사실적으로 주어진 것들을 잘못 지시하고 있는 것이다. 무의식적인 것과 현실 사이의 단락短絡은 심리분석에게 성서외전聖書外典처럼 공인받지 못하는 특징들을 부여한다. 공식적인 학문을 통한 방어는 그러한 특징들을 수단으로 해서, 대략 모세 전설에 대한 문자 그대로 조야한 파악을 이용하여 그토록 용이한 게임을 하고 있는 것이다. 네오 프로이디안의 한 사람인 카디너Kardiner가 "신화들"이라고 명명했던 것, 즉 마음의 내부로 통하는 것이 불확실한 사실성으로 전도되는 것은 프로이트가 자아 심리학을 작동시키는 곳에서도 역시 도처에서 기이하게 발생된다. 프로이트의 자아 심리학은 무의식적인 것에 대한 자아 심리학일 뿐이다. 무의식적인 것은 빈Wien의 은행 지점장이 갖고 있는 예리한 이성이라도 —무의식적인 것은 때때로 이러한 이성을 실제로 닮기도 한다— 갖고 있는 듯이 몹쓸 짓을 한다. 반박될 수 없는 사실들에서 버팀목을 찾는 노력에서, 즉 너무나 쉽게 반박될 수 있는 노력에서, 심사숙고되지 않은 채 긍정된 사회적인 것과 프로이트가 요구하였던 동일한 학문의 통상적인 기준들에 대한 믿음이 프로이트에서 표명되고 있는 것이다. 이러한 기준들을 위해서 프로이트적인 아동은 작은 어른이며 아동의 세계는 어른의 세계가 된다. 이렇게 해서 자기자족적인 심리학은, 그것이 사회를 향해 눈짓을 하는 것을 스스로 금지하고 있음에도 불구하고, 사회적으로 숙달된 사회가 사회에 의해서 조롱받는 것에 못지않게 사회에 의해서 조롱받는다.

　　사회적인 변증법으로부터 빠져나와 분리된, 추상적으로 심리 자체에 대해 자세히 관찰된 심리는, "탐구 대상"으로서, 사회에 제대로 들어맞게 된다. 주체들을 추상적인 노동력의 단순한 관계 지점들로서 "투입하는" 사회와 제대로 맞아 돌아가는 것이다. 사람들은 프로이트가 기계적인 사고를 하고 있다고 비난하는 것을 즐겼다. 프로이트의 결정주의뿐만 아니라 에너지 보존, 어떤 에너지 형식이 다른 에너지 형식으로 변환될 수 있는 가능성, 연속적으로 일어나는 사건들을 일반적인 법칙들에 포괄하는 것과 같은 함의적인 카테고리들도 자연과학을 생각나게 한다. 그의 "자연주의적인" 성향은 새로운 것에 대한 원리적인 배제, 영혼적인 삶을 이미 한번 있었던 것의 반복에 환원시키는 것에서 내용적으로 그 결과를 드러낸다. 이러한 모든 것은 그것의 현저한 계몽적인 의미를 갖는다. 영혼 존재론, "합리적인 심리학"에 대한 칸트의 비판은 프로이트에서 만회된다. 프로이트가 가공해 놓은 영혼적인 것은 각기 이미 정초된 세계의 한 조작으로서 경험주의적인 개념 형성의 질서 모형에 종속된다. 프로이트는 영혼적인 것이 애니미즘의 잔재로서 이데올로기적으로 미화되는 것에 종지부를 찍었다. 영혼 이데올로기는 어린이처럼 순진한 성성性性에 관한 교설에 의해서 가장 강력하게 동요된다. 분석적 이론은 부자유한 사회에서 인간의 부자유와 굴욕을 고발한다. 이는 유물론적인 비판이 경제에 의해 맹목적으로 지배된 상태를 고발하는 것과 같은 것이다. 그러나 분석적 이론이 죽음과 결탁된 시각을 가진 의사의 시각 아래에 놓이게 되면서, 부자유는 인류학적인 상수로 된다. 이렇게 함으로써 이른바-자연과학적인 개념 장치는 그 대상에서, 즉 대상만은 아닌 대상에서 자발성의 잠재력을 놓친다. 심리적인 영역이 그 내부에서 닫혀진 자족적인 힘의 장場으로서 더욱 엄밀하게 생각되면 될수록, 주체성은 더욱더 완벽하게 탈주체화된다. 영혼 자체에게 되돌려진, 동시에 객체가 없는 영혼은 객체로 경직된다. 영혼은 그 내재성으로부터 부수고 나올 수 없으며, 그것의 강력한 동일화에서 쇠진한다. 고유한 법칙에 따라 엄격하게 연구된 영혼은 영혼이 없는 것이 된다. 영혼 자체가 아닌 것을 더듬어 보는 것이 영혼일 것 같다. 바로 이것이 비로소 영혼일 것 같다. 이것은 단순히 인식론적인 사실관계만은 아니다. 이것은 심리치료의 결과에까지, 절망한 채 현실에 맞춰 사는 인간들에게까지 연장되어 들어와 있다. 그들의 제한된 이해관계 영역에서, 그들의 "주관주의"에서 더욱 많은 성공을 관철시킬 수 있도록 하기 위하여 문자 그대로 자신을 장치들로 변형시켰던 인간들에게까지 연장되어 있는 것이다.

심리학적인 개념 형성이 프로이트에서 보는 것처럼 일단은 그토록 일관성 있게 처리되는 순간, 심리학과 사회의 소홀하게 다루어진 배치背馳가 심리학적인 개념 형성에서 보복을 가한다. 우리는 이것을 존스Jones가 원래 도입하였으며[24] 이후에 모든 분석적 이론으로 전이되었던 개념인 합리화의 개념에서 예를 들어 설명할 수 있다. 합리화의 개념은, 모든 진술의 진리 내용으로부터 독립된 채 말하는 사람의 심적인 살림살이에서 기능들을 충족시키는 모든 진술을 포괄한다. 이러한 기능들은 대부분의 경우 무의식적인 경향들을 방어하는 기능들이다. 앞에서 말한 진술들은, 마르크스주의적인 이데올로기론과의 자주 언급된 유사성에 따라, 심리분석적으로 항상 비판에 놓여 있다. 그러한 진술들은 객관적으로 감추는 기능을 갖고 있으며, 분석가는 그러한 진술들을 그 오류성뿐만 아니라 필연성으로 옮겨서 감춰진 것을 밝혀내는 것을 목표로 삼는다. 그러나 합리화에 대한 심리학적-내재적인 비판은 합리화의 사물적인 내용과 미리 예정되어 있는 조화에 결코 머물러 있지 않다. 동일한 진술은 이것이 현실에서 측정되었는지 또는 현실의 심리역동적인 위치 가치에서 측정되었는지의 여부에 따라 맞는 것일 수도 있고 틀린 것일 수도 있다. 그러한 이중

24　Ernest Jones, Rationalisation in Every-Day Life(일상생활에서의 합리화), in: Journal of Abnormal Psychology(비정상적인 심리학 저널), 1908.

적 성격은 합리화에 본질적이다. 그 이유는 다음과 같다. 무의식적인 것은 가장 근소한 저항의 선線을 추적하기 때문이다. 다시 말해, 무의식적인 것에게 앞에서 내놓는 것에 현실이 의지하기 때문이며, 무의식적인 것이 몸을 기대고 있는 실재적인 모멘트들이 더욱 근거가 있으면 있을수록 무의식적인 것이 더욱더 이의를 제기하지 않으면서 작동하기 때문이다. 합리성과 비합리성의 표명이라는 두 가지가 들어 있는 합리화에서 심리적 주체는 단순히 심리적인 것에 머물러 있는 것을 중지한다. 이렇기 때문에 자신의 실재주의에 대해 자부심을 갖고 있는 분석가는, 그가 합리화의 실재적인 모멘트들을 닫혀 진 심리적인 연관관계를 위해 밀어내 버리는 순간에 완고한 독단주의자가 된다. 합리화 과정들을 문자 그대로 받아들이는 사회학도, 역으로, 의문의 여지가 있음은 마찬가지일 것 같다. 사적私的인 합리화는, 즉 주관적 정신의 자기기만은 객관적 정신의 비진실을 의미하는 것인 이데올로기와 동일한 것이 아니다. 그럼에도 개별 인간의 방어 메커니즘들은 이미 정립되어 있고 여러모로 강화되어 있는 것들인 사회의 방어 메커니즘들에서 자기 강화를 항상 반복적으로 찾게 될 것이다. 합리화 과정들에서, 다시 말해 객관적으로 참된 것이 주관적으로 참이 아닌 것의 시중을 들 수 있는 합리화 과정들에서 ―이것이 전형적으로 동시대적인 방어 메커니즘들의 사회심리학에서 여러모로 대비될 수 있듯이― 노이로제뿐만 아니라 잘못된 사회가 드러난다. 객관적인 진실 자체도, 그것이 주체의 모든 진실이 아닌 한, 비진실이기도 하는 것은 필연적이다. 객관적 진실은 그 기능을 통해서뿐만 아니라 주관적인 생성에 관한 무관심을 통해서 단순히 독특한 관심을 덮어 버리는 데 쓸모가 있다. 합리화 과정들은 합리성이, 그 비이성의 상태에서, 보여 주는 상처들이다.

심리분석가 중에서 아마도 가장 단호하고 가장 자유로운 심리분석가인 페렌치Ferenczi는 초자아를 다른 것이 아닌, 바로 합리화 과정들로서 다루었다. 그는 심리학적으로 성찰되지 않았던 도덕이 양심이라고 명명한 초자아를, 즉 개별적 행동의 집단적 규범들인 초자아를 합리화 과정들로서 논구하였던 것이다. 심리분석의 역사적 변화와 심리분석이 계몽의 급진적인 수단으로부터 이미 존재하는 관계들에의 실제적인 적응의 수단으로 전이된 것을 페렌치에서처럼 보여 주는 곳도 거의 없다. 학자들은 초자아에 강제적 특징들이 있음을 일찍이 강조하였으며, 분석이 초자아를 제거해야 한다고 요구하였다. 계몽적인 의도는 무의식적인 것의 통제를 관할하는 관할처Instanz[25]를 용인하지 않으며, 이 관할처가 무의식적인 것에 대한 통제를 위한 것인 경우에도 허용하지 않는다. 현재의 심리분석적인 문헌에서 이에 대해 조금이라도 더 남아 있는 것은 거의 없다. 프로이트가 이전에 원천적인 "체계들"인 의식, 전前의식, 무의식에 의해 계기가 되어 분석적 위상을 무의식적인 것, 자아, 초자아의 카테고리들 밑으로 집어넣은 후에는, 올바른 삶에 대한 분석적인 상像을 이러한 관할처들의 조화에 맞추게 될 정도로 편안해졌다. 특히, 학자들은 오늘날 금기가 되어 있는 개념인 정신병자들을 —이성적인 한계들에서는 어느 정도 확실하게 필요로 하는— 잘 발달된 초자아의 결핍으로부터 오는 병이라고 설명하였다. 비합리성들은 사회로부터 유래한다는 이유와 조직화된 사회는 비합리성들이 없이는 생각될 수 없다는 이유 때문에 비합리성들을 너그럽게 용인하는 것은 그러나 분석적인 원리를 얕보는 행동이다. 최근에 인기가 있는 구분인 "노이로제적인", 즉 강제적인 초자아와 "건강한", 즉 의식된 초자아의 구분은 구조救助를 목적으로 하는 구성의 흔적들을 담지하고 있다. "의식된" 초자아는 그것의 불투명성과 더불어 권위를, 바로 권위 때문에 초자아를 옹호하는 이론이 초자아에 붙어 있는 권위를

25 이 용어를 사용하는 것에 대해서는 각주 23번을 참조(역주).

잃어버릴 것 같다. 그 중심에 전적으로 비심리적으로 생각된 지적인 성격에 편입되어 있는 개념인 양심의 개념이 놓여 있는 칸트 윤리학은 심적인 것에 대한 계몽을 방해하는 수정된 심리분석과 뒤섞어질 수 없다. 심적인 것에 대한 계몽을 방해하지 않으면 양심에서 중대한 일이 생긴다는 불안 때문에 이러한 계몽을 방해하는 수정된 심리분석과 칸트 윤리학이 서로 뒤죽박죽이 될 수는 없는 것이다. 칸트는 자신이 왜 자유 이념을 심리학에 대조시켰던가를 잘 알고 있었다. 심리분석과 관계가 있는 힘들의 게임은 칸트에게는 "현상", 즉 인과율의 영역에 속한다. 칸트의 자유론의 핵심은 경험주의적인 것과는 화해될 수 없는 이념이다. 즉, 도덕적 객관성은 —이 개념의 배후에 세계의 올바른 설치에 대한 관념이 놓여 있다— 일단은 그렇게 존재하는 인간들의 상태에서 측정되어질 수 없다는 이념이다. 양심을 조심스럽게 심리적으로 인내하는 것은, 이것이 양심을 단순한 수단으로 처리함으로써 앞에서 말한 도덕적 객관성을 파괴한다. "잘 통합된 인성"이라는 목표는 비난을 받아 마땅하다. 이러한 목표는 이미 존재하고 있는 사회에 존재하지 않으며 또한 전혀 존재해서는 안 될 힘들의 균형을 개인에게 부당하게 강요하기 때문이며, 그러한 힘들은 동일한 권리를 갖고 있기 때문이다. 사람들은 객관적인 갈등들이 개별 인간에서 망각되는 것을 배운다. 객관적인 갈등들은, 개별 인간이 객관적인 갈등들을 해결할 수 있도록 개별 인간을 도와주는 것 대신에, 모든 개별 인간에서 필연적으로 반복된다. 심리적인 관할처의 사적인 배치背馳와 자아 및 무의식적인 것에 관하여 해결되지 않은 것들이 보이는 비화해성을 더 이상 감지하지 못하였던 통합적 인간은 이렇게 함으로써 그 내부에서 사회적인 배치를 없애 가지지 못할 것이다. 통합적 인간은 그의 심적인 경제에 들어온 우연한 찬스를 객관적인 상태와 혼동하였다. 그의 통합은 화해되어 있지 않은 세계와의 잘못된 화해라고 보아야 할 것이며, 추정컨대 "공격자와의 동일화"에 이르는 결과가 될 것이다. 그의 통합은 종속이 단순히 성격을 표현하는 분장의 형태로 나타난 것일 뿐이다. 오늘날 특히 심리치료에서 항상 더욱더 많이 앞으로 밀고 들어오는 통합 개념은 생성적인 원리를 거부하며 스스로 원천적인 영혼의 힘들이라고 칭하는 의식, 본능과 같은 힘들을 ―영혼의 힘들이 스스로 둘로 갈라지는 것의 모멘트들로서, 즉 영혼적인 영역에서 평평하게 될 수 없는 모멘트들로서 이해되는 것 대신에 영혼의 힘들 사이에 균형이 산출되어야 할 것이라고 주장하면서― 실체화한다. 심리 종합의 개념은 사업능력이 있는 아카데미커들이 그들이 구축한 것을 그들을 위해 권리를 주장하는 표현이며, 합성으로서의 인식이 이루어지지 않은 곳에서는 인식을 기계적이라고 낙인찍기 위해서 발명하였던 요술과 같은 표현이다. 이런 성격을 갖는 심리 종합의 개념에 대한 프로이트의 칼로 자르는 듯이 날카로운 반대 입장[26]은 통합의 이상理想으로 확대될 만하다. 다시 말해, 잘못된 오래된 인성의 구실이 뻔히 드러나는 모사상으로 확대될 만하다. 모든 가득 채워진 전방위

---

26 "그러나 나는 심리 종합에서 새로운 과제가 우리의 것이 되고 있다고 믿을 수는 없다. … 내가 솔직하지만 예의를 갖추지 않은 것을 나에게서 허용한다면, 나는 심리 종합에서는 생각이 없는 허튼 소리가 관건이 되고 있다고 말하고자 한다. 비교의 내용이 비어 있는 확대나 또는 … 이름 붙이기의 부당한 혹사가 제시되고 있다는 것에 대해 나는 부끄러움을 느낀다. … 심적인 것은 전적으로 특별한 것이어서 개별화된 비교가 그것의 본질을 표현할 수는 없다. … 화학적인 분석과의 비교는 우리가 영혼의 삶에서는 통합과 요약의 속박에 종속된 노력들에 관련되어 있다는 점에서 그러한 비교가 갖는 제한을 발견하게 된다. … 노이로제 환자는 균열된, 저항들에 의해 깊이 갈라진 영혼적인 삶을 우리에게 가져온다. 우리가 이러한 점을 분석하고 저항을 제거하는 동안에도, 이러한 영혼적인 삶은 자라서 하나가 되며, 우리가 영혼적인 삶의 자아라고 부르는 커다란 통일체는 모든 충동 자극들에, 다시 말해 영혼적인 삶에 의해 지금까지 쪼개지고 멀리 떨어져 연결되어 있었던 충동 자극들에 순응한다. 이처럼 심리 종합은 분석적으로 다루어진 것에서, 우리의 간섭을 받지 않은 채, 자동적으로 불가피하게 실행된다. … 환자에 있는 어떤 것이 그것의 구성 부분들로 분해된다는 것은 맞지 않다. 우리가 환자에 있는 어떤 것을 그 어떤 방식으로 한데 모을 때까지 조용히 기다리고 있는 어떤 것이 그 부분들로 분해되지는 않는 것이다"(Freud, Gesammelte Werke, Bd. 12, London 1947, Wege der psychoanalytischen Therapie, S.185f.).

적으로 발달된 인간의 개념이, 본받으려는 노력에 대체적으로 유용한지의 여부는 의문시될 수 있다. 벤야민은 생식기적 특징의 이상理想을 —대략 20년 전에 심리분석가들 사이에서 유행하였으며, 그 사이에 심리분석가들은 그러한 이상보다는 잘 발달된 수퍼 에고super ego를 지닌 균형 잡힌 사람들을 선호하고 있다— 금발 머리를 가진 지그프리트라고 이미 명명하였다. 프로이트적인 구상의 의미에서 "제대로 된", 즉 억압으로부터 불구가 되어 있지 않은 인간은 영수증처럼 되어 있는 기존의 사회에서는 건강한 식욕을 가진 맹수와 혼동될 만큼 맹수를 닮아 있는 것 같다. 이렇게 됨으로써 사회와는 독립적으로 실현된 주체의 추상적인 유토피아가, 오늘날 "인간상"으로서 그렇게 호평을 받고 있는 유토피아가 제대로 적중되는 것 같다. 사회에 대한 비판은 속죄양인 군거群居 동물에 대한 심리학의 비난들을 군주적 인간에게 —그가 가진 자유는 그것이 부자유를 전제하는 한 잘못된 것이며 노이로제적인 욕망이고 "입에" 머물러 있을 뿐이다— 복리複利로 되돌려 줄 수 있다. 모든 인간상은, 부정적否定的인 인간상을 제외하고는, 이데올로기이다. 전문화의 특징들, 즉 분업과 함께 펠트로 만들어진 특징들의 맞은편에서 완벽한 인간을 오늘날 호소한다면, 사람들은 덜 구분된 것, 더욱 거친 것, 더욱 원시적인 것에 프리미엄을 약속하게 되며, 마침내 사업계에서 성공하려고 단단히 작정한 사람의 외향성을 찬양하게 된다. 혐오스러운 삶에서 힘껏 일할 만큼 충분히 혐오스러운 특징들을 예찬하게 되는 것이다. 오늘날 인간적으로 실제로 더욱더 높은 상태를 앞에서 가리키는 것은 기존의 질서가 갖고 있는 척도에 따르면 동시에 항상 또한 상처를 입은 것도 되며, 더욱더 조화적인 것이 되지는 않는다. 사적인 악덕은 공적인 미덕이라는 만데빌[27]의 테제는 심리학

27 Bernard Mandeville. 1670-1733. 네덜란드의 의사, 사회비평가. 영국에서 살았음(역주).

과 사회의 관계에 대해서는 변경되어질 수 있다. 성격학적으로 의문의 여지가 있는 것이 객관적으로 더 좋은 것을 여러모로 대표한다. 족쇄를 풀어 주는 힘을 가진 자는 정상적인 사람이 아니고, 오히려 저항력을 가진 전문가이다. 시민사회적 시대가 시작될 때 이미 오로지 억압의 내면화만이 인간에게 생산성의 향상을 —생산성의 향상은 오늘날 여기에서는 인간에게 모든 충만을 허락할 수 있을 것 같다— 성취할 능력을 부여하였듯이, 심리학적인 결함들은 기형적인 전체Ganze에서 개별 인간의 심적인 살림에서보다도 급진적으로 다른 것을 표현한다. 심리학은 예전의 채취인의 행동방식을 노이로제적이라고 가볍게 진단할 수 있을 것 같으며, 항문증후군의 하나로 모아 버릴 수도 있을 것이다. 그러나 리비도를 사물들에 고정시키지 않은 상태에서는 전통도, 휴머니티 자체도 거의 가능하지 않을 것이다. 모든 사물들을 통조림 깡통처럼 던져 버리기 위해서 항문증후군으로부터 벗어나 있는 사회는 인간도 깡통처럼 부당하게 다루는 것에서 거의 차이를 보이지 않는다. 오늘날 기술의 리비도적인 점령이 이전의 행동 발달단계로 퇴행한 사람의 행동과 매우 일치한다는 것을 우리는 알고 있다. 그러나 이처럼 퇴행하는 사람에 대한 억압이 없이는 기아나 의미 없는 고통을 세계로부터 추방하기를 원하는 기술적인 발명들이 이루어지기 어려웠을 것이다. 심리학자들은 비타협적인 정치가들을 독립적인 주권을 갖고 위협할 수 있다. 심리학자들은 외디푸스 콤플렉스를 제어하지 않을 수도 있었다. 그러나 심리학자들의 자발성이 없다면 사회는 사회 구성원들의 각 구성원에서 외디푸스 콤플렉스를 재생산하는 사회로 영구히 머물러 있게 될 것이다. 기존의 질서에 대해 제기되는 것은 와해의 위협에 처하게 되며, 이렇게 됨으로써 기존의 질서에 대부분의 경우 비로소 제대로 인도된다. 주체가 없는 주체는 무제한 적응 능력이 있는바, 주체가 없는 주체의 맞은편에서 이것에 반대되는 것, 즉 성격은 물론 원시적이다. 성격은 마지막에는 자유가 아니고 부자유의 낡아 빠진 단계로서 그 모습을 드러낸다. 미국식으로 "그는 성격을 갖고 있다"는 우스꽝스러운 꼴, 별종, 불쌍한 녀석과 같은 것이다. 오늘날, 마치 니체의 시대처럼, 심리학적인 이상理想들뿐만 아니라 모든 형태에서 보이는 자체로서의 심리학적인 이상도 비난의 대상이 될 수 있다. 인간은 더 이상 인간성 해독의 열쇠가 아니다. 오늘날 인증된 현명한 것들과 좋은 것들은 그러나 총통 선전 선동의 단순한 유희의 종류일 뿐이다.

초자아를 돌보는 것은 심리분석적인 계몽을 자의적으로 절단시킨다. 그러나 사회에서 비양심의 선언은 공포를 인가해 준다. 사회적인 통찰과 심리학적인 통찰의 갈등은 이처럼 중대한 일이다. 이미 칸트에서 먼저 형성되었던 위로하기는 무력한 것으로 머물러 있었다. 다시 말해, 양심이 올린 성과들이, 즉 지금까지 비합리적으로, 형언할 수 없는 심리적인 부정 비용faux frais을 들여 실행된 성과들이 생명이 유지되기 위해서는 일반성이 필연적이라는 의식적인 통찰을 통해서 해악이 없는 상태에서도 ―이 상태를 니체의 철학이 고발한다― 실행될 수 있다는 위로하기는 무력한 것에 머물러 있었다. 일반적인 것과 특별한 것의 이율배반을 해체시키려는 이념은, 개인에게 사회적으로 부당하게 강요된 충동 포기가 그 진실과 필연성에서 객관적으로 정당화되지 않고 미루어진 충동 목표를 주체에게 나중에 부여하지 않듯이, 단순한 이데올로기에 지나지 않는다. 그러한 비합리성은 양심을 관할하는 것에 의해 들리지 않게 된다. 심적인 살림살이가 바라는 것들과 사회가 생존하는 과정이 바라는 것들을 어떠한 공동적인 공식으로 곧바로 가져갈 수는 없다. 사회가 생존을 유지하기 위해서 모든 개인에게 합당하게 요구하는 것은 모든 개인에게는 동시에 항상 부당하며 종국적으로는 사회 자체에게도 부당하다. 심리학에게는 단순한 합리화로 여겨지는 것이 사회적으로는 여러모로 필연적이다. 대립주의적인 사회에서는 인간들, 모든 개별 인간은 자신과 동일하지 않다. 이런 사회에서는 사회적 성격[28]과 심리적 성격이 하나가 되어 있다. 인간은 그러한 균열에 힘입어 선험적으로 손상되어 있다. 시민사회적 리얼리즘 예술이, 감소되지 않고 불구가 되지 않은 실존이 시민사회와 일치될 수 없다는 점을 원原주제로 삼은 것은 이유가 없는 것이 아니다. 이러한 주제 의식은 돈키호테에서 필딩Fielding의 『톰 존스』를 경유하여 예술적 현대에까지 이르고 있다. 제대로 된 것이 잘못된 것이 되며, 바보나 또는 죄가 된다.

주체가 그것에 고유한 본질로서 출현하는 것, 주체가 이러한 출현에서 소외된 사회적인 필연성에 맞서서 자기 자신을 소유하고 있다고 생각하는 것은 이러한 필연성들에서 측정해 보면 단순한 환상幻想일 뿐이다. 이것은 모든 심리적인 것에 공허함과 무無의 모멘트를 부여한다. 칸트와 헤겔에서의 위대한 이상주의적 철학이 오늘날 심리학으로 명명되는 영역을 정신의 선험적이고 객관적인 영역에 비해서 우연적이며 중요하지 않은 영역이라고 경시하였을 때도, 위대한 이상주의적 철학은 경험주의보다도, 즉 스스로 회의적이라고 여기면서도 개별주의적인 외양에 붙잡혀 있는 경험주의보다도 사회를 더욱 잘 꿰뚫어 보았다. 거의 다음과 같은 정도로 말할 수 있을 것 같다. 우리가 인간을 심리적으로 더욱더 자세히 이해하면 할수록, 우리는 인간의 사회적인 운명에 관한 인식과 사회 자체에 대한 인식으로부터 더욱더 멀리 떨어지며 이렇게 됨으로써 인간에 관한 인식으로부터도 더욱 멀리 떨어지게 된다고까지 ―그렇다고 해서 이런 이유 때문에 심리학적인 통찰이 그것에 고유한 진실을 상실하지는 않은 채― 말할 수 있는 것이다. 현재의 사회는 다음과 같은 두 가지 점에서 볼 때도 "전체주의적"이다. 다시 말해, 현재의 사회에서는 인간 자체가 인간의 자아가 가진 에너지를 이용하여 자신을 다시 한 번 동화시킨다

---

28 Vgl. Walter Benjamin, Zum gegenwärtigen Standort des französischen Schriftstellers(프랑스 작가의 현재적인 위치에 대해), in: Zeitschrift für Sozialforschung 3 (1934), S.66.

는 점, 인간이 자신의 자기 소외를 인간은 대자적이면서도 즉자적인 존재라는 사실을 하나의 동일성에 묶어 버리는 기만상欺瞞像으로까지, 현혹된 채, 몰고 간다는 점에서 전체주의적인 것이다. 적응에의 객관적 가능성이 더 이상 필요하지 않기 때문에 기존의 질서에서 자아를 유지시키기 위한 단순한 적응은 더 이상 충분하지 않다. 자기보존은, 자기 자신의 형성이 개인들에게서 성공하지 못하는 한, 오로지 스스로 지시된 억압에 의해서만 개인들에게서 성공한다.

모든 심적인 자극들의 조직화 형식으로서의 자아, 그리고 개별성을 비로소 정초시키는 정체성 원리로서의 자아도 역시 심리학 안으로 빠져 들어간다. 그러나 "현실을 시험하는" 자아는 심리적이지 않은 것, 자아가 적응하는 외부적인 것과 인접하고 있을 뿐만 아니라 심적인 것의 내재성 연관관계로부터 벗어난 객관적인 모멘트들에 의해서, 즉 사실관계들에 대해 자아가 행하는 판단들의 적절성에 의해서 비로소 정초된다. 자아 자체는 원천적으로는 심적인 것임에도 불구하고, 자아가 심적인 힘들의 게임을 저지해야 하고, 심적인 것을 현실에서 통제해야 한다. 바로 이것이 자아의 "건강성"에 대한 중심 기준이다. 자아의 개념은 변증법적이며, 심적이면서도 심적이지 않다. 자아의 개념은 리비도Libido의 한 조각이며 세계의 대변자이다. 프로이트는 이러한 변증법을 다루지 않았다. 이런 이유로 인해 자아에 대한 프로이트의 내재적·심리적인 규정들은 의도하지 않았음에도 서로 모순 관계에 놓여 있으며, 프로이트가 얻으려고 노력하였던 밀폐성, 즉 체제의 밀폐성을 깨트린다. 모순 중에서도 가장 현저한 모순은, 자아가 의식이 실행한 것을 포함하면서도 자아 나름대로 본질적으로 무의식적인 것으로서 표상되고 있다는 점이다. 외적이면서도 단순화되는 위상 심리학이 의식을 자아의 외부적인 가장자리, 직접적으로 현실로 향해진 한계 영역으로 가도록 지시함으로써,[29] 이러한 위상 심리학은 자아에 최고로 불완전하게 부합되고 있을 뿐이다. 자아는 의식적으로는 배제에 대한 대립이 되어야 할 뿐만 아니라, 스스로 무의식적인 의식으로서는 배제를 관할하는 것이 되어야 한다는 점에서 자아의 모순이 초래된다. 우리는 초자아가 도입된 기원을 다음과 같은 의도에서, 즉 조망되기 어려운 관계들을 어느 정도 정돈시키는 의도에서 찾아도 될 것이다. 프로이트의 체계에서는 전체적으로 보아 "긍정적인" 자아 기능들과 "부정적인" 자아 기능들의 구분, 승화와 배제의 구분에 대한 충분한 기준이 결여되어 있다. 그 대신에 사회적으로 유용한 것과 생산된 것의 개념이 지나치게 신뢰된 상태에서 외부로부터 호출되고 있다. 그러나 비합리적인 사회에서는, 자아는 비합리적인 사회에 의해 자아 자체에게 할당된 기능을 적절하게 충족시킬 수 있는 방도가 전혀 없다. 자아에게는 자아의 심리분석적인 구상Konzeption과는 결합될 수 없는 심적인 임무들이 필연적으로 떨어지게 된다. 자아가 현실에서 자아를 주장할 수 있기 위해서는, 자아는 현실을 인식해야 하며 의식적으로 그 기능을 수행해야 한다. 그러나 개인이 개인에게 강요된 여러모로 어처구니가 없는 포기들을 실행하기 위해서는, 자아는 무의식적인 금지들을 위로해야 하며 무의식적인 것에서 자아를 스스로 오랫동안 유지시켜야 한다. 프로이트는 개인에 의해 요구된 충동 포기에 보상들이 일치하지 않는다는 점에 대해 침묵하지 않았다. 보상들은 보상들과 함께 오로지 의식에 의해서만 정당화될 수 있다.[30] 프로이트 자신은 충동적 삶이 그러나 충동적 삶에 대한 철저한 연구자인 스토아철학에 종속되어 있지 않다는 점을 누구보다도 잘 알고 있었다. 이처럼 종속되어 있지 않기 때문에, 프로이트에 의해 확립된 심적인 경제 원리에 따르면 합리적인 자아가 충분하지 않다는 것이 명백해진다.

29 Freud, Gesammelte Werke, Bd. 15, a. a. O., S.63 und 81.
30 Freud, Gesammelte Werke, Bd. 7, London 1941, Die »kulturelle« Sexualmoral und die moderne Sexualität('문화적' 성도덕과 현대적 성성[性性]), S.143ff.

합리적인 자아 스스로 무의식적이 되어야 하며, 합리적인 자아가 다시금 얕보아야 마땅한 충동 동역학의 한 부분이 되어야 한다. 자아는 자기보존을 위해 자아에 의해 실행된 인식 성과를 자기보존을 위해 항상 다시 정지시켜야 하며 자의식을 스스로 거부하여야 한다. 프로이트에 대항하여 이처럼 세련되게 보일 수 있는 개념적인 모순은 논리적인 정확성이 결여된 것에서 오는 책임이 아니고 생활의 고난으로부터 오는 책임이다.

현실의 담지자로서 동시에 항상 비자아이기도 한 자아는 자아의 이중적 역할을 위해 자아에게 고유한 구조에 의해서 미리 정해져 있다. 자아가 리비도적인 욕구들뿐만 아니라 이러한 욕구들과는 결합될 수 없는 실재적인 자기보존의 욕구들을 대변하는 한, 자아는 과도한 요구에 부단히 시달린다. 자아는 자아 자체가 무의식적인 것에 맞서서 집요하게 주장하는 확고 부동성과 안정성을 결코 운용하지 못한다. 마르셀 프루스트처럼 자아에 대한 위대한 심리학자들은 자아의 허약함, 심리적인 정체성 형식의 허약함을 부각시켰다. 흐르는 시간보다는 심적인 것의 내용적인 동역학이 물론 더 많은 책임을 진다. 자아에 고유한 것, 차별화된 것이 자아에게서 실패한 곳에서는, 자아는 자아와 가장 가까운 친족관계에 있는, 프로이트에 의해 그렇게 명명된 자아 리비도Ichlibido[31]로 되돌아가거나, 즉 행동 발달단계에서 이전의 단계로 되돌아가거나 또는 자아의 의식적인 기능들을 무의식적인 기능들과 최소한 융합시킨다. 무의식적인 것을 넘어서서 밖으로 나가려고 했던 것은 다시 한 번 무의식적인 것에 시중을 드는 것으로 들어서게 될 것이며, 이렇게 됨으로써 무의식적인 것의 충동들을 가능한 한 많이 강화시킬 것이다. 이것이 "합리화 과정들"의 심리 역동적인 모형이다. 지금까지 내려오는 분석적 자아 심리학은 자아를 무의

---

31 Freud, Gesammelte Werke, Bd. 13, a. a. O., Kurzer Abriß der Psychoanalyse(심리분석의 간략한 개요), S.420 und passim.

식적인 것에 되돌려 관련을 시키는 것에 충분한 에너지를 투입하여 추적하지 않는다. 그러한 자아 심리학은 단단한 개념들인 자아와 무의식적인 것이 프로이트의 체계성에 의해서 자아 심리학에 미리 주어진 것으로 받아들였기 때문이다. 무의식적인 것 안으로 들어가서 자아 자체를 스스로 되찾는 자아는 그러나 단순하게 사라지지 않고, 자아가 사회적 대리자로서 획득하였던 질質들 중에서 많은 질을 보존한다. 자아는 그러나 이러한 질을 무의식적인 것의 우위에 종속시킨다. 이렇게 해서 현실 원리와 욕망 원리의 조화의 가상假像이 성립되는 것이다. 자아가 무의식적인 것으로 전이됨과 더불어 충동의 질이 다시 변화된다. 다시 말해, 일차적인 리비도가 구하는 것과는 모순되는 자아적인 목적들을 향해 자기 나름대로 방향을 바꾸는 충동의 질이 변화되는 것이다. 유아가 어머니의 젖가슴으로 파고드는 행동을 자기보존을 어머니에게 의지하는 행동으로 본 프로이트의 유형에 따라 기대고 있는 충동 에너지의 형체는 ―자아가 가장 상위의 희생으로까지, 즉 의식 자체의 희생으로까지 나아가는 경우에도― 나르시즘이다. 오늘날 주도적으로 나타나고 있는 억압들에 ―이러한 억압들에서는 자아가 부인되며 잘못된 비합리적인 방식으로 경직된다― 관한 사회심리학[32]에서 발견된 모든 것은 이에 대해 저항하기 어려운 증명력을 갖고 나르시즘을 가리키고 있다. 사회화된 나르시즘은, 그것이 가장 최근의 양식에서 보이는 대중의 움직임과 성향을 특징짓고 있듯이, 각자에게 고유한 이해관계에 들어 있는 철두철미하게 가차 없이 부분적인 합리성을 파괴적이고 자기 파괴적인 방식의 비합리적인 잘못된 교육과 하나로 묶는다. 프로이트는 이러한 방식이 내보이는 의미를 마크-두갈Mac-Dougall과 르봉Le Bon이 발견한 것들에 접속시킨 바 있었다. 나르시즘의 도

---

32 Vgl. William Buchanan and Hadley Cantril, How Nations See Each Other(민족들은 서로를 어떻게 보고 있는가), Urbana 1953, S.57.

입은, 나르시즘에 관련된 이론이 완전히 성장했음을 오늘날까지 나르시즘에 보여 주지 못한 상태에서, 나르시즘의 가장 특별한 발견들에 귀속된다. 나르시즘에서는 자아의 자기보존적인 기능이, 최소한 가상에 따라, 보존되어 있지만, 이와 동시에 의식의 기능으로부터 분리된 채 비합리성에 내맡겨져 있다. 모든 방어 메커니즘은 나르시스적인 특징을 갖는다. 자아는 충동을 마주 대하면서 자아의 취약함을, 자아가 자아의 실재적인 무력감을 "나르시스적인 모욕"으로 경험하는 것과 같은 방식으로 경험한다. 방어가 올리는 성과는 의식되지 않으며 자아 자체에 의해 거의 실행되지 않는다. 오히려 이러한 성과는 심리 역동적인 파생기관器官에 의해, 즉 더럽혀지고 자아에 향해지며 동시에 승화되어 있지 않고 차별화되지 않은 리비도에 의해 실행된다. 자아가 이른바 방어 기능 중에서 가장 중요한 기능인 배제 기능을 실행하는지의 여부도 의문시된다. 아마도 "배제하는 것" 자체도 방어 기능의 실재적인 목적들로부터 튀어서 되돌아온, 이렇기 때문에 주체에 향해진 나르시즘적인 리비도로, 그러고 나서 물론 특별한 자아-모멘트들과 합병되는 리비도로 간주될 수 있을 것 같다. 이렇게 되면 "사회심리학"은, 사람들이 오늘날 기꺼이 그렇게 표현하고 있듯이, 본질적으로 자아 심리학이 아니고 리비도 심리학이어야 할 것이다.

배제와 승화는 프로이트에게는 둘 다 똑같은 정도로 불안정한 것으로 통용되었다. 프로이트는 무의식적인 것의 리비도 양量이 자아의 리비도 양보다 훨씬 큰 것으로 생각하였으며, 갈등이 일어나는 경우에 무의식적인 것의 리비도 양이 항상 우위에 있음을 주장하였다. 프로이트에 따르면, 신학자들이 예로부터 가르치고 있듯이, 정신은 온순하고 육체는 허약할 뿐만 아니라 자아 형성의 메커니즘들 자체가 부서지기 쉽다는 것이다. 이렇기 때문에 자아는 퇴행들, 즉 충동의 억압을 통해서 충동에게 자행되는 퇴행들과 그토록 쉽게 결합된다. 이 점이 수정주의자들에게 몇몇 권리를 부여한다. 수정주의자들은 프로이트가 사회적인 자아에 의해 매개되지만 심리적으로 중요한 모멘트를 과소평가했다고 프로이트를 비난한다. 프로이트가 이처럼 비난당해도, 그들은 비난할 권리를 갖는 것이다. 예를 들어 케런 호네이Karen Horney는 프로이트에 반대하면서 다음과 같은 입장을 보인다. 이른 유년기와 외디푸스 상황으로부터 무력감을 도출하는 것은 정당하지 않다는 것이며, 무력감은 실재하는 사회적인 무력감으로부터, 이러한 사회적인 무력감이 이미 유년기에 경험되었을 것으로 보이는 것처럼, 유래한다는 것이다. 호네이는 물론 사회적 무력감에 대해 관심을 보이지는 않는다. 도처에 현존하는, 수정주의자들에 의해서 제대로 면밀하게 서술된 무력감[33]을 그것의 현재적으로 중요한 사회적 조건으로부터 분리시키려고 한다면, 이것이야말로 확실히 독단적이라고 할 만하다. 실재적인 무력감에 대한 경험들은 그러나 비합리적인 것과는 모든 것이 다른 경험들이다. 이것들은 원래부터 심리적인 것이 거의 아니다. 오히려 이러한 경험들만이 인간이 사회적 체계를 자신의 것으로 만드는 것보다 사회적 체계에 저항하는 것을 기대하게 할 수 있을 것이다. 인간이 사회에서 자신의 무력감에 대해 알고 있는 것은 자아, 그리고 자아가 현실에 대해 갖는 관계들의 정교한 조직망에 해당하며, 가득 채워진 판단에 속하지 않는다. 경험이 무력감의 "감정"이 되자마자, 특별히 심리적인 것이 그것에 덧붙여서 맨 먼저 등장한다. 다시 말해, 개인들은 그들의 무력감을 경험할 능력을 갖지 못하게 되며, 무력감을 직시할 능력도 갖지 못하게 되는 것이다. 무력감의 그러한 배제는 개별 인간과 개별 인간이 전체에서 갖는 힘 사이의 잘못된 관계를 가리킨다. 그뿐만 아니라 그러한 배제는 나르시즘이 입는 상해와 잘못된 위력 앞에서 개인들이 굴복하게 하는 모든 이유들을 갖게 해 주는 것인 잘못된 위력이 원래부터

---

33 Vgl. Erich Fromm, Zum Gefühl der Ohnmacht(무력감의 감정에 대해), in: Zeitschrift für Sozialforschung 6 (1937), S.95ff.

개인들로부터 합성된 것이라는 사실을 통찰하는 것에 대한 불안을 더욱 더 많이 가리킨다. 개인들은 무력감에 대한 경험을 "감정"으로 처리해야만 하며 무력감을 넘어서서 사고하지 않기 위해서 심리적으로 퇴적시켜야만 한다. 개인들은, 예로부터 그렇게 했듯이, 무력감을 사회적인 계율처럼 내면화시켜야 하는 것이다. 무의식적인 것의 심리학은, 대중선동과 대중문화의 도움을 받아, 자아 심리학에 의해 고무된다. 대중선동과 대중문화는 이것들이 대중을 마음대로 주무르는 것을 가능하게 해 주는 원인을 제공하는 사람들의 심리 동역학이 개인들에게 원재료로서 공급하는 것들만을 관리한다. 자아가 현실을 변화시키거나 또는 무의식적인 것 안으로 다시 들어가는 것을 받아들이는 것 이외에 자아에게 더 이상 남아 있는 것은 거의 없다. 이 점은 수정주의자들에 의해 피상적인 자아 심리학의 단순한 사실로서 오해되었다. 실제로는 미숙한 방어 메커니즘들이, 즉 자아가 겪는 사회적인 갈등들의 모형에 역사적인 상황에 따라 매번 가장 잘 들어맞는 메커니즘들이 선별적으로 동원된 것이다. 바로 이것이 대중문화가 인간에 대해 자행하는 폭력을 비로소 설명해 준다. 많이 인용된 소망 충족이 이러한 폭력을 설명해 주지는 않는다. "우리 시대의 노이로제적인 인성"은 존재하지 않는다. ─ 단순한 이름은 다른 쪽으로 돌리는 기동機動이다 ─. 그러한 객관적 상황은 퇴행에게 퇴행의 방향을 지시한다. 전위轉位 히스테리는 감소하는 반면에, 나르시즘의 영역에서 일어나는 갈등들은 60년 전에 비해서 더욱더 많이 눈에 띈다. 더욱더 오인되어서는 안 될 것은 편집증적인 경향들이 발현되고 있다는 점이다. 편집증 환자들이 과거에 비해 실제로 더욱 많이 존재하는지의 여부는 불확실하다. 편집증 환자들에 대한 비교 수치는 가까운 과거에 대해서 나와 있지 않다. 그러나 모든 사람들을 위협하고 많은 획득물들과 함께 편집증적인 판타지를 능가하는 하나의 상황은, 역사적 변증법적인 매듭 지점들이 아마도 특별히 유리한 지점들이 되는 편집증을 특별하게 부르고 있다. 주어진 사회구조가 특별히 심리적인 경향들을 선택하지[34] "표현하지는" 않는다는 프로이트의 통찰은 수정주의자들의 겉치레-역사주의에 맞서서 통용되는 통찰이다. 구체적인 역사적 구성 요소들은, 무의식적인 것의 무시간성에 관한 프로이트의 조야한 교설에 대립되면서, 아동들의 이른 시기에 하는 경험들에 이미 들어가는 것이 확실하다. 아버지는 아동들이 동경하는 보호를 아동들에게 보증해 주지 않는다는 것을 아버지에게서 깨닫는 아동들의 미메시스적인 반응 형식들은 그러나 자아의 반응 형식들이 아니다. 프로이트의 심리학 자체는 바로 이 아동들의 맞은편에서 지나치게 "자아적"이다. 유아기의 성성性性에 관한 프로이트의 대단한 발견은, 우리가 아동들의 끝없이 섬세하고 동시에 전적으로 성적인 자극들을 이해하는 것을 배울 때 비로소 폭력적인 것으로부터 벗어난다. 아동들의 인지 세계는 성인의 인지 세계와 매우 상이하다. 아동들의 인지 세계에는 순간적인 후각이나 또는 범위와 차원의 몸짓이 속해 있다. 다시 말해, 성인 세계의 척도에 따를 때는 분석가가 유일하게 부모의 성교를 관찰하는 것에 대해서만 인정하고 싶어 하는 그러한 범위와 차원의 몸짓이 속해 있는 것이다.

자아가 심리학을 어려움 앞에 세워 놓는 경우들이 있다. 이러한 어려움들이 안나 프로이트Anna Freud의 이른바 방어 메커니즘들에 관한 이론에서처럼 명백하게 드러난 곳은 어떤 곳에서도 없다. 안나 프로이트의 이론은, 분석이 일단 알고 있는 것, 즉 무의식적인 것을 의식하게 하는 것에 대한 저항으로서 알고 있는 것으로부터 출발한다. "배제된 충동을 대변하는 생각들에게 의식에 이르는 통로를 마련해 주는 것, 즉 그러한 돌파구를 진척시키는 것이 분석적 방법의 임무이기 때문에, 충동의 대표성

---

34 Vgl. Heinz Hartmann, a. a. O., S.388.

에 대항하는 자아의 방어 행위는 분석적 작업에 대항하는 능동적인 저항이 자동적으로 된다."[35] 프로이트가 이미 『히스테리 연구』에서 강조한 방어 개념[36]이 전체적으로 자아 심리학에 적용되고, 이미 알려져 있는 9개의 방어 메커니즘들의 목록이 실제로부터 작성된다. 안나 프로이트는 이 목록 모두가 자아가 무의식적인 것에 대항하여 무의식적으로 취하는 조치들을 서술한다고 본다. "배제, 퇴행, 반응 형성, 고립, 발생하지 않은 것으로 하기, 투사, 내사內射, 자기 자신으로의 선회, 반대편으로의 전도顚倒."[37] 9개의 목록에 이어 "노이로제 연구보다는 정상성 연구에 더욱 많이 속해 있는 10번째의 목록인 승화 또는 충동 목적의 위치 변동이 추가된다."[38] 이처럼 질서정연하게 나누어진 메커니즘들의 수를 셀 수 있는 가능성에 의해 일깨워지는 의문은 더욱더 자세한 고찰이 필요하다는 것을 확인시켜 준다. 지그문트 프로이트는 배제의 원천적인 중심적 개념으로부터 "방어의" 단순히 "특별한 경우"[39]를 이미 끌어냈다. 프로이트가 현명하게도 결코 서로 엄격하게 구분하지 않았던 배제와 퇴행은 안나 프로이트가 내세우는 "자아의 활동들"에도 불구하고 그러나 함께 작용한다. 반면에 이러한 활동들 중에서 "발생하지 않은 것으로 하기"나 안나 프로이트가 매우 설득력 있게 서술한 "공격자와의 동일화"[40]와 같은 다른 활동들은 배제 및 퇴행 메커니즘의 특별한 경우들로서 동일한 논리적 차원에 거의 속하지 않으며, 이것은 배제 및 퇴행 메커니즘에도 해당된다. 이름

35 Anna Freud, Das Ich und die Abwehrmechnismen, London 1946, S.36f.
36 Vgl. Sigmund Freud, Gesammelte Werke, Bd. 1, London 1952, Zur Psychologie der Hysterie(히스테리의 심리학에 대해), S.269.
37 Anna Freud, a. a. O., S.52.
38 a. a. O.
39 Vgl. Sigmund Freud, Gesammelte Werke, Bd. 14, London 1948, Hemmung, Symptom und Angst(억제, 징후와 불안), S.196, und Anna Freud, a. a. O., S.51.
40 Anna Freud, a. a. O., S.125ff.

이 서로 다른 메커니즘들의 병렬 어법에서는 엄격한 이론의 확실한 낙담이 경험적인 고찰 재료를 마주 대하면서 조용하게 고지된다. 배제와 승화가 안나 프로이트에서는 방어의 개념에 포괄됨으로써 딸은 —아버지인지그문트 프로이트보다는 더욱 근본적으로— 배제와 승화를 서로 구분하여 부각시키는 것을 포기한다. 프로이트에서는 아직도 "문화의 성취"로 발생해도 될 만한 것, 즉 개별 인간의 충동 충족이나 자기보존에 직접적으로 도움이 되지 않는 것인 심적인 성취는 안나 프로이트에게는 열정적인 것으로서 통용된다. 이처럼 통용되는 것은 그녀 혼자에게만 해당되지는 않는다. 이렇게 해서 오늘날의 심리분석적 이론은 음악을, 일상적인 관찰에 근거해서, 편집증의 방어에 관한 테제를 통해서 쇠진시킬 수 있다고 생각하며, 음악이 단지 시종일관된 모습을 보인다면 음악을 배척해야 할 것이라고 생각한다.[41] 여기에서 시작하여 전기적傳記的인 심리분석에, 즉 베토벤에 대해서 본질적인 것을 진술할 수 있다고 생각하는 심리분석에 이르는 길은 더 이상 먼 길이 아니다. 전기적인 심리분석은 사인私人의 편집증적인 성향들을 지적하면서 그러한 인간이 도대체 어떻게 음악의 명성이 전기적인 심리분석에게 진리 내용보다는 —전기적인 심리분석의 체계는 전기적인 심리분석이 진리 내용을 파악하는 것을 방해한다— 오히려 감동을 주는 음악을 작곡할 수 있는가에 대해 놀라면서 묻는다. 이것은 전기적인 심리분석에 이르는 길이 먼 길이 아님을 보여 주는 것이다. 심리분석을 평준화하기 위해, 방어 이론을 타협적으로 해석된 현실 원리에 관련시키는 것은 안나 프로이트의 저작에서 전적으로 결여되어 있지 않다. 그녀는 사춘기에서의 자아와 무의식적인 것의 관계에 대해

---

41 음악에 대한 심리분석적인 논쟁에 대해서는 다음을 참조. Heinrich Racker, Contribution to Paychoanalysis of Music(음악의 심리분석에 대한 기고), in: American Imago, Vol. VIII, No. 2 (June 1951), S.129ff. insbesondere S.157.

하나의 장章을 할애한다. 사춘기는 안나 프로이트에게는 본질적으로 "리비도의 심적인 것 내부로의 돌격"[42]과 무의식적인 것이 자아를 통해 방어하는 것 사이의 갈등이다. "사춘기에서 지적으로 되는 것"[43]도 이러한 갈등에 종속된다. "미성년자들에게서 나오는 하나의 유형이 존재한다. 미성년자들에서는 지적인 발달에서 앞으로 나아가는 도약이 다른 영역들에서의 발전 과정에 못지않게 현저하고도 놀라울 정도로 나타난다. … 잠복기의 구체적인 관심들은 사춘기 이전의 시기에 붙잡힌 상태에서 항상 더욱더 현저하게 추상적인 것으로 변할 수 있다. 베른펠트Bernfeld가 그의 '연장된 사춘기'의 유형에서 서술하였던 청소년들은 추상적인 주제들에 대해서 사고하고 천착하며 논의하려는, 멈추게 할 수 없는 요구를 갖고 있다. 청소년들의 매우 많은 우정이 공동의 천착과 공동의 토론에 대한 욕구에 기초하여 이루어지며 유지된다. 청소년들이 몰두하는 주제들과 그들이 해결하려고 시도하는 문제들은 매우 광범위하다. 청소년들에서는 통상적으로 자유로운 사랑의 형식들, 또는 결혼과 가족 창립, 자유 또는 직업, 방랑 또는 정착, 종교나 자유 사상과 같은 세계관적인 물음들, 정치의 상이한 형식들, 혁명 또는 굴종, 모든 형식에서의 우정과 같은 것들이 관건이 된다. 우리가 청소년들에 대한 분석에서 청소년들의 대화를 사실에 충실하게 보고된 것으로 얻을 기회를 갖거나 또는 —많은 사춘기 연구자들이 행하였듯이— 청소년들의 일기와 청소년들이 기록해 놓은 것들을 추적할 기회를 갖는다면, 청소년들의 사고의 폭과 사고가 제한되어 있지 않음에 대해 놀랄 뿐만 아니라 감정 이입과 이해, 가장 어려운 문제들을 다루는 것에서 보여 주는 외견상으로 나타나는 우월함과 경우에

---

42 Anna Freud, a. a. O., S.167.
43 a. a. O., S.182.

따라 나타나는 대략적인 현명함에 대해 완전하게 경의를 표하게 된다."[44]
그러나 이러한 경의는 급속하게 사라진다. "지적인 진행 과정들의 추적
에 관한 우리의 관찰이 지적인 진행 과정들이 청소년의 생활 속으로 정렬
되는 방향을 향하게 되면, 우리의 태도가 변하게 된다. 우리는 이러한 모
든 고도의 오성적인 성취가 청소년의 행동 자체와는 적게 관계가 있거나
또는 전혀 관계가 없다는 점을 알아차리고 경악하게 된다. 청소년의 낯
선 영혼적인 삶에의 감정이입은 그의 바로 옆에 있는 객체들에 대한 가장
거친 무분별함으로부터 청소년을 떼어 놓지 않는다. 사랑과 사랑하는 사
람의 의무에 대한 청소년의 높은 이해력은 청소년의 자주 바뀌는 형태를
보이는 사랑에 빠지는 감정에도 불구하고 청소년이 범하는 지속적인 신
의 없음과 감정의 거침에 어떠한 영향도 미치지 않는다. 사회생활에의 편
입은 사회의 구축에 대한 이해와 관심이 청소년기 이후의 시절에 갖는 관
심을 큰 폭으로 넘어서는 것을 통해서 최소한도라도 용이하게 되지는 않
는다. 청소년이 갖는 관심들의 다면성은 청소년의 생활을 하나의 유일한
지점에 집중시키는 것으로부터, 다시 말해 청소년에게 고유한 인성에 몰
두하는 것으로부터 청소년을 떼어 놓지 않는다.[45] 아버지 상像이 인간에
게 행사하는 권력을 일단은 깨뜨려 잃게 하였던 심리분석은 앞에서 본 안
나 프로이트의 글에서 나타난 판단과 더불어 단호하게 아버지들의 편에
가담하였다. 아동들의 높이 날아가는 이념을 밑으로 걸려 있는 입언저리
로 비웃는 것이든, 또는 삶이 아동들에게 더 많은 것을 가르쳐 주는 것을
신뢰하는 것이든, 어리석은 생각을 하는 것보다는 돈을 버는 것을 더욱
중요하게 생각하는 아버지들의 의견에 동조하게 된 것이다. 직접적인 목
적으로부터 스스로 거리를 두는 정신, 그리고 생활을 하기 위해 돈을 벌

---

44 a. a. O., S.183f.
45 a. a. O., S.184f.

어야 한다는 강제적 속박이 정신의 힘들을 빼앗고 수축시키기 이전에 정신이 그 힘들을 운용하는 몇 년 동안의 시간이 가능성을 부여하는 정신은 단순한 나르시즘으로서 비방된다. 정신의 힘이 가능할 것이라고 생각하는 사람들의 무력감과 오류 가능성으로부터 이러한 사람들의 공허함에 책임이 부과된다. 그들의 주관적인 불충분성에 짐이 지워진다. 정신의 힘이 가능할 것이라고 생각하는 사람들에게서 이러한 생각을 항상 반복적으로 금지시키는 질서, 사람들이 질서와는 다르게 있는 곳 안으로 들어가서 사람들을 깨뜨리는 질서가 이러한 불충분성에 대해 훨씬 더 많이 책임이 있음에도 불구하고, 그들의 주관적인 불충분성에 책임이 부과되는 것이다. 방어 메커니즘들에 관한 심리학적인 이론은 오래된 부르주아 지적인 적대감, 즉 정신에 대한 적대감의 전통에 편입된다. 이러한 적대감의 축적물로부터 앞에서 말한 상투적인 것이 불려오게 된다. 이것은 이상理想의 무력감 때문에 이상을 질식시키는 조건들을 고발하지 않고 이상 자체와 이상을 마음속에 간직하고 있는 사람들을 비난한다. 안나 프로이트가 "청소년들의 행동"이라고 명명한 것이 심리학적인 이론에 못지않게 실재적인 이유 때문에 청소년들의 의식의 내용과 항상 다를지는 모르지만, 이러한 차이는 그러나 더욱 높은 잠재력을, 즉 존재와 의식의 매개되지 않은 규범으로서의 잠재력을 포함한다. 다시 말해, 사람은 실존이 사고를 되찾는 방식으로만 사고해도 되는 존재인 것이다. 안나 프로이트가 "청소년들에게" 결여되어 있다고 비난한 요소들인 무분별함, 신의 없음, 감정의 거침이 성인들에게서 결여되어 있는 것처럼 되어 있는 것이다. ― 앞에서 말한, 행동과 사고의 차이에서 나오는 반대 감정의 양립이 가능한 한 더 좋은 것에 관한 지식과 갈등 관계에 놓이고 심지어는 이러한 양립이 나중에 그것 자체와 동일시하는 것을 향해 되돌아오는 한, 이러한 양립은 잔인함에 특유한 것이 되며 나중에는 잔인함에서 없어지게 될 뿐이다. 안나 프로이트는 이어서 다음과 같이 말한다. "우리는 여기에서 관건이 되는 것이 통상적인 의미에서의 지력智力이 전혀 아니라는 점을 인식하고 있다."[46] 지력도 역시 통상적이라고 할지라도, "통상적인 의미에서의 지력"이 —"통상적인 지력" 자체도 덜 통상적인 지력으로부터 유래하며 고등학생이나 또는 젊은 대학생으로서의 지력을 가진 사람이 경쟁 투쟁에서 정신을 장사에 비싸게 팔아먹을 정도로 야비한 경우는 거의 없다는 점에 대해 심리학이 성찰하지 않은 채— 기만되는 청소년에게 내밀어진다. 안나 프로이트가 청소년에게서 계산해 보이듯이, "사고하고 곰곰이 숙고하며 토론할 때는 이미 명백하게 만족감을 느끼는"[47] 청소년은 자신의 만족을 얻기 위한 모든 근거를 갖고 있다. 청소년은, 편협한 속물 인간처럼 "자신의 행위에 대한 표준을 발견하는 것"[48] 대신에 특권의 버릇을 신속하게 고쳐야만 한다. 이어지는 글에서 안나 프로이트는 다음과 같이 말한다. "우정과 영원한 신의의 이상상理想像들은 자아 자신의 모든 새롭고 격정적인 대상관계들이 유지되는 것이 얼마나 적은 정도에 지나지 않는가를 감지하는 자아 자신의 근심의 반영일 수밖에 없다."[49] 부다페스트에 있는 마기트 두보위츠Margit Dubowitz의 다음과 같은 지적에 대해서도 사의를 표할 만하다. "사는 것과 죽는 것의 의미에 대해 청소년들이 곰곰이 숙고하는 것은 청소년에게 고유한 내적인 것에서 일어나는 파괴의 작업의 반영을 의미한다."[50] 부르주아지적인 심리분석의 입증자료로서 명의를 빌려 준 사람들인 더 좋은 상황에 처해 있는 사람들에게 기꺼이 허락되는 정신의 숨 돌릴 틈이, 심리분석과 연합되어 있는 환자에게서 소파에서 출현하는 것과 같은 정도로 바로 그렇게 사실상으로 공허하고 행위에의 능

---

46 a. a. O., S.185.
47 a. a. O., S.186.
48 a. a. O., S.185f.
49 a. a. O., S.187.
50 a. a. O., S.187, Fußnote(각주).

력이 없는지의 여부는 불확실하다. 우정과 신의 자체도 없을 것 같고, 정신의 숨 돌릴 틈이 없이는 그 어떤 본질적인 것에 관한 사고도 없을 것 같다. 이 점은 확실하다. 현재의 사회는 물론 정신의 숨 돌릴 틈을 절약하는 것을, 끼워 넣어진 심리분석의 의미에서, 그리고 심리분석의 도움을 받아, 착수한다. 영혼의 살림살이의 결산표는 필연적으로 방어, 착각, 노이로제의 장부에 기입되며, 자아는 자아를 방어, 착각, 노이로제가 되도록 강요하는 조건들을 방어, 착각, 노이로제를 이용하여 공격한다. 사고의 생성을 사고의 진실과 대체시키는 수미일관된 심리학주의는 진실에서 행해지는 사보타지가 되며 부정적인 상태에서 원조를 해 준다. 원조의 주관적인 반영들을 심리학주의가 심판하고 있는 원조를 해 주는 것이다. 비교적 후기의 시민계급은 통용과 생성을 이것들의 통일성과 차이에서 동시에 사고할 능력을 갖고 있지 못하다. 이러한 시민계급에게는 흘러들어온 노동이 쌓아 놓은 장벽, 즉 대상화된 결과가 간파될 수 없으며, 하나의 어떤 영원한 것이 된다. 반면에 자아는 사실상으로는 노동으로서 스스로 객체성의 한 모멘트를 형성하는 동역학을 이러한 객체성으로부터 빼내어 고립된 주체성 안으로 옮겨 놓는다. 그러나 이렇게 함으로써 주체적인 동역학의 몫은 단순한 가상으로 내려앉게 되고 이와 동시에 객체성에의 통찰로 향하게 된다. 그러한 모든 통찰은, 주체의 단순한 반영으로서, 아무것도 아닌 것이라는 혐의를 받는다. 시기적으로는 심리분석의 발생과 정확하게 함께 일어나는, 심리학주의에 대항하는 후설Husserl의 투쟁은 논리적 절대주의에 관한 교설이며, 이러한 교설은 정신적 형상물들의 통용을 모든 단계에서 그것들의 생성으로부터 분리시켜 물신화한다. 후설의 투쟁은 정신적인 것에서 단지 생성만을 알아차릴 뿐 정신적인 것이 객체성과 갖는 관계를 알아차리지 못함으로써 종국적으로는 진실의 이념 자체를 이미 존재하는 것의 재생산을 위해서 폐기시키는 처리를 보충시키는 것을 만들어 낸다. 서로 극단적으로 대립되는 두 개의 관점 설정들은,

그 밖에도 이것들은 오스트리아에서는 낡아 빠지고 변명적인 것으로 간주되고 있지만, 동일한 것에서 제한된다. 일단 그렇게 되어 있는 것은 "의도들"의 내용으로서 절대화되거나 또는 모든 비판으로부터 보호를 받게 된다. 다시 말해, 이러한 모든 비판이 그것 나름대로 심리학에 종속되는 것을 통해서 모든 비판으로부터 보호를 받게 되는 것이다.

심리분석에 의해 고통스럽게 분리된 자아 기능들은 용해되기 어려운 상태에서 서로 내부적으로 교차되어 있다. 이러한 기능들의 차이는 사실상으로는 사회가 제기하는 요구와 개인이 제기하는 요구 사이의 차이이다. 그러므로 자아 심리학에서는 양들이 염소들과 갈라질 수 없다. 원천적으로 카타르시스적인 방법론은 무의식적인 것이 의식되는 것을 요구한다. 그러나 프로이트의 이론은 모순된 것을 사실상으로 장악해야만 하는 자아를 동시에 또한 배제되는 관할처로서 정의하였기 때문에, 분석은 이와 동시에 ―전체적인 수미일관성에 따라― 자아를 해체해야 한다고 말한다. 다시 말해, 저항에서 그 존재를 알리는 방어 메커니즘들을 해체해야 한다는 것이다. 이러한 방어 메커니즘들이 없이는 자아 원리의 정체성이 밀치고 들어오는 충동들의 다양성에 맞서서 자아 원리의 정체성이 사고될 수 없을 것 같음에도, 앞에서 말한 분석은 자아의 해체를 말하고 있는 것이다. 이로부터 실제적-치료적인 불합리성이, 즉 방어 메커니즘들이 매번 그 정도에 따라 깨뜨려지거나 또는 강화되어야 한다는 ―안나 프로이트는 이 점을 명확하게 인정한다[51]― 불합리성이 그 결과로서 뒤따르

---

[51] "충동의 강력함에 대한 불안에서 오는 방어 상황은 상황 내부에서 분석자가 자신의 약속들을 지킬 수 없는 유일한 상황이다. 무의식적인 것의 범람에 대항하여 자아가 벌이는 이처럼 가장 심각한 투쟁은, 대략 정신병적인 밀어붙이기에서 보이는 것처럼, 무엇보다도 특히 하나의 양적(量的)인 요건에 해당되는 투쟁이다. 이러한 투쟁에서 자아는 자신을 돕기 위해서 단지 강화(强化)만을 요구한다. 분석이 의식되지 않은 무의식적인 것의 내용들을 의식하게 하는 것을 통해서 자아에게 강화를 제공하는 곳에서는,

게 된다.

정신병자들에게는 방어는 돌보아져야 하는 것이 되어야 한다는 것이며, 노이로제에 걸린 사람들에게는 방어는 극복되어야 할 것이 되어야 한다는 것이다. 정신병자들에서는 자아의 방어 기능이 본능 무질서와 와해를 막아 준다는 것이다. 사람들은 "지원을 해 주는 치료"에 만족한다. 노이로제에 걸린 사람들에서는 전통적인-카타르시스적인 기법에 붙잡혀 있다. 여기에서는 자아가 충동을 끝내게 될 수 있기 때문이라는 것이다. 이처럼 조리가 서 있지 않은 이원론적인 처리방식은 심리분석이 가르치고 있는 친족성인 노이로제와 정신병의 친족성을 넘어서서 설정된다. 강박성 신경증과 정신분열증 사이의 연속체를 실제로 생각해 보는 경우에, 강박성 신경증에서는 의식하게 되는 것을 향해 밀어붙이는 책임이 떠맡겨질 수는 없다. 정신분열증의 경우에는, 환자가 "기능을 발휘하는 능력을 갖도록" 환자를 유지시키고 다른 한편으로는 환자가 구제되는 자로서 말해지는 것으로부터, 다시 말해 환자에게는 가장 커다란 위험으로서 기능하는 것으로부터 환자를 보호하는 책임이 떠맡겨질 수는 없다. 최근에는 자아 약화 증상들이 가장 본질적인 노이로제적인 구조들에 산입되고 있는바,[52] 자아를 계속해서 잘라내는 모든 처리는 의문시된다. 사회적인 대립주의는 분석이 환자를 어디로 이르게 하려고 하는지를, 다시 말해 자유의 행복에 이르게 하려고 하는지 또는 부자유에서의 행복에 이르게 하

분석도 치료로서 작용한다. 그러나 분석이 의식되지 않은 자아-활동들을 의식하는 것을 통해서 방어의 진행 과정들을 알아내서 활동을 중지시키는 곳에서는, 분석은 자아의 약화로서 작용하며 질병의 과정을 촉진시킨다"(Anna Freud, a. a. O., S. 76f.). 그러나 이론에 따르면 이러한 "유일한 상황"은, 즉 충동의 강력함에 대한 불안은 모든 방어의 근거가 될 것 같다.

52 Herrmann Nunberg, Ichstärke und Ichschwäche(자아 강화와 자아 약화), in: Internationale Zeitschrift für Psychoanalyse, Bd. 24, 1939.

려고 하는지를 더 이상 알지 못하고 알 수도 없는 분석의 목표에서 재생산된다. 이러한 분석은, 편안하게 지내는 것을 지불할 수 있는 편안한 환자를 장기적으로 카타르시스적으로 다루는 반면에 빨리 다시 돈을 벌어야만 하는 가난한 환자에 대해서는 단순히 심리치료적으로 떠받치는 것에 머무름으로써 곤경으로부터 벗어난다. — 이것은 환자를 두 갈래로 나누는 것이다. 부자로부터는 노이로제 환자를 만들고 가난한 사람으로부터는 정신병자를 만드는 것이다. 정신분열증과 낮은 사회적 신분 사이의 상관관계를 증명한 통계[53]가 이처럼 두 갈래로 나누는 것과 맞아 돌아간다. 그 밖에도, 더욱 깊은 처리가 표면적인 처리보다도 실제로 선호될 수 있는지의 여부, 최소한 노동을 할 수 있는 상태에 있고 분석가에게 남김없이 자기를 맡길 필요가 없는 환자들이 —매년 강해지는 전염이 어느날 풀리게 될 것이라는 막연한 전망을 향하면서— 심지어는 더욱 잘 극복할 수 있는지의 여부는 열려 있다. 사회학과 심리학의 모순에서 심리적인 치료 자체가 앓고 있다. 심리적인 치료가 늘 시작하는 것은 잘못된 것이다. 분석이 저항들을 해체하면, 분석은 자아를 약화시킨다. 분석자에 고정시키는 것은 단순히 과도적인 단계 이상의 것이다. 이것은 환자로부터 빼앗는 관할처Instanz에 대한 대체이다. 사람들이 자아를 강화시키면, 사람들은 융통성이 없는 정통적인 이론에 따라 힘들을 강화한다. 다시 말해, 자아가 바로 이러한 힘들을 통해서 —의식되지 않은 것에서 자아를 허락하는— 방어 메커니즘들로 하여금 계속해서 자아의 파괴적인 본질을 몰아붙이게끔 의식되지 않은 것을 자아의 밑에서 유지시켜 주는 힘들을 여러모로 역시 강화하는 것이다.

---

53 Vgl. August B. Hollingshead and Frederick C. Redlich, Social Stratification and Schizophrenia(사회계층과 정신분열증), in: American Sociological Review, Vol, No. 3, S.302ff.

심리학은 특별한 것의 예외적인 영역이 아니며, 일반적인 것으로부터 벗어나서 보호된 예외적인 영역도 아니다. 사회적인 대립주의들이 증대되면 될수록, 심리학의 철두철미하게 자유롭고 개별주의적인 개념은 그 의미를 스스로 명백하게 상실한다. 시민사회 이전의 세계는 심리학이 무엇인지를 아직도 모르며, 총체적으로 사회적으로 조직화된 사회는 심리학을 더 이상 알지 못한다. 이러한 세계에 상응하는 것이 바로 분석적 수정주의이다. 분석적 수정주의는 사회와 개별 인간 사이의 힘의 위치 변경과 맞아 돌아간다. 사회적 권력은 자아와 개별성 사이를 매개하는 대리인들을 더 이상 필요로 하지 않는다. 이것은 이른바 자아 심리학의 증대로서 드러난다. 반면에, 사실상으로는, 개별적인 심리적 동역학은 개별 인간의 사회에의 적응에 의해서, 즉 부분적으로는 의식된 채 진행되지만 일부는 또한 퇴행적인 적응에 의해서 대체된다. 비합리적인 잔재들이 인간성의 윤활유로서 기계장치에 분사되는 것이다. 자아를 갖고 있지도 않고 원래부터 무의식적으로 행위하지도 않지만 객관적인 특징을 반사적으로 반영하는 유형들이 시대에 맞는 유형들이다. 이러한 유형들은 무의미한 의식儀式을 공동으로 연습하며 반복의 강제적인 리듬에 따르고, 잠정적으로 영락零落한다. 자아와 파괴와 더불어 나르시즘 또는 나르시즘의 집단주의적인 파생체들이 상승한다. 외부적인 것의 잔혹성, 즉 모든 것을 같게 만드는 총체적인 사회는 분화를 저지하며, 의식되지 않은 것의 원시적인 핵심을 철저하게 이용한다. 총체적인 사회와 의식되지 않은 것의 원시적인 핵심은 매개를 관할하는 것의 절멸과 서로 보조를 맞춘다. 환호성을 올리는 원시적인 자극들, 자아에 대한 무의식적인 것의 승리는 사회가 개별 인간을 지배하면서 올리는 환호성과 조화를 이룬다. 심리분석은 그것의 확실하지만 역사적으로 이미 낡아빠진 형태에서 파괴의 권력들에 대한 보고로서, 즉 파괴적인 속성을 지닌 일반적인 것의 한복판에서 특별한 것에서 무성하게 창궐하는 파괴의 권력들에 대한 보고로서 그 진면목을 획득할 뿐이다. 심리분석이 역사의 진행에서 배웠던 것, 즉 심리분석이 제기하는 총체성에의 요구는 심리분석에서 진실이 아닌 것으로 머물러 있을 뿐이다. 심리분석의 총체성에의 요구 제기는 비교적 초기의 프로이트가 확인했던 내용, 즉 분석은 이미 알려진 것에 무엇을 오로지 부가하려고 할 뿐이라는 내용과는 상반되는 요구 제기이다. 이러한 요구 제기는 "사회에서의 인간의 행동에 관해 다루는 사회학도 역시 다른 것이 아닌, 바로 응용된 심리학일 수 있다"[54]는 후기 프로이트의 명령과 같은 말에서 정점에 이른다. 특별한 명증성에 관한 심리분석적인 것의 고향과 같은 영역이 존재하고 있거나 존재하였다. 심리분석이 이러한 영역으로부터 멀리 떨어지면 질수록, 천박화나 또는 광기 체계의 대안이 심리분석의 테제들을 위협한다. 어떤 사람이 잘못 말하여 그 사람의 성적인 성향이 뚜렷하게 드러난다면, 어떤 사람이 광장 공포증을 갖고 있거나 어떤 소녀가 몽유한다면, 심리분석은 그것의 최상의 치료적인 기회를 갖게 될 뿐만 아니라 그것의 적절한 대상을, 즉 충동 자극과 금지 사이의 무의식적인 갈등을 보여 주는 것으로서의 비교적 독립적이고 단자론적인 개인이라는 대상을 갖게 될 것이다. 심리분석이 이러한 지대地帶로부터 멀리 떨어지면 질수록, 심리분석은 더욱더 독재적으로 급변해야 하며, 현실에 속해 있는 것을 심적인 내재성의 그림자 영역 안으로 더욱더 많이 찢고 들어가야 한다. 심리분석이 갖고 있는 환상은 동시에 심리분석 스스로 유치하다고 비판하였던 "관념의 전능함"에 관한 환상과 전혀 유사하지 않은 것만은 아니다. 이러한 환상에 대해 책임을 지는 것은, 자아가 무의식적인 것의 맞은편에서, 다시 말해 심리분석이 그것에 적합한 대상을 가졌던 한 정당하게 집중시켰던 무의식적인 것의 맞은편에서 심적인 것의 독

---

54 Vgl. Sigmund Freud, Gesammelte Werke, Bd. 15, a. a. O., S.194.

립적인 제2의 원천일 것이라는 사실이 아니다. 오히려 자아가 충동 자극들의 순수한 직접성을 마주 대하면서 나쁜 것뿐만 아니라 좋은 것에서도 자아 스스로 독립적으로 되어 버렸다는 사실이 그러한 환상에 책임이 있다. 덧붙여 말한다면, 이렇게 함으로써 심리분석의 전문 분야, 즉 앞에서 말한 갈등 자체가 비로소 성립되었던 것이다. 발원된 것으로서의 자아는 충동의 한 부분이며 동시에 다른 부분이다. 심리분석적인 논리는 이 점을 사고할 수 없으며, 모든 것을 자아가 한번 자아였던 것의 분모로 가져갈 수 없다. 심리분석적 차별화를 철회함으로써, 심리분석적 논리는 그것이 최종적으로 되려고 의도했던 것이 스스로 되고 만다. 다시 말해, 퇴행의 한 부분이 되고 마는 것이다. 본질은 추상적으로 반복된 것이 아니고 구분되는 것으로서의 일반적인 것이기 때문이다. 인간애적인 것은 차이에 대한 의미로서 차이의 가장 강력한 경험에서, 남성, 여성과 같은 성들에 관한 경험에서 대체로 형성된다. 심리분석은 그것에게 의식되지 않은 것으로 지칭되는 모든 것과 종국적으로는 인간적인 것의 모든 것을 균등화에서 동성애 유형의 메커니즘에 종속시키고 있는 것 같다. 다른 것을 전혀 보고 있지 않은 것이다. 이렇게 해서 동성연애자들은 경험의 색맹色盲과 같은 것을 보여 주며, 개별화된 것에 대한 인식의 능력이 없음을 보여 준다. 동성연애자들에게는 모든 여성들이 중첩된 의미에서 "똑같다." 여기에서 다음과 같은 도식이 나온다. 사랑할 능력이 없는 것은 —왜냐하면 사랑을 하는 것은 특별한 것에서 일반적인 것을, 해체될 수 없는 상태에서, 의도하기 때문이다— 수정주의자들에 의해서 지나치게 표면적으로 많이 공격되었던 분석적인 냉엄함의 근거이다. 즉, 진정한 충동 방향을 은폐시킨다고 하는 공격 경향과 융합되어 있는 냉엄함의 근거인 것이다. 심리분석은 시장市場에서의 타락 형식에서 사물화를 비로소 보여 주는 것이 아니고, 이미 그 원천에서 지배력을 갖는 사물화에 맞아 돌아간다. 어떤 유명한 분석적인 교육자가 근본 원칙을, 다시 말해 우리는 사회

110

에 적응하지 못하고 정신분열의 경향이 있는 아동들에게 우리가 그들을 얼마나 좋아하고 있는가를 확신시켜야만 할 것이라는 근본 원칙을 정한다면, 혐오스러울 정도로 공격적인 아동을 사랑해야 한다는 요구 제기는 분석이 대변하였던 모든 것을 조롱한다. 프로이트도 언젠가 무차별적인 인간애의 계율을 비난한 바 있었다.[55] 인간에 대한 사랑은 인간에 대한 경멸과 짝을 이룬다. 이렇기 때문에 인간에 대한 사랑은 영혼에 도움을 주는 자의 업무 분야에 그토록 좋게 쓸모가 있는 것이다. 인간애는 그 원리에 따라 그것이 자유롭게 풀어 놓은 동시적인 자극들을 잡아 가두어서 통제하려는 경향을 보인다. 차이가 없는 것, 즉 개념은 인간애가 바로 이 개념 아래에서 일탈들을 포괄하는 개념이다. 차이가 없는 것은 동시에 항상 지배의 한 부분이다. 부르주아적으로 정돈된 충동을 치료할 목적으로 구상되었던 기법은 충동의 해방을 통해서 충동을 스스로 정돈한다. 인간들로 하여금 자신의 충동을 고백하도록 인간들을 고무시키는 이러한 기법은 인간들을 파괴적인 전체의 유용한 구성원으로 조련시킨다.

1955년

---

55 "선택하지 않은 사랑은 사랑의 대상에게 부당함을 자행함으로써 사랑의 고유한 가치의 한 부분을 우리에게서 잃게 하는 것 같다. … 모든 사람들이 사랑을 받을 가치가 있는 것은 아니다"(Gesammelte Werke, Bd. 14 a. a. O., Das Unbehagen in der Kultur[문화에서의 불편함], S.461).

사회학과 심리학의 관계에 대해 덧붙이는 글

독일 사회학회의 총회 및 이사회 회의와 연관되어 있었던 내부적인 회의가 1965년 11월 6일에 개최되었다. 이 회의는 사회학과 심리학의 관계에 해당되는 회의였다. 회의가 이루어지도록 계기를 부여한 자극은 독일 사회학회 명예 회장이자 사회적 성격과 사적인 성격에 대해 언급하였던 레오폴트 폰 비제Leopold von Wiese로부터 출발되었다. 공동 발제자인 알렉산더 미처리히Alexander Mitscherlich가 폰 비제에 이어 논문을 발표하였다. 미처리히의 논문은 『쾰른에서 발간되는 사회학 및 사회심리학 학회지』에 인쇄되어 있다.[01] 비상할 정도로 활기가 넘치는 토론이 뒤따랐다.

이 토론에 몇몇 숙고를 첨가하는 것을 내 스스로 허락한다면, 무엇보다도 특히 미처리히의 논문 발표가 나에게 계기를 부여하였다. 내 자신은 동일한 대상에 대하여 이미 「사회학과 심리학의 관계에 대하여」라는 논문을 『사회학 논문집』 제1권에 발표하였다. 내 논문은 그것이 여러 가지 관점에서 나를 더 이상 만족시키는 것보다는 미처리히의 텍스트와의 더욱 많은 대결을 필요로 하고 있다. 나는 이러한 대결을 테제 형식으로 다

---

01 Vgl. Alexander Mitscherlich. Das soziale und persönliche Ich(사회적 자아와 개인적인 자아), in: Kölner Zeitschrift für Soziologie und Sozialpsychologie 18 (1966), S. 21-36. (Anm. d. Hrsg.)

음과 같이 정리하고자 한다.

1. 개인이 ―모든 개인들이― 현재 처해 있는 무력감과 관련하여 사회적인 진행과정들과 경향에 대한 설명에서, 사회, 그리고 사회와 관련이 있는 학문인 사회학과 경제학이 우위를 점하고 있다. 개인이 개인적으로 행위하는 곳, 막스 베버의 의미에서 사회적으로 행위하는 곳에서도 이러한 행위의 기관Organ, 즉 합리성은 본질적으로 사회적인 관할처Instanz[02]이며, 심리적인 관할처가 아니다. 이런 이유 때문에 베버의 이해 사회학은 목적 합리성의 개념을 중심에 위치시킨다. 사회적 인식의 매체로서의 심리학은 개별 인간들, 무엇보다도 특히 집단들의 비합리적인 행동방식과 관련하여 비로소 중요한 의미를 갖는다. 이것은 물론 과거의 대중 운동과 마찬가지로 현재의 대중 운동에 해당되는 경우이다. 힘을 적게 가진 사람들의 이해관계들이 많은 사람들의 합리적 이해관계에 대항하여 관철이 되는 한, 이것은 많은 사람들에 대항하여 즉각적으로 일어난 것이 아니고 많은 사람들에 의해서, 철저하게, 일어난 것이다. 이에 대해서는 조작 가능한 심리적인 메커니즘들이 쓸모가 있다. 그러한 상황들에서 지배의 경향이 필요로 하는 행동방식들은 비합리적인 행동방식들이기 때문이다. 이러한 과정들이 ―이것들이 개인들을 전시장으로 하고 있고 개별적인 충동 에너지에 의해서 영양이 공급되고 있음에도 불구하고― 그토록 해악에 가득 차도록 일사 분란하게 진행되는 이유는 분석적 심리학 자체에게도 잘 알려져 있다. 개별적인 과정들은 형식에 맞춰서 사회적인 일반적 흐름과 지나칠 정도로 잘 조화를 이룬다. 이와 동시에, 프로이트가 기술하였던 상태, 즉 모든 개별 인간의 무의식적인 것의 개별적인 것 이전의 분화되지 않은 상태를 생각해 볼 수 있다. 이와 마찬가지로, 개인이 그의

---

02 Instanz라는 독일어를 관할처로 옮기는 것에 대해서 이미 역주로 언급하였음(역주).

행동 발달의 결정적으로 중요한 초기 단계에서 경험하는 갈등들을 개인과 사회적인 대리인들 사이의 갈등들로 ―그 본질이 가족에서 전형적으로 나타나듯이― 생각해 볼 수 있다. 프로이트는 이 점을 외디푸스 모델에서 밝혀냈다. 어떤 집단의식이나 또는 집단무의식도 실체화될 수 없는 반면에, 갈등들이 창문이 없이 동시에 개별 인간들에서 일어나고 개별 인간들의 충동 경제학으로부터 명목론적으로 이끌어 내질 수 있는 반면에, 갈등들은 수많은 개인들에게서 동일한 형태를 갖는다. 이런 이유 때문에 사회심리학이라는 개념은, 상세히 분화된 단어와 이러한 단어가 도처에서 사용되는 것이 추측하게 할 수 있을 정도로까지 잘못된 길에 들어서 있는 것은 아니다. 사회의 우위는, 소급적으로, 심리적인 과정 내부에서 개인들과 사회 사이의 균형이나 조화가 표명됨이 없이, 앞에서 말한 전형적으로 심리적인 과정들에 의해서 강화된다.

2. 학문들이 지도地圖가 잘못 그리고 있는, 심리학과 사회학의 분리는 절대적인 것이 아니며, 또한 아무것도 아닌 것도 아니고, 임의적으로 철회할 수 있는 것이다. 심리학과 사회학의 분리에는 사철을 사는 다년생 식물과 같은 잘못된 상태가 표현되어 있다. 다시 말해, 여기에는 일반적인 것과 일반적인 것의 법칙성 사이의 배치背馳가 있고 저기에는 일반적인 것과 사회에서 개별적인 것 사이의 배치가 있는 상태가 심리학과 사회학의 분리에 들어 있는 것이다. 사회가 언젠가 한 번은 더 이상 억압적이지 않다면, 사회학과 특별히 심리학적인 것과의 차이도 사라질 것이다. 물론 상부구조는 ―경제가 우위를 점하는 동안에는 전체의 심리적인 영역이 상부구조에 편입될 수 있다― 더욱 느리게 변화함에도 불구하고, 사회적으로 일반적인 것이 진실로 개별적인 필요성들의 총체가 될 때까지는, 그리고 개인이 개인에 대한 무한대의 시간에 걸쳐 자행되는 억압의 횟수回數들인 열께들을 풀어 버릴 때까지는 많은 시간이 사라지게 될 것이다. 학문적 분업이 앞에서 말한 실재적인 배치背馳에 맞추는 한, 학문적

분업은 정당하다. 학문 분과를 서로 넘나드는 가장 완벽한 공동작업도 앞에서 본 문제에 들어 있는 배치를 제거시킬 수는 없을 것이다. 학문적 분업의 유행하는 개념은, 유행하는 학문 이상理想에 맞춰, 단절이 실재적으로 지배적으로 나타나는 그곳에서 한 목소리로 말하는 지속성을 전제하고 있다. 이렇기 때문에, 학문적 분업의 유행하는 개념은 이데올로기적인 기능들을 용이하게 충족시키는 것이다.

3. 사회학과 심리학의 노동 분업이 개인과 사회가 화해되지 않은 채 서로 갈라져 있는 모습을 보이고 있는 상태를 그것 나름대로 허락하고 심리학과 사회학의 분리된 것을 그것 자체로 당연하게 상이한 것으로 생각하는 한, 사회학과 심리학이라는 학문들의 노동 분업은 비판에 놓이게 된다. 프로이트가 르봉Le Bon이 다룬 현상들을 대중의 암시, 대중의 의식, 심지어는 집단적인 무의식으로 되돌아가지 않고, 이른바 대중의 암시를 개인적인 충동 동역학으로부터 도출한 것은 프로이트가 올린 공적들 중에서 결코 가장 작은 공적만은 아니다. 바로 이 점을 통해서 사회적인 것과 개인적인 것이 심리학에서 순수하게 화학적으로 분리될 수 있는 정도가 얼마나 작은 정도인가가 드러난다. 프로이트는 팽창을 추구하는 전문가의 충동을 갖고 있지 않았던 것은 아니었으며 종국적으로는 사회학을 응용된 심리학으로서 이해하려고 하였다. 이런 생각을 가졌던 프로이트가 역설적이게도 가장 내적인 심리학적인 목표들에서 근친상간 금지, 아버지 상像과 원시적인 유목민 사회 형식들의 내면화와 같은 사회적인 것에 부딪치고 있다. 심리학과 사회학을 경직된 채 서로 분리하여 유지시키려고 하는 사람은 두 학문 분과들의 본질적인 관심들을 제거시킨다. 사회학은 살아 있는 인간들에게 항상 매개되면서 되돌아가서 관련을 맺는 관심을 제거하며, 심리학은 단자론적인 카테고리들의 사회적인 모멘트에 대해 갖는 관심을 없애 버리는 것이다. 이러한 사회적인 모멘트는 프로이트 자신에게도 단지 어느 정도 확실하게 추상적으로만 나타나며, 심리학

에 외적인 것으로서, "생활고"로서 나타난다. 프로이트는 충동론만이 홀로 사회적인 행동을 근거 세우지 않는다는 점과 인간이 자기 자신에 대해서는 사회적 존재로서의 인간과는 다른 존재라는 점을 암묵적으로 인식하고 있었다. 자아 충동들과 대상 충동들 사이의 구분에서 이러한 차이는 심리학 내부에서 마치 법전으로 편찬되는 것처럼 확정되어 있다. 심리분석은 그러나 시종일관하여 대상 충동들을 우선적으로 다루었으며, 자아 심리학에 대한 소홀함은 심리분석이 현재적으로 중요한 사회적인 현상들에 눈길을 돌렸을 때마다 심리분석을 방해하였다.

4. 사회학을, 프로이트와 함께, 응용된 심리학으로 생각하고자 하는 사람은, 이런 생각에 들어 있는 모든 계몽적인 의도에도 불구하고, 이데올로기에 빠져 들고 있는 것 같다. 그 이유는 다음과 같다. 사회는 직접적으로 인간들의 사회가 아니며, 인간들 사이의 관계들은 스스로 독자적인 것으로 되었기 때문이다. 이처럼 독자적으로 된 것은 모든 개별 인간들에게 위력적 힘을 가진 것으로 나타나며, 심리적인 자극들을 작동장치의 방해로서, 즉 가능한 통합되어 있는 방해로서 거의 용인하지 않기 때문이다. 재벌 총수의 심리학을 경영사회학을 위해 생산적인 열매를 맺는 학문으로 만들려고 하는 사람은 엉터리 같은 일에 공공연하게 빠져 들고 있는 사람일 것이다.

5. 심리분석을 사회학화하는 것은 거의 불가능하다. 수정주의 학파가, 경험의 이름으로 이론에 반대하면서, 실행하였던 시도들은 심리분석을 거세하였다. 심리분석은 성性에 맞서면서 자아 심리학을 과대평가하는 것을 통해서, 그리고 성공적인 적응의 기술로서 사회적으로 편입된다. 이것은 또한 끌어당겨진 사회적 카테고리들과 접해 있다. 수정주의자들에게 그토록 중요한 위세의 사회적 원리는 시민사회의 경쟁 메커니즘에 맞춰져 있다. 그러나 경쟁은 시민사회에서는, 생산영역과 비교해 볼 때, 일시적 현상에 불과하다. 사회학적 인식과 심리학적 인식의 관계에서 어떤

하나의 인식이 다른 인식으로부터 직접적으로 빌려 오는 것을 적게 하면 할수록, 사회학적 인식과 심리학적 인식은 더욱더 많이 유효해지며, 서로에 대해 더욱더 많은 것을 의미하게 된다.

6. 심리학에 대한 사회의 우위는, 사회적으로 설치된 심리분석이 기능적인 사회 내부에서 인간의 기능 능력을 강화시킨다는 점에서, 호르크하이머가 만든 말인 마사지Massage가 된다는 점에서 본질적으로 관철된다. 이것은 프로이트의 요구에서, 즉 무의식적인 것이 있는 곳에서 자아가 생성된다는 요구에서 최소한 밑그림이 그려져 있다. 심리분석이 갖고 있는 또 다른 잠재력은 충동을 풀어 놓는 잠재력이다. 엄격한 성性 이론이 이것에 기여한다. 엄격한 성 이론에서 확고하게 유지될 수 있는 것이다. 엄격한 성 이론을 정통파 이론으로서 배척하는 것과 성 이론을 19세기로 되돌아가서 날짜를 기입하려는 격정은, 이러한 유형학들에 전체적으로 들어 있는 것처럼, 계몽에 대한 저항을 증명해 준다. 특히 분석을 실존철학과 융합시키려는 노력들은 분석을 그것의 반대가 되는 것으로 전도시키고 만다. 프로이트는 독일에서 예나 지금이나 배제된다. 루카치가 했던 하나의 표현을 받아들인다면, 프로이트는 깊이에 의해서 천박하게 된 것이다. 프로이트는 독일에서 이미 낡은 사람이라는 주장은 반反계몽주의의 단순한 표현에 지나지 않는다. 프로이트가 비로소 한 번은 만회될 수 있어야 할 것이다.

7. 사회학과 심리학의 두 영역의 분리가 절대적이지 않다는 점은 오늘날 소름이 끼칠 정도로 입증되었다. 두뇌 세탁의 기술들과 체제를 벗어나는 사람들을 고문을 통해서 통합시키는 기술들에서 이미 알리고 있는 것은 미처리히가 끌어당기고 있는 중국의 현상들에서 그것의 완전한 결과에 도달한 것으로 보인다. 심리학과 사회학을 하나로 종합하려는, 학문에서의 시도들은 다음과 같은 점에서 실패로 끝났다. 다시 말해, 이러한 시도들을 행하였던 학자들이 개별 인간이 그가 속한 집단에서 통용되는 것

과 같은 사회적 모멘트들을 심리적으로 결정된 것들로서 직접적으로 해석하였던 반면에, 사회적인 모멘트들은, 심리학적으로 보면, 개개의 사람이 갖고 있는 외부 층層들, 즉 현실로 방향이 돌려진 외부 층들 안으로 단순히 들어가게 되며, 원래의 무의식적인 심층적인 과정들 ―이러한 과정들에 대해서 심리분석적 수정주의자들은 관심을 갖지 않았다― 안으로 들어가지 않았다. 이런 점에서 심리학과 사회학을 하나로 종합하려는 시도가 실패로 끝났던 것이다. 이에 반해서, 역사적으로 오래전부터 지속적으로 진척된, 개인의 해체를 관리하고 가속화시키는 급진적 집단화의 실제는 전체를 향해서 간다. 미처리히가 기술하고 있는 사회적 교육의 공표는 따라서 영혼에 대해 행사하는 사회적으로 익숙해 진 모든 "영향"을 뒤에 놓아둔다. 사회적 교육의 공표는 내용의 주입, 자아의 저항력의 감소에 만족하지 못하고, 자아의 형식적인 구성 요소들을 무의식적인 삶 내부로까지 파고들어 폭력적으로 장악하기 때문이다. 심리분석이 후後 교육이 되고자 한다면, 자아의 형성을 어떻든 철회시키기 위해서 전력을 다했던 심리분석은 이른 시기의 어린 시절에 처했던 상황들을 문자 그대로 재생산하는 것이 되고 만다. 그러한 통합적인 영혼 지배는 조종된 억압으로 가는 경향을 극심하게 관철시킨다. 통합적인 영혼 지배는 이른바 매스미디어의 누적된 작용에서 윤곽을 그리면서, 그리고 새로운 것이라는 관점에서 천진난만하게, 암시되었다. 사회가 인간의 개별화 밑에서 인간 안으로 뚫고 들어오고 인간의 개별화를 방해함으로써 개인과 사회는 하나가 된다. 이러한 통일성이 그러나 주체들의 더 높은 형태가 아니고 주체들을 원시적인 단계로 되돌려 던지고 있다는 점은 야만적인 억압에서, 즉 동시에 행사되는 억압에서 드러난다. 아침 해가 떠오르듯이 떠오르는 동일성은 일반적인 것과 특별한 것의 화해가 아니고 절대적인 것으로서의 일반적인 것이다. 절대적인 것으로서의 일반적인 것에서 특별한 것이 사라진다. 개별 인간들은 맹목적인 행동방식들과 철저하게 계획적으로 닮게 되며, 베케트의 장편소설과 희곡에 나오는 주인공들과 같은 사람이 된다. 이른바 부조리극은 현실적이다.

8. 역사적인 진행과 심리적인 발생이 가르쳐 주고 있듯이, 개인은 발원된 존재라는 점, 개인은 불멸성을 ―이것의 가상을 개인은 개인주의적인 사회의 시대에서 받아들였다― 자기 자신에 대해 주장할 수 없다는 점은 개인에 대한 역사적 판단을 근거세울 수 있을지도 모른다. 이러한 판단은 그러나 절대적인 판단이 아니다. 발원된 것은, 니체의 통찰에 따르면, 그것의 원천에 비해서 더욱 높은 것일 수 있다. 개인에 대한 비판은 개인의 폐기를 의도하지 않는다. 이러한 비판이 개인의 폐기를 의도하게 된다면 세계의 진행은, 너무나 현실주의적인 이상주의에서, 최후의 심판이 되며, 지속적으로 감추어진 원시성이 사회적 동물로서의 인간의 실현과 뒤바뀌게 된다. 형식에서의 개인과 사회의 동일성은 ―형식에서 이러한 동일성이 준비된다― 완벽하게 된 부정적인 것이다. 개별 인간은 심적인 고통과 육체적인 고통에서 받는 극단적인 것을 통해서 개인과 사회의 동일성을 경험하게 된다.

사회학과 심리학이 서로 떨어져 나간 후에 마치 후계자들인 것처럼 서로 비교적 의존되지 않은 채 전개되었던 사회학과 심리학의 ―그것들 나름대로 지배적인 사회적 원리로부터 뒤따르는― 분리의 이론적 구성은 보정될 수 있다. 사회학과 심리학의 분리가 비판적인 영역들을, 분리된 것이 진지하게 서로 접촉되는 곳에서, 지나칠 정도로 소홀하게 다루고 있기 때문이다. 대립주의적으로 하나로 되어 있는 것은 그것의 대립주의에서도 하나의 통일성으로 머물러 있다. 쪼개지는 것을 논리적으로 외부적인 것으로서 포착하고 동시에 사물적인 대상들로 쪼개지는 것으로서 ―구조적으로 파악하는 대신에― 파악하는 모델에 따라 우리가 표상하는 것과 같은 정도로, 바로 그 정도로, 심리학과 사회는 직접적으로 상호 간에 영향을 주면서 작용하는 정도가 작다. 작용하는 정도가 이렇게 작은 것처럼, 앞에서 말한 하나의 원리에 따라 둘로 갈라진 분열은 이제 사실상으로 서로 의존되지 않은 채 진행되는 정도가 작다. 원리의 추상적인 통일성이 사회와 개인, 그리고 사회와 개인의 학문적 성찰 형식들인 사회학과 심리학을 나란히 묶어 놓는다. 그뿐만 아니라 사회학과 심리학은 결코 합창으로 나타나지 않는다. 이렇게 해서 사회적 현실의 가장 중요한 모멘트들, 즉 가장 위협적이기 때문에 배제된 모멘트들이 심리학 안으로, 주관적으로 무의식적인 것 안으로 들어오게 된다. 그러나 집단적인 상상하기로 변모되어 들어오게 되며, 프로이트는 이것을 체펠린Zeppelin에서 행한 강의에서 보여 준 바 있었다. 프로이트는 상상하기를 융Jung이 그로부터 받아들여 발견하였던 원시적인 형상들 밑에 정렬하였다. 이것은 프로이트가 원시적인 형상들을 심리적인 동역학으로부터 완전하게 분리하여 규범적인 것으로 바꾸게 하기 위함이었다. 그러한 집합적 상상은 신화의 현재적인 형체이며, 사회적인 것을 열쇠로 채워 버리는 형체이다. 변증법적 상像들에 대한 벤야민의 구상은 그러한 형체를 꿰뚫고 나아가려고 하였었다. 집합적 상상은 엄격한 의미에서의 신화들이다. 사회적인 것을 내부적인 것으로, 겉으로 보기에 무시간적인 것으로 변모시키는 것은 집합적 상상을 진실이 아닌 것으로 만들기 때문이다. 집합적 상상은, 단어 그대로 이해하여 받아들인다면, 필연적으로 잘못된 의식이다. 예술에서 보이는 충격들은 그러한 집합적 상상에 해당되는 충격들이며, 이러한 충격들은 앞에서 말한 비진실이, 매우 특별하게, 폭발에 이르도록 하고 싶어 한다. 다른 한편으로 현대의 신화들은, 세계 자체가 아직도 신화이고 오래된 현혹의 연관관계인 한, 진실을 보여 주는 것들이다. 이러한 진실의 모멘트는 많은 꿈들에서 잘 간파될 수 있다. 가장 왜곡된 꿈들에서 우리는 우리가 잘 알고 있는 인간들에 대해서 때때로 더욱 진실한 것, 즉 통제에 놓여 있으면서도 깨어 있는 상태로서의 부정적인 것, 이데올로기로부터 자유로운 것을 알게 된다. 이것들은 마치 꿈속에 있는 것들과 같은 것들이다. 세계는 이렇게 되어 있는 것이다.

접촉의 영역은 사회적으로는 자발성 영역이다. 심리학은 적응의 수단으로서 중요하게 될 뿐만 아니라 사회적 조직화Vergesellschaftung가 그 한계들을 발견하는 곳에서도 역시 중요하게 된다. 주체는 개별화 원리가 ―개별화 원리를 통해서 문명이 관철되었다― 이 원리를 제거해 버리는 문명 과정에 대항하여 자신을 주장하는 층₪으로부터 오는 힘들과 함께 사회적인 강제적 속박에 맞선다. 자본주의적으로 가장 진보된 나라들이 아닌 나라들에서 저항이 가장 강력하였다. 통합의 과정들이, 외견상으로 보이는 것처럼, 자아를 한계 가치로 약화시키는지의 여부, 또는 과거에 그랬던 것처럼 통합의 과정들이 아직도 항상, 또는 갱신되어 자아를 강화시킬수 있는지의 여부에 대해서는 지금까지 예리하게 물음이 제기된 적이 거의 없었다. 심리학의 사회적인 핵심으로 파고 드는 사회심리학에서, 심리학에 사회적인 개념들의 궁색한 첨가물을 혼합시키지 않은 사회심리학에서 이러한 물음을 수용하는 것이 가능할 것 같다. 이러한 사회심리학은 주체들에 대한 고려와 함께 물음에 대해 결정해도 되리라 본다.

1966년

반쪽 교육의 이론[01]

　오늘날 교육의 위기로서 명백하게 드러나고 있는 것은 교육과 직접적으로 관련이 있는 교육학적 전문 학문분과의 단순한 대상도 아니고, 이음표(-) 사회학[02]에 ─교육사회학을 말한다─ 의해 극복될 수도 없다. 도처에서 알아차릴 수 있고 교육을 받은 사람들 자체의 층에서도 역시 주의를 끌고 있는 교육의 타락 징후들은 교육 시스템과 교육 방법의 이미 여러 세대에 걸쳐 결함이 쌓여진 불충분함에서 쇠진되지 않는다. 고립된 교육학적 개혁만으로는, 이것이 항상 피할 수 없는 것이라고 할지라도, 도움이 되지 않는다. 고립된 교육개혁은 때때로, 교육을 받아야 되는 사람들에 대한 정신적 요구 제기가 남겨 놓은 것에서, 그리고 교육외적인 현실이 고립된 교육개혁에 대해 행사하는 권력을 마주 대하면서 나타나는 순진한

01　원어는 Halbbildung이며, 이 자리에서 사용하는 반쪽은 단순히 반쪽을 의미하는 것이 아니고 "매우 위축된 모습을 비유적으로 이르는 말"(국립국어원 표준국어대사전)을 의미한다. 이 의미가 아도르노의 의도에 일치한다고 본다(역주).

02　사회학의 앞에 어떤 이름들을 붙여서 사회학의 이름들이 이어지는 것을 의미한다. 정치사회학, 교육사회학, 지식사회학, 산업사회학, 농촌사회학, 경영사회학 등 사회학 이름이 이어지는 현상을 아도르노는 이음표 사회학이라고 명명한다. 그는 미국에서는 심지어 젖소 사회학이라는 이름까지 등장하고 있다고 비판한다(역주). 이에 대해서는 다음의 자리를 참조. 테오도르 아도르노, 『사회학 강의』, 문병호 옮김, 서울, 세창출판사, 2014, 123, 226, 292쪽.

무관심에서도 역시, 오히려 위기를 강화시키고 있는지도 모른다. 교육에 영향을 미치고 교육을 방해하는 것들인 사회적 요인들, 교육의 현재적인 기능, 사회에 대해 교육이 갖는 관계의 무수한 관점들에 관한 고립된 성찰과 탐구[03]는 실행되는 것의 힘에 다가서는 정도가 매우 적을 뿐이다. 그러한 고립된 성찰과 탐구에는 교육 자체의 카테고리가, 사회적인 전체의 내부에서 매번 작동하는 체계 내재적인 부분 모멘트들이 그렇듯이, 미리 주어져 있다. 그러한 고립된 성찰과 탐구는 그것들 스스로 비로소 관통되어질 수 있어야 될 것 같은 연관관계들의 틀에서 움직인다. 교육으로부터 생성된 것, 그리고 독일에서뿐만 아니라 다른 곳에서도 일종의 부정적인 객관적 정신으로서 퇴적되어 있는 것은 사회적인 운동법칙들로부터, 교육의 개념으로부터 스스로 도출될 수 있을 것 같다. 교육은 사회화된 반쪽 교육이 되었으며, 소외된 정신이 도처에서 나타난 것이 되었다. 반쪽 교육은 발생과 의미에 맞춰 교육에 앞장서서 가는 것이 아니고, 교육의 다음에 뒤따라온다. 반쪽 교육에서는 모든 것이 사회적 조직화의 그물망에 의해서 붙잡혀 있다. 형태로 가공되지 않는 본성은 더 이상 존재하지 않는다. 이러한 본성에 내재하는 거칢, 즉 오래된 비진실은 삶에서 집요하게 유지되고 있으며 확대된 채 재생산된다. 자기를 스스로 규정하는 것으로부터 벗어나 있는 의식의 총체인 반쪽 교육은 인가된 문화 요소들에 불가항력적으로 반쪽 교육을 묶고 있다. 반쪽 교육이 인가된 문화 요소들의 강제적 속박에 놓이면서, 썩어 빠진 교육으로서, 야만적인 것 안으로 끌려들어간다. 이것은 최근에 보이는 전개로부터 설명될 수 없으며, 아무것도 설명하지 않고 오히려 흐린 얼룩만을 가리켜 줄 뿐인 슬로건이 대중사회를 통해서 설명될 수 없다는 점이 매우 확실하다. 인식을 획득하려는 작

---

03 고립된 성찰과 탐구는 위에서 예거한 세 가지 사항에 해당됨(역주).

업은 그러한 흐린 얼룩에서 제기되는 것이 마땅할 것이다. 반쪽 교육은, 모든 계몽과 확산된 정보들에도 불구하고, 그리고 계몽과 확산된 정보들의 도움을 받아, 현재적 의식의 지배적인 형식이 되었다. 바로 이 점이, 계속해서 손으로 집어내어 포착할 수 있는 이론을 요구하고 있다.

문화의 이념은, 반쪽 교육 자체의 관례에 따라, 반쪽 교육에 성스러운 것이 되어서는 안 된다. 교육은, 문화에 주관적으로 맡겨진 것의 측면에 따라, 다른 것이 아닌, 바로 문화이기 때문이다. 문화는 그러나 이중적 성격을 갖는다. 이중적 성격은 사회로 되돌아가 사회를 가리키며, 사회와 반쪽 교육 사이에서 매개 기능을 수행한다. 독일적인 언어 사용에서는 정신문화가, 실제와 항상 더욱더 두드러지는 대립에서, 유일하게 문화에 해당된다. 바로 이러한 점에, 시민계급의 완전한 해방이 성공에 이르지 못했다는 사실, 또는 시민사회가 더 이상 인간의 역사와 동치될 수 없기 때문에 시민계급의 해방이 비로소 어느 한 시점에 이르게 되었을 뿐이라는 사실이 반영되어 있다. 서구 국가들에서 문화 개념을 자유로서 실현시키려고 의도하였던 혁명적인 운동들의 좌절은 그러한 운동들의 이념을 동시에 운동들 자체로 되돌려 던져 버렸으며 운동들과 그 실현의 연관관계를 어둡게 하였을 뿐만 아니라 연관관계에 금기를 덮어 씌웠다. 문화는 스스로 만족하는 것이 되었고, 잿물로 썻어진 철학의 언어에서 마침내 "가치"가 되었다. 이와 동시에 그 무력감을 잠재적으로 이미 확인하고 있는 문화의 그러한 정신화에서 인간들의 실재적인 삶은 맹목적으로 성립되어 맹목적으로 작동되는 관계들에 내맡겨지게 된다. 문화는 이에 대해 냉담할 뿐이다. 열정과 이해심을 갖고 이른바 문화적 재화들에 참여하였던 사람들이 나치즘이 강요하는 도덕 실제에 논쟁의 여지가 없이 자신을 내맡길 수 있었다는 점을 막스 프리쉬Max Frisch가 언급한 바 있었다. 이것은 지속적으로 진보하면서 쪼개진 의식의 목록일 뿐만 아니라 앞에서 말한 문화적 재화들이 내용, 휴머니티, 휴머니티에 내재하는 모든 것을 나무라고 있으며, 허위가 문화적 재화들인 한 허위를 벌하고 있다. 문화에 고유한 의미는 인간이 설치한 것들과 분리될 수 없다. 이러한 것들로부터 떨어져 나온 채 스스로 설정되고 절대화된 교육은 이미 반쪽 교육이 되었다. 이것은, 다른 모든 학자보다도 더욱 많이 정신문화의 개념을 그 위상이 높아진 독일 중산층에게 자기목적으로서 구미에 맞게 하였으며 교사들에게 넘겨주었던 빌헬름 딜타이Wilhelm Dilthey의 저작에서 입증될 수 있을 것 같다. "달빛처럼 부드러운 소재로 짜서 만들어진 시인의 삶이 이런 곳이 아닌 다른 어느 곳에 있단 말인가! 그의 삶이 그랬던 것처럼, 그의 문학도 그러한 문학이었다"[04]와 같은, 횔더린Hölderlin에 관한 문장에서 보는 것처럼 딜타이의 가장 유명한 책에서 유래하는 문장들은 학자로서의 그의 위상에도 불구하고 에밀 루드비히Emil Ludwig의 문체에 들어 있는 문화산업적인 생산물들과 이미 더 이상 구분될 수 없다.

문화는 실재적인 삶을 형성하는 것으로 이해되었던 곳에서, 역으로, 적응의 모멘트를 일방적으로 강조하였으며, 인간이 병렬적으로 서로 연마하도록 인간을 억눌렀다. 이것은 다음과 같은 목적을 위해서 필요한 것이었다. 다시 말해, 사회적 조직화Vergesellschaftung의 지속적으로 불안정한 연관관계를 강화시키고 자율적인 정신문화의 전통이 정립되어 있는 곳에서, 바로 이곳에서 주기적으로 갑작스럽게 명백하게 발생하는 돌발적 사건들을 무질서적인 것 안으로 집어넣어 제방을 쌓기 위해서 필요했던 것이다. 철학적 교육 이념은 그 정점에서 자연적인 현존재를 보존시키면서 형성하려고 하였었다. 철학적 교육 이념은 두 가지를 의도하였다. 동물적인 인간을 병렬적으로 적응시키는 것을 통해서 인간을 길들이는 것이 첫째 의도였다. 인간이 만든 허약한 질서의 압박에 대한 저항에서 자

---

04 Wilhelm Dilthey, Das Erlebnis und die Dichtung(체험과 문학), Leipzig und Berlin 1919, S.441.

연적인 것을 구출하는 것이 두 번째 의도였다. 실러Schiller, 칸트주의자, 칸트 비판자의 철학은 이러한 두 모멘트들의 긴장이 가장 명백하게 드러나 있는 표현이다. 반면에 외화外化의 이름 아래에 놓여 있는 헤겔의 교육론에서는, 이와 마찬가지로 후기 괴테에서도, 적응의 절실함이 휴머니즘의 한복판에서 스스로 환호성을 올리고 있다. 앞에서 말한 긴장이 일단 와해되면, 적응이 절대적으로 지배력을 갖는다. 적응의 척도는 매번 앞에 놓여 있는 것이 된다. 적응은, 앞에 놓여 있는 것을 개별적으로 규정하는 지배력을 보이면서, 적극적인 것이 제기되는 것을 금지시킨다. 적응은, 인간에게 행사하는 압력에 힘입어, 적응이 형식을 만들어 주었다고 망상하는 형성되지 않은 것을 인간에게서 영속화한다. 공격성을 인간에게서 영속화하는 것이다. 프로이트의 통찰에 따르면, 이것이 바로 문화에서의 불편함의 근거이다. 완전하게 적응된 사회는, 사회의 개념이 정신사적으로 이를 상기시키고 있듯이, 단순히 다윈주의적인 자연사일 뿐이다. 완전하게 적응된 사회는 적자생존에 상을 준다. 교육이라고 지칭되었던 힘의 장場이 고정된 카테고리들로 ―그것이 정신이든, 자연이든, 주권이든, 또는 적응이든― 굳어지면, 이러한 고립된 카테고리들의 모든 개별적인 카테고리는 카테고리에 의해 의도된 것과 모순 관계에 빠져들게 되고 이데올로기에 명의를 빌려주면서 퇴행적 교육을 진척시키게 된다.

그 균형이 단지 순간적인 방식으로만 성공하였던 문화의 이중적 성격은 화해되어 있지 않은 사회적 대립주의에서 발원한다. 문화는 이러한 대립주의를 치유하고 싶어 하지만 단순한 문화로서 대립주의를 치료할 수는 없다. 문화에 의한 정신의 실체화에서, 반사反射는 사회적으로 명령된 분리인 정신노동과 육체노동의 분리를 변용시킨다. 오래된 불의는 지배적인 원리의 탁월함으로 정당화된다. 오래된 불의는 이러는 동안에도 지배된 자들을 분리시키는 것을 통해서 지배관계들의 완고한 반복에 대해 종말을 준비하는 가능성을 다시금 산출시킨다. 적응은 그러나 지속적으로 진보하는 지배의 직접적인 모형이다. 주체는 오로지 자신을 자연에 비슷하게 하는 것을 통해서, 현존재를 마주 대하면서 자신을 스스로 제한시키는 것을 통해서 현존하는 것을 통제하는 능력을 갖게 되었다. 이러한 통제는 인간의 충동에 대한 하나의 통제로서, 종국적으로는 사회 전체가 유지되는 과정에 대한 하나의 통제로서 사회적으로 존속된다. 자연은 그러나 이에 대한 대가를 치르면서 자연이 길들여지는 것에 힘입어 길들이는 자에 대해서 항상 다시 환호를 올린다. 길들이는 자가 일찍이 주술을 통해서, 종국적으로는 엄격한 과학적인 객관성을 통해서 자연에 자신을 비슷하게 하는 것은 이유가 없는 것이 아니다. 주체가 자신의 자기보존을 위해서 행하는 그러한 비슷하게 하기의 과정과 주체의 제거 과정에서, 길들이는 자가 알고 있는 것의 반대되는 것이 주장된다. 단순한 비인간적인 자연관계가 주장되는 것이다. 죄를 지으면서 휩쓸려 들어가면서, 주체의 모멘트들과 서로 필연적으로 대립되는 것이다. 지속적으로 진보하는 자연지배의 면전에서 정신도 쇠퇴하게 되며, 주술의 오점에 의해 붙잡혀 있게 된다. 다시 말해, 정신은 정신이 한때 자연신앙에 대해 각인시켰던 오점, 즉 자연신앙은 사실들이 가진 힘의 자리에 주관적인 환상을 슬쩍 바꿔치기 하면서 집어넣는다고 자연신앙에게 각인시켰던 주술적인 오점에 의해 붙잡혀 있게 되는 것이다. 정신의 고유한 본질, 즉 진리의 객관성은 비진리로 넘어간다. 적응은 그러나, 일단 실존하고 있으며 맹목적으로 지속되는 사회에서, 사회를 넘어서지 않는다. 관계들의 형성은 권력의 경계에 부딪치게 된다. 관계들의 형성을 인간에게 어울리도록 설치하려는 의지에서, 권력은 화해를 거부하는 원리로서 살아남는다. 이렇게 됨으로써 적응은 다시 둑으로 막히게 된다. 적응은 정신이 물신이 되는 것과 똑같은 정도로 물신이 된다. 적응은 보편적으로 조직화된 수단들이 모든 이성적인 목적에 대해 점하는 우위가 된다. 적응은 유리로 된 집, 즉 그것 자체를 자유로서 오인하는 유리로 된 집을 설치한다. 그러한 잘못된 의식은 정신의 이처럼 잘못된 의식과 똑같은 정도로 스스로부터 잘못되고 부풀려진 의식과 융합된다.

이러한 동역학은 교육의 동역학과 하나이다. 교육은 불변적인 것이 아니다. 교육은 내용과 제도들에 따라 상이한 시대에서 상이할 뿐만 아니라, 이념 자체로서도 임의적으로 다른 곳으로 날라질 수 있는 것이 아니다. 교육의 이념은 시민계급과 더불어 해방되었다. 귀족이나 신사와 같은 봉건주의에 있는 사회적 성격들, 무엇보다도 특히 오래된 신학적 학식은 이것들의 전통적인 현존재와 특별한 규정들로부터 분리되지 않았으며, 교육이 이전에 잠자리에 들어가듯이 파고들어 갔던 삶의 연관관계들을 마주 대하면서 스스로 독립적으로 되었다. 그러한 사회적 성격들은 반사되었고, 그것 자체를 의식하게 되었으며 인간에게 즉각적으로 전용轉用되었다. 사회적 성격들의 실현은 자유와 평등의 시민사회의 실현과 상응해야 한다는 것이었다. 사회적 성격들의 실현은 그러나, 대략 칸트의 미학에서 목적 없는 목적성이 요구되고 있는 것처럼, 동시에 목적들, 목적들의 실재적인 기능과 절연하였다. 교육은 자유롭고 고유한 의식에서 기초가 세워져 있으나 사회에서 지속적으로 작용하고 개인의 충동들을 승화시키는 개인의 손에, 개인에게 고유한 정신으로서, 순수하게 당연히 들어와야 하는 것이 되어야 한다는 것이다. 교육은 은연중에 하나의 자율적인 사회의 조건으로서 통용되었다. 개별 인간들이 밝아지면 질수록, 전체가 더욱 밝게 된다. 교육과 마주하고 있는 실제에 대해 교육이 갖는 관계는 그러나 모순에 가득 차게, 이질적인 것으로 품위가 떨어진 것으로서, 조정되지 않은 만인에 대한 만인의 투쟁의 한복판에서 이익을 지각하기 위한 수단으로 전락한 것으로서, 출현할 뿐이었다. 교육의 이념에는 신분 차별이 없는 인간사, 속임수를 써서 이익을 취하지 않는 인간사의 어떤 상태를 바라는 이념이 필연적으로 주장되어 있다는 점은 의문의 여지가 없다. 교육이 이러한 이념으로부터 무언가 스스로 경계를 짓고 사회적으로 유용한 노동으로서 보상을 받는 특별한 목적들의 실제 속으로 휘말려 들어가는 순간에, 교육은 교육에 대해 나쁜 짓을 자행하게 된다. 교육은 그러나 교육의 순수성에 의해서도 죄를 지은 것이 적지 않다. 교육의 순수성이 이데올로기가 됨으로써 죄를 짓게 되는 것이다. 목적에 부합하는 모멘트들이 교육의 이념에서 함께 울리는 한, 이러한 모멘트들은 교육의 이념에 따르면 결국에는 개별 인간이 이성적인 사회에서 이성적인 개별 인간으로서, 자유로운 사회에서 자유로운 개별 인간으로서 자신을 보존시키는 능력을 갖도록 해 주어야 한다는 것이다. 경제적인 차이들이 이러한 약속을 적게 이행하면 할수록, 교육을 목적에 관련시키는 관념이 더욱더 엄격하게 금지된다. 교육 하나만으로는 이성적인 사회를 보증하지 않는다는 상처가 건드려져서는 안 될 것이며, 그대로 남아 있어야 할 것이다. 사람들은 처음부터 기만적인 희망, 즉 현실이 인간에게 거부한 것을 교육이 스스로부터 발원하여 인간에게 줄 수 있을 것이라는 희망을 이를 악물고 고집하고 있다. 교육이 갖고 있는 꿈, 즉 수단들의 독재로부터의 자유, 고집스럽고 인색한 유용성의 독재로부터의 자유는 앞에서 말한 독재에 따라 설치된 세계를 변명하는 것으로 변질된다. 문화가 절대적으로 설정해 놓은 교육의 이상理想에서 문화의 의문투성이와 같은 점이 효력을 발휘하고 있다.

새로 태동한 시민계급이 봉건주의에 맞서서 시민계급의 것으로 돌렸던 교육의 진보는 앞에서 말한 희망이 암시하였던 방향과 곧바로 일치하는 방향으로만 결코 진행되지 않았다. 시민계급이 17세기의 영국과 18세기의 프랑스에서 정치적으로 권력을 장악하였을 때, 시민계급은 경제적으로는 봉건성보다도 덜 발전된 상태였으며, 의식에 따라 볼 때도 역시 경제적으로는 발전이 더딘 상태였다. 당시의 시민계급이 갖고 있던 자질, 즉 나중에 보충적으로 교육이라는 이름을 받아들였던 자질은 발흥하는 계급으로 하여금 경제와 행정 분야에서의 임무를 수행하는 능력을 갖도록 해 주었다. 교육은 시민계급이 해방되었음을 나타내는 표지標識에만 머물러 있지 않았다. 교육은 수가 적은 사람들, 농부들에 앞서서 시민들이 미리 갖고 있었던 특권에만 머물러 있지도 않았다. 교육이 없이는 기업가, 대리인, 공무원으로서의 시민은, 또는 시민이 항상 어디에 있든, 거의 성공을 거두지 못하였다. 이와는 달리 시민사회에 의해 산출된 새로운 계급은 사정이 더 좋았다. 시민사회가 제대로 단단하게 되는 것이 거의 없었음에도 새로운 계급의 사정이 좋았던 것이다. 사회주의적 이론들이 그것들의 의식으로 일깨우려고 시도하였던 대상으로서의 프롤레타리아는 시민계급에 비해서 주관적으로 결코 앞서 있지 않았다. 사회주의자들이 프롤레타리아의 역사적인 핵심적 위치를 프롤레타리아의 정신적인 상태에서 이끌어 내지 않고 프롤레타리아가 객관적으로 처해 있는 경제적 위치로부터 도출하였던 것은 이유가 없지 않았다. 유산자들은 형식적으로는 평등한 사회에서도 역시 교육의 독점을 구사하였다. 자본주의적인 생산 과정에 의한 비인간화는 교육을 받을 수 있는 모든 전제들을 노동자들에게서 거부하였으며, 그들이 한가해지는 것을 우선적으로 거부하였다. 교육적인 구제책들을 시도하였던 것들은 희화처럼 잘못된 결과에 이르렀다. 이른바 모든 국민 교육은 ―그 사이에 우리는 이 단어를 귀에 따갑도록 충분히 듣고 있다― 프롤레타리아가 사회적으로 강요된 채 교육으로부터 배제되는 것을 단순한 교육을 통해서 철회시킬 수 있다는 미몽에서 병을 앓고 있다.

교육과 사회 사이에 발생하는 모순은 그러나 오래된 양식의 무無교육, 즉 농민 교육에서 단순하게 그 결과가 끝나는 것은 아니다. 오늘날 농촌 지역들은 오히려 반쪽 교육의 중심 지역이 되고 있다. 농촌 지역에서는 시민사회 이전의 세계인 본질적으로 전통적인 종교에 붙잡혀 있는 표상 세계가 거칠게 와해되었다. 이렇게 된 것은 매스미디어인 라디오와 텔레비전에 궁극적으로 그 원인이 있는 것만은 아니다. 이러한 표상 세계는 문화산업의 정신에 의해 축출되었다. 원래의 시민사회적인 교육의 선험적인 것, 즉 자율성은 그것을 형성할 시간을 갖지 못하였다. 의식은 하나의 이질성에서 다른 이질성으로 직접적으로 넘어갔다. 성서가 갖는 권위성의 자리에 스포츠 경기장과 텔레비전의 권위성, 생산적인 상상력의 이쪽에 있는 문자 그대로인 것과 사실적인 것이 제기하는 요구에 버팀목을 대고 있는 "참된 이야기들"[05]의 권위성이 들어선다. 여기에 들어 있는 위협적인 것, 즉 히틀러의 제국에서 단순히 교육사회학적인 것보다는 훨씬 더 노골적으로 증명되었던 위협적인 것은 오늘날까지도 거의 제대로 간파되고 있지 않다. 이처럼 위협적인 것에 대처하는 일은, 반쪽 교육과 관련하여 중심적인 과제가 되는 것에는 거의 해당되지 않을지라도, 사회적으로 성찰되는 문화정책의 절박한 과제일 것 같다. 반쪽 교육이 갖고 있는 상표는, 교육 자체의 이념이 시민사회적인 것처럼, 일단은 시민사회적이다. 반쪽 교육의 상표는 하층 중간계급의 인상학을 담지한다. 교육은 이러한 인상학으로부터 단순히 사라진 것이 아니고, 교육이 제공하는 특권에 참여하지 못하는 사람들의 이해관계에 힘입어 앞으로 질질 끌려간다. 전통적인 기준에 따르면 교육을 받지 않은 사람들인 라디오 수선공이나 자동차 제조공도 자신의 직업을 수행할 수 있기 위해서는 모든 수학적-자연과학적 지식이 없이는 획득될 수 없을 것 같은 많은 지식과 기능을 필요로 한다. 그 밖에도 이러한 기능공에는, 이미 베블런Thorstein Veblen이 관찰하였듯이, 아카데믹한 거만함을 스스로 고백하는 계급보다는 이른바 하층 계급이 더 근접해 있다.

시민사회적 의식의 현상학 하나만으로는, 그동안에, 새로운 상태를 설명하기에 충분하지 않게 되었다. 시민사회가 그것 자체에 대해서 갖고 있

05 Vgl. Karl-Guenther Grüneisen, Landbevölkerung im Kraftfeld der Stadt(도시의 힘의 장[場]에서의 농촌 인구), in: Gemeindestudie des Instituts für sozialwissenschaftliche Forschung(사회과학 연구소의 지방 연구), Darmstadt 1952.

는 표상과는 반대로, 프롤레타리아는 절정 자본주의가 시작되면서 사회적으로 치외법권적인 존재와 같은 존재였다. 다시 말해, 프롤레타리아는 생산 관계들의 객체였으며, 오로지 생산자로서만 주체였을 뿐이었다. 초기의 프롤레타리아는 소유물을 빼앗긴 소시민, 수공업 장인, 농부였다. 이들은 어떻든 간에 시민사회적인 교육의 저 건너편에 정주하고 있었다. 『자본』과 『영국에서 노동자 계급이 처한 상황』에서 다루어진 10년 동안에 보였던 모습, 즉 생활 조건들이 주는 압박, 과도하게 긴 노동시간, 가련한 임금은 프롤레타리아를 일단은 계속해서 교육의 밖에 머물러 있도록 하였다. 관계들의 경제적인 기초, 경제적 권력과 무력감의 대립주의, 이와 더불어 교육의 객관적으로 설정된 경계에서는 결정적인 것이 전혀 변화되지 않는 동안에도, 이데올로기는 더욱 근본적으로 변전을 거듭하였다. 이데올로기는 부담을 짊어져야만 하는 사람들에게서 곳곳에서 균열을 은폐시킨다. 부담을 짊어져야만 하는 사람들은 지난 100년 동안에 체계의 그물망에 의해서 둘러싸이게 되었다. 이에 대한 사회학적 용어가 바로 통합이다. 이미 오래전에 미국에서 그렇게 되고 있듯이, 사회적인 경계들이 주관적으로, 의식에 따라 항상 더욱더 많은 정도로 용해된다. 대중에게는 수많은 통로들을 통해서 교육 재화들이 공급된다. 이러한 교육 재화들은, 중화中和되고 돌처럼 굳어진 재화들로서, 교육 재화의 값이 전혀 높지 않고 비싸지도 않다고 생각하는 사람들을 묶어 두는 데 도움이 된다. 이것이 성공하는 이유는 다음과 같다. 다시 말해, 교육의 내용들이, 시장 메커니즘을 넘어서서, 교육이 주는 특권에 의해서 차단되어 있던 사람들의 의식, 그리고 교육이 이처럼 차단되어 있는 교육을 변화시킬 수 있을 것 같다고 생각하는 사람들의 의식에 적응됨으로써 성공하게 되는 것이다. 이러한 과정은 객관적으로 결정되어 있으며, 부정직함을 비로소 실행하는 과정이 아니다. 사회적인 구조와 그 동역학은 문화적 재화들이 생동감 있게, 문화적 재화들에 고유한 개념에 놓여 있는 것처럼 바로 그렇게 초보자들에 의해서 주어지는 것을 방해하기 때문이다. 이전에는 문화적 재화들에 대해 아무것도 모르고 있었으나 이제는 넘치는 문화적 재화들을 접하게 된 수많은 사람들이 이러한 상황에 대해 거의 준비가 되어 있지 않으며 심리적으로도 준비가 되어 있지 않다는 사실은 아마도 가장 무해無鑄한 사실일 것이다. 그러나 물질적 생산의 조건들이 경험의 유형, 즉 전통적인 교육 내용이 동조하였으며 미리 앞서서 의사소통이 되었던 경험의 유형을 스스로 건디는 것은 어려운 일이다. 이렇게 됨으로써 교육 자체에서, 교육이 제공하는 모든 증진에도 불구하고, 자율 신경이 문제가 된다. 교육은 도처에서, 비실제적인 번거로움과 공허한 고집불통으로서, 앞으로 나아가는 것에 이미 방해가 되고 있다. 시詩가 무엇인지를 알고 있는 사람은 광고 문구의 작성자로서 임금을 잘 받는 자리를 찾는 것이 어렵게 될 것이다. 부단히 계속해서 증대되는, 사회적인 권력과 무력감 사이의 차이는 무력감을 가진 사람들에게 ―힘을 가진 사람들에게도 이미 점차적으로― 교육 개념이 이데올로기적으로 보관하는 것들인 자율성을 위한 실재적인 전제조건들을 거부한다. 바로 이렇게 됨으로써 계급들은 그 의식에 따라, 가장 최근의 연구 결과들에 따르면 계급들이 서로 접근하는 것은 몇 년 전에 보였던 것과 같은 정도로는 거의 보이고 있지 않지만, 서로 접근한다. 어떻든 간에 평준화된 중산층 사회가 단순히 사회심리적으로, 결국에는 개인적으로 이루어지는 유통의 관점에서 논의될 수 있다. 그러나 객관적-구조적으로 논의될 수는 없다. 주관적으로도 두 가지가 나타난다. 특히 소비 카테고리들에서 보이는 통합의 베일이 그 하나이며, 이해관계들의 단단하게 설정된 대립주의들에 주체들이 부딪치는 곳이면 어느 곳에서나 있는, 지속적으로 살아남아 있는 양분兩分이 다른 하나이다. 그리고 나서 밑에 있는 사람들이 "현실주의적"이 되는 것이며, 다른 사람들은 자신을 이상理想의 대변자로 느끼게 된다.[06] 통합은 이데올로기이기 때문에, 통합 자체가 이데올로기로서 부서진 채 머물러 있다.

이러한 모든 것이 목적을 넘어서서 질주하는 것은 확실하다. 그러나 이론적인 설계들이 연구 상태와 순전히 일치하지 않는다는 점, 연구 상태에 맞서서 그것 자체를 노출시킨다는 점, 지나치게 멀리 나아가 먼저 시도한다는 점, 또는 사회조사연구의 언어에 따르면 잘못된 일반화에 기운다는 점은 이론적인 설계들에 고유한 특징들이다. 바로 이러한 이유 때문에, 행정적이고 상업적인 필요성은 제외하고, 경험적-사회적 방법론들의 발전이 필연적이었던 것이다. 이러한 방법론들의 발전은, 사변이-지나치게-멀리-먼저-시도되는 것이 없었다면, 그리고 이론에서 비진리의 불가피한 모멘트가 없었다면, 결코 가능하지 않을 것이다. 앞에서 말한 두 가지 모멘트가 없었다면, 경험적-사회적 방법론들의 발전은 파악되지 않은 채 원래의 의미에서 학문 이전적인 것에서 방기된 채 사실들의 단순한 단축에 만족했을 것이다. 반쪽 교육의 사회화에 대한 테제와 마찬가지로 교육의 사멸에 관한 테제에 대해, 그리고 반쪽 교육이 대중을 간섭하는 것에 대해 적확한 경험적인 상태들이 제시될 수 있을 것이다. 반쪽 교육의 모델은 오늘날 중간계층 사무직 노동자들의 층에 여전히 해당된다. 반면에, 본래부터 낮은 계층들에서의 반쪽 교육의 메커니즘들은 평준화된 의식이 전체적으로 명백하게 증명되지 않은 것과 마찬가지로 명백하게 증명될 수 있는 정도가 매우 적을 뿐이다. 반쪽 교육의 보편성에 관한 주장은, 지금 여기에서의 상태에서 측정해 보면, 분화되어 있지 않고 과도하다. 반쪽 교육은 그러나 모든 사람과 계층을 차이를 두지 않고 반쪽 교육의 보편성 아래에서 포괄하고 싶어 하지 않는다. 반쪽 교육은 오히려 하나의 경향을 구축하고 싶어 한다. 다시 말해, 정신의 통용 범위가 양적으

06 Vgl. Zum politischen Bewußtsein ausgewählter Gruppen der deutschen Bevölkerung(독일 주민으로부터 발췌된 집단들의 정치적 의식에 대해). Unveröffentliches Manuskript im Institut für Sozialforschung(사회조사연구소의 미출간된 원고), Frankfurt a. M. 1957.

로나 질적으로 여전히 매우 제한될 수 있다고 할지라도 시대의 기호를 규정하는 정신의 인상학을 만들고 싶어 한다. 수많은 노동자들, 하위직의 사무직 노동자들, 다른 집단들은, 약화되고 있다고 하지만 아직도 살아 있는 계급의식에 마지막으로 그 근거를 두지는 않은 상태에서, 반쪽 교육의 카테고리들에 의해서 아직도 파악되고 있지 않은지도 모른다. 반쪽 교육의 카테고리들은 그러나 생산 측면에서 볼 때 매우 위력적이며, 카테고리들의 정립은 결정적인 이해관계들과 매우 높게 일치한다. 이러한 카테고리들은 도처에 존재하는 문화적 출현 형식들을 매우 선명하게 각인시키며, 문화적 출현 형식들에게 그 대표자로서, 대표자가 통계적 대표자로서 굳어질 수 없다고 할지라도, 제격이다. 사회화된 반쪽 교육의 반反테제로서 다른 교육 개념이 아닌 바로 전통적 교육 개념이, 그것 자체로 비판에 놓여 있는 전통적 교육 개념이 그럼에도 쓸모가 있다면, 이것은 상황이 처한 곤경을 표현할 뿐이다. 상황이 처한 곤경은, 상황이 그 가능성을 지체시켰기 때문에, 앞에서 말한 의문투성이의 기준보다 더욱 좋은 기준을 구사하지 못한다. 지나간 것의 복원이 소망되는 것도 아니고, 지나간 것에 대한 비판이 최소한도라도 완화된 것도 아니다. 자유주의가 전성기를 구가했던 시기에서 객관적 정신 자체에 이미 들어 있지 않았거나 또한 최소한 오래된 책임을 회수하지 않은 그 어떤 것도 오늘날 객관적 정신에 주어져 있지 않다. 오늘날 교육의 영역에서 일어나고 있는 것은 다른 어떤 곳이 아닌, 바로 교육의 이데올로기적으로 항상 더욱 오래된 형체에서 판독될 수 있다. 돌처럼 굳어진 관계들은 잠재적으로 절단되었기 때문이다. 이렇게 됨으로써 정신은 전래의 교육을 넘어설 것이다. 새로운 잘못된 것의 척도로서는 이전에 있던 것이 유일하게 존재할 뿐이다. 이전에 있던 것은 —서로 채워진 것의 비교적 최근의 형식을 마주 대하면서— 이미 이전의 것으로 판결을 받았기 때문에, 사라지는 것으로서, 화해하는 색色을 보여 준다. 지나간 시대에 대한 칭찬을 좋아해서가 아니라 오로지 화해하는 색을 위해서 전통적인 교육에 되돌아가 의지하는 것이다.

반쪽 교육의 풍토에서는 교육의 상품처럼 사물화된 사실 내용들이 교육의 진리 내용을 희생시킴으로써, 그리고 생기 있는 주체들에 대한 교육의 생기 있는 관계들을 희생시킴으로써 지속적으로 살아남는다. 대략 이 점이 반쪽 교육의 정의定義에 일치될 것 같다. 반쪽 교육의 이름이 오늘날 마치 국민 교육처럼 국민 교육의 이름과 동일한 낡은, 건방진 울림을 받아들였다는 것은 반쪽 교육의 현상이 사라졌다는 것을 알려 주지 않고, 반쪽 교육의 이름의 반대 개념, 즉 교육 자체의 반대 개념이 ―오로지 이 개념에서 반쪽 교육의 현상이 읽혀질 수 있을 것이다― 더 이상 지금 여기에 있지 않다는 것을 알려 준다. 반쪽 교육의 이름에는 용해용 도가니에 완전히 빠져들지는 않는 개별 인간들이나 또는 자신을 기꺼이 엘리트라고 스스로 찬양하는 전문적으로 자질을 갖춘 집단들이, 이들 개별 인간들이나 집단들의 행복이든 또는 불행이든, 아직도 관여되어 있다. 그럼에도 가장 넓은 의미에서의 문화산업, 그리고 하등 사회의 특수 용어가 매스미디어라고 확인하여 정돈시켜 놓은 모든 것은 앞에서 말한 상태를 영구화시킨다. 다시 말해, 문화산업은 그러한 상태를 최대한 이용하고, 문화가 스스로 배척했던 것에 대해서는 의심의 여지가 없이 문화를 착취하여 이용함으로써 그러한 상태를 영구적으로 유지시키는 것이다. 이것은, 그럼에도 불구하고 계속해서 통합되어 있지 않은 것을 통합시키는 상태이다. 반쪽 교육은 이와 같은 통합의 정신이며, 실패로 끝난 동일화의 정신이다. 외래어들을 혼동하는 갑자기 출세한 사람들에 관한 야수와 같은 허튼 소리들은 그 생명력이 강인하다. 이러한 허튼 소리들은, 앞에서 말한 메커니즘을 표현하는 것을 통해, 허튼 소리들에 대해 비웃고 있는 모든 사람을 동일화가 그들에게서 성공에 이르렀다고 믿게 하는 것에서 더욱 단련시키기 때문이다. 허튼 소리들이 실패로 끝난 것은, 허튼 소리들에 대한 시도가 필연적으로 실패하는 것과 같은 정도로, 피할 수 없는 일이다. 그 이유는 다음과 같다. 일단 성취된 계몽은, 철저하게 자본주의적으로 조직된 나라들의 모든 개별 인간에서 무의식적으로 매우 효과를 발휘하는 관념인 ―이 관념은 모든 개별 인간이 자유인들이고 그들에게 해 보일 필요가 있는 것은 아무것도 없는, 자신을 스스로 규정하는 사람들이라는 관념을 말한다― 계몽은 모든 개별 인간이 정말로 자유인인 것처럼 최소한 행동하도록 그들에게 강요하기 때문이다. 이것은 그들에게서 다른 곳이 아닌 바로, 그들을 정신으로서, 객관적으로 와해된 교육의 정신으로서 만나는 곳의 표지標識에서 가능해지는 것 같다. 반쪽 교육의 전체주의적인 형체는 사회적 및 심리적으로 주어진 것으로부터 설명될 수 있을 뿐만 아니라 더욱더 좋은 잠재력으로부터 설명될 수 있다. 다시 말해, 시민사회에서 일단 요구된 의식 상태는 각기 개별적인 삶의 실재적인 자율성의 가능성을, 즉 각기 개별적인 삶이 설치되는 것에 의해 거부되어 단순한 이데올로기로 제쳐진 가능성을 미리 지시해 주는 잠재성으로부터 설명될 수 있는 것이다. 앞에서 말한 동일성은 그러나 실패로 끝나야 한다. 개별 인간은 교환원리의 절대적인 지배에 의해서 실질적으로 질이 떨어진 사회로부터 형식들과 구조들에 관련된 어떤 것도 받지 못하기 때문이다. 개별 인간은 이처럼 질이 떨어진 사회와, 동시에 보호를 받으면서, 어떻든 자신을 동일시할 수 있을 것 같고, 이러한 사회에서 문자 그대로의 오성에서 자신을 형성해 나갈 수 있을 것 같다. 반면에, 다른 한편으로는 전체가 개인에 대해 행사하는 폭력은 그러한 불공평에 성공적으로 이르게 되어, 개인은 형식으로부터 벗어나 있는 상태를 자신의 내부에서 반복해야 한다. 주체들이 자신의 항상 문제성이 있는 형체를 사회에서 제대로 얻고 싶다는 쪽으로 한때 스스로 형성하였던 것은 사라지고 없다. 그럼에도 주체들은 다음과 같은 종류의 부자유에 머물러 있는 채 행동한다. 다시 말해, 주체들이 자기에게 고유한 것으로부터 발원하여 서로 함께 사는 것이 진정하게 서로 함께 사는 것으로서 제대로 조합되어 있지 않은 것과 같은 종류의 부자유에 머물러 있는 것이다. 불길한 단어인 길라잡이Leitbild에는 이 단어가 의도하는 것의 불가능성이 들어가 기입되어 있으며, 길라잡이는 앞에서 말한 종류의 부자유를 표현한다. 길라잡이는 ―헤겔의 언어 사용에 따르면 "실체적으로", 폭력성이 없는 상태에서 개인에 대해 의문의 여지가 없이 결합될 수 있는― 사회적이고 정신적인 코스모스가 부재한 상태에서, 다시 말해 개별 인간과 화해되어 있는 올바른 전체가 부재한 상태에서 개인이 받게 되는 고통에 대해 증명한다. 길라잡이는 그러나 동시에 헤겔이 말하는 실체적인 것을 자의적으로 ―니체가 이미 그의 새로운 목록에서 말하고 있는 것처럼― 새로 세우려는 욕망을 알리고 있으며, 길라잡이를 요구하는 것이 밀어붙이는 폭력 활동이 우리가 손을 내밀어 잡은 실체성의 거짓을 꾸짖는 것을 느끼기에는 언어적 감각기관이 이미 너무 무디어졌다. 파시즘의 이러한 특징이 폭력 활동을 존속시켰다. 폭력 활동은 그러나 교육 자체의 이념 안으로 되돌아 들어온다. 교육의 이념은 그 내부에서 이율배반적인 본질을 지닌다. 교육의 이념은 그것의 조건으로서의 자율성과 자유에게, 동시에 오늘날까지, 개별 인간의 맞은편에서 미리 주어진 확실한 의미에서 이질적이고 이렇기 때문에 무너지기 쉬운 질서의 구조들을 따르라고 명령한다. 이처럼 무너지기 쉬운 질서에서, 오로지 이러한 질서에서 파시즘의 특징이 형성될 수 있었다. 이러한 이유 때문에, 교육이 존재하는 바로 그 순간에 교육은 이미 더 이상 존재하지 않는다. 교육의 와해는 교육의 근원에서 목적론적으로 이미 설정되어 있는 것이다.

현재 실제로 작용력을 발휘하는 길라잡이는 주체들에서, 주체들과 현실 사이에 밀려 움직이면서, 현실을 그물 세공으로 만들어 버리는 이데올로기적인 관념들의 덩어리이다. 이데올로기적인 관념들은 이것들이 합리에 의해 즉각적으로 제거될 수 없는 방식으로, 감정을 자극하면서, 위치를 차지한다. 반쪽 교육은 이데올로기적인 관념들을 요약한다. 단순한 순박함과 단순한 무식함으로서의 무無교육은 대상들에 대한 직접적인 관계를 허용하였으며 무교육이 갖고 있는 잠재력은 회의懷疑, 재치, 아이러니에 힘입어 비판적인 의식으로까지 상승될 수 있었다. ― 이것은 완전히 길들여지지 않은 사람들에서 잘 되는 속성들이다. 이것은 반쪽 교육에서는 잘 되려고 하지 않는다. 교육의 사회적인 조건들 아래에서 전통은, 다른 것과 나란히, 좀바르트Sombart와 베버의 가르침에 따르면 본질적으로 시민사회 이전에 있었던 것이었으며, 시민사회적인 합리성과는 본질적으로 결합될 수 없는 것이었다. 세계의 탈주술화[07]에 의한 전통 상실은 형상이 없음의 상태에서, 단순한 수단으로 정돈되어진 정신의 황폐화의 ―이러한 황폐화는 교육과는 앞서서 양립하지 않는다― 상태에서 제한된다. 전통 상실은 정신으로 하여금 이념을 육체적인 것으로 느끼도록 정신을 억누르는바, 이렇게 느끼게 하는 것에서 어떤 것도 전통 상실보다 더 많은 정도로 정신을 억누르지는 않는다. 권위는, 제대로 된 것보다도 더 많은 정도로 잘못되게, 전통과 주체들 사이를 매개하였다. 프로이트에 따르면, 자율성인 자아의 원리가 아버지 형상과의 동일화에서 발원하듯이, 이러는 동안에도 아버지 형상에서 획득된 카테고리들은 가족 관계의 비합리성에 저항하는 방향을 향해 있지만, 바로 그렇게 교육도 사회

07 세계의 탈주술화 테제는 막스 베버에서 유래한다. 베버에 따르면, 일원적 세계상인 주술적 세계상이 종교적 세계 거부에 의해 해체되면서 세계가 탈주술화의 과정에 들어선다. 종교적 세계 거부는 유대교, 힌두교, 기독교에서 나타나지만, 기독교에서는 세계 지배의 형태로 전개된다. 세계 지배가 세계에 대한 계산 가능성, 사정 가능성으로 나아가면서, 인간은 특정 목적을 성취하기 위해 특정 수단을 투입하는 목적 합리성에 자신의 사고와 행위를 맞추게 된다. 베버는 이러한 과정을 세계의 탈주술화 과정으로 보았다. 베버의 탈주술화 테제를 수용한 아도르노는 그러나 탈주술화 과정이 종교 이전의 단계인 원시 제전에서 이미 시작되었다고 보고 있으며, 계몽과 합리성이 주도하는 탈주술화 과정에는 탈주술화가 된 세계가 인간을 다시 주술 속에 가두어 놓는 주술화가 동시에 내재되어 있다고 보았다. 탈주술화 자체가 다시 주술화 과정에 지나지 않는다는 것이 아도르노의 핵심 테제이다(역주).

적으로 전개되었다. 학교 개혁이 인간애적인 필연성을 지향한다는 것은 의심의 여지가 없음에도, 학교 개혁은 오래된 권위를 제거하였다. 이렇게 함으로써 학교 개혁은 그러나 정신적인 것의 곧바로 약화되는 헌사와 내면화를 —자유는 이러한 헌사와 내면화에서 보증되었다— 계속해서 약화시켰다. 정신적인 것의 내면화는, 즉 강제적 속박의 대립상像은 강제적 속박이 없는 상태에서 오늘날까지 위축되고 있다. 반면에, 자유를 위하여 어떠한 강제적 속박도 다시금 권장될 수는 없을 것이다. 고등학교를 다녔던 사람 중에서 그들이 외워야만 하였던 실러의 시나 호라티우스의 시 때문에 때때로 신음하지 않았던 사람이 누가 있겠는가? 실러의 시나 호라티우스의 시와 같은 작품들을 기억으로부터 끌어내서 청하지도 않고 제어되지도 않은 상태에서 재인용하는, 나이를 먹은 친척들이 뇌신경에 거슬리지 않은 사람이 어디에 있겠는가? 이러한 시를 기억하게끔 할 수 있는 사람은 거의 없을 것이다. 이미 극도로 정신이 없게 된 사람이 정신이 없는 것, 이것에 붙어 있는 기계적인 것을 증거로 끌어멜 것이다. 그러나 그러한 과정들을 통해서 정신을 비로소 형성해 주는 자양분의 어떤 것이 정신으로부터 탈취된다. 정신에 대한 믿음은 신학적인 정신을 본질이 없는 것으로 세속화시켰을 수도 있다. 이른바 젊은 세대가 신학적인 정신을 얕본다면, 젊은 세대는 정신에 대한 믿음이 예로부터 나쁘게 해석하였던 신학적 정신에게 보복을 가하게 된다. 그러나 정신에 대한 믿음이, 그것 나름대로 이데올로기인 이러한 믿음이 결여되어 있는 곳에서는, 더욱더 나쁜 이데올로기가 떠오른다. 사람들이 최고로 추악한 단어를 써서 독일어로 정신적 인간이라고 명명한 것인 사회적 성격은 사멸한다. 사회적 성격을 상속하는 잘못된 실재주의는 그러나 사물 자체에 가까이 가지 않으며, 오히려 고역과 골치 아픈 문제를 포기한 상태에서 정신적인 실존을 편안하게 정돈하여 사회적 성격 안으로 들어와서 채워진 것을 삼켜 버릴 준비만 되어 있을 뿐이다. 어떤 젊은이가 언젠가 위대한 시인이나 작곡가가 되려는 꿈을 더 이상 거의 꾸지 않기 때문에, 성인 중에는, 과도하게 말한다면, 위대한 경제이론가가 존재하지 않을 개연성이 높다. 마침내 참된 정치적 자발성이 더 이상 존재하지 않게 된다. 교육은 외부 세계가 밀고 들어오는 것으로부터의 보호, 개별 주체에 대한 확실한 보호를 필요로 하였다. 횔더린은 "나는 영기靈氣의 언어를 이해하였지만 인간의 언어를 결코 이해한 적이 없었다"라고 쓰고 있다. 횔더린처럼 사고할 법한 젊은이는 150년 후에는 비웃음의 대상이 될 것이며, 그의 발달 장애로 인해 호의를 갖고 행해지는 심리치료적인 지도에 내맡겨지게 될 것이다. 영기靈氣의 언어, 참된 언어의 이념, 즉 사물 자체의 언어와 커뮤니케이션의 실제적 언어 사이의 차이가 더 이상 느껴지지 않게 되면, 이러한 것이 교육 주변에도 일어나게 된다. 독일의 교육은 위대한 시기에서 동시대의 철학이 갖고 있던 지식을, 즉 1790년과 1830년 사이에 소수의 사람들에게 저장되어 있었던 지식을 전적으로 포괄하지 않았다는 것이 매우 확실하다. 그러나 앞에서 언급한 철학은 그럼에도 교육에 내재적으로 포함되어 있었다. 이러한 철학은 훔볼트Humboldt나 슐라이어마허Schleichermacher와 같은 인물들이 교육의 본질에 대한 철학적 구상이 되는 계기가 되게 하였다. 그뿐만 아니라 사변적 이상주의의 핵심, 즉 객관적이며 단순히 심리적인 개별 인격을 넘어서는 정신의 성격에 관한 가르침은 동시에 하나의 정신적인 원리로서의 교육의 원리였다. 이러한 원리는 다른 사람에게 직접적으로 시중을 들 수 있는 원리도 아니었고 원리의 목적에서 직접적으로 측정될 수도 없었다. 정신 형이상학의 돌이킬 수 없는 붕괴는 교육을 이러한 붕괴의 밑으로 매장시켰다. 이것은 고립된 정신사의 사실이 아니고 하나의 실재적인 사실이기도 하다. 정신은 정신과 정신의 객관화가 교육으로서 더 이상 전혀 기대되지 않는다는 것에 의해서 ─이렇게 됨으로써 하나가 명백해질 수 있기 위해서─ 병에 걸려 있다. 시험을 통해 보증되는 교육에서 가장 선호되는 필수 불가결한 것은 가능한 한 시험이 부과될 수 있다는 것을 말하고 있다. 이러한 필수 불가결성은 그러나 교육으로서의 기대에 드리워진 그림자이다. 스스로 규범, 자격 획득으로 되면서 통제 가능하게 된 교육은 그것 자체로 상품 판매원의 수다로 전락된 일반 교육보다 나은 것이 거의 없다. 비자의성의 모멘트는 결국에는 베르그송 Bergson의 이론들과 프루스트Proust의 장편소설에서 찬양되었으며 교육을 사회적인 본능지배의 메커니즘들과 구분되는 것으로 나타내고 있는바, 이러한 모멘트는 검증 가능성의 눈부신 빛에서 썩어서 못쓰게 된다. 교육은, 파우스트로부터 유래하는 격언과는 반대로, 전혀 얻어질 수 없다. 얻는 것과 잘못된 소유는 한 몸인 것 같다. 교육은, 의지에서 스스로 거부됨으로써, 특권이 저지르는 죄의 연관관계에 연루된다. 이러한 죄의 연관관계만이 교육을 얻을 필요도 없고 교육을 소유할 필요도 없다. 교육을 원래부터 소유하고 있기 때문이다. 교육은 이렇게 해서 자유와 부자유의 변증법에 속하게 된다. 교육은, 오래된 부자유의 상속으로서, 밑으로 내려가야만 했었다. 그러나 교육은, 부자유의 조건들이 객관적으로 지속되는 한, 단순히 주관적인 자유 아래에서는 불가능하다.

미국은 시민사회적으로 가장 앞서 있는 나라이며, 미국의 뒤에서 다른 나라들이 절뚝거리고 있다. 미국에서는 현존재의 무형상성無形象性이, 보편적 반쪽 교육의 사회적 조건들로서, 현저하게 관찰될 수 있다. 현존하는 것에게 현존하는 것 이상의 색깔을 불어넣어 주는 종교적인 내용을 담은 그림으로 된 보물은 색이 바래지게 되었다. 종교적인 그림들과 함께 성장된, 봉건주의의 비합리적인 이미지들은 어떻든 당치도 않게 되었다. 스스로 이미 종합적이며 원시적인 민간전승에서 살아남지 못했던 것은, 종교적 보물이 색이 바래지게 되고 봉건주의의 비합리적인 이미지들이 당치도 않게 된 것에 대항할 수는 없다. 자유롭게 된 현존재 자체는 그러나 의미가 있는 것으로 되지는 않았다. 자유롭게 된 현존재는, 탈주술화된 현존재로서, 부정적인 오성에서 역시 범속하게 머물러 있었다. 마지

142

막으로 분지分枝가 될 때까지 등가 원리의 틀에 맞추어 만들어진 삶이 삶과 작동장치의 재생산에서 쇠진된다. 작동장치가 요구하는 것들은 개별 인간에게 매우 가혹하고 폭력을 행사하는 것들로 다가온다. 이렇기 때문에 개별 인간은 이에 저항하여 자신의 삶을 자신으로부터 출발하여 영위하는 사람으로서 자신을 주장할 수도 없고, 그러한 요구들을 개별 인간이 자신을 인간적으로 규정하는 것과 하나가 된 것으로서 경험할 수도 없다. 이러한 이유로 인해, 위안을 받지 못하게 된 실존, 즉 삶에서 권리가 신적으로 주어지지 않게 된 영혼은 종교적 형상들을 반쪽 교육을 통해서 대체시키는 것을 필요로 하게 된다. 반쪽 교육의 요소들인 혼돈스러운 상태에 이르기까지 상승되어 보여 주는 괴리, 개별적인 흩어진 파편들membra disieta이 완전한 합리성을 포기하는 것은 곤경에 처하게 된 의식을 통해서 마법화Magisierung를 후원하게 된다.[08] 매스미디어는 야만적인 서쪽에서 발원하여 하나의 대체-신화를 준비하였으며, 어느 누구도 결코 멀지 않은 과거의 사실들을 들면서 이러한 대체-신화에 저항하지 않는다. 영화배우, 유행가, 유행가 가사, 유행가 제목은 비슷하게 계산된 광택을 베풀듯이 준다. 스스로 이미 신화적인, 거리 위의 남자는 이러한 단어들 아래에서 어떤 것을 사고할 수 있는 능력을 더 이상 갖지 못한다. 거리 위의 남자를 무력화시키는 이 단어들은 바로 이러한 이유에서 인기를 요구한다. 어떤 인기 있는 유행가 가수는 어느 소녀에 관해 "당신은 고대 그리스의 낭음 서사시입니다"라고 말한 적이 있었다. 고대 그리스의 낭음 서사시와의 비교, 잡동사니처럼 형식을 갖추지 않고 이루어진 작곡 방식과의 비교가 얼마나 작은 정도로 비위를 맞추는 것에 지나지 않는다는 것이 그 소녀에게서 떠오르지 않는 상태에서 어떤 인기 가수가 그렇게 말했을 것이다.

08 Vgl. u. a. Ernst Lichtenstein im Handbuch für Sozialkunde(사회 교과 핸드북에서 에른스트 리히텐슈타인을 참조할 것), Berlin und München 1955, Abteilung A II, S.1ff.

때로는 여성들의 깔끔하게 꾸며진, 가끔은 넋을 잃게 할 정도로 아름다운 모습들이 반쪽 교육의 형상을 보여 주는 문자로서 스스로 해독되기도 한다. 몬테스판Montespan이나 레이디 헤밀턴Lady Hamilton과 같은 얼굴들이 이러한 해독에 해당된다. 그러한 얼굴들은 그것들에 고유한 문장을 더 이상 산출시킬 수 없으며, 개별 상황이 얼굴들로부터 기대되는 것을 반사적으로 종알거릴 수 있을 뿐이다. 이는 상황을 가능한 한 유리하게 그때그때 잘라 내기 위함이다. 에벨린 오그Evelyn Waugh가 이 점을 기록해 놓았다. 반쪽 교육은 오래전부터 더 이상 단순히 정신에만 제한되어 있는 것이 아니고, 감각적인 삶을 왜곡시킨다. 반쪽 교육은 주체가 감각적인 삶을 종국적으로는 스스로 비합리적인 합리성의 지배 아래에 두면서 어떻게 지속시킬 수 있는가 하는 물음인 심리적으로 역동적인 물음에 답하고 있다.

근원적인 사회적 분화의 모멘트들이 ―이 모멘트들에서 교육이 성립되었으며, 교육과 분화는 원래부터 같은 것이다― 폐기되는 동안에, 이러한 모멘트들을 대신하여 대용물이 번성하게 된다. 다년생 초목과도 같은 신분사회는 교육의 남은 것들을 흡인하여 교육을 신분의 표장으로 변모시킨다. 이것은 부르주아지적인 교육에 결코 낯선 것이 아니었다. 예로부터 교육은 교육의 이른바 담지자, 즉 예전에는 라틴어를 할 수 있었던 사람들을 민중으로부터 분리시키는 쪽으로 교육을 더럽혔다. 이에 대해서는 쇼펜하우어도 매우 순진한 수준에서 명백히 말한 바 있었다. 실제를 향해 방향을 되돌리면서 특권 없는 상태를 약속했던 인간애적인 힘들Kräfte은 부르주아지적인 교육의 특권이 만든 장벽 뒤에서만 활기를 띨 수 있었을 뿐이다. 교육의 이러한 변증법은 교육의 사회적인 통합에 의해, 즉 교육이 직접적으로 관리되는 것에 의해 정지된다. 반쪽 교육은 상품의 물신적 성격에 의해서 포착된 정신과 같은 것이다. 옛날 스타일의 점원인, 장사에 종사하는 사무직 노동자의 사회적 성격이 그 사이에 사무직 노동자 문화로서 번성하고 있듯이 ―이러한 과정의 원천을 추적하였던 칼 크라우스Karl Kraus에서는 점원의 미적美的인 독재가 논의되고 있다—, 교육의 존경을 받을 만한 이유 동기들은 백마를 탄 기사처럼 전체 문화를 압도하였다. 교육이 교육으로부터 벗어나는 것을 더 이상 거의 통과시키지 않는다는 사실, 이처럼 전체주의적인 사실만이 새로운 상태에서 보이는 유일하게 새로운 것이다. 반쪽 교육은, 지속적으로 진보하는 통합과 더불어, 그것 자체의 전개를 동시에 포기하였다. 이것은 사무직 노동자 문화가 점원을 제거하였던 것과 다른 것이 아니다. 반쪽 교육은 한때는 교육이었던 정신도 역시 움켜쥐며, 반쪽 교육의 필요에 따라 정신에게 차비差備를 시킨다. 이렇게 함으로써 반쪽 교육은 정신의 일단은 감소되지 않은 특권에 기생적으로 관여할 뿐만 아니라 거리와 비판적 잠재력을 정신으로부터 탈취하며, 종국적으로는 특권 자체를 탈취한다. 이에 대한 모델은 이른바 고전의 반열에 오른 대가들이다. 독일에서는 19세기 전체에 걸쳐 대가들의 작품들의 간행본에서 —이것들은 이미 당시에 출판사의 이해관계에 의해 매우 많은 정도로 조종되었으며 의문의 여지가 있는 사회적인 선택 메커니즘들에 종속되어 있었다— 교육의 규준이 들어 있던 것들이 최소한 한데 모아졌었다. 이렇게 됨으로써 교육의 기준은 이미 저장품이 되는 것으로 타락하였다. 실러Schiller는 문장들로 방향이 돌려진 교육의 총체였다. 이런 얄팍한 권위 자체와 함께 문장들로 방향이 돌려진 교육조차도 사라졌다. 추정하건대 젊은 세대에서는 금빛처럼 빛나는 수많은 고전적 대가들, 즉 사람들이 한때 고전적 대가들에게 불명예의 증서를 너무나 성급하게 부여한 바 있었던 고전적 대가들의 이름도 더 이상 거의 알려져 있지 않을 것이다. 교육은 이념들에서 이렇게 되었으며 이념들은 교육에 생기를 불어 넣어 주었지만, 이념들로부터 에너지가 사라져 버렸다. 이념들은 인식으로서도 인간에게서 더 이상 매력을 끌지 못하며 —이념들은 그것들 자체로서 학문의 배후에서 뒤로 물러나 있는 것처럼 보인다—, 규범들로서 인간에게 명령을 내리지도 못한다. 자유와 휴머니티는 강제적 체계로 함께 묶여 있는 전체의 내부에서 그 빛나는 힘을 상실하였다. 자유와 휴머니티에서 더 이상 전혀 살아남을 수 없게 되었기 때문이다. 자유와 휴머니티의 미적인 구속성도 역시 오래 견디지 못한다. 자유와 휴머니티가 구체화시키는 정신적인 형상물들은 빤히 그 속이 들여다보이는 것, 내용이 없는 겉치레, 이데올로기적인 것으로서 간파된다. 교육 재화들은 더 이상 교육이 되지 않는 사람들에 대해서 산산조각이 나 있을 뿐만 아니라 그것들 자체로서, 그것들의 진리 내용에 따라서도 산산조각이 나 있다. 교육 재화들의 진리 내용은, 이상주의가 의도했던 것처럼, 시간이 없는 불변적인 것이 아니다. 그러한 진리 내용은 인간처럼 그 생명을 역사적-사회적인 동역학에서 가지며, 사라질 수 있다.

명백하게 드러나는 진보, 물질적인 생산력의 전개와 더불어 이루어지는 생활수준의 일반적인 상승은 스스로 정신적인 진보에 착수하여 이것이 전적으로 축복에 이르게 하지는 않는다. 상부구조가 하부구조보다 더 느리게 변혁되는 것으로부터 나오는 결과인 불균형은 의식이 후퇴하는 쪽으로 상승되었다. 반쪽 교육은 문화적 간극cultural lag에 기생적으로 정주한다. 기술과 더 높은 수준의 생활 상태가, 모든 것이 문화적인 것에 의해 성취된다는 점을 통해서, 즉각적으로 교육에 도움이 된다는 말은 사이비 민주주의적인 판매자들이 사용하는 이데올로기이며 ―"음악도 대량생산 속으로 들어간다"―, 이러한 이데올로기도 문화적인 것보다 결코 적지 않게 문화적인 것이 된다. 사람들은 판매자 이데올로기에 의문을 품은 사람을 신사인 체하는 속물 인간이라고 욕하기 때문이다. 판매자 이데올로기는 경험적 사회조사연구에 의해 논박될 수 있다. 미국에서는 에드워드 서치맨Eduard Suchmann이 그의 재치 있는 연구에서 다음과 같은 사실을 논구하였다. 다시 말해, 이른바 진지한 음악을 청취하였던 두 개의 비교 집단에서 하나의 집단은 이 음악을 생동감 있는 연주를 통해서 듣고 다른 하나의 집단은 이 음악을 오로지 라디오를 통해서 알게 되었을 경우에 라디오 집단이 첫 번째 집단보다 더욱 얇고 더욱 이해력이 없이 반응하였다는 사실이 밝혀졌다. 진지한 음악이 라디오 집단에 대해서는 잠재적으로 오락 음악으로 변질되었듯이, 키르케고르가 마적魔的인 것과 동치시켰던 것인 돌발성과 함께 인간에게 덤벼드는 정신적인 형상물들은 일반적으로 문화적 재화들로 얼어붙게 된다. 문화적 재화들의 수용은 내재적인 기준들에 종속되어 있지 않고, 고객이 그것들로부터 가질 수 있다고 믿는 것에 유일하게 종속되어 있다. 그러나 동시에 생활상의 표준과 더불어 교육이 제기하는 요구가 사회의 상층에 속하는 것을 소망하는 요구로서 증대된다. 더욱이 사람들은 상류층과 자신을 주관적으로 항상 더 적게 구분시키는 속성을 갖고 있다. 상층에 속하는 것을 소망하는 요구에 대한 답변으로서 헤아릴 수 없는 계층들이 그들이 갖지 못한 교육을 요구하는 쪽으로 고무되었다. 이전에는 한때 군대의 앞 차와 벼락부자에 간직되어 있었던 것이 민중 정신이 되었다. 문화산업적인 정신의 거대한 영역이 이러한 민중 정신에 의해 유지되며, 스스로 다시금 반쪽으로 교육되어 형성된 욕구를 산출해 낸다. 교육적 사실들에 대해 보고하고 동시에 값싸고도 아무 것도 아닌 동일화를 생기게 하는 장편소설 전기傳記들, 고고학이나 세균학과 같은 모든 학문들을 떨이로 팔아넘기면서 이런 학문들을 거친 자극 수단으로 변질시키는 것, 떨이로 팔아넘기는 것이 사정에 밝은 것이라고 독자를 설득시키는 것, 이런 모든 것들이 바로 반쪽으로 교육되어 형성된 욕구들이다. 문화 시장이 계산의 수단으로 삼고 있는 어리석음은 문화 시장에 의해 재생산되고 강화된다. 지배적인 조건들 아래에서의 교육의 신선하고-기쁜 확신은 교육의 절멸과 직접적으로 하나가 된다.

현재의 조건들 아래에서의 교육의 대중화에 들어 있는 무조건적으로 계몽적인 가치에 대해 회의를 품는 것은 반동적인 것으로 의심을 받게 된다. 다시 말해, 과거의 중요한 철학 텍스트를 문고판으로 출판하는 것에 대해 문고판의 형식과 기능에 의해서 출판이 해를 입게 된다는 식으로 지적합으로써 반대할 수는 없다는 것이며, 문고판으로 출판하지 않으면 몇몇 공룡과 같은 존재들에게 그들의 위대함과 영광을 확인시켜 주는 데 도움이 될 뿐인, 역사적으로 심판을 받은 교육 이념에 대해 우스꽝스럽게 축사를 하는 사람이 되고 만다는 것이다. 중요한 철학 텍스트들을, 기술의 상태와 경제적인 이해관계가 대량생산에서 수렴되어 있는 시대에서, 작으면서도 가격으로 장난질하는 학문적 판본 안으로 숨겨 버리는 의도는 사실상 어처구니없는 일이다. 그러므로 우리는, 불가피한 것에 대한 두려움 때문에, 불가피한 것이 함의하는 것에 대항해야 한다. 우리 자신의 눈을 멀게 해서는 안 될 것이다. 무엇보다도 특히 우리는 불가피한 것이 교육 자체의 민주화의 내재적인 요구 제기와 더불어 모순에 빠지도록 한 원인을 제공한 것에 대해 저항해야 할 것이다. 왜냐하면 확산된 것은 그것의 확산을 통해서 사람들이 확산시켰다고 자랑하는 의미를 여러 갈래로 변화시키기 때문이다. 정신적인 진보에 대한 직선적이고도 깨어지지 않는 표상만이 반쪽 교육으로 사회화된 교육의 질적인 내용을 넘어서서 나아갈 것이다. 반쪽 교육에 맞서, 변증법적 구상은 억압적인 총체성의 한복판에서 진보의 애매함에 대해 변증법적 구상을 속이지 않는다. 대립주의들이 증대된다는 것은 자유의 의식에 들어 있는 모든 독특한 진보들이 부자유의 존속에서도 역시 함께 작용하고 있다는 것을 말해 준다. 벤야민이 역사철학 테제 중 하나의 테제에서 모토로 사용하였던 문장[09]이며, 사회 민주주의에게는 보물과 같은 오래된 관념인 "우리의 일은 그래도 날이 갈수록 더욱 명확해지고 민중은 날이 갈수록 더욱 영리해진다"는 관념으로부터 유래하는 마음을 착잡하게 하는 미혹적인 문장이 전체 영역에 불빛을 던지고 있다.[10] 예술에서는 유사 가치들이 존재하지 않듯

---

09 이 문장의 내용은 뒤에 나오는 따옴표로 인용된 내용을 지칭함(역주).

이, 어떤 음악 작품에 대한 반半 정도가 좋은 연주가 작품의 내용을 결코 반 정도도 실현시키지 못하고 ―완전히 적합하게 이루어진 연주를 제외하고는 저마다 각기 실행되는 연주가 무의미하듯이― 정신적인 경험의 주변을 둘러싼 상황이 전체적으로 그러한 모습에 놓여 있다. 반 정도가 이해된 것과 반 정도가 경험된 것은 교육의 전前단계가 아니라 교육의 철천지원수이다. 의식의 지속성에서 융해되지 않은 채 의식에 이른 교육 요소들은 사악한 독毒 재료로 변질됨으로써 그것들이 자체에서 미신을 비판한다고 할지라도 점차적으로 미신으로 변질되는 경향을 보이게 된다. ― 이것은, 더 높은 곳으로 가고 싶은 충동에서 순수한 이성에 대한 비판을 손에 잡았던 술창고지기가 우리 내부에 있는 도덕률을 우리의 위에서 별이 떠 있는 하늘과 유일하게 점성술에서만 결합시킬 수 있기 때문에 점성술에 머물러 있었고 거기에서 끝난 것과 마찬가지이다. 동화되지 않은 교육 요소들은 의식의 사물화를 강화시킨다. 교육은 바로 이러한 사물화로부터 보호되어야 한다. 이렇게 해서, 스피노자의 윤리학에 이르게 되었으나 그의 윤리학을 데카르트의 실체론의 연관관계에서, 그리고 사유하는 실체res cognitans와 연장된 실체res extensa를 매개하는 것의 어려움의 연관관계에서 보지 않는 사람들, 즉 준비되지 않은 사람에게는 데카르트 저작의 착수점이 되는 정의定義들이 독단적으로 불투명한 것, 얽혀 있어서 이해가 되지 않는 자의의 성격을 갖게 된다. 합리주의의 구상과 동역학이 정의들의 역할과 함께 얽혀 있는 자의의 성격에서 이해될 때, 이처럼 얽혀 있는 자의의 성격이 비로소 사라진다. 선입견이 없는 사람은 이러한 정의들이 무엇을 해야 하는지를 알지 못하게 될 것이며, 어떠한 정당한 근거가 정의들에 내재되어 있는지도 모르게 될 것이다. 선입견이 없는 사람은 정의들을

10 Josef Dietzen, Die Religion der Sozialdemokratie(사회 민주주의의 종교), in: Walter Benjamin, Schriften I, Frankfurt a. M. 1955, S.502.

허풍이라고 비난하고 나서 철학에 대항하는 하위 수준의 거만함으로 가볍게 들어가서 자신을 성처럼 에워싸게 될 것이거나 또는 유명한 이름이 주는 권위 밑에서 있는 그대로 정의들을 삼켜 버릴 것이다. 선입견이 없는 사람은 그러고 나서, 딜레탕트들의 세계관을 표현한 원고에서 딜레탕트들의 표준이 되지 않는 견해를 강화시키기 위해, 이른바 위대한 사상가들을 인용한 문구들이 유령처럼 바뀌면서 나타나는 것과 똑같은 방식으로 권위적으로 돌아서게 될 것이다. 역사적으로 문제를 도입하고 설명하는 것은 다루어야 할 문제를 미리 앞서서 멀리 밀쳐 버리는 것들이다. 이것들만으로는 다음과 같은 사람의 의식에서, 즉 "윤리학"을 포착하지만 ―특별한 문제성에서 숙달되어 있지 않을 것 같은 상태에서― 스피노자에게 답을 하는 사람의 의식에서 앞에서 말한 정의定義들에게 제대로 된 위치 가치를 거의 부여하지 못하게 될 것이다. 착란, 명료하지 않은 것이 그 결과로 나오게 된다. 무엇보다도 특히 원래부터 지각되지 않았던 문화 생산물들에 대한 맹목적인 관계도 그 결과에 해당된다. 이처럼 맹목적인 관계는 정신을 마비시키며, 정신을 도와 문화 생산물들이 살아 움직이는 것들로 표현을 얻도록 해 준다. 이것은 그러나 인식의 마지막 원천으로서 정당하든 또는 부당하든 직접적으로 통찰적인 것만을 인정하였던 철학의 의지와 명백하게 모순된다. 이와 유사한 것이 모든 철학자에 해당되는 것처럼 모든 예술가에도 해당된다. 천재적인 것과 위대한 것은 그것 스스로부터 직접적으로 나와서 작용하며 이해되는 것이라는 관념, 그리고 천재에 대한 숭배에 기초한 미학의 찌꺼기는, 교육으로 정당하게 지칭되어도 되는 어떤 것도 전제가 없이는 포착될 수 없다는 사실을 속인다.

하나의 극단적인 경우가 이 점을 설명해 줄 수 있다. 지그먼드 스패트의 『위대한 교향곡』[1]은 미국에서 특별할 정도로 확산되어 있는 책이다. 이 책은 반쪽 교육이 된 욕구를 목표로 해서 어떤 방해도 받지 않은 채 집필된 책이다. 다시 말해, 음악 사업에서 어떻든 피할 수 없는 욕구, 즉 교

150

향곡 문헌의 높은 작품들을 즉각적으로 인식할 수 있는 것을 통해서 자기 자신을 교양이 있는 사람으로 증명하려는 욕구에 맞춰져 있는 것이다. 스패트가 사용하는 방법론은 교향곡의 주요 주제에, 때로는 주요 주제로부터 오는 개별적인 모티프에게도 역시 문장들을, 즉 문장에 따라 노래가 불러질 수 있고 유행가류에 맞춰 관련되는 음악적 상투어들을 선명하게 각인시키는 문장들을 깔아 넣는 방법이다. 이렇게 해서 베토벤 5번 교향곡의 주요 주제가 "나는 너의 운명이야, 이리 와, 나를 안아 줘"라는 말에 따라 노래로 불러지게 된다. 9번 교향곡의 주요 주제는 두 조각으로 잘려 나간다. 9번 교향곡의 서두는 노래로 불러질 수 없다는 이유를 대고 있기 때문이다. 오로지 종결되는 것으로 끝날 뿐인 모티프는 "그냥 서 있어! 위대한 9번 교향곡이 이제 네 손에 있어"로 텍스트 작업이 이루어진다. 차이코프스키의 비창 교향곡으로부터 오는, 이전에 자주 회화적으로 표현되었던 부악장 주제에 스패트는 다음과 같은 행들을 헌사한다.

이 음악은 덜 애잔한 경향을 보이네,
이 음악은 더욱 건전하게 들리고 고통으로 가득 차 있지 않네.
슬픔은 끝났네, 비탄은 고쳐질 것이네.
차이코프스키는 다시 평온하게 다가올 것 같네.

수백만에 이르는 사람들의 음악적 의식을 손상시키는 것이 확실한, 야만성의 이러한 폭발에서, 비밀로 유지되며 눈에 띄지 않는 반쪽 교육에 관하여 많은 것이 역시 학습될 수 있다. 여기에서 노래의 가사가 되는 바보 같은 문장들은 작품의 내용과는 전혀 관련이 없고 마치 흡혈귀처럼 작

---

11 Sigmund Spaeth, Great Symphonies, How to recognize and Remember Them, New York 1936.

품의 성공에만 달라붙어서 피를 빤다. 반쪽 교육이 그 대상들에 대해 갖는 관계에서 보이는 물신주의의 적확한 증거들이다. 예술작품의 객관성은 개인화에 의해 변조된다. 서정적인 에피소드로 스스로 평온해지는 격렬한 문장은 이렇게 변조되는 것에 따라 차이코프스키의 모습이 될 것 같기도 하다. 차이코프스키가 사실상으로는 스스로 문화산업을 경영하였던 동안에도, 그의 음악은 긴 갈기가 있는 슬라브 사람의 판에 박힌 상투어에 따라 미쳐 날뛰는 반半미치광이의 개념으로, 즉 항상 자신의 조용한 상투어들을 갖는 개념으로 따로 떨어져 나가게 된다. 그 밖에도, 교향곡 음악에서의 주제들은 주된 것이 아니고, 더욱 광범위하게 보면 단순한 재료이다. 청중들이 주목하는 것을 주제들에 잘못 옮겨 놓는 대중화는 조각과 같은 개별 선율을 본질적인 것으로부터, 즉 전체로서의 음악의 구조적인 진행으로부터 원자적인 것을 지향하면서 딴 쪽으로 돌려놓는다. 이렇게 해서 확산의 보조 수단이 확산된 것을 방해한다. 그러나 종국적으로는 ―이것은 사탄이라는 이름보다 더 온건한 이름에 상응하는 것이 거의 어려운 국면이다― 앞에서 말한 주제들을 한때는 소름끼치는 말을 통해서 암기하였던 사람들에서 소름끼치는 말로부터 사람들이 다시 자유롭게 되는 것과 음악을 음악 자체인 것으로 듣는 것이 가능해지는 것이 어렵게 될 것이다. 예술에 대한 사랑으로서 차폐된 문화적 정보는 파괴적인 것으로서 그 모습이 드러난다. 스페트로부터 오는 어떤 점은 그것 내부에서 가장 무책임한 문고판 출판을 아직도 잠재적으로 담지하고 있다. 이러한 유형에 대한 성찰들을 그 내부로 끌어들이는 것에서 지나치게 겁을 먹고 움츠러드는 계몽은 결코 그 이름을 얻지 못한다.

더 이상 경험되지 않고 더 이상 전혀 현재적이지 않은 교육의 요술과 교육을 실패한 동일성으로 만드는 것을 진척시키는 메커니즘은 주관적으로 볼 때 집단적 나르시즘[12]의 한 메커니즘이다. 반쪽 교육은 비밀스러운 왕국을 모든 사람의 왕국으로 만들었다. 집단적 나르시즘은 다음과 같은 결과에까지 이르게 한다. 인간이 자신의 개별적인 충동 배열 관계에까지 미치는 사회적 무력감의 의식과 인간이 자신에 원래 고유한 개념에 따라 인간이어야 하고 행해야만 하는 존재가 아니기 때문에 느끼는 죄책감을, 실재적이거나 또는 상상에서 단순하게, 자신을 더 높고 포괄적인 것의 부분들로 만드는 것을 통해서 보상하는 결과에 이르게 하는 것이다. 인간은 이처럼 더 높고 포괄적인 것에 자신에게 결여되어 있는 모든 것의 부속물들을 주어서 자신의 마음을 위로하며, 더 높고 포괄적인 것으로부터 인간은 이러한 것들의 질에 참여하였다는 것과 같은 것을 대리적代理的으로 돌려받는다. 교육의 이념은 이것에 맞추어서 미리 예정되어 있다. 교육의 이념은 ─마치 종족 광기와 유사하게─ 개인이 집단적 나르시즘의 보상을 받을 수 있게끔 개인으로부터 단순히 하나의 최소치를 요구하기 때문이다. 고등학교를 다니는 것만으로도 이미 만족하며, 때에 따라서는 좋은 가문 출신이라는 상상만으로도 이미 만족을 느낀다. 반쪽 교육과 집단적 나르시즘을 하나로 묶는 태도는 처리하는 것, 함께 말하는 것, 전문가처럼 행동하는 것, 전문가에 속하는 것의 태도이다. 칼 코른Karl Korn 이 최근에 기초起草한, 관리된 세계에서의 언어의 현상학은 특히 관리된 세계의 "계획자의 언어"이며, 이것은 바로 반쪽 교육의 존재론이다. 코른이 해석하였던 언어적인 기형성들은 관리된 세계의 계획자에서 객관적 정신과의 ─실패로 끝난─ 동일화의 횟수에 해당된다. 인간에게 향하게 하는 요구들을 사회가 어떻든 만족시키기 위해, 교육은 사회적 내재성과 통합성의 특징적 표시로 축소되며, 숨김이 없이 자기 스스로 교환 가능한 것, 처리 가능한 것으로 된다. 사람들이 빌헬름 시대의 프로이센에서 계급에 따른 선거권을 방해하는 근거로 삼았던 것인 교육과 소유의 통일성

---

12 Vgl. Theodor W. Adorno, Aberglaube aus zweiter Hand(제2차적인 미신), 이 책 209쪽 이하.

에 들어 있는 비교적 소박한 거짓은 어리석은 진실이 되고 말았다. 그러나 반쪽 교육의 정신은 이렇게 됨으로써 타협주의에 선서된다. 18세기에 교육이 정립된 권력에 대항하여 그 내부에서 담지하였던 비판과 반대의 효소들이 반쪽 교육에서 제거되었을 뿐만 아니라, 긍정과 원래 있는 것에 대한 정신적인 중첩화가 교육에 고유한 내용 및 증명이 된다. 비판은 그러나 단순한 약삭빠름으로 굴욕적으로 내려앉게 된다. 이러한 약삭빠름은 아무것도 해 보일 수 없도록 만들고 반대자들을 약삭빠름에서 기도록 한다. 앞으로 나아가게 하는 것의 수단이 되는 것이다.

반쪽 교육이 된 사람은 자기 자신을 갖지 못한 상태에서 자기보존을 실행한다. 이런 사람은 시민사회적인 모든 이론에 따라 주체성이 충족되었던 곳에서, 즉 경험과 개념이 충족되었던 곳에서 자신을 더 이상 성취할 수 없다. 이것은 교육의 가능성에 모든 것이 객관적으로 대립되어 있는 것에 못지않게 교육의 가능성을 주관적으로 공동화空洞化한다. 의식의 지속적인 경험에서는 현재적이지 않은 것이 지속적으로 살아남아 있으며, 연습과 연상이 모든 개별 인간에서 전통을 세운다. 이러한 속성을 가진 경험이 —시간적으로 정확하며 결합되어 있지 않고 교환 가능하며 일시적인— 정보로서 알려져 있는 상태에 의해 대체된다. 정보로서 알려져 있는 상태에서는 이 상태가 다음 순간에 다른 정보들에 의해서 깨끗이 지워진다는 점을 이미 알아차릴 수 있다. 지속적 시간의 자리에, 그 내부에서 상대적으로 하나의 목소리를 내는 —판단에 이르게 되는— 삶의 연관관계의 자리에, 판단이 없는 '이것은 ~이다'가 들어서게 된다. 이것은, 급행열차에서 승객들이 열차가 질주하면서 만나는 모든 장소에서 볼ball 베어링, 저장소, 또는 시멘트 공장, 또는 새로 만들어진 병영이라고 명명하는 것과도 같이, 질문이 되지 않은 모든 물음에 대해 논리적 일관성이 없이 답변할 준비가 되어 있는 것과도 같다. 반쪽 교육은 시간,[13] 기억에 대해 허약함을 보인다. 오로지 기억을 통해서만 의식에서 경험된 것의 종합이, 한

때 교육이 의도하였던 이러한 종합이 성공에 이르지만, 반쪽 교육은 기억에 대해 허약함을 보이는 것이다. 반쪽 교육이 된 사람이 자신의 나쁜 기억력을 자랑하며 일이 바쁘다는 것과 과도한 일에 시달리는 것에 자부심을 느끼는 것이 이유가 없는 것은 아니다. 현재의 철학적 이데올로기에서는 시간이 인간에게서 상실되었고 시간에 부하가 걸려야 한다는 이유 때문에, 오로지 이러한 이유 때문에 시간에 대해서 그렇게 많은 호들갑이 생겨났다. 많이 언급되었던 구체주의와 개별적인 것을 일반적인 것의 —개별적인 것은 일반적인 것의 이름과 함께 명명된다— 대변자들로서만 통용시키는 추상주의는 서로 보완된다. 개념은 정렬되는 포괄을 통해 그 어떤 끝마쳐진, 변증법적 교정으로부터 벗어나 있는 상투적인 것들 아래로 분리된다. 이처럼 상투적인 것들은 그 파멸적인 폭력을 전체주의적인 체계 아래에서 드러낸다. 상투적인 것들의 형식도 역시, 고립되어 있고 찔러서 꽂으며 이의를 제기하지 않는 "이것은 ~이다"이다. 그럼에도 반쪽 교육은 이것이 더 이상 충족시키지 않는 것들인 전통적 카테고리들에 동시에 달라붙어 있기 때문에, 의식의 새로운 형태는 반쪽 교육에 고유한 변형에 대해서 무의식적으로 알게 된다. 이러한 이유 때문에 반쪽 교육은 성이 나 있으며 화가 나 있다. 모든 방면에 걸쳐 정통한 것은 동시에 항상 더 잘 알고자 하는 의지이기도 하다. 한때는 더 좋은 시절을 보았던 반쪽 교육의 슬로건은 원한의 감정이다. 반쪽 교육 자체가 곧바로 원한 감정의 영역이다. 자기 자각의 무선 전신을 그 어떤 방식으로 아직도 보존하고 있는 사람들은 반쪽 교육의 원한 감정을 꾸짖는다. 지배적인 타협주의 아래에서 이루어지는, 반쪽 교육의 파괴적 잠재력이 오인될 수는 없다. 반쪽 교육이 문화적 재화들을 물신주의적으로 소유로서 압류하는 동안에도, 반쪽

---

13 Vgl. Theodor W. Adorno, Über Statik und Dynamik als soziologische Kategorein(사회학적 카테고리로서의 정역학과 동역학에 대해), 이 책 310쪽.

교육은 문화적 재화들을 분쇄시키기 위한 도약대에 항상 서 있다.

반쪽 교육은 편집증, 즉 추적 망상과 한패를 이룬다. 광기 체계들이, 개별 인간의 심리적인 경제에서 그것들이 차지하는 위치 가치를 제외하고는, 광기 체계들의 객관적인 사회적 기능을 갖고 있지 않다면, 반쪽 교육과 같은 의식 상태와 무의식적이고 정신병적인 과정들과의 현저한 유사성은 수수께끼와 같이 미리 예정되어 있는 조화가 되고 말 것이다. 광기 체계들은 반쪽 교육에 의해 차단된 본질적인 통찰을 대체시킨다. 판단과 경험의 지속성으로부터 벗어나 있는 사람은 현실을 제어하기 위한 도식들을 갖고 있는 광기 체계들에 의해서 공급되는 사람이 된다. 광기 체계들은 현실에 도달하지 않지만, 파악되지 않은 것에 대한 불안감을 보상해 준다. 정신병적인 완제품 공급자들의 소비자들은, 고립된 사람들이 느끼는 고립성에서 ―극단적인 사회적 소외에 놓인 상태에서― 공동적인 광기에 의해 결합되어 있는 모든 고립된 사람들에 의해 동시에 자신도 비호되어 있다고 느낀다. 나르시즘적인 보상, 즉 비밀 내부에 들어 있고 다른 정선精選된 사람들과 함께 하는 보상은, 비밀이 바로 다음에 이어지는 이해관계들을 넘어가자마자, 현실에 대한 시험으로부터 ―프로이트에 따르면, 옛 양식의 자아는 현실에 대한 시험에서 자아의 가장 중요한 임무를 갖고 있었다― 벗어난다. 반쪽 교육의 광기적인 체계들은 영속성에 들어 있는 단락短絡이다. 학자들은, 소렐Sorel과 로젠베르크Rosenberg가 의견의 일치를 보이면서 신화들이라고 명명하였던 의식 형식들에 집단적으로 기우는 것을 현재의 사회적 현실이 그 자체로 난해하며 복합적이고 이해되지 않으며 동시적인 단락을 요구하고 있다는 견해를 통해서 설명하였다. 그러나 바로 이처럼 겉으로 보기에 객관적인 연역은 지나치게 짧게 목표를 겨누고 있다. 여러 관점에서 볼 때, 사회는 수를 셀 수 없이 많은 시장으로 되돌아가는 메커니즘들이 없어지는 것에 의해서, 그리고 넓은 영역들에서 단순한 힘의 게임들이 제거되는 것에 의해서, 이전에 비해서 더 많이 꿰뚫어 볼 수 있게 되었다. 인식이 다른 것이 아닌, 사회의 기능적인 상태에 의존되어 있다면, 오늘날에는 이름이 알려진 청소 담당 여성도 사회의 작동장치를 제대로 잘 이해할 수 있는 개연성이 높을 수도 있다. 주관적인 상태가, 즉 객관적으로 가능한 통찰을 불가능하게 만드는 주관적인 상태가 오히려 객관적으로 산출된다. 기존의 질서가 갖고 있는 권력에 이르지 못했다는 감정, 기존의 질서에 항복해야만 한다는 감정이 인식의 충동 자극들까지 마비시킨다. 주체에게 자신을 불변적으로 서술하는 것은 물신화되며, 꿰뚫어지지 않고, 이해되지 않는다. 사람들은 두 갈래로 쪼개진 가치에 맞춰 사고한다. 미리 구조救助된 것의 도식과 미리 저주받은 것의 도식에 따라 사고하는 것이다. 반쪽 교육이 된 사람은 항상 구조된 사람에 속한다. 반쪽 교육을 받은 사람이 만든 영역이 —이와 함께 이러한 영역이 매개되어 있는 매번 존재하는 기존 질서도 여기에 포함된다— 의문을 제기할 수 있는 모든 것은 저주받는다. 여러 가지 면에서 스스로 선택되었거나 또는 비로소 구축된 반대자에 대한 법정法廷에서는 문화가 고집하는 것, 바로 이것에서 일어나는 문화의 좌절에 의해서 객관적으로 설정된 모멘트인 야만의 모멘트가 효력을 발휘한다. 반쪽 교육은 방어적이다. 반쪽 교육은 그것의 의문점에 관한 어떤 것을 폭로할 수 있는 접촉들을 회피한다. 사회적인 것에 대한 반응의 심리적인 형식들을 창출하는 것은 복합성이 아니고, 소외이다. 정신병 자체도 주체에 의해서 가장 내부적인 곳까지 돌려진 객관적인 소외이다. 반쪽 교육의 집단적인 광기 체계들은 하나로 결정될 수 없는 것을 하나로 묶는다. 이러한 광기 체계들은 소외에 대해 터놓고 말을 하며 소외가 항상 어두운 비밀인 것처럼 소외를 승인하고, 소외를 와해된 경험의 자리 대신에 겉으로 보기에 가까이 있는, 기만적인 대체 경험으로 가져간다. 반쪽 교육이 된 사람에게는 모든 간접적인 것이 직접성으로 주술화된다. 이런 이유로 인해 사인화私人化의 경향이 나타난다. 객관적인 관계들이 개별 인간에게 부담으로 지워지거나 또는 개별 인간에 의해 행운으로 기대된다. 객관적인 관계들의 광기적인 의식儀式은 세계가 사인화로부터 벗어나는 것Depersonalisierung과 함께 진척된다. 다른 한편으로 반쪽 교육은, 소외된 의식으로서, 그 어떤 것에 대한 직접적인 관계를 알지 못하며, 반쪽 교육이 사물에 끌어다 붙여 놓은 관념들에 항상 고정되어 있다. 반쪽 교육의 태도는 어떤 것을 승인된 것으로 받아들이는 태도이며, 반쪽 교육의 음색音色은 "뭐라고, 당신이 그것을 모른다고?"를 부단히 알리며, 때로는 가장 거친 억측들에서 이를 행한다. 비판적 의식은 상투적인 것들의 뒤를 보려는 우울한 성벽性癖으로 불구화된다. 리즈먼Riesman은 이 점을 인사이드 도프스터inside dopster[14]의 유형에서 기술한 바 있었다. 반쪽 교육의 가장 상위에 위치하는 답변들과 정리定理들은 그러나 비합리적인 것에 머물러 있다. 이렇기 때문에 반쪽 교육은 각기 다른 색을 갖고 있는 비합리주의와 공감대를 형성하며, 때로는 타락된 비합리주의, 자연과 영혼에 대한 찬양과도 교감한다. 정신적으로 외람된 것과 야만적으로 반지성적인 것이 하나가 되어 있는 것이 바로 반쪽 교육이다. 반쪽 교육과 소시민 계급의 친화력은 명백하다. 반쪽 교육의 사회화Sozialisierung와 함께 그것의 병적인 특징들이 사회 전체를 전염시키기 시작하며, 이것은 소시민이 몇 바퀴를 돌아서 지배적인 사회적 특징으로 발돋움하는 것에 상응하여 일어난다. 광기와 학문은 반쪽 교육의 사회적 연관관계를 거의 보지 못하였다. 이에 반해 이러한 연관관계는 반쪽 교육을 결코 단 한 번도 제대로 존중하지 않았던 문학에 의해서 매우 잘 간파되었다. 베네딕스Benedix의 먼지에 묻어 있는 희극인 『훼방꾼』에서 모든 것을 파괴하는 장모에 대한 묘사가 반쪽 교육의 완벽한 인상학을 그려 보인다. 아마도 사회학은 반쪽 교육

---

14 정치를 변화시키기 위해 어떤 것도 할 수 없고 다만 정치를 이해하고 있는 상태에 머물러 있는 인간을 말한다(역주).

의 전체적인 존재론을 전개할 수 있는 능력, 반쪽 교육을 지탱하고 동시에 사회적 조건들로부터 유래하는 모든 카테고리들의 구조 연관관계를 전개할 수 있는 능력을 갖고 있을 것이다. 반쪽 교육이 된 사람은, 문화로부터 배제되면서 동시에 문화를 긍정하는 사람으로서, 제2차적인 문화를 독특하게 구사한다. 제2차적인 문화는 비공식적인 문화이며, 그 사이에 물론 문화산업이 준비한 문화와의 진정한 만남을 축하한다. 제2차적인 문화는 책상에 진열되어 있지는 않지만 읽혀지며 마치 무의식적인 것 자체가 그런 것처럼 이에 못지않게 역사성이 없고 역사적인 재앙들에 대해 무감각한 것처럼 보이는 책들의 세계와도 같은 문화이다. 이러한 세계와 유사하게, 반쪽 교육에게 말을 붙이는 것이 불가능해지는 경향이 나타난다. 이 점은 반쪽 교육을 교육학적으로 교정하는 것을 어렵게 만든다. 우리는 이미 초기의 발달 단계들에서 반쪽 교육이 굳어가는 것을 해체시키고 비판적 자각을 강화시키는 것을 통해서, 오로지 이렇게 함으로써만 반쪽 교육에 대항하여 심층 심리적으로 영향을 미칠 수 있을 것 같다.

이러한 종류의 요구들은 그러나 충분할 정도로 빨리 블록Block에 부딪치게 된다. 반쪽 교육이 사회적으로 저지르는 행패에 대한 인식은, 의식 영역을 무력감이 되도록 눌러 버리는 객관적으로 주어진 것들에 의해 생산되고 재생산된 것이 고립된 채로는 변화될 수 없다는 사실을 확인시켜 준다. 모순에 가득 차 있는 전체에서는 교육에 대한 물음도 역시 이율배반에 휩쓸려 들어가게 된다. 문화에 대한 아직도 풀이 꺾이지 않은 논의는, 객관적이고 정치적인 체계들의 모든 경계를 넘어서서 명백하게 드러나는 문화 청산 경향의 관점에서는 세계에 낯선 것이며 이데올로기적이다. 문화는 추상적으로 완전할 정도로 규범이나 또는 이른바 가치로서 끌어올려질 수 없다. 규범이나 가치의 선언들은 모든 문화적인 것이 인간다운 삶으로 인간을 이끄는 것과 갖는 관계를 문화적인 것을 스스로 지배하는 자의식을 통해서 절단시켜 버리며 정신의 중화中和에, 즉 이것 나름대로 교육을 파괴시키는 정신의 중화에 기여하기 때문이다. 그러나 사회이론과 사회이론에 그 어떤 방식으로 맞춰진 실제도 역시 역으로, 회의를 품은 용기와 함께, 더욱 강력한 경향을 보이는 쪽으로 시선을 돌릴 수 없으며, 밑으로 떨어진 것을 밀어 버릴 수도 없고, 문화의 청산을 자기 것으로 만들 수도 없다. 이렇게 하지 않으면, 사회이론과 이에 맞춰진 실제는 야만성으로 퇴보하는 것에 직접적으로 공동 책임을 지게 된다. 자기 스스로 미쳐 버린 정신이 행하는 시도들 중에서 안나 프로이트Anna Freud가 심리학에서 공격자와의 동일화[15]라고 명명하였던 동일화는 가장 순진한 동일화가 결코 아니다. 잘못된, 딴 곳으로 돌릴 수 없는 것에 고분고분하게 동의하는 것은 가장 순진한 동일화가 아닌 것이다. 현재의 세계에서는 비판적인 지성인보다는 지성의 수단들을, 또는 지성의 수단들을 혼동하는 것을 세계를 어둡게 하는 데 이용하는 사람이 더 성공한다. 어느 누군가가 —이 표현과 함께 의도된 것은 항상 자기 자신이기도 하다— 사회화된 반쪽 교육의 경향으로부터 제외될 수 있다는 상상도 역시 공허할 뿐인 것 같다. 의식의 진보라고 정당하게 불러도 되는 것, 즉 무엇인 것 내부로 파고드는, 미혹이 없는 비판적 통찰은 교육의 상실로 인해 수축된다. 냉정한 계산과 전통적 교육은 서로 합쳐질 수가 없다. 마르크스와 엥겔스가 사회에 대한 비판이론을 구상하였을 때 교육의 개념이 일차적으로 목표로 삼았던 영역인 철학과 예술이 이미 거칠게 되고 원시적으로 되었던 것은 결코 우연이 아니다. 그러한 단순화는 야만성으로부터 그래도 마지막으로 빠져 나오려는 사회적인 의도와는 결합될 수 없게 되었다. 그러한 단순화는 그 사이에 동구권[16]에서 벌거벗은 공포에 도움을 준다. 소유물이 되어서 형상이 망가진 채 못질로 박혀진 문화에 저항하는 진보적

---

15 Vgl. Theodor W. Adorno, Aberglaube aus zweiter Hand(제2차적인 미신), 이 책 226쪽.
16 구 동구권 사회주의 국가들을 의미함(역주).

160

인 의식은 교육의 위에 있는 의식일 뿐만 아니라 또한 항상 교육의 아래에 있는 의식이기도 하다. 뚜렷하게 드러나는 새로운 질質은 더욱 많게, 그리고 더욱 적게 항상 침전되는 것으로서의 질이다. 진보 자체에, 즉 새로운 것의 카테고리에 야만성의 첨가물이 효소로서 혼합되어 있다. 사람들이 이를 소거해 버린다. 문화를 맹세하지도 않으며 문화의 잔재를 보존하지도 않고 문화를 폐기시키지도 않지만 교육과 비교육, 문화와 자연의 대립관계를 스스로 넘어서는 상태가 어떤 상태인지를 검사해 볼 수 있을 것 같다. 이것은 그러나 문화의 절대화가 깨졌다는 점에 대한 인식을 필요로 한다. 그뿐만 아니라 이것은 문화를 실제에 관한 단순한 기능으로서의 독자적이지 않은 것, 실제를 단순히 지시하는 것으로서 독자적이지 않은 것으로 파악하는 것이 실체화되지 않고 비변증법적인 테제로 응고되어서는 안 된다는 점을 인식하는 것을 요구한다. 발원된 것이 그것의 원천에 환원될 수 없고 그것이 발원되었던 곳과 같은 것으로 될 수 없다는 통찰은 정신 자체가 원천인 것처럼 행세하는 것에 쉽게 유혹될 수 있는 정신과도 역시 관련되어 있다. 정신이 이러한 요구 제기를 정신에 고유한 고양으로 알리는 곳에서 ―정신이 실재의 생활관계들에 의존되어 있다는 점, 실재의 생활관계들의 형성과 정신이 분리될 수 없다는 점에 대한 지적, 그리고 마지막으로는 정신에 고유한 자연 그대로의 상태에 대한 지적과 함께― 정신에게 말대꾸가 이루어질 수 있을 것이다. 정신이 그러나 실재적인 생활관계들에의 의존성에 적나라하게 환원되고 정신 스스로부터 출발하여 단순한 수단의 역할에 순응하게 되면, 앞에서 말하는 것과는 반대되는 것이 상기될 수 있을 뿐이다. 이러는 한, 현재의 역사적 시간에서 제기되는 교육에 대한 걱정은 정당성을 갖는다. 정신이 실재의 생활관계들로부터 분리되었고 이 관계들의 맞은편에서 스스로 독립적이 되었다는 것은 정신에 들어 있는 비진실일 뿐만 아니라 또한 정신에 내재하는 진실이기도 하다. 어떤 구속력 있는 인식도, 어떤 성공에 이른 예술작품도 정신의 사회적인 생성에 대한 지적을 통해서 부정否定될 수는 없을 것이다. 사람들이 삶에서 자기보존을 유지하기 위한 목적으로 정신을 전개시켰다고 할지라도, 이렇지 않다면 존재하지 않았던 정신적인 형상물들은 그럼에도 더 이상 생활필수품은 아니다. 사회에 대해 정신이 갖는, 취소하기 어려운 독자화, 자유의 약속은 이 두 가지의 통일성이 사회적인 것과 마찬가지로 역시 틀림없이 사회적이다. 정신의 독자화가 간단히 거부되면, 정신이 억압되며 무엇인 바로 그것에게 이데올로기를 만들어 준다. 정신이 이데올로기적으로 절대성을 찬탈했던 곳에서 이데올로기를 만드는 것에 못지않게 이데올로기를 만들어 주는 것이다. 문화 물신주의의 건너편에서 수치심을 느끼지 않고 문화적이라고 지칭해도 되는 것은 고유한 정신적인 형태의 통합에 힘입어 실현되는 것, 철저하게 이러한 통합을 통해서 오로지 매개된 것이 ―사회가 요구하는 명령들에의 직접적인 적응에 의하지 않고― 사회 내부로 다시 작용하는 것이 유일하다. 이를 위해서 필요한 힘은 그 어떤 다른 힘으로부터 오는 것이 아니고 한때 교육이었던 것으로부터 발원하여 정신에게서 성장된다. 정신이 그 사이에 사회적으로 정당한 것만을 행하면, 정신이 사회와의 차이가 없는 동일성에서 와해되지 않는 동안은, 정신은 시대에 붙어 있는 시대착오에 놓여 있게 된다. 사회가 교육으로부터 교육의 기초를 탈취해 버린 후에도 교육에 붙어 있는 시대착오에 빠져 있는 것이다. 반쪽 교육이 유지되기 위해 교육이 필연적인 것이 되고 말았는데, 교육은 그러나 반쪽 교육에 대한 비판적 자기 성찰 이외에는 그 어떤 다른 생존 가능성을 갖고 있지 않다.

1959년

문화와 관리

문화에 대해 말하는 사람은, 그가 의도하든 또는 그렇지 않든, 관리管理에 대해서도 말하게 된다. 철학과 종교, 학문과 예술, 삶을 영위하는 형식들과 관습들처럼 그렇게 많이 존재하면서도 이름이 같지 않은 것들, 최종적으로는 어느 시대의 객관적인 정신을 문화라는 단어 아래에 묶는 것은, 이러한 모든 것을 위에서부터 시작하여 모으고 나누며 비교하여 측정하며 조직하는 관리적인 시각을 무엇보다도 우선적으로 비밀을 누설시키듯이 드러내 보인다. 문화라는 단어 자체는 칸트Kant보다 더 오래된 측면이 거의 없다. 문화의 상대방이 되는 단어이며 특히 독일에서 인기가 있는 단어인 문명은 비로소 19세기에 이르러 언어의 세계로 들어왔으며 슈펭글러Sprengler에 의해서 슬로건이 되었다. 문화 개념과 관리가 오늘날 어떤 경우이든 얼마나 서로 가까이 있는가 하는 점은 방송에서 문화 전문부서 때문에 "문화적인 단어"라는 제목을 유지하고 있는 언어 사용에서도 대략 인식될 수 있을 것 같다. 이러한 제목 아래에서 모든 가능한 것이, 이것이 수준과 습관에 대한 많든 적든 자세한 관념에 일치하는 한, 통용된다. 이렇게 통용되는 것은, 정신이 아니고 고객에 대한 봉사가 되어야 한다는 정신에게 예약되어 있는, 다시 말해 가벼운 음악과 이 음악의 문학적 및 드라마적인 보충물들에게 예약되어 있는 관리 전문부서인 U영역과는 대조적이다.

그러나 문화는 동시에, 바로 독일에서 통용되는 개념들에 따라 관리에 대립된다. 문화는 더욱 높고 더욱 순수한 것이 되고 싶어 한다. 가볍게 언급되지 않는 것, 그 어떤 책략적이거나 또는 기술적인 고려에 따라 가지런히 정돈되지 않는 것이 되고 싶어 하는 것이다. 이것은 교육의 언어에서는 문화의 자율성을 지칭한다. 널리 통용되는 견해인 개성이 자율성과 기꺼이 연합되어 있다. 문화는 순수한 인간 존재의 표명이라는 것이며, 사회에서의 기능의 연관관계를 고려하지 않은 채 존재한다는 것이다. 우리가 문화라는 단어를 그것의 스스로 정당한 배음倍音에도 불구하고 회피할 수 없다는 것은, 수백 번이나 정당하게 비판되었던 카테고리인 세계라는 카테고리가, 세계가 그렇듯이, 관리된 세계의 카테고리에 얼마나 많이 결탁되어 있고 얼마나 많은 정도로 적합한 것인가를 증언해 준다. 어느 정도 민감한 사람이라면 어느 누구도 문화에서 느끼는 불편함으로부터 벗어나지 못한다. 문화에 대해 더욱 많은 것이 발생하면 할수록, 이것은 문화에는 더욱 잘못된 것이다. 이것은 에두아르트 슈토이어만Eduart Steuermann이 정리한 말이다. 이러한 역설은 다음과 같이 전개될 수 있을 것 같다. 문화가 기획되고 관리되면 문화는 손상을 입게 되지만, 문화가 문화 자체에 내맡겨진 채 머물러 있게 되면 모든 문화적인 것이 작용 가능성을 잃을 뿐만 아니라 실존을 상실할 위험에 처하게 된다는 역설이 전개될 수 있는 것이다. 오래전부터 문화 전문부서가 갖는 관념들과 함께 관철된 순진한 문화 개념이 무비판적으로 수용될 수도 없고, 문화에 대해 보수적으로 고개를 흔드는 것에서 통합적 조직화의 시대에 문화가 당하는 것에 대해 고집스럽게 머물러 있을 수도 없다.

문화라는 단어에 대한 혐오감은 야만적인 것, 권총의 안전장치를 풀려는 충동으로부터 자유롭지 못한 혐오감이다. 이러한 혐오감은 문화라는 단어에 이 단어가 가진 진실도 역시 귀속되어 있다는 사실을 속여서는 안 된다. 문화라는 단어가 가진 진실은 문화를 대략 여러 시市의 문화담당자들이 ―이들은 일단은 사실상으로 서로 무언가 공통점이 있는 일련의 대상들을 전문가의 손에서 하나로 묶게 한다― 습관처럼 다루는 것과 같은 방식으로 다루는 것을 허용해 준다. 이처럼 공통적인 것은 물질적인 삶의 재생산, 인간의 문자 그대로의 자기보존, 인간의 단순한 현존재의 보존에 기여하는 모든 것들과 대립관계에 놓여 있다. 경계들이 불명확해진다는 점에 대해서는 모든 사람이 알고 있다. 예로부터 학자들은 법과 정치의 영역이 문화에 들어갈 수 있느냐의 여부를 놓고 논쟁을 벌여 왔다. 행정 관청의 문화관련 부서들에서는 어떤 경우이든 법과 정치의 영역이 나타나지 않는다. 전통적으로 문화에 들어갔던 부분들 중 많은 부분들이 오늘날에 나타난 전체적이 경향 아래서는 물질적 생산에 접근하고 있다는 점에 대해서 계속해서 논쟁을 할 수 있는 것이 어렵게 될 것이다. 자연과학의 가장 상위에 있는 더욱 오래된 언어 사용에 따르면 "철학적인" 분과들에까지 이르는 자연과학들은 ―이것들을 문화의 이념으로부터 끄집어낼 수는 없을 것이다― 항상 증대되는 정도로 인간의 실재적 운명을 조건지우며, 학문의 진보는 물질적 생활이 갖는 권력들, 경제에 다시금 직접적으로 의존되어 있다. 우리가 잘못된 전이轉移 현상들에 스스로 붙잡혀 있음으로써 눈앞에 놓여 있는 불안한 것을 세계로부터 출발하여 토론하는 경우에, 오늘날 우리의 눈앞에 놓여 있고 우리를 불안하게 하는 것이 그르쳐지게 된다. 사물에 들어 있는 고통스러운 모순들을 개념적인 구별 짓기와 조작을 통해서, 일종의 통속화된 인식론을 통해서 거부하려는 경향이 오늘날 나타나고 있는바, 우리는 이런 경향에 저항해야 한다. 특별히 문화적인 것은 삶의 벌거벗은 필수품으로부터 벗어나 있는 것이라는 단순한 점을 일단은 유지해야만 할 것이다.

이것은 관리라는 말과 함께 의도된 것이 무엇이냐 하는 것에 관한 고려들로부터 자유롭지 못하다. 다시 말해, 관리는 단순히 국가적인, 또는 지

자체 차원의 제도가 더 이상 아니며, 사회적으로 자유로운 힘들의 게임으로부터 말끔하게 분리되어 있는 제도들도 더 이상 아니다. 모든 제도가 갖는 경향, 즉 양적으로나 질적으로 스스로 팽창되는 경향은 막스 베버의 『경제와 사회』[01]에 나오는 관료주의의 게임에서, 그의 후기 저작의 형식적-정의적定義的 방법론에 걸맞게, 내재적인 것으로서 특징이 지어졌다. 관료주의는 스스로부터 시작해서, 그것에 고유한 법칙에 따르면서, 확대된다는 것이다. SS[02]의 역사는 베버의 이러한 테제에 대한 가장 소름끼치는 실례를 가장 최근의 과거로부터 입증한다. 베버는 관료주의를 전통주의적인 관리와 비교해 볼 때 관리의 조직화 유형이 갖는 기술적인 우월함을 통해서 본질적으로 근거를 세운다. "관료주의적인 조직화가 앞으로 치고 나오는 결정적인 근거는 이러한 조직화가 예로부터 다른 모든 형식에 대해 갖는 순수한 기술적 우월성이었다. 완전하게 전개된 관료주의적인 메커니즘은 어떤 기계가 아직 기계화되지 않은 재화 생산의 방식들에 대해 행동하는 것처럼 인간에게 행동한다. 정교함, 신속성, 명료함, 기록문서들에 대한 정통함, 지속성, 신중함, 통일성, 엄격한 종속, 마찰의 절약, 물건의 차원이나 개인 차원에서 발생하는 경비의 절약은 엄격한 관료주의적인 관리에서, 특히 일원화된 관료주의적 관리에서 모든 친목적親睦的이고 명예직이거나 겸직의 형식에 비해서 잘 교육이 된 개별 공무원들을 통해 최상의 상태로까지 상승되었다."[03] 그러나 베버가 가정한 합리성 개념이, 목적-수단-관계에 제한된 채, 목적들 자체의 합리성에 관한 판단을 얼마나 많이 저해하고 있는가 하는 점은 바로 SS에서 인식될 수 있

---

01 Vgl. Max Weber, Wirtschaft und Gesellschaft(경제와 사회). Grundriß der verstehenden Soziologie(이해 사회학 개요), 4. Aufl., hrsg. von Johannes Winkelmann, Tübingen 1956, 2. Halbbd., S.559ff.
02 나치 시대의 비밀경찰조직(역주).
03 a. a. O., S.569f.

다. 우리는 베버에 고유한 합리성 이론에 관리적 사고가 퇴적되어 있다는 것을 의심할 수도 있다. 조직들이 스스로 독자적으로 되는 메커니즘은 베버에서나 또는 사회적으로 경직되는 현상들을 형이상학적으로 주어진 것으로서 생에 대립시켰던 짐멜Simmel의 형식 사회학에서보다는 더욱 특별하게 규정될 수 있을 것이다. 대립주의적인 사회에서 존재하는, 목적을 위한 조직들은 독특한 목적들을 필연적으로 추구해야만 한다. 다른 집단의 이해관계들을 희생시키면서 추구해야만 하는 것이다. 목적을 위한 조직들은 그러므로 경화硬化되고 대상화되도록 강요받게 된다. 목적을 위한 조직들이 이 조직들의 구성원들과 구성원들이 지배적으로 갖는 요구 제기들에 대해서 밑으로 향하면서 항상 그것들을 스스로 열어 놓으면, 이 조직들은 활동 능력이 없게 될 것이다. 목적을 위한 조직들이 더욱 단단하게 접합될수록, 다른 것들에 대해 조직의 이해관계를 관철시킬 수 있는 전망이 더욱더 커진다. 전체주의적이고 "한 부분으로부터 발원하여 성립된" 국가들이 자유주의적인 국가들에 대해서 정치권력적으로 오늘날 국제적으로 우세를 보이는 것에서 드러나는 현상은 더욱 작은 규모에서의 조직들에도 역시 해당된다. 목적을 위한 조직들의 외부로 향하는 작용성은 이 조직들의 내부로 향하는 폐쇄성의 기능이다. 이러한 기능은 이른바 전체das Ganze가 개별적 이해관계들보다 우위를 갖는다는 점, 그리고 조직은 조직의 자격으로 조직의 자리에 자리를 잡는다는 점에 의존되어 있다. 목적을 위한 조직들이 스스로 독립적으로 되는 것은 자기보존에 의해 조직에 강제적으로 부과된다. 반면에 조직은 이처럼 독립적으로 되는 것에 의해서 조직의 목적들, 그리고 조직이 구성되는 기초가 되는 인간과 스스로 소외된다. 조직은 종국적으로는, 조직의 목적을 조직에 알맞게 추구할 수 있기 위하여, 인간과 필연적으로 모순 관계에 들어서게 된다.

단순한 지배형식으로서의 관리가 내재적으로 팽창 경향을 보이는 것, 스스로 독립적으로 되는 경향을 보이는 것만으로는 더욱 오래된 단어의 의미에서 말하는 관리 장치들이 관리된 세계의 관리 장치들로 전이되는 것을 설명하기가 어렵다. 관리된 세계의 관리 장치들이 이전에는 관리되지 않았던 영역들로 전이되는 것을 설명하기가 쉽지 않은 것이다. 교환관계가, 점점 증대되는 독점에서, 생활 전체에 걸쳐 팽창하는 것이 그러한 전이에 책임이 있다고 보아도 될 것이다. 사고가 대상들을 같은 표준으로 계량할 수 있는 가능성, 대상들을 추상적인 규칙 아래에서 포괄할 수 있는 가능성을 산출하는 한, 등가等價에서의 사고는 사고 스스로부터 관리 합리성과 원리적으로 친족관계에 있는 합리성을 생산한다. 영역들 사이에 존재하는 질적인 차이는, 모든 영역의 내부에서 존재하고 있음에도, 경시된다. 이렇게 됨으로써 관리에 대한 저항이 완화된다. 동시에 증대되는 집중은 전통주의적인, 그 어떤 "비합리적인" 방법론으로는 더 이상 목적을 달성할 수 없는 범위를 하나로 묶는 통일체들로서 작용한다. 통일체의 크기와 함께 경제적으로는 위험부담의 크기도 증대되며, 이것은 막스 베버가 "일원적 관료주의적"이라고 정의한 지배 유형을 어떤 경우이든 오늘날까지 요구하고 있는 계획을 억지로 강요한다. 교육기관이나 라디오 방송국처럼 이윤 추구에 맞춰지지 않은 제도들의 과도한 크기 하나만으로도, 조직적으로 단계가 높여지는 것에 대한 요구와 함께, 관리의 실제를 촉진시킨다. 관리의 실제들은 테크놀로지적인 발전에 의해서 강화된다. 가령 라디오 방송국에서는 의사소통되어야 하는 것이 극단적인 정도로 집중되어 있으며 가장 넓게 살포되고 있다. 막스 베버는 더욱 좁은 의미에서의 관리, 즉 관료들의 위계질서에 본질적으로 자신의 생각을 제한시킬 수 있었다. 그는 유사한 경향들을 단지 —로베르트 미헬스Robert Michels와 의견의 일치를 보이면서— 정당 조직에서, 그리고 나서 물론 교육과 수업의 영역에서도 이미 메모해 놓았다. 관리가 강화되는 경향은 그 사이에 이러한 모든 것을 한참 추월하였으며 총체적으로, 어떤 경우에도 오로지 경제적인 독점에서만 전개되지 않은 상태에서, 전개되었다. 관리

장치들의 양의 증대는 하나의 새로운 질을 산출하였다. 자유주의적인 모델에 따라 생각되었던 장치는 관리에 의해 더 이상 고려되지 않거나 또는 섞어서 자라지 않게 된다. 오히려 관리는 자유의 영역들에 대해서 매우 많은 정도로 우세를 점하게 됨으로써 자유의 영역들이 결국에는 오로지 인내하면서 출현하게 된다. 칼 만하임Karl Mannheim은 이 점을 파시즘 전야의 시기에 이미 예견한 바 있었다.

문화도 역시 이러한 경향에 금기는 아니다. 베버는, 경제 영역에서, 관리자들이 해결해야 할 객관적인 문제들에 대한 이해가 관리자들의 권능에 적합한지의 여부에 대해 다음과 같이 살피고 있다. 베버에 따르면, "'경제' 영역에서는 오로지 사적인 경제적 이해관계들에 대한 전문 지식만이 관료제의 전문 지식보다 우위에 있다. 사적인 경제적 이해관계들의 영역에서의 자세한 사실 인식이 이러한 이해관계들에 대해서는 직접적으로 경제적인 실존의 문제가 되기 때문이다. 관청의 통계에서 발생하는 오류들은 통계에 책임이 있는 공무원에 대해 어떤 직접적인 경제적 결과를 가져오지 않는다. — 자본주의적인 경영의 계산에서 발생하는 오류들은 이러한 손실에서 아마도 기업의 존립을 희생시킬 것이다."[04] 베버가 경제 영역을 참작하여 던지고 있는, 관료제의 권능에 관한 물음은 그 사이에 관리 자체가 사회에서 확산된 것과 똑같은 정도로 확산되었다. 이러한 물음은 문화적 영역에서 비판적인 물음이 되었다. 베버는 떠오르는 물음을 부수적인 하나의 문장에서 스쳐 지나가고 있다. 그의 위대한 저작의 구상에서 자신의 관찰이 미치는 범위를, 40여 년 전에는, 알아차리지 못할 것 같은 상태에서 가볍게 언급하고 말았던 것이다. 관료제-장의 교육사회학적 언급에 들어 있는 최고로 특별한 연관관계에서 베버는 교육

---

[04] a. a. O., S.582.

특허권의 소유가 재능을 ―"카리스마"를― 뒤로 도로 밀어내는 것을 증대시킨다는 점에 대해 말하고 있다. "왜냐하면 교육특허권의 '정신적인' 비용은 항상 적은 비용이고, 대량성을 통해 비용을 나누는 것을 감소시킬 수 없기 때문이다."[05] 이에 따라 비합리적이고 계획될 수 없는 규정, 즉 전통적인 견해에 따라 정신에게 고유한 규정이 정신 자체로부터 탈취되는 정도가 점차 증대된다. 베버는 이 점을 하나의 보론에서 더욱 예리하게 다루었다. "교육제도의 기초를 두고 현재 시도되고 있는 모든 설명의 배후에는, 과거의 '문화 인간Kulturmenschentum'에 대항하는 '전문인-유형'의 투쟁이 그 어떤 결정적인 곳에서 숨겨져 있다. 다시 말해, 모든 공적 및 사적 지배관계들의 관료화의 억제될 수 없는 만연과 전문 지식의 항상 증대되는 의미를 통해서 조건이 지어진, 모든 가장 내적인 문화에 대한 물음들에 들어온 투쟁이 숨겨져 있는 것이다."[06] 여기에서 베버는 입센의 헤다 가블레르Hedda Gabler 이래 후기 자유주의 사회에서 통상적이었던 것과 같은 방식으로 "전문인 인간Fachmenschentum"에 반대하고 있다. 이 점과 분리될 수 없는 것은 관리 권능이, 바로 이러한 권능에 관할권이 실질적으로 상응하지 않는 곳에서, 강제적으로 증대되고 있다는 사실이다. 전문인들은 그들이 전문적으로 자질을 갖출 수 없는 상태에서 일하는 영역들에서 권위를 행사해야만 하는 반면에, 작동장치가 기능을 발휘하고 진행 상태를 유지하기 위해서는 전문인들의 특별한 추상적-관리기술적인 자격을 필요로 하는 것이다.

문화와 관리의 변증법은, 관리가 그 객관적인 카테고리들뿐만 아니라 관리가 인력적으로 행하는 구성에 따라 문화적인 것과 항상 계속해서 소외되는 정도와 똑같은 정도로 심하게, 문화의 신성불가침한 비합리성을 ―최

---

05 a. a. O., S.585.
06 a. a. O., S.586.

소한 문화에 대해 경험한 사람들은 신성불가침한 비합리성을 철두철미하게 가장 비합리적이라고 생각한다— 결코 표현하지 못한다. 관리는 관리된 것에 대해 외부적이며, 관리되는 것을 파악하는 것 대신에 포괄한다. 바로 이 점이 단순히 정리하고 그물로 둘러싸는 속성을 지닌 관리된 합리성 자체의 본질에 놓여 있다. 칸트는 『순수이성비판』의 암피볼리에 Amphibolie 장에서 이미, 라이프니츠에 반대하면서, "물물物들의 외부적인 것"을 인식하는 능력을 오성에게 인정하지 않았다. 문화적인 것에 대해 절대적으로 통용되는 규정과 관리의 절대적으로 통용되는 합리성 —이것은 다른 것이 아닌, 바로 과학적 오성이다— 사이에 아포리아Aporie가 지배적으로 나타난다. 정당한 이유를 갖고 문화적이라고 지칭되는 것은, 지속적으로 진보하는 자연지배의 과정에서, 즉 증대되는 합리성과 항상 더욱더 합리적으로 되는 지배 형식들에서 반사되는 과정에서 도정에 머물러 있는 것이 무엇인지를 상기하면서 받아들여야 한다. 일반성이 특별한 것과 화해되어 있지 않는 한, 문화는 일반성에 대항하여 특별한 것이 행하는 다년생적多年生的인 이의 제기이다. 이 점은 막스 베버 스스로 철학적으로 접맥되어 있었던 남서 학파에서의 항상 문제성이 많은 구분인 법칙정립적인 것과 개성기술적인 것의 구분과 함께 검토된 바 있었다.

관리는 그러나 필연적으로, 주관적 책임과 개별적인 의지를 갖지 않은 채, 앞에서 말한 특별한 것에 대항하는 일반적인 것을 대변한다. 이것에 붙어 있는 것이 문화와 관리의 관계에 들어 있는 비틀어진 것의 느낌, 하나로 합쳐질 수 없는 것의 느낌이다. 이러한 느낌은 부단히 계속해서 하나로 통합되는 세계의 아직도 끊임없이 존재하는 대립주의적인 성격을 증언해 준다. 관리가 문화에 대해 요구하는 것은 본질적으로 타율적이다. 관리는 문화적인 것을, 이것이 항상 어떤 것이든, 규범들에서, 즉 문화적인 것에 내재되어 있지 않고 객체의 질과는 전혀 관계가 없으며 오히려 외부로부터 가져온 그 어떤 척도들과 관계가 있을 뿐인 규범들에서 즉 정해야만 한다. 반면에 관리하는 사람은 이와 동시에 그가 사용하는 규정들과 특별한 사정에 따라 내재적인 질, 사물 자체의 진실, 사물의 객관적인 이성과 같은 물음들에 스스로 들어가는 것을 대부분의 경우 거부해야만 한다. 그 이념이 관리 규범의 개념에 들어 있는 일반성인 일종의 평균적인 일반성과 모순 관계에 있는 영역으로 관리 권능이 앞에서 본 것처럼 확대되는 것은, 그것 자체로 비합리적이다. 그러한 확대는 사물의 내적인 이성에 낯선 것, 대략 예술작품의 질에 낯선 것, 예술작품의 맞은편에 있는 낯선 것이다. 이러한 이율배반의 자의식과 이로부터 오는 결과들이 첫 번째 요구 사항으로서 칸트적 의미에서 성숙한 계몽된 관리의 실제에 의해 진정으로 요구될 수 있을 것 같다.

일찍이 19세기 중반 이래 이미 문화는 앞에서 말한 목적 합리성에 저항하였다. 19세기 중반 이래의 의식에서 오스카 와일드와 같은 예술가들은 상징주의와 유겐트 양식 시대에, 도전적으로, 문화를 무익한 것이라고 명명하였다. 유용한 것과 쓸모없는 것 사이에는 그러나, 시민사회에서, 오늘날 이래 비로소 그렇게 되지 않은 것이 확실하게, 극도로 복합적인 관계가 지배하고 있다. 유용한 것 자체의 효용은 모든 의문 위에 결코 존재하지 않으며, 쓸모없는 것은 이익에 의해 더 이상 왜곡되지 않은 것의 자리를 점유한다. 유용한 재화들이라는 기준 아래에서 정렬되어 있는 많은 것은 삶의 직접적인 생물학적 재생산을 넘어간다. 이러한 재생산 자체도 역사의 저 건너편에 있는 것이 아니고, 문화로서 등급이 매겨진 것에 의존되어 있다. 산업시대에서 사는 사람들이 석기시대에서 인간에게 겨우 살아가도록 허용하였던 조건들 아래에서 그들의 현존재를 유예한다면, 그들은 아마도 몰락에 이르게 될 것이다. 이에 대해서, 사회비판이론은 노동력의 재생산이 오로지 각기 매번 역사적으로 도달된 문화적인 상태에서만 발생하며 정적靜的인 자연 카테고리가 아니라는 문장에서 표현한 바 있었다. 이러한 문화적 상태에는 대립주의로 나아갔던 잠재력이 내재되어 있다. 우리는 테크노크라시가 되돌아가는 발원지인 미국의 경제학자 베블런을 다룰 필요가 없다. 극렬할 정도로 필연적이지 않은 모든 재화들을 지배, 신분, 허례허식으로 보았고 문화 전체를 관리된 세계의 품위 없는 특수용어에서 "정보 안내"로 지칭되는 것으로 간주하였던 베블런을 따를 필요가 없는 것이다. 우리는 결코 한 번도 인간에게 직접적으로 도움이 된 적이 없었던 것인 유용한 것 자체가 전체 시스템에서, 이윤과 마주하면서, 이차적인 것, 기계장치에 의해 함께 질질 끌려가는 것이 되었다는 사실에 맞서게 될 것이며, 우리 스스로 현혹되지 않게 될 것이다. 사회에 대한 의식이 이곳에서처럼 알레르기적인 다른 곳은 거의 없을 것이다. 사회에 대한 의식은 유용한 것의 유용성을 위해서 애매하게 맞춰져 있기 때문에, 이러한 의식이 그것을 유용한 것으로서 내보이는 것과 소비자를 위해서 흘러나오는 것으로서 내보이는 것이 기계장치에 이중적으로 중요하다. 이렇기 때문에, 이데올로기에서는 유용한 것과 쓸모없는 것 사이의 경계선이 그토록 엄격하게 그어져 있는 것이다. 하나의 즉자적으로 존재하는 것으로서의 문화, 물질적인 조건들로부터 독립적인 것으로서의 문화를 즉위시키기 위해서, 즉 어떻든 상관이 없게 만드는 이러한 것들에 유용한 것 자체의 순수한 유용성에 대한 믿음이 상관관계를 맺으면서 순응한다. 문화는 전적으로 쓸모없는 것에 지나지 않는다는 것이며, 이렇기 때문에 물질적 생산의 계획 방법과 관리 방법의 저 건너편에 있다는 것이다. 이렇게 됨으로써 쓸모없는 것이 제기하는 요구가 더욱 많은 양각陽刻을 얻는 것만큼, 유용한 것이 제기하는 권리 요구도 더욱 많은 양각을 획득하게 된다.

그러한 이데올로기에는 하나의 실재적인 것이 퇴적되어 있다. 다시 말해, 물질적인 생활 과정으로부터 문화가 분리되는 것, 종국적으로는 육체노동과 정신노동의 사회적인 분업이 퇴적되어 있는 것이다. 이러한 분업은 문화와 관리의 이율배반으로 그 상속이 이어진다. 관리에 달라붙어 있는 직업인 근성의 냄새는, 단순히 문화적인 것만은 아닌 상태에서, 고대 시대의 저급하고 유용한 노동, 종국적으로는 육체노동에 대한 증오와 같은 유형이다. 사회적이고 정신적인 상황의 산물인, 사고에서의 문화와 관리의 엄격한 대립상태는 사회적 상황과 정신적 상황 두 가지를 동시에 함께 구부리게 하는 상태이며, 이러한 상태는 그 사이에 항상 의문시되었다. 과거에는 인공 제작물들이 집단적인 노동을 요구하였던 도처에서, 그리고 중요한 건축가들, 조각가들, 화가들의 개별적인 생산에 깊숙이 들어와서 관리가 함께 논의되었다는 사실은 예술사에 특히 익숙하다. 관리가 행사하는 영향은 외부적인 것으로 머물러 있지 않으며, 예술 자체와 함께하는 것이었다. 그러므로 과거에는 관리도 역시, 오늘날 아무런 주저 없이 스스로 문화창조자들이라고 자칭하는 사람들과 행복한 조화를, 즉 낭만적 소망이 지나칠 정도로 기꺼이 퇴보적으로 투사시키는 행복한 조화를 이루는 상태에 놓여 있었던 적은 결코 없었다. 관리가 문화 영역들에 대해 갖는 관계에서 볼 때 교회, 나중에는 이탈리아의 도시 국가의 군주들, 이어서 절대주의 시대의 군주들이 문화를 관리하고 관할하였다. 추정하건대 교회나 군주들이 문화적 창조에 대해 갖는 관계는 현재 이루어지고 있는 관리와 관리된 문화 사이의 관계보다 여러 면에서 더욱 실질적이었을 것이다. 종교가 미리 주어져 있다는 점은 논란의 여지가 없었으며, 이 점은 문화적인 것이 실제 생활에 대해 갖는 대립관계를 완화시켰다. 예전에 예술을 구사하는 위대한 군주들은, 물론 콘도티에리Condottieri도 충분할 정도로 자주 보여 주었듯이, 극도로 분업화된 사회에서 활동하는 많은 관리 전문가들보다도 문화에 더욱 가깝게 다가서 있는 군주들이 되고 싶어 했다. 이들 군주들을 그러나 문화적인 것을 더욱 직접적이고도 엄격하게, 관할권이나 합리적인 처리 규정에 방해받음이 없이, 통제하였다. 문화적 형상물들의 내재적인 진리가 사람들이 오늘날 애매하게 "위임"이라고 명명하였던 것에 대해 갖는 관계는 당시에도 오늘날에 비해서 어떤 경우이든 고통이 더 작은 경우는 거의 없었다. 바흐Bach의 경우처럼 그의 시대에서 객관적으로 구속력을 가진 정신과 오랫동안 조화를 이룬 것처럼 보이는 유형에 속하는 위대한 예술가들 자신도 그들에 대한 관리와의 영속적인 갈등 속에서 살았다. 우리가 중세 전성기로부터는 이러한 종류의 갈등에 대해 아는 바가 적은 이유가 있다. 당시에 이런 종류의 갈등들은 관리하는 권력을 위해서 원리적으로 미리 결정되어 있었기 때문이다. 관리하는 권력에 맞서는 요구 제기들, 즉 개인에 대한 근대적인 개념에서 요구 제기 자체가 무엇이라는 것을 비로소 알게 되었던 요구 제기들은 기회를 거의 갖지 못하였다.

이러한 모든 것에도 불구하고 문화와 조직화된 권력의 관계에서 무언가 본질적인 것이 변화되었다. 종種의 자기보존의 체계를 넘어서는 것으로서의 문화는 모든 기존 질서와 모든 제도들에 비해서, 절대적으로 통용되는 비판적인 모멘트를 함유한다. 이것은 많은 문화적 형상물들이 구체화시키고 있는 것과 같은 그러한 경향이 결코 아니며, 질적으로 상이한 것에 전적으로 폭력적으로 주어지는 통합에 반대하는 저항이다. 이것은 확실한 방식으로 행해지는, 통합 자체의 이념에 대한 저항이다. 다르게 존재하는 그 어떤 것, 처리될 수 없는 그 어떤 것이 성공에 이르게 되면서, 이것은 동시에 지배적인 실제를 그것의 의문투성이 상태에서 노출시킨다. 예술은 명백하게 표명된 실제적인 의도를 통해서가 아니고 예술의 단순한 실존을 통해서, 즉 예술이 비실재적으로 존재하는 것을 통해서 극단적으로 대립하는, 비밀스럽게 지니고 있는 실제적인 특징을 갖는다. 문화가 하나의 부분으로서, "문화적 활동"으로서 지배적인 실제의 총체성에, 즉 현재의 조건들 아래에서 그토록 부서짐이 없이 완벽할 정도의 총체성에 접합되는 것은 그러나 예술과 하나로 묶어질 수는 없다. 한때는 현실과 문화 사이의 경계선이 그토록 현저하게 눈에 뜨이지 않았고 그토록 깊게 골이 파진 상태도 아니었다. 예술작품들은 그 자율성, 예술작품에게 매번 고유한 형식법칙에 대해 여전히 성찰하지 않았고, 간접적이라고 할지라도 하나의 기능을 갖는 기능을 예술작품들이 충족시켰던 연관관계들에서도 역시 선험적으로 예술작품의 자리를 갖고 있었다. 예술작품들이 그것들을 예술작품들로서 전혀 설정하지 않았다는 것은, 이것이 이후 거의 자명한 것으로 여겨졌듯이, 예술작품들의 원만한 주변을 에워싸는 성공에, 즉 예술작품들의 예술적인 힘에 도움이 되었다. 폴 발레리는 바로 이 점을 —인간에 관해, 이른바 모든 것이 인간을 위해 현존한다고 하는 인간에 관해 점잔을 빼는 상투어에 빠져들지 않고— 분석해냈다. 인간이 전적으로 대체 가능하게 된 이래로, 인간은 비로소 유행이 된다. 우리가 오늘날 대략 바사리Vasari의 예술가 전기들을 읽어 보면, 그가 르네상스 시대의 화가들에서 그들이 가진 능력, 즉 자연을 모방하고 유사한 초상화를 제공하는 능력을 특별히 찬양할 만한 것으로서 얼마나 자주 강조하였는가를 알게 되고, 이에 대해 깜짝 놀라게 된다. 사진의 발명 이후에는 이처럼 실제적인 목적들과 얽혀 있는 능력은 회화에서 어떻든 상관이 없는 것이 되는 정도가 끊임없이 더욱 강해졌다. 이것은 더욱 오래된 회화에서도 마찬가지였다. 그러나 발레리는 이미 다음과 같은 의구심을 품고 있었다. 다시 말해, 르네상스 시대의 회화가 미적의 것의 순수하게 화학적인 개념을 아직도 준수하지 않았다는 점에서 르네상스 시대의 회화가 그 힘을 얻는 것은 아닌지 하는 의구심, 예술이 마지막에는 예술을 예술로서 전혀 열망하지 않은 곳에서 예술로 성공에 이르는 것은 아닌지 하는 의구심, 그럼에도 그러한 순진함이, 자부심을 갖고 있는 공동체의 의지 때문에, 재생산됨이 없이 예술이 마지막에는 앞에서 말한 방식으로 성공에 이르는 것은 아닌지 하는 의구심을 발레리가 품고 있던 것이다.

어떤 경우이든 문화의 개념은 실재적인 생활 과정으로부터의 해방을 통해서, 즉 실재적인 생활 과정이 시민계급과 계몽의 발흥과 함께 경험하였던 해방을 통해서 넓은 정도로 중화中和되었다. 문화의 개념이 기존 질서에 대해 보여 주는 날카로운 끝은 모가 나지 않은 상태로 되었다. 풀이 죽은 후기 헤겔의 이론은, 『정신현상학』과는 반대로, 절대 정신의 개념을 더욱 좁은 의미에서의 문화 영역에 오로지 보존시키고 있는바, 헤겔의 이러한 이론은 앞에서 말한 사실관계에 대한 최초의 침전물이며 오늘날까지도 역시 가장 중요한 이론적 침전물이다. 문화가 스스로 독자적인 것으로 변모되는 것, 가능한 한 실제와의 관계로부터 외화外化되는 것은 문화의 중화中和 과정이다. 이러한 중화 과정은 지칠 줄 모르면서 문화를 청소하는 작동장치에 모순이 없이, 그리고 위험이 없이 문화를 적응시키는 것을 가능하게 한다. 오늘날 극단적인 예술적 선언들이 공식적인 제도들에 의해서 지원되고 소개될 수 있다는 사실에서 문화적인 것의 중화 현상이 읽혀질 수 있다. 다시 말해, 그러한 선언들이 그래도 드러날 수 있게 되며 심지어는 대중에게 도달할 수 있기 위해서는 —그러한 선언들이 제도적인 것과 공식적인 것을 고발하고 있는 동안에도— 공식적인 제도들의 지원과 소개를 받아야 한다는 사실, 바로 이러한 사실에서, 중화된 것이 관리와 하나로 통합되는 현상과 마찬가지로, 문화적인 것의 중화 현상이 판독될 수 있는 것이다. 문화 개념이 실제에 대해 갖는 가능한 관계를 상실함으로써, 문화 개념은 스스로 작동장치의 한 모멘트가 된다. 도전적이지만 쓸모가 없게 된 것은 관대하게 된 아무것도 아닌 것, 또는 잘못된 유용한 것, 윤활유, 다른 것을 위해 존재하는 것, 비진실, 문화산업의 고객들을 위해 계산된 상품들이 된다. 바로 이것이 오늘날 문화와 관리의 관계에서 나타나는 불편함이 기록하고 있는 내용이다.

극도로 사회적으로 조직화된 사회는 사회의 밖에 아무것도 놓아두지 않는다. 이처럼 조직화된 사회가 이렇게 함으로써 포획된 문화적인 것에 영향을 미친다는 것은 간단히 명백하게 드러날 수 있다. 얼마 전에 조그만 책자, 즉 "팸플릿"이 출간되었다. 이 팸플릿은 유럽 문화여행을 시도하는 사람들의 욕구를 충족시키기 위한 명백한 목적을 갖고 출간되었으며, 이런 목적은 항상 좋은 것일 수도 있다. 여름뿐만 아니라 겨울에도 열리는 모든 상대적으로 더욱 중요한 예술적인 축제들이 이 팸플릿에서 한눈에 볼 수 있도록 기록되었다. 그러한 도식이 의도하는 계산은 명백하다. 그러한 도식은 문화 여행자들로 하여금 그들의 시간을 분배하는 것, 그들이 무언가를 얻을 수 있다고 생각하는 것을 선별적으로 찾아내는 것을 가능하게 한다. 짧게 말하면, 앞에서 말한 모든 축제가 하나의 지주 회사에 의해 포획되고 배치될 수 있는 것과 같은 상태로 문화 여행을 계획하는 것을 가능하게 하는 것이다. 그러나 축제의 이념에는, 예술적 축제의 이념에도 역시, 그것이 세속화되고 약화되었다고 할지라도, 일회적이며 대체될 수 없는 강렬한 순간이라는 요구 제기가 내재되어 있다. 사람들은 축제가 이루어지는 모습 그대로 축제를 거행해야 할 것이다. 축제들을 나누어서는 안 될 것이며, 축제들이 겹치는 것을 방지하려고 해서도 안 될 것이다. 스스로 권력을 갖게 되면서 축제들을 합리화시키는 이성인 관리하는 이성은 축제들의 축제적인 성격을 해체한다. 비교적 민감한 신경을 가진 사람들은 이른바 모든 문화적 행사들에서, 아방가르드적인 행사에서도 역시, 축제적 성격의 해체와 함께 그로테스크로 상승된 것으로부터 무언가를 감지하게 될 것이다. 우리가 문화를, 능률화streamlining와 의도적으로 똑바로 서 있는 대립관계에서, 일종의 집시 마차들에서 여기저기로 돌아다니게 해보면, 집시 마차들은 거대한 강당과 같은 곳에서 비밀스럽게 뛰어 돌아다니면서도 뛰어 돌아다니는 것 자체를 인지하게 못하게 된다. 오늘날 진보적인 문화적 창조의 ─그 밖의 다른 문화적 창조에 대해서는 전혀 논의되지도 않은 채─ 극도로 상이한 곳들에서도 역시 관찰될 수 있는 현상인 내부 긴장의 상실은 앞에서 말한 집시 마차들의 경우로부터 설명되어도 될 것 같은 경우가 적지 않다. 자기 스스로 자율적이며 비판적이고 반反테제적이라고 요구 제기를 하는 것은, 그리고 이러한 요구 제기를 물론 완전히 순수하게 그 참됨을 결코 입증할 수 없는 것은, 이러한 요구 제기가 갖는 충동들이 타율적인 것, 위로부터 시작하여 미리 생각된 것으로 이미 끼워져 있는 경우에는 위축되지 않을 수 없다. 자기 스스로 자율적이며 비판적이라고 요구 제기를 하는 것은, 이것이 반란을 일으키면서 대항하는 것이 제공하는 은총에 의해서 혹시라도 숨 쉴 공간을 받는 경우에도, 오그라들지 않을 수 없는 것이다.

거칠게 된 관리자주의가 쉽게 비판됨으로써 나타나는 폐해들이 동시에 관건이 되고 있는 것은 아니다. 관리된 세계에서는, 관리자들은 관료들이 속죄양이 되는 것에 못지않게 속죄양이 된다. 객관적인 기능의 연관관계들과 죄의 연관관계들을 개개의 인간으로 위치를 옮기는 것은 그것 자체로 지배적인 이데올로기의 한 조각이다. 역설적인 전개들은 피할 수 없다. 사회적-경제적 전체 경향은 자유주의적이거나 또는 개인주의적인 스타일을 갖고 있는 전통적 문화의 물질적 기초를 갈기갈기 찢어 버린다. 문화 창조자들에게 하는 호소, 즉 문화 창조자들이 관리의 과정으로부터 벗어나서 관리의 밖에서 자신을 유지시키는 것을 바란다는 호소는 공허하게 들릴 뿐이다. 이렇게 됨으로써 문화 창조자들에게서 그들의 생계를 이어갈 소득을 얻을 수 있는 가능성이 절단될 뿐만 아니라 모든 효과, 가장 흠이 없는 작품조차도 그것이 매장되어 썩지 않게 되려면 포기할 수 없는 것인 작품과 사회의 접촉도 절단된다. 문화의 작동장치로부터 순수성을 갖고 있다고 스스로 자랑하는 것, 시골에서의 조용함은 시골티가 나는 고루한 것, 소시민적으로 반동적인 것이라고 극단적으로 의심을 받게 된다. 창조적인 정신은 항상 타협하지 않는 정신이었던바, 창조적인 정신에 대해서는 물질적인 기초가 항상 불안정하였으며, 창조적인 정신이 고집스런 자기주장에서 그것의 힘을 입증하였다는 지적은 낡아 빠진 지적이다. 잘못된 상태가 오늘날 처음으로 나타난 상태는 아니라고 말하는 것이, 잘못된 상태가 더 이상 필연적이지 않다면, 잘못된 상태를 영구화시키는 권리를 부여하지는 않는다. 더 좋은 것은 그것에 고유한 힘으로부터 관철된다고 말하는 것이 신앙심을 불러일으키는 격언, 호두가 들어 있는 과자에 대한 격언 이상의 것이 될 수는 없다. "밤 사이에 많은 것이 사라졌다." 칼 에밀 프란초스Karl Emil Franzos는, 뷔히너Georg Büchner가 찾아낸 우연적인 발견들이 때때로 인류 역사에서 정신적인 생산력에서도 역시 얼마나 많은 것이 의미 없이 절멸되었는가를 예감하게 해 준다는 점을 보여 주었다. 여기에 더하여 그러나 정신적인 생산력의 영역에서도 얼마만큼의 질적인 변화가 있었다. 피난처는 더 이상 존재하지 않는다. 유럽에서도 역시 더 이상 존재하지 않는다. 가치를 인정받는 가난은 더 이상 존재하지 않는다. 관리된 세계로부터 벗어나 바깥으로 떨어진 사람에게 눈에 띄지 않게나마 겨울을 나게 해 줄 수 있는 가능성은 한 번이라도 더 이상 존재하지 않는다. 19세기 말의 폴 베를렌Paul Verlaine의 실존과 같은 실존만을 기억해 볼 필요가 있다. 세상 밖으로 나와서 몰락했을 때 극단적인 것의 한복판에서 극단적인 것으로부터 그를 보호해 주었던 파리의 병원들에서 친절하고 이해심이 많은 의사를 발견하였던 영락零落한 알코올 중독자의 실존을 기억해 볼 필요가 있는 것이다. 이와 유사한 것은 오늘날에는 아마도 생각조차 될 수 없을 것이다. 그러한 의사들이 결여되어 있는 것이 아니며, 친절한 사람들이 어떻든 결여되어 있는 것도 아니다. 관리된 세계에서는 확실한 의미에서 휴머니티가, 모든 사람이 모든 사람을 걱정하는 형식으로서, 여러모로 증대되었다. 그러나 그러한 의사들은, 추정하건대, 의사들에 대한 관리에 맞서서 유랑하는 사람을 숙박시켜 주고 존중하며 굴욕으로부터 벗어나게 하는 권능을 이미 더 이상 전혀 갖고 있지 않을 것이다. 앞에서 말한 숙박시켜 주는 것 등등의 대신에, 유랑하는 사람은 사회 구호의 대상이 될 것이며, 지도 대상이 되고, 주도면밀하게 보살펴지며, 영양을 공급받게 된다. 그러나 유랑하는 사람의 삶의 형식이 탈취되는 것이 확실하며, 추정하건대 유랑하는 사람이 무엇을 위해 이 세계에서 이제 한 번 스스로 느꼈던가를 표현하는 가능성, 그리고 궁극적으로 영락되고 추방된 베를렌을 만들어 내는 것을 배려하였던 것이 얼마나 의문투성이였던가를 표현하는 가능성도 탈취되는 것이 확실하다. 사회적으로 유용한 노동의 개념은 통합적인 사회적 조직화로부터 분리될 수 없다. 이 개념은, 그 유용성이 유용성에 대한 부정에서 유일하게 증명되는 것에서도 역시 필연적으로 제시될 것이다. 구원은 구원된 사람에게서 축복을 받으면서 붙어 있는 것이 매우 어려울 것이다.

우리는 이러한 종류의 연관관계들을 현재화시키기 위해 어떤 경우에도, 사람들이 2차 대전 이후에 자체로서 치명적으로 중화中和된 말인 한계 상황이라는 말로 습관적으로 명명하는 것을 생각해 내려고 노력할 필요가 없다. 우리는 극단적인 개념인 이 개념이 오늘날까지도 문화적인 것의 실체성과 분리될 수 없다는 것을 알고 있음에도 불구하고, 그렇게 노력할 필요가 없는 것이다. 한계 상황이라는 말의 영역에서는 평균적인 것의 개념이 발을 붙일 곳이 없다. 여기에서 문제가 되고 있는, 문화의 사회적인 기본층에서의 변화들은 그러나 상대적으로 더욱 순진한 것 내부로까지 파고든다. 1920년대에 빈Wien에 있었던 쇤베르크-서클에서는 전통의 강도强度가 반전통주의자들, 예술적 전통, 그리고 삶을 영위하는 전통에서도 역시 깜짝 놀랄 정도로 강력하였다. 그곳에서 사람들을 유혹했던 정신은 동시에 더욱 예술가적인 정신, 더욱 선택된 정신, 더욱 민감한 정신이었다. 이러한 정신은 역사와 식별 능력에서 더욱 많은 것을 그 내부에 담지하고 있었다. 미리 주어진 이념들과 규범들을 해체시킬 준비가 되어 있었던 예술가들은, 군주제의 붕괴 이후 여전히 반쯤 닫혀 있고 반쯤은 봉건적인 오스트리아 사회에서 확실한 순진함과 자명성을 갖고 존재하였다. 예술가들을 빈Wien의 타협주의와 갈등관계에 놓이게 하였던 감각적인 문화와 참을성이 없는 세심함을 예술가들이 갖게 된 것도 바로 이러한 사회에 힘입은 것이다. 예술적인 갱신의 대담함은 의기양양한 태만과 결합되어 있었다. 여전히 확고하게 접합되어 있었던 사회적-정신적 질서의 수많은 카테고리들이 모든 아이러니와 회의懷疑에도 불구하고 수용되었다. 이러한 카테고리들은 복종하지 않는-연약한 것의 보잘것없지만은 않은 전제를 제공하였다. 사람들은 전통을 효과 있게 부정할 수 있기 위하여, 그리고 경직된 것과 자기만족적인 것에 대해 전통에 고유한 생동감 있는 힘을 찾기 위해서 전통에 만족할 수밖에 없었다. 이미 존재한 것이 주체의 힘들을 형성하고 동시에 주체의 힘들에 스스로 대립할 수 있을 만큼 충분히 강한 곳에서만, 아직도 존재하지 않은 것의 산출이 가능한 것으로 보인다. 구성주의와 유리로 만들어진 집들은 오로지 따뜻함과 심리적으로 보호된 주거 공간들에서만 구상될 수 있다. 이것은 문자 그대로의 의미에서 단순히 의도된 것은 아니다.

오늘날 감지될 수 있는 균형, 즉 문화와 문화의 객관적인 조건들 사이에 들어 있는 긴장의 균형은 그러나 문화를 정신적인 동사凍死로 위협한다. 문화가 현실에 대해 갖는 관계에는 동시적이지 않은 것의 변증법이 존재한다. 프랑스와 오스트리아의 경우처럼 관리된 세계로의 전개, 사회적으로 현대적인 것으로서의 전개가 여전히 제대로 관철되지 않았던 곳에서만, 미적인 현대, 아방가르드가 성공하였다. 그러나 현실이 현재적인 상태에 완전히 도달되어 있는 곳에서는 의식이 평준화되는 경향이 나타난다. 의식이 통합적인 현실에 더욱더 갈등이 없이 적응하면 할수록, 의식은 한번 있었던 것을 넘어서는 용기를 더욱더 많이 잃게 된다.

모든 문화적인 영역들이 앞에서 말한 동시적이지 않은 것의 변증법에 결코 관련되어 있지 않다는 것은 자명하다. 많은 영역들은 바로 최근의 관리적인 표준을 필요로 한다. 이것에 해당되는 것이 바로 자연과학 전체이다. 자연과학들은 오늘날 아마도 가장 강력한 생산력을 흡수하고 또한 생산하고 있을 것이다. 자연과학들은 이러한 생산이 계획된 관리 하에서 이루어지는 것과 다른 방식으로는 그 현재적인 임무에 합치될 수 없을 것이다. 자연과학들에 고유한 합리성은 관리되는 합리성과 닮아 있다. 이와 유사한 것이, 경험적 사회연구에서처럼, 팀워크, 집단적인 작업, 넓은 층에 걸친 연구를 필요로 하는 곳에서 통용된다. 경험적 사회연구는 그것 스스로 관리 카테고리들에서 교육되었을 뿐만 아니라, 관리를 받지 않는다면 혼돈스러운 것, 무엇보다도 특히 우연적으로 독특한 것, 구속력이 없는 것으로 미끄러 떨어지지 않을 수 없을 것이다. 예술도 역시 이러한 모든 것에 일괄적으로 대립각을 세울 수는 없을 것이다. 건축과 같은 영역은, 건축이 실제적인 필요에 그 기초를 두고 있는 것에 힘입어, 오늘날 많은 면에서 자율적인 예술 장르들보다 더욱 좋은 상태로 관리에 붙어 있으며, 관리가 없이는 결코 생각될 수조차 없었을 것이다. 영화는 요구되는 투자비용의 크기에 의하여 공적이고 행정적인 계획과 유사한 관리에 완벽하게 의지하고 있다. 영화에서는 거부할 수 없는 계산적인 것과 영화 자체의 진실 사이의 모순이 위협적으로 뚜렷하게 드러난다. 영화의 어리석음은 개인이 개별적으로 보이는 거부에서 오는 것보다는 앞에서 말한 모순에서 유래하는 면이 더 많다. 영화의 원리는 계획하는, 관찰자를 함께 계산하는 의도이며, 이러한 의도는 음이 맞지 않은 고장이 난 의도이다.

관리는 그러나 이른바 창조적인 사람에게 단순히 외부로부터만 자행되는 것은 아니다. 관리는 창조적인 사람 자체에서 여러 배로 늘어난다. 시간 상황이 시간 상황에 맞춰 지정된 주체들을 산출시킨다는 점은 매우 강하게 문자 그대로 받아들일 수 있다. "인간에 대한 증대되는 유기적 합성"으로부터 문자를 창조하는 사람들, 인간 자체에 장치가 부여하는 할당이 자유의지적인 것에 맞서서 물질적 생산에서와 유사하게 확산되어 있는 것으로부터 문화를 창조하는 사람들도 역시 안전하지 못하다. 그러한 경향들에 대해 어떤 기호嗜好를 소유하고 있는 사람은 아방가르드적인 예술 생산물들에 이르기까지, 개인의 가장 뉘앙스적인 자극 안으로까지, 음색과 몸짓에 이르기까지 뒤덮고 있는 관리 카테고리들을 만날 수 있게 된다. 미적인 것과 관련하여 많은 곳에서 확인할 수 있는, 통합적 구성을 향하는 경향들에 대해 주의를 환기시켜 둘 필요가 있다. 관리 카테고리들은 일종의 계획을 위로부터 덮어씌우면서 검열하며, 이러한 계획과 관리와의 유사성은 귀찮게 달라붙어 있다. 그러한 형상물들은 총체적으로 미리 규정되어 있는 상태에 놓여 있고 싶어 한다. 막스 베버의 테제에 따르면, 관리가 그 본질에 따라 개인의 개별적인 자의를 객관적으로 규칙이 정해진 처리를 위해서 광범위하게 배제시키듯이, 앞에서 언급한 예술에서 개별적인 개입은 이념에 따라 엄금된다. 이와 동시에 적용된 처리방식들은 자의적으로 고안된 것이 아니고 ―이 점이 현상에게 그 비중을 부여한다―, 내재적-예술적으로 수미일관하게 전개되었다. 그러한 처리방식들은 역사적으로 매우 먼 관리까지 되돌아가 추적될 수 있다. 지속적으로 진보되는 통합에 대해 대가를 치러야만 하는 것에게 전체적으로 목소리를 빌려주는 예술에서만이, ―이제부터는 미적으로도 추방되어야만 된다고 하는― 겉으로 보기에 개별적인 것과 우연적인 것이 관리에서와는 전혀 다른 그 어떤 것을 표현한다. 관리는 확실한 경계들을 지으면서 합리적인 처리규정들을 통해서 잘못된 우연, 인간에 대한 맹목적인 처리, 정실 임용, 비호가 발생하지 않도록 저지시킨다. 아리스토텔레스의 정치학 이래로 사람들은 불공정의 그림자가 현실의 질서에서도 공정한 합리적인 법칙과 한패가 되어 있다는 것을 물론 알고 있기 때문에, 관리 행위들의 합리성은 아리스토텔레스가 "공정성"으로서 설치하였던 교정矯正을 필요로 한다. 이와 마찬가지로, 예술작품의 합리성이 남김없이 성공에 이르려고 하는 의지를 갖는 정도는 작은 정도에 머물러 있다. 예술작품의 합리성은 외부로부터 지정된 것, 실행된 것의 모멘트에 달라붙어 있다. ― 제물로 바쳐진 주관주의로 비밀스럽게 머물러 있는 것이다. 오늘날 모든 가장 진보된 예술의 긴장의 장場은 급진적인 구

184

성의 극단들과 급진적 구성에 대해 마찬가지로 동일한 급진적 거부의 극단들에 의해 곧바로 정의된다. 양자가 서로 내부적으로 자리를 옮겨가는 것도 흔하게 발생한다. 타시즘Tachismus[07]은 그러한 관점에서 매우 특별하게 파악될 수 있다.

　문화적인 것의 개념에 대한 부정은 스스로 준비된다. 문화적인 것의 개념을 정초시키는 개념들인 자율성, 자발성, 비판은 폐기된다. 주체가, 의식적으로 자기 스스로 결정하는 것 대신에, 매번 미리 지정되어 있는 것에 적응하여야만 하고 적응하려고 하기 때문에 자율성이 폐기되는 것이다. 또한 전통적인 문화 개념에 따르면 정신에게 스스로 법칙을 부여해야만 하는 정신이 모든 순간에서 단순히 존재하는 것이 제기하는 압도적인 요구들을 마주 대하면서 정신의 무력감을 경험하기 때문에 자율성이 없어지게 된다. 자발성도 사라진다. 전체가 행하는 계획이 개별적인 자극에 미리 지정되어 있고, 전체의 계획은 개별적인 자극을 미리 결정하여 가상으로 끌어내리며, 사람들로 하여금 자유로운 전체에 대한 기대감을 갖게 하는 게임인 힘의 게임을 더 이상 전혀 용인하지 않기 때문에 자발성이 발을 붙일 곳이 없어지는 것이다. 마침내 비판도 사멸한다. 비판적 정신이, 문화적인 것의 모델을 항상 더욱 많이 넘겨주는 모든 경과에서 기계에 모래가 들어가 있는 것처럼 방해를 받기 때문이다. 비판적 정신이 낡은 옛 것으로 나타나며, "탁상공론식의 사고arm chair thinking"가 되고, 무책임하며 이용 가치가 없는 것이 되기 때문이다. 세대 간 관계도 어처구니가 없게 전도된다. 청소년은 현실 원리를 방패로 삼게 되고, 나이 든 사

07　프랑스어에서 얼룩, 자국을 뜻하는 tache에서 유래한 용어임. 2차 대전 후 유럽에서 나타난 추상 미술로 전전의 경향인 기하학적 추상을 거부하고 미술가의 즉흥적 행위와 격정적 표현을 중시하였음. 작가의 직관에 따른 자유분방한 붓놀림과 거친 터치가 특징이다(역주).

람들은 현실 원리를 벗어나 지적인 세계로 도피한다. 이런 모든 것을 폭력적으로 선취하였으며 이렇게 함으로써 패러디적으로 노출시켰던 나치주의자들은 비판을 나치즘 방식으로 행하는 예술에 대한 고찰을 통해서, 사실적인 것에 대한 정보를 통해서 ―정보가 비판적인 정신을 항상 더욱 더 많이 추방하는 것처럼― 대체시켰다. 나치주의자들은 비판적인 것의 카테고리에 맞서서 도래하는 전개의 사자使者들이었다. 철저하게 아방가르드적인 어떤 저작물 시리즈는 이미 "정보"라는 부제를 자랑스럽게 달고 있다.

많은 영역에서 ―사회적으로 가장 위력적인 경향들로부터 고립되어 있거나 멀리 떨어져 있는 영역들에서, 그러한 분리에 의해 물론 어떤 경우에도 결코 유리하게 되지 않는 영역들에서― 계산이 아직도 명료하게 이루어지지 않은 반면에, 공식적인 문화에서는 계산이 더욱더 자세하게 일치하고 있다. 육체적인 모습을 있는 그대로 보이는 유네스크Unesco-문학가들이 마구 퍼져 있다. 그들은 비인간적인 상황들의 한복판에서도 인간적인 것이 꽃을 피우고 있다고 스스로 열광하고 있으며, 관리협의체들의 국제적인 주도적 상을 "논쟁적인 이슈"를 움켜잡지 않는 휴머니티의 이름에서 그들의 심장의 피로 칠하고 있다. 그들은 동구권 국가들[08]에서 당의 관직들이 예술가들을 공포스럽게 붙잡아 두는 유치한 폐물에 대해서는 전혀 이야기하지 않는다. 서방 국가들에서 일반적으로 구속력이 있으며 고정 가치를 지닌 가치들의 조사를 위한 프로젝트들이, 개발도상국들을 곁눈질하면서, 재정적으로 지원되었던 것에 대해 놀랄 사람은 아무도 없을 것이다. 결혼을 제공받는 것으로 인해 생을 긍정함으로써 지성인의 비판적 정신을 의심하는 고분고분한 지성인은 지나칠 정도로 충분

---

08 1980년대 후반 소멸한 동유럽 지역의 사회주의 국가들을 의미함(역주).

히 많이 발견된다. 공식적인 것이 아닌, 항상 인간애적인 것에서 요란해지는 것이 공식적인 휴머니즘을 보완한다. 이처럼 요란해지는 것은 이렇기 때문에 비인간성으로 비난 받게 된다. 비판은 인간에게서 인간이 옹색하게 붙들고 있는 정신적 소유를, 즉 인간들이 스스로 이로운 것이라고 느끼는 베일을 탈취하기 때문이다. 인간이 느끼는 분노는 베일이 씌워진 사람에 의해서 베일을 찢어 버리는 사람들을 향하도록 방향이 돌려진다. 오래된 계몽가인 엘베시우스Helvétius는 진실이 진실을 분명하게 말하는 사람 이외에는 누구에게도 결코 해를 입힌 적이 없다고 말하였는바, 그의 문장에 걸맞게 사람들이 느끼는 분노가 딴 곳으로 돌려지는 것이다. 딴 곳으로 돌려지는 것도 역시 표준화에 대해서는 안전하지 못하다는 관찰, 즉 결코 새로울 것이 없는 관찰은 최근에 타협주의의 개념을 논쟁적으로 적용하는 것을 더럽히는 데 오용되고 있다. 제2등급의 타협주의가 존재한다는 것을 통해서 ─저항의 활동은 제2등급의 타협주의보다 항상 앞서 간다─ 저항력이 없는 첫 번째의 타협주의에, 즉 흐름과 함께 수영하는 것과 더욱더 강력한 진영에 줄을 서는 것이 더욱 좋은 것이라도 되는 것처럼 오용되고 있는 것이다. 사실상으로 사람들은, 하인리히 레기우스Heinrich Regius의 말에 따르면, 타협주의라는 말을 비난한다. 사람들이 이 문제에 대해 의견의 일치를 보이기 때문이다.

　예술을 이해한다는 것의 이름 아래에서 방이 붙여진, 특별히 독일적인 현상도 역시 대중심리학적으로 효과가 있는 시도로서, 즉 관리에 의해서 위협을 받게 된 자발성을 관리를 통하거나 또는 그러한 현상이 일어나는 주변에서 지칭된 "파악"을 통해서 구제하려는 시도로서, 관리된 문화에서 그 위치를 차지하고 있다. 정신적인 것의 모든 교육화는 앞에서 본 결함에 상응한다. 퇴행, 자발성으로 용기가 북돋아진 주체들의 맹목적인 고분고분함이 그 가시적인 결과로 나타난다. 이러한 영역의 도처에서 고유성이라는 은어가 말해지는 것은 우연이 아니다. 이러한 은어는 오늘날에는 단지 하위 부서에서 접하는 기록 문서들에서 유령처럼 떠돌아다니는 오래된 양식의 관리 언어와 동질적이지 않다. 오래된 관리 언어가, 먼지가 끼어 있고 딱딱한 관청 냄새를 풍기면서, 오히려 관리와 문화가 분리되어 있는 모습을 상대적으로 증명해 주고 있으며, 이렇게 함으로써 문화에, 관리 언어의 의지와는 반하게, 명예를 준다. 고유성이라는 은어는 그러나 이질적인 것을 하나로 통합시킨다. 개별적인 영역, 신학적 전통, 실존철학, 청소년 운동, 군사, 표현주의로부터 오는 언어 구성요소들은 제도적으로 흡수되며 이어서, 어느 정도 확실하게 다시 사적인 것이 되면서, 개별 인간에게 다시 되돌려진다. 개별 인간은 이제 쉽게, 지시와 만남으로부터 자유로워지고 이에 대해서 기뻐하면서, 진지한 진술과 관심사에 대해 마치 그 자신이 스스로 말하는 것처럼 말하게 된다. 개별 인간은 사실상으로는 모든 개별 인간이 FM 라디오 방송에 대해 자기 스스로 아나운서라도 되는 것처럼 단순하게 뽐내고 있을 뿐이다. 어떤 편지에 "대략 철저하게"가 들어 있으면, 사람들은 몇 줄을 계속해서 읽는 것을 신뢰해도 되며, 편지에 서명한 사람이 바로 이어서 사람들에게 다가온다는 의도를 품고 있다는 것을 믿어도 된다. 이렇게 해서 약정된 개인적인 접촉은 다른 것이 아닌, 바로 관리가 진행되는 과정의 앞에 놓여 있는 가면假面이다. 관리의 진행은 그러한 방식으로 말이 붙여진 사람을 관리의 진행이 필요로 하는 기능 안으로 끌어들인다. 속임수에 팔아 넘겨진 인간사人間事는 그 수취인을 부추겨 돈을 받지 않고도 성과를 내도록 유인해야 한다는 것이다.

그러한 모델이 시위하듯이 보여 주는 것은 그럼에도 관리에 ─관리에 맞서서 사람들은 철학적으로 볼 때 전적으로 추잡한 개념인 내면성이나 순수하고 보장된 진지한 문화를 통해 자신을 위로할 수 있을 것이다─ 의 기양양하게 부담이 지워질 수는 없다. 문화를 입버릇처럼 말하는 사람들은 규제되지 않은 것을 첫 번째 대상으로서 격분하면서 엄습한다. 사실상으로는 문화 자체에 계산이 제시된다. 현실로부터 떼어내진 것으로서의 문화도 역시 현실에 대해 고립되어 있지 않고, 여전히 멀리 떨어져 있다고 해도 현실에 매개되어 있는 실재적인 현실을 가리킨다. 이러한 모멘트가 완전히 잘려 나간다면, 문화는 아무것도 아닌 것이 되고 만다. 관리가 예로부터 재현의 한 부분, 작동성, 최종적으로는 대량적 취급, 선전 선동, 낯선 교류의 한 영역으로 되면서, 관리는 그것이 문화 자체에 나쁜 짓을 자행했던 것을 오로지 문화에서만 반복한다. 우리가 문화를 인간을 거친 상태로부터 빠져나오게 하는 탈야만화로서, 이러한 상태를 폭력적인 억압을 통해 비로소 제대로 영구화시킴이 없이, 충분할 정도로 강력하게 파악한다면, 문화는 어떻든 실패에 이르게 된다. 인간다운 가치를 갖는 현존재를 위한 전제 조건들이 인간에게서 결핍되어 있는 한, 문화는 인간 속으로 파고 들어가 정착할 수 없었다. 인간이 자신의 운명으로부터 발원하여, 즉 깊게 느껴진 부자유에 대해 억눌린 상태에서 행하는 보복으로부터 발원하여, 야만적인 돌발적 폭발에 이르는 준비 상태에 항상 처해 있는 것은 이유가 없지 않다. 대개는 인간 스스로 문화산업이 폐물임을 알고 있는바, 문화산업의 폐물에 인간들이 쇄도하고 있는 것은 동일한 사실 관계의 다른 국면이다. 문화는 오래전부터 문화 자체에 고유한 모순이 되었으며, 교육 특권이 흘러 들어온 내용이 되었다. 이렇기 때문에 문화는 이제 물질적 생산과정 안으로, 물질적 생산과정의 관리된 부가물로서, 편입된다.

조짐이 보이는 긍정적인 것을 즉각 가져와야 할 것이라고 자기 스스로에게 지껄일 수 없는 사람도, 앞에서 말한 모든 어려움들에 대한 확인에서는 —더욱 좋은 것에 대한 객관적인 가능성이 왜곡되어 있다면서 머리를 흔들며 옆으로 비켜서기 위하여— 자기 스스로 만족하게 되지는 않을 것이다. 모든 것을 전체의 변화로부터 기대하는 급진주의는 추상적이다. 변화된 전체에서도 역시 개별적인 것의 문제성은 고집스럽게 되돌아온다. 그러한 급진주의는 그것의 이념이 망상적인 것 안으로 도망가고 더 좋은 것에 대한 모든 노력으로부터 벗어나 있는 한 중요성을 상실한다. 그리고 나서 급진주의의 이념 자체가 더 좋은 것에 대한 사보타지가 된다. 과도한 요구는 사보타지의 세련된 형태이다. 다른 한편으로는, 지금 여기에서 무엇을 행할 수 있는가 하는 물음에는 일종의 전체사회적인 주체gesamtgesellschaftliches Subjekt가 ─이것은 일이 잘못된 것을 제대로 바로잡기 위해서는 거대한 둥근 탁자에 앉는 것을 필요로 하였던 사람들, 즉 열의를 가진 사람들의 공동체이다─ 표상되어 있다는 점이 오인될 수는 없다. 그러나 문화적인 것이 갖고 있는 어려움들, 위기라는 값싼 개념이 더 이상 다가가지 않은 어려움들은 너무나 깊게 기초가 다져져 있기 때문에 개별적인 선善 의지에 빽빽한 경계들이 설정될 정도가 되었다. 객관적이고 주관적인 대립주의들이 재앙을 불러일으키는 곳에서는 한 목소리를 내는 의지가 그 기능을 발휘해서는 안 된다. 합리화에 관한 정신이 경험하는 위험은, 최종적으로는 전체das Ganze가 갖고 있는 비합리성이 변화되지 않은 채 지속된다는 사실, 모든 독특한 합리화는 그것이 맹목적이고 화해되어 있지 않은 것이 특별한 것에 대해 가하는 압력을 강화시킴으로써 앞에서 말한 전체의 비합리성에 이롭게 된다는 사실을 가리킨다.

계획과 문화적인 것 사이에 존재하는 이율배반은 변증법적인 사고를 불러일으킨다. 다시 말해, 계획되지 않은 것, 자발적인 것 자체를 계획 속으로 받아들이며 계획되지 않은 것에 공간을 창조해서 부여하고 계획되지 않은 것의 가능성들을 강화시키는 변증법적인 사고를 불러오는 것이다. 변증법적인 사고는 사회적인 권원權原이 없이 이루어질 수는 없다. 기술적인 생산력이 유토피아적인 것으로까지 발전된 상태에서 내다볼 수 있는, 중앙 집중을 배제시키는 가능성들은 변증법적 사고에 기꺼이 응한다. 특별한 영역에서, 즉 교육의 영역에서 계획되지 않은 것의 계획은 헬무트 베커Helmut Becker에 의해서 강력하게 대변되었다. 다른 영역들에서도 이와 유사한 것이 파고들고 있다. 그러나 모든 납득 가능성에도 불구하고 참된 것이 아니라는 감정이, 다시 말해 계획되지 않은 것은 그것 자체의 장식의 일부가 되고 자유는 가공架空이 될 뿐이라는 감정이 완전히 가라앉혀질 수는 없다. 우리는 단지 뉴욕의 그린위치 빌리지에 있는 종합적인 예술가 구역을 히틀러 이전의 시대에 있었던 파리의 리브 고셰rive gauche와 비교해 볼 필요가 있다. 앞에서 말한 뉴욕의 예술가 구에서는 속박 받지 않는 상태가 공식적으로 용인된 제도로서 계속해서 성공에 이르는 것을 통해서, 속박 받지 않는 상태는 미국 사람들이 사기詐欺라고 부르는 것이 된다. 그 밖에도, 최소한 19세기 전체를 통틀어 지배적이었던 경향, 즉 예술가들에게 하나의 특별한 삶의 양식을 보존해 주고 예술가들이 삶을 유지하는 근거로 삼았던 시민사회에서 발생하는 불쾌한 것을 예술가들에게 허용하는 경향에는 머거Murger의 보헤미안-장편소설이 아마도 처음으로 이용하였던 사기가 숨겨져 있었다.

계획되지 않은 것의 계획은 이러한 계획이 계획되지 않은 것이 갖고 있는 특별한 내용과 어느 정도까지 결합될 수 있느냐, 이렇게 결합될 수 있는 한 얼마나 "합리적"인가에 따라 미리 이루어질 수 있을 것으로 보인다. 더 나아가 이러한 계획을 실행하는 "사람", 즉 누가 이에 대해 결정하는 관할권을 갖느냐에 대한 물음은 가장 심각한 어려움을 제기한다. 우리는 일단은 다른 것이 아닌, 바로 그 내부에서 철저하게 반성되고 앞에서 말한 모든 어려움을 의식하는 문화정책을 요구해도 된다. 문화라는 개념을 물건을 다루듯이 고정된 가치의 틀로서 독단적으로 미리 제시하는 것이 아니고 비판적 숙고를 그 내부에서 받아들이고 계속해서 밀고나가는 문화정책을 요구해도 되는 것이다. 우리가 요구해도 되는 문화정책은 정책 자체를 신이 의도한 것으로서 오인하지도 않고 검토하지 않은 채 문화에 대한 믿음에 서명하지도 않는 문화정책, 단순한 관리 기관管官의 기능에 만족하지도 않는 문화정책이다. 문화의 잘못된 순진성에 믿음으로서의 관리의 잘못된 순진함이 상응한다. 다시 말해, 문화가 전체 사회에 착종되어 있는 것에 대해 스스로 눈이 멀어 있고 이렇게 함으로써 비로소 전체 사회에 스스로 휩쓸려 들어가는 순진성과 믿음으로서의 관리의 잘못된 순진함이 서로 일치하는 것이다. 신이 하나의 관직을 부여한 사람에게 신은 오성도 역시 부여한다. 관리 자체의 권한을 행사하려고 하는 관리管理는 관리 자체로부터 외화外化되지 않을 수 없다. 관리는 전문가가 헐뜯기게 되는 모습을 필요로 한다. 도시都市 관리가 진지하고 객관적이며 앞선 상태에서 회화에 대해 무언가를 이해하는 사람들에게 기댈 수 없는 경우에는, 어떤 화가들로부터 그림을 사들여야 할지를 결정할 수 없게 된다. 사람들이 전문가의 필연성을 인정함으로써, 생각할 수 있는 모든 반론들에 곧바로 맞닥뜨리게 된다. 그 사이에 대략 악명이 높았던 다음과 같은 반론에 부딪치게 되는 것이다. 다시 말해, 전문가의 판단은 전문가를 위한 판단에 머물러 있다는 반론, 공론적인 제도들은 그것들이 이행하는 위임을 현재 통용되는 단계에 따라 공동체로부터 받아들임에도 공동체가 전문가의 판단은 전문가를 위한 판단에 머물러 있다는 점을 잊고 있다는 반론, 또는 스스로 필연적으로 관리자이기도 한 전문가가 위로부터 결정을 내리고 자발성을 탄압한다는 반론, 또한 때때로 제기되는 반론으로서 전문가의 관할권이 항상 확실하지는 않았다는 반론, 전문가를 그가 속해 있는 기구의 적의適宜로부터 분리시키는 것이 때때로 어려운 일이 된다는 반론이 악명 높았던 반론에 해당된다. 사람들은 이러한 반론들 중에서 많은 반론을 허용할지도 모르며, 문화적인 것은 인간에게 곧바로 무언가를 준다는, 만인에게 통용되는 주장을 불신하게 될 것이다. 사람들이 이러한 주장에 따라 맞추어야 하는 의식 상태는 실제로는 문화 자체에 고유한 개념에 만족하는 문화가 당연히 깨트려야 할 의식 상태이다. 심지어는 모습이 노출된 현대 예술에 반대하는 공격들이, 납세자들이 낸 돈을 그들에게는 아무런 상관이 없거나 또는 그들에 의해 거부될 만한 실험을 위해 허비하는 관리管理에 반대하는 공격과 매우 기꺼이 짝을 이루게 된다. 납세자들의 이러한 주장은 가상적假像的으로 민주주의적일 뿐이다. 이것은 전체주의적 특징을 보이는 기술, 즉 민주주의의 국민투표적인 형식들을 철저하게 이용하여 생명을 유지하려고 하는 기술이 만들어 내는 꺾꽂이와도 같은 것이다. 민중의 영혼을 대변한다는 사람들이 증오하는 것은 자유로운 정신이다. 그들은 곰팡이 냄새가 나는 반동에 동조한다. 사회적인 전체 체제가 법의 형식적인 평등을 보장하는 동안에도, 이러한 체제는 교육 특권을 항상 보존시키고 있으며 분화되고 진보된 정신적인 경험의 가능성을 단지 소수에게만 허락한다. 정신적인 것들의 진보가, 특히 예술의 진보가 일단은 다수에 저항하는 길을 간다는 진부한 말은 진보의 모든 치명적인 적들로 하여금 진부한 말의 뒤에 숨어 정주하는 것을 허용한다. 치명적인 적들은, 스스로 책임이 없는 것이 확실한 상태에서, 정신적인 것들에서 고유한 것의 생동감 있는 표현으로부터 배제되어 있다. 사회적으로 순진하지 못한 문화정책은, 다수가 행하는 공고公告에 대한 불안감이 없는 상태에서, 이러한 연관관계를 꿰뚫어 보아야 한다. 민주주의적인 질서와 관계들에 의해서 예나 지금이나 미성숙성에 맞춰 행동하는 사람들의 의식 사이에 존재하는 모순은 단순한 문화정책을 통해서 아마도 폐기될 수는 없을 것이다. 전문가들도 또한 문화적인 업무의 관리에서 최종적으로 그 정통성을 의지하고 있는, 대의 기능을 통한 민주주의는 하나의 확실한 균형을 허용한다. 야만성에 도움을 주는 조작들이 객관적 질의 관념을 다수결에 약삭빠르게 호소함으로써 훼손시키고 있는바, 대의 민주주의는 이러한 조작들을 방해하는 것을 허용한다. 비판가가 무엇을 의미하는지에 대한 벤야민에 대한 말, 즉 비판가는 대중이 갖고 있는 관심들을 대중에 대항하여 대변한다는 말은 문화정책에 적용될 수 있다. 전문가는 대중에 소용된다. 전문가 정신을 넘어설 만한 것들에 대한 동경은 대부분의 경우 단지 퇴보나 또는 의사소통의 기술자를 찾는 소망만을 드러나게 할 뿐이다. 의사소통의 기술자들에게는 사물 자체에 대한 이해가 벗어나 있기 때문에 사람들은 그들과 더욱 편안하게 지낼 수 있으며, 그들은 그들 자신의 정책에서 더욱 타협적으로 행동한다. 문화의 순수한 직접성은 존재하지 않는다. 문화가 인간에 의해 소비재로서 임의적으로 소비될 수 있는 곳에서는, 문화는 인간을 조작한다. 주체는 사물에 관한 규율의 매개를 통해서 유일하게 문화의 주체가 된다. 관리된 세계에서 이러한 규율의 대변자는 어떤 경우이든 전문가이다. 그 권위성이 실제로 사물에 대한 권위성이며, 단순히 개인적인 특권의 힘이거나 설득력이 아닌 전문가들도 물론 발견될 수 있을 것이다. 누가 전문가들인지를 결정하는 사람도 스스로 전문가여야 할 것이다. 이것은 숙명적인 순환이다.

관리管理와 전문가들 사이의 관계는 곤란일 뿐만 아니라 동시에 쓸모가 있는 것이기도 하다. 이러한 관계는 오늘날 문화적인 것들을 필연적으로 거의 불구로 만드는 것인 시장市場이나 또는 사이비 시장이 행사하는 통제 영역으로부터 문화적인 것들을 지켜 주는 시각을 열어 준다. 정신은, 그것의 자율적인 형체에서, 소비자들의 조종되어지고 결국에는 얼어붙은 욕구들로부터 소외되며, 이것은 정신이 관리로부터 소외되는 것에 못지않다. 관리에 들어 있는, 권위적으로 스스로 독립적이 되는 것은, 사물들이 낯섦을 느끼지 않는 것들의 보충을 통해서, 앞에서 말한 욕구들의 강제적 명령에서 무언가를 수정하는 것을 관리에게 요구한다. 문화 영역이 공급과 수용의 메커니즘에 아무런 저항 없이 내맡겨진 채 머물러 있게 된다면, 전체주의적인 권력자의 직접적인 명령에 들어 있는 폭력에 대해 침묵하는 것이 거의 가능하지 않을 것이다. 관리된 세계가 갖고 있는 가장 의문스러운 것, 즉 집행 관할처Instanz들이 스스로 독자적으로 되는 것은 더욱 좋은 것의 잠재력을 숨겨 버린다. 제도들과 그 기능이 투명한 경우에는, 제도들은 단순히 다른 것을 위해 존재하는 것의 원리를 깨부술 수 있으며, 제도들이 모든 문화적인 것을 그것의 잘못된 고립으로부터 끄집어냄으로써 모든 문화적인 것을 가혹하게 억압하는, 투표에 의해 기만적으로 결의되는 소망들에의 적응을 분쇄시킬 수 있는 것과 같은 방식으로 그 힘이 강화된다. 관리된 세계가 도피처조차 사라진 세계로 이해될 수 있다면, 관리된 세계는 또한 이렇게 이해되는 대가로 다시금, 통찰력이 있는 것의 운용에 힘입어, 단순한 사회적인 선별의 맹목적이고도 의식 없는 과정이 자유의 중심들을 절멸시키고 있다고 할지라도, 자유의 중심들을 창출해 낼 수 있을 것이다. 관리가 사회의 맞은편에서 스스로 독립적으로 되는 것에서 표현되는 비합리성은 문화 자체에서 피어오르지 않은 것이 기대는 피난처이다. 문화는 지배적인 합리성으로부터 벗어나는 것에서 유일하게 문화의 합리성을 찾는다. 물론 이러한 종류의 희망들은 관리하는 사람들의 의식 상태로부터, 즉 전적으로 가정假定될 수 없는 의식 상태로부터 출발한다. 그러한 희망들은 관리된 세계 자체와 동질적인 사회인 앞에서 말한 소비사회의 권력과 정신으로부터 관리자들이 비판적으로 독립하는 것으로부터 출발하는 것이다.

방에서 탁한 공기를 비우듯이 충분히 토의된 제안들에는 그러나 아직도 사고의 오류가 들어 있다. 사고의 오류는 이러한 제안들이 마비되는 것에 책임이 있을 수도 있다. 사람들이 문화와 관리의 카테고리들을 ―역사적으로, 사실상으로 넓은 정도에서 무엇을 위해 생성되었는가 하는 것으로서, 눈에 띄지 않게 서로 마주보면서 떼어진 정적靜的인 블록Block들로서― 단순히 주어진 것들로서 받아들이면, 지배적인 확신에 너무나 심한 정도로 적응하게 된다. 사람들은 동시에 사물화의 ―사물화 비판은 문화와 관리에 대한 모든 더욱더 적확한 자각들에 내재되어 있다― 강제적 속박에서 스스로 경직된다. 두 카테고리들이 이처럼 사물화되어 실재적이 되었다고 할지라도, 그것들이 완전히 사물화가 된 것은 아니다. 두 카테고리들은, 아직도 가장 모험적인 사이버네틱스한 기계처럼, 생기 있는 주체들을 끌어댄다. 이렇기 때문에 자발적이며 아직도 완전히 포착되지 않은 의식이 제도들의 —제도들의 내부에서 의식은 의식을 드러낸다— 기능을 항상 다시 변화시킬 수 있는 것이다. 당분간은, 자유주의적-민주주의적 질서에서는 개인이 제도 내부에서도 역시 제도의 도움을 받아 제도의 교정에 작은 정도나마 기여하는 공간을 갖고 있다. 관리 수단들과 제도들을 현혹되지 않은 채 비판적인 의식을 갖고 이용하는 사람은 단순히 관리된 문화만은 아닐 수 있는 것에 관해 무언가를 아직도 항상 실현시킬 수 있다. 항상 동일한 것에 열려 있는 것들인, 항상 동일한 것들의 차이들은, 어찌할 바를 모르는 요소가 항상 있다고 할지라도, 전체를 아우르는 차이를 대변한다. 희망은 차이 자체 내부로 들어가는 것에서, 빗나간 것으로 들어가는 것에서 모아진다.

1960년

제2차적인 미신

상당히 오래전부터 세계의 모든 부분들에서 대중 운동들의 발동이 걸려 있다. 다시 말해, 그 추종자들이 자기보존과 행복에 관한 이성적인 관심을 거역하면서 공공연하게 행위하는 대중 운동들의 발동이 걸려 있는 것이다. 우리는, 객관적-사회적인 목적들과의 모든 관계나 또는 자아의 주관적인 목적과의 모든 관계를 뺀 채, 이런 종류의 대중 운동들에서 즉각적으로 비합리적인 것을 보아도 되는 것으로 받아들여서는 안 될 것이다. 그러한 대중 운동들은 앞에서 말한 목적들의 포기에 근거하기보다는 그러한 목적들의 과도함이나 왜곡에 근거한다. 그러한 대중 운동들은 악성적인 창궐이다. 삶의 실제의 합리성이 악성적인 창궐 속으로 넘어가고 말았다. 삶의 실제의 합리성이 그것의 제한된 형체에서 영구화되도록 노력함으로써 사회적인 유기적 조직을 파괴시키려고 위협하는 것을 보여주는 것이 그러한 대중 운동들이다. 한동안은 가장 이성적인 숙고들로부터 생기는 것처럼 보인 것이 여러 가지 면에서 재앙의 준비 공작을 하고 있다. 이렇게 해서 히틀러의 간악하고도 여러 해에 걸쳐 성공을 거두었던 팽창 정책이 고유한 논리를 통해 스스로 몰락을 준비하였으며, 옛 유럽으로부터 살아남았던 것에서 멸망을 준비하였던 것이다. 모든 민족국가들이 현실 정치의 수익자가 되는 곳에서, 명백한 동기들이 결과에서는 의문스러운 것으로서 모습을 드러내고 있는 것일 것이다. 고유한 이해관계에 해당되는 계산들이 정교하게 앞으로 밀어붙여지는 반면에, 위에서 덮여진 연관관계들의 의식, 특히 고유한 현실 정치가 사회적인 전체에, 즉 사람들이 스스로 이것에 얽혀 있는 사회적 전체에 대해 가져오는 결과들의 의식은 편협하게 머물러 있다. 비합리성은 합리성의 저 건너편에서 홀로 작동하고 있지는 않다. 비합리성은 주관적 이성의 가차 없는 전개와 함께 비합리성을 스스로 산출시킨다.

합리적인 모멘트들과 비합리적인 모멘트들의 변증법적인 상호작용에 대한 학습은 사회적인 탐구에 전념한다. 완전히 형식에 합당한 것으로 파악될 수 없으며 노이로제적인 것으로도, 심지어는 정신병적으로 것으로도 파악할 수 없는 것들인 메커니즘들과 도식들은 심리분석적으로 경험된 사회학의 대상이 될 것 같다. 이러한 메커니즘들과 도식들은 주체들의 구조를 가리키지만, 심리학만으로는 설명될 수 없는 상태에서 이렇게 가리킨다. 비합리성에 거의 보편적으로 전염되어 있는 모습은 이러한 메커니즘들이 최소한 표면에서 현실적으로 보여 주는 정치의 주변에서 작용하고 있을 뿐만 아니라 이것보다는 손에 잡히는 정도가 적다고 할지라도 다른 영역들에서도 작용하고 있음을 추정하게 한다. 다른 영역들에서도 역시 현실에 근접해 있는 모멘트, 사이비 합리성의 모멘트가 결여되어 있는 경우는 드물다. 운동들 자체에 고유한 비합리성을 자랑하면서 전개되는 운동들에서는, 바로 이러한 운동들에서는 앞에서 말한 모멘트가 최소한으로라도 결여되어 있는 경우가 드문 것이다. 대중 운동들의 화학적 현상은 이 운동들에서 마치 시험관에서처럼, 작은 척도에서, 어느 시점에서 분석될 수 있을 것 같다. 대중 운동들이 그것의 위협적인 폭력을 아직은 그 형상으로서 보여 주지 않았기 때문이다. 인식된 것을 실제에 적용하는 시간이 머물러 있다면.

그러한 종류의 운동들에 대한 특징적인 모델로서 쓸모가 있는 것이 바로 점성술이다. 물론 점성술의 직접적인 사회적 중요성이 과대평가될 수는 없다. 점성술의 내용은 그러나 사회적인 것과 용해되어 있다. 점성술에 고유한, 프로이트가 점성술에 대해 구상하였던 심리학은 조직화된 점성술의 영역에서는 단지 두드러지지 않은 역할만을 맡을 뿐이다. 쿨리 Cooley가 제1차 집단과 제2차 집단을 구분하였던 것과 유사하게, 대중현상으로서의 현재의 점성술은 제2차적인 미신이라고 불러도 될 것 같다. 다시 말해, 점성술은 제2차적인 미신이다. 사람들에게 잠복되어 있는 심령적인 체험들을, 이것들이 사람들이 갖고 있는 개별적인 심리적 의미, 근거와 함께 항상 이루어진다고 하더라도, 얻기 위해 노력하는 경우는 드물다. 소비의 대상이 되는 점성술에서는 오히려 심령적인 것이 제도로 흘러들어가고, 대상화되며, 넓은 정도로 사회적으로 조직화된다. "제2차적인 공동체"에서는 사람들이 더 이상 상호간에 직접적인 관계를 맺고 있지 않으며 더 이상 서로 얼굴을 알지 못하고 마치 재화의 교환처럼 소외된 매개 과정들에 의해 서로 의사소통을 하듯이, 점성술적인 자극들에 반응을 보이는 사람들은 그들이 내리는 결정의 배후에 놓여 있는 인식의 원천으로부터 소외되어 있는 것 같다. 그들은 잘못된 심령적인 비밀이 공개적으로 드러나는 비밀이 되는 곳인 화보 잡지들이나 일반 잡지들을 통해 ―직업적인 점성술사에 의한 상담은 대부분의 경우에 지나칠 정도로 돈이 많이 든다― 그러한 잘못된 심령적인 비밀에 참여한다. 사람들은 또한 언론으로부터 어린이에게 음식물을 씹어서 주듯이 공급되는 정보들을, 이것들이 마치 그 어떤 고유한 훌륭한 계시의 증거라도 되는 듯이, 검증하지도 않은 채 기꺼이 삼켜 버린다. 이렇게 행동하는 것에 대해 사람들은 지나칠 정도로 실용적이다. 사람들은 점성술이 존재하고 있기 때문에 점성술에 붙잡혀 있으며, 단지 심리적인 필요성이 점성술이 제공하는 것과 어느 정도 일치하기만 하면 점성술이 이성의 앞에서 정당성을 얻느냐 하는 생각에는 거의 시간을 쓰지 않는다.

고유한 경험으로부터 멀어져 있는 것, 상업화된 심령적으로 비밀스러운 것의 모호함과 추상적인 특징은 완고한 회의감, 비합리성을 꿰뚫어 보기보다는 보완하는 것인 약삭빠름과 일치한다. 점성술 유類의 현대적인 심령적인 운동들은 많든 적든 인위적으로 다시 소생된 미신이 오래전에 지나간 시대로부터 도래한 형식들이다. 이처럼 소생된 미신에 대한 감응력은 사회적이고도 심리적인 이유들로 인해 오늘날까지 살아남아 유지되고 있다. 묵은 이야기가 새삼스럽게 다시 꺼내는 내용들은 그러나 보편적 계몽이 성취된 단계와는 결합될 수 없다. 제2차적인 미신의 시대착오적인 국면은 이러한 미신의 본질적인 요소이다. 시대착오적인 국면은 인간의 행동을, 그 밖에도 점성술의 작용력을 방해하지 않는 상태에서, 점성술이 되도록 물들이는 것이다.

혹자는 조직화된 점占이 예로부터 제2차적인 미신이었다고 반론을 제기할 수도 있을 것이다. 제물로 바쳐진 짐승의 내장이나 번갯불을 보아 신의神意를 점치는 사람들에게 신비스러움을 미리 마련해 두었던 노동 분업은 신비스러움을 모든 일차적인 경험으로부터 수천 년 동안 분리시켜 주었던 근거가 되었을 것이다. 이러한 노동 분업에는 ―진상眞相을 알고 있는 사람이 짓는 미소에 관한 라틴어 단어가 암시하는― 속임수의 모멘트가 항상 짝을 이루고 있었다. 어떤 현상의 특별하게 새로운 것에 대한 관심의 신용을 떨어뜨리려는 의도를 갖고 있는 주장들이 대부분의 경우에 그렇듯이, 앞에서 말한 반론도 역시 옳으면서도 동시에 틀린 반론이다. 하나의 부분으로서 존재하고 있는 한, 앞에서 말한 반론은 옳다. 그러나 미신도 이제는 대량생산과 대량재생산에 의해서 새로운 질로 바뀌게 되었다는 점에서는, 앞에서 말한 반론은 틀린 반론이다. 미신은 초기 단계들에서는 그 당시에 다른 방법으로, 그리고 더욱더 이성적으로 해결될 수 없었던 것 같은 물음들을 끝내려는, 항상 치졸한 시도였다. 화학이 연금술로부터 갈라져 나오고 천문학이 점성술로부터 분리되는 것은 비교적 뒤늦게 일어났다. 그러나 오늘날에는 예를 들어 천체물리학과 같은 자연과학들의 진보된 상태가 점성술에 대한 믿음과는 현저하게 심한 모순 관계에 놓여 있다. 이처럼 심한 모순 관계에 놓여 있는 두 개가 서로 나란히 존재하는 것을 너그럽게 받아들이거나 또는 심지어 서로 결합시켜 하나로 만들려고 노력하는 사람은 이미 지성적 의미에서 퇴행을 실행한 사람이다. 한때는 필요하지 않았던 퇴행을 실행하는 사람이 되는 것이다. 이렇기 때문에, 매우 강력한 충동 욕구들이 인간으로 하여금 아직도 항상, 그리고 반복적으로, 점성술에 자신을 내맡기게 할 수 있게 한다. 따라서 점성술의 제2차적인 특징이 강조될 수 있다. 제2차적인 특징에서는 사이비 합리성이 ―이것은 전체주의적인 운동들에 내재하는 순응이며, 계산적이지만 동시에 아무것도 아닌 것으로서 실재적인 욕구들에 순응하는 속성을 갖고 있다― 두드러지게 나타나기 때문이다. 점성술에 특징적인 재료에 들어 있는 현실적인 냉정함과 과도하게 현실에 부응하는 특징, 초자연적인 것을 가장 경미하게라도 회상하는 것에 대해 저항하는 고행은 점성술적인 재료의 관상학을 알려 준다. 추상적인 권위의 특징은 사이비 합리성에 순응한다.

우파 성향이며 미국 공화당을 지지하는 미국의 거대 일간지인 LA 타임스의 점성술 난欄이 탐구 대상이 되었다. 1952년부터 1953년에 걸쳐 게재된 재료는 3개월 동안 완벽하게 수집되었으며 "내용 분석", 즉 내용적인 해석의 대상이 되었다. 내용 분석은 무엇보다도 특히 대량적인 커뮤니케이션에 맞서서 H. 라스웰이 주도한 이래 고유한 처리방식으로 형성된 방법이다.[01] 그러나 LA 타임스의 점성술 난에 대한 분석은, 라스웰의 방법과는 달리, 양화量化되지 않았다. 점성술 난의 동기들과 언어적 표현들의 빈도는 조사되지 않았다. 양적인 분석은 독일의 재료에서도 보충될 수

---

[01] 영어로 된 원문 텍스트가 넓혀 놓은 증거들은 소수의 예외만을 남겨 놓고, 다른 것들은 이 텍스트에서는 포기된다.

있을 것이다. 점성술적인 전염은 국제적이다. 독일 신문들의 점성술 난들이 미국 신문들을 모방하고 있다고 보아도 될 것이다. 명백하게 드러나는 차이들은 아마도 비교 문화사회학에 대해 무언가를 말해 줄 수도 있을 것이다. 점성술이 주는 자극들에 대한 하나의 개념의 윤곽이 그려져야 할 것이다. 점성술의 예상되는 추종자들이 앞에서 말한 종류의 신문의 점성술 난에 의해 자극들에서 노출되기 때문이다. 추정하건대 이러한 자극들이 영리하게 계산해서 그 결과로 나오는 영향들이 분석되었다. 조작된 미신의 실제들 중에서 점성술이 가장 거대한 규모의 추종자를 갖고 있다는 점이 재료 선택의 결정적 기준이 되었다. 점성술 난의 사이비 합리성은 물론 다른 많은 종파적인 간행물들처럼 눈에 번쩍 뜨일 정도로 정신병적인 양태를 드러내지는 않는다. 신新-신비주의의 더욱 깊고 의식되지 않은 층層은 직접적으로 언급되지는 않는다. 오히려 자아 심리학과 사회적인 결정 요인들이 점성술의 실상에 관련되어 있다. 관심은 바로 사이비 합리성, 그리고 자아와 무의식적인 것 사이에 존재하며 이성과 광기 사이에 존재하는 불투명한 영역에 해당된다. 사회적인 함의들에 대한 분석이 의식된, 또는 절반 정도 의식된 층들을 소홀하게 다룬다면, 이 분석은 자극들 자체, 다시 말해 이미 합리화된 무의식적인 것만을 미리 겨냥하는 자극들을 놓치게 된다. 표면에 놓여 있는 목표들이 무의식적인 대리 만족과 하나로 용해되는 경우가 빈번하게 발생한다. 대량적 커뮤니케이션의 영역에서는 명백하게 말해지지 않은 것, 숨은 의도, 프로이트적인 의미에서 "잠재되어 있는 꿈의 생각"은 곧바로 무의식적인 것과 동일한 것으로 설정될 수 없다. 대량적 커뮤니케이션은 완전히 통과된 것도 아니고 완전히 억압된 것도 아닌 것의 사이에 존재하는 층層을 향한다. 대량적 커뮤니케이션은 암시, 눈을 깜박거리는 것, "내가 의도하는 것이 무엇인지를 너는 알고 있지"의 영역과 동질적이다.

점성술 난이 독자들의 정신적이고 심적인 상태에 사실상으로 미치는 영향은 단지 가설적으로만 가정假定될 수 있다. 그러나 점성술 난과 같은 종류의 텍스트의 편저자들은 그들이 누구를 처리 대상으로 삼아야 하는 지를 아마도 잘 알고 있을 것이다. 그들은 또한 고객들의 취향에 따라야 한다는 원칙에 맞춰 처리한다고 말해도 될 것이다. 반면에, 처리의 결과물은 이 결과물을 부화시키고 신문에 게재한 사람들의 정신으로 머물러 있을 뿐이다. 책임은 조작자들에 의해서 전가될 수 없고 조작의 대상이 된 사람들에게 밀쳐질 수도 없다. 우리는 출생 시의 별의 위치에 따른 운명점占을 단지 독자들의 반사상反射像으로서만 고찰함으로써 우리를 지킬 수 있어야 할 것이다. 그러나 역으로, 어떤 결론도 운명점을 만들어 내는 사람들의 주관적인 정신, 심리학 쪽으로 끌려갈 수는 없다. 운명점은, 본질적으로, 계산된 것이다. 운명점에는 아마도 편저자들과 독자들 양측이 모두 표현되어 있을 것이다. 점성술 난의 언어는 편저자들의 언어가 아니며, 양측에 맞추어 재단되어 있고 읽혀질 수 있으며 이해될 수 있도록 되어 있다. ─ 이러한 언어의 짜임새는 전체로서 해석될 수 있다. 이러한 짜임새에 많든 적든 기계적으로 짜여 들어가 있는 세부적인 것들로서만 해석될 수는 없다. 어떤 특정한 별자리 밑에서 태어난 어떤 사람의 가족관계에 대한 수많은 지적들은, 이것들이 분리된 상태에서 살펴보면, 진부하고도 해악이 없는 것으로서 작용한다. 전체 연관관계에서 이러한 지적들이 갖고 있는 위치 가치는 그러나 훨씬 더 많은 것을 의미한다.

LA 타임스의 일일 운명점은, 신문 전체가 그렇듯이, 인정을 받을 만한 것을 얻기 위해 노력한다. 사람들은 거친 미신이 내놓는 언급들에 대해서는 시간을 아끼기 때문이다. 비합리적으로 지배적인 원리는 배후에서 유지된다. 예언과 충고가 별들에게 은혜를 입고 있다는 점이 설명이 없는 채 가정된다. 특별히 점성술적으로 세부적인 사항들은, 12개의 수대獸帶 기호를 제외하고는, 결여되어 있다. 바로 앞에 다가와 있는 재앙들과 위협적인 세계 종말에 관한 불길한 말과 마찬가지로 점성술적인 전문 용어도 회피된다. 항상 앞에 내놓는 것은 단단하고 자리가 잡혀 있는 것으로 들린다. 점성술은 언제나 확실하게 놓여 있으며 사회적으로 인정되는 그 어떤 것으로서 의도적으로 다루어지고, 문화의 논란의 여지가 없는 구성 요소로서 취급된다. 점성술이 제공하는 실제적인 조언들은 이른바 인간관계와 인기 있는 심리학에 바쳐지는 것과 유사하게 인기를 누리는 신문의 난欄에서 사람들이 부딪치게 되는 것을 넘어서는 경우가 거의 없다. 이처럼 인기를 누리는 난과 유일하게 구분되는 것은 암묵적으로 행해지는 마법적인 권위라는 제스처이다. 점성술 난의 필자는 이러한 제스처를 통해 그가 갖고 있다는 지혜들을 내놓는다. 그는 평범한 내용과는, 이것과 관련이 없는 상태에서, 뚜렷한 대조를 이룬다. 그러한 불일치는 그 근거를 갖고 있다. 이성적인 체하는 조언들은, 이것들이 갖고 있는 공인받지 못한 거짓스러운 원천으로 인하여, 권위를 등에 없고 강조될 때만이 효과를 발휘한다. 신문의 점성술 난은 독자들이 이성적인 것을 강요받게 되지 않을 수 없을 것이라고 확신하고 있는 것 같다. 권위적인 모멘트는 신문의 어느 곳에나 있는 심리학에서도 도처에서 만나게 된다. 다만, 그곳에서 만나는 권위는 전문가의 권위이며 마술사의 권위가 아니다. 반면에 운명점에서 만나는 마술사는 전문가로서 점을 친다는 사실을 말하지 않고는 못 배기는 사람이다. 그럼에도 마술사는 신학적인 교리들처럼 사고와 행위에 영향을 미치는 것에 전혀 간여하지 않는다. 지배적인 원리는, 어떻든 간에, 비개인적인 것으로서, 사물처럼 표상된다. 여기에서 보이는 지평은 자연주의적인 초자연주의의 지평이다. 가치 없이 익명적인 것, 추상적인 운명의 근거가 무지하게 포고되는 것이 지하에 있는 위협적인 것에서 지속된다. 이처럼 위협적인 것은 앞에서 말한 지평에서 만들어진 조건에 달라붙어 있다. 점성술적인 추론은 운명의 근거에 대한 포고와 지하에 있는 위협적인 것 사이의 연관관계에 대해 묻지 않으며 그 원천에 대해서도 묻지 않는다. 그것은 이름이 없는 진공 상태로 머물러 있다. 이러한 진공 상태의 내부에서 사회적인 비합리성이 반사된다. 전체가 개별 인간에게 불투명한 것으로, 우연적인 것으로 나타나는 비합리성이 반사되고 있는 것이다. 순진한 사람들만이 철저하게 조직되어 있지만, 철저한 조직화에 대해 여전히 스스로 의식하지 못하는 전체적 실행이 순진한 사람들에게 고유한 실존에 대해 가져오는 결과들을 꿰뚫어 보려고 헛되이 노력하고 있는 것만은 아니다. 객관적인 대립주의들은, 그것들 자체로, 파악될 수 없는 것으로까지 올라가고 있으며, 합리성이 하는 모든 노력들에 해당되었던 고삐 풀린 기술이 주는 위협으로 상승되었다. 현존재를 개선시키는 수단으로서 발원한 합리성은 합리성을 절대적으로 부정하는 자기목적으로 둔갑시키는 일에 착수하고 있다. 전체가 갖고 있는 현재의 객관적인 비이성 아래에서 살아남으려는 사람은, 주체가 없는 별들이 내리는 판단과 같은 불합리성에 대해 많이 놀라지 않고, 전체를 단순히 감내하는 시도에 빠져들게 된다. 그럼에도 불구하고 관계들을 합리적으로 꿰뚫어 보는 것은 불편한 일이 될 것이다. 이러한 불편함은 단순히 지적인 노력 때문에 오는 것만은 아니다. 점성술은 관계들과 결탁되면서 실제인 것처럼 그 모습을 보여 준다. 사람들의 삶의 체계가 사람들을 맹목적으로 지배하고 의지를 꺾으면서 관철되는 운명으로서 사람들에게 출현하는 정도가 많으면 많을수록, 삶의 체계는 ―마치 현존재가 그 존엄성과 정당성을 요구하기라고 하는 듯이― 더욱더 기꺼이 별들과 결합되게 될 것이다. 이와 동시에 별들이 조언을 제공한다는 상상은, 사람들이 이것을 오로지 별들에서만 읽을 능력을 갖는 경우에는, 사회적인 과정들이 요구하는 가혹함에 대한 두려움을 밑으로 끌어내린다. 이러한 공포감은 별을 잘 아는 사람들에 의해 조종이 되면서 충분히 이용된다. 가차 없이 엄격한 별들이 그 명령을 따르는 사람들에게 부여하는 다정한 충고는, 이성적으로 행동하는 사람만이 그의 내적인 삶뿐만 아니라 외적인 삶을 완전하게 통제하며 현존재가 제기하는 비합리적이고도 모순적인 요구들에 따르는 그 어떤 찬스를 갖게 되는 결과에 이르게 된다. 그러나 이것은 순응을 통해서 갖게 되는 찬스이다. 운명점의 구성에 들어 있는, 합리적인 모멘트들과 비합리적인 모멘트들 사이의 모순은 사회적인 현실 자체에 들어 있는 긴장의 메아리와도 같은 것이다. 사회적인 현실에서 이성적이라는 것은 비합리적인 조건들에 대해 물음을 제기하는 것이 아니고 비합리적인 조건들로부터 가장 좋은 것을 만들어 내는 것을 의미한다.

운명점에서 드러나서는 안 되는, 원래부터 의식되고 있지는 않지만 아마도 결정적으로 중요한 하나의 모멘트가 있다. 점성술의 요구 제기에 대해 순종하는 태도는 지나치게 고분고분한 소비자들에게 수동적인 성적 욕구에 대한 대리 만족을 매우 높은 정도로 부여할 수 있다. 이렇게 되면 점성술과 관계를 맺는 것이, 일차적으로, 대단히 강력한 본성의 강도를 포기하는 것이 된다. 힘과 강도, 아버지 상像의 속성들이 점성술에서는 인성에 대한 기억과 엄격하게 분리된 채 나타난다. 성적인 결합의 상징으로서 별들과 교제하는 것은, 절대 권력을 가진 아버지 상의 금기가 되어 있는 관계를 보여 주는, 거의 식별하기가 어렵고 이렇기 때문에 감내되어 왔던 은폐의 형상이기도 하다. 별들과의 교제가 허락된 것은, 앞에서 말한 성적인 결합이 모든 인간적인 것을 털어내 버렸기 때문이었다. 세계의 종말에 관한 판타지와 최후 심판의 날은 ―조심성이 적은 점성술들은 이런 것들에 탐닉한다― 앞에서 말한 성적인 모멘트로부터 설명될 수도 있다. 이런 것들에서 개별적인 죄책감의 마지막 흔적이 드러날 수도 있다. 이것들의 리비도적인 원천처럼 그렇게 어둡게 그 모습이 드러날 수도 있는 것이다. 별들은 위험을 갖지 않은 성性이다. 별들은 동시에, 전능한 것으로 표상되면서, 도달할 수 없는 먼 곳에 있다. 프로이트의 "대중 심리학과 자아 분석"으로부터 유래하는 나르시즘적인 인도引導 형상들보다도 더욱 도달하기가 어려운 곳에 있는 것이다.

수많은 전문화된 화보 잡지들은 점성술에 숙달한 사람들에게 일을 의

뢰한다. 반면에 날마다 신문에 글을 쓰는 점성술사는 화보 잡지들보다 경계가 덜 예리하고 이런 이유로 인해 추정컨대 훨씬 더 많은 —극도로 상이하고도 다양한 걱정거리를 갖고 있는— 독자층과 마주하고 있음을 알게 된다. 조언은, 그것 자체로, 독자들을 대리하여 도움과 위로와 같은 것을 독자들에게 이미 줄 수 있어야 한다. 독자들은 가장 내적인 마음에 서는 운명점의 필자가 그들을 정말로 돕고 있다는 기대를 거의 갖고 있지 않다. 선동가는 모든 사람에게 무언가를 약속하고 그의 청중을 대부분의 경우에 몹시 압박하는 것을 끄집어내야만 하는바, 운명점의 필자도 이와 유사하지 않은 것만은 아니다. 다시 말해, 그는 개별적인 사람들을 위해 글을 쓰고 있음에도 불구하고 개별적인 사람들을 알지 못하며, 그들의 소망과 불만이 무엇인지도 모른다. 그럼에도 불구하고 그가 글을 쓰도록 해 주는 원천인 권위는 그가 소망과 불만을 모두 알고 있기라도 하는 듯이, 그리고 별들의 배열이 충분하고도 명백한 답변을 보증하기라고 하는 듯이 그에게 강요한다. 한편으로, 그는 자신을 어떤 것에도 고정시키지 않음으로써 독자들을 실망시키는 것을 자신에게 허용할 수가 없다. 다른 한편으로는, 그는 자신의 판매 가치가 그 근거를 두고 있는 주술적인 권위를 지나치게 터무니없는 안내를 통해 면목을 잃게 해서도 안 된다. 신문의 운명점 난의 필자는 이처럼 순환의 4각형 앞에 놓여 있는 것이다. 그는 위험 부담을 받아들여야 하며, 이와 동시에 목표물을 빗맞히는 위험을 최소치로 제한시켜야 한다. 이 점이 그를 완고한 어법들과 천편일률적인 상투어들에 가도록 지시한다. "당신의 영감을 따르세요"나 또는 "당신의 예리한 오성을 증명하세요"와 같은 안내를 빈번하게 사용한다. 이러한 안내는 운명점 난의 필자가, 점성술적인 직관을 통해, 우연하게 운명점을 읽는 개별 인간이 어떤 종류의 사람인가를 알고 있으며 특정한 시기에 어떤 종류의 사람이었던가를 알고 있다는 것을 암시한다. 그러나 겉으로 보기에 특별한 그러한 규정들은 모든 순간에 모든 개인에게 어느 정도 관련될 수 있게끔 지극히 교묘하게 일반적으로 유지된다. 운명점의 필자는 사이비-개별화를 통해 그의 아포리아로부터 벗어난다. 이러한 종류의 속임수는, 그것 하나만으로는, 물론 신문의 점성술사가 갖고 있는 근본적인 어려움들을 해치울 수 있는 능력을 갖지 못한다. 그는 성격학적인 조잡한 규칙에 익숙해야만 하는 것과 마찬가지로 현대 사회에서의 전형적인 갈등들에도 철저하게 익숙해져야만 한다. 그는 자신의 지지자들의 대부분이 어느 때나 살아남도록 해 줄 수 있는 일련의 표준적인 상황들을 만들어 낸다. 무엇보다도 특히 그는 독자들이 그들의 힘으로는 극복할 수 없는 문제들을 발견해야만 하며, 이렇게 함으로써 외부로부터의 도움을 찾아낸다. 이것에 특별히 적합한 것은 이성적으로는 전혀 해결될 수 없는 물음들이다. 모든 개별 인간이 빠져드는 아포리아적인 상황들이 이러한 물음들에 해당된다. 이러한 물음들에 들어 있는 비합리성은 점성술적인 원천에 내재하는 합리성과 일치한다. 허위로 꾸민 상태는 위로부터 오는 구원적인 간여에 대한 희망을 유발시킨다. 희망에 대해 사변을 늘어놓는 운명점 난의 필자는 독자가 처해 있는 삶의 상황들에 대한 잘못된 주장들 자체도 어느 정도 맞으며 전혀 가볍게 부인되지는 않는다는 점을 항상 애매하게 표현해야만 한다. 동시에 점성술사는 갈아서 알맞게 만들어진 행동방식에 의지한다. 그 어떤 방식으로든 심령적인 신비주의에 기우는 사람들은, 그들을 향하고 있는 정보들이 맞는지 또는 그렇지 않은지에 대해 그들에게 고유한 관계 체계 내부로 정보들을 끌어들여 끼워 넣는 준비가 통상적으로 되어 있는 사람들이다. 운명점 난의 필자는 그의 독자들이 갖고 있는 실제적인 욕구나 소망에 영리하게 아부를 하는 한 처벌받지 않은 채 움직일 수 있는 능력을 갖는다. 그는 독자들이 갖고 있는 강력한 기대를 계산에 넣으면서 그 자신도 역시 이러한 기대가 현실과 대립되어 있다는 점을 —현실과의 대립이 단지 단순한 관념의 매체에서만 일어나고 독자에게 어떤 가혹한 실제적인 결과를 부당하게 강요하지 않는 한— 두려워할 필요가 없다고 말한다. 그는 상상적인 보상을 아낌없이 나누어 준다. 그는, 미국 영어로, 가정에서 손으로 짜서 만든 철학자라고 부르는 사람이 되어야 한다. 운명점 난의 필자와 통속 심리학적으로 그와 짝이 되는 사람 사이의 시들지 않는 유사성이 양자의 시장市場에 대한 지식, 그리고 경험적–성격학적 지식으로부터 설명된다. 운명점의 심리학과 같은 통속적인 심리학은 우선은 이러한 심리학이 독자를 그 내부로 끌고 들어가서 지도하는 방향에 의해서 진정한 심리학과 구분된다. 이러한 심리학은 그것을 방어하는 태도를, 이러한 태도를 해체시키는 작업을 하는 것 대신에, 부단히 강화시킨다. 통속적인 심리학은 의식되지 않는 것과 먼저 의식된 것을, 이것들을 그 어떤 방식으로 의식으로 끌어올리는 것 대신에, 이용하여 주사위 놀이를 한다.

무엇보다도 특히 나르시즘이 운명점에 가까이 다가선다. 신문의 점성술사가 그의 독자들이 갖고 있는 자질과 찬스를 칭찬하고 독자들을 특별한 인품을 가진 사람들로 일으켜 세우면, 그는 어리석음의 위험을 저지르게 된다. 이러한 어리석음이 가장 우둔한 사람들에 의해서 곧이듣게 될 수도 있다는 점을 생각하는 것이 어렵게 되는 것이다. 운명점의 필자는 그러나 공허함의 강력한 힘을 가진 리비도적인 방책들에 기대어 사변을 늘어놓는다. 독자를 만족시키는 모든 수단은 이러한 공허함에 들어맞는다. 공허함에 뒤따르는 자리에는, 운명점의 필자가 많든 적든 숨기면서 독자에게 암시하는 불안감이 놓여 있다. 모든 사람은 항상 무엇에 의해 위협을 받게 된다는 점이 견지되어야 한다. 그렇지 않으면 도움을 받아야 하는 필요성이 감소된다. 위협과 조력이 동시에, 많은 정신병에서 그렇게 나타나듯이, 서로 내부적으로 얽혀 있는 것이다. 위협의 모멘트는 물론 단순히 암시된 채로 나타난다. 이렇게 하지 않으면, 독자가 운명점에 의해서 최소한 감소되기를 바라는 충격을 독자가 받을 수도 있기 때문이다. 일자리를 잃어버리는 것과 같은 숨어 있는 위험은 운명점에서는 상사와의 관계에서 해결될 수 있는 갈등이거나 또는 직장 생활에서의 사소한 짜증으로 약화되어 나타난다. 해고 통지나 해고는 분석된 재료에서 단 한 번도 언급되지 않는다. 이에 반해, 교통사고들이 선호된다. 교통사고는 독자의 나르시즘을 방해하지 않으며, 독자가 거의 관여함이 없이도 빠져드는, 독자에게 외부적으로 머물러 있는 사건이다. 독자의 영혼과는 관계가 없는 불행인 것이다. 교통규칙 위반자들은 또한 공론에 의해서 범죄자로 낙인찍히는 경우도 드물다. 교통사고는 동시에 운명점의 중심적인 의도에 들어맞는다. 이른바 비합리적인 예감을 사람들이 이성적이 되어야 한다는 조언으로 옮겨 놓는 의도에 어울리는 것이다. 사려 깊게 운전하라는 경고처럼 악의가 없고 좋은 의도를 갖고 있지만 최고로 평범한 경고에게 광채와 비중을 부여하기 위하여 별들이 동원된다. 위험에 빠져들지 않으려면 어떤 특정한 날에는 특별히 조심해서 행동해야만 한다는 위협처럼 개별화되고 진지한 위협들에서 채찍을 휘두르는 소리가 울려 퍼진다. 그러나 이것은 상기시키는 경고와 같은 채찍일 뿐이다. 독자가 모든 것으로부터 끌어내야 한다고 하는, 정신적으로 얻는 것은 —암시된 위협 자체를 통해서 파괴 충동을 무의식적으로 만족시키는 가능성을 제외하고— 초인간적인 관할처Instanz에 의한 도움과 완화에 대한 약속에 들어 있다. 초인간적인 관할처에 대한 복종은 자율적인 존재가 어떻게 행동하는가에 대해 독자가 생각하는 것을 독자에게서 면하게 해 준다. 이와 동시에 독자는 운명이 그에게서 모든 것을 떠맡는다고 자신을 스스로 안정시킬 수 있다. 독자는 자신에게 고유한 방식으로 책임을 떠맡으면서 기만되는 것이다. 운명점은 독자들이 운명점에 의존되어 있거나 또는 의존되어 있는 것으로 느끼고 있다고 여기고 있는 것이다. 운명점은 자아 약화와 실재적인 사회적 무력감을 전제로 한다.

객관적인 관계들로부터 발생하는 모든 어려움, 특히 경제적인 어려움은 개인적인 결단력이나 심리적인 통찰을 통해 즉각적으로 제어될 수 있다는 것이 명확하게 표현되지 않은 채 계속해서 전제된다. 통속 심리학은 사회적인 아편이 된다. 사람들에게 해악이 놓여 있다는 것이 이해되도록 사람들에게 부여되어 있다는 것이 전제되고, 이러한 해악은 세계 자체와 는 그렇게 나쁜 상태에 놓여 있지 않다는 것이 전제된다. 운명점은 보편적 의존성과 허약함에 대한 관념을 영리하게 변경시키며, 이러한 관념에서 독자를 붙잡아 맨다. 한편으로, 개인적인 힘들이 개별적인 행동, 개별적인 심리의 영역의 건너편에 위치하고 있으며 모든 비판으로부터 벗어나 있는 것이다. 형이상학적인 위엄을 지닌 존재라는 것이다. 다른 한편으로는, 객관적으로 앞에 그려져 나타나는 별들의 배열을 따르고 복종과 순응이 행해지기만 하면 그러한 객관적인 힘들에 대해 아무것도 두려워할 필요가 없다는 것이다. 이렇게 해서 위험이 개인에게로 옮겨지며, 무력한 사람들에게 ―점성술사는 이들의 초자아에 항상 호소한다― 권력이 배당되는 것이다. 자기 자신을 비판하되 주어진 조건들을 비판하지는 말라는 지속된 요구는 사회적인 타협주의의 국면과 상응한다. 운명점은, 전체적으로, 사회적인 타협주의의 대변자가 된다. 운명점이 주워 올리는 것들인 개별적인 곤궁들이 ―항상 약하고 묽은 정도라고 할지라도― 손상된 전체das Ganze를 가리키게 되면, 이러한 곤궁을 어떻게 대해야 할 것인가에 대한 조언은 기존의 질서에 대한 믿음을 끼워 맞추어 만드는 것을 즉각적으로 시도한다. 모든 것을 규정한다는 운명의 비합리성, 도움을 약속한다는 별들의 비합리성은, 개별 인간을 위협하면서 동시에 개별 인간을 유지시키는 사회가 만들어 놓은 베일이다. 운명점이 통지해 주는 것은 다른 것이 아닌, 바로 현재 상태status quo이다. 이러한 내용들은 사회가 그렇지 않아도 원래부터 개별 인간에게 내놓는 요구들을 ―이렇게 함으로써 개별 인간이 그 기능을 행할 수 있게 하기 위해서― 반복한다. 운명점은 곤란에 처해 있는 사람들에게 이성적이 되어야 할 것이라며 그들을 쉬지 않고 마법으로 불러낸다. 비이성적인 것, 무의식적인 욕구들이 오로지 이성적인 것을 위해서만 허용되며, 이것은 상당히 만족감을 느끼는 개별 인간이 더욱 잘 타협하는 인간이 되도록 하기 위함이다. 운명점은 평평한 상식을 선동한다. 이것은 의심의 여지가 없이 명백하게 인정되어 표상된 가치들을 수용하는 태도이다. 경제적으로 오래전부터 뒤집어지지 않은 경쟁 원리의 통용이 완성되었고 변화될 수 없다는 태도인 것이다. 오로지 성공만이 기준이 된다. 어떤 방식으로든 무책임한 모든 것, 변덕스러운 것, 또는 시간을 도박으로 보내는 것은 경멸의 대상이 된다. 영화 산업의 지배자들이 오래전부터 스스로 긍정적인 의미로 사용하는 "꿈의 공장"이라는 (경멸적 뜻을 갖는) 표현은 반쪽 진실만을 말하고 있을 뿐이다. 이 표현은 기껏해야 "표명된 꿈의 내용"에 적합하다. 합성된 꿈이 이 꿈이 공급된 사람에게 자행하려고 하는 것, 난해한 상형문자처럼 암호화시키는 것은 어떤 경우에도 꿈에 대한 재료를 담고 있지 않다. 관리된 점성술도 역시 그 추종자들이 매일 겪는 경험을 통해 익숙하게 되지 않은 것, 의식이 되었든 또는 의식이 되지 않든 매일 추종자들에게 전해지는 것을 추종자들에게 전혀 제공하지 않는다. "네가 너인 상태로 있으라"라는 격언은 조롱거리가 된다. 사회적으로 조작된 자극들은 계획되지 않았음에도 이미 생산된 정신상태를 영구화한다. 동의어를 반복하는 수고도 낭비되지 않았다. 프로이트는 심리적인 방어 메커니즘들이 얼마나 불확실하게 머물러 있는가 하는 점을 강조한 바 있었다. 만족시키는 것이 충동에서 거부되거나 또는 만족시키는 것이 지연되면, 충동이 신뢰성 있게 통제될 수 있는 경우가 드물며, 오히려 충동이 폭발하는 경향으로 나아가게 된다. 지금 여기에서의 거부가 미래에서의 지속적이고도 완벽한 충족의 보증으로서 명령하는 합리성 자체에 문제성이 있기 때문이다. 합리는 유예된 행복을 항상 반복적으로 사취한다. 합리는 그것이 제기하는 요구만큼 그렇게 합리적이지 않다. 이렇기 때문에 다음과 같은 이해관계가 생긴다. 지칠 줄 모른 채 사람들에게 이데올로기들과 행동방식들을, 다시 말해 그렇지 않아도 원래부터 일찍이 형성되었으며 사람들이 결코 한 번도 완전하게 자신과 동일화시킬 수 없었던 행동방식들을 머리에 주입시키는 이해관계가 발생하는 것이다. 이렇기 때문에 또한 비합리적인 만병통치약에 따라 자신을 전체 체제 안에서 ─전체 체제는, 강제적 속박의 틀에 붙잡혀 있는 주체들이 비이성을 꿰뚫어 볼 수 없는 상태에서, 사람에게 고유한 이성의 힘에 대한 신뢰, 전체에 들어 있을 수 있는 가능한 이성에 대한 신뢰를 파괴하였다─ 움켜쥐려는 준비 상태가 사람들에게서 발생한다.

독자들을 미성숙에 머무르게 하는 운명점 난은 독자들의 체험에 의해 항상 반복적으로 비난을 받게 된다. 운명점 난은 이 점을 망각하지 않는다. 운명점 난은 말을 걸어오는 독자를 중요하면서도 동시에 의존되어 있는 존재로 구성하는 것을 통해서 운명점 난이 비난을 받게 되는 문제에 대처한다. 그러나 이러한 대처만으로는 충분하지 않다. 운명점 난이 모든 관심을 상실하지 않으려면 충동 갈등들이 투명하게 비쳐 보여야만 한다. 독자의 서로 충돌되는 의무들과 욕구들은 점성술 난을 구성해 나가는 형식을 통해서, 더 정확히 말하면 점성술 난에 고유한 수단인 시간에서 균형이 유지된다. 점성술은 지상에서 발생된 것을 별들로부터 읽어 내는 요구를 제기한다. 이것은 오늘날의 점성술적인 우주의 언어에서는 다음과 같은 것을 지칭한다. 어떤 특정한 날, 어떤 특정한 시간에 행하는 것을 권유하는 안내나 또는 피해야 될 것에 대한 안내를 제공하는 것을 일컫는 것이다. ─ 점성술사가 하루 전체를 하나의 통일적인 기본 배열과 관련시키는 것도 빈번하게 나타난다. 이렇게 함으로써 시간의 우위가 추상적으로 통지된다. 잠재적인 갈등들도 또한 시간이라는 수단 내부로 옮겨진다. 운동 경기의 심판과 같은 역할이 시간에게 할당되는 것이다. 서로 모순되는 주장들을 하나의 공통분모로 가져가는 기술은 매우 단순하면서도 재치가 있다. 모순을 보이는 것은 여러 상이한 시간대로, 대부분의 경우 같은 날의 상이한 시간대로 분할된다. 이에 대한 실재적인 모델은 노동과 여가의 리듬이거나 또는 공적인 생활과 사적인 생활의 리듬이다. 운명점도 이러한 리듬을, 마치 자연적인 이분법을 표현하기라도 하는 듯이, 실체화한다. 점성술이 말해 주는 정확한 시점을 사람들이 놓치지만 않는다면, 이것이 은밀하게 이해되는 것이 존재하며, 이렇게 해서 모든 어려움이 해결된다는 것이다. 이렇게 하지 않으면 우주적인 리듬을 거역하는 것이 되었다는 것이다. 하루의 노동에서 중심적인 노동이 이루어지는 오전은 점성술적으로 볼 때 현실 원리와 자아 원리를 대변한다는 시간으로 다루어진다. 이에 반해, 일반적으로 여가 시간을 남겨 놓는 오후와 저녁은 욕구 원리가 허용되는 형태들이 보증되는 시간대이다. 이렇게 되면, 사람들은 운명점이 삶의 단순한 기쁨이라고 명명한 것을, 특히 매스미디어가 만족을 보장하는 것을 즐기게 된다는 것이다. 이렇게 해서, 가짜로 이루어지는 해결이 신문의 점성술 난에서 성공에 이르게 된다. 욕구와 거부의 이것이냐/저것이냐가 먼저/그리고 나서로 변모된다. 욕구는 욕구와는 다른 어떤 것이 된다. 다시 말해, 노동의 단순한 보상이 되는 것이다. 역으로, 노동은 즐김의 대가가 될 뿐이다.

시민사회적인 평범한 말인 "일할 때 일하고 놀 때 놀아라"에 따라 노동과 즐김은 서랍에서 서로 떨어져 있는 채 놓여 있다. 충동과 감정은 진지한 이성적인 활동에 의해 방향이 바뀌어서는 안 된다는 것이다. 의무의 어떤 그림자도 잡아 늘이는 것을 흐리게 해서는 안 된다는 것이다. 생산과 소비에 맞춰진 경제적 이분화는 개인들의 삶의 형식에 투영된다. 동시에 강제적 특징들이 명백하게 드러난다. 깨끗함은 생존의 질서에 맞춰 이상理想이 된다. 노동과 즐김의 두 영역 중에서 어느 영역도 다른 영역에 의해 더럽혀져서는 안 된다. 이것은 노동력의 착취를 위해 좋은 것이 될 수도 있을 것이다. 그 이상의 의미는 거의 없다. 모든 놀이적인 것으로부터 벗어나 있는 노동은 비참하며 단조롭게 된다. 즐김은, 현실의 내용으로부터 노동과 마찬가지로 냉혹하게 분리된 채, 무의미하고 어린이와 같은 모습을 보이면서, 단순한 오락이 된다. 이렇게 됨으로써 즐김은 인간의 노동력을 재생산시키는 벌거벗은 수단이 된다. 반면에, 실체적으로 목적으로부터 벗어나 있는 행위는 현존재가 지고 있는 부담을 지탱하고 이 부담을 순화시키려고 노력함으로써 보존된다. 진정한 즐거움은 중대한 일이다Res severa verum gaudium. 통합으로부터 벗어나는 과정이 노동과 개인의 행동모형으로서의 놀이의 극단적인 분리에서 그 정점에 이르게 된다는 점은 의문의 여지가 없다. ― 운명점 난의 필자도 잔혹한 단조로움에 종속된 기능들을 소외된 노동에 대한 내적인 저항과 마찬가지로 잘 의식하고 있다. 소외된 노동은 임의적으로 투입된 다른 모든 사람에 의해서도 역시 마찬가지로 잘 실행될 수 있을 것이다. 그럼에도 불구하고 독자들은 소외된 노동에 그들의 모든 주의력을 향해야 할 것이라고 끊임없이 경고를 받게 된다. 운명점은 어떤 경우에도 노동과 즐김을 똑같이 높게 평가하지 않는다. 유용한 노동의 우위는 어느 곳에서나 흔들리지 않는다. 욕구와 즐김이 더욱 높은 목적으로서의 진척, 실제적인 성공에 기여해야 한다는 것은 공리적公理的이다. 이처럼 공리적인 것에는 아마도 이데올로기적인 이해관계가 붙어 있는 것 같다. 생산관계들이 소외된 노동에 저항하는 사람들에게 노동을 계속해서 부당하게 강요하는 동안에도, 기술적 진보가 육체적으로 가혹하고 단조로운 노동을 이미 잠재적으로 불필요한 것으로 만들기 때문이다. 그 밖에도, 신문의 점성술 난은 규제되지 않은 즐김이 시민사회적 성격에 만들어 놓은 죄책감을 알고 있다. 점성술 난은, 휴식에 대한 이성적인 기준이 허용되어 있으며 이것은 건강에 좋은 것이라는 슬로건을 통해 죄책감을 가라앉힌다. 그 외에도, 점성술 난은 경제적으로 직접적으로 유용한 즐김이 존재한다고 말한다. 실제적인 이득을 얻을 목적으로 즐김에 들어 있는 모순은 기괴하다. 점성술 난은 사람들이 당연히 행복해야 된다는 것을 도덕적 규범으로서 떠들썩하게 퍼뜨리고 있는 것이다. 점성술 난이 통속적인 심리학에서 "장애"라고 지칭하는 어려움을 독자가 극복할 수 있도록 독자에게 용기를 북돋아 주는 동안에도, 점성술 난은 동시에 리비도적인 욕구들을 —이것들이 갖는 의미는 합리적인 이해관계들의 명령에 역행한다— 점성술의 지배 아래에 종속시킨다. 자발성, 비자의성은 통제에 놓이게 되며 처리될 수 있는 것으로 된다. 이렇게 되는 것은 무의식적인 것이 있는 곳에서 자아가 생성되어야 한다는 프로이트의 격언에 대한 조롱과도 같다. 어떤 사람이 적응된 존재가 되려고 하거나 또는 최소한 적응된 존재로 통용되려고 하면, 그는 즐김을 자기 스스로 강제적으로 부담해야 하며 자기 자신에게 욕구를 강요할 수 있어야 한다.

개별 인간이 그의 개인적인 관계에 대해 갖는 관계가 소망과 양심 사이의 심리적인 갈등에서 여러모로 고통을 받는 반면에, 개별 인간과 사회적 전체 사이의 대립주의는 본질적으로 충동 동역학적인 구조들에 환원될 수 없고, 오히려 객관적인 사회적 차원에서 발생한다. 2개의 상相을 갖는 도식은 객관적인 사회적 차원에서 적용된다. 현존재를 유지시키기 위한 투쟁에서 강력하고 굽히지 않는 개인들처럼 행동할 것을 독자들에게 권장한다. 일단은 권유한다. 그리고 나서 순응하고 고집을 부리지 말하고 다시 권장한다. 개인의 제한되지 않은 발전, 개인의 자유, 개인의 비굴종에 대한 전통적으로 자유주의적인 이념은, 사회가 조직적으로 요구하는 것들에 저항하지 않고 자신을 종속시킬 것을 개인에게 더욱 많이 강요하는 단계와 더 이상 결합될 수 없다. 앞에서 말한 개인과 동일한 개인에게서, 그가 같은 시점에서 마찰 없이 적응하고 가차 없이 개별적으로 되었다고 말할 수 있는 것을 기대하기는 어렵다. 그 사이에 이데올로기로 색 바랜 개인주의를 더욱더 강력하게 고집하게 된다. 개인주의는 위로가 된다. 운명점은 개인이 그렇지 않아도 경제적으로 종속되어 있는 사물화를 개인에게서 심리적으로 반복하여 주입시키며, 개인을 성분들로 분해

한다. 지나치게 많이 이야기되었던 통합은 불가능하다는 점을 마지못해 확인하면서 개인은 적응의 성분들, 자율의 성분들로 되는 것이다. 적응과 자율이라는 두 가지 요구는 물론 실재적으로 서로 모순 관계에 놓여 있을 뿐만 아니라 동시에 서로 얽혀 있다. 오늘날에서도 성공은 자아 약화와는 전적으로 다른 것인 개인들의 자질에, 이것이 이전 시대의 주체가 갖고 있던 자질과는 매우 상이하다고 할지라도, 의존되어 있다. 적응은 개별성과 분리될 수 없는 것인, 쉽게 조종될 수 있는 가능성을 요구한다. 역으로, 개별적인 자질은 오늘날 잠재적으로 가능한 성공에 맞춰 다른 것을 위한 존재로서 선험적으로 평가된다. 이렇게 해서, 자본주의적으로 가장 발전된 나라들에서는 "독창적인 이념"은 잘 팔리는 그 어떤 것이라는 점이 자명한 사실로서 통용된다. 상황은 어느 정도 역설적이다. 지배적인 삶의 조건들에 적응하려고 하는 사람은 그에게 고유한 독특한 이해관계들을, 즉 개인의 관계들을 가차 없이 추구해야 하기 때문이다. 그는 적응하지 않는 것을 통해서 적응해야 한다. 다른 한편으로는, 자발적인 개별성의 전개도 필연적으로 역시 적응, 비-자아와의 동일화를 요구한다. 개별성은, 그것 자체로는 강력하게 강조되어 있지만, 추상적으로 머물러 있는 것 같다. 개별성이 객관성에 의해 캡슐에 넣어지면서 개별성이 수축되는 것이다. 우리가 개별성과 적응이라는 개념들을 서로 분리시키고 두 개념을 반목시켜 비변증법적으로 어부지리를 얻는 한, 적응의 개념을 물신으로 만드는 사회의 성격을 파악하는 일을 그르치게 된다. 이러한 요약은 그러나 운명점이 서로 하나로 결합시키기 어려운 요구들에 대한 보편적인 공식을 생각해 내는 것을 운명점에게 허용한다. 사람들은 당연히 개별적이어야 하지만, 그럼에도 —완곡하게 빙 둘러대면서 말하고 있듯이— 협조적이어야 한다. 통속 심리학의 용어에서는 외향성이 내향성을 희생시키는 대가로 칭찬되는 경우가 자주 나타난다. 운명점은, 사실상으로는, 어떤 사람이 사회적인 규범에 완전하게 숙달하게 되는 것을 기대하지 않는다. 운명점은 오히려 어떤 사람이 외부로부터 생기는 요구들에 복종하는 것이 필요하게 되는 한 그러한 요구들에 복종하겠다고 말하는 것에 만족한다. 이러는 동안에도 운명점은 같은 시간에 그 사람을 자극한다. 다시 말해, 그 사람이 처벌을 두려워할 필요가 없는 한 어떤 원시적인 조야함의 상태로 주저 없이 되돌아가라고 교사하는 것이다. 완고한 복종과 규범들의 결여된 투사가 함께 등장하고 있는 것이다.

신문의 점성술 난이 팔아먹는 과도하게 실제적인 근성에서는 비합리주의, 정신적인 상흔들이 스스로 나타난다. 균형에 대한 의미가 결여되어 있는 것이다. 실제적인 것은 과대평가된 이념이 된다. 실제적인 것으로 강조되어 추천된 많은 행위들과 행동방식들의 실재적인 효과는 지나칠 정도로 근소하다. 운명점에서 중심적인 역학을 하는 효과, 즉 외부적인 것을 돌보는 것의 효과, 또는 사람들이 "소유에 관한 용건들로 정리하거나 또는 재정적인 문제를 가족과 상의하는 것, 즉 가계부의 문제로 추정되는 일처럼 사소하면서도-바쁜 용건들의 효과는 매우 미세하다. 항문기期에 붙들어 둘 수 있는 소유물과 나란히 하면서, 사회적인 모멘트들도 동시에 게임에 들어서게 된다. 독립적인 소유물을 획득할 수 있는 가능성은 오늘날 다수의 사람들에게는 자유주의의 전성기에 사람들이 믿고 싶었던 —그것이 옳은 것이든 또는 옳지 않았던 것이든— 것보다 훨씬 제한되어 있다. 신문의 점성술 난은 이처럼 유쾌하지 못한 일을 이용한다. 소유물이 옛 시절에 비해 일단은 더 이상 많이 획득될 수 없다면, 다음과 같은 성공이 —점성술 난은 이처럼 그 모습을 드러내 보인다— 그 목표로 설정될 수 있다는 것이다. 다시 말해, 우리가 갖고 있는 것, 계획한 것, 숙고한 것, 계산한 것을 영리하게 활용하기만 하면 무모한 기업가주의를 거부하는 성공이 목표가 될 수 있다는 것이다. 노동에 강제적으로 묶여 있는 사람들은 그렇지 않아도 원래부터 이러한 성공을 주장한다. 종이 위에 사업의 커브를 그리고 표를 만들며 사업계획을 머리에 그리는 것은 확

장적인 투기에 대한 대체가 된다. 오로지 텅 빈 형식만이 돈을 만드는 것
으로부터 살아남는다. 운명점은 비현실적인 현실주의를 연습시킨다. 말
이 붙여지는 ―허구적으로― 대상이 된 사람은, 즉 대략적으로 어떤 상상
적인 업무대리인이 되는 사람은 그가 일단은 사장이 될 수 없기 때문에
비현실적인 현실주의를 최소한 그의 앞에서, 그리고 그에 충실한 사람들
앞에서 연기演技해도 된다는 것이다. 그러나 돈을 벌겠다는, 제한되지 않
은 노력이라는 오래된 이데올로기는 마찰 없이 사이비 활동성으로 넘어
갈 수 없다. 그러므로 운명점의 필자는 기회가 닿을 때마다 점성술의 평
소에 숨겨져 있는 미신적인 토대를 이용할 대로 다 이용한다. 그는 사람
들의 이목을 끄는 물질적 이득을 지적하는 것을 통해 욕심을 채우지 않는
다. 이러한 물질적 이득은 독자가 행하는 고유한 노동이나 또는 독자의
기업가 정신에 힘입는 경우가 거의 없고, 카드로 점을 치는 여자 점쟁이
에서처럼 선견지명의 정말 같지 않은 행동의 덕택으로 얻어진다는 것이
다. "숨겨진 원천들로부터 오는 기대되지 않은 도움"이 특징적이다. 때로
는 비밀에 싸여 있는 친구들도 끼어들면서 숙련자를 마치 동화 속에 들어
있는 선행善行과 함께 포개서 쌓아 올린다. 독자가 스스로 부를 벌어들일
수 있다고 믿는 것이 독자로부터 기대되지 않고, 부가 독자에게 결코 주
어지지 않는 것에 대해 독자가 만족하지도 않는다. 운명점의 필자는 그의
독자가 갖고 있는 격렬한 소망이 무엇인가에 대해 확신하고 있기 때문에
독자를 단조롭게, 이치에 맞지 않는 약속들을 통해서 유치하게 만족시키
는 것을 과감하게 시도한다. 불합리한 약속들은 때로는 독자의 "가장 비
밀스러운 소망들"과 "가장 좋아하는 희망들"에 대한 암시와 연계해서 나
타나기도 한다. 이것은 운명점의 필자가 매번 감성적인 필요에 따라 기재
하는 것을 스스로 끝낸 백지수표이다. 이러한 모든 것에도 불구하고 운
명점은 그것의 일을 끝낼 수는 없다. 별들에 맞춰 보습補習이 이루어진다.
때때로, 조심스럽게 베일에 가려져 있다고 할지라도, 운명점의 소비자는

그의 행복에 아무렇지도 않게 의지해서는 안 되며, 레싱Lessing의 『마르리니에르의 리코Riccaut de la Marlinière』가 행하는 것, 즉 운명을 고치는 것을 행해야 한다고 사주使嗾된다. 대략 다음과 같은 말이 있다.

"너의 행복을 촉진하기 위해서는 무대 뒤에서 사물들을 영리하게 조작하는 날이 있는데, 오늘이 바로 그날이다." .

사람은 사업의 위계질서에서 오로지 개인적인 관계들과 영리한 외교술에 의해 앞서게 되는 것이지 앞서는 것이 성과에 의해 이루어지지 않는다는 경험이 실재로 놓여 있다. 해가 뜰 때 주위가 밝아지듯이 알게 되는 경험이 놓여 있는 것이다. 술책을 써야 한다는 충고에 들어 있는 걱정스러운 점은, 2개의 상相을 가진 도식에 따라, 이러한 충고에 바로 뒤따라오는 경고, 즉 어떤 불법적인 것도 행해서는 안 되고 허용된 것의 경계에서 자기 자신을 지탱할 것을 알려 주는 경고에 의해 취소된다. 죄는 문자 그대로, 그리고 심리분석적 의미에서 보지 않은 것으로 된다.

"법률의 정신과 자구字句를 엄격히 따르는 것은 불안한 정신상태에 있는 상사를 특별할 정도로 만족시킨다"라는 말이, 단어 그대로 즉석에서, 존재한다. 도덕은 표면적인 것으로 된다. 사람들은 자신이 한 행위에 대해 자기 스스로 책임지지 않고 다른 사람들에 대해, 즉 상사들에 대해 책임을 진다. 석명이 충분하게 끝까지 이루어져 석명이 끝난 것으로 볼 수 있다는 이념은 의무로서 표상되지 않고 실제적인 이해관계의 척도에 따라 위협으로서 표상된다.

"당신의 용무에 들어 있는 모든 개별적인 것이 당신에 대한 어떠한 비판도 제기되지 않을 정도로 엄밀하게 정돈되어 있도록 조심하세요." 운명점은 십계명 이외에도 열한 번째의 계율을 선포한다. 운명점은 타협주의 밑에 무질서 상태가 얼마나 빽빽하게 놓여 있으며 타협주의와 무질서가 어떻게 서로 상반된 상태에 놓여 있고 통합이 사회적인 통합에 얼마나 적게 이르렀던가를 잘 알고 있다. 점성술 난의 상식이 보여 주는 비합리성들의 밑에 최종적으로는 좋은 가족, 그리고 점성술이 말을 거는 대상이 된 사람의 주변 환경이 이 사람에게 올바른 길을 가리켜 주고 성공을 보장할 것이라는 보증이 빠지지 않고 들어 있다. 요컨대 개별적인 속성들이 운명점에 의해 자연적인 독점으로 간주되는 것이다. 그러한 토포이Topoi는 자유로운 경쟁이 위협적으로 사라지는 것과 화해하려고 하며, 아마도 또한 새롭게 닫혀지는 사회의 상像을 이미 준비하려고 할 것이다. 좋은 가족이라는, 전통을 의식하는 칭찬의 배후에는 정원 제한Numerus Clausus이 도사리고 있으며, 다수에게 도움이 되어야 한다고 하는 종족 편견이 숨어 있다.

운명점이 갖고 있는 삶의 지혜는 결코 통속 심리학에만 제한되어 있지 않고 경제도 포함시킨다. 이것은 사람들이 사정에 따라 "보수적"이거나 또는 "현대적"이어야 한다는 대안과 같은 대안들에서 나타난다. 여기에서 의도되고 있는 것은 기술적인 방법들과 사업적인 방법들이다. 개인주의적인 이데올로기에 따르면, 새로운 것을 이용하여 시중을 드는 사람만이 성공을 얻는다. 그러나 제한된 수단들을 이용하여 갱신을 도입하려는 사람은 경제적으로 더욱 강한 사람들에 의해 파멸된다. 기아에 허덕이는 발명가의 이미지가 잊혀지지 않는다. 운명점은 실재적인 진퇴양난으로부터 운명점과 독자를 2개의 상相을 갖게 하는 방식으로 교묘하게 일을 진행시키는 방법을 찾아 나선다. 독자는 때로는 "현대적으로", 때로는 "보수적으로" 행동해야 한다는 것이다. 오로지 생산 영역에서 ─운명점을 읽을 것으로 예상되는 독자는 생산 영역에 대해서 어떤 능력도 갖지 못한다─ 그 의미를 갖고 있을 법한 것이 소비의 영역으로 옮겨진다. 독자는 소비의 영역에서 자극적인 신발명품들과 편안한 상태가 된 골동품 사이에서 자유롭게 선택한다는 환상을 품을 수도 있을 것이다. 보수적이라는 표현이 애매한 의미에서 더 빈번하게 사용된다. "보수적인 재정정책"을 밀고 가야 한다는 것이다. 이것이 말하고자 하는 바는, 불필요한 지출을 피해야 한다는 것이다. 이에 반해 운명점이 "현대성"을 조언하면, 여기에서는 독자가 가구를 구입해야 한다는 것이 관건이 된다. 현재 이루어지고 있는, 소비재들의 과잉 생산이 이미 오래전부터 훈련이 된 구매자들에게 가장 새로운 것만을 중요하게 여기게 하는 반면에, 구매자들의 이러한 정신적 성향은 재정적인 예비 자금의 형성을 방해한다. 올바른 것을 맞추기 위해, 운명점은 구매 욕구와 자제를 똑같은 정도로 변호해야 한다. ― "현대적"이라는 표현은 그것의 언어 사용에서 "학문적"이라는 표현의 동의어로서 기능을 갖는 경우가 빈번하다. 숙고를 거친 갱신을 도입하면 더욱 절약하게 된다는 것이다. 동시에 운명점은 학문성과 좋은 기반을 함께 갖고 있음을 보여 줌으로써 운명점에 고유한 언어에서 운명점을 변호한다. 심령적 신비주의가 전체적으로 그렇듯이, 운명점은 고도로 상승된 합리화의 한복판에서 운명점이 주술적 실제라는 의심을 방어하려는 가장 결정적인 이해관계를 갖고 있다. 주술적 실제가 양심의 가책을 받고 있음을 보여 주는 것이 바로, 운명점이 끌어들이고 있는 학문성이다. 주술적 실제가 더욱 비합리적인 되면 될수록, 거기에 어떤 사기성도 없다고 말하는 것이 더욱 열심히 강조된다.

운명점이 역설하는 인간관계의 카테고리들 중에서, 즉 독자의 사적인, 사회적인 관계들의 카테고리들 중에서 가족, 이웃, 친구, 상사의 카테고리가 결정적으로 중요하다. 운명점은 가족에 대해서는 공식적이고 관습적인 낙관주의에 ―이러한 낙관주의에서는 가족이 내집단ingroup의 총체로서 불가침적인 집단이다. 내집단의 총체는 표면상으로 서로 가장 가까운 곳에 있는 작은 공동체에서 무언가 의심스러운 것이 있을 수도 있다는 것을 경련을 일으키면서 거부한다― 광범위하게 맞춰 행동하는 태도를 취한다. 가족에서의 긴장은 일시적인 것에 지나지 않으며, 모든 것은 근본적으로 사랑과 조화라는 것이다. 가족에서 문제성이 있는 것은 오로지 침묵에 의해서만 생긴다는 것이다. 가족생활에 원래부터 들어 있는 자극적인 측면들은 공백으로 남겨져 있다. 운명점이 다루는 다른 모든 곳에서처럼 가족생활의 영역에서도 점성술 난의 이상理想은 외향성이다. 가족은 외적인 삶이 궁지에 몰렸을 때 지원을 보내 준다. 가족은, 삶이 견딜 수 없게 된다고 하는 경우에는 가족이 어느 정도는 고려할 수 있다고 하는 요구 제기와 탄원을 어떻든 고지해 준다. 냉기가 감도는 상像이 의도하지 않게 초래된다. 모든 가족생활은 자유시간의 영역으로 들어가도록 지시된다. 두 개의 상相을 가진 구성은 자유시간을 오후의 중심에, 마치 독자가 자동차와 집을 수리할 때 그렇듯이, 위치시킨다. 남자는 술이나 유흥에 너무 많이 지출한다고 하는 것이 남자로부터 가정假定된다. 최종적으로는 여자가 수중에 있는 돈으로 살림을 꾸려야 하기 때문에 독자는 그의 재정적인 용건을 여자와 상의해야 한다는 것이다. 여자로부터는 대부분의 경우 "가족"에 관한 내용이 추상적으로 말해진다. 이것은 남성 독자에게 그가 공처가라고 멸시를 받는 것을 모면시켜 주기 위함이다. ─ 가족이 충동 욕구들에 대한 사회적 통제를 대변하게 된다. 여자의 불안에서 오는 냉정한 조심성은 남자가 직장에서 반항하고 이로 인해 자리를 잃어버릴 위험으로부터 남자를 막아 준다는 것이다. 재정적인 일을 가족과 상의하라는 조언은 또한 그 반대의 경우를 포함한다. 다시 말해, 낭비벽이 있는 여자의 지출에 대한 통제를 포함하고 있는 것이다. 이러한 여성은, 상품들에 의해 유혹된 소비자로서, 가족 부양을 위해 중노동하는 남성보다 더욱 비이성적인 사람으로 간주된다. 두 번 모두 가족은, 덤으로서, 강력한 공동의 관심들과 함께 생각된다. 적대적으로 될 수 있는 환경에서는 배우자들이 거의 결탁되어 있다는 점도 비현실적이지는 않다. 이러한 환경의 가장 작은 단위의 조직은 오로지 주기와 받기의 근본 원칙에 기반을 두고 있다. 자발적인 공동생활의 형식으로서의 가족은 그 어떤 곳에서도 거의 나타나지 않는다. 그래서 독자는 가족에 대한 관계도 신중하게 계산해야 한다는 것이다. 독자는 자신이 기대하는 연대성에 대해 대가를 지불해야 한다. 투덜거리는 불만족이 계속해서 위협한다. 더 영리한 사람은 양보를 하면서 원시적으로 표상된 일족 族의 분노를 회피한다. 바로 여기에 생산과 소비, 노동과 여가의 영역으로의 분할이 깨지지 않고 성공에 이른다는 점이 기록되어 있다. 삶 자체가 직업생활의, 즉 삶의 목적이 아니고 수단이 되어야 한다고 하는 직업생활의 단순한 부속물로 더욱더 많이 되는 불합리성에 의해 가장 열렬한 예스맨의 현존재도 두들겨 맞는다. 가족 내부적인 충동에서는 여자들이 남자들보다 일반적으로 더 악의가 없고 침착하다. 이렇기 때문에 여자들의 이성에 호소되는 것이다. 남자가 노동을 하는 동안에 남자의 공격성을 억눌러야 하며 공격성을 그와 가까이 있는 사람들, 그에게 의존되어 있는 약자들에게 폭발시킨다는 점에서 가족 내부적인 충돌은 여러모로 근거가 세워진다. 운명점은 이에 대한 책임을 시간이라는 요소에 전가시킨다. 그 원인이 무엇인지 통찰하지 않은 채, 앞에서 말한 특정한 오후 시간이나 집에 머무는 저녁 시간에 해악이 그 알을 품기라도 하는 듯이 말하고 독자는 따라서 특별히 조심해야 할 것이라고 말하면서 책임을 전가시키는 것이다. 심상치 않은 기미가 돈다고 통속적으로 말하는 것의 경험이 주술처럼 불려 나오게 된다. 독자에게는 "가족을 잘 이끌 것"이라든가 또는 친구를 초대함으로써 "가족에게 몇 시간 동안의 좋은 시간을 준비하라"는 긍정적인 조언이 추가적으로 제공된다. 이것은 제도화된 기쁨과 강요된 인간적인 가까움을, 이것들을 자발적으로 남몰래 넣는 것 대신에, 대략 어머니날이나 아버지날의 처방에 따라 밀수입하듯이 손에 넣는 시도들에 해당된다. 실제적인 이유들에서뿐만 아니라 이데올로기적인 이유들에서 아직도 유지되어야만 하는 제도인 가족의 따뜻하고도 보호막이 되어 주는 힘이 사라지고 있음을 느끼고 있기 때문에, 따뜻함과 소속감의 감성적인 요소가 종합적으로 나란히 놓여 있다. 이른바 자발적인 것을 행하도록 사람들에게 독촉되며 압박이

가해지는 것이다. 남자는 그의 부인에게 꽃을 선물해야 한다는 것이며, 그 이유는 선물이 부인과 남편에게 기쁨을 주기 때문이 아니고 남편이 선물을 잊으면 부인이 화를 내기 때문이라는 것이다.

신문의 점성술 난이 가족보다 더욱 빈번하게 끌어들이려고 노력하는 카테고리는 "친구들"의 카테고리이다. 친구의 카테고리는 이것에 대해, 친구의 개념이 그 의미를 널리 상실하였고 미국에서는 ―독일에서보다 더 부담이 없는 상태에서― 대부분의 경우 "지인知人"에 대한 동의로서만 사용된다는 점을 우리가 인정하는 경우에, 설명을 시도하는 것을 스스로 요구하고 있다. 점성술의 전통적인 기본 관념에 따르면, 친밀하고 적대적인 결합은 인간의 사자使者들을 파견한다고 한다. 운명점은 사자들 중에서 친구들을 강조하며 적들을 강조하는 경우는 거의 없다. 친구들과 적들로의 완고한 분할은, 다시 말해 2개의 상相을 가진 배치에 형식에 맞춰 추근추근하게 찾아다니려고 애써야만 하고 미신적인 것의 편집증적인 사고와도 일치하는 분할은 신문의 운명점에 의해서 특별한 사회적인 통제에 놓이게 된다. ―축복을 주는 친구들은 운명점에서는 외부로부터 예기치 않게 찾아온다.― 그들은 개별 인간들이 가족에 대해서, 그리고 공식적인 낙관주의가 묵살하고 싶어 하는 무디고 익숙하게 된 환경에 대해서 많든 적든 의식되지 않은 대립주의와 조화를 잘 이루면서 찾아오는 것이다. 친구들은 선행을 하는 행운아를 갑작스럽고도 이유가 없이 위에서 쏟아부으며, 어떻게 하면 확실하게 수입이 올라갈 수 있는가를 행운아에게 속삭이거나 이목을 끄는 자리를 중개해 준다. 이러한 것의 배후에는 에리히 프롬E. Fromm이 서술하였던 무력감이 놓여 있다. 선행을 위해 공헌하기 위해서는 친구들을 따라야 한다는 것이다. 친구들은 독자보다 더 강하다는 것이며 모든 것에 통달하고 있다는 것이다. 이와 동시에 의존성에서 발생할 수 있는 불안과 증오에 굴복하게 된다. 점성술이 말을 거는 사람이 의존되어 있는 것들의 상像은 나무랄 데 없이 긍정적이다. 의존성의 기생적인 측면은 앞에서 말한 선행의 개념에 대한 끊임없는 지적에서 명백해진다. 선행의 개념은 자본주의 이전의 시대에나 있었던 개념이며, 일의 정당함과 관용이 베풀어진 하찮은 일의 지평에 속하는 개념이다. 친구들에 대한 관계는 사회심리적으로는 공격자와의 동일화라는 현상에 가까운 곳으로 밀고 들어가는 관계이다. 친구들은 상사들에 대한 관대한 가면들이, 단지 이런 가면들만이 되는 경우가 흔하다. 합리적이고 직업적인 관계들이 감성적인 관계들로 변모된다. 사람들이 복종의 외적인 관계에 놓여 있는 관계들, 그리고 사람들이 두려워하지 않을 수 없는 관계들은 사람들에게 최상으로 호의를 갖고 있다는 것이며 사람들은 이러한 관계들을 사랑해야 한다는 것이다. 점성술이 말을 거는 사람은, 임의적으로 대체될 수 있는 그가 하나의 사회적인 기능을 충족시켜도 된다면, 이처럼 기능을 충족하도록 허용된 것을 영원히 사랑하는 아버지의 헤아리기 어려운 성총의 선택에 감사해야만 하는 것을 느껴야 한다는 것이다. 상사로부터 부하에게 하달되는 규정들은, 이것들이 마치 약한 자의 입장에 있는 부하의 편을 들면서 부하를 도와주기라도 하는 듯이 해석된다.

"명성이 있는 인물은, 당신보다 경험이 많은 인물로서, 준비된 의지를 갖고 좋은 조언을 줍니다. 그의 조언을 주의를 기울여 경청하고 더 좋은 계획을 세울 때 그를 따르세요."

친구라는 운명점-카테고리가 갖고 있는 애매함은 친구에서 사회를 곧바로 의인화시키는 것을 허용한다. 운명점이 매개하는, 사회적인 규범들의 냉혹함은 규정들이 그것들 자체로서 객관적으로 출현하지 않고 인간화되어 등장함으로써 완화된 것처럼 보인다. 이것은 아버지 형상들에 대한 권위가 집단적인 것, 빅 브라더big brother로 실재적으로 넘어간 것과 연관되어 있을 수도 있다. 친구들은 아무것도 강요하지 않으며, 점성술이 말을 건 사람으로 하여금 그가 모든 고립에도 불구하고 당신들 중의 한 사람으로 머물러 있음을 느끼게 하고, 친구들이 그에게 증명하는 선행은 사회가 스스로 부여해야만 하는 선행임을 느끼게 한다. 친구는 또한 때대로 점성술이 말을 건 사람이 갖고 있는 자아 이성의 투사投射이다. 점성술이 말을 건 사람은 내적 대화에서 갈등의 모멘트들을 숙고하는바, 이런 내적 대화가 점성술 난에 의해 펼쳐지는 것이다. 독자는 어린이의 몫을 스스로 담당한다. 반면에 어린이의 몫에서의 성인은 경험된 친구로서의 이 어린이에게 에고Ego의 감정을, 위협적이라기보다는 오히려 진정시키면서, 일으킨다. 그럼에도 친구들은 독자 스스로는 충족시켜서는 안 되거나 또는 충족시킬 수 없는 이른바 소망들을 충족시킴으로써 다시 무의식적인 것을 대변한다. 친구들은 항상 다수로 등장하며, 이것은 친구들이 형제자매이거나 또는, 더욱 개연성이 높은 정도로, 전체적으로 사회의 편에 서 있다는 것을 가리킨다. 이것은 개별화의 부족함과 모든 사람이 모든 사람과 교환될 수 있다고 말하는 것을 의미한다. 때로는 낯선 사람이나 또는 통속소설에서 유래하는 "흥미 있는 외국인"이 친구를 대체시키는 사람이 되기도 한다. 운명점이 내집단과 동일화시켜야만 하고 족외혼적인 소망들을 거부해야만 하는 사람들에게 시선을 돌리면, 신비스러운 낯선 사람이 이런 소망들의 억압된 욕구를 부축하여 일으킨다. "옛" 친구들과 "새로운" 친구들이 조심스럽게 구분된다. 긍정적인 액센트는, 경악스럽게도, 새로운 친구들에게 해당된다. 새로운 친구들이 현재에 적합하다. "역사는 터무니없는 것이다." 이에 반해 옛 친구들은 때에 따라서는 부담으로 고발된다. 현재적으로 더 이상 중요하지 않은 관계로부터 그 어떤 요구 제기들을 도출시키는 권리를 요구하는 사람들로 고발되는 것이다. 운명점은 망각을 향하는 보편적 경향의 대변자가, 그것 스스로, 된다. 지나간 것은 거부된다. 더 이상 현존하지 않는 것, 더 이상 사실이 아닌 것, 눈앞에서 포착될 수 있게끔 더 이상 놓여 있지 않은 것은 존재하지 않는 것에 곧바로 해당된다. 이렇게 됨으로써, 하루가 요구하는 것들에 의해서 어떻게 방향이 빗나가게 될 수 있는가가, 말하자면 그렇게 많이, 파악된다. 운명점은 모든 관습적인 도덕과 예의바름에도 불구하고, 교환원리의 귀결에서, 충실함의 이념을 알린다. 여기에서 지금 쓸모가 없는 것은 제거된다.

경우에 따라서는 조언을 구하는 독자가 친구나 낯선 사람에게 가도록 지시되는 것 대신에 "전문가"에게 가도록 지시되는 것을 보게 된다. 현혹되지 않는, 오로지 전문 지식에 의해 동기가 부여된 행동의 총체를 보게 되는 것이다. 겉으로 보기에는 합리성의 편에 서 있는 전문가의 이념은 그것 스스로 어떤 마법적인 것을 가정假定하였다. 전문가를 맹목적으로 신뢰하는 것은 어려운 일이 될 수 없다. 전문 지식은 그것 나름대로 합리적인 과정들에서, 즉 바로 문외한만이 전문 지식이 갖고 있는 생각을 따라 갈 능력이 없는 과정들에서 기초가 세워져 있기 때문이라는 것이다. 합리성과 무의식적인 금기를 같은 정도로 위배하게 되면, 전문가의 권위가 상처를 입게 된다. 바로 이것의 위에 운명점이 집을 짓는다. 능력 있는 직장인과 아버지 형상을 하나로 대변하는 상사가 운명점에게, 형편에 더욱 알맞게, 다가온다. 사적인 관계들에 대한 대부분의 지적이 상사에게 해당되는 것들이다. 상사의, 상반 감정이 병존되어 있는 상像은 2개의 상相을 가진 모형에 친구의 모형보다도 더욱 잘 어울린다. 신문의 점성술 난에 따르면, 상사들은 끊임없이 책임을 추궁한다. 사람들은 상사에게 복종하여야 한다. 상사들은 부하의 힘을 상승시키는 것을 그 의무로 떠맡는다. 상사들이 부당한 것을 강요하고 허풍 치는 사람들로서 비난을 받는 경우도 드물지 않다. 이것은 그러나 거의 같은 숨소리에서 철회된다. ─ 객관적으로 위협적인 것은 상사의 더욱 높은 도덕적인 권리나 또는 더욱 뛰어난 통찰에 의해 철회된다. 주관적으로 위협적인 것, 즉 변덕스러움과 비이성은 상사들도 문제, 걱정, 약점을 갖고 있다는 것을 상기시킴으로써 철회된다. 이러한 것들에 대해 하급자가 상급자가 된 마음으로 이해해야 마땅하다는 것이다. 아이에 대해 불평하는 부모를 사랑스러운 존재라는 점을 통해서 자신과 화해시키고 싶어 하는 어린이의 견본에 따라 상사들을 달래야 한다는 조언이 극도로 빈번하게 이루어진다. 여기에서는 의무들의 충족이 문제가 되는 것보다는 영리하며 탄력적으로 간접적인 방법으로 위계질서에서 목적을 이루는 방법이 더욱 많이 문제가 된다. 상사들이 베푸는 은혜를 보존시키기 위해서는 그들을 우아한 아부를 통해 다루어야 한다는 것이다. 운명점이 권유하는, 각오가 되어 있는 마음가짐에서는 때때로 매수의 측면도 역설적으로 드러난다. 약자는 강자를 꾀어내서 자기의 일을 보아야 한다는 것이다. 이것은 미화된 어법에 의해, 다시 말해 하급자와 상급자 사이의 "서로를 만족시키는 인간관계"가 중요하다는 어법에 의해 다시 접하게 된다. 인간관계라는 것이 이렇다는 것이다. 점성술이 사용하는 언어의 미화된 어법적인 특징이 일반적으로 두드러지게 나타난다. 이러한 특징은 오래전부터 내려오는 미신, 즉 어떤 것도 불려 나와서는 안 되며 그것의 진정하고도 위험한 이름에서 명명되어서는 안 된다는 미신에 의해 유지된다. 이것은 조언을 구하는 사람에게 그가 운명점으로부터 희망하는 돌봄을 부여한다. 그러나 그가 통찰을 얻기 위해, 잘못 생각하여, 점성술에 시선을 돌렸음에도 그가 얻고자 하는 통찰은 처음부터 거세되고 만다. 인간관계에 그 비중이 놓여 있는 강조에도 불구하고, 상사에게 복종하고 시중을 드는 것이 이득이 된다는 암시가 빠지는 경우는 드물다. 상사의 상像은, 폭군처럼 감정을 폭발시키는 행동 사이에서, 자기 자신에 대해 스스로 흥분된 채, 자녀들에게 자신은 자녀들의 가장 좋은 친구이며 자녀들을 오로지 최상의 자녀들로 키웠다고 단언하는 아버지의 유형을 흉내 낸 것이다. 상사가 이룬 성공과 자리는, 운명점에 따르면, 오로지 상사의 내적인 자질 덕분이다. 신이 어떤 사람에게 자리를 주면, 신은 그에게 오성도 부여한다는 것이다. 위계질서적인 구조들이 찬양되며 동시에 물신화된다. "중요한 인물", "유명한" 또는 "영향력이 많은"과 같은 위세를 나타내는 미사여구들이 더욱 높은 자리에 관한 위엄으로써 칭칭

감긴 채로 나타나는 경우도 흔하다. 인간관계에서 가장 중요한 것은 다른 사람과 말을 할 수 있고 다른 사람을 설득할 수 있는 능력이라는 것이다. 바로 이 점에서 운명점은 운명점에 말을 거는 사람들의 공격적인 충동과 마찬가지로 수동적인 복종심에도 들어맞는 것이다. 강한 사람을 부드럽게 하고 그로 하여금 친밀한 기분을 가지게 하려는 노력은, 터놓고 말함으로써 동시에 목을 걸고 말하려는 무의식적인 소망으로부터 가까이 다가오는 노력이다. 억압된 사람들은 자유롭게 말하려는 욕구를 사실상 가장 깊은 내부에서 갖고 있지만, 이런 욕구를 억눌러야만 하거나 또는 곤란을 뚫고 나아가게 해 주는 잡담을 통해 조절해야만 한다. 운명점이 사람들을 묶어 두고 있는 실제는, 사람들이 담지하는 모순들을 간사한 노예 근성을 통해서 여러 가지로 배의 주변을 돌게 한다. 이것은 자신이 의존되어 있는 남자를 속이고 싶어 하는 여자의 전술과 비교될 만하다. 운명점은 사람들이 자신의 이해관계를 위하여 스스로 이해관계를 포기하는 것을 사람들에게 가르친다.

　점성술적인 유행은 지난 수십 년 동안 증가되었다고 보아도 된다. 이것은 무속인들을 위한 경제적인 신천지로서 증가될 뿐만 아니라 주민들이 점성술에 전염되는 정도가 증가하고 있기 때문이다. 점성술적인 유행은 심리적이나 사회적으로는 점성술 자체보다 더욱 치명적이다. 이러한 유행은 보편적이고 소외된 의존성의 현상, 내적이고 외적인 의존성의 현상에 그 기초를 두고 있다. 운명점은 이러한 의존성으로부터 출발한다. 운명점은 이러한 의존성을 은폐시키고, 접근하며, 착취한다. 이와 동시에 여기에서 관건이 되는 것은 인간의 다수가 조직화된 사회에 전통적으로 단순히 의존되어 있다는 사실이 아니고, 삶에 대한 사회적 조직화의 증대, 관리된 사회의 수를 셀 수 없는 촉수들에 의한 개별 인간의 포박이 관건이 된다. 초기 시민계급의 자유주의에서는, 최소한 자유주의의 이데올로기에서는 사회에의 근본적인 의존성은 대다수 사람들에게 ―대략 자율적으로 그 기초가 세워져 있고 자유롭게 자기보존을 하는 단자로서의 개인에 관한 이론에서 보이듯이─ 감추어져 있었다. 복면은 오늘날 떨어져 나갔다. 사회적 통제의 과정들은 개별 인간이 그 법칙성에 대해 아무것도 모르는 익명의 시장이 갖고 있는 과정들이 더 이상 아니다. 사회가 가리키는 지시와 지시를 받는 사람들 사이의 매개를 관할하는 것들은 현저하게 사라지고 있으며, 개별 인간은 정점으로부터 내려오는 규정들과 직접적으로 마주 대하고 있는 자신을 반복적으로 보게 된다. 이러한 모습으로 출현하는 의존성이 사람들로 하여금 전체주의적인 이데올로기에 전염되도록 하는 것이다. 점성술도 또한 선두에 선 마차로서 전체주의적인 이데올로기에 도움을 준다. 증대되는 의존성에의 통찰은 그러나, 완화되지 않은 채, 오로지 가혹하게 감내될 뿐이다. 사람들이 이처럼 증대되는 의존성이 잘못된 것이라고 인정하면, 다음과 같은 상태를 더 이상 견딜 수 없게 된다. 다시 말해, 사람들이 이 상태를 변화시킬 수 있는 객관적인 가능성을 보지도 못하고 이 상태를 변화시킬 수 있는 물리적 힘을 자신에게서 느끼지도 못하게 되는 상태에 직면하게 되면서 이 상태를 견디지 못하게 되는 것이다. 이렇기 때문에, 사람들은 의존성을 책임으로부터 벗어나 있는 어떤 것에 투사시키는 것이다. 그것이 별들이건, 그것이 국제적인 은행가의 음모이건 관계없이 그렇게 투사시키는 것이다. 사람들이 이러한 착상에 빠져들 수도 있게 되는 것이며, 점성술을 아는 사람들은 피할 수 없는 상황에서의 훈련을 위해 자기 자신에 대해 도를 넘어서면서 ─그들 중에서 많은 사람들은 자신이 갖는 확신을 전혀 진지하게 받아들이지 않으며, 자신의 확신을 가벼운 자기 경멸과 함께 아이러니로 만드는 것에서 보는 것처럼─ 빠져들었던 것이다. 점성술은 의존성의 단순한 표현일 뿐만 아니라 의존된 사람들에 대해서는 의존성의 이데올로기이기도 하다. 피할 수 없는 관계들이 객관적으로 공공연하게 광기 체계에 유사하게 됨으로써, 점성술은 강제적이고 스스로 편집증적인 정신적 행동을 요구하는 것이다. 폐쇄성이 광기 체계와 사회의 체계를 서로 결합시켜 줄 뿐만 아니라 대부분의 사람들이 그들이 행하는 것의 체계적인 것, 그들의 노동을 은연중에 비합리적이고 비이성적인 것으로서 경험한다. 그들은 그들 자신이 한 부분을 형성하고 있는 메커니즘의 목적을 더 이상 파악하지 못한다. 그들은 거대한 메커니즘이 그들의 욕구를 위해서라기보다는 메커니즘 자체의 존속을 위해 존재하며 기능을 발휘한다는 의심을 품고 있다. 빈틈이 없는 조직화에게 수단은 물신적으로 목적이 된다. 모든 사람은 전체에 들어있는 자기 소외를 피부로 느낀다. 자기가 정상적이라고 생각하는 사람들조차도, 다시 말해 아마도 이 사람들조차도 특히 광기 체계들을 받아들일 것이다. 광기 체계들이, 이 사람들에게도 똑같은 정도로 불투명한 사회의 광기 체계와 구분되는 것이 항상 줄어들고 있으며 더욱 단순해지고 있기 때문이다.

포착되어 있으며 자신의 운명에 대해 아무것도 할 수 없다는 감정에, 체계는 파괴를 기능적으로 행하는 합리성에도 불구하고 체계 자체를 통해서 파괴의 반대 방향으로 체계를 몰고 간다는 것이 덧붙여서 등장한다. 영속적인 위기에 대한 의식은 제1차 세계대전 이래 사라지지 않았다. 사회의 재생산도, 개별 인간의 재생산도 전통적인 이론에 따르면 정상적인 경제적 과정들에 의해서 더욱 많이 성공에 이르지 않고, 오히려 숨겨지고 피할 수 없는 공급을 통해서, 전면적인 군비 확장을 통해서가 아니라면, 더욱 많이 성공에 이르게 된다. 사회의 더욱 높은 형식이 지평선에 두드러지게 나타나는 정도가 적으면 적을수록 전망은 더욱더 절망적이다. 이에 대해 점성술이 말을 건다. 증대되는 공포를 사이비 합리적인 방식으로 유도하여 문제를 해결하는 것, 범람하는 불안을 견고한 견본들에 묶어 두는 것, 불안을 말하자면 스스로 제도화시키는 것이 점성술이 올린 성과이다. 의미가 없는, 피할 수 없는 것이 공허하고 웅대한 의미로 높여진다. 이처럼 높여진 의미의 공허함은 절망적인 암담함을 표현한다. 이것은 초월성의 패러디이다. 점성술의 실체는 경험세계의 반사에서 쇠진된다. 경험세계의 불투명성은 점성술의 실체가 요술을 부려 선험성을 믿게 하는 곳에서 그 실체를 명중시킨다. 점성술의 실체는 미혹이 없는 회의懷疑에서 즐기는 유형들로 재단이 된다. 점성술의 실체는 종교적인 제의祭儀를 사실들의 어떤 제의祭儀로 ─마치 점성술의, 운명을 품고 있는 실체들처럼, 즉 별들이 스스로 그것들의 사실성에서 불려 나오는 실체들처럼─ 깎아내린다. 별들이 수학적-기계적인 법칙에 종속되어 있는 것들로부터 불려 나오는 것이다. 점성술은 형이상학의 더욱 오래된 단계로 단순히 되돌아가지는 않는다. 오히려 점성술은 모든 형이상학적인 질들로부터 벗어나 있는 것들을 마치 사이언스 픽션science fiction처럼 겉으로 보기에 형이상학적인 본질성으로 미화시킨다. 탈주술화된 세계의 토대는 결코 한 번도 실패하지 않는다. 실체화된 학문은 마지막 단어를 잡아 둔다. 실증주의는 스스로 종교가 되어야 할 것이라는 콩트의 주장이 고약스럽게도 충족된다. 불투명하고 사물화된 객체성의 반사상反射像은 점성술이 동시에 주체들의 ─점성술을 초월하는─ 요구를 똑바로 받쳐 주면서 관점을 갖고 모사하도록 해 준다. 있는 그대로의 현실에 무엇이 같지 않은지를 그 어떤 방식으로 사고하거나 파악하는 능력을 오래전부터 갖고 있지 못한 인간은 동시에 현실로부터 빠져나오려고 절망적으로 노력한다. 무엇이 인간을 그토록 비참하게 만드는가를 의식적으로 꿰뚫어 보려고 정열적으로 노력하는 것 대신에, 인간은 어리석은 예감의 단락短絡에서 주인이 되려는 길을 찾아 나서며, 절반은 이해하고 절반은 달아나면서 이른바 더욱 높다는 영역으로 들어가려고 하는 것이다. 바로 이 점에서 점성술은 영화와 같은 매스미디어와 공유하는 의미를 갖고 있기도 하다. 점성술은 의미로서, 불빛을 비춰 주는 일회적인 것으로서, 자발적으로 삶을 다시 산출해 주는 것으로서 점성술과 마찬가지로 사물화된 관계들을 ─점성술은 이 관계들을 속인다─ 천으로 가린다. 이른바 모든 것을 설명해 줄 수 있다고 하는 별들의 운동은 그것 스스로 아무것도 설명해 주지 않기 때문이다. 별들은 속이지는 않지만, 또한 진실을 말하지도 않는다. 이에 대해 인간이 인간을 속이고 있는 것이다. 별들이 왜, 그리고 어떻게 해서 개별 인간의 삶에 개입하고 있는가에 대해 점성술은 오늘날까지도 말을 하지 않고 있다. 이에 대해 말해야 할 책임이 점성술에 머물러 있었던 것이다. 이에 대해 묻는 사람을 점성술은 학문적으로 하찮은 것을 동원하여 좇아낸다. 증명될 수 없거나 또는 어처구니가 없는 주장들은 사실들과 천체학적인 법칙성의 요소들로 채워 넣어진다. 점성술이라는 이름을 떠받치는, 합리적인 것과 비합리적인 것의 덩어리는, 하나로 합쳐질 수 없는 것이 그렇게 동시에 있는 것에서, 근본적인 사회적 대립주의를 반영한다. 저기에서만큼 여기에서도 똑같이 합리적으로 일이 진행된다. ― 별들에서는 수학에 맞춰, 경험적인 현존재에서는 교환원리에 맞춰 일이 되어 간다. 결합되어 있지 않은 상태는 비합리적인 것이 된다. 점성술사들이 행하는 확인이 항성이 가는 길에 관련되는 한, 그러한 확인은 천체학적으로 통제 가능한 별들의 운동과 일치하는 것을 위해 눈에 뜨이도록 노력한다. 점성술사들은 현재의 사회적인 현존재에 대해 충분히 잘 알고 있다. 희생자들에 대한 그들의 사정査定에는 광기가 있는 생각들의 흔적이 전혀 혼합되어 있지 않다. 점성술 밑에서 관련을 맺지 않은 채 분리되어 합리적으로 다루어지는 사회심리학의 영역들과 천체학의 영역들을 점성술이 어떻게 하면 하나로 합칠 수 있는가 하는 방식을 찾는 것, 바로 이것이 점성술의 비밀과 속임수이다.

분업적인 학문적 사고가 경험의 총체성을 이해되지 않은 것과 헤아릴 수 없는 것으로 어느 정도까지 강제적으로 찢어놓는가 하는 것이 점성술에서 반사된다. 점성술은 분리된 것을 가상적으로, 일격에 하나로 다시 접합시키며, 서로 찢겨져 나간 것은 그럼에도 불구하고 화해될 수 있다는 왜곡된 목소리를 하나로 합쳐 놓는다. 그러나 심리학과 천체학, 인간의 삶과 별들이 서로 결합되어 있지 않다는 것은, 점성술에 아무도 살지 않는 나라에서 그 사이에 정주하게 해 주는 찬스, 그리고 심리학과 천체학, 인간의 삶과 별들의 양쪽을 향해 찬탈적인 요구 제기를 알릴 수 있는 찬스를 허용하게 된다. 점성술의 영역은 관계가 없는 것이 관계를 맺는 것의 영역이며, 이것은 불가사의로서 작동한다. 점성술의 비합리성에서는, 삶의 더욱더 이성적인 재생산을 위해서 노동 분업을 요구하였던 것과 동일한 합리성의 성과로서 노동 분업의 끝에 놓여 있는 비합리성[02]이 메아리로 남아 울린다. 학문적 인식이 이러한 귀결들이 단지 소수의 사람들에게만 통찰이 될 만큼 그렇게 비의적秘義的으로 되지 않았다면, 결합되어 있지 않은 것을 자의적으로 결합시키는 속임수는 가볍게 포착될 수 있을 것이다. 이것은 비의적으로 양식화되는 대중 점성술의 성공에 이롭다. 이런 성공은 도처에서 확산되고 있는 반쪽 교육Halbbildung을 증명해 준다. 인식, 지성적으로 꿰뚫어 보고 설명하는 것의 자리에 정보를 주는 정도의 지식을 설정하는 경향이 대체 심리학으로 실체화된, 사실을 정말로 같은 것으로 믿는 것과 짝을 이룬다. 위대한 철학에서 종합으로 지칭되었던 것이 오그라든다. 위대한 철학의 유산은 이 유산의 패러디, 즉 관계의 광기이다. 순진한 사람들이 ―점성술이 사람들을 속이면서 답변을 주는 물음들에 의해 방해받지 않은 채― 그들의 경험을 오히려 자명한 것으로 감내하는 동안에도, 진지한 태도를 가진 학자들, 판단력이 있는 사람들이 속임수에 저항하고 속임수를 꿰뚫어 보았던 동안에도, 앞에서 말한 관계의 광기는 전면에 보이는 것에 불만족하면서 스스로 비판적으로 노력하려는 의지도 없고 능력도 없는 상태에서 본질을 손으로 더듬어 찾으려고 하

---

02 아도르노는 노동 분업을 요구한 합리성이 종국적으로는 노동 분업의 비합리성으로 귀
착된다고 본다. 이것은 아도르노뿐만 아니라 비판적인 사회이론가들에서 일반적으로
제기되는 테제이기도 하다(역주).

는 사람들을 움켜잡는다. 점성술은 하나의 인간 유형을 공급해 주고 동시에 이런 인간 유형이 생기도록 교사敎唆한다. 다시 말해, 한편으로는 사회적으로 보호 받지 못한 생각이 갖는 힘에 진실을 위해 자신을 내맡길 목적으로 지나치게 회의적으로 사고하지만 다른 한편으로는 모든 사람에게 고통을 주는 사회적인 이율배반들을 긍정적인 것으로 마법처럼 둔갑시키는 비합리성에 저항하는 것에 대해서는 충분히 회의적인 인간 유형, 바로 이러한 인간 유형의 공급과 발생에 점성술이 책임이 있는 것이다. 점성술적인 유행은 퇴행의 정신을 상업적으로 최대한 이용하며 이렇기 때문에 퇴행의 정신을 진작시킨다. 퇴행의 정신의 강화는 포괄적인 사회적 이데올로기에서, 그리고 하나의 자연스럽게 주어진 것으로서의 기존 질서에 대한 긍정에서 통합된다. 개별적인 숙명성에서 무언가를 변화시키려는 의지는 마비된다. 모든 괴로움은 사적인 것으로 하향 조정된다. 순종성은 만병통치약이다. 문화산업이 전체적으로 보아 그렇듯이, 점성술은 어떻든 존재하고 있는 것을 인간의 의식에서 이중적인 것으로 만든다. 점성술이 시장에서 빼놓을 수 없는 것인 종파적인 것의 요소는 점성술의 누구나 접할 수 있는 대중적인 외견外見에서 갈등 없이 적용한다. 하나의 자의적인 신조의 불투명한 특별한 것에서 점성술의 포괄적이고도 독점적인 의미를 지키려는 점성술의 요구 제기는 자유주의적인 이데올로기가 전체주의적인 이데올로기로 전이되는 것을 가리키고 있다. 당의 개념을 모욕하고 부분을 전체로 주저 없이 끌어올리려는 일당 독재 국가의 역설적인 이념과 현실은, 점성술적인 숙련자가 갖고 있는 고집, 그리고 말을 붙일 수 있는 가능성을 거부하는 그의 성격이 이미 알리고 있는 하나의 경향을 완성시킨다. 현상의 심리적인 차원은 역사적-사회적 차원과 간단하게 분리될 수는 없다. 특별한 사회적인 배열관계들은 이 관계들에 더욱 적합한 심리적인 증후군들의 형성을 선별적으로 유리하게 하거나 또는 최소한 이러한 증후군들을 밝혀 준다. 위협적인 대재앙의 시대에서는 편집증적인 특징들이 기동된다. 히틀러에서 보이는 정신병적인 것은 독일 대중에게 행사하는 그의 영향력의 호소였다. 미친 사람의 침전물, 공격적인 광기는 시류를 따르는 민중의 움직임들이, 이러한 움직임들이 공공적인 고백, 과시적인 순결함과 더불어 민주주의를 스스로에게 권하는 곳에서도 역시, 광기에 전염되어 있고 동시에 광기로 인해 마비되어 있음을 보여 준다. 이러한 움직임들에 광신적으로, 의도적으로 자신을 내맡기는 사람은 믿어지지 않는 믿음을 억지로 강행해야 한다. 그는, 다른 사람의 추적에 의해서, 자신에 본유하는 의심으로부터 딴 곳으로 방향을 돌려야 한다. 점성술은 그러한 정치를 비정치적으로 시험한다.

헤르만 슈베펜호이저가 독일어로 옮겼음

1962년

오늘날의 사회적 갈등에 대하여

2개의 세미나를 마치고 나서*

프랑크푸르트 사회조사연구소에서 얼마 전에 2개의 세미나가 실행되었다. 하나는 웃음에 관한 세미나였고 다른 하나는 오늘날의 사회적 갈등에 관한 세미나였다. 세미나가 개설된 목적은 학생들이 특정한 상황들을 직접적으로 관찰해야 한다는 것에 토대를 두었다. 특정한 상황들에 대한 정교한 서술, 그리고 해석의 시도는 더욱 많은 사람들이 함께 살거나 또는 서로 적대적인 관계로 빠져드는 곳에서 사회적인 모멘트들이, 즉 직접적인 동기를 넘어서고 때로는 직접적인 동기에 숨겨져 있는 사회적인 모멘트들이 표현되어 있다는 점을 명백하게 밝혀 주어야 한다는 것이다. 겉으로 보기에 개별적인 공격성의 사회적 중요성에 대한 실질적인 관심이 교육적인 의도와, 사람들이 의도한다면, 결합되었다. 사회적 중요성이 웃음의 토대로서 전제되었으며 관찰한 것들에 대한 분석을 통해서 자주 확인되었다. 2개의 세미나는 화가 나 있는 시선으로 발전하는 데 필요한 연습으로 나타낼 수 있을 것 같기도 하다. 화가 나 있는 시선이 없이는 사회적으로 가해지는 강제에 관한 충분한 의식이 거의 얻어질 수 없을 것이기

---

* 이 텍스트는 아도르노와 우어술라 야에리쉬(Ursula Jaerisch)가 공동으로 집필하였다 (편집자 주).

때문이다. 이론과 경험의 관계에 대해 세미나 토론에서 이루어진 몇몇 숙고들이 여기에서 파악될 필요가 있을 것 같다.

　미국 사회학의 주제로부터 빌려 온 사회적 갈등의 개념은 계급투쟁에 관한 마르크스의 교설敎說을 실증주의적으로 평평하게 만들어 버린다. 마르크스의 교설은, 정치에서처럼, 미국에서 학문적으로 한 번도 완전하게 수용된 적이 없었다. 미국에서는 사회적 갈등을 두고 서로 예리하게 경계가 지어진 민속적 집단들의 긴장 관계가 우선적으로 고려되며, 이어서 사회 개혁이 고려된다. 사회적 갈등의 개념은 지난 수십 년 동안 학자들이 행했던 모든 토론에서 뒷걸음질 쳤다. 르네 쾨니히René König가 1958년에 편찬한 『사회학』은 서로 이웃해 있는 핵심 용어들인 지배, 기동, 층, 사회적 통제를 책에 올려놓고 있지만 계급, 억압, 사회적 갈등은 빠져 있다. 사회학 분야에서는 미국의 경우에 루이스 코저L. Coser가, 독일에서는 랄프 다렌도르프R. Dahrendorf가 사회적 갈등에 대해 비로소 다시 논의하였다. 두 사람은 마르크스의 이론뿐만 아니라 탤컷 파슨스Talcott Parsons의 본질적으로 보수적인 구조기능론에 첨예하게 반대하는 입장을 취하면서 사회적 갈등을 논의하였다. 코저에 의하면, 사회적 갈등들은 기능 장애적인 것, 사회체계에 대해 통합되지 않은 것으로 고찰될 수 없고 그것들의 변칙성의 관점에서만 바라볼 수도 없다. 사회적 갈등들은 오히려 사회적 관계들과 사회적 구조들의 유지, 동화, 또는 적응"[01]을 배려해 주는 원동기와 같은 것으로서 고찰될 수 있다는 것이다. 이것은 게오르크 짐멜Georg Simmel의 다툼에 관한 논문으로 되돌아가는 관점이다. 다툼은 짐멜의 논문에서 이미, 사회적 조직화의 하나의 영역으로서, 다툼을 벌이는 당사자들이 상대방이 명백하게 섬멸되는 것 앞에서 다툼을 중지하는 한

01　Lewis A. Coser, Theorie sozialer Konflikte(사회적 갈등에 대한 이론), Neuwied und Berlin 1965, S.180.

에서만, 적극적인 사회학적 카테고리가 되었다. 상대방이 명백하게 섬멸되는 것은 짐멜에게는, 악의가 없는 자유 사상의 정신에서 볼 때, 하나의 "한계적 경우"이다. 투쟁 자체는 그러나 "둘로 갈라져서 나아가는 이원주의에 대항하는 시정책을 강구하는 움직임"[02]이라는 것이며, 이러한 움직임은 공동으로 인정된 규범들의 매체에서만 선험적으로 실현된다는 것이다. 짐멜은, 형식 사회학적인 동기에서, 다툼의 카테고리를 실체화시키려는 경향을 보인다. 내용적으로 중요한 것은 다음과 같다. 잘못된 대립주의적 상태를 넘어서기 위해서는 다툼이, 대립주의들이 지양될 것 같은 상태인 근본적인 평화의 수단으로서, 필연적이며 정당성을 갖는다는 것이다. 그러나 다툼이 그 자체로서, 동역학의 추상적이고도 해방된 이념을 위하여, 긍정될 수는 없다는 것이다. ― 이러한 모든 것은 짐멜에서 주변에 머물러 있다. 짐멜의 교설은 그 불변식不變式을 대립주의적인 상태로부터 전체적으로 도출한다. 그의 교설은 대립주의적인 상태를, 사회적인 것의 기본 구조들을 교설의 밑에 둠으로써, 변할 수 없는 것으로서 받아들인다. 집단들의 갈등에 대한 코저의 옹호가 ―기존의 사회에 대한 조화주의적인 분석에 대해 비판적인 입장을 취하는 정당함으로 보이면서― 기능장애적인 것의 기능을 강조하는 한, 코저는 짐멜에 접맥되어 있다. 이와 동시에 코저는 안정적인, 합의를 통해서 균형이 유지되는 사회체계들의 모델을 희생시키지 않는다. 뒤이어 발표된 논문인 「폭력과 사회변동」[03]에서 비로소, 대체적으로 비합리적인 것으로 낙인이 찍힌 폭동의 구조에 대한 통찰이 앞에서 말한 그의 입장을 넘어서도록 그를 몰아가고 있다. 사회적 장치에 대한 돌격에 이미 해당되는 폭동에 코저는 사회적 합

02 Georg Simmel, Soziologie(사회학), Leipzig 1908, S.247.

03 Lewis A. Coser, Gewalt und gesellschaftlicher Wandel(폭력과 사회변동), in: Atomzeitalter, Information und Meinung, Heft 11, November 1966, S.321ff.

리성을 측정하는 더욱 높은 척도를, 가능한 한 갈등이 없이 재생산되는 사회의 모델로서, 인정하고 싶어 한다. 변증법을 재발견해야 하는 일이, 사회학이 다루는 대상에 의해서, 사회학에 강요되고 있다.

다렌도르프의 "사회 갈등의 이론"[04]은 "인간이 만든 사회의 역사성, 폭발성, 기능 장애, 강제적 특징을 가정假定하는 것"에 근거하는 모델을 명확하게 사용하고 있다. 파슨스의 구조 모형에는 우연적인 사항이었던 것들이 새롭게 본질적인 것으로 된다. "갈등은 그러한 토대 위에서 변동의 모든 과정들에서 필연적인 인자로서 출현한다. 그렇게 방향을 잡는 것은 더 나아가 균형을 유지하면서 기능하는 안정적인 사회체계, '계급이 없는 사회', '지상 낙원'이라는 유토피아적인 관념을 배제시킨다. — 그렇게 방향을 잡는 것은 유토피아적인 관념을 배제시킴으로써 합의-이론보다는 사회의 현실에, 그리고 (정치 이론의 측면에서는) 자유의 이념에도 더욱 가까이 다가서 있다."[05] 사회적 갈등을 산출하는, 사회의 대립주의적 성격이 감추지 않고 고백되고 있으며, 대립주의적 성격은 물론 다시금 불변의 상수가 되고 있다. 불변의 상수가 되고 있는 것은 이렇게 해서 동물처럼 길들여진, 그것 나름대로 정통성에 대해 물음이 제기되지 않은 사회변동에 머물러 있게 된다. 다렌도르프는 사회에 대한 베버의 생각과 함께 베버의 이상형적인 방법론을 수용하고 있다. 사회는 —지배 단체들이 행사하는 힘인 명령하는 힘에서 명백하게 드러나는— 상위에 놓는 것과 하위에 있는 것에 의해 필연적으로 구조화되어 있다는 것이다. 이런 시각에 따르면 사회 갈등은 "사회적인 단위들의 구조로부터 도출될 수 있는, 다시 말해 초개인적인 것"이 될 것 같다. "… 매우 작은 사회적인 단위들(역

04 Ralf Dahrendorf, Elemente einer Theorie des sozialen Konflikts(사회적 갈등에 대한 하나의 이론의 요소들), in: Gesellschaft und Freiheit, München 1961, S.197f.
05 a. a. O., S.212.

할, 집단)에서는 일단은 대립들이, 즉 어떤 경우에도 구조적인 중요성을 갖지 않으며 따라서 그것들에 대해서 사회 갈등의 이론이 해당되지 않는 대립들이 존재하는 경우가 더욱 빈번하게 나타난다. 다른 한편으로는, 매우 포괄적인 사회적 단위들 사이에서 발생하는 대립들도 역시 때때로 사회학적 설명보다는 오히려 심리학적 설명을 필요로 한다는 점이 추정될 수 있다. 어떤 확실한 자의가 역사에서 보는 많은 전쟁들에 낯설지는 않은 것 같다."[06] 모든 개별적이고도 독특한 행위의 위에 존재하는, 사회구조의 우세가 그 사이에 일단은 이해가 되었다면, 구조적인 중요성을 결코 갖고 있지 않다는 갈등들을 가정하는 것은 의문의 여지가 있다. 이것은 학문적 노동 분업을 사회학적 인식의 대상으로 그 자리를 옮겨 놓는 결과가 되고 만다. 많은 전쟁들처럼 가장 거대한 외연을 가진 사회적 갈등들이 사회적으로보다는 오히려 심리적으로 설명될 수 있다는 추정은 분별력이 없음을 보여 준다. 개별 인간들, 지도자들, 또는 지도자들에 의해 이끌어지는 사람들의 일차적인 심리적 반응들은 압도적인 힘을 갖고 있는 관계들의 ─앞에서 말한 사람들은 이처럼 위력적인 관계들 내부로 편입되어 그 틀에 끼워져 있으며, 위력적인 관계들은 앞에서 말한 사람들에게 그들이 해야 할 행동을 강요한다─ 앞에서는 중요하지 않은 것들일 뿐이다. 객관적인 경향들이 그렇게 공포스럽게는 거의 관철될 수 없었음에도 불구하고, 그것들은 살아 있는 사람들의 관심을 거역하면서 영혼적인 삶까지도 점령하지는 않았다. 심리학은 그러나 역사적인 영역에서는 제도들의 대상화의 결과로 인해 제2차적인 것이다. 지도자들의 많이 이야기되는 행동방식과 빗나감은 때때로 이데올로기적인 동기에서 발원하여 기준이 없이 과대평가되었다. 삶과 죽음을 실제로 결정할 수 있는 권

---

[06] a. a. O., S. 202f.

력을 가진 독재자는 그가 내리는 정치적 결정들에서 그와는 대결 관계를 형성하는 호기好機나 대안에 묶여 있다. 다른 관찰이 아닌, 바로 심리적인 관찰은, 정치적 목적들이 독재자의 본능과 충동 자극에 진지하게 의존되어 있었던 것보다는 오히려 독재자가 본능과 충동 자극을 정치적 목적에 도움이 되도록 한다는 점을 추정할 수 있게 해 준다. 다렌도르프에 의한 사회적-구조적 갈등들과 단순히 심리적인 갈등들의 구분은 사회학이 다루는 것에 대해 우아한 학문 실제적인 선별을 허용해 준다. 그러나 다렌도르프의 구분은 현상들을 —이것들에서 사회적으로 본질적인 것이 읽혀질 수도 있다— 무시하는 위험으로 치닫는다.

서로 경쟁하는 단체들과 정당들의 제도화를 위한 계급투쟁의 통합은 현재의 갈등 이론들의 갈등을 긍정하고 동시에 갈등의 강도를 무디게 하는 도식의 근거를 제공해 준다. 코저는 짐멜이 경쟁 투쟁에서 전개한 근원적으로 자유주의적인 테제, 즉 갈등이 통일체를 진척시키는 효과를 갖는다는 테제를 현재의 복수주의적으로 명명된 사회에 적용시키고 있다. 서로 의존되어 있는 많은 다양한 집단들의 갈등들은, 이것들이 서로 적대하면서 해체됨으로써, 사회체계의 경직을 저지시키는 것과 마찬가지로 사회체계를 고리로 묶는다는 것이다.[07] 지속적으로 진보하는 통합은 지속적으로 진보하는 분화와 함께 진행된다고 주장한 스펜서의 테제가 이 테제를 살펴보지도 않은 채 복원되고 있다. 그러는 동안에 통합의 양이 이것에 대립되는 질로 전도顚倒될 수 있다. 이렇게 전도된 질은 개인들의 자유로운 전개에서 비로소 증명되었던 강력한 분화를 저지하였다. 공식적으로 고무된, 말하자면 덮개에 의해 둥글게 구부려진 투쟁들의 겉으로 보이는 다양성, 새겨 넣어진 모형에 의해 미리 준비된 사회적 갈등들

07 Lewis A. Coser, Theorie sozialer Konflikte(사회적 갈등에 대한 이론), a. a. O., S.97, S.182ff.

의 표면적인 다양성은 기존의 관계들을 유지하기 위해서 2개로 갈라진 상태를 여전히 항상 희화화한다. 사회적 갈등이 보여 주는 현실을 더 이상 부인할 수는 없는, 사회적 갈등에 대해 현재 통용되고 있는 이론들은 사회의 재생산의 배후에 숨어 있는 다년생적인 폭력의 편에서 역할과 제도에서 조립되고 사물화된 것만을, 사회적 갈등에 대한 인식에서, 맞히고 있을 뿐이다. 갈등들에 대해 "규칙을 세울" 수 있고 "개입하면서 조종할" 수 있으며 "운하를 설치할" 수 있을 것 같은 사회적 통제가 이미 함축되고 있다.[08] 다렌도르프는 "갈등들에 대한 성공적인 규율이 … 물론 일련의 전제들을" 갖는다는 점에 대해 결코 침묵하지 않는다. 갈등의 규율에 관여하는 사람들은 갈등들의 의미와 불가피성을 통찰했었어야 했으며 갈등들을 조정하는 규칙들에 대해 미리 의견의 일치를 보았어야 했다는 것이다. ― 이것은 갈등들이 해당되는 규칙을 던져 버리는 경우인 비판적인 경우를, 앞에서 말한 사람들의 행위를 실행하는 과정에서, 배제시키는 조건이 된다. 또한 해당되는 규칙들은 자유롭게 하나로 결합되는 규칙들이 아니고, 그것들 나름대로 사회적인 과정들의 퇴적물이다. 다렌도르프는 갈등의 바로 이러한 객관성으로부터 벗어나 있다. 그는 또한 갈등들을 불러일으키는 사회구조들을 역사를 넘어서는 것으로 실체화시키면서, "갈등에의 모든 개입이 개입 형식들의 규칙을 제한하고 갈등의 원인들을 제거하려는 헛된 시도를 포기함으로써"[09] 주관적 이성에 의한 갈등의 제어를 기대하고 있다. 그러한 시도의 헛됨에 관하여 선험론적으로aporioristisch 선포된 테제는 실증주의적인 열려 있음Offensein, 듀이Dewey의 실험주의와 결합되는 것이 어렵다고 보아도 될 것이다. 다렌도르프가 합의의 이론에 대비시켜 내놓는 "사회의 강제적 속박의 이론"은, 이 이론

---

08 Dahrendorf, a. a. O., S. 202, S. 228.
09 a. a. O., S. 227ff.

이 규범적인 질서와의 전통적으로–자유주의적인 동의를 자유주의 이후에 나타난 특징들과 관리된 세계의 특징들을 고려하는 것을 통해서 변경시킬 때만이, 앞에서 말한 선험론적인 테제와 반대되는 경우가 된다. 갈등은 경쟁이 그 오래된 형식에서 사라지는 것, 명백하게 표명되었던 계급투쟁이 사라지는 것과 더불어 사회학적 카테고리로서 떠오른다. 이렇게 되는 한, 갈등은 사회적 카테고리로서 알맞은 개념이 된다. 사회적 갈등에 대한 가장 최근의 이론은 그 개념 규정을 통해서 다음과 같이 되는 것에 반대하여 이론 자체를 차단시킨다. 다시 말해, 생生의 철학자인 짐멜이 예로부터 존재하는 폭력적인 투쟁을 경쟁으로 변형시키는 것에서 "모든 객관성의 잔인함"으로서, 즉 "낯선 슬픔에의 흥미로부터 성립되지 않고 주관적인 인자因子들이 계산으로부터 분리되는 것에서 성립되는"[10] 잔인함으로서 꿰뚫어 보았던 것을 지각하는 것에 반대하면서 이론 자체를 차단시키고 있는 것이다. 이러한 잔인함으로부터 책상 위의 살인[11]이 그 사이에 사회적 사실로 발전하였다.

사회적 갈등이라는 단어는 경제적인 대립주의들에서의 사회적 갈등의 객관적인 기초로부터뿐만 아니라 사회적 갈등의 치명적인 공포로부터도 빗나가 있다. 경제적 대립주의들은 개별적인 개인들의 —대략적으로, 그들이 자신을 발견하는 곳인 이른바 문화에 적응하지 못한 개인들의— 행동방식들로 중화中和되거나 또는 집단들, 조직들과 이것들이 항상 무엇이 되는 것 사이의 행위로 중화된다. 그렇게 변위變位되는 것은 현재의 사회학의 중심적인 경향들과 접합된다. 그러한 변위는 사회에 대한 비판이론을 거역한다. 확인될 수 있고 분류될 수 있는 사회적 현상들은, 이것들이

10 Simmel, a. a. O., S.305.
11 아도르노가 즐겨 쓰는 용어이다. 나치주의자들이 책상 위에서 대량 살상을 기획하고 실행에 옮긴 역사적 실례를 보면 쉽게 이해될 수 있는 용어이다(역주).

경험적 연구가 움켜쥐고 있는 것에 정황이 없이 바쳐지기 때문에, 경험적 연구의 최종적 실체와 혼동된다. 계급구조에 의한, 사회적 현상들의 매개에 관한 물음은 요술로 감춰지고 만다. 아리스토텔레스의 존재론의 오래된 구분에 따르면, 고찰자에게 첫 번째 것으로서 출현하는 것인 가장 가까이 있는 것은 사회적으로도 그것 자체로서 결코 첫 번째의 것이 아니다. 운용 가능한 특별한 방법론을 통해 총체성이 옭아매질 수가 없는 것과 마찬가지로 총체성의 유도체들도 역시 옭아매질 수 없기 때문에, 고찰자에게 가장 가까이 있는 것에 우위가 귀속되지 않는다. 그럼에도 계급투쟁 이론은 사회적 갈등들에 대한 문제 제기, 그리고 대략 사회적 갈등에 접속되는 일반화에 대한 문제 제기로 ―계급투쟁 이론이 변형되는 것이 현상들을 비호하지 않는다면― 반지르르하게 변형될 수는 없을 것이다. 마르크스적인 선언의 의미에서의 오래된 양식의 계급투쟁은, 브레히트의 언급에 따르면, 잠재적으로 눈에 보이지 않는 것이 되었다. 계급투쟁의 비가시성 자체가 구조 문제와 분리될 수는 없다. 사실상으로, 계급관계들의 명백한 징후는 사회의 기능의 연관관계 안으로 들어가 광범위하게 설치되어 있으며, 사회가 기능하는 것의 부분으로서 규정된다. 이것은 물론, 사회가 계급관계에도 불구하고 그 생명을 유지할 뿐만 아니라 철저하게 계급관계를 통해서 유지되는 한 새로운 사실이 아니다. 프롤레타리아가 시민사회에 대해 처한 객관적인 이중적 위치에서 계급관계의 전개가 목적론적으로 미리 형성되어 있었다. 한편으로, 프롤레타리아는 마르크스와 엥겔스의 눈앞에 놓여 있었던 시기에서는 노동 착취의 대상이었으며, 사회적인 전개 과정의 자율적인 주체가 아니었다. 프롤레타리아들은 자유로운 것과 성숙한 것의 사회가 되려고 했었던 사회의 개념 밖에서 존재할 뿐이었다. 그들은 산업혁명 시기와 그 이후 최초의 몇 십 년 동안의 시기에는 사회적으로 설 자리를 잃어버렸던, 소유물을 징수 당했던 장인들과 농부들로 구성되어 있었다. 말하자면 법의 보호를 받지 못한 사람들로 구성되어 있었던 것이다. 그럼에도 프롤레타리아는 사회적 부의 생산자로서 사회에 들어가 있었으며 사회의 생산력의 총체였다. 내재적 요소의 비중이 혁명적인 위협에 반응하면서, 그러나 또한 그것에 고유한 역사적 논리에 따라 프롤레타리아의 개념에서 강화되었다. 기존 체계의 내부에서 노동자들에게 불안정한 최소치로서의 사회적 생산물에의 더욱 높은 몫을 마련해 주었던 노동조합 운동은 필연적으로, 다시 말해 노동자들의 물질적인 이해관계에 의해 노동자들을 통합시키는 방향에서 효과가 있었다. 노동자들을 조직화로 몰고 갔고 이러는 한 이미 노동자들을 통합시켰던 원인이 되는 대립주의는 절정 자본주의가 시작된 초기의 거친 성장기에 노동자들의 간부 그룹이 투쟁의 대상으로 삼았던 것과 노동자들을, 더욱 증대되는 정도로 하나로, 결합시켰다. 노동자들은 그들에게 채워진 족쇄보다도 더욱 많은 것을 물질적으로 잃게 하는 상황에 빠져들었다. 그뿐만 아니라 이에 보충하여 정신과 공공적인 의견의 영역들에까지 파고 들어가서 팽창되는, 자본이 갖는 경향은 제4 신분의 의식과 무의식도 일찍이 점령하였다. 계급의식이 계급의 실존과 기계적으로 결합되어 있지 않으며 산출될 수 있는 의식이라는 사실에 대해 마르크스가 이미 답변을 제공하였으며 그에 이어서 등장한 마르크스주의자들이 완전하게 석명하였다. 널리 확산되는 견해와는 반대로, 상위 계급의 계급의식이 하위 계급의 계급의식보다 더욱 일반적이었다. 봉건 지배의 유산들은, 개별적 개인들의 지성을 여러모로 광범위하게 넘어서면서, 정치적인 실제의 위험들뿐만 아니라 실제로부터 멀리 떨어진 사고의 위험들을 신경세포처럼 분포시켜 놓았다. 이와는 반대로 하위 계급은, 위계질서적인 강제적 속박의 틀에 항상 실재로 묶여 있으면서, 살아남기 위해 이러한 관계들에 순응하지 않을 수 없었다. 순응에의 강제적 속박은 계획에 맞춰 항상 감독되었으며, 이러한 감독은 또한 자동적으로 실행되었다. 빌헬름 시대의 독일 사회민주주의의 전성기에 계급의식이 그것 스스로 관리官吏들이 알랑거렸던 만큼이나 그렇게 실체적이었느냐의 여부에 대해 우리는 의문을 품어도 될 것이다. 빌헬름 시대 이후로 계급의식이, 특히 유럽 동부에 위치하는 나라들의 눈에 뜨이게 낮은 생활 상태를 볼 때, 약화되었다는 것은 의문의 여지가 없다. 그 사이에 투쟁은, 또한 계급투쟁도 양쪽에서 의식을 요구한다. 이렇게 하지 않으면 계급투쟁의 개념이 객관적이지만 간파되지 않았던 계급들의 대립관계의, 다시 말해 주체가 되지 못하고 이런 이유로 인해 행위에 대해 아무런 상관이 없게 되는 대립관계의 추상화로 달아나 버린다. 사회적 갈등에 관한 현재의 논의는, 계급투쟁이 매번 대중을 움켜쥐었던 한 계급투쟁이 주관적으로 잊혀졌다는 사실에 근거할 수 있다. 이 점은 또한, 최소한, 일시적으로라도, 계급투쟁의 객관적인 의미에 관련된다.

객관적인 대립주의는 통합에 의해서도 사라지지 않았다. 객관적인 대립주의가 투쟁에서 선언한 것들만이 중화中和되었다. 계급을 유발시키는, 사회의 경제적인 근본 과정들은 주체들이 모두 통합되었음에도 불구하고 변화되지 않았다. 이론도, 그리고 일시적인 현상들도 물신화시키고 싶지 않은 사회적 인식은 객관적으로 현존하지만 이중적 의미에서 배제된 계급들의 대립관계가 명백하게 모습을 드러내는 모습을 확인해야만 한다. 이러한 형태가 사적인 영역에서 발생한다고 말하는 추측은 불가피하다. 객관적인 대립주의는 사회적으로 철저하게 매개되어 있는 대립주의이며, 가상이다. 이것이 가상인 것과 마찬가지로 다른 한편으로는 사회적인 총체성이 가하는 압력을 거역하면서 자극들이 도피하는 것도 ─자극들은 그러나 그것들 나름대로 사회적 총체성의 표지標識들을 다시 담지한다─ 역시 가상이다. 계급관계에 대한 의식은 여기에서 예로부터 발생하는 갈등들로부터 대부분의 경우 벗어나 있다. 이러한 갈등들이 말하자면 공식적인 대립관계인 자본-노동관계로부터 더욱 멀리 떨어지면 질수록, 앞에서 말한 갈등들은 사회적으로 더욱 많은 것을 알려 준다고 보아도 될 것이다. 이 문제를 좇아가 보는 것은, 그것이 많이 이야기되었던 인간 사이의 관계들에서 시도되든 또는 내적인 심리에서 시도되든, 사회학의 만기滿期가 된 과제들 중의 하나가 될 것 같다. 근본 구조들이 거대한 것에서는 더 이상 강렬하게 나타나지 않는 반면에 직접적으로 주어진 자료들은 숨기는 것 못지않게 드러내 보이는 것이 있다는 점에서, 바로 이 점에서 사회학은 그 바늘을 갖고 있는 것이다. 전체로서 파악될 수는 없지만 모든 것을 지배하는 것으로서 모든 응고물의 법칙을 형성하는, 구조와 구조의 변화들이 개별적인 모멘트에서 드러날 수 있다는 점이 기대될 만하다. 사회를 사회의 현상들로부터 개찬改撰하는 것이 성공하지 못한다면, 사회의 개념은 실제로 미신이 될 것이다. 사회의 개념은 많은 실증주의자들이 미신이라고 배척하는 그러한 개념이 되고 말 것이다.

이 점은 조정되지 않은 주관적인 경험을 주장하는 것을 정당화한다. 경험의 불충분함과 자의에 대한 통찰이 이데올로기적으로 오용될 수는 없다. 보편적으로 매개된 사회의 면전에서 개별적인 것들에 관한 직접적인 경험에만 오로지 —통용되고 있는 학문 이론의 기록문서적인 문장의 의미에서, 바로 직접적으로 이러한 의미에서— 기대는 것들에 대한 테제들이 얼마나 문제성이 있는 것으로 되었다고 할지라도, 앞에서 말한 통찰이 이데올로기적으로 오용될 수는 없는 것이다. 일차적인 사회학적 경험이 없이는 어떤 통찰도 이루어지지 않는다. 무책임한 비약으로부터 강탈될 수 있을 것 같은 과학주의적인 책임은 비약을 배제해 버린 것처럼 보인다. 과학주의적인 책임은 스스로 자기목적이 되었다. 과학주의적 책임은 충동들에서 유일하게 입증될 만하지만, 이러한 충동들은 움츠러들어 있다. 학문적인 자기 통제는 경험세계를, 개념이 한때 의도하였던 열린 충만함과 비교되면서, 방법론학에 의해 준비되고 방법론학을 향해진 것만이 종국적으로 등재되도록 가두어 놓는다. 과대평가된 방법론이 주제로부터의 탈선과 철학적 유산을 검게 칠하는 것이, 과대평가된 방법론과 마주하면서, 교정 방법의 기능을 더욱 많이 갖게 된다. 이론적으로 기대되기 어려운, 판타지와 사실들에 대한 직감력의 결합이 유일하게 경험의 이상理想에 도달한다. 그럼에도 불구하고 현재의 사회학이 뚜렷하게 보여 주는 이론과 사실 발견 사이의 틈은, 추상적인 구상에 따라, 그리고 대략적으로 볼 때 이론의 우위에 관한 아직도 깨지지 않고 유지되는 테제에 따라 연결될 수 없다. 이론과 경험의 상호작용이 검정檢正될 만하다. 그러나 동시에 순환을 피할 수는 없다. 조립되지 않은 채로 있었던 경우가 많은, 이론적인 구상에 의해 매개되지 않은 경험은 존재하지 않는다. 구상이 무언가 쓸모가 있는 한, 경험에 기초하지 않고 경험에서 항상 반복적으로 측정되지 않는 구상은 존재하지 않는다. 순환은 침묵될 수 없지만, 부족한 자각, 불명확한 사고에게 결코 부담을 지울 수는 없다. 경험과 개념의 분리에는 그 자체에 자의가 숨겨져 있다는 것에 의해 순환이 조건 지어진다. 경험과 개념의 두 모멘트는 가능한 한 더욱 깨끗한 도구를 위해, 숙고되지 않은 채, 분업적으로 서로 대립되는 위치에 서게 된다. 그러나 두 개의 모멘트 중에서 어떤 것도 다른 것이 없이는 존재할 수 없다. 순환은 총체적이고 철저하게 조직화된 사회의, 다시 말해 모든 개별적인 것을 꿰뚫어 봄으로써 일반적인 것과 특수한 것의 부정적인 동일성을 강요하는 사회의 순환과 동질적이다. 오로지 극단들로부터, 극단들의 양극으로부터 사회가 파악될 수 있다. 이론과 사회적인 인상학人相學이 융합된다.

사회는, 감정적으로 채워져 있는 것과 똑같은 정도로 어린이처럼 어리석은 싸움질에까지 밑으로 내려와서, 사회의 전도된 형체에 대한, 즉 이것이 형성된 것에 대해서는 사회가 함께 책임이 있는 전도된 형체에 대한 계산서와 사회가 싸움질로부터 만들어 냈던 것에 대한 계산서를 살아 있는 사람들에게 제시한다. 맹목적이고 스스로 걸쳐서 덮여진 갈등들에서 사회적인 본질이 주체들로 되돌아가게 된다. 주체들이 이렇게 되돌아가고 있는 것을 알아채지 못한 상태에서 되돌아가게 되는 것이다. 파시즘이 맹렬하게 선취하면서 계급의식에 대항하여 던졌던 구호들은 그 사이에, 파시즘 체계의 외부에서, 그렇지만 이데올로기적으로 볼 때 과거에 비해 더 적지는 않게, 실재적인 폭력이 되었다. 말할 것도 없지만 추정하건대 조화는, 사람들이 비판이론을 형이상학이라고 제적 처분을 하면서 비판이론으로부터 벗어나는 것을 희망함으로써 비판이론이 낡아 빠진 것에 대한 확언을 통해서 실제로 낡아 빠진 것처럼 속이는 정도로 그렇게 지속적이지는 않다. 사회적 갈등은 위기 상황들에서는 계급에 대한 갈등으로 현실화될 수도 있다. 그러나 이것이 관리된 세계의 형식들에서도 해당되는지의 여부는 지켜볼 일이다. 지금까지는 다른 곳에서도 역시 사회적 갈등을 뒤쫓아 갈 수 있을 것이다. 사회가 대립주의적인 총체성으로 나아가게 되었다는 사실이 맞다면, 현재 통용되는 거의 모든 논리에 따라서 볼 때 독특한 갈등은 대립주의적인 총체성의 숨겨진 상像이다. 갈등을 다루는 현재의 사회학은 틀에 박힌 갈등들과 틀에 박히지 않은 갈등들, 명백하게 드러나는 갈등들과 이렇게 드러나는 것으로부터 벗어나 있는 갈등들, "진정한" 갈등들과 "진정하지 않은" 갈등들 사이를 철저하게 구분한다.[12] 이렇게 해서, 다렌도르프는 산업 경영의 영역에서의 명백하게 드러나는 것으로부터 벗어나 있는 갈등들의 "최종적인 원인"을 지배 구조에서 찾고 있는 것이다. 지배 구조는 그러나 산업사회에서 필연적인 것으로 요구된 노동 분업으로부터, 더욱 정교하게 말하자면 조직화와 직접적으로 생산적인 노동의 분리로부터, 오로지 이러한 분리로부터 설명될 수 있고 정당화될 수 있다. 이러한 분리가 동방 국가들과 같은 자본주의 국가

---

12 Vgl. Ralf Dahrendorf, Industrie— und Betriebssoziologie(산업 및 기업사회학), 2. umgearbeitete und erweiterte Auflage, Berlin 1962, S.94ff.; Lewis A. Coser, Theorie sozialer Konflikte(사회적 갈등에 대한 이론), a. a. O., S.57ff.

들에서, 이른바 후진국들에서 비로소 제대로 존재하고 있다는 사실은 그것 자체로 최종적인 것이 아니고, 생산력의 현재적인 전개로부터, 근본적이고도 강제적인 모멘트로서, 아직도 항상 도출될 수 있을 것 같다.

생산력과 생산관계의 객관적인 대립주의가 생산수단들을 운용하는 사람들이 노동력을 파는 사람들에 대해 가하는 압력이 경제에서 가장 가혹하게 감지될 수 있었던 곳에서 현저하게 나타난다는 점은 마르크스적인 이론에서는 아직도 자명한 것처럼 보인다. 이러한 자명함은 고도로 산업화된 국가들에서는 와해되었다. 프롤레타리아들이 자신을 거의 더 이상 프롤레타리아로 느끼고 있지 않듯이, "직조공들"의 공장-주인도 더 이상 존재하지 않는다. 자본의 이해관계의 생생한 구체화로서의 기업가는 노동자들에게 더 이상 맞서지 않는다. 지속적으로 진보하는 기술적 합리화와 더불어, 권위 구조의 사물화와 더불어 노동자들은 기업에서 손에 잡힐 수 있는 반대자를 자신의 앞에서 더 이상 보지 않게 된다. 노동자들은, 기껏해야, 위쪽을 향해서는 내다볼 수 없는 위계질서에서 십장들, 숙련 기능공들, 상사들과 마찰 관계에 놓이게 된다.[13] 노동자들이 이 사람들과 벌이는 다툼들이 오늘날 사회적 갈등의 전형이며, 사회적 갈등이 전위되었음을 보여 주는 전형들이다. 이러한 다툼들은 잘못된 곳에서 돌발적으로 발생한다. 예상되는 반대자들은 그 사람들 나름대로 생산의 강제적 의무에 진력해야 할 압박을 받고 있다. 그러한 다툼들은 원래 환영幻影이며, 다툼을 사람의 문제인 것처럼 만드는 것들이다. 의존되어 있는 사람들은 이러한 것들을 통해서 관계들의 추상적인 것과 꿰뚫어지지 않은 것을 그들의 살아 있는 경험으로 옮겨 보려고 노력한다. 자본과 노동 사이의 제도화된 갈등들은, 이 갈등들이 미리 결정되어 있는 권력관계들의 틀에 매

13 Vgl. Ludwig von Friedeburg, Soziologie des Betriebklimas(기업 풍토의 사회학), Frankfurt a. M. 1963, S.106ff.

어져 있는 한 이데올로기적인 것에 머물러 있다. 많이 이야기되는 정치적인 무감각의 근거도 더 이상 억압이 존재하지 않는다고 말하는 근거가 되기는 어렵다. 정치적인 무감각의 근거는 오히려 인간의 ―조립되어 있지는 않다고 할지라도 단순히 의식되기 이전의― 의식에 놓여 있을 개연성도 있다. 다시 말해, 오늘날 정치적인 것의 영역으로 통용되는 것이 인간에게 진정으로 고유한 관심들과는 거의 관련이 없는, 의식되기 이전의 의식에 놓여 있을 수도 있는 것이다. 모든 임금 갈등이 여전히 항상 계급투쟁이라면 계급투쟁은 운용에 참여하는 통합적인 조직화에 의해 정지된다. 이것은 그러나 파열음이 없이 성공할 수는 없다. 갈등은, 상대편이 있다는 것의 표면 아래에서 비가시적이 되면서, 사회적인 주변 현상들에서 드러난다. 통합이 아직도 완전히 충분하게 이루어지지 않은 곳이거나 또는 대립주의적인 과정이 예나 지금이나 이 과정으로부터 제거해 버리는 "출현한 세계의 찌꺼기"에서 갈등이 나타난다. 노동력으로서도 사회의 소비자로서도 사회에 온전하게 내재적이지 않은 사람들의 비합리적인 돌발적 행동들에서 갈등은 여러모로 출현한다. 결핍과 곤궁은 칭송된 풍요 사회affluent society에서는 더 이상 노동자들의 운명이 아니고, 소액 금리로 생활하는 사람들, 확실하게 파악하기가 어려운 조직화되지 않은 중간 집단들의 운명이다. 취업된 노동자들에서는 질투, 끊임없는 말다툼, 일그러뜨려지면서 길이 잘못 든 공격성이, 소시민 계급의 옛 유산으로서, 가장 거칠게 주장된다. 취업된 노동자들은 질서에 대해서도, 미움을 받는 소수에 대해서도, 또는 정치적으로 비타협적인 사람들에 대해서도 위험한 잠재력을 형성하지는 않는다. 취업된 노동자들의 일차적인 목적으로부터 소외되어 있는 계급투쟁 동력이 위기의 경우에는 취업된 노동자들 쪽으로 유용하게 작용하는 힘이 될 개연성도 있다. 이러한 잠재력은 탈통합의 잠재력이다. 원심적遠心的인 부분으로서의 와해는 사회적 통합의 이면이다. 사회적 통합이 상이한 것을 통합의 밑에 가차 없이 묻어 버리는 정도가 강하면 강할수록, 사회적인 골격이 지하에서 더욱더 많이 해체된다. 이것은 나치주의자들이 한패를 형성해 벌였던 투쟁들에서 관찰될 수 있었다. 라디오 방송이 월드컵 축구 경기를, 즉 전체 국민이 축구 경기의 매번 상황을 모든 창문으로부터, 그리고 새로 지은 얇은 벽을 뚫고서라도 알게 되도록 강제하는 축구 경기를 중계하면, 구경거리가 될 만큼 소란을 피우는 히피족들과 콤비로 입는 상의로 멋을 낸 좋은 형편에 있는 시민들이 보도步道에서 휴대용 라디오 주변으로 사이좋게 스스로 무리를 짓게 될 수 있다. 월드컵 축구 경기라는 커다란 계기는, 2시간에 대해서는, 축구 경기에 관심을 갖는 사람들의 조종되고 상업화된 연대성을 민족공동체로 용접시킨다. 통합의 겉으로 보기에 비정치적인 그러한 계기들에 들어 있는 거의 숨겨지지 않은 나치즘은 통합의 파괴적 본질에 대한 의심을 강화시킨다. 사회적 발화점들은 사실상으로, 거시적으로는, 특히 외교정책적인 갈등들, 이른바 식민정책적인 갈등들로 자리가 옮겨졌다. 대립주의는, 미시적으로는, 전체적으로 볼 때 사회의 몸통의 중심에서 벗어난 상황들에서 나타난다. 이것은 말하자면 한때 자발성이라고 불렸던 것의 패러디인 것이다. 여전히 내면화되어 있는 "심리적인" 갈등들은 최소한 그것들의 사회적인 차원들이, 그 밖에도 심리적이고 사회적인 결정 인자들이 심리적인 갈등들과 동시에 함께 발생하는 정도가 직접적으로 매우 낮은 정도에 머물도록 하였다. 심리적인 갈등들과 그 사회적 차원 사이에는, 그 사이에 개별적인 반응방식들의 모형들이 동시에 사회적인 공격성을 운하로 연결하는 곳에서만 양자를 자의적으로 갈라질 수 있다. 그러한 모형들은 악의적인 웃음, 욕설, 말로 하는 타격에서부터 시작하여 실제적인 농담을 거쳐 일종의 물리적인 폭력 활동에까지 —이러한 폭력 활동이 세미나 기록들 중의 하나의 기록에서 현재의 자동차 풍습의 진정한 어조이지만 거친 어조의 구성 부분으로서 기술되었듯이— 다다른다. 사회적 전개는 확고하게 접합된, 자기 자신과 동일한 자아의 심리적인 카테고리를 능가하는 것에 착수하기 때문에, 그러한 행동방식들이 어느 정도까지 광범위하게 심리학의 영역에 넣어질 수 있는가의 여부는 의문의 여지가 있다. 바로 그러한 행동방식들이 아마도 오늘날 객관적으로 미리 주어져 있는 사회적 갈등들의 특징을 나타내는 분장扮裝이 되었을 것이다. 개인 들이 이러한 분장을 꿰뚫어 보지 못한다는 점은 개인들의 지속적으로 증 대되는 심적인 단절과 지리멸렬에 의해 조건이 지어진다. 다시 말해, "상 황적인 조건들로부터 충동을 빌려 오고 이와 마찬가지로 충동을 여러 가 지로 변화시키지만 개별적인 모멘트들을 하나의 통일적인 역사로 결합 시키지 못하는 인간들"[14]의 지리멸렬에 의해 조건이 지어진다. "역사는 기 억을 전제로 한다. 기억은 우리의 거대 문명이 제기하는 극단적인 요구 아래에서 전문지식에 제한되어 있는 것 같다. 전문지식에게는 그것에 고 유한 정열의 형태, 그것 자체, 그것의 발전에 피할 수 없는 위기와 단절에 대해 선명하게 된 기억이 상응하지 않는다."[15] 자아에 대한 통제가 약화되 어 있고 극도로 긴장된 상태에서 상황에 자물쇠처럼 채워져 있는 이러한 사람들은 특히 복면이 씌워진-사회적 다툼에 기우는 경향이 있는 사람들 과 똑같은 사람들이라고 보아도 될 것이다.

사회적 객체성에 대한 사이비-사적私的인 갈등들은 언어에 의해 매개 된다. 어법과 상투적 표현에는 역사적·사회적 관계들과 긴장들이 퇴적 되어 있다. 후자는 전자에 의거하여 해석될 수 있다. 전차 차장이 대학생 들의 지나칠 정도로 넘쳐흐르는 자유시간에 대해 의견을 피력하면서 대 학생들에 대해 화를 내는 경우에, 이러한 행동에는 쉽사리 알아차릴 수 있는 심리적인 동기부여가 들어 있기보다는 전차 차장이 한 말의 사회적

---

14 Alexander Mitscherlich, Auf dem Weg zur vaterlosen Gesellschaft(아버지가 없는 사회로 가는 길목에서), München 1963, S.344f.

15 a. a. O., S.344f.

내용이 들어 있다. 대략적으로, 자리는 확고하지만 열악한 급료를 받고 규제되며 경직된 노동시간에 묶여 있는 공무원이 그가 보기에 나중에 언젠가는 더욱 좋은 물질적인 기회를 갖고 더욱 자유로운 직업에서 활동하게 될 사람에 대한 질투가 들어 있는 것이다. 집단들 사이에 존재하는 이러한 차이의 정당한 복합적인 원인들을 오인하고 있는 전차 차장은 그가 생각하는 것보다는 훨씬 덜 유리한 상황에 있는 사람들에게, 사회적 과정의 객체일 뿐인 사람들에게 그의 복수심을 나타내게 될 것이다. — 어떤 늙은 여자가 어떻든 원래부터 시끄러운 도로에서 놀고 있는 어린이들에게 시끄럽다면서 호통을 친다. 어린이들이 이미 오래전에 사라진 후에도 늙은 여자는 계속해서 욕설을 퍼붓는다. 욕설은 물리적 폭력을 대체시킨다. 물리적 폭력으로 넘어갈 준비가 되어 있는 것이다. 불가피한 교육이라는 합리화 밑에서 —이것은 독일적인 반동의 풍토에서는 가장 선호되는 것 중의 하나이다— 늙은 여자가 자신의 가련한 실존에 대해 둑으로 막아 놓았던 분노와 교통 소음에 대한 일반적인 분노를 아무런 보호도 받지 못한 채 그녀에게 나타난 어린이들에게 표출시키는 것이다. 그녀를 화나게 한 계기를 향하는 그녀의 흥분이 스스로 독립적으로 된다는 점은, 이러한 계기가 그녀의 사회적 성격에 대해서는 얼마나 중요하지 않은 것에 지나지 않는다는 것을 보여 준다. 자동차 운전자들의 잔인함에 대한 저항은 그러나 그녀에게 떠오르는 것이 어려울 것이다. 길들여지지 않은 제1차적인 본성으로서의 그녀를 당황하게 하였던 것이 그녀에게는 오히려 —제2의 본성으로부터 발원하여— 혐오스럽다. 그녀가 자기 내부에서 억눌러야만 하였던 것을 그녀로 하여금 상기시키는 것이 그녀에게 혐오스러운 것이다. 이것이 어린이들에 대한 행패로 나타난 것이다. 어떤 것이 새로운 독일적인 언어로 말해서 "질서에 맞아 돌아가지" 않을 때, 갈등들이 기계나 소비 영역의 장치에서 발화하는 것도 물론 드문 일은 아니다. 최근의 충동 경제학에서는 리비도Libido는 살아 있는 사람들에게 해당된다기보다는 살아 있는 것의 제조된 모형들, 소비재들 자체, 상품들에 해당된다고 보아도 될 것이다.[16] 가족 사이의 다툼은 다시 합쳐진 제1차 집단이 텔레비전 수상기 앞에 앉아 이미 오래전에 결판이 났었던 권투 경기를 다시 한 번 구경하려고 하는데 텔레비전 수상기가 작동되지 않을 때 이것이 원인이 되어 발발한다. 종합적인 즐김을 위해 충돌하였던 사람들에게 가족은 환영 받는 계기를, 즉 함께하고 있는 사람들과는 전혀 관계가 없었던 것을 소산시켜 버리는 계기를 제공한다. 함께 있는 사람들은 다른 것에 대해서는 객체가 된다. ― 함께 있는 사람들은 판매자와 소비자 사이의 표면에서 보면 때 묻지 않은 교환관계부터 지배와 관리의 많든 적든 숨겨진 메커니즘, 병원과 병영을 경유하여 감옥과 집단수용소에 이르는 다른 것들에 대해서 객체가 되는 것이다. 이것은 뉘앙스에서 확인될 수 있다. 신발이 발에 맞는지 신어 보는 고객이 신발이 그에게 너무 크다고 언급하면, 여점원은 이것을 이미 모욕으로 느끼면서 흥분된 상태에서 "고객님 말씀이 맞습니다"라고 답한다. 여점원은 표준 생산물의 판매에 이토록 완전하게 동일화되어 있어서 개인에게서, 개인이 갖고 있는 욕구들은 표준으로부터 벗어나 있음에도, 경쟁자의 낌새를 선험적으로 느끼는 것이다.

어떤 도로 교차로에서 신호 대기 중인 여성이 운전하는 첫 번째 차량이 신호등이 푸른색으로 바뀌었음에도 출발하지 못하는 사태가 발생한다. 자동차 경적 소리가 마치 음악회처럼 울려퍼진 후 소리가 가라앉고 이어서 빨간색 신호등이 들어오자 여성의 뒤에서 대기하던 자동차의 운전자가 여성의 앞으로 차를 세우면서 명백하고도 사실에 맞게, 그러나 한 번도 위협적이지는 않은 태도로 "멍청하기는, 신호들을 보세요"라고 말한

---

16 Vgl. Theodor W. Adorno, Dissonanzen(불협화음들), 3. Aufl., Göttingen 1963, S.26.

다. 이에 대해 여성도 역시 똑같이 사실에 맞게, 그리고 진지하게 "죄송합니다"라고 대답한다. 더 이상의 갈등은 일어나지 않는다. 사실에 맞는 논리가 논란의 여지가 없는 상태에서 지배한다. 이 논리는 남자의 뻔뻔스러움을 정당화시킬 뿐만 아니라, 여성이 자기 자신을 자동차라는 생산품에 완전하게 걸맞지는 않은 대리인으로, 그리고 인가된 교통질서를 어긴 위반자로서 분류하는 근거가 되는 겸손함을 남자의 경우와 똑같은 정도로 정당화시킨다. 소비자들이 원래부터 생산의 부속물이라는 점은, 앞에서 본 여성 운전자로 하여금 그녀 나름대로 상품세계에 편승하도록 행동하게 하며 이렇게 행동한 후에는 그녀가 다른 개인들과 맺는 관계들도 대상화시키게끔 행동하게 한다. — 법으로 정해진 금지와 전문가적인 지시에 대해 항변하거나 또는 오로지 자신의 행동을 통해서 이것들의 의미에 대해 물음을 제기하는 사람이 비로소 정당하게 속임수에 도전하는 사람이다. 질서의 수호자들의 속임수뿐만 아니라 질서의 수호자들과 질서에 과도하게 자신을 동일화시키는 사람들의 속임수에 도전하는 것이다. 그을음으로 가득 차 있는 공장의 자동화된 구역에서는 기계를 단순히 통제하거나 또는 깨끗하게 해야할 임무를 갖고 있는 노동자들에게 노동시간 동안에는 앉아 있거나 담배를 피우는 것이, 이것이 그들의 활동을 결코 방해하지 않음에도, 금지된다. 이데올로기는 게으름의 가상假像을 한 번도 용인하지 않는다. 작업장의 우두머리가 등장할 때 연기가 남아 있는 담배 파이프를 호주머니에 숨기는 사람을 우두머리는 아무것도 말하지 않은 대화에 지속적으로 연루시키면서 이 사람이 근무규칙을 위반했음을 고통스럽게 고백하도록 그에게 강요한다. 생산영역들과 소비영역들의 기술적인 합리화에서는 원시적인 사회적 형식들의 유물이 기생충처럼 정착하고 있다. 전문가의 권위는 전문가가 공공연하게 쓸모없이 남아도는 것처럼 보이는 곳에서 아직도 없어서도 안 되는 것처럼 여겨진다. — 그러한 종류의 도량이 넓지 못한 갈등들에서는 복면을 한 사회적 실패가 관건이 된다는 상황 증거들을 놓고 볼 때, 가장 하찮은 것이 이러한 실패의 비합리성을 보여 주는 것은 아니다. 이유는 핑계이지 이유가 아니다. 비체계적인 주관적 관찰들을 그러한 방식으로 해체하려는 모든 시도는 완료되어 관련된 것만을 기계적으로 반복하고, 완료되어 관련된 것을 이미 항상 알고 있었다고 말하는, 스스로 옳다고 하는 만족 부여에게 유일하게 도움을 준다는 의심에 놓이게 된다. 그러나 겉으로 보기에 우연적인 갈등들을 대상화된 노동과 살아 있는 인간 사이의 객관적인 대립주의의 정황 증거들로서 인식하는 것을 거부하는 경직성, 즉 태만한 경직성은 경험 능력을 절단시키며, 독단주의와 고집불통의 실제에 이르게 된다. 의식의 사물화는, 이것을 인식하면서 깨트려 부수는 일을 이루어 내야 할 것으로 보이는 사람들의 의식에서도 그 한계를 갖고 있지 않다.

전차의 자동문에 몸이 끼게 된 노인에 대한 집단적인 비웃음에는, 그리고 이런 비웃음을 마무리하는 "저 노인은 머리를 다칠까 두려워하고 있네!"라는 코멘트에는 잔혹성이 사회적으로 제의화祭儀化되어 있다. 이를 위한 합리화는 마찰 없이 기능하는 것의 허구적인 필연성이다. 이것은 인간에 대해 고려할 수 없는 건강한 인간 이성이다. 인간이 여전히 현존하고 있다는 것이 작동장치의 모래처럼, 잠재적으로, 작용한다. 웃음이, 이러한 모형에 따라, 사회적인 현상으로서 모습을 드러내며, 이곳에서는 특별한 것이 말하자면 그것의 논리적 형식에 따라 일반적인 것의 훼방꾼으로 선고받게 된다. 베르그송의 이론에 따르면 웃음은, 베르그송에 의해 이미 사회학적으로 평가되면서, 관습에 의해 왜곡된 삶을 인간의 상호관계에서 다시 회복시켜 준다. 이것은 아마도 당시에 상류계층의 이데올로기였을 것이다. 다시 말해, 상류계층 나름대로 사물화의 수익자, 자유로운 행동거지와 건방짐, 세계를 대하는 대단한 매너를 상류계층에 고유한 우월함을 대변하기 위하여 이런 것들을 필요로 하였던 상류계층의 이데올로기였을 개연성이 높은 것이다. 병의 증세로서의 웃음은 오늘날 어떤 경우이든 웃음의 반대되는 것을 말해 준다. 웃음은 삶이 경직되는 것에 맞서서 삶을 복구시켜 주지 않고, 살아 있는 것의 극도로 질서 없는 자극들이 —유희 규칙들에 따라— 삶이 경직되는 것의 거짓을 꾸짖겠다고 위협한다고 해도 삶의 경직화를 복구시킨다. 웃음이 어떻게 이루어지는가, 그리고 무엇에 대해 웃는가는 사회의 역사적인 동역학에 참여한다. 현재의 상황에서 볼 때 웃음은 사회적으로 숨겨진 틀로부터 밖으로 떨어져 나오는 것을 강제적으로 통합시킨다. 어떤 사람이 술에 취한 사람과 대화를 나누면서, 이와 동시에 동의를 통해 요구하는 억지 웃음을 모색한다. 그는 술 취한 사람으로부터 거리를 두기 위해 다른 사람에게 억지 웃음을 청하는 것이다. 그는 자신의 휴머니티에 대해 동의하지 않을 가능성을 비굴하게 선취하는 것이다. 사회적 압력에 의해 손상을 입은 사람들은 그들에게 상처를 입혔던 물리적 폭력과 쉽게 결합된다. 그들은 그들 자신이 당했던 사회적인 강제적 속박의 손해를 스스로 배상한다. 사회적인 강제적 속박이 명백하게 드러나는 사람들에게서 강제적 속박이 가하는 손해가 배상되는 것이다. 우습게 생긴 사람에 대한 계속되는 웃음은 이 사람에게 있는 진기함을 끌어냈던 원인이 되는 억압에 무의식적으로 이르게 된다.[17] 모든 집단적인 웃음은 그러한 속죄양-정신상태에 의해 자라난 것이다. 이것은 고유한 공격성을 모면하려는 욕구와 이러한 욕구를 견디지 못하면서 저지하는 검열 메커니즘 사이에서 이루어지는 타협이다. 이러한 타협은 분노와 근접되어 울려퍼지는 계속되는 웃음에서 —폭력적인 군중은 이러한 웃음을 이용하여 군중으로부터 벗어나 있는 사람들을 침묵시킨다— 정점에 이른다. 폭력 행위가 모든 것이 다만 농담이나 되는 것처럼 거동함으로써, 조건들이 허락한다면 물리적 폭력

---

17 외모가 우습게 생긴 사람에게 있는 진기함에 대해 계속해서 웃는 행동이 사람을 억압하는 행동에 해당된다는 뜻으로 읽히는 문장임(역주).

행위로 돌변하면서도 동시에 폭력 행위를 여전히 문명적으로 정당화시키는 행동에서 타협이 정점에 이르는 것이다. 사회적 갈등들은, 전체 상황을 더욱 잘 파악하려는 의도에 대해, 그것들이 나타내 보이는 것들에서보다도 그것들이 받은 상처들, 상처를 입게 된 것의 표현에서 갈등을 더욱 많이 인식하게 해 준다. 이렇기 때문에, 우리가 사회적 갈등이 무엇인가에 대해 사회학적으로 엄격한 정의를 요구하게 되면, 우리 스스로 사회적 갈등에 대한 통로를 차단하게 된다. 경험이 한때 할 수 있었지만 관리된 사회가 경험에게서 박탈하였던 것을 경험이 다시 얻어야 한다면, 파악되지 않은 것의 내부로 이론적으로 파고들어 가야 한다. 이렇게 해서 경험은 일상에서 이루어지는 대화, 태도, 제스처, 인상을 해독해야 하며, 이러한 해독은 사라져가는 하찮은 것 안으로까지 들어가서 이루어져야 할 것이다. 대화, 태도 등 앞에서 말한 것들이 갖고 있는 뉘앙스는 고통의 흔적들이기도 하지만 이와 마찬가지로 해방의 가능성을 알리는, 교도소와 외부 사이에서 전해지는 비밀문서 통신이기도 하기 때문이다.

이론과 경험이 서로 갈라져서 각기 다른 방향을 가리키면, 이론과 경험 모두 비판에 놓이게 된다. 사회적 경험이 지배를 지각하는 곳에서, 지배에 대해 역사적으로 설명하는 것이 비판이론에서 이루어진다. 사회의 외관外觀에서 변화를 지각하는 것이 성공에 이르는 것을 보여 주는 경향만이, 경험이 현존하는 정리定理들에 의해 너무나 성급하게 안전장치를 하고 눈을 멀게 하지 않은 상태에서, 경험의 ―만기滿期가 된― 이론의 착수점이 되는 데 도움을 줄 수 있다. 규율화에 의해 수축되는 개념인 경험적인 것의 개념이 어떻게 하면 그것의 폭과 개방성을 다시 점령할 수 있을까에 관한 자각들이 사회과학적 인식 비판의 차례를 기다리고 있는 것 같다. 사회학자의 경험적 행동은, 여우와 황새에 관한 우화를 황새가 전혀 존재하지 않는다고 말하는 현명함을 통해 끝내 버리는 어린이의 행동에 지나치게 쉽게 접근하고 있다. 경험에의 무능력은 개별적인 행동 발달이나 또는 종種의 법칙들에 의해 결정되는 행동 발달의 결과로서만 파악될 수는 없다. 인식하는 의식이 의식역意識閾[18] 아래에서 작용하는 것에 대해 어둡게 되는 것은 사회의 객관적인 구조 자체로부터 유래한다. 사회의 빈틈없이 접합되어 있는 총체성은, 사회가 의도적이면서도 무의도적으로 준비하는 어떤 화해된 상태의 가상 아래에서 지속되는 것에 대한 시선을 차단시킨다. 사회에 대한 이론적 인식과 사회적인 경험세계가 배치背馳되어 있다는 점은 앞에서 말한 내용에 되돌아가서 그 의미를 알려 주고 있다. 양자 사이에 존재하는 모순은, 즉 학파들 사이의 다툼은 대립주의적인 구조의 표현이며, 대상화되어 있는 관계들의 표현이자 살아 있는 주체들의 관계들의 표현이다. 살아 있는 주체들에 모든 것을 귀속시키는 착각은, 살아 있는 주체들이 현재의 조건들에서도 역시 모든 사회적인 것의 실체로서 머물러 있는 한 착각에 머물러 있지만은 않다. 그럼에도 이러한 착각이 사회적으로 조직화된 주체들의 실체의 성격을 직접적으로, 지금 여기에서 살아 있는 주체들에서 찾아내기 때문에, 착각은 착각에 머물러 있다. 소외된 삶의 감내할 수 없는 것이 이러한 착각에 빠져들도록 유인한다. 사람의 일로 만들어 버리는 경향이, 반유대주의적인 광기에 이르기까지, 어떤 파악 가능한 집단에게 사실상으로는 익명의 상태인 책임을 지우듯이, 학문이라는 유형이 갖고 있는 객관성의 모든 광신주의에도 불구하고 인간, 그리고 주체에서 유지되고 있는 학문이라는 유형도 역시 그것 자체를 의식하지 못하는 시도이다. 이러한 시도는 경험을 비웃으며, 나름대로 사물화되어 있고 기법들을 사물화된 세계로부터 빌려 온 방법론들을 통해 경험을 전한다. 사회적인 변증법은 사회적인 인식의 형식들 내부에까지 다다른다. 바로 이 점이 사회적 인식에게 의식될 수 있

---

[18] 식역과 동일한 의미이며, 식역은 "감각이나 반응을 일으키는 경계에 있는 자극의 크기"(표준 국어대사전)을 뜻한다. 절대 식역과 상대 식역이 있다(역주).

어야 할 것이다. 사회적 인식은 경험될 수 없는 것을 경험하는 것을 배워야 한다. 그러한 역설은 대상에 상응한다. 이를 위해 사회적 인식은 이론적 예견을 필요로 하며, 현상들을 선명하게 각인시키는 것에 대한 하나의 기관器官, 이와 동시에 현상들에 의해 거부되는 것에 대한 하나의 기관을 필요로 한다. 이렇게 발전시키기 위해서는 방법론적인 훈련만으로는 충분하지 않다. 변화에의 실제적인 의지가, 인식의 근본으로서, 부가되어야 한다. 한때 사회학적 학문에 영감을 불어넣었으며 변화에의 실제적 의지에 대해 학문적인 금기로까지 선고되었던 변화에의 실제적 의지가 덧붙여져야 하는 것이다. 이러한 의지는 그러나 학문의 밖에 머물러 있는 것이 아니고 학문의 인상학적인 능력에 의해 내면화되며, 이론에서와 마찬가지로 지속적으로 진보하는 경험에서도 역시 그 잘못된 점이 고쳐진다. 이러한 카테고리들 중에서 어떤 카테고리도 단독으로는 보편적 열쇠가 아니다. 모멘트들은 서로 내부적으로 관련되어 있으며, 서로 잇닿은 상태에서 비판적으로 지쳐 있다. 그 어떤 것을 고립시키는 것은 스스로 사회적 과정의 한 부분인 학문을 가상을 이용하여, 다시 말해 학문이 마땅히 제거해야 하고 학문이 그것에 고유한 변증법적 복합성을 통해서 학문의 대상의 변증법적 복합성을 적중시키는 한 제거될 수 있는 가상을 이용하여 눈을 멀게 한다.

1968년

사회학과 경험적 연구

1

사회학이라는 이름 아래 학문 분과로서 요약되는 처리방식들은 최고로 추상적인 의미에서만 서로 결합되어 있다. 이러한 처리방식들은 사회적인 것을 그 어떤 방식으로 통틀어서 다루는 것을 통해서 결합되어 있는 것이다. 처리방식들의 대상도 통일적이지 않고 그 방법론도 통일적이지 않다. 많은 처리방식들은 사회적인 총체성과 그것의 운동법칙들에 통용되며, 다른 처리방식들은 이런 운동법칙들과 첨예한 대립을 이루면서 개별적인 사회적 현상들에 ―이것들을 사회의 개념에 관련시키는 것이 사변적인 것으로서 배척받기도 한다― 통용된다. 이에 상응하여 방법론들이 가변적으로 된다. 저쪽에서는, 교환관계와 같은 구조적인 기본 조건들로부터 사회적 연관관계로 파고드는 통찰이 뒤따라야 한다고 말한다. 이쪽에서는, 그러한 노력이 ―이 노력도 역시 독재적인 정신에서 출발하여 사실적인 것을 어떤 경우에도 정당화시키지 않으려고 할지라도― 학문의 전개에서의 철학적 잔재로 처리된다. 그러한 노력은 해당되는 경우라고 말하는 것의 단순한 확인으로 물러나야 한다는 것이다. 이러한 두 가지 구상에는 역사적으로 상이한 모델들이 근원으로 놓여 있다. 사회이론은 철학에서 발원하였다. 반면에 사회이론이 사회를 전통적 철학에게는 영원한 본질성이나 정신으로 지칭되었던 토대로서 규정함으로써, 사회이론은 동시에 그것이 제기하는 물음 설정의 기능을 변화시키려고 애를 쓰게 된다. 철학이 출현하는 것들에 들어 있는 기만을 불신하였고 뜻을 드러나게 하는 것을 목표로 삼았듯이, 사회이론도 사회가 내보이는 전면前面이 그 모습을 더욱 매끄럽게 제공하면 할수록 더욱더 근원적으로 사회의 전면을 불신한다. 이론은 무엇이 작동장치를 은밀하게 묶어 두는가를 명명하려는 의지를 갖는다. 단순히 있는 것의 무의미성이 사고에게는 한때는 견딜 수 없었던 것이었던바, 이러한 사고가 갖는 동경이 탈주술화에의 충동에서 세속화되었다. 사고가 갖는 동경은 돌의 밑에서 비실재가 싹을 키우는 돌을 들어 올리고 싶어 한다. 비실재에 대한 인식에서만, 이 경우에만 유일하게 사회학적인 사실 연구는 탈주술화에의 충동에 대항하여 깃을 곤두세운다. 탈주술화는, 막스 베버도 여전히 그것을 긍정하였듯이, 사회학적 사실 연구에게는 주술의 특별한 경우에 지나지 않을 뿐이다. 탈주술화는 변화될 수 있을 것 같은, 숨어서 지배하는 것에 대한 자각일 뿐이며, 드러나는 것을 변화시키기 위한 길목에서의 시간 낭비일 뿐인 것이다. 오늘날 특히 경험적 사회연구라는 이름과 함께 생각되는 것은, 콩트의 실증주의 이래로 많든 적든 의심할 여지없이 자연과학들을 그 전범典範으로 삼고 있다. 두 개의 경향은 공통분모에서 만나는 것을 거부한다. 사회에 대한 이론적인 사고들은, 전체적으로, 경험적인 실태實態들을 통해서 균열이 없을 정도로 이행될 수는 없다. 그것들은 사이비 심리학적으로 행하는, '특정한 방식으로 정리를 시도해 보는 것Versuchsanordnung'[01]의 정신이 경험적인 실태들을 피하려고 하는 것과 마찬가지로 경험적인 실태들로부터 달아나려고 한다. 전체로서의 사회에 관한 모든 견해는 사회

---

01 작은따옴표는 옮긴이에 의한 것임(역주).

의 산재된 사실들을 필연적으로 초월한다. 총체적인 것의 구축은 그 첫째 조건으로서 사물에 관한 개념을 갖는바, 이 개념에서 괴리된 데이터들이 조직된다. 총체적인 것의 구축은 이미 사회적으로 장치된 통제 메커니즘들에 따라 준비가 된 경험이 아니고 생동하는 경험으로부터, 이전에 생각되었던 것에 대한 회상으로부터, 본래의 숙고가 이끌어 내는 단호한 귀결로부터 사물에 관한 개념을 항상 재료 쪽으로 가져가야 한다. 총체적인 것의 구축은 재료와의 교감에서 사물에 관한 개념을 다시금 부분적으로 다르게 만들어야 한다. 그럼에도 불구하고 이론이 독단주의에 —사고의 금지로까지 나아간 회의懷疑가 독단주의를 발견하는 것에 대해 이제막 환성을 지르고 있다— 빠져들지 않으려면, 이론은 동시에 스스로 안심해서는 안 된다. 이론은 이론이 외부로부터 가져오는 개념들을 사물이 그것 스스로부터 갖고 있는 개념들로, 그리고 사물이 그것 스스로부터 발원하여 존재하고 싶은 것으로 옮겨 놓아야 하며, 이렇게 하는 것을 사물이 사물인 것과 대결시켜야 한다. 이론은 여기에서 오늘 고정된 대상의 경직성을 가능한 것과 현실적인 것의 긴장의 장場으로 용해시켜야 한다. 가능한 것과 현실적인 것의 각자가, 오로지 존재할 수 있기 위해서, 서로 가리켜지는 상태에 놓여 있어야 한다. 다른 말로 하면, 이론이 비판적이라는 점이 절대적으로 통용된다. 이렇기 때문에 이론으로부터 도출된 가설들, 구체적으로 기대될 수 있는 것에 대한 예언들은 이론에 충분하게 적합하지는 않다. 단순히 기대될 수 있는 것은 그것 스스로 사회적인 작동의 한 부분이며, 비판이 꾀하는 것에서 계량될 수 없다. 단순히 기대될 수 있는 것이 주는 값싼 만족 부여, 즉 이론이 이론을 잘못 추측하였던 것처럼 그렇게 실제로 다가온다는 값싼 만족 부여가 사회이론을 기만해서는 안 된다. 다시 말해, 이처럼 값싸게 주는 만족이, 사회이론이 가설들로서 등장하자마자 사회이론의 내부적인 합성을 변화시킨다는 것에 대해 사회이론을 기만해서는 안 되는 것이다. 이론은 개별적 확인을 통해서 증명되는

바, 개별적 확인은 그것 스스로 이미 이론이 깨트리고 싶어 하는 것인 현혹의 연관관계에 다시금 속하게 된다. 이론에 의해 획득된 구체화와 구속성에 대해, 이론은 파고드는 힘의 상실을 그 대가로 지불해야 한다. 원리를 꾀하는 것은 출현에서 균등하게 되고 말며, 사람들은 출현에서 원리를 재검사한다. 우리가, 역으로, 일반적인 학문적 관례에 따라 개별적인 조사로부터 사회의 총체성으로 올라가려고 하면, 기껏해야 분류적인 대大개념들만을 얻게 될 것이다. 그러나 사회 자체가 어떻게 생존해 가는가 하는 것을 표현해 주는 개념들을 결코 얻지 못할 것이다. "대체로 분업적인 사회"라는 카테고리는 "자본주의적 사회"의 카테고리보다 더 높지만, 더 본질적이지 않고 오히려 더욱 비본질적이다. 분업적 사회의 카테고리는 사람들의 삶과 그들을 위협하는 것에 대해 더욱 적게 말해 줄 뿐이다. 이렇기 때문에 "도시주의都市主義"처럼 논리적으로 더 낮은 카테고리가 인간의 삶에 대해 더 많이 말해 주는 것도 아니다. 사회적인 추상화 수준들은 위를 향해서도, 아래를 향해서도 사회적인 인식 가치와 상응하지 않는다. 이런 까닭에서, 파슨스의 "기능적인" 모델과 같은 모델에 의해 사회적인 추상화 수준들의 체계적인 통합화가 기대될 수 있는 소지가 매우 적은 것이다. 사회학이 태동했던 시기부터 항상 반복적으로 주어졌고 연기된 약속들로부터, 즉 이론과 경험세계의 종합에의 약속들로부터 기대될 수 있는 소지는 앞에서 본 모델에서보다도 더욱 적다. 이러한 약속들은 이론을 형식적인 통일체와 동치시키려는 잘못을 범하고 있으며, 사물 내용들로부터 깨끗하게 된 사회이론이 모든 강조점들을 혼란에 빠트리게 된다는 점에 대해서 언급하지 않으려고 한다. "집단"에 기대는 것이 산업사회에 기대는 것에 비해서 냉담한 결과로 이어지는 것을 상기할 필요가 있다. 분류적인 체계들의 견본에 따라 사회적인 이론들을 형성하는 것은 사회의 법칙이 사회에게 지시하는 것에 대한 가장 얇은 찌꺼기를 보충할 뿐이다. 경험세계와 이론은 하나의 연속성 안으로 들어가서 기입될 수 없다. 경험적 연구에 근거하여 작성된 기고寄稿들은 현대 사회의 본질을 통찰하는 요구에 직면하여 달구어진 돌에 물방울을 떨어뜨리는 것과 같은 것들에 지나지 않는다. 중심적인 구조 법칙들에 대한 경험적 증명들은, 경험적인 게임 규칙에 따라, 항상 논란의 여지가 있다. 그러한 종류의 배치背馳를 매끄럽게 하고 조화시키는 것이 중요한 것은 아니다. 사회에 관한 단순히 조화적인 견해가 이처럼 잘못된 길로 이끌 수 있다. 조화시키는 것보다는 오히려 긴장들이, 열매를 맺을 수 있게끔, 감내될 수 있다.

2

정신과학적인 사회학뿐만 아니라 형식적인 사회학에 대한 실망이 발생한 후에, 경험적 사회학에 우위를 인정하는 경향이 오늘날 지배적으로 나타나고 있다. 경험적 사회학이 갖는 직접적으로 실제적인 활용 가능성, 모든 종류의 관리管理에 대해 갖는 유사성이 그러한 경향에서 동시에 역할을 맡고 있는 것도 확실하다. 그러나 사회에 대한 —자의적이건 공허하건 제기되는— 주장들에 대한 반응은 위에서부터 내려오면서 그 정당한 근거를 갖는다. 그럼에도 경험적 처리방식들에 우위가 즉각적으로 귀속되지는 않는다. 경험적 처리방식들 이외에도 다른 처리방식들이 존재할 뿐만 아니라 —학과들과 사고방식들이 단순히 존재하고 있다는 것이 다른 처리방식들을 정당화시키지는 않는다— 이것들의 경계도 사물에 의해서 이것들에 그 윤곽이 그려져 있다. 그 매력적인 힘이 객관성에의 요구 제기에서 발원하는 방법론인 경험적 방법론들은 역설적이게도, 경험적 방법론들의 원천이 시장市場 연구에서 설명해 주듯이, 주관적인 것을 우대한다. 다시 말해, 성性, 나이, 신분, 교육과 같은 인구조사의 통계적 자료들을 도외시하고, 주체들의 유사한 의견들, 태도들, 어떻든 나타나는 행동방식들을 제쳐 놓는 것이다. 경험적 방법론들의 특별한 것은 어떤 경우이든 지금까지는 오로지 이러한 주변에서만 보존되어 있다. 경험적 방법론들은, 이른바 객관적인 사실들의 재고품 목록으로서, 관리적인 목적을 위해 존재하는 학문 이전적인 정보와 구분되기가 어렵다고 보아야 할 것이다. 경험적 사회연구의 객관성은 일반적으로 방법론들의 객관성이며 탐구된 것의 객관성은 아니다. 많든 적든 많은 수의 개별적인 인물들에 대한 조사로부터 발원하고 통계적인 선별을 통해서 진술들이, 즉 확률 계산의 법칙에 따라 일반화될 수 있고 개별적인 변동에 의존되지 않는 진술들이 도출된다. 그러나 획득된 평균치들은, 이것들의 통용성도 역시 객관적이라고 할지라도, 대부분의 경우 주체들에 대한 객관적인 진술에 머물러 있다. 주체들이 주체들 자신과 현실을 어떻게 보고 있는가에 대한 객관적인 진술에 머물러 있는 것이다. 경험적 방법론들은 사회적인 객관성을, 즉 모든 관계들, 제도들, 그 내부에서 인간이 활동하는 힘들의 총체를 갖고 있다: 설문지, 인터뷰, 그리고 이것들의 결합과 보충에서 항상 가능한 것들은 무시되며, 이러한 모든 것들은 기껏해야 임시적인 수입으로 고려될 뿐이다. 의식적으로 또는 무의식적으로 앞에서 말한 관계들의 해명을 방해하는 계약 위임자들만이 이에 대해 책임이 있는 것은 아니다. 다시 말해, 미국에서는 연구 프로젝트를 부여할 때 이미 대략적으로 매스 커뮤니케이션의 매체들을 경유하여 "지배적인 상업 시스템" 내부에서 일어나는 반응들만이 확인되고 상업 시스템 자체의 구조와 함의들이 분석되는 것은 아니라는 점을 감시하는 계약 위임자들만이 앞에서 말한 책임이 있는 것만은 아닌 것이다. 오히려 경쟁적 수단들 자체, 즉 많은 개별 인간을 대상으로 이루어지는 많든 적든 규범화된 설문과 많은 개별 인간을 통계적으로 취급하는 것이 —설문과 통계적 취급은 앞서서 확산되어 있는, 그것 자체로 미리 형성되어 있는 견해들을 사물 자체에 대한 판단의 정당한 원천으로서 인정하는 경향을 보인다— 앞에서 말한 반응들에 맞춰 재단되어 있다. 이러한 견해들에서도 역시 객관성들이 물론 반영되어 있다. 그러나 완전하게 반영되어 있지 않은 것이 확실하며, 여러모로 왜곡되어 있다. 그러나 어떤 경우이든 이러한 객관성들과 비교해 볼 때, 노동자들이 그들의 직업에서 기능을 담당하는 것에 대해 최고로 빨리 도망가는 시선이 보여 주듯이, 주관적인 의견들, 입장들, 행동방식들의 비중은 2차적이다. 처리방식들이 그렇게 실증주의적인 태도를 보이면서, 대략 민주주의적인 선택의 게임 규칙으로부터 나오며 숙고함이 없는 상태에서 극도로 일반화된 표상이 그러한 처리방식들의 근원에 놓여 있다. 다시 말해, 통계적인 세계를 형성하는 사람들의 의식 내용들과 무의식 내용들의 총체가 사회적인 과정에 대해 즉각적으로 열쇠와 같은 특징을 갖는다는 표상이 그러한 처리방식들의 근원에 놓여 있는 것이다. 그러한 처리방식들의 대상화에도 불구하고, 그리고 이러한 대상화를 위해서, 방법론들은 사물의 대상화, 특히 경제적인 객체성의 강제적 속박을 뚫고 나아가지 못한다. 모든 견해들은 방법론들에서 잠재적으로 동일한 것으로 통용된다. 사회적인 권력에 따라 나타나는 견해들이 갖는 비중의 차이들과 같은 매우 기본적인 차이들은 추가적인 정제精製에서, 대략 열쇠를 쥐고 있는 집단들의 정선에서 단순히 방법론들을 붙잡을 뿐이다. 제1차적인 것이 제2차적인 것으로 된다. 방법론 내부에서의 그러한 전위轉位는 그러나 탐구된 것과 마주 대하면서 아무튼 좋다는 식으로 머물러 있지는 않는다. 경험적 사회연구를 통해 동시에 동요하게 되는 철학적 인간학에 대한 경험적 사회연구의 혐오감에도 불구하고, 경험적 사회연구는 그것이 사회적으로 조직화된 인간을 오늘날 처음부터 사회적인 총체성의 모멘트로서 ―사회적인 총체성의 객체로서 압도적으로― 규정했던 것 대신에 지금 여기에서는 인간이 중요한 것처럼 말하는 종류의 시선을 철학적 인간학과 공유한다. 방법론에 들어 있는 물건과 같은 특징, 방법론에 태생적으로 들어 있는 노력인 사실들을 단단하게 못질하는 노력이 방법론의 대상들, 즉 조사된 주관적인 사실들에 옮겨지는바, 이렇게 옮겨지는 것이 마치 사물들 자체인 것처럼, 오히려 사물화되지 않은 것처럼 이루어진다. 방법론이 방법론의 사물을 물신화시키려고 위협할 뿐만 아니라 스스로 물신으로 변종되는 위협에 처하게 되는 것이다. 경험적 사회연구의 토론에서 방법론에 관한 물음들이 내용적인 물음들을 압도하고 있는 것은 그 이유가 없는 것이 아니다. 이것이 또한 논의에 놓여 있는 학문적 처리방식들의 논리로부터 당연히 드러나는 결과라는 점도 그 이유가 없지 않다. 탐구되어야 할 대상들이 갖고 있는 존엄성의 자리에 방법론으로 조사되는 상태의 객관성이 기준으로서 여러모로 등장한다. 경험적 학문의 작동에서는 연구 대상들의 선택과 연구의 관점 설정이, 실제적이고-관리적인 절실한 필요성에 따른 것이 아니라고 할지라도, 연구되는 것의 본질성에 따르기보다는 처리 가능하고 필요한 경우에는 계속해서 전개될 수 있는 처리방식들에 따라 그 방향이 훨씬 더 많이 맞춰진다. 경험적 기법에서 일반적으로 사용되는 처리방식인 작동적이거나 도구적인 정의定義의 처리방식은, 다시 말해 대략 "보수주의"와 같은 카테고리를 조사 자체 내부에서의 물음들에 대한 답변들의 특정한 수치를 통해 정의하는 처리방식은 사물에 대한 방법론의 우위를 승인하며 종국적으로는 학문적 실행의 자의恣意를 인정하게 된다. 연구 수단은 그것에 고유한 언어적 정리整理를 통해 사물이 무엇인가에 대해 결정하는바, 연구 수단을 통해 사물을 연구하는 것이 마치 왕위가 요구되듯이 그렇게 요구되어진다. 이것은 평평한 순환이다. 투명하고 알기 쉬운 개념들과는 다른 개념들로 작업하는 것을 거부하는 제스처인 학문적 정직성의 제스처는 자족적인 연구 작업을 탐구되는 것의 앞에 위치시키는 것에 대한 평계가 된다. 정의定義하기의 실제에 대항하여 위대한 철학이 제기하는 반론들[02]이 가르쳐지지 않는 것으로부터 오는 교만함과 더불어 망각된다. 위대한 철학이 스콜라철학적인 잔재라고 보아 추방하였던 것이, 학문적 정교함이라는 이름으로, 성찰되지 않은 개별 학문들에 의해 계속해서 질질 끌려오게 되는 것이다. 연구 대상이, 도구적으로 정의된 개념들로부터 출발하여 역시 단지 관습적으로 통례적인 개념들 위에서만 ―동일하게 머물러 있는 진행의 전제 조건 하에서 이미 알려진 것으로부터― 해명되자마자, 이렇게 되는 것을 거의 피할 수 없듯이, 연구는 연구가 행하는 정의를 통해 뿌리를 뽑으려고 의도하였던 깨끗하지 못함을 스스로 범하는 결과에 이르게 된다.

3

자연과학적인 모델이 신선하고도-즐겁게, 그리고 제한되지 않은 채 사회에 전용轉用될 수 없다는 점은 사회에 그 이유가 들어 있다. 그러나 이데올로기가 자연과학적인 모델을 사회에 전용시키려고 하고 새로운 기법들에 대한 반동적인 저항이 독일에서 이러한 전용을 합리화시키는 것에서처럼 그 이유가 들어 있지는 않다. 인류 역사가 기를 쓰고 없애 버리려고 작업을 한 인간의 존엄성이 인간을 자연의 한 부분으로 고찰하는 방법론들로부터 벗어나 있을 것 같기 때문이다. 인류 역사는, 그것이 가진 지배에의 요구 제기가 그것의 자연 존재를 기억하는 것을 억압하고 이렇게 함으로써 맹목적인 자연적 성장 상태를 영속화시킴으로써, 인간의 천성 그대로의 상태에 대해 경고가 주어질 때마다 나쁜 짓을 저지른다. "사회학은 정신과학이 아니다."[03] 사회의 경직화가 사람들을 항상 더욱더 많

02 Vgl. etwa Kant, Kritik der reinen Vernunft(순수이성비판,) hrsg. von Felix Gross, Leipzig 1922 (Sämtliche Werke, Inselausgabe, Bd. 3), S.553f.; Hegel, Wissenschaft der Logik(논리학), 2. Teil, Stuttgart 1949 (Jubiläumausgabe), S.289f., S.292f.; Zahlreiche Stellen auch bei Nietzsche(니체에서도 많은 자리에서 나타남).

03 Soziologie und empirische Sozialforschung(사회학과 경험적 사회연구), in: Institut für Sozialforschung(사회조사연구소), Soziologische Exkurse(사회학적 여론[餘論]), Nach

이 객체들로 끌어내리고 사람들이 처한 상태를 "제2의 자연"으로 변모시키는 한, 사람들이 처한 상태를 유죄로 확인시켜 주는 방법론들은 성물聖物 절취가 아니다. 방법론들의 부자유는, 그것이 지배적인 부자유를 말없이 증언해 보임으로써, 자유에 기여한다. 킨제이 연구가 유발시켰던, 분노하는 가슴의 울림과 정교한 방어 몸짓들은 킨제이에 대해서는 가장 강력한 논거이다. 인간이 관계들의 압박 아래에서 사실상으로 "두꺼비의 반응방식들"[04]로 끌어내려진 곳에서는, 매스미디어와 그 밖의 다른 규칙에 의해 정해진 즐거움의 강제적 소비자들로서, 여론 조사가 —잿물에 씻겨진 휴머니즘은 여론 조사에 대해 격분하지만— 대략 "이해" 사회학보다도 더욱더 인간과 맞아 돌아간다. 그 이유는 다음과 같다. 그 내부에서 한 목소리를 내며 의미에 맞는 인간 행동인 이해의 토대는 주체들 자체에서 단순한 반응에 의해서 이미 대체되어 있기 때문이다. 원자적인 사회과학이면서 동시에 원자들로부터 일반성으로, 분류적으로, 올라서 있는 사회과학은 원자화되고 추상적인 분류 개념들, 즉 관리의 개념들에 따라 설치된 사회의 메두사Medusa들을 보여 주는 거울이다. 이처럼 사물을 사고된 것과 똑같은 것으로 만드는 것adequatio rei atque cognationis이 참된 것이 되기 위해서는 자기 성찰을 필요로 한다. 사물을 사고된 것과 똑같은 것으로 만드는 것이 가진 권리는 오로지 비판적인 권리이다. 학자들이, 리서치 방법론들에 맞으며 동시에 그것들을 표현해 주는 상태를 대할 때 이 상태 자체를 사고의 대상으로 다루지 않고 학문의 내재적 이성으로 실체화시키는 그 순간에, 학자들은 의도적이든 또는 그렇지 않든 이 상태의 영구화에 기여하게 된다. 그리고 나서 경험적 사회연구는 세계가 우리로

Vorträgen und Diskussionen(강연과 토론에 따른 논문임), Frankfurt a. M. 1956, S.112.
04 Vgl. Max Horkheimer und Theodor W. Adorno, Dialektik der Aufklärung(계몽의 변증법). Philosophische Fragmente(철학적 단편들), Amsterdam 1947, S.50.

부터 발원하여 만들었던 것인 일시적 현상을 사물 자체로, 오류를 범하면서, 간주하게 된다. 경험적 사회연구의 적용에는 방법론들이 제기하는 요구로부터도 연역될 수 없고 사회의 상태로부터도, 다시 말해 역사적으로도 연역될 수 없다고 볼 수 있는 하나의 전제가 들어 있다. 물건과 같은 특징을 갖고 있는 방법론이 그것의 적용을 받는 사람들의 사물화된 의식을 요구하고 있는 것이다. 어떤 설문지가 음악적 취향에 따라 문의에 부쳐지고 이와 동시에 "고전 음악적인" 카테고리와 "대중적인" 카테고리를 선택하도록 하면, 설문지는 조사 대상이 되는 청중이 이러한 카테고리들에 따라 음악을 듣게 된다는 점을 당연히 확실한 것으로 생각하게 된다. 이렇게 해서 사람들은 라디오 수신기를 켰을 때 그들이 유행가 프로그램에 마주치게 되었는지의 여부, 이른바 진지한 음악을 접하게 되었는지의 여부, 종교 활동의 배경 음악을 만나게 되었는지의 여부를 자각이 없이도 매번 인지하게 된다. 그러나 그러한 종류의 반응방식들의 사회적인 조건들이 함께 한 곳에서 만나는 상태가 되지 않는 한, 이와 동시에 정확한 실상이 오도誤導된다. 정확한 실상은 음악적 경험이 "고전 음악적인" 것과 "대중적인" 것으로 쪼개지는 것이 최후적인 것이라는 점, 이를테면 자연적인 것이라는 점에 대해 암시한다. 사회적으로 중요한 물음은 그 사이에 바로 앞에서 말한 쪼개짐에서, 이런 쪼개짐이 자명한 것으로 영구화되는 것에서 비로소 시작된다. 사회적으로 중요한 물음은 음악의 지각이 부문들의 선험적인 것 아래에서 지각된 것에 대한 자발적인 경험에 가장 민감하게 관련되는 것은 아닌지 하는 물음을 필연적으로 함께 동반한다. 발견할 수 있는 반응형식들의 발생에 대한 통찰과 이러한 반응형식들이 경험된 것의 의미에 대해 갖는 관계만이 분류되어 기록되어 있는 현상을 해독하는 것을 가능하게 할 것이다. 그러나 지배적으로 나타나고 있는 경험주의적인 습관은 출현하는 예술작품의 객관적 의미에 대한 물음을 배척하고 이러한 의미를 청취자의 단순한 투사로 처리하며 형상물을 심리적으로 행해지는, 특정한 방식으로 정리를 시도하기의 단순한 "자극"으로 그 질을 떨어뜨릴 것이다. 경험주의적인 습관은 이렇게 함으로써 대중이 문화산업에 의해 대중에게 강요된 재화들에 대해 갖는 관계를 주제로 설정할 수 있는 가능성을 절단시킬 것이다. 그러한 재화들 자체가 경험주의적 습관에게는 대중의 반응들을 ―이러한 반응들이 재화들에 대해 갖는 관계가 토론이 되어야 함에도― 통해서 최종적으로 정의될 것이다. 고립된 연구를 넘어서는 것은, 지속적으로 진보하는 커뮤니케이션 매체들이 주민들을 붙잡아 두면서 주민들의 의식이 미리 형성되는 것을 즉각적으로 알아차리는 것을 가능하게 하였던 빈틈을 거의 더 이상 남겨 놓지 않을 정도로 증대된 것보다도 오늘날 더욱 절박해진 것 같다. "이해"를 거부하는 점에서는 소셜 리서치Social Research와 의견이 일치하였던 뒤르켐과 같은 실증주의적 사회학자도 그가 몰두하였던 통계적인 법칙들을 여전히, 충분한 근거를 갖고, 사회적 속박contrainte sociale[05]과 하나로 묶었다. 그는 사회적 속박에서 사회적인 일반 법칙성의 기준을 간파하였던 것이다. 지금 이 시대의 사회연구는 뒤르켐에서 보이는 결합을 거부하고, 이렇게 함으로써 또한 사회연구의 일반화가 구체적인 사회적 구조 규정들과 결합되는 것을 희생시킨다. 그럼에도 그러한 관점들이, 대략 일단은 제기되는 특수 연구의 과제로서, 그 책임을 모면하게 되면, 학문적인 반영은 사실상으로 단순한 중첩화, 물건과 같은 것에 대한 사물화된 유화類化에 머물러 있게 될 뿐이다. 이렇게 해서 학문적인 반영은 앞에서 말한 중첩화를 통해 객체를 왜곡시키고 매개된 것을 하나의 직접적인 것으로, 마법을 걸어서, 둔갑시킨다. 이처럼 잘못된 것을 수정하기에는, 이미 뒤르켐에서 의미를 갖고 있었던 것처럼, "다수 영역"과 "단수 영역"을 단순히 기술적

---

05 Émile Durkheim, Les Règles de la méthode sociologique(사회학적 방법론의 규준), Paris 1950, S.6ff.

記述的으로 구분하는 것만으로는 충분하지 않다. 오히려 두 영역의 관계가 매개될 수 있을 것이며, 그것 자체로 이론적으로 근거가 세워질 수 있을 것이다. 양적인 분석과 질적인 분석의 대립관계는 절대적이지 않다. 사물에서 최후적인 것이란 존재하지 않는다. 양적인 진술들에 성공적으로 도달하기 위해서는, 먼저 요소들의 질적인 차이에 의해서 항상 간파되어야 한다. 모든 사회적으로 개별적인 것은 일반적인 규정들을 ―이것들에는 양적인 일반화가 통용된다― 그 내부에 담지한다. 일반화의 카테고리들은 그것들 스스로 항상 질적이다. 이러한 사실에 부합되지 않는 방법론, 질적인 분석을 다수 영역의 본질과는 일치할 수 없는 것이라고 비난하는 방법론은 그것이 탐구하려고 하는 것에 대해 폭력을 자행한다. 사회는 하나로 되어 있는 현상이다. 오늘날 거대한 사회적 권력들이 아직은 다다르지 못한 곳에서도, "발달되지 않은" 영역들과 합리성 및 통일체적인 사회적 조직화에 다다른 영역들이 기능적으로 서로 연관괴어 있다. 이 점에 주의를 기울이지 않는 사회학, 귀납법이나 연역법처럼 대략적으로 그토록 빈약하고 불충분한 개념들[06]을 통해 정당화시키는 사회학, 즉 처리방식들의 복수주의에 만족하는 사회학은 무엇인 것을 받쳐 주며, 무엇인 것을 말하는 것을 과도한 열성을 보이면서 지원한다. 사회학은, 엄격한 의미에서, 이데올로기가 되며 필연적인 가상이 된다. 가상이 되는 이유는 다음과 같다. 방법론들의 다양함이 대상의 통일체에 도달하지 못하고 대상의 통일체를 이른바 인자因子들의 ―사회학은 다루기 쉬운 것이라는 이유 때문에 대상을 인자들로 분해해 버린다― 배후로 숨겨 버리기 때문이다. 필연적인 이유는 다음과 같다. 사회학의 대상인 사회가 그 이름에서 불리는 것과 같은 아무것도 아닌 것을 별로 두려워하지 않으며 이렇

06 Vgl. Erich Reigrotzki, Soziale Verflechtungen in der Bundesrepublik(독일 연방공화국[구서독을 의미함, 역주]에서 사회적 얽힘), Tübingen 1956, S. 4.

기 때문에 사회로부터 벗어나 있는 그러한 인식들만을 사회 나름대로 촉진시키고 용인하기 때문이다. 귀납법과 연역법이라는 개념의 쌍은 변증법에 대한 과학주의적인 대체물이다. 구속력이 있는 사회적 이론이 자료와 함께 완전한 결과를 얻는 것에 성공했어야만 하였듯이, 처리되어진 사실도, 이 사실을 포착하는 관할처Instanz에 힘입어, 그것 스스로 이미 사회적 전체를 향해서 투명해야만 할 것이다. 방법론이 이렇게 하는 것 대신에 그 어떤 설명도 허용하지 않는 단순한 사실factum brutum로 어떻든 정돈되면, 이처럼 설명을 허용하지 않는 단순한 사실에도 역시 어떤 빛도 추가적으로 들어올 수 없게 된다. 형식적 사회학과 맹목적인 사실 확인의 경직된 대립과 보완에서, 일반적인 것과 특수한 것의 관계가 ―이 관계에서 사회가 그것의 생명을 갖게 되며 이렇기 때문에 사회학도 그것의 유일한 대상인 인간과 관련하여 가치가 있는 대상을 갖게 된다― 사라진다. 그러나 분리된 것을 추가적으로 함께 모으면, 실질적인 관계가 방법론의 단계에 의해서 거꾸로 된 상태에 머물러 있게 된다. 질적인 실태가 방법론의 편에 서서 곧바로 다시 양화量化되는 데 열중하는 것은 그러므로 우연이 아니다. 학문은 학문이 이구동성으로 동의하는 체계를 통해서 일반적인 것과 특별한 것의 긴장을 세계로부터, 다시 말해 불일치에서 그 통일성을 갖고 있는 세계로부터 만들어 내고 싶어 한다.

4

앞에서 말한 불일치는 사회학의 대상인 사회와 그 현상들이 이른바 고전적인 자연과학이 고려할 수 있었던 일종의 동질성을 갖지 않는다는 것에 대한 근거가 된다. 사회학에서는, 부분적인 확인에서 시작하여 사회적인 사실관계들을 거쳐 사실관계들의 ―설사 제한된 정도라고 할지라도― 일반적 통용성으로 나아가는 것이, 우리가 납의 한 부분이 갖고 있는 고유성으로부터 미루어서 모든 납을 추론하는 것에 익숙해져 있는 것과 같은 정도로 이루어질 수 없다. 사회과학적 법칙들의 일반성은 개별 부분들이 깨짐이 없이 접합될 것 같은, 개념적인 외연의 일반성이 전혀 아니다. 사회과학적 일반성은 오히려 일반적인 것과 특수한 것의 관계에 —이 관계의 역사적인 구체화에서— 항상 본질적으로 관련된다. 이 점은 사회적 상태의 이질성을, 지금까지의 모든 역사의 "무질서"를 부정적으로 증명해 보이며, 이와 똑같은 정도로 자발성의 모멘트를, 즉 위대한 숫자의 법칙에 의해서 포획될 수 없는 자발성의 모멘트를 긍정적으로 증명해 준다. 세계를 수학적인 자연과학들의 상대적 규칙성과 불변성으로부터, 최소한 "거시 영역"의 대상들의 상대적 규칙성과 불변성으로부터 뚜렷하게 드러내 보이는 사람이 인간의 세계를 빛나게 하는 것은 아니다. 중심적인 것은 사회의 대립주의적인 성격이다. 사회의 대립주의적인 성격은 단순한 일반화에 의해 요술로 감춰진다. 동질성 자체가, 동질성이 결여되어 있음을 보여 주는 것으로서, 인간의 행동을 위대한 숫자의 법칙에 종속시키는 한, 오히려 설명을 필요로 한다. 위대한 숫자의 법칙의 적용 가능성은 개별화 원리와 모순된다. 이러한 적용 가능성은 인간이, 인간의 행동을 종속시키는 위대한 숫자의 법칙에도 불구하고, 단순한 종적種的 존재만은 아니라는, 간단하게 뛰어넘을 수는 없는 것과 모순되는 것이다. 인간의 행동방식들은 인간의 이성에 의해 매개된다. 인간의 이성은 일반적인 것의 모멘트를 포함하고 있으며, 이 모멘트는 통계적인 일반성에서 매우 잘 회귀할 수 있다. 일반적인 것의 모멘트는 그러나 동시에 각각의 개별 인간이 가진 이해관계들의 상태에 의해서 특수화되어 있다. 이러한 이해관계들은 시민사회적 사회에서 서로 피하여 떨어져 있고, 균일성에도 불구하고 서로 대립되는 방향으로 나아간다. 개인들에 들어 있는, 사회적으로 강제적으로 재생산된 비합리성에 대해 침묵하는 추세로 나아가는 것이다. 개별주의적인 사회의 원리의 통일체만이 개인들의 산산조각이 난 이해관계들을 개인들의 "의견"의 통일체적인 공식으로 가져 간다. 오늘날 확산되어 있는, 사회적 원자原子에 관한 논의는 총체적인 것 과 마주 대하고 있는 개별 인간의 무력감에 합당한 논의이다. 이러한 논 의는 그럼에도 불구하고 원자에 대한 자연과학적인 개념의 맞은편에서 단순히 메타포와 같은 것에 머물러 있을 뿐이다. 가장 작은 사회적 단위 들, 즉 개인들의 동일함은 텔레비전 화면 앞에서는 이러한 동일함이 물리 적-화학적 재료에서 주장될 수 있는 것만큼 그렇게 엄격하게 주장될 수 없다. 그러나 경험적 사회연구는 이 연구가 사회적 원자의 이념을 문자 그대로 받아들이고 있는 것처럼 행동한다. 이렇게 함으로써 경험적 사회 연구가 어느 정도 목적을 달성한다는 사실은 사회에 대하여 무언가 비판 적인 것을 말해준다. 통계적인 요소들을 질적으로 떨어뜨리는 일반 법 칙성은 일반적인 것과 특별한 것이 화해되어 있지 않다는 점, 바로 개별 주의적인 사회에서 개인이 일반적인 것에 맹목적으로 종속되어 있고 스 스로 질적으로 떨어져 있다는 점을 증명해 준다. 사회적으로 "성격을 숨 기는 가면"에 관한 논의가 이 점을 한 번 나타낸 적이 있었다. 현재의 경 험주의는 이 점을 망각하였다. 사회적으로 반응을 보이는 것의 공통성 은 본질적으로 사회적인 압박에 대한 반응이다. 개별화가 오늘날까지 이 데올로기적으로 머물러 있었고 인간이 아직도 인간이 아니기 때문에, 오 로지 이런 이유 때문에 경험적 사회연구가 다수 영역의 개별화를 넘어서 서 설정될 수 있는 것이다. 해방된 사회에서는 통계학이 긍정적인 것이 될 것이다. 통계학이 오늘날 부정적인 것이 되어 있는 것은 그것이 관리 管理에 이용되는 학문이기 때문이며, 실제로 사물들, 즉 소비재들의 관리 를 위한 학문이지 인간에 관한 학문이 아니기 때문이다. 경험적 사회연 구가 사회구조에서 그것의 숙명적인 기초를 가짐에도 불구하고, 경험적 사회연구에서 성공에 이른 일반화들이 즉각적으로 사물, 표준화된 세계 에 돌려지지 않고 항상 방법론에 돌려질 수 있는 한, 경험적 사회연구는 자기비판을 할 수 있는 상태에 머물러 있어야 할 것이다. 다시 말해, 그러한 일반화들이 개별적인 것에 맞춰진 물음들의 일반화를 통해서나 또는 이러한 물음들의 경계가 지워진 선택을 통해서, 카페테리아에서의 선택과 같은 것을 통해서, 물음의 대상이 된 것과 대략 조사되어야 하는 의견들을 물음의 대상이 된 것이 원자가 되는 방식으로 앞서서 이미 정돈시키는 방법론에 돌려질 수 있는 한, 경험적 사회연구는 자기비판을 할 수 있어야 하는 것이다.

5

학문의 접합으로서의 사회학의 이질성에 대한 통찰, 다시 말해 사회이론으로서, 객관적인 사회적 관계들과 제도들의 분석으로서, 더 좁은 의미에서 주관적으로 방향이 정해진 사회연구와 같은 학문 분과들의 카테고리적인, 단순히 등급이 있는 것도 아니고 임의적으로 다리가 놓아질 수 있는 것도 아닌 분기分岐로서의 사회학의 이질성에 대한 통찰은 우리가 학문의 접합을 앞에서 말한 학문 분과들의 결실이 없는 분리에 그대로 내버려 두어야 한다는 것을 의도하지는 않는다. 학문의 통합에의 형식적인 요구는 물론 존중될 수 없다. 다시 말해, 자의적인 노동 분업의 횟수回數를 스스로 갖는 요구, 그리고 그러한 요구가 상황에 관계없이 전적으로 선호된 전체성들을, 그 사회적인 실존이 즉각적으로 의문의 여지가 있는 전체성들을 간취한 것처럼 전개될 수 없는 요구는 존중될 수 없는 것이다. 갈라진 채 서로를 가리키고 있는 사회학적 방법론들을 비판적으로 결합시키는 것은 그러나 내용적으로, 인식의 목적에 의해 요구된다. 사회에 대한 이론 형성이 독특한 사회적인 이해관계들과 특별하게 얽혀 있는 것에 직면하여 하나의 교정 방법이, 리서치 방법론들이 교정 방법을 제공하듯이, 리서치 방법론들이 그 밖에도 어떻게 해서 그것들 나름

대로 그것들의 "관리적인" 구조에 따라 독특한 이해관계들이 처한 상황
과 그토록 많이 얽혀 있는가에 대해 효험을 가질 수 있다. 사회에 관한
이론들이 제기하는 수많은, 완력이 있는 주장들은 —그 증거로 하위 계
급의 전형적인 의식 형식들에 관한 막스 셸러Max Scheler의 주장[07] 정도만
을 제시해도 될 것이다— 엄격한 이의 제기를 통해서 검토되고 반박될
수 있다. 역으로, 소셜 리서치가 하찮은 것으로 쇠퇴하지 않으려고 하거
나 또는 오늘날 인기가 있는 가족에 관한 슬로건처럼 자기 변명적인 슬
로건에 따르지 않으려고 하면, 소셜 리서치는 이론과의 대결, 객관적인
사회적 형상물들의 인식을 향하도록 지시를 받게 된다. 소셜 리서치가
총체성을, 총체성이 소셜 리서치의 방법론들로부터 벗어나 있다는 이유
를 들어, 확실한 형이상학적인 선입견으로서 밀어제쳐 버리고 싶은 순간
에, 고립된 소셜 리서치는 참이 아닌 것이 된다. 그러고 나서 학문은 단순
한 현상에 머무르는 것으로 서약된다. 본질에 대한 물음을 환상幻想으로
서, 방법론과 더불어 의무를 이행할 수 없는 것으로서 금기시함으로써,
본질의 연관관계들이, 사회에서도 본래부터 중요한 관건이 되는 본질의
연관관계들이 인식으로부터 선험적으로 차단된다. 본질의 연관관계들이
"실제적"인가의 여부, 또는 단순히 개념적인 형상들인가의 여부를 묻는
것은 쓸데없는 짓이다. 개념적인 것을 사회적인 현실에 병렬시키는 모든
사람은 그러한 사고가 관념론이라는 비난을 두려워할 필요가 없다. 인식
주체의 근원적인 개념성이 의도된 것도 아니고 사물 자체에서 지배하는
개념성이 의도된 것도 아니다. 헤겔도 모든 존재하는 것의 개념적인 매
개성에 관한 교설에서 실재적으로 결정적인 것을 인증하였다. 인간의 숙

---

[07] Vgl. Max Horkheimer, Ideologie und Handeln(이데올로기와 행위), in: Max Horkheimer
und Theodor W. Adorno, Sociologica II(사회학 II). Reden und Vorträge(논의와 강연),
Frankfurt a. M. 1962, S.41f.

명을 밑으로 떨어지게 하는 법칙은 교환법칙이다. 교환법칙은 그러나 그것 자체로 단순한 직접성이 아니고 개념적이다. 교환 행위는 서로 교환되는 재화들을 재화들에서 등가치적인 것, 추상적인 것, 전해 내려오는 이야기에 따르면 결코 물질적인 것에 환원시키지 않은 것에 환원시키는 것을 내포한다. 이처럼 매개되는 개념성은 그러나 평균적인 기대치를 일반적으로 정리한 것도 아니고 질서를 촉진시켜 주는 학문을 축약시키는 부속물품도 아니다. 오히려 사회 자체가 그러한 개념성에 따르고 있다. 그러한 개념성은 모든 사회적으로 본질적으로 발생하는 것에 대한 ㅡ사회에 종속된 개별 인간의 의식뿐만 아니라 탐구자의 의식에도 의존되어 있지 않은, 객관적으로 통용되는ㅡ 모델을 공급해 준다. 사람들은 이러한 개념적인 본질을, 살아 있는 현실과 모든 완강한 자료들을 마주 대하면서, 가상이라고 명명할 수도 있을 것이다. 개념적인 본질이 등가 교환에서 정당한 물건들을 통해서 진행되지만 그럼에도 정당하지 않은 물건들을 통해 진행되기 때문이다. 조직화하는 학문은 가상에 이르기 위해 현실을 순화시켰지만, 개념적 본질은 그럼에도 가상이 아니다. 개념적 본질은 오히려 현실에 내재되어 있다. 사회적인 법칙들의 비현실성에 대한 논의도 역시 그 권리를 오로지 비판적인 권리로서만, 상품의 물질적 특성을 고려하면서, 갖는다. 사용 가치와 비교해 볼 때 단순히 생각된 것일 뿐인 교환가치는 인간의 욕구를 다스리면서 욕구의 자리에 군림한다. 교환가치는 현실에 관한 가상이다. 이러는 한, 사회는 신화이며 신화에 대한 계몽이 오늘날에도 예전처럼 변함없이 제공된다. 그러나 이와 동시에 앞에서 말한 가상은 가장 현실적인 것이며, 세계가 마법에 걸리도록 하였던 공식이기도 하다. 가상에 대한 비판은 학문에 대한 실증주의적 비판과 아무런 관계가 없다. 학문에 대한 실증주의적 비판에 따르면, 객관적 교환의 실체가 통용되는 것이 바로 현실에 의해 부단하게 확인됨에도 불구하고 객관적 교환의 실체가 현실적인 것으로 통용되어서는 안

된다. 사회학적 경험주의가 법칙은 실재적으로 발견될 수 없는 것이라는 점을 증거로 끌어댄다면, 사물에 들어 있는 사회적인 가상에 관한 ─사회학적 경험주의는 오류를 범하면서 방법론에 사회적인 가상의 짐을 떠맡긴다─ 어떤 것을, 의도하지 않았음에도, 명명하게 된다. 과학주의적 근성의 이른바 반反-관념론이, 바로 이것이 이데올로기의 존속에 도움이 된다. 반-관념론에 따르면, 이데올로기는 사실이 아니기 때문에 학문에 도달할 수 없다는 것이다. 반면에, 개념적인 매개 이외에는 어떤 것도 더 많은 권력을 갖지 못한다. 개념적 매개는 즉자 존재로서의 인간을 다른 것을 위해 존재하는 것으로 요술을 부려 내보이며 인간이 살고 있는 조건들의 의식에서 인간을 방해하는바, 이러한 개념적 매개가 권력을 갖게 되는 것이다. 사회학이 이런 점을 인식하는 것에 대해 사회학 자체를 차단시키고 사회학에게 사실이라고 불리는 것을 기록하고 정돈하는 것에 만족하여 증류되어진 규칙들을 법칙, 즉 사실 자체를 지배하면서 사실들이 이 법칙에 따라 흐르도록 하는 법칙과 혼동하자마자, 사회학은 이미 변명에 몸을 맡기게 된다. 사회학이 이에 대해 아무것도 예감하지 못했다고 할지라도 이미 변명에 빠져들고 있는 것이다. 사회에 관한 학문들에서는 그러므로 자연과학들에서와 똑같은 정도로 부분에서 전체로 나아갈 수 없다. 그 이유는 다음과 같다. 개념적인 것은 논리적 외연外延과 상이한 것이며 그 어떤 개별 요소들의 표징 단위와는 총체적으로 상이한 것인바, 이러한 개념적인 것은 전체를 정초定礎시키기 때문이다. 다시 말해, 개념적인 것은 그 매개된 개념적 본질을 위해 항상 필연적으로 직접적인 것으로 표상되는 "전체성들"·형체들과는 아무런 공통점이 없는 전체를 정초하기 때문이다. 사회는 유기체보다는 오히려 체계와 흡사하다. 이론理論이 없이 단순한 가설들을 이용하여 꾸려 가는 경험적 연구는 체계로서의 사회, 사회에 고유한 객체에 직면하여 스스로 눈이 멀게 된다. 이러한 객체는 모든 부분의 총체와 함께 하지 않으며 부분들을 포괄하지도 않고 지도地圖의 나란히 있음과 함께 있음으로부터, "지역들과 사람들"로부터 짜 맞추어져 있지도 않기 때문이다. 사회학은, 문자 그대로의 의미와 전용된 의미에서, 사회도해집을 대표하지 않는다. 사회가 사회에 속해 있는 사람들의 직접적인 삶과 이에 관련된 주관적이고 객관적인 사실들에서 출현하지 않는 한, 그러한 직접성의 조사에서 스스로 쇠진되는 연구는 목표에서 빗나간 것만을 움켜쥐게 된다. 방법론은 물건과 같은 특징을 갖고 있지만 방법론의 바로 그러한 특징에 힘입어, 직접성의 조사에서 쇠진되는 연구는 평평하게 확인 가능한 것의 우상에도 불구하고 살아 있는 것의 가상, 확실하게 옆에 있는 것의 가상을 얼굴을 맞대면서 만들어 낸다. 이러한 가상을 해체시키는 것이 사회에 대한 인식의 과제들 중에서 마지막 과제는, 우리가 마지막 과제를 오래전에 해결하지 않았다면, 아닐 것 같기도 하다. 그러한 과제는 그러나 오늘날 배척되고 있다. 현존재에 관해 미화하는 형이상학과 같은 경우라고 말하는 것에 대한 완고한 서술이 이러한 배척에 대해서는 똑같은 정도로 책임이 있다. 그 밖에도, 경험적 사회연구의 실제는 가장 넓은 정도에서 가설들의 필연성에 대한 경험적 사회연구의 고백과 단 한 번도 일치하지 않는다. 경험적 사회연구를 실행하는 사람들은 가설들에 대한 필요를 마지못해 허용하면서도, 가설이 "편견", 선입견에 사로잡히지 않는 연구를 방해할 수 있다[08]는 이유를 들어 모든 가설을 불신을 갖고 대한다. 여기에 근원으로 놓여 있는 것이 "진리의 잔류 이론"이다. 이것은 진리가, 이른바 단순한 주관적인 부가물이 퇴거된 후에, 일종의 상품의 생산 원가와 같은 것에 남아 있다는 관념이다. 사회과학은 게오르크 짐멜Georg Simmel과 프로이트S. Freud 이래로 심리학에 친밀한 통찰을 아직도 사회과학에 합병

---

08 Vgl. etwa René König, Beobachtung und Experiment in der Sozialforschung(사회연구에서 관찰과 실험), in: Praktische Sozialforschung, Köln 1956, II, S.27.

시키지 않았다. 다시 말해, 대상들 자체가 마치 사회처럼 본질적으로 주관적으로 매개되어 있는 한 대상들의 경험의 구속성이 인식하는 사람의 주관적인 몫의 정도와 함께 상승하며 밑으로 떨어지지 않는다는 통찰을 사회과학에 합병시키지 않은 것이다. 사회과학자들이 본래부터 공통적인 인간 이성을 연구자의 책임 있는 제스처를 위해 멀리 휴가를 보내자마자, 그들은 가능한 한 가설이 없는 처리에서 그들의 안전책을 모색한다. 경험적 사회연구는 다음과 같은 미신으로부터, 즉 연구가 전제조건이 없이 나타나는 자료들이 백지 상태에서 정돈되도록 하는 방식인 백지 상태로부터 시작되어야 한다는 미신으로부터 근본적으로 벗어나야 할 것이다. 이와 동시에 경험적 사회연구는 오래전부터 흠뻑 적셔진 인식론적 논쟁들을, 즉 짧게 숨을 쉬는 의식이 작동의 절박한 필요성에 기대어 단지 지나칠 정도로 혼쾌하게 망각해 버리는 논쟁들을 상기해야만 할 것이다. 회의懷疑가, 그것에 고유한 고행적인 이상理想을 마주 대하면서, 회의적인 학문과 어울린다. 즐겨 인용되는 문장인, 연구자는 10%의 영감과 90%의 발산을 필요로 한다는 문장은 하급에 속하며 사고의 금지를 겨냥하고 있다. 학자가 자기 자신을 완전히 포기하는 작업은, 이미 오래전부터 대부분의 경우에, 그가 어떻든 갖고 있지 않았던 생각들을 열악한 급료를 받는 대가로 포기하였다는 점에서 성립되었다. 오늘날에는, 더욱 좋은 급료를 받는 사무실의 우두머리가 학자의 후임으로 들어서 있기 때문에, 정신의 결핍은 텅 비어 있지 않고 잘 적응된 채 팀에 편입되어 있는 사람의 미덕으로 칭송될 뿐만 아니라 그 위에 개별 인간의 자발성을 마찰 계수 외의 다른 것으로는 거의 알지 못하는 연구 진행과정들을 설치하는 것에 의해 칭송된다. 위대한 종류의 영감과 건실한 연구자 작업 자체 사이에 존재하는 반反테제는 그러나 불합리하다. 생각들은 힘들이지 않고 얻어지는 것이 아니고, 그것들이 갑자기 출현한다고 할지라도 마치 땅속에서처럼 오랫동안 지속되는 과정에서 결정結晶된다. 리서치 기술자가 교만하게 직관이라고 명명하는 것의 성급함은 일반적으로 받아들여지는 견해Comunis Opinio의 경직된 껍데기를 통해 생동감 있는 경험을 깨부수는 것을 돋보이게 한다. 이것은 일반적으로 받아들여지는 견해에 대한 대립을 보여 주는 긴 호흡이며, 신의 은혜를 받은 순간들의 특권이 아니다. 긴 호흡은 규제되지 않은 생각에 본질과의 접촉을, 즉 그 사이에 삽입된 부풀어 오르는 장치에 의해서 자주 저항하기 어려울 정도로 방해가 된 본질과의 접촉을 허용한다. 역으로, 학문적인 근면은 항상 동시에 개념의 작업과 노력이다. 학문적인 근면은 기계적이고 완고하게 의식이 없는, 사람들이 개념과 동치시키는 처리와는 반대되는 용어이다. 학문이란 고찰된 현상이 그것 스스로부터 발원하여 존재하고자 하는 것의 진실과 비진실을 알아차리는 것을 지칭한다고 보아야 할 것이다. 학문에 고유하게 들어 있는 구분인 참된 것과 참되지 않은 것의 구분에 힘입어 동시에 비판적이지 않은 인식은 인식이 아니다. 사회학의 조직화의 돌처럼 굳어진 반反테제들을 움직이게 할 수 있는 사회학, 이러한 사회학이 비로소 제 정신이 든 사회학일 것이다.

6

학문 분과들의 카테고리적인 차이는, 이 문제에서 본래 중요한 것이라고 볼 수 있는 결합인 경험적 조사들과 이론적으로 중심적인 물음 설정의 결합이 개별화된 관점 설정에도 불구하고 오늘날까지도 성공에 이르지 못했다는 사실에 의해 확인된다. 가장 겸손하면서도 동시에 내재적 비판의 의미에서의 요구, 다시 말해 "객관성"의 고유한 게임 규칙들에 따라 경험적 사회연구를 위해서 가장 잘 용인될 수 있는 요구는 경험적 사회연구의 ―인간과 인간 집단의 주관적인 의식과 무의식에 향해진― 진술들을 인간과 인간 집단의 실존의 객관적으로 주어진 것들과 대립시키는 것이라고 보아야 할 것이다. 사회연구의 영역에게 단순히 우발적인 것, 단순한 "배경 연구"로 여겨지는 것은 사회연구가 어떻게 해서든지 본질적인 것을 성취한다고 말하는 가능성의 조건을 만들어 낸다. 사회연구는 앞에서 말한 객관적으로 주어진 것들 아래에서, 피할 수 없는 방식으로, 설문 대상이 된 사람들의 주관적으로 갖고 있는 견해, 느낌, 행동과 연관된 것을 일단은 강조할 것이다. 이처럼 연관된 것들이, 앞에서 말한 대립시키기가 개별 제도들에 대한 지식에 만족해서는 안 되고 다시금 사회구조로 되돌아가서 기대야만 할 정도로 그렇게 넓게, 바로 그렇게 넓게 퍼져 있음에도 불구하고, 사회연구는 이러한 연관관계들을 일단은 강조할 것이다. 카테고리적인 난점은 특정 견해들과 특정 조건들의 비교를 통해서 제거되지는 않는다. 그러나 이처럼 짐으로 남아 있는 유보 상태 아래에서 여론 조사의 결과들이, 이 결과들이 여론이 향하는 것의 실재적인 실상에서 측정될 수 있게 되자마자, 변화된 위치 가치를 획득한다. 이와 동시에 현저하게 나타나는 차이들은, 즉 사회적인 객관성과 사회적인 객관성에 관해 항상 일반적으로 확산되어 있는 의식 사이에 존재하는 차이들은 경험적 사회연구가 사회에 대한 인식 안으로 뚫고 들어가는 것을 뚜렷하게 보여 준다. 이데올로기들에 대한 인식으로, 이데올로기들의 생성과 기능에 대한 인식으로 파고드는 것을 보여 주는 것이다. 그러한 인식이, 경험적 사회연구의 유일한 목적은 확실하게 아니라고 할지라도, 아마도 경험적 사회연구에 원래부터 있는 것이 되어야 할 것이다. 그러나 경험적 사회연구는, 격리시켜 보면, 사회에 대한 인식의 중요한 비중을 갖지 못한다. 경험적 사회연구는 시장 법칙들의 체계에 아무런 성찰이 없이 머물러 있고, 이러한 시장 법칙들은 여전히 전면에 위치하고 있다. 설문조사가 노동자들이 자신을 더 이상 노동자들로 생각하지 않으며 프롤레타리아와 같은 것이 도대체 아직도 존재하는 것을 거부한다는 사실에 대해 통계적으로 압도적인 명료함을 제시한다고 해도, 프롤레타리아의 부존재에 대한 입증이 이루어진 것은 아닐 것이다. 오히려 그러한 주관적인 상태들은 설문 대상이 되는 사람이 생산과정에서 처해 있는 위치와 같은 객관적인 상태들, 노동자들이 생산수단들을 운용하고 있는지 또는 운용하지 못하고 있는지의 여부, 노동자들의 사회적인 힘이나 또는 무력감과 비교되어야만 할 것이다. 이와 동시에 주체들 자체에 대한 경험적인 상태도 물론 그 의미를 유지한다고 보아야 할 것이다. 앞에서 본 것과 같은 종류의 의식 내용들이 어떻게 성립되는가에 대해 이데올로기론論의 의미에서 물어볼 만할 뿐만 아니라 이런 의식 내용들의 실존에 의해서 무언가 본질적인 것이 사회적인 객관성에서 변화되었는지의 여부에 대해서도 물음이 제기될 수 있을 것 같다. 사회적인 객관성에서는 인간이 처해 있는 상태와 인간의 자의식이, 이것도 역시 항상 생산되고 재생산되듯이, 오로지 광기가 있는 독단에 의해서만 경시될 수 있다. 인간이 처해 있는 상태와 인간의 자의식도, 그것이 기존의 질서를 긍정하는 요소이든 그 어떤 다른 것의 잠재력이든, 사회적인 총체성의 모멘트이다. 물질적 폭력이 대중을 움켜쥐자마자, 이론뿐만 아니라 이론의 부재도 물질적 폭력이 된다. 경험적 사회연구가 위로부터 내려오는 맹목적인 구축을 저지시킬 뿐만 아니라 현상과 본질의 관계에서 움직이는 한에서만, 경험적 사회연구는 그것의 잘못된 점을 교정하게 된다. 현상이 갖는 인식 가치를 사회이론이 비판적으로 상대화시켜야 한다면, 경험적 사회연구는, 역으로, 본질 법칙을 신화화神話化로부터 지켜야 한다. 현상은 항상 또한 본질의 한 현상이며, 단순한 가상만은 아니다. 현상의 변화들은 본질과 아무런 상관이 없는 것은 아니다. 어느 누구도 자신이 노동자임을 사실상으로 더 이상 알지 못한다면, 이것은, 노동자에 대한 객관적인 정의 자체가 생산수단들로부터의 분리를 통한 정의를 충족시킨 채 머물러 있다고 할지라도, 노동자라는 개념에 대한 내적인 합성에 영향을 미치게 된다.

경험적 사회연구는 그러므로 그것에 의해 탐구된 모든 주어진 것들, 객관적인 관계들에 못지않게 주관적인 관계들이 사회에 의해 매개되어 있다는 사실로 돌아오지 않는다. 주어진 것, 경험적 사회연구가 그 방법론들에 따라 경험적 사회연구에 최종적인 것으로서 마주치게 되는 사실들은 이것들 스스로 최종적인 것이 아니고 조건이 주어진 것들이다. 따라서 경험적 사회연구는 그 인식 근거를 —경험적 사회연구의 방법론이 얻고자 노력하는 것인 사실들의 소여所與를— 실재 근거, 사실들의 즉자 존재, 사실들의 직접성, 사실들의 근본적인 성격과 혼동해서는 안 된다. 경험적 사회연구가 방법론들의 세련화를 통해서 자료들의 직접성을 스스로 해체시킬 수 있는 능력을 가질 때만이, 이러한 혼동에 대항하여 경험적 사회연구를 방어할 수 있을 것이다. 이렇기 때문에 동기부여 분석이 중심적인 의미를 갖는다. 동기부여 분석이 물론 직접적인 질문에 매번 기댈 수는 없으며, 상관관계들은 기능적인 연관관계들을 지시해 주지만 인과율적인 의존성을 밝혀 주지는 않는다. 이런 이유 때문에 간접적인 방법론들의 발달은 원리적으로 볼 때 경험적인 사회연구에게는 단순한 확인과 전면에 나타나는 사실들의 선별을 넘어서 나아갈 수 있는 호기好機가 된다. 경험적 사회연구의 자기비판적인 전개에 들어 있는 인식 문제는, 조사된 사실들이 그 밑에 놓여 있는 사회적 관계들을 충실히 반영하지 않은 채, 사회적 관계들을 필연적으로 감춰 버리는 베일을 동시에 만들어 내는 것에 머물러 있다. 그리고 나서 이것은 "여론 조사"라고 부르는 것에 이유가 없지만은 않은 것의 상태에 적합하게 된다. 헤겔이 그의 법철학으로부터 정리한 내용, 즉 여론은 무시되는 것만큼 존중될 만한 가치가 있다는 내용[09]과 맞아 돌아가는 것이다. 존중되는 이유는, 필연적으로 잘못된 의식인 이데올로기들도 역시 사회적 현실을 인식하고자 하는 사람이 알아야만 하는 사회적 현상의 한 부분이기 때문이다. 무시되는 이유는 여론의 진리 내용이 비판되기 때문이다. 경험적 사회연구가 여론을 절대적으로 설정하자마자, 경험적 사회연구는 스스로 이데올로기가 된다. 성찰되지 않은 상태에서 명목론적으로 존재하는 진리 개념이 이처럼 잘못된 결과에 빠져든다. 다시 말해, 다수결 이외에 다른 진리가 제기될 수 없다는 이유를 들어 다수결을 진리와 바꿔치기를 하는 명목론적 진리 개념이 그러한 잘못된 결과에 이르게 되는 것이다. 이러한 경향은 미국의 경험적 사회연구에서 매우 이상할 정도로 뚜렷하게 나타난다. 즉자적으로 존재하는 진리로서의 다수결을 단순하게 주장하는 것은 미국의 경험적 사회연구와 독단적으로, 그리고 요구 제기된 "가치들"의 형식에서 대략적으로, 대조될 수는 없을 것 같다. 앞에서 본 주장에 근거하는 처리방식은 확산되어 있는 견해를 객관적으로 통용되는 것으로 설치하는 것과 똑같은 자의에 붙잡혀 있다고 보아야 할 것이다. 로베스피에르 이후의 역사에서는, 다수결의 명령적인 확정이 다수결을 개념이 없는 상태에서 받아들이는 것보다 더욱 많은 해악을 유발하였다. 내재적 분석이 견해 자체의 일치성과 불일치성의 분석, 사물에 대해 견해가 갖는 관계의 일치성과 불일치성의 분석을 숙명적이라고밖에 할 수 없는 대안으로부터 유일하게 끄집어냈다. 내재적 분석은 그러나 이러한 대안으로부터 객관적으로 통용되는 것의 견해에 대한 추상적인 반反테제를 데려 내오지는 않았다. 견해가 플라톤적인 교만함을 통해 배척될 수는 없다. 오히려 견해의 비진리 자체가 진리로부터, 근본이 되는 사회적 관계로부터, 최종적으로는 사회적 관계의 비진리로부터 도출될 수 있다. 그러나 다른 한편으로는 평균치 견해가 진리의 근사치를 서술하지 않으며, 오히려 사

---

09 Hegel, Grundlinien der Philosophie des Rechts(법철학 기초), hrsg. von Georg Lasson, Leipzig 1921, § 318, S. 257.

회적으로 평균치적인 가상을 서술한다. 성찰되지 않은 사회연구에게는 사회연구의 가장 실재적인 존재자ens realissimum로서, 즉 설문된 사람들 자체로서, 주체들로서 여겨지는 것이 사회적으로 평균치적인 가상에서 그 몫을 차지한다. 주체들에 고유한 상태, 주체들의 주체로서의 존재가 객체성에, 즉 주체들이 종속되어 있는 메커니즘들과 주체들의 개념을 완성시켜 주는 메커니즘들에 의존되어 있다. 주체들의 개념은 그러나 우리가 사실들을 넘어서서 나아가는 경향을 사실들 자체에서 알아차릴 때만, 바로 이런 경우에만 규정될 수 있다. 바로 이 점이, 철학이 경험적 사회연구에서 발휘하는 기능이다. 이러한 기능이 잘못되거나 억압되면, 다시 말해 사실들이 단순히 재생산되면, 그러한 재생산은 동시에 사실들이 이데올로기로 변조되는 것이 되고 만다.

1957년

사회학적 카테고리로서의 정역학과 동역학에 대하여

　　1955년에 암스테르담에서 개최되었던 사회학자 대회에서는 사회에서의 정역학과 동역학의 관계에 대한 새로운 토론이 있었다. 사회학자들에게는 불가피하게 다가왔던 관찰이 이러한 토론의 계기를 제공하였다. 가장 거대한 격렬함을 보여 주는 역동적인 현상들이 가시적으로 드러나고 있다. 소련[01]의 지배 아래 놓여 있는 지역에서의 변화와 같은 사회구조의 변화들, 동양 지역과 개발도상국이라는 이름을 발견한 것이 그 이유가 없지만은 않은 모든 지역에서 일어나고 있는 근대화가 그러한 역동적인 현상들의 예이다. 마지막으로는 서방 국가들에서도, 견고하게 유지되는 제도들에도 불구하고, 개인, 가족, 계층, 조직, 관리와 같은 사회적인 근간 개념들이 그것들의 내부적인 합성에 따라 변화되는 모습을 보이고 있다. 다른 한편으로는, 많은 곳에서 사회가 베블런이 이미 50여 년 전에 "새로운 봉건주의"라고 명명하였던 상태, 즉 정적인 상태에 머물러 있는 경향을 보이는 것 같다. 자본주의적 공간의 밖에 존재하는 지역들의 산업화와 더불어 자본주의적인 자원이용 과정의 한계가 뚜렷하게 드러나고 있으며, 이렇게 됨으로써 경제 체계에 고유한 개념이 요구하는 것으로 여겨졌

01　1980년대 후반에 소멸한 구(舊) 소련을 의미함(역주).

던 경제 체계의 팽창도 그 한계를 노정시키고 있다. 재화들로 가득 차 있음에도 불구하고 자본주의가 단순한 재생산으로 퇴화하고 있는 것과 같은 어떤 것이 보이고 있는 것이다. 이 점은 문화적으로도 성찰되고 있다. "젊은 프랑스Jeune France" 그룹 출신의 음악가인 메시앙Messiaen은 별로 오래 되지 않은 과거에, 그의 말이 정당하든 또는 정당하지 않든, 음악의 역사적인 발전이 그 상한점에 도달하였으며 상한점을 넘어서는 발전은 더 이상 생각할 수 없다고 말할 수 있었다. 정역학과 동역학의 대안에 대한 관심은, 중세 말기 이래로 지배적으로 나타나고 있는 발전의 행진이 계속될 것인지 또는 잔악무도한 히믈러[02]가 제3제국이 천 년이나 이천 년 동안 지속될 것이라고 예언하였던 상태인 응결 상태로, 즉 "근대의 종말"로 흘러 들어갈 것인지의 여부를 놓고 어떤 것이 더욱 힘이 있는 것으로 증명될 것인가에 대한 물음에서 정점에 도달한다고 보아도 될 것 같다. 대안은 그러나, 대안이 세계사를 두고 주사위를 던지는 쓸데없는 짓에 취해서 효과 없이 끝나지 않으려고 하는 한, 대안에 의해 사용된 개념들에 대한 자각을 요구한다. 제도적으로 단단하게 정립되어 있고 정돈되어 있으며 분류되어 있는 학문으로서의 사회학, 특별한 학문 분과로서의 사회학에 대한 콩트의 최초의 프로그램은 잘 알려진 대로 다음과 같은 것을 요구한다. "사회학에서는, 사회의 실존 조건들에 관한 근본적인 연구와 사회의 지속적인 운동의 법칙들에 관한 연구 사이에 존재하는 모든 정치적인 대상과 관련해서 볼 때 두 연구가 전적으로 구분된다는 점"[03]을 요구한다. 이러한 요구에 따르면 "사회 물리학은 … 두 개의 중심 학문으로, 예를

---

02 나치 시대의 비밀경찰 두목이었으며, 유대인 학살을 총지휘하였음(역주).

03 Vgl. Auguste Comte, Cours de philosophie posotive(실증 철학 강의), zitiert nach Übersetzung von Valentine Dorn: Auguste Comte, Soziologie, übertr. von Valentine Dorn und eingel. von Heinrich Waentig, 2. Aufl., 3 Bde., Jena 1923, Bd. I, S.232.

들어 사회적 정역학과 사회적 동역학이라고 명명될 수 있는 두 개의 학문으로 나눌 수 있다"[04]는 것이다. 사회에서는 "학문적 이원론"이 질서와 진보라는 두 개의 보편적인 원리와 일치한다는 것이다. 콩트는 그 이유를 다음과 같이 밝힌다. "사회적 유기체에 대한 정역학적인 연구는 질서에 관한, 즉 본질에 따라 볼 때 사실적으로 오로지 인간 사회의 상이한 실존 조건들 사이에서 제대로 지속되는 조화에서만 성립될 수 있는 질서에 관한 실증적인 이론과 함께해야만 한다는 사실이 명백하기 때문이다. 이와 마찬가지로 우리는 인간사人間事의 공동생활에 대한 동역학적인 연구가 사회적 진보에 관한 실증적인 이론을, 즉 어떤 절대적이고도 제한이 없는 완벽화에의 능력에 대한 모든 쓸모없는 생각을 옆으로 제쳐 놓으면서 근본적인 발전에 대한 단순한 생각에 결과적으로 자연스럽게 도달되어야 하는 실증적인 이론을 형성한다는 점을 더욱 명백하게 인식할 수 있다."[05]

무비판적으로 행해지는 사회적 관찰은, 20세기에 들어와서까지도 정역학적인 유형들에 특별하게 선호된 모델로서의 농부와 같은 정역학적인 유형들과 팽창 및 동역학이 그 본질에 마땅히 속해야 하는 자본주의적 경제와 같은 동역학적인 유형들을 공급하였다. 유형들을 이렇게 구분하는 것을 근거 세우려고 하는 사람은 서양 철학의 전체 전통과 대결할 수 있어야 하며, 최종적으로는 원래 자연으로부터 유래하는 것인 피세이physei와 인간에 의해 단순히 설정된 것인 테세이thesei를 분리시켰던 소크라테스식의 문답법과 대결할 수 있어야 할 것이다. 인간의 기본 욕구들에 소급되거나 또는 사람들이 오늘날 고유성의 은어에서 말하고 있듯이 인간의 실존에 소급되었던 사회적 현상들은 정역학적인 카테고리들로 간주되어야 한다는 것이다. 이에 반해, 추가적으로 일어나는 분화分化들, 사

04 a. a. O.
05 a. a. O., S.233f.

회적 조직화Vergesellschaftung의 특별한 유형들과 일치하는 모든 사회적 형식은 동역학적이라는 것이다. 특수화들이 논리적으로 더 낮은 곳에 있는 것을 발전의 기초가 되는 것으로 놓아두는 것처럼 보이는 동안에도, 모든 것을 포괄하는 거대한 중심 구조들이 고수되었던 것이 사고의 모델로서 넌지시 기여한다. 동역학적인 모멘트들은 —중심 카테고리들이 특별한 것에 따라 선별적으로 형성되었는지의 여부, 중심 카테고리들이 이러한 선별에서 사회적 불변론에 종속되지 않으려는 것을 없앴는지의 여부에 대해 묻지 않은 채— 앞에서 말한 모델에 의해 선험적으로 우연으로, 중심 카테고리들의 단순한 뉘앙스로 내려앉게 된다. 학문 실제적인 오성은 이 점에 대해 문제를 삼지 않고 간단히 해치운다. 사회적 사실들에 대한 최초의 단단한 분류화를 이미 운용하기 위해서는 오로지 정역학 및 동역학과 같은 기준들만 붙들고 있으면 된다는 것이다. 정역학적인 모멘트들을, 특히 제도적인 모멘트들을 그것들의 이른바 영구성을 위해 형이상학적으로 변용시키는 시도는 잘 알려져 있다. 또한 동역학적인 모멘트들, 사회적인 생활 과정의 구체적인 내용을 철학적 전통에 따라, 즉 본질을 불변적인 것과 동일화시키고 단순한 현상을 순간적으로 지나가는 것으로 동일화시키는 철학적 전통에 따라 변전 가능하고 우연적인 것으로 자주 처리해 버리는 시도도 너무나 잘 알려진 시도이다. 이런 시도는 지식사회학자들에 의해 항상 반복적으로 강조된다.

정역학적인 것과 동역학적인 것의 구분이, 이것이 분류적인 필요에 의한 것이든 어떤 잠재적인 철학에 의한 것이든, 실재 사회에 부당하게 책임을 지우고 있다. 현상들은 그것들 자체로 이러한 구분에 결코 종속되어 있지 않다. 비판적으로 여과된 현대 학문의 한복판에서 스콜라철학의 원시적이고도 오래전에 인식론에 의해 배척된 방법론이, 다시 말해 본질, 우연, 실존, 개별화 원리와 같은 일반적인 개념들로부터 유래하는 각기 특정한 존재자를 함께 합쳐 버리는 방법론이 살아남아 있다. 이렇게 해서, 사회적 사실들은 정역학적인 구성 요소와 동역학적인 구성 요소로부터 구성되어 있다는 것이다. 질서에 집착하는 정신의 매개가 없이는 이러한 구성 요소들이 전혀 성립되지 않음에도, 이러한 질서가 간과되고 있다. 사람들이 질서와 진보에 따라 잘 정돈되어 나누어진 사회를 긍정적이고도 독단적으로 미리 밑에 놓아두지 않는 한, 이러한 구성 요소들은 그것들 자체로 존재로 주장되어서는 안 된다.

사람들은 "정역학적인 법칙"에 대한 이상형으로서, 이것이 실재로 들어맞는지의 여부에 대한 고려도 없이, 모든 사회적인 지배는 다른 사람이 제공하는 낯선 노동의 점취에서 성립된다는 문장을 대략 만들어 내고 있는 셈이다. 이와 마찬가지로, 봉건 체제에서는 지배가 소작 관계에 의해 매개되어 실현된다는 문장을 "동역학적인 법칙"으로서 억지로 구성하고 있다. 우리가 이것을 경험적 자료에 적용시켜 보면, 소작인은 "사회적 지배 일반"이라는 일반 법칙 아래에 놓여 있지 않다는 점이 확실하며, 특정한 차이differentia specifica로서 일반적인 법칙에 덧붙여진다고 하는 특별한 법칙인 "소작 지배" 아래에 놓여 있다. 소작인은 지배를 곧바로 경험하지 않으며 지배가 역사적으로 보여 주는 게임의 방식을 경험하지도 않는다. 오히려 소작인은, 사회학적인 유형학에서는 소작 지배가 지배의 더 높은 일반 개념에 항상 편입되어 있다고 할지라도, 봉건 영주의 지배를 경험한다. 이것은 그러나 단순히 인식론적인 술책만은 아니다. 이것은 우리가 개별적인 법칙들을 불변적인 것으로, 다른 법칙들을 가변적인 것으로 분리할 수 있느냐의 여부, 그리고 이에 근거하여 사회의 본질에 관하여 추론을 끌어낼 수 있느냐의 여부에 의존되어 있다. 이러한 관계는, 이른바 상수常數들이 오로지 변수들의 형태에서만 출현하고 고립되어 "즉자적"으로 출현하지 않는 경우에는 부당하다고 보아야 할 것이다. 이렇게 되면, 사물 자체 대신에 질서 모형을 설치하는 것이 되고 말 것이다. 이런 쪽으로 쏠리는 경향은, 이것이 불러오는 결과와 함께, 현대의 지식사회학에까지, 대략 만하임이 도입하였고 최근에는 미국에서 부활한 개념인 "매체 원리"에 이르기까지 다다른다. 이른바 일반 법칙과 법칙들에 대해 단순한 사실로서 대립되어 있다고 하는 것 사이를 매개한다고 하는 "매체 원리"에까지, 사회 자체에 들어 있는 힘들의 게임에서는 아무것도 "매체 원리들"에 부합되지 않음에도, 그러한 경향이 들어가 있는 것이다.

사회에서의 정역학적인 것과 동역학적인 것을 신선하고도-기쁘게 분리시키는 상식은, 상식이 상식에 고유하게 내재하는 규정들을 객체에 대한 규정들로서 반영시키는 데 이용하는 순진성에 그 건전함을 의지한다. 한편으로 자연적이고 항상 지속되는 욕구들에서 방향을 맞추는 것과 다른 한편으로는 인간에 의해 설정되었고 이렇기 때문에 역사적으로 변전될 수 있는 욕구들에서 방향을 맞추는 것은, 분류의 순수한 산물로서, 추상적이다. 이런 이유에서, 욕구들은 간단히 나누어질 수 없다. 사회 자체가 파열음이 없이 욕구들로 환원될 수는 없기 때문이다. 욕구들은 개별 인간뿐만 아니라 조직화된 전체의 자기보존의 사회적 과정 안으로 항상 들어간다. 그러나 욕구들은 오로지 이러한 전체를 통해서만 사회적 과정 안으로 들어간다. 사람이 살아가는 데 필요한 것과 필요하지 않은 것은 자연에 단순하게 놓여 있는 것이 결코 아니며, "문화적인 실존 최소치"에 맞춰져 있다. 문화적인 실존 최소치로부터 순수한 자연을 껍질을 벗기듯이 끄집어내려는 모든 시도는 잘못된 것에 이르게 된다. 최소한 현대 사회에서, 이미 이전의 많은 사회에서도, 이른바 자연적인 것이라고 말해지는 인간의 욕구가 인간의 삶의 질서에 대해 전혀 결정하지 않았다. 오히려 이러한 욕구는, 오늘날과 같은 과잉 생산의 시대에서처럼 철저한 계획에 따라 비로소 산출되지는 않는다고 해도, 이미 틀에 맞춰져 있다. 자본주의적 사회의 법칙들을 그 상태를 고려하지 않은 채 인간의 욕구들에 환원시키고 그리고 나서 욕구들의 척도에 따라 정역학적인 법칙들과 동역학적인 법칙들로 나누려고 하는 사람은, 오늘날 단지 경제적인 이해관계에 의해 질질 끌려오는 것인 욕구 충족을 첫 번째의 것으로 전도시키는 사람이라고 할 것이다. 이런 사람은 2인 가족이 3대의 자동차를 획득하는 것이 원시 채취 부족에서 과일을 모으는 것과 동일한 카테고리에 속하기라도 하는 것처럼 욕구 충족을 첫 번째의 것으로 변질시키는 사람인 것이다. 순진한 의식에게는 정역학적으로 여겨지는 것의 많은 부분이 동역학적인 것으로 입증되는 것은 매우 특별한 일이다. 음식, 옷, 비를 피할 수 있는 정도의 집처럼 거부될 수 없는 기본 욕구들조차도 새로운 것의 양量이 불변적인 것으로 오인된 것의 질質로 전도될 수 있을 만큼 단호하게 변동된다. 사회적 과정은 단순한 사회도 아니고 단순한 자연도 아니다. 사회적 과정은 오히려 인간이 자연과의 관계에서 소재를 변화시키는 과정이며, 두 모멘트들의 영구적인 매개이다. 모든 단계에 함유되어 있는 자연적인 것은, 현상들에 대한 폭력이 없이, 그것의 사회적인 형식으로부터 빠져나오게끔 처리될 수 없다. 지난 수십 년 동안의 기술적 발전은, 사람들이 19세기에도 여전히 ―물론 기술적 발전의 전사前史에 대해서는 눈이 멀어 있는 상태에서― 비역사적인 것으로 간주해도 되었던 사회적 집단들을, 특히 농업사회의 잔재들을 도처에서 역동적으로 움직이도록 하였다. 이러한 기술적 발전은 신이 창조한 농부의 영구성에 의해서 농업의 기계화에 한계가 설정되었다고 말하는 독단과 같은 독단들의 거짓을 폭로하였다. 자연 그대로의 상태의 개념이 연구에 의해서 무력해질수록, 불변에 관한 주장은 철학적-인간학적 고백으로 더욱더 많이 도피하고 사회적으로 구체화되는 것을 거부한다. 불변수론은 고도로 특수화된 전문학자들이 지나칠 정도의 맹신과 함께 진리를, 다시 말해 그것에 고유한 철학적 형태에서 유지되지도 않고 사회에 대한 ―사회는 인간의 현존재의 본질에서 발원했다고 볼 수 있는 것보다도, 이렇게 볼 수 있는 것보다도 더욱 많은 정도로 인간에게 수천 년 이래로 폭력을 자행하였다― 통찰과 완전할 정도로 결합될 수 없는 진리를 신뢰하는 존재론에서 정당화를 가볍게 모색한다.

정역학적인 법칙들과 같은 것의 구축에 왜 그토록 고집스럽게 붙어 있는가 하는 이유를 파악하기 위해서, 우리는 콩트에서의 이러한 법칙들의 원천으로 되돌아가 볼 수 있다. 그는 정역학과 동역학의 이분법, 처음에는 상태들의 이분법,[06] 그러고 나서 법칙들의 이분법을 학문적 필요로부터 도출한다. "나는 이제 이러한 목적을 위해서 하나의 참되고 근본적이며 학문적인 구분을 특히 사회적 현상들의 전체로 확대시켜야 한다. 나는 실증적인 연구들의 모든 대상의 정역학적인 상태와 동역학적인 상태를 분리된 것으로, 그러나 엄격한 체계적인 연계를 항상 고려하면서, 고찰하였다. 이렇게 함으로써 나는 앞에서 말한 근본적인 학문적 구분을 이미 내 논문의 모든 부분에서, 생물학적인 철학에서 중심적으로, 이 학문의 본성에 따라 모든 현상, 살아 있는 몸이 보여 줄 수 있는 모든 현상에 전적으로 적용할 수 있는 것으로 확인하였고 사용한 바 있었다."[07] "확대시켜야 한다"가 표현하고 있는 강박성은 사회학에서 정점에 이른, 학문들의 피라미드에 관한 콩트의 구상으로부터 유래한다. 위계질서에서 더 높은 위치를 차지하는 모든 학문은 이보다 더 낮은 위치에 있는 모든 학문의 원리에도 마찬가지로 정당한 것으로 되어야 한다는 것이다. 콩트 이래로 실증주의는, 말하자면 관념론적인 체계에 대한 대체로서, 라이프니츠로까지 거슬러 올라가는 관념을, 즉 방법론의 통일을 통해서 대상들의 모든 상위함을 넘어서서 가능하게 하였던 통합 학문의 관념을 실증주의의 작업으로 삼아 왔다. 실증주의가 유발한 세계의 —원자적이고 개념이 없으며 오로지 축약을 통해서 개념에 의해 요약된 사실들로의 세계— 해체는 이러한 해체의 원인 제공자인 학문 자체에 의해 저지되어야 한다는 것

---

06 a. a. O., S.232.
07 a. a. O., S.231f.

이다. 학문의 그 내부에서 한 목소리를 내는 조직화가 총체성, 정신적으로 아치 모양으로 만들어진 우주를 —이러한 우주의 취소될 수 없는 와해로 인해 대상들이 "사실들"로 출현하게 되었다— 대체시키려고 한다. 바로 이 점에서 다음과 같은 시도가 나온다. 다시 말해, 구조화되지 않은 것으로 생각된 자료의 분류에만 오로지 의지하는 질서 모형들을 이것들이 마치 자료의 구조인 것처럼 자료에 귀속시키는 시도가 발원하는 것이다. 우리가 린네[08]의 체계에서 비웃는 것이 논란이 되지도 않은 상태에서 사회학에서 머물러 있었던 것이다. 정돈하는 실행이 사물 자체의 성질로서 출현하였던 것이다. 선입견이 없는 것에 대한 자만심과 함께 선입견 없는 것에 항상 고유한 본질이 될 수도 있는 것이 배제되고, 경우라고 말하는 것에의 환원이 인정하지 않으려고 하는 것도 배제된다.

학문 체계와 객관적 구조가 불순하게 되는 것은 콩트의 『실증 철학 강의』처럼 실증주의의 개척기에서 나타난 기록에서, 유기체의 해부학적이고 생리학적인 규정들의 관계에서 사회를 유사類似 추론하는 것에서 포착된다.[09] 생물학은 특별히 "생명"에 관련되는 구조 모멘트들, 즉 생리학적인 구조 모멘트들과 생명에 관련되는 경우가 아닌 해부학적인 구조 모멘트들을 기껏해야 구분하고 싶어 했다. 사회학은 그러나, 우리가 사회학을 거칠게 명목론적으로 생각해 본다면, 오로지 인간의 살아 있는 연관관계와 그 파생체들, 이 연관관계로부터 흘러나온 사회적 형식들과 관련된다. 사회적 형식들은 인간의 관계들로부터 도출될 수 있으며, "해부"로서 실체화될 수 없다. 콩트가 몰아붙였던 정역학적인 층層은 아무런 독립성도 갖지 않는다. 콩트는 질서와 진보의 관계에 대해, 그리고 질서의 "밀

---

08 Carl von Linné(1707-1778), 스웨덴의 생물학자, 생물 분류법인 이명법의 기초를 확립함(역주).
09 Vgl. a. a. O., S.232f.

접하고도 용해되지 않는 결합이 장차 … 모든 실제적인 정치적 체계의 근본적인 어려움을 특징짓는다"[10]는 사실에 대해 침묵할 정도로 순진하지는 않았다. 그러나 그의 정치적 성향과 이른바-자연과학적인 방법론이 그를 방해한다. 콩트는 시민사회적 사회의 전체적인 전개가 이 사회의 무정부적인 해체를 몰아간다고 말하고 있으며, 이런 이유에서 그는 질서를 진보의 위에, 정역학적인 법칙들을 동역학적인 법칙들의 위에 위치시키는 경향을 보이고 있다. 그는 "이처럼 중요한 숙고는 … 어떤 방식으로든 내적으로 논리적 모순이 없는 상태와 접속될 수 없고 사회적 현상들에 대한 정역학적인 연구와 동역학적인 연구의 근본적인 구분에 들어 있는 형식적인 필연성과도 접촉될"[11] 수 없다는 독단적인 주장에 만족한다. 제기되는 모든 반론을 위해서는 이러한 분할이 "두 개의 분리된 학문들로의 잘못되거나 또는 융통성이 없는 분리의 원천"[12]을 형성하는 것이 아니냐 하는 물음을 콩트는, 오로지 이런 물음을 쫓아버리기 위한 목적을 갖고, 내팽개쳐 버린다.

이러한 분리에 내재되어 있는 동치, 즉 자연과학적인 개념 형성의 기준에 따라 정역학적인 카테고리와 질서의 동치, 동역학적인 카테고리와 진보의 동치, 콩트 이래 유명하게 된 동치는 그 명료성이 더욱 적다. 사회적으로 본질적이라고 말하는 것은 필연적으로 사회의 유지에 기여해야 한다는 주장이 순진하게 약정되고 있다. 빈곤화의 카테고리, 또는 거대 규모의 농업사회가 인구가 가파르게 상승할 때는 영구적으로 유지될 수 없음을 보여 주는 카테고리가 처음부터 배제되어 있다. — 이런 카테고리들은 질서의 해체와 파괴를 함유하며, 질서의 본질에 속한다. 자연과학적

---

10 a. a. O., S. 7.
11 a. a. O., S. 233.
12 a. a. O.

인 사고 모델은 그러한 가능한 법칙성들뿐만 아니라 이와 대립된 법칙성들도 마찬가지로 고려해야만 할 것이다. 이렇게 하지 않으면, 자연과학적인 사고 모델은 그것에 고유한 원리들 중의 하나의 원리에서, 즉 완벽성의 원리에서 사라지고 말 것이다. 다른 모든 사회적인 것과 마주 대하고 있으며 또한 와해 경향과도 마주 대하고 있는 사회적 조직화의 형식들에서의 삶의 재생산의 우위를 콩트에게 항상 허용할 수도 있을 것이다. 역사적으로 전개되는 강제적 속박은 종種의 자기보존과 직접적으로 하나가 되어 있지 않다. 사회적 총체성은, 즉 질서 자체는 종의 자기보존의 지속을, 손에 잡힐 정도로 명백하게, 위협하는 힘들을 부화孵化시킨다. 콩트는 "파괴적인" 경향들을 강조하였던 최초의 학자들 중의 한 사람으로서 "파괴적인" 경향을 역설하였다. 그러나 그는 바로 이런 파괴적인 경향을, 즉 그에게 고유한 이론적 관심의 진정한 대상을, 분류에 매달리는 학자라는 한계로 인해, 요술로 감춰 버리고 말았다. 이렇기 때문에, 실증주의자로서의 콩트가 개념 위에 존재하는 번쩍거리는 통치권을 귀속시킨 대상인 사실성과의, 바로 이러한 사실성과의 갈등이 발생되는 것이다.

가장 단순한 자료적-사회학적 숙고는 상태와 질서의 정역학이 다음과 같은 경직 현상들과 하나라고 가르친다. 다시 말해, 상태와 질서의 정역학이 한때는 비잔틴 제국이었고 나중에서는 터키의 지배와 같은 정역학적인 질서를, 특히 지속적으로 움직이는 전체의 맥락에서, 사라지게 하는 경직 현상들과 하나라고 가르치는 것이다. 동역학적인 법칙들의 개념이 자의적이고 실증적으로 미리 한정되어 있지 않다면, 스스로 방임되어 있는 시장경제 내부에서의 위기 법칙이, 역으로, 동역학적인 법칙들에 산입되어야 할 것이며, 위기들이 깨짐이 없이 진보의 개념에 포괄되는 것은 어렵다고 보아야 할 것이다. 콩트를 앞에서 본 숙고로부터 보호해 주는, 경험세계와 자연과학에 대한 그의 사랑은 불행한 사랑이다. 콩트는 자신이 자연과학적으로 보증된 것으로 고찰하는 개념들을 사회학에서 개념들 안으로 들어오는 특별한 내용과 대립시키지 않은 채 사용하고 있다. 생산적으로 적용된 자연과학적인 방법론과 이 방법론이 성찰되지 않은 채 철학으로 올라서는 것 ―이것은 실증주의에서 콩트 이후에 나타난 국면이다― 사이의 숙명적인 배치背馳가 콩트의 저작에서 이미 나타난다. 콩트의 사고는 사물화된다. 사고 형식들이, 의도에 따라, 가장 높은 카테고리들로 설치된다. 이것은 개별 학문들이 ―기초를 놓는 것에 따라 볼 때도 사고 형식들에서 문제성이 없고 사고 주체에 대한 사고 형식들의 관계에서도 문제성이 없는― 객체들을 마주 대하면서 사고 형식들을 적용시키는 것과도 같다. 학문의 이렇게 끝나는 장치가 철학과 혼동되고 있는 것이다. 이런 이유에서 콩트는, 사회의 본질이 정역학과 동역학으로부터 직접적으로 성립되기라도 하는 것처럼, 정역학과 동역학으로부터 사회를 합산시킨다. 정역학과 동역학이, 그것들의 상이함에서, 실재 사회에서의 통합으로 인도引導되는 것 대신에 사회가 정역학과 동역학으로부터 합산되고 있는 것이다.

콩트와 같은 학문적 방법론의 열광자가 그의 이론의 체계적인 불일치와 마찬가지로 사실에의 부적절성을 간과하였다는 점은 그러한 열광주의가 콩트로 하여금 학문에 대해 눈을 멀게 하였다는 점에 의해서 간단히 설명될 수는 없다. 그의 사고의 오류는 통용 기한terminus ad quem에 의해 조건이 지어진다. "취소될 수 없는 철학적 분석"[13]의 품위와 더불어 선동적으로 포장되어 있는 것, 철학적 분석이 "흔들리지 않는 합리적인 기초에 근거하여 구축되었다"[14]고 주장하는 것은 실제로는 콩트의 정치적인 이해관계에서 오는 결과이다. 세계와 낯선 꼬치꼬치 캐묻기라는 의구심을 누그러뜨리고 권력의 마음에 들도록 하기 위해, 그는 꼬치꼬치 캐묻기 자체를 강조

[13] a. a. O., S. 232.
[14] a. a. O., S. 234.

한다. 그는 산업혁명에 의해 유발된 "사회적인 현안"을 계급 갈등보다 "객관적으로" 상위에 올려놓는 학문을 통해 해결하거나 또는 최소한 그러한 해결에 대해 계급 갈등의 부분들이 자격을 갖도록 하는 것을 목표로 하였다. 콩트에서 이러한 학문의 기능은 헤겔에서 국가의 기능과 유사하다.[15] "마침내 나는 실증주의 사회학의 이러한 최초의 구상이 직접적으로 명백하게 보여 주는 자연적인 속성을 특별히 강조하는 것이, 이러한 속성이 매우 확실하기 때문에, 불필요하다고 생각한다. 다시 말해, 내가 이 책의 모두에서 알렸듯이, 질서와 진보라는 두 개의 동일한 정도로 근본에 놓여 있는 이념들을, 즉 이것들의 통탄할 정도로 극단적인 대립이 … 실제로는 근대 사회의 심각한 혼란 상태에 대한 특징적인 중심적 표징을 형성하는 이념들을 장래에 해결할 수 없는 것으로서 결합시키는 것이 불필요하다고 본다."[16] 헤겔은 사회적인 모순이 국가에 의해서 균형에 이르는 것을 기대하였다. 그의 이론에 따르면, 그는 시민사회적인 사회를 넘어서는[17] 힘들을 국가가 제어하는 것을 기대한 것이다. 합리성의 실재적인 약점을 절대적인 이상주의자와 마찬가지로 비판적으로 깨닫지 못하였던 콩트도, 헤겔처럼, 사회학에 의해 모순이 치유되기를 기대하였다. 콩트는 사회학이 사회적인 모순들을 그 내부에서 서로 모순이 없는 개념들로 가져간다고 생각하였다. 이러한 개념들의 가장 거친 모델이 바로 정역학적인 법칙들과 동역학적인 법칙들이다. 이러한 법칙들을 제대로 분리하는 것이 사회적 모순들의 균형을 학문적으로 준비할 수 있으며 이렇게 한 다음에 세계에서 준비할 수 있다는 것이 콩트의 생각이었다. 쪼개져 있는 사회가 사

---

15 Vgl. Hegel, Grundlinien der Philosophie des Rechts(법철학 기초), hrsg. von Georg Lasson, Leipzig 1921, S.189(§§ 245 und 246).

16 Vgl. Auguste Comte, a. a. O., S.235.

17 Vgl. Hegel, a. a. O.

회에 고유한 동역학에 힘입어 더 높은, 인간의 가치가 더 존중받는 형식으로 옮겨갈 수 있다는 시각은 콩트에서와 마찬가지로 헤겔에서도 들어와 있지 않다. 헤겔과 콩트는 사회를 이미 존재하는 제도들에서 유지시키려는 의도를 갖고 있었다. 이런 이유에서 콩트는 정적인 원리를 동역학을 교정시키는 것으로서 덧붙여 취하고 있는 것이다. 이렇게 함으로써 콩트는 시민계급의 아포리아Aporie를 드러내 놓고 표현한다. 다시 말해, 콩트보다 20-30년 전에 여전히 혁명적이며 자본주의적 팽창을 위해 여전히 항상 넓은 층에 걸쳐 빈곤화되어 있었던 대중을 진보적으로 고려해야만 하는 시민계급의 아포리아, 그리고 필요성에 따라 진보적이거나 또는 보수적으로 행동함으로써만 빈곤화된 대중으로부터 자신을 지킬 수 있는 시민계급의 아포리아를 콩트가 표현하고 있는 것이다. 실증주의의 비판적인 의도에는 체제 긍정적인 의도가 처음부터 한 짝을 이루고 있다. 과학주의적으로 치장된 카테고리적인 관점 설정의 배후에서 체제를 옹호하는 의도가 지배하고 있는 것이다. 그 내부에서 대립주의적인 것의 지속이 이성적인 것으로 출현하기 위해서는 대립주의들이 그것들 자체로 내보여져서도 안 되고 사회 자체에 그 짐이 부과되어서도 안 된다. 진보에 대한 관심은, 그 결과에서 "질서"에 대한 관심과 결합될 수 없는 채, 질서의 옆에 평화롭게 장소가 정해진다. 진보와 질서는 분류의 두 개의 카테고리들, 즉 서로 의존되어 있지 않으며 서로 보완하고 정치적으로 중립적인 두 개의 카테고리들로 변모된다. 사회학적인 관계 체계가 사회에 대한 모든 분석에 앞서서 사회의 긴장을 고르게 하며, 시민계급이 빠져든 딜레마인 전개와 고정 사이의 딜레마에 관하여 시민계급을 진정시킨다. 객관적인 대극성對極性이 현상들의 잘못된 절대적인 분할에 대한 관점으로 완화된다. 콩트에서 정역학과 동역학의 구별의 실제적인 필요로서 고백되는 것은 그것 자체로 이미 이데올로기적이다. 가치로부터 자유로운 개념들은, 이 개념들이 —중첩된 의미에서 "실증적으로"— 비이성적인 사물을 학문적 이성의 분류 원리로서 확인하는 것을 은폐시킨다. 친화력이, 학문적 이성이 이해관계의 갈등들보다 상위에 위치한다면서 경련을 일으키며 주장하는 태도인 학문적 중립주의와 학문적 이성을 지배적인 이해관계들에 사용할 수 있는 가능성 사이에서 주인 행세를 한다. 사회학, 사회체계의 대상, 사회체계의 구조의 대상이, 확인될 수 있고 이렇게 된 이후에 학문적 도식주의에 들어맞을 수 있는 사실들의 응집체로 그 질이 떨어진다. 강조된 외면성, 자의, 사실들을 개념들 밑에서 포괄하는 것의 무절제성은 사고 모델들을 조립한다. 사고 모델들이 잠복적이고 그것들 자체로 의식하지 못하는 목적들과 일치하도록 조립하는 것이다. 사회과학적인 실증주의는 그것이 시장市場 연구를 전범典範으로 선택하기 이전에 이미 타협적이었다. 이런 이유에서, 사회비판이론은 사회과학적 실증주의가 사회비판이론에 대항하여 더욱 급진적인 계몽으로서 주제넘게 항상 참견하고 싶어 했음에도 예로부터 사회과학적 실증주의를 불신하였다.

정역학과 동역학의 개념들이 이데올로기적인 것은 그것들의 기능 때문이라는 점이 첫째 이유는 아니고, 오히려 이러한 개념들이 콩트 이래로 요구를 제기하는 진리 내용이, 사물에 상응하여, 이러한 개념들에 귀속되지 않기 때문이다. 콩트 자신은 "사회과학의 그처럼 단호한 구분이 정역학과 동역학이라는 두 개의 중심 관점들의 없어서는 안 되는 지속적인 결합을 소홀히 하는 중심적인 해악, 그리고 근대적 정신들의 경향과 더불어 모든 것을 나누는 것에서 성립되는 중심적인 해악과 매우 일치한다"[18]는 견해를 갖고 있었다. 이분법을 보충적으로 수정하고 정역학과 동역학이라는 두 개념들 사이에서 매개시키려는 콩트의 노력은 그러나 헛된 일이

---

18 Auguste Comte, a. a. O., S.232f. 분해로서의 분석에 대항하여 방향을 전환하는 것은 이데올로기 학파에 반대하는 것을 향한다. 이런 이유 때문에 독재자 보나파르트도 이데올로기 학파를 이미 비난한 바 있었다.

다. 두 개념들을 보충적으로 함께 가져갈 수 없기 때문이다. 사회학이 정역학적인 것과 동역학적인 것의 구분으로 나아간다면, 두 모멘트들의 관계에 대해 숙고하는 것이 사회학에서 이루어질 법하다. 두 모멘트들 사이에서 중간에 위치하는 것이 찾아질 수는 없으며, 오히려 두 모멘트들은 그 내부에서 매개되어 있다. 하나의 모멘트는 다른 하나의 모멘트를 함유한다. 생성이 ―이것은 변증법적 과정의 총체성이다― 모멘트들로서 다시금 존재와 생성을 그 내부에 포함하며 생성이 없이는 존재가 생각될 수 없고 존재가 없이는 생성이 생각될 수 없다는 헤겔의 형이상학적 의도[19]는 사회적 경험에 의해 유지된다. 사회적으로 존재하는 모든 것은 생성된 것이며, "제2의 자연"이다. 모든 생성은 무엇인 것의 결함과 무엇인 것의 방식으로부터 해방되어 있다. 정역학과 동역학의 관계에 대하여 헤겔과 콩트가 갖고 있는 생각의 차이를 우리는 언어에서 알아차릴 수 있다. 콩트가 정역학과 동역학으로부터 사회학의 두 개로 분리된 부문을 만들어내고 그러한 병렬의 단순한 형식을 통해서 동역학을 이미 잠재적으로 정지시키고 있는 것에 비해, 헤겔에서는, 역으로, 이러한 동역학이 논리적 구조들 안으로까지, 즉 불변성의 원原형상들 안으로까지 들어가고 있다. 술어적인 논리에 대한 비판을 중심 내용으로 하는 대논리학이 줄곧 술어적인 표현을 사용하고 있는 것이다. 어떤 철학적 저작도 그토록 완강하

---

19 Vgl. Hegel, Wissenschaft der Logik I, ed. Glockner, S. 588 und 589. "존재는 오로지 생성만을 그 본질로 한다. 존재가 존재 자체를 설정되어진 것으로 만들고, 존재 자체를 존재의 본질적인 성질의 부정을 통해 직접적인 것이 되는 동일성으로 만드는 것이 존재의 본질적인 성질이다." 또는 다음과 같은 내용도 있다. "존재는, 조건으로서, 존재가 또한 본질적인 것으로서도 설정된다. 즉, 모멘트로서 설정되는 것이다. 이렇게 해서 다른 것의 모멘트로서 설정된다. 존재는 그러나 존재에 대한 부정을 통해서만 즉자적이다. 다시 말해, 근거를 통해서, 그리고 근거의 스스로 없애 가져지며 이렇게 해서 전제가 되는 성찰을 통해서만 즉자적이다. 존재의 즉자 존재는 이렇게 해서 설정된 것으로만 존재한다."

게 계사繫辭를 완강하게 고집하는 경우는 거의 없다. 거의 모든 문장이 카테고리적인 "~이다"를, 헤겔의 대논리학이 "~이다"가 갖고 있는 기만적인 권력과 싸우고 그 어떤 것은 전적으로 "~이다"에 의해 진술된 것이라는 요구 제기와 맞서는 저작임에도, 사용하고 있다. 오히려 단순한 서술들과 어떤 사실관계의 "정역학"만을 고집하는 것은 정역학으로 하여금 그 불충분함을, 죄를 확인시켜 주듯이, 확인시켜 준다. 이것은 다음과 같은 증명을 통해 이루어진다. 다시 말해, 그러한 모든 '~이다'에는 '~이다가 아닌 것'[20]이 내재한다는 증명, 헤겔의 언어를 빌린다면 동일성에는 비-동일성이 내재한다는 증명을 통해서 이루어지는 것이다. 단순한 표징 정의에 따라서 볼 때 정적靜的인 형상물이 현미경의 밑에 있는 물방울처럼 생기가 있게 되면서 움직이기 시작하는 것처럼, 어떤 것이 그것이며 다른 것이 아니라는 고정된 진술이 논리적 사실관계의 매우 자세한 설명에 의해서 스스로 동적動的으로 된다. 성찰되지 않은 채 개념을 통해 방법론적으로 이루어지는 논리가 시중을 들어 받쳐 주고 있는 것인 "~이다"의 척도에 따라 존재는, 변증법적 논리가 출발하는 규정들의 의미에서, 생성으로서 그 모습을 드러낸다. 이러한 배후에서 사회학은 뒤로 물러나 있어서는 안 된다. 사회가 무엇인 것, 전통적 형이상학이 사회의 "존재"로서 실체화시키는 경향을 보였던 것은 사회를 더 좋은 것으로나 또는 더 나쁜 것으로 계속해서 몰아가는 것, 바로 이것이다. 사회의 독특한 '그렇게-존재하고-다르게-존재하지-않는 것'[21]은, 사회에 의해 한군데로 모아진 개별 이해관계들과 모순되는 것에 못지않게 사회에 고유한 본래적인 개념과도 모순된다. 사회에서 오늘날에 이르기까지 불변적으로 사회를 관리하

---

20 이 부분의 원전에는 문장 부호가 들어 있지 않지만 독자들의 편의를 위해 옮긴이가 임의로 작은따옴표를 붙였음(역주).

21 작은따옴표는 독자의 편의를 위해 옮긴이가 임의로 붙였음(역주).

였던 것들인 지배, 거절, 포기, 콩트의 카테고리들에 따르면 최종적으로 나타나는 것인 살아 있는 주체들과 동질적이지 않은 것으로서의 질서, 짧게 말해서 영구적이고도 불변적으로 정착된 것이 사회의 동역학적인 본질을 정의한다. 올바른 사회적 상태에서의 화해의 이념은 강제적으로 부과된 법칙들의 총체로서의 질서와 하나가 될 수 있는 정도가 매우 작다고 할 수 있을 것이며, 이와 마찬가지로 진보와도 —카프카의 말에 따르면 진보는 아직도 전혀 일어나지 않고 있으며, 진보가 사회적 질서에 내재적으로 머물러 있는 한, 진보는 동시에 항상 그것 자체를 부정하는 것이 되는, 영구적인 퇴행이 된다— 하나가 될 수 있는 가능성이 매우 작다고 볼 수 있을 것이다.

우리가 막스 베버에 의해, 그리고 그와 친밀한 독일 사회학자들, 무엇보다도 특히 좀바르트Sombart에 의해 촉진된 구분인 전통주의적 사회 유형과 합리적인 사회 유형의 구분을 받아들인다면, 합리성도 또한 전통적인 사회 형식들을 깨트리는 경향에 의해 정의된다. 다시 말해, 합리성은 역사학파의 언어 사용에 따르면 "역사적으로 생성되는 것"을 지칭하는 것을 마찰계수로서 밀어제쳐 버리는 경향에 의해서 정의되는 것이다. 합리성은 역사적인 것을 마주 대하면서 스스로 역사적인 힘으로 생성된다. 이것은 진보에 대한 논의를 함축성 있게 의미하고 있다. 그러나 다른 한편으로는 합리에는, 그것의 물건과 같고 대상화된 형식에서, 반反역사적인 것, 정적靜的인 것이 특유하다. 18세기 계몽의 비역사적인 본질에 관한 지나치게 단순한 테제도 그만큼 참된 측면이 있다. 이러한 반역사적인 모멘트는, 뤼미에르Lumière의 잘못된 결함이 역사적으로 주어진 것들에 대한 부가附加된 자각들을 통해서 —이러한 자각들이 비코Vico와 몽테스키외Montesquieu 이래로 계몽에는 결코 낯설지 않았듯이— 고르게 만들었을 것 같은 단순한 정신사의 모멘트가 아니다. 오히려 합리성은 한때 그것에 고유한 힘이었던 므네모시네Mnemosyne[22]에 이르는 힘을 더욱 증대되는 척도로 상실하고 있다. 이것은 독일에서도 최초에 그 모습을 드러낸 이래, 과도한 열정을 가진 격렬함과 함께, 일어나고 있다. 상기하기가 없는 인류역사라는 악몽은 그러나 단순한 타락의 산물이 아니며, 사람들이 그렇게 말하고 있는 것처럼 자극들로 가득 차 있고 자극들을 더 이상 극복하지 못하는 사람들의 주관적인 반응방식도 아니다. 의식의 비역사성은 오히려 현실의 정적靜的인 상태의 사자使者로서 합리와 필연적으로 연결되어 있고, 시민사회적 원리의 진보성, 이 원리에 고유한 동역학의 진보성과 연계되어 있다. 이것은 보편적 교환의 원리이다. 떠올라 출현하는 계산에서 같은 것이 같은 것과 교환되지만, 이러한 계산에서는 원래 아무것도 남아 있지 않다. 모든 역사적인 것은 계산이 이루어진 후에 남은 찌꺼기에 지나지 않는 것이라고 보아도 될 듯하다. 어떤 행위가 다른 사람에 의해 취소되는 것으로서의 교환에는, 그것도 역시 시간에서 일어난다고 해도, 그 실행의 의미에 따라서 볼 때 시간이 존재하지 않는다. 이것은 마치 합리가 수학의 작동에서 합리의 순수한 형식에 따라 시간을 합리로부터 제거해버린 것과 같다. 이렇게 해서 구체적 시간도 역시, 산업적 생산으로부터 발원하여, 사라진다. 구체적 시간은 동질적이고 단속적斷續的이며 동시에 이루어지는 것이 가능한 순환에서 항상 더욱 많이 진행된다. 봉건적 전통주의가 급진적인 시민사회적 합리성과 대립관계를 갖게 됨으로써 상기하기, 시간, 기억은 지속적으로 진보하는 시민사회에 의해, 산업적 생산 처리의 지속적으로 진보하는 합리성의 결과로서, 비합리적인 저당권으로 간주되면서 제거된다. 산업적 생산 처리는 수공업적인 것의 다른 잔재들을 이용하여 견습 기간과 같은 카테고리들도 역시 축소시킨다. 더 이상 거의 필요하지 않았던 질적인, 저장된 경험의 견본을 축소시키는

22 희랍 신화에 나오는 기억의 여신(역주).

310

것이다. 인류가, 매번 현재적인 것에의 적응에서 호흡이 촉박하게 스스로 쇠진되기 위해, 현재의 단계에서 상기하기를 포기하면, 하나의 객관적인 전개의 특징이 상기하기의 포기에서 반사된다. 정역학이 동역학적인 것의 사회적 조건인 것처럼, 지속적으로 진보하는 합리적인 자연지배의 동역학이 정역학에서 목적론적으로 그 기한을 정하는 것이다. 전체주의적이라고 할 만한 것인 교회 묘지의 정적, 즉 평화의 반대자는, 억압을 행하는 자가 억압당하는 자에 대해 행사하는 과도한 위력으로서, 합리성이 단지 독특하게 전개되었다는 사실을 드러내 준다. 자연에 대한 맹목적인 지배는 자연을 적대적으로 대하면서 지배 안으로 삼켜 버린다. 이러한 지배는, 지배하는 자와 지배당하는 자의 대립주의의 원原형상에 따라, 그 내부에서 대립주의적으로 머물러 있다. 사회적인 동역학에 내재되어 있는 정역학은 정역학의 잘못된 것의 지표이며, 완고하게 견디는 비합리성의 지표이다. 합리, 즉 자연지배적인 이성은 그것 자체로 동시에 이성이 비판하는 이데올로기의 한 부분이다. 합리는, 절대적으로 통용되는 대상화된 변조된 이성으로서, 이데올로기의 한 부분이 되는 것이다. 합리의 맞은편에서 사변은, 콩트와 형이상학을 고발하는 사람들 모두가 의도했던 것처럼, 반동적일 뿐만 아니라 실증주의자들이 입버릇처럼 말하면서도 동시에 사보타지하는 자유, 바로 자유의 조건이다.

이러한 관점에서 마르크스는, 그가 포이어바흐와 헤겔 좌파에 대항하여 헤겔적인 정신에서 논증하였듯이, 실증주의에 맞서 고전적인 독일 철학의 유산을 사실상으로 주장할 수 있다. 마르크스에서는, 그가 상품으로부터 물신주의를 도출한 후 이론 형성의 모든 분기分岐에서 찾아내는 물신주의에 대한 비판의 근본 동기가 헤겔적인 것을 사회적인 것 안으로 되돌아가게 하면서 적용되고 있다. 존재하는 것으로서 주어진 것은 생성된 것으로서, 헤겔의 용어에서는 "매개된 것"으로서 파악되어야 한다는 것이다. 생성된 산물에서 ─사회적인 정역학의 추상적인 공식에 속하는 모든 것에서— 즉자 존재의 가상이 탈취된다. 생성된 산물에 흘러 들어온 형체를 뒤늦게 개념적으로 따로 따로 떼어 놓는 것 대신에, 생성된 산물의 개념이 역사적 과정 자체로부터 연역된다. 마르크스는 정역학적인 카테고리 형성을 통한 사회적 상태의 절대화를 저지하려고 하는 것이다. 마르크스에게는, 모든 사회적인 형식들은, "경제적 형식들"과 똑같이, "일시적으로 흘러 지나가는 역사적인"[23] 것들이다. 생성된 것의 우상화는 그러므로 콩트의 잘못된 종합 테제에서, 대립성을 통해 그 내부에서 유일하게 연관되어 있는 것을 외부적으로 함께 가져가는 종합 테제에서 책임을 떠맡아야 할 것이다. 마르크스가 프루동에 대항하여 호언장담하면서 제기하는 반박은 콩트의 사회학을 두고 하는 반박일 수도 있다. "오늘날의 세계를 혁명적으로 변화시키는 역사적 운동은 프루동에게는 올바른 균형, 즉 두 개의 시민사회적인 관념[24]의 종합을 발견하는 문제 안으로 들어가서 해체되고 만다. 이렇게 해서 노련한 젊은이는 단순한 교활함을 통해 신神의 숨겨진 관념, 두 개의 분리된 관념의 통일을 발견한다. 두 개의 분리된 관념은 프루동이 이것을 실제적인 삶으로부터, 다시 말해 이러한 관념에 의해 표현된 현실들의 결합인 현재적인 생산으로부터 분리시켰기 때문에, 오히려 이러한 이유 때문에 두 개의 분리된 관념으로 남아 있다."[25] 마르크스가 프루동을 비난하면서 말하고 있는 "이원론"은, 즉 "순수한 이성의 카테고리"로서의 "영원한 이념들"과 "인간 및 인간의 실제적인 삶"[26] 사이의 이원론은 방법론적으로, 그리고 내용적으로도 정역학과 동

---

23 Das Elend der Philosophie(철학의 빈곤), deutsch von Bernstein und Kautsky, Berlin 1952, S.130.
24 각주 25번의 문장에 이어지는 문장에서 아도르노가 이원론이라고 명명한 관념을 의미함(역주).
25 a. a. O., S.16.
26 a. a. O., S.17.

역학의 이원론과 일치한다. 마르크스가 사회를 비판하는 것처럼, 그는 사회의 앞잡이를, 즉 이론理論들을 비판한다. "이렇게 해서 이러한 이념들, 이러한 카테고리들이, 이것들을 표현해 주는 관계들이 거의 영구적이지 않은 것과 똑같은 정도로 영구적이지 않다. 그런 것들은 역사적인 생산물들이며, 지나가 버리기 쉽고 일시적으로 흘러가는 생산물들이다. 우리는 생산력이 증대하고 사회적 관계들이 파괴되며 이념들이 형성되는 운동의 한복판에서 살고 있다. 운동에 관한 추상화만이 오로지 움직이지 않는다 ─죽지 않는 죽음mors immortalis."[27] 마지막 표현은 그 자리에서 아이러니하게 의도된 표현이다. 이것은 사회적인 동역학의 증류되고 남는 찌꺼기caput mortuum로서의 정역학적인 일반 개념의 추상화에 반대하는 표현이다. 그러나 이 표현은 그것의 직접적인 대상을 넘어서까지 영향을 미친다. 명목론자로서의 마르크스가 그 실체를 용인하지 않는 "추상화抽象化"는 또한 실재로 사회적인 것을 명명하기 때문이며, 이에 대한 예감은 죽지 않는 죽음에 관한 핵심에 숨겨져 있다. 죽지 않는 죽음에 고유한 형식들과 형상들에 들어 있는, 지나가 버리기 쉬운 것은 "전사前史"에서 영구적이다. 이러한 형식들과 형상들이, 맹목적인 자연 그대로의 상태에서, 쇠락된 상태에 머물러 있기 때문이다. 이렇기 때문에, 마르크스의 변증법에서는 하나의 불변론이, 즉 대립주의적으로 지속적으로 진보하는 사회의 부정적인 존재론의 불변론이 자리를 차지한다. 대립주의적으로 진보하는 사회의 동역학적인 것, 에너지가 충만된 불협화음, 그리고 대립주의는 이러한 사회에 정역학적인 것이 내재되어 있음을 보여 주는 것들이다. 이러한 정역학적인 것에서는 지금까지 변화된 것이 아무것도 없었고, 그것은 모든 사회적인 생산관계를 파멸로 몰아넣었다. 정역학적으로 불

27 a. a. O., S.130.

변적이었던 것은 지금까지도 스스로 넓어지는 충동, 새로운 영역들을 항상 삼켜 버리는 충동, 항상 더 적게 나타내 보이는 충동이었다. 이렇게 됨으로써, 지나가 버리기 쉬운 것은 확대되면서 재생산된다. 멸망하기 않기 위해서, 사회의 모든 형체는 사회의 멸망을 향하여 무의식적으로 움직이며 또한 사회에서 생명이 유지되는 전체의 멸망을 향해 움직인다. 이것이 사회의 영구성이었다. 전사前史를 끝말내렸던 진보는 그러한 동역학의 종말이라고 보아도 될 것이다. 그러한 동역학은 이렇게, 그것에 고유한 모순에 가득 찬 내용에 따라, 정역학과 교차되어 있다. 올바른 사회는 이런 관계에 놓여 있는 두 개를 없애 가지는 사회일 것이다. 올바른 사회는 단순히 존재하는 것, 인간을 속박하는 것을 하나의 질서를 위해, 다시 말해 올바른 사회가 인류의 관심들과 하나가 된다면 그러한 속박을 더 이상 필요로 하지 않는 질서를 위해 붙들어 매지 않을 것이다. 올바른 사회는 역사에 대해 칸트가 추구한 목표인 영구 평화의 반대자인 맹목적인 운동을 계속해서 보살펴 주지도 않을 것이다.

영구 평화와 반대되는 것이 현실적이기 때문에, 노동의 개념을 논의의 중심에 위치시키고 노동에 내재적인 동역학을 모든 정역학 및 불변론과 대립시켜 어부지리를 취하는 마르크스에서, 그가 이렇게 가고 있음에도 불구하고, 정역학과 동역학의 오래된 분리가 귀에 들린다. 마르크스는 사회의 불변적인 자연법칙들을 특정한 발전 단계의 특별한 자연법칙들과 대립시키고, "사회적인 대립주의들은 더욱 높거나 또는 더욱 낮은 발전 등급"을 "자본주의적 생산의 자연법칙들"[28]과 대립시킨다. 그는 상이한

---

28 Vgl. Karl Marx, Das Kapitel자본, Band I(제1권), Buch I: Der Produktionsprozeß des Kapitels(자본의 생산과정), Vorwort zur 1. Auflage, zitiert nach der 10. Auflage, Hamburg 1922, S. IV; vgl. auch: Grundrisse der Kritik der politischen Ökonomie(정치경제학 비판 개요), berichtigter Nachdruck der Moskauer Ausgabe, Berlin 1953, S.7, 10, 364f. und die Kritik von Engels(엥겔스의 비판): Rezension Karl Marx(칼 마르크스 논

추상화 수준들을 상이한 등급의 원인들과 거의 혼동하지 않았다. 그는 사회의 있는 그대로의 상태를 잘 의식하고 있었다. 사회적으로 조직화된 주체들은 그것들 자체와 사회를 여전히 지배하지 못한다. 이러는 한, 사회적 과정은 합리화에도 불구하고 비합리적인 순환에 언제까지나 머물러 있을 뿐이다. 역사적 변증법은 ─헤겔의 변증법도 이미─ 그 결과로서 확실한 의미에서, 지나가 버린 것의 불변성이 된다. 마르크스에서 한때, 우울한 희망과 함께, 전사前史로 지칭된 것은 지금까지 알려진 모든 역사의 총체, 즉 부자유의 제국과 마찬가지인 것을 의미한다. 동역학이 항상 동일한 것을, 이것이 이미 아낙시만더Anaximander의 격언과 그 이후에 헤라클리트Heraklit의 동역학적인 형이상학에서 알려졌던 것과 같은 방식으로, 맹목적으로 반복하는 한, 변증법적 이론은 사회의 근대적이고 합리적인 형식에서 단지 그 출현 방식만을 바꾸었던 다년생적인 카테고리들을 고집한다. 그러므로 "임금에 묶여 있는 노예 상태"의 표현과 같은 표현들은 마르크스에서 자유로운 임금 노동에 대한 단순한 메타포가 아니다. 동역학이 ─현재의 사회학적 명목론에 어울리는 것처럼─ 모든 고정된 것과 완강하게 주장하는 것, 모든 "개념"을 해체시키지 않는다는 통찰, 그리고 변동에 대해 말하는 것은 항상 동시에 하나의 동일한 것, 즉 그 내부에서 스스로 변동과 그 척도를 포함하는 동일한 것을 요구한다는 통찰은 헤겔 이후의 변증법에 속해 있는 통찰이다. 부단한 흐름과 연속성에 관한 관념과 같은, 생의 철학이 보여 주는 관념들은 플라톤주의가 역사에 관한 그러한 견해와 동떨어져 있는 것만큼이나 똑같은 정도로 멀리 떨어져 있다. 앞에서 말한 관념에 따라도 역시, 사람들이 오늘날 실존적인 것들이라고

평), "Zur Kritik der politischen Ökonomie(정치경제학 비판)," in: Das Volk, London, 6. und 20. August 1859; abgedruckt in der Volksausgabe der Kritik der politischen Ökonomie, Berlin 1951, S.217f.

명명하는 것이 존재한다. 이것들은 오로지 지배, 부자유, 고통, 재앙의 편재일 뿐이다. 헤겔뿐만 아니라 괴테도 발足 위에 놓여진다. 모든 노력, 모든 강력한 충동은 영구적인 정적靜寂이다. 그러나 이것은 주 하나님 안에 있는 정적의 반대이다. 이 시대의 실존적 존재론이 동역학적인 카테고리들을 역사성의 이름 아래에서 불변적인 것들로서 제시함으로써 정역학과 동역학의 단절을 채워 넣으려는 망상을 품는다면, 어떤 것이 —그러한 실존적 존재론으로부터 발원하여 얼굴이 찌그러진 채 우스꽝스럽고 풍자적인 모방Parodie처럼— 존재하는 것이, 즉 존재에 관한 논으로서의 실존적 존재론이 부당하게도 안중에 두지 않아도 되는 것으로 여기는 존재하는 것이 당하는 진정한 고난에 관하여 말해 준다.

사회학은 정역학적인 부분과 동역학적인 부분에 따라 도식화될 수도 없고, 정역학과 동역학의 차이가 사회학에서 단순하게 사라지지도 않는다. 불변적인 것과 가변적인 형식들 사이의 이분법은, 실증주의적-반형이상학적 성향에서, 불변적으로 동일하게 머물러 있는 것이 일시적인 것에 대해 갖는 우위에 관한 형이상학적 독단을 스스로 질질 끌고 간다. 이러한 이분법은 이렇게 함으로써 사실들에게, 즉 그 개념이 콩트 시대 이래로 지나치게 적은 정도로 숙고된 사실들에게 폭력을 자행한다. 다른 한편으로는, 사회에서 정역학적인 본질과 동역학적인 본질의 괴리에서 사회에 고유한 모순성에 관한 어떤 것을 알아차릴 수 있다. 이러한 모순성은 그것이 변화되어야만 할 곳에서 단단하게 고정된다. 생산관계들의 중력이 생산력에 저항하기 때문이다. 이러한 모순성은, 그것이 영구적인 절멸의 연관관계로서의 운명의 연관관계를 이성적인 설치를 통해 저지하지 않기 때문에, 신화적인 불火수레처럼 계속해서 굴러간다. 동역학과 정역학이라는 카테고리들은 추상적이다. 헤겔적인 오성의 의미에서 볼 때 서로 분리된 카테고리로서, 서로 뚫고 들어가 매개되어 있지 않은 카테고리로서 추상적일 뿐만 아니라 카테고리가 갖는 의미들이, 1800년경의 자연과학으로부터 옮겨진 것들로서, 지나치게 일반적으로 머물러 있다는 단순한 점에서 보아도 추상적이다. 동역학은 오늘날까지의 역사에서 더욱 구체적으로는, 외적 자연 및 내적 본성에 대한 증대되는 지배이다. 동역학의 진행은 일차원적이다. 동역학은 자연지배를 위한 목적으로 전개되지 않았던 가능성들을 짐으로 부담하면서 진행된다. 고삐가 풀린 동역학은, 완고하고도 조급증을 보이면서 단 하나를 추적하면서, 모든 다른 것을 삼켜 버린다. 동역학이 많은 것을 축소시키고 많은 것을 지배적인 주체에, 즉 사회적인 관할처들Instanzen에서 지배적인 주체에 상응하는 것과 같은 것으로 만들면서, 동역학은 그것 스스로 항상 동일한 것으로 전도된다. 다시 말해 정역학으로 전도되는 것이다. 스스로 관철되는 동일성의 원리로서의 동역학은 지배가 그것과 동일하지 않는 그 어떤 것을 견디지 못하듯이 다른 것을 거의 견디지 못한다. 다른 것은 가장 먼 곳에 있는 별들의 체계에서나 존재할 것 같다. 동역학의 항상 동일한 상태는 동역학이 일인 지배체제로 수렴되는 것과 한 몸이 된다. 동역학이 확대된다면, 지금까지는 단지 억압되었고 가능한 한 절멸되었던 것인 다른 것을 구원하면서 받아들이는 동역학이 비로소 될 수 있을 것이다. 노동 과정들의 합리화는, 일차적으로 "생산성"을 준비하는 것 대신에, 생산성을 준비하는 것과 똑같은 정도로 노동 자체를 인간 가치가 존중되는 방향으로 형성하는 것, 본래의 욕구들의 충족과 분화, 자연을 인간의 목적을 위해 이용하는 중에도 자연과 자연의 질적인 다양성을 보존하는 것을 준비할 수 있을 것이다. 그러나 무엇보다도 특히, 동역학적인 주체, 즉 인간이라는 종種이 오로지 자기 자신만을 설정하였고 이렇게 함으로써 자연을 통제하기 위해 동역학적인 주체가 자신과 동일한 것으로 만들었던 자연 안으로 되돌아갔던 것에 의해서, 역사에 관한 주체는 원래부터 전혀 존재하지 않고 주체의 피로 물든 찌그러진 얼굴만이 존재한다. 생산력의 내재적인 전개는 인간의 노동을 한계 가치에 이를 때까지 남아도는 것으로 만든다.

이러한 전개가 변화의 잠재력을 간직하고 있다. 오늘날 기술적으로 이미 최소치가 될 수 있는 노동량의 감소는, 노동량의 감소로 인해 생산관계들에서 생기는 위협이 우선은 전체 체계로 하여금 그것의 편협한 경향에 가차 없이 몰두하는 쪽으로 행동하도록 하지 않는다면, 하나의 의미만을 갖는 진보에 제한될 필요가 없을 것 같은 새로운 사회적인 질質을 개시한다. 노동이 더 이상 모든 사물의 척도가 될 필요가 없을 것 같은 곳에서, 완전 고용이 이상理想이 된다. ― 역으로, 정역학은 그것이 오늘날까지 진행된 생산의 일방적인 상승과 갖는 관계에서 단지 부정적인 것, 족쇄로서 경험되었을 뿐이다. 일단 그렇게 되었고 다르게 되지 않았다는 이유만으로 스스로 비합리적이라고 주장했던 것은 결함을 영구화시키고 불의의 예로부터 더욱 원시적이었던 형식을 영속화시키는 데 도움을 주었다. 맹목적으로 생성되었던 것이 인류를 유지시키는 데 충분하지 못하였던 한, 정역학적인 모멘트는 지배의 진보에 부정적으로 기여하였다. 특히 시민 사회적인 하강 국면과 뒤처져 있던, 바로 "정적靜的인" 나라들의 급격한 발전에서 이른바 보수적인 세력과 그 지지자들인 정역학의 담지자들은 산업적인 진보의 이윤 원리와 충분할 정도로 빈번하게 융합되었다. 결핍이 존속되는 한, 정역학은 잠정적인 에너지로서의 동역학이다. 동역학에 대한 변화된 본질이 생각될 수 있는 것에 못지않게 정역학에 관한 변화된 본질도 생각될 수 있을 것 같다. 변화된 본질이 그 모습대로 존재하도록 해 주는, 침묵 속에서 이루어지는 억누를 수 없는 충동을 마음속에 그려볼 수 있을 것 같다. 참다운 의미에서 동역학적인 사상가였던 니체에서는 화해에의 힘이, 그가 ―찬양 연설로 행했다고 해도― 폭력의 원리를 합리화시키지 않은 채 고백하였을 때, 그의 작업에 들어 있었다. 그는 다른 종류의 정역학에 관하여 무언가를 감지하고 있었다. "모든 욕구는 영속성을 가지려고 한다." 다른 종류의 정역학은 자연에 대한 인류의 변화된 관계를, 이 관계가 위대한 예술작품들에서 순간들에 대해서만 섬광처럼 번쩍거리듯이, 함축하고 있었다.

사회학에서 진단하는 물음들이 진단에 참여하지 않았던 구경꾼들이 갖고 있는 관점의, 즉 역사가 이 관점을 견디지 못하여 이 관점으로부터 비진실이 다르게 인식될 수 없을 것 같은 관점의 사취詐取가 —어떻든 지장이 없는 상태에서— 아니라면, 사회가 얼어붙는 것은 최소한 그 개연성이 적을 것이다. 대립주의적인 전체 상태가 존속되는 한, 인간이 사회의 주체들이 되지 않고 대리인들이 —사람들은 대리인들의 품위 없는 상태를 오늘날 "역할"이라는 개념을 통해 중화中和시키려고 노력한다— 되는 한, 역사는 진정되지 않을 것이다. 극단적인 억압 자체는 화해되어 있지 않은 것을 아마도 침묵하도록 강제할 것 같기도 하지만, 화해되어 있지 않은 것 내부에 저장된 긴장을 지속적으로 없애지는 못할 것이다. 현대적인 억압자들은, 모든 진영에서, 화해되어 있지 않을 것을 평온에 이르게 하지 못하며, 억압자들이 그 자리에 머물러 있으려고 의도하는 한 평온을 이룰 수도 없고 평온이 이루어져서도 안 된다. 새로운 이집트가 도래할 기회보다도 멸망이 도래할 기회가 더욱 크다. 목적이 없이 그 내부에서 순환되는 동역학적인 본질이야말로 역사성이 없는 것이다. 그 정도로 많이 슈펭글러의 순환적인 역사철학이, 그것의 공이 없는 상태에서, 눈에 뜨이게 되었다. 그의 역사철학은 그것을 역사의 비합리성과 동일시함으로써 생성과 소실의 절망적인 리듬을 역사의 핵으로서, 매우 시종일관하여, 포착하였다. 제지할 수 없는 경과에서는 아무것도 다르게 되지 않는다. 사회진화론이 그렇다. 더욱 강한 것이 살아남는 것, 먹이로 잡아먹는 것과 먹이가 되는 것, 역사에서 방해된 것과 방해하는 것의 연결고리는 비역사적인 것과 한 몸이다. 평화가 이루어진 상태는 전체주의적 질서의 움직이지 않는 상태도 아니고 만족을 모른 채 계속해서 떠돌아다니는 상태도 아니다. 대립 상태는 화해에서나 사라질 수 있을 것이다.

1961년

사회과학적 객관성에 관한 메모

뒤르켐 이후의 사회과학의 전개는, 사회적 객체성에 대한 그의 견해를 위해서, 실증주의자인 그를 형이상학자로 낙인을 찍었다. 이는 뒤르켐이 콩트를 형이상학자라고 낙인을 찍었던 것과 유사하다. 사회과학의 이러한 전개에서는 사회적 객체성의 우위가, 역설적으로, 선명하게 각인되었다. 이러한 전개는 한편으로는 인식이 내가 설 곳을 달라δός μοι πού στῶ를 더 이상 거의 발견하지 못할 정도로 포괄적이고 총체적이며, 사회적 객체성의 우위는 인식이 더 이상 거의 기댈 곳이 없는 상태로부터 발원하여 —통용되고 있는 학문적 기준들에 따라— 구체화된다고 볼 수 있을 것이다. 이렇기 때문에, 불편한 인식은 비학문적인 것으로 소홀하게 취급된다. 다른 한편으로는, 모든 주체들의 기록될 수 있고 측정될 수 있는 행동방식이 이 행동방식에 선행하는 일반적인 것으로부터, 일반적인 것을 받아쓰는 것과 꿰뚫어질 수 없는 장막에 의해서, 분리된다. 일반적인 것은, 경우가 아닐만한 것을 아무것도 통과시키지 않는 그러한 경우가 되고 만다. 객관적인 총체성이 완벽하면 할수록, 인식하는 의식은 그것이 객관적인 총체성의 주관적인 반성 형식에 제한되어 있음을 더욱 예속적으로 알아차리게 된다. 이것은 단자론單子論이다. 라이프니츠는 일반적인 것이 창문 없는 독특성에 대해 일반적인 것 자체를 의식하지 못하는 내용으로서의 일반적인 것에 관한 표상을 단자론에서 이전에 인지하였던바, 단자론이 위에서 말한 인식하는 의식에서 나타나고 있는 것이다. 연관관계가, 압도되면서, 비가시적으로 되고 만다. 일반 의지와 다수결에 관한 루소의 구분에서 이미 두 개가 서로 갈라져 따로따로 가리킨다. 이것은 물론 주관적 의식의 내용들의 총합과 조화를 이루지 않는 것인 '객관적으로 관철되는 일반적인 것'[01]에 우위를 귀속시켜야 한다는 어법과 함께 이루어진다. 이렇게 되는 것에 의해 남용이 유발된다. 즉, 그 내부에 사회적인 힘들이 특별한 것에 대항하여 원래부터 저장되어 있는 일반적인 것을 이론적으로 다시 한 번 전체주의적인 것으로 높이는 남용이 유발되는 것이다. 이러한 남용에 대한 불안감이 전체das Ganze가 그것의 개별적인 상관관계들로 환원되는 것에 기여하였다는 점은 의심의 여지가 없다. 이렇게 되는 것에는 심리학에 반대하는 입장을 가진 막스 베버Max Weber의 '이해될 수 있는 사회적 행위'[02]에 관한 이론 자체도 한몫을 하고 있다. 베버의 이론은, 학자들이 공허한 학문적 객관성으로부터 발원하여 대상, 즉 사회 자체의 객관성에의 회상을 폐기하였을 때, 완벽하게 변명적으로 사용될 수 있는 이론이 되었다. 그리고 나서, 이해될 수 있는 것을 거부하는 사람들에게는 이해도 또한 저승으로 들어가야만 하였다. 사회의 객관적인 메커니즘은 어떠한 개별적인 주관적 행동방식에서 적절하게 파악될 수 없다는 것이다. 이렇기 때문에 주관적 행동방식들의 우주로부터 추상화된 일반성에 더욱 높은 학문적 객관성이 인정되고, 주관적 행동방식들뿐만 아니라 학문적인 물음 설정을 결정하는 사회적인 객체성 자체가 미신으로 비방을 당하게 된다. 이것은 이데올로기적으로는 사회비판이론이, 정돈하는 개념 모형들에 의해, 대체되는 이득을 제공한다. 다시 말해, 그것들 나름대로 다른 것이 아닌 바로 주관적으로 발견할 수 있는 것

---

01 작은따옴표는 독자의 편의를 위해 옮긴이가 임의로 붙였음(역주).
02 작은따옴표는 독자의 편의를 위해 옮긴이가 임의로 붙였음(역주).

의 분류인 개념 모형들에 의해 대체되는 이득을 제공하는 것이다. 집단의 식에 관한 이론적인 논의에도 ―이것의 가장 유명한 본보기는 자살 수치의 일시적인 불변성이다― 불구하고, 우리가 그렇게 말하고자 한다면 헤겔적인 유산이 뒤르켐에 남아 있음에도 뒤르켐 자신은 앞에서 말한 경향에 관여되어 있다. 그의 방법론은 어떤 집단적인 것의 객관적인 정신을, 충분히 경악스러울 정도로, 평균 가치로 파악하며 통계적으로 처리하고 있는 것이다. 이렇게 함으로써 그는 물론 그가 일반성의 사회학적 우위라는 이름으로 이론異論을 제기하는 심리적 사실들에 시종일관되게 다시금 묶여 있는 것 같다. "동일한 사회의 평균 구성원들의 공통된 감정과 믿음의 총체는 고유한 자체 생명을 지닌 규정된 체계를 형성한다. 이것을 대다수의 공동체의 집단의식이라고 명명할 수 있다. 이러한 의식의 토대를 이루는 유일한 기관organe이 반드시 존재하는 것은 아니다. 집단의식은 본래 사회 전반에 흩어져 있다. 그러나 집단의식은 변별적인 현실을 만들어내는 특별한 기질이기도 하다. 실제로, 집단의식은 개개인이 처한 독특한 조건과는 독립적이다. 개인들은 지나가고, 집단의식은 남는데 … 마찬가지로, 집단의식은 세대마다 바뀌지는 않고, 반대로 세대와 세대를 서로 연결한다. 결국 집단의식은 개개인을 통해서 구현되더라도 개별 의식들과는 완전히 다른 것이다. 집단의식은 사회의 심리적인 유형인바, 개인적인 유형들처럼 방식은 다르지만 그 유형에도 속성들과 존재의 조건들, 발전 방식이 존재한다."[03] 다루어진 사실관계에 제대로 들어맞는, 집단정신의 사물화는 사회적 사실들의 사물화라는 뒤르켐의 방법론에 너무나 정확하게 일치하여 우리가 뒤르켐의 방법론을 사회적 사실들의 사물화의 기능으로서 간주할 필요조차 없을 정도이다. 뒤르켐의 방법론은 분리된

---

03 Emile Durkheim, De la division du travail social(사회분업론), 4. Aufl., Paris 1922, S.46.

채 놓여 있는 주관적 자료들에서, 대단히 많은 수의 자료들에 대한 모든 선입견에도 불구하고, 방법론의 기초를 갖고 있는 처리의 방법론이다. 사회가 매개 카테고리들을 폐기시키고 직접적인 받아쓰기에 의한 동일성을 강요하는 경향으로 치닫고 있다는 점이 자료들과 법칙 사이의 매개에 관한 이론적 성찰을 면제하지는 않는다. 명목론자인 뒤르켐에서는 일반적인 것의 우위가 기적奇跡과 경계를 잇대고 있다. 뒤르켐은 헤겔에서 형이상학적으로 세계정신이나 민족정신으로 지칭되었던 것의 학문적 객관성을 주관주의적 완화에, 즉 주체들의 잠재력을 실재적으로 없애는 것을 동반하는 주관주의적 완화에 대항하여 지키려고 투쟁하였으며, 그의 이러한 공적은 논란의 여지가 없다. 그러나 뒤르켐도 역시 "정신"의 객체성의 —이것은 곧 사회를 지칭한다— 즉자와 개인들의 이른바 대자 존재가 절대적으로 분리되어χωρίς 머물러 있는 사고 양상에 고분고분하게 따랐다. 뒤르켐에서는 대립주의적인 모멘트들이 겹친 채 상호작용하면서 모멘트들이 서로 가리켜지고 있는 것에 대한 기관器官, Organ이 결여되어 있었다. 뒤르켐의 개념인 사회적 사실들은 전적으로 아포리아적aporetisch이다. 이 개념은 부정성否定性, 불투명성, 사회적인 것이 개별 인간에게 가하는 고통스러운 낯섦을 방법론적인 준칙으로 바꾸어 놓는다. '너는 이해해서는 안 돼'[04]로 옮겨 놓는 것이다. 뒤르켐은 지속되는 신화를, 즉 운명으로서의 사회를 실증주의적인 학문 근성을 이용하여 배가시킨다. 이와 동시에, 사회적 사실들에 관한 교리에서 하나의 경험되어진 것이 구체화된다. 개인에게 사회적으로 닥치는 것이 사실상으로, 특별한 것이 일반적인 것에서 다시 발견되지 않는 한, 이해될 수가 없게 된다. 바로 이러한 이해불가능성이 학문에 의해, 학문이 이러한 이해 불가능성을 학문에 고유한

---

04 작은따옴표는 독자의 편의를 위해 옮긴이가 임의로 붙였음(역주).

원리로 채택하는 것 대신에, 이해될 수 있어야 할 것이다. 뒤르켐은 규범이 꿰뚫어질 수 없다는 점, 제재들이 가차 없다는 점에서 특별히 사회적인 것을 인식하려고 하고 있으나, 그가 말하는 이러한 두 가지 측면은 대립주의의 고집스런 출현이다. 그는 대립주의의 출현을 사물의 개념으로부터 발원하여 전개시키는 것 대신에 수동적으로 서술하고 있을 뿐이다. 이렇기 때문에 그는 이데올로기에 미끄러져 들어간다. 집단정신의 매개되지 않은 즉자는 개념적 도구에 의해서, 개념적 도구가 탐구된 오스트레일리아 사람들에서 오로지 되고 싶었던 것과 똑같은 정도로 신성불가침한 것이 된다.

환상幻想에 적대적인 명목론의 환상은 뒤르켐이 그가 살았던 시대의 사회를 마주 대하면서 요구하였던 학문적 처리방식들의 불충분성에서 포착될 수 있다. 오랫동안 지속되면 될수록 전체주의적인 요구를 더욱 많이 알려오는 방법론인 경험적 연구방법론들에 대한 비판은 통용되는 작업의 표피성과 무정신성을 맨 앞에 내놓을 필요가 전혀 없다. 통용되는 작업은 그것의 고유한 척도와 함께 측정될 수 있을 뿐이다. 경험적 시장 연구의 게임 규칙들에 따르면 학문은, 선입견이 없이, 앞에서 먼저 생각되었던 정리定理들을 먼저 내다보면서, 원래부터 개념이 없이, 학문의 재료에 다가가야 한다. 학문은 학문의 개념들을 탐구되어야 될 것을 통해서가 아니고 고유한 연구 수단들을 통해서 정의定義해야 하고, 사고하는 활동을 자료들의 준비와 정돈에 제한시켜야 한다는 것이다. 프로이트의 이론처럼 가장 깊은 곳에서도 스스로 실증주의적인 이론의 카테고리들에 따라 소비자들의 습관에 대해 계획을 세우고 조사하는 것은, 처리방식들의 몸통인 소셜 리서치Social Research에 따르면 순수한 형이상학이다. 명목론과 하나로 결합되는, 그러한 반응들의 예고가 보여 주는 기준들에 따르면, 사변 및 깊은 것으로 의심을 받는 처리들이 과학주의의 백지 상태tabula rasa보다 더욱 잘 보존되었다. 개념은, 사물에 대한 순수한 적합성으로 해석되는 것인 개념의 해체보다 더욱 현실에 들어맞는 것이 되었다. 심리분석적인 시장 연구는 경험적 기법의 정통파를 신봉하는 기법에 못지않은 기법이며, 주체들이 갖는 견해는 경험주의자들에게는 왕으로까지 요란하게 꾸며진다. 심리분석적인 시장 연구는 주체들에 대한 이러한 조작에서는, 고객들이 거대 재벌의 광고에서 조작되는 것과 유사하게, 심지어는 앞에서 말한 정통파적인 기법을 능가한다. 기법적인 논쟁에서 그럼에도 두드러지게 드러나는 것은, 그러한 방식으로 조잡하게 이윤의 이해관계에 의존되어 있지 않은 인식 영역들에서 비로소 제대로 해당된다. 객관적인 사회적 권력으로부터 출발하는 것은 조직화된 학문으로서의 사회학에게는 저주이다. 다시 말해, 이 권력이 개별 인간들의 맞은편에서 갖는 객관적인 정신으로부터 출발하는 것은 사회학에게는 저주이다. 객관적인 사회적 권력은 사회적으로 조직화된 개인들의 견해, 반응형식, 행동방식처럼 확고하게 붙들어질 수 없기 때문이다. 기껏해야 이것들은 사회라는 단어를 이것들의 색인에 올려놓았을 뿐이었다. 그러나 사회적으로 일반적인 것으로부터, 즉 이것에 대한 경험이 청결함에 몰두해 있는 방법론을 비로소 금기시하는 사회적으로 일반적인 것으로부터, 개인들에 대한 사이비-자연과학적인 관찰로부터 도출할 수 있는 결과보다도 개인들에 대해 더욱 이성적이고 더욱 납득할 수 있는 결과를 도출할 수 있다. 이렇게 해서 사이비-자연과학적 관찰은 텔레비전이 인간에게 사실상으로 자행하는 폭력이 무엇인가 하는, 즐겨 제기되는 물음의 면전에서 체념하게 된다. 텔레비전 방송이나 방송의 결과가 미치는 작용에 관한 개별적 연구를 통해서는, 측정 가능한 변화들이 방송의 희생자들에서 탐지될 수는 없기 때문이다. 누적되는 작용이 자극들과 비례관계에 놓여 있다는 사실이, 과대평가된 상식 자체에서도 그 사이에 분명하게 밝혀져야 할 것으로 보인다. 일반적인 것의 우위도 역시 변증법적이라는 것은 확실하다. 소비재산업 및 문화산업과 번쩍거리게 조화를 이루지 않는 많은 것이, 그리고 이러한 산업들이 고려해야 하는 많은 것이, 독점주의 이전의 시대로부터, 사람들에게서 살아남아 있지 않다면, 작가들이 ―긍정적 유토피아를 의도하지 않기 때문에― 편안하게 비꼬아 말하는 부정적 유토피아의 상태는 오래전에 성취되었을 것이다. 그럼에도 이해관계자들만이, 바로 이들만이 전체 체계로서의 매스 커뮤니케이션의 잠재적인 작용이, 총계가 되면서, 가장 커다란 폭력이라는 사실에 대해 오인해도 될 것이다. ― 매스미디어에 달라붙어 있는 청소년들의 열정만이 이 사실을 예기하게 한다. 텔레비전이 설치한 것이 무엇인가를 생각하는 사람은, 즉 구체화된 일반적인 것으로서의 텔레비전이 그것에 농축되어 있는 폭력에 힘입어 설치한 것은 텔레비전의 문화보수적인 적들이 그토록 끈질기게 길라잡이Leitbild로서 봉납하는 것에 따라 사실상으로 인간의 형태를 만드는 작업임을 생각해 내는 사람은, 통제 가능한 개별 작용들로부터 총체성의 효과를 헛되이 합산하는 사람보다 단호하고도 현혹되지 않은 상식을 갖고 있는 사람이다. 그럼에도 불구하고 뒤르켐의 사회학은 불분명한 것의 모멘트를, 그리고 헤겔이 철학하기로부터 쫓아내 버린 것인 역사에서 일반적인 것의 자연 그대로의 모습을 표현하고 있다. 일반적인 것의 우세가 일반적인 것과 특별한 것의 변증법을 원리적으로 가상假像으로 경감시킨다는 것은 아마도 일반적인 것과 특수한 것의 변증법적인 견해의 한계일 것이다. 일반적인 사회학적 법칙들이 자연의 법칙들과 같다는 것은 역사적으로 개별적인 것, 즉 독일의 정신과학적인 전통이 근심에 가득 차서 소유물로서 보호하는 것인 역사적으로 개인적인 것의 무가치성을 위한 가장 강력한 경험주의적인 주장이다. 최근에 "다수 영역"으로 명명되었던 것과 개별 영역과의 차이, 그리고 다수 영역의 독재는, 단수인 개인이 사회적인 우주에서 사실상으로 통계적인 요소 이상인 것으로는 더 이상 생각될 필요가 없는 한, 명백하다. 이런 경우에는, 사회적인 압박의 불변성을 기록해 주는 것들인 상대적으로 변하지 않고 지속되는 사회적 및 정치적인 조건들과 인구 숫자에서는 자살률이 불변적이라는 사실 이상 이외에는 다른 것을 기대할 수가 없게 되는 것이다. 그 밖에도, 이러한 사실은 이미 19세기 중반에 키르케고르를 충격에 빠트린 바 있었다. 자살률에 대한, 즉 인간이 마치 숫자처럼 취급되는 것에 대한 키르케고르의 분개는, 객체성으로부터 인간에게 발생되는 것을 입증된 견본에 따라 이 견본에서 채택되는 인식으로 전위轉位시킬 뿐이다. 키르케고르 이후 100년이 지나서, 독가스로 죽이려고 했던 인간들에게 숫자로 문신을 새겼다. 개인적인 경험의 원리는 개인의 무력감에 대해 스스로 흥분하여 싸우려 들지만, 개인의 무력감의 경험은 개인적인 경험에 거의 수용될 수 없다. 수학적인 스타일의 사회적인 법칙에서 인식 이상理想을 갖고 있는 이성은 그러나 앞에서 말한 객체성에서는 주관적인 이성이다. 이렇게 되고 나서 주체는, 모든 객관적인 의미가 마치 통계적인 필연성의 경험에서처럼 소멸되면, 다만 견본으로 축소될 뿐이다. 경우들을 준비하고 정돈하는 것에 만족하는 편협한 이성만이, 즉 규칙들의 이미 알려진 것으로부터 ─동일하게 머물러 있는 진행이라는 전제 아래에서─ 해명하는 것에 만족하는 고루한 이성만이 모든 경우들의 사회와의 행복하지만-절망적인 일치에서 환호성을 올린다. 이처럼 편협하고 고루한 이성은 그러므로 사회에 대한 성찰을 전혀 필요로 하지 않는다. 견본으로서의 개인의 구상과 모든 의미를 잃어버린 것으로서의 객관적인 정신의 구상이 서로 등가치적等價値的이다. 이것은 정신에 관한 반反테제이다. 이렇게 됨으로써 이상주의적 정신 개념은, 다른 것을 위한 그것의 권력과 통치권에서, 그것 자체를 그것 스스로에게 불합리하게ad absurdum 인도引導하게 된다. 헤겔은 이에 여전히 저항하였으며 평균성과 진리를 동치同値시키는 것을 비판하였다. "개념으로부터 해방되어 있지 않은 그 어떤 추상 개념이 갖고 있는 족쇄"[05]는, "족쇄"로서의 주관적 이성의 성격이 가장 실재적인 존재자ens realissimum라고 할지라도, 다

른 것이 아닌 바로 주관적 이성의 분류적인 카테고리들을 의미한다. 사
람들은 일반적으로 인정되는 것을, 다시 말해 일반성에 대한 헤겔의 비
판을 확대시키기 위한 목적으로 학문적인 의식을 분산된 것으로부터 추
려 내었던 '일반적으로 인정되는 것'[06]을 헤겔이 평가 절하한 추상 개념의
뒤에서 시의猜疑하고 싶어 한다. "편견이 없는 기분의 단순한 행동은, 공
론적으로 알려진 진실을 신뢰감 넘치는 확신과 함께 붙들고 이러한 확고
한 기초 위에서 편견이 없는 기분의 행위 방식과 삶에서의 확고한 자리
를 구축하는 행동이다. 이처럼 단순한 행동에 맞서서 대략 잘못 믿어진
어려움이 나타나는바, 이것은 그 내부에서 일반적으로 인정된 것과 통
용되는 것이라고 하는 것이 무한하게 상이한 견해들로부터 구분되고 발
견될 수 있다고 하는 잘못된 믿음에서 드러난다."[07] 물음은 그러나 곧바
로 수사적인 것으로서 그 정체가 드러난다. "우리는 이러한 당혹감을 사
물을 둘러싸는 제대로 된 참된 진지함을 위한 것으로 용이하게 받아들일
수 있다."[08] 반면에 이러한 당혹감은 헤겔에 따르면 바로 앞에서 말한 것
이 아니고 지껄이면서 말하는 사고의 단순한 오류이다. 곧이어 질책이
이어진다. "이러한 당혹감을 자만하는 사람들은 그러나 나무들만 보고
숲을 보지 못하는 경우에 실제로 해당되는 사람들이다. 그들 스스로 실
행했던 당혹감과 어려움만이 남아 있는 것이다. 그렇다, 오히려 이러한
당혹감과 어려움은 그들이 일반적으로 인정된 것과 통용되는 것, 정당
한 것과 도덕적인 것과는 다른 것을 의도하고 있다는 것에 대한 증거이
다."[09] 헤겔은 개별 주체들에 대항하여 정신의 객관성에 대한 강조를 필

---

05 Hegel, Sämtliche Werke, hrsg. von Hermann Glockner, Bd. 7: Grundlinien der Philosophie
    des Rechts(법철학 기초), Stuttgart 1928, S.35.
06 작은따옴표는 독자의 편의를 위해 옮긴이가 임의로 붙였음(역주).
07 a. a. O., S.22.
08 a. a. O.

요로 한다. 이는 우연성을, 즉 그것 나름대로 일반적인 것의 —일반적인 것에서는 일반적인 것이 특별한 것에 단순히 주어질 뿐이기 때문에 특별한 것이 다시 인식되지 않는다— 잔혹함으로부터 오는 우연성을 쫓아내기 위함이다. 아포리아Aporie는 헤겔로 하여금 이념의 객관성, "일반적으로 인정되는 것과 통용되는 것", 헤겔의 논리학에 따르면 일반적으로 인정되는 것과 통용되는 것이 되어서는 안 되는 것인 평균을 모두 동일한 것으로 취급하게끔 강요한다. 동일화가 아니고 다만 포괄일 뿐인 동일화에 대항하여 강력하게 대드는 의식을 영구적으로 잘못 다루는 것은 관할처Instanz의 잘못된 양심에 대해 증언한다. 다시 말해, 관할처의 환호성에 만족하지 않고 희생자들이 모든 영혼을 다해 희생자들 자신을 내맡기는 것을 바라는 관할처의 잘못된 양심에 대해 증언한다. 희생자들이 이러한 관할처에 그들 자신을 내맡기는 것은 헤겔 이후에 전개된 역사에서 사실상으로 성공적으로 이루어졌다. 헤겔은 동일화를 강요하면서도 일반적인 것의 독자성을 동일한 호흡에서 거부한다. 수익자는 명목론이다. 인식을 단순히 존재하는 것에 따라 구성하는 것으로 —이처럼 구성하는 것에 대해 절대적 이상주의의 열정이 맞서 싸웠으며, 이념론의 칸트도 이미 "복사複寫"라고 경멸한 바 있었다— 평준화시키는 명목론이 수익자가 되는 것이다.

1965년

---

09 a. a. O., S.22f.

에밀 뒤르켐 입문, 『사회학과 철학』[01]

위르겐 하버마스를 위해

에밀 뒤르켐이 『사회학과 철학』이라고 제목을 붙였지만 사실상으로는 도덕과 사회에 관계에 대해 헌정된 논문 모음집의 모델과도 같은 저작의 독일어판 출판은 만기가 되었다.* 뒤르켐은 독일의 경우 막스 베버 Max Weber, 짐멜Simmel, 트뢸치Troeltsch와 같은 이름들이 책임을 지는 세대에서 가장 영향력이 컸던 프랑스 사회학자였다. 프랑스에서 그는 학파의 우두머리로서 그와 동시대에 존재하였던 베르그송주의에 반대하는 경향들을 집약시켰다. 그의 과학주의적인 성향은 제도주의적인 성향에 대한 반대 입장을 점하고 있었다. 뒤르켐의 영향은 최소한 프랑스에서는 그를 직접적으로 따르는 학파로 존속되었다. 현재의 프랑스 구조주의에서는 뒤르켐으로부터 유래하는 동기들이 여전히 탐지될 수 있다. 그는 막스 베버와는 원리적으로 가장 예리한 대립관계에 놓여 있었으면서도 사회학을 자연과학들로부터 독립된 독자적인 학문분과로서 근거를 세우려는 노력

---

01 필자는 풍부한 비판과 본질적인 지적을 해 준 잉에 호프만(Inge Hofmann) 여사에게 심심한 사의를 표한다.

* Vgl. Emile Durkheim, Soziologie und Philosophie(사회학과 철학), Aus dem Französischen von Eva Moldenhauer, Frankfurt a. M. 1967. (Anm. d. Hrsg.)

을 베버와 공유하였다. 독립적인 학문분과로서의 사회학에 대한 열광은 무엇보다도 특히 사회학이 미국에서 다른 학문분과와 완벽하게 동등한 권리를 획득한 이래 오늘날에는 더 이상 명백하지 않다. 이러한 열광은 1890년과 1920년 사이에 유럽에서 지배적으로 나타났던 경향, 즉 건방지게 뒤에 나타난 사회학을 아카데미즘의 외부에 붙들어 두려는 경향으로부터 설명된다. 이러한 열광은 잠재적으로는 항상 여전히 선입견과 교만함에서 주장되고 있다.

뒤르켐은 프랑스에서의 명성에도 불구하고 그가 살았던 시대에서는 독일에서 진지하게 수용되는 측면이 거의 없었다. 우리가 그를 가까이 기억하고 있듯이, 그의 구상이 독일 철학 및 국민경제학, 특히 강단 사회주의자들[02]의 요소들과 섞이면서 성장되었고 소수의 학자들에서 보이는 것처럼 그에게서도 앞에서 말한 동기들이 뒤르켐 이후 전개된 자본주의의 조건 아래에서 어디를 향해 돌진하였던가 하는 점이 뚜렷하게 드러나고 있음에도 불구하고, 뒤르켐은 생존 시기에는 독일에서 진지하게 수용되지 않았던 것이다. 그의 저작은 번역본에서도 지금까지 불완전한 상태로만이 접근할 수 있었다. 적은 수에 머물러 있는 2차 문헌조차도 충분하지 않다. 마리카George Em. Marica의 저서가 명명될 만하다. 이 책은 쓸모가 있는 개관을 제공하고 있지만 사고의 전개나 언어적으로 볼 때 한심한 수준에 머물러 있다. 이 책이 35년 전에 통용되었던 카테고리인 셸러와 하르트만의 가치론을 통해서 외부로부터, 잘못된 주권을 가진 채, 뒤르켐에 대해 판단하는 것을 통해서도 이 책의 수준은 결코 올라가지 않는다. 르네 쾨니히René König가 루흐터한트 출판사에서 나온 『사회학적 방법론의 규준』의 새 판본에 붙여 놓은, 내용이 풍부한 서문만이 오로지 예외라고

---

02 Vgl. Simon Delploige, Le conflit de la morale et de la sociologie(윤리와 사회학의 갈등), Paris 1911.

할 수 있겠다.

뒤르켐에 대한 관심은 그 사이에 다만 교리사적이거나 또는 정신사적 차원에만 머물러 있지 않다. 그의 학파에서 대두되었던 많은 물음들, 무엇보다도 특히 자살에 관한 책에서 노출되고 있을 뿐만 아니라 자료에서도 실행되고 있는 테제는 현재적 중요성을 갖는다. 다시 말해, 개인적–심리적인 경향들에 대해 사회적 경향들이 독자성을 갖는다는 테제는 뒤르켐 시대에 못지않게 오늘날에도, 물론 다른 이름이 붙은 상태에서 제기되고 있지만, 시의성을 갖고 있는 것이다. 자료의 풍부함에도 불구하고, 그리고 『사회분업론』에 맞춰 무리하게 실행된 통일성, 즉 사회적 조직화에 대한 일반적인 논의을 위해 발전이론적인 숙고를 억압하였던 통일성에도 불구하고 뒤르켐의 자질은 단지 특별한 텍스트들에서만 생생하게 드러날 수 있다. 그 밖에도, 뒤르켐 학문의 수많은 연구들은 『사회학 연보 Année Sociologique』의 각 권들에 묻혀 있으며 오로지 전문학자들에게만 접근이 가능하다.

조야한 수준의 학파 분류에 따르면 뒤르켐은 실증주의자에 속한다.[03]

---

03 여기에서 미리 제시될 수 있는 점은 이 용어가, 신(新)독일어에서 지칭되고 있듯이, 지나칠 정도로 대략적으로 사용되고 있다는 사실이다. 이 용어가 빈(Wien) 학파와 이 학파에 이어서 나타난 이른바 분석철학에서 갖고 있었던 의미에서 뒤르켐에 해당되지 않는다는 점은 의문의 여지가 없다. 실증주의라는 용어는 또한 비트겐슈타인으로부터도 떨어져 나오는 의미를 갖고 있는바, 이러한 의미에서도 이 용어는 뒤르켐에게 해당되지 않는다. 실증주의라는 용어는 현존하는 것, 사실상으로 주어진 것으로서의 실증적인 것이라는 단순한 단어적인 의미에 따라 볼 때는 정통성을 갖고 있는지도 모른다. 그러나 이러한 단어적인 의미에 의해 감싸질 수 없는 변형들이 놓여 있다. 그러한 종류의 포괄적인 개념들이 —이 개념이 갖고 있는— 정의의 통용성의 기준에 따라서 볼 때 문제성이 있다고 할지라도, 이 개념들과 관계를 맺는 것을 금지시키는 것은 이 개념들에 의해 의도된 것에 대한 옹호라는 결과로, 여러모로, 귀착되고 만다. 앞에서 말한 금지가 이 개념들에 의해 의도된 것을 어떻든 명명하는 것을 방해함으로써 이러한 결과에 이르게 되는 것이다. 실증주의라는 개념은 이 개념을 추종하는 사람들 사이에 존재하는 모든 배치(背馳)에도 불구하고 하나의 핵심을 갖고 있다. 실증주의라는 개념이

그는 자신을 실증주의자로 이해하고 있었다. 뒤르켐에서 학문이란 관찰하고 비교하며 분류하는 것을 지칭하였다. 그는 이러한 방식으로 처리되었던 것만을 통용시키는 요구를 제기하였던 것이다. 이러한 요구 제기로부터 그는 대단히 전략적인 재치를 구사하면서 자신의 정말로 독특한 방법론을 위해 일종의 총체성에의 요구 제기를 도출해 낼 수 있었다. 사회학적 인식의 유일한 기초로서의 사회적 사실들에 대한 그의 학설은 방법론적인 주저작인 『사회학적 방법론의 규준』에서 제시되고 있으며, 실증주의에 관한 그의 프로그램을 선명하게 각인시키고 있다. 사회학자는 사회적 사실들을 붙들고 있어야 한다는 것이며, 모든 종류의 사변과 단순한 견해를 배제시키고 특히 어떤 사회가 그것 스스로부터 내포하고 있는 견해도 배제시키면서 사회적 사실들을 마치 사물들처럼 즉각적으로 주어진 것으로서 다루어야 한다는 것이다. 이러한 종류의 금기를 통해서 뒤르켐은 그의 시대의 프랑스 사회학자들을 오랫동안 그에게 복종시켰다. 어떤 사회가 실제로 무엇이며 무엇으로 여겨지는가를 구분할 수 있는 기준들은 물론 결여되어 있다. 이에 대한 책임은 중심적인 이론이 떠맡는다. 중심적인 이론은 객체성을 담지하는 삶의 과정들의 자리에 집단의식의 객체성을 밀어 넣는다. 집단의식의 정신이, 즉 그것 스스로 비로소 도출될 수 있는 것이 어떤 사회의 실체로 올라서면, 올바른 의식과 잘못된 의식의 구별이 녹아 없어지게 되며 정상적인 것과 병리적인 것을 서로 경계 지우는 것에서 ―뒤르켐과 유사하게― 어려움에 봉착하게 된다. 그 밖에도, 이것은 프로이트가 똑같은 정도로 봉착하였던 어려움이기도 하다. 객체성에 대한 심령화心靈化에서 주관주의가, 즉 뒤르켐이 거부하였지만 그의 관점 설정에 불가피하게 붙어 있는 주관주의가 보복으로 되돌아온다.

확정적으로 될 수 있는 것은 어려운 일이다. 그러나 이 개념이 포기되면, 논란의 여지가 많은 여러 관점들이 거의 논구될 수 없게 된다.

그는 의식을 구성하는 데이터의 직접성으로부터 출발하여 경험비판론자들에게 호통을 치는 것과 같은 정도로 그의 시대에 통용되었던 생리학적인 유물론에 대해서도 호통을 쳤다. "그러한 뇌지리학은 학문과 관련이 있었다기보다는 차라리 문학과 관련이 있다"(58).[04] 그는 자신이 콩트의 후계자임을 알고 있었으며, 『사회학적 방법론의 규준』의 한 소절에서 콩트가 그에게는 여전히 충분할 정도로 실증주의적이지 않았다는 유일한 이유를 들어 콩트를 공격하였다. 뒤르켐은 앞에서 말한 소절에서 형이상학의 불구대천의 원수이자 반反형이상학자인 콩트가 진보의 개념처럼 그토록 형이상학적인 개념에 붙잡혀 있다면서 ─뒤르켐 자신의 시대에 충분히 특징적이게도─ 그의 선배인 콩트를 비난한다. 과학주의의 역사에서 보면 과학주의를 표방한 어떤 사람이 바로 다음에 형이상학자가 되는 것은 용이한 일이다. 이것은 뒤르켐 자신에게도 다르게 일어나지는 않는다. 집단의식에 관한 그의 학설, 완벽하게 과도한 열정주의는 ─뒤르켐은 이러한 열정주의를 이용하여 열정주의의 측면을 때렸다─ 진보 개념에 대한 뒤르켐 자신의 공격과 같은 종류의 공격들에 대해 보호받을 수 없었다. 개별인간적인 개인으로부터 추상화되는 것이 명료한 것들인 능력들과 기능들을 집단에게 부여하는 것, 그리고 나서 이러한 능력들과 기능들을 개인에 앞서는 것으로 설정하는 것은, 성찰되지 않은 인간 오성에게는 합리성의 전개에서 그 강력한 버팀목을 항상 갖는 진보 카테고리에 못지않게 도발적이다.

사변적인 것이 이처럼 도발적으로 실증주의와 교차되고 있다는 점이 뒤르켐을 읽게 하는 동기를 부여한다. 바로 이 점에서 실증주의의 자기비판이, 이러한 자기비판이 논쟁의 최근 단계에서 깨져 나왔듯이, 함축적

---

04 이곳에 기입된 쪽수는 [앞에서 제시된] 1번 각주 아래에서 *로 제시된 판본에 있는 뒤르켐 텍스트에 관련된 쪽수이다.

으로 그 모습을 알린다. 사회적 사실들과 사회적 사실들의 사물과 같은 성격에 관한 뒤르켐의 개념은 사회에 대한 그 자신의 경험으로 되돌아간다. 그는 통계학의 실증주의적인 수단들을 이용하여 이러한 경험을 입증하였다. 그는 처음부터 사회에 대한 그의 경험을 변명과 결합시켰다. 사회적 사실들의 경험, 사회적 사실들의 사물과 같은 성격의 강조는 집단의식의 와해, 즉 그에 따르면 자본과 노동의 갈등이 위협한다고 하는 이러한 와해를 중지시키고 싶어 하는 변명과 결합되어 있었던 것이다. 이미 1870년에 그는 다음과 같이 썼다. "우리가 무엇보다도 특히 배우고 싶은 것은 민족적 감정들과 애국주의의 현존 근거들이다. 현존 근거들이 사물들의 본질에 근거가 세워져 놓여 있는지의 여부, 또는 공론公論을 펼치는 많은 사람들이 열어 놓거나 숨긴 채로 주장하였듯이 현존 근거들에서는 다만 야만성의 선입견이나 잔재들이 관건이 되고 있는지의 여부를 우리는 알고 싶은 것이다. … 철학 교수는 정신적 및 사회적 현상들이 다른 사실들처럼 사실들이며 법칙들에 종속되어 있다는 점, 그리고 인간의 의지가 이러한 사실들을 임의적으로 방해할 수 없으며 이에 따라 엄격한 의미에서의 혁명은 기적이 불가능한 것과 마찬가지로 불가능하다는 점을 (사람들에게) 다시 이해시켜야 할 것이다 … 이러한 이념들은 젊은 사람들이 김나지움Gymnasium에 들어가기 전에 무장되어 있어야만 하는 이념들에 속하는 것이 명백하지 않은가? … 여론이 우리에게 최고로 높은 힘을 갖는 곳에서도 여론을 명백하게 해두려는 노력을 우리가 너무나도 적게 기울이고 있다는 점은 정말로 놀랄 만한 일이 아닌가?"[05] "아동은 그가 왜 의무들을 갖는가를 알아야 한다. 그 까닭은, 아동은 어느 날 부분적으로는 자신이 갖는 동인으로부터, 부분적으로는 그의 주변 환경이 가하는 압

---

05 Durkheim, La Philosophie dans les universités allemandes(독일 대학에서의 철학), Revue, internationale de l'enseignement(교육의 국제 학술지), Tome 13, 1887, S.439f.

력을 받으면서 사람들이 무슨 권리로 아동에게 복종을 요구하는가를 스스로에게 묻게 될 것이기 때문이다. 아동의 반향反響이 처음부터 주변 환경에 귀속되는 방향으로 조종되지 않고 이러한 반향이 길라잡이로 무장되어 있지 않게 되면, 아동의 반향은 모든 가능한 예측에 따라서 볼 때 앞에서 말한 문제점들의 복합성에 의해 잘못된 길로 빠져 들게될 것이다. 도덕을 위한 근거들은 이 근거들을 인식하기 위해 스스로 묻는 것으로 충분할 만큼 그렇게 명증하지는 않다. 그 결과 아동은 이 근거들을 다만 하나의 요술로서, 미신의 산물로서 관찰하는 위험에, 이것이 자주 발생하고 있는 것처럼, 내맡겨진다. 아동은 정권政權과 지배 계급들이 인민을 더욱 잘 억누르기 위해서 도덕을 고안했었다는 점을 믿게 될 것이다. 어떤 경우이든 우리는 통속적인 논쟁과 언론인들이 펼치는 주장의 영향에 아동을 저항력이 없는 상태에서 내맡기게 될 것이다. 그러므로 우리는 아동의 지력知力을 불가피한 의심과 토론에 대해 저항할 수 있는 견고한 근거들을 통해 무장시켜야 한다."[06] 뒤르켐적으로 주어져 있는 것들, 즉 사회적 사실들은 그의 가장 높은 실체인 집단의식의 표명이 되어야 한다는 것이다. 뒤르켐의 사회학은, 형식상으로는, 실증주의적 객관주의, 의식에 극단적으로 매달리는 객관주의라고 표시할 수 있을 것 같다. 모든 실증주의적인 사고에는 객관주의적인 모멘트가 잘 어울린다. 주관적인 자의, 단순한 견해, 사실들을 통해 견고하게 확인되지 않는 견해는, 개별인간적인 주체들만이 구사하는 것인 감각적인 확실성을 진리의 기준으로 설치하는 한, 잠재적으로 주관적이었고 주관적으로 머물러 있었다. 바로 이

---

06 Diskussionsbeitrag Durkheims, Société Française de Philosophie(철학의 프랑스 사회), Séance du 20 mai 1909(1909년 5월 20일 회의); L'efficacité des doctrines morales(윤리 학설들의 효율성), Bulletin de la Société Française de Philosophie(철학의 프랑스 사회 회보), Année 9, 1909, S. 220.

점에서, 흄의 감각주의에서 출발하여 마흐Mach와 19세기 후반부와 20세기 초의 소여所與 이론가들을 경유하여 카르납Carnap에 이르는 동안에 아무것도 변하지 않았다. 뒤르켐은 이 전통을 가로지른 곳에 놓여 있다. 집요하게 고집하는 사실들을 인식의 정당함의 원천으로서만 허용하는 자연과학적인 이상을 뒤르켐이 앞에서 말한 전통으로부터 받아들이는 동안에도, 인식의 정당함의 원천을 의식에 대해 감각적으로 주어진 것에서 찾아내는 것이 그에게서 도달되지 못한 상태에 처해 있다. 사실적인 것의 개념에는 즉자적으로, 실증주의에서도 역시, 반反주관주의적인 모멘트, 의식을 정초定礎시키는 개별 자아와 결합되기가 어려운 모멘트가 이미 내재되어 있는바, 사실적인 것의 개념이 뒤르켐에서는 모든 개별성과 조야하게 충돌하고 있다. 그에게서 사회적 사실은 개인에 의해서 전혀 흡수될 수 없는 것, 바로 이것이 되고 만다. 사회적 사실은 헤아려질 수 없는 것, 꿰뚫어질 수 없는 것이 된다. 뒤르켐의 사회적 경험은 고통을 주는 것의 모델에 따라 형성된다. 그는 사회학자로서는 처음으로 사회적 경험을 권위주의적인 목적들에게 공급하고 있다. 그는 사실들 앞에서 잡물이 섞이지 않은 순수한 학문에 대한 존경심을 이용하여 처음부터 꿰뚫어질 수 없는 것으로서 제시된 것을 비판적 이성을 통해 꿰뚫는 것을 방해하려고 한다. 사회적 사실은 그에게는 절대적으로 사회적 구속contrainte sociale이며, 위력적인 강제적 속박이자 주관적으로 이해되는 모든 종류의 감정이 입으로부터 벗어나 있는 사회적인 강제적 속박이다. 이러한 강제적 속박은 주관적인 자의식에 속하지 않으며, 어떤 주체도 이러한 강제적 속박과 즉각적으로 동일화될 수 없다. 특별히 사회적인 것의 이른바 비환원성이 뒤르켐에서 형편이 좋은 상태에 놓여 있다. 이러한 비환원성은 특별히 사회적인 것을 항상 더욱 많이 즉자존재적인 것으로 만들고, 인식하는 주체뿐만 아니라 집단에 의해 통합된 개별 인간에 대해 절대적으로 스스로 독립적인 것으로 만든다. 뒤르켐의 욕심에 따라서 볼 때 사회에 관한 학문과 그 방법론의 고유성의 근거 세움을 사회적인 것이라고 여기게 하는 것이 개별화 원리principium individuationis에 매개되는 것의 불가능성은 그로 하여금 집단의식의 실체화의 사변적인 폭행을 저지르도록 강요한다. 이렇게 함으로써 그는 오늘날 거의 전적인 지배에 성공한 실증주의의 중심적 흐름보다는 우위에 놓이게 되었는바, 이러한 우위는 그가 사회적 제도화와 사물화의 현상들을 비교할 수 없이 많은 정도로 강조하였다는 점에서만 성립되는 우위이다. 다시 말해, 실증주의의 중심적 흐름에서는 통계적인 요소들로서 보충적으로 선광選鑛되는 인간들의 배후에서 뒤로 물러나 있는 현상들을 그토록 강조하였다는 사실에서만 성립되는 우위인 것이다. 그러나 사물화는 동시에 뒤르켐의 맹점이며, 그의 저작이 마법에 걸려 있음을 보여 주는 공식公式과도 같은 것이다. 그에게서는 사물화와 같은 종류의 카테고리들이 그것들 자체로서 거의 나타나지 않는다. 이에 대한 대가로 사물화와 같은 종류의 카테고리들이 뒤르켐에 대해 권력을 갖게 된다. 생성되어진 위압적 관계들이, 즉 헤겔의 제2의 자연이 뒤르켐에서는 제1의 자연이 된다. 제1의 자연도 또한 무엇이라는 것에 대한 역사가 되는 것이며, 비록 정신의 역사라고 할지라도 자연사가 되는 것이다. 뒤르켐은 이미 분업에 관한 저서에서 문명을 현존재를 얻기 위한 투쟁으로부터, 직접적이고도 굴절되지 않은 채, 도출하였으며 이를 인가하였다. 이러한 도출에는 참된 점도 들어 있다. 사회가 항상 여전히 주체가 없는 상태에서 본래부터 편견에 사로잡힌 채 현존재를 얻기 위한 투쟁을 지속시켰다는 사실이 거기에 들어 있는 것이다. 바로 이 점이 뒤르켐의 객관주의에서 보이는 반反-이데올로기적인 요소이다. 서술하고 비판하는 그의 방법론은 그러나 정치적으로 중립적이거나 또는 심지어 비판적인 것과는 전적으로 다른 방법론이다. 그의 방법론은, 마르크스의 이론에 대해 반응하면서, 그것이 극단적으로 확신하고 있는 것인 사회의 경직된 성격을 정당화하고 사회적 소외를 사회적 조직화와 곧바로 동치시키는 것을 위해 ―사회적 소외를 발원된 것으로서, 그리고 가능성에 따라서 볼 때 일시적인 것으로서 인식하는 대신에― 만들어졌다. 뒤르켐과 그의 학파가 모든 에너지를 집중시켰던 집단적 의식 형식들과 제도들은 역사적으로 규정되는 경우가 드물 뿐이며 오히려, 모든 경험적인 분화에도 불구하고, 원原현상들로 되는 경향을 보인다. 이렇기 때문에 원시적인 관계들로 점령되는 결과가 발생하는 것이다. 원시적인 관계들이 모든 사회적인 것에 대해 전형적인 것으로 되어야 한다는 것이다. 사회에서의 집단적-일반적인 것과 개별적-특별한 것의 변증법이 뒤르켐에서 무시되고 있는 것이다. 경험주의적 입장을 취하는 연구자들과는 달리 뒤르켐은, 그래도 위대한 철학적 전승과 조화를 이루면서, 개인 자체가 사회적인 카테고리이고 사회에 의해 매개되어 있다는 점을 잘 인식하고 있었다. 그러나 이러한 매개가 매개되어진 것도 역시 다시금 필요로 한다는 사실, 집단적인 형상물들이 개별적인 대극對極이 없이는, ―사회적으로 일반적인 것이 없는 상태에서는 개별적인 대극이 하찮은 것에 지나지 않는 것과 똑같은 정도로,― 하찮은 것에 불과하다는 사실을 뒤르켐은 경련을 일으키면서 거부하였다. 소피스트적인 완고함을 보이는 그의 오인될 수 없는 성벽은 소유관계들에서 발원하는 폭력으로부터 설명되어도 될 것 같다. 뒤르켐은 자신의 삶의 가장 긴 기간에 걸쳐서 초기 저작에서 고백하였던 것에 이러한 폭력성과 함께 스스로 갇혀 있었던 것이다. 개인들의 집적체로서의 사회에 관해 통용되는 견해에 대한 추상적인 부정否定은 개인들보다 먼저 정렬되어 있는 것에 대한, 앞에서 말한 부정과 똑같은 정도로 추상적인 긍정이 된다. 뒤르켐은 이러한 부정을 개별화 자체가 집단적으로 조건이 지어진다는 통찰을 통해서 다만 주변적으로만 완화시킨다. 그는 프로이트 심리학이 공격자와의 동일화라고 명명한 것의 강력한 이목을 끄는 모델을 학문적 영역에서 제공하고 있는 것이다. 추정하건대 뒤르켐학파는 편집증의 그러한 찌꺼기로부터 그 학파의 종파宗派와 같은 매력적 힘을 얻었을 것이다. 이처럼 매력적 힘은 기이하게도 근원적인 프랑스 실증주의를 상기시킨다. 나이가 많이 든 콩트가 사회학적 학문을 종교의 권위성을 이용하여 —종교의 비합리적인 우의寓意들과 더불어— 설치하려고 하였던 반면에, 뒤르켐에서는 곧바로 그의 학문이 아니고 그의 학문의 토대인 사회와 사회적 조직화의 형식들이 대체 종교가 되었다. 대체 종교의 강제적 속박의 틀에서 뒤르켐은 오로지 인위적으로 만들어진 입증을 통해서만 비판적 이성의 잔여분을 보존할 수 있었다. 종교에서 사회가 사회 스스로를 숭배한다는, 과도하게 말해진 그의 사회학적인 테제는 뒤르켐 후에 살았던 시민에게서 계몽적인 상음上音을 상실하게 한다. 다시 말해, 앞에서 말한 사고와 동일한 사고의 흐름들이 18세기, 그러고 나서 포이어바흐Feuerbach에서 갖고 있었던 계몽적인 상음을 상실하게 하는 것이다. 이것은 뒤르켐의 사회학적 테제가 유발한 벌이다. 사회적 투사投射로서의 종교가 탈주술화되지 않고, 뒤르켐의 학문이 사회에게 그에 의하면 종교에서 종교의 형상에 따라 창조되었던 신성神性을 다시 한 번 증명해 준다. 마르크스의 용어를 적용시킨다면, 사회가 신비화되는 것이다. 뒤르켐의 사고는 말하자면 발전에서 뒤처진 민족들의 사고에 의해 전염될 수 있다. 뒤르켐이 그의 시대의 시민사회적 사회에서 그가 그렇게 명명하였던 "유기적인 연대성"의 불가능성을 알아차린 후에, 그의 강제적인 집단 신뢰는 뒤로 후퇴하여, 집단 신뢰가 이후에 많은 파시즘적인 이데올로기들에서 뒤로 후퇴하였던 것처럼, 정체되었을 것이다. 집단적인 삶의 모든 현상들은 "명확하게 복종적인 방식의 현상들이다. 복종은 그러나 행위와 사고의 이러한 방식들이 개별 인간의 작품이 아니고 개별 인간을 넘어서서 그 힘이 미치는 힘으로부터 —사람들이 이 힘을 하나의 신神의 형식에서 신비적으로 파악하든, 또는 이 힘으로부터 더욱 세속적이고 더욱 학문적인 개념을 만들어 내든— 출발한다"(72).

뒤르켐의 객관주의는 헤겔을 상기시키고 있는바, 뒤르켐이 알고 있었던[07] 내용인 객관적 정신에 관한 헤겔의 교설敎說을 무엇보다도 특히 떠올리게 한다. 우리가 알고 있듯이, 뒤르켐은 헤겔의 원전에 대한 인용에서 약간은 느슨한 모습을 보였다. 그럼에도 뒤르켐이 헤겔의 구상의 파편들을, 헤겔의 체계가 피곤한 상태에서 망각된 후에, 자신 자신을 위해 혼자 힘으로 재발견하였던 유일한 사람은 아니었던 것 같다. 파편들은, 뒤르켐에 의해 쪼개진 채, 물론 변화된 위치 가치를 받아들였을 뿐만 아니라 괴기스럽게 여러모로 왜곡되었다. 뒤르켐의 다음과 같은 문장은 헤겔의 앤치클로패디의 제3부나 또는 그의 법철학에 제대로 놓여 있을 법한 문장이다. "사회는 그러나 무언가 다른 그 어떤 것이다. 무엇보다도 특히 사회는 모든 종류의 이념, 확신, 감정의 총합이며, 이러한 총합은 개인들을 통해 현실이 된다. 도덕적 이상은 이러한 이념들 중에서 첫 번째의 지위를 차지하며, 사회의 주된 존재 근거이다"(113). 헤겔에서 나중에 총체성이 되는 헤겔의 정신 개념을, 물질적 노동과 그 조건들을 배제시키면서, "정신과학"의 대상들에 제한시키는 것은 헤겔의 길을 여전히 스스로 따르고 있었다. 이러한 제한은, 헤겔의 모든 후계자에 해당되었던 것과 마찬가지로, 뒤르켐에게도 자명한 것이었다. 다음의 문장은 완벽할 정도로 헤겔적이다. "그뿐만 아니라 내가 집단성에 대립시키는 것은 집단성 자체이다. 그러나 그것은 많든 적든 그것 자체를 의식하는 집단성이다"(121쪽 이하). 더욱 정확히 말하면, 헤겔의 세계정신은, 개별 존재와의 유사성에 맞춰, 이미 존재하는 세계정신 자체가 아니고 비로소 생성되어야 하는 정신이다. 뒤르켐은 세계정신의 이러한 구축을 ─그는 이것을 당연히 알고 있어야만 할 일이었다─ 자신의 실증주의를 위해서 받아들일 수밖에 없었다.

<hr />

07 Vgl. Durkheim, Leçons de Sociologie(사회학 강의), Paris, S.66f. 뒤르켐이 1896~99년까지 보르도에서 행하였던 강의가 이 책의 토대이다. 이 책의 사회비판적 경향은 뒤르켐이 청년 시절에 가졌던 경향이었다.

스스로 직접적으로 이성적이지 않을 것 같고 일종의 주체와 같은 것으로 보이는 그 어떤 실재에 정신이나 또는 이성의 이름을 붙이는 것을 뒤르켐은 망상이라고 비난하였을 것이다. 그에게 이치에 어긋난 것으로 여겨졌어야만 했던 것은 그를 더욱더 커다란 불합리로 몰고 갔다. 집단정신은 그에게서, 헤겔과 반反하면서, 사회적 사실, 사실적인 정신이 되어야만 하였으며, 유일무이한 방식으로 하나의 주체가 되어야만 했었다.

뒤르켐은 이렇게 해서 집단정신을 역설적으로 사물화시켰으며, 자신의 연구가 자신의 저작들에서 더욱 지배적으로 되는 마법적인 견해에 자기 스스로 가까이 다가섰다. 사회적 사실들을 고집하는 것은 거친 사변으로 전도顚倒된다. 헤겔의 규율이 지켜진, 스스로 고백하면서 사변 자체를 지배하는 사변이 배제되어 있기 때문이다. 뒤르켐의 변증법적 개념에의 결함은 헤겔과의 친화력을 저지시키는 작용을 한다. 사회적인 것이 스스로 독립적으로 되는 것은 뒤르켐에 의해 직접성에서 ―스스로 독립적으로 되는 것은 이러한 직접성에서 서술적인 관찰자에게 출현한다― 기입된다. 뒤르켐의 전체 이론에 비춰 볼 때는 경악스러울 만큼 수미일관성이 없을 정도로 변증법에 가까이 다가서 있는 다음과 같은 통찰도 있다. "집합체가 개별 의식을 수단으로 해서 의지를 가질 수 있다고 느끼거나 또는 행위할 수 있다고 할지라도, 사고하고 느끼고 의지를 갖는 것은 이러한 집합체이다"(73). 프로이트는 원시적‒집단적 표상들에 들어 있는 거룩한 것의 생성을 금기와 토템으로부터 구상하였다. 이를 위해 프로이트가 개인에게서 정돈시켰던 심리적인 방법론 하나만으로 이러한 구상이 충분한지의 여부는 불확실하다. 뒤르켐의 사회학적인 생성은 그러나 이와 유사한 그 어떤 것을 한 번도 시도하지 않는다. 그의 이론은 말하자면 그가 그렇게 명명한 집단적 감정들의 중첩화로 체념된다. "도덕적인 것들이 그러한 정도로 모든 비교를 능가할 수 있기 위해서는, 도덕적인 것들의 가치를 규정하는 감정들도 역시 이러한 성격을 담지해야 한다. 이러한 감정들은 또한 인간의 다른 노력들과의 비교를 능가해야 한다. 이러한 감정들은 이것들이 우리의 감정 자극들의 건너편에 놓아두는 특권과 에너지를 갖고 있어야 한다. 이런 조건에 일치하는 것이 바로 집단적 감정들이다. 집단적 감정들은 우리 내부에서 거대한 목소리의 메아리이기 때문에 순수한 개인적인 감정보다는 전혀 다른 음조를 지닌 채 우리의 의식에서 말을 한다. 집단적 감정들은 더욱더 높은 망대望臺에서 우리에게 말을 한다. 집단적 감정들은 그것들의 원천에 근거하여 특별한 힘과 특별한 영향을 갖는다. 그러므로 우리는 집단적 감정들이 달라붙어 있는 것은 동일한 특권을 즐기고 있다는 점, 분리되어 있다는 점, 의식 상태의 이러한 두 가지 종류가 떨어져 놓여 있는 것만큼 그렇게 멀리 떨어진 채 다른 감정들의 위에 놓여 있다는 점을 이해하게 된다"(112). 그 사이에 역사는 뒤르켐이 가정한 그러한 집단적 감정들의 위엄을, 항상 잔혹한 퇴행들에서 집단적 감정들이 복귀하면서, 근본적으로 반박하였다. 그는 개인의 성스러운 성격을 일반적으로 인간애적인 이상理想들의 교육적 풍족함으로부터, 그러한 성격이 갖는 역사적인 운명에 대해서는 개의치 않은 채, 관련시킨다. "그러한 방식으로 사랑과 집단적 존중의 대상이 되는 인간은 우리들 중에서 모든 사람이 해당되는 감각적이고 경험적인 개인이 아니고 인간이 갖고 있는 일반성에서의 인간, 모든 민족이 그 역사의 모든 시점에서 이상적인 인간사人間事를 붙들고 있듯이 바로 그러한 이상적인 인간사이기 때문이다."[08] 뒤르켐이 집단적 감정들의 흐름으로 해석하고 있는 것, 개인에게 내재된 것으로서가 아니고 집단적으로 낙인이 찍힌 것으로 꿰뚫어 보았던 것은 집단적인 것의 강제 수용소에서 청산되었다. 이러한 청산에 대항하여 집단적인 것이 의식한 것이나 의식하지 못한 것이 맹렬하

---

[08] Durkheim, Le Suicide(자살), Paris 1960, S.382.

게 대들며 흥분해 보지도 못한 채, 강제수용소에서 청산되었던 것이다.

뒤르켐의 사고에 들어 있는 변증법의 결여는 그 자신에 고유한 테제들에서 보복으로 되돌아오며, 이러한 보복은 가장 형식적인 규정들에 이르기까지 파고든다. 뒤르켐은, 진리가 없는 것은 확실히 아니지만, 학문적 이성의 "비인격성"을 집단적 성격과 동치시킨다(130쪽 참조). 그러나 그는 다음과 같은 점을 소홀하게 다루고 있으며, 그가 등한시하였던 것은 철학이 그 위대한 대상들 중의 하나로 다루었던 대상이기도 하다. 다시 말해, 그는 앞에서 말한 인격체를 갖지 않은 이성이 인간으로서 존재하는 개인들의 의식에서만 실재적으로 된다는 점, 인격체를 갖지 않는 이성의 객체성은 이러한 객체성이 인간으로서 존재하는 개인들에서 출현하지 않는 것과 똑같은 정도로 인간으로서 존재하는 개인들을 거부한다는 점을 등한시하고 있는 것이다. 일방성에 대한 반론은 ―이러한 반론이 없다면 불편하게 반점斑點이 찍힌 정리定理들로부터 벗어나기 위한 값싼 레테르에 지나지 않을 것이다― 뒤르켐을 정교하게 적중시킨다. 뒤르켐은, 고의적으로, 사회적인 것이라는 하나의 측면, 집단적인 측면에 의해 외경의 마음이 생기도록 하고 있다. 다시 말해, 다른 개인적이고도 그것 나름대로 사회적인 측면을 시각으로부터 잃어버리게 하고 그리고 나서 이러한 측면을, 쪼개진 채, ―이러한 측면이 매개되어 있다는 점에 대한 뒤르켐의 고유한 인식에 따라서 볼 때는 이러한 측면이 아닌 것인― 영원한 것으로 변용시킬 정도로 매우 심하게 외경의 마음이 생기도록 하고 있는 것이다. 그는, 적지 않을 정도로 독단적이게도, 집단적인 것을 인격화시킨다. 그에게서는 "사회가 하나의 인격체로 고찰될 수 있다"(87)는 점이 명백하게 표명된다. 집단 주체에 "의식"을 부여하는 것은 의식에 관한 그러한 종류의 개념, 즉 의식이 없는 개념은 그 역설에서 조립되는 것을 최소한 요구하였다. 뒤르켐에서는 전개된 모순을 옹호하기 위한 어떤 공간도 존재하지 않는다. 그는 오히려 벌거벗은 신화를 선택한다.

뒤르켐이, 비록 허사가 되고 말았지만, 집단의식에 관한 그의 교설을 통해서 사회학을 통속적인 명목론에 대항하여 그토록 힘이 넘치게 예방접종을 행하였다는 점은 그의 업적으로, 결코 감소되지 않은 채, 남아 있다. 그는, 후설의 현상학과 어깨를 나란히 하면서, 개별 사실로서의 사실의 개념을 뒤죽박죽이 되게 하였다. 그의 전도顚倒된 실증주의는 그로 하여금 사실의 개념을 뒤죽박죽이 되게 하도록 움직였던 동기를 관용되는 주관주의적 동기, 관변 철학의 열정과 공유되도록 하였다. 이런 공유는 바로 유물론에 대한 혐오감이었다. 뒤르켐의 객관주의가 정신에 제한되어 있는 것은 이유가 없지 않은 것이다. 사회학과 철학에 관한 책은 자연주의적인 유물론에 대항하는 수많은 비방을 내포하고 있으며, 경험-비판론적인 인식론이 정신적 형상들에 대한 통속적-유물론적인 해석에 부여하였던(46-48쪽, 54-57쪽 참조) 통례적인 반박들도 담고 있다. 이런 관점에서 볼 때 베르그송에 대한 뒤르켐의 대립관계는 두 사람이 살았던 시대에 나타났던 것만큼 그렇게 극단적인 면은 결코 없었다. 두 사람에서는 프로이트의 관찰이, 즉 동시대 사람이라는 의식이 거친 사회적인 차이들을 넘어서서도 역시 관철되고 있다는 관찰이 보존되어 있다. 대大부르주아 지적으로 고상한, 예의 바르고 학식과 기품을 가진 남자와 자기 말이 항상 옳다고 말하는 태두가, 이들의 윤리적인 관념에서는 선행이 그 중심적인 역할을 수행하면서, 함께 움직이고 있는 것이다. 두 사람이 갖고 있는 중심 주제들 중의 하나가 기억이라는 주제이다. 그 이유는 아마도 다음의 두 가지일 것이다. 첫째로는 기억이 이미 그들의 시대에서 와해되기 시작하였기 때문이고, 둘째로는 오늘날 절박하게 된 의식의 연속성의 상실이 당시에 명백하게 드러났기 때문이다(48쪽 참조). 우리가 물질과 기억Matière et Mémoire에서 기대하였던 표현들을 뒤르켐에서 가끔 발견하게 된다. "만약 정신적 삶이 모든 시대에서 명확한 의식의 순간적인 상태에서만 전적으로 성립된다면, 우리는 정신적 삶이 수포로 돌아간다고 말할 수도 있다. … 우리를 이끄는 것은 현재 우리의 주의력을 요구하는 소수의 이념들이 아니다. 우리의 지금까지의 삶이 남겨 놓았던 것은 잔류殘留들이다"(50쪽 이하). 뒤르켐은 이상주의의 붕괴 이후에 신낭만주의적으로 부활된 교설인 부분들에 대한 전체의 우위에 관한 교설을 복고적인 정치를 위해, 이러한 교설을 주장하였던 최초의 몇 사람 중의 한 사람으로서, 기동시켰다. 그것에 이어서, 정신적인 상층의 그렇게 밑으로 가라앉게 된 문화재는 오트마 슈판Othmar Spann 스타일의 통속적 지혜로움이 되고 말았다. 이렇게 되는 것의 내부에서 반反-개인주의, 반反유물론, 그리고 전체성에 대한 숭배가 그것들의 성스럽고-성스럽지 않은 동맹을 성립시키게 된다. 뒤르켐에서 집단적인 것의 숭배는 드레퓌스 사건이 발생했던 시기의 한 유대인 지식인의 고립에서 발원한 것일 수도 있다. 당시에 유대인 지식인에게는 사회적인 격리와 국외자로서 사는 것이 사회적 제약의 구체적 형상으로서 자행되었다. 뒤르켐은 부지런히 애를 쓰고 전념하여 반反유물론적인 울부짖음에 동의함으로써 유물론에서 이론적인 불충분함과는 다른 것을 두려워하였던 사람들에 속하도록 자신을 내맡겼던 유대인 지식인이었던 것이다. 유산 계급들은 오늘날에도 역시 다른 사람들을 유물론적이라고 비방하는 것을 선호한다. 전체적으로 볼 때, 뒤르켐의 사회학은 권위적인 요소가 넘쳐흐르고 있으며, 마리카Marica가 덜렁거리는 상투어로 "새로운 속박을 위한 투쟁"이라고 명명하였던 것과 동일한 요소들로 홍수를 이루고 있다. "뒤르켐이 보인 경향들은 처음부터 권위성의 보루를 쌓는 것을 향하고 있었다"라는 마리카의 확언[09]을 논박하는 것은 쉽지 않은 일이다. 뒤르켐이 분업의 이론에 접속하여 최소한 일시적으로 대변하였던, 직업적인 분업이라는 신분제적인 이상理想

[09] George Em. Marica, Emile Durkheim. Soziologie und Soziologismus(사회학과 사회학주의), Jena 1932, S.87.

346

은 마리카의 확언에 대해 뒤르켐의 가장 초기 단계에서 드러나는 증거이다. 뒤르켐은 성性도덕에서도 결혼의 도덕성을 혼외 관계들의 비도덕성에 맞서 권위적으로 찬양하였다. 그의 반유물론의 사회적 기능의 핵심은 물론 유심론唯心論은 아니다. 뒤르켐에 고유한 관념의 사물화는, 다르게 관찰해보면, 유심론과는 들어맞지 않는다. 오히려 동기는 그에게서 사회적으로 현존하는 것을 의미가 있는 것으로서 반환을 청구하는 쪽으로 이미 뻗치고 있다. 모든 개별적인 것이 전체의 우위에 힘입어 전체의 우위에 참여하고 개별적인 것을 스스로 넘어섬으로써 개별적인 것이 전체를 빛나게 하는 한, 개별적인 것은 사실상으로, 형식을 감추면서, '의미가 있는 것'으로서 보이게 된다. 그러한 의미가 부정적이라는 점, 다시 말해 잘못된 전체의 표현일 수 있다는 점은 임의로 요술로 감춰지고 만다. 개별적인 것을 철저하게 지배하는 전체를 긍정되는 총체적인 것으로 돌림으로써 뒤르켐은 이데올로기에 자신을 바치게 된다. 이것이 뒤르켐 사후에 독일에서 완전하게 전개된 심리적인 게슈탈트 이론과 유사성을 지닌다는 점은 ─뒤르켐도 역시, 그가 당시에 사용하였던 용어에 따르면 "사회심리학적" 시작을 제외하고는, 심리학을 통해 무엇을 이루려고 하였던 의도가 적었음에도─ 명백하다. 게슈탈트 이론에서도 뒤르켐과 마찬가지로 실증주의적-학문적인 게임 규칙에 따라 처리된다. 게슈탈트 이론은 직접적으로 주어진 것을, 이것에서 즉자적으로 주체의 카테고리적인 기능들에 의존되지 않은 채 구조들을 발견하기 위해서, 실험적으로 관찰한다. 이렇게 됨으로써 현존재는, 반박 불가능성의 가상과 함께, 객관적으로 의미 있는 것으로 되며, 인식 주체에 의해 단순히 주관적인 의미를 부여하는 것에 대해 적대적으로 된다. 이런 이유에서 뒤르켐이 이해를 사회학으로부터 그토록 냉혹하게 추방하려 했던 것은 매우 특별하다 할 것이다. 뒤르켐은 이해를 그의 최상위의 관심인 의미의 즉자 존재를 부인하는 주관성의 기관器官, 사회를 사회의 질서와 더불어 의미 없는 무질서적인 것[10]으로 잠재적으로 가정假定하는 유형의 주관성의 기관으로 보아 이해를 사회학으로부터 추방시키려고 했던 것이다. 막스 베버는 독일 이상주의로부터 유래하였음에도 불구하고, 그리고 유래하였기 때문에 사회를 의미 없는 무질서적인 것으로 보는 경향에 기울어 있었다. 이 점에서, 베버의 사회학은 세계의 탈주술화를 방법론적으로나 내용적으로 증명하였기 때문에 실증주의적인 뒤르켐의 사회학보다 더욱 계몽되어 있었다. 반면에 뒤르켐과 그의 학파는 그들이 내세운 목적인目的因, telos에 따라 정연하게 뒷받침이 된 사실 연구의 수단들을 통해서 주술에서 반복적으로 이리 저리 움직이는 모습을 보였다.

반유물론 자체에서 뒤르켐은 베버, 그리고 모든 부르주아지적인 사회학과 조화를 이루었다. 두 사람의 차이점과 수렴점은 많은 것을 가르쳐 준다. 그들에게 공통적인 것은 우선은 사회학의 독자성에 관한 관심이다. 베버와 뒤르켐은 그러나 사회학의 독자성을 서로 반대되는 방향에서 모색하였다. 베버에서는 사회과학적 인식의 객관성이 본질적으로 목적합리적인 것으로서의 사회적 행위에 대한 이해 가능성을 통해 보증되어야 한다는 입장이 개진된다. 합리성이라는 카테고리의 중심적 위치는 베버에서 그의 사회학의 주관적인 시선이 —베버가 출발점으로 삼고 있는 사회적 행위의 평균적인 성공 기회는 하나의 주관적인 카테고리이다— 합리ratio의 개념에 의해 말하자면 객관화된다는 원천을 체계적으로 갖는다. 합리성은 주관적인 행동방식이며, 이러한 행동방식은 사회적 행위의 객관적인 해석을 심리적인 주체를 넘어서서 허용하고 주체를 사회적으로 비교하는 것을 가능하게 한다. 이에 반해 뒤르켐에서는 특별한 사회적 사실들의 비합리성이 원래부터 사회적인 것, 심리학과 경계가 지어진 것

---

10   사회에는 질서가 있지만 그것은 의미 없는 무질서적인 것에 지나지 않는다는 의미를 담고 있다. 이 문장의 의미는 뒤따르는 문장을 보면 더 명확하게 드러난다(역주).

이 된다. 이것은 사회적 사실들을 주관적인 사고로 넘어가게 하는 것, 종국적으로는 사회적 사실들을 이성적으로 부여하는 것을 방해한다. 뒤르켐의 주의력이 집중되어 있는 현상들에서, 대략 어느 정도의 시기에 걸쳐 확실하게 보이는 자살률의 불변성에서, 뒤르켐에 고유한 맹목적인 것, 애매한 것이 달라붙어 있으며, 이러는 한 이것들은 '비합리적인 것'이다. 뒤르켐의 가장 유명한 제자들 중의 한 사람인 루시앵 레비-브륄Lucien Lévy-Bruhl이 비합리성을, 즉 그의 테제에 따르면 원시적인 것의 논리 이전의 사고인 비합리성을 고유한 권리를 가진 사고 형식으로서 구축하려고 시도하였다는 사실은 뒤르켐의 구상에 걸도는 것은 아니다. 더욱더 놀라운 사실은 "가치 판단과 현실 판단"에 관한 베버의 방법론적인 근본 문제가 뒤르켐에서도, 같은 단어들이 사용되면서, 출현하고 있다는 점이다(137쪽 이하 참조). 이와 동시에 입장들이 거꾸로 된다. 이해 사회학이 뒤르켐을 실증주의적으로 비판하고 있는 것이다. 뒤르켐은 이른바 가치들에 맞서면서 리케르트주의자인 베버보다도 이상주의에 일치하는 태도, 특히 칸트와 더욱 넓게 일치하는 태도에 기울고 있는 것이다. 이것은 집단정신의 규범적인 실체화로부터 오는 귀결이다. 베버는 학문에서의 가치 판단에 극구 반대한다. 뒤르켐은 집단적으로 승인된 가치들을 받아들이고, 이러한 가치들의 집단성을 가치들의 객관성과 동치시키며, 이렇게 함으로써 도덕에서 가치들의 가능성에 대한 물음으로부터 면제된다. 다른 한편으로, 뒤르켐 자신이 가치 문제에 한정하였던 분석들은 넓은 척도에서 볼 때 베버가 허용한, 가치 관계들에 대한 학문적 분석의 유형에 속한다. 뒤르켐은 자신의 사회학과 철학에 관한 저작의 끝부분에 이르러 베버의 이름을 언급하지 않은 채 베버를 매우 긴박하게 비판하고 있다. "실존의 설정에 관한 사고와 판단의 한 방식은 존재하지 않으며, 평가에 대한 다른 방식도 존재하지 않는다"(155). 뒤르켐은 이렇게 함으로써 가치자유적인 인식과 결정주의적인 가치 평가의 경직되고 도식적인 구분, 다시 말해 남서독일 학파의 이상할 정도로 대상화되고 동시에 주체에 묶여 있는 가치 개념의 유산으로서 베버가 주장하였던 구분을 넘어서게 된다. 역사를 다루는 학문들을 빌헬름 체제의 공식적인 세계관에 이데올로기적으로 오용하는 것에 대항하는 베버의 이의 제기가 그토록 적절함에도, 가치와 인식의 분리는 —철학적·인식론적으로, 그리고 사회학적인 방법론에 대해서도— 그토록 적은 정도로 유지될 수 있을 뿐이다. 가치 개념 자체가 이질적인 사물화이다. 가치 개념을 시인하거나 또는 부인하는 것은 잘못된 의식에 똑같은 정도로 참여한다. 객체에 대한 자유는 헤겔을 포함한 계몽의 전체 전통에서 지칭된다. 이러한 자유는 관념의 아버지로서의 소망으로부터 떨어져 나가는 것을 지칭한다. 그러나 단순한 논리적 판단, 논리적 판단이 제기하는 진리에의 요구, 비진리에 대한 배척에의 요구에는 동시에 다음과 같은 행동방식들이 그 토대로서 들어 있다. 다시 말해, 상투적인 것이 행동방식 나름대로 그것의 인식 근거로부터 분리된 가치 평가들에게 의미를 부여하는 행동방식이 들어 있는 것이다. 이른바 가치 판단들이 근거 세움의 연관관계가 없는 상태에서 판단이 내려지지 않는 한 이른바 가치 판단들을 악마로 낙인을 찍어 버리는 사고는, 사고에 내재적인 비판적 모멘트를 정지시킨다. 적지 않게 추상적인 즉자존재적인 가치들을 주장하는 가치 철학은 독단주의로 인도된다. 구체적인 인식 과정에서는 가치들이나 또는 그 설정에 관한 판단에 의해 위로부터 내려오는 방식으로 결정될 수 없으며, 사물이 사물 스스로부터 시작하여 사물의 개념에 따라 존재하려고 요구 제기하는 것과의 대결을 통해서, 즉 내재적 비판을 통해서 결정될 수 있다. 뒤르켐은 근원적으로 경제로부터 빌려 온 가치들의 동일한 대상화에 대해, 즉 베버가 경제로부터 빌려 온 가치들을 부정하는 것에서 가정假定하였던 대상화에 대해 책임을 떠맡게 되었다. 60년 전에 사회학에서 통용되었던 가치 문제가, 이 문제가 평탄하게 탁 트인 대안에 순종하지는 않기 때문에, 여러모로 아포리아Aporie를 당하게 되는 운명을 감수하게 된다. 가치 문제는 망각되었으며 기회가 있을 때마다 다만 하위적인 문제로, 가치 문제를 그저 그렇게 다루었던 유명 인사들을 불러 대면서, 묶은 이야기를 다시 꺼내는 정도에 머물러 있었다. 이것조차도 기껏해야 학문적 사회학과 사회비판이론 사이의 관리적管理的인 이분법을, 즉 사회학의 충동에 모순되는 것과 마찬가지로 사회학의 인식의 특징과도 모순되는 이분법을 위한 것이었다. 뒤르켐의 가치 개념은 가치자유적인 것의 가치 개념이 적게 성찰된 것과 똑같은 정도로 적게 성찰되어 있다. 이것은 아마도 경제에 대한 결여된 관계에서 발원하는 문제일 것이다. 경제에 대한 결여된 관계는 뒤르켐에서 "사치 가치들은 그 본질에서부터 많은 비용이 든다"(43)와 같은 그의 문장에서 보복으로 되돌아온다. 급진적인 사회학주의의 대변자로 자신을 이해하고 있었던 뒤르켐이 바로 경제적 가치 개념은 오래전부터 사회적 관계로서 규정된다는 점, 사치재들의 가치는 "당연하게 이루어지는 독점"에 귀착되었다는 점에 대해 아무런 메모도 하지 않은 것은 경악스러운 일이다. 뒤르켐은 물론 나중에 사치 가치들에 대한 그의 견해를 변경시킨다. "진주나 또는 다이아몬드, 모피나 또는 레이스처럼 상이한 장식품들의 가치가 유행의 기본과 함께 변한다는 점이 이러한 장식품들의 내적인 성질에 놓여 있지는 않다"(145). 『사회분업론』이후에는 종국적으로는 그래도 여전히 주관주의적인 가치 개념이, 즉 어떤 사물의 가치 위에 공공 도덕이 존재한다는 가치 개념이 압도적이다. 평균적으로 필연적인 사회적 노동시간은 고려되지 않는다. 뒤르켐은 가치들의 이상성理想性에 관한 논論도 역시 희생시킨다. 사회학과 철학에 관한 그의 저작은 그가 한 번 이상은 접근하였던 플라톤주의를 반대한다. 그는 도덕적 가치 개념과 경제적 가치 개념의 관계를 제대로 인식하지 못했던 것과 같은 정도로 도덕적 가치 개념을 경제적 가치 개념과 거의 구분하지 못하였다.

베버와 마르크스에 대한 뒤르켐의 관계가 복합적인 것만큼이나 프로이트에 대한 그의 관계도 복합적이다. 뒤르켐은 심리학이 오로지 사회학에만 그 학문 영역을 허용하는 한에 있어서만 심리학에, 불평을 하면서도, 그 학문 영역을 허용할 의향을 갖고 싶어 했었다. 사회학은 응용된 심리학이라는 말기 프로이트의 사실상으로 문제가 있는 요구 제기는 성숙기의 뒤르켐에게는 수용될 수 없었던 것 같다. 양자 사이의 자명한 차이들보다도 더욱 경악스러운 것은 양자 사이의 접점들이다. 프로이트와 똑같이 뒤르켐도 피에르 자네Pierre Janet로부터 "많은 행위들은 모두 그 징후들을, 의식되지 않은 채, 보여 준다"(67)는 점을 수용하였다. 사회적 동기 부여에 관한 합리주의적인 견해들의 부정으로서의 무의식적인 것의 개념은 뒤르켐의 사회학적인 객관주의에, 데카르트에 대한 그의 고백에도 불구하고, 환영을 받지 못하지는 않았다. 프로이트가, 그를 뒤따르는 학자의 오른쪽 날개에 대해 침묵하면서, 개별적인 것 이전의 것으로서의 무의식적인 것을 자아보다 선행하는 것으로서 기술하고 무의식적인 것의 핵심에서 집단적인 유산으로서 기술하고 있는 점은 뒤르켐의 사회학적인 객관주의와 부합된다. 뒤르켐의 관찰은 프로이트적으로 들린다. "우리는 어떤 사람을 사랑하면서도 그를 미워한다고 생각한다. 사랑의 이러한 현실은 그 의미가 제3자에 대해 의문의 여지가 없는 행위들에서 드러난다. 우리가 서로 대립되는 감정의 영향 아래에서 잘못 생각하는 바로 그 순간에 드러나는 것이다"(68). 사상가들을 학파나 커다란 방향에 편입시키는 것은 예외 없이 그들의 이론들이 찾는 파이버Fiber에 도달하지 못한다. 뒤르켐의 반反심리학적 사회학은 그것 나름대로 심리학에서 형성된 것이라고 해도 될 것 같다. "우리가 심적인 삶에서 현상들의 다만 얇은 커튼만을, 다시 말해 어떤 사람에 따르면 의식의 시선에 대해 투명하고 다른 어떤 사람에 따르면 모든 가간섭성可干涉性을 결여하는 커튼만을 볼 수 있다는 점에서, 우리는 양 측면에서 서로 의견이 일치된다. 그러나 새로운 경험들은 정신적 삶이 오히려 현실들의 분지分枝된 체계로서, 즉 겹쳐진 층들의 많은 숫자로부터 성립되고 정신적 삶의 비밀들을 캐는 단순한 성찰이 미쳤던 것보다는 훨씬 더 깊고 복합적인 체계로서 유일하다 할 정도의 방식으로 파악되어야 할 것임을 우리에게 보여 주었다. 정신적 삶은 순수한 심리학적인 숙고들이 정신적 삶을 고려할 수 있었던 것보다는 훨씬 더 특별하다"(81). 뒤르켐과 프로이트는 심리학적인 통속 유물론에 반대하면서 의견의 일치를 보인다. 뒤르켐적인 집단의식에는 프로이트의 초자아에 붙어 있는 속성들과 동일한 속성들이 붙어 있다. 프로이트 학파가 후에 초자아를 이 학파가 일단 착수했던 것처럼 결코 그렇게 배척하지 않는다면, 이 학파는 이렇게 해서 ─뒤르켐이 인정했을 법한─ 사회적으로 생산적인 것의 개념에 이르게 될 것이다. 프로이트가 토템과 금기에서 다루었듯이. 뒤르켐도 근친상간 금지, 족외혼, 토테미즘을 다루었다. 뒤르켐은 토테미즘이 현대 사회에서 살아남아 있는 것을 놓치지 않았다. 뒤르켐은 토테미즘에서 하나의 사회적인 관점을 획득하였으며, 이 관점은 후기 프로이트에 이르러 비로소 중요하게 되었다. 소유의 확고한 질서가 위험에 처하게 되는 것, 그리고 근친상간 금지의 완화에 의해 사회가 위험에 처하게 되는 것의 관점을 얻게 되었던 것이다. 프로이트뿐만 아니라 뒤르켐도 역시 그때부터 원시인들이라고 명명되었던 사람들의 행동방식들과 제도들을 동시대 사회의 퇴행 현상들에 대한 열쇠로 사용하는 착상에 빠져 있었다. 이러한 퇴행 현상들은 노이로제의 관점에서뿐만 아니라 집단적인 강제적 속박의 관점에서 자연 종족들의 행동방식들과 부합된다. 그와 같은 사실들을 성취에 대해 자부심을 갖는 고도高度 문명에서 애써 만들어 내는 문화인류학의 발달은, 프로이트가 이에 대해 책임이 많이 있는 것과 마찬가지로 성숙기의 뒤르켐과 그가 발간한 학술지에도 많은 책임이 있다.

프로이트가 붙인 하위 제목인 「원시인과 노이로제 환자의 영혼적 삶에서 보이는 몇몇 일치들」에서 울림을 내고 있는 문화비판적인 경향은 뒤르켐에게는 물론 극단적으로 멀리 떨어진 채 놓여 있다. 프로이트가 노이로 제 유형에서 발견하였고 심리분석이 최소한 그것의 원천적인 의도에 따라 깨트리려고 하였던 강제적 속박은 뒤르켐의 이론에 의해서 방어적으로 새롭게 고쳐 평가되었다. 뒤르켐은 비타협적 행동을 가능성에 맞춰 비타협적 행동의 원리들과 일치시키려는 모든 노력을 다하고 있다(114쪽 이하 참조). 그가 지배적인 도덕을 비판하는 한, 이러한 비판은 지배적인 도덕이 집단의식에, 즉 "사회의 실제적인 상태인 집단의식에 뒤에서 절룩거리며 따라가기"(88) 때문이라는 유일한 이유에서 발생한다. 충분하지 않게 적응된 것이, 뒤르켐 이후에 미국에서 도처에서 현존하는 도식에 맞춰서 볼 때, 뒤르켐에게 의심스러운 것이지 적응 자체가 의심스러운 것은 결코 아니다. 뒤르켐이 비타협자가 갖는 의무를 비타협자에게 부여해야 한다고 자기 스스로 몰려 있다고 느끼는 곳에서, 그는 이를 정당화시키기 위해 ―낙담하지 않고― 비판에 놓여 있는 것인 동일한 집단성에 호소한다. "예를 들어 사회가 그 전체에서 그 어떤 시점에서 개인의 성스럽게 된 권리들을 시선으로부터 상실시키는 경향을 보인다면, 우리가 다음과 같은 사실, 즉 개인의 이러한 권리들에 대한 존중이 위대한 유럽 사회의 구조, 우리의 모든 신념과 결합되어 있다는 사실, 그리고 사회적인 평계로 해서 이러한 권리들을 부인하는 것이 가장 본질적인 사회적인 관심들의 부인과 동등하다는 사실을 사회에게 상기시킴으로써, 앞에서 말한 경향을 권위를 이용하여 올바른 길로 가도록 이끌 수 있을 것 같지는 않은가?"(115) 집단적인 것과 뒤르켐과의 동일화는 이러한 문구에서 그가, 집단적인 것이 그것의 변증법적인 대극對極인 개인에게서 그 생명을 유지시키는 곳에서, 집단적인 것을 ―집단적인 것의 보존은 사회적으로 요구되어진 것이라는 이유를 들어서― 절대화시키는 정도로까지 멀리 나아가 있다. 뒤르켐의 집단주의의 총합은 헤겔의 형이상학적 법철학의 가장 의문시되는 교설의 부활이다. "어떻든 간에 우리는 우리의(!) 사회 상태가 요구하는 도덕이 아닌 다른 어떤 도덕을 향해 노력할 수는 없다"(116). 뒤르켐은 도덕이 사회 상태 자체를 공격할 수 없는 것처럼 말하고 있는 것이다. 그는 자신의 추천장을 정신의 실체와 이데올로기적으로 용해시킨다. "예로부터 인류 역사는 예술적이고 사변적인 가치들을 경제적 가치들보다 훨씬 더 높은 곳에 설정했다는 사실을 누가 논박할 수 있단 말인가?"(143) 뒤르켐이 말하는 것의 반대가 참이다. 부르주아지적인 것이야말로 통속적 유물론이다. 뒤르켐 자신도 사회적으로 유용한 노동의 개념을 이 개념이 부르주아지적인 사회에서 규범으로 기능한다는 점을 솔직하게 시인하면서 ―이에 대한 마르크스의 조롱은 망각한 채― 사용하고 있다. 마리카는 『사회분업론』에 들어 있는 다음 문장을 강조하고 있다. "네가 일정한 기능을 유용하게 맡을 수 있는 상태가 되어라."[11] 뒤르켐의 사회학적인 객관주의는 사물화 및 사물화된 의식과의 공감을 만들어 낸다. 뒤르켐은 인가되는 사회 자체로서의 사회적으로 인가된 것에 대항하는 이의 제기의 관할처Instanz를 원래부터 인정하지 않는다. 인가된 사회의 판결이 어떤 결과가 되는 것인가에 대해 선명하게 그려보는 것은 커다란 상상을 필요로 하지 않는다.

뒤르켐의 타협주의는 그의 교설의 사회적인 내용에서보다도 그의 사고의 습성에서 더욱 많이 표명된다. 스스로 사변적인 그는 몇십 년이 지난 후에야 비로소 학문이 사회학을 통해 통제를 옹호하는 것과 같은 정도로 방법론을 통해 통제를 옹호한다. 그는 관념의 사물화와 사회적 구속과 같은 카테고리들이 적절하게 들어맞는 그의 내용적인 기본 테제를 신화로 전이시킨다. 바로 이 점이 무조건 확실한 토대 위에 존재하고 있다는 느낌을 숙련자들에게 부여하였던 것이다. 학문에서는 엄격한 규정들보

---

11   Marica, a. a. O., S.43.

다도 특별한 진리 내용이 더 작게 작용하는 경우가 빈번하다. 엄격한 규정들의 권위적인 습성은 학파를 함께 용접시켜 공론장을 위압한다. 경직된 지시가 커다란 위험 부담과 동시성이 없는 상태에서 적용될 수 있다. 학문적 사고의 타협성의 메커니즘들 중에서 방법론의 강제적 속박은 내용의 희생을 대가로 치르면서 첫 번째 자리에 있다고 말해도 될 것이다. 불확실성의 감정에는 실재적으로 개별적인 실존 불안과 규율되지 않은 정신적 경험의 보호되지 않은 상태가 휘감겨져 있는 사회적 재앙에 관한 미리 의식된 지식과 결합되어 있는바, 이러한 불확실성의 감정은 데카르트의 과도하고도 우상화된 회의懷疑로부터 벗어난 확실성에 의해서 많은 면에서 누그러지게 된다. 경험이 이러한 확실성을 흔들어 놓을 수는 없다는 이유를 들면서, 순수논리적인 형식들과 방법론들은 그것들이 가진 모든 냉엄함에서 극단적으로 감정이 강조되면서, 절대적으로 확실한 것은 그렇게 됨으로써 아무것도 말해 주지 않는 것으로 수축된다는 점에 대해 고려하지 않은 채, 자리를 차지하게 된다. 논쟁될 수 없는 것의 기준, 하나의 소유의 기준은 사람들에게서 빠져나올 수 없다는 것이며, 이러한 기준이 통찰의 중심의 위치로 올라서게 된다. 이러한 통찰의 수단들, 즉 방법론은 자기목적이 된다. 이렇게 되는 것은 다른 것을 위한 것, 즉 교환가치에 모든 즉자와 모든 목적을 압도하는 우위를 부여하는 사회적인 전체 경향과 상응한다. 새로운, 경험으로부터 발원하는 내용은, 경험세계에 대한 모든 고백에도 불구하고, 방법론의 방해자로서 감지된다. 방법론 옹호자들은 방법론을 청교도처럼 엄격한 순수성에의 열광을 갖고 집행함으로써 방법론의 방해자를 다음과 같이 방해한다. 다시 말해, 어떤 희생을 치르고라도 어떤 것이 방법론적으로 오류가 있어서는 안 되며, 이렇기 때문에 잠재적으로 오류가 있어서도 안 된다. 이것은, 중요하지 않은 것이 오류가 있을 수도 있는 사고에서 다르게 인식될 수 있다고 할지라도 지켜져야 한다. 옆도 돌아보지 않고 앞으로 나아가는 무비판적인 사고에 대항하는 해독제로서의 방법론이 그토록 정당하게 머물러 있다고 할지라도, 방법론이 대상을 규정할 수 있게 되면서 대상과의 상호작용에서 벗어나고 방법론에 고유한 척도에 맞춰 ―방법론이 해당되는 대상에서 방법론 자체에 대해 성찰하는 것 대신에― 설치되자마자 방법론은 스스로 잘못된 것으로 되고 만다. 이렇게 되면, 방법론은 어떤 처리적인 것, 자의적인 것, 임의적인 것을 받아들이게 되며, 이것들은 방법론의 규범인 확실성의 이상과는 현저할 정도로 차이를 보이게 된다. 인간 사이의 관계들, 기능의 연관관계들, 전개 경향들처럼 사물적인 성격을 갖고 있지 않은 사회적 사실들이 공공연하게 존재하고 있음에도 불구하고 모든 사회적 사실들이 왜 사물들로서 다루어져야만 하는가에 대해 뒤르켐에게 그 규준을 묻는다면, 그는 이에 대해 답변을 해야 할 책임을 지고 있다. 그는 역사, 경제, 심리학으로부터 순수하게 구분되는 것으로서의 방법론 자체의 이상理想에 스스로 되돌아가야만 할 것이다. 이것은 단순한 순환에서 일어날 뿐이다. 방법론에 의해 사소한 것으로 평가된 내용은 왜곡된 채 다시금 기형畸形으로 되돌아간다. 이러한 기형이 없는 상태에서는 앞에서 말한 유형의 어떤 이론도 성공에 이르지 못할 것이며, 이러한 유형이 없는 상태에서는 위에서 말한 기형이 열광적인 것으로 되지도 못할 것이다. 열광적인 것은 뒤르켐에서는 집단의식이다. 이른바-자연과학적인 방법론이 어딘가 다른 곳에서 제거하였던 모든 질들이 집단의식에서 단단하게 고정된다. 엄격한 것과 우스꽝스러운 것의 그러한 형태가 종파宗派의 분위기를 산출한다. 그러한 형태는 개념으로 포착되지 않은 상태에 머물러 있는 경험세계 자체의 어려운 상황에서 발원한다. 이러한 상태에 머물러 있는 경험세계를 위해서 뒤르켐은 개념을 불어오는 바람 소리flatus vocis로 보는 정도로 그 가치를 없애 버리지만, 어떻든 무엇을 인식하기 위해서는 개념을 필요로 하고 있다. 그것들 나름대로 방법론의 반영에 지나지 않으며 이렇기 때문에 정도正道를 벗어나 있는 테제들은 객관적인 개념을 다시 밀반입시킨다. 뒤르켐의 연구 대상들은 분업을 통해서 비로소 순수한 사회학적인 연구 대상들로 된다. 이것들은 그 자체로 사회적 사실들에 대한 정의에서 표현되었던 차원들과는 다른 차원들을 내포한다. 이에 대해서는 뒤르켐도 자신을 속일 수는 없었을 것이다. 그의 교설에 특별한 특징, 즉 집단의식의 선행先行은 사회학이 사회학 이외의 그 어떤 것도 되어서는 안 된다는 방법론적인 요구 제기와 한 몸이 된다. 사회적 사실에 대해 방법론이 설정한 개념이 만족하지 못하는 사회적 개념에 대해 방법론이 관심을 갖지 않음으로써, 방법론은 집단적인 것의 전적인 독자성으로부터 환영幻影으로 넘어가게 된다. 물론 많은 학자들이 앞에서 말한 두 모멘트들의 관계가 뒤르켐에 의해 거꾸로 되고 말았다는 점, 뒤르켐이 아포리아적으로 서술하는 방법론의 우위를 자신의 내용적으로 변명적인 의도에 맞춰 형태를 만들었다는 점에 대해 말하고 있다.

뒤르켐적인 방법론의 과대평가는 자살에 대한 이타주의적, 이기주의적, 아노미적 종류로의 분류가 그 가장 현저한 예를 제시하고 있는 페당티슴[12]에서 주관적으로 드러난다. 뒤르켐의 지적인 제스처는 엄지손가락과 가운데 손가락을 하나의 고리가 되도록 묶어 버리며 이렇게 묶은 고리로 쪼아대는 운동들을 실행한다. 그의 강연은 예거되는 체계성을 통해 방향에서 벗어난 것의 가능성, 또는 보충의 가능성을 질식시키고 저항을 억누른다. 뒤르켐은 그가 살아 있었을 때 그에게 제기된 완고한 실증주의자라는 비난을 방어하면서 자신이 프랑스 합리주의임을 고백하였다. 그의 저작들은 사실상으로 때로는 데카르트의 『방법서설』의 패러디처럼 읽히기도 한다. 사고하는 동기들의 복합성 내부에서는 필요하지 않을 것 같은 연결고리들이 지나치게 격식을 갖추면서 상론된다. 짐멜Georg

---

12 과도한 정밀성을 갖고 모든 일을 처리하는 오만하고 현학적인 태도(역주).

Simmel처럼 뒤르켐과 동시대에 살았던 사회학자들도 이와 유사하게 연결고리들을 처리하였다. 그들은 이런 특징을 뒤르켐과 공유하는 것 이외에는 뒤르켐과는 다른 모습을 보인다. 특정한 방식으로 정리를 시도하는 것 Versuchsanodrnung에 속하지 않는 모든 실체들의 최소한의 흔적들이 남아 있는, 시약試藥이 들어 있는 시험관들을 깨끗하게 청소해야만 하는 화학자에게 속하는 것이, 시험관들과 특정한 방식으로 정돈을 시도해 보는 것이 존재하지도 않고 실험이 의지하게 되는 눈에 보이지 않는 요소들이 그것들 나름대로 추상이 되는 곳에서, 쓸데없는 헛소동이 되고 만다. 데카르트적인 주장에서는 개별 인식들은 연역적인 연관관계의 모델로부터 간단히 뒤따르게 되는바, 대상이 연역적인 연관관계와 일치하지 않자마자, 그리고 대상이, 뒤르켐 자신도 강조하고 있듯이, 세부적인 것들의 —전체로 나아가는 것은 세부적인 것들로부터 시작해서 가능할 것이다— 모델에 일치하지 않자마자, 빈틈이 없는 것을 주장하는 데카르트주의적인 태도는 적지 않게 광기를 보이게 된다. 사회학적 방법론이 사물에 대해 갖는 관계에 대한 성찰은, 이러한 차원에 따르면, 뒤르켐에게는 어떻든 상관이 없는 일이다. 페당티슴은 그러한 성찰을 용인하지 못하는 방법론이 된다. 대상이 학문적 처리의 항구성을 허용하는지 또는 요구하는지에 대한 고려가 없이 이런 항구성이 주장된다. 비연속성에 관한 가능성, 심지어는 사물에서의 모순들에 대한 가능성을 숙고하는 사고에 저항하는 알레르기가 나타난다. 뒤르켐이 갖고 있는 현저하게 높은 수준도 유형에 관하여 문장들을 펜pen 위로 가져가는 것을 저지시키지 못한다. "이 순간 우리는 이처럼 매우 명료하게 납득이 되는 가설들을 설명할 필요가 없다. 이런 가설들은 우리가 세우고 싶어 하는 원칙에 접해 있지 않기 때문이다(69). 이렇게 해서 뒤르켐은 진부함이 두려운 나머지 뒤로 물러서지는 않는다고 스스로 자만하는 학문적 태도의 징후를 보인다. "이전의 의무들은, 어떤 의무들이 우리의 새로운 의무인지를 우리가 이미 명백하거나 또는 신뢰성 있게 알아차릴 수 없을 것 같은 상태에서, 그 힘을 상실하였다. 배치背馳되는 사고들은 정신을 갈라놓는다. 우리는 위기의 시대에 놓여 있다. 그러므로 우리가 도덕적 규칙들에 대해 과거에 느꼈던 것과 같은 정도로 그렇게 강제적으로 느끼지 않게 되는 것이 우리를 놀라게 할 수는 없다. 도덕적 규칙들은 우리에게 그렇게 고상하게 출현할 수는 없다. 그것들이 부분적으로 실존하지 않기 때문이다"(124쪽 이하). 또는 다음과 같은 문장도 있다. "도덕적 현실은 명백하게 서로 분리될 수 있는 두 개의 상이한 관점에서, 즉 객관적인 관점과 주관적인 관점에서 우리에게 나타난다"(90). 위대한 철학이 결코 한 번도 정의적定義的인 처리를 비판한 사실이 없었던 것처럼, 정의들에 완벽하게 붙잡혀 있다. 뒤르켐이 도덕적 현실이라고 명명한 것으로부터도 "우리는 도덕적 현실을 정의해야 한다"는 것이 간단히 지칭되고 있다. 지배적인 선입견 이후로 학문의 정신이 철학을 선입견들과 신화적 요소들로부터 정화시켰던 반면에, 뒤르켐에서는 이것이 실제로는 오히려 거꾸로 놓여 있는 상태가 된다. 정의의 카테고리처럼 철학적 자각에서 그토록 문제성이 있는 것으로 되어 버린 카테고리들이 개별 학문들에 의하여, 정의의 카테고리가 학문성을 보증하기라고 하는 듯이, 계속해서 질질 끌려다니게 된다. 아마추어처럼 그토록 완벽하게 정의하기에 열중하는 학자는 아무도 없다. 페당티슴으로부터 벗어나 있는 듯이 보이는 것이 비로소 제대로 현학적이고 오만한 소리를 낸다. 휴일에 고양된, 시화詩化되는 음조가 사소한 일상적인 것의 보충으로서 울리는 것이다. "이름 그대로 인간적인 사람이 이처럼 중첩된 관점에서 자신을 드러낸다. 한편으로, 인간적인 사람은 우리를 인간적인 사람으로부터 떼어 놓는 것인 종교적인 감정을 다른 사람으로부터 불러일으킨다. 우리가 이웃을 이루며 사는 사람이 합법적으로 움직이는 곳인 활동 영역에 대한 권리 침해는 우리에게 신에 대한 모독으로 출현한다. 인간적인 사람은 말하자면 사람을 구분시켜 주는 성상聖像의 후광에 의해 둘러싸여 있다"(100). 제1차 세계대전 전의 프랑스에서 사적私的인 사람 자체가 가진 성상의 후광에 대한 회의감이 실증주의적인 사회학자에게 가장 먼저 어울렸을 것 같기도 하다. 실증주의적 사회학자의 태도는 때때로 도레슈Dorésch의 의회 연설자와 닮아 있기도 하다. "그러므로 이것이, 도덕적 사실들에 대한 일반적인 구상이 의견 개진의 과정에서 논구될 수 있는 한, 도덕적 사실들에 관한 일반적 구상이다. 이러한 대상에 관한 나의 20년 이상에 걸친 연구 작업이 나를 이러한 구상으로 이끌었다"(117). 학문적인 명민함과 페당티슴의 합병에 대한 증거들을 뒤르켐보다 더욱 결정적으로 제공하는 사람은 소수에 지나지 않을 것이라고 말해도 될 것 같다. 노동 분업을 찬양하는 뒤르켐이 앞에서 말한 합병의 희생자였다. 플로베르가 그의 자료 수집의 사치품들을 뒤르켐에서 발견했을 것 같기도 하다. 논리적인 실패가 페당티슴에 딱 들어맞는다. 누군가 뒤르켐을 그에게 고유한 페당티슴과 함께 읽는다면, 불합리한 추론을 즐기면서 책의 여백에 뒤르켐을 향해 자주 기입해 놓을 수 있을 것 같다. 어리석은 것의 언어적 표현인 잡담이 페당티슴에 의해 유발된다. 이런 페당티슴은, 그것이 완전함을 이유로 들어 요구된다고 간주하고 그것에 고유한 권위에 힘입어 허용된다고 생각하는 어떤 것도 전혀 포기하지 않을 수도 있다. 논리 자체의 감추어진 우둔함이 때때로 뒤르켐에서 감지된다. 이것은 그의 이론에 따르면 논리에 맞는 다음과 같은 문장에서 감지되며, 많은 철학자들이 오늘날에도 역시 이 문장을 모험하듯이 사용하였다. "하나의 다른 도덕은, 사회의 본성에 내재하는 도덕으로서, 사회를 부인하고 이렇게 함으로써 도덕 자체를 부인하는 것을 지칭한다"(88). 뒤르켐은 이러한 귀결이 전혀 소름끼치는 것이 아니라는 생각, 사회에 대한 비판적 성찰이 개인 앞에서도, 그리고 각기 말하는 사람 앞에서도 침묵할 필요가 없다는 생각을 스스로 인정하지는 않았다. 심리학적으로는, 그의 페당티슴의 배후에 접촉을 꺼리는 불안감이 놓여 있다는 점이 의심될 수 있다. 접촉 불안감은 많은 어법들에서, 의도되지 않은 채, 드러난다. 현학적이고 오만한 자는 규칙을 위반하는 것이 불러오는 불편한 결과들에 대해 다음과 같이 판결을 내리고 있다. "1. 한 부류의 결과들이 규칙 위반 행위로부터 기계적으로 생기게 된다. 위험한 접촉을 조심하라고 나에게 명령하는 위생학의 규칙을 내가 위반하면, 이러한 행위의 결과들이 예를 들어 질병에서 자동적으로 나타난다"(93). 반反심리학주의는 현학적이고 오만한 자가 행동하는 것처럼 그렇게 객관적으로 학문적으로 기능할 필요가 없다. 접촉 불안은 권위와 묶여 있는 증후군에 속한다. 뒤르켐을 그가 갖고 있는 고유한 장場에 뒤이어 오게 하고 그의 페당티슴을 사회적 사실로서 분석하는 것이 더욱 많은 결실로 이어질 것이다.

현학적이고 오만한 자의 형체는, 즉 몰리에르의 희극 무대에서 고향을 찾고 귀부인의 호위 기사의 공중인에 이르기까지 친숙한 형체는, 프란츠 발터 뮐러Franz Walter Müller의 지적에 따르면, 인문주의 시대에 그 등장을 알린다. 다시 말해, 사회적으로나 정신적인 성찰에서 폭발이 일어난 후에 사람들이 복고적으로, 이전에 이미 지배적으로 존재하는 긴장들을 소홀하게 여기면서, 중세적 질서의 개념에 스스로 종속되는 것에 익숙해지면서[13] 현학적이고 오만한 형체가 등장하는 것이다. 인문주의 시대보다 훨

---

[13] 뒤르켐에 관한 이 텍스트가 종결된 후에 블루멘베르크(Blumenberg)의 저작에 들어 있는 한 자리가 필자의 주의를 환기시켰다. 그의 이 자리도 마찬가지로 페당티슴을 주제로 삼고 있다. 그 밖에도, 슈펭글러에서도 역시 인용된, 괴테의 구상에 대해 블루멘베르크는 다음과 같이 쓰고 있다. "인간학적으로 부채질이 된 도식에 들어 있는 본래의 비역사성은 역사적인 논리를 덮어 버린다. 역사적인 논리에서는, 신앙과 미신의 입장들이 이것들에 고유한 독단적인 페당티슴의 단계를 성취하고, 체계에 위험을 줄 수도 있는 것에 대한 조망을 체계적인 완전성과 안정성의 외관을 통해 차단시킨다. 그러나 호기심, 연구 충동, 경험적으로 선입견이 없는 상태가 성장하게 된다. 다시 말해, 그 지지자들에게서 특정한 물음들과 요구 제기들을 잘라 내야만 할 뿐만 아니라 이러한 포기를 체계로부터 발원하는 특별한 적절성과 수익성을 이용하여 그들에게 근거를 세워 주는 독단적 체계가 요구하는 금기의 강제적 속박에 대항하여 성장하게 되는 것이

썬 이전에 이미, 즉 비교적 후기의 헬레니즘 시대에서 현학적이고 오만한 자가 검열되고, 이런 자에 대한 비판이 검열되었다고 해도 될 것이다. 다시 말해, 한때 우리의 "철학"이었던 것의 자리에 문헌학이 들어섰다는 세네카Seneca의 한탄이 있었던 것이다. 단어 속으로 문헌학적으로 침잠해 들어가는 것은 가장 작은 것에 대한 생산적인 시선을 필요로 하는바, 이러한 침잠이 페당티슴의 유혹에 빠져드는 것은 의문의 여지가 없다. 미시적인 고찰은 세부의 내용으로부터 해석적인 섬광을 때릴 능력을 항상 갖고 있지 못하였다. 객관적-신학적 의미의 상실과 더불어 해석적인 섬광을 때릴 수 있는 찬스도 지속적으로 줄어든다. 페당티슴은 그 사이에 결코 문헌학적인 영역에만 제한되지는 않았다. 문헌학적 영역과 똑같은 정도로 많게 페당티슴에서 그 몫을 차지하는 것이 사람들이 나중에 법률학자 쓰레기들이라고 명명하였던, 법률학적인 페당티슴이다. 정신적인 중개자 직업들은 그 어떤 설정된 것, 미리 주어진 것에 붙잡혀 있으며 이런 것을 배웠다는 독점으로 그 생계를 이어가는바, 이런 직업들은 현학적이고 오만한 것의 의심에 전적으로 노출된다. 현학적이고 오만한 자는 부르주아지적인 사회의 원형原型이다. 현학적이고 오만한 자는, 봉건 군주가 허락한 태도인 자유 및 비구속성의 태도와 결합될 수 없는 상태에서, 팽

다"(Hans Blumenberg, Die Legitimät der Neuzeit[근세의 정통성], Frankfurt a. M. 1966, S.380f.). 이러한 문장들이 필자가 전개하는 동기들과 친족관계에 있다는 점은 현저하다. 전적으로 서로 독립된 상태에서 사고하는 사람들에서는 동일한 객관적인 상황이 —여기에서는 학문적 검열에 들어 있는, 점차적으로 숨 막히게 하는 페당티슴을 말한다— 동일한 숙고들을 발생시킨다. 현학적이고 오만한 모멘트에 대한 블루멘베르크의 지적은 이미 신앙과 미신에서는 뒤르켐을 다루는 이 텍스트의 역사철학적 구성과는 단지 표면적으로만 모순된다. 이 이유는 다음과 같다. 그 욕구에서 봉쇄된 의식을 대체시키려는 태도로서의 페당티슴은 집단적인 강제적 속박에의 노이로제처럼 퇴행적이고 이미 오래전에 지나간 것을 —물론 방법론적인 합리성을 통하고, 내적인 합성에 따라 변화되면서— 다시금 드러나게 하기 때문이다.

창적인 부르주아지적인 기업가 유형을, 즉 자본주의의 정신이 엄수해야만 하는 게임 규칙들의 성형成形으로서의 기업가 유형 자체를 다시금 필요로 하는 기업가 유형을 동시에 음악에서의 대위법對位法과 같은 것으로 만드는 것이다. 페당티슴은 자본주의의 자기옹호적인 변명적 모멘트를 대변한다. 페당티슴은 합리적인 체하는 방식으로 밀폐된 사회의 제도들과 사고방식들을, 옛날부터, 보존하고 싶어 한다. 페당티슴은 권력으로 올라선 시민계급의 공간외포空間畏怖, horror vacui를 표현한다. 시민계급은 열린 것의 상像을 동시에 획득하였으며, 시민계급에 고유한 아직은 전혀 완전하게 실현되지 않은 형식을 넘어서지 않을 수 없다는 사실을, 전조를 예견하면서, 부인한다. 이처럼 완전하게 실현되지 않은 형식은 다만 여전히 확고하게 고정되지 않은 형식으로서만 앞에서 말한 이 형식을 위협하는 상像을 산출한다. 열려 있는 것 안으로 밀치고 들어가는 힘을 열려 있는 것을 벽으로 둘러씌우는 쪽으로 향하게 하는 행동만 하는 현학적이고 오만한 자는 자본주의의 법칙에 종속된다. 현학적이고 오만한 자에 따르면, 자본주의는 교환원리에 힘입어, 즉 주고받는 것의 항상 다시 나타나는 잔고에 힘입어 자본주의의 모든 역동성에도 불구하고 동시에 정적靜的으로 머물러 있다. 현학적이고 오만한 자의 행동은 그 내부에서 적지 않게 모순을 보인다. 그는 자신에 고유한 이성에 의해서 해체된 질서에 달라붙어 있으며, 그가 사용하는 수단인 합리성을 합리성의 반대자를 위해 이용한다. 그는 비합리적으로 되어 버린 것을 합리를 이용하여 옹호한다. 시민사회적으로 경제를 운용하는 형식적인 원리인 합리는 그것의 형식적인 본질에 의해 정적靜的인 규범들과 이미 주어져 있는 관계들에서도 ─합리는 이런 규범들과 관계들의 기초를 파괴시키는 데 도움을 주었다─ 역시 시중을 드는 능력을 보여 주었다. 페당티슴은 이데올로기들이 어떻게 해서 물질적인 현실보다 더 느리게 변화되는가에 대한 견본을 보여 준다. 합리는 그러나 그것의 역설적으로 복고적復占的인 작업을 합리 스스로부터는 실행할 수 없었기 때문에, 합리가 갖고 있는 처리방식들의 양식이 과대평가되고 양식은 그것 나름대로 비합리적이 된다. 역사철학적으로 볼 때 현학적이고 오만한 자는 부르주아 귀족과 짝을 이룬다. 부르주아 귀족의 이성이 이 이성의 적수가 갖고 있는 전범典範을 통해 상상에서 확대된다면, 현학적이고 오만한 자의 이성은 적지 않은 정도로 병적인 궁지로 움츠러든다. 현학적이고 오만한 자의 성격과 행동에 들어 있는 강제적인 것은 그가 기울이는 노력의 헛됨으로부터 유래한다. 이런 노력은 노력 자체로 항상 다시 되돌아가게 된다. 이것은 기법들이며, 합리성은 다른 것이 아닌, 바로 이런 기법들에서 그 형태를 갖추었던 것이다. 시민사회적으로 이루어지는 계산 청구, 정확한 계산은 이것들이 마치 이것들 스스로부터 사고가 사고에 고유한 개념에 따라 비로소 파악하려고 하는 것이라도 되는 것처럼 자기목적이 되고 만다. 페당티슴은 수단들이 목적들로 보편적으로 주술화되는 것을 예기하게 한다. 이러한 주술화는 시민사회적 단계의 끝에 이르러서는 파괴적 광기로 전도된다. 주술화는 명목론의 상태에서 보이는, 개념이 현실적인 것으로 되는 근성이며, 학문을 물신화시키고 주술화에 고유한 찌푸린 상에 맞춰 더욱 증대되는 척도로 학문을 모조模造시킨다. 이러한 주술화는 폭파되어 스스로 독립적으로 된 주관적 이성에게, 즉 방법론에게, 객관적인 질서를 설정하는 힘을, 객관적인 질서의 개념을 비판적으로 성찰하지 않은 채, 경련을 일으키면서 부당하게 요구한다. 시민사회적인 사고는 이처럼 폭넓게 그것의 데카르트적인 원原현상에 충실하게 머물러 있었다. 시민사회적 사고는 객관적 질서를 지배하지도 못하고 객관적 질서를 초월할 능력도 갖지 못한 채 어떤 불가능한 것을 시민사회적 사고 스스로에게 요구한다. 인식의 대상들이 이것들 스스로부터 허용하지 않는 것을 기획을 통해 기대하고 있는 것이다. 사람들이 그렇게 말하고 있듯이, 근세 시대에 신학을 대신하여 설치된 학문은 공허하게 되어 버린 제전祭典과 함께 신학을 모방하면서 주술적인 하찮은 것으로 변종된다.

뒤르켐은 사회의 강제적 성격을, 매혹된 채, 스케치하면서 이러한 강제적 성격을 찬양하는 자로 자기 스스로 내려앉는다. 그는 사회에 고유한 강제적 성격을 세계에 부재하는 의미의 대용물로서 세계에 투사시킨다. 프로이트의 항문증후군은 —비대해진 페당티즘, 청결성, 강제성, 권위적으로 거드름피우는 태도와 더불어— 사적인 결함이 아니었으며 그 참다운 뜻에서 시민사회적인 성격이었다. 모양이 기형으로 되는 것은 시민사회적이 성격에 선험적으로 들어 있는 규칙이었다. 그 이유는 다음과 같다. 이전에 있었던 봉건사회처럼 시민사회도, 그것의 합리적인 처리방식들에도 불구하고, 시민사회에 고유한 운동법칙들에 어찌할 바를 모른 채 —뒤르켐이, 열광하면서, 이런 모습을 시민사회에게 진단하고 있는 것처럼— 내맡겨져 있기 때문이다. 시민사회의 실제에게, 그리고 시민사회의 이론에게 본질적인 것이 확실한 정도에서 왜곡되어 있으며, 이처럼 왜곡된 본질적인 것이 시민사회의 설치를 기만적으로 약속한다. 이렇기 때문에, 현학적이고 오만한 정신은 본질적인 것에 당연히 상응하면서도 본질적인 것으로부터 튀어 되돌아오는 리비도Libido를 비본질적인 것에 양도하는 것이다. 현학적이고 오만한 정신의 헛됨은 시민사회의 헛됨의 주조물鑄造物이다. 자유로운 사람들의 결합의 이념이 시민사회에 목적론적으로 내재되어 있음에도 시민사회가 그러한 결합을 이루어 낼 수 없는 능력이 없음을 보여 주는 주조물인 것이다. 이 점이 종국적으로는 거칠게 출현한다. 우리가 심한 정도의 단순화를 통해서, 그렇다고 해서 참됨이 없는 것은 아닌 상태에서, 실증주의를 인식의 방법론이 인식 주체에 대해서 갖는 우위라고 가장 넓은 의미에서 명명해도 된다면, 실증주의를 의식의 결핍의 합리화라고 보아도 될 것 같다. 이러한 합리화가 현학적이고 오만한 자의 태도에 이르게 되었던 것이다. 페당티즘은 항상 합리화의 경향을 갖는 것이다. 실증주의는, 그것이 어떠한 희생을 치르고도 거부하는 것인 비합리성을 그 내부에 숨기고 있다. 실증주의가 학문을 이용하여 철학을 잠재적으로 거세시킴으로써 페당티즘을 이상理想으로서 변조시킨다. 철학은 자기 자각을 통해 학문을 능가하는바, 실증주의는 이러한 자기 자각을 절단시켜 버린다. 이것은 흄Hume에게서 전형적으로 드러난다. 그는 인과성과 자아를 거부하였으면서도, 그에게서 표본으로서 간결하게 설명될 수 있듯이, 그의 논증에서는 인과성과 자아를 전제하였다. 자기 자각에 대한 그러한 결핍은 사고의 금지에서 그 기간을 정한다. 그럼에도 실증주의가 스스로 고유한 게임 규칙들을, 즉 살피지 않은 채 학문으로부터 빌려 왔으며 그러한 수용에서 돌처럼 굳어진 게임 규칙들을 성찰하는 것에 대해 실증주의에게 동기가 부여된 것으로 스스로 보고 있다면, 이러한 게임 규칙들에서 동요해야만 할 뿐만 아니라 다음과 같은 물음들에 불가항력적으로 새롭게 연루된다. 다시 말해, 실증주의가 철학적 및 형이상학적 물음으로서의 그러한 물음들로부터 사고가 청소 과정 자체에 굴복할 때까지 사고를 청소해 버리려고 했던 그러한 물음들에 연루되는 것이다.

"도덕적 사실들에 관한 하나의 특별한 학문"으로서 "사회학적 학문"(128)을 스케치하는 것을 전제하는 뒤르켐 저작의 프로그램은 현학적이고 오만한 것의 배음背音을 갖고 있다. 특별화 개념은 그 대상들에서 특별화 개념 자체에 대한 비판이 이루어지고 있는 영역으로 옮겨진다. 윤리학은 바로 실증주의적인 학문으로 균등화된다. 윤리학은 당연히 존재해야 하는 것이 존재하는 것에 대해서 갖는 반反테제에 힘입어 이처럼 실증적인 학문과 구분되려고 하였지만, 이렇게 균등하게 되고 마는 것이다. 이러한 시도에 들어 있는 비틀어진 것, 이율배반적인 것이 뒤르켐에 의해 감춰질 수는 없다. 도덕적인 것이 경험적인 기원을 갖고 있음에도, 그는 도덕적인 것의 규범적인 것의 구조에 달라붙어 있다. 발원한 것은 그것의 원천과 동일해야 한다는, 뒤르켐의 실증주의적이고 반反변증법적인 테제가 이처럼 달라붙어 있는 것과 모순된다는 점은 숨길 수 없다. "'집단 상황'은 '여분의 세계'로부터 —그렇지 않다면 집단생활이 도대체 어디로부터 온다는 말인가?— 생기기 때문에, 집단생활이 원천으로부터 풀리는 그 순간에 내보이는 형식들, 그리고 그 사이에 기본형식들이 된 형식들은 그 원천의 표시를 의심할 여지가 없이 갖게 된다"(78). 이것은 뒤르켐이 방어하였던, 도덕적인 것의 독자성을 부인하는 환원주의이다. 도덕적 사실의 개념 자체에도 역설적인 것이 잠복되어 있다. 스스로에게 고유한 요구 제기에 따라, 단순하게 주어진 것 이상으로 존재하고 싶어 하는 어떤 것, 다른 어떤 것이 되는 것 이외에 다른 방도가 없자마자 강조된 의미에서의 요구 제기를 상실하는 어떤 것이 주어진 것으로 된다. 이것은 뒤르켐에서는 사회적 사실로 된다. 이러한 역설은, 실천이성비판의 반反-경험적 특성이 추측하게 하는 것처럼, 칸트에서도 역시 그렇게 낯설지 않다. 이에 걸맞게 뒤르켐은 칸트와 연대를 형성한다. "도덕적 규칙들은 하나의 특별한 권위를 갖고 부여되어 있다는 점이 제시되어야 한다. 도덕적 규칙들은 명령을 내리기 때문에 이러한 권위에 힘입어 준수된다. 우리는 이러한 방식으로, 하나의 순수한 경험적인 분석을 통해서, 의무의 개념에 부딪치게 될 것이며, 칸트의 정의定義에 매우 근접해 있는 하나의 정의를 의무의 개념에 부여하게 될 것이다. 의무는 따라서 도덕적 규칙들의 제1차적인 표징들 중의 하나를 형성한다"(85). "의무"는 실천이성비판으로부터 원하는 "강제"의 등가치인 것이다. 실증주의자인 뒤르켐은 칸트로부터, 주저함이 없이, 다만 다음과 같은 점만을 도출한다. 차라리 모순을 감수하였던 선험적인 이상주의자가 어느 곳으로 넘어갈 것인가를 자기 스스로 거부하였던 점만을 도출하고 있는 것이다. "사실성"에 관한 특징은 확실한 의미에서 칸트에 의해서도 역시 인정되는바, 예지적인 것이 뒤르켐에서는 사실성에 관한 그의 특징에 힘입어 경험세계로 균등화된다. 뒤르켐에 따르면, 모든 권력은 사회적으로 발원한다. "인간을 에워싸고 있

으며 무법적인 간섭으로부터 인간을 보호해 주는 후광이 인간의 소유가
된 것은 아니다. 이러한 후광은 종류와 방식이다. 다시 말해, 이러한 종
류와 방식에서 사회는 인간을 생각하며, 인간을 외부를 향해 투영시켰으
며, 인간에게 현재 가져다주는 존경심을 객관화시켰던 것이다"(113). 그러
나 이와 동시에 앞에서 말한 규범들이 뒤르켐에 의해, 바로 "성스럽게 된"
것으로서, 반환이 청구된다. 칸트와의 관계는 기술적記述的인 것에서 단
순한 유사성에 머물러 있다. 칸트가 말하는 도덕의 중심 개념인 자율성은
망각되고 만다. 이것은 뒤르켐에서 도덕성의 중심을 점령하는 것인 사회
적인 카테고리에서, 즉 제재의 카테고리에서 명백하게 드러난다. 제재는
"행위의 내용으로부터 존재하는 것이 아니고 행위가 기존의 규칙과 일치
하지 않은 것으로부터 초래되는 행위에 뒤따르는 결과이다. 이전에 설정
된 규칙이 존재하고 행위가 기존 규칙에 대한 반란 활동을 서술하고 있기
때문에, 이러한 행위는 하나의 제재를 초래하게 되는 것이다"(94). 이에 따
라 도덕적 규칙은, 칸트와 상반되면서, 우리가 자구字句를 써넣어도 될 것
같은 것처럼, 도덕법칙 자체가 된다. 도덕적 규칙은, 개별 인간의 의식에
들어 있는 이성에 외부로부터 주어진 채, 개별 인간의 의식에 고유한 것
이 아니고 이질적인 것이 되는 것이다. 뒤르켐은, 그의 시대의 관례에 따
라, 이러한 입장으로부터 도덕적 상대주의로 넘어가지는 않는다. 이를 위
해 뒤르켐에서는 사회적으로 제재된 것의 형식적인 총체로서의 도덕성
이, 칸트의 언어에 따르면 독단적으로, 매개되지 않은 채, 개인 및 개인의
의식과 대립되어 있다. 칸트의 도덕철학은 개인의 의무들 중에서 개인 자
체를 향하는 의무도 역시, 이 의무를 물론 절대화시킴이 없이, 알고 있다.
뒤르켐의 도덕은, "이타적인 자살"에 경도된 채, 그것 나름대로 그것 자체
를 보존시키는sese conservare 원칙만을 ―목적을 위한 수단으로서― 유일하
게 허용할 뿐이다. "아마도 우리는 도덕적 의식이 개인의 자기보존만을
전적으로 목표로 하였던 하나의 행위를 결코 한 번도 도덕적이라고 간주

하지 않았다는 점을 일단은 부정할 수 없을 것이다. 내가 가족이나 조국을 위해 나를 보존시키는 경우에는, 자기보존의 그러한 활동이 도덕적이 될 수 있을 것이다. 그러나 내가 내 자신을 위해 나를 보존시킨다면, 내 행동은 일반성의 시각에서 볼 때 모든 도덕적 가치를 갖지 못한다"(102). 뒤르켐이 가리키는 "일반성의 시각"은 그 자신에 고유한 시각일 뿐이다. 그는 생성된 것을, 그것이 생성되어 있는 것에 대한 통찰에도 불구하고, 그것이 그렇게 생성되어 존재하고 있지 다르게 생성되어 존재하고 있지 않은 것을 위해서 확인하고 있는 것이다. 그러나 그가 보호받지 못한 채 자신을 내맡기는 바로 그곳에서 환원주의와 대립되면서, 그리고 발원된 것은 그것의 원천과 동일해야 된다는 테제와 대립되면서, 그는 생성된 질質이 스스로 독립적으로 되는 것에 대한 통찰에 이르고 있다. 이렇게 해서 뒤르켐은 생성된 질이 원천에 맞서서 다르게 되는 것에 대한 통찰에 잠재적으로 도달하고 있다. 그의 다음과 같은 인식은 이상異常하다. "우리가 도시국가들의 형성에 대해, 그리고 원시적인 씨족들이 어떻게 해서 점차적으로 서로 융합하였으며 가부장적 가족이 어떻게 조직되었는가 하는 방식 등등에 대해 아무것도 모른다면, 희랍이나 로마의 올림푸스가 어떻게 성립되었는가를 이해할 수 없다는 점은 의문의 여지가 없다. 그러나 다른 한편으로는, 신화들과 전설들의 넘쳐흐르는 증식중, 종교적 사고가 설치하는 모든 신학적이고 우주론적인 체계들은 사회적인 형태학의 특정한 속성들과는 직접적으로 관련이 없다. 사람들이 종교의 사회적 성격을 그토록 자주 오인하였다는 사실은 종교가, 그 가장 커다란 부분에서, 사회학의 밖에 존재하는 원인들의 영향 아래에서 성립된다고 믿었던 것에 놓여 있다. 왜냐하면, 사람들이 종교적인 신앙 내용들과 사회적 조직 사이에 존재하는 직접적인 고리를 깨닫지 못하였기 때문이다"(79). 뒤르켐은 정신의 이중적 성격을 알아차리고 있다. 사회적으로 발원하며 사회적 생활과정 내부에서의 모멘트인 정신은 사회적인 동역학에서 현존재에 —뒤르켐은 정신을 의도적으로 현존재로 축소시킨다— 맞서며 고유한 법칙에 따라 전개된다는 점을 그가 깨닫고 있는 것이다. 이 사실은 대략 미학에 결정적 영향을 미친다. 더 나아가 모든 이데올로기론에 표준을 제공한다. 다시 말해, 의식이 존재에 의존되어 있다는 테제에서 소진하지 않으려고 하는 이데올로기론, 이처럼 소진하지 않으려는 것을 넘어서서 올바른 의식과 잘못된 의식의 구분을 요술로 감추려고 하는 모든 이데올로기론에 대해 표준을 제공하는 것이다. 뒤르켐은 또한 나중에 지식사회학이라는 학문 부문으로 설치되었던 것을 출범시켰으며, 공간, 시간, 인과율과 같은 의식 형식들을 사회로부터, 더 정확히 말하면 소유의 질서로부터 도출하였다. 추정하건대 그는 이렇게 함으로써 만하임Mannheim과 셸러Scheler와 같은 독일의 지식사회학자들에게 대해서도 일반적으로 알려진 것보다는 훨씬 더 강력하게 감명을 주었다. 어떤 경우이든 뒤르켐의 정리定理들은 잔재와 파생에 관한 파레토Pareto의 설을, 즉 나중에 총체적인 이데올로기 개념이라고 지칭되었던 것에 대한 최초의 명시적인 설을 증거의 충만함을 통해 훨씬 능가하였다. 이와 동시에 뒤르켐이 빠져드는 순환이 다음과 같이 드러난다. 인식 카테고리들에 대한 그의 연역은 인식 카테고리들을 공공연하게 전제한다는 점이 변증법적 논리에서 비로소 사라지게 되는 것이다. 그 사이에 그의 사변의 가장 앞서 있는 자리들에서는 참된 것은 사회적으로 매개되어 있다는 가능성이, 참된 것은 사회적으로 매개되어 있다는 것에 대한 진리가 사라지지 않은 상태에서, 섬광처럼 번쩍거리고 있다. 뒤르켐은 자유에 대한 고려와 함께 다음과 같이 언어로 정리하고 있다. "이론가들은 인간이 자유에의 권리를 갖고 있다는 것을 증명하고 싶어 한다. 그러나 그러한 증명하기에 어떤 가치가 항상 할당될지라도, 이러한 자유가 오로지 사회 내부에서만, 그리고 사회를 통해서만 하나의 현실이 되었다는 점은 확실하다"(109). 뒤르켐은, 그에게 고유한 의도에 반하고 그의 사고 방법에 반하면서, 그가 그 우위를 알고 있는 객체성인 사물의 객체성에 의해서 변증법적으로 떠밀쳐지고 있다. 사물의 객체성을 위한 주장들 중에서 다음과 같은 주장이 가장 약한 주장은 아니다. 다시 말해, 사물의 객체성이, 그것에 고유한 비중에 힘입어, 사물의 객체성에 반대하면서 격렬하게 자신을 지켰던 이론가들에게 ―이들 이론가들이 사물의 객체성에 주목하였을 것이지만― 사물의 객체성을 강요한다는 주장이 가장 약한 주장만은 아닌 것이다.

앞에서 본 선회는, 실증주의가 갖는 진리 모멘트, 즉 느슨하게 풀어지고 그 대상들로부터 달아난 사고에 맞서서 갖는 진리 모멘트가 없이는 가능하지 않을 것이다. 뒤르켐은 이 점을 비판적인 자리에서, 학문적 토론이 그 실체를 사고에서 갖고 있고 사고를 재료적으로 충족시킬 수 없는 한 학문적 토론이 갖는 문제점의 관점에서, 다음과 같이 나타내 보였다. "내가 이제 여기에서 내 생각들을, 이것들에게 증명 장치를 미리 보냄이 없이, 논구한다면, 이 생각들을 말하자면 무장이 해제된 채 말하는 것을 강요받게 된다. 그리고 나는 여기에서 가능하지 않은 학문적 증명하기를 순수한 변증법적 주장을 통해 자주 대체시켜야만 할 것이다"(89). 이러한 언어적 정리가 "순수한 변증법적 주장"이라는 술어에 의해 변증법을 매우 오인하고 있다고 할지라도, 변증법적 과정에서는 주체와 객체가 서로 관통하면서 매개되는 것과 대비해 볼 때, 뒤르켐은 하나의 약점을 알아차리고 있다. 실증주의적인 동력이 이러한 약점을 교정하려고 한다. 이러한 동력은, 이것이 개별 주체들에서 사회적 객체성이 표명되는 것에 주목하는 경향이 아니고 사회적 주체성에 주의를 돌리는 경향에 힘입어, 뒤르켐에서 가까이 다가온다. 변증법적 이론에 힘입어 가까이 다가오는 것이다. 뒤르켐은 사회에 대한 비판을 내재적 비판으로 해석하지만, 이런 해석은 물론 변증법적 소금을 희생시키는 대가로 이루어진다. 그는 그러한 내재성의 정신에서 비판을 중지시키는 것을 항상 시도한다. 이러는 한 경험주의자인 그도 역시 헤겔의 후예이다. "개인은 기존하는 규칙들로부터 부분적으로 벗어날 수 있다. 이처럼 벗어나는 것이 사회를 사회가 사회인 것으로 원하는 한, 사회를 사회가 스스로 출현하는 것으로 원하지 않는 한, 벗어나는 것이 가능하다. 이처럼 벗어나는 것이 사회의 현재적인 상태에 합당한 도덕, 역사적으로 낡아 빠진 사회적인 상태에 합당하지 않는 도덕이기를 원하는 한, 벗어나는 것이 가능한 것이다. 반항의 원리는 그러므로 타협의 원리와 똑같은 원리이다"(120). 뒤르켐이 강요한 구분인 사회의 현실과 사회가 그것 스스로부터 갖고 있는 의식 사이의 구분에서는 내재적 비판에 들어 있는 움직이는 것,[14] 즉 사물과 사물의 개념 사이에 존재하는 차이가 생각되고 있음에도 불구하고, 비판의 내재성에 대한 뒤르켐의 버전은 원해져야 하는 어떤 상태가 애매하게 존재하는 상태로부터 벗어난다고 하는 것에 관한 판단들에서 사보타지가 되고 만다.

실증주의에 대한 뒤르켐의 변체變體는, 그가 —그 스스로 자살의 경우에서 그토록 많은 효과와 함께 사용하였던— 경험적 사회연구의 방법론을 사회학적 경험주의의 뒤이은 단계들에서는 오랫동안 일어나지 않고 있었던 제2차적인 성찰에 종속시키고 있다는 점에서 볼 때 진전된 것으로서 증명된다. 뒤르켐의 객관주의는 통계적 일반성이 유인하는 그러한 종류의 객관성에 무조건적으로 자신을 내맡기지는 않도록 그를 도와준다. "그 밖에도, 우리가 왜 객관적인 평가와 평균적인 평가를 서로 혼동해서는 안 되는가 하는 이유가 더욱 넓게 존재한다. 왜냐하면, 평균적인 개인의 반응들이 개별적인 반응들로 머물러 있기 때문이다. … **나는 그것을 좋아해**라는 문장과 **우리 중의 특정수의 사람들이 그것을 좋아해**라는 문장 사이에는 본질적인 차이가 존재하지 않는다"(141). 아마도 뒤르켐이 살았던 시대보다 오늘날 더욱 중요할 것 같은 그러한 통찰들은 물론 그에서

---

[14] '움직이는 것'은 이어서 나오는 '차이'를 지칭함(역주).

는 다음과 같은 점에서 한계를 갖는다. 다시 말해, 그는 집단정신의 객체성으로서의 구조적인 객체성과 양화量化된 행동방식들로서의 주관적이고 사회적인 행동방식들을 서로 구분하고 있지만 양자의 관계, 양자가 서로 매개되어 있는 것에 신경을 쓰지 않은 채 이분법을, 학문들의 현존하는 지도地圖에 충실하게, 언제까지나 감내하고 있는 것이다. 그의 시대의 관념들에 따르면 원자론적인 모든 사고에 대한 그의 적대적인 입장은 그가 "개인주의적인 사회학"(77)이라고 공격하였던 것의 기체基體들인 개인들을, 사회학이 개인들에 관계되어 있다고 하는 한, 사회학에는 적게 해당되는 자연과학적인 은유법을 사용하여 "죽은" 것으로 모욕하는 쪽으로 그를 잘못 이끌고 있다. 앞에서 말한 뒤르켐의 입장은, 사회에서 삶에 대해 말할 수 있는 것은 개인들의 ―사회는 개인들로부터 구성된다― 삶의 맥락에서 말할 수 있다는 가장 단순한 사실과 매우 명백한 모순 관계에 놓여 있다. "삶의 움직임이 죽은 요소들에서 어떻게 그 거처를 가질 수도 있단 말인가? 거기에다 삶의 특징적인 속성들이 이러한 요소들 사이로 어떻게 분할될 수 있단 말인가? 그러한 속성들은 모든 요소들에서 같은 정도로 대변될 수 없다. 요소들이 다양한 종류로 되어 있기 때문이다. 산소는 탄소가 하는 것과 동일한 역할을 할 수도 없고 동일한 속성을 받아들일 수도 없다. 이에 못지않게 신뢰성이 없는 주장은 삶의 모든 국면이 하나의 특별한 원자 집단에서 구체화되어 있다는 주장이다. 삶은 통일체와 같은 것이며 그 사이에 살아 있는 실체만을 그 총체성에서 거처로 가질 수 있다. 삶은 전체 안에 들어 있으며 부분들에 들어 있지 않다. 그러므로 삶이, 우리가 삶에 대해 근거를 세워보려는 의지를 가져 본다면, 기본적인 힘들의 ―이러한 힘들의 결과가 삶이다― 밑으로 분산될 필요가 없다면, 삶이 뇌세포들과 관련하여 개별적인 사고에서, 그리고 개인들과 관련하여 사회적 사실들에서 왜 다르게 되어야 하는가?"(76) 경험적 사회학이 나중에, 엘리자베스 노엘레-노이만의 용어에서, 단수 영역과 다수 영역의 이원주의로서 정립하였던 것이 뒤르켐에서 고지되고 있다. 이와 동시에, 뒤르켐이 특별하게 사회적인 것의 전형들로서 애써 끌어낸 사회적 사실들이, 사회적 사실들이 살아 있는 주체들과 주체들의 동기 부여에 대해 갖는 관계가 일단은 광적으로 말살된 이후에, 뒤르켐의 비합리성일 뿐만 아니라 대답이 먼저 이루어져야 마땅할 곳에서 대답을 거부하는 학문의 비합리성이기도 한 하나의 비합리성을 받아들이고 있다는 점이 뒤르켐에서 사라졌거나 또는 그가 이러한 점에 대해 스스로 무감각하게 되었다. 뒤르켐의 방법론적 원리는 여우와 신맛이 나는 포도를 상기시킨다. 그는, 가차 없이 엄격한 학자의 제스처와 함께, 방법론의 독특성이 이해에 이르는 데 충분하지 않자마자 이해하려고 하지 않는다. 극단적인 사회적 사실인 아우슈비츠가 실제로 이해될 수 없다는 점에서, 역사가 이런 태도를 증명해 준다. 학문이 그러나 교만하게 우쭐대거나 또는 어느 정도의 시기 동안의 자살 숫자의 그 유명한 불변성을 자살자들의 동기와 결합시킬 능력이 없다면, 불변성은 ―학문은 불변성의 발견에 대해 그토록 자랑스럽게 생각하고 있다― 하나의 수수께끼가 될 것이다. 이 수수께끼에서는, 학문이 개별 인간이 그의 집단에서 통합되는 정도가 부족하다는 것을 통해서 자살을 사회적 사실로서 설명하는 것 이외에 달라질 것이 아무것도 없다. 뒤르켐에게는 집단적인 것의 구조가 자살에 대한 유일한, 사회학적으로 중요한 기준을 제공한다. 자살의 발생에는 그러나 심리적인 메커니즘들도 똑같은 정도로 가산된다. 심리적인 메커니즘들도 물론 내부적으로 개인적인 메커니즘들로서 사회적으로 널리 미리 형성되어 있다. 단수 영역들이 없이는 다수 영역이 전혀 존재하지 않는다는 점을 고려하지 않고 "단수 영역"을 배제해 버리는 모멘트인, 학문적 처리방식 자체에 있는 비합리성의 모멘트는 그러고 나서 집단정신을 신비화시킨다. 그러나 뒤르켐적인 구상의 이러한 불충분함, 즉 가장 현저한 불충분함도 역시 전적으로 그 정당한 근거가 전혀 없는 것은 아니다. 사회가 개인들의 사회가 아니고 사회의 관계들이 개인들에게 억압적으로 짐으로 부과되는 한, 사회와 개인의 단절은 그 자체로 사회적인 법칙으로서 작용한다. 사회적인 법칙들과 심리적인 법칙들은, 이러한 법칙들이 심리적으로 자족적인 것과 그것의 자족성의 형식은 그 원천에서는 동일한 정도로 사회적으로 결정되어 있기 때문에 서로 급진적으로 구분되는 하나의 상이한 것으로 되지는 않은 채, 사회적인 강제적 속박으로부터 발원하여 사실상으로 서로 분기되어 있다. 뒤르켐이 찬양한 전체가 단순한 원자들의 머리 위에서 관철되고 있는바, 개인들이 그의 구상에서 이러한 단순한 원자들의 상태로 끌어내려져 짓눌리게 된다면, 개인들이 이에 대항하여 무언가를 할 능력이 없는 상태에서, 그의 구상은 현실과 합당한 구상이 된다. 뒤르켐의 구상은 사회의 증대되는 합리성에도 불구하고 사회에서, 합리성이 더 이상 단순히 수단들의 합리성이 아니고 목적들의 합리성이 될 때까지, 유지되어 왔고 유지되는 '있는 그대로의 모습'[15]을 명명하고 있다. 커다란 숫자의 사회학적 통용성은, 그 자신과 그의 학파가 암시하였듯이, 사회적인 것의 본질로부터 곧장 뒤따르는 결과는 아니다. 사회가 사회를 아직도 제어하지 못했다는 것이 사회학적 통용성의 근거이다. 의식이 있는 개인들의 행위는 오늘날까지도 사회적 과정을 이질적인 운명으로부터 떼어 놓지 못하였다. 뒤르켐은 이 점을 오인하거나 또는 침묵하였다. 이렇게 함으로써 그는 자신이 그 집단정신에 대해 설문 조사하였던 자연종교들에서 해명이 되지 않은 채 지배적으로 나타나는 것과 동일한 신화의 공범이, 눈치채이지 않은 상태에서, 스스로 되고 만다. 바로 이 점이 그가 잘못된 의식과 동맹을 맺고 있음을 보여 준다. 그러나 그가, 의도적이건 또는 의도하지 않았던, 오래된 신화적 속박이 얼마나 많이 현대

---

15 작은 따옴표는 옮긴이가 임의로 붙였음(역주).

인류의 자유를 빼앗고 있는가에 대해 불을 밝혀 준 것은 그의 업적이다. 비교적 늦게 나타난, 비코Vico의 후계자로서의 뒤르켐은 깊은 시각을 갖고 신화들과 합리성이 서로 결탁되어 있는 상태를 인식하였던 것이다. 신화들은 그에게 합리화이다. "제전을 실행하고 설명하고 정당화시켜야 하는 표상들의 그 어떤 체계에 의해 동반되지 않은 제전은, 제전도 또한 항상 그토록 물질적임에도, 거의 존재하지 않는다. 그 이유는 다음과 같다. 인간은, 인간이 때때로 단지 사소한 요구 제기들만을 설정한다고 할지라도, 자신이 행하는 것을 이해할 수 있어야만 하기 때문이다. 바로 이것이 신화들의 현존재의 근거가 되는 경우가 빈번하다"(133). 뒤르켐의 사회학은 참되지도 않고 그렇다고 단순히 참되지 않은 것도 아니다. 오히려 그의 사회학은 관계 체계에, 즉 그것 스스로 사회적인 현혹의 연관관계에 귀속되고 만 관계 체계에 진리를 잘못 투사한 사회학이다.

1967년

『독일 사회학에서 실증주의 논쟁』 서문*01

75회 생신을 맞는 프레트 폴록에게
진심어린 우정으로 이 글을 헌정함

세삼Sesam 문을 열어라 —밖으로 나가고 싶다.
_Stanislaw Terzy Lec

변증법과 —가장 확대된 의미에서의[1a]— 실증주의적 사회학에 대한 공론적인 논쟁들이 튀빙겐에서 열렸던 토론에서 발표된 두 개의 발제문과 더불어 독일에서 시작되었던바, 랄프 다렌도르프Ralf Rahrendorf는 튀빙겐 토론에 대한 그의 긴박한 언급들에서 "사실상으로 존재하는 파악 상의 차이들이 적절하였을 것 같았던 강도强度가 도처에서"[02] 결핍되어 있었다

---

* Vgl. Theodor W. Adorno, Hans Albert, Ralf Dahrendorf u. a., Der Positivismusstreit in der deutschen Soziologie(독일 사회학에서 실증주의 논쟁), Neuwied, Berlin 1969. (Anm. d. Hrsg.)

01 루드비히 폰 프리데부르크(Ludwig von Friedeburg)와 필자가 1967년 여름 학기에 개최하였던, 몇몇 사람을 위한 학문이론적인 특별 강의에서 알브레히트 벨머(Albrecht Wellmer)가 행한 발제문에서 필자는 도움을 받았으며 이에 대해 특별한 사의를 표한다.

1a Vgl. Einleitung zu E. Durkheim, Soziologie und Philosophie, Frankfurt 1967, S.8f. Fußnote [현재는 이 책 330쪽 이하]. 포퍼(Popper)와 알버트(Albert)가 특별한 논리 실증주의로부터 경계를 짓고 있다는 점은 미리 반복적으로 언급될 만하다. 그럼에도 그들이 왜 실증주의자로 고찰되고 있는가 하는 점은 텍스트로부터 나와야 할 것이다.

02 Ralf Dahrendorf, Anmerkungen zur Diskussion der Referate von Karl R. Popper und Theodor

고 한탄하고 있다. 몇몇 토론 참석자들은 "두 사람의 중심 발제자, 그리고 두 개의 중심 발제문 사이에 긴장이 결여되어 있다"[03]고 비난하였다. 이에 대해 다렌도르프는 "그러한 일치가 보이는 아이러니"를 감지하고 있다. 언어적 정리가 보여 주는 공통성의 배후에는 사태에서의 깊은 차이들이 숨겨져 있었다는 것이다. 토론이 사실상으로 성립되지 않았다는 것은, 근거들과 반대 근거들이 서로 맞물린 채, 발제자들의 유화적 정중함에만 오로지 그 원인이 있었던 것은 아니다. 발제자들은 입장들이 이론적으로 비교될 수 있도록 어떻든 노력을 기울였다. 많은 토론 참가자들은 그들의 때때로 비로소 획득된 철학에의 낯섦과 더불어 뚜렷하게 태도를 드러냈던바, 이런 태도만이 토론이 성립되지 않은 것에 책임이 있는 것은 아니다. 변증법을 따르는 사람들은 철학에 단호하게 의지한다. 그러나 실증주의자들의 방법론적인 관심들은 순진하게 실제화된 리서치-작업에 거의 낯설지 않다. 두 발제자는[04] 토론에 방해가 되었던 진정한 결함에 대해 책임이 있음을 고백해야만 할 것이다. 자체로서의 사회학에의 완전한 매개가 두 발제자에서 성공에 이르지 못하였던 것이다. 두 발제자가 말했던 것 중에서 많은 것이 어떻든 학문에 관련되어 있었다. 잘못된 추상성에 붙어 있는 하나의 척도가 모든 인식론에 설정되었으며 인식론에 대한 비판에도 설정되었다.[05] 학문적 처리의 단순한 직접성에서 스스로 만족하지 못하고 학문적 처리의 필요성으로부터 일을 착수하는 사람은 더욱 자유로운 시각을 갖고 부당한 선입견들도 역시 조달

W. Adorno(칼 포퍼와 테오도르 아도르노 발제문의 토론에 대한 언급), S.145. (제시된 쪽수는, 추가적인 제시가 없는 상태에서, 앞의 * 표시에서 밝힌 『독일 사회학에서 실증주의 논쟁』[Theodor W. Adorno u. a., Neuwied, Berlin 1969]에 관련된 쪽수이다.)

03 a. a. O.
04 포퍼와 아도르노를 지칭함(역주).
05 Vgl. Hans Albert, Der Mythos der totalen Vernunft(총체적 이성의 신화), S.197f.

해 준다. 사람들이 때때로 들었듯이, 튀빙겐 토론이 전지前地에 머물러 있었으며 이런 이유 때문에 특정 학문으로서의 사회학에 아무런 도움도 되지 못했다는 것은 물론 표적을 빗나가는 것을 겨냥하고 있다. 분석적 학문이론에 내맡겨지는 논증들은, 분석적 학문이론의 공리公理들에 들어가지 못한 채 —오로지 이 점만이 앞에서 말한 "전지"를 의미할 수 있게 될 것이다—, 논리적인 시한폭탄에 빠지고 만다. 사람들이 내재적 비판의 원리에도 역시 어떻게 충실하게 따를지는 모르지만, 논리적 내재성 자체가 모든 특별한 내용을 도외시한 채 유일한 척도로 끌어올려진 곳에서, 바로 이곳에서 내재적 비판의 원리가, 성찰되지 않은 상태에서, 적용될 수는 없다. 풀려서 자유롭게 된 논리에 대한 내재적 비판에는 논리의 강제적 성격에 대한 비판이 계산에 넣어진다. 사고는 사고를 형식논리적인 과정과 —사고가 없는 상태에서— 동일화시킴으로써 논리의 강제적 성격을 받아들인다. 내재적 비판은 내재적 논리의 물신화의 원리에서 그 한계를 갖는다. 이처럼 물신화된 논리 자체가 이름으로 불릴 수 있는 것이다. 그 밖에도, 이른바 전지前地 토론의 내용적인 중요성이 사회학을 위해 넓은 정도로 결코 보충되지 않았다. 우리가 대략 가상과 본질을 구분해도 되는지는 이데올로기에 대해 말할 수 있는지와 직접적으로 관련된다. 이와 더불어 수수께끼로 되는 모든 것에 파고 들어가야 하는 것이야말로 사회학적으로 중심적인 교훈적 저작물이 된다. 인식론적이거나 또는 논리적인 준비와 같은 것들이 부당하게 요구하는 것의 내용적인 중요성은, 해당되는 논쟁들이 그것들 나름대로 잠재적으로 내용적인 종류라는 점을 통해서 설명된다. 사회에 대한 인식이 사회와 한데 엮여 있고, 사회는 사회에 관한 학문 안으로 구체적으로 들어가거나 또는 사회에 관한 학문이 오로지 주관적 이성의 산물이 —주관적 이성에 고유한 객관적인 매개들에 대한 모든 되물음의 건너편에서— 된다.

비난의 대상이 된 추상성의 배후에는 그 사이에 토론의 훨씬 더 심각한 어려움이 도사리고 있다. 토론이 어떻든 가능할 수 있도록 하기 위해서는 형식적인 논리에 따라 처리되어야 한다는 것이다. 형식적인 논리의 우위에 관한 테제는 그러나 그것 나름대로 실증주의적이거나 또는 ―아마도 극도로 부담이 지어진 표현을 어떤 경우이든 포퍼Popper에게는 수용될 수 있을 것 같은 표현을 통해 교환하여 말해 본다면― 과학주의적인 파악이다. 즉, 사회학과 사회이론을 포함한 모든 학문에 관한 과학주의적인 파악이다. 처리의 절대적으로 통용되는 논리성이 논리에게 절대적인 우위를 사실상으로 부여하는지도 논쟁의 대상들에서 제외될 수 없다. 논리의 우위성에 대한 비판적 자기 성찰을 사실에 충실한 분과들에서 요구하는 생각들은 그 사이에 불가피하게 전략적인 단점에 빠져든다. 이러한 생각들은 수단들을 통해, 즉 수단들 아래에서 논리적 수단들이 자기를 주장하는 수단들을 통해 논리에 대해 숙고해야만 한다. ― 이것은 가장 강력한 성찰을 하였던 실증주의자인 비트겐슈타인Wittgenstein이 고통과 함께 깨우쳤던 유형의 모순이기도 하다. 현재의 상황에서 거부할 수 없는 논쟁과 같은 하나의 논쟁이 세계관적으로, 외적으로 서로 대립된 관점들로부터 계속된다면, 이러한 논쟁은 선험적으로 결실을 맺지 못하고 말 것이다. 이러한 논쟁이 그러나 논증 안으로 들어간다면, 하나의 입장의 게임규칙들이, 즉 토론의 대상을 최종적으로 내보내지 않는 게임규칙들이 암묵적으로 인정되는 것이 토론을 위협하게 된다.

다렌도르프는 발제자의 입장에 반대하는 제2발제자의 언급, 즉 관건이 되는 것은 관점 차이가 아니며 결정 가능한 대립관계들이라는 언급에 대해 "관점 차이는 맞지 않으며, 대립관계들도 그러나 틀렸다"[06]는 물음을 제기하면서 그의 답을 제시하였다. 다렌도르프에 따르면 발제자들이 취

---

06 Dahrendorf, S.150.

하는 입장은 토론과 논증을 배제하지 않고 있으나, 그들 사이의 차이가 논증의 영역에서 그 사이에 매우 심각해져서 "포퍼와 아도르노가 절차의 도움을 받아 그들의 차이가 결정될 수 있을 정도로 오로지 절차상으로만 서로 일치될 수 있는지에 대해 의구심을 품지 않을 수 없다"[07]는 것이다. 다렌도르프의 의문은 틀림이 없는 의문이다. 이 의문에 대해서는 그러한 결정을 가져오는 실행된 시도에서만 답변이 이루어질 수 있다. 이렇게 되기 이전에 답변이 이루어질 수는 없는 것이다. 우리는 이러한 시도에 강제적으로 몰려 있다. 두 개의 서로 병렬적으로 공존하는 유형을 위한 평화적인 관용은 사회학을 진리의 강조된 요구 제기를 중화中和시키는 것보다 더 좋은 결과에 전혀 이르게 하지 못할 것이기 때문이다. 과제가 역설적으로 제시된다. 다시 말해, 논쟁적인 물음들을 논리주의적인 편견이 없는 상태에서, 그러나 또한 독단주의도 없는 상태에서 토론하는 과제가 제시되는 것이다. 하버마스는 이를 위한 노력을, 즉 교활한 논쟁술적인 기술들을 사용하지 않는 노력을 "서서히 침투해 들어가기" 또는 "등 뒤에 숨어서"라고 언어적으로 정리함으로써 그의 견해를 피력하고 있다. 우리가 겹쳐서 서로 파고들 수 있는 어떤 정신적인 지점이 발견될 수 있을 것 같다. 그렇다고 해서 스스로 주체가 되는 규칙의 표준을 앞에서 말한 정신적인 지점에서 받아들이는 것은 아니다. 이러한 표준은 사고가 갖고 있을 뿐인, 아무도 살지 않는 나라Niemandsland이다. 앞에서 말한 정신적인 지점은, 외연外延 논리적인 모델에 맞춰서, 서로 충돌되는 두 입장보다 더욱 일반적인 것으로서 표상될 수는 없다. 그러한 정신적인 지점이 그 구상具象을 획득하는 이유가 존재한다. 학문도 역시, 형식 논리학을 포함하여, 사회적인 생산력일 뿐만 아니라 이와 똑같은 정도로 사회적인 생산관계

---

07   a. a. O., S.151.

이기 때문이다. 실증주의자들이 이 점을 받아들일 수 있는지는 불확실하다. 이 점은 학문의 절대적인 독자성에 관한 근본 테제, 그리고 이러한 독자성이 모든 인식에 대해 정초적인 성격을 갖는다는 것에 관한 근본 테제에 손을 대고 있다. 다음과 같은 점에 대해 물음이 제기될 수 있을 것 같다. 인식과 실재적인 삶의 과정 사이에 적확한 분리가 통용되는지, 인식은 그것에 고유한 자율성을 통해 인식의 발생의 맞은편에서 스스로 생산적으로 독립적으로 되었고 객체화되었던바, 이러한 자율성이 그것 나름대로 인식의 사회적인 기능으로부터 유래하는 것은 아닌지, 인식이 하나의 내재성의 연관관계를 형성하였으면서도 자체로서의 인식의 정초定礎에 따라 인식을 포괄하는 장場에, 즉 인식의 내재적인 조립 구조 안으로까지 들어와 작용을 하는 장에 정주된 것은 아닌지 하는 물음이 제기될 수 있는 것이다. 이처럼 중첩되면서 투쟁하는 것을 보여 주는 상태가, 이것이 또한 항상 납득될 수 있듯이, 무모순성無矛盾性의 원리를 반박하고 있다고 보아야 할 것이다. 이를 위해 투쟁하는 변증법은 그 어딘가 다른 곳에서도, 그리고 변증법에서도 '특권화된 사고'로서 행세해서는 안 될 것이다. 변증법은, 어떤 사람은 주관적인 특별한 능력의 재능을 갖고 있으나 다른 사람에게는 이 능력이 닫혀 있다면서 주관적인 특별한 능력으로서 변증법을 뽐내서도 안 될 것이다. 또는 변증법이 심지어는 직관주의인 체해서도 안 될 것이다. 역으로 실증주의자들은 희생을, 다시 말해 하버마스가 칸니트페어스탄–태도Kannitverstan-Haltung[08]라고 명명하였던 태도로부터 발생하는 희생과 실증주의자들이 말하는 "의미 기준들"과 같은 카테고리들과 일치하지 않는 모든 것을 이해될 수 없는 것으로서 손쉽게 무자

08 독일의 소설가인 요한 페터 헤벨(1760-1826)이 쓴 이야기, 독일의 나이 어린 도제가 당시의 세계 중심 도시인 암스테르담을 방문하여 경험한 이야기를 담고 있다. 칸니티페어스텐은 '나는 너를 이해할 수 없다'라는 뜻을 담고 있다(역주).

격을 선언하지 않는 희생을 초래해야만 하다. 우리는 많은 사회학자들이, 철학에 대해 확인되고 있는 적대감의 면전에서, 경련을 일으키면서 그들 자신의 과거를 뒤흔들려는 의도를 갖고 있는 것 같다는 의구심에서 벗어나지 못하고 있다. 이에 대해 사회학자 자신들의 과거가 보복으로 스스로 되돌아오곤 한다.

　실증주의자들에 따르면 철학이 완화시키고 있다는, 객관적인 학문적 통용성의 엄격한 개념을 실증주의자들이 대표하고 있기라도 하는 듯이, 논쟁은 그 최고의 모습을 스스로 드러내보이고 있다. 변증법을 따르는 사람들이, 철학적 전통이 시사하고 있듯이, 사변적으로 그릇된 길로 인도하고 있다는 것이다. 이와 동시에 언어 사용도 사변의 개념을 그 반대의 개념이 될 때까지 변화시킨다. 사변의 개념은 헤겔에서는 오성의 비판적 자기 반성의 의미, 오성이 제한되어 있음의 의미, 이러한 제한되어 있음의 자기 수정의 의미에서 해석되지만, 이제는 더 이상 헤겔에서처럼 해석되지 않는다. 오히려 사변의 개념은, 사변하는 사람을 구속력이 없으며 논리적인 자기비판도 없고 사물과의 대결도 없이 공허하게 옆도 돌아보지 않고 나아가는 사람으로 표상하는 인기 있는 모델에 따라, 눈치 채이지 않게, 해석된다. 헤겔의 체계가 붕괴된 이래, 그리고 아마도 헤겔의 체계의 결과로서, 사변의 이념은 말라빠진 황무지에서 동물에 관해 파우스트처럼 말하는 상투어에 고분고분하게 되는 것과 같은 종류로 왜곡되었다. 사고에 고유하게 내재하는 편협함으로부터 벗어나 있음으로써 객관성을 획득하는, 한때는 사고라고 당연히 불렀던 것이 주관적인 자의와 동일시된다. 자의와 동일시되는 이유는 다음과 같다. 일반적으로 통용되는 통제에서 사변을 필요로 한다고 말하고 있기 때문이다. 주관주의와 동일시된 이유는 다음과 같다. 사변에 관한 사실의 개념이, 매개에 올려놓은 강조에 의해서, 즉 스콜라철학적인 실재주의로의 복귀로서 나타나는 '개념'에 의해서, 그리고 실증주의적인 의식儀式에 따라 사고하는 자의 실

384

행으로서, 다시 말해 실증주의자들에 의하면 즉자 존재와 혼동되고 있다는 실행으로서 출현하는 개념에 의해서 해체되었다고 말하고 있기 때문이다. 이에 반해, 그 열정과 작용을 실증주의적 입장이 갖고 있는 객관성에의 요구 제기에서 붙들고 있는 실증주의적 입장이 그것 나름대로 주관주의적이라고 말하는 테제는 알버트가 의심하였던 너도-마찬가지야 주장보다는 더욱 많은 힘을 갖고 있다. 헤겔이 반성 철학이라고 불렀던 것에 대한 헤겔의 비판은 이 점을 선취하였다. 카르납Carnap은 철학으로부터 남은 것은 방법론 이외에는 아무것도 없다고 말하면서 환호성을 올린다. 논리적 분석의 방법론은 주관적 이성에 대해 사이비-존재론적으로 미리 결정하는 것의 전형典型이다.[09] 모순들은 실증주의에게는 저주와도 같은 것이다. 실증주의는 그러나 그것의 가장 깊고 그것 스스로 의식하지 못하는 모순을 갖고 있는바, 이러한 모순은 실증주의가 그 근성에 따라 모든 주관적인 투사投射들로부터 정화된 극도의 객관성에 몰두하고 있지만 이와 동시에 단순히 주관적이고 도구적인 이성의 독특성에 더욱 많이 붙잡혀 있을 뿐이라는 점에서 드러난다. 이상주의에 대한 승리자라고 스스로 느끼고 있는 사람들은 비판이론보다 이상주의에 훨씬 더 가깝게 다가서 있다. 그들은 인식 주체를 인식을 산출하는 절대적인 주체로서 더 이상 실체화시키지는 않지만, 인식 주체를 모든 통용, 학문적 통제의 사유 가능한 영역으로topos noetikos 실체화시킨다. 그들이 철학을 폐지시키고 싶어 하는 동안에도, 그들은 다만 하나의 철학만을, 즉 학문의 권위성에 의지한 상태에서 철학 자체에 대해 철학 스스로를 밀폐시키는 철학만을 옹호하고 있을 뿐이다. 흄Hume-마흐Mach-슐릭Schlick 연결고리의 마지막 가지인 카르납에서는 이 연결고리보다 더욱 오래된 주관주의적 실증

---

09 이 개념은 다음의 논문에서 전개되었다. Max Horkheimer, Zur Kritik der instrumentellen Vernunft(도구적 이성의 비판), Teil I, Frankfurt a. M. 1967.

주의와의 연관관계가 기록문서 문장들에 대한 이러한 주관주의적 실증주의의 감각주의적인 해석에 의해서 명백하게 드러나 있다. 그리고 나서 이처럼 감각주의적인 해석은, 학문의 기록문서 문장들도 역시 다른 것이 아닌, 바로 언어적으로 주어져 있고 직접적으로 감각적으로 확실하지 않은 것들이기 때문에, 비트겐슈타인의 문제점을 발생시켰다. 잠재적 주관주의는 그 사이에 트락타투스Tractatus의 언어 이론에 의해서 결코 부서지지 않았다. 비트겐슈타인의 언어 이론에는 다음과 같은 구절이 나온다. "철학의 결과는 '철학적 문장들'이 아니고 문장들이 명료하게 되는 것이다. 문장들이 명료하게 되지 않으면, 철학은 말하자면 불투명하고 불명료한 생각들을 명료하게 하여야 하며 예리하게 경계를 지워야 할 것이다."[10] 명료함은 그러나 주관적 의식에만 귀속되어 있다. 비트겐슈타인은, 과학주의적인 정신에서, 객관성에의 요구 제기를 지나치게 과장하고 있는바, 이는 사라지면서도 그의 영광을 형성해 주는 것인 철학의 총체적 역설로부터 그가 벗어나는 방식으로 발생하고 있다. 잠재적 주관주의는 모든 명목론적인 계몽 운동의 객관주의를 대위법과 같은 것으로 만들었다. 이것은 영구적으로 행해지는, 대인논증reductio ad hominem이다. 사고가 이러한 귀류법에 적용할 필요는 없다. 사고는 잠재적 주관주의를 비판적으로 그 덮개를 벗길 능력을 갖고 있다. 비트겐슈타인을 포함한 과학주의자들이 앞에서 말한 잠재적 주관주의뿐만 아니라 ―그 내부에서 실증주의적으로, 왜곡된 채, 최고로 실재적인 대립주의를 드러내는― 형식논리적이고 경험주의적인 날개의 영구적인 대립주의에서도 그토록 적게 방해를 받을 뿐이었다는 점은 경악스럽다. 이미 흄Hume에서 수학의 전적인 통용성에 관한 교설이 회의적인 감각주의에 이질적으로 대립되어 있었다. 이

10 Ludwig Wittgenstein, Tractatus logico-philosophicus(논리-철학 논고), 4.112, Frankfurt a. M. 1960 (1963²), S.31f.

러한 대립에서 사실성과 개념의 매개가 과학주의에서 성공에 이른 정도
가 얼마나 적었는가 하는 점이 표명된다. 사실성과 개념은 결합되지 않은
채 논리적으로 양립하지 않는 것이 되고 만다. 개별적으로 주어진 것이
"이념들"에 대해 갖는 절대적 우위가 옹호될 수 없을 뿐만 아니라 순수한
이상적인 영역의, 즉 수학적 영역의 절대적인 독자성도 붙들어 매질 수는
없다. 버클리Berkeley의 존재한다는 것은 지각된다는 것이다esse est percipi[11]가,
어떻든 변화되는 것처럼, 보존되어 있는 한, 형식적인 분과들의 통용에
의 요구 제기가, 즉 어떤 감각적인 것에서도 그 토대를 갖지 않는 통용에
의 요구 제기가 어디로부터 유래하는지가 통찰되지 않는다. 경험주의에
게는 문장들이 결합되어 있는 것이 하나의 진리 기준인바, 경험주의의 모
든 결합되는 사고 작용은, 역으로, 형식 논리학을 요청한다. 이처럼 단순
한 숙고만으로도 과학주의를 변증법 쪽으로 움직이게 하는 데 충분할 것
임에 틀림없다. 형식적인 것과 경험적인 것의 잘못된 추상적인 대극성은
그러나 사회에 관한 학문들 안으로 들어가서 최고도로 감지될 수 있는 상
태에서 계속된다. 형식 사회학은, 하버마스의 용어에 따르면, 규제된 경
험의 외적인 보충이다. 짐멜의 테제들과 같은 사회학적 형식주의의 테제
들이 그것들 자체로 잘못된 것은 아니다. 이러한 테제들은 그러나 그것들
이 경험세계로부터 잡아떼어 놓는 사고 활동들을 실체화시키고 그리고
나서 보충적으로, 설명을 가하면서 그러한 사고 활동들을 채워 넣는다.
프롤레타리아 정당들의 관료화에 대한 발견처럼 형식 사회학이 좋아하
는 발견들은 사물에서의 토대fundamentum in re를 갖고 있다. 형식 사회학이
좋아하는 발견들은 그러나 "어떻든 조직"이라는 상위 개념으로부터 발원
하지 않는다. 오히려 이러한 발견들은 매우 강력한 체계, 즉 자체에 고유

---

[11] 존재와 관찰되어 있는 것 사이의 차이를 명확하게 하기 위해 자주 사용되는 공식임(역주).

하게 내재하는 조직 형식들의 확산에 힘입어 전체das Ganze에 걸쳐 그 폭력이 실현되는 매우 강력한 체계의 내부에서 자기주장을 하는 강제적 속박과 같은 사회적인 조건들로부터 발원한다. 이러한 강제적 속박은 사회적인 전염을 통해서뿐만 아니라 사이비-합리적으로도 반대자들에게 전달된다. 이렇게 됨으로써 조직은 조직에 속해 있는 사람들의 이해관계가 일순간에 작동하도록 이해관계를 대변할 수 있는 능력을 갖게 되는 것이다. 사물화된 사회 내부에서는, 스스로 사물화되지 않은 그 어떤 것도 살아남을 수 있는 기회를 갖지 못한다. 독점 자본주의의 역사적으로 구체적인 일반성은, 노동의 독점이 갖고 있는 모든 함의들과 함께, 노동의 독점 안으로 연장된다. 경험적 사회학에 부여된 중대한 과제는 쇠사슬 고리들을 분석하는 것, 그리고 변화된 자본주의적 생산관계들에의 적응이 자신의 객관적인 이해관계들을 이러한 적응에 결국에는 대립시키는 사람들을 어떻게 포착하는가를 하나하나 논구하는 것이 되어야 할 것 같다.

현재 지배적으로 나타나고 있는 실증주의적 사회학을 주관적인 경제학과 동일한 의미에서 주관적이라고 불러도 되는 근거가 존재한다. 주관적인 경제학을 중심적으로 대표하는 사람들 중의 한 사람인 빌프레도 파레토에서 현재의 사회학적 실증주의는 그 뿌리들 중의 하나를 갖고 있다. 동시에, '주관적'이라는 것은 중첩된 의미를 갖는다. 하버마스가 표현하듯이, 지배적인 사회학은 어떻든 망판용 스크린들, 그리고 데이터에 부과된 도식들을 이용하여 작업한다. 데이터가 어떤 부분에 접합되어야 하는가에 맞춰서 데이터도 또한 이러한 도식들에서 통용에 이르게 된다는 것이 의심할 여지가 없는 반면에, 데이터 현상들이 —이것들에 즉자적으로 미리 배열되어 있는 차이에 걸맞게— 학문이 분류적으로 산출한 구조에 의해 비로소 해석되는 것은 아닌지, 또는 그렇지 않은지에 대해 데이터가 하나의 중심적인 차이를 만들어 낸다. 잘못된 협조 체계들의 선택이 아무튼 상관이 없게 되는 정도가 얼마나 적은가는 확실한 사회적 현상들을 특권, 신분과 같은 개념들 아래로 가져가거나 또는 객관적인 지배관계들로 부터 도출하는 대안에서 예시될 수 있다. 후자의 파악에 따르면, 신분과 특권은 계급관계의 동역학에 종속되어 있고 원리적으로 볼 때 폐기가 가능한 것으로서 생각될 수 있다. 이에 반해 신분과 특권의 분류적인 배열은 앞에서 말한 카테고리들을 곧바로 주어진 것, 잠재적으로 불변적인 것으로 받아들이는 경향을 보인다. 겉으로 보기에 단순히 방법론학에 관련되는 구분은 이처럼 내용적으로 그 결과를 풍부하게 가져오는 것이다. 이와 일치를 보이면서, 실증주의의적 사회학의 주관주의는 그 두 번째 의미에 놓여 있게 된다. 실증주의적 사회학의 활동의 매우 현저한 부분에서, 최소한 이 부분에서, 실증주의적 사회학은 사회로부터 출발하는 것 대신에 개별적인 주체들 및 사회의 견해들, 행동방식들, 자명함으로부터 출발한다. 그러한 구상에게는, 사회는 훨씬 전부터 통계적으로 조사되는 평균적인 의식이거나 또는 사회적으로 조직화되고 사회적으로 행위하는 주체들의 무의식이 된다. 그러한 구상에게는, 사회가 매개체가 되지 않는다. 앞에서 말한 주체들이 매개체에서 운동하고 있음에도 매개체가 되지 않는 것이다. 실증주의자들에게는 신화적인 잔존물인 구조의 객관성은, 변증법적 이론에 따르면, 인식하는 주관적 이성이 갖고 있는 선험적인 것이다. 인식하는 주관적 이성이 이러한 선험적인 것을 알아차린다면, 이러한 이성은 구조들에 고유한 적법성에서 규정할 수 있는 개념적 질서의 처리 규칙들에 따라 인식하는 주관적 이성으로부터 구조를 선광選鑛하지는 않을 것이다. 개별 주체들에서 조사될 수 있는 사회적 사실들의 조건과 내용은 앞에서 말한 구조에 의해 처리된다. 사회에 관한 변증법적 구상이 얼마나 넓게 그것의 객관성에의 요구 제기를 이행하였는지, 또는 이것이 사회에 관한 변증법적 구상에 도대체 아직도 가능한지는 어떻든 상관이 없는 일이다. ― 사회에 관한 변증법적 구상은 그것의 객관성에의 요구 제기를 이러한 변증법적 구상에 대한 반대자들보다는 더욱 심각하게 받아들인다. 다시 말해, 이들 반대자들이 한때는 즉자 존재의 개념으로 의도되었던 이념인 객관성에 관한 강조된 이념을 처음부터 포기함으로써 사회의 객관적으로 통용되는 상태들에 대해 겉으로 보이는 보증이나마 비싼 희생을 치르고 얻어 내는 반대자들보다는 더욱 심각하게 받아들이는 것이다. 실증주의자들이 하나의 새로운 진보된 사고 유형을, 즉 알버트가 그렇게 명명하고 있듯이 이 사고 유형에 대한 파악은 오늘날 도처에서 관철되고 있지는 않지만 이에 비해 변증법은 원시주의에 지나지 않는다고 말하는 사고 유형을 대변한다고 드러내 보이는 한, 실증주의자들은 논쟁을 예단하고 있다. 진보에 관한 이러한 견해는 진보를 사보타지하는 대가를 고려하지 않고 있다. 정신은 사실들을 위하여 정신으로서 스스로 묶여 있는 것을 통해 진보한다는 것이다. 이것은 논리적 모순이다. 알버트는 다음과 같이 묻고 있다. "새로운 이념들은 왜 그것들의 참됨을 증명하는 호기好機를, 다른 호기와 마찬가지로, 덮어서는 안 된다는 말인가?"[12] 여기에서 새로운 이념들이라고 의도된 것은 일반적으로 볼 때 어떤 경우에도 이념 친화적이지 않은 근성이다. 이러한 근성이 제기하는 현대성에의 요구는 다른 것이 아닌, 바로 진보된 계몽에의 요구 제기이다. 이러한 요구 제기는 그러나 주관적 이성에 대한 비판적 성찰을 필요로 한다. 주관적 이성의 진보는, 계몽의 변증법과 더불어 그 가장 깊은 내부로까지 들어가 함께 자라나면서, 더욱 높은 객관성으로서 주저하지 않고 가정假定될 수는 없다. 바로 이 점이 실증주의 논쟁의 발화점이다.

변증법이 그것의 대상에 의존되어 있지 않은 방법론이 아니라는 점은 변증법을 대자 존재로서 서술하는 것을, 연역적 체계는 이처럼 서술하는 것을 허용하고 있지만, 저지시킨다. 변증법은 정의定義의 기준에 고분고

---

12   Hans Albert, Der Mythos der totalen Vernunft, S.208.

분하게 따르지 않으며, 정의의 기준을 비판한다. 헤겔의 체계의 돌이킬 수 없는 붕괴 이후 변증법도 또한 철학적 보증과 관련하여 있었던 의식, 심각하게 의문의 여지가 있었던 의식을 상실하였다는 점은 중대한 일이다. 토대의 결함, 즉 모든 계속되는 것이 그 위에서 구축된다고 하는 토대의 결함은 실증주의자들이 변증법에 미리 계산해 놓고 있는 내용인바, 이 것은 지배적인 철학에서도 역시, 변증법에 대해 반목을 취함으로써, 어부지리를 얻는 데 이용된다. 변증법에는 출발점ἀρχή이 결핍되어 있다는 것이다. 변증법은 그 이상주의적인 버전에서 존재자를 ―무수한 매개를 통해서, 존재자에 고유하게 내재하는, 정신과의 비동일성에 힘입어― 정신과 동일한 것으로, 남김없이, 논구함으로써 주제 넘는 일을 저질렀다. 주제 넘는 짓은 실패로 끝났다. 이렇기 때문에 변증법은, 그것이 현재 처해 있는 형체에서, 알버트의 과학주의에 못지않게 "총체적 이성의 신화"와도 같은 논쟁적인 위치에 놓여 있는 것이다. 변증법은 그것의 진리에의 요구 제기를 이상주의 시대에 그랬던 것처럼 그렇게 보증된 것으로서 변증법에 귀속시켜서는 안 된다. 헤겔에서의 변증법적 운동은, 포괄적인 설명 원리로서, 운동 자체를 '학문'으로서 주저함이 없이 이해하였다. 왜냐하면, 변증법적 운동의 처음에 이루어지는 발걸음과 설정에서는 동일성 테제가, 즉 분석의 진행에서 확인되지도 않고 설명되지도 않았던 동일성 테제가 함께 포함되어 있었기 때문이다. 헤겔은 변증법적 운동을 순환의 비유라는 표현으로 기술하였다. 어떤 것도, 본질적으로 인식되지 않고 우연적인 것으로서, 변증법으로부터 벗어나 외부에 머물러 있었던 것이 되지 않도록 신경을 썼던 그러한 종류의 밀폐성은 강제적 속박 및 명백함과 함께 변증법에서 산산조각이 났다. 변증법은 변증법을 규제하였던 규준을 갖고 있지 않다. 그럼에도 변증법은 그 존재 이유raison d'être를 갖는다. 하나의 객관적이고 즉자 존재적인 체계의 이념은 사회적으로는, 이상주의의 붕괴 이후 이 이념이 망상으로 여겨지고 있고 실증주의가 이 이념

을 망상이라고 단언하고 있는 것처럼, 그렇게 망상적이지는 않다. 실증
주의가 낡은 것으로 간주하는,[13] 위대한 철학의 개념은 사고가 올리는 성
과들의 이른바 미적인 질의 덕택이 아니고, 경험 내용에 그 빚을 지고 있
다. 다시 말해, 위대한 철학의 개념은 개별 인간적인 의식에 대한 경험 내
용의 선험성을 위해 절대적인 것으로서의 경험 내용의 실체로, 저항할 수
없게끔, 끌어들이면서 작용하였던 경험 내용에 빚을 지고 있는 것이다.
변증법은 앞에서 말한 경험 내용을 경험 내용이 발원하였던 경험으로 되
돌아가서 바꾸어 놓는 것을 통해 정당화될 수 있다. 이것은 그러나 모든
개별적인 것이 객관적인 사회적 총체성에 의해 매개되어 있는 상태에 대
한 경험이다. 이러한 경험은 전통적인 변증법에서는 선행하는 객관성이,
즉 객체 자체가, 총체성으로 이해된 채, 주체라는 테제와 함께 뒤죽박죽
이 되었다. 알버트는 튀빙겐의 제2발제자가 총체성에 대해 간략하게 제
시하는 것에서 일이 끝난 것으로 하고 있다고 항의하였다.[14] 개념으로서
의 총체성의 개념은 사실들과는 구분되는바, 이러한 사실들을 가리키는
것과 같은 방식으로 총체성을 손가락으로 가리킬 수는 없다는 점은 동의
이어同義異語의 반복에 지나지 않는다고 말할 수 있을 것이다. "가장 먼저,
그리고 전적으로 추상적으로 접근해 본다면, 모든 개별 인간들이 그들이
형성한 총체성에 의존되어 있다는 점이 상기될 만하다. 이러한 총체성에
서는 또한 모든 사람이 모든 사람에 의존되어 있다. 전체Das Ganze는 전체
의 구성원들에 의해 충족된 기능들의 통일성에 힘입어서만이 유지된다.
일반적으로, 모든 개별 인간은 자신의 삶을 이어가기 위해서는 하나의 기

---

13   Vgl. Helmut F. Spinner, Wo warst du Platon(플라톤, 당신은 어디에 있었는가), Ein
      kleiner Protest gegen eine »große Philosophie«('거대 철학'에 대한 작은 항변), in: Soziale
      Welt, Jg. 18/1967, 2/3, S.174ff.

14   Vgl. Albert, a. a. O., S.194, Fußnote I(각주 I번).

능을 떠맡아야 하며, 자신이 하나의 기능을 갖고 있는 한 이에 대해 감사해야 한다고 교육된다."[15]

알버트는 하버마스가, 동일성 철학의 모든 죄와 함께, 총체적 이성의 이념에 빠져 있다고 비난하고 있다. 알버트의 비난은 다음과 같이 객관적으로 노련한 모습을 보인다. 알버트에 따르면 변증법은, 헤겔적으로 진부한 채, 사회적 전체에 대한 관념과, 즉 탐구가 뒤쫓아가 따라잡을 수 없으며 쓰레기 더미에 속할 뿐인 그러한 관념과 관계하고 있다는 것이다. 머튼Merton의 중간범위 이론의 정리定理들의 대상들이 위에 덮개가 씌워진 연관관계들로부터 구토하듯이 폭력적으로 토해지는 동안에도, 그의 중간범위 이론이 행사하는 열광이 총체성 카테고리에 대항하는 회의懷疑로부터 최종적으로 설명될 수는 없다. 가장 단순한 상식에 따라 경험세계가 총체성으로 내몰리게 된다. 1967년 베를린에서 발생한, 학생들에 대한 폭력 행위와 같은 사건에서 보이는 사회적 갈등을 우리가 대략 탐구해 보면, 개별 상황의 계기는 이 사건을 설명하는 데 충분하지 않다. 불안정한 조건에서 유지되는 이해관계들인 도시의 이해관계들을 주민들에서 위태롭게 한다는 어떤 집단에 대항하여 주민이 자발적으로 반응을 보였다는 테제와 같은 테제는, 이 테제의 밑에 놓여 있는 정치적=이데올로기적 연관관계의 의문점 때문에만 불충분한 것이라고 볼 수 없다. 이러한 테제는 특별하고 가시적이며 대중의 선입견에 따라 가볍게 동일화되는 소수에 대해 물리적 폭력의 형식으로 직접적으로 터트리는 분노를 어떤 경우에도 이해시키지 못한다. 학생들이 공부는 하지 않고 데모를 하고 있다는 ―이것은 현저한 비진실이다― 말, 학생들이 그들의 학업 비용을 지불하는 납세자들이 낸 돈을 허비하고 있다는 말, 이와 유사

15 Theodor W. Adorno, Stichwort Gesellschaft(표제어 사회), in: Evangelisches Staatslexikon, Stuttgart 1967. Spalte 637[현재는 이 책 10쪽].

한 말은 학생들에 대항하여 행해지는 가장 확산되어 있고 가장 작용력이 높은 상투어들인바, 이런 상투어들은 절박한 상황과 공공연하게 전혀 관계가 없다. 그러한 구호들이 극단적 애국주의자들이 장악하는 언론의 구호들과 매우 동일하다는 것은 명백하다. 그럼에도 그러한 언론은 공감을 거의 얻지 못하고 있는 것 같으며, 그러한 언론이 증명하고 강화시키는 수많은 개인들의 견해와 충동 방향의 성향에 접속되어 있는 것 같지도 않다. 반反-지성주의, 그리고 의문점이 없는 상태들에 대한 불만족을 의문점을 명확하게 말하고 있는 상태들에 투사시킬 준비가 되어 있는 태도가 직접적인 계기들에 대한 반응으로 들어가게 하는 것이다. 이러한 반응들은 핑계, 합리화로서 기능한다. 베를린의 상황이 대중심리적인 잠재력을 해방시키는 데 기여하는 하나의 인자가 스스로 된다면, 베를린의 상황은 국제정치의 위에서 덮개를 씌우는 연관관계들로부터가 아닌 다른 관계들로부터는 이해될 수 없을 것이다. 베를린의 갈등에서 현실적으로 중요하게 된 권력투쟁들로부터 유래하는 것을 이른바 베를린 상황으로부터 도출하는 것은 우매한 짓이다. 전선戰線들은, 연장된 채, 사회적 그물망에 이르게 된다. 더 정확하게 말하면, 사회적 그물망은, 그것이 가진 모멘트들의 무한한 다수를 위해서는, 과학주의적인 규정들에 따라 손에 움켜쥐어질 수는 없다. 그럼에도 우리가 사회적 그물망을 학문으로부터 제거해 버리면, 현상들이 잘못된 원인들에 돌려지게 된다. 이로부터 규칙적인 이윤을 얻는 것은 다른 것이 아닌, 바로 지배 이데올로기이다. 사회가 사실Faktum로서 못 박힐 수는 없다는 점은 매개의 구성 요건만을 원래부터 지칭하고 있을 뿐이다. 다시 말해, 사실들이 최종적인 것이 아니고 꿰뚫어지지 않는 것이 아님에도, 지배적인 사회학은 그것들을 오래된 인식론의 감각적인 데이터들의 견본에 따라 그것들 자체로서 고찰하고 있는 것이다. 이러한 데이터들에서는 그것들 자체가 아닌 그 어떤 것이 출현한다.[16] 변증법이 본질과 현상의 차이에 대해 말을 끝내지 않게 하는 반면에, 실증주의가 슐릭Schlick의 공리에 따라 오로지 현상만을 통용시키고 싶어 한다는 점은 실증주의적 구상과 변증법적 구상에 놓여 있는 차이들 중에서도 가장 사소한 차이만은 아니다. 교환되는, 잘못 상정된 등가물들의 같지 않음의 구조와 같은 사회적 과정의 결정적 구조들이 이론의 간섭이 없이는 명백하게 알려질 수 없다는 것은 그것 나름대로 사회적인 법칙이다. 변증법적 사고는 감춰진 본질은 비본질이라고 말하는 것을 통해서 니체가 배후 세계적이라고 명명하였던 것이 갖고 있는 의구심을 만난다. 변증법적 사고는, 철학적 전통과 화해할 수 없는 태도를 취하면서, 이러한 비본질을 그것의 폭력 때문에 시인하는 것은 아니며, "출현하는 것"에 대해, 그리고 종국적으로는 개별 인간의 실재적인 삶에 대해 비본질이 갖고 있는 모순에서 비본질을 비판한다. 붙들 수 있는 것은, 본질이 출현해야 한다고 말하는 헤겔Hegel의 문장이다. 이렇게 됨으로써 변증법적 사고는 출현에 대한, 앞에서 말한 모순에 이르게 된다. 총체성은 체제 긍정적인 카테고리가 아니고, 오히려 하나의 비판적 카테고리이다. 변증법적 비판은 총체성에 순종하지 않는 것, 총체성에 저항하는 것, 또는 아직도 존재하지 않는 개별화의 잠재력으로서 비로소 형성되는 것을 구제하거나 또는 산출하는 것을 돕고 싶어 한다. 사실들에 대한 해석이 총체성으로, 총체성 자체가 사실이 아닌 채, 인도된다. 앞에서 말한 비판적 카테고리로서의 총체성에서 그 위치 가치를 갖고 있지 않을 것 같은 어떤 것도 사회적으로 사실적인 것이 되지는 못한다. 이러한 총체성은 모든 개별 주체에게 미리 배열되어 있다. 모든 개별 주체도 역시 그 내부에서 이러한 총체성이 부과하는 속박에 스스로 순응하며 여전히 모든 개별 주체의 단자론적인 정초定礎에서, 그리고 비로소 이러한 정초를

16 Max Horkheimer, a. a. O., S.20f.

통해서 제대로 총체성을 표상하기 때문이다. 이러는 한, 총체성은 가장 현실적인 것이다. 그러나 총체성이 개인들 상호간의 사회적 관계의, 즉 개별 인간들에 대항하여 빛을 차단시키는 사회적 관계의 총체이기 때문에, 총체성은 동시에 또한 가상이고 이데올로기이다. 해방된 인류는 더이상 총체성이 아닌 상태의 인류일 것이다. 해방된 인류의 즉자 존재는, 해방된 인류가 자기 자신에 대해 진정한 사회적 기체基體라고 총체성을 속이는 것과 똑같은 정도로 총체성의 부자유이다. 이와 함께 모순이 없는 것으로서의 총체성 개념에 대한 논리적 분석의 절실함이,[17] 즉 알버트가 하버마스에 대항하여 알리고 있는 절실함이 충족된 것은 아니다. 분석은 총체성의 객관적 모순에서 기한이 한정되기 때문이다. 분석이 그러나 총체성으로의 복귀를 결정론적인 자의의 비난으로부터 벗어나게 해주고 있다고 보아도 될 것 같다.[18] 하버마스는 총체성의 해석 가능성에 대해 이의를 ―다른 변증법론자처럼 그렇게 적은 정도로― 제기한다. 운동을 통해 총체성 카테고리로 초월되는 사실 기준에 따라 변증법론자가 구사하는 입증 가능성에 대해서만 이의를 제기하고 있는 것이다. 그럼에도 총체성 카테고리는 독립되어χωρίς 있는 것이 아니고 사실들의 매개로서 사실들에 내재되어 있다. 총체성은, 도전적으로 정리해 본다면, 물 자체로서의 ―사물화의 모든 죄와 함께 작동되는― 사회이다. 그러나 이러한 물 자체가 아직도 전체사회적인 주체가 아니고 여전히 자유가 아니며 자연(본성)을 이질적으로 속행시키기 때문에, 해결 불가능성의 어떤 모멘트가 물 자체에 객관적으로 특유하게 내재한다. 뒤르켐은 바로 이 점을, 충분히 일방적이게도, 사회적인 것의 본질로 곧장 설명한 바 있었다. 이러한 한, 총체성도 역시 "사실적faktisch"이다. 실증주의적인 직관이 그것의

---

17 Vgl. Hans Albert, Der Mythos der totalen Vernunft, S. 197f.
18 Vgl. a. a. O., S. 199.

최종적인 기체基體로서 보호하는 사실성이라는 개념은 과학주의적인 사회학이, 불투명한 기체에서 완고한 주장을 펼치면서, 침묵하기로 맹세한 사회, 바로 이 사회와 동일한 사회의 기능이다. 사실과 사회의 절대적인 분리는 성찰의 인위적 산물이다. 이러한 분리는 제2의 성찰에 의해 도출될 수 있고 반박될 수 있다.

알버트가 달아 놓은 각주의 내용은 다음과 같다. "하버마스는 이러한 연관관계에서 아도르노의 지적을, 즉 모든 사회적 현상의 '총체성에의' 의존성이 검증될 수 없다는 지적을 인용하고 있다. 하버마스의 인용은, 반박은 오로지 내재적 비판으로만 그 열매를 얻을 수 있다는 헤겔의 말에 관련시켜 아도르노가 주장한 맥락으로부터 발원한다. 이에 대해서는 아도르노의 「사회과학의 논리에 대하여」 133쪽 이하를 볼 것. 이와 동시에, 비판적 검증의 문제점에 대해 포퍼가 성취한 의미가 대략 그 반대 방향으로 전도된다. 내가 보기에, 앞에서 말한 아도르노의 생각의 검증 불가능성, 일단은 총체성이라고 사용된 개념도, 주장된 의존성의 종류도 만족스러운 해명을 제공하지 않는다는 점과 본질적으로 관련이 있는 것 같다. 아도르노가 갖고 있는 생각의 배후에는 모든 것이 모든 것과 어떤 방법으로든 연관되어 있다는 이념 이외의 더 많은 것이 들어 있지 않다. 그 어떤 파악이 그러한 종류의 이념으로부터 출발하여 하나의 방법론적인 장점을 얼마만큼 획득할 수 있는가가 증명되어야만 할 것이다. 총체성을 구두로 불러오는 것에 만족해서는 안 될 것이다."[19] "검증 불가능성"은 그러나 총체성에 의지하는 것에 대해 이에 들어맞는 근거가 명명될 수 없다는 점에서 성립되는 것이 아니다. 검증 가능성에 대한 알버트의 기준은 사회적 개별 현상들로 제한되고 있는바, 총체성이 이러한 사회적 개별 현상들

---

19 a. a. O., S.207, Fußnote 26(각주 26번).

처럼 사실적이지 않다는 점에서 앞에서 말한 검증 불가능성이 오히려 성립된다. 총체성 개념의 배후에는 모든 것이 모든 것과 의존되어 있다는 진부함 이상의 내용이 들어 있지 않다는 반론에 대해서는, 모든 것이 모든 것과 의존되어 있는 것이 "얇은 사고의 산물이 아니고, 사고의 잘못된 기본 성분, 즉 교환의 기본 성분"[20]이라는 문장에 대한 잘못된 추상성이라는 점을 들어 다시 반박될 수 있다. "교환의 보편적 실행에서, 학문적 성찰에서 최초로 실행되는 것만은 아닌 채, 객관적으로 추상화된다. 생산자와 소비자의 질적인 속성은, 생산의 방식이 도외시된 채, 심지어는 사회적 메커니즘과 나란히 가는 욕구조차 도외시된 채, 이차적인 것으로 만족될 뿐이다. 일차적인 것은 이윤에 대한 관심이다. 고객이 되는 것으로 등급이 올려진, 욕구를 찾는 주체로서의 인간은 모든 순진무구한 표상을 넘어서서 사회적으로 이미 먼저 형성되어 있다. 인간은 생산력이 기술적으로 도달한 상태에 의해서뿐만 아니라 경제적 관계들에 의해서도, 이러한 상태가 경험적으로 제어되기 힘든 것이라고 할지라도, 사회적으로 미리 형성되어 있는 것이다. 교환가치의 추상성은, 모든 사회적인 계층에 앞서서, 특수한 것에 대한 일반적인 것의 지배, 강제적 구성원으로서의 개인에 대한 사회의 지배와 함께 간다. 교환가치의 추상성은, 사회적으로 평균적인 노동시간과 같은 단위들에게 환원시키는 과정의 논리성이 겉으로 그럴 듯하게 보이면서 우리를 속이는 것처럼, 사회적으로 중립적이지 않다. 인간을 상품 교환의 대리인이나 교환을 떠맡는 자로 환원시키는 것에는 인간에 대한 인간의 지배가 은폐되어 있다. 이것은, 정치경제학 비판의 많은 카테고리들이 그동안 대결하였던 모든 어려움에도 불구하고,

[20]　따옴표 안에 들어 있는 문장은 뒤에서 나오는 매우 긴 인용문의 앞부분임. 독일어 원전에서는 따옴표로 매끄럽게 연결되어 있으나 한국어 번역에서는 이것이 문맥상 불가능하여 옮긴이가 인용문의 앞부분을 분리하여 뜻이 통하도록 하였음(역주).

아직도 사실로 머물러 있다. 총체적인 연관관계는 모든 사람이 교환법칙에 자기 자신을 종속시키지 않을 수 없게 하는 형태를 갖고 있다. 모든 사람이, 주체적으로 '이윤 추구'의 동기에 의해 이끌어졌는지 또는 그렇지 않은지의 여부와는 상관이 없이, 사회적으로 도태되지 않으려면 교환법칙에 종속되어야만 하는 것이다."[21] 총체성에 관한 변증법적 견해와 실증주의적 견해의 차이는 다음과 같은 정도로 첨예화된다. 다시 말해, 변증법적 총체성 개념은 '객관적으로', 즉 모든 사회적 개별 확인의 이해에 의도가 맞춰져 있다. 반면에, 실증주의적인 체계 이론들은 가능한 한 일반적인 카테고리들의 선택을 통해서, 오로지 이런 선택을 통해서만 확인들을 하나의 논리적인 연속체에서 —가장 상위에 있는 구조들을 이것들 아래에서 포괄되는 사실관계들의 조건으로서 인식하지 않은 채— 총괄하고 싶어 한다. 실증주의가 앞에서 말한 총체성 개념을 신화적이고 학문 이전적인 잔재라고 비난한다면, 실증주의는 신화학에 대항하여 전개하는 끈기 있는 투쟁에서 학문을 신화화한다. 학문의 도구적 성격, 말하자면 사물과 그 관심에 방향을 맞추는 것 대신에 처리 가능한 방법론들의 우위에 방향을 맞추는 것은, 학문적 처리의 대상과 마찬가지로 학문적 처리도 똑같은 정도로 적중시키는 통찰들을 저해한다. 실증주의에 대한 비판의 핵심은, 마침내 다르게 되어야 한다고 말하면서 우리를 움직이게 하는 동경의 경험과 마찬가지로 우리를 맹목적으로 지배하는 총체성의 경험에 대해서도 실증주의가 똑같은 정도로 차단되어 있다는 점, 그리고 실증주의가 의미를 잃어버린 잔재들에, 즉 이상주의의 청산 이후 남아 있는 잔재들에 —청산과 청산된 것을 그것들 나름대로 해석하여 그것들의 진리로 가져가지 않은 채— 만족하고 있다는 점이다. 그 대신에 실증주의는

<hr />

21 Adorno, Stichwort Gesellschaft(사회), a. a. O., Spalte 639. Leicht überarbeitet[현재는 이 책 16-17쪽].

괴리된 것, 주관주의적으로 해석된 데이터, 보충적으로는 주체의 순수한 형식들과 관련을 맺고 있다. 현재의 과학주의는 인식에 관해 이처럼 산산조각이 난 모멘트들을 반성 철학Reflexionsphilosophie이 한때 그랬던 것처럼 바로 그렇게 외적으로 한데 모은다. 반성 철학도 바로 이렇게 했기 때문에 사변적 변증법에 의해 비판을 받았던 것이다. 변증법은 이상주의적 오만함과 반대되는 것도 내포하고 있는 것이다. 변증법은 개별 주체의 그 어떤 본성적인-선험적인 존엄성의 가상을 제거하며, 개별 주체와 개별 주체의 사회적인 사고 형식들을, 즉 하나의 즉자적으로 사회적인 것으로서의 이러한 사고 형식들을 알아차린다. 이러는 한, 변증법은 과학주의보다, 과학주의의 '의미 기준들'과 더불어, 더욱 '현실주의적'이다.

사회는 그러나 주체들로부터 합성되고 주체들의 기능의 연관관계들에 의해 그 토대가 이루어진다. 이렇기 때문에 사회에 대한 인식은 "사물 자체"의 살아 있는, 축소되지 않은 주체들을 통해서 자연과학들에서보다는 훨씬 더 계량될 수 있다. 다시 말해, 그것 나름대로 인간과 관련이 없는 객체의 낯섦에 의해서 객관성을 전적으로 카테고리적인 메커니즘, 추상적인 주관성 안으로 옮겨 놓는 자연과학들에서보다는 더욱더 계량될 수 있는 것이다. 프라이어Freyer는 법칙정립적인 것과 개별적으로 특수한 사례적인 것의 구분이, 사회에 대한 단축되지 않은 이론이 법칙들, 사회의 구조적인 운동의 법칙들을 포기할 수 없는 한, 오히려 더욱더 고려되지 않아도 된다는 점에 대해 주의를 환기시켰다. 사회라는 객체가 인식 주체에 접하여 계량될 수 있는 가능성은 이 가능성이 실존하지 않는 것과 마찬가지로 역시 실존하는 가능성이기도 하다. 이 점은 또한 개념을 사용하는 논리와 결합되기 어렵다. 이해 가능성과 이해 불가능성이 하나에서 결합되어 있는 것이 사회이다. 사회에서 객관적으로 척도를 부여하는 사실 관계인 교환이라는 사실관계 자체가 추상화, 추상화의 객체성에 맞춰 하나의 주체적인 활동을 포괄하는 한, 사회는 이해될 수 있다. 주체는 이러한 주체적인 활동에서 주체 자체를 진정으로 다시 인식한다. 학문 이론적으로 볼 때, 바로 이 점이 베버 사회학이 왜 합리성의 영역에 그 중심을 놓고 있는가 하는 이유를 설명해 준다. 베버는 자신의 사회학에서, 의식을 갖고 행하는지 또는 그렇지 않은지는 아무런 상관이 없이, 주체와 객체 사이의 동일한 것을 ―이것은 사물을 그 소여성과 선별 안으로 분산시키는 것 대신에 사물의 인식과 같은 것으로 허용해 주었다― 손으로 더듬었던 것이다. 그러나 사회의 객관적인 합리성, 교환 합리성은 그 동역학에 의해 논리적 이성의 모델로부터 항상 더 멀리 떨어져 나간다. 이렇기 때문에 사회는, 스스로 독립적으로 된 것인 사회는 다시금 더 이상 이해될 수 없는 것이다. 스스로 독립적으로 되는 것의 법칙만이 오로지 존재한다. 이해 불가능성은 사회가 갖고 있는 구조의 하나의 본질적인 것을 표시할 뿐만 아니라 이와 마찬가지로 이데올로기를, 바로 이것을 통해 사회가 사회의 비합리성에 대한 비판에 대항하여 사회를 철갑으로 싸는 이데올로기를 나타낸다. 합리성, 정신이, ―살아 있는 주체들에 의해 부분 모멘트로서 쪼개지면서―, 합리화에 대해 스스로 만족하였기 때문에, 합리성은 주체들에 대립되는 것으로 향하는 방향에서 계속적으로 움직이게 된다. 합리성이 이를 통해 받아들이는 관점, 즉 불변성으로서의 객관성의 관점은 인식하는 의식의 사물화에서 되돌아와 반사反射된다. 이해될 수 있고 이해될 수 없는 사회로서의 사회의 개념에 들어 있는 모순은 사회, 사회의 합리성의 종류, 합리성의 독특한 양식에 대해 간섭하는 합리적인 비판의 원동력이 된다. 포퍼Popper는 지속적으로 진보하는 인식은 인식의 논리적인 모순들을 제거한다는 것에서 비판의 본질을 찾고 있는 바, 그에게 고유한 이상理想은, 모순이 그것의 인식 가능한 자리를 사물에서 갖고 있는 한, 사물에 대한 비판으로 생성되지는 않는다. 사물에 대한 비판으로 생성되지 않는 것은 사물에 관한 인식에서만 단순히 발생하는 것도 아니다. 사회의 대립적인 상태 앞에서, 그리고 사회에 내재하는 모순인 합리성과 비합리성의 모순 앞에서도 역시 눈가리개를 앞에 두르지 않는 의식은 다른 종류로의 전환μετάβαοις εἰς ἄλλο Ύέγος[22]이 없는 상태에서 사회에 대한 비판으로 나아가야 한다. 이성적인 수단들 이외에는 다른 수단들이 없는 상태에서 사회비판으로 나아가야 하는 것이다.

하버마스는 분석적 학문 이론에 관한 그의 논문에서, 특별히 사회과학적인 인식의 관점에서, 변증법으로의 이행移行을 필연적인 것으로서 근거를 세웠다.[23] 그의 논증에 따르면, 실증주의도 고백할 것이지만, 인식의 객체가 주체에 의해서 매개되어 있을 뿐만 아니라 이와 마찬가지로 인식의 주체도 객체에 의해 매개되어 있다. 주체는 그것 나름대로 주체에 의해 인식될 수 있는 객체성에, 즉 사회적 과정에 속하는 것이다. 사회적 과정에서 인식은, 상승되는 척도로 이루어지는 상승되는 학문화와 더불어, 생산력이다. 변증법은, 변증법이 현재의 사회적 현실을 더욱 정확하게 인식하려고 하는 한, 과학주의에 고유한 장場에서 만나고 싶어 한다. 사회적 현실의 앞에 쳐져 있는 장막에서 학문이 함께 움직이고 있는바, 변증법은 이러한 장막을 뚫고 들어가는 것에 도움을 주고 싶어 한다. 학문의 조화론적인 경향은 현실의 대립주의들을 학문의 방법론적인 선광選鑛을 통해서 사라지게 한다. 이러한 경향은, 분류적인 방법론에 시중을 드는 사람들의 모든 의도가 개입되지 않은 채, 분류적인 방법론에 놓여 있다. 학문의 조화론적인 경향은 본질적으로 이름이 같지 않은 것, 서로 대립하는 것을 개념 장치의 선택을 통해서, 그리고 개념 장치가 내는 한 목소리

---

22 아리스토텔레스의 「분석론 후서」 75a 38에서 유래하는 개념. 기하학의 명제를 아무런 조건 없이 산술의 개념들로서 증명하지 말라는 맥락에서 나온 개념. '영역이 다른데 그냥 갖다 쓰는 방식'을 일컬음(역주).

23 Jürgen Habermas, Analytische Wissenschaftstheorie und Dialektk(분석적 학문 이론과 변증법). Ein Nachtrag zur Kontroverse zwischen Popper und Adorno(포퍼-아도르노 논쟁에 대한 추가적 논의), S.191.

에 시중을 들면서 동일한 개념으로 가져간다. 이러한 경향에 대한 예로서 가장 최근에 나타난 것이 탤컷 파슨스Talcott Parsons의 너무나 잘 알려진, 인간에 관하여 하나의 통합 학문을 세우려는 시도이다. 파슨스의 통합 학문이 갖고 있는 카테고리들의 체계는 개인과 사회, 심리학과 사회학을 같은 정도로 그 밑에서 파악하거나 또는 최소한 하나의 연속체에서 파악하는 것을 제안한다.[24] 데카르트 이후, 특히 라이프니츠 이래 통용되는 연속성의 이상理想은 최근의 자연과학적인 발달에 의해서만 의심스럽게 된 것은 아니다. 연속성의 이상은 영속되는 대립주의가 그 내부에 표현되어 있는, 일반적인 것과 특별한 것의 갈라진 틈에 대해서 사회적으로 기만한다. 학문의 통합은 학문의 대상들이 갖고 있는 모순성을 배제시킨다. 그럼에도 통합 학문으로부터 출발하는, 공공연하게 전염되어 있는 만족에 대해서는 다음과 같은 대가가 지불될 수 있다. 즉, 개인과 사회의 배치背馳의 사회적인 모멘트, 그리고 개인과 사회에 전념하는 학문 분과들의 사회적인 모멘트가 개인과 사회로부터 벗어나게 되는 것이다. 현학적이고 오만하게 조직된 총체 도식은 개인 및 개인의 법칙성들에서부터 복합적인 사회적 형상물들에까지 이르고 있는바, 이런 총체 도식은 모든 것에 대해 그 공간을 갖는다. 이런 총체 도식은 개인과 사회가, 극단적으로 서로 상이한 것이 아님에도, 역사적으로 서로 갈라져 있다는 사실에 대해서만 그 공간을 갖지 않는다. 개인과 사회의 관계는 모순이 가득 차 있는 관계이다. 그 까닭은 다음과 같다. 사회가 개인들에 관하여, 그리고 개인들에게 항상 약속한 것을 오래전부터 거부하고 사회가 왜 구성되는가 하는 이유를 개인들에게 말하는 것을 거절하기 때문이다. 이러는 동안에도 개별적

24 Vgl. Theodor W. Adorno, Zum Verhältnis von Soziologie und Psychologie(사회학과 심리학의 관계에 대하여), in: Sociologica, Max Horkheimer zum 60. Geburtstag gewidmet. Frankfurt a. M. 1955, S.12ff[현재는 이 책 53쪽 이하].

개인들의 맹목적이고도 느슨해진 이해관계들은 사회적인 전체 이해관계의 형성의 가능성을 저지시킨다. 통합 학문적인 이상에 마지막으로 마음에 들었던 하나의 제목이 통합 학문적인 이상에 상응하는바, 이것은 미적美的인 것의 제목이다. 이처럼 상응하는 것은 사람들이 수학에서 세련된 것에 관해 말하는 것과도 같은 것이다. 통합 학문의 프로그램이 서로 다른 개별 학문들에 맞서서 다다르게 되는, 조직적인 합리화는 사회가 던져 주는 학문 이론적인 물음들을 극단적으로 예단한다. 벨머Wellmer에 따르면, "학문적인 것에 대한 하나의 동의어로 의미 있게" 생성되는 것으로서의 학문, 사회적으로 매개되고 조정되며 통제된 것으로서의 ―이것들은 기존의 사회와 그 전통에 공물貢物을 바친다― 학문은 진위의 재판관 arbiter veri et falsi의 역할을 찬탈한다. 칸트가 살았던 시대에서는 인식론적으로 제기되는, 정초定礎에 관한 물음이 학문의 가능성에 관한 물음을 지칭하였다. 정초에 관한 물음은 이제 단순한 동의이어同義異語의 반복에서 학문에게로 되돌아가도록 명령을 받고 있다. 통용되는 학문 내부에서 스스로를 지키는 것 대신에 통용되는 학문 자체에 비판적으로 관계하는 통찰들과 처리방식들은 처음부터 일소된다. 겉으로 보기에 중립적인 개념인 "관습주의적인 구속"은 이처럼 치명적인 함의들을 갖고 있는 것이다. 사회적 타협주의가 관습이라는 탈출구를 통해서 사회과학들의 의미 기준으로 밀수입된다. 타협주의와 학문이 스스로 즉위하는 것이 펠트로 만들어지는 현상을 세세하게 분석해 보는 노력을 기울여 볼 만하다. 이러한 모든 복합성을 호르크하이머는 30여 년 전에 그의 논문 「형이상학에 대한 최초의 공격」[25]에서 지적한 바 있었다. 학문의 개념은 포퍼에 의해서도, 학문 개념의 소여성을 위해, 학문 개념이 마치 자명한 것이라도 되는

---

[25] Jetzt in: Max Horkheimer, Kritische Theorie(비판이론), Frankfurt a. M. 1968, Band II, S.82ff.

것처럼 가정假定되었다. 학문 개념은 그 사이에 그 내부에서 그것의 역사적인 변증법을 갖고 있다. 18세기에서 19세기로 넘어가는 시기에 피히테Fichte의 학문론과 헤겔의 논리학이 집필되었을 때, 학자들은 오늘날 전유성專有性에의 요구 제기와 함께 학문을 점령하는 것을 학문 이전적인 것의 단계에 비판적으로 정주시켜 놓았었을 것이다. 반면에, 당시에 학문으로 불렸던 것, 항상 가공적架空的인 지식이었음에도 절대적인 지식으로 불렸던 것은 이제는 포퍼가 그렇게 불렀던 과학주의에 의해 학문 외적인 것으로 비난받게 될 것이다. 역사를 그 길로 가져갔던, 단순히 정신적인 역사만은 아닌 역사의 진행은, 실증주의자들이 공허한 진전이라고 생각하고 싶어 하는 것처럼, 결코 공허한 진전이 아니다. 앞으로 몰아붙여진 학문적 방법학의 모든 수학적인 정교함은 하나의 기법으로 무장되는 학문이 학문에 고유한 개념을, 다른 개념과 병렬적으로, 전복시킨다는 의구심을 분산시키지 않는다. 이에 대한 가장 강력한 논거는, 실증주의적 해석에게는 목표로서 출현하는 것인 사실 발견이 강한 어세語勢를 갖는 학문에게는 이론의 수단일 뿐이라는 점이 될 것이다. 이론의 수단들이 없이는 전체das Ganze가 왜 실행되고 있는지가 더 이상 일어나지 않는다. 학문이념의 기능 변화는 물론 이미 이상주의자들에서, 특히 헤겔에서, 즉 그가 말하는 절대지絶對知가 그렇게 존재하고 다르게는 존재하지 않는 존재자의 전개된 개념과 부합되는 헤겔에서 시작된다. 앞에서 말한 기능 변화의 전개에 대한 비판의 공격점은 열매를 맺을 가능성이 확실한 특별하게 학문적인 방법론들의 결정화結晶化가 아니고, 막스 베버의 권위에 의해 거칠게 재촉되면서 지배적으로 나타나는 관념, 즉 학문 외적인 관심들은 학문에 외적인 것들이며 양자를 측심연測深鉛을 통해 분리시킬 수 있다는 관념이다. 한편으로는 자칭 순수한 학문적 관심들이 뇌관이 제거된 형태에서 학문 안으로 들어와 연장되어 있는 학문 외적인 관심들을 운하와 같은 것으로 만들고 여러 모로 중화中和시키는 동안에도, 학문적이라고 말하는 것의 규준을 제공하는 학문적 도구는 하나의 방식으로, 즉 이 방식에 대해 도구적 이성이 아무것도 꿈을 꿀 수 없는 방식으로 도구적이 된다. ―그 원형을 학문의 건너편에서 갖고 있으며 학문을 넘어서서 몰아붙이는― 물음들에 관해 답을 하기 위한 수단이 되는 것이다. 학문의 목적-수단-합리성이 도구주의의 개념에 놓여 있는 목적인目的因, Telos을 무시하고 단 하나의 목적이 되는 한, 이런 합리성은 그것에 고유한 도구성과 모순 관계에 놓이게 된다. 사회는 바로 이것을 학문에게 요구한다. 전체가 갖고 있는 관심들과 같은 정도로 사회구성원들의 관심들과도 모순되는, 확실히 규정될 수 있을 정도로 잘못된 사회에서는, 이처럼 잘못된 사회의 학문으로 흘러 들어온 규칙들에 고분고분하게 종속되어 있는 모든 인식이 사회의 잘못되어 있는 상태에 참여한다.

학문적인 것과 학문 이전적인 것에 대한 구분을, 즉 현재 통용되고 아카데미적으로도 매력적인 구분을 알버트도 자신의 것으로 만들고 있는 바, 이러한 구분이 여전히 지탱되고 있다. 항상 반복적으로 관찰되고 실증주의자들에 의해서도 역시 확인되는 사실, 다시 말해 실증주의자들의 사고가 쪼개져 있다는 사실은, 실증주의자들이 학자로서 논의하고 학문 외적이지만 이성을 갖고 논의하고 있는 한, 앞에서 말한 이분법의 수정을 정당화시킨다. 학문 이전적인 것으로 분류된 것은 단순하지 않으며, 포퍼가 재촉하였던 작업인 학문의 자기 비판적 작업을 여전히 통과시키지 않았거나 또는 이런 작업을 회피하고 있다. 오히려, 이처럼 통과시키지 않았거나 회피된 것에서, 학문에 대한 도구적 규정에 의해 제거된 모든 것도 역시 합리성과 경험에 붙어서 방치된다. 두 모멘트는, 즉 합리성과 경험은 서로 내적으로 연결되어 있다. 이 점은 절대적으로 통용된다. 학문 이전적인 충동들을 그 형태를 바꾸면서 내부로 받아들이지 않는 학문은 어떻든 상관이 없는 것으로 유죄 판결을 받게 되며, 이렇게 되는 것은 학문이 아마추어적인 비구속성으로 유죄 판결을 받는 것에 못지않다. 학문

이전적인 것의 평판이 나쁜 영역에서, 학문화Verwissenschaftlichung의 과정이 절단시켜 버린 관심들이 집결된다. 이처럼 집결된 것들은 비본질적인 관심들이 아니다. 학문적인 분과가 없이는 의식의 진보도 없다는 점이 그토록 확실한 것처럼 보이지만, 학문 분과는 동시에 인식의 기관器官, Organ들을 그토록 확실하게 약화시키는 것이다. 학문이 막스 베버가 세계에 대해 예언하였던 철창으로 경직되는 정도가 많을수록, 학문 이전적인 것으로 배척된 것이 더욱 많은 정도로 인식의 피난처가 된다. 정신이 학문에 대해 갖는 관계에서 보이는 모순이 학문에 고유한 모순에 대해 다음과 같이 답변을 한다. 학문은 응집력이 있는 하나의 내재적인 연관관계를 요구하면서도, —학문에게 연관관계를 허용하지 않는— 사회의 모멘트이다. 학문이 이러한 이율배반으로부터 빠져나가면 —학문이 지식사회학적인 상대화를 통해서 학문의 진리 내용을 말소시킴으로써 이러한 이율배반으로부터 빠져나가든, 학문이 사회적 사실들과 한데 엉클어져 있다는 점을 학문 스스로 오인하면서 학문 자체를 절대적인 것으로서, 스스로 만족하는 것으로서 주체 넘게 굴면서 앞에서 말한 이율배반으로부터 빠져나가든—, 학문은 학문이 할 수 있었던 것에서 학문을 방해하는 미혹들에 스스로 만족한다. 앞에서 말한 두 모멘트는 서로 괴리되어 있지만, 상호간에 무관심한 것은 아니다. 학문에 내재되어 있는 사회적인 매개들에 대한 통찰만이, 오로지 이러한 통찰만이 유일하게 학문의 객관성에 도움을 준다. 반면에, 학문은 사회적 관계들과 관심들의 단순한 수단이 결코 아니다. 학문의 절대화와 학문의 도구화는 주관적 이성의 산물인 바, 이것들은 서로 보완된다. 과학주의가 논리적인 체계성을 위해 개인과 사회의 통합 모멘트에 일방적으로 종사하고 그러한 논리에 끼워 넣어지지 않는 대립주의적 모멘트를 일시적 현상으로 보아 무가치한 것으로 깎아내림으로써, 과학주의는 중심적인 사실관계들과 관련하여 잘못된 것으로 되고 만다. 변증법 이전적인 논리에 따르면 연속체는 본질적인 구성 요소가 될 수 없으며, 조건이 지어진 것은 그것에 고유한 조건의 조건이 될 수 없다. 사회적 인식에 의해 인식된 것 내부에서 사회적 인식의 위치 가치를 성찰하는 것은 이처럼 단순한 무無모순성을 지나서 몰려 나가게 된다. 비트겐슈타인이 숨기지 않고 명확하게 언급하였던 강제인 역설에의 강제는, 논리적 모순이 없는 사고 자체를 위한 무모순성이 일반적으로 볼 때 이러한 사고가 무모순성을 인가하는 곳에서 마지막 말을 유지시킬 수 없다는 점을 증명해 준다. 여기에서 비트겐슈타인이 빈 학파의 실증주의자들에 대해 갖고 있는 우위가 결정적으로 드러난다. 논리학자가 논리의 한계를 알아차리고 있는 것이다. 비트겐슈타인이 서술하였듯이, 언어와 세계의 관계는 논리의 틀에서 한 목소리를 내는 관계로 다루어질 수 없었다. 그 이유는 다음과 같다. 그에게 언어는 그 내부에서 닫혀진 하나의 내재성 연관관계를 형성하고, 이런 연관관계에 의해 인식의 비언어적인 모멘트들, 대략 감각적인 데이터가 매개되어 있기 때문이다. 언어의 의미에는 언어가 비언어적인 것에 관련되어 있다는 점도 적지 않게 들어 있다. 언어는 자족적인 것으로서의 언어이기도 —단순히 언어 안에서 통용되는 게임 규칙들을 과학주의적으로 가정하는 시각에 따르면— 하고, 현실 내부에서의 하나의 모멘트, 즉 사회적 사실이기도 하다.[26] 비트겐슈타인은 언어

---

26 언어의 이중적 성격은 언어가, 실증주의자들과의 동맹에서 보는 한, 오로지 주관적인 의도를 통해서만이 객관성을 획득한다는 점에서 선명하게 드러난다. 언어의 이중적 성격이 주관적으로 의미하는 것을 가능한 한 자세하게 표현하는 사람만이 언어의 객관성에 따르는 사람이 되며 언어의 객관성에 힘을 실어 준다. 반면에, 언어의 존재론적인 본질에 의지하는 것과 똑같은 정도로 언어의 즉자 존재에 의지하는 모든 시도는 언어적 형태들의 실체화의 잘못된 주관주의에서 그 종말을 맞는다. 벤야민은 이 점을 알아차리고 있었다. 비트겐슈타인의 실증주의 하나를 제외한 실증주의 자체에서는, 모든 실증주의적 모멘트가 지나치게 짧게 나타난다. 많은 과학주의자들이 문체적으로 보이고 있는 소홀함이 언어의 표현 모멘트에 대한 금기와 함께 그것 스스로 합리화되어 있는지는 모르지만, 이런 소홀함은 사물화된 의식을 누설한다. 학문이 —주체를 통과해서 지나가서는 안 된다고 하는— 하나의 객관성으로, 독단적으로, 되고 말았

가 모든 사실적인 존재자로부터 떨어져 나간다는 점을 고려하지 않을 수 없었다. 그 이유는 다음과 같다. 모든 사실적인 존재자는 오로지 언어에 의해서만 '주어지지만', 세계의 ―비트겐슈타인의 성찰에 따르면 언어를 통하지 않는 다른 방식으로는 세계에 대해 아무것도 할 수 없다― 모멘트로서만이 생각될 수 있기 때문이다. 이렇게 함으로써 그는 이른바 정초에 관한 문제점들에 대한 하나의 변증법적인 의식의 문턱에 도달하였으며, 변증법적 사고를 잘라 내는 권리, 즉 과학주의의 권리를 불합리한 것에 이르도록 하였다. 이렇게 되는 것에 의해 다음과 같은 관념이 출현한다. 주체에 관해, 그리고 또한 인식의 선험적인 주체에 ―이 주체는 주체에 고유한 가능성의 한 조건으로서 주체의 객체로 보내진다― 관해 통용되는 과학주의적인 관념뿐만 아니라 객체에 대한 과학주의적인 관념도 촉발되는 것이다. 객체는 그 실체가 주관적인 규정들의 연관관계로부터 구성될 수 있을 것 같은 하나의 X가 더 이상 아닐 뿐만 아니라, 그것 나름대로 규정된 객체로서 주관적인 기능을 함께 규정한다.

자연법칙들의 통용성뿐만 아니라 인식들의 통용성도 통용성의 발생에, 오래전부터, 의존되어 있지 않다. 튀빙겐에서는 발제자와 제2발제자가 지식사회학에 대한 비판과 파레토Pareto 유형의 사회학주의에 대한 비판에서 서로 의견이 일치되어 있었다. 마르크스의 이론은 파레토가 꺼리는 이론이었다. 잘못된 의식이며 사회적으로 필연적인 가상인 이데올로기에 관한 논論은 올바른 의식의 개념과 객관적 진실의 개념이 없이는 허튼 소리에 지나지 않을 것이다. 그럼에도, 발생사와 통용도 또한 모순이 없이 분리될 수는 없다. 객관적 통용은 통용이 발원되어 있음의 모멘트

기 때문에, 언어적 표현은 하찮은 것이 되고 만다. 사실관계들을 즉자 존재로서, 주관적인 매개가 없이, 항상 설정하는 사람에게는 언어적 정리가 어떻든 상관이 없는 것이 된다. 이것은 우상화된 사물이라는 희생을 치르면서 일어난다.

를 보존시키며, 이런 모멘트는 객관적 통용 안으로까지 들어와 영구적으로 작용한다. 이렇듯, 공격할 수 없는 것이 논리이다. ― 논리를 공격으로부터 밀어내는 추상화 과정은 지시하는 의지의 추상화 과정이다. 이러한 추상화 과정은 그것이 처리하는 것을 분리시키고 배제시킨다. 이러한 차원에 따라서 보면, 논리는 '참되지 않다.' 논리에 대한 공격 불가능성 자체가 정신화된 사회적인 강제적 속박이다. 이러한 강제적 속박이 갖고 있는 가상적인 것이 모순들에서, 즉 이성이 그 대상들에서 적중시키는 모순들에서 표명된다. 주체가 객체로부터 거리를 두는 것은 정신의 역사를 가득 채우고 있는바, 이러한 거리 두기에서 주체는 객체성의 실재적인 위력으로부터 빠져나왔다. 주체의 지배는 더욱 강한 것에 대한 더욱 약한 것의 지배였다. 이런 방식이 아닌 다른 방식으로는 인간이라는 종種의 자기주장이 아마도 가능하지 않았었을 것이다. 학문적인 객관화의 과정도 가능하지 않았었을 것이 확실하다. 그러나 주체가 객체에 대한 주장을 주체 쪽으로 더욱 많이 잡아당길수록, 주체는 그것 나름대로, 의식하지 못한 채, 주체 자체를 더욱 많은 정도로 객체로 만들고 만다. 바로 이것이 의식의 사물화의 원사原史, Urgeschichte이다. 과학주의가 진보로서 순박하게 가정한 것은 또한 항상 희생물이기도 하였다. 객체에서 주체의 이상에, 다시 말해 대자 존재적이며 "순수하고" 주체 자체에 고유한 살아 있는 경험으로부터 외화外化된 주체의 이상에 상응하지 않는 것은 올가미를 빠져나간다. 이러는 한, 진보하는 의식은 잘못된 의식의 그림자들에 의해 동반되었다. 주체성은 그 지배에의 요구 제기의 명백성, 동일성에 순응하지 않는 것을 주체 자체에서 말소하였다. 사실상으로 항상 객체이기도 한 주체성은 객체들이 축소되는 것 못지않게 그것 스스로 축소되었다. 이와 같은 정도로, 학문적 방법론이 객체성을 축소시키는 목적이 되게 만드는 모멘트들이 상기될 수 있다. 주체가 그것의 하나의 의미만을 갖는 성취들을 지배하기 위해 주체 스스로 추가하는 인식의 자발성의 상실도 상기될 수 있다. 가장 급진적인 실증주의자들 중의 한 사람인 카르납은 논리의 법칙들과 순수한 수학의 법칙들이 현실에 들어맞는 것을 한때 행운이라고 나타낸 적이 있었다. 그 모든 열정을 사고가 계몽되어 있다는 점에서 갖고 있는, 카르납이 펼치는 사고는 그 중심적인 자리에서 행운과 같은 비합리적이고 신화적인 개념을 인용한다. 이처럼 인용하고 있는 것은 물론 오로지 다음과 같은 목적만을 갖는다. 실증주의적 입장의 근저根柢를 위태롭게 하는 통찰을 회피하려는 목적만을 갖는다. 다시 말해, 잘못된 행운은 결코 행운이 아니고 자연지배적인 이상理想의 산물이거나 또는 하버마스의 용어에 따르면 객관성에 관한 "실용주의적인" 이상의 산물이라는 통찰을 회피하려는 목적만을 갖고 있는 것이다. 카르납이 안도의 숨을 쉬면서 기록해 놓았던 현실의 합리성은 다른 것이 아닌, 바로 주관적 합리가 뒤를 돌아보는 것이다. 인식론적인 메타 비판은 칸트의 주관적인, 선험성에의 요구 제기의 통용을 거부하고 있지만, 통용에 대한 하나의 인식론으로서 의도된 칸트의 인식론이 과학주의적인 이성의 발생사를 최고로 적절하게 기술하고 있다고 할 만큼 칸트를 확인시켜 준다. 칸트에서, 과학주의적인 사물화의 웅대한 귀결에서, 현실을 정초하는 힘인 주관적인 형식의 힘으로 여겨지는 것은 사실상으로 역사적 과정의 총합이다. 이 과정에서 주체성은, 즉 떨어져 나옴으로써 대상화된 주체성은 자연에 대한 총체적 지배자로서 주제넘게 굴었고, 지배 관계를 망각하였으며, 지배 관계를 지배자를 통해서, 눈이 먼 상태에서, 지배된 것의 창조 속으로 집어넣어 지배 관계에 대한 해석을 바꾸어 놓았다. 발생사와 통용은 개별적인 인식 활동들과 학문 분과들에서 비판적으로 잘 구분될 수 있다. 이른바 정초定礎에 관한 문제점들의 영역에서는 발생사와 통용이 서로 내부적으로 분리될 수 없다. 이처럼 분리될 수 없는 것은 개념적인 논리에 매우 반대하는 모습을 보인다. 과학주의적인 진리가 모든 진리가 되려는 의지를 갖고 있기 때문에, 과학적인 진리는 모든 진리가 아니다. 바로 이 점을 과학주의적 진리는 학문에 의해서가 아닌 다른 방법으로는 결코 형성되지 않았었을 합리와 동일한 합리로 옮겨 놓는다. 학문은 그것에 고유한 개념에서 비판의 능력을 갖고 있으며, 학문으로부터 사라진 것을, 즉 사회학에서는 사회를 나타낼 수 있는 능력을 지니고 있다.

튀빙겐의 발제자와 제2발제자는 비판의 개념에 대한 강조에서 의견의 일치를 보이고 있다.[27] 다렌도르프는, 페터 루즈Peter Ludz의 언급에 접맥하여, 비판의 개념이 여러 가지 의미로 사용되었다는 점에 대해 주의를 환기시켰다. 비판의 개념은 포퍼에서는, 모든 내용적인 규정성이 없는 상태에서, "학문의 일반적 문장들의 잠정적인 반증의 순수한 메커니즘"을 의미한다. 비판의 개념은 제2발제자에서는 "현실에 대한 인식을 통해서 현실의 모순들의 전개"를 의미한다. 제2발제자는 비판 개념의 여러 가지 의미를 끊임없이 명백하게 해 두었다.[28] 여러 가지 의미는 그러나 동일한 말에서 여러 의미들이 단순하게 혼합되어 있는 상태가 아니며, 내용적으로 근거가 세워진다. 포퍼는 비판이 인식의 일치에만 해당되지 인식된 사물에 대한 정당성 부여에는 해당되지 않는다고 말하고 있는바, 우리가 포퍼의 순수하게 인식적인, 또는 의도적으로 표현한다면 '주관적인' 비판 개념을 받아들이게 되면, 이것으로 해서 사고思考에 대해 일이 끝난 것으로 해 둘 수는 없다. 여기와 저기에서 비판적 이성은 하나의 동일한 것이며, 두 가지의 '능력'이 활동으로 실현되지는 않기 때문이다. 단어의 동일

---

27 포퍼의 21번째 테제는, 추상적인 일반성에서, 양자 사이의 어떤 공통분모를 내포하고 있다. Vgl. Zur Logik der Sozialwissenschaften(사회과학들의 논리에 대해), a. a. O., S.119.

28 제2발제자는 "실패로 끝난, 오해될 수 있는 방법론학적인 자연주의나 과학주의"에 대한 포퍼의 비판에 일단은 동의한다는 점을 밝혔지만(vgl. Popper, a. a. O., S.107, und Adorno, Zur Logik der Sozialwissenschaften, Korreferat[제2발제문], S.128[현재는 이 책 744쪽]). 비판에 관한 포퍼의 생각에서 그가 동의하고 있다고 말하는 것보다는 포퍼가 더욱 멀리 나아가야 할 것이라는 점에 대해 침묵하지 않았다(vgl. Adorno, a. a. O., S.128ff[현재는 이 책 744쪽 이하]).

성은 우연이 아니다. 인식적인 비판, 인식에 대한 비판, 무엇보다도 특히 정리定理들에 대한 비판은 인식의 대상들이 그것들에 고유한 개념에 따라 존재에의 요구 제기를 하는 것이 인식의 대상들이 되는지를 또한 필연적으로 탐구한다. 이렇게 하지 않으면, 인식적인 비판은 형식주의적으로 되고 말 것이다. 내재적 비판은 오로지 순수한 논리적 비판이 결코 아니고, 항상 내용적인 비판이다. 내재적 비판은 개념과 사물의 대립이다. 내재적 비판에서는 개념들, 정리들이 그것들 스스로부터 시작하여 말하고자 하는 진리를 따르는 것이 이루어진다. 내재적 비판은 관념의 형상물들의 밀폐된 일치에서 쇠진하지 않는다. 비합리적인 사회에서는 논리의 학문적으로 약정된 우위가, 바로 이런 우위가 오랫동안 논의된다. 어떤 인식도, 또한 어떤 순수한 논리적 처리도 사실에의 충실함으로부터, 남김없이, 벗어날 수는 없다. 사실에의 충실함은 내재적 비판이 ―내재적 비판이 "문장들 자체"를 목표로 하지 않고 학문적 문장들에 의해 의도된 것을 목표로 하는 한― 논증적으로 문제를 다루어야 한다는 점, 이것이 도대체 그렇게 되는가에 대해 탐구해야 한다는 점을 요구한다. 이렇게 하지 않으면, 논증하기는 예지에서는 관찰될 수 있는 경우가 드문 우매함에 빠져들고 만다. 논증의 개념은 포퍼가 이 개념을 자명한 것으로 다루고 있는 것처럼 그렇게 자명한 것이 아니고 비판적 분석을 필요로 한다. 현상학적인 슬로건인 "사물들로Zu den Sachen"는 이 점을 이전에 이미 알려 놓은 바 있었다. 논증하기가 내용에 맞서 개념에 의존하는 논리를 상정하자마자, 논증하기는 의문스럽게 된다. 헤겔은, 자신의 『논리학』에서, 전개되는 의미에서 논증하는 경우가 거의 없었다. 그는 『정신현상학』 서문에서 "순수한 방관"을 요구하였다. 이에 반해, 비판적 방법론의 객관성에서 학문의 객관성을 알아보고 있는 포퍼는 논증하기를 "비판의 논리적인 보조 수단들이, 즉 논리적 모순의 카테고리가 객관적이다"[29]라는 문장을 통해 설명한다. 이러한 문장에서는 형식 논리학이 제기하는, 배제성에의 요구 제기가, 비판이 형식 논리학에서 유일하게 그 기관器官을 갖고 있다고 할지라도, 제기되고 있지는 않다. 그러나 그러한 요구 제기가 그래도 최소한 암시되어 있다. 포퍼에 방향을 맞추고 있는 알버트도 역시 포퍼와 다르게 해석하지는 않을 것이라고 말해도 될 것 같다.[30] 알버트는 "그러한 사실적인 연관관계들에 대한 탐구"를, 하버마스가 이러한 탐구를 언급하고 있듯이, 허용하지만[31] 사실적인 연관관계들과 논리적인 연관관계들을 "서로 떼어 놓고" 싶어 한다. 비판의 두 유형의 통합이, 비판이 두 유형의 개념을 지시함에도, 개념적인 질서에 의해서 요술로 감춰지고 만다. 동일한 사회체계가 생산력을 해방시키고 구속한다는 모순처럼 중요하지 않은 것은 아닌 모순과 같은 논리적인 모순들이 그러나 사회과학적인 문장들에서 등장한다면, 이론적 분석은 그러한 종류의 논리적 불일치를 사회의 구조 모멘트들에 되돌릴 수 있는 능력을 갖게 된다. 이러한 이론적 분석은, 학문적 사고의 불균형성들이 오로지 현실의 변화에 의해서만 제거될 수 있는 것 같은 곳에서, 사회의 구조 모멘트들을 불균형성들로서 폐기시킬 필요는 없을 것이다. 그러한 모순들을 다만 의미론적인 모순들로 옮기는 것이 스스로 가능하다면, 다시 말해 모순된 문장들을 하나의 상이한 것에 각기 관련된다고 논구하는 것이 스스로 가능하다면, 모순된 문장들의 형태는 하나의 처리방식보다, 즉 인식의 학문 외적인 대상의 불만족스러운 것으로부터 회피함으로써 학문적 만족을 성취하는 하나의 처리방식보다 대상의 구조를 더욱 예리하게 각인시킨다. 그 밖에도, 객관적인 모순성을 의미론에 전가시키는 가능성은, 변증법론자인 마르크스가 변증법을 이용하여 단순히 "교태를 부리는" 정도로 변증법을 잘못 생각하

29 Popper, Die Logik der Sozialwissenschaften(사회과학들의 논리), S.106.
30 Vgl. Hans Albert, Im Rücken des Positivismus(실증주의의 등에서?), S.286f.
31 a. a. O., S.288.

였을 뿐 변증법에 관해 완전하게 전개된 관념을 갖지 못하였다는 점과 관련되어 있을 수도 있다. 사고의 입장에서 보면 관념이 아닌 것이 사고에 고유한 의미에 속한다는 것을 스스로 알리는 사고는 무모순성의 논리를 폭파시킨다. 무모순성의 논리가 만든 감옥은 창문을 갖고 있다. 실증주의가 이에 대해 알지 못하면서 최후의 도피처로서 존재론에서 스스로 보루를 쌓는 것은, 이것이 문장들 자체의 연역 연관관계의 전적으로 형식화되고 내용이 없는 존재론일 뿐이지만, 실증주의가 갖고 있는 협소함이다.

학문적 문장들이 목표하는 것에 대해 학문적 문장들이 갖는 관계에 대한 비판은 그러나, 제어될 수 없는 상태에서, 사물에 대한 비판으로 떠밀쳐진다. 사물에 대한 비판은 이것이 부딪치게 되는 불충분함이 단순히 학문적인 불충분함인지 또는 학문이 그 개념들을 통해 사물에 관하여 표현하는 것을 만족시키는지에 대해 이성적으로 결정해야 한다. 학문의 형상물들과 현실의 형상물들 사이의 분리가 절대적으로 되는 것이 매우 적은 것처럼, 진리의 개념도 앞에서 말한 형상들에만 약속되는 정도로 매우 적게 허용되어야 한다. 사회적 제도를 다루는 정리定理들에 관해 논의하는 것 못지않게 사회적 제도의 진리에 관해 논의하는 것도 의미가 크다. 비판 활동을 할 때의 언어 사용은, 포퍼에서 비판은 원래부터 자기비판에 이르게 되듯이, 자기비판뿐만 아니라 사물에 대한 비판도 검정하며, 이는 정당하다. 알버트를 향한 하버마스의 답변은[32] 바로 이 점에서 그 열정을 획득한다. 특별히 시민적이고 반봉건적인 개념인 사회의 개념은 더욱 좋은 삶의 가능성을 위하여 자유롭고도 독자적인 주체들이 연합한다는 관념을 함의하고 있으며, 이와 함께 자연 그대로의 사회적인 관계들에 대한 비판을 내포하고 있다. 시민사회가 꿰뚫어질 수 없는 자연 그대로의 것

---

32 Vgl. Jürgen Habermas, Gegen einen positivistisch halbierten Rationalismus(실증주의적으로 반 조각 난 합리주의에 대한 반박), S.249.

으로 경직되는 것은 시민사회에 내재하는 퇴행이다. 원래 의도했던 것과는 반대되는 방향으로 흐른 의도의 어떤 것이 계약이론들에 표현되어 있었다. 계약이론들이 역사적으로 들어맞는 정도가 그토록 적은 만큼, 계약이론들은 개인들의, 즉 그들의 합의가 종국적으로는 이성, 자유, 평등을 주장하는 개인들의 통합의 개념을 사회에 상기시킨다. 마르크스의 저작에서는 학문적 및 메타학문적 의미에서의 비판의 통합이 웅대하게 드러난다. 그것은 정치경제학 비판이라고 지칭된다. 교환이 실존하는 권리에 맞춰서 비판될 수 있는 전체를 교환과 상품형식으로부터, 그리고 상품형식의 내재적인 '논리적' 모순으로부터 기원을 찾아낼 수 있는 것으로 여겨지기 때문이다. 모든 교환의 기초가 되는, 교환된 것의 등가치에의 주장은 교환이 불러오는 결과에 의해 부인否認된다. 교환원리가 그것에 내재하는 동역학에 힘입어 인간의 살아 있는 노동에 확대되면서, 교환원리는 완전하게 강제적으로 객관적인 불평등으로, 즉 계급들의 불평등으로 전도된다. 모순은 다음과 같이 현저하게 드러난다. 교환에서는 모든 것이 정당한 사물들을 통해 이루어지지만, 정당한 사물들로 이루어지지는 않는다. 사회가 야만성으로 퇴행하는 것을 저지하기 위한다는 목적 하나만을 위해서 말하는 비판들인 사회가 변화되어야 한다는 논리적인 비판, 강조되는 실제적인 비판은 개념의 동일한 운동의 모멘트들이다. 그러한 분석이 결합된 것의 분리, 학문과 정치의 분리를 간단히 무시할 수 없다는 점은 마르크스가 보여 준 처리방식에 의해 입증된다. 마르크스는 이러한 분리를 비판도 하고 또한 존중하기도 한다. 청년 시절에 포이어바흐 테제들을 썼던 그는 이 테제들을 썼음에도 불구하고 그의 생애 전체에 걸쳐 이론적 국민경제학자로 머물렀다. 포퍼는 논리의 실체가 그것에 고유한 의미에 따라 요구하는 논리성, 즉 논리의 실체의 논리성을 고려하지 않은 상태에서 논리를 학문적 문장들에 제한한다. 이렇게 함으로써 비판에 관한 포퍼의 개념은 논리를 정지시킨다. 포퍼의 '비판적 합리주의'는, 형식

논리적으로 내용을 희생시키면서, 칸트-이전적인 어떤 것을 갖고 있다. 그 논리적인 자유로움과 모순으로부터의 자유로움에 만족하였던 사회적인 '구축들constructs'은 그 사이에 내용적인 성찰을 배겨 내지 못하였다. 전적으로 기능적이지만, 확고하게 굳어진 억압의 견고함에 의해서만 지속되는 것만은 아닌 사회에 사회적인 구축들이 버티지 못하였던 것이다. 그 이유는 다음과 같다. 첫 번째로, 사회가 모순적이기 때문이다. 두 번째로는, 사회뿐만 아니라 그 구성원들의 삶도 강제적 속박 아래에서 유지되는 바, 이러한 강제적 속박이 그 구성원들의 삶을 수단들의 합리성의 상태에 따라, 다시 말해 통합적인 관료적 지배가 전제하는 상태에 따라 가능할 것 같은 방식으로 재생산하지 않기 때문이다. 공포도 역시 그 끝을 모르고 기능할 수 있다. 그러나 자체 목적으로서의 기능하기는, 기능하기가 무엇을 위해 기능하는지로부터 분리된 채, 그 어떤 논리적인 모순에 못지 않은 모순이기도 하다. 이에 대해 침묵하는 학문은 비합리적이라고 보아야 할 것이다. 비판은 제한된 가설들이 올바른 것이나 또는 틀린 것으로 증명될 수 있는지에 대한 결정만을 지칭하지 않는다. 비판은 객체를 투명하게 들여다보면서 객체로 넘어간다. 정리定理들이 모순에 가득 차 있다면, 리히텐베르크Lichtenberg의 문장을 변주하듯 사용하여 말해 본다면, 정리들만이 모순에 대해 항상 책임을 질 필요가 없다. 변증법적 모순은 논리적-과학주의적 사고 체계 내부에서 가시적이지 않은 실재적인 대립주의들을 표현한다. 실증주의자들에게 체계는, 논리적-연역적 체계의 모델에 따라, 노력하여 얻어 낼 가치가 있는 것이며 '긍정적인 것'이다. 변증법론자들에게 체계는, 철학적인 것에 못지않게 실재적으로, 비판되어져야 하는 것의 핵심이다. 상위에 놓여 있는 체계에 대한 비판을 사적 유물론이 억압하고 있다는 점은 사적 유물론에 들어 있는 변증법적 사고의 타락 형식들에 속한다. 변증법적 이론은 체계 형식으로부터 떨어져 나가야 하며, 이것은 증대되는 정도로 이루어져야 한다. 사회 자체는 사회에 체계의 성격을 부여하였던 모델인 자유주의적인 모델로부터 항상 계속해서 멀어지고 있다. 사회의 인식적인 체계는 이상理想의 성격을, 이 체계의 벌로서, 상실하게 한다. 사회의 후기 자유주의적인 형태에서 사회의 체계적인 통합이 총체성으로서 억압과 융합되기 때문이다. 변증법적 사고가 오늘날, 비판된 것에서도 역시, 유연성을 상실하면서 과도하게 체계의 성격에 몰두하는 곳에서, 변증법적 사고는 특정한 존재자를 무시하고 광기적인 관념으로 넘어가는 경향을 보인다. 이에 대해 주의를 환기시켜 준 것은 실증주의의 공로이다. 실증주의의 체계 개념은, 단순히 학문 내부적이고-분류적인 개념으로서, 실체화의 유혹에 앞에서 말한 변증법적 사고와 똑같은 정도로 빠져들지 않기 때문이다. 실체화된 변증법은 비변증법적이다. 실체화된 변증법은 경험적 사회연구가 그것의 관심사로 지각하고 있는 ─경험적 사회연구는 이처럼 지각하고 나서는 실증주의적인 학문론에 의해서 그것 나름대로 부당하게도 실체화되고 말았지만─ 사실 발견을 통한 수정을 필요로 한다. 미리 주어져 있는 구조, 분류화로부터 비로소 유래하지 않는 구조, 즉 뒤르켐이 말하는 꿰뚫어지지 않은 것은 본질적으로 부정적 것Negatives이며, 이처럼 부정적인 것에 고유하게 내재되어 있는 목적과 결합될 수 없는 것이고, 인간사人間事, Menschheit의 유지와 만족과도 결합될 수 없는 것이다. 그러한 목적이 없이는 사회의 개념은, 내용적으로 고찰해 볼 때, 빈의 실증주의자들이 ─의미가 비어 있는 상태에서─ 습관적으로 지칭하였던 것으로 실제로 되고 말 것이다. 이러는 한, 사회학은 사회비판이론으로서도 역시 '논리적'이다. 이것은 포퍼에서 비판의 개념이 제한되어 있는 것을 넘어서서 비판의 개념을 확대시키는 것을 강제한다. 학문적 진리의 이념은 모순과 무모순성으로부터, 같은 정도로, 비로소 자유롭게 될 수 있을 것이다. 무모순성이 과학주의에 의해, 체념된 채, 오로지 인식의 단순한 형식들에 내맡겨져 버린 것이다.

논리적인 불일치에 대해 단순하게 비판하는 것 대신에 대상을 비판해야 한다는 공격에 대해 과학주의는 과학주의가 사회적인 중립성에 소명되어 있다는 점을 들어 방어한다. 비판적 이성을 이렇게 제한시키는 입장이 갖는 문제점을 알버트도 포퍼처럼 잊지 않는다. 과학주의적인 고행이 목적들의 결정주의와 베버의 학문론에서 이미 드러났던 비합리주의를 촉진시켰다고 하버마스가 표현했던 사실이 기억되고 있는 것이다. 포퍼의 용인, 다시 말해 "기록문서의 문장들이 손댈 수 없는 문장들이 아니라는 점은 내가 보기에 현저한 진보인 것 같다"[33]는 용인, 보편적인 법칙 가설들이 검증 가능한 것으로 의미가 넘치게 파악될 수 없을 것 같다는 용인, 이 점은 심지어 기록문서 문장들[34]에도 해당된다는 용인은 비판의 개념을 사실상으로 계속해서 생산적인 방향으로 몰고 간다. 이른바 사회학적인 기록문서 문장들이 관련된 것인 단순한 관찰들이 기록문서 문장들에 다시금 환원될 수 없는 사회에 의하여 미리 형성되어 있다는 점이, 의도적이든 또는 그렇지 않든, 고려되어 있다. 전래되는 실증주의적인 검증 요구를 '확인 능력'의 요구로 대체시키면, 실증주의는 그것의 소금을 상실한다. 모든 인식은 확인을 필요로 한다. 모든 인식은, 합리적으로, 참된 것과 틀린 것을 ―인식이 참된 것과 틀린 것의 카테고리들을 정립된 학문의 게임 규칙들에 따라 정립된 학문에 고유하게 내재하는 방식으로 설치함이 없이― 구분하여야 한다. 포퍼는 자신의 '지식의 사회학'을 만하임Mannheim과 셸러Scheler 이래 통용되는 지식사회학에 대비시킨다. 그는 "학문적 객관성"을 위해 투쟁한다. 학문적 객관성은 그러나 과학주

---

33 Popper, Logik der Forschung(탐구의 논리), Tübingen 1966, S.63.

34 "Das Schicksal, gestrichen zu werden, kann auch einem Protokollsatz widerfahren(운명은, 삭제되면서, 기록문서 문장에도 일어날 수 있다.)" (Otto Neurath, Porotokollsätze, in: Erkenntnis, hrsg. v. Rudolf Carnap und hans Klüthenbau, 3. Band 1932/33, Leipzig, S.209).

적인 주관주의[35]를 넘어서는 성공에 이르고 있지 못하며, 오히려 뒤르켐의 아직도 낡지 않은 문장으로, 즉 "내가 그것을 좋아한다는 문장과 우리들 중의 특정수가 그것을 좋아한다는 문장 사이에는 본질적인 구분이 성립되지 않는다"[36]는 문장으로 간주된다. 포퍼는 자신이 투쟁하여 얻고자 하는 학문적 객관성을 다음과 같이 설명한다. "학문적 객관성은 예를 들어 아래와 같은 사회적 카테고리를 통해서만 설명될 수 있다. 경쟁(개별 학자들의 경쟁뿐만 아니라 여러 상이한 학자들의 경쟁), 전통(이를테면 비판적 전통), 사회제도(예를 들어 여러 상이한 경쟁 관계에 있는 학술지들에서의 출판, 여러 상이한 경쟁하는 출판사들에 의한 출판, 회합에서의 토론들), 국가권력(즉 자유로운 토론에 대한 정치적인 관용)."[37] 이러한 카테고리들이 갖고 있는 의문점은 명백하다. 경쟁의 의문점에는, 시장에서의 성공이 사물의 질뿐만 아니라 정신적 형상물들의 질에 대해서도 우위를 갖는다고 마르크스가 고발하였던 치명적인 메커니즘과 함께 전체의 경쟁 메커니즘이 들어 있다. 포퍼가 의지하고 있는 전통은 대학들 내부에서 공공연하게 생산력의 사슬이 되었다. 독일에서는 비판적인 전통이 결여되어 있다. "회합에서의 토론들"에 대해 침묵하고 있는 것이다. 포퍼는 이러한 토론들을 진리의 수단으로 경험적으로 인정하는 것을 주저할 것 같다. 포퍼는 이와 마찬가지로 학문에서 "자유로운 토론의 정치적인 관용"이 사실상으로 미치는 세력 범위를 과대평가하지도 않을 것이다. 포퍼의 ―모든 것에 맞서서― 과도하게 강행된 순진함은 회의懷疑의 낙관주의에 숨통을 열어 준다. 사회의 객관적인 구조에 대한 선험적인 부정과 사회를 질서 모형을 통해 대체시키는 것은 사회의 구조를 향하여 다시 돌아오는 생각들을 쓸데없는 것으로 밀어제쳐 버

35   s. Text oben(위에서 제시된 텍스트). S.284f.

36   Emile Durkheim, Soziologie und Philosophie(사회학과 철학), Frankfurt 1967, S.141.

37   Popper, Die Logik der Sozialwissenschaften, a. a. O., S.113.

린다. 이러는 동안에도, 포퍼의 계몽적인 충동은 여전히 그러한 생각들을 향하는 의도를 갖고 있다. 사회적 객관성의 부인否認이, 사회적 객관성의 순수한 형식에 맞춰서, 사회적 객관성과 불편하게 대립되지 않게 해주고 있는 것이다. 논리는, 절대화되면서, 이데올로기가 된다. 하버마스는 포퍼에 대해 아래와 같이 보고한다. "토대의 문제점의 실증주의적인 해결을 향하여 포퍼는 다음과 같은 통찰을 주장한다. 법칙의 가정假定들의 모조模造에 적합한 관찰 문장들은 경험적으로 강제적으로 정당화될 수 없으며, 그 대신에 토대 문장의 가정이 경험에 의해 충분하게 동기가 부여되었는지에 대해 모든 경우에 하나의 결정이 손에 잡혀져야 한다. 연구 과정에서는, 특정한 이론들의 모조의 시도에 참여한 모든 관찰자는 중요한 관찰 문장들을 경유하여 하나의 잠정적이고도 언제든지 반박이 가능한 합의에 도달하여야 한다. 이러한 합의는 최후의 관할처Instanz에서는 하나의 결심에 달려 있다. 합의는 논리적으로도, 경험적으로도 강요될 수 없다."[38] 하버마스가 이렇게 보고한 내용과 포퍼의 발제문이 일치한다. 포퍼는 다음과 같이 자신을 변호한다. "학문의 객관성이 학자의 객관성에 의존되어 있다는 점은 전적으로 틀린 상태에서 가정될 수 있다."[39] 학문의 객관성은 그러나 사실상으로는 옛날의 것에 관한 개인적인 균등화에서 병을 앓고 있기보다는 대상화된 학문적 장치가 다시금 객관적-사회적으로 미리 형성되는 것에서 더욱 많이 병을 앓고 있다. 이처럼 병을 앓고 있는 것에 대해, 명목론자인 포퍼는 조직화된 학문 내부에서의 상호주관성보다 더욱 강력한 그 어떤 교정수단도 갖고 있지 않다. "우리가 학문적 객관성이라고 나타낼 수 있는 것은 비판적 전통에서 유일하

38　Habermas, Analytische Wissenschaftstheorie und Dialektik(분석적 학문 이론과 변증법), a. a. O., S.178f.

39　Popper, a. a. O., S.112.

게, 그리고 단독으로 놓여 있다. 모든 저항에도 불구하고 지배적인 독단을 비판하는 것을 그토록 자주 가능하게 하는 비판적 전통·에만 놓여 있는 것이다. 다른 말로 표현하면, 학문의 객관성은 여러 상이한 학자들의 개별적인 용건이 아니고, 학자들 상호간의 비판, 학자들의 호의적−적대적인 분업, 학자들의 공동작업, 학자들의 서로 대립되는 작업, 즉 이러한 비판·분업·작업의 사회적인 용건이다."[40] 매우 배치背馳되는 입장들이 협조의 인정된 게임 규칙들에 힘입어, 우리가 이것을 빈Wien 방식이라고 부르고 있듯이, "함께 잡아 뽑고" 이렇게 함으로써 인식의 객관성에 관하여 매번 성취할 수 있는 등급을 획득하는 것에 대한 신뢰에 뒤따르는 모델이 있다. 다시 말해, 타협을 협상하기 위해 둥근 탁자에 둘러앉는 형태로 모여 있는 사람들의 낡아 빠진 자유주의적인 모델이 뒤따르고 있는 것이다. 학문적 협조의 형식들은 사회적인 매개에서 무한히 많은 것을 포함한다. 포퍼는 이런 형식들을 "사회적인 용건"이라고 명명하고 있으나 그 함의들에 대해서는 신경을 쓰지 않는다. 이러한 함의들은 어떤 사람이 아카데미적으로 어떻든 협조가 되며 명성을 얻는지를 관리하는 선별 메커니즘들에서부터 ―이것들은 그 내부에서 지배적인 집단 의견과의 타협성이 공공연하게 결정되는 메커니즘들이다― 상식의 형태 및 상식의 비합리성에까지 그 영향을 미친다. 폭발적인 이해관계들과 주제적으로 관련을 맺는 사회학은 완전할 정도로, 그리고 사회학에 고유한 형체에 맞춰서도, 사적私的인 것이 되고 말뿐만 아니라 바로 그 제도들에서 앞에서 말한 이해관계들을 담아내는 소우주가 된다. 이에 대해서는 분류적인 원리가 그것 스스로 이미 배려한다. 앞에 주어져 있는 사실들의 약어略語들이 되는 것 이외에 아무것도 되려고 하지 않는 개념들의 외연은 이러한

---

[40] a. a. O.

사실들의 범위를 넘어서려고 하지 않는다. 승인된 방법론이 사회적인 재료 안으로 더욱 깊게 들어가면 갈수록, 방법론의 당파성이 더욱더 명백해진다. 언어 풍토에 동화된 타이틀인 대략 "매스미디어"의 사회학은 생산 영역에서 계획되어 생활에서 유지되는 것을 주체들과 소비자 대중으로부터 시작하여 조사할 수 있다는 선입견을 확산시킨다. 이런 매스미디어의 사회학이 다른 것이 아닌, 바로 심리 실험대상자들의 견해와 태도를 탐지하고 이로부터 '사회비판적인' 결론들을 끌어내려고 한다면, 이미 존재하는 체계는, 중심적으로 조종되고 철저하게 대중의 반응들을 통해서 재생산되면서, 그것 자체로 암묵적으로 규범이 된다. 폴 라자스펠드Paul Lazarsfeld가 명명하였던 관리적 리서치administrative research의 전체 영역이 관리의 목적들과 곧바로 맺게 되는 유사성은 거의 동어반복이라고 할 것이다. 이에 못지않게 명증한 것은, 이러한 목적들이, 우리가 객관적인 지배구조의 개념을 폭력적으로 금기시하지 않는다면, 지배구조의 필요에 따라 개별적인 관리자들의 머리를 여러모로 넘어서면서 모델로 만들어진다는 점이다. 관리적 리서치는, 과학주의적 학문 이론에 의지하면서 이 이론을 명백하게 보여 주는 하나의 사회과학의 전형이다. 정치적 냉담함이, 사회적-내용적으로, 정치적 의미를 갖는 진행으로서 증명되듯이, 칭찬된 학문적 중립성도 이런 사정에 처해 있다. 파레토 이래로 실증주의적인 회의懷疑는 매번 기존 권력에 맞춰서, 무솔리니의 권력에도 맞춰서 배열된다. 모든 사회이론은 실재 사회와 엮여 있기 때문에, 모든 사회이론이 이데올로기적으로 오용되거나 기능이 변전되는 것도 확실하다. 실증주의는 그러나, 모든 명목론적-회의적 전통[41]과 똑같이, 특별히 이데올

---

41 Vgl. Max Horkheimer, Montaigne und die Funktion der Skepsis(몽테뉴와 회의의 기능), in: Kritische Theorie II, a. a. O., S.220, passim. Vgl. Habermas, Gegen einen positivistisch halbierten Rationalismus(실증주의적으로 반 조각 난 합리주의에 대한 반박), a. a. O.,

로기적인 오용에 기대고 있다. 이러한 오용은 실증주의가 내용적으로 확고하지 않다는 점, 배열하는 처리방식을 갖고 있다는 점, 최종적으로는 진리보다는 정확성을 선호한다는 점에 힘입어 이루어진다.

　과학주의적인 척도는 주체가 사물들에서 동요해서는 안 된다고 말하는바, 모든 사물들의 과학주의적인 척도·확고한 것·환원될 수 없는 것으로서의 사실은 사실들로부터, 그리고 논리적 규정들에 맞춰 형성된 사실들의 연관관계로부터 과학의 방식으로more scientifico 비로소 정초된다고 하는 세계에서 빌려 온 것이다. 과학주의적인 분석은 소여성으로 인도된다. 소여성은 더 나아가 더 이상 소급될 수 없다고 하는, 인식론적으로 최종적으로 요구된 주관적 현상이며, 주관적 현상은 그것 나름대로 거기에서 주체에 환원되는 객관성의, 바로 이러한 객관성의 초라한 모사상일 뿐이다. 현혹되지 않고 단호하게 객관성을 요구하는 것의 정신에서, 사회학은 사실Faktum에서, 단순히 외견상으로 가장 객관적인 것에 만족해서는 안 된다. 그러한 정신의 내부에는 이상주의적 진리 내용에 관한 어떤 것이 반反-이상주의적으로 보존되어 있다. 객체를 주체와 대등하게 하는 것은 주체가 객체인 정도로까지 해당된다. 이처럼 대등하게 하는 것은 일단은 하버마스가 강조한 의미에서, 즉 사회학적 연구는 이 연구가 탐구하고자 하는 객관적인 연관관계에 그것 나름대로 속한다[42]는 의미에서 해당되는 것이다. 알버트는 다음과 같이 재항변한다. "하버마스는 건전한 인간 오성을, 또는 조금 더 고상하게 표현한다면 '사회적 생활세계의 자연적인 해석학'을 신성 불가침한 것으로 선언하려고 하는가? 그렇지 않다면, 하버마스의 방법론의 특별함은 도대체 어디에서 성립되는가? 이러는 한, 그의 방법론에서는 '사물'이 '사물에 고유한 비중에 따라' 현실 학문들

　　S.260.
[42]　Jürgen Habermas, Gegen einen positivistisch halbierten Rationalismus, a. a. O., S.260.

의 여타 방법론들에서보다도 더욱 많이 '통용'에 이르게 된다."[43] 한때 헤겔이 그랬던 것처럼, 변증법적 이론은 그러나 어떤 경우에도 이른바 학문이전적인 의식에 대한 비판을, 인공적이고 독단적으로, 중지시키지 않는다. 1968년에 개최된 프랑크푸르트 사회학자 대회에서 다렌도르프는 변증법론자들에 대해 아이러니하게도 다음과 같은 생략 부호를 달아 놓았다. 당신들은 나보다 훨씬 많이 알고 있다. 그는 선행하는 사회적 객관성에 대한 지식을 의심한다. 사회적인 것이 오성의 주관적인 카테고리들에 의해서 매개되어 있기 때문이라는 것이다. 변증법론자들이 공격하는 지배인 방법론의 우선적 지배는 다른 것이 아닌, 바로 대상을 향하며 학문의 진보를 실행시킨다고 하는 직접적인 지향intentio recta의 지속적으로 진보하는 성찰이라는 것이다. 변증법론자들은 그러나 바로 인식론적 비판을, 즉 자기로 반전되는 간접적인 지향intentio obliqua을 간접적인 지향에 고유한 결과로서 비판한다. 이와 동시에 물론 변증법론자들은, 분석철학이 인식을 희생시키는 대가로 진행되었기 때문에 과학주의가 '분석철학'의 최근의 전개에 이르기까지 첨예화시켜 놓았던 금지들을 거세시킨다. 알버트가 의심을 품고 있는 것처럼, 사물 자체의 개념은 "특정한 선입견들"이나 또는 정신적인 "혈통"이 "성과"에 대해 갖는 우위를 따뜻하게 데워서 회복시키지는 않는다. 그 밖에도, 이와 동시에 사회학의 진행과정 내부에서 과학주의의 성과가 깊은 인상을 주고 있는 것도 아니다. 알버트가 인용하는 포퍼의 파악은, 다시 말해 포퍼에 따르면 정리定理들은 "현실의 구조적인 특징들을 밝혀내는 시도들로서 이해될 수 있다"[44]는 파악은 앞에

---

43 Albert, Der Mythos der totalen Vernunft, a. a. O., S. 204.

44 Albert, Im Rücken des Positivismus(실증주의의 등에서?) a. a. O., S. 285, dazu Fußnote 41: "Vgl. dazu auch Popper, Die Zielseztung der Erfahrungswissenschaften(경험과학들의 목표 설정), in: Ratio, Jg. 1, 1957; wiedergedruckt in: Theorie und Realität(이론과 현실), hrsg. von Hans Albert, Tübingen 1964."

서 말한 사물 자체의 개념으로부터 멀리 떨어져 있지 않다. 포퍼는, 이전에 라이헨바흐Reichenbach가 그랬던 것처럼, 철학적 전통을 거부하지는 않는다. 포퍼가 나중에 자연과학적인 모델에 근접된 의미에서 해석하였던, "중요성"[45]의 기준이나 또는 "설명하는 힘"[46]의 기준과 같은 기준들은 보잘것없는 내용만을 말하였을 뿐이다. 포퍼의 모든 노력에도 불구하고, 이런 기준들에는 독일에서는 쾨니히König와 쉘스키Schelsky가 그랬던 것처럼 많은 실증주의자들이 오히려 폐기시켰던 개념인 사회의 개념이 그 배후에 함의적으로 놓여 있지는 않은 것 같다. 객관적인 사회구조를 말하려고 하지 않는 정신상태는 이런 정신상태가 금기시하는 대상 앞에서 다시 경련을 일으킨다. 과학주의자들이 그들의 반대자들을 꿈꾸는 형이상학자들이라고 만화로 그리는 동안에, 그들은 비현실적이 된다. 처리적으로 이상적理想的인 기법들은 기법들에 의해 조사된다고 하는 것이 그 자리를 갖고 있는 상황들로부터 멀어지며, 이것은 절대적으로 통용된다. 이 점은 무엇보다도 특히 사회심리학적 실험에서 실증될 수 있을 것 같으며, 척도화가 겉으로 말하는 이른바 개선에서도 증명될 수 있을 것이다. 원래는 방법론적인 연마인, 즉 오류의 원천을 회피하는 것이 기여한다고 하는 객관성은 제2차적인 것이 되며, 처리적인 이상에 의해 은혜를 입어서 함께 연마된 것으로 된다. 중심적인 것이 주변적으로 된다. 문제점들을 명확하게 결정 가능하고 "학문적 진술에 대해 반박 가능한" 것으로 만드는 방법론적인 의지가 성찰되지 않은 채 널리 행해지면, 학문은 "가변적인 것"의 제거를 통해서, 다시 말해 객체로부터 추상화되고 이렇게 함으로써 객체를 변화시키면서, 밖으로 분출하는 대안들로 오그라들고 만다. 방법론적인 경험주의는 이러한 모형에 따라 경험과는 대립되는 방향에서 작업

---

45 Popper, Logik der Sozialwissenschaften, a. a. O., S.114.
46 a. a. O.

하는 것이다.

실재적이지만 명백하게 가시적인 직접성으로 옮겨질 수 없는 전체 체계인 총체성과 관련을 맺지 않고는 사회적인 것에 대해 아무것도 사고할 수 없다는 점, 그리고 이러한 전체 체계는 이것이 사실적인 것과 개별적인 것에서 파악되는 한에서만 인식될 수 있다는 점은 사회학에서 **해석**에 비중을 부여하게 된다. 해석은 출현하는 것의 사회적인 인상학이다. 해석학은 일차적으로는 사회적으로 주어진 것의 특징들에서 총체성을 알아차리는 것을 지칭한다. 매우 자유주의적인 실증주의도 승인할 준비가 되어 있을 것 같은 이념인, 총체성에의 "예견"의 이념으로는 충분하지 않다. 이러한 이념은, 칸트를 상기하면서, 무한히 포기된 것이고 무한히 연기된 것이지만 원리적으로는 주어진 것들에 의해 충족될 수 있는 것으로서의 총체성을 ―사회에서 본질과 현상 사이의 질적인 도약을 고려함이 없이― 검정한다. 앞에서 말한 인상학은 이처럼 충족될 수 있는 것에 정당하다. 인상학은 총체성을, 즉 '존재하며' 논리적 처리의 단순한 종합을 나타내는 것이 아닌 총체성을 사실에 대해 총체성이 이중적으로 다투는 관계에서 통용에 이르게 하며, 이러한 통용이 총체성의 암호를 풀어 준다. 사실들은 총체성과 동일하지는 않지만, 총체성은 사실들의 저 건너편에서 존재하지 않는다. 인상학적인 시선으로 시작하지 않는 사회적 인식은 견딜 수 없을 정도로 영락零落하다. 가상으로서의 현상에 대항하는 의심이 인상학적인 시선에게 규준이 된다. 이와 동시에 인식이 고집스럽게 머물러 있어서는 안 된다. 인식이 출현하는 것에 대한 매개들과 이러한 매개들에서 표현된 것의 매개들을 전개시킴으로써, 해석이 때로는 급진적으로 차별화되며 잘못이 고쳐진다. 인간에게 어울리는 인식은, 사실상으로 학문 이전적인 무딘 기록하기와는 구분되면서, 의미가 모든 사회적인 현상에서 번쩍거리는 것을 위해 예리하게 되는 것에서 시작된다. 이러한 의미가, 그것이 그 어떤 것이든, 학문적 경험의 기관器官, Organ으로서 정의될 수 있을 것이다. 정립된 사회학은 이러한 의미를 추방한다. 이렇기 때문에 정립된 사회학은 내용이 없는 공허한 사회학이다. 이러한 의미가 처음으로 한 번 유일하게 전개되면, 그것이 단련될 수 있다. 의미의 단련은 경험적 관찰의 상승된 엄밀성뿐만 아니라 해석을 고취시키고 해석에서 스스로 변화하는 이론의 힘도 마찬가지로 필요로 한다. 많은 과학주의자들은 이 점을 대범하게 청소하고 싶어 한다. 이렇게 함으로서 배치背馳가 사라지지 않음에도, 그렇게 청소하고 싶어 하는 것이다. 이것은 구상들 중의 하나이다. 실증주의는 사회학을 다른 학문들의 아래에 놓여 있는 하나의 학문으로 고찰한다. 실증주의는 콩트 이래로 오래된 방법론, 특히 자연에 관한 방법론에서 보존되어 온 방법론들을 사회학에 적용하는 것이 가능하다고 생각한다. 이것이 실증주의에 원래부터 들어 있는 사이비를 보여 준다. 사회학은 이중적 성격을 갖고 있기 때문이다. 사회학에서 모든 인식의 주체, 즉 사회는 논리적 일반성의 담지자이면서 동시에 객체이다. 사회는 주체적이다. 사회는 사회를 형성하는 인간들에게 되돌아가며, 사회의 조직화 원리들은 주체적 의식과 이것의 가장 일반적인 추상화 형식으로, 즉 보편적으로 상호주체적인 것인 논리로 되돌아가기 때문이다. 사회는 객체적이다. 사회가 담지하는 구조에 근거하여 고유한 주체성이 사회에게 투명하게 되지 않기 때문이며, 사회가 전체 주체를 갖고 있지 않고 사회의 설치를 통해 전체 주체를 회복시키려는 계획을 무효로 만들기 때문이다. 앞에서 말한 이중적 성격은 사회과학적 인식이 그 대상에 대해 갖는 관계를 수정하게 한다. 그러나 실증주의는 이에 대해 주의를 기울이지 않는다. 실증주의는 사회를, 잠재적으로 그것 스스로를 규정하는 주체로서의 사회를 외부로부터 규정되는 객체나 되는 것처럼 주저함이 없이 취급한다. 문자 그대로 실증주의는 그것 나름대로 대상화를 유발하는 것을 대상화시키며, 대상화를 설명할 수 있는 원인을 대상화시킨다. 주체로서의 사회가 객체로서의 사회에 의해 이처럼 대체되는 것은 사회학의 사물화된 의식을 완성한다. 자기 스스로 낯설고 대상적으로 대립되어 있는 것으로서의 주체에 주의를 돌림으로써 의도된 주체가, 즉 우리가 말하려고 하면 바로 사회학의 대상인 주체가 필연적으로 다른 것이 되고 만다는 점이 오인되고 있다. 변화는 물론 인식의 시선 방향을 통해 변화가 갖게 되는 것, 즉 사물에서의 토대fundamentum in re를 갖게 된다. 사회의 전개 경향은 그것 나름대로 사물화의 결과에 이르게 된다. 이 점이 사회에 관한 사물화된 의식에게 사고의 지향이 그 일치adequatio를 발견하는 것을 달성시켜 준다. 오로지 진리만이 이처럼 혼동되어 있는 상태가 함께 파악되어야 할 것이라고 요구한다. 주체로서의 사회와 객체로서의 사회는 동일한 것이지만 동일하지 않은 것이기도 하다. 학문의 객관화되는 활동들이 이 점을 사회에서 제거한다. 이렇게 됨으로써 사회는 단지 객체만은 아닌 것이 되며, 이로부터 오는 그림자는 모든 과학주의적인 객관성 위에 드리워지게 된다. 이 점을 통찰하는 것이 그 가장 높은 곳에 있는 규범을 무모순성이라고 지칭하고 있는 교설에 가장 무겁게 해당된다. 바로 여기에서 사회비판이론은 일반적인 언어 사용에서 사회학이라고 명명하는 것으로부터, 그 가장 깊은 내부에서, 떨어져 나온다. 비판이론은 사물화에 관한 모든 경험에도 불구하고, 그리고 바로 이러한 경험을 명백하게 말함으로써 주체로서의 사회의 이념에 그 방향을 맞춘다. 반면에 사회학은 사물화를 수용하며 사물화의 방법론들에서 사물화를 반복하고, 이렇게 함으로써 사회와 사회의 법칙이 비로소 그 모습을 드러냈던 관점을 상실한다. 이것은 사회학적인 지배에의 요구 제기로 되돌아간다. 다시 말해, 콩트가 알렸던 이런 요구 제기는 오늘날 많든 적든 자주 재생산되는바, 이런 재생산은 개별적인 사회적 상황들과 장場들을 성공적으로 통제하는 것이 사회학에게서 가능하기 때문에 사회학의 통제를 전체로 확산시킬 수 있다는 관념에서 이루어지고 있다. 그러한 적용이 어떻든 가능하다면 권력관계의 소여성에서 그러한 적용이 유지되는바, 그러한 적용이 권력관계들을 심하게 오인하지 않는다면, 학문적으로 총체적으로 통제된 사회는 객체로, 즉 학문의 객체로 머물러 있게 된다. 이런 사회는 항상 그랬던 것처럼 성숙되지 않은 채 머물러 있게 되는 것이다. 전체 사회에 대한 학문적인 경영 관리는 전체 사회의 경계들로부터 겉으로 보기에 빠져나왔던 것처럼 보이는바, 이러한 경영 관리의 합리성에서 지배가 여전히 살아남았던 것이다. 연구자들의 지배는 혼화混化되었고, 이것은 또한 연구자들의 의지에 반하는 것이기도 하였다. 이러한 혼화는 권력을 가진 도당들의 이해관계와 함께 이루어졌다. 사회학자들의 테크노크라시는 엘리트적인 성격을 보유하고 있다고 보아야 할 것이다. 철학과 사회학에서 철학은 내용이 없는 것으로, 사회학은 개념이 없는 것으로 내려앉지 않으려면, 철학과 사회학에 공통적으로 머물러 있는 모멘트들 중에서 학문으로 전적으로 변환될 수 없는 것이 철학과 사회학에 내재되어 있다는 모멘트가 맨 위에서 그 지위를 차지한다. 저기처럼 여기에서도 전적으로 문자 그대로 의도된 것은 아무것도 없다. 사실의 진술도 없고 순수한 통용도 없다. 문자 그대로인 것이 아닌 것, 그리고 니체에 따르면 유희의 한 부분은, 하나의 존재자를 하나의 비존재자로 해석하는 해석의 개념을 다른 말로 바꿔 쓴다. 전적으로 문자 그대로인 것이 아닌 것은 본질과 현상의 긴장된 비동일성을 증명해 준다. 강조된 인식은 이것이 예술과 절대적으로 관계를 끊지 않는 경우에는 비합리주의로 밀쳐 넘어뜨려지지 않는다. "관념 음악"에 대해 과학주의적으로 행해지는 성인 조롱은 감아올리는 셔터 문이 달린 벽장들의, 다시 말해 그 속에서 설문지들이 모두 끝난 상태가 된 벽장들의 삐걱거리는 소리만을 들리지 않게 할 뿐이다. 이처럼 삐걱거리는 소리는 순수한 문자 그대로인 것이 작동하면서 내는 소음이다. 이러한 소음은, 사회의 사실관계들을 존중하지도 않고 사회에서 하나의 유용한 기능도 충족시키지 않는다고 하는 사고의, 즉 사회에 대해 사고하면서 자기 스스로 만족하는 사고의 독아론獨我論에 대한 보증된 반론과 제휴되어 있다. 많은 사람들은 다음과 같이 말하는 것에 대해 항상 찬성하는 입장을 보인다. 이론적으로 교육이 된 학생들이, 다시 말해 현실에 대해 직감력을 갖고 있으며 그들이 생각해 둔 것을 갖고 있는 학생들이 방법론을 모든 것의 위에 올려놓는 공인된 전문가들보다도 현실에서도 역시 그들에게 주어진 과제를 이성적으로 충족시키는 능력이 있다는 점에 대해 많은 사람들이 동의하고 있는 것이다. 변증법이 주관적인 이성 개념에 만족하는 정도가 적은 것과 마찬가지로 개인도, 심지어는 막스 베버가 사회적 행위에 관한 그의 정의에서 되돌아가야 한다고 믿었던 개인도 변증법에서는 실체로서 통용되는 정도가 적다. 바로 이 점에 모든 독아론이 근거를 두고 있다. 프랑크푸르트학파의 철학적 간행물에서는 이러한 모든 점이 상세하게 설명되어 있다. 주관적인 사회학의 일반적인 소통에의 기쁨에 의해 열광될 수 없는 것만이 현재 상황에서는 신화적 속박의 틀을 명백하게 깨트린다는 점을 설명하면서 독아론의 가상을 불러내고 있는 것이다. 이에 대해서는 가장 최근 이래로 반란적으로 제기되는 공론적인 의견이 표명되고 있는 것 같다. 이러한 의견은 '의사소통'으로서의 형식인 전달의 형식을 통해서 문화소비자들을, 즉 어떤 거짓말이 곧이듣도록 되어야 한다고 하는 대상들인 문화소비자들을 비난하지 않는 것만을 유일하게 믿을 만한 것으로 느낀다.

마치 음악처럼 실증주의자들의 귀에서 잘못 울리고 있는 것은 사실관계들 내부에 전적으로 현존하는 것이 아니며, 이것은 언어의 형식을 필요로 하지 않는다. 언어가 사실관계들에 더욱더 엄격하게 언어를 밀착시키면 시킬수록, 언어는 단순한 기호 표시로 솟아 있는 것에서 더욱 내려오게 되면서 표현과 같은 것을 취하게 된다. 실증주의 논쟁이 여태까지 열매를 맺지 못하고 있는 것은 변증법적 인식이 그 반대자들에 의해서 지나칠 정도로 문자 그대로 받아들였다는 점으로부터 유래한다. 문자 그대로인 것과 엄밀함은 같은 것이 아니며, 오히려 서로 갈라져서 출현한다. 부서진 것, 본래의 것이 아닌 것이 없이는 인식이 존재하지 않는다. 인식은 정돈되는 반복보다는 더 많은 것이라고 보아야 할 것이다. 인식이 그럼에도 불구하고 진리의 이념을 희생시키지 않는다는 점은, 이것이 실증주의의 가장 시종일관된 대변자들에서 실증주의에게 훨씬 더 가깝게 놓여 있는 것처럼, 하나의 본질적인 모순을 바꿔 쓴다. 다시 말해, 인식은 우발적으로 일어나는 과장이 결코 아니다. 그 이유는 다음과 같다. 그 어떤 개별적인 것이 '참된' 정도가 적고, 오히려 그것이 매개되어 있는 것에 힘입어 또한 항상 그것에 고유한 다른 것이듯이, 전체도 또 다시 참된 정도가 적기 때문이다. 전체가 개별적인 것과 화해되지 않은 채 머물러 있다는 것은 전체에 고유한 부정성의 표현이다. 진리는 이러한 관계의 조합이다. 옛날에는 위대한 철학이 이 점을 알고 있었다. 플라톤 철학은 비판 이전적인vorkritisch 단계에 머무른 상태에서 진리에의 극단적인 요구 제기를 알려 주고 있는바, "아포리아적인aporeisch" 대화들의 서술 형식에서 이러한 요구 제기를 문자 그대로 충족된 요구 제기로서 부단하게 사보타지한다. 소크라테스적인 아이러니에 관련된 사변들은 정도正道를 벗어난 사변들이 아니라고 볼 수 있을 것이다. 독일 이상주의에 대한 실증주의적 비판에 의해서 그 보복이 돌아오고 있는 죄인, 독일 이상주의가 저지른 주된 죄는 다음과 같은 것이었다. 다시 말해, 독일 이상주의는 객체와 완벽하게 성취된 동일성의 주관주의적인 파토스를 통해서, 절대적 지知에서, 앞에서 본 깨져 있는 상태에 대해 독일 이상주의 자체와 그 지지자들을 기만하였던 것이다. 이렇게 함으로써 독일 이상주의는 사실의 진술과 통용의 전시장에 일상적으로terre à terre 들어섰다. 이런 전시장에서, 독일 이상주의는 학문이 필요로 하는 것들을 독일 이상주의가 충분히 만족시키지 않는다고 독일 이상주의에서 시위할 수 있는 학문에 의해 불가피하게 두들겨 맞은 것이다. '대상을 대상 그대로 인식하여 대상의 의미를 찾아내는 deutendes'[47]처리방식은 이 순간에 허약해진다. 이러한 처리방식도 또한, 개별학문적인 진보에 의해 테러를 당하게 되면서, 다른 처리방식들처럼 그렇게 좋은 학문이라는 점을 선서해야 하기 때문이다. 키르케고르는 헤겔이 헤겔 자신의 철학을 문자 그대로 받아들이고 있다는 반론을 이미 언급한 바 있었다. 헤겔에 대한 그 어떤 반론도 키르케고르의 이 반론보다 엄격하지 않다. 그러나 대상을 대상 그대로 인식하여 대상의 의미를 찾아내는 것도 이와 똑같은 정도로 임의적이지 않다. 현상과 현상의 ㅡ대상을 대상 그대로 인식하여 대상의 의미를 찾아내는 것을 필요로 하는ㅡ 내용 사이는 역사에 의해 매개되어 있다. 현상에서의 본질적인 것에서 출현하는 것은 현상이 현상으로 되도록 하였던 것, 현상인 것, 현상에서 정지된 것, 현상이 굳어가는 것의 고통에서 비로소 생성되는 것을 풀어 놓아 주는 것, 바로 이런 것들이다. 인상학의 시선은 이처럼 정지된 것, 제2등급의 현상성Phänomentalität을 겨냥한다. 알버트가 비난하는 용어인 하버마스의 "사회적 생활세계의 자연적 해석학"[48]의 용어 아래에서는 어떤 제1차적인 자연도 생각될 수 없다. 오히려 사회적 생성의 과정들을 생성된 것에서 받아들이는 표현이 생각될 수 있다. 대상을 대상 그대로 인식하여 대상의 의미를 찾아내는 것은 또한 현상학적인 불변성의 관례에 따라 절대화될 수 없다. 대상을 대상 그대로 인식하여 대상의 의미를 찾아내는 것은 인식의 전체 과정과 엮여 있다. 하버마스에 따르면 이 점이, "이러한 이념들과 해석들의 사회적 재생산의 객관적 연관관계가 갖는 관심들의 구축물에 의존되어 있는 상태가 … 주관적으로 의미를 이해하는 해석학에서 굳어지는 것을 금지시킨다. 객관적으로 의미를 이해하는 이론은 객관화되는 처리가 전적으로 주목하는 모멘트인 사물화의 모멘트에 대해

---

47 작은따옴표는 옮긴이에 의한 것임(역주).

48 Habermas, Analytische Wissenschaftstheorie und Dialektik(분석적 학문 이론과 변증법),
    a. a. O., S.158; 424쪽을 참조.

서도 보고해야 한다."[49] 사회학은 행위자들에 의해 주관적으로 추구된 목적-수단-관계에만 주변적으로 관계하고 있다. 그러한 의도들을 통해서, 그리고 그러한 의도들에 반하여 실현되는 법칙들에 더욱 많이 관계하고 있는 것이다. 대상을 대상 그대로 인식하여 대상의 의미를 찾아내는 것은 인식 주체나 또는 사회적 행위자에 의한 주관적인 의미 부여의 반대편에 서 있다. 이러한 주관적인 의미 부여의 개념은 체제 긍정적인 잘못된 결론으로 잘못 빠져드는바, 이처럼 잘못된 결론은 사회적 과정과 사회 질서가 주체에 의해 이해될 수 있고 주체에 고유한 것이며 주체와 함께 화해되어 있고 정당화되어 있다고 말한다. 변증법적인 의미 개념은 베버적인 개념인 의미에 맞는 이해의 상관 개념이 아닌 개념일 것이며, 오히려 현상들을 선명하게 각인시키고 현상들에서 출현하며 현상들에서 숨겨지는 사회적 본질일 것이다. 이러한 본질이 현상들을 규정한다. 세간에서 널리 행해지는 과학주의적인 오성에서의 일반 법칙이 현상들을 규정하지는 않는다. 이러한 본질의 모델에 해당되는 것이 오늘날에도 역시 식별 불가능성으로까지 숨어 버린, 하강하는 이윤율의 경향으로부터 연역되었던 붕괴 법칙일 것이다. 붕괴 법칙이 완화되는 것들은 그것들 나름대로 붕괴 법칙으로부터 도출될 수 있을 것 같고, 체계 내재적으로 징후가 드러난 노력들과 체계 내재적인 경향을 옆으로 꺾이게 하고 연기시킬 수 있을 것 같다. 이것이 지속적으로 가능하다는 것은 어떤 경우에도 확실하지 않다. 앞에서 말한 노력들이 노력들에 고유한 의지에 반하여 종국적으로는 붕괴 법칙을 실행하는 것은 아닌지도 불확실하다. 느리게 진행되면서 인플레이션과 함께 오는 빈곤화의 불길한 징조가 읽힐 수 있다.

총체성이나 본질과 같은 카테고리들의 사용은, 변증법론자들이 구속

---

[49] a. a. O.

력이 없는 개략적인 것에 몰두하고 있는 반면에 실증주의자들은 사실들을 모든 신뢰 할 수 없는 개념적인 부가물로부터 청소해 버리는 것들에, 즉 확실한 세부적인 것들에 관계하고 있다는 선입견을 강화시킨다. 변증법을 뒷문을 통해 몰래 기어들어간 신학神學으로 낙인을 찍는 과학주의적인 관습에 대해서, 사회적인 체계 성격은 이른바 전체성에 기반을 두는 사고와는 상위하다는 점이 이의로 제기될 수 있다. 체계는 원자화된 다양한 것의 종합으로서의 사회이다. 결코 직접적이지 않은 '유기적으로' 결합된 것의 ―실재적이지만 여전히 추상적인― 총괄로서의 사회는 체계인 것이다. 교환관계는 넓은 척도에서 체계에게 기계적 성격을 부여한다. 교환관계는 기계적 성격의 요소들에게 모자처럼 씌워져 있다. 교환관계는, 체계가 유기적 개념에 놓여 있는 것에서처럼, 신적神的인 목적론 Teleologie의 ―모든 기관器官은 이러한 목적론을 통해서 전체에서의 그 기능을 갖게 될 것이며 전체로부터 그 의미를 받아들일 것이다― 모델과는 전적으로 유사하지 않다. 삶을 영속화시키는 연관관계는 동시에 삶을 갈기갈기 찢어 놓는다. 이런 연관관계는 이렇기 때문에 삶의 동역학이 그 방향으로 움직이는 죽은 사람과도 같은 것이다. 전체성에 기반을 두는 유기체설有機體說적인 이데올로기에 대한 비판에서 변증법은 그 예리함에서는 실증주의자들에 뒤처져 있지 않다. 사회적 총체성의 개념이 존재론으로 되어서는 안 되며 그것 나름대로 하나의 즉자 존재론적인 첫 번째의 것으로 되어서는 안 된다는 점은 동일한 사실관계에 들어 있는 이형異形이다. 가장 최근에는 쇼이흐Scheuch와 같은 실증주의자들이 이 점을 변증법에 전가시키는바, 이들 실증주의자들은 변증법을 단순하게 오해하고 있다. 변증법은 즉자 존재적인 첫 번째 것의 개념을 실증주의자들보다도 더욱 적게 받아들이고 있다. 사회에 대한 변증법적인 고찰의 목적τέλος은 개략적인 고찰과는 상반된다. 변증법은 총체성에 대한 성찰에도 불구하고 위에서부터 내려오는 방식으로 총체성을 다루지 않고, 오히려 일반적인 것과 특별한 것의 이율배반적인 관계를 변증법의 처리를 통해서 이론적으로 제어하려고 노력한다. 과학주의자들은 변증법론자들을 과대 망상에 걸린 사람들이라고 의심한다. 변증법론자들이 유한한 것을 모든 측면에 맞춰 괴테적이며-남성적으로 뚫고 나아가고 도달 가능한 것에서 일상의 요구를 충족시키는 것 대신에, 구속력이 없는 무한한 것에서 스스로 잘 지내고 있다면서 변증법론자들을 시의猜疑하는 것이다. 총체성은, 모든 사회적 사실의 매개로서, 무한하지 않으며 바로 총체성의 체계 성격에 힘입어, 닫힌 채, 유한하다. 총체성이 붙잡혀 있을 수 있는 정도가 그토록 적음에도, 유한한 것이다. 위대한 형이상학적 카테고리들은 내부 세계적인 사회적 경험을 그것 나름대로 사회적으로 발현된 정신에 투사한 것들이었다. 위대한 형이상학적 카테고리들은 이렇게 해서, 한 번은 사회 안으로 가지고 돌아온 상태에서, 앞에서 말한 투사가 이 카테고리들에게 조달해 주었던 절대적인 것의 가상假像을 보유하지 않게 된다. 어떤 사회적 인식도 무조건적인 것을 지배하는 것을 인식 스스로에게 부당하게 요구해서는 안 된다. 그럼에도, 철학에 대해 인식이 행하는 비판은 철학이 인식에서 흔적 없이 몰락하고 있다고 말하는 것을 지칭하지는 않는다. 사회적 영역에서 스스로를 되찾는 의식은 사회에서 즉각적으로 풀리지 않은 것을 의식의 자기 자각을 통해서 철학에서 해방시킨다. 객관적인 것의 체계 개념으로서의 사회적 체계 개념에 대해 그것이 형이상학의 체계 개념을 세속화시킨다는 이유를 내세운다면, 이것은 참된 것이다. 이것은 그러나 모든 것에 적합하며, 이렇기 때문에 아무것에도 적합하지 않다. 실증주의의 개념인 의심이 없는 지知의 개념은 신적神的인 진리의 세속화라고 비난받을 수 있을 것 같으며, 이런 비난은 적지 않은 정당성을 갖는다. 암호-신학에 관한 비난은 중도에서 머물러 서 있다. 형이상학적 체계들은 사회적인 강제적 속박의 성격을 체제 옹호적으로 존재에 투사시켰다. 체계로부터, 사고하면서, 나가려고 하는 사람은 체계를 이상주의적 철학으로부터 사회적 현실로, 즉 체계가 추상화되는 발원이 되는 사회적 현실로 옮겨 놓아야 한다. 이렇게 함으로써, 포퍼와 같은 과학주의자들이 연역적 체계의 이념에서 보존하고 있는 총체성의 개념이 계몽과 대립각에 놓이게 된다. 여기에서 무엇이 참된 것이 아닌지가 결정 가능하다. 또한 무엇이 참된 것인지도 결정 가능하다.

과대 망상적이라는 비난도 내용적으로 볼 때 적지 않게 부당하다. 헤겔의 논리학은 총체성이 또한 사회적인 것으로서의 총체성이라는 점을 알고 있었다. 총체성은 단독적인 것에, 헤겔의 언어로 말한다면 모멘트들에 단순하게 앞서서 정돈되어 있는 것이 아니다. 총체성은 오히려 이러한 모멘트들과 그 운동으로부터 분리될 수 없다. 개별적으로 구체적인 것은, 이것을 인식론적으로 물신화시키고 인식 실제적으로 원료나 견본으로 취급하는 실증주의적 구상보다도 변증법적 구상에게 더욱 무거운 비중을 갖는다. 사회에 대한 변증법적 직관은 개별적으로 구체적인 것을 실증주의적 직관보다도 더욱 많은 미세함을 가지면서 유지시킨다. 실증주의적 직관은 개별적인 존재자에게 개별적 존재자의 개념에 대한 우위를 추상적으로 약속하지만 그 처리방식에서는 컴퓨터에서 자기 스스로에게 오는 시간이 없는 조급함과 함께 앞에서 말한 약속을 건너뛰어 앞으로 나아간다. 개별적 현상은 그 내부에서 전체 사회를 숨기고 있기 때문에, 세밀함과 매개는 총체성에 의해서 서로 대위법적인 관계에 놓여 있다. 오늘날 사회적 갈등에 관한 기고[50]는 이 점을 설명하려는 의도를 갖고 있었다. 사회적 현상들의 변증법적 해석에 관하여 벤야민과 오래전에 벌였던 논

---

50 Vgl. Theodor W. Adorno und Ursula Jaerisch, Anmerkungen zum sozialen Konflikt heute (오늘날의 사회적 갈등에 대하여), in: Gesellschaft, Recht und Politik(사회, 법, 정치), Neuwied und Berlin 1968, S. 1ff. (현재는 이 책 238쪽 이하).

쟁[51]도 같은 문제를 두고 움직였던 것이었다. 벤야민의 사회적 인상학은 전체사회적인gesamtgesellschaftlich 매개에 관한 성찰이 없이 이루어진 것으로서 지나치게 직접적인 인상학이라고 비판되었다. 전체사회적인 매개는 벤야민에게는 이상주의적으로 의심스러운 것이었는지도 모른다. 그러나 전체사회적인 매개가 없이는 사회적 현상들에 대한 유물론적 구성이 이론의 뒤에서 이리저리 절뚝거릴 뿐이었다. 개념을 가상이나 약어略語로 처분하면서 사실들을 개념이 없는 것으로, 그리고 강조된 오성에서는 규정되지 않은 것으로 표상하는 극단적인 명목론은 이렇게 함으로써 필연적으로 추상적이 된다. 추상화抽象化는 일반적인 것과 특별한 것 사이의 분별없는 절단이며, 특별한 것은 그 내부에서 특별한 것에 대한 규정으로서의 일반적인 것에 대한 시선이 아니다. 우리가 변증법적 방법론에게, 대략 개별적인 실상들에 대한 사회도해적인 기술記述과 맞서면서, 추상성을 뒤에서 말할 수 있는 한, 변증법적 방법론은 대상에 의해서, 그리고 사회의 항상 반복되는, 세부에서 되돌아오는 동일성에 의해서 명령을 받게 된다. 그럼에도, 일반적인 것을 표현하는 개별 현상들은 그것들이 단순히 일반적인 것의 논리적인 대변자들이라고 볼 수 있는 것보다는 훨씬 더 실체적이다. 개별적인 것이, 그것에 내재하는 일반성을 위해서, 비교되는 일반성에서 희생시키지 않는 것인 개별적인 것에의 강조에서, 역사적으로 구체적인 법칙들로서의 사회적인 법칙들에 대한 변증법적 표현이 강조에 상응하여 이루어진다. 특별한 것이면서도 동시에 일반적인 것으로서의 개별적인 것에 대해 변증법적으로 규정되는 것은 사회적인 법칙 개념을 변화시킨다. 이 법칙은 '항상 ~이면 ―그리고 나서'의 형식을 더 이상 갖지 않고, '~한 후에― 해야 한다'의 형식을 갖는다. 이 형

---

51 Vgl. Walter Benjamin, Briefe(편지들), Frankfurt a. M. 1966, S.782ff.

식은 부자유의 조건 아래서만 원리적으로 통용된다. 개별적인 모멘트들에는 그 내부에 이미 특별한 사회구조로부터 따라 나오는 특정한 법칙성이 내재되어 있기 때문이다. 이러한 법칙성은 법칙성들을 학문적으로 종합한 것의 산물이 아니다. 역사적 운동법칙들에 대한 하버마스의 상론詳論은 이러한 방식으로, 개별적인 것 자체의 객관적이고-내재적인 확실성의 맥락에서, 논구되는 것이라고 보아도 될 것이다.[52] 변증법적 이론은 개별적인 것에 대한 인식으로서의 역사적이고 사회적인 인식을 법칙 인식에 순진하게 대비시키는 것을 거부한다. 그 이유는 다음과 같다. 개별화는 사회적인 카테고리이며, 이른바 단순히 개별적인 것은 그 내부에서 스스로 특별한 것과 일반적인 것을 교차시키기 때문이다. 특별한 것과 일반적인 것을 필연적으로 구분하는 것은 잘못된 추상화를 이미 갖고 있다. 일반적인 것과 특별한 것의 과정의 모델들은 집중, 과도한 축적, 위기로 가는 전개 경향들과 같은 사회의 전개 경향들이다. 경험적 사회학은 그것이 통계적인 일반화를 통해서 특별한 내용에서 상실시킨 것을 오래전부터 알아차렸다. 단순한 일반화로부터 미끄러져 나온 일반적인 것에 대한 결정적인 내용이 세부적인 것에서 명료해지는 경우가 자주 발생한다. 이렇기 때문에 통계적 조사가 케이스 스터디를 통해 근본적으로 보완될 필요가 있는 것이다. 양적인 사회적 방법론들의 목표도 역시 질적인 통찰이라고 볼 수 있겠다. 양화量化는 자기목적이 아니고 통찰을 위한 수단이다. 통계학자들은 이 점을 사회과학의 현재 통용되는 논리보다도 더욱 기꺼이 받아들이면서 인정한다. 변증법적 사고가 단독적인 것에 대해 취하는 태도는 벨머가 인용하였던, 비트겐슈타인이 "가장 단순한 문장이, 즉 기

---

52 Habermas, Analytische Wissenschaftstheorie und Dialektik(분석적 학문이론과 변증법), a. a. O., S.163; dazu auch Theodor Adorno, Soziologie und empirische Forschung(사회학과 경험적 연구), S.90(현재는 이 책 276-277쪽).

본 문장이 하나의 사실관계의 성립을 주장한다"[53]라고 언어로 정리한 내용과 대비되면서 아마도 최상으로 첨예화되면서 드러날 수 있을 것이다. 문장들에 관한 논리적 분석은 기본 문장들에 이르게 된다는, 표면적인 자명성은 자명한 것과는 모두 다른 것일 뿐이다. 비트겐슈타인은 ─사람들이 항상 동시에 표상할 수 있었다는─ 가장 단순한 것이 합성된 것보다도 더욱 "참된 것"이며 이렇기 때문에 복잡한 것을 단순한 것에 되돌리는 것이 선험적으로 이익이 있다고 말하면서 데카르트의 방법서설을 기계적으로 아직도 되풀이한다. 과학주의자들에게는 단순성이 사실상으로 사회과학적 인식의 가치 기준이며, 포퍼의 튀빙겐 발제의 제5테제[54]에서도 이 점이 드러난다. 단순성은 성실성과의 제휴를 통해서 학문적 미덕이 된다. 복잡한 것은 관찰자의 착란 상태와 점잔을 빼는 태도로부터 발원한다고 말하는 상음上音이 일부러 못들은 체하는 것으로 머물러 있을 수는 없다. 사회적 정리定理들이 단순할 필요가 없거나 또는 복잡할 필요가 없는지에 대해서는 대상들이 객관적으로 결정한다.

"실제로 존재하는 것은 그러나 문제들과 학문적 전통들"[55]이라는 포퍼의 문장은 그가 이전에 직접적으로 말하였던 통찰, 다시 말해 이른바 학문적 전문 분과는 문제들과 해결 시도들의 집적체라는 통찰의 뒤에 머물러 있다. 과학주의적으로 "홀로 실제적인 것"으로서의 문제들, 즉 암묵적으로 콤파스로 면밀하게 측정된 문제들의 분리는 단순화를 규범으로서 설치한다. 학문은 결정 가능한 물음들과, 오로지 이런 물음들과 관련을 맺는다는 것이다. 자료가 이런 물음들을 그토록 간명하게 제기하는 것은 흔하지 않다. 포퍼는, 앞에서 말한 내용과 동일한 정신에서, 사회과학

53 Wittgenstein, Tractatus, 4.21, a. a. O., S.37.
54 Vgl. Popper, Logik der Sozialwissenschaften, a. a. O., S.105.
55 a. a. O., S.108.

의 방법론을 "자연과학의 방법론"과 같은 것으로 정의한다. 사회과학의 방법론은 "그것이 출발점으로 삼는 문제들에 대한 해결 시도를 시험해 보는 것"에서 성립된다는 것이다. "해결책이 제안되고 비판된다. 어떤 해결 시도가 사물에 대해 이루어지는 비판에 다가설 수 없다면, 이러한 시도는 바로 이 이유로 인해 비학문적인 것으로서 제외된다. 이것은 또한 잠정적인 경우에도 해당된다."[56] 여기에서 사용된 문제 개념이 비트겐슈타인의 진리 개념보다 더 적은 정도로 원자적이라고 할 만한 이유는 거의 없다. 포퍼는 사회학이 정당하게 관련을 맺고 있다고 하는 모든 것이 개별 문제들로 쪼개질 수 있다고 주장하고 있는 것이다. 우리가 포퍼의 테제를 엄격하게 받아들이면, 그의 테제는 이 테제를 첫눈에 추천하는 상식에도 불구하고 학문적 사고를 저해시키는 검열이 된다. 마르크스는 어떤 문제의 해결을 제안하지는 않았다. 제안의 개념에서는 그러나 진리의 보증자들로서의 합의라는 허구Fiktion가 모르는 사이에 발생한다. 이렇기 때문에 『자본』은 사회과학이 아니지 않은가? 사회의 맥락에서는, 모든 문제를 이른바 해결한다는 것은 사회의 맥락을 전제한다. 시행착오의 만병통치약은 모멘트들의 희생을 치르면서 약효를 발휘한다. 모멘트들을 제거시킨 후에, 문제들이 학문의 유용함을 위해ad usum scientiae 깎아서 모양이 가지런해지고 아마도 가상假像, Schein이 되고 만다. 이론은 문제들을 개별 문제들로 데카르트적으로 쪼개는 것에 의해 사라진 연관관계들을 함께 사고해야 하며, 문제들을 사실들을 향하여 매개시켜야 한다. 심지어는 "사물에 대해 이루어지는 비판"의 해결 시도가, 포퍼가 확정하고 있듯이, 반박에 즉각적으로 다가설 수 없는 경우에도, 문제는 그럼에도 불구하고 사물로부터 시작하여 중심적인 것이 될 수 있다. 마르크스가 가르쳤듯이, 자

---

[56] a. a. O., S.105f.

본주의 사회가 그것에 고유한 동역학에 의해서 붕괴로 치닫게 되는지 또는 그렇지 않은지는, 우리가 묻는 것을 조작하지 않는 한, 하나의 이성적인 물음만은 아니다. 이것은 사회과학의 물음들이 관계하는 것이 어울릴 것 같은 가장 중요한 물음들 중의 하나이다. 사회과학적 과학주의의 가장 만족스럽고 이렇기 때문에 가장 설득력 있는 테제들은 여전히, 이런 테제들이 문제 개념에 관해 다루는 한, 진정으로 가장 어려운 문제들을 넘어서 굴러가 버린다. 가설의 개념, 가설의 개념에 부속된 시험 가능성의 개념과 같은 개념들은 자연과학들에 의해서 사회에 관한 개념들에 평탄하게 적용될 수는 없다. 이 점은, 인간의 더욱 높은 품위는 양화量化를 견디지 못한다고 말하는 정신과학적인 이데올로기와의 동의를 포함하고 있지 않다. 지배적 사회는 사회와 그 강제적 구성원들인 인간으로부터 앞에서 말한 품위를 맨 먼저 빼앗지 않았고, 오히려 인간들이 칸트의 가르침에 따르면 품위에 해당할 만한 것인 성숙한 존재들로 되는 것에 결코 이르지 못하게 하였다. 이전처럼 오늘날에도 사람들에게 연장된 자연사自然史로서 주어져 있는 것이, 선거 분석에서 깜짝 놀라게 관철되는 법칙인 위대한 숫자의 법칙을 안중에 두고 있지 않다는 점은 확실하다. 연관관계는 그러나, 그것 자체로, 과학주의적 사회학의 모델들에 관련되어 있는 오래된 자연과학에서보다도 최소한 다른 형태, 어떤 경우이든 인식 가능한 형태를 갖는다. 사람들 사이의 관계로서의 이런 연관관계는 사람들에서 기초를 두는 것과 똑같은 정도로 사람들을 포괄하고 사람들에게 기초를 놓아 준다. 사회적 법칙들은 가설 개념에 맞춰 계량될 수 없다. 실증주의자들과 비판이론가들 사이에 놓여 있는 바빌론적인 혼란은, 실증주의자들이 이론에 맞서 관용을 고백하면서도 가설로의 변환을 통해서 그들에게 사회적 법칙들의 객관적인 우위를 부여하는 모멘트인 독자성의 모멘트를 가설들로의 변환을 통하여 관용에게서 빼앗아 버리는 곳, 바로 이곳에서 시작된다. 덧붙여 말한다면, 호르크하이머가 최소한 지적하였듯이, 사회적 사실들은 그것들의 어느 정도 동질적인 연속체를 자연과학적 사실들과 똑같은 정도로 내부에서 예측 가능하지는 않다. 사회의 모순에 가득 찬 성격, 종국적으로는 사회의 비합리성이 사회의 객관적인 법칙성에 가산된다. 사회의 비합리성에 대해 함께 성찰하고 가능한 한 도출시키는 것이 사회이론에서 다루어져야 한다. 사회의 비합리성을 —확인될 수 있거나 반박될 수 있는— 진단의 이상理想에 과도하게 적응시키는 것을 토론으로부터 제거시키는 것이 발생해서는 안 될 것이다.

이와 유사하게, 사회과학에서의 인식 작업과 통찰에 관한 일반적이고도 이른바 민주적인, 즉 뒤따라가면서 사고가 제대로 근거 세워졌는가를 검증하는 가능성의 —역시 자연과학에 의지하는— 개념은 이 개념이 스스로 부여하는 것만큼이나 공리적인 것은 결코 아니다. 이처럼 자연과학에 의지하는 개념은 사회가 그 주인들에게 벌로서 내려놓은 의식인 필연적으로 잘못된, 다시금 비판적으로 비로소 꿰뚫어질 수 있는 의식이 집행하는 폭력을 모르는 체한다. 이런 의식은, 사회과학적 연구에 종사하는 사무직원들의 출세욕에 불타는 유형에서는 세계정신의 시대에 걸맞은 형태로서 구체화된다. 문화산업의 영향 아래에서 전적으로 성장한 사람에게는 문화산업이 제2의 천성이 되었다. 이런 사람은 문화산업의 사회적 구조와 기능에 해당하는 통찰을 함께 실행할 수 있는 능력이 일단은 거의 없으며 의지도 없다. 이런 사람은 그런 종류의 통찰들을 반사적으로 방어하게 될 것이며, 이런 방어는 사고의 진행을 뒤따라가면서 일반적으로 검증하는 가능성의 과학주의적인 게임 규칙에 소명을 받는 것을 선호하면서 이루어질 것이다. 문화산업에 대한 비판이론이 그 목적을 달성할 때까지의 과정은 30년 동안 지속되었다. 문화산업을 관할하는 수많은 것들과 대리자들은 오늘날에도 역시 문화산업 비판이론을 질식시키려고 시도한다. 이 이론이 사업에 해가 되기 때문이다. 객관적인 사회적 법칙성들의 인식, 사회적 법칙성들의 비로소 제대로 된, 타협이 없고 순수하며 물에 타서 묽게 되지 않은 서술이 모든 사람의 합의consensus omnium에서 측정되는 것은 결코 아니다. 억압적인 전체 경향에 대한 저항은 자신들이 엘리트적으로 행동하였던 것에 대해 자신들을 스스로 욕해야만 하는 작은 규모의 소수자들에서 유보될 수 있다. 사고의 진행을 뒤따라가면서 검증할 수 있는 가능성은 인간사人間事에 들어 있는 하나의 잠재력이다. 이 가능성이 바로 지금 여기에서, 이미 존재하고 있는 상태 아래에서 현존하는 것은 아니다. **어떤 사람**이 이해할 수 있는 것을 다른 모든 사람도 또한 가능성에 따라 잘 이해할 수 있다. 전체를 통해 일반성도 또한 함께 설정되는바, 이해하는 것에서는 이러한 전체가 움직이고 있기 때문이다. 그러나 이런 가능성을 현재적으로 중요한 가능성으로 만들기 위해서는, 있는 그대로 존재하고 있는 다른 사람들의 오성에 호소하는 것만으로는 불충분하며 교육만으로도 충분하지 않다. 그런 가능성을 실현시키기 위해서는 아마도 전체의 변화를 필요로 할 것 같다. 전체에 고유한 법칙에 따라 오늘날 의식을 전개시키기보다는 의식을 불구로 만드는 전체의 변화가 필요한 것이다. 단순성의 주장은 그러한 억압적인 의미 방식과 조화를 이룬다. 그러한 억압적인 의미 방식은, 모든 완전무결에도 불구하고 기계적으로 행동하는 사고 작용들과는 다른 사고 작용들에 대해 아무런 능력이 없는 상태에서, 그것의 지적인 성실성에 대해서도 여전히 자부심을 갖고 있다. 그러한 억압적 의미 방식은, 사회적 관계들이 소외, 사물화, 기능성, 구조처럼 과중한 부담을 준 용어들이 그 사이에 표시하고 있음에도, 사회적 관계들의 복잡성을 비자의적으로 거부한다. 사회적인 것이 구축되는 발원이라고 하는 요소들에 환원시키는 논리적 방법론은 객관적 모순들을 잠재적으로 제거시킨다. 단순한 삶에 대한 칭찬과 단순한 것을 위한 반反-지성적인 우위 사이에 성립되는 비밀스러운 합의가 사고가 요구할 수 있는 것으로서 지배적으로 존재한다. 방향을 지시하는 경향이 사고 자체를 단순성에 선서시킨다. 생산 과정과 분배 과정의 복합적인 상태를 서술하는 사회과학적 인식은 그 사이에, 공장, 회사, 개별 노동자, 이와 유사한 것에 대한 조사를 통해서 개별적인 생산 요소들로 해체하여 나누는 것보다 공공연하게 더 많은 결실을 맺는 인식이다. 사회과학적 인식은 또한 더욱 복합적인 구조 연관관계에서 비로소 위치 가치를 발견하는 요소들을 일반적인 개념에 환원시키는 것보다 더욱 많은 결실을 가져온다. 노동자가 무엇인지를 알기 위해서는 자본주의 사회가 무엇인지를 알아야 한다. 역으로, 자본주의 사회는 또한 노동자들보다 더욱 "기본적"이지 않다는 것도 확실하다. 비트겐슈타인이 "대상들이 세계의 실체를 형성한다. 이렇기 때문에 대상들은 합성될 수 없다"[57]라는 문장으로 그의 방법론을 근거 세운다면, 그는 이와 동시에, 실증주의자의 역사적 순진성과 함께, 17세기의 독단적인 합리주의를 뒤따르게 된다. 과학주의는 사물res, 개별 대상들을 단독적이며 참된 존재자로 고찰하고 있지만, 이렇게 함으로써 대상들에 대한 규정을 단순한 개념적인 수퍼super 구조로 만들면서 대상들을 대상들에 대한 규정으로부터 몰수해 버린다. 이렇게 해서 앞에서 말한 단독적으로 현실적인 것이 과학주의에게 아무것도 아닌 것이 되며, 이처럼 아무것도 아닌 것은 명목론적인 믿음에 따라 마찬가지로 아무것도 아닌 일반성의 증거가 되는 것 이외에 더 이상 사실상으로 쓸모가 없다.

변증법에 대한 실증주의적 비판자들은 최소한 사회학적인 처리방식들의 모델들을 당연하게 요구한다. 이런 모델들이 경험주의적인 게임 규칙들로 재단되어 있지 않음에도, 그것들은 의미가 넘치는 것으로 증명된다. 이와 동시에 물론 경험주의자들이 그렇게 명명한 "의미 기준"이 변화되어도 될 것이다. 그리고 나서, 오토 노이라트Otto Neurath가 빈Wien 학파 이름으로 그 나름대로 요구한 목록인 학문적 저술에 대해서 금지된 단어

57 Wittgenstein, Tractatus, 2.021, a. a. O., S.13.

verborum prohibitorum의 목록도 폐기되어야 할 것 같다. 모델로서 명명되어도 되는 것은, 학문으로서 확실하게 등장하지는 않았지만, 비트겐슈타인에게 감명을 주었던 칼 크라우스Kral Kraus의 언어 비판이다. 크라우스의 언어 비판은 수십 년에 걸쳐 광휘를 발휘하였다. 그의 언어 비판은 내재적으로 설정되며, 언론이 문법을 위반하는 것들에 여러모로 방향이 맞춰져 있다. 미적인ästhetisch 비판은 그러나 처음부터 그것의 사회적 차원을 갖고 있었다. 언어적 황폐는 크라우스에게는 실재적인 황폐의 사자使者였다. 이미 1차 대전에서 크라우스는 기형과 상투어가 그것들 자체에게로 오는 것을 보고 있었으며, 그것들의 소리 없는 외침을 이전에 오래전부터 지각하고 있었다. 이러한 처리는 문자 그대로의 처리가 아닌 전형이다. 세상 물정을 잘 아는 크라우스는 언어가 경험의 본질적 구성 요소라고 할지라도 현실을 꾸밈없이 본뜨지는 않는다는 것을 알고 있었다. 언어의 절대화에 의해서, 언어 분석은 크라우스에게는 실재적인 경향들을 갈기갈기 찢어서 보여 주는 거울이 되었고 그 매체가 되었다. 바로 이 점에서, 자본주의에 대한 크라우스의 비판이 제2차적인 직접성으로 구체화되었던 것이다. 크라우스는 언어적인 전율을 만들어 보여 주었으며, 언어적인 전율이 실재적인 전율에 대해 갖는 불균형은 실재적인 전율이 흐지부지 뭉개 버리는 것들에 의해서 최상으로 눈에 뜨이게 된다. 언어적인 전율은 사회적 과정들의 배설이다. 부르주아지 사회에서 이런 배설물들은, 거의 알아차리지 못한 상태에서, 통용되는 학문적 고찰의 건너편에서 성숙하였으며, 이것들이 부르주아지 사회의 잘못된 정상적인 생활을 급격하게 파괴시키기 이전에 어구語句들에서 원형상적으로 출현한다. 크라우스가 전개한 언어의 인상학은 그러므로 대부분의 경험적-사회학적으로 탐구된 실상들보다 사회에 대해 많은 힘을 갖고 있다. 그러한 인상학은 사회에 대해 교황이 행사하는 힘과 같은 힘보다 더욱 많은 힘을 갖고 있는 것이다. 학문은 공허한 객관성에서 시작하여 비실재를 다루는 것을 고루하게 거부하는바, 크라우스의 언어의 형상학은 이런 비실재를 지진계처럼 스케치하고 있기 때문이다. 크라우스가 인용하였고 대중 앞에서 탄핵하였던 언어 형체들은 리서치가 "주스처럼 달콤한 인용"이라는 품위 없는 표제 아래에서만 통과시키는 것을 패러디로 만들면서 이것을 능가한다. 크라우스의 비非학문, 반反학문이 학문에게 창피를 주고 있는 것이다. 사회학은, 항상 여전히 현실의 뒤에서 절뚝거렸던 크라우스의 진단들에 대한 완화라고 그가 경멸하였던 매개들에 기여할 개연성이 있다. 그가 살아 있었을 때 빈Wien의 사회주의적인 노동자 신문은 그가 빈의 언론을 꿰뚫어 보았던 것으로 만들었던 사회적 조건들을 명명한 바 있었다. 루카치는 『역사와 계급의식』에서 유래하는 어떤 소견에서 언론인의 사회적 유형을 사물화의 변증법적 극단으로 인식하였다. 이러한 극단에서 상품 성격이 상품의 본질에 즉자적으로 곧바로 상반된 것을 덮어서 부식시켜 버린다는 것이다. 이것은 시장에서 자기를 팔아넘긴 주체들이 보여 주는 일차적이고 동시적인 반응 능력이라는 것이다. 하위적인 교만함을 갖고 있는 학문 패거리들의 의해 단순한 예술로서 끝이 난 경험들[58]이 담지하는 경험들의

---

58 예술 개념에 대한 실증주의적 사용은 비판적 분석을 필요로 할 것 같다. 실증주의자들에게 예술 개념은 제한된 학문 개념이 내쫓고 문을 닫아 버리려고 하는 모든 것을 위한 쓰레기통으로 소용된다. 제한된 학문 개념은 그러나, 그것이 정신생활을 오직 지나칠 정도로 기꺼이 사실로서 감내하기 때문에, 정신적인 경험은 그것이 관대하게 허용하는 것에서 쇠진되지 않는다는 점을 고백하지 않을 수 없다. 실증주의적인 예술 개념에서는, 허구적인 현실의 잘못된 자유로운 발견에 강조점이 놓여 있다. 허구적 현실은 예술작품들에서 항상 2차적이었으며, 오늘날에는 회화와 문학 안으로 완전하게 물러나 있다. 이에 대한 대가로 예술이 인식에 참여한다는 사실이, 즉 예술이 학문으로부터 미끄러 떨어지는 것을 표현할 능력을 갖고 있으며 이에 대해 희생을 치를 수밖에 없었다는 사실이 오인되거나, 또는 가설화된 과학주의적 기준들에 따라 이 사실에 대해 미리 이론(異論)이 제기되었던 것이다. 실증주의가 내포하고 있듯이, 주어진 사실 관계들에 그토록 엄격하게 묶여 있다면, 이것은 또한 예술에 대해서도 그 의무를 짊어져야 할 것이다. 그리고 나서 예술을 학문에 대한 추상적인 부정으로서 예술의 자리를 정해서는 안 될 것이다. 실증주의자들은 예술에 관해 아는 것이 별로 없음을 누설하고

진리 내용이 없다면, 크라우스의 언어 인상학은 학문과 역사철학에 그토록 깊게 파고들어가서 영향을 미치지는 않았을 것이다. 크라우스가 현미경적으로 획득한 분석들은 학문과 "결합되어 있지" 않은 것이 결코 아니고, 학문에 알맞은 것이라고 보아도 될 것이다. 점원의, 그 이후에는 사무직 노동자의 ―새롭게 나타난 야만적인 규범으로서의― 정신상태에 관한 그의 언어분석적인 테제들은 관료 지배의 명백한 도래에 관한 베버의 교설의 교육사회학적인 측면들, 그리고 관료 지배로부터 설명된 교육의 하강과 일맥상통한다고 보아도 될 것이다. 크라우스의 분석이 언어와 언어의 객관성에 대해 갖는 엄격한 관계는 관료 지배에 관한 베버의 논의를, 단순한 주관적인 반응형식들의 민첩하고도 자동적으로 내세워진 우연성을 넘어서서, 멀리 쫓아 버린다. 크라우스의 분석은 개별 현상들로부터 하나의 전체를 해명한다. 다시 말해, '동일하게 머물러 있는 진행과정을 전제한 상태에서 알려진 것'[59]으로부터 하나의 전체를 해명하는 것이다. 비교되는 일반성은 이런 전체를 지배하지 못하며, 이런 전체는 크라

있는바, 실증주의자들의 엄숙주의는 그들에 의해 천한 것으로 취급된 예술이 진지하게 금지될 것 같은 정도로, 이처럼 금지하는 것은 실증주의자들이 예술을 그렇게 취급한 귀결에 놓여 있기는 하지만, 멀리 미치는 경우는 드물다. 이렇게 되는 것에 책임이 있는 것이 바로 실증주의자들의 무비판적-중립적 태도이며, 이 태도는 대부분의 경우 문화산업을 이롭게 한다. 실증주의자들은, 마치 실러(Schiller)처럼, 순진하게도 예술을 자유의 영역으로 간주한다. 이렇게 간주하는 것이 물론 철저하지도 않다. 실증주의자들은 형상실재주의(Bildrealismus)로부터 벗어나 있는 급진적 현대에 대해서는 여러모로 낯설거나 또는 적대적으로 행동한다. 그들은 학문이 아닌 것을 사실적인 것의 모델이나 또는 비트겐슈타인의 학문론에서 유령처럼 떠도는 경우가 별로 없는 모사성의 모델과 같은 학문적 모델에 따라 남 몰래 측정한다. 실증주의자들에게는 '나는 그것을 이해할 수 없어'라는 제스처가 여기저기에서 자동화된다. 예술에 대한 적대성과 이론에 대한 적대성은 그 핵심에서 서로 동질적이다.

59 작은따옴표는 독자의 편의를 위해 옮긴이가 임의로 붙였음. 이는 독일어의 extrapolieren이 갖는 특별한 의미를 전달하기 위한 것임. 뒤에 나오는 동일한 경우도 이런 목적을 갖고 있음(역주).

우스 분석의 관점 설정에서 선先-실존적인 것으로서 함께 경험된다. 크라우스의 저작은 학문이 아닐 수도 있다. 그러나 이름을 갖는 것에 대해 요구 제기를 할 만한 하나의 학문이 그의 저작에 필적하는 것은 틀림이 없다고 보아야 할 것이다. ― 프로이트의 이론은 그 확산 국면에서 크라우스에 의해 배척당하였다. 그럼에도, 그리고 프로이트에 고유한 실증주의적인 근성에도 불구하고, 프로이트의 이론은, 크라우스처럼, 정립된 학문을 거스르는 상태에 놓여 있다. 프로이트의 이론이 개별 경우들의 상대적으로 적은 숫자에서 전개되면서, 프로이트의 이론은 첫 문장에서 마지막 문장에 이르기까지 과학주의적인 규칙 체계에 맞춰 정립된 학문은 잘못된 일반화라는 판단에 과녁을 맞추고 있는 것 같다. 사회적인 행동방식들의 이해에 대하여, 특히 사회의 "결합물"에 대하여 프로이트의 이론이 제공하는 생산성이 없다면, 지난 수십 년 동안에 기껏해야 사회학의 사실적인 진보라고 기재될 만한 것이 표상될 수 없다고 보아야 할 것이다. 사회학은 복합적인 방식이라는 이유들을 들어 정립된 학문을 당혹시켰으며 정신병학도 사회학이 갖고 있는 이런 습관을 항상 여전히 버리지 못하였는바, 사회학은 사회학이 설명하는 방식이 아니면 설명될 수 없는 것을 공급하였다. 다시 말해, 사회학은 인간의 압도적인 다수는 지배 관계가 그들의 마음에 들도록 하고 지배 관계와 그들을 동일시하며 지배 관계들에 의해서 그들이 비합리적인 태도들로, 즉 그들의 자기보존의 가장 단순한 이해관계들에 대해 갖는 모순이 명백하게 드러나는 태도들로 유혹되도록 한다는 것을 설명하기 위한 실용적인 가설들을 학문 내부적으로 공급하였던 것이다. 심리분석이 가설들로 변모되는 것을 통해서 심리분석의 인식 유형에 정당함이 주어지는지는 의문의 여지가 많다. 심리분석이 조사 처리에서 이용되는 것은 심리분석이 그것의 사회적으로 새로운 인식의 풍요로움을 의지하고 있는 침잠인 세부에로의 침잠을 희생하면서 진행된다. 이러는 동안에도 물론 심리분석은 전통적 이론의 도식에 따라 일반적 법칙성을 스스로 희망하였다.

　알버트는 그러한 모델들에 대해 유화적인 것 같다.[60] 원리의 반증 가능성이라는 그의 개념에서는 논쟁적인 것이 원래부터 다만 숨겨져 있을 뿐이다. 사회학적으로 사고하는 어떤 사람이 광고미美의 눈부신 하얀 치아에 의해 어떤 한 사람이 비방되는 포스터를 뉴욕 지하철역에서 반복해서 관찰한다면, 그는 이로부터 다음과 같은 결론을 이끌어 내게 될 것이다. 다시 말해, 문화산업의 글래머가, 단순한 대체 만족으로서, 대체 만족에 의해 관찰자가 의식에 앞서서 기만된 것으로 느끼면서, 동시에 관찰자의 공격성을 일깨운다는 결론을 끌어내게 되는 것이다. 프로이트는, 인식론적인 원리에 따라, 그의 정리定理들을 달리 구성하지는 않았다. '동일하게 머물러 있는 진행과정을 전제한 상태에서 알려진 것'으로부터 해명하는 방식을 취하는, 그러한 종류의 해명이 경험주의적으로 검증될 수 있는 것은, 어떤 사람에게 특별한 발명의 재주가 있는 실험들이 떠오른다고 해도, 어려운 일이다. 앞에서 말한 뉴욕 지하철의 예에서 본 관찰들은 그러나 사회심리학적인 사고 구조들로 결정結晶될 수 있으며, 이런 사고 구조들은 그러고 나서, 변화된 맥락과 "아이템"으로 압축되면서, 다시금 설문 방법론과 임상 방법론에 다가설 수 있다. 이에 반해 실증주의자들이 변증법론자들은, 실증주의자들과는 반대로, 사회적 인식을 묶는 행동 규칙들을 제시할 능력이 없었으며 이로 인해 얼핏 보기를 방어하였다고 자만한다면, 이런 요구는 사물과 방법론의 엄격한 분리를 가정하는 요구이다. 바로 이런 분리가 변증법의 공격 대상이 된다. 다루려는 대상의 구조에 자신을 비슷하게 하고 싶고 대상을 그 내부에서 움직여진 것으로 사고하는 사람은, 대상으로부터 독립된 처리방식을 구사하지 않는다.

60　Albert, Der Mythos der totalen Vernunft(총체적 이성의 신화), a. a. O., S.207.

의미의 반증 가능성에 관한 실증주의적인 일반 테제에 대한 반대 모델로서 필자의 모델이 여기에서 인용될 만하다. 필자의 음악사회학적 저작으로부터 유래하는 모델이며 논의의 대상이 된 모델이 인용될 수 있는 것이다. 이 모델의 품격을 필자가 과대평가하기 때문에 인용하려는 것이 아니고, 사회학자는 자신에 고유한 연구들에서 본질상 자료적이고 방법론적인 모티프들이 서로 내적으로 당연하게 연결되어 있다는 점을 가장 일찍이 알아차려야 하기 때문이다. 1936년의 『사회조사연구』에서 출간되었고 『음악의 순간들』에 다시 게재된 논문인 「재즈에 관하여」에서 "재즈 주체"의 개념, 예술의 재즈 유형에서 일반적으로 표현된 자아-성상成像의 개념이 사용되었다. 재즈는 전적으로 상징적인 실행이라는 것이 필자가 가진 생각이었다. 이러한 상징적 실행에서는 재즈 주체가 집단적인 요구들 앞과 기본 리듬에 의해 대변되는 요구들 앞에서 쓸모가 없어지고 비틀거리며 "떨어져 나오고", 떨어져 나온 주체로서 일종의 제의祭儀에서 다른 모든 무력한 것들과 같은 것으로 그 모습이 드러난다. 상징적 실행에서는 재즈 주체가 그것 스스로를 말살시키는 희생을 치르면서 집단적인 것에 통합된다. 기록문서 문장들에 있는 재즈 주체들에 손가락을 올려놓을 수도 없고, 실행의 상징적 표현이 감각적인 데이터에 가장 엄격하게 환원될 수도 없다. 그럼에도, 갈아서 알맞게 만들어진 관용구인 재즈가 ─재즈의 틀에 박힌 유형들은 마치 암호문서의 역할처럼 암호 해독을 기대하였다─ 그 뜻을 내보이는 구성은 의미가 비어 있는 구성이라고 말하기는 힘들다. 이러한 구성은 재즈에 관해 여러 상이한 인구 집단이나 또는 연령 집단이 갖고 있는 견해들에 대한 조사들보다도, ─이런 조사들이 우연에 근거하는 임의추출 시험에 따라 선별된 실험대상자들에 관한 원천적 언급들과 같은 견고한 기록문서 문장들에 기초하고 있다고 할지라도─, 재즈 현상의 내적인 것, 즉 재즈 현상이 사회적으로 어떻든 말하는 것에 대한 근거 세우기에 더욱 많은 도움이 된다고 말해도 될 것이다. 입장들과 기준들의 대립이 곧바로 비화해적인지의 여부는 앞에서 말한 유형의 정리定理들[61]을 경험적 연구 프로젝트로 변환시키는 것이 일단은 고집스럽게 시도되는 경우에, 바로 이런 경우에 아마도 비로소 결정될 수 있을 것 같다. 소셜 리서치social research는 이 점을 지금까지도, 적중되는 통찰에서의 가능한 수확이 거의 부인될 수 없음에도 불구하고, 거의 끌어내지 않았다. 게으른 타협에 몰두하지 않은 상태에서는, 앞에서 말한 해석들의 가능한 의미 기준들이 항상 눈 안으로 튀어 들어온다. 대중문화적인 현상에 대한 테크놀로지적인 분석으로부터 오는 해명이 재즈 주체의 이론에서 관건이 된다. 이러한 해명이나 또는 정리들이 익살-광대와 영화의 비교적 오래된 유형과 같은 현상들, 즉 다른 통상적인 기준들에 가까운 현상들과 결합될 수 있는 가능성이 앞에서 말한 의미 기준들에 해당된다. 오락 음악 종류의 잠재적인 담지자로서의 재즈 주체에 관한 테제가, 이 테제가 재즈를 듣는 피시험자들의 반응에 의해 검증되지 않거나 반박되지 않는다고 할지라도, 의미한 것은 어떤 경우이든 이해될 수 있다. 주관적인 반응들이 반응 대상이 되는 정신적인 현상들의 규정 가능한 내용과 부합될 필요는 결코 없다. 재즈 주체의 이상적理想的인 구성을 동기 부여하는 모멘트들이 명명될 수 있다. 이것은 재즈에 관한 오래된 텍스트에서, 항상 불충분하였지만, 시도되었다. 어떤 정리定理가 정리가 없다면 어둡게 머물러 있을 것 같은 연관관계들을 해석하게 하는지, 얼마나 넓게 해석하게 하는지, 동일한 현상의 괴리된 측면들이 정리를 통해서 상호간에 해명되는지가 명증한 의미 기준으로서 두드러지게 드러난다. 구성은 사회의 독점주의적인 단계에서 사회의 통합에 관한 경험들과 같은 광범위한 사회적 경험들에 의지할 수 있다. 이러

---

61 재즈 주체, 자아-성상, 상징적 실행을 지칭하는 것으로 보임(역주).

한 경험들은 잠재적으로 무력한 개인들의 희생에 근거하여, 그리고 철저하게 무력한 개인들을 통해 발생한다. 헤르타 헤어초크Herta Herzog는 미국의 라디오에서 당시에 인기가 있었던, 주부들을 위한 시리즈 방송이었던 "인기 연속극들"에 관한 그의 연구에서 재즈 이론과 가깝게 사용된 공식인 "트러블 안으로 들어가서 트러블로부터 나오라"는 공식을 통용되는 기준들에 맞춰진 경험적 내용 분석에 적용하였다. 그는 이렇게 함으로써 이에 상응하는 결과들을 획득하였다. 이른바 반증 가능성 기준의 실증주의 내부적인 확대가 이러한 반증 가능성 기준이 검증될 수 있는 고찰들에 제한되지 않고 문장들의 반증 조건들이 문장들을 위해 사실적으로 산출될 수 있는[62] 문장들을 포괄할 정도로 실증주의자들이 끌어당겨 놓은 모델들에 공간을 마련해 주는지의 여부에 대해 실증주의자들이 언급해야 할 것이다. 또한 문장들의 ―상황에 따라서는 지나치게 간접적이며 추가적인 '변수들'에 의해 부담을 받는― 반증 가능성이 문장들을 예나 지금이나 실증주의자들 앞에서 견디지 못하게 하는지의 여부에 대해서도 실증주의자들이 입장을 표명해야 할 것이다. 어떤 문제들이 경험적으로 적절하게 다루어질 수 있고 어떤 문제들이, 의미를 잃음이 없이, 다루어질 수 없는지가 사회학에서 분석될 수 있을 것이다. 이에 대해 선험적으로 엄밀하게 판단될 수는 없다. 사실상으로 실행된 경험적 연구와 실증주의적 방법론학 사이에 하나의 단절이 있다는 점이 추정될 수 있다. 실증주의적인 방법론학이, 그 형체에서 "분석철학"으로서, 사회학적인 연구에 오늘날까지도 생산적으로 기여한 바가 별로 없었다는 점은 연구에서, 때로는 거친 실증주의적인 고려에 의해서, 사물에의 관심이 방법론학적인 점령에 대항하여 주장된다는 점에서 그 이유를 갖고 있다고 보

---

[62] Vgl. Wellmer, a. a. O., S.15.

아도 될 것이다. 살아 있는 학문이 실증주의적 방법론학의 이런 문제로부터 가려내어지고 이런 문제를 조종하는 철학 앞에서 구출되어야 할 것이다. 『권위주의적 인성』이 처음부터 거트먼-척도의 실증주의적인 기준들에 따라 계획되었더라면 경험적 방법론을 사용하여 연구한 『권위주의적 인성』의 F-척도가 도입될 수 있었는지, 그리고 작업이 개선될 수 있었는지에 대해, 다만 이에 대해서라도 물음을 제기해야 할 것이다. "당신은 리서치를 하기 위해서 이 자리에 있지 사고를 하기 위해 이 자리에 있는 것이 아닙니다"라는, 아카데믹한 선생님이 들려주는 격언은 수를 셀 수 없는 사회과학적인 조사의 저급성과 이런 조사들이 갖고 있는 사회적인 현주소 사이를 매개한다. 어떻게를 위해서 무엇을, 그리고 인식의 수단을 위해서 인식의 목적을 등한시하는 정신은 그것 스스로 더욱 나쁜 것으로 변모된다. 이것은 이질적인 바퀴들이다. 정신은 기계장치에서 모든 자유를 잃게 한다. 정신은 합리화를 통해, 철저하게 합리화를 통해 정신을 빼앗긴다.[63] 사무직 노동자들의, 기능들에 고정된 사고는 사무직 노동자의 사고 자체로 된다. 정신을 빼앗기게 된 정신은 그것에 고유한 실

<u>63</u> 철학적 합리주의의 정점에서 파스칼은 정신의 두 가지 유형을 강조하면서 구분하였다. 하나는 기하학의 정신(esprit de géometrie)이고 다른 하나는 섬세한 감각의 정신(esprit de finesse)이다. 두 개의 정신은, 많은 것을 내다보았던 위대한 수학자의 통찰에 따르면, 한 사람에서 경험되는 경우가 드물지만 그럼에도 서로 화해가 가능하다. 파스칼의 이러한 구분 이래로 거침없이 계속해서 굴러간 발전이 시작되는 지점에서 그는 생산적인 지성적 힘들에서 무엇이 양화(量化)의 과정에서 희생물이 되는지를 알고 있었으며, 건전하고 '학문 이전적인' 인간 오성을 그에 따르면 수학의 정신에 이롭게 될 수 있는 것과 마찬가지로 이롭게 될 수는 없다고 하는 원천으로서 파악하였다. 300년 동안의 학문의 사물화는 사물화 이후에 파스칼이 말하는 그러한 상호작용을 절단시켰다. 섬세한 감각의 정신은 질을 잃고 정신에서 제외되었다. 이 용어가 바스무스(Wasmuth)의 1946년도 번역에서 "섬세한 감각의 정신"으로 재현되었다는 사실은, 인간 오성이 수학의 정신에 이롭게 되지 못한 경우의 치욕적인 증가와 마찬가지로 합리성의 질적인 모멘트로서의 섬세함의 몰락을 보여 준다.

용적인 임무 앞에서 쓸모가 없게 됨으로써 불합리에 잠재적으로 이르게 된다. 판타지에 대한 비방이 일어난다. 여전히 존재하지 않는 것을 표상하는 무력감은, 작동장치가 그것의 모형에서 예견되지 않은 현상들과 적대적이 되었음을 알아차리자마자 작동장치의 톱니바퀴에서 스스로 모래가 된다. 베트남의 게릴라전에서 미국인들이 보여 준 어찌할 바를 모르는 상태에서는, 정신을 잃은 정신이 함께 저지르는 죄가 이처럼 어찌할 바를 모름의 저편에서 "뻔뻔함"이라고 지칭되는 것을 갖고 있다. 이 점은 의문의 여지가 없다. 관료적인 장군들은 그들의 규범에 따르면 비합리적인 지압[64]의 전술을 예견할 수는 없는 계산된 전략을 실행한다. 전쟁 수행이 학문적 경영관리로 되었는바, 학문적 경영관리는 군사적인 불리함이 된다. 그 밖에도, 판타지 금지는 모든 반대 확언에도 불구하고 두드러지게 드러나는 사회적 통계와, 즉 자본주의적 팽창의 후퇴와 너무나 심할 정도로 화합된다. 고유한 성질에 따라 확대를 지향하는 것은 말하자면 불필요하게 된다. 이 점은 스스로를 유지시키기 위해서는 확장되어야만 하는 자본의 이해관계들에 다시금 손해를 끼친다. 안전 최우선이라는 원칙들에 맞춰 행동하는 사람은 모든 것을 잃어버리는 위험에 놓이게 된다. 이것은 지배 체계에 들어 있는 소우주이다. 지배 체계의 정체停滯는 주위를 둘러싸고 있는 위험 상황에 의해서뿐만 아니라 진보에 내재되어 있는 기형화에 의해 유발된다.

실증주의적인 금지에서 원래부터 문제가 되는 판타지의 정신사를 쓰는 일은 수지가 맞는 일이었다. 18세기에는, 생시몽에서뿐만 아니라 달랑베르의 서문Discours préliminaire에서도, 판타지의 정신사는 예술과 함께 생산적인 작업으로 여겨졌으며, 생산력의 속박을 풀어 주는 이념에 참여하

---

64 Giap, 1911-2013, 베트남의 장군, 정치가(역주).

였다. 콩트의 사회학은 체계를 변호하는 정적인 사회학으로 그 방향을 돌리고 있는바, 그는 형이상학의 적대자로서 최초로 판타지의 적대자도 된다. 판타지에 대한 비방, 또는 분업적인 특수 영역으로 밀어제쳐 버리는 것은 부르주아지적인 정신의 퇴행의 원原현상이다. 그러나 부르주아지적인 정신의 피할 수 없는 실수로서의 원현상이 아니고, 사회가 필요로 하는 도구적 이성이 앞에서 말한 금기와 합병시킨 숙명의 진행과정에서 나타나는 원현상이다. 오로지 사물화만이 진행되었을 뿐이다. 현실에 추상적으로 대립된 채, 판타지가 어떻든 여전히 용인된다는 것은 학문에서 못지않게 예술에서도 부담이 된다. 정당한 판타지는 절망에 빠진 채 저당권을 말소시키려고 시도한다. 판타지는 자유롭게 찾아낸다는 것을 지칭하는 것보다는, 급히 충족되는 사실성Faktizität의 등가치가 없는 상태에서 정신적으로 작업하는 것을 지칭한다. 이른바 의미 기준에 대한 실증주의적 교설은 바로 이 점을 물리쳐 버린다. 명증성에 관한 유명한 요구를 통해서 다음과 같이, 전적으로 형식적으로, 배척하는 것이다. "일반적으로 사고될 수 있는 모든 것은 명증하게 사고되어야 한다. 말해질 수 있는 모든 것은 명증하게 말해질 수 있다."[65] 그러나 모든 감각적으로 이행되지 않은 것은 미정성未定性의 뜰을 지니고 있다. 어떤 추상화抽象化도 완전하게 명증하지 않다. 하나씩 이루어지는 모든 추상화는 가능한 내용화內容化의 다양성에 의해 역시 명증하지 않다. 그 밖에도, 비트겐슈타인의 테제에 관한 언어철학적인 아포리즘은 기습적이다. 실증주의가 요구하는 것만큼 그렇게 선입견이 없을 것 같은 인식은 사실관계들을, 즉 그것들 자체로 명증한 것과는 다른 모든 것들이며 그것들 자체로 혼란한 사실관계들을 고려해야만 할 것이다. 사실관계들이 명증하게 표현될 수 있다고 보

65　Wittgenstein, Tractatus, 4.116, a. a. O., S.32.

증하는 것은 아무것도 없다. 이 점을 요구하는 것, 또는 오히려 다음과 같이 요구하는 것, 즉 표현은 사물에 엄격하게 합당해야 한다고 요구하는 것이 정당하다. 그러나 이러한 요구는 오로지 단계적으로만 충족될 수 있다. 우리가 명석 판명한 지각clara et distinta perceptio에 관한 데카르트의 교설에 걸맞게 인식 수단의 우위를 주체-객체의 관계 속으로까지 파고 들어가서 미리 인정된 것으로서 독단적으로 간주하지 않는 한, 이러한 요구는 언어에 관하여 언어에 낯선 견해만을 기대할 뿐인 직접성을 통해 충족될 수 없는 것이다. 사회학의 대상인 현재의 사회가 그토록 확실하게 구조화되어 있듯이, 사회학이 사회학에 고유한 합리성에의 요구 제기와 결합될 수 없는 특징들을 지닌다는 점은 의문의 여지가 없다. 이런 특징들은 명증하지 않은 것을 명증하게 사고하려는 노력을 부득이하게 기울이는 것을 유발시킨다. 그러나 이것이 사물 자체의 기준으로 될 수는 없다. 비트겐슈타인은 최종적으로는 심원한 것을 알아차리지 못하고 놓쳤던 것 같다. 자체로 명증하지 않은 것에 대한 사고가 그것 나름대로 사고에 대해서도 명증할 수 있는지를 알아차리지 못했던 것 같다. 명증성 기준의 새롭고도 처음으로 형성되는 경험들이 사회과학에서 완벽하게 조롱거리가 되고 있다. 명증성 기준에서 이러한 경험들을 지금 여기에서 측정하는 것이 손에 잡히는 경험을 생기게 할 수는 없을 것이다. 명증성은 인식의 과정에 들어 있는 하나의 모멘트이지, 인식의 하나이자 모든 것이 아니다. 비트겐슈타인이 해 놓은 언어적 정리는 명증하게 직접적으로 말해질 수 없는 것을 매개된 채, 복합적으로, 성좌적 배열들에서 말하게 하는 것에 대해 그의 언어적 정리의 지평선을 밀폐시키고 있다. 이 점에서 비트겐슈타인에 고유한 행동은 그가 내건 구호들보다도 훨씬 더 구부러지기 쉽다. 비트겐슈타인은 그가 기부했던 금액 중 비교적 많은 금액을 게오르크 트라클Georg Trakl에게 증정하였다. 루드비히 폰 피커Ludwig von Ficker에게 보낸 편지에서 그 자신은 트라클의 시를 이해하지는 못하지만 시의 질에 대해서는 확신한다고 말하였다. 문학의 매체는 언어이고 비트겐슈타인이 학문에 관해서만 다룬 것이 아니고 언어에 관해 일반적으로 다루었기 때문에, 그는 말해질 수 없는 것이 말해질 수 있음을 본의 아니게 확인하였던 것이다. 그러한 역설은 그의 사고 습관에 거의 낯설지 않았다. 이에 반해, 인식과 문학의 철회될 수 없는 이분법으로 되돌아가는 것은 단순한 핑계에 지나지 않을 것이다. 예술은 인식이며, 이 인식은 예술에서 독특하게 실행되는 인식이다. 다른 곳이 아닌, 바로 문학에서, 비트겐슈타인의 학문론이 그 강조점을 두었던 언어가 강조되는 것이다.

비트겐슈타인에 의한, 인식의 규준으로서의 명증성이라는 인식 모멘트의 실체화는 그의 중심 정리定理들 중의 다른 정리들과 충돌한다. "세계는 경우인 것이 모여 있는 모든 것이다"라는 비트겐슈타인의 언어적 정리整理는 이 정리가 나온 이후 실증주의의 신조가 되었다. 이러한 언어적 정리는 그 내부에서 다의적이어서 비트겐슈타인에 고유한 명증성 요구에 따라서 볼 때는 "의미 기준"으로서 충분하지 않다. 이 정리의 겉으로 보기에 논쟁의 여지가 없는 확실함과 다의성은 서로 기형적으로 합성되었다고 보아도 될 것이다. 비트겐슈타인의 앞에서 본 문장은 문장의 내용을 고정시키는 것을 방해하는 언어 형식에 의해 철갑으로 둘러싸여 있는 것이다. "경우"라는 것은 사실적으로 거기에 있는 것과 다름이 없음을 한 번은 지칭할 수 있다. 철학의 존재자의 의미에서, 존재자들τὰ ὄντα에서, 이렇게 지칭될 수 있는 것이다. 다음과 같은 경우는 논리적으로 통용된다. 2×2는 4라고 말하는 것도 "경우"이다. 실증주의자들의 기본 원칙은 그들에 의해서도 역시 정돈되지 않은 갈등인 경험주의와 논리주의의 갈등을 덮어 버린다. 이런 갈등은 사실상으로 전체의 철학적 전통을 관통하면서 지배하는 갈등이지만, 새로운 것으로서 실증주의 안으로 파고 들어온다. 새로운 것인 이유는 오로지 한 가지이다. 실증주의가 전체의 철학적 전통에 대해 알고 싶어 하지 않기 때문이다. 비트겐슈타인의 문장은, 이 문장에 대해 실증주의 내부적으로 정당하게 비판되었던 논리적 원자주의에 확고한 기초를 두고 있다. "경우"는 오로지 개별적으로 존립하는 것들일 수 있다. 그것들 나름대로 추상화抽象化된 어떤 것이 경우이다. 최근에 벨머는 학자들이 『트락타투스』에서 기본 문장들에 대한 예들을 찾아보았으나 허사로 끝났다면서[66] 비트겐슈타인을 비난하였다. 그가 완고하게 붙들고 있어야만 하는 간결성에는 그러한 예들이 "존재"하지 않기 때문이다. 예들에 대한 비트겐슈타인의 포기에는 첫 번째 것의 카테고리에 대한 비판이 함축적으로 관통하고 있다. 첫 번째 것을 얻으려고 하면, 첫 번째 것은 달아나고 만다. 원래의 빈 학파의 실증주의자들과는 대립적인 비트겐슈타인은, 지각 개념의 우위를 통해, 철학에 적대적인 실증주의의 자리를 나름대로 의문의 여지가 있는 철학, 최종적으로는 감각주의적인 철학을 이용하여 옮겨 놓은 것에 대해 저항하였다. 다른 한편으로는 이른바 기록문서 문장들은, 언어의 내재성에 비트겐슈타인 스스로 정주하고 있는 언어를 사실상으로 초월한다. 이율배반이 불가피하다. 언어의 마법적인 순환은 직접적으로 "주어진 것"의 개념처럼 거칠고도 의문의 여지가 있는 개념들로 되돌아오는 것을 통해 깨트려지지 않는다. 이념, 감각적인 것의 카테고리와 같은 철학적 카테고리들이, 철학적 카테고리들이 플라톤의 대화편인 테아이테토스Theätet 이래 싹을 키워 온 변증법까지 포함하여, 철학에 적대적인 학문론에서 부활한다. 이렇게 함으로써 철학에 적대적인 학문론의 철학 적대성을 무효로 만든다. 철학적 물음들은 사람들이 이 물음들을 맨 먼저 폭력적으로 망각하고 이어서 최후의 새로움의 효과를 통해 재발견하는 것에 의해 해결되지는 않는다. 비트겐슈타인의 의미 기준에 대한 카르납의 수정은 병의 재발이다. 카르납은 통용 기준들에

---

66 Vgl. Wellmer, a. a. O., S.8.

대한 물음을 통해서 진리에 대한 물음을 배제하였다. 가장 좋게는, 의미 기준들이 진리를 제적시키고 싶어 한다. 카르납에 따르면 "형이상학적인 문장들은 '경험 문장들'이 아니고",[67] 동의이어同義異語의 반복이다. 형이상학이 동기를 부여하는 것은 카르납이 모든 인식을 최종적으로 환원시키는 경험인 감각적 경험이 아니다. 형이상학이 동기를 부여하는 것은 오히려 매개되어 있다. 칸트는, 아직도 지치지 않은 채, 이 점을 상기시켜 주고 있다.

실증주의자들이, 거대한 순환에서, 학문을 근거 세우고 정당화한다고 하는 규칙들을 학문으로부터 —동일하게 머물러 있는 진행과정을 전제한 상태에서— 해명하고 있다는 사실은 이러한 순환이 불러오는 치명적인 결과가 학문들에 대해서도 치명적이 되는 결과를 초래한다. 다시말해, 그 사실적인 진행이 학문에 의해 처방되지도 않고 인가되지도 않은 경험들의 유형을 포괄하는 학문들에 대해서도 치명적인 결과를 초래하는 것이다. 실증주의의 후기 전개는 "기록문서 문장들은 … 증명을 필요로 하지 않으며 학문의 모든 그 밖의 문장들에 대한 토대로 쓰이게 된다"[68]라는 카르납의 문장이 유지될 수 있는 정도가 얼마나 적은가를 확인해 주었다. 논리적으로나 학문 내부적으로 직접성이 없이 진행되는 것은 없다. 이렇지 않다면, 매개의 카테고리는 그것 나름대로 어떠한 이성적의미도 갖지 못할 것이다. 사회라는 카테고리처럼 직접성으로부터 그토록 멀리 떨어져 있는 카테고리들은 어떤 직접적인 것이 없이는 사고될 수없을 수도 있을 것이다. 사회적 현상들에서 표현되는 사회적인 것을 사회적 현상들에서 일차적으로 지각하지 못하는 사람은 사회에 관한 진정한개념으로 나아갈 수 없다. 직접성의 모멘트는 그러나 인식의 진행 과정에

---

67 a. a. O., S.10.
68 a. a. O., S.14.

서 없애 가져질 수 있다. 사회학자인 노이라트Neurath와 포퍼가 카르납에 대해 반론을 제기하였듯이, 기록문서 문장들이 수정 가능하다고 말하는 것은 기록문서 문장들이 물리학의 모델에 맞춰 표상된 지각 주체에 ―이 주체에 대해 더욱 근본적으로 숙고하는 것에 대해 실증주의는 흄Hume 시대 이래로 불필요한 것으로 간주하였으며, 이러한 이유로 인해 이 주체는 눈에 뜨이지 않은 전제로서 항상 다시 슬그머니 기어 들어갔다― 의해서 고유하게 매개되어 있음을 보여주는 징후이다. 기록문서 문장들의 진리 내용은 이런 사정에 의해 촉발된다. 기록문서 문장들은 참된 것이며 참 되지 않은 것이다. 이 점은 정치사회학의 조사들로부터 발원하는 많은 설문조사서에서 설명될 수 있다. 설문조사의 응답들은, 출발 자료로서, 확실히 '참된 것'이다. 응답들이 주관적인 의견들에 관련되어 있음에도 불구하고, 그것들은 사회적 객관성의 ―견해들도 역시 사회적 객관성에 속해 있다― 한 부분이다. 피응답자들은 이것을 말하거나 이것에 대해 십 자표를 표기하였지 다른 것을 말하거나 다른 것에 대해 십자표를 긋지 않았다. 다른 한편으로는, 응답들은 그러나 설문조사서의 맥락에서 여러모로 일치하지 않고 모순에 가득 차 있다. 대략 다음과 같은 경우가 발생한다. 추상적인 수준에서는 친親민주적이지만, 구체적인 "항목들"에 관련해서는 반反민주적 경우가 발생하는 것이다. 이런 경우에 사회학은 데이터에 만족할 수 없고 모순들을 도출하는 것을 시도해야 한다. 경험적 연구는 이에 맞춰 행동한다. 그러한 방식으로 학문에 통용되는 숙고들을 학문 이론이 처음부터 경멸하고 있다는 것이, 주관적으로 고찰할 때, 변증법적 비판의 공격 지점을 제공한다. 실증주의자들은 흄Hume이 관념과 표상을 인상의 단순한 모사상으로 ―독단적으로― 그 위계를 떨어뜨리는 것에서 미리 형성되어 있었던 반反지성주의를 전혀 해방시키지 않았다. 실증주의자들에게 사고는 그들이 사고를 그들 스스로 행한 것으로 이해하는 것에 지나지 않는다. 사고의 더욱 많은 것은 그들에게 해악일 뿐이다. 그렇게 변장되어 있는 반지성주의가, 이것이 불러오는 뜻하지 않았던 정치적 배음(倍音)들과 더불어, 실증주의적인 독트린의 작용을 촉진한다는 점은 의문의 여지가 없다. 반지성주의를 지지하는 사람들의 특정한 유형이 성찰 차원의 부재를 통해서, 본질적으로 성찰 차원에 기초를 두고 움직이는 정신적인 행동방식들에 대한 원한에 의해서 두드러지게 나타난다.

실증주의는 사고가 총체적으로 조직화된 사회에서 기능하도록 하기 위해서 총체적으로 조직화된 사회가 사고에게 영향을 미치는 속박들을, 즉 정신적 태도에 대한 강제적 속박들을 내면화시킨다. 실증주의는 인식의 청교도주의이다.[69] 이러한 청교도주의가 도덕적 영역에서 실현시키는

---

[69] 1968년의 프랑크푸르트 사회학자 대회에서 특히 쇼이흐는 "사회학은 사회학이 되고자 할 뿐"이라는 주장을 제기하였다. 학문적인 행동방식들은 때때로 접촉에의 신경질적인 두려움을 상기시켜 준다. 순수성이 과대평가되고 있다. 예를 들어 『경제와 사회』 모두에 나오는 베버의 정의에 엄격하게 일치하지 않는 모든 것을 사회학으로부터 제거한다면, 베버의 정의로부터 남는 것은 아무것도 없을 것이다. 모든 경제학적인, 역사적인, 심리학적인, 인간학적인 모멘트들이 없는 상태에서 베버의 정의는 매번 나타나는 사회적인 현상의 주변을 비틀거렸다. 이러한 모멘트들의 존재 이유는 어떤 사실 영역, 어떤 '전공'의 존재 이유가 아니다. 오히려 그 존재 이유는 비교적 오래된 양식인, 앞에서 본 사실영역들의 근본적인 연관관계이자 이렇기 때문에 소홀하게 다루어진 연관관계이다. 이것은 분업을 정신적으로 복구하는 한 부분이다. 분업이 그것 나름대로 조건 없이 분업적인 것에 다시 고정될 수는 없다. 분업이 그 사이에 사실영역들의 존립을 많든 적든 결실을 맺는 접촉으로 가져가는 정도는 앞에서 말한 내용과 마찬가지로 적을 뿐이다. 우리가 공동학제적 협동이라고 나타내는 것이 사회학에 도달하지 못하고 있다. 각각의 카테고리가 다른 카테고리에 이르게 되는 관계에 있는 사물 카테고리들의 매개를 그 내부에서 발견하는 것이 사회학에서 중요하다. 사회학은 경제학, 역사, 심리학, 인류학에 의해 상대적으로 서로 독립적으로 다루어진 요소들의 내재적 상호작용을 목표로 삼는다. 이러한 요소들은 그것들 자체로, 사회적 요소들로서, 통일체를 형성하며, —물론 학문에 의해 처음으로 실행되는 것은 아니지만— 학문에 의해 통일체를 항상 다시 상실한다. 사회학은 이러한 통일체를 복구하려고 시도한다. 요소들과 통일체의 관계에서 보이는 문제는 심리학에서 가장 용이하게 통합될 수 있다. 심지어 단자론적으로 착수된 프로이트학파에서도 사회가 수많은 모멘트들에 '숨겨져 있다.' 사회의 실체인 개인이 사회적인 이유들로 인해 사회의 맞은편에서 스스로 독자적으로 되었다. 사회학적 이성의 도구화가 필연적으로 이르게 되는 형식주의, 그리고 잠재적인 수학화

것이, 실증주의에서는 인식의 규범들로 승화된다. 칸트는 인식의 언어 형식에 맞춰 제기된 여러 가지 뜻을 가진 경고, 즉 예지계로 빗나가지 말라는 경고를 발하였고, 헤겔은 칸트의 경고를 마주 대하면서 "나쁜 집들"이라고 이미 말한 바 있었다. 칸트의 이런 경고는 앞에서 본 인식의 청교도주의에 대해 전주곡을 울리고 있다. 그러나 이것은 철학적 총보總譜의 폴리포니적 직물織物에서 성부聲部로서만 울리고 있을 뿐이다. 반면에, 실증주의자들에게서는 천박하고도 주제 넘는 상음 멜로디가 인식의 청교도주의로부터 생성되었던 것이다. 인식은 인식이 동경하는 것, 즉 인식이 의도하는 것을 앞서서 스스로 금지한다. 그 이유는 다음과 같다. 사회적으로 유용한 노동[70]이 절실히 필요로 하는 것이, 인식이 의도하는 바를 인식에게 금지시키고 인식이 스스로에게 부과한 금기를 목적에 투사시키며 인식에서 도달 불가능한 것을 저주하기 때문이다. 이렇게 하지 않으면 주체에게 견딜 수 없을 것 같은 과정이 일어나는 것이다. 사고와 대립된 것으로의 사고의 통합, 사고에 의해 관통될 수 있는 것으로의 사고의 통합이 실증주의에 의해 주체에 통합되며, 주체에 고유한 것으로 되고 만다. 인식의 행복은 존재하지 않는다는 것이다. 실증주의가 형이상학과 함께 매우 기꺼이 행하고 있는 대인논증reductio ad hominem에 실증주의를 종속시켜 본다면, 오늘날 처음으로 사고 금지로 바뀌어진 것이 아닌 성적인 금기禁忌들을 실증주의가 인식에 쉽게 접근하게 하고 있다고 추정해 볼 수 있을 것이다. 인식의 나무를 먹고 살아서는 안 된다는 점이 실증주의에서는 인식 자체의 격률格率이 된다. 호기심은, 사고의 새로운 것에

는 사회학과 다른 학문의 질적인 차이를 완벽하게 제거하였다. 이러한 형식주의와 수학화는 이렇게 함으로써 과학주의자들이 선포한, 사회학의 자족을 청산하였다.

[70] 이 개념은 마르크스에서 유래하며, 직접적인 효율을 창출하지 않은 노동은 사회적으로 의미가 없다는 비판적인 시각을 보이는 개념이다(역주).

서, 처벌된다. 유토피아는 모든 형태에서 사고로부터, 그리고 부정의 유토피아로부터 추방되어야 한다는 것이다. 인식은 반복적인, 뒤이어 이루어지는 구성Nachkonstruktion으로 체념된다. 인식은 노동도덕 아래에서 영락해진 삶처럼 영락해진다. 사람들은 사실들을 붙들고 있어야 한다는 것이며, 사실들로부터 떨어져서는 안 되고, 사실들을 변조시킴으로써 사실들로부터 멀어져서도 안 된다는 것이다. 사실들의 개념에서 인식은 즉각적으로 현존하는 것의 단순한 재생산으로 억눌리게 될 것이다. 연역적이고 빈틈이 없는 체계의 이상은 어떤 것도 이 체계로부터 벗어나 밖에 머물러 있지 못하게 한다. 논리로 달아나 버린 표현이 바로 이런 이상理想을 위해 존재한다. 자기 자각이 없는 계몽이 퇴행으로 전도顚倒된다. 실증주의적 교설의 하위적인 것, 부스러기와 같은 것은 실증주의적 교리의 대표자들이 저지르는 죄가 아니다. 이들 대표자들은, 그들이 학위를 마치고 가운을 입었음에도, 아무런 죄의식도 갖고 있지 않다. 객관적인 부르주아지적 정신은 그것이 철학의 대체가 되었다고 거들먹거렸던 것이다. 이와 동시에 오인될 수 없는 것은 교환원리를 위한 선입견이다. 이러한 선입견은 다른 것을 위한 존재의 규범으로 추상화되어 있다. 사고의 진행과정을 따라가면서 검증할 수 있는 가능성의 기준과 최종적으로는 문화산업에서 형성된, 모든 것의 척도로서의 커뮤니케이션의 개념이 앞에서 말한 규범인 다른 것을 위한 존재의 규범에 고분고분하게 따르고 있다. 실증주의자들이 경험적이라고 의도하는 것을 다른 것을 위해 존재하는 그 어떤 것으로서 규정하며 사물 자체가 파악되어서는 결코 안 된다고 말하는 것은 불충적不忠的인 태도가 거의 아니다. 인식이 인식의 대상에 도달하지 못하고 이 대상을 대상 내부에서 외부적으로 머물러 있는 관계들로만 설정하는 것이 보여 주는 단순한 결함은 직접성, 순수성, 획득, 덕으로 ─반동적으로─ 기장記帳된다. 실증주의 정신이 스스로 준비하는 퇴행은 이 정신과 같지 않은 것을 억압한다. 바로 이 점이 실증주의 정신을, 중립성에 대한 고백에도 불구하고, 이것이 아니라면 중립성에 대한 고백에 힘입어, 정치적 의미를 가진 진행과정으로 각인시킨다. 실증주의 정신의 카테고리들은 부르주아지 계급의 실제적인 카테고리들이다. 부르주아지 계급의 계몽에서는, 지배적인 이성의 합리성을 의심으로 몰고 가는 사고에 사람들이 빠져들어서는 안 된다는 생각이 처음부터 함께 움직였다.

실증주의의 그러한 인상학은 실증주의에 고유한 중심 개념인 경험적인 것의 인상학, 경험의 인상학이기도 하다. 카테고리들이, 헤겔의 용어를 따르자면, 더 이상 실체적이지 않고 물음의 여지가 없게 된 상태에서 더 이상 생동적이지 않으면, 실증주의에서 일반적으로 주제가 된다. 실증주의에서는 정신에 대한 역사적 실행이 기록으로서 증명된다. 다시 말해, 더 이상 경험을 알지 못하며 이렇기 때문에 경험의 잔재를 뿌리째 뽑아 버리는 역사적 실행, 경험의 대체로서 제공되며 경험에 관하여 유일하게 정당한 형식으로서 제공되는 역사적 실행이 기록으로서 증명되는 것이다. 잠재적으로 밀폐된 체계의 내재성은 경험될 수 있는 것이라고 보아야 할 대상인 질적으로 다른 것을 허용하지도 않고, 이런 내재성에 적응된 주체들을 규제되지 않은 경험unreglementierte Erfahrung에 이르게 할 능력도 갖고 있지 않다. 보편적 매개의 상태, 사람들 사이의 모든 관계가 사물화되는 상태는 사물에 대한 특별한 경험의 객관적인 가능성을 ―이 세계는 도대체 아직도 생동감 있게 경험될 수 있는 세계인가?―, 경험 가능성에 대한 인류학적 능력까지도 함께, 사보타지한다. 쉘스키Schelsky는 규제되지 않은 경험의 개념을 변증법론자들과 실증주의자들 사이에 벌어지는 중심적인 논쟁점들 중 하나라고 명명하였는바, 이는 정당한 것이다. 실증주의가 처방하는 규제된 경험은 경험 자체를 무효로 하며 경험된 주체를 의도에 맞춰 차단시킨다. 객체에 대해 무관한 상태의 상관 개념은 주체의 제거이다. 주체의 동시적인 수용성이 없이는 객관적인 것이 존재하지 않는다. 사회적 현상으로서의 실증주의는 경험이 없고 연속성도 없는 인간의 유형에 정통해 있으며, 창조의 왕관을 위한 배빗메탈babbit metal처럼 실증주의를 스스로 지키는 것에서 이런 유형을 강화시킨다. 실증주의가 이런 유형을 선험적으로 채택하는 것에서 실증주의의 성적性的 매력이 찾아질 수 있을 것 같다. 이것에 덧붙여 가상적 급진주의가 나타난다. 가상적 급진주의는 어떤 것을 내용적으로 붙잡지 않은 채 백지 상태tabula rasa로 만들며, 내용적으로 급진적인 모든 사고를 신화 내부의 신화적인 요소, 이데올로기라고 낡아 빠지게 고발하면서 이러한 사고를 실증주의 마음대로 처리해 버린다. 사물화된 의식이, 증거가 어디에 있느냐고 묻는 반론과 함께, 사실들과 형태들에 의해 미리 엄호되지 않은 모든 사고에서 찰칵 채워진다. 개념이 빠져 있는 사회과학의 통속적인 경험적 실제는 분석철학에 대해 주목하지 않는바, 이러한 실제가 분석철학에 관해 무언가를 누설하고 있는 것이다. 실증주의는 재즈jazz 팬의 정신상태와 유사한, 시대의 정신이다. 실증주의가 젊은 사람들에게 발휘하는 매력도 또한 재즈 팬의 정신상태와 유사하다. 전통적 형이상학이 붕괴된 이후 실증주의가 약속하는 절대적인 확실성이 젊은 사람들의 정신상태에 들어가 유희하고 있는 것이다. 절대적 확실성은 그러나 가상적이다. 절대적 확실성이 집합되어 있는 것인 순수한 무모순성은 다른 것이 아닌, 바로 동의이어의 반복이다. 내용도 없이 개념이 된 반복에의 강제적 속박이다. 확실성이 전적으로 추상적인 것으로 되며, 폐기된다. 불안이 없는 세계에서 살고자 하는 동경은 사고가 사고 자체와 갖게 되는 순수한 동일성에서 만족하게 된다. 신학에 관한 고유성을 지키는 직무 담당자들은 이른바 보호되어 있는 상태를 직무에 관련시키며 이렇기 때문에 보호되어 있음을 믿어지지 않은 신학이라고 옹호하는바, 실증주의를 기이하고도 비밀스런 방식으로 열광시키는 안전성은 이른바 보호되어 있음과, 역설적이게도, 유사하다. 존재론은 계몽의 역사적으로 전개되는 변증법에서 차원이 없는 논점으로 수축된다. 사실상으로는 아무것도 아닌 이런 논점은 능보稜堡가 되며, 과학주의자의 파악될 수 없는 것ineffabile이 된다. 이것이 대중의 의식과 조화를 이루게 된다. 다시 말해, 자신을 사회적으로 불필요하고 아무것도 아닌 존재로 느끼며 체계가 존속하려고 하면 체계가 그래도 자신을 굶겨 죽일 수는 없을 것이라는 생각에 매달려 있는 대중의 의식과 맞아떨어지게 되는 것이다. 아무것도 아닌 상태가 파괴와 함께 즐겨지게 된다. 이러는 동안에 공허한 형식주의는 존속되고 있는 모든 것에 대해 어떻든 상관이 없게 되며, 이렇기 때문에 화해적이 된다. 실재적인 무력감이 스스로 권위적인 정신적 태도가 된다. 경험 없는 공허한 것의 위로 올라오는 인류학적 유형에 대해 객관적인 공허가 아마도 특별한 매력을 발휘하고 있을 것이다. 도구적이며 그 책무로부터 외화外化된 사고의 자극적인 점령은 사고의 기술화에 의해 매개된다. 사고의 기술화는 사고를 아방가르드적인 것으로서 내놓는다. 포퍼는 "열린" 사회를 옹호한다. 포퍼의 ―학문 논리를 "연역적 체계"로 요구하는, 열려 있지 않고 규제되어 있는― 사고는 그러나 열린 사고의 이념과 모순된다. 가장 최근의 실증주의는 관리된 사회와 딱 들어맞는 관계에 있다. 베이컨의 경험주의가, 명목론의 원천 시대에 대해서, 그리고 초기 시민계급에 대해서 여전히, 미리 주어진 개념들의 질서에 맞서 경험을 해방시키는 것과 열린 것을 봉건사회의 위계질서적인 구조로부터 탈출시키는 것을 의도하였다면, 해방된 동역학이 부르주아지적으로 갱신된 정역학으로 표류하는 오늘날에는 과학주의적인 사고 증후군이 앞에서 말한 열림을 밀폐된 정신적인 통제 체계들의 복원을 통해서 차단한다. 실증주의에 고유하며 가장 상위에 있는 근본 원칙을 실증주의에 적용하면 다음과 같은 결과가 나온다. 시민계급과 친화적인 실증주의는, 실증주의가 경험을 하나이자 모든 것으로 설명하고 동일한 호흡에서 경험을 금지하는 한, 그 내부에서 모순에 가득 차 있다. 실증주의가 경험의 이상理想에게 부여하는 독점성은 경험의 이상을 체계화하며 이렇게 함으로써 경험의 이상을 파괴하는 잠재력을 갖게 된다.

포퍼의 이론은 통례적인 실증주의보다 가동성이 더 높다. 포퍼는 베버 이래 독일 사회학의 가장 영향력이 높은 전통이 고집하는 가치 자유를 고집하는 것과 똑같은 정도로 성찰되지 않은 상태에서 가치 자유를 고수하고 있지는 않다. 알베르트는 대략 다음과 같이 설명한다. "가치 문제 전체가 잘못 되었다고 말하는 아도르노의 판단은 이 문제에 대해 언어적으로 확실하게 정리된 내용과 관계를 맺고 있지 않으며, 따라서 거의 판단될 수 없는 판단이다. 포괄적으로 들리지만 위험부담을 지고 있지 않은 주장이다."[71] 이에 대해서는 다음과 같이 이의가 제기될 수 있다. 다시 말해, 언어적 정리의 훈계된 추상성이 베버 이래 독일에서 성스럽게 된 이분법에 일치하며 이분법에 대한 비판자들에게가 아니고 이분법의 개시자들에게 유일하게 책임이 떠맡겨질 수 있다는 점이 반론으로 제기될 수 있는 것이다. 실증주의가 가치 자유의 규범에 의해 연루되는 이율배반들은 전적으로 구체화될 수 있을 것이다. 엄격한 비정치적인 태도가 정치적인 힘의 게임에서 정치적 의미를 갖는 진행과정으로 되는 것처럼, 가치 중립성은 일반적으로, 성찰되지 않은 채, 실증주의자들에게는 통용된 가치 체계들이라고 지칭되는 것에 종속된다. 포퍼도 또한 "가치 혼합의 덮개를 벗기고 순수한 학문적 가치 물음을 진리, 중요성, 단순성 등등에 따라 학문 외적인 물음들과 분리시키는 것"[72]이 학문적 비판에게 부여된 임무들 중 하나가 되어야 한다고 요구하는바, 그는 자신이 일단 인정한 것을 이러한 요구와 함께 어느 정도 철회하고 있다. 앞에서 말한 이분법의 문제성은 실제로 사회과학 안으로 들어가서 구체적으로 추적될 수 있다. 베버가 항상 그의 텍스트들에서만 취했던 것은 아니고 공론장적인 계기들에서 자주 취했던 태도처럼 그렇게 엄격하게 우리가 가치 자유를 다룬다면,

71 Albert, Der Mythos der totalen Vernunft, a. a. O., S.218.
72 Popper, Die Logik der Sozialwissenschaften, a. a. O., S.115.

사회학적인 연구들이 포퍼가 항상 계속해서 제기한 중요성의 기준을 어기는 것은 용이한 일이다. 형상물들의 작용을 다루는 예술사회학이 형상물들의 등급에 관한 물음을 예술사회학으로부터 밀어내려고 하면 다음과 같은 결과에 이르게 된다. 다시 말해, 의식意識 산업에 의한 조작의 복합체와 같은 매우 중요한 복합체들, 실험대상자들이 노출되어 있는 '자극들'의 진리 내용이나 또는 비진리 내용, 최종적으로는 사회적으로 잘못된 의식으로서의 이데올로기에로의 모든 특정한 통찰이 예술사회학으로부터 사라지게 되는 것이다. 흠이 없이 완전하고 중요한 작품의 등급과 작용 연관관계들에 따라 계산된 가치 생산품의 등급을 구분할 수 없게 되거나 또는 구분하지 않으려고 하는 예술사회학은 그것이 여전히 발휘하고 싶어 하는 비판적인 기능을 먼저 포기하는 것이 아니고, 생산된 사회적 장소에 의존되어 있으면서 사회적 작용을 결정하는 정신적인 형상물들의 자율성 및 이질성과 같은 사회적 사실들에 대한 인식을 이미 포기하게 된다. 이 점이 도외시되면, 기껏해야 수학적으로 완벽해진, 호불호에 따른 인원수 세기의 알맹이 없는 잔여가 남아 있게 되고, 조사된 선호감과 반감의 사회적인 중요성에 대해서도 효과가 없는 결과에 이르게 된다. 사회과학들이 행하는 행동인 가치를 평가하는 행동에 대한 비판이 파기될 수는 없으며, 중기 셸러Scheler의 존재론적 가치관이 사회과학들에 대한 규범으로서 대략 복원될 수도 없다. 가치와 가치 자유의 이분법은 견고하게 떠받쳐질 수 없다. 둘 중 어느 하나도, 또는 다른 하나도 떠받쳐질 수는 없다. 객관성과 가치 자유의 과학주의적인 이상들이 그것들 나름대로 가치들이라고 말하는 것을 포퍼가 허용한다면, 이것은 판단들의 진리 속으로까지 다다르게 된다. 판단들이 갖는 의미는 참된 판단이 잘못된 판단보다 더 낫다라고 말하는, '가치 평가'하는 표상을 포함한다. 내용이 풍부한 그 어떤 사회과학적인 정리定理들에 대한 분석은 그것들의 가치론적인 요소들과 마주치지 않을 수 없을 것이다. 정리들이 가치론적인 요소들에 대해 보고하지 않는 경우에도 이처럼 마주칠 수밖에 없을 것이다. 가치론적인 모멘트는 그러나 판단의 실행에 추상적으로 대립되어 있지 않고, 판단에 내재적이다. 가치와 가치 자유는 분리되어 있지 않고 내부적으로 서로 연결되어 있다. 각기 홀로 존재하는 것은 틀렸다고 보아야 할 것이다. 판단에 외부적으로 머물러 있는 가치에 고정된 판단은 틀린 것이고, 판단에 내재적이고 지울 수 없는 것으로 평가되는 모멘트를 뿌리째 뽑아 버림으로써 마비되었던 판단도 틀린 것이다. 프로테스탄티즘의 윤리에 관한 베버의 논문에 대한 증명과 더불어 검토되어야 할 주제thema probandum는 마르크스의 상부구조-하부구조-논論에 대한 베버의 비판에 들어 있는 결코 가치 자유적이지 않는 의도와, 완전하게 눈이 먼 상태에서만, 분리될 수 있다. 베버의 비판은 개별적인 논증들에 접근하고 있으며, 무엇보다도 특히 프로테스탄티즘 연구를 베버의 마르크스 비판에 따르면 자본주의를 정초시켰다고 하는 신학적 교설의 사회적-경제적인 혈통의 맞은편에서 물이 새지 않도록 밀봉시키는 것에도 또한 가까이 다가서고 있다. 베버의 반유물론적 기본 입장은, 그가 고백하였듯이, 그의 종교사회학의 물음 제기에 동기를 부여하였을 뿐만 아니라 종교사회학의 시선 방향, 자료들의 선택, 사고를 엮는 것의 밑받침이 된다. 베버의 논증은, 편견에 사로잡힌 채, 경제적 도출을 거꾸로 만들고 만다. 사고와 사물에 외부적으로 머물러 있는 가치 개념의 경직성은 사고와 사물 양쪽에서 가치 자유에 관한 논쟁의 불만족스러움의 원인이 된다. 그 밖에도, 뒤르켐과 같은 실증주의자가, 베버를 거명하지 않은 상태에서, 인식하고 가치 평가하는 이성은 동일한 이성이며, 이렇기 때문에 가치와 인식의 절대적인 분리가 적확하지 않다고 솔직하게 설명한 바 있었다. 이처럼 절대적인 분리에서 실증주의자들은 존재론자들과 의견이 일치된다. 알버트가 변증법론자들에게서 주제넘게도 잘못 측정한 해결인 이른바 가치 문제에 대한 해결은, 이것을 한번은 실증주의적인 개념을 사용하여 말해 본다면, 대안이 가상적 문제로서, 즉 사회에 대한 구체적인 시선과 사회에 관한 의식에 대한 성찰에서 사라져 버리는 추상으로서 파악되고 있다는 점에서 찾아질 수 있다고 말해도 될 것 같다. 가치 문제의 사물화에 관한 테제는 바로 이 점을 겨냥하였다. 그 내용은 다음과 같다. 이른바 가치들은, 가치들이 사회과학들로부터 이제 제거될 수 있는 것이든 또는 사회과학들의 축복으로 간주되는 것이든, 그것들이 실재로 사회적인 것이지도 않고 인식의 카테고리들도 아닌 상태에 머물러 있는 동안에도 독자적인 것, 말하자면 즉자적인 것으로 올라서게 되는 것이다. 가치 상대주의는 가치들의 절대적인 신격화에 대한 상관 개념이다. 가치들이, 인식하는 의식의 자의와 곤경으로부터 발원하여, 인식하는 의식에 대한 성찰로부터 탈취되고 가치들이 등장하는 관계인 역사적 연관관계들로부터 탈취되자마자, 가치들은 상대성에 타락적으로 빠져든다. 이러한 상대성은 가치들이 서약하는 바를 추방하고 싶어 한다. 로체Lotze의 철학적 가치 개념, 남서 학파, 객관성 모델에서 모델로 소용되는 경제적 가치 개념은 사물화의 원原현상이며, 상품의 교환가치이다. 마르크스는 이 개념에 물신주의 분석을 결합시켰다. 그의 물신주의 분석은 가치 개념을 사람들 사이의 관계가 반영된 것으로 해독하였다. 가치 개념이 물건들에 고유한 특성이라고 보아야 할 것임에도 이렇게 해독하였던 것이다. 규범적인 문제들은 역사적인 정세들로부터 떠오르며, 이런 정세들은 말하자면 그것들 자체로부터 시작하여 규범적인 문제들의 변화를, 말문을 닫으면서, '객관적'으로 요구한다. 역사적인 기억에서, 보충적으로, 가치들로 응집된 것은 사실상으로 현실에 대한 물음 형태들이다. 이것은 형식적으로 볼 때 포퍼의 문제 개념과 전혀 다르지 않다. 생산력이 모든 사람의 원시적 수준에서의 욕구를 충족시키는데도 미치지 못해도 모든 사람이 먹어야만 할 것이라는 점이 가치로서 추상적으로 명령될 수는 없었다. 재화의 충족이 이미 현존하며 공공연하게 가능하다는 관점에서 볼 때 기아가 현재 여기에서 회피될 수 있다는 사회에서 그럼에도 불구하고 기아가 발생되면, 생산관계에 간섭하는 것을 통해서 기아를 폐기시키자는 요구가 발생한다. 이러한 요구는 상황과 모든 차원에 맞춰 이루어지는 상황 분석으로부터 발원하여, 이를 위해 가치 표상의 일반성과 필연성을 필요로 하지 않은 상태에서도, 분출하게 된다. 앞에서 말한, 상황으로부터 떠오르는 요구가 투사되는 가치들은 이러한 요구의 얇은, 대부분의 경우 변조된 주조물이다. 매개 카테고리는 내재적 비판이다. 매개 카테고리는 그것의 독단적이지 않은 이성의 형태에서 가치 자유의 모멘트를 내포하고 있으며, 하나의 사회로서 출현하는 것, 그리고 사회적인 것과의 대립에서 돌출된다. 가치 모멘트는 그러나 실제적인 요구에서 살아 있으며, 실제적인 요구는 상황으로부터 읽어 낼 수 있고 이처럼 읽어 내는 것은 물론 사회이론을 필요로 한다. 가치 자유와 가치의 잘못된 분리Chorismus[73]는 이론과 실제의 분리와 동일한 분리로서 그 모습이 드러난다. 우리가 사회를 인간의 자기보존의 기능의 연관관계로 이해하는 한, 사회는 다음과 같은 것을 '의도한다'. 사회는 인간의 삶을 사회의 힘의 상태에 적절하도록 재생산하는 것을 겨냥한다. 그렇지 않다면, 모든 사회적 실행, 사회적 조직화 자체가 가장 단순한, 사고와 인식에 관련되는 오성에서 이치에 어긋난 것이 된다. 목적-수단-관계의 주관적 이성은, 이것이 사회적이거나 또는 과학주의적인 권력 계율에 의해 사실상으로 떠받쳐지지 않게 되자마자, 가치론적인 모멘트를 인식의 한 모멘트로서 스스로 내포하는 객관적인 이성으로 바뀔 수 있을 것이다. 가치와 가치 자유는 변증법적으로 서로를 통해 매개되어 있다. 사회의 직접적으로 존재하지 않는 본질

---

73 고대 희랍어에서 유래하는 개념으로 20세기에 철학에서 전문적인 개념어로 사용되기 시작하였다. 순수하게 정신적인 세계와 감각적으로 지각 가능한 세계 사이에 존재하는 분리를 일컫는다(역주).

을 향하는 어떤 인식도 참되지 않다. 이처럼 잘못된 인식은 본질을 다른 방식으로는 의도하지 않았으며, 이러는 한 '가치평가'하는 인식이라고 볼 수 있을 것이다. 개념과 경험세계의 관계로부터 떠오르지 않는 어떤 것도, 다시 말해 본질적인 인식이 아닌 어떤 것도 사회로부터 요구될 수는 없다.

사회의 변증법적 이론이 가치 자유에 관하여 절실하게 필요로 하는 것을 단순하게 닦아 버리지 않고 가치 자유와 대립되는 절실함과 함께 이론 내부에서 지양하려고 노력하고 있는 것처럼, 바로 이렇게 사회의 변증법적 이론은 실증주의에 대해 전체적으로 태도를 취하는 것이 마땅할 것이다. 마르크스는 인식의 서술과 인식의 유래를 구분하였으며, 그가 하나의 연역적인 체계를 구상하고 있다고 말하면서 그에게 제기된 비판을 앞에서 말한 구분을 통해 방어하려고 했었다. 마르크스의 이러한 구분은 변증법을, 철학에 대한 혐오로부터 발원하여, 철학적으로 너무나 용이하게 받아들일 수 있도록 해 준다. 어떤 경우이든 여기에서 참된 것은 자유롭게 된 개념에 맞서 존재자에 무거운 강조가 놓여 있다는 점이다. 이것은 비판이론이 이상주의에 대항하여 뾰쪽하게 각을 세우는 모습이다. 내재적으로 지속적 운동을 하는 사고에게는 사실들Fakten을 경시하는 것이 천부적으로 들어 있다. 변증법적 개념은 그러나 매개이며, 즉자 존재자가 아니다. 이 점이 변증법적 개념에게 의무를 부담시킨다. 진리를 매개된 것으로부터 독립적으로χωρίς 사실들에게 마치 왕관을 씌우듯이 요구하지 않는 의무를 변증법적 개념이 부담하는 것이다. 실증주의에 대한 변증법적 비판은 그것의 가장 절박한 공격점을 사물화, 학문의 사물화, 사실성의 성찰되지 않은 사물화에서 갖는다. 따라서 변증법적 비판은 그 개념들을 그것들 나름대로 더욱 적게 사물화시켜도 되는 것이다. 알버트는 사회나 집단성처럼 중심적인, 그러나 감각적으로 검증이 되지 않은 개념들이 실체화될 수 없고 즉자 존재로서 순진하게 현실적으로 설정될 수 없으며 고정될 수 없다고 보았다. 이런 시각은 옳다. 앞에서 말한 사물화에 의해 위험에 처하게 된 이론은 대상 자체가 경직되는 한 대상의 사물화로 물론 움직이게 된다. 이렇게 되는 것은, 이론이 단순히 '반영하는' 한, 이론에서 이론의 독단주의로서 반복되는 것에서 보이는 바와 같다. 기능 개념이지 실체 개념이 아닌 사회가 그럼에도 모든 개별적 현상에 객관적으로 미리 정돈된 상태에 머물러 있다면, 변증법적 사회학도 역시 모든 개별 현상의 사물성의 국면으로부터 눈을 돌릴 수 없다. 눈을 돌린다면, 변증법적 사회학은 결정적인 것, 즉 지배관계들을 변조시키게 된다. 정신적인 현상들을 철저하게 사물화시키는 개념인 집단의식에 관한 뒤르켐의 개념조차도 사회적인 집단행동준칙mores이 행사하는 강제적 속박에서 그 진리 내용을 갖고 있다. 이러한 강제적 속박은 실재적인 생활 과정에서의 지배관계들로부터 다시금 도출될 수 있을 뿐이라고 보아야 할 것이다. 이러한 강제적 속박은 궁극적으로 발견될 수 있는 것으로서 받아들여질 수 없다. 즉, '사물'로서 받아들여질 수 없는 것이다. 원시적 사회에서는 생활필수품의 결핍이 ―아마도― 조직적인 강제적 속박의 특징들을 요구하며, 이런 특징들은 이른바 성숙된 사회에서 나타나는 생산관계들에 의해 초래되고, 이러는 한 불필요한 결핍 상황에서 되돌아온다. 육체노동과 정신노동의 사회적으로 필연적인 분리나 또는 주술사의 찬탈적인 특권이 일시적인 것들인지의 여부는 닭과 달걀 중에서 어느 것이 우선이냐 하는 물음에 관해 무엇인가를 갖는다. 어떤 경우이든 주술사는 이데올로기를 필요로 하며, 주술사가 없이는 일이 되지 않는다고 보아야 할 것이다. 사회적인 강제적 속박은 동물적-생물학적 유산이라는 가능성이, 즉 이러한 가능성이 신성불가침한 이론을 위해 내쫓겨질 수는 결코 없다. 동물세계의 출구가 없는 신화적 속박이 아직도 항상 자연사적인 사회의 잔혹한 지배에서 재생산된다. 그러나 강제적 속박의 영원 불변성이 이러한 재생산으로부터 변명적으로 추론될 수는 없다. 최종적으로는 실증주의의 가장 깊

474

은 진리 모멘트도, 비록 하나일 뿐이지만, 존재한다. 실증주의가 말에 기대어 주술화되어 있음에도 말에 대해 신경을 곤두세우는 것처럼, 실증주의는 하나일 뿐인 진리 모멘트에 대해서도 신경을 곤두세운다. 실증주의가 이렇게 신경을 곤두세우고 있음에도, 최종적으로는 가장 깊은 진리 모멘트가 다음과 같이 실증주의에 들어 있다. 이제 한 번은 그렇게 존재하고 다르게 존재하지 않는 존재자인 사실들Fakten이 사회에 고유한 주체들이 마음대로 제어하지 못하는 부자유가 들어 있는 사회에서, 오로지 이런 부자유한 사회에서, 과학주의적인 사실 숭배가 학문적 사고에서 배가시키는 폭력인 꿰뚫어질 수 없는 폭력을 받아들였던 것이다. 바로 이 점이 실증주의에 들어 있는 가장 깊은 진리 모멘트이다. 실증주의를 철학적으로 구제하는 것도 역시 실증주의가 엄금한 것들인 해석을 처리하는 일, 해석을 방해하는 것에 대해 세계 진행에서 해석하는 일을 필요로 할 것이다. 실증주의는, 사회에 관한 학문Gesellschaftswissenschaft에서, 부정적인 사회의 개념 없는 출현이다. 실증주의 논쟁에서 변증법은 실증주의가 그러한 부정성, 실증주의에 고유한 부정성을 의식하도록 자극한다. 비트겐슈타인에서는 그러한 의식의 흔적들이 결여되어 있지 않다. 실증주의가 계속해서 몰아붙여질수록, 실증주의는 더욱더 힘이 넘치게 도를 넘어 움직이게 된다. 벨머가 강조한 비트겐슈타인의 문장, 즉 "단순한 명명하기가 하나의 의미를 가질 수 있도록 이미 많은 것이 언어에서 준비되어 있어야 한다"[74]는 문장은 언어에 대해서는 전통이 토대가 되며 이렇게 됨으로써, 바로 비트겐슈타인의 의미에서, 인식에 대해서도 전통이 기초가 된다는 사실관계에 적지 않게 도달하게 해 준다. 벨머가 빈 학파의 환원주의에 대한 거부, 통용 기준에 대한 거부를 기록문서 문장들에서 끌어내고

---

74 Wellmer, a. a. O., S.12.

있다면, 그는 신경이 쓰이는 지점을 건드리고 있다. 환원주의는 사회과학들의 표준적인 전범典範이 더더욱 아닌 것이다. 벨머에 따르면, 카르납 자신도 모든 경계주境界柱를 관찰 술어들에 환원시키는 원리를 포기하고 있으며, 관찰 언어 외에도 단지 부분적으로 해석된 이론적 언어를 도입하고 있다.[75] 여기에서 우리는 모든 실증주의의 특정한 전개 경향을 추측해도 되리라 본다. 모든 실증주의는 지속적으로 진보하는 분화 및 자기 성찰과 함께 지칠 대로 지쳐 있다. 실증주의의 변명이 이로부터 여전히, 널리 확산된 토포스Topos에 따라, 이익을 보고 있다. 다시 말해, 실증주의학파에 대해 제기되는 중심적인 반론들이 이 학파에 고유한 상태를 통해 이미 낡은 반론들로서 처리가 되는 것이다. 얼마 전에 다렌도르프는, 그의 생각에 맞게도, 프랑크푸르트학파가 비판한 실증주의는 더 이상 전혀 존재하지 않는다고 언급하였다. 실증주의자들이 그들의 암시적이고 조야한 규범들을 똑바로 유지시킬 수 있는 정도가 적으면 적을수록, 철학에 대한 그들의 경멸, 그리고 철학이 꿰뚫어 놓은 처리방식들에 대한 그들의 경멸을 정당하다고 선언하는 것에 내재되어 있는 가상이 더욱더 많이 사라지게 된다. 알버트도 또한, 포퍼와 유사하게, 금지 규범들을 포기하고 있는 것 같다.[76] 그의 논문인 「총체적 이성의 신화」의 결론에 맞서서 포퍼-알버트 학문 개념과 사회에 대한 변증법적 사고 사이에서 하나의 예리한 경계를 끌어내는 것은 어려운 일이다. 다음과 같은 내용이 차이로서 남겨져 있다. "총체적 이성이 갖고 있는 변증법적 숭배는 '독특한' 해결들에 스스로 만족하기 위해서는, 지나칠 정도로 요구 제기가 높다. 변증법적 숭배를 만족시키는 해결들이 존재하지 않기 때문에 암시, 지적, 메타포에 스

75 Vgl. a. a. O., S. 23f.
76 Albert, Im Rücken des Positivismus(실증주의의 등에서?), a. a. O., S. 268.

스로 만족하는 것에 억지로 빠져든다."[77] 변증법적 이론은 그러나 총체적 이성의 숭배를 전혀 행하지 않으며, 총체적 이성을 비판한다. 독특한 해결들에 대항하는 교만함은 변증법적 이론에 낯설다. 다만, 변증법적 이론은 독특한 해결들에 의해 입이 침묵되지 않도록 할 뿐이다.

그럼에도, 실증주의가 예나 지금이나, 완화되지 않은 채, 끝까지 고수하고 있는 것을 시선에서 놓칠 수는 없다. 이처럼 고수하는 것의 징후는 사회학의 최후의 학파로서의 프랑크푸르트학파에 관한 다렌도르프의 아이러니한 언급에서 보인다. 그의 언급은 사회학 내부에서 학파 형성의 시대는 지나갔고 통합 학문이, 환호를 올리면서, 학파들을 원시적인 질質로서 짓밟아 버렸다는 점을 의도했다고 보아도 될 것 같다. 예언의 자명함이 그토록 민주적이고 정치 사회적 평등을 지향한다고 해도, 예언의 충족은 지성적으로 볼 때 전체주의적이라고 할 수 있을 것이며, 바로 다렌도르프도 모든 진보의 원동력으로 간주하는 논쟁의 힘을 죽이고 있는 것이라고 볼 수 있겠다. 지속적으로 진보하는 기술적 합리화의 이상은 물론이고 학문의 이상도 복수주의적인 관념을 거부한다. 이렇게 하지 않는다면 변증법의 반대자들도 복수주의적인 관념에 경의를 표하게 되어 있다. 최후의 학파에 관한 슬로건과 관련하여 어린 소녀가 커다란 개 한 마리를 바라보면서 던진 물음, 즉 저렇게 큰 개는 몇 살을 먹을 수 있게 되었을까 하는 물음을 상기하는 사람은 사회학적인 심리학주의에 자신을 내맡길 필요가 없다.

양 진영이 표명한, 논쟁을 합리적인 정신에서 견디어 내겠다는 의지에도 불구하고, 논쟁은 그것의 고통스러운 가시釺를 지니고 있다. 실증주의 논쟁에 대한 언론의 언급에서는, 무엇보다도 특히 제16차 독일 사회학자

[77] Albert, Der Mythos der totalen Vernunft(총체적 이성의 신화), a. a. O., S.23f.

대회 이후 언론이 보여 주었던, 논쟁의 진행과정과 여러모로 볼 때 한 번도 적합하지 않으며 조예도 깊지 않은 언급에서는, 학자들이 앞으로 나아가지 못하였고 논증들은 이미 알려진 것들이며 대립들의 조정도 내다볼 수 없고 이렇게 됨으로써 논쟁의 성과가 의문에 빠지게 되었다는 점이 천편일률적으로 반복되었다. 이처럼 앙심에 의해 되튀기는 의구심도 나란히 실증주의 논쟁을 겨누고 있다. 이런 의구심은, 학문이 눈앞에서 명백하게 될 수 있는 가능성이 학문의 통상적인 구상처럼 똑같은 정도로 의심되는 곳에서 학문의 구체적으로 파악 가능한 진보를 스스로 기대한다. 양 진영의 입장이 상호간의 비판으로 통해서, 이것이 포퍼의 모델에 일치하는 것으로 보일 수 있는 것처럼, 평화롭게 될 수 있는지는 결말이 나지 않는다. 알버트의 청중을 향하는ad spectatores 값싼 언급들인 헤겔 콤플렉스에 대한 언급들은, 자신의 가장 최근의 언급들에 대해 침묵한 채, 앞에서 말한 평화에의 희망에 주는 영양분이 별로 없다. 학자들 자신이 오해되었다는 단언들은, 토론 상대자의 악명 높은 몰이해성에 대한 고려에 동의하라는 눈을 깜빡거리는 효과가 별로 도움이 되지 않는 것과 마찬가지로 도움이 되지 않는다. 변증법과 비합리주의의 불순화가, 무모순성에 대한 비판이 무모순성을 유통 정지시키는 것이 아니고 성찰한다는 점에 대항하면서, 맹목적으로 설정된다. 튀빙겐에서 비판이라는 단어를 애매하게 해버리는 사례들에서 이미 관찰되었던 것은 다음과 같이 일반화될 수 있다. 동일한 개념들이 사용된 곳에서조차도, 이를 넘어서서 의견의 일치가 산출되는 곳에서도 토론 상대자들은 사실상으로 상이한 것을 의도해도 될 것 같으며, 동의가 대립주의들의 앞에서 전면Fassade으로서 머물러 있도록 노력해도 될 것 같다. 논쟁의 지속은 앞에서 말한 대립주의들을, 즉 부담으로 남아 있으며 아직도 전적으로 접합되지 않은 대립주의들을 가시화시킬 수도 있었을 것이다. 다른 논의들을 논의 자체에게 충실한 논의로서 서술하는 것이 받아들이는 서술들이 정신적인 연관관계의 풍토에 의해서 가장 깊은 내부에 이르기까지 배치背馳되는 경우가 철학의 역사에서 종종 관찰될 수 있었다. 칸트에 대한 피히테의 관계는 이에 대한 가장 두드러진 증거이다. 사회학이 철학에서 보이는 이러한 역사와 다른 사정에 놓여 있는 것은 아니다. 콩트에서 파슨스에 이르기까지 전해 내려오는 것처럼, 학문으로서의 사회학이 사회를 사회의 매번 기능하는 형태에서 유지시켜야 하는지의 여부, 또는 사회학이 사회적 경험으로부터 사회의 핵심 구조들의 변화를 얻기 위해 쇄도하는지의 여부는 모든 카테고리 안으로까지 파고 들어가 학문 이론을 결정하며, 이렇기 때문에 학문 이론적으로 결정될 수 있는 소지가 거의 없다. 실제에 대한 직접적인 관계는 한 번도 표준을 제공하지 않는다. 오히려, 우리가 정신적 삶에서의 학문에게, 최종적으로는 현실에서의 학문에게 어떤 위치 가치를 저울로 달아서 분배하느냐가 표준이 된다. 배치背馳들은 세계관의 배치들이 아니다. 배치들은 논리적 물음들, 인식론적 물음들, 다음과 같은 관계들의 파악, 즉 모순과 무모순성, 본질과 현상, 관찰과 해석의 관계의 파악에서 그 소재지를 갖는다. 논쟁에서 변증법은 친숙해지기 어려운 태도를 취한다. 변증법의 반대자들이 학문 경영의 ─질문으로부터 벗어나 있는─ 권위 앞에서 정지하는 곳, 바로 그곳에서 변증법은 계속해서 사고하는 것을 신뢰하기 때문이다.

1969년

후기 자본주의 또는 산업사회?

제16차 독일 사회학자 대회 기조 강연

독일 사회학회장이 퇴임하면서 현안 문제에 대해 언급하는 관례상의 권리가 형성되었다. 동시에, 퇴임 학회장의 고유한 입장과 문제 설정의 해석이 엄격하게 구분될 수는 없다. 전자는 불가피하게 후자 안으로 들어간다. 다른 한편으로는, 퇴임 학회장이 사회학자 대회에서 토론이 필요한 곳에서 정의定義를 내리는 해결책들을 강연할 수도 없다. 사회학자 대회의 주제는 근원적으로는 오토 슈타머Otto Stammer에 의해 촉발되었다. 주제는 사회학자 대회를 논의하였던 이사회에서 점차적으로 변화되었다. 현재의 주제는 팀워크를 통해 결정結晶되었다. 사회과학적인 논쟁의 상태와 신뢰 관계에 놓여 있지 않은 것은, 전문용어 논쟁이 관건이 된다고 말하는 의구심에 빠져들 수도 있다. 현재의 국면을 후기 자본주의나 또는 산업사회로 지칭해야 하는지에 대한 공허한 걱정으로 인해 전문가들이 몹시 피곤해 있다는 의구심에 이르게 될 수도 있는 것이다. 사실상으로는 용어들이 문제가 되는 것이 아니고, 내용적으로 중요한 것이 관건이 된다. 발제문들과 토론들은 자본주의적 체계가 그것의 항상 수정되었던 모델 이후에도 여전히 지배적인지, 또는 산업적 발전이 자본주의의 개념 자체, 자본주의적 국가들과 비자본주의적 국가들의 차이, 심지어는 자본주의에 대한 비판을 무효로 만들었는지에 대한 판단에 도움을 주어야 할 것이다. 다른 말로 하면, 오늘날 사회학 내부에서 그토록 넓게 확인된 테제,

즉 마르크스는 낡았다고 말하는 테제가 적합한지에 대해 판단해야 할 것이다. 이 테제에 따르면 세계가 예상 밖으로 전개된 기술에 의해 철저하게 규정되어 있어서 한때 자본주의를 정의하였던 사회적 관계는, 이것이 미신이 되지 않는 한, 이처럼 철저하게 규정되어 있는 것의 맞은편에서 생동하는 노동을 상품으로 변형시키는 것, 이에 따른 계급 대립이 그 중요성을 상실했다는 것이다. 이와 동시에 우리는 기술적으로 가장 앞서 있는 국가들, 미국과 소련Sowjetunion[01] 사이의 오인될 수 없는 수렴을 증거로 인용할 수 있다. 표준적인 서구 국가들에서는 계급 차이가, 상황 수준과 의식에 따라 볼 때, 산업혁명이 진행 중이었던 몇십 년 기간이나 또는 산업혁명 후의 몇십 년 기간에서보다도 완벽할 정도로 훨씬 적게 가시적이 되었다. 빈곤화나 붕괴에 대한 진단과 같은 계급 이론에 대한 진단들은, 이것들이 그 내용을 상실하게 되지 않는다면 우리가 이것들을 이해해야만 하는 정도로 그렇게 강력하게 들어맞지는 않게 되었다. 상대적 빈곤에 대해 논의할 수 있는 것도 단지 희극으로만 이루어질 뿐이다. 마르크스에서 명백하지 않은 법칙인 하락하는 이윤율 법칙이 체계 내재적으로 진실로서 입증되었다면, 자본주의가 그 내부에서 자금력을, 즉 붕괴를 밀어서 여는 것을 결코 허락하지 않는 자금력을 발견하였다는 점이 인정될 수 있을 것 같다. 이러한 자금력의 보호를 받는 상태에서는, 기술적 잠재력의 막대한 상승과 이렇게 됨으로써 고도로 산업화된 나라들의 모든 구성원에게 이득으로 다가오는, 사용 재화들의 다량이 맨 위에 위치한다. 이 점은 의문의 여지가 없다. 동시에, 생산관계들은 앞에서 말한 기술적 발전과 관련하여 마르크스가 신뢰하였던 것보다도 더욱 신축성이 있음을 보여 주었다.

---

01 1980년대 후반에 붕괴된 구 소련을 의미함(역주).

경험적 연구는 계급관계의 기준들을 사회계층의 기준들, 수입, 생활수준, 교육에 따른 계층의 기준들로 명명하는 것을 선호하는바, 계급관계의 기준들은 개별 인간에게 놓여 있는 실상들에 관한 일반화이다. 이러는 한, 이런 기준들을 주관적이라고 지칭해도 된다. 이에 반해 이런 기준들보다 더 오래된 계급 개념은 객관적으로, 그리고 지표들로부터 —지표들은, 이것들이 그 밖에도 사회적 객관성을 잘 표현하고 있듯이, 주체들의 생활에서 직접적으로 획득된다— 독립적으로 의도되었다. 마르크스의 이론은 생산과정에서의 기업가들과 노동자들의 지위에 기인하였으며, 최종적으로는 생산수단들의 운용에 기반을 두었다. 사회학의 현재 지배적으로 나타나는 흐름에서는 이런 출발이 독단적인 것으로서 널리 거부된다. 논쟁은, 인내심과 함께, 이론적으로 해결될 수 있다. 사실들을 제시하는 것만으로는 해결될 수 없다. 사실들은 그것들 나름대로 여러모로 비판에 기여한다. 그러나 비판이론에 따르면, 사실들은 비판에 기여하는 것과 똑같은 정도로 구조를 덮어 버린다. 또한 변증법의 반대자들도 사회학의 고유한 관심을 고려하는 이론을 앞을 내다볼 수 없을 정도로 연기시키는 것을 더 이상 의도하지 않는다. 논쟁은 본질적으로 볼 때 **해석**에 관한 —사람들이 해석에 대한 요구를 학문 외적인 것의 연옥으로 스스로 쫓아낸다고 할지라도— 하나의 논쟁이다.

구조법칙들은 사실들을 조건지우고, 구조법칙들에서 사실들이 표명되며, 사실들은 구조법칙들에 의해 변경된다. 사회의 변증법적 이론은 이런 성격을 갖고 있는 구조법칙들로 들어간다. 사회의 변증법적 이론은 구조법칙들을 전체 체계의 역사적으로 전개되는 본질적 구성요소들로부터 많든 적든 반드시 뒤따르는 경향들로 이해한다. 이에 대한 마르크스의 모델들은 가치 법칙, 축적 법칙, 붕괴 법칙이었다. 변증법적 이론은 질서 모형을, 즉 사회학적인 실태들이 가능한 한 완전하게 지속적이고도 모순이 없이 기입될 수 있는 질서 모형을 구조로 의도하지는 않는다. 다시 말해,

체계화를 의도하지 않으며, 학문적 인식의 절차와 데이터에 앞서서 이미 질서로 되어 있는 사회체계를 의도한다. 그러한 이론은 최종적으로는 사실들로부터 벗어나도 되지만, 검토되어야 할 주제thema probandum에 맞춰 사실들을 적당하게 구부려서는 안 된다. 이렇게 하지 않으면 사회의 변증법적 이론은 독단주의로 사실상 되돌아가고 말 것이며, 동구권[02]에서 변증법적 유물론의 도구에 의해 단단하게 굳어 버렸던 권력이 범했던 죄를 사고를 통해 반복하게 된다. 변증법적 이론이 움직여진 것으로서가 아닌 다른 것으로는, 고유한 개념에 따라, 생각될 수 없는 것을 정지 상태로 놓아두게 되는 것이다. 객관적 법칙들 중의 하나는 사실들의 물신주의에 상응한다. 변증법의 우세에 관한 고통스러운 경험과 함께 완전한 승리를 거두었던 변증법은 사실들을 찬미하지 않으며, 개별적이고 구체적인 것이 세계의 진행을 당장 이미 규정한다고 말하는 가상을 비판하는 것과 마찬가지로 사실들을 비판한다. 세계 진행의 강제적 속박의 틀 아래에서는 개별적인 것과 구체적인 것이 전혀 존재하지 않을 개연성이 높다. 복수주의라는 단어에 의해서 유토피아가 이미 현존하기라고 하는 듯이 유토피아가 상정된다. 이것은 달래기에 소용된다. 이렇기 때문에 비판적으로 자기 성찰을 하는 변증법적 이론은 일반적인 것의 매체에서 이곳이 집이라도 되는 것처럼 그것 나름대로 설치되어서는 안 된다. 이러한 매체로부터 탈출하는 것이, 바로 이것이 변증법적 이론의 의도이다. 변증법적 이론은 또한 강조된 사고와 경험적 연구의 잘못된 분리 앞에서도 보호를 받지 못한다. 현저한 영향력을 가진 어느 러시아 지식인이 사회학은 소련에서는 새로운 학문이라고 얼마 전에 나에게 설명한 적이 있었다. 그가 이와 더불어 의도한 것은 경험적 사회학이었다. 경험적 사회학이 그의 나라

---

02 1980년대 후반 붕괴된 동구권 사회주의 국가들을 의미함(역주).

에서는 사회에 관하여 국가 종교로서 승인된 교설과 관련이 있을 수 있다는 사실이 마르크스가 앙케트를 실행하였다는 것이 마음에 떠오르는 것보다 더 많은 의미를 갖는 정도는 그에게는 매우 미미할 뿐이었다. 사물화의 개념이 명예로운 자리를 차지하는 것에서 사물화된 의식이 끝나지는 않는다. '제국주의'나 또는 '독점'과 같은 개념들에 대해서 사실관계들로서의 이러한 단어들에 상응하는 것에 관해 성찰하지 않은 채 큰소리를 치는 것, 이러한 개념들의 통용 영역이 얼마나 넓게 미치는가에 대해 허풍을 떠는 것은 잘못된 것이다. 다시 말해, 어떤 행동방식이, 사실관계에 대한 행동방식의 맹목적이고도 명목론적인 표상을 위해서, 다음과 같은 점, 즉 교환사회와 같은 개념들이 그 객관성을 갖고 있다는 점, 그리고 이러한 개념들이 일반적인 것의 —작동적으로 정의된 사실관계들로 항상 충분하게 결코 옮겨질 수 없는— 강제적 속박을 사실관계들 배후에서 알리고 있다는 점에 대해 차단되어 있는 것만큼이나 잘못된 것이다. 이처럼 허풍을 떠는 것은 비합리적이다. 이에 대해 반대 행동을 취할 수 있다. 이러는 한, 사회학자 대회의 주제, 즉 후기 자본주의 또는 산업사회는 자유로부터 발원하는 자기비판의 방법론적인 의도를 증명한다.

앞에서 말한 주제에 놓여 있는 물음에 대한 간소한 답변은 기대될 수도 없고 원래부터 모색될 수도 없다. 하나의 규정이나 또는 다른 규정을 선택할 수밖에 없다고 강요하는 대안들은, 이렇게 하는 것이 단순히 이론적이라고 할지라도, 그것들 자체로 이미 강제적 상황들이다. 부자유한 사회에서 강제적 상황들에 맞춰 모사되어 정신에 전용된 대안들인 것이다. 부자유한 사회에 대한 고집스러운 성찰을 통해 부자유를 깨트리기 위해 정신이 할 수 있는 것을 행하는 것이 긴요할 것임에도, 강제적 상황들이 정신에 전용되어 있는 것이다. 변증법론자는 후기 자본주의나 또는 산업사회의 구속력이 있는 분리 쪽으로 자신을 완벽할 정도로 강제로 몰고 가서는 안 된다. 또한 변증법론자가 구속력이 없는 관계인 한편으로-다른 한편으로의 관계에서 자신의 만족감을 가질 수 있는 정도도 미미하다. 변증법론자는, 브레히트Brecht의 충고를 거역하면서, 먼저 자기 자신을 단순화로부터 보호해야 한다. 만들어 끼워진 사고 습관은, 변증법을 반대하는 사람들에게 변증법에 대립되는 답변이 쉽게 생각되는 것과 마찬가지로, 바로 이와 같은 방식으로 변증법론자에게 만들어 끼워진 답변을 그럴듯하게 말해 주기 때문이다. 사실관계들에 대한 구조의 우위에 관한 경험을 스스로 잘못 구축시키지 않는 사람은, 이런 사람의 반대자들이 대부분의 경우 모순들을 방법론의 모순들, 사고의 오류로 미리 평가해 버리는 것과 같은 행동을 하지 않을 것이며, 모순들을 학문적 체계성의 만장일치를 통해 제거하려고 노력하지도 않을 것이다. 그 대신에 그는 강조된 의미에서 사회가 존재한 이래 대립주의적이었던 구조, 대외정책적인 갈등들과 전쟁 재앙의 항구적인 가능성, 최근에는 체코슬로바키아에 대한 소련의 침공[03]이 거칠게 시위하는 모습으로 머물러 있었던 구조로 되돌아가 추적할 것이다. 바로 이 점을 대안 사고가 오인하고 있다. 다시 말해 형식논리적인 무모순성을, 깨트려지지 않은 채, 사고될 수 있는 것으로 투사시키는 대안 사고가 오인하고 있는 것이다. 학문적 관점과 취향에 따라 두 관용어 사이에서 선택될 수 있는 문제가 아니고, 두 관용어 사이의 관계는 그것 나름대로 현재의 국면을 특징짓는 모순을 표현한다. 이런 모순을 이론적으로 접합시키는 것이 사회학에 어울리는 일이다.

변증법적 이론이 행하는 많은 진단들의 관계는 상호간에 모순이 가득차 있다. 몇몇 진단들은 전혀 충족되지 않았다. 어떤 이론적-분석적 카테고리들은 그 사이에 오로지 극도로 인위적으로만 세계로부터 사고될

---

03 1968년 8월 20일-21일 구 소련과 바르샤바 조약 동맹군이 당시에 체코슬로바키아에서 일어났던 민주화 운동인 프라하의 봄을 저지하고자 체코슬로바키아를 침공한 사건 (역주).

수 있는 아포리아Aporie에 이르게 된다. 원천적으로 볼 때 앞에서 말한 진단들과 합생되어 출현한 다른 예견들은 적확하게 확인되었다. 또한 진단에서 이론의 의미를 간파하지 않는 사람은 변증법적 이론의 요구 제기와 관련하여 이 이론이 참된 부분도 갖고 있지만 잘못된 부분도 갖고 있다고 말하는 것에 대해 만족하지 못하게 될 것이다. 앞에서 말한 배치背馳들은 그것들 나름대로 이론적인 설명을 필요로 한다. 표준적인 자본주의 국가들에서 프롤레타리아적인 계급의식에 대해 말할 수 없다는 것은, 공론communis opinio과는 반대로, 계급들의 실존을 스스로 반박하지는 않는다. 계급은 생산수단들에 대해 차지하는 위치에 의해 규정되었지, 어떤 계급에 속하는 사람들의 의식에 의해 규정되지 않았다. 계급의식의 결여에 대해 납득할 만한 근거들이 부족한 것은 아니다. 노동자들이 더 이상 빈곤에 처하지 않게 되었다는 점, 노동자들이 시민사회와 그 세계관에 통합되는 정도가 증대되었다는 점이 근거로서 제시될 수 있다. 이러한 증대는, 산업 프롤레타리아가 빈곤으로부터 생성되었고 사회에 대해 절반 정도는 치외법권과 같은 상태에 놓여 있었을 때, 산업혁명 기간과 산업혁명 직후에는 예견될 수 없었다. 사회적 존재가 계급의식을 직접적으로 창출하지는 않는다. 대중들이 바로 그들의 사회적인 통합 때문에 120년 전에 비해서 그들의 사회적인 운명을 어떤 방식으로든 더욱 많이 손에 쥐지 않은 상태에서, 대중들은 계급 연대성으로부터 빠져나올 뿐만 아니라 그들이 여전히 주체들로서 움직이게 하는 사회적 과정의 주체들이 아니고 객체들일 뿐이라는 사실에 대한 완전한 의식으로부터도 빠져 나오게 된다. 마르크스의 이론에 의하면 질적인 도약이 의존되어 있다고 하는 계급의식은, 계급의식을 쫓아가 보면, 동시에 하나의 일시적인 현상이었다. 그러나 계급관계에 전형적인 나라들에서, 특히 북미에서, 계급관계가 그곳에서 살아있었음에도 계급의식이 장기간에 걸쳐 출현하지 않는다면, 그리고 프롤레타리아에 대한 물음이 알아맞추기 그림이 된다면, 양이 질로

486

전도되고 개념 신화학에 관한 의구심은 기껏해야 명령에 의해 억압될 수 있을 뿐이며 사고를 위해서 제거될 수도 없게 된다. 앞에서 본 전개가 마르크스 이론의 핵심인 잉여가치론과 분리될 수 있는 것은 어려운 일이다. 바로 이 점이 계급관계, 계급 대립주의의 증대를 객관적으로, 경제적으로 설명해야 할 것이다. 잉여가치는 그 개념에 따라서 볼 때 생동하는 노동으로부터 유일하게 흘러나오는바, 이처럼 생동하는 노동이 차지하는 몫이 기술적 진보의 용량에 의해서, 사실상으로 산업화에 의해서 한계 가치로까지 내려가는 경향을 보이게 되면, 핵심인 잉여가치론이 이런 경향에 의해 영향을 받게 된다. 객관적인 가치 이론이 현재 결여되어 있는 것은, 오늘날 아카데미적으로 거의 유일하게 받아들이는 경제인 학교에서 가르치는 경제의 관점 설정에 의한 것만은 아니다. 이러한 결여는 잉여가치론의 도움을 받지 않은 상태에서 계급들의 형성을 객관적으로 근거 세우는 것을 저지시키는 어려움으로 되돌아가서 이를 참조하게 만든다. 경제학자가 아닌 사람들에게는, 이른바 네오 마르크스주의 이론들도 근본적인 문제들을 다루는 작업에서 주관적인 경제로부터 유래하는 파편들을 이용하여 그러한 이론들이 갖고 있는 빈틈을 채워서 메우려고 시도한다고 여겨질 것이다. 이론적 능력의 약화만이, 오로지 이러한 약화만이 이에 대해 책임이 있는 것은 아니다. 이 점은 확실하다. 현재의 사회가 내부에서 응집력이 있는 이론으로부터 벗어나 있는 점에 대해서도 생각해 볼 수 있다. 마르크스는, 자유주의의 철저하게 형성된 체계가 학문에서 그에게 놓여 있었던 한, 이런 문제에 대해서는 더욱 편한 입장이었다. 마르크스는, 자신에게 미리 주어진 이론적 체계에 대한 규정된 부정 bestimmte Negation에서 나름대로 체계와 유사한 이론을 산출하기 위해서, 자본주의가 자본주의에 고유한 동역학적인 카테고리들에서 자유주의의 모델에 일치하는지의 여부를 묻기만 하면 되었던 것이다. 그 사이에 시장경제는 앞에서 말한 모든 대립을 비웃을 정도로 규칙을 어기는 방향으로 전개되었다. 현재의 사회구조의 비합리성은 이론에서의 사회구조의 합리적인 전개를 방해한다. 경제적 과정들의 조종이 정치적 권력으로 넘어간다는 시각은 체계의 연역적인 동역학으로부터 뒤따르는 결과이지만 동시에 객관적인 비합리성을 향하는 시각이기도 하다. 바로 이 점이, 객관적인 비합리성을 옹호하는 사람들의 내용 없는 독단주의 하나만이 아닌 바로 이 점이 설득력 있는 객관적인 사회이론이 오래전부터 더 이상 도래하지 않았던 이유를 설명하는 데 도움을 준다고 보아도 될 것이다. 이런 관점에서 보면, 객관적인 사회이론의 포기는 학문적 정신의 비판적 진보가 아니고 강제적으로 강요된 체념의 표현이다. 사회에 대한 사고의 퇴행이 사회의 퇴행과 나란히 진행된다.

적지 않게 노골적인 사실들이 그 사이에 이런 진행과 마주 놓여 있다. 이러한 사실들은 자본주의라는 핵심 개념을 사용하지 **않은 상태에서는** 그것들 나름대로 오로지 폭력적인 것, 전제적인 것으로 해석될 수 있다. 인간에 대한 지배가 철저하게 경제적인 관점에 의해서 계속해서 행사되고 있다. 대중뿐만 아니라 경제적 과정을 운용하는 사람들, 그리고 이 사람들과 한패를 이루는 사람들도 오래전부터 경제적 과정의 지배를 받는 대상이 되었다. 오래된 이론에 따르면, 이들은 이들에게 고유한 생산 장치의 기능들로, 오래전부터, 되었다. 많이 토론되었던 관리적 혁명에 대한 물음, 지배가 법적인 소유자들로부터 관료주의로 넘어간 것에 대한 물음은 앞에서 본 문제에 비하면 2차적인 물음에 불과하다. 경제적 과정은, 계급들이 졸라Émile Zola의 제르미날Germinal에서 묘사된 것과 같은 계급들은 아닐지라도, 최소한 하나의 구조를, 즉 반反사회주의자인 니체Nietzsche가 목동은 없고 가축 떼만 있다는 공식으로 선취하였던 구조를 예나 지금이나 생산·재생산한다. 이러한 구조에는 그러나 니체가 보려고 하지 않았던 것, 즉 오래된, 오로지 익명으로 된 사회적 억압이 숨겨져 있다. 빈곤이론은, 적지 않게 불안하게 하는 의미에서, 부자유와 부자유에 시중을 드는 사람들의 의식으로부터 달아나 버린 장치에의 의존성이 인간 위에 보편적으로 확대되고 있다는 사실에 대해 문자 그대로 그 참됨을 증명하지 않았다. 모든 한탄의 대상이 된, 대중의 미성숙함은 대중이 자신의 삶의 자율적인 주인이 되는 정도가 그토록 적다는 사실에 대한 반사反射일 뿐이다. 이것은 마치 신화에서처럼 대중에게 운명으로 주어진다. ― 그 밖에도, 경험적 연구들은 계급이, 대중의 현실 의식에 따라서 볼 때, 사람들이 때때로 추측하였던 정도로 그렇게 주관적으로 결코 평균화되지 않았다는 점을 지적한다. 제국주의 이론들조차도 강대국 권력들의 억지로 이루어진 포기와 함께 단순히 낡은 이론들로 된 것은 아니다. 강대국 권력들이 의도하였던 과정은 두 개의 괴물과 같은 권력 블록04의 대립주의에서 지속되고 있다. 사회적 대립주의들에 관한, 겉으로 보기에 낡은 교설은 붕괴의 목적인目的因과 더불어, 명백한 정치적인 대립주의들에 의해 과도하게 능가되었다. 계급관계가 선진 산업국가들과 선진국들의 원조를 받는 개발도상국들 사이의 계급관계로 옮겨졌는지의 여부와 어느 정도까지 옮겨졌는지의 여부는 설명되지 않은 채 머물러 있어도 될 것이다.

비판적-변증법적 이론의 카테고리들에서 나는 첫 번째 답변이면서도 필연적으로 추상적인 답변, 즉 현재의 사회가 그 생산력의 상태에 따라서 볼 때 전적으로 산업사회라는 답변을 제안하고 싶다. 산업 노동은 도처에서, 그리고 정치적인 체계들의 모든 경계를 넘어서서 사회의 표본이 되었다. 산업적인 처리방식들과 닮은 처리방식들이 경제적으로는 물질 생산의 영역들은 물론이고 행정, 분배 영역에 강제적으로 확대되고 문화라고 명명되는 것에까지 확대됨으로써 산업 노동이 총체성으로서 전개된다. 이에 비해 사회는 그 생산관계들에서는 자본주의 형태를 갖고 있다. 사

---

04 미국의 중심으로 한 서방 세계와 구 소련이 주도하였던 공산 세계를 의미함. 이 글은 1968년에 집필되었으며, 당시의 세계 미국과 소련의 양진영으로 대립되어 있었음(역주).

람들은 19세기 중반 마르크스의 분석에 따라 존재하였던 모습 그대로 여전히 존재하고 있다. 사람들은 기계장치의 부속물이다. 사람들은 그들이 시중을 드는 기계들의 성질에 따라 자신을 설치해야만 하는, 단순히 문자 그대로의 노동자들이 더 이상 아니다. 사람들은 더 나아가 사회의 메커니즘에 특정 역할을 떠맡는 기능인으로 자신을 편입시키며, 자신에게 고유한 영역을 하나도 남김없이 사회의 메커니즘에 맞춰 형성시키도록 메타포적으로, 그리고 자신의 가장 깊은 내부의 자극에 파고들 때까지 강요받으면서 기계장치의 부속물이 된다. 생산의 목적은 오늘날에도 역시 옛날처럼 이윤이다. 마르크스의 시대에 간파될 수 있었던 모든 것을 넘어서서 욕구들이, 오래전부터 잠재되어 있었던 욕구들이 생산 장치의 기능들로 되었다. 욕구들이 생산 장치의 기능으로 되는 것은 완벽하게 이루어졌으며, 이와 반대되는 방식으로 일어나지는 않는다. 욕구들은 총체적으로 조정된다. 인간의 욕구들이 이러한 변형에서, 고정되고 장치의 이해관계에 적응되면서, 함께 잡아당겨지고 장치는 매번 좋은 효과를 보면서 이러한 욕구들에 기댈 수 있다. 상품들의 사용가치 측면은 그러나 그 사이에 그것의 최종적으로 '자연 그대로'의 자명성을 상실하였다. 욕구들은 단순히 간접적으로만, 교환가치에 대해서, 만족될 뿐만 아니라 경제적으로 중요한 영역들에서는 이윤 이해관계 자체에 의해 일차적으로 유발된다. 이처럼 유발되는 것은 그러나 충분한 주거 공간에의 욕구, 교육과 소비자들에 관련되는 가장 중요한 경과들에 관한 정보에의 완전한 욕구와 같은 소비자들의 객관적인 욕구를 희생시키는 대가를 치른다. 적나라한 생활 유지에 필연적이지 않은 것의 영역에서는 그것 자체로서의 교환가치들이 분리되면서 즐김의 대상이 되는 경향이 나타난다. 이것은 경험주의적 사회학에서 신분 상징과 특권이라는 용어 아래에서 등장하는 현상이지만, 그렇다고 해서 이 현상이 객관적으로 파악된 상태에서 등장하는 것은 아니다. 지구의 고도로 산업화된 지역에서는, 케인스Keynes의 이론이 있음에도 불구하고 새롭게 나타나는 경제적인 자연 재앙들이 발생하지 않는 한, 지나칠 정도의 빈곤을 예방하는 것을 배웠다. 이러한 예방이 풍요 사회의 테제가 약속하는 정도의 범위에서 이루어지는 것은 아니지만, 빈곤을 예방하는 방책을 배운 것이다. 체계가 사람들에게 행사하는 강제적 속박의 틀은 그러나, 앞에서 말한 비교들이 의미 있게 제시될 수 있는 한, 통합에 의해 강화되었다. 물질적 욕구들의 증대되는 만족에서, 물질적 욕구들이 장치에 의해 변형되어 만들어지는 형체임에도 불구하고, 곤궁이 없는 생활의 가능성이 비교할 수 없을 정도로 훨씬 더 구체적으로 드러나고 있다는 점을 부인할 수는 없다. 가장 가난한 나라들에서도 누구도 더 이상 굶주릴 필요가 없게 되었다. 마비된 두려움이, 사회적인 계몽의 —공식적인 커뮤니케이션 체계에서는 계획 속에 들어와 있지 않은— 도처에 존재하는 형식들에서 자극되면서, 가능한 것의 의식의 앞에 씌워진 덮개가 그럼에도 불구하고 얇아졌다는 사실을 옹호한다. 인간의 가치를 존중하는 사회의 설치를 의도하였던 마르크스와 엥겔스가 그러한 설치를 단순히 사보타지한다고 하는 유토피아로서 탄핵하였던 것이 분명한 가능성으로 되었다. 유토피아에 대한 비판은 오늘날 이데올로기적인 재고품으로 스스로 가라앉게 되었다. 이러는 동안에도, 기술적 생산성이 올리는 환호는 유토피아가 —생산관계들과 결합될 수 없는 상태에서— 그 틀에서 이미 실현되었다고 속이는데 유용한 역할을 한다. 그러나 실현되었다고 속이는 유토피아의 새로운, 국제적-정치적 질質에서 보이는 모순들은, 동쪽 진영과 서쪽 진영의 군비 경쟁이 모순들을 보이듯이, 가능한 것을 동시에 불가능하게 만든다.

이 점을 꿰뚫어 보는 것은 다음과 같은 것을 물론 요구한다. 생산력인 기술에 그 책임을 부과하지 말고 기계가 폭풍처럼 몰려오는 방식을 더욱 확대된 단계에서 이론적으로 몰고 가지 않는 것을 요구하는 것이다. 이렇게 하지 않으면 앞에서 말한 모순들을 꿰뚫어 보기 위한 비판이 항상 잘못된 길로 다시 들어설 수 있다. 기술이 해악이 아니고 기술이 사회적인 관계들과 엉클어지게 하는 것이 해악이다. 기술은 사회적 관계들에 의해서 휘감겨져 있다. 이윤의 이해관계와 지배의 이해관계에 대한 고려가 기술적인 발전의 운하를 만들었다는 사실만이 기억될 만하다. 기술적 발전은 그동안 통제 필요성과 서로 치명적으로 조화를 이룬다. 파괴 수단들의 발명이 기술의 새로운 장의 전형이 된 것도 바로 이런 이유가 있었기 때문이다. 이에 반해서, 기술이 갖고 있는 잠재력들 중에서 지배, 중앙 집중주의, 자연에 대한 폭력으로부터 떨어져 있으며 기술이 문자 그대로, 그리고 형상적으로 훼손한 것으로부터 많은 것을 치료하는 것을 허용할 수 있는 기술의 잠재력들은 위축되었다.

현재의 사회는 앞에서 말한 내용과는 반대되는 내용의 확약, 현재 사회의 역동성, 그리고 생산의 증대에도 불구하고 정적靜的인 국면들을 내보이고 있다. 이런 국면들이 보이는 것은 생산관계들에 그 책임이 있다. 생산관계들은 더 이상 소유의 생산관계들이 아니고, 총總자본가로서의 국가의 역할로까지 올라가서 이루어지는 축적의 생산관계들이다. 생산관계들의 합리화가 기술적 합리성, 생산력과 닮게 되면서 생산관계들이 더욱 유연하게 되었다는 점은 의문의 여지가 없다. 이를 통해서 가상이 일깨워진다. 다시 말해, 보편적 이해관계는 현재 상태에 대한 이해관계에 지나지 않는다는 가상, 완전 고용이 이상理想이라는 가상, 이질적인 노동으로부터 해방에의 이해관계가 이상이 아니라는 가상이 일깨워지는 것이다. 그러나 대외정책적으로는 어떻든 불안정한 상태는 단순히 일시적인 균형이며, 그 긴장이 이런 상태를 찢어 버리고 위협하는 힘들의 결과이다. 인류는 지배적인 생산관계들의 내부에서 이 관계들에 고유한 잠재적인 예비군이며, 가축처럼 사육된다. 마르크스는 생산력의 우위가 생산관계들을 필연적으로 폭파시킨다고 보았던바, 그의 이런 기대는 지나칠 정도로 낙관적이었다. 이러는 한, 독일 이상주의의 철천의 원수였던 마르크스는 독일 이상주의의 체제 옹호적인 역사 구성에 충실하게 머물러 있었다. 세계정신에 대한 신뢰는 포이어바흐 테제 11번에 따르면 변경되어야 한다고 하는 세계질서의 뒤이어 출현한 표현법Version에 이롭게 되었다. 생산관계들은, 그것들의 분명한 자기보존을 위해, 자유롭게 된 생산력을 땜질과 독특한 조치들을 통해서 계속해서 생산관계들에 종속시켰다. 오래전부터 관계들을 조롱하였던 생산력에 대해 생산관계들이 차지하는 우위는 시대를 나타내는 기호이다. 인류의 연장된 팔[05]이 먼 곳에 있으며 비어 있는 행성들에 이르고 있다는 사실, 인류는 그러나 지구에서 영원한 평화를 이룰 능력을 갖고 있지 않다는 사실은 불합리를, 즉 사회적인 변증법이 움직이는 방향이 되는 불합리를 밖으로 나오도록 만든다. 희망했던 방향과 다른 방향으로 진행되었다는 것은 사회가 베블런이 그렇게 명명하였던 기본적 개체군underlying population을 사회에 병합시켰다는 사실에 의해 최종적으로 유발되지는 않는다. 전체의 행복을 살아 있는 개별 존재의 행복의 위에 추상적으로 설정하는 입장을 갖고 있는 베블런만이 희망했던 방향과 다른 방향으로 진행되었던 것을, 이 점을 보지 않은 채, 소망했다고 보아도 될 것 같다. 이러한 전개는 그것 나름대로 다시금 생산력에 의존되어 있었다. 이러한 전개는 그러나 생산관계에 대한 생산력의 우위와 동질적이지는 않았다. 이러한 우위는 결코 한 번도 기계적으로 생각될 수 없었다. 생산관계에 대한 생산력의 우위의 실현은 관계들이 변화에 관심을 갖는 사람들의 자발성을 필요로 했었을 것이며, 이러한 사람들의 수는 그 사이에 원래의 산업 프롤레타리아를 여러 배로 능가하였다. 객관적인 관심과 주관적인 자발성은 그러나 서로 갈라진다. 주관적인 자발성은 주어진 것이 균형을 잃어버리는 위력 아래에서 수축

05 기술은 원래 인간의 연장된 팔을 의미한다(역주).

되었다. 이론이 대중의 마음을 사로잡는 한, 이론도 역시 실재적인 폭력으로 된다는 마르크스의 문장은 세계의 진행에 의해 명백하게 뒤죽박죽이 되었다. 사회의 설치가, 자동적으로 또는 계획적으로, 가장 위협적인 진행과정들, 본질적으로 비판적인 이념들, 정리定理들에 대한 가장 단순한 지식과 경험을 문화산업·의식 산업·의견 독점을 통해서 방해한다면, 그리고 사회의 설치가 더 나아가 세계가 세계를 구성하는 사람들에게 위압적으로 출현하는 것과는 다르게 세계를 구체적으로 표상할 수 있는 단순한 능력을 마비시킨다면, 고정되고 조작된 정신상태는 실재적인 폭력으로 된다. 고정되고 조작된 정신상태는, 퇴행의 반대자였던 자유로운 정신이 실재적인 폭력을 한때 제거하려고 했으나 폭력이 되었던 것처럼, 실재적인 폭력을 퇴행으로부터 제거하려고 하였지만 실재적 폭력이 되고 마는 것이다.

이에 반해 산업사회라는 용어는 마르크스의 테크노크라시적인 모멘트가 통용된다는 점을 확실한 의미에서 암시하고 있다. 생산력은 산업사회라는 용어를 세계로부터 쫓아낼 수 있음을 증명해 보이고 싶어 하며, 이 점을 세계 안에서 직접적으로 증명하고 싶어 한다. 마치 사회의 본질이 생산력의 상태로부터 곧바로, 생산력의 사회적인 조건들에 의존되지 않은 채, 추론되기라도 하는 것처럼 증명하고 싶은 태도를 보이는 것이다. 정립된 사회학에서 생산력의 사회적 조건들에 대해 논의되는 정도와 분석되는 정도는 매우 미미하다. 이는 경악스러운 일이다. 결코 최상의 것이 될 수 없는 최상의 것이 망각되고 있다. 헤겔의 언어에서 사회의 모든 것을 관통하는 정기精氣인 총체성이 망각되고 있는 것이다. 이런 정기는 그러나 정기적精氣的인 것과는 다른 것이다. 그것은 오히려 가장 실재적인 존재ens realissimum이다. 정기가 추상적으로 여겨지는 한, 정기의 추상성은 꼬치꼬치 캐묻고 완고하며 사실에 낯선 사고의 책임이 아니고 교환관계와 사회적인 삶의 과정이 종속되어 있는 객관적 추상화의 책임이다. 인간의 위에 군림하는 추상적인 것이 자행하는 폭력은 모든 개별적인 제도의 더욱 살아 움직이는 폭력이다. 다시 말해, 목적에 맞춰 암암리에 선취적으로 정초되어 모형을 인간에게 강제로 주입시키는 제도의 폭력보다 더욱 살아 움직이는 폭력인 것이다. 개인이 전체와 관련하여 경험하는 무력감은 이에 대한 노골적인 표현이다. 물론 사회학에서는, 사회학의 외연 논리적으로 분류적인 본질에 걸맞게, 사회적으로 담지하는 관계들인 생산의 사회적인 조건들이 앞에서 말한 구체적으로 일반적인 것보다도 훨씬 더 얇게 보인다. 이런 조건들은 권력이나 또는 사회적 통제와 같은 개념들로 중화中和된다. 그러한 카테고리들에서 생산의 사회적 조건들을 자극하는 가시針가 사라진다. 이렇게 됨으로써 사회에서 원래 사회적인 것, 사회의 구조가 사라지는 것이다. 나는 이 점을 말하고 싶다. 이처럼 사라지는 것에서 하나의 변화를 향하여 작업을 하는 것이 현재 진행되고 있는 사회학자 대회에서 해야 할 일인 것 같다.

생산력과 생산관계를 서로 극단으로서 단순하게 대비시키는 것은 변증법적 이론에게는 거의 어울리지 않은 것 같다. 생산력과 생산관계는 내적으로 서로 교차되어 있으며, 하나가 다른 하나를 그 내부에서 포함한다. 내적으로 서로 포함되어 있는 바로 이런 관계가, 생산관계가 우위를 갖는 곳에서 생산력에 순진하게 의지하는 방향으로 잘못 인도하게 하는 것이다. 생산력은 예전보다 더욱 많은 정도로 생산관계에 의해 매개되어 있다. 생산관계가 바로 이런 이유 때문에 본질로서 출현할 만큼 그토록 완전하게 매개되어 있는 것이다. 생산관계는 완벽하게 제2의 자연이 되었다. 생산관계는 지구의 거대한 부분에서 사람들이 가능한 것과는 잘못된 길에 들어서 있는 모순에서 궁핍에 시달려야만 하는 것에 대해 책임이 있다. 재화의 충족이 지배하는 곳에서조차도 지구는 저주와 같은 것 아래에 놓여 있다. 가상을 향하여 나아가는 경향을 보이는 욕구는 욕구가 갖고 있는 가상의 성격을 이용하여 재화를 전염시킨다. 올바른 욕구와 잘못된 욕구는 객관적으로 제대로 구분될 수는 있을 것이다. 관료주의적인 규율권이 이런 구분으로부터 도출되어도 되는 정도는 세계의 그 어느 곳에서도 미미할 것이다. 욕구들에는 전체 사회가, 좋은 것과 잘못된 것을 위해서, 이미 항상 들어 있다. 욕구들은 시장 조사에 대해서는 가장 가까이 있는 바로 다음 차례의 것이 되고 싶어 한다. 욕구들은 관리된 세계에서는 즉자적으로 첫 번째의 것이 아니다. 전체 사회의 구조에 대한 통찰에 상응하여, 전체 사회의 모든 매개와 더불어, 올바른 욕구와 잘못된 욕구에 대해 판단할 수 있을 것이다. 오늘날 모든 욕구 충족을 불구로 만드는 가구적假構的인 것이 무의식 중에 지각되는 것은 의문의 여지가 없다. 가구적인 것은 문화에서의 현재적인 불편함에 기여한다. 이것 자체보다 더욱 중요한 것은 그러나 욕구, 충족의 거의 꿰뚫어질 수 없는 혼동이다. 이익에의 이해관계나 또는 권력에의 이해관계는 이 욕구에 다른 모든 욕구가 일차로 의존되어 있는 욕구인 가장 단순한 생존에의 이해관계의 확연하게 지속되는 위협이다. 소비재들이 극도로 풍부하게 공급되는 것은, 폭탄이 모든 순간에 떨어질 수 있는 지평선에 갇힌 채, 냉소를 만들고 있다. 그러나 국제적인 대립관계들은 생산관계와 명백한 연관관계에 놓여 있으며, 이것은 최고의 문자 그대로의 이해력에서 확인된다. 어떤 하나의 재앙의 위협은 다른 재앙들의 위협에 의해 미뤄진다. 항상 새로워지는 경제위기들의 묵시록적인 뒤흔들기가 없이는 생산관계가 그토록 완벽하게 자기주장을 할 수 있는 것이 어려울 것이며, 사회적 생산의 과도하게 많은 부분이 파괴 수단들의 생산에 분기分岐되지도 않을 것이다. 앞에서 말한 경제위기들의 뒤흔들기가 없다면, 이처럼 많은 부분이 시장을 발견하지도 못할 것이다. 소련에서는 시장경제가 제거되었음에도 이와 동일한 것이 발생한다. 우리는 이에 대한 경제적 이유들을 쉽게 알아차릴 수 있다. 경제적으로 뒤처져 있는 나라에서 급속한 생산 증대의 요구가 독재적으로 엄격한 관리를 유발하였다. 생산력의 족쇄가 풀리는 것으로부터 새롭게 족쇄를 채우는 생산관계들이 발원하였던 것이다. 생산은 자기목적으로 되었으며, 생산의 목적인 ―축소되지 않고 실현된― 자유를 방해하였다. 사회적으로 유용한 노동이라는 부르주아지적인 개념은 시장에서는 이윤에서 증명되었지 인간 자신을 위한 투명한 유용성이나 인간의 행복에서는 결코 한 번도 증명되지 않았던바, 이러한 부르주아지적인 개념이 생산력과 생산관계라는 두 개의 체계 아래에서 악마와 같은 것이 된다. 인간 위에 군림하는 생산관계의 그러한 지배는 그러나 생산력의 성취된 발전 상태를 전제한다. 생산력과 생산관계가 구분된 채 머물러 있는 동안에도, 상태가 둔갑된 것을 어떻게든 파악하려는 사람은 하나의 이해를 위해서는 다른 하나를 항상 필요로 한다. 겉으로 보기에 주관적인 욕구는 팽창에 의해 갇힌 상태가 되고 대체되는바, 이러한 팽창을 향해 밀어붙였던 과잉 생산은 기술적인 장치에 의해 화산폭발처럼 분출된다. 기술적인 장치가 어떤 확실한 생산 용적 아래로 내려가서 비합리적으로 되었던 한, 즉 이윤이 없는 상태로 되었던 한, 기술적 장치는 스스로 독립적으로 되었다. 과잉 생산은 그러므로 관계들에 의해 필연적으로 유발된다. 생산관계는 총체적 절멸에의 전망에서, 바로 이런 전망에서 유일하게 생산력을 묶어 두지 않았다. 대중은 그래도 계획경제적인 방법들을 통해 보호되는바, 계획경제적인 방법들은 그러나 경제적인 측면을 갖고 있을 뿐만 아니라 매스미디어에서 보일 수 있을 것 같은 것과 마찬가지로 테크놀로지적인 측면을 갖고 있는 집중과 중앙화를 전제로 한다. 이것은 다음과 같은 의미를 갖는다. 수를 셀 수 없이 많은 사람들의 의식을, 몇 개 안 되는 관점 설정으로부터 출발한 상태에서, 소식과 코멘트의 선별 및 제시만을 통해서 획일적으로 통제하는 것이 가능하게 되었던 것이다.

혁명적으로 변화하지 않았던 생산관계들이 갖는 권력은 예전보다 더욱 커졌다. 생산관계들은 그러나 동시에, 객관적으로 시대착오적으로, 도처에서 병들었고 손상되었으며 구멍이 뚫리게 되었다. 생산관계들은 스스로 활동하는 기능을 더 이상 발휘하지 못한다. 경제적 내정 간섭주의는, 오래된 자유주의적 학파가 의도하는 것처럼, 체계에 낯설게 이식된 것이 아니며, 체계 내재적이다. 자기 방어의 총체인 셈이다. 이 사실만큼 변증법을 결정적으로 설명할 수 있는 사실도 없을 것 같다. 경제적 내정 간섭주의와 유사하게, 국가가 헤겔의 법철학에 의해, 헤겔 법철학 자체를 향하면서, 인용된 적이 있었다. 헤겔의 법철학에서는 부르주아지적인 이데올로기와 사회의 변증법이 서로 매우 깊게 내부적으로 관계를 맺고 있는바, 겉으로 보기에는 사회적 힘들의 건너편에서 외부로부터 간섭하며 대립주의들을 경찰 권력의 도움을 받아 완화시키는 국가가, 사회 자체의 내재적인 변증법에 의해서, 헤겔의 법철학에 의해 언젠가 인용된 적이 있었던 것이다. 국가가 이렇게 하지 않으면, 헤겔은 사회가 통합으로부터 벗어나게 된다고 보았다. 체계 내재적이지 않은 것의 간섭은 동시에 또한 내재적 변증법의 한 부분이다. 이것은 마르크스가 내재적 변증법과는 대립되는 극단에서 생산관계들의 변혁을 역사의 진행에 의해 강요된 것으로서, 그러나 체계의 밀폐성과는 질적으로 상이한 활동에 의해서만 유발된 것으로서 간주하였던 것과도 같은 것이다. 내정 간섭주의에 근거하여 오래전부터, 그리고 훨씬 더 나아가서, 후기 자본주의는 상품 생산의 무정부 상태로부터 벗어났으며 이렇기 때문에 더 이상 자본주의가 아니라는 거대 계획에 대한 논증이 이루어진다면, 개별 인간의 사회적 운명이 자본주의에 대해서는 단지 예전에 그랬던 것과 똑같이 우연적일 뿐이라는 반론이 제기될 수 있다. 자본주의 모델 자체는 자유주의적인 옹호론이 꾸며대는 것처럼 그렇게 순수하게 통용된 적이 결코 없었다. 부르주아지 사회가 그것 스스로부터 간직하였던 개념이 현실과 합치되는 정도가 얼마나 적은가를 논구하는 것은 마르크스에서는 이미 이데올로기비판이었다. 자유주의는 그 최고의 시대에서는 자유주의가 아니었다는 비판적인 모멘트가 자본주의는 원래 더 이상 자본주의가 아니라는 테제를 위해 오늘날 그 기능이 변전된 것은, 아이러니로부터 벗어나지 못한다. 이 점은 또한 하나의 전도顚倒의 징후를 보인다. 예로부터 부르주아지 사회에서 자유롭고 정당한 교환의 합리에 맞서서, 교환에 고유한 합의들의 결과로서, 비합리적이었던 것, 다시 말해 부자유하고 부당했던 것이 부르주아지 사회의 모델을 산산조각 내는 방식으로 상승되었다. 바로 이 점이 통합이 탈통합을 덮어 버리는 상像으로 변전되었던 상태에 의하여 적극적 자산으로 기장記帳된다. 체계에 낯선 것이 체계의 본질적 구성요소로서, 정치적 경향 내부로 파고 들어가면서까지, 드러난다. 내정 간섭주의에서 체계의 저항력이, 간접적으로는 붕괴 이론도 역시, 확인된다. 시장 메커니즘과는 독립적으로 지배로 넘어가는 것은 체계가 갖고 있는 목적인目的因이다. 특정한 질서에서 정돈된 사회에 관한 말은 이 점을 경솔하게 함부로 지껄였다. 자유주의적 자본주의의 그러한 퇴화는 그 상관 개념을 의식의 퇴화, 사람들에게 오늘날 열려 있을 것 같은 객관적인 가능성 뒤로 사람들이 퇴행하는 것에서 갖고 있다. 사람들은 그들이 더 이상 필요로 하지 않고 다만 방해할 뿐인 고유성을 상실하며, 이것은 사람들의 퇴행으로부터 오는 벌罰이다. 개별화의 핵심이 와해되기 시작하는 것이다. 비로소 최근에 이르러 이와는 반대되는 경향의 흐름이 청년층의 매우 상이한 집단들에서 나타나고 있다. 맹목적인 적응에 대한 저항, 합리적으로 선택된 목표들을 향하는 자유, 속임수와 관념으로서의 세계에 대한 혐오, 변화 가능성 안으로 들어가서 사유하는 것. 이에 반해 사회적으로 상승되는 파고 충동이 환호성을 올리는지의 여부는 그 방향을 가리키게 될 것이다. 주관적인 퇴행은 체계의 퇴화에 다시금 은혜를 베푼다. 머튼Merton이 사용한 표현을 그 현장에서와는 달리 적용하여 말해 본다면, 체계가 기능장애가 되었기 때문에 대중의 의식이, 체계가 확고하고 동질적인 자아의 —기능을 발휘하는 사회의 개념에 여전히 내포되어 있었던— 합리성으로부터 외화外化되는 정도가 증대됨으로써, 체계와 동일하게 되었다.

생산력과 생산관계는 오늘날 하나이며 이렇기 때문에 사회를 생산력으로부터 주저함이 없이 구성할 수 있다고 말하는 것은 사회적으로 필연적인 가상의 현재의 활동적인 형체이다. 가상은 사회적으로 필연적이다. 사회적인 과정의 이전에는 사실상으로 서로 분리되었던 모멘트들이, 살아 있는 사람들이 포함되어 있는 모멘트들이 일종의 공통분모에 놓이게 되었기 때문이다. 물질적 생산, 분배, 소비가 공동으로 관리된다. 이것들의 경계는, 때로는, 전체 과정의 서로 연관되는 영역들을 전체 과정의 내부에서 여전히 서로 분리시켰으며 이렇게 함으로써 질적으로 다른 것을 존중하였다. 그러나 생산·분배·소비의 경계는 오늘날 서로 혼합된다. 모든 것이 것이 하나이다. 사실상으로는 교환원리의 총체성인, 매개 과정의 총체성이 제2의 기만적인 직접성을 산출시킨다. 매개 과정의 총체성은 분리되는 것과 대립적인 것을, 고유한 외관을 거역하면서, 아마도 망각하게 하거나 또는 의식으로부터 배제시키는 것을 허용한다. 가상은 사회로부터 오는 이러한 의식이다. 이러한 의식이 테크놀로지적이고 조직적인 통합을 고려하지만 이러한 통합이 진정으로 합리적이지 않고 맹목적이며 비합리적인 법칙성에 종속되어 있다는 점을 도외시하기 때문이다. 사회적인 전체 주체는 존재하지 않는다. 가상은, 모든 사회적인 현존재가 오늘날 그 내부에서 그토록 완벽하게 매개되어 있어서 매개의 모멘트가 그 총체성에 의해 잘못 놓이게 된다는 공식으로 인도_{引導}될 수 있을 것 같다. 작동장치의 외부에 있는 그 어떤 위치도 더 이상 관련될 수 없다. 유령이 작동장치로부터 발원하여 명명될 수 있을 것 같다. 작동장치의 고유한 부조화에서만, 오로지 이런 부조화에서만 지레질을 할 수 있을 뿐이다. 호르크하이머와 나는 수년 전에 바로 이 점에 대해 테크놀로지적인 베일이라는 개념을 통해 의견을 표명하였던 것이다. 기술의 총체적 팽창에 의해 성립되는, 세계의 설치와 세계에 사는 사람들 사이의 치명적인 동일성은 생산관계의 확인이라는 결과로 이어진다. 학자들이 생산관계의 수익성을 그 사이에 탐구해 보지만 프롤레타리아가 비가시적이 되어 버린 것과 마찬가지로 탐구 결과가 없이 허사로 끝날 뿐이다. 체계가 모든 사람에 맞서서, 그리고 체계를 옹호하는 사람들에 맞서서도 역시 스스로 독립적으로 되는 것은 그 한계 가치를 성취하였다. 체계가 스스로 독립적으로 되는 것은 하나의 숙명으로 되었으며, 이러한 숙명은 도처에 존재하는, 프로이트의 말에 따르면 자유롭게 범람하는 불안에서 그 표현을 발견한다. 자유롭게 범람하는 이유는 다음과 같다. 체계가 스스로 독립적으로 되는 것은 살아 있는 것들, 사람들, 계급들에 더 이상 붙어 있을 수 없기 때문이다. 스스로 독립적으로 되는 것은 그러나 최종적으로는 생산관계들 밑에서 파묻혀 버리는, 사람들 사이의 관계일 뿐이다. 이렇기 때문에 사물들의 위력적인 질서는 동시에 사물들에 고유한 이데올로기에 머물러 있으며, 잠재적으로 무력하다. 강제적 속박은 이처럼 꿰뚫어질 수 없다. 강제적 속박은 오로지 강제적 속박일 뿐이다. 사회학이 그 대리점과 이해관계들에 환영을 받는 정보들을 단순하게 제공하는 대신에 사회학이 한 번은 구상된 원인이 된 것에 대해 무언가를 충족해야 한다면, 그것은 다음과 같은 것이 되어야 할 것이다. 사회학이 갖고 있는 힘이 아직도 두드러지지 않은 것이라 할지라도, 보편적인 물신 성격에 스스로 굴복하지 않은 수단들을 통해서 강제적 속박이 풀어지는 데 기여하도록 하는 것이 사회학에서 충족되어야 할 것이다.

1968년

사회학 논문집 I

제2부

계급 이론에 대한 성찰

I

역사는, 이론에 따르면, 계급투쟁의 역사이다. 계급의 개념은 그러나 프롤레타리아의 출현과 결합되어 있다. 부르주아지는 혁명적인 계급으로서의 부르주아지 자신을 제3의 신분이라고 여전히 명명하였다. 시민들은 소유와 교육을 가지면서 오래된 부당함의 전통을 지속시키는바, 이론은 계급 개념을 프롤레타리아 이전 시대로 확대시키는 것에서 이러한 시민들만을 고발하지는 않는다. 이론은 프롤레타리아 이전 시대 자체로 향한다. 오래된 부당함의 전통이 가차 없는 자본주의적인 계산의 승리 이래로 받아들였던 가상인 가부장적인 선량함의 가상은 파괴되었다. 생성된 것의 신성한 통합, 유기체로 표상된 사회에서의 위계질서의 자연법은 이해관계자들의 통합으로서 이미 드러나고 있다. 예로부터 위계질서는 낯선 노동을 제 것으로 만들기 위한, 강제적 속박의 조직화였다. 자연법은 시효에 걸린 역사적인 부당함이며, 가지로 분류된 유기체는 균열의 체계이고, 신분들의 상像은 이데올로기이다. 다시 말해, 신분들의 상은 출범된 시민계급에게 정직한 수입의 형체, 충실한 노동의 형체, 최종적으로는 등가치 교환의 형체에서 최상으로 도움이 되는 이데올로기인 것이다. 정치경제학 비판이 자본주의를 전개시켰던 역사적 필연성을 증명해 보임으로써, 그것은 전체 역사에 대한 비판이 된다. 자본가 계급이 그들의 조상들처럼 불변성으로부터 특권을 도출해 내는 전체 역사에 대한 비판이 되는 것이다. 최근의 부당함을, 즉 적절한 교환 자체에 놓여 있는 최근의 부당함을 그것의 재앙적인 폭력에서 인식한다는 것은 이러한 부당함을 그것이 절멸시켜 버렸던 시대인 프롤레타리아 이전의 시대와 동일시하는 것, 바로 이것을 지칭한다. 사람들이 사람들에게 항상 자행하였던 억압이 근대, 자유로운 임금노동의 냉혹한 비참함에서 정점에 이르렀다면, 역사적인 것의 표현은 관계들과 사물들에서 ―이것들은 산업적 이성에 대한 낭만적인 대립을 보여주는 것들이다― 오래된 고통의 흔적으로서 그 모습을 드러내고 있다. 피라미드와 폐허에 관한 원시적인 침묵은 유물론적인 사고에서 침묵 자체를 알아차린다. 침묵은 영원불변의 풍경에서 나타나는 공장 소음의 메아리이다. 야콥 부르크하르트는 플라톤의 폴리테이아Politeia의 동굴 비유, 영원한 이념론의 가장 장엄한 상징적 의미의 동굴 비유에 대해 동굴 비유가 아테네 시市의 잔혹한 은 광산의 상像에 맞춰 형성된 것이라는 의구심을 품고 있다.[01] 이럴 경우에 영원한 진리의 철학적 사고는 현재적 고통에 대한 고찰에서 발원한다고 보아야 할 것 같다. 모든 역사는 계급투쟁의 역사를 지칭한다. 모든 역사가 항상 동일한 것, 즉 전사前史[02]였기 때문이다.

II

바로 이 점에 우리가 역사를 어떻게 인식할 수 있는가에 대한 지침이

---

01 Cf. Jakob Burkhardt, Griechische Kulturgeschichte(희랍 문화사), Bd. I, 4. Aufl., Stuttgart 1908, S.164, Anm. 5.

02 어떤 경우, 돌발적으로 발생한 일, 사건 등에서 이미 지나갔기 때문에 이에 대해 의미를 갖게 되는 역사를 지칭함(역주).

들어 있다. 빛은 부당함이 가장 최근에 보여 주는 형체로부터 항상 전체를 비추게 된다. 이렇게 해서 이론만이, 오로지 이론만이 역사적 현존재의 무거움이 현재적인 것으로서 통찰되는 것에, 체념된 채 부담에 스스로 굴복함이 없이, 이익을 줄 수 있다. 마르크시즘의 지지자들과 마찬가지로 부르주아적인 사람들도 마르크시즘에서 그 동역학을 칭찬하는 것을 알고 있었다. 마르크시즘의 동역학에서 그들은 역사에 고유한 작동성에 들어맞는 보호색을, 즉 역사에 애를 써서 맞춰 보려는 보호색을 낌새로 알아차리고 있었다. 마르크스주의적인 변증법은, 트뢸치Troeltsch가 역사책에서 개진한 평가에 따르면, "그것의 구성적인 힘과 현실적인 것의 근본적인 운동성에로의 적응성을 보존하였다."[03] 구성적인 적응성에 대한 칭찬은 근본적인 운동성에 대해 불신을 일깨우고 있다. 동역학은 변증법의 단순한 하나의 측면에 지나지 않는다. 실제적인 정신, 지배적 행위, 지칠 줄 모르고 활동할 수 있는 능력에 대한 믿음이 가장 선호하면서 강조하는 하나의 측면인 것이다. 이렇게 강조하는 이유가 있다. 끊임없이 새롭게 하는 것은 참되지 않은 옛 것을 최상으로 은폐시키기 때문이다. 변증법의 다른, 더욱 선호되지 않은 측면은 정적靜的인 측면이다. 헤겔 철학이 사유하고 있듯이, 개념의 자기 운동, 삼단논법으로서의 역사 구성은 발전론이 아니다. 개념의 자기 운동은 정신과학들의 의견이 일치된 오해를 발전론으로 만들었다. 개념의 자기 운동은 항상 새로운 것이 자행하는 부단히 파괴적인 전개를 강제적 속박 아래에서 파악하는바, 이러한 강제적 속박은 항상 새로운 것이 모든 순간에서 동시에 가까이 있는 낡고 오래된 것이라는 사실에서 성립된다. 새로운 것은 낡고 오래된 것에 추가되지 않고 낡고 오래된 것의 곤궁으로, 새로운 것의 필요성으로 머물러 있다. 새로

03 Ernst Troeltsch, Der Historismus und seine Probleme(역사주의와 그 문제들), Tübingen 1922, S.315.

운 것의 필요성이 낡은 옛 것에 대해 사고하면서 행하는 규정을 통해서, 그리고 낡은 옛 것 자체에 있는 일반적인 것과 새로운 것과의 ―절대적으로 필요한― 대결을 통해서 내재적인 모순으로서 실제로 드러나고 있는 것처럼, 새로운 것은 새로운 것의 필요성으로 머물러 있는 것이다. 이렇게 됨으로써 역사는 모든 반反테제적인 매개에서 과도하게 분석적인 판단에 머물러 있다. 바로 이것이 절대적인 것에서의 주체와 객체의 동일성에 관한 형이상학적 교설의 역사적 정수精髓이다. 역사의 체계, 즉 시간적인 것을 의미의 총체성으로 끌어올리는 것은 체계로 군림하면서 시간을 해체해 버리며 시간을 추상적으로 부정적인 것에 환원시킨다. 철학으로서의 마르크시즘도 이런 성격에 충실하게 머물러 있었다. 마르크시즘은 헤겔의 이상주의를 고유한 동일성을 가진 이전의 역사에 대한 지식으로 확인한다. 마르크시즘은 그러나 동일성을 이전 역사의 동일성으로서 가면을 벗김으로써 헤겔의 이상주의를 발 위에 올려놓는다. 동일한 것은 마르크시즘에게는 실제로 필요성으로 되며, 인간의 ―개념이 단순하게 말할 뿐인― 필요성으로 된다. 부정적인 것의 화해할 수 없는 힘은 역사를 움직이게 하는 힘인 바, 이러한 힘은 약탈자들이 희생자들에게 자행하는 것의 힘이다. 이러한 힘은 세대에서 세대로 내려오는 족쇄로서, 자유가 역사를 방해하듯이 바로 그렇게, 역사 자체를 방해한다. 역사의 체계적인 통합, 즉 개별적인 고통에게 의미를 부여한다고 하거나 또는 개별적인 고통을 우연적인 것으로, 고통을 초연하면서, 그 등급을 낮추게 한다는 그러한 통합은 인간을 오늘날까지 강제 노역에 시달리게 하였던 미궁이자 고통의 총체인 미궁에 대한 철학적 봉정이다. 체계가 강요하는 강제적 속박의 순환에서 새로운 것, 즉 진보는 새로운 해악으로서 낡은 것과 항상 동일하다. 새로운 것을 인식한다는 것은 새로운 것과 움직여진 것에 적응된다는 것을 의미하지 않으며, 움직여진 것의 경직성에 저항하고 세계사적인 부대部隊들의 행진을 등장으로서 그 자리에서 미루어 알아내는 것을 뜻한다. 이론은 최근에 일어나는 해악의 반사反射를 통해서 불에 타서 재만 남은 전사前史의 윤곽을 비춰 주는 힘 이외의 다른 어떤 "구성적인 힘"도 알지 못한다. 이처럼 전사의 윤곽을 비추는 것은 최근의 재앙과 부합되는 것을 전사에서 인지하기 위함이다. 가장 새로운 것은, 그리고 오로지 이것만이 항상, 오래된 공포이다. 이것은 시간의 맹목적인 진행에서, 즉 그 내부에서 스스로 파기되는 맹목적 진행에서 성립되는 신화이다. 이것은, 참을성이 강하며 어리석게 모든 것을 알고 있는 술책을 가진 신화이다. 마치 나귀가 오크노Okno의 줄을 다 먹어 버리는 것과 같은 술책이 들어 있는 신화인 것이다. 가장 새로운 것을 동일한 것으로 인식하는 사람만이 무엇이 다른 것인가에 대해 도움을 주는 사람이다.

III

계급 사회의 최근의 단계는 독점에 의해 지배된다. 계급 사회는 파시즘04으로, 즉 정치적 조직화의 계급 사회에 어울리는 형식으로 치닫는다. 계급 사회가 집중과 중앙화를 수단으로 해서 계급투쟁론을 계급 사회가 소유하는 권리라고 주장하는 동안에도, 극도의 권력과 극도의 무력감이 매개되지 않은 채, 완벽한 모순에서 서로 대립되는 상태에서, 계급 사회는 적대적인 계급들의 실존을 망각하게 만든다. 그러한 망각성은 이데올로기들보다 더욱더 많이 독점을 도와준다. 이데올로기들은 그것들이 거짓임을 스스로 고백할 정도로 이미 얇아졌다. 거짓의 주변에서 이데올로기들은 그 고유한 무력감을 더욱더 강력하게 시위하고 있다고 믿어야만 하는 입장이 된 것이다. 거대 사업과 이것이 도처에서 운용하는 기술에 의

---

04   이 글이 집필된 해가 1942년임을 감안하면 쉽게 이해되는 구절임(역주).

한 사회의 총체적 조직화는 어떻든 다르게 존재할 수 있다는 사유를 거의 희망이 없는 노력으로 되게 할 만큼 세계와 관념을 빈틈이 없이 점령하였다. 조화의 악마와 같은 형상, 계급들의 관계가 돌처럼 굳어지는 것에서 초래되는 계급들의 비가시성은 그러므로 의식을 지배하면서 앞에서 말한 실재적인 폭력만을 획득할 뿐이다. 그 이유는 다음과 같다. 모든 나라의 프롤레타리아들인 억압받는 사람들이 계급으로서 서로 결합하여 잔혹함에 대해 종말을 준비하고 싶다는 생각이 무력감과 권력의 현재적인 분배 상태와 관련해서 볼 때 전망이 없는 것으로 보이기 때문이다. 대중사회의 평준화는 문화보수주의적이며 사회학적인 조력자들에 의해 한탄의 대상이 되고 있는바, 이러한 평준화는 체계의 완벽한 포로들인 대중이 불구가 된 지배자들을 모방함으로써 ―대중은 불구가 된 지배자들이 빵을 충분하게 갖고 있는 자들로 증명이 되는 경우에만 그들로부터 은총의 빵을 얻기 위해 지배자들을 모방한다― 실행하려고 시도하는 정체성으로서의 차이를 절망적으로 인가認可하는 것에 지나지 않는다. 대중사회의 평준화는 사실상으로 다른 것이 아닌, 바로 이처럼 절망적인 인가에 불과한 것이다. 조직화된 계급으로서 어떻든 여전히 계급투쟁을 이끌 수 있을 것이라는 믿음은, 소유물을 빼앗긴 사람들에게서, 노동자들의 혁명적인 결합과 크게 다르지 않은 결합이 부르주아지를 신분으로 양식화하여 표현하는 것을 한 번은 비웃고 싶어 하는 자유주의적인 착각과 서로 반목하게 된다. 계급투쟁은 이상理想들의 밑으로 추방되며, 슬로건을 위한 관용 및 휴머니티와 더불어 노조 지도자들의 연설에서나 스스로 만족해야 한다. 사람들이 아직도 바리케이트를 칠 수 있었던 시절은 수공업이 금빛처럼 빛나는 토대를 갖고 있었던 시절과 거의 똑같은 정도로 이미 축복을 받던 시절이었다. 억압의 전능함과 억압의 비가시성은 동일한 것이다. 자동차 운전자들, 영화 관람자들, 동포들의 계급 없는 사회는 이 사회의 밖에 있는 구성원들을 조롱할 뿐만 아니라 이 사회에 본유한 구성원들도 비웃는다. 다시 말해, 이처럼 조롱하는 것을 다른 사람들에게도 고백할 용기를 갖지 못하고 자기 자신에게도 고백할 용기를 갖지 못하는, 계급 없는 사회에 본유한 지배된 사람들을 비웃는 것이다. 계급 없는 사회에 대한 단순한 지식도 실존과 삶의 상실에 대한 고통스러운 불안이라는 처벌로 이어지기 때문이다. 긴장은 계량할 수 없는 극단들 사이에 더 이상 긴장이 전혀 존재하지 않을 정도로 증대되었다. 지배의 측정될 수 없는 압박은 억압된 존재의 부정적인 통합이, 다시 말해 19세기에는 계급으로 되게 하였던 이러한 부정적 통합이 갈기갈기 찢어질 정도로 대중을 해체시켰다. 이를 위해 대중은 체계의 통합에 의해 직접적으로 압류당하며, 체계는 이것을 대중에게 자행한다. 계급의 지배는 계급의 익명으로 된 객관적인 형식을 종속시키는 데 적합하다.

IV

바로 이 점은 계급 개념이 꽉 달라붙어 있으며 동시에 변화되었다는 사실이 서로 밀접하게 될 정도로 계급 개념 자체를 고찰해야 하는 필연성을 부여한다. 꽉 달라붙어 있는 이유는 다음과 같다. 계급 개념의 근거가, 즉 사회가 착취자와 피착취자로 나뉘어 있는 것이 경감되지 않고 존속되고 있을 뿐만 아니라 강제적 속박과 확고한 불변성으로 증대되고 있기 때문이다. 변화된 이유는 다음과 같다. 이론이 예고한 바에 따르면 오늘날 존재하는 사람들의 방대한 다수가 해당되는 억압된 사람들이 그들 자신을 계급으로서 경험할 수 없기 때문이다. 이들 중에서 이름을 유효하지 않은 것으로 만들어 버리는 사람들은, 대략 산업의 우두머리들이 "생산"이라는 개념을 사용하는 것처럼, 최소한 그들의 독특한 이해관계를 기존의 질서에서 얻어 내려고 한다. 착취자들과 피착취자들의 차이는 이 차이가 피약탈자들에게 그들의 최종적인 근거ultima ratio로서의 연대성을 제시할 정도로 출현하지는 않는다. 타협성이 피착취자들에게 더욱 합리적인 것으로 되는 것이다. 이미 오래전부터, 동일한 계급에의 귀속성이 이해관계와 활동의 동일성으로 바뀌지 않는다. 비로소 노동자 귀족정치에서가 아니고 시민계급 자체에 내재되어 있는 평등 지향적인 성격에서 계급 개념의 모순적인 모멘트를 찾아낼 수 있다. 이처럼 모순적인 모멘트는 오늘날 숙명적으로 두드러지게 출현하고 있다. 정치경제학의 비판이 자본주의 비판을 의미한다면, 정치경제학 비판의 중심이 되는 계급 개념은 그것 자체로 부르주아지의 모델에 따라 형성되었다. 생산수단들의 소유자들로서의 부르주아지, 생산수단들의 부속물의 익명적인 통합체로서의 부르주아지는 곧바로 계급이다. 부르주아지를 이렇게 만드는 평등지향적인 성격은 그러나 정치경제학 비판에 의해 스스로 해체된다. 이러한 성격은 프롤레타리아의 관계에서 해체될 뿐만 아니라 그것 자체로서의 부르주아지에 대한 규정으로서도 해체되는 것이다. 자본가들 상호간의 자유로운 경쟁은 그들이 연합하여 노동자들에게 자행하는 것과 동일한 부당함을 이미 내포한다. 자본가들은 임금 노동자들을 교환관계에서 자본가들과 마주 대하고 있는 사람들로서 착취하는 방식을 취하지 않으며, 오히려 체계를 통하여 임금 노동자들을 만들어 낸다. 동일한 권리와 경쟁자들의 동일한 기회는 오래전부터 허구적인 것에 지나지 않는다. 자본가들은 자본력을 갖고 경쟁에 진입하는바, 자본가들의 성공은 경쟁 메커니즘의 외부에서 형성된 자본력, 자본가들이 대표하는 권력인 정치적 및 사회적 권력, 오래 되었으면서도 새로운 정복자 약탈, 경쟁 경제가 결코 한 번도 심각하게 청소하지 않았던 봉건적 소유와의 합병, 군대의 직접적인 지배 장치와의 관계에 의존되어 있다. 이해관계들의 동일함은 귀족층들이 자행하는 약탈에 참여하는 것으로 환원된다. 모든 소유자들이 귀족들에게 그들의 권력과 권력의 확대된 재생산을 보증하는 절대적인 소유의 원리를 승인하면, 귀족들의 약탈이 보장된다. 전체의 계급으로서의 계급은 실재적으로는 미리 앞서서 귀족층들의 소유에 관련되어 있는 원리인 소유의 원리에 극도로 헌신하기 위한 준비를 갖추고 있어야만 한다. 부르주아적인 계급의식은 상류층을 보호하려는 태도를 지향한다. 이러한 의식은 원래부터 지배적인 소유자들에게 몸과 마음을 바치는 사람들에게서 이들 소유자들을 만들어 내는 고백인 셈이다. 부르주아지인 관용이 묵인되고자 하는 의도가 드러나고 있는 것이다. 부르주아지인 관용은 하류층에 속하는 사람들을 향하는 정의正義를 의도하지 않으며, 상류층에 속하는 사람들이 "객관적인 경향"에 힘입어 비난하는 사람들, 즉 하류층에 고유한 계급에 속한 사람들을 향하는 정의를 스스로 의도하지도 않는다. 등가물 교환의 법칙과 등가물 교환의 법적이고 정치적인 반사 형식들의 법칙은 계급의 핵심과 계급의 다수인 부르주아적인 봉토 보유자들 사이의 관계를 권력관계의 의미에서 암묵적으로 규칙으로 정하는 계약일 뿐이다. 다른 말로 하면, 계급이 그토록 실재적인 것처럼 계급 자체는 이미 그토록 심한 정도로 이미 이데올로기인 것이다. 이 점이 합당한 교환, 부르주아적인 자유, 휴머니티와 더불어 불확실한 상태에 처하게 되었다는 사실을 이론이 입증한다면, 계급의 이중적 성격이 조명을 받게 된다. 계급의 이중적 성격은 계급의 형식적인 동일함이 다른 계급을 억압하는 기능을 가질 뿐만 아니라 더욱 강한 계급들을 통해서 원래의 계급을 통제하는 기능을 갖는 것에서 성립된다. 이론은, 계급의 형식적 동일함이 대변하는 전체 이해관계를 그 독특성에서 가면을 벗기기 위하여 계급의 형식적 동일함을 통일체로서, 즉 프롤레타리아에 대항하는 계급으로서 낙인찍는다. 이러한 독특한 통일체는 그러나 그 내부에서 스스로 필연적으로 통일체가 아니다. 계급의 평등을 지향하는 형식은, 도구로서, 보유補遺,Anhang에 대한 지배자들의 특권에 기여한다. 이러한 특권은 동시에 지배자들을 은폐시킨다. 자유주의적인 사회에 대한 비판은 계급 개념 앞에서 정지될 수 없다. 계급 개념은 자유주의의 체계가 그런 것처럼 참되면서도 참되지 않다. 계급 개념의 진리는 비판적 진리이다. 계급 개념은 그 내부에서 부르주아적인 이해관계가 실현되는 통일체를 지정한다. 계급 개념의 비진리는 계급이 통일체가 아니라는 점에 놓여 있다. 지배관계들을 통해서 계급을 내재적으로 규정하는 것은 계급이 계급에 고유한 ―계급의 통일체가 도움으로 작용하는― 독특성에 지불해야만 하는 공물貢物이다. 계급이 실재적으로 통일체가 아니라는 것을 앞세우면서, 실재적인 통일체는 베일이 된다.

V

시장경제에서는 계급 개념에 붙어 있는 비진리가 잠재되어 있었다. 이러한 비진리는 독점 아래에서는, 계급 개념의 진리, 즉 계급들의 생존이 비가시적으로 되었던 것처럼 바로 그렇게, 가시적으로 되었다. 많은 것이 투쟁의 게임 규칙, 공동의 이해관계로서 경쟁자들을 결집시키는 것처럼, 많은 것이 또한 경쟁 및 경쟁의 투쟁과 함께 계급의 통일체로부터 사라졌다. 프롤레타리아에 대해 부르주아지 계급을 부인하는 것이 부르주아지에게 매우 용이해진다. 그 이유는 다음과 같다. 부르주아지의 조직화가 18세기와 19세기에 부르주아지를 계급으로서 정초시켰던 합의 형식인, '이해관계가 동일한 것'[05]의 합의 형식을 사실상으로 내동댕이쳤으며, 이렇게 해서 부르주아지의 조직화가 부자들의 ―매개되지 않은 채 경제적 및 정치적으로 명령을 행사하는― 폭력에 의해 대체되었기 때문이다. 부자들의 이러한 폭력은 폭력과 동일한 경찰 권력의 위협과 더불어 부자들의 부수물과 노동자들에게 부담으로 부과되고, 노동자들에게 동일한 기

---

05 작은따옴표는 옮긴이가 임의로 붙였음(역주).

능과 동일한 욕구를 강요하며, 이렇게 함으로써 노동자들이 계급관계를 꿰뚫어 보는 것을 거의 불가능하게 한다. 소수의 소유자들과 무산자들의 압도적인 다수에 관한 이론이 내린 진단이 충족되었다. 그러나 이렇게 함으로써 계급 사회의 본질이 명백하게 되는 것 대신에, 계급 사회의 본질은 계급 사회가 완벽하게 이루어진 사회인 대중사회에 의해 주술화된다. 지배 계급이 자본 집중의 배후에 숨어서 그 모습을 감추게 되는 것이다. 지배 계급은 하나의 용적을 성취하였으며, 지배 계급에 고유한 하나의 중량을 획득하였다. 자본은 지배 계급에 의해 제도로서, 전체 사회의 출현으로서 서술된다. 독특한 것은 독특한 것이 실행되는 전능함에 힘입어 전체를 찬탈한다. 자본의 사회총체적인 국면에서 상품, 인간관계의 오래된 물신적 성격이, 사물들의 관계로 반사되면서, 그 기한을 확정한다. 오늘날 현존재의 모든 질서가 그러한 사물들이 되고 말았다. 자유 시장은 노동자들에게는 이미 항상 거짓이었던바, 그러한 질서에서 프롤레타리아에게는 자유 시장이라는 이름과 더불어 계급 형성의 가능성이 객관적으로 차단된다. 이런 가능성은 종국적으로는 지배자들의 의식적인 의지에 의해 위대한 전체라는 이름으로, 다시 말해 지배자들 자체인 위대한 전체라는 이름으로 취해지는 조치들에 의해 저지된다. 그러나 프롤레타리아들은, 살려는 의지를 갖고 있다면, 스스로 동화하여야만 한다. 자기보존은, 집단적인 것을 넘어서서, 결탁한 도당徒黨이 되도록 도처에서 압박을 받게 된다. 하층 계급에서는 이끄는 사람들과 따르는 사람들로서의 분리가 강제적으로 재생산되며, 이러한 분리는 지배 계급 자체에서도 실행된다. 노동조합들은 독점이 되며 노조 직원들은 도둑들이 된다. 노조 직원들은 노조 가입자들에게 맹목적인 복종을 요구하며, 노조 가입자들은 노조 내부에서 테러를 자행한다. 그럼에도 노조 가입자들은, 다른 독점 지배자들이 공공연하게 드러나는 파시즘에서 전체 조직을 미리 앞서서 고유하게 관리하는 경우가 아닌 경우에만 다른 독점 지배자들과 약탈물을 나눌 충성스러운 준비가 되어 있다. 행위의 진행은 자유주의적인 에피소드에 종말을 고한다. 어제의 동역학은 오늘날 나타나는 경직된 원시 시대로서 동역학 자체를 고백한다. 익명의 계급은 스스로 명명된 엘리트의 독재로서 익명의 계급 자체를 고백한다. 자유주의적인 경제이론이 그 구상을 격렬할 정도로 전면에 내세웠던 정치경제학은 일시적인 것으로서 사라진다. 경제는 경제의 특별한 경우이며, 지배를 위해 미리 준비되어진 부족함의 특별한 경우이다. 교환법칙들이 현재 단계에서 '전체 사회의 재생산의 역사적으로 적절한 형식'으로서의 '최근의 지배'[06]로 이르게 되지 않았고, 예로부터 존재해 온 지배가 때때로 경제적 장치로 파고들었다. 이처럼 파고든 것은 경제적 장치를, 일찍이 경제적 장치를 완전하게 운용한 상태에서, 때려 부수고 지배가 용이하게 그 생명을 유지하기 위함이다. 계급들의 그러한 폐기에서 계급 사회가 그것 자체에게 다가오는 것이다. 역사는, 최근의 경제적 국면이 보여 주는 상像에 따르면, 독점들의 역사이다. 오늘날 자본과 노동의 사이좋은 지도자들에 의해 자행되는 명백한 찬탈이 보여 주는 상에 따르면, 역사는 도당들의 투쟁들, 한 판의 게임 game들, 테니스 라케트들의 역사이다.

VI

마르크스는 계급 이론에 대해 상론하면서 그 위에서 죽었으며, 노동 운동은 계급 이론을 노동 운동의 근거로 삼았다. 노동 운동은 가장 효과적인 선동 수단이었을 뿐만 아니라 부르주아적인 민주주의·프롤레타리아적인 대중 정당·파업의 시대에서는, 독점의 공공연한 승리 이전에, 그리

---

[06] 작은따옴표는 독자의 편의를 위해 옮긴이가 임의로 붙였음(역주).

고 실업이 제2의 자연으로 전개되기 이전에, 갈등에 도달하였다. 개량주의자들만이 계급에 관한 물음에, 토론하는 태도를 보이면서, 간여하였다. 이는 투쟁, 중산층에 대한 통계적 평가를 부인하고 포괄적인 진보를 칭찬함으로써 갓 시작된 배신에 대해 말을 꾸며 대기 위함이다. 계급들에 대한 거짓된 부인은 이론이 책임을 져야 하는 개념인 사람들의 개념 자체를 ―계급 개념을 계속해서 몰고 가지 않은 상태에서― 배움의 한 부분으로서 보호하는 쪽으로 움직이게 하였다. 이렇게 함으로써 이론은 스스로에게 허점을 부여하였으며, 실제의 파멸에서 공동 책임을 떠맡게 되었다. 모든 나라들의 부르주아적인 사회학은 이러한 이론을 매우 심한 정도로 이용하였다. 부르주아적인 사회학이 전체적으로 보아 마르크스에 의해서, 자침磁針에 의해서 다른 방향으로 전환되었고 명제들에 대한 학문적 정당화를 옹호하게 되었다면, 그리고 더욱더 많이 가치 자유로 굳어졌다면, 사실적인 것 안으로 들어가는 순종인 부르주아적인 사회학의 실증주의는 사실들이 불구가 된 이론에게, 즉 신조가 되어 사실적인 것에 대한 진술로 스스로 내려앉았던 이론에게 부당함을 부여하였던 곳에서, 바로 이곳에서 부르주아적인 사회학이 기울인 노력들에 대한 대가를 현금으로 거두어들일 수 있었다. 본질적인 것, 계급관계를 이상형理想型으로 보아 방법론학 안으로 추방해 버렸으며 현실을 현실이 단순히 설비해 놓은 일회적인 것에게 넘겨주었던 연구 명목론은 계급을, 대략적으로 계급에 특별한 정치적인 등가물인 정당에서, 과두정치적인 특징들로 ―이론은 이런 특징들을 도외시하였거나 또는 덧붙이는 사항으로서 "독점 자본주의"를, 게으름을 피우면서, 고려하였다― 옮겨 놓았던 분석들과 회합하였다. 이와 동시에 학자들이 사람들을 구체적인 개념으로부터, 그리고 사실들이 약탈 체계의 현재적으로 중요한 상태와 맺고 있는 관계인 모든 사실적인 것에 결정적으로 내재되어 있는 관계로부터 더욱더 근원적으로 깨끗하게 청소하였을수록, 사실들은 ―사실들로부터 동떨어진 표징 통일체로서 사실들에 대해 더 이상 아무것도 할 수 없음에도 모든 시대를 포괄하는 표징 통일체 안으로 들어가면서— 추상적 개념에 더욱더 잘 어울리게 되었다. 과두정치, 이데올로기, 통합, 분업은 사람들이 지배사支配史의 어두운 숲을 사람들 자신에 고유한 삶의 푸른 나무들 앞에서 더 이상 보지 못하는 지배사의 모멘트들로부터 발원한다. 이렇게 해서 과두정치, 이데올로기, 통합, 분업은 인간을 사회적으로 조직화하는 일반적인 카테고리들이 되었다. 이른바 계급 형이상학에 대한 회의懷疑는 형식적 사회학의 표지에서 규범적으로 된다. 계급들은 형식적 사회학이 주장하는 완고한 사실들 때문에 존재하지 않는다. 이러한 사실들의 완고함은 그러나 계급을 대체시킨다. 사회학적인 시선이 계급들의 보석을 찾는 곳에서는, 사회학적 시선은 항상 엘리트들의 빵만 발견하며 이렇게 하는 것이 이데올로기가 없이는 전적으로 진행되지 않은 것을 매일 경험하게 된다. 이렇기 때문에 사회적 조직화의 형식들에서 이렇게 하는 것을 그냥 그대로 내버려두고 엘리트에게 불가피한 일을 아마도 피를 토하는 마음으로 엘리트에 본유한 이데올로기로 해 두는 것이 가장 영리한 것이 된다. 잘 세워진 환영幻影, phantasma bene fundatum에 대항하여 반대의 예들에 의지하는 것과 대중 정당의 과두정치적인 성격을 부인하는 것은, 다음과 같은 사실을 오인하게 된다. 다시 말해, 이론이 순수한 무력감에 머물러 있고, 명제들의 학문적 정당화의 정신만을 이론 내부로 —이 이론을 향해 명제들의 학문적 정당화를 옹호하는 부르주아적인 학자들은 그들의 그물망을 엮어놓았다— 옮겨 놓는다면, 이론이 그 담당자들의 입에서 실제로 이데올로기로 된다는 점을 오인하게 되는 것이다. 사회학적인 개념들로부터 유래하는 진리는 이것이 생산하였던 비진리에 대항하는 것에서 아무런 도움도 되지 않는다. 사회학이 계급들의 현실을 향하여 내놓는 것은 다른 원리가 아닌, 바로 계급 사회의 원리이다. 지배는 현실 아래에서 역사적으로 관철되며, 이 형식이 바로 사회적 조직화의 일반성이다. 사회학은 맹목적인 사실들로부터 발원하는 추상적 통일에서 계급이 없는 것에 대한 사회학의 망상을 완성시켰다고 생각하는바, 이러한 추상적인 통일 자체는 인간을 객체들로 격을 떨어뜨리는 것이다. 인간들에 대한 객체화는 지배에 의해 야기되고, 오늘날에도 역시 계급들을 움켜쥐어 왔다. 사회학적인 중립성은 사회적인 폭력 행위를 반복한다. 사회학적인 중립성은 맹목적인 사실들의 뒤에 숨어 보루를 쌓고 있는바, 이처럼 맹목적인 사실들은 폐허들이다. 다시 말해, 세계가 사회학자들이 사이좋게 지내는 것인 질서에 의해 그 질서 속으로 스며들어간 폐허들이다. 일반적인 법칙들은 법칙이 없는 미래에 대항하여 아무것도 말하지 않는다. 일반적인 법칙들의 일반성 자체가 억압의 논리적 형식이기 때문이다. 억압은 폐기되어야 할 것이다. 인류가 야만성으로 되돌아가지 않기 위해서라도 억압은 폐기되어야 할 것이다. 인류는 그러나 아직도 억압으로부터 전혀 빠져나오지 못했다. 민주주의의 성숙한 지도자들의 견해와 관심에 따르면 사람들은 민주주의에 이를 정도로 성숙하지 못한 상태에 있다고 한다. 그러나 민주주의가 과두정치라는 사실은 이처럼 성숙하지 못한 상태에 머물러 있다는 사람들에 놓여 있지 않고, 특권이 역사의 객관적인 필연성에 말뚝처럼 박아 놓은 비인간성에 놓여 있다. 계급의 변증법으로부터 유래하여 종국에 이르러서는 발가벗은 패거리 지배가 솟아오르면서, 사회학이 이미 항상 의도하였던 바가 해결된다. 사회학의 형식적인 상수常數들은 최근에 보이는 물질적인 경향들에 대한 예견으로서 증명된다. 오늘날 계급들에서 도당徒黨들의 정체성을 확인하는 것을 형세에서 배우는 이론은 형식적인 사회학에 대한 패러디이다. 형식적인 사회학은 도당들을 영원히 보호하기 위해 계급을 부인한다.

VII

마르크스주의적인 계급론이 차지하는 위치는 명제들에 대한 학문적 정당화를 옹호하는 입장에 있는 학자들의 비판에서 가장 명백하게 보이는바, 이 계급론은 빈곤화 이론이라고 보아야 할 것이다. 공동의 빈곤은 프롤레타리아들을 계급으로 만든다. 공동의 빈곤은 자본주의 경제의 생산 과정에서 프롤레타리아들이 차지하는 위치로부터 오는 귀결이며, 과정과 더불어 감내할 수 없는 것으로 증대된다. 빈곤 자체는 이처럼 빈곤을 극복하게 해 준다는 혁명의 힘이 된다. 프롤레타리아들은 그들에게 채워진 족쇄 이외에는 아무것도 잃을 필요가 없으며 모든 것을 얻을 수 있다. 그들에게 선택은 어렵지 않다는 내용이 위 문장에 들어 있고, 시민사회적인 민주주의는 이것이 계급 조직화, 즉 그 무수한 무게가 전복을 이끌어 내는 계급 조직화에의 재량 공간을 보증하는 한 진취적이라는 의미도 위 문장에 내포되어 있다. 이에 대한 반론으로 모든 통계가 제출될 수 있다. 프롤레타리아들은 그들의 족쇄보다 더욱 많은 것을 잃어야 한다.[07] 그들의 생활수준은 그들이 공산당 선언의 저자들이 눈앞에 놓여 있었던 100여 년 전 영국의 상태에 비해서 악화되지 않았고 개선되었다. 더 짧아진 노동시간, 더 나아진 섭생, 주거 공간과 의류, 가족 보호와 노후 보장, 평균적으로 더욱 높아진 수명은 기술적 생산력의 발달과 함께 노동자들에게 부여되었다. 굶주림이 그들을 조건 없는 동맹과 혁명에 뛰어들도록 강요하였다는 것에 대해서는 논의될 수 없게 되었다. 이에 대한 대가로, 동맹과 대중 혁명의 가능성 자체가 모호하게 되었다. 개별 인간은 이해관계에 대항하는 조직에서보다도 이해관계의 조직에서 더욱 잘 지낸

---

[07] 더욱 많은 것을 잃어야만 하는 이유들은 아래에 이어지는 글에서 상론되고 있다(역주).

다. 기업가 측에서의 기술적-군사적 권력수단들의 집중이 매우 심하기 때문에, 이러한 집중은 옛 스타일의 제기를 용감한 기억의 일반적으로 관대하게 허용되는 영역 안으로 들어가도록 미리 지정할 정도가 된다. 이러한 집중은 또한 용감한 기억의 전선이 여전히 존재하고 혁명을 생각하며 혁명에 대해 말하는 대중 정당의 형성이 허용될 것 같은 곳에서 시민사회적인 민주주의가 존재할 수 있는 개연성을 전적으로 없애 버린다. 빈곤화에 관하여 전해 내려오는 구성이 이처럼 와해되고 마는 것이다. 빈곤화를 상대적 빈곤이라는 보조 개념을 통해 수선하는 것은, 사람들이 이것을 수정주의 논쟁이 있었던 시기에 시도하였던 것처럼, 사회민주주의적인 입장을 취하면서 집중을 반대하는 사람들의 머리에서만 떠오를 수 있을 뿐이었다. 그들의 귀도 그들 자신이 외쳤던 소리에 의해 이미 무뎌졌으며, 그 결과 그들은, 상대적 빈곤화라는 표현으로부터 발원하여, 그들의 노력을 거역하면서 울려 퍼지는 조롱을 단 한 번도 더 이상 인지하지 못하였다. 빈곤화라는 개념 자체에 대한 숙고가 필연적이지, 이 개념의 통용 범위에 대한 소피스트적인 변형이 필연적인 것은 아니다. 빈곤화 개념은 엄밀한 경제적인 개념이며, 절대적인 축적 법칙에 의해 정의되는 개념이다. 산업 예비군, 인구 과잉, 사회적 곤궁은 "기능을 발휘하는 자본"[08]과 비례하여 증대되며, 이와 동시에 임금을 밑으로 끌어내린다. 빈곤화는 마르크스의 분석이 그 불합리성을 논증하고 있는 자유주의적 체계에서 힘들의 자유로운 게임에 들어있는 부정성Negativität이다. 자본주의적 생산관계들 아래에서는 사회적인 부와 함께 사회적인 빈곤이, 자본주의적 생산관계들에 내재적인 속박인 체계에의 강제적 속박에 힘입어, 증대된다. 경제 메커니즘의 방해 받지 않은 자율적인 진행이, 자유주의적인 이론이 이러

[08] Cf. Marx, Kapital I(자본 I), Adoratskij, S.679f.

한 진행을 요구하고 있듯이, 전제되어 있다. 매번 분석되어져야 하는 경제 도표tableau économique의 폐쇄성이 전제되어 있는 것이다. 다른 모든 것이 변형되는 "사정들"에 산입되면, "이런 사정들에 대한 분석은 적절하지 않다."[09] 그러나 이렇게 됨으로써 빈곤화 이론 자체가 계급의 이중적 성격에 의존되어 있는 이론으로, 그리고 빈곤화 이론의 개념이 내포하고 있는 억압인 매개되고 직접적인 억압의 차이에 의존되어 있는 이론으로 그 모습을 드러내게 된다. 부르주아지 계급이 실제로 익명적이며 의식이 없는 계급인 한, 그리고 부르주아지 계급과 프롤레타리아가 체계에 의해 지배되는 한, 빈곤화가 존재하게 되는 것이다. 순수한 경제적 필연성의 의미에서 빈곤화가 절대적으로 실행된다. 자유주의가 실제로 자유주의라면, 마르크스가 언질을 받은 자유주의로서의 자유주의라면, 오늘날 전쟁에 의해 정복된 나라들에서 명백하게 드러나는 사회적 빈궁화가 평화로운 세계에서 이미 존재하고 있을 것이다. 지배 계급은 그러나 체계에 의해 지배되는 것만은 아니며, 체계를 통해서 지배하고 최종적으로는 체계를 스스로 지배한다. 변형되는 사정들은 지배의 역사에서 중심에 위치한다. 경제의 청소 과정에서 변형되는 사정들은 변형들이 아니며 그것들 스스로 본질이다. 이러는 한, 그것들은 빈곤화에 관련되어 있다. 체계를 분쇄시키지 않기 위해서는, 빈곤화가 출현해서는 안 된다. 체계는 그것의 맹목성에서 역동적이며, 빈곤을 축적시킨다. 체계가 그러한 동역학을 통해서 성취하는 자기보존은 그러나 빈곤의 맞은편에서도 역시 전사前史에서 작동되었던 동역학의 페달음踏을 예로부터 넘겨주는 정역학에서 기간을 확정한다. 낯선 노동을 제 것으로 하는 것이 독점 아래에서 더욱 많이 시장 법칙들에 의해 실행되는 정도가 적을수록, 전체 사회의 재생산도 역시 더

09 ibid.

욱 적게 실행된다. 상품 가격은 노동자들을 통해 노동력에 해당되는 바, 빈곤화 이론은 노동자들의 경쟁 형태에서 직접적으로 시장 카테고리들을 포함한다. 반면에 이러한 경쟁은 그것이 의미하는 모든 것과 더불어 자본가들의 경쟁이 모호하게 된 것과 똑같이 모호하게 되었다. 빈곤의 동역학은 축적의 동역학과 함께 중지된다. 하류층에서의 경제적 상황의 개선이나 또는 안정화는 경제의 외부에 관련되는 문제이다. 더욱 높은 기준은 소득이나 독점으로 얻는 이익으로부터 발원하여 얻어지는 것이지, 무엇으로부터 곧장 얻어지는 것은 아니다. 더욱 높은 기준은 실업자 보조금이 선포되어 있지 않은 곳에서도, 그리고 노동과 임금의 가상이 밀접하여 지속되는 곳에서도, 실업자 보조금이다. 지배자들의 의미에서 보조하는 보너스, 팁tip, Trinkgeld인 것이다. 선의善意와 심리학은 이것들과 아무런 관련이 없다. 그러한 진보에 들어 있는 계산은 체계의 영속화의 조건들에 관한 체계의 자의식이다. 이러한 계산은 모형의 무의식적인 수학이 아니다. 마르크스의 진단은 예상 외로 확인되었다. 지배 계급은 노동자들을 먹여 살려야 한다는 그들의 운명을 단호하게 그들 자신의 일로 만들고 그들의 실존을 확고하게 다지기 위한 목적으로 "노예의 노예상태 내부에서 실존을 노예에게" 보증할 정도로, 그렇게 근본적으로 낯선 노동에 의해 영양을 공급받는다. 처음에는 대중이 가하는 압박, 잠재적인 혁명이 방향 전환을 실현시키고 싶어 했다. 나중에는, 독점론자들이 지배하는 중심적 위치가 차지하는 권력의 강화와 더불어, 지배 계급은 밀폐된 채 고유하게 정의定義되는 경제 체계들의 장점들에 대한 전망을 이용하여 ─식민지에서 얻은 이익을 통해 직접적으로 이용하는 방식을 취하지 않고─ 노동자 계급이 처한 상황을 더욱더 많이 개선된 것으로 끊임없이 몰아갈 것이다. 권력을 궁극적으로 정립시키는 것이 계산의 모든 항목에 파고 들어가서 셈에 포함되는 것이다. 은화隱化 식물과 같으면서도 동시에 검열된 빈곤의 전시장은 그러나 정치적이고 사회적인 무력감이다. 이러한 무력감은 모든 인간을 그러한 방식으로 독점과 독점국가들의 단순한 관리 객체들로 만든다. 이렇게 되는 것은 자유주의 시대에는 고급 문명에서 사멸 상태로 방치되었던 사회적 빈곤자들에게만 해당될 뿐이었다. 앞에서 말한 정치적이고 사회적인 무력감은 모든 나라들에서 전쟁 수행을 가능하게 한다. 전쟁이 권력 장치의 특별 지출을 이윤을 창출하는 투자로서 추가적으로 확인시켜 주듯이, 지배 도당들의 영리함이 종국적으로 확고부동한 한계를 지니는 동안에도 전쟁은 그들이 영리하게 연기시켰던 빈곤의 외상을 상환한다. 이처럼 확고부동한 한계의 몰락만이, 항상 베일에 가려진 조직이 아닌 이러한 몰락만이 빈곤을 전복시키게 될 것이다.

VIII

"떨어지는 것을 찌를지어다." 니체Nietzsche의 이 문장은 계급 사회의 실재적인 실제를 정의하는 하나의 원리를 격언으로서 명백하게 말해 준다. 이 원리는 증오의 세계에서의 사랑이라는 이데올로기에 대항하여 적나라하게 격언이 된다. 르네상스 이후 시민사회적인 사상가들은 사회의 비진실에 격분한 나머지 이상理想에 반목시키는 이상으로서의 사회의 진실을 어부지리로서 냉소적으로 얻었다. 이들 사상가들은 그들이 가장 격렬하게 비진실로서, 즉 사회가 전사前史로부터 비진실 안으로 들어가서 주술화되면서 생기는 비진실로서 경멸하는 다른 진리를, 대결에 내재하는 비판적 위력을 이용하여, 도와주었다. 이들 사상가들은 이러한 전통을 르네상스 이후 형성하였고, 니체는 이런 전통에 속하는 사상가이다. 니체의 격언은 그러나 자유 경쟁의 시대가 시작되는 시점에 놓여 있었던 테제인 만인의 만인에 대한 투쟁의 테제보다 더욱 많은 것을 말하고 있다. 떨어짐과 찌름의 동맹은 오늘날 비로소 명백하게 된 성격인 계급의 이중적 성격에 대한 하나의 암호이다. 체계의 객관적 경향은 체계를 운용하는 사람들의 의식적인 의도에 의해 항상 배가되고 도장이 찍히게 되며 합법화된다. 맹목적인 체계는 지배이기 때문이다. 이렇기 때문에 체계는 지배자들에게 항상 도움이 된다. 체계가 지배자들을 겉으로 보기에 위협하는 곳에서도 체계는 역시 지배자들에게 도움이 된다. 지배자들의 탄생을 도와주는 자들이 제공하는 직무는, 체계의 의미가 역사적 실행의 객관성, 체계 자체로부터 소외되는 형체에 의해 감추어지는 경우에도, 그러므로 지식을 증명해 보이고 체계의 의미를 다시 생산한다. 자유롭게 된 시민계급이 실행하는 행동의 전통이 존재한다. 이 전통은 화약 음모 사건[10]에서부터 ─아마도 아테네에서 헤르메스 신의 주상柱像을 무너뜨리는 것에서부터─ 독일제국 의사당 방화 사건[11]에 이르기까지 이어지는 전통이다. 객관적 경향이 무엇인지를 아는 자는 힌덴부르크[12]에 대한 매수와 은행가 슈뢰더[13]에서 발생한 일과 같은 음모들을 냉담하게 위에서 아래로 내려다보고 세계를 파괴시키는 정신이 사용하는 우연들로서 위에서 내려다본다. 다시 말해, 세계 파괴 정신이 이러한 우연을 통해 세계 파괴 정신을 실현시키려는 목적을 위해 사용하는 우연들로서 위에서 내려다보는 것이다. 앞에서 말한 음모들은 전혀 우연적이지 않다. 그것들은 자유가 벌이는 활동들이다. 이 활동들은, 역사적으로 객관적인 경향이 역사의 역사를 통해 명령하는 사람들의 주관적인 이해관계들과 즉각적으로 조화를 이루지 않는 한, 역사적으로 객관적인 경향은 기만이라는 사실을 증명해 보인다. 이성은 헤겔이 이성에게 감정鑑定해 보이고 싶었던 것보다도 여전히 더욱 간계적이다. 이성이 가진 비밀은 정열의 비밀이라기보다

10 1605년 영국 의회에서 발생한 사건(역주).
11 1933년 나치에 의해 발생한 사건(역주).
12 Hindenburg, 1847-1934, 독일의 장군, 대통령, 1925-1934년까지 독일 대통령을 역임하였으며 1933년 히틀러를 수상에 임명함으로써 나치 집권의 길을 열어 주었음(역주).
13 Schroeder, 1867-1940, 독일의 은행업자, 무역 금융과 대출업에서 크게 성공하였음(역주).

는 자유 자체의 비밀이다. 전사前史에서 자유는 도당들이 해악의 익명성을 자유자재로 처리한 것을 뜻한다. 해악은 운명을 지칭한다. 도당들은 그들 스스로 유희로 가져갔던 본질에 들어 있는 가상에 의해 제압된다. 그러므로 도당들은 단지 겉으로만 제압하고 있는 것이다. 역사는 역사에 본유한 자유의 의식에서의 진보이며, 이러한 진보는 역사적인 객체성을 관통하면서 진행된다. 이러한 자유는 다른 것이 아닌, 다른 사람들의 부자유의 이면상裏面像이다. 바로 이것이 역사와 도당들의 진정한 상호작용이며, "필연성이 … 그 내부에서 … 자유로 끌어올려진 내적인 동일성이다."[14] 사람들이 이상주의에 대해 이상주의가 세계를 미화美化하였다고 비난하는 것은 정당하며, 이상주의는 동시에 세계에 대한 가장 무서운 진실이기도 하다. 이상주의의 긍정성과 자유론의 모멘트들에서 이상주의는 여전히 자유의 반대자를 은폐시키는 상像을 투명하게 내포한다. 이상주의가 인간을 해악으로부터 빠져나온 인간으로 규정하는 곳, 바로 그곳에서 인간들은 전사前史에서 가장 완벽하게 해악에 빠져들었던 것이다. 프로이센 국가에서가 아니고 총통의 카리스마에서 필연성의 반복으로서의 자유가 그것 자체로 되돌아온다. 대중이 자유에 관한 언설에 좋아하지 않는 태도만을 유지한 채 더욱더 많이 귀를 기울인다면, 이것은 단순히 대중의 책임만은 아니거나 또는 이름과 함께 몰아붙여지는 오용의 책임이 아니다. 대중은 강제적 속박의 세계가 항상 자유, 처리, 설정의 세계였음을 눈치채고, 자유로운 사람이란 무언가를 골라내도 되는 사람이었음을 예감한다. 다른 것은 이름을 갖고 있지 않은 것이리라. 오늘날 연대성, 유연함, 고려, 신중함을 옹호하는 것은 현재[15] 자유로운 사람들이 가진 자유

---

14 Hegel, Sämtliche Werke, ed. Glockner, Bd. 4: Wissenschaft der Logik(논리학), I. Teil(제
     1부), Stuttgart 1928, S.719.
15 파시즘 등 전체주의 체제가 창궐한 1942년을 기준한 '현재'를 의미함. 이 점을 유의하

와는 매우 적은 유사성만을 갖고 있을 뿐이다.

IX

경제적 빈곤화와 생활수준의 외부-경제적인 개선이 서로 갈라진 채 서로를 가리키는 경향들은 프롤레타리아의 사회적 무력감에서 초래되는 바, 이러한 무력감은 그것 자체로 이론에 의해 예고되지는 않았다. 첫 번째 경향을 꿰뚫는 유력한 통찰에 상응하는 것은, 빈곤이 가하는 압박이 억압자들에 대항하는 직접적인 힘이 된다는 기대감이다. 그러나 무력감을 생각하는 것은 이론에 낯설지 않다. 이러한 생각은 비인간화라는 이름으로 출현한다. 산업이 신체적으로 불구가 된 사람들, 병이 든 사람들, 신체가 변형이 된 사람들에게서 산업의 희생자들을 요구하는 것처럼, 산업은 의식을 변형시키는 위협을 가한다. 이러한 위협은 노동자들에게 강제적으로 자행된 것을 노동자들 자신에게 의존되어 있는 사람들에게 다시 한 번 자행하는 노동자들의 잔인해지는 태도에서, 그리고 노동자들이 더 이상 이해할 수 없는 기계화된 노동 과정으로부터 노동자들의 소외가 증대되는 것에서 명백하게 언급되는 위협이다. 앞에서 규정된 사람들이 어떻게 해서 활동할 능력에, 다시 말해 영리함, 넓은 안목, 정신의 현재성뿐만 아니라 극도의 자기희생을 감당할 수 있는 능력에 이르게 되는가 하는 물음은 제기되지 않았다. 심리학주의의 위험은 ―"사회주의의 심리학"의 저자가 당파 활동을 하는 사회학자처럼 종국적으로 파시스트가 된 것은 우연이 아니었다― 부르주아적인 철학이 기분이 언짢은 상태에서 앞에서 말한 물음에 착수하기 이전에 이미 오래전에 부르주아적인 철학의 객

면 이 글의 내용을 더욱 명료해질 것임(역주).

관성을 인식 영역에서 방어하는 것을 원천적으로 외면하였다. 마르크스는 노동자 계급의 심리학에 간여하지 않았다. 노동자 계급의 심리학은 개별성, 개별 인간에서의 동기유발 연관관계들의 일종의 자족성을 전제한다. 그러한 개별성 자체가 사회적으로 생산된 개념이며, 정치경제학 비판에 귀속된다. 경쟁 관계에 있는 시민들 사이에서 개인은 이미 오랫동안 이데올로기이며, 하층에 속한 시민들에게는 개별성이 소유의 질서에 의해 거부된다. 다른 것이 아닌 바로 이 점이 비인간화를 지칭할 수 있는 것이다. 프롤레타리아와 대립관계에 놓는 것은, 이것이 시민계급적인 경제의 개념들을 부인하는 것과 마찬가지로 인간에 대한 시민계급적인 개념을 부인한다. 이 개념은, 그것에 본유한 모순에서 드러나도록 하기 위한 목적에서, 개념 자체에 꽉 붙들려 있을 뿐이며, 마르크스주의적인 "인간학"에 의해 증명되지 않는다. 시장경제의 자율성, 시장경제에서 형성된 시민계급적인 개별성의 자율성과 함께 개별성의 반대자도 역시, 즉 사회에 의해 거절당한 사람이 당하는 피 흘리는 비인간화도 또한 사라지고 말았다. 술이 취한 채 밤에 귀가하여 가족을 두들겨 패는 노동자의 형상은 극단적인 한계로 몰리게 되었다. 노동자의 아내는 노동자로서의 남편보다도 그녀에게 충고를 하는 사회적 노동자로서의 남편을 더욱 두려워해야만 한다. 자신에게 고유하게 해당되는 노동 과정을 더 이상 파악하지 못할 것으로 보이는 프롤레타리아의 우둔화에 대해서는 논의조차 될 수 없을 지경이다. 최종 생산물이 수공업자에게는 익숙한 생산물이었지만, 최고로 상승된 분업은 노동자를 합성된 최종 생산물로부터 더욱더 멀리 밀어냈다. 고도의 분업은 그러나 이와 동시에 개별적인 노동 진행 과정들을 노동자들의 자질 하향에서 상호간에 더욱더 근접시켰으며, 그 결과 하나의 노동 진행 과정을 담당할 수 있는 사람은 모든 것을 할 수 있고 전체를 이해하게 된다. 포드 회사에서 컨베이어 벨트에 붙어 있는 사람은 항상 동일한 처리 방법을 통해 일해야 하지만 완성된 차에 대해 잘 알고 있다. 완성된 차는 이 노동자가 행하는 처리 방법의 모형에 따라 생각될 수 없을 것 같은 어떤 비밀도 갖고 있지 않은 것이다. 엔지니어의 노동 자체도 기계화되어 있는바, 노동자와 엔지니어의 차이 자체도 마침내 단순한 특권이 되었다고 말해도 될 것 같다. 전쟁이 요구하는 필요에서는 전문가들이, 그 차이들이 유연하듯이, 더 이상 전문가들인 경우가 얼마나 적은가 하는 점이 기술적 전문가들에서 드러난다. 이것은, 무력감에서 벌거벗은 빈곤이 예전에 혁명으로 변하는 정도가 미약했던 만큼 바로 그렇게 미약한 정도로 변화한다. 오늘날의 명석한 기계기술자들은 100년 전 작업장에서 숨 막히게 갇혀 있었던 노동자들이 개인이 되는 정도가 적었던 것만큼 바로 그렇게 개인이 되는 정도가 낮은 상태에 머물러 있다. 기계기술자들의 개별성이 혁명을 가속시켰다는 개연성도 물론 존재하지 않는다. 기계기술자들이 이해하고 있는 노동 과정은 그 사이에 100년 전의 이해되지 않았던 노동 과정보다 더욱 근본적으로 그들을 모델에 따라 관리한다. 노동 과정은 "테크놀로지적인 베일"이 된다. 기계기술자들은 계급의 이중적 성격에서 그 몫을 갖고 있는 것이다. 지배자들이 그들에 본유한 비인간성을 위해 비인간화를 틀에 고정시킬 때까지, 바로 이렇게 될 때까지, 체계가 지배자들을 위험에 처하게 하는 비인간화를 저지시켰다면, 체계가 프롤레타리아를 만들어 낸다는 마르크스의 통찰은 이에 대해 당시에는 예측될 수 없을 정도로 이행된 셈이 되었다. 사람들은, 그들의 욕구와 체계의 도처에 존재하는 요구에 힘입어, 실제로 체계의 산물이 되었다. 비인간화는 독점 아래에서, 인간을 파악되지 않는 조야함으로써가 아니고 고유하게 움켜쥐는 사물화로써, 문명화된 인간에게서 완성된다. 비인간화는 인간의 문명화와 함께 일어난다. 사회의 총체성은 사회구성원들을 전적으로 억압할 뿐만 아니라 총체성과 동일한 상像에 따라 만들어 내는 것에서 입증된다. 이것이 바로 사회의 총체성이 그 최후의 관할처Instanz에서 노렸던 것이었으며, 사회의 총체성은 이를 권력과 무력감으로 긴장이 양극화되는 것을 이용하여 실행한다. 독점은 이렇게 되어 있는 사람들에게만 배당금을 지불하며, 사회의 안정성은 오늘날 이런 사람들에 그 기반을 두고 있다. 이처럼 동일하게 되는 것, 문명으로 이끄는 것, 적응시키는 것은 우주적 인간성[16]인 야만성이 조건이 지어진 우주적 인간성으로부터 뚜렷하게 출현할 때까지 —앞에서 말한 동일하게 하는 것 등을 다르게 할 수 있을 것 같은— 에너지를 소모시킨다. 지배자들이 사회의 생명을 계획적으로 재생산함으로써, 그들은 계획의 대상이 된 사람들의 무력감을 재생산한다. 인간은, 자유주의자들이 그들의 권력 관념에 힘입어 사고하는 경향을 가졌던 것처럼, "영향을 받을" 필요가 없다. 대중문화는 인간이 체계화의 강제적 속박 아래에 원래 놓여 있는 것처럼 바로 그런 상태에 항상 다시 놓이도록 만들어 버리며, 빈틈을 통제하고, 실제의 공식적인 반대자를 공공 도덕으로서 실제에 접합시키며, 모방을 향한 모델들을 인간에게 준비시킨다. 다른 성질을 가진 사람들에게 미치는 영향은 영화에게는 신뢰될 수 없으며, 같은 성격을 가진 사람들은 영화를 이미 전적으로 믿지 않는다. 자율성의 잔여물과 함께 자율성과 지배를 매

16 원어는 Allmenschlichkeit이며, Allmensch의 파생어이다. Allmensch는 오스트리아의 작가, 언론인, 언어비판가인 칼 크라우스(Karl Kraus)가 사용한 단어이며 벤야민이 이에 대해 글을 써서 더욱 알려지게 되었다. 크라우스와 벤야민의 영향을 받은 아도르노는 아마도 이런 맥락에서 이 단어를 사용한 것으로 보인다. Allmensch는 영어로는 cosmic man으로 번역되지만, 이를 우리말로 우주적 인간으로 옮겨도 그 뜻이 정확히 드러나지는 않을 것이다. 이런 이유에서 크라우스가 묘사한 Allmensch를 이 자리에 소개하는 것이 아도르노가 의도한 뜻에 더욱 가깝게 다가설 수 있을 것으로 보인다. 크라우스가 말하는 Allmensch는 "사물들의 단순한 실존에 어떻든 별로 관심이 없는 것과 마찬가지로 자기 자신과 자신의 실존에 대해서 별로 관심이 없고 사물들을 그것들의 관계에서, 특히 사물들이 사건들에서 충돌하는 곳에서 감지하는 사람. 이러한 모멘트 자체에서 비로소 결합되며 본질적이 되고 생동감이 넘치는 사람"이다. 이 문장은 벤야민이 칼 크라우스에 대해 쓴 글에 들어 있는 문장이다. 이상의 내용은 야후 독일의 Allmensch로부터 인용, 또는 재인용한 것임(역주).

개하였던 이데올로기들의 자율성도 역시 사라진다. 비인간화는 외부로부터 오는 권력이 아니고, 여느 때나 마찬가지로 성질이 부여된 선전 선동도 아니며, 문화로부터 배제되어 있는 것도 아니다. 비인간화는 체계에들어 있는 내재성인 억압받는 사람들의 내재성이다. 이러한 내재성은 한때는 최소한 곤궁에 의해 체계에 굴러떨어진 것이었다. 반면에, 오늘날에는 억압받는 사람들이 더 이상 체계로부터 빠져나올 수 없다는 점, 진실이 그들에게 선전 선동으로 의심되고 있다는 점이 그들이 처해 있는 곤궁이다. 이러는 동안에도 그들은 선전 선동 문화 자체의 끝이 없는 반사의광기 안으로 물신화된 채 전도되는 선전 선동 문화를 받아들인다. 이렇게 됨으로써 비인간화는 동시에 비인간화의 반대자가 된다.[17] 사물화는 사물화된 인간에서 그 한계를 갖는다. 사물화된 인간은 그 내부에 생산관계들이 들어 있는 기술적 생산력을 사들인다. 이렇게 해서 생산관계들은 생산관계들의 낯섦이 주는 공포를 소외의 총체성을 통해 잃어버리고 아마도곧 그 권력도 상실할 것이다.[18] 희생자들이 지배의 문명적 특징들을 전적으로 가정(假定)할 때, 이렇게 될 때 비로소 희생자들은 지배적 문명을 지배로부터 빼앗아 올 능력도 갖게 된다. 차이에서 여분으로 남아 있는 것은벌거벗은 찬탈에 환원된다. 경제는 그것의 맹목적인 익명성에서만 운명으로서 출현하였다. 경제가 얽어매는 속박이 눈에 보이는 독재의 전율에의해 깨진다. 계급 사회가 계급이 없는 사회로 사이비적으로 변형되는 것이 이렇게 성공에 이르게 되었으며, 그 결과 억압받는 사람들이 피를 빨

---

17 비인간화된 인간의 모습이 오히려 인간의 모습이 되고 만다는 의미로 읽힐 수 있는 구절임(역주).
18 소외의 총체성이 생산관계의 낯섦이 갖는 공포와 권력을 압도하며 이렇게 됨으로써 생산관계가 갖는 권력도 무력화될 수 있다는 의미로 해석되는 구절임. 자본주의에서 생산관계가 절대적인 권력을 갖는다는 것이 아도르노의 일관된 주장임을 감안할 때, 이 문장에서 표현된 내용은 다소 과장된 것으로 볼 수도 있을 것임(역주).

리게 되었으면서도 모든 억압이 명백하게 흘러넘칠 정도가 되었다. 옛 신화는 그것의 최근의 전능함에서 매우 허약한 모습을 보이고 있다. 동역학이 항상 동일한 것이었다면, 동역학의 종말은 오늘날 종말이 아니다.

1942년

욕구에 관한 테제

1. 욕구는 사회적인 카테고리이다. 본성, "충동"이 욕구 안에 포함되어 있다. 욕구의 사회적인 모멘트와 욕구의 자연적인 모멘트는 제2차적인 것과 일차적인 것으로서 서로 분리될 수 없다. 이렇게 분리하는 것에 따라 욕구 충족의 서열을 정하기 위한 목적으로 두 모멘트가 서로 분리될 수는 없는 것이다. 자연적인 카테고리로 파악되는 것인 굶주림은 많은 야생 동물들이 먹이로 삼는 메뚜기, 모기로도 가라앉힐 수 있다. 문명화된 사람들이 당하는 구체적인 굶주림의 충족에는 그들이 구역질을 내지 않는 먹이를 얻어야 하는 것이 속해 있다. 구역질을 내는 것과 그 반대의 경우에 전체 역사가 반사되어 있는 것이다. 모든 욕구는 이런 사정에 처해 있다. 모든 충동은 사회적으로 매개되어 있어서 충동의 자연적인 것은 결코 직접적으로 나타나지 않고 사회에 의해 생산된 자연적인 것으로서만 항상 출현한다. 그 어떤 욕구를 마주 대하면서 자연을 증거로 끌어대는 것은 거부와 지배를 숨기는 복면에 지나지 않는다.

2. 표면 욕구들과 심층 욕구들을 구분하는 것은 사회적으로 성립된 가상假像이다. 이른바 표면 욕구들은 인간을 "기계장치의 부속물"로 만들어 버리며, 상품인 노동력의 재생산에 노동의 외부에서 인간이 인간을 환원시키도록 강제하는 과정인 노동 과정을 반영한다. 모든 욕구는 어떤 상

태의 횟수回數들이다. 다시 말해, 이 상태는 그 희생자들을 욕구로 도망가
도록 강요하면서 동시에 이와 같은 도주가 상태의 발작적인 반복 안으로
항상 퇴화되면서 상태 앞에서 회피되도록 폭력에 단단하게 묶어 둔다.
이른바 표면 욕구들에서는 표면 욕구들의 표면성이 나쁜 것은 아니다.
그 개념이 내면성이라는 스스로 의문의 여지가 있는 개념을 전제하는 표
면 욕구들의 표면성이 표면 욕구들에서 나쁜 것은 아닌 것이다. 오히려
이러한 표면 욕구들에서 ─표면 욕구들은 욕구들이 전혀 아니다─ 나쁜
것은 그것들이 충족을 위해서 충족을 기만하는 충족을 향한다는 점이다.
자본주의 사회에 의한 매개로서의 욕구의 사회적 매개는 욕구 자체와 모
순에 이르게 되는 지점에 도달하였다. 비판은 바로 이 점에, 가치들과 욕
두들에 관해 미리 주어진 그 어떤 위계질서가 아닌 바로 이 점에 접속되
어야 한다.

3. 이른바 심층 욕구들은 그것들 나름대로 넓은 정도로 욕구 거부 과정
의 산물들이며 다른 쪽으로 방향을 돌리는 기능을 충족시킨다. 심층 욕구
들을 표면적인 것들과 반목시켜 어부지리를 얻는 것은 우려스러운 일이
다. 독점은 그 사이에 이미 오래전부터 표면적인 것들과 마찬가지로 심층
적인 것들도 역시 점취해 버렸기 때문이다. 토스카니니가 지휘하는 베토
벤 교향곡이 다음 번에 나올 오락 영화보다 더 좋은 점이 없다. 모든 사람
이 베티 데이비스Bette Davis[01]와 함께하는 것은 종합 테제이다. 바로 이러한
종합 테제에 극도의 불신이 당연히 속해 있다.

4. 욕구 이론은 심대한 어려움에 처해 있다. 한편으로 욕구 이론은 욕

01 미국의 여배우(역주).

534

구의 사회적 성격을 대변하며, 이렇기 때문에 욕구 충족을 그것의 가장 직접적이고도 가장 구체적인 형식에서 대변한다. 욕구 이론은 좋은 욕구와 나쁜 욕구, 순종의 욕구와 만들어진 욕구, 올바른 욕구와 잘못된 욕구를 선험적으로 미리 내세울 수 없는 것이다. 다른 한편으로, 욕구 이론은 기존의 욕구들 자체가 그것들이 현재 갖고 있는 형태에서 계급 사회의 산물이라는 점을 인식하여야 한다. 인간성Menschlichkeit과 억압의 결과는 어떤 욕구에서도 깨끗하게 분리될 수는 없을 것이다. 사람들이 갖는 독점화된 욕구들에 의해 지배가 사람들 안으로 이주해 들어가는 위험은 불제祓除 파문에 의해 추방될 것 같은 이교異敎 신앙이 아니고 후기 자본주의의 실재적인 경향이다. 이러한 위험은 혁명에 뒤이어 오는 야만의 가능성에 관련되지 않고, 총체적 사회에 의해 혁명이 저지된다는 점에 관련된다. 변증법적 이론은 욕구에 들어 있는 이러한 위험과 모든 모순을 고집스럽게 붙들고 있어야 한다. 변증법적 이론은 욕구를 일반적으로 인가하거나 규제하거나 또는 심지어 나쁜 것의 유산으로 억압하는 대신에, 욕구의 모든 물음을 이 물음이 사회적 과정의 전체와의 관계에서 갖는 구체적인 연관관계에서 인식함으로써, 오로지 이렇게 함으로써 욕구에 들어 있는 위험과 모든 모순을 고수固守할 능력을 갖게 되는 것이다. 독점 하에 놓여 있는 오늘날에는 개별적 욕구들이 독점의 지속에 대해 어떤 관계에 놓여 있는가 하는 점이 결정적으로 중요하다. 이러한 관계의 전개는 본질적이고 이론적인 관심사이다.

5. 욕구들은 정적靜的이지 않다. 욕구들이 오늘날 표면상으로 받아들인 정역학, 그리고 욕구들을 항상 동일한 것의 재생산에 고정시키는 것은 물질적 생산에 대한 단순한 반사에 지나지 않는다. 다시 말해, 시장 및 경쟁이 제거되면서 계급 지배가 이와 동시에 존속되는 상태에서 정적인 성격을 취하게 되는 물질적 생산에 대한 단순한 반사에 불과한 것이다. 이러

한 정역학이 종말에 이르게 되면, 욕구는 전적으로 다른 모습을 보이게 될 것이다. 욕구들이 갖는 모순의 해결은 그것 자체로 모순에 가득 차 있다. **생산이 욕구들이 충족되는 쪽으로, 바로 자본주의에 의해 산출된 욕구들도 충족되는 쪽으로 무조건적이며 제한이 없이 즉각적으로 방향이 전환되면, 바로 이렇게 됨으로써 욕구들 자체가 결정적으로 변화하게 될 것이다.** 진정한 욕구와 잘못된 욕구에 대해 꿰뚫어 볼 수 없는 것은 본질적으로 계급 사회에 속해 있는 속성이다. 계급 사회에서는 삶의 재생산과 삶에 대한 억압이 하나의 통일체를 형성한다. 삶의 법칙은 전체에서 간파될 수 있지만, 통일체에 들어 있는 개별 형체는 그것 자체로 꿰뚫어질 수 없다. 독점이 언젠가 더 이상 존재하지 않는다면, 대중은 문화 독점들, 한심한 일류성一流性, 실제적인 문화 독점이 대중에게 공급하는 쓰레기를 "필요로 하지" 않는다는 사실이 충분히 급격하게 드러나게 될 것이다. 영화관이 주거 공간이나 음식물 이외에도 노동력의 재생산에 필연적이라는 생각은, 사람들을 노동력의 재생산에 정돈시키고 사람들의 욕구를 기업가들의 이윤 및 지배 이해관계들과 조화를 이루도록 강요하는 세계에서만, 바로 이런 세계에서만 "참된" 생각일 뿐이다. 이러한 세계 자체에서는 견본에 대한 시험이 이미 그 시험의 극단적인 변화를 전제하고 있었다. 헤디 라마Hedy Lamarr[02]의 잘못된 겉치레 연기나 또는 갬프벨Campbell의 나쁜 수프 Suppen 이후에도 혁명적인 사회를 외친다고 말하는 생각은 그러나 허무맹랑하다. 수프의 질이 좋을수록, 더욱더 유쾌하게 라마Lamarr 유類를 포기한다.

6. 오늘날의 전체 문화사업이 계급이 없는 사회[03]에서 왜 계속해서 앞

---

02 미국의 여배우(역주).

03 아도르노가 이 개념을 어떤 맥락에서 사용하고 있는가에 대해서는 앞의 논문인 「계급

으로 나아가는가 하는 것에 대해서는 통찰될 수 없다. 자본주의적인 위기가 욕구에 시중을 드는 생산수단들을 절멸시키는 것은 이치에 맞지 않다. 그러나 아마도 지금은 이미 사람들에게 거의 기여하지 않는 것들인 라디오와 영화가 계급이 없는 사회에서 넓은 정도로 휴업이 된다는 생각은 이치에 맞지 않는 생각이 결코 아니다. 그 이유는 다음과 같다. 수많은 욕구들의 내부에 들어 있는 모순에 가득 찬 성격은, 욕구들이 직접적이거나 또는 간접적인 테러에 의해 위로부터 더 이상 꼭지가 틀어지지 않는 경우에는 욕구들의 와해로 이어지게 될 것이기 때문이다. 기술적 생산력의 상태가, 그것 자체로서, 그 가상이 자본주의 사회와 더불어 사라지는 욕구들을 계속해서 충족시키고 재생산시키는 쪽으로 강제된다는 생각은 물신주의적이다. 소비에트 방식의 민주주의에서는 모든 바퀴들이 굴러갈 필요가 없다. 모든 바퀴가 굴러가야 한다는 요구 자체는 자본주의적인 약탈과 함께 사라져 버린 실업자에 대한 두려움을 함유한다.

7. 욕구들의 즉각적인 충족에 관한 물음은 다음과 같은 관점들에서 제기될 수는 없다. 다시 말해, 사회적인 관점과 자연적인 관점, 일차적인 관점과 이차적인 관점, 올바른 관점과 잘못된 관점에서 제기될 수는 없는 것이다. 그러한 물음은 지구상에 존재하는 모든 인간의 압도적인 다수가 당하는 **고통**에 대한 물음과 부합된다. **모든** 사람이 지금 여기에서 가장 절박하게 필요로 하는 것이 생산되면, 과도하게 커다란 사회심리학적 걱정들이 모든 사람이 갖고 있는 욕구들의 정통성으로 인해 사람들에게서 해제된다. 이러한 걱정들은 오히려 이사회와 전권을 위임받은 위원회가 정립되고 욕구들이 분류되며 인간은 빵으로만 사는 것이 아니라고 외치면

이론에 대한 성찰」에서 드러나고 있음. 앞의 논문과 이 논문이 같은 해인 1942년에 발표되었다는 점에 유의할 필요가 있음(역주).

서 할당량으로서는 이미 지나치게 적은 양인 빵 할당량의 한 부분을 거슈인Gershwin[04]의 레코드판의 형태에서 인간에게 할당하는 경우에 비로소 발생한다.

8. 욕구들을 단순히 충족시키는 생산에의 요구는 그것 자체로 전사前史[05]에 속한다. 다시 말해, 이러한 요구는 욕구를 위해서가 아니고 이윤과 지배의 정립을 위해 생산이 이루어지는 세계에, 이렇기 때문에 결핍이 지배적으로 나타나는 세계에 속하는 것이다. 결핍이 사라지면, 욕구와 충족의 관계도 변화하게 될 것이다. 시장에 의해 매개되고 그러고 나서 고정된 욕구의 형식에서 욕구를 위해 생산하는 것은 자본주의 사회에서는 강제적 속박이다. 이렇게 생산하는 것은 인간이 시장에서 벗어나지 않기 위한 중심 수단들 중 하나이다. 자본주의 사회의 손아귀에 들어오게 된 사람들의 욕구를 통해서 지속적으로 권력을 붙들면서 놓지 않는 자본주의 사회를 넘어설 만한 어떤 것도 사고되고 집필되며 행해지고 만들어져서는 안 되는 것이다. 욕구 충족에의 강제적 속박이 계급이 없는 사회에서 생산적인 힘의 족쇄로서 지속된다는 것은 생각조차 할 수 없는 일이다. 시민사회는 이 사회에 내재적인 욕구들에게 충족을 오랫동안 거부해 왔다. 시민사회는 그러나 이에 대한 대가로 바로 욕구들에 대한 비난을 통해 생산을 생산의 강제적 속박의 순환에서 붙들어 매 두었다. 시민사회는 이 사회가 비합리적인 정도와 같은 정도로 실제적이었던 것이다. 비합리성을 폐기시키는 사회, 이윤을 위해 생산을 그 사회 내부로 휩쓸려 들어가게 하면서 욕구를 충족시키는 사회인 계급이 없는 사회는 시민사회

---

04 미국의 작곡가, 재즈 음악으로 유명함(역주).
05 이 개념에 대해서는 앞의 논문인 「계급이론에 대한 성찰」의 I에 달아 놓은 역주를 참조할 것(역주).

적인 예술지상주의에 들어 있는 목적으로부터 떨어져 있는 상태에서 아직도 통용되는 정신인 실제적인 정신을 폐기시키게 될 것이다. 계급이 없는 사회는 생산과 소비에 관한 시민사회적인 대립뿐만 하니라 생산과 소비의 시민사회적인 통일체를 없애 버린다. 무엇이 유용하지 않다고 말하는 것은 더 이상 흠이 되지 않는다. 적응은 그 의미를 상실한다. 충족되지 않는 욕구가 유용하지 않은 것과 함께 정지될 수 있게 됨으로써가 아니고 정지된 욕구가 ─보편적인 유용성을 통해 세계를 정돈함이 없이─ 세계와 관계를 맺을 수 있게 됨으로써, 생산성은 왜곡된 의미가 아닌 그 고유한 의미에서 이제 비로소 욕구에 효험을 발휘하게 될 것이다. 계급이 없는 사회가 현실적인 것과 가능한 것의 긴장을 없애 버림으로서 예술의 종말을 약속한다면, 이 사회는 동시에 예술의 시작을 약속한다. 계급이 없는 사회는 유용하지 않은 것에 대한 직관이 자연(본성)과의 화해를 지향하는 유용하지 않은 것을 약속한다.[06] 유용하지 않은 것은, 유용에 시중을 드는 것에서 약탈자들의 편에 더 이상 서지 않기 때문이다.

1942년

---

[06] 이 구절에서는 아도르노의 예술이론이 드러나고 있다. 예술은 실제적인 노동처럼 사회적으로 유용한 가치를 창출하지 못하기 때문에 유용하지 않은 것으로 폄하된다. 그러나 이처럼 유용하지 않은 예술이 존재한다는 것은 잘못된 사회에 대한 비판이 된다. 예술의 종말을 선언하였던 헤겔과는 정반대로, 아도르노는 사회가 유토피아에 도달하면 예술이 소멸한다고 보았다. 세계가 인간에게 주는 고통을 표현하는 것이 예술이기 때문이다(역주).

반유대주의와 파시스트 선전 선동

이 논문에 들어 있는 관찰들은 컬럼비아 대학교 사회조사연구소가 후원한 반反-유대주의에 대한 연구 프로젝트[01]가 수행한 세 편의 연구에 기초한다. 이 연구들은 태평양 연안 지역에서 활동하는 몇몇 선동가들의 라디오 연설 속기록, 팸플릿, 주간지로 주로 구성되는 반-민주적이며 반-유대적인 선전 선동의 광범위한 본문本文을 주로 분석하고 있다. 이 연구들은 경제적·정치적·사회학적인 문제들에 자주 관련되지만 일차적으로는 심리학적인 본질을 갖는다. 그 결과, 이러한 본질은 이 연구에서 고려되는 선전 선동의 객관적인 내용보다는 선전 선동 분석에 대한 심리학적 측면이다. 이 연구는 선전 선동에서 채택된 방법들을 포괄적으로 다루는 것에 목표를 두지도 않았으며, 반-민주적인 선전 선동에 대한 제대로 된 심리분석적인 이론의 천명을 겨냥하지도 않았다. 오히려, 일반적으로 볼 때 심리분석에 익숙한 것들로 알려져 있는 사실들과 해석들은 생략되었다. 예비적이고 단편적이기는 하지만 오히려 심리분석적인 평가라고 넌지시 말해도 되는 몇몇 발견들을 지적하는 것에 목표를 두었다.

연구 대상이 된 자료 자체는 심리학적 접근이 적절함을 분명하게 보여

---

01 Authors : T. W. Adorno, Leo Lowenthal, Paul W. Massing.

준다. 이 자료는 객관적인 용어보다는 심리학적인 용어들로 표현되어 있다. 이 자료는 생각과 논증을 제시하기보다는 **사람들의 무의식적인 메커니즘에 영향을 미침으로써** 사람들의 마음을 얻는 것을 겨냥한다. 약삭빠르게 비논리적이며 사이비-정서적인 본질을 지닌 파시스트 선동가들의 연설 기술이 이 자료에 들어 있는 것에서 끝나지는 않는다. 이보다 더 중요한 것이 있다. 확실하게 표명되는 정치적 프로그램들, 요구 사항들, 그 어떤 구체적인 정치적 이념들은 청취자들이나 독자들에게 적용된 심리적인 자극들과 비교해 볼 때 더 적은 역할을 할 뿐이다. 이 자료는 우리가 어떻든 파시스트라고 동일시할 수 있는 연설들의 애매하고 혼란스러운 연설로부터 오는 것이라기보다는 앞에서 말한 자극들과 기타 정보로부터 온 것이다.

작금의 미국 파시스트 선전 선동에 대해 심리학적인 접근에 중점을 두는 시도의 3가지 특징을 숙고해 보기로 한다.

1) 이것은 개개의 사람에게 파고드는 선전 선동이며 본질적으로 비非-객관적이다. 선동가들은 그들이 사용하는 시간의 많은 부분을 그들 자신에 대해 말하거나 또는 청취자들에 대해 말하는 데 사용한다. 선동가들은 그들 자신을 외로운 이리들wolves, 건강하고 정신이 건전하며 강건한 본성을 지닌 미국 시민, 이기적이지 않고 지칠 줄 모르는 시민이라고 내세운다. 선동가들은 그들 자신의 삶과 그들 가족의 삶에 관하여 실재적이거나 또는 허구적인 친밀감을 끊임없이 밝힌다. 더 나아가, 선동가들은 청취자들이 매일 사소하게 겪는 걱정거리에 대해 따뜻한 인간애적인 관심을 갖는 사람으로 출현한다. 선동가들은 가난하지만 예의가 바른 사람, 상식을 갖고 있지만 지적인 사람은 아닌 사람, 타고난 기독교 신앙인으로서의 자신을 청취자들에게 나타내고 있는 것이다. 선동가들은 그들 자신을 청취자들과 동일시하며, 경솔한 소시민들과 대단한 함량을 가진 지도자들 양쪽 모두를 동시적으로 특별하게 강조한다. 선동가들은 그들이 앞으로 도

래할 사람의 단순한 메신저라는 점을 청취자들에게 자주 언급하는 수법을 사용한다. 이것은 히틀러의 연설에서 이미 익숙하게 나타나는 책략이다. 이 기술은 아마도 집단적 자아를 가부장적 이미지로 대체시키는 것[02]과 밀접하게 관련되어 있을 것이다. 개별 인간에게 파고드는 것의 다른 선호되는 도식은 사소한 금전적인 궁핍을 장황하게 말하면서 소액의 돈을 청하는 도식이다. 선동가들은 도래할 지도자가 그의 동포처럼 약한 존재이지만 자신의 허약함을 거리낌 없이 고백할 용기를 갖고 있으며 이렇기 때문에 당연히 강력한 사람으로 변환되고 있다는 점을 넌지시 말함으로써 지도자의 우월성에 대한 그 어떤 구실을 부인否認한다.

2) 이러한 모든 선전 선동가는 목적 대신에 수단을 사용한다. 그들은 "이처럼 위대한 운동", 선전 선동의 조직, 선전 선동가들이 해내려고 희망하는 것인 미국의 일반적인 부활에 관하여 지껄인다. 그러나 그러한 운동이 가고자 상정된 길이 무엇인지, 조직이 좋은 점이 무엇인지, 신비적인 부활이 확실히 성취하고자 의도된 것이 무엇인지에 대해 선전 선동가들이 무언가를 말하는 경우는 매우 드물다. 여기에서 선동가들이 사용하는 전형적인 예를 하나 보기로 하자. 이 예는 태평양 연안의 선동가들 중에서도 가장 성공적인 선동가가 말하는 부활 이념이 과다하게 서술되어 있는 예이다. "친구여, 부활에 이르는 길이 하나만 있는 것이 아닙니다. 미국 전체가, 모든 교회가 부활을 얻게 되었습니다. 위대한 웰시Welsch의 이야기는 간단히 말해서 이러한 부활의 이야기입니다. 사람들은 이 세상에 존재하는 하나님의 신성함을 위해 목숨을 아끼지 않게 되었습니다. 사람들은 기도하기 시작하였으며, 부활(!)을 보내는 것에 대해 묻기 시작하였

02 See Max Horkheimer, "Sociological Background of the Psychoanalytic Approach(심리분석적 접근의 사회학적 배경)," *Anti-Smitism*(반-유대주의): *A Social Disease*(사회적 질병), ed. Ernst Simmel (New York, 1946), pp.8ff.

습니다. 남자들과 여자들이 어느 곳으로 갔든, 부활은 계속되었습니다."
행동에 대한 찬미, 무엇이 진행되고 있다는 것에 대한 찬미는 동시에 그
렇게-명명된 운동의 목적을 감추면서 대체시킨다. 최종적으로는 다음과
같은 내용이 된다. "하느님이 계시는 원인, 조국을 위해 이제 기꺼이 목숨
을 바치고자 하는 애국자들, 하느님을 두려워하는 남녀 기독교 신자들이
있다는 사실을 우리는 세상에 알려도 된다고 생각합니다."[03]

3) 이러한 선전 선동의 전체 비중이 수단들을 조장하게 된 이후에 선전
선동 자체가 궁극적인 내용으로 된다. 다른 말로 하면, 선정 선동이 일종
의 **소망-충족**으로서 기능하는 것이다. 이것은 선전 선동의 가장 중요한
형태들 중의 하나이다. 사람들이 선전 선동 안으로 "들여보내지게" 되며
선전 선동 내부에 들어 있는 흥분제를 아마도 흡입하는 과정에 있게 되
고, 확신에 끌려 들어가면서 아웃사이더들로부터는 감춰진 충격적인 미
스터리를 알아도 될 만한 엘리트로서 대우를 받게 된다. 시시콜콜하게 캐
는 것에 대한 욕구가 권장되고 충족된다. 대부분의 경우 허구적이며 섹스
이야기가 특별하게 과잉되어 있는 스캔들 이야기들과 잔혹함에 대한 분
개는 그러나 매우 희박하다. 이러한 이야기들이 청취자들에게 옮겨 주는
쾌락의 의도된 합리가 존재할 뿐이다. 때때로 작은 말실수가 발생하며,
이러한 말실수는 스캔들을 팔아먹는 행위를 말실수 내부에서 최종 목적
으로서 확인하는 것을 용이하게 한다. 이런 방식으로, 태평양 연안의 어
떤 선동가는 그의 다음 연설에서는 소련 정부가 러시아 여성의 매춘을 조
직하면서 공표하는 날조된 법령에 관하여 전체 세부내용을 알려 주겠다
고 약속한 적도 있었다. 이런 이야기를 알리면서, 그는 이런 사실을 듣고
뼛속이 따끈따끈하지 않을 법한 진정한 남성은 존재하지 않는다고 말하

---

[03] 모든 인용들은, 어떤 변화도 없이, 속기록에 들어 있는 그대로 받아들인 것들이다.

였다. 이처럼 "따끈따끈한 뼛속"이라는 방책에 함축되어 있는 상반감정 병존ambivalence은 확실하다.

이러한 모든 형태들은, 어느 정도까지는, 합리적으로 설명될 수 있다. 파시스트, 반-민주적인 목표를 터놓고 고백할 용기를 가질 만한 미국의 선동가들은 극소수일 것이다. 독일과 비교해 볼 때, 미국에서의 민주적인 이데올로기는 사람들을 전복적인 활동에 참여하게 할 정도로 위태롭게 하는 상황을 방지하는 그러한 금기들을 진화시켜 왔다. 이렇기 때문에 미국에서의 파시스트 선동가는 그가 말하는 것에서 더욱 많은 정도로 제약을 받는다. 이것은 정치적인 검열과 심리적인 전술이라는 두 가지 이유를 갖고 있다. 더욱이, 정치적 목표에 관련되는 그러한 애매함은 파시즘 자체에 본유하다. 이것은 파시즘에 고유한 비이론적인 본성에 부분적으로 기인하며, 파시즘의 추종자들이 최종적으로는 기만될 것이라는 사실과 이렇기 때문에 파시즘 지휘자들은 그들이 나중에 달라붙어 있게 될지도 모를 어떤 공식화도 회피해야만 한다는 사실에 부분적으로 근거한다. 테러와 억압 수단들에 관련하여 볼 때, 파시즘은 파시즘이 알렸던 내용을 습관적으로 **넘어간다는** 점을 주목해야 한다. 전체주의는 한계를 모르는 것을 의미한다. 전체주의는 숨을 돌릴 시간을 허용하지 않으며, 절대적 지배를 가지면서 정복하고 선택된 적을 완벽하게 박멸한다. 파시스트 "역동성"이 갖고 있는 이러한 의미와 관련하여, 어느 명백한 프로그램도 규제로서 기능하게 되며, 이것은 적대자에 대해서조차도 일종의 담보와 같은 기능을 갖는다. 어떤 것도 보증되지 않으며 잔혹한 전횡에 어떤 한계도 설정될 수 없다는 점은 전체주의적 지배에 필수 불가결하다.

최종적으로, 전체주의는 대중을 자신의 운명을 스스로 결정하고 이에 따라 합리적 주체로서 자리매김이 되는 인간들, 즉 자기 스스로 결정하는 인간들로서 간주하지 않는다. 전체주의는 대중을 가르쳐지는, 무엇보다도 특히 스스로 자신을 말살시키고 명령에 복종하는 사람들, 즉 관리적 수단들의 단순한 대상들로만 취급할 뿐이라는 사실을 우리는 마음속에 간직하여야 한다.

어떻든, 바로 이처럼 최종적인 핵심은, 이 핵심이 파시즘 지배에서 일어나는 대중 최면상태에 관하여 이미 익숙해진 관용구 이상의 의미를 가질 수 있다면, 무언가 더욱 면밀하게 들여다보는 것을 요구한다. 실제적인 대중 최면상태가 파시즘에서 어쨌든 발생하고 있는지의 여부, 또는 대중 최면상태가 관찰자들로 하여금 그 이상의 분석을 필요로 하지 않게끔 허용하는 능숙한 메타포가 아닌지의 여부는 대단히 의문스럽다. 아마도 냉소적인 냉정함이 심리적인 도취보다도 파시스트의 심성에 더욱 특징적일 것이다. 더욱이, 파시스트가 취하는 태도들을 관찰할 기회를 이미 가졌던 사람치고 "대중 최면상태"라는 용어가 가리키는 집단적 열광의 단계들조차도 의식적인 조작의 요소를 지닌다는 사실을 간과할 수는 없다. 의식적으로 조작이 되는 것은 파시즘 지휘자들에 의해서뿐만 아니라 개별적 주체 자신에 의해서조차 이루어지며, 단순히 수동적인 전염병의 결과로 간주될 수 있는 여지가 거의 없다. 심리학적으로 말한다면, 이른바 황홀경을 무의식의 단순한 표명으로 해석하는 것을 가능하게 하는 파시스트 비합리성에서 자아가 훨씬 넓은 역할을 수행하는 것이다. 파시스트 히스테리에 관해서는 자칭하며 자임하는 그럴듯한 어떤 것이 항상 존재한다. 이런 것들은, 파시즘에 관한 심리학적 이론이 파시즘 스스로 진척시키는 비합리적인 슬로건에 굴복하지 않는다면, 비판적인 주목을 요구한다.

이제, 파시스트 선전 선동 연설, 특별히 반-유대적인 선전 선동 연설이 성취하고자 하는 소망은 무엇인가? 분명한 것은 이러한 연설의 목적이 "합리적"이지 않다는 점이다. 이러한 연설은 사람을 설복시키려는 시도를 하지 않으며 항상 비-논증적인 수준에 머물러 있기 때문이다. 이런 관계에서 볼 때, 두 가지 사실이 상세하게 탐구될 만하다.

1) 파시스트 선전 선동은 실재의 적대자들보다는 오히려 악귀들을 공격한다. 말하자면, 파시스트 선전 선동은 유태인이나 또는 공산주의자에 관한 **이미지**를 구축하고, 이러한 이미지가 현실과 어떻게 관련되어 있는가에 대해 신경을 많이 쓰지 않은 채 이미지를 조각들로 잘라 버린다.

2) 파시스트 선전 선동은 수사법적이고 담론적인 논리를 채택하지 않는다. 파시스트 선전 선동은 오히려, 특히 수사법적인 과시에서는, 이념의 조직된 비상飛翔이라고 불러도 될 만한 선전 선동이다. 전제와 결론 사이의 관계는 단순한 유사성에 머물러 있는 이념들을 결합시키는 것에 의해 대체되며, 동일한 특징을 가진 단어를 논리적으로는 전혀 관련되지 않은 두 개의 명제에서 채택하여 만든 연상을 통해서도 자주 대체된다. 이러한 방법은 합리적인 검사의 통제 메커니즘을 회피하게 할 뿐만 아니라 청취자가 선전 선동을 따라오는 것을 심리적으로 더욱 용이하게 해 준다. 청취자는 정확한 사고를 행하지 못한 채 그가 헤엄치고 있는 말들의 흐름에 수동적으로 자신을 내맡기면서 자신을 포기할 수 있게 되는 것이다.

퇴행의 이러한 행태들에도 불구하고, 반-유대적 선전 선동이 어쨌든 전혀 비합리적이지만은 않다. 비합리성이라는 심리적 현상을 충분하게 기술하기에는 지나치게 애매한 것이다. 무엇보다도 특히, 우리는 비틀어진 논리와 환상을 좇는 찌그러진 모양을 갖고 있는 파시스트 선전 선동이 의식적으로 계획되고 조작된 선전 선동임을 알고 있다. 파시스트 선전 선동이 비합리적이라고 불릴 수 있다면, 그것은 오히려 동시적인spontaneous 비합리성에 꼭 들어맞는다. 이러한 동시적인 비합리성은 오늘날 대중문화가 그 모습을 보이는 대부분의 경우에서, 즉 영화와 방송과 같은 것들에서 현저하게 나타나는 계산된 효과에 대한 심리-기술적인 회상록의 일종이다. 파시스트 선동가의 심성이 그의 뒤를 따르는 추종자들의 멍청함과 어떻든 어느 정도 닮았다는 점과 파시스트 지휘자들 자신이 "히스테리 유형이거나 심지어는 편협증 유형의 인간"이라는 점이 참된 사실이라고 할지라도, 파시스트 지휘자들은 방대한 경험과 히틀러의 두드러지게 눈에 띄는, 예로부터 파시스트 지휘자들 자신이 갖고 있는 신경증적이거나 정신병적인 성향을 전적으로 **현실 원리에 맞춰진** 목적을 위해 어떻게 활용해야 하는가를 배워 왔다. 우리가 살고 있는 사회에 널리 퍼져 있는 조건들은 노이로제와 심지어는 가벼운 정도의 정신 이상을 필수품으로 변환시키는 경향을 갖고 있다. 다시 말해, 괴롭힘을 당하는 사람이 다른 많은 사람들도 그 자신이 갖고 있는 병과 밀접한 관련성을 갖고 있다는 점을 일단 발견하면, 그러한 정신 이상을 쉽게 팔아먹을 수 있는 필수품으로 변환시키는 경향을 갖고 있는 것이다. 파시스트 선동가는 통상적으로 볼 때 그 자신에 고유한 심리적인 결함을 능수능란하게 팔아먹는 세일즈맨이다. 이것이 가능한 이유는 오로지 추종자들과 지휘자들 사이에 존재하는 일반적인 구조적 유사성 때문이다. 선전 선동의 목표는 청취자들 자신이 처음부터 갖고 있지 않았던 그 어떤 이념들이나 정서들을 청취자들에게 퍼 나르는 것이라기보다는 지휘자들과 추종자들 사이의 조화였다. 이런 까닭에, 파시스트 선전 선동의 진정한 심리학적 본질에 관한 문제를 다음과 같이 정리해도 될 것이다. 선전 선동 상황에서의 지휘자들과 추종자들의 조화는 무엇으로 구성되는가? 우리의 관찰이 제공하는 첫 번째 주제는 이러한 유형의 선전 선동이 욕구 충족으로서 기능한다는 점이다. 우리는 이것을 연속극의 사회적 현상과 비교해도 되리라 본다. 15분간 방송되는 연속극에서 어떤 주부가 그녀가 좋아하는 여자 주인공이 당하는 고통과 여자 주인공의 좋은 행실을 즐기면서 스폰서에 의해 판매되는 연속극을 구매하지 않을 수 없는 느낌을 받듯이, 파시스트 선전 선동 활동을 듣는 청취자들은, 선전 선동의 즐거움을 얻은 후에, 쇼show에 대한 감사의 마음에서 연설자가 대변하는 이데올로기를 받아들이게 된다. "쇼"는 이런 관계에 제대로 들어맞는 단어이다. 지휘자를 자칭하는 자가 얻는 성취는 극장, 스포츠, 이른바 종교적 부활에서 행해지는 것을 연상시킨다. 파시스트 선동가들이 젊은 시절에는 체육의 영웅들이었다고 떠벌이는 것도 그들에게 특징적이다. 이것은 그들이 어떻게 행동하는가를 보여 준다. 그들은 소리를 지르고 울며, 팬터마임에서 악마와 싸우고, "그러한 사악한 힘"을 공격할 때는 그들의 상의를 벗어던진다.

파시스트 지휘자들의 유형은 히스테리적이라고 불리는 경우가 빈번하다. 그들의 태도가 어떻게 목적지에 도달하는가 하는 것과는 무관하게, 그들의 히스테리적인 행동은 어떤 기능을 충족시킨다. 그들은 대부분의 사항에서 그들의 청취자들과 실제적으로 닮아 있지만, 중요한 한 측면에서 청취자들과 다르다. 파시스트 지휘자들은 자신을 표현하는 것에서 억제를 모른다. 파시스트 지휘자들은 그들의 청취자들이 하고 싶지만 할 수 없거나 또는 감히 하지 못하는 것을 행하고 말함으로써 표현을 제대로 하지 못하는 청취자들에 대한 대리인으로서 기능한다. 파시스트 지휘자들은 중산층 사회가 정상적이고 사무적인 시민의 부분에서 중산층 사회를 표현하는 어떤 행동을 속이는 데 사용하였던 금기들을 어기는 것이다. 파시스트 선전 선동의 효과의 일부가 이러한 돌파에 의해서 성취된다고 말할 수 있을 것이다. 파시스트 선동가들은 그들이 그들 자신을 바보로 만드는 위험을 감수하기 때문에 심각하게 받아들여진다.

교육을 받은 사람들은, 일반적으로 볼 때, 히틀러 연설의 효과를 이해하기 어려웠다. 히틀러 연설이 매우 불성실하고 진술하지 못하거나 또는 독일어로 표현하면 기만된verlogen 것으로 들렸기 때문이다. 그러나 이른바 상식적인 사람들이 진술하고 성실한 것에 대해 언제나 변함이 없는 타고난 재간을 갖고 있으며 모조품을 얕본다는 생각은 기만적인 생각에 지나지 않는다. 히틀러는 그의 값싼 기괴한 짓에도 불구하고 좋아하는 사람으로 되었던 것이 아니고, 바로 기괴한 짓 때문에, 그리고 그의 잘못된 목소리와 어릿광대 짓 때문에 좋은 사람으로 되었던 것이다. 이런 짓들이 사람들이 좋아하는 짓으로 관찰되었으며 인정되었던 것이다. 마부의 노래Fiakerlied[04]를 갖고 활동하였던 기라디Girardi처럼, 실재로 민속적인 예술가들은 그들의 청중과의 접촉에서 진실하였으며, "잘못된 목소리"로서 사람들을 때리는 것을 항상 채택하였다. 사람들은 이와 유사하게 출현하는 것들을 금지 사항들을 잃어버린 술주정뱅이들에게서 규칙적으로 발견한다. 상식적인 사람들의 감수성은 원시적이고 성찰되지 않은 정서가 결코 아니다. 도리어 이것은 구실이며, 실재적인 느낌의 가공적이고도 비루한 모방이고, 그것 자체의 자기-의식적이고 약간은 경멸적인 것에 지나지 않는다. 이러한 가공성架空性은 파시스트 선전 선동가들이 펼치는 연기의 생명과도 같은 요소이다.

이러한 전시회가 창조해 내는 상황은 **제의적**祭儀的 상황이라고 불러도 될 것이다. 선전 선동가가 구가하는 수사법의 가공성, 그리고 연설자의 개성과 그의 언변의 내용 및 성격 사이의 틈은, 연설자에 의해 상정되면서 그가 기대하는 행사적인 역할에 기인할 수 있다. 이러한 행사는 연설자가 어떻든 장황하게 떠든다는 정체성을 단순히 상징적으로 드러내는 것에 지나지 않으며, 청취자들이 느끼고 생각하지만 표현할 수 없는 정체성에 불과하다. 바로 이것이 청취자들이 연설자들로 하여금 연설자가 행하도록 바라는 바이다. 청취자들은 확신에 차 있는 상태에 들어가 있지는 않으며, 근본적으로 볼 때 연설자가 행하는 연설에 열광적으로 끌려 들어가 있는 상태에 처해 있는 것도 아니지만, 그들을 향해 표현된 연설에 대해 그들 자신의 생각을 갖고 있다. 그들이 선전 선동으로부터 얻는 욕구 충족은, 이러한 동일성이 실제로 얼마나 멀리 나아가는 것과는 관련이 없이 이러한 동일성을 내보이는 것demonstration에 들어 있을 개연성이 높다.

---

04 이 노래는 빈의 가장 유명한 가곡들 중의 하나로 1885년에 마부 조합의 100주년을 기념하여 여제후인 파울레 폰 메테르니히의 안녕을 기원하는 행사를 위해 작곡되었음. 연극배우인 기라디는 이 행사에서 크게 활약하였음(역주).

이러한 동일성은 청취자들이 그들의 생각을 명확하게 털어놓지 못하게 되어 있는 상태를 연설자의 장황한 연설을 통해 보상받는 것, 즉 일종의 제도화된 보상이기 때문이다. 드러내는 것의 이러한 활동, 책임을 지면서 자립하는 진지함의 일시적인 포기는 선전 선동가들이 펼치는 제의의 결정적인 형태이다. 확실히, 우리는 동일화의 이러한 활동을 집단적 퇴행의 한 현상이라고 불러도 될 것이다. 이것은 더 오래된 원시적인 정서로 되돌아가는 것이 아니고, 사회적 통제의 대리자가 정서의 표현을 제재하는 태도인 제의적인 태도를 향하는 되돌아감이다. 이런 맥락에서 볼 때, 태평양 연안 선동가들 중에서 가장 성공적이고 위험한 선동가가 정립된 종교적인 명칭들과 모든 청교도 전통이 성취한 엄격한 자기-통제의 행동 형태를 끊임없이 공격하면서 그의 청취자들이 모든 종류의 정서에 탐닉할 것, 청취자들이 갖는 길에 느낌을 부여할 것, 소리를 지르며 눈물을 흘릴 것을 반복적으로 고무시켰던 사실에 주목하는 것은 흥미로운 일이다.

자기 통제가 이처럼 느슨해지는 것, 어떤 사람의 충동이 제의적인 도식과 합병되는 것은 자립하는 개인의 심리적으로 보편적인 약화와 밀접하게 관련된다.

파시스트 선전 선동에 관하여 이해력이 있는 이론은, 개별적으로 이루어진 파시스트 연설과 모든 파시스트 연설에서 실행된 많든 적든 엄격한 제의에 대해 심리분석적으로 암호를 해독하는 것과 동등한 것이 될 것이다. 이 논문의 범위는 이러한 제의의 몇몇 특징들에 대해 간략하게 언급하는 것만을 허용할 뿐이다.

1) 무엇보다도 먼저, 우리에게 알려진 모든 파시스트 선전 선동 자료의 경탄할 만한 천편일률성이 존재한다. 각기 개별적인 연설자가 동일한 형태들을 끊임없이 다시 반복할 뿐만 아니라 여러 상이한 연설자들이 동일한 상투어를 사용한다. 가장 중요한 것은 물론 흑과 백, 적과 친구의 이분법이다. 판에 박은 말은 유태인들이나 또는 정치적 이념들에 대한 비방,

공산주의나 또는 은행 자본에 대한 고발과 같은 것뿐만 아니라 명백하게 멀리 떨어져 있는 문제들이나 태도들에 대해서도 적용된다. 우리는 모든 파시스트 선동가가 실제적으로 채택하였던 전형적인 심리적 방책들의 목록을, 30개 공식 이상이 될 수는 없는 목록을 요약해 놓은 바 있다. 이 목록 중에서 외로운 이리wolf라는 목록, 지칠 줄 모름의 이념, 박해를 받는 무구함의 이념, 위대한 작은 사람의 이념, 그러한 운동에 대한 찬양 등등과 같은 많은 목록이 이미 언급된 바 있다. 이러한 방책들의 획일성은 물론 히틀러의 『나의 투쟁』과 같은 공통적인 원천에 대한 언급이나 또는 태평양 연안에 관한 경우가 명백하게 보여 주었던 것처럼 모든 선동가의 조직적인 연결에 의해서도 부분적으로 해명될 수 있다. 그러나 미국의 많은 상이한 부분들에서 활동한 선동가들이 동일하고도 특별한 자기 언설을 채택하고 있다면, 예를 들어 그들의 생명이 위협을 받았으며 위협이 실행되었을 때 ─이것은 결코 일어나지 않는 우연일 뿐이다─ 누가 이에 대해 책임이 있는가를 그들의 청취자들이 알게 될 것이라고 말한다면, 그 이유를 어딘가에서 찾아야 할 것이다. 이러한 형태들은 심리적인 이유를 위해 표준화되어 있다. 파시스트 추종자가 될 가망이 있는 사람들은 이처럼 엄격한 반복을 갈망한다. 이것은 재즈에 맞춰 열광적인 춤을 추는 사람이 팝송의 표준 형태를 갈망하고 게임의 규칙들이 엄격하게 관찰되지 않는 경우에 광란에 빠져드는 것과 똑같다. 이러한 형태들의 기계적인 적용은 제의가 갖고 있는 본질들 중의 하나이다.

2) 모조된 종교적 태도를 갖고 있는 많은 사람들이 파시스트 선동가들 중에서 발견되는 것은 우연이 아니다. 물론 이 점은 추후 토론이 될 사회학적인 측면을 지닌다. 심리학적으로 볼 때는, 어떻든, 지나간 종교의 잔품들이, 중화中和되고 어떤 특별한 교의적인 내용이 없는 채로, 파시스트가 벌이는 제의적인 태도의 서비스에 적용되고 있다. 종교적인 언어와 형식이 어떤 "공동체"에 의해 반복적으로 실행되는 인가된 제의의 인상을

빌려오기 위한 목적으로 활용되고 있는 것이다.

3) 정치적인 내용뿐만 아니라 특별한 종교적인 내용도 **실존적인 것**의 숭배라고 간단히 표시되어도 될 만한 그 어떤 것에 의해 대체된다. 브런즈윅Else Brunswik이 "현재 상태와의 동일화"라고 불렀던 태도가 이러한 숭배와 밀접하게 관련된다. 우세한 세력 아이디어나 고백 속임수와 같은 고안들, 즉 쿠글린[05]의 책에서 지적된 방책들은, 유명하거나 성공한 사람들의 지원을 넌지시 말하면서, 행동의 더욱 멀리-도달하는 형태의 요소들일 뿐이다. 이러한 형태는 무엇이 어떻든 **상관이 없다**는 것을 명백하게 알리고 있으며, 이렇기 때문에 그것의 강력함을 정립시켰고, 따라서 제 격이다. — 이러한 형태는 따라야 되는 건전한 원리가 되는 것이다. 태평양 연안 선동가들 중 어떤 선동가는 심지어 그가 어떤 종류의 지휘자들을 의도하였던가를 일일이 이름을 들어 말하지 않은 채 자신의 청취자들이 그들의 지휘자들의 충고를 일반적으로 따르도록 때때로 지시하였다. 그러한 리더십이, 눈에 띄는 어떤 이념이나 목표가 없이, 찬양되고 있는 것이다. 현실과 정립된 권력관계를 주물Fetish, 呪物로 만드는 것은, 그 외의 다른 것보다 더욱 많은 정도로, 개인으로 하여금 자기 자신을 포기하게 하고 미래에 관해 가정假定된 흐름에 합류하도록 하는 것을 의도하는 것, 바로 이것이다.

4) 파시스트 제의祭儀에 본유한 특징들 중의 하나는 **빈정거림**innuendo이다. 빈정거림은 넌지시 말해진 사실들을 실제로 드러내면서 때때로 뒤따라 나오지만 이보다 더 자주 발생하지는 않는다. 이러한 경향에 대한 합리적인 이유가 다시 용이하게 부여될 수 있다. 법과 최소한 유력한 관습

---

05 Charles Edward Coughlin, 1891-1979, 로마 가톨릭 교회의 신부이며 대공황기의 미국에서 라디오 연설로 유명해짐. 1936년부터는 그의 라디오 연설에서 반-유대주의적인 입장이 드러남(역주).

들 중에서 하나는 친-나치적이거나 또는 반-유대적인 성격을 터놓고 언급하는 것을 미리 배제하며, 그러한 생각들을 전하고 싶어 하는 연설자는 더욱 많은 간접적인 방법들에 의지하게 된다. 어떻든, 빈정거림이 채택되고 **그 자체로서** 하나의 욕구 충족으로서 즐김의 대상이 된다. 예를 들어, 선동가는 "저 어두운 세력들, 당신은 내가 누구를 의미하고 있는지를 알 것입니다"와 같이 말하며, 청취자는 선동가의 소견이 유태인들을 향하고 있다는 것을 즉각적으로 이해한다. 청취자들은 그러므로 집단-내부에 들어 있는 사람들로 다루어진다. 즉, 연설자가 그들에게 말하고 싶어 하는 모든 것을 이미 알고 있으며 어떤 설명이 제공되기 이전에 선동가에 동의하는 사람들로 다루어지는 것이다. 앞에서 언급되었듯이, 연설자와 청취자 사이에 느낌과 의견이 일치하는 것이 빈정거림에 의해 정립된다. 빈정거림은 파시스트 지휘자들과 추종자들 사이의 기본적인 동질성을 확립하는 데 기여한다. 빈정거림의 심리분석적 함의들은 물론 이처럼 표면적인 관찰들을 훨씬 넘어간다. 프로이트가 의식적인 사람들과 무의식적인 사람들 사이의 상호작용에 들어 있는 변죽울림에 돌린 역할이 이 자리에서 언급되어야 한다. 파시스트가 사용하는 빈정거림은 이러한 역할에 기대어 유지된다.

5) 그와 같은 제의의 실행은 대부분의 경우 파시스트 선전 선동의 궁극적인 내용으로서 기능한다. 심리분석은 제의적인 행동과 강박 노이로제가 서로 관련되어 있음을 보여 준 바 있다. 드러냄이라는 전형적인 파시스트 제의가 성적인 욕구 충족에 대한 대체물이라는 것은 명백하다. 이 점을 넘어서서, 어떻든, 파시스트 제의의 특별한 상징적 의미와 관련하여 몇몇 숙고가 허용되어도 될 것이다. 파시스트 제의를 희생의 제공으로 해석하는 것은 과녁을 빗나간 것이 아니다. 파시스트 선전 선동 연설에 아주 많이 들어 있는 고발과 흉악함의 이야기들의 압도적인 다수가 맞다는 가정이 성립된다면, 연설자들과 그 추종자들이 갖고 있는 소망의 투사投

射와 각기 개별적인 선전 선동 연설의 표현에서 찬양되는 모든 상징적인 활동은, 아무리 많이 숨겨져 있더라도, 선택된 적을 성례적聖禮的으로 죽이는 것이었다. 파시스트의 중심에서, 그리고 반-유대적 선전 선동 제의의 중심에서 제의에의 욕구는 살인이다. 이것은 파시스트 선전 선동에서 매일 드러나는 심리병리로부터 오는 하나의 증거에 의해서도 확증될 수 있다. 미국의 파시스트와 반-유대적 선전 선동에 들어 있는 종교적 요소가 실연하는 중요한 역할은 일찍이 언급된 바 있었다. 태평양 연안 라디오에서 방송하는 파시스트 목사들 중 한 목사는 방송에서 다음과 같이 말하였다. "우리가 우리 하느님의 신성함의 명예를 높이지 않는다면, 우리가 사는 이 세계에서 하느님의 정의를 실현하지 않는다면, 우리가 천당과 지옥이 있다는 사실을 선언하지 않는다면, 용서가 없이는, 그리고 **피를 흘리지 않고는** 죄에 대한 용서가 없다는 사실을 우리가 선언하지 않는다면, 우리가 어떻게 되는가를 여러분이 볼 수 없는 것이 아닙니까? 오로지 그리스도와 하느님만이 우월하며 혁명이 우리가 사는 이 나라를 궁극적으로 취하게 될 것임을 여러분은 볼 수 없습니까?" 기독교 교의를 정치적 폭력의 슬로건으로 변환시키는 것이 위 구절에서보다 더욱 노골적일 수는 없을 것이다. 성례聖禮의 이념, 그리스도의 "피흘림"이 "피흘림"이라는 말에서 일반적으로 곧바로 해석되고 있으며, 이런 해석은 정치적 대격변에 목표를 두고 있다. 피를 실제로 흘리는 것이 필요한 것으로 옹호되고 있으며, 이는 그리스도가 피를 흘리는 것에 의해 세상이 구원된 것으로 추정되기 때문이다. 살인이 성례의 후광과 함께 투입되고 있는 것이다. 희생된 그리스도를 파시스트 선전 선동에서 궁극적으로 회상시키는 것은 그러므로 **"유태인들의 피가 흘러야 한다"**이다. 십자가에 못 박히는 것이 집단학살의 상징으로 변환되고 있는 것이다. 심리학적으로 볼 때, 모든 파시스트 선전 선동은 그러한 상징들의 체계에 지나지 않는다.

이 지점에서, 파시스트 정신의 심리적인 토대로서의 파괴성에 대해 주목하여야 한다. 프로그램들은 추상적이고 애매하며, 실행들은 가짜로 만들어진 기만적인 것들이다. 파시스트 연설에서 표현된 약속은 파괴 그 자체에 지나지 않기 때문이다. 모든 파시스트 선동가가 어떤 종류의 대재앙의 절박성을 장황하게 말하는 것은 거의 우연이 아니다. 파시스트 선동가들이 절박하게 다가오는 위험을 경고하고 있다는 사실에서 보면, 그들과 그들의 청취자들은 심지어 그들 자신의 파멸과 그들의 적의 파멸 사이에서 명백한 구분을 하지도 못한 채 피할 수 없는 숙명이라는 생각으로부터 유래하는 공포를 얻게 된다. 그런데 이러한 정신적 행동은 독일에서 히틀러주의가 시작된 최초의 몇 년 동안에 명백하게 관찰될 수 있었으며, 깊은 원시적인 토대를 갖고 있다. 태평양 연안 선동가들 중 한 선동가는 다음과 같이 말한 적이 있었다. "여러분 남성들과 여성들, 여러분과 나는 세계 역사에서 가장 공포스러운 시대에 살고 있다는 사실을 말하고 싶습니다. 그러므로 우리는 가장 우아하고 경이로운 시대에 살고 있는 것입니다." 바로 이것이 선동가가 꾸고 있는 꿈, 즉 잔혹한 것과 경이로운 것의 연합, 구원의 가면을 쓴 절멸의 광란이라는 꿈이다. 선전 선동의 이러한 모든 유형을 효과적으로 계산하기 위한 가장 강력한 희망은 선전 선동의 자기-파괴적인 함의들을 지적하는 것에 놓여 있을 것이다. 자기 파멸에의 무의식적인 심리적인 욕구는, 정치 운동의 추종자들을 궁극적으로는 희생자로 변환시키는 정치 운동의 구조를 충실하게 재생산한다.

1946년

프로이트의 이론과
파시스트 선전 선동 형태[01]

　미국의 파시스트 선동가들이 행한 연설과 팸플릿의 본질 및 내용은 지난 10년 동안 사회과학자들의 집중적인 연구대상이 되어 왔다. 내용 분석의 노선에 따라 진행된 이러한 연구들 중 몇몇 연구는 로웬탈L. Lowenthal과 구터맨Guterman[02]의 저작인 『속임수의 대변자들Prophets of Deceit』에서 이해력 있는 제공에 최종적으로 이르게 되었다. 이 책에서 획득된 전반적인 모습은 두 개의 중심적인 특징을 지닌다. 첫째로, 도저히 이해가 안 되는 짓을 집단수용소 안에 집어넣어 보자는 권고나 또는 유대 민족주의자들을 추방시키는 것이라는 권고처럼 기묘하고 완전히 부정적인 권고들을 제외하고는, 미국의 파시스트 선전 선동 자료는 구체적이고도 확실하게 실재하는 정치적 이슈와는 거의 관련되어 있지 않다. 모든 선동가의 연설들의 압도적인 다수는 **사람을 공격하는 방향**을 향하고 있다. 이 연설들은 합리적 목적들에 대한 합리적 언설을 통해 추종자들을 얻으려는 의도에 토대를 두고 있기보다는 심리적 계산에 기초를 분명하게 두고

01　이 논문은 저자가 막스 호르크하이머와 함께 지속적으로 진행한 공동연구의 부분을 형성하는 논문이다.

02　Harper Brothers, New York, 1949. Cf. also: Leo Lowenthal and Nobert Guterman, "Portrait of the American Agitator(미국의 선전 선동가의 초상)," *Public Opinion Quart*, (Fall) 1948, pp.417ff.

있다. "대중 선동가"라는 용어는, 이 용어가 대중을 경멸하는 것을 내부에 담기 때문에 불쾌감을 주고 있음에도 장차 히틀러처럼 되려고 하는 사람들이 고의적으로 조장하는 비합리적인 정서적 공격성의 분위기를 표현하고 있는 한, 적절하다. 사람들을 "폭도"라고 부르는 것이 뻔뻔하다면, 이처럼 똑같은 사람들을 "폭도"로 변환시키는 것이 선동가가 노리는 정확한 목적이다. 다시 말해, 군중은 느낄 수 없는 어떤 정치적 목적이 없이도 폭력적인 행동에 따르게 되고 집단 학살의 분위기를 만들어 내는 쪽으로 구부러지는 것이다. 이러한 선동가들이 갖고 있는 일반적인 목적은 르봉Gustave Le Bon의 유명한 책이 나온 이래 "대중 심리"로 통상적으로 알려진 것을 방법적으로 착수시키는 데 있다. 둘째로, 선동가들의 접근은 확실하게 체계적이며 명확한 "고안 방책들"의 엄격한 집합 형태를 따른다. 이것은 민주주의 원리에 적대하는 대중을 지원함으로써 민주주의를 폐지시키려는 정치적 목적의 궁극적인 통일에 단순히 관련되어 있지 않고, 선전 선동 자체의 내용 및 표현의 본래적인 본성과 더욱 많은 관계가 있다. 쿠글린Coughlin이나 제럴드 스미스Gerald Smith처럼 많이 알려진 얼굴부터 시골의 시시한 선동가에 이르는 다양한 선동가들이 퍼뜨리는 발언들의 유사성이 매우 크기 때문에 이런 발언들 전체를 알기 위해서 이것들 중 하나에 들어 있는 언설을 분석하는 것만으로도,[03] 원리적으로 볼 때,

---

03 이 점은 몇몇 조건을 필요로 한다. 광범위한 규모의 경제적 후퇴에 대해 옳거나 또는 그르게 추측하면서 책임성의 모양새를 유지하려고 시도하면서 유대인 사냥 사업으로 내려오기 전에는 반-유대주의자임을 부인하는 선동가들과, 자신의 뜻에 따라 활동하거나 최소한 자신이 활동하고 있음을 믿게 하고 가장 폭력적이고 외설적인 언어에 빠져 있는 공공연한 나치주의 신봉자들 사이에는 확실한 차이가 있다. 더욱이, 시대에 뒤진 기독교인들을 마치 자기 집에서처럼 아늑하게 보수적으로 다루는 선동가들이 있는바, "슬픔"에 대한 그들의 적대적인 태도에 의해 쉽게 인지될 수 있는 선동가들과 더욱 날렵한 현대적인 형태(version)를 따르면서 대부분의 경우 젊은이들에게 호소하고 때로는 혁명적인 체하는 선동가들을 구분해도 될 것이다. 이렇다고 할지라도, 그러한

충분하다. 더욱이, 연설들은 그것들 자체로 단조로워서 어떤 사람이 연설들의 중심을 이루는 방책들 중에서 매우 제한된 수의 방책과 익숙해지자마자 끝이 없는 반복과 만나게 된다. 사실상으로, 이념들의 끊임없는 반복과 결핍은 전체 연설 기술의 빼놓을 수 없는 구성 요소이다.

형태의 기계적인 엄격성이 명백하며 이러한 엄격성이 그것 자체로 파시스트 심성의 확실한 심리적인 측면의 표현이기는 하지만, 파시스트 상표의 선전 선동 재료가 전체적으로 공통되는 구상을 지닌 구조적 단위를 형성한다는 느낌을 받지 않을 수 없다. 이처럼 구조적인 단위는, 그것이 의식적이든 또는 무의식적이든, 말해진 모든 단어를 결정한다. 구조적 단위는 함의적으로 들어 있는 정치적인 구상뿐만 아니라 심리적인 본질에 관련되어 있는 것 같다. 이제까지는, 각 방책의 분리된 특성과 어떤 면에서는 고립된 특성만이 과학적인 주목을 받아 왔다. 방책들의 심리분석적인 함의들이 강조되고 설명되었던 것이다. 지금은 요소들이 충분할 정도로 말끔하게 정리되고 있으며, 이렇기 때문에 심리적인 체계 자체에, 즉 이러한 요소들을 구성하여 생기게 하는 심리적인 체계 자체에 ─심리적인 체계라는 용어가 편집증의 연합을 부르고 있다는 것은 전적으로 우연적이지는 않을 것이다─ 주목을 집중시켜야 할 시기가 도래한 것이다. 이 점은, 개별적인 방책들에 대한 심리분석적인 해석이 앞에서 말한 방법과

차이들이 과대평가되어서는 안 될 것이다. 그들이 공급하는 방책들을 물론이고 그들이 행하는 연설에 들어 있는 기본적인 구조는, 함축적 의미들에 면밀하게 내포되어 있는 차이에도 불구하고, 동질적이다. 사람들이 마주 대해야 하는 것은 진정한 상이함이라기보다는 오히려 노동 분업이다. 국가사회주의 정당이 유사한 종류의 차별화를 약삭빠르게 유지하였지만 어떤 결론에 결코 도달하지도 않았으며 정당 내부에서 정치적 이념의 심각한 충돌에 이르지도 않았다는 점을 주목해도 될 것이다. 1934년 6월의 희생자들이 혁명가들이었다는 믿음은 신화적인 것에 지나지 않는다. 피를 부르는 숙청은 상이한 목소리를 내는 사람들 사이에서 나타나는 경쟁의 문제였으며 사회적 갈등과는 아무런 관계가 없었다.

는 다른 방법으로 어느 정도는 되는 대로 함부로, 그리고 임의적으로 머물러 있으려고 한 이래 더욱 적절한 것 같다. 일종의 이론적 준거準據 틀이 진화되어야 할 것이다. 개별적 방책들이 거의 억누를 수 없을 정도로 심리분석적 해석을 필요로 한다는 점을 고려하면, 이러한 준거 틀이 더욱 많은 이해력을 제공하는 기본적 심리분석적인 이론을 선동가의 전반적인 접근에 적용되는 것으로 구성되어야 한다는 주장은 논리적일 것이다.

프로이트는 그의 『집단심리학과 자아 분석Group Psychology and the Analysis of the Ego』에서 그러한 준거 틀을 스스로 제공하여 왔다. 이 책은 독일 파시즘의 위험이 절박한 것으로 출현하기 훨씬 이전인 1922년에 일찍이 영어로 출간되었다.[04] 프로이트가 파시즘 문제의 정치적 국면에 대해서는 거의 관심을 갖지 않았음에도 파시스트 대중 운동의 발흥과 그 본질을 순수한 심리학적 카테고리에서 명백하게 내다보고 있었다고 말해도 지나친 언급은 아니다. 분석자의 무의식이 환자의 무의식을 인지한다는 것이 맞다면, 분석자의 이론적인 직관이 경향들을 예측할 능력이 있다고 추정해도 될 것이다. 다시 말해, 합리적인 수준에서는 여전히 잠재되어 있지만 더욱 깊은 수준에서는 스스로를 나타내 보이는 경향들을 예측할 능력이 있다고 추정할 수 있는 것이다. 프로이트가 제1차 세계대전 후에 나

---

04 1921년에 출간되었던 독일어판 제목은 『집단심리학과 자아 분석(Massenpsychologie und Ichanalyse)』이었다. 번역자인 제임스 스트래치(James Strachey)는 여기에서 집단이라는 용어가 르봉(Le Bon)이 사용하는 대중(foule), 독일어의 대중(Masse)을 뜻한다는 점을 강조하고 있다. 이것은 올바른 강조이다. 이 책에서는 에고(ego)라는 용어가 프로이트의 나중에 이어지는 저작들에서 이드(id), 수퍼 에고(super ego)와 대조되면서 기술되는 개념인 특별한 심리적 대리자를 의미하지는 않는다. 이 점이 부가적으로 언급되어도 될 것이다. 프로이트는 "군중의" 독립적이고도 실체화된 "심적 상태"를 인정하지 않는다. 그는 르봉이나 맥클렁과 같은 저자들이 관찰하고 기술한 현상들을 퇴행에, 즉 군중을 형성하며 군중의 주술 밑으로 떨어지는 개인들의 각 개인에게서 일어나는 퇴행에 환원시킨다. 이 점은 프로이트의 집단심리학에 들어 있는 가장 중요한 함의들 중의 하나이다.

르시즘과 특별한 의미에서의 에고 문제들에 주목하는 방향으로 전환하지는 않았을 것이다. 에고 문제들에 관련되어 있는 메커니즘과 본능적인 갈등들은 현재의 시대에서 더욱더 중요한 역할을 하고 있다는 점이 명백하다. 반면에, 실제로 활동하는 분석가들이 제시한 증거에 따르면, 방법론의 모델들로서 소용되는 전환 히스테리와 같은 "고전적인" 노이로제는 사르코[05]가 히스테리를 임상적으로 다루었고 입센이 히스테리를 그의 몇몇 희곡들에서 중심 주제로 삼았던 시기와 —프로이트도 이 시기에 자신의 고유한 이론을 발전시켰다— 비교해 볼 때 현재는 그 발생 빈도가 더 낮다. 프로이트에 따르면, 대중심리학의 문제는, 사회-경제적인 이유들로 인해 개인의 쇠퇴와 개인의 지속적인 허약함을 증언해 주는 시대에 특징적인 고통인 심리적 고통의 새로운 유형과 밀접하게 관련되어 있다. 프로이트는 사회적인 변화와 자신을 관련시키지 않았지만, 개인의 단자론적인 경계에서의 개인의 심각한 위기의 흔적들, 개인이 힘을 가진 외부와 집단적인 대리자들에게 주저하지 않고 굴복할 마음이 되어 있는 상태를 밝혀내는 작업을 사회적인 변화 내부에서 발전시켰다. 프로이트는 당시의 사회적인 전개에 대한 연구에 자신을 몰입시키지 않았음에도 자신의 저작을 발전시키고 자신의 중심 주제들을 선택하여 길잡이가 되는 구상을 진화시킴으로써 역사적인 경향을 지적하였던 것이다.

프로이트의 책이 채택하는 방법론은 대중의 마음에 관한 르봉의 저술에 대한 역동적인 해석과 몇몇 독단적인 개념들에 —이를테면 주문呪文적인 단어들— 대한 비판을 토대로 하고 있다. 몇몇 독단적인 개념들은, 이것들이 몇몇 특이한 현상들에 대해서는 핵심이기는 하지만, 르봉과 앞서서 분석적인 입장을 취했던 여타 심리학자들에 의해 채택되었던바, 프로

---

05   Jean Martin Charcot, 1825-1893, 프랑스의 신경병리학자(역주).

이트는 이것들을 비판하였던 것이다. 이러한 개념들 중에서 맨 앞에 위치하는 것이 암시suggestion의 개념이다. 이 개념은 히틀러가 실행한 주문呪文과 대중에 퍼져 있는 히틀러를 닮은 사람들에 대한 통속적인 사고에서 임시방편으로서 커다란 역할을 여전히 부수적으로 수행한다. 르봉은 대중이 광범위하게 탈-개인화되며 비합리적이고 쉽게 영향을 받으며 폭력적인 활동에 걸려드는 경향을 가지며 퇴행적인 본성을 대체적으로 지닌다고 대중을 특징적으로 표현하였다. 프로이트는 르봉의 이런 특징화에 들어 있는 정확성에 도전하지는 않는다. 오히려 프로이트를 르봉과 구분시키는 것은, 프로이트 이전에 활동하였던 대부분의 심리학자들에서 **검토되어야 할 주제**thema probandum가 되었던 것인 대중에 대한 전통적 경멸이 프로이트에게는 존재하지 않았다는 점이다. 대중은 그 자체로 열등하며 있는 그대로 머물러 있을 것 같다는 통상적으로 서술되는 조사 결과로부터 추론하는 것 대신에, 프로이트는 진정한 계몽의 정신에서 다음과 같이 묻는다. 무엇이 일반 대중을 집단으로 만드는가? 그는 사회적 본능이나 무리 본능의 용이한 가설을 거부한다. 이런 본능은 그에게는 문제의 조짐을 보여 주기는 하지만 문제의 해결을 뜻하지는 않는다. 순수한 심리학적 근거들에 더하여, 프로이트는 앞에서 본 거부에 대해 그가 사회학적 시각으로부터 인정한 기반 위에 있다고 말해도 될 만한 것을 제공한다. 현대의 집단 형성을 생물학적인 현상들과 곧바로 비교하는 것은, ─현재의 대중을 이루는 구성원들이, 즉 최소한 **나중에 거짓으로 드러날지라도 일단 볼 때는** 개인들인 구성원들이 자유주의적이고 경쟁적이며 개인주의적인 사회가 낳은 자식들이고 그들 자신을 독립적이고 스스로를 지탱시키는 단위들로서 유지시키는 조건에 처하게 된 이래로─, 유효한 것으로 간주될 수 있는 가능성이 거의 없다. 현재의 대중을 이루는 구성원들은 "강인해"지도록 지속적으로 훈계되며, 굴복하지 말라는 충고를 받는다. 우리가 원시적이며 개별적인 본능들에 앞서서 존재하는 본능들이 살아남아 있다고 가정할 수 있다면, 우리는 이러한 유산을 단순하게 지적할 수는 없을 것이지만 왜 현대인들이 그들 자신의 합리적인 수준, 계몽된 테크놀로지적인 문명의 현 단계와 현저하게 서로 모순에 놓이게 하는 행동 형태로 되돌아가는가를 설명할 수 있을 것이다. 바로 이 점을 정확하게 설명하기를 원했던 것이 프로이트의 의도였다. 프로이트는 어떤 심리적인 힘들이 개인을 집단으로 변화시키는 것으로 귀착되는가를 밝혀내려고 시도한다. "개인들이 집단에서 하나의 통합으로 결합된다면, 개인들을 하나로 만드는 어떤 것이 분명히 존재할 것이다. 이처럼 개인들을 묶는 끈이 집단에 특징적인 것이 될 것임은 확실하다."[06] 이러한 탐색은, 이렇기는 하지만, 파시스트 조작의 근본적인 이슈issue에 대한 설명과 똑같다. 수백만의 사람들로부터 그들의 고유한 합리적인 자기-이해관계와 광범위하게 양립할 수 없는 목적을 위해 지지를 얻어야만 하는 파시스트 선동가에게는 프로이트가 찾고 있는 **끈**을 인공적으로 창출하는 것을 통해서만이 그러한 탐색을 행할 수 있다. 선동가의 접근 방식이 어쨌든 실재적이라면 ─선동가들의 통속적인 성공은, 보이는 것처럼, 의심의 여지가 없다─, 물음의 대상이 되고 있는 끈은 선동가들이 종합적으로 산출하려고 시도하는 끈과 똑같은 끈이라는 점이 가정되어도 될 듯하다. 사실상 이 끈은 선동가의 다양한 방책들의 배후에 있는, 개인들을 하나로 통합시키는 원리라는 가설이 설정되어도 될 것이다.

일반적인 심리분석적 이론과 부합되면서, 프로이트는 개인들을 하나의 집단으로 통합시키는 끈이 **리비도적인** 본질을 갖고 있다고 확신한다. 초기의 심리학자들은 집단심리학의 이러한 측면을 기회가 있을 때마다 생각해 냈다. "맥클렁[07]의 견해에 따르면, 사람들의 정서는 집단에서는 자

---

06 S. Freud, Group Psychology and the Analysis of the Ego, London, 1922, p.7.
07 Alfred McClung Lee, 1906~1992, 미국의 사회주의자로 미국 저널리즘, 선전 선동, 인

신을 던지는 쪽으로 흔들리는바, 이처럼 던지는 것을 사람들은 다른 조건 아래에서는 거의 얻지 못하거나 또는 결코 얻지 못한다. 열정을 향해 자기 자신을 조금도 거리낌 없이 굴복시키는 것을 원하고 이렇기 때문에 집단에서 통합되면서 자기 자신의 개별성의 한계에 대한 감각을 상실하는 사람들에 대해 경험하는 일은 기분 좋은 일이다."[08] 프로이트는 대중의 응집을 만족 원칙이라는 측면에서 설명함으로써 맥클렁이 관찰한 내용을 넘어선다. 다시 말해, 프로이트는 사실상의 욕구 충족이나 또는 대리 욕구 충족이 집단에 굴복함으로써 얻어진다고 보고 있는 것이다. 히틀러가 특별히 여성, 수동적인 유형의 사람들이 그의 모임의 참석자가 되는 성향을 갖고 있다고 생각했을 때, 어쨌든 그는 굴복을 통한 집단 형성의 리비도적인 원천을 잘 알고 있었다. 따라서 히틀러는 집단심리학에서 무의식적인 호모섹슈얼리티Homosexuality의 역할도 암시하였던 것이다.[09] 프로이트가 리비도를 집단심리학에 도입한 것에 뒤따라 나오는 가장 중요한 결과는 다음과 같다. 일반적으로 대중에 돌려지는 특성들이 사람을 현혹시키는 태고적이고 더 이상 단순화할 수 없는 성격을, 즉 특별한 집단 또는 무리 본능의 임의적인 구축에 의해 반사되는 성격을 상실한다는 사실이다. 후자는 원인들이라기보다는 결과들이다. 일반 대중에 특유하며

종 관계를 연구하였음(역주).

08 *Ibid.*, p.27.

09 프로이트의 책은 문제의 이 단계까지 추적하고 있지는 않지만, 부록에 들어 있는 몇 마디는 그가 이 문제를 상당히 알고 있었음을 보여 준다. "같은 방식으로, 여성을 위한 사랑은 종족, 민족 분리, 사회 계급체계를 집단으로 묶는 끈을 헤치고 나아간다. 여성을 위한 사랑은 그러므로 문명에서의 요소로서 중요한 효과를 산출한다. 동성애적인 사랑은, 그것이 제약받지 않은 성적 경향들의 형체를 갖고 있다고 해도, 집단을 결집시키는 끈과 훨씬 더 양립될 수 있다는 점이 확실한 것 같다"(p.123). 이 점은 독일 파시즘 지배 체제에서 확실하게 입증되었다. 독일 파시즘에서는 공공연한 동성애와 억압된 동성애 사이의 경계선이, 바로 공공연한 새디즘과 억압된 새디즘 사이의 경계선처럼, 자유방임주의적인 중산층 사회에서보다도 훨씬 더 융통성이 있었다.

기이한 것은, 프로이트에 따르면, 통상적으로 숨겨져 있는 오래된 질質들의 드러남보다 더욱 많은 정도로 새로운 질은 아니다. "우리의 시각에서 볼 때, 우리는 새로운 특징들의 출현에 그렇게 많은 중요성을 부여할 필요는 없다. 개인은 집단 내부에서는 그의 무의식적인 본능에 대한 억압을 떨쳐 버리는 것을 그에게 허용하는 조건 아래에 놓이게 된다는 점을 말하는 것으로 충분할 것이다."[10] 이 점은 **특별한 목적을 위해** 보조적인 가설들을 설정할 필요를 없애 줄 뿐만 아니라, 대중에 빠져든 사람들이 원시적인 사람들이 아니며 그들의 **정상적인** 합리적 행동과 모순되는 원시적인 태도를 드러낸다는 단순한 사실을 공정하게 보여 주고 있다. 이제, 가장 단순한 서술만으로도 대중의 그러한 기이한 특징들과 원시적인 특징 사이의 유사성이 의문의 여지가 없이 드러난다. 집단심리학에 관한 모든 저자들이 강조한 것들인 폭력적인 정서들에서부터 폭력적인 활동에 이르기까지의 잠재적인 지름길에 대해 여기에서 특별하게 언급되어야 한다. 이러한 지름길은 원시적인 문화에 관한 프로이트의 저작들에서 원시적인 무리의 아버지 살해가 상상적이 아니고 선사先史 시대의 현실에 상응한다는 가정假定에 이르게 하는 하나의 현상인바, 이 현상에 대한 독특한 언급이 필요한 것이다. 동역학적인 이론의 면에서 볼 때, 그러한 특성들의 부활은 어떤 **갈등**의 결과로 이해되어야 한다. 이 점은 또한 가지각색의 심리적인 힘들 사이의 대립주의에 대한 가정이 없이는 거의 파악될 수 없는 파시스트의 정신상태가 드러내 보이는 몇몇 현상들을 설명하는 데 도움을 줄 수 있다. 여기에서 우리는 프로이트가 그의 『**문명에서의 불편함**』에서 다루었던 파괴성에 대해, 모든 심리학적 카테고리에 앞서 가장 우선적으로, 생각해 보아야 한다. 문명에 저항하는 반란으로서의 파시즘

---

[10] *L.c.*, pp.9 and 10.

은 원시적인 것이 단순하게 다시 발생한 것이 아니고, 원시적인 것의 재생산이 문명의 내부에서 문명 자체에 의해 발생한 것이다. 파시스트 반란의 힘들을 현존하는 사회질서를 떨쳐 버리는 강력한 이드ide 에너지로 단순하게 정의하는 것은 적절성이 거의 없다. 오히려 파시스트 반란은 필요에 의해 무의식에 동원된 여타의 심리적 대리자들로부터 반란 에너지를 부분적으로 빌려 온다.

대중의 구성원들 사이의 리비도적인 끈이 제약받지 않는 성적 본능이 아니라는 점이 명백하게 된 이래로, 다음과 같은 문제가 발생한다. 다시 말해, 심리적인 메커니즘이 기본적인 성적 에너지를 대중을 함께 붙잡아 두는 감정들로 변환시키는 문제로서의 문제가 발생하는 것이다. 프로이트는 암시와 암시의 가능성에 의해 덮여 가려진 현상들을 분석함으로써 이 문제에 대처한다. 프로이트는 암시를 "피난처"나 또는 "사랑 관계"를 숨기는 "스크린"으로 인정한다. 암시의 배후에 숨어 있는 "사랑 관계"는 무의식적으로 머물러 있다는 점이 본질적이다.[11] 그는 군대나 교회처럼 조직화된 집단들에서는 구성원들 사이에 어떻든 사랑에 대한 언급이 없거나 또는 승화되거나 간접적인 방식으로만 사랑이 표현된다는 사실을 강조한다. 구성원들을 하나로 통합시키는 사람의 사랑에서, 그리고 구성원들이 서로를 향하는 태도에서, 모두를 아우르는 사랑을 주는 사람의 사랑을 모방하는 것을 기대하는 것에서 어떤 종교적인 이미지에 대한 명상을 통해 사랑이 표현된다는 것이다. 인위적으로 통합된 파시스트 대중을 갖고 있는 오늘날의 사회에서 사랑에 대한 관계가 거의 전적으로 배제된 것은 의미심장한 것 같다.[12] 히틀러는 애정을 나타내는 아버지의 전

---

11 "… 사랑 관계들은 … 군중 심리의 정수(essence)도 역시 정초한다. 권위는 그러한 사랑 관계에 대해 언급하지 않는다는 것을 기억하자"(*ibid.*, p.40).

12 이처럼 두드러지게 나타나는 현상을 설명하는 이유들 중의 하나는 파시스트 선동가가

통적 역할을 회피하였으며, 이 역할을 위협적인 권위의 부정적 역할로 전적으로 대체시켰다. 사랑의 개념은 **독일**에 대한 추상적인 주목으로 격하되었으며, "광신자"의 별칭 묘사가 없이는 거의 언급되지 않았다. 별칭 묘사를 통해 이러한 사랑조차도 적개심과 광신자의 별칭 묘사에 의해 포위되지 않는 사람들에 대한 공격성의 고리를 획득하였다. 기본적인 리비도적 에너지를 무의식적인 수준에서 유지시킴으로써 이 에너지의 표출을 정치적 목적에 어느 정도 적합하도록 방향을 바꾸게 하는 것은 파시스트 리더십에 들어 있는 기본 교리들 중의 하나이다. 종교적 구제와 같은 객관적 이념이 대중 형성에서 행하는 역할이 작을수록, 대중 조작이 유일한 목적이 되는 정도가 더욱 증대되며, 완전할 정도로 제약받지 않은 사랑이 억압되어야 하는 정도와 복종의 틀에 맞춰지는 정도가 더욱 증대된다. 사랑의 대상이 **될 수** 있다는 것이 파시스트 이데올로기의 내용에 너무나 적게 들어 있다.

파시즘의 리비도적인 형태와 파시스트 선동가가 구사하는 전체 기술은 권위주의적이다. 이것은 선동가의 기술들과 최면술사가 심리적 메커니즘에서, 다시 말해 개인들을 집단의 단순한 구성원으로 격하시키는 퇴보를 개인들로 하여금 받아들이도록 만드는 심리적 메커니즘에서 서로 일치하는 곳에서 일어난다.

—권력을 장악하기 이전에— 부딪쳐야 하는 대중이 본래 조직화되지 않은 대중이며 대도시에서의 우연적인 군중이라는 사실이다. 그렇게 잡다하게 섞여 있는 군중의 느슨하게 묶여 있는 성격은 원심적(遠心的)으로 운하로 연결되어 있지 않는, 사랑을 말하는 역설(力說)을 희생시키는 대가로 규율과 응집이 강조되는 것을 피할 수 없게 만든다. 선동가가 행하는 임무의 일부는 군중으로 하여금 군중이 군대나 교회처럼 조직되어 있다고 믿게 하는 것이다. 이렇기 때문에 과도한-조직화를 향하는 경향이 나타나는 것이다. 물신이 자체로서의 조직화로부터 만들어진다. 물신은 수단 대신에 목적이 되며, 이런 경향은 선동가의 연설들의 처음부터 끝까지 압도적으로 우세하다.

최면술사가 취하는 수단들을 통해서 최면술사는 피최면자에서 그의 원시적인 유산의 일부분을 일깨운다. 즉, 피최면자로 하여금 그의 부모를 향한 불만을 갖도록 하였으며 그의 부모와의 관계에서 개별적인 부활을 그에게 경험하게 하였던 원시적 유산의 일부분을 피최면자에서 일깨우는 것이다. 이런 방식으로 일깨워진 것은 무엇보다도 중요하고 위험한 인물의 이념인바, 이 인물을 향해서는 수동적이고-마조히즘적인 태도만이 가능할 뿐이며, 이 인물에 대해서는 사람의 의지가 굴복당해야만 한다. — 홀로 그와 함께 있는 것, '그의 얼굴을 쳐다보는 것'은 위험한 모험으로 출현한다. 이러한 모습을 보이는 것과 같은 방식에서, 우리는 원시 부족의 개별 구성원이 원시 부족장에 대해 갖는 관계를 그려 볼 수 있을 뿐이다. … 집단 현상들의 기이하고도 강압적인 특징들은, 즉 집단 형성들에 들어 있는 암시의 현상들에서 보이는 특징들은 그러므로 원시 부족에서 시작된 집단 형성들의 기원에 관한 사실에까지 되돌아가서 정당하게 추적되어도 될 것이다. 집단의 지도자는 여전히 두려운 원시 부족장이다. 집단은 제한이 없는 힘에 의해 지배되기를 여전히 바라고 있다. 이것은 권위에 대한 극단적인 열정을 갖는다. 이처럼 극단적인 열정은, 르봉의 관용구를 빌린다면, 복종에의 갈증을 갖는다. 원시 부족장은 집단의 이상理想이며, 집단의 이상은 에고ego의 이상의 자리에서 에고를 지배한다. 최면술은 두 사람으로 이루어진 집단으로 서술되는 것에 대한 권리 요구에 딱 들어맞는다. 최면술에서는 암시에 대한 정의定義로서의 확신이, 즉 지각과 추론에 토대를 두지 않고 성적性的인 끈에 기초한 확신이 없어지지 않고 남아있는 것이다.[13]

---

13 L. c., pp.99-100. 집단심리학에 관한 프로이트의 이론에서 핵심을 이루는 이 서술은 파시스트 인물에 관한 가장 결정적인 관찰들 중의 하나를 우연케도 해명하고 있다. 수퍼 에고에 대한 외적 표현이 이루어지고 있는 것이다. "에고의 이상"이라는 용어는 프로이트의 초기 표현에서 나타나는 용어로, 그는 나중에 이 용어를 수퍼 에고라고 명명하였다. 수퍼 에고를 "집단 에고"로 대체시키는 것은 파시스트 인물들에게서 우연히

프로이트의 이 구절은 파시스트 선전 선동의 본질과 내용을 실제적으로 정의하고 있다. 파시스트 선전 선동의 비합리적인 권위주의적 목적들은 합리적인 설득의 수단들에 의해서는 획득될 수 없고 "국민의 원시적인 유산의 일부"를 기술적으로 일깨우는 것을 통해서만 얻어질 수 있기 때문에, 파시스트 선전 선동은 심리적이다. 파시스트 선전 선동은, 지휘자가 실제로 이끌어 가는지 또는 지휘자가 집단의 이해관계들의 대리자에 지나지 않는지의 여부와는 관계없이, 지휘자의 이념에 종속되어 있다. 지휘의 심리적인 이미지만이 모든 권력을 갖고 있으며 위협적인 원시 부족장의 이념을 부활시키는 데 적절하기 때문이다. 바로 이 점이 파시스트 선전 선동의 다른 방법으로는 설명이 되지 않는 불가사의한 **인격화** personalozation의 궁극적인 뿌리이며, 객관적인 원인들을 토론하는 것 대신에 이름들을, 그리고 필경 위대한 사람들을 파시스트 선전 선동이 끊임없이 플러그를 끼워 넣듯이 충전시키는 것의 궁극적인 근원이다. 전능하고

발생하는 것과 정확하게 일치한다. 그들은 독립적이고 자율적인 의식을 발전시키는 데 실패하고 있으며 이러한 의식을 집단적인 권위와의 동일화로 대체시키고 있는바, 집단적 권위는 프로이트가 그것을 서술했던 것과 똑같은 정도로 비합리적이고 이질적이며 완고하게 압제적이고 개인에게 고유한 사고와 광범위하게 어긋나 있다. 이렇기 때문에 집단적 권위는 그것의 구조적인 엄격성에도 불구하고 쉽게 교환 가능하다. 이런 현상은 독일 국민은 선량하다는 것에 시중을 드는 나치 공식에 적절하게 표현되어 있다. 이 형태는 미국 파시스트 선동가들의 연설에서 다시 나타난다. 그들은 장차 그들을 추종할 사람들의 의식에 결코 호소하지 않으며 외재적이고 관습적이며 천편일률적인 가치들을, 즉 승인된 것으로 여겨지고 살아 있는 경험이나 담론적인 검사의 과정에 한 번도 종속되지 않은 채 권위적으로 유용한 것으로 취급되는 가치들을 끊임없이 들먹인다. 『권위주의적 인성』(by T. W. Adorno, Else Frenkel-Brunswik, Daniel J. Levinson, and R. Nevitt Sanford[Harper Brothers, New York, 1950])에서 상세하게 지적되었듯이, 편견에 사로잡힌 사람들은 그들 자신에 대한 도덕적인 결정을 하는 것 대신에 관습적 가치에 대한 믿음을 드러내며, "행해지고 있는 것"을 올바른 것으로 간주한다. 동일화를 통해서 그들은 또한 집단 에고에 종속되는 경향을 갖는바, 이런 경향은 외부 가치들과 실제적으로 통합되는, 그들 자신에 고유한 에고의 이상을 희생하는 대가로 나타난다.

도 고삐를 매지 않은 아버지 형상에 대한 집단적 이미지의 형성은, 개별적인 이미지를 훨씬 초월하고 이와 함께 "집단 에고"로 확대되는 데 적절해지면서, "그러한 아버지 형상을 향해 사람의 의지가 굴복되는 … 수동적-마조히즘적 태도"를 널리 선전하는 유일한 방법이다. 파시스트 추종자에게 그의 더욱 많은 정치적 행동을 요구하는 이러한 태도는 사적 인간으로서의 파시스트 추종자 자신에 고유한 이해관계들뿐만 아니라 그가 실제로 속해 있는 집단이나 계급의 이해관계들과도 화합될 수 없는 관계에 놓이게 된다.[14] 추종자의 다시 일깨워진 비합리성은 그러므로 지휘자의 시각에서 볼 때는 상당히 합리적이다. 이러한 비합리성은 "지각知覺과 추론에 토대를 두지 않고 성적性的인 끈에 기초한 확신"이 필연적으로 될 수밖에 없다.

　리비도를 지휘자와 추종자 사이, 추종자들 자신 사이를 연결해 주는 끈으로 변환시키는 메커니즘은 이상화理想化, idealization의 메커니즘이다. 프

---

[14] 파시스트 추종자의 마조히즘이 사디스트적인 충동에 의해 필연적으로 동반된다는 사실은, 프로이트가 그 기원으로 볼 때는 외디푸스 콤플렉스와 관련하여 발전시켰던 반대감정 양립의 일반 이론과 일치한다. 파시스트에 의한 개인들의 대중으로서의 통합이 개인들을 다만 대리적으로만 만족시킨 이래로, 문명의 좌절에 대한 개인들의 억울함이 살아남아 있기는 하지만 지휘자가 추구하는 목적들과 일치하게 되도록 방향이 설정된다. 개인들의 억울함은 권위주의적인 복종과 융합된다. 프로이트가 나중에 가학성 마조히즘(sado-masochism)이라고 명명하였던 것에 관한 문제를 제기하고 있기는 하지만, 그는 그럼에도 가학성 마조히즘을 잘 알고 있었다. 이는 그가 르봉의 다음과 같은 생각을 수용한 것에 의해 증명된다. "어떤 집단이 진실이나 또는 실수를 만들어 내는 것으로서의 집단이 된다는 것에 대해 의심의 여지가 없게 되고 더욱이 집단이 고유하게 갖고 있는 대단히 강력한 힘을 의식하게 된 이래로, 집단은 집단이 권위에 복종하게 된 것만큼과 똑같은 정도로 관용을 모르게 된다. 집단은 힘을 존중하며, 친절에 의해 다만 조금이나마 영향을 받을 수 있다. 집단은 친절조차도 허약함의 형식으로만 간주할 뿐이다. 집단이 그 주인공들에게 요구하는 것은 강력한 힘이거나 또는 폭력이다. 집단은 지배되고 억압되기를 바라며, 집단의 지배자들은 두려워하기를 바란다"(Freud, op. cit., p.17).

로이트의 저서의 대단히 많은 부분이 이 문제의 분석에 할애되어 있다.[15] 매우 미묘한 이론적인 구분과 특히 동일화와 투입 사이의 구분을 이 자리에서 논의하는 것은 불가능하다. 이렇다고 할지라도 우리는 파시즘 심리학에 대한 에른스트 짐멜Ernst Simmel의 후기 저작이 기여하는 값진 공헌에 빚을 지고 있는바, 그가 동일화의 반대감정 양립적인 본질에 관한 프로이트의 개념을 리비도의 조직화의 구강적 단계의 파생체로[16] 채택하여 이것을 반-유대주의에 대한 분석적 이론으로 확대시켰다는 점이 주목되어야 할 것이다.

우리는 동일화의 교의doctrine가 파시스트 선전 선동 및 파시스트 정신 상태와 갖는 관련성에 대한 몇 가지 관찰에 만족한다. 5-6명의 저자들과 특히 에릭 홈버거 에릭슨Erik Homberger Erikson은 특별하게 나타나는 파시스트 지휘자 유형이 예를 들어 이전 시대의 왕과 같은 아버지 형상처럼 보이지는 않는 것 같다는 점을 관찰하여 왔다. 이러한 관찰이 일차적인 아버지로서의 지도자에 관한 프로이트의 이론과 일치하지 않는다는 것은, 이렇기는 하지만, 피상적일 뿐이다. 동일화에 대한 프로이트의 토론은, 주체적인 동역학의 측면에서는, 우리로 하여금 객관적인 역사적 조건들에 기인하는 확실한 변화들을 이해하는 데 만족스럽게 도움을 줄 수도 있다. 동일화는 "다른 사람과의 연줄에서 **가장 최초로** 나타났던 표현"이며, "외디푸스 콤플렉스의 초기 역사에서 하나의 역할"[17]을 수행한다. 동일화에 들어 있는, 외디푸스 이전의 이러한 요소는 전능한 힘을 가진 일차적인 아버지 이미지로서의 지도자의 이미지를 실제적인 아버지 이미지로부터 분리시키는 것을 해낼 수 있도록 적절하게 도움을 줄 수 있다. 어린

15   *Op. cit.*, pp.58ff.
16   *Ibid.*, p.61.
17   *Ibid.*, p.60.

아이가 외디푸스 콤플렉스에 대한 답으로서 자신을 그의 아버지에 동일화시키는 것이 단지 하나의 이차적인 현상이 된 이래로, 유아기적 퇴행은 이러한 아버지 이미지를 넘어서면서 "항문기의" 과정을 통해 더욱 원시적인 이미지에 도달한다고 볼 수 있다. 더욱이, **걸신이 들린 듯이 먹는** 행동, 사랑하는 대상을 자신의 일부로 만드는 행동은 동일화의 유치한 나르시스적인 측면인바, 이런 측면은 우리에게 다음과 같은 사실에 대한 실마리를 제공해 줄 수 있다. 다시 말해, 현대의 지도자 이미지는 때때로, 그 역할이 주체의 유년기의 후기 단계가 지나는 동안에 오늘날의 사회에서는 감소하였다고 보이는 아버지 이미지보다는 주체 자체에 고유한 인성, 자기 자신에 대한 집단적인 투사처럼 보인다는 사실에 대한 실마리를 제공해 줄 수 있는 것이다.[18] 이러한 모든 양상은 더욱 깊게 파고드는 해명을 요구한다.

파시스트 집단의 형성에서 게임을 하는 동일화와 관련하여 나르시즘이 행하는 본질적인 역할은 **이상화**理想化에 관한 프로이트의 이론에서 인정되고 있다. "우리는, 우리가 사랑에 빠졌을 때 나르시스적인 리비도의 상당한 양이 대상 위에 흘러넘치듯이 대상이 우리 자신에게 고유한 에고와 똑같은 방식으로 다루어지고 있음을 보고 있다. 사랑 선택의 많은 형식에서, 대상이 우리 자신의 도달되지 않은 에고의 이상理想에 대한 하나의 대체물로서 소용된다는 것은 명백하다. 우리는 우리 자신에 고유한 에고에 도달하기 위해 노력하였던 완벽함, 그리고 우리의 나르시즘을 만족시키는 수단으로서 이러한 우회적인 방식으로 손에 넣는 것을 우리가 이제 좋아해야만 하는 완벽함 때문에 에고의 이상을 사랑한다."[19] 자기 자신

---

18 Cf. Max Horkheimer, "Autoritarianism and the Family today(권위주의와 오늘날의 가족)," *The Family: Its Function and Destiny*, ed., R. N. Anshen (Harper Brothers, New York, 1949).

에 대한 이러한 이상화는 파시스트 지휘자가 그 추종자들에서 조장하려고 노력하며 **총통** 이데올로기에 의해 도움을 받는 이상화와 정확하게 일치한다. 파시스트 지휘자가 고려해 넣어야만 하는 사람들은 특징적이고 현대적인 갈등을 일반적으로 겪게 된다. 다시 말해, 강력하게 발달된 합리적이고도 자기-보존적인 에고 대리자[20]와 그들 자신의 에고가 요구하는 것들을 충족하기 위해 계속되는 실패 사이에 놓여 있는 갈등을 일반적으로 겪게 되는 것이다. 이러한 갈등은 나르시스적인 리비도를 부분적으로 대상에 옮기는 것으로서의 이상화를 통해서만 흡수되고 만족될 수 있는 강력한 나르시스적인 충동들로 귀착된다. 이것은, 다시 한 번, 지도자 이미지가 국민[21]의 확대와 유사성을 갖게 되는 것과 선이 맞아 돌아간다. 지도자를 말하자면 국민이 스스로 사랑하지만 자신에게 고유한 경험적으로 드러나는 자신의 모습을 손상시키는 좌절과 불만의 오점들을 없애 버리는 자신의 이상으로 만듦으로써 앞에서 말한 유사성이 성립하는 것이다. 이상화理想化, 참되고도 의식적인 연대의 캐리커처caricature를 통한 동일화 형태는, 어쨌든, 집단적인 형태이다. 이처럼 집단적인 동일화 형태는 유사한 성격학적인 기질과 리비도적인 성향을 가진 수많은 사람들에서 효과적이다. **사람들**의 파시스트 **공동체**는 집단에 대한 프로이트의 정의定義와 정확하게 일치한다. "하나의 대상 및 동일한 대상을 자신들의 에고의 이상理想으로 대체시켜 왔고 자신들의 에고에서 자신들을 서로 일

---

19 Freud, *op. cit.*, p.74.

20 프로이트 저서의 번역본은 그의 용어인 "관할처(Instanz)"를 "기능(faculty)"으로 옮기고 있다. 이 단어는, 이렇기는 하지만, 독일어 원어의 위계질서적인 함의들을 옮기지 못하고 있다. "대리자"가 더욱 적절한 것으로 보인다.

21 원어는 subject이며, 특히 군주국의 국민, 신하를 의미하기 때문에 국민으로 옮겼음. 이 글에서는 파시스트 선전 선동이 논의되고 있기 때문에 선동과 조작의 대상으로서의 국민으로 보는 것이 더욱 적절한 것으로 보임(역주).

관성 있게 동일화시켜 온 일군의 개인들"[22]들로 프로이트가 정의한 집단과 정확하게 맞아 돌아가는 것이다. 지도자 이미지는, 결과적으로, 말하자면 지도자 이미지의 일차적으로 아버지와-같은 전능함을 집단적인 강력한 힘으로부터 빌려 온 것이다.

지도자 이미지에 관한 프로이트의 심리학적인 구성은, 최소한 이러한 이미지의 공중적公衆的인 구축에 관련되는 한, 지도자 이미지가 파시스트 지휘자 유형과 현저하게 일치하는 것에 의해 확실하게 증명된다. 프로이트가 내놓은 서술들은 미국의 선동가들이 그들 자신의 스타일을 만들어 집어넣으려고 노력한 이상화理想化에 못지않게 히틀러의 모습과 맞아 돌아간다. 나르시스적인 동일화를 허용하기 위해, 지휘자는 자신을 절대적으로 나르시스적으로 출현시켜야 한다. 이러한 통찰로부터, 프로이트가 히틀러의 모습이라고 볼 수 있는 "원시 부족장"의 모습을 끌어내고 있다는 점이 드러난다.

원시 부족장은 인류 역사가 갓 시작되었을 때 니체가 오직 미래에 출현할 것으로 기대하였던 **초인**[23]이었다. 심지어 오늘날 한 집단의 구성원들은 그들의 지도자에 의해 평등하고 공정하게 사랑을 받고 있다는 환상을 필요로 하는 상태에 계속해서 놓여 있다. 그러나 지도자 자신은 자신 이외의 다른 사람을 사랑할 필요가 없다. 그는 교묘한 본성을 가진 존재라고 보아도 되며, 절대적으로 나르시스적이지만 자기 확신이 있는 독립적인 존재라고 보아도 된다. 우리는 사랑이 나르시즘을 억제한다는 것을 알고 있다. 이것이 어

---

22 Freud, *l.c.*, p.80.
23 초인에 대한 니체의 개념이 이처럼 원시적인 집단적 이미지와 거의 관계가 없고 파시즘과 함께 도래하는 미래에 관한 초인의 비전과도 거의 관계가 없다는 점을 강조하는 것이 불필요한 것만은 아닐 것이다. 프로이트의 빗댐은 초인이 저급한 슬로건에서 대중에 퍼졌을 때의 "초인"에 대해서만 명백하게 유효할 뿐이다.

떻게 해서, 이런 방식으로 작동됨으로써, 문명화의 요인이 되었는가를 보여주는 것이 가능할 것이다.[24]

선동가의 연설들의 가장 눈에 띄는 특징들 중의 하나는, 긍정적인 프로그램과 이 연설들이 "줄 수"도 있는 어떤 것이 이 연설들에 들어 있지 않다는 사실뿐만 아니라 위협과 거부가 역설적으로 널리 퍼져 있다는 사실이다. 이런 특징은 다음과 같이 해명된다. 지도자는 자신을 스스로 사랑하지 않는 경우에만 사랑받을 수 있다. 이제, 프로이트는 지도자 이미지의 다른 측면을 알고 있으며 이 측면은 첫 번째 측면과는 명백하게 모순된다. 지도자는 한편으로는 초인으로 출현하면서도 동시에 보통 사람으로서의 출현이라는 기적을 만들어야만 하는 것이다. 이것은 히틀러가 킹-콩King-Kong의 합성체와 평범한 이발사로서 포즈를 취했던 것과 정확하게 맞아 돌아간다. 프로이트는 이에 대해서도 또한 자신의 나르시즘 이론을 통해 설명한다. 프로이트의 설명은 다음과 같다.

개인은 그의 에고 이상理想을 포기하면서 에고 이상을 지도자에서 구체화된 것으로서의 집단 이상으로 대체시킨다. [이렇기는 하지만,] 많은 개인들에서 에고와 에고 이상의 분리는 그렇게 멀리 진척되지는 않았다. 두 개는 여전히 쉽게 부합된다. 에고가 일찍이 갖고 있었던 자기-안주安住를 에고가 간직해 온 경우는 빈번하게 발생한다. 지도자의 선택은 이런 상황에 의해 매우 많은 정도로 용이하게 된다. 지도자는 특별히 명백하게 표시된 순수한 형식으로 관련되어 있는 개인들의 전형적인 자질들을 소유하기만 하면 되며, 더욱 위대한 힘의 인상, 리비도의 더욱 많은 자유의 인상만을 주면 된다.

---

24 *L. c.*, p. 93.

그러한 경우에 강력한 힘을 가진 우두머리에의 필요성은 지도자를 절반 정도 채우려고 하는 경우가 허다하며 지도자에게 우월함을 부여하려고 한다. 다시 말해, 지도자가 이러한 우월함에 대해 다른 방법으로는 아마도 요구하지 않으려고 하였던 우월함을 지도자에게 부여하려고 하는 것이다. 앞에서 말한 경우는 그렇다고 치고, 자신의 에고 이상理想이 어떤 교정이 없이는 지도자의 인격에서 구체화하지 않으려고 했던 사람들인 집단의 다른 구성원들은 '암시'에 의해 남은 여분과 함께 휩쓸려 들어간다. 이 사람들은 말하자면 동일화의 수단들에 의해 넋을 잃게 되는 것이다.[25]

심지어 파시스트 지휘자에서 보이는 아주 특이한 열등감의 징후, 삼류 배우나 반사회적인 사이코 패스를 닮는 것도 따라서 프로이트의 이론에서 예견되어 있다. 추종자의 나르시스적 리비도에서 지도자 이미지 안으로 들어가 형체가 만들어지지 않고 추종자 자신의 에고에 붙어 남아 있는 부분들을 위해서, 초인은 추종자를 여전히 닮아야 하며 추종자의 "확장"으로서 출현하여야 한다. 따라서 개개인에게 파고드는 파시스트 선전 선동이 구사하는 기본 방책들 중의 하나는 "위대한 작은 사람"의 개념이다. 위대한 작은 사람은 전능함을 가진 사람이라는 생각, 그리고 그도 보통 사람들과 똑같은 한 사람이고 평범하며 혈기 왕성한 미국인이자 물질적이나 정신적 부에 의해 때 묻지 않은 사람이라는 생각을 둘 다 암시한다. 심리적인 상반감정 양립이 하나의 사회적인 기적이 만들어지도록 돕고 있는 것이다. 지도자 이미지는 추종자의 이중적인 소망, 즉 권위에 종속되면서 추종자 자신이 권위가 되는 소망을 충족시킨다. 이것도 그 내부에서 비합리적인 통제가, 비합리적인 통제는 보편적 계몽에 의해 그것의

---

25 *Ibid.*, p.102.

내적인 확신을 상실하였음에도 불구하고, 실행되는 세계와 맞아 돌아간
다. 독재자에게 복종하는 사람들도 역시 독재자들이 불필요하다는 것을
지각한다. 독재자에게 복종하는 사람들은 이런 모순을 독재자들이 그들
스스로 무자비한 억압자라는 가정假定을 통해서 조정한다.

　모든 선동가가 사용하는 표준적인 방책들은 프로이트가 폭로한 노선
에 따라 설계된다. 다시 말해, 나중에 파시스트 선전 선동의 기본적인 구
조, 개개인에 파고드는[26] 기술, 위대한 작은 사람의 이념의 노선에 따라
설계되는 것이다. 이에 대해서는 무작위로 골라잡은 몇몇 예에 제한시켜
논의를 진행하기로 한다.

　프로이트는 비합리적인 집단들에서의 위계질서적인 요소를 총망라하
여 설명한다. "병사가 그의 상관, 즉 실재적으로 군대의 지휘자인 상관
을 자신의 이상으로 받아들이는 반면에 자신의 동료들과 자신을 동일화
시키고 그들의 이러한 에고 공동체로부터 상호간에 도움을 주며 동료 관
계를 의미하는 소유 감정들을 나누는 의무를 끌어낸다는 것은 명백하다.
그러나 병사가 장군과 자신을 동일화시키려고 하면, 그는 터무니없는 사
람이 되고 만다."[27] 더 정확히 말하면, 장군과의 관계에서는 의식적이고

---

[26] 개개인에게 파고드는 것에 관한 더욱 자세한 내용은 앞에서 언급한 프로이트의 책 44쪽
을 참조할 것. 이 자리에서 그는 이념들과 지도자가 갖고 있는 인성들의 관계에 대해
논의하고 있다. 53쪽도 참조할 것. 이 자리에서 프로이트는 집단들을 함께 붙들어 쥐
는 본질적으로 비합리적인 이념들을 "제2차적인 지도자들"이라고 정의하고 있다. 테
크놀로지적인 문명에서는 지도자에게 직접적으로 이전(移轉)하는 것이, 지도자가 실
제로 있는 것에 상응할 만큼 잘 알려져 있지 않고 거리가 떨어져 있는 상태에서, 가능
하지 않다. 테크놀로지적인 문명에서 일어나는 것은 오히려 개인과 관련이 없이 분리
된 사회적인 권력의 퇴보적인 재-인격화이다. 프로이트는 이런 가능성을 명백하게 인
식하고 있었다. "… 일반적인 경향, 즉 일군의 사람들이 그 내부에서 하나의 몸을 가질
수 있는 소망은 … 대체물로서 소용될 수 있다. 이러한 추상화는, 다시 한 번, 우리가
제2차적인 지도자라고 불러도 될 만한 형체에서 많든 적든 완벽하게 구체화된다고 보
아도 된다."

도 직접적으로 되는 것이다. 파시스트들은, 보잘것없는 마지막 선동에까지 내려와서, 제의적祭儀的인 행사와 위계질서적인 구별을 지속적으로 강조한다. 고도로 합리화되고 양화量化된 산업사회 내부에서의 위계질서가 정당화되는 정도가 적을수록, 객관적인 존재 이유를 갖지 않는 인위적인 위계질서가 구축되며 파시스트들에 의해 순전히 기술적-심리적인 이유를 위해 엄격하게 부과된다. 이렇게 되는 것은, 그렇지만, 관련된 리비도적인 원천만은 아니라는 점이 부언되어도 될 것이다. 위계질서적인 구조들은 가학성 마조히즘적인 성격이 바라는 바를 완벽하게 따라간다. 히틀러의 유명한 공식, 즉 위로 향하는 책임, 아래로 향하는 권위는 이러한 성격의 반대감정 양립을 능숙하게 합리화시킨다.[28]

아래에 있는 사람들이 발걸음을 위로 내딛는 경향은, 약하며 스스로 어떻게도 할 수 없는 소수자들에 대한 박해에서 그 모습을 비참하게 보여준다. 이러한 경향은 노골적으로 말해서 국외자들에 대한 증오이다. 실제로 두 개의 경향이 함께 일어나는 경우가 상당히 자주 일어난다. 프로이트의 이론은 사랑받는 내부-집단과 배척된 외부-집단 사이의 도처에 만연하는 엄격한 구분에 해결의 빛을 던지고 있다. 이러한 사고방식과 행동방식은, 우리의 문화를 관통하면서, 사람들이 그들과 닮은 것을 사랑하고 그들과 다른 것을 증오하는 이유에 대한 물음이 충분히 심각할 정도로 제기된 경우가 드물었던 정도만큼이나 스스로-명백한 것으로 간주되는 사고 및 행동방식으로 되었다. 다른 많은 경우들처럼 이 경우에서도, 프로이트의 접근이 갖는 생산성은 무엇이 일반적으로 받아들여지는가 하

27 *L. c.*, p.110.
28 독일의 민간전승은 이러한 특징에 대한 강렬한 상징을 보여 준다. 그것은 자전거를 타는 사람들이 갖는 특징에 대해 말하고 있다. 그들은 위로는 고개를 숙이며 아래로는 발로 찬다.

는 그의 물음에 들어 있다. 르봉은 비합리적인 군중이 "직접적으로 극단을 향한다"는 점에 대해 주목하였다.[29] 프로이트는 이러한 관찰을 확대시킨다. 그는 내부-집단과 외부-집단 사이의 이분법이 깊게-뿌리박힌 본질을 갖고 있어서, 다음과 같은 집단들, 즉 그 집단들이 가진 "이념들"이 그러한 반응을 명백하게 배제시키는 집단들에까지 영향을 미친다는 점을 지적한다. 프로이트는 그러므로 이미 1921년에 문명의 진보는 관용의 증대와 외부-집단에 대한 폭력의 감소를 이루어 낸다는 자유주의적인 착각을 쓸모가 없게 만들 수 있었다.

심지어는 신자들의 공동체에 속하지 않는 사람들, 그리스도를 사랑하지 않는 사람들, 그리스도가 사랑하지 않는 사람들은 그리스도의 왕국 내내 이러한 끈의 외부에 서 있었다. 이렇기 때문에 종교는, 종교가 그것 스스로 사랑의 종교를 요구하면서도, 종교에 속하지 않는 사람들에 대해서 경직되고 사랑스럽지 않은 것이 될 수밖에 없다. 근본적으로 볼 때, 모든 종교는, 종교가 그것 스스로 사랑의 종교를 요구하는 것과 똑같은 방식으로, 종교가 껴안은 모든 사람에 대해 사랑의 종교라는 점이 근본적으로 참된 사실이다. 반면에, 종교에 속하지 않는 사람들에 대한 잔인함과 불관용은 모든 종교에 자연적으로 들어 있다. 우리가 이것을 개인적으로 발견하는 것이 아무리 어렵다고 할지라도, 이것 때문에 신자들을 지나치게 심하게 비난해서는 안 된다. 종교를 믿고 있지 않거나 무관심한 사람들은 이런 점에서 보면 심리적으로는 항상 더 나은 형편에 놓여 있다. 오늘날에 이르러 불관용이 과거의 세계에서처럼 그렇게 폭력적이고 잔인하게 그 모습을 더 이상 보여 주지 않는다고 해도, 인간의 태도들에서 유연함이 있어 왔다고 결론을 내릴 수 있는 여

---

29 Freud, *l. c.*, p. 16.

지는 거의 없다. 오히려 그 원인은 인간의 태도들에 의존되어 있는 것들인 종교적 감정과 리비도적인 끈의 부인할 수 없는 약화에서 발견될 수 있을 것이다. 집단을 묶어 주는 다른 끈이 종교적인 끈을 대체시킨다면 —사회주의적인 끈은 이렇게 하는 것에서 이어지고 있는 것 같다—, 국외자를 향하는 불관용이 종교 전쟁의 시대에서와 같은 불관용이 되려고 할 것이다.[30]

정치적 예측에서 프로이트가 범한 실수, 즉 사회주의자들에 대해 독일에서의 주된 적들이 그랬던 것처럼 프로이트가 "사회주의자들"을 비난하는 것은 파시스트의 파괴성, 외부-집단을 제거시키는 몰이에 대한 그의 예측만큼이나 인상적이다.[31] 사실상으로, 종교의 중화中和는 계몽주의자인 프로이트가 예기하였던 방향과는 바로 반대되는 방향에 이르게 된 것 같다. 신자들과 신자들이 아닌 사람들 사이의 구분이 유지되어 왔고 구체화되어 왔던 것이다. 그렇지만, 이러한 구분은, 어떤 관념적인 내용으로부터 독립된 채, 그것 내부에서 구조가 되었으며, 그것의 내적인 확신을 상실한 이래로 심지어 더욱 완고하게 방어되었다. 이와 동시에 사랑에 대한 종교적 교리의 완화되는 영향력이 사라졌다. 바로 이것이 모든 파시스트 선동가가 채택한 "수컷 사슴과 양"이라는 방책의 정수精髓이다. 파시스트 선동가들이 누가 선택되었고 누가 거부되었는가에 관련하여 어떤 정신적인 기준도 인정하지 않은 이래로, 종족과 같은 사이비-자연적인 기준을 대리로 내세운다.[32] 이처럼 대리로 내세우는 것은 피할 수 없는 것처

---

30 L. c., pp.50–51.

31 파시스트 정신상태의 구성에서 드러나는 "중화(中和)되고" 희석된 종교의 역할에 관해서는 『권위주의적 인성』을 참조할 것. 문제들의 이러한 전체 영역에 대한 중요한 심리분석적 기고문들은 테오도르 라이크(Theodor Reik)의 *Der eigene und der fremde Gott*(고유하고 낯선 신), 그리고 파울 페데른(Paul Federn)의 *Die vaterlose Gesellschaft*(아버지가 없는 사회)를 참조할 것.

럼 보이며, 이렇기 때문에 중세 내내 이단의 개념이 그랬던 것보다도 심지어는 더욱 무자비하게 적용될 수 있다. 프로이트는 이러한 방책의 리비도적인 기능의 정체를 확인하는 데 성공하였다. 이러한 리비도적인 기능은 부정적으로 통합하는 힘으로서 활동한다. 긍정적인 리비도가 부족장, 즉 지도자의 이미지에 완전하게 부여된 이래로, 긍정적인 내용들이 거의 쓸모가 없게 된 이래로, 부정적인 리비도가 발견되어야만 하는 것이다. "지도자나 또는 지도적인 이념은 또한 말하자면 부정적이 될 수 있다. 특정 개인이나 또는 제도에 대한 증오가 긍정적인 지지에서와 똑같은 것을 통합시키는 방식으로 작동할 수 있으며, 긍정적인 종류의 지지와 똑같은 종류의 정서적인 끈을 상기시킬 수 있다."[33] 이처럼 부정적인 통합이 파괴성의 본능을 키운다는 것은 언급할 필요조차 없다. 프로이트는 그의 『집단심리학』에서 파괴성의 본능에 대해 명시적으로 언급하지는 않지만, 부정적인 통합은 그가 『문명과 그 불만』에서 인정한 결정적으로 중요한 역할이다. 현재의[34] 맥락에서, 프로이트는 외부 집단에 대한 적대감을 나르시즘을 통해 다음과 같이 설명하고 있는 것이다.

사람들이 자신과 관련이 있을 수밖에 없는 낯선 사람들에 대해 느끼는 숨김없는 반감에서 우리는 자기애의 표현, 즉 나르시즘을 인정해도 될 것이

---

32 종족 이데올로기가, 프로이트에 따르면, 부활된 원시적인 형제애의 이념을 대중 형성에서 개입되는 특별한 퇴화를 통해서 뚜렷하게 반사시킨다는 점이 주목되어도 될 것이다. 종족에 대한 주목은 두 가지 특징을 형제애와 공유한다. 하나는 "자연적인 것", 즉 "피"의 끈이라는 특징이며, 다른 하나는 성적(性的)으로 구분되는 것으로부터 벗어나 있다는 특징이다. 파시즘에서는 이러한 유사성이 무의식적으로 유지된다. 파시즘은 형제애를 비교적 드물게 언급하며, 제국의 국경 **바깥에** 사는 독일인들의 생활에 관련해서만 통상적으로 언급한다("우리의 주데텐 지방에 사는 형제들"). 이것은 물론 나치에게는 금기인 프랑스 대혁명의 형제애(fraternité)의 이념을 재수집한 것에 기인한다.

33 *L. c.*, p. 53.

34 이 논문이 발표된 시기는 1951년임(역주).

580

다. 자기애는 개인의 자기 과시를 위해 작동하며, 개인 자신에 고유한 독특한 노선들의 발전으로부터 벗어나는 어떤 일탈의 발생이 마치 그러한 노선들에 대한 비판이나 그러한 노선들의 변경을 포함하기라도 하는 듯이 행동한다.[35]

파시스트가 공급하여 얻어 내는 나르시스적인 **이익**은 명백하다. 이러한 이익은 추종자들이 내부-집단에 속하는 것만으로도 내부-집단에서 배제된 사람들보다 더 낫고 높으며 순수하다는 것을 지속적이고도 때로는 오히려 기만적인 방식으로 넌지시 비춘다. 동시에 어떤 종류의 비판이나 또는 자아에 대한 인식은 나르시스적인 상실로서 분개의 대상이 되고 격렬한 분노를 이끌어 낸다. 이것은 모든 파시스트가 질서를 해치는 것으로 여기는 것, 다시 말해 파시스트에게 고유한 고집스럽게 유지된 가치들이 틀렸음을 밝혀내는 것에 대항하여 모든 파시스트가 내보이는 폭력적인 반응의 이유가 된다. 비판이나 또는 자아 인식은 또한 편견에 사로잡힌 사람이 어떤 종류의 자기 성찰에 대해서도 드러내는 적개심을 설명해 준다. 부수적으로, 외부-집단에 적개심이 집중되는 것은 사람들 자신이 속한 집단에서의 불관용을 없애는 효과로 이어지며, 이렇게 되지 않는다면 사람들이 그들이 속한 집단에 대해 갖는 관계가 반대감정 양립의 상태에 이르게 되는 정도가 매우 높게 될 것이다.

이러한 불관용 전체가, 일시적으로나 또는 영구적으로, 집단 형성의 결과로서, 집단 내부에서 사라진다. 집단 형성이 지속되는 동안이나 또는 집단 형성이 확대되는 한, 개인들은 자신들이 균등하게라도 되는 것처럼 행동하며

---

35 *L. c.*, pp.55-56.

다른 사람들의 기이한 특성들을 관대하게 받아들이고 자신들을 다른 사람들과 동등한 수준으로 가장假裝하며 다른 사람들을 향하여 반감을 갖지 않게 된다. 나르시즘의 그러한 제한은, 우리의 이론적 견해에 따르면, 하나의 요인, 즉 다른 사람들과의 리비도적인 끈에 의해서만 산출될 수 있다.[36]

바로 이것이 선동가들이 사용하는 표준인 "통일성 속임수unity trick"가 추구하는 노선이다. 선동가들은 그들이 국외자들과 다르다는 점을 강조하지만 그들 자신의 집단 내부에서는 그러한 차이들을 경시하며, 위계질서적인 질을 제외하고는 그들 사이에 존재하는 상이한 질들을 같은 수준으로 고르게 하는 경향을 갖는다. "우리 모두는 같은 배를 타고 있다." 어느 누구도 더 좋은 형편에 있어서는 안 된다. 속물, 지적인 사람, 쾌락을 좇는 자들은 항상 공격의 대상이 된다. 악의적인 평등주의의 암류暗流, 모든 것을 망라하는 굴종의 형제애의 암류는 파시스트 선전 선동 및 파시즘 자체의 구성 요소이다. 이러한 암류는 아인토프 일품 요리Eintopfgericht[37]에 관한 히틀러의 악명 높은 명령에서 그 상징을 찾았다. 파시스트 선동가들이 본래부터 존재하는 사회구조가 변화되는 것을 바라는 정도가 적으면 적을수록, 그들은 "사람들의 공동체"의 어떤 구성원도 개인적인 쾌락에 빠져서는 안 될 것이라는 의미로 말하면서 사회 정의에 대해 더욱 많이 씨부렁거린다. 억압의 폐지를 통한 평등의 실현 대신에 억압적인 평등주의가 파시스트 정신상태의 본질적인 부분이며, 이처럼 억압적인 평등주의는 선동가들이 사용하는 방책에 반사되어 있다. 다시 말해, 다른 사람들이 즐기는 모든 종류의 쾌락을 앙심을 품고 폭로하는 것을 약속하는 방책인 "오로지-당신만이-알고-있다면"에 반사되어 있는 것이다. 프로이

---

36 L. c., p.56.
37 냄비 하나에 콩과 소시지 등을 넣고 끓여 만드는 매우 간단한 요리임(역주).

트는 이러한 현상을 개인들이 심리적인 "형제애 부족"으로 변환되는 것과 관련하여 해석한다. 개인들의 응집성은 그들 상호간의 일차적인 질투심에 대항하여 이루어진 반응 형성이며, 이것은 집단 응집성에 서비스하도록 압력을 받아 생성된다.

사회에서 공공심Gemeingeist, 단결심esprit de corps, '집단정신' 등등의 형태에서 나중에 출현하는 것은, 그것이 근원적으로 질투였던 것으로부터 유래한 것임을 속이지 않는다. 누구도 자신을 앞을 향해 밀고 갈 것을 바랄 필요가 없으며, 모든 사람은 동일해야 하고 동일한 것을 가져야 한다. 사회 정의는 우리처럼 다른 사람들도 역시 많은 사물들이 없이도 해 나가야만 할 수 있도록, 또는 마찬가지로 많은 사람들에 대해 물을 능력이 없게 되도록, 우리 스스로 많은 사물들을 부인하는 것을 의미한다.[38]

형제를 향한 반대감정 양립은 선동가의 기술에서 오히려 두드러지게 나타나는 표현, 항상-되돌아오는 표현에서 발견되어 왔다는 점이 첨언되어도 될 것이다. 프로이트와 랑크Rank는 벌이나 개미와 같은 작은 동물들이 가공적인 이야기에서는 "원시 부족에서 형제들이 되려고 하며, 이와 동일한 방식으로 꿈 상징주의에서는 벌레들이나 해를 입히는 야생 동물들이 형제자매들을 뜻하는 것과(경멸적으로, 어린이들로 간주되면서) 똑같은 것임"[39]을 지적하였다. 내부-집단의 구성원들이 추정하건대 "동일한 대상에 대한 유사한 사랑을 통해서 그들 자신을 서로 확인하는 데 성공한"[40] 이래로, 그들은 이러한 모욕을 서로 인정할 수 없게 된다. 이런 식으로,

38 L. c., pp.87–88.
39 L. c., p.114.
40 L. c., p.87.

이러한 모욕은 외부-집단에 대한 혐오와 융합되면서 앞에서 본 저급한 동물들에 대한 완벽하게 부정적인 정신 집중에 의해 표현되고, 외부-집단에 투사된다. 실제적으로, 외부 집단들, 모든 외국인들, 특별한 난민들, 유대인들을 저급한 동물 및 인간에게 해를 끼치는 야생 동물들과 비교하는 것은 파시스트 선동가들이 가장 선호하는 방책들 중의 하나이다. 레오 로웬탈은 이 점을 매우 상세하게 고찰하였다.[41]

파시스트 선동가가 일으키는 자극들과 프로이트의 『집단심리학』에서 상세하게 설명된 메커니즘들과의 일치를 가정假定할 자격이 우리에게 있다면, 거의 피할 수 없는 질문을 우리 자신에게 제기해야 한다. 파시스트 선동가들은 그들이 보여 주었던 것처럼 잔인하고 반쪽 정도의 교육을 받은 사람들임에도, 그들이 어떻게 해서 앞에서 말한 메커니즘들을 획득하였는가? 집단심리학에 대한 히틀러의 이론적 지식이 대중화된 르봉으로부터 유래하는 가장 통속적인 관찰들을 넘어서는 것이 불가능한 것으로 보인 이래로, 히틀러가 『나의 투쟁』에서 실행한 것이 미국의 선동가들에게 미친 영향에 대한 언급은 매우 멀리 나아가려고 하지는 않았다. 괴벨스가 선전 선동의 주도자였으며 현대 심층심리학의 가장 앞선 발견을 완전하게 알고 있었다는 점이 유지될 수는 없다. 최근에 발간된 괴벨스의 일기로부터 오는 그의 연설들과 발췌문들을 정독해 보면 다음과 같은 인상을 받게 된다. 다시 말해, 이것들은 권력 장치의 게임을 연기演技하기에는 충분히 약삭빠른 사람의 인상을 주지만, 괴벨스 자신이 구사하는 표어들과 신문의 논설문의 표면 아래에 있는 모든 사회적이거나 심리적인 이슈에 관련해서는 전적으로 천진난만하고 피상적인 인상만을 줄 뿐이다. 궤변을 늘어놓으면서 굴러먹고 "과격하게" 지력이 뛰어난 괴벨스의 이념

---

41 Cf. *Prophets of Deceit*(속임수의 대변자들).

은, 그의 이름과 연합되고 나치 선전에 열을 올리는 저널리즘에 의해 조장된 악마의 전설의 일부분이다. 괴벨스의 이념은 우연하게 나타난 하나의 전설이며, 그것 자체로 심리분석적인 설명을 필요로 한다. 괴벨스 자신은 천편일률적으로 사고하였으며 인격화personalization의 주술 아래에 완전하게 놓여 있었다. 그러므로 우리는 괴벨스의 박식이 아닌 다른 원천들을 찾아야 하며, 대중 조작에 관한 사회적인 기술들의 더욱 많이 선전된 파시스트 명령command을 찾아내야만 한다. 선두에 위치하는 원천은 이미 언급된, 지휘자와 추종자의 기본적인 동질성인 것으로 보이며, 이러한 동질성은 동일화의 양상들 중 하나의 경계를 정한다. 지휘자는 그의 선전선동에 민감하게 반응하는 사람들이 심리적으로 바라는 것들과 필요한 것들을 미루어 헤아릴 수 있다. 지휘자가 이 사람들과 심리적으로 닮아 있기 때문이다. 지휘자는 본래부터 갖추어진 어떤 우월성에 의해서라기보다는 오히려 이 사람들에 잠재되어 있는 것을 방해받지 않고 표현하는 능력에 의해 이 사람들과 구분된다. 지휘자들은 말을 일반적으로 사용하는 성격을 가진 유형들이며, 끊임없이 말하면서 다른 사람들을 바보로 만드는 강박 충동을 갖고 있다. 지휘자들이 그들의 추종자들에 대해서 실행하는 유명한 주문呪文은 지휘자들의 구순애口脣愛에 광범위하게 의존되어 있는 것 같다. 말 자체가, 말의 합리적인 의미가 결여된 채 주문적인 방식으로 기능하며 개인들을 군중의 구성원들로 떨어뜨리는 원시적인 퇴화로 거슬러 올라가게 한다. 제약 받지 않지만 광범위하게 관념을 연합하는 연설의 바로 이러한 질이 에고 통제의 일시적인 결핍을 최소한 필요조건으로 인정한 이래, 이러한 질은 강력함이라기보다는 오히려 허약함을 충분히 적절하게 가리킨다고 보아도 될 것이다. 파시스트 선동가들이 떠벌이는 강력함은 특히 헌금을 구걸할 때 보이는 허약함과 같은 그러한 허약함에 대한 암시들에 의해 실재로 동반되는 경우가 빈번하다. 이러한 암시들은, 확실히, 강력함 자체의 이념과 교묘하게 융합된다. 선동가는 그의

청중이 갖고 있는 무의식적인 성질과 성공적으로 만나기 위해서 그 자신
에 고유한 무의식적인 겉모양을 말하자면 단순하게 변화시킨다. 선동가
의 독특한 성격 증후군은 그로 하여금 이러한 변화를 정확하게 행하는 것
을 가능하게 한다. 선동가가 가진 경험은 이러한 기능을 활용하고 그의
비합리성을 합리적으로 사용하도록 ―영화배우와 유사하거나 또는 언론
인으로서 자신이 가진 신경 자극 전달과 감수성을 팔아먹는 방법을 알고
있는 언론인들 중의 특정 유형과 유사하게― 의식적으로 그를 가르쳐 왔
다. 따라서 선동가는, 이러한 유사성을 알고 있지 않으면서도, 심리 이론
은 참된 것이라는 단순한 이유에서 심리 이론에 따라 말하고 행동할 수
있는 능력을 갖게 되는 것이다. 선동가가 자신의 청중이 가진 심리를 재
깍하는 소리가 나도록 움직이게 하기 위해서 행해야만 하는 모든 것은 선
동가 자신의 심리를 약삭빠르게 활용하는 것을 뜻한다.

  선동가가 추구하는 목표의 심리적인 토대에 대해 선동가의 방책들이
갖는 적절성은 더 나아가 다른 요인에 의해 확대된다. 우리가 알고 있듯
이, 파시스트 선동은 지금쯤은 이미 전문직 종사자들의 직업, 이를테면
생계가 되었다. 선동이 구사하는 가지각색의 호소의 효율성을 시험하기
위해 많은 시간이 소요되었으며, 자연적인 선별이라고 불러도 될 만한 선
별을 통해서 청중이 가장 현혹되기 쉬운 호소들만이 살아남았다. 호소들
의 효율성은 그것 자체로 소비자 심리의 기능이다. 얼어붙는 과정은 현대
의 대중문화에서 채택된 기술들을 관통하면서 관찰될 수 있는바, 살아남
은 호소들은 이처럼 "얼어붙는" 과정을 통하여 표준화된다. 이것은 비즈
니스의 판매 촉진 활동에서 가장 가치 있는 것으로 증명된 광고 슬로건과
유사하다. 이러한 표준화는, 교대로, 천편일률적인 사고와 일치한다. 다
시 말해, 이러한 선전 선동에 민감한 사람들의 "천편일률적인 감정", 그리
고 이처럼 민감한 사람들이 갖고 있는 유아기적인 소망, 즉 끝이 없으며
변동이 없는 반복에 대한 소망과 일치하는 것이다. 선전 선동에 민감한

사람들의 심리적 성질이, 선동가의 표준적인 방책들의 과도한 적용에 의해 둔화되는 것으로부터 이 방책들을 막아 낼 의지가 있는지의 여부를 예측하는 것은 어렵다. 국가-사회주의자가 지배했던 독일에서는, 모든 사람이 "피와 토대Blut und Boden", 즉 농담 삼아 블루보Blubo라고 불렀던 관용구와 같은 선전 선동적인 관용구들이나 또는 패러디적인 동사인 **북부지방화하다**aufnorden가 파생된 원천인 북부 종족의 개념을 놀려 대곤 하였다. 그럼에도, 이러한 호소들은 그 매력을 상실하지 않은 것으로 보인다. 오히려, 그것들이 갖고 있는 "허위성"이 제3제국에서는 권력만이 사람의 운명을 결정하였다는 사실, 다시 말해 권력은 합리적인 객관성에 의해 통제받지 않는다는 사실에 대한 색인으로서 냉소적으로, 사디스트적으로 즐거운 식탐의 대상이 되어 왔을 개연성이 높다.

더 나아가, 우리는 다음과 같은 물음을 제기해도 된다. 여기에서 논의되는 응용된 집단심리학이 대중의 지지를 찾아 나서는 대부분의 다른 운동들보다도 오히려 파시즘에 특유한가? 심지어는, 파시스트 선전 선동을 자유주의적이고 진보적인 정당들의 선전 선동과 가장 가벼운 수준에서 비교해 보아도 응용된 집단심리학이 파시즘에 특유하게 되는 것을 보여줄 수 있을 것이다. 아직까지는, 프로이트도 르봉도 차이를 드러내는 그러한 특성을 예상하지 않았다. 그들은 "보통 말하는 그런 의미로서의" 군중에 대해 관련된 집단들의 정치적 목적들 사이에서 구분하지 않고 언급하였는바, 이는 형식 사회학이 사용하는 개념화와 유사하다. 사실상으로 프로이트와 르봉은 ―프로이트가 자신의 이론을 보여 주기 위해 선택한 예들인 교회와 군대가 본질적으로 보수적이며 위계질서적이라는 점이 주목되어야 함에도― 전통적으로 사회주의적인 운동들의 반대자들에 대해서보다는 오히려 전통적으로 사회주의적인 운동에 대해 사고하였다. 다른 한편으로, 르봉은 조직되어 있지 않고 자발적이며 일시적인 군중에 대해 주로 관심을 갖는다. 사회에 관해 명시적으로 설명하는 이론만이,

심리학의 범위를 훨씬 넘어서면서, 여기에서 제기된 물음에 대해 충분하게 답할 수 있다. 우리는 다음과 같은 몇 가지 내용을 제시하는 것으로 만족하고자 한다. 첫째로, 파시즘의 객관적인 목표들은, 이 목표들이 파시즘이 포섭하려고 노력한 사람들 중 대다수 사람들이 ―히틀러 정권의 최초 몇 년 동안에 나타났던 전쟁 전의 요란한 선동에도 불구하고― 갖고 있었던 물질적 이해관계들과 모순 관계에 있는 한, 광범위하게 비합리적이다. 파시즘에 태생적으로 들어 있는 전쟁의 지속적인 위험은 파멸로 이어지며, 대중은 최소한 전前의식적으로 이러한 위험을 알고 있다. 따라서 파시즘은, 비합리적인 것을 이데올로기적으로 합리화하는 신화가 날조된 것이라고 하더라도, 파시즘이 그것 자체에 고유한 비합리적인 권력에 관련될 때는 비진실을 전연 말하지 않는다. 합리적인 논변을 통해서 대중의 마음을 얻는 것이 파시즘에게 가능하지 않을지도 모르게 된 이래로, 파시스트 선전 선동은 담론적인 사고로부터 벗어나 그 방향이 필연적으로 변화될 수밖에 없다. 파시스트 선전 선동은 심리적으로 그 방향이 설정되어야 하며, 비합리적이고 무의식적이며 억압적인 과정들을 가동시켜야만 한다. 이러한 작업은, 분별없는 좌절에 시달리면서 이로 인해 성장 발달을 저해당하고 비합리적인 심성을 발달시키는 모든 계층의 사람들이 갖고 있는 정신상태의 뼈대에 의해 용이해진다. 파시스트 선전 선동이 사람들을 단순히 무엇인 것으로 생각한다는 점은 파시스트 선전 선동의 비밀이라고 보아도 될 것이며, 이는 충분히 적절하다. 파시스트 선전 선동이 이렇게 단순히 무엇으로 생각하는 사람들의 모습이 오늘날의 표준화된 대중문화의 진정한 자손들이며, 이들은 자율성과 자발성을 광범위하게 탈취당하고 있다. 이들의 모습은, 목표를 설정하는 대신에 사회적인 현재 상태에 못지않게 심리적인 **현재 상태**를 넘어서려고 하는 것이 실현된 모습이다. 파시스트 선전 선동은 그것 자체에 고유한 목적을 위해서 현재 존재하는 정신상태를 오로지 재생산해야 하며, 변화를 유발하지 않는다. 파시스트 선전 선동의 맨 앞에 위치하는 특징들 중의 하나인 강압적인 반복은 이처럼 지속적인 재생산에의 필요성과 하나가 되려고 한다. 파시스트 선전 선동은, 총체적 구조뿐만 아니라 그것 자체로 현대 사회의 비합리적인 양상들의 내면화의 산물인 권위주의적 성격의 각기 독특한 특징에 절대적으로 의존되어 있다. 널리 퍼져 있는 조건들 아래에서, 파시스트 선전 선동의 비합리성은 본능적인 경제의 의미에서 합리적으로 된다. **현재 상태**status quo가 보증된 돌처럼 굳어진 상태로 받아 들여지면, 현재 상태에 맞추는 것보다는 현재 상태를 통해서 보려는 더욱 대단한 노력, 그리고 현존적인 것과의 동일화를 통해 어떤 욕구 충족을 최소한 획득하는 것보다는 현재 상태를 통해서 보려는 더욱 대단한 노력이 요구된다. 바로 이것에 파시스트 선전 선동이 초점을 맞추고 있으며, 바로 이것이 파시스트 선전 선동의 요체이다. 바로 이것이, 극단적으로-반동적인 대중 운동들이 대중에서 더욱 많은 신뢰를 보여 주는 운동들이 사용하는 정도보다도 더욱 많은 정도로 "대중심리학"을 사용하는 이유에 대해 설명해 줄 수 있다고 보아도 될 것이다. 이렇기는 하지만, 심지어 가장 진보적인 정치적 운동이, 이 운동에 고유한 합리적인 내용이 맹목적인 권력으로의 회귀를 통해 산산이 부서지면, "군중 심리"와 군중 조작의 수준으로 악화될 수 있다는 점은 의문의 여지가 없다.

이른바 파시즘 심리는 조작에 의해 광범위하게 발생한다. 합리적으로 계산된 기술들이 대중의 "자연적인" 비합리성으로 순수하게 간주되는 것을 기술의 결과로서 이루어 낸다. 이러한 통찰은 하나의 대중 현상으로서의 파시즘이 심리학적인 용어에서 어쨌든 설명될 수 있는지에 관한 문제를 해결하는 데 도움을 줄 수 있다. 대중 사이에 파시즘에 대한 잠재적인 민감성이 확실하게 존재하는 동안에도, 무의식적인 것에 대한 조작, 즉 프로이트가 유전학적인 용어에서 설명한 일종의 암시가 이러한 잠재력의 현실화에 필수적이라는 점도 똑같은 정도로 확실하다. 이 점은, 어떤 방식으로든, 보통 말하는 그런 의미로서의 파시즘이 심리학적인 이슈가 **아니라는** 가정假定, 그리고 파시즘의 뿌리와 역사적인 역할을 심리학적인 용어로 이해하려는 어떤 시도도 파시즘 자체가 조장한 "비합리적인 힘들"의 이데올로기들과 같은 이데올로기들의 수준에 여전히 머물러 있다는 가정을 확인시켜 준다. 파시스트 선동가가 그의 연설을 듣는 사람들 내부에서 그러한 경향들을 채택한다는 사실이 의문의 여지가 없음에도 불구하고, 그는 강력한 경제적 및 정치적 이해관계들의 수임자受任者처럼 그러한 경향들을 다룬다. 심리적인 성질들이 파시즘의 원인이 실제로 되지는 않는다. 오히려 파시즘은 자기-이해관계의 전적으로 비심리적인 이유를 위해 파시즘을 조장하는 힘들이 성공적으로 활용할 수 있는 범위인 심리적인 범위를 정의한다. 대중이 파시스트 선전 선동에 의해 붙잡힐 때 발생하는 것은 본능과 몰아치는 힘들의 자발적이고도 일차적인 표출이 아니고, 대중 심리의 외견상으로-과학적인 새로운 활성화이다. 바로 이것이 프로이트가 조직화된 집단에 관한 토론에서 서술하였던 인위적인 퇴화이다. 대중의 심리가 대중의 지휘자들에 의해 탈취되면서 대중 지배를 위한 수단으로 변환된 것이다. 대중의 심리는 대중 운동들을 통해서 대중 심리 자체를 직접적으로 표현하지는 않는다. 이러한 현상은 전적으로 새로운 것이 아니며, 역사에서 나타나는 반反혁명적인 운동들을 관통하여 그 조짐이 나타났었다. 파시즘의 원천이 되는 것과는 멀리 떨어져 있는 채, 심리는 적재적積載的인 체계에서, 다시 말해 대중에 고유한 합리성인 대중 저항의 잠재력이 필요로 하는 바로 그러한 총체성인 적재적인 체계에서 다른 요소들 중 하나의 요소가 되었다. 프로이트의 이론이 가진 내용은, 즉 개인적인 나르시즘을 지도자 이미지와의 동일화를 통해 대체시키는 것은, 압제자들에 의한 대중 심리의 전유專有라고 불러도 될 만한 방향으로 파고들면서 핵심을 찌른다. 이러한 과정이 심리적인 차원을 지니는 것은 확실하지만, 오래된 자유주의적 의미에서의 심리적인 동기 부여의 폐지를 향해 나아가는 점차 증대되는 경향도 또한 가리키고 있다. 그러한 동기 부여는 체계적으로 통제되며, 위로부터 지시되는 사회적 메커니즘들에 의해 흡수된다. 지휘자들이 대중 심리를 의식하게 되고 이것을 그들의 손아귀에 넣게 될 때, 대중 심리는 확실한 의미에서 존재하는 것을 멈추게 된다. 이러한 잠재성은, 심리의 개념이 프로이트에게는 본질적으로 부정적인 개념인 점을 고려하면, 심리 분석의 기본적인 구축에 포함된다. 프로이트는 심리의 영역을 무의식의 우위를 통해 정의하며 무의식이 에고가 되는 것을 주장한다. 사람의 무의식에 대한 이질적인 지배로부터 사람이 해방되는 것은 사람의 "심리"의 폐지와 동등한 것이 될 것이다. 파시즘은 이러한 폐지를 반대의 의미에서, 다시 말해 잠재적인 자유의 실현 대신에 의존의 영속화를 통해서, 그리고 주체들이 그 무의식을 의식하게 하는 것 대신에 사회적 통제에 의한 무의식의 몰수를 통해서 조장한다. 이렇기 때문에, 심리는 한편으로는 개인에 대한 어떤 속박을 그 조짐으로 보여 주지만, 개인의 확실한 자부심과 자율성의 의미에서의 자유도 또한 상정한다. 19세기가 심리적인 사유의 위대한 세기였다는 사실은 우연이 아니다. 철저하게 구체화된 사회에서, 사람들 사이의 직접적인 관계가 존재할 수 없는 사회에서, 모든 사람이 사회적 원자, 집단성의 단순한 기능으로 축소된 사회에서, 심리적인 과정들은, 그것들이 각 개인에서 여전히 존속되고 있음에도 불구하고, 사회적인 과정을 결정하는 힘들로 출현하지 않게 되었다. 따라서 개인의 심리는 헤겔이 개인 심리의 실체라고 불렀을 것 같은 것을 상실하였다. 프로이트가 개인 심리 분야에 자신을 제한시켰고 사회학적 요인들을 외부로부터 도입시키는 것을 현명하게 삼갔지만, 그럼에도 그가 심리학이 그 임무를 다하는 전환점에 도달하지 않았다는 사실은 프로이트의 저작이 갖고 있는 아마도 가장 위대한 장점일 것이다. "주체가 그것의 가장 중요한 구성 성분을 대리하도록 하였던" 것이 바로 객체인바, "객체에 주체 자체를 넘겨주었던" 현상인 주체의 심리적 "궁핍화"[42]는, 즉 수퍼 에고superego는, 거의 **예지력**clairvoyance이 있다고 할 정도로, 심리를 넘어서는 탈-개인화된 사회적 원자들을 예상하게 한다. 바로 이러한 사회적 원자들이 파시스트 집단성을 형성한다. 이러한 사회적 원자들에서 집단 형성의 심리적 동역학들이 스스로 도를 넘어섰다. 그러한 심리적 동역학들은 더 이상 현실이 아니다. "허위성"의 카테고리는 지휘자들에게 적용될 뿐만 아니라 대중과 대중의 예상되는 광란 및 히스테리의 편에서 이루어지는 동일화의 행동에서 적용된다. 유태인들이 악마라는 것을 사람들이 자신의 마음의 심연에서 될 수 있는 대로 믿는 것과 똑같이, 대중은 지휘자들을 완벽하게 믿는 것이다. 사람들은 그들 자신을 지휘자와 실제로 동일시하지는 않지만, 동일화를 활동으로 옮기고 그들 자신에 고유한 열정주의를 실행한다. 따라서 사람들은 그들의 지휘자들이 행하는 실연實演에 참가하는 것이다. 이러한 실연을 통해 다음과 같은 것이 드러난다. 사람들의 지속적으로 가동된 본능적인 욕구들과 사람들이 도달시켰고 제멋대로 철회될 수 없는 단계인 계몽의 역사적 단계 사이의 균형을 사람들이 때리고 있음을 보여 주고 있는 것이다. 아마도 이것은 파시스트 군중을 그토록 무자비하게 접근이 불가능하게 만드는 심리, 즉 사람들 자신에 고유한 "대중 심리"의 허구성에 대한 불신일 것이다. 사람들이 잠시 동안이라도 논리적으로 생각하는 것을 멈춘다면, 모든 실연은 조각이 나고 말 것이며 사람들은 공황 상태에 내맡겨질 것이다.

프로이트는 "허위성"의 이러한 요소를 예기치 않은 맥락에서, 다시 말해 개인들이 원시 부족과 부족장 사이의 관계로 퇴행하는 것으로서의 최면술을 논의할 때 우연히 발견하였다.

---

[42] *L. c.*, p. 76.

우리가 다른 반응들로부터 알고 있듯이, 개인들은 개인적인 소질의 다양한 등급을 이러한 종류의 오래된 상황들을 회복하기 위해 보존해 왔다. 모든 것에도 불구하고 최면술은 다만 하나의 게임일 뿐이라는 어떤 지식, 이러한 오래된 인상들의 현혹적인 갱신은 어떻든 여전히 배후에 남아 있을 수 있다. 이러한 지식과 갱신은 최면술에서 의지가 중단되는 매우 심각한 결과들에 대항하는 저항이 존재한다는 사실을 주목하도록 할 수 있다.[43]

그동안에, 이러한 게임은 사회적인 것으로 되었으며, 그 결과는 매우 심각한 것으로 입증되었다. 프로이트는 최면술과 집단 심리 사이에서 최면술을 오로지 두 사람 사이에 발생하는 것으로 정의함으로써 양자를 구별하였다. 이렇다고 할지라도, 지휘자들에 의한 대중 심리의 전유, 그들이 구사하는 기술의 능률화는 최면술적인 주문呪文을 집단화시키는 것을 그들에게 가능하게 하였다. "독일이여 깨어나라"라는 나치의 슬로건은 최면술적인 주문의 바로 반대 경우를 숨기고 있다. 주문의 집단화와 제도화는, 다른 한편으로는, 감정 전이를 더욱더 간접적이고 불안정하게 만들었다. 그 결과 실연의 양상, 열정적인 동일화의 "허위성", 집단 심리의 모든 전통적인 동역학들의 "허위성"이 대단히 많은 정도로 증대되어 왔다. 이러한 증대는 주문의 비진실을 갑작스럽게 알게 되는 것에서 충분히 종료될 수 있을지도 모르며 결국에는 주문의 붕괴에서 끝날 수도 있을 것이다. 사회적으로 된 최면술은 그것 내부에서 힘들을 키운다. 다시 말해, 원격 통제를 통해 퇴행의 유령을 없애 버리려고 하는 힘들, 더 이상 졸고 있지 않으면서도 눈을 감고 있는 사람들을 결국은 깨우려는 힘들을 키우고 있는 것이다.

1951년

---

[43] *L. c.*, p.99.

정치와 노이로제에 대한 언급

기술적(技術的)으로 심리적인 고려사항들에 관련시키지 않고
이 시대에 이를 때까지(ad hoc) 심리적인 구축에 몰두하는 …
그러한 사회학자들
_탤컷 파슨스

아르투어 쾨스틀러Arthur Koestler는 그의 논문에서 노이로제를 정치에 적용시키고 있다.* 이와 동시에 그가 사용하는 방법론은 유사성의 방법론이다. 그는 "정치적인 노이로제 환자", 무엇보다도 특히 "정치적인 리비도"에 대해 말하고 있다. 정치적인 리비도는 "성적인 리비도와 최소한 똑같은 정도로 복합성의 짐을 지고 있고 억압되어 있으며 비뚤어져 있다"는 것이다. 프로이트가 개인의 영역과 개인의 충동 동역학의 영역에 대해 각인시켰던 카테고리들이 앞에서 말한 영역과 유사한 성질을 갖지만 이 영역에 의존되지 않는 영역에 적용될 수 있다는 가정假定이 쾨스틀러의 논문에 근원으로 놓여 있다. "정치적 본능"이나 또는 심지어 "정치적 잠재의식"과 같은 단어들이 쾨스틀러의 가정을 가리켜 준다.

심리분석은 1930년대 이래로 정치적 현상들에 대한 이해를 위해 그것 스스로 노력해 왔다. 심리분석은 쾨스틀러를 심층심리학에의 보론補論으

---

*   Vgl. Arthur Koestler, Politische Neurosen(정치적인 노이로제), in: Der Monat 63, Jg. 6,
     Dezember 1953, S.227ff. (Anm. d. Hrsg.)

로 동기 유발시켰던 대중 운동들과 정확하게 들어맞는 대중 운동들을 주제로 설정하였었다. 쾨스틀러가 심리분석의 통용되는 개념들에는 친숙하지만 분석적인 사회심리학을 위한 최근의 노력에는 친숙하지 못한 것은 치명적인 학문적 분업의 책임이다. 분석적 사회심리학의 시작에는 프로이트의 특별한 저작인 『집단심리학과 자아-분석』(1921)이 놓여 있다. 이 책에서 프로이트는 집단심리학에 관한 르봉과 맥클렁의 유명한 관찰들을 개별적인 충동 동역학으로부터 도출하는 시도를 행하였다. 이렇게 함으로써 프로이트는 집단심리학의 개념을 **탈주술화시켰다**. 집단심리학의 징후들은 프로이트에게는 비밀에 가득 차 있는 집단적인 고유한 본질이 아니며, 어느 집단의 모든 개별적인 구성원에서 일어나는 진행과정들, 즉 아버지 형상과의 동일화에 근거한다. 프로이트는 통상적으로 애매하게 사용되었던 표현인 "집단 최면"을 심각하게 받아들이며, 대중의 최면 상태와 유사한 행동방식들을 집단으로 하나가 된 사람들의 본능적 생활로부터 전개시킨다. 이러한 선회점을 통해 프로이트는 사회적 상황에, 즉 그 속에서 바로 대중 형성이 인간들의 원자화와 소외를 전제로 하는 사회적 상황에 표현을 부여하였던 것이다.

심리분석가들 사이에서도 하나의 분기된 토론이 프로이트의 저작에 접맥되었다. 경험적 사회연구는 이미 1920년대 후반부터 프로이트의 집단심리학의 개념들을 사용하였다. 나는 여기에서 프랑크푸르트학파의 사회조사연구소가 낸 연구들을 상기시켜도 되리라 본다. 사회조사연구소에는 벨젠에서 사망한 칼 란다우어Karl Landauer의 책임 하에 심리분석을 다루는 부서가 출발할 때부터 편입되어 있었다. 막스 호르크하이머가 구상하여 편찬한 총서인 『권위와 가족에 대한 연구』[01]에는 광범위하게 조사

---

01 Vgl. Studien über Autorität und Familie. Forschungsberichte aus dem Institut für Sozialforschung. (Schriften des Instituts für Sozialforschung, hrsg. von Max Horkheimer,

된 자료에서 권위와 결합된 행동의 심층심리학적인 메커니즘들이 사회적 동역학 자체와 연계되어 있었다. 프랑크푸르트 사회조사연구소가 미국에서 발간한 연구들은 이러한 의도를 계속해서 추구하였다. 『권위주의적 인성』[02]은 정치적인 이데올로기들과 성격학적인 구조 사이의 상관관계를 체계적으로 탐구하였으며, 1950년에 출간된 저작은 미국에서는 오늘날[03] 이미 수많은 참고문헌이 나오게 만든 저작이 되었다.

쾨스틀러의 테제들과 이미 수십 년 전부터 촉진된 학문적 노력들 사이에는 차이가 존재한다. 이러한 노력들에서는 "정치적 노이로제"가 독자적인 질병들로 간주되지 않고 개별적인 충동 구조 및 심리와 기능적으로 결합되었다는 점이 쾨스틀러의 테제들과 차이를 보인다. 이러한 차이는 그러나 단순히 아카데믹한 차이, 즉 학자들이 즉자적이고도 근본적으로 의견의 일치를 보일 만한 진행과정들의 섬세한 해석에만 관련될 것 같은 그러한 차이가 아니며, 오히려 중심적인 파악에 관련된다. 학자들이 의미에 따라 이론에 속해 있는 개념들을 이론으로부터 일단 떼어 내서 잘못된 상식의 영역으로 평준화시키자마자, 개념들은 그 의미를 변화시키며 개념들이 일단은 성취해야 하는 것을 더 이상 성취하지 않는다.

쾨스틀러의 논문과 관련하여, 그의 논문에서 성적인 리비도와 그토록 신중하게 구분되어 있는 정치적 리비도가 원래부터 무엇인가 하는 물음이 제기된다. 우리가 억압 개념의 엄격한 심리학적 의미에 집착하지 않는 경우에, 쾨스틀러가 그토록 강렬한 예를 ―독일에서 죄상罪狀의 억압과 같은 예― 인용하여 주장하는 정치적인 억압 메커니즘들이 어떻게 설

　　Bd. 5.) Paris 1936.

02　Vgl. Th. W. Adorno u. a., The Autoritarian Personality. (Studies in Prejudice, ed. by Max Horkheimer and Samuel H. Flowerman.) New York 1950.

03　이 논문이 발표된 것이 1954년임을 감안할 필요가 있지만, 이 저작은 오늘날에도 그 시의성을 상실하지 않은 것으로 평가받고 있음(역주).

명되는지도 계속해서 열린 물음으로 머물러 있다. 그는 정치적 리비도를 "전체의 부분으로 존재하며 공동체에서 출현하고 어떻게 해서든지 공동체에 속하고자 하는 개별 인간의 욕구"로 정의하려고 한다. 동사動詞로 이루어진 그러한 정의로 많은 성과가 이루어지는 경우는 드물다. 그가 표현한 사실은 분석적 사회심리학이 극복해야 할 것으로 보이는 문제를 사실상 최초로 제기하고 있지만, 이러한 문제의 해결을 스스로 제공하고 있지는 않다. 또는 그가 프로이트 이전에 나왔던 맥클렁의 복수주의적인 충동론으로 되돌아가려는 것은 아닌가? 다시 말해, 충동 목록에 제시된 것들의 원천과 관계에 대해 계속해서 숙고하지 않은 채 수많은 다른, 대부분 발견된 본능들 외에 하나의 "사회적 본능"을 명명하는 맥클러의 충동론으로 진지하게 되돌아가려는 것이 아닌가? 사람들이 "공동체에 속하기를" 바라는 것은 현실적으로 매우 자명하지 않은가? 총체적인 이데올로기의 심리적인 뿌리들을 노출시키려고 하면, 바로 이러한 개념을 탐구해야만 하지 않을까?

쾨스틀러는 서술을 설명과 혼동하면서 정치적인 것의 영역을 절대적으로 설정하고 있다. 이렇기 때문에, 그는 전체주의적인 유혹의 심리적인 발생뿐만 아니라 사회적인 발생도 그르치고 있다. 사회적인 발생을 그르치고 있는 것이 더욱 중요한 비중을 갖는다. 본래의 심리분석적인 이론의 의미에서 볼 때, 쾨스틀러가 특징적으로 표현한 현상들인 "내부-집단"과의 완고한 동일화의 현상들은 광범위한 정도로 집단적 **나르시즘**의 현상들이다. 쾨스틀러는 눈베르크Nunberg가 도입한 자아-약화의 개념을 공공연하게 신뢰하지 않는바, 거세 콤플렉스를 예로 들어 인용하는 자아-약화가 집단 형상물에서, 즉 전능하고 부풀려져 있으나 이와 동시에 본래의 허약한 자아와 심층적으로 닮은 집단 형상물에서 보상을 찾는다. 수많은 개별 인간들에서 구체화된 이러한 경향은 스스로 하나의 집단적인 힘이 되며, 우리는 이러한 힘이 미치는 범위를 지금까지도 제대로 평가하지 못하고 있다. 이러한 경향은 그러나 "정치적 노이로제"의 독특한 방식으로 나타나는 표현이 아니며, 인간들이 당하는 상실인 자아적인 만족의 상실에서 그 뿌리를 갖는다.

쾨스틀러의 즉흥적인 방법론은 중대한 결과를 유발하는 오류 판단에 이르게 된다. 집단적인 나르시즘은 "어떤 희생을 치르고라도 현실로부터 회피되는" 것을 결코 의미하지 않기 때문이다. 어떤 정치적인 사실들이 나르시즘과 결합될 수 없는 한, 이것들이 억압에 귀속된다는 점에 대해 쾨스틀러가 그토록 올바르게 관찰하고 있음에도, 집단적인 나르시즘이 넓은 도정에 걸쳐 "현실 원리"와 너무나도 잘 화합된다는 사실을 매우 심한 정도로 놓치고 있다. 전체주의적인 복종의 광학光學이 구부려져 상한 상태에 놓여 있다는 것은 여러 가지 면에서 의심의 여지가 없다고 할지라도, 이렇게 된 광학을 "비현실적"이라고 생각하는 것은 지나칠 정도로 천진난만하다고 할 것이다. 나르시즘은 심리분석에서는 다음과 같은 것을 지칭한다. 다른 사람들에 대한 사랑 대신에 자기 자신에 고유한 자아를 리비도적으로 채우는 것. 이러한 치환의 메커니즘은 무엇보다도 특히 사회적인 메커니즘이다. 이 메커니즘은 모든 개별 인간의 냉혹화, 자기보존에의 벌거벗은 의지에 하나의 프리미엄을 얹혀 놓는다. 집단적 나르시즘의 충동 목적들은 자아와의 융합, 합리적인 목적들과의 융합에 힘입어 주어진 조건들로 파고드는 예리한 통찰과 전적으로 결합될 수 있다. 쾨스틀러가 정치적 노이로제의 전형적인 예로 끄집어내고 있는 오늘날(1954)의 독일과 프랑스에서의 이데올로기들은 이러한 이데올로기들을 공유하는 사람들의 완력적인 이해관계들과 완벽하게 조화를 이룬다. 극도의 의미에서 볼 때, 집단적 나르시즘은 심리적으로 비합리적인 것과 똑같은 정도로 정치적으로도 비합리적이다. 집단적 나르시즘에는 자기파괴적인 모멘트가 내재되어 있다. 그 안에서 집단적 나르시즘이 강제적으로 형성된 세계 질서가 더 이상 아닌 세계 질서로서의 집단적 나르시즘에

598

자기파괴적인 모멘트가 내재되어 있는 것이다.[04] 히틀러는 그가 활동했던 시기의 유럽을 민족 동맹의 정치인들보다, 즉 하나의 우매함을 다른 우매함에 이어서 상식으로부터 만들었던 그러한 정치인들보다 훨씬 더 "현실적으로" 바라보지 않았던가? 전체주의적인 체계들에서의 확대된 자아-이해관계의 가차 없는 지배는 일종의 합리성을 잉태하는바, 이런 종류의 합리성은 그것을 반대하는 사람들보다도 수단의 선택에서 여러모로 우위에 있으며 오로지 목적만을 위해 맹목적일 뿐이다. 전체주의적인 심리는 사회적 현실 자체가 미친 것과 똑같은 정도로 미쳐 있는 인간들을 산출해 내는 사회적 현실의 우위를 반영한다. 미혹은 그러나 감금된 인간들이 앞에서 말한 위력적인 현실의 대리자들로서만 기능을 수행한다는 사실, 그들의 심리는 심리가 흘러가는 경향의 중간 역할만을 형성할 뿐이라는 사실에서 성립된다. 객관적인 사회적 법칙들에 관한 교설 자체로부터 하나의 광기 체계가 생성될 수 있다는 것이 어느 누구도 하나의 심리주의로, 즉 사회적인 전면前面에 만족하면서도 한 번이라도 심리적으로는 전혀 충분하지 못한 심리주의로 되돌아가도록 해서는 안 될 것이다. "정치적 노이로제"는 존재하지 않는다. 영혼적인 손상이 정치적 행동의 손상을 완전히 설명하지 않은 상태에서, 영혼적인 손상이 정치적 행동에 영향을 제대로 미친다. 정치적 행동은 "삶의 의미에 대한 물음", 인간을 원래부터 압박하는 것을 추상적으로 제대로 엷게 하기에 대한 물음보다는 다음과 같은 것들에 더욱 많은 정도로 그 토대를 둔다. 다시 말해, 정치적 행동은 테크놀로지적으로 유발된 실업과 같은 최고도로 구체적인 곤궁들, 개별 국가들에서의 원자재들에서 드러나는 배치背馳인 생산수단들과

---

04 어떤 세계 질서에서 집단적 나르시즘이 강제적으로 형성되면, 집단적 나르시즘은 이렇게 형성된 세계 질서를 넘어서는 새로운 차원에서 자기파괴적인 모멘트를 갖는다는 의미로 해석될 수 있는 구절임(역주).

소유 상태의 배치, 자기 자신의 힘으로 삶을 제어하는 것의 경제적 불가능성의 도처에 존재하는 곤궁들 악마 같은 "합리성"을 이용하여 이질적인 대중 운동들에서 개인들을 향하는 것의 불가능성의 곤궁들에 더욱 많이 기초하는 것이다.

내가 언급하였던 사회심리학적 연구들은 전형적인 심리적 체질들과 정치적인 태도들의 연관관계를 확실하게 산출하였다. "권위와 결합된 성격들", 어린 시절의 체험에 압박을 받아 자율적인 자아의 결정結晶에 실패한 개인들은 전체주의적인 이데올로기로 기우는 경향을 보인다. 이와 마찬가지로, 쾨스틀러의 견해와는 현저하게 대립되는 결과도 역시 논란의 여지가 없다. 권위주의적인 성격들이, 그것들 자체로는, 다른 방식으로 성격이 형성된 사람들보다도 결코 더욱 "신경질적이지" 않다는 연구 결과는 논란의 여지가 없이 명백한 것이다. 권위주의적인 성격들에 특별한 심리적인 결함들에 대해 논의하려고 하면, 이 결함들은 오히려 ―이 점은 또한 단지 극도로 조심스럽게 고지되어야 할 것이다― **정신병들**의 방향, 특히 편집증의 방향에 놓여 있다. 반면에, 특별히 신경질적인 갈등들은 오히려 권위주의적 성격과는 반대되는 유형에서 지각될 수 있다. "집단 정신병과 집단 망상"에 대해 말하는 느슨한 언어가 정치적 노이로제의 이론보다도 사실에 더욱 근접해 있는 것이 명백하다. 전체주의적인 체계들에 심리적으로 기우는 사람들이 자신을 정신병자나 미친 사람으로 생각하는 것도 역시, 이런 경우가 여러모로 발생하듯이, 틀렸다고 볼 수 있다. 이런 사람들이 자신의 몸을 바치는, 쾨스틀러가 그 현상을 규명하는 데 많이 기여하고 있는 집단적 광기 체계는 에른스트 짐멜Ernst Simmel의 통찰에 따르면 개별 인간들을 모습이 드러나는 정신병으로부터 공공연하게 지켜 준다. ― 캡슐에 넣어진 광기는 이런 사람들이 다른 범위에서는 오로지 더욱더 "현실적으로" 행동하는 것을 가능하게 한다. 병적인 모멘트는 그들에게서 오히려 현실주의 자체에, 그리고 신경증 환자의 갈등을 그들에게서 절약시켜 주는 특정한 종류의 냉혹함과 무감정에 숨어 있다. 그들에게서 노이로제는 말하자면 미리 결정되어 있는 것이다. 그들은 아무것도 남기지 않고 자신을 세계와 동일한 것으로 만들었다. 쾨스틀러가 말하듯이, 그들이 원래부터 경험을 더 이상 만들 수 없을 정도로 물건과 같은 것으로 되고 말았기 때문에 경험들로부터 배우는 능력을 갖지 못한다면, 그들은 세계와 남김없이 동일하게 되고 마는 것이다. 전체주의적인 나쁜 짓이 가장 수미일관하게 표현되는 직책인 경찰 우두머리는 신경질적이라기보다는 오히려 확실히 모든 것이다. 경찰 우두머리 대신에 우리는, 프란츠 알렉산더Franz Alexander가 도입한 성격 노이로제 개념의 유사성에 따라, 원래의 의미에서 전체주의적인 인간 유형들에서의 정신병적인 성격들에 대해 아마도 논의해야 할 것이다. 우리가 그럼에도 권위주의적인 성격의 발생 안으로 파고들면 들수록, 권위주의적인 성격을 전적으로 심리적으로 설명하는 것에 만족하는 정도가 더욱 줄어들 것이며, 권위주의적인 성격의 심리적인 경직화가 경직된 사회에의 적응 수단이라는 점에 대해 더욱 많은 정도로 보고하게 될 것이다.

1954년

개인과 조직

1953년도 다름슈타트 대화에 대한 기조 강연

인간과 조직의 관계에 대해 확산되어 있는 견해들을 반복하거나 요약하는 것이 나에게 주어진 과제가 될 수는 없다. 오히려 나는 인간과 조직의 관계에 대한 당혹감을 전제하고자 한다. 나와 마찬가지로 강연 참석자들도 이러한 당혹감의 모든 동기들이 나에게 익숙하다는 점을 확인할 수 있을 것으로 본다. 나의 견해를 정립된 목소리로 건방지게 말하는 것에서, 그리고 동의의 편안한 풍토에서 각자는 공명으로부터 만족을 끌어내는바, 이러한 편안한 풍토를 산출하는 것은 나에게 주어져 있지 않다. 변증법에서는 견해들을 강화시키는 것보다는 오히려 그 반대로 견해를 제거하고 이미 사고된 것을 숙고하는 것이 중요하다. 바로 이 점이 여기에서 다루어지는 대상으로부터 특히 절박하게 요구되는 점이다. 우리가 삶의 항상 더욱 많아지는 영역들에 조직적으로 드리워진 그늘에 전율을 느끼는 것에 머물러 있으면서 개인의 이름으로나 또는 오늘날 사람들이 즐겨 명명하듯이 인간의 이름으로 그러한 전율에 항의하는 경우에, 우리는 원래 우리를 위협하였던 것으로부터 너무나 쉽게 방향을 바꾸게 된다는 사실이 오늘날에야 비로소 드러난 것은 아니다. 히틀러 독재는 사회에 대한 비판적인 통찰에 오래전부터 알려졌던 사실을 극도로 드러내 보였다. 무의식적인 것, 본원적인 것, 일그러지지 않은 본성, 은총을 받은 인격에로의 소명과 선전 선동이 비합리적인 권력들에서 항상 빛을 발하였던 것은, 비인간화된 장치의 우세적 지배력을 완벽하게 실현된 비인간성의 결과들로까지 파고 들어가서 강화시키는 것에만 기여하였을 뿐이다. 오늘날 조직의 위험에 대해 말하는 사람은 개념들에서 한 채의 집을, 다시 말해 노련한 건축가의 말에 따르면 산등성이에 제 집처럼 안락한 황새 둥지를 지니고 있지만 방공호로 기초 공사가 되어 있는 집을 짓고 있지는 않은지에 대해 먼저 깨어 있어야 할 것이다. 제3제국은 타도되었다. 그렇지만 조직과 기술화의 ―두 개념은 그 실체에 따르면 함께 전체의 일부를 이루고 있다― 증대를 이런 증대에 대한 한탄들과 동반시키는 경향이 존속되고 있다. 이러한 한탄들은 조직과 기술화의 증대를 변화시키기보다는 오히려 암울하게 하는 데 기여하고 있다. 내가 보기에, 이러한 경향에 대항하여 방어하고 조직이 스스로 제기하는 물음에 대해 몇몇 사항을 언급하는 것은 경멸할 만한 과제는 아닌 것 같다.

나는 조직의 개념을 미리 정의하는 것을 거부하고자 한다. 조직의 개념이 갖고 있는 내용은 어느 정도 확실한 한계에서 강연 참석자 모두에게 명백할 것이다. 나는 조직의 개념을 제한시킴으로써 사실상으로 조직의 개념에 속하는 연관관계들이 절단되는 결과에 이르는 것을 회피하고 싶다. 이러한 연관관계들은 정의定義에 귀속되지 않기 때문이다. 현대의 조직과 같은 사회적 현상은 전체 사회적인 과정에서 이 현상이 차지하는 위치에서만 규정될 수 있다. 다시 말해, 원래는 사회에 대해 상세하게 실행된 이론의 의미에서만 규정될 수 있는 것이다. 몇몇 표징들을 끄집어내서 이러한 표징들에 일치하는 것의 범위를 문제 자체에 대해 자의적으로 슬쩍 밀어 넣는 것은 형식주의적이라고 볼 수 있을 것이다. 조직에 대한 오리엔테이션에서 항상 상기될 만한 점은, 조직이 의식적으로 창출되고 조종된 목적 연합체라는 사실이다. 목적 연합체는 그것 자체로 종족이나 가족처럼 자연발생적인 집단들과 구분되는 것과 마찬가지로, 역으로, 사회적인 과정의 계획되지 않은 전체와도 구분된다. 조직에서 본질적인 것은 목적 합리성이다. 조직이라는 이름에 대해 요구 제기를 하는 하나의 집단은 목적이 —조직은 목적 때문에 존재한다— 가능한 한 완벽하고 상대적으로 최소한의 힘만 소비한 채 달성될 수 있도록 성질이 부여되어 있다. 조직의 형성에서 구성원이 되는 사람들의 성질은 전체가 요구하는 목적 유용성의 뒤에 머무르면서 조직이 만든 구축물로 들어가서 뒷걸음질 치게 된다. 조직이라는 이름은 기관器官들, 공구들을 상기시킨다. 여기에서, 조직에 붙잡혀 있는 사람들은 일차적으로 그들 자신을 위해서가 아니고 목적을, 즉 조직이 시중을 들며 비로소 간접적으로 —다시 한 번 말하자면 "공구"로서— 그들에게 다시 소용이 되는 목적을 실현시키기 위해서 조직에 속해 있다는 사실이 떠오르게 된다. 다른 말로 하면, 조직에서는 인간관계들이 목적에 의해 매개되어 있으며 직접적이지 않다. 미국에서 사용되는 용어를 따른다면, 모든 조직은 제2차 집단이다. 그러한 간접성, 조직에 대한 개별 인간의 공구적工具的인 성격과 개별 인간에 대한 조직의 공구적인 성격은 경직성, 냉혹성, 외부성, 폭력성의 모멘트들을 설치하게 된다. 이것은 독일 철학의 전통에서 내려오는 언어에서는 소외와 사물화라는 단어들에 의해 그 윤곽이 그려진다. 앞에서 말한 모멘트들은 조직의 확대와 함께 상승된다. — 이미 막스 베버는 이러한 확대로의 질주가 모든 조직에 내재한다는 점을 논구한 바 있다. 그러나 이러한 팽창적 질주는 오로지 기능을 발휘하는 것의 궤도에서만 오늘날에 이르기까지 진행되고 있다. 항상 새로운 부분들이 메커니즘 안으로 들어오면서 지배를 당하게 된다. 조직에서 항상 달성될 수 있는 것을 삼켜 버리는 조직은 동시에 기술적인 단일화를 추구한다. 조직은 또한 조직에 고유한 권력도 확실히 추구한다. 조직은 그러나 조직의 현존재가 갖는 의미, 사회적인 전체에서 조직의 확대가 갖는 의미에 대해 거의 숙고하지 않는다. 조직의 원리를 근원적으로 정의하는 것인 공구와 목적의 분리는 현대 사회에서는 예전보다 더욱 많은 정도로 조직이 조직의 법적 근거에 대해 갖는 관계를 위태롭게 한다. 조직은 조직 자체의 외부에서 목적으로부터 벗어나서 자기목적이 된다. 조직이 총체성으로 계속해서 나아가면 갈수록, 다음과 같은 가상이, 즉 공구들의 체계인 조직이 사물 자체라는 가상假像이 더욱 많은 정도로 굳어진다. 조직은 조직과 동일하지 않은 것에 대해 조직을 밀폐시킨다. 모든 것을 틀에 묶어 두는 조직들에는 배제적인 것, 독특한 것의 질이 역설적으로 내재되어 있다. 강연 참석자들은 전체주의적인 조직들이 규칙적이고 조직에 속하지 않은 집단들을 가차 없이 지정한다는 것을 알고 있을 것이며, 그러한 선택의 자의도 꿰뚫어 보고 있을 것이다. 그러나 이러한 자의는 극단적인 전율의 영역에서만 그 지배력을 보이는 것에서 결코 끝나지 않고, 그림자들로서 조직적인 사물성Sachlichkeit을 동반한다. 사람들이 조직으로부터 배제될 수 있는 것이 조직의 개념에 속하는 것과 마찬가지로, 배제 처리는 집단들의 견해를 뚫고 들어가서 실행된 지배의 흔적들을 떠맡는다. 법칙적인 것에 들어 있는 그러한 자의는 관리된 세계가 갖고 있는 공포스러운 것에 대해 합리성보다도 훨씬 많은 책임이 있으며, 비난들은 이러한 책임을 일반적으로 향하고 있다. 조직적인 폭력성에 부딪치는 곳에서는, 우리는 조직에 함께 결합되어 있는 사람들의 고유한 이해관계들이 결국은 아닌 이해관계들을 추론해도 될 것이다.

이렇게 손으로 만져 보아도 드러나는 조직의 특징은 결코 현대적인 관리管理에 대해서만 해당되지 않고 로마 시대의 관리나 또는 중세의 봉건적인 위계질서에도 해당된다. 조직은 조직의 새롭고도 우리를 당황하게 만드는 질을, 즉 모든 것을 포괄하는 것의 질과 사회를 철두철미하게 구조화시키는 것을 조직의 확대와 처분 권능의 등급을 통해서만 획득하였다. 이런 방향으로 나아가는 경향은 과거의 거대 조직들에서도 결핍되어 있지는 않았다. 다만, 이러한 경향은 현대적인 기술 수단들과 함께 비로소 명백하고도 완전하게 실현될 수 있게 되었다. 그러한 역사적인 동역학은 여기에서 일단은 간략하게 제시된 개념 규정들과 같은 형식 사회학적인 개념 규정들을 분쇄시킨다. 조직은 철두철미하게 역사적으로 생성되는 산물이다. 조직은 그 생명을 오로지 역사적 운동으로부터 받는 것이다. 우리가 이 사실을 도외시하면, 조직의 개념을 이른바 불변적인 것으로 가져가게 되며, 그 결과 다른 것이 아닌, 바로 죽어 있는 주조물을 되돌려 받아 간직하게 될 것이다. 조직을 합리적인 목적 연합체로 규정하는 것은 보편적으로 통용되지만 조직에 포함되어 있는 위협은 오늘날에야 비로소 일반적으로 명백하게 되었다는 점을 강연 참석자들이 깊게 생각해 주었으면 한다. 고도로 조직화된 이집트의 왕국들 중 대략 어느 왕국에서 조직에 의해 인간이 위협받는 것에 관한 대화를 실행하는 사고 실험은 괴기스럽다고 할 것이다. 이러한 대화는 그것 자체로, 내 입장에서 말하는 것이 시도된다면, 조직의 비교할 수 없을 정도로 많이 진보된 상태를 전제하며, 이와 똑같은 정도로 개인적인 자유의 동기를 전제한다. 삶의 도처에 존재하는 권력으로서의 조직이 비밀스러울 뿐만 아니라 드러내 놓고 개인적 자유의 가시적인 잠재력을 저지시키는 역사적 시간에서, 바로 이러한 역사적인 순간에서 조직화된 인간들은 인간의 삶을 그러한 방향으로 가져갔던 원리에 대해 스스로 성찰할 수 있게 되었다.

내가 강연 참석자들에게 가까이 들여다보기를 제안하는 확산된 견해는 2개의 테제로 요약될 수 있다. 사회의 모든 영역과 개별 인간의 실존의 모든 영역에로의 조직의 확대는 피할 수 없으며 일종의 운명이라는 점이 하나의 테제가 될 것으로 사료된다. 어떤 포착되지 않은 움직임도 더이상 남겨 놓지 않으며 모든 것을 붙잡아 두는 목적합리적인 사회적 조직화는 자연적 권력으로서 지각된다. 이 점은 자연 권력에 대한 비판가들에 의해서도 때때로 지각된다. 조짐을 보이고 있는 두 번째 테제는 대략 다음과 같은 내용이 될 수 있을 것이다. 다시 말해, 조직의 현재 상태는 자유, 직접성, 자발성을 항상 더욱 적은 정도로 용인하며 통합적인 사회를 형성하는 사람들을 단순한 원자原子들로 끌어내리는 경향을 보이고 있는 바, 이러한 상태는 인간을 극도로 위협하고 있다는 점이 두 번째 테제이다. 올더스 헉슬리Aldous Huxley와 조지 오웰George Orwell의 부정적인 유토피아는 이 점을 선명하게 그려 냈다. 강연 참석자들이 나를 오해하지 않기를 바란다. 내가 두 권의 책이 알리고 있는 힘인 정확한 상상과 인간애적인 저항의 힘을 간과하는 정도가 매우 적은 만큼, 나는 두 개의 테제에 퇴적된 자극들을 거의 부인하고 싶지 않다. 우리가 여기에서 얻기 위해 노력하고자 하는 것에 관해 논의하려고 하는 사람은, 조직에 의해 세계가 굳어지는 것과 우리의 머리 위에서 실행되는 것의 충격을 틀림없이 경험하였을 것이다. 그는 또한 우리가, 우리의 의지로 또는 우리의 의지에 반하여, 작동장치의 톱니바퀴들로서 참가하도록 강요받고 있다는 사실, 우리의 개별성이 항상 더욱 많은 정도로 우리의 사생활과 성찰로 제한되어 있고 이에 대해 권리를 침해당하고 있다는 사실에 대해서 침묵해서는 안 될 것이다. 개인이 즉자적으로 개인으로 존재하는 것이 이러한 제약에 의해 관련되지는 않았다고 말하면서 이를 확실히 해 두려고 한다면, 완고한 미신을 이미 필요로 해야만 할 것이다. 우리가 고유한 개별성을 어느 정도까지는 사치로서 허용하는 경우에, 이것은 그 내부에서 사회의 생명이 개인들의 독립성과 주도성을 스스로 중심적으로 기대하였던 상태와는 극단적으로 구분된다. 한때는 개별성에 프리미엄이 놓여 있었다. 개별성은 오늘날 개별성 자체를 이탈로 의심받도록 만들고 있다. 이러한 풍토는 개별성에 유리할 수 있는 점을 거의 갖지 못할 것이다. 이러한 모든 것은 탁 털어 놓고 미리 자세히 언급될 수 있다. 앞에서 말한 내용이 우리에게 주는 고통에 낯선 사람은 적응을 종교로 끌어올려야 할 것이며, 사회적인 안전의 신뢰할 수 없는 감정이나 또는 자동차, 냉장고, 텔레비전 수상기의 상승된 생산에 대한 자부심에 문자 그대로 만족해야 할 것이다.

이렇게 하고 싶지 않으면, 공허한 경악에 붙들려 있어서는 안 될 것이다. 조직의 확대는 일단은 피할 수 없으며 일종의 운명이 되었다는 테제에 대해 언급하고자 한다. 이 테제가 매우 잘 이해되는 것처럼 들리지만, 그 내부에는 참된 것이 틀린 것과 교차되어 있다. 참된 것은, 조직이 없는 상태에서는 사회가 자연에 대항하여 사회를 주장할 수 없었을 것이며 그 생명이 유지되지도 않았을 것이라는 사실, 오늘날에는 사회가 이러한 생명을 유지시키는 능력을 예전에 비해 더욱 적은 정도로 실행할 수 있다는 사실이다. 이러한 사실이 없었다면, 원시적인 오솔길이 만들어지지도 않았을 것이며 캠프파이어 불이 꺼지는 것도 방해받지 않았을 것이다. 그러나 이러한 필연성은 종국적으로는 인간들을 그 밑에 묻어 버리기 위해 굴러가는 단순한 숙명만은 아니다. 이성이 이러한 필연성에서 그 몫을 갖고 있다. 이성은 집단적인 자기보존과 자연지배의 임무들에서 사회에 못지않은 몫을 갖고 있다. 이렇기 때문에 이성은 절대적으로 설정될 수 없으며, 이성의 실존을 유일하게 정당화시키는 것에 이성이 소용되는지를 묻는 물음에 매번 종속될 수 있다. 조직의 불가피성에 대해 말하는 경우에, 사람들은 조직이 사회적 조직화Vergesellschaftung의 한 형식이며 인간들을 위해 인간들에 의해 창조된 것이라는 결정적인 사실을 쉽게 망각하고 만다. 모든 개별 인간이 제도적인 권력들을 마주 대하면서 오늘날 감지하는 무력감, 즉 조직의 진보를 개별 인간 스스로부터 저지하거나 또는 진보의 방향을 변경시킬 수 없는 무능력은 이러한 진보를 형이상학적으로 덮어서 감춰진 것의 가상 안으로 집어넣어 주술로 변모시킨다. 바로 이 점에서 현재의 역사적 단계에서 모든 사회적인 관계들의 일반적인 경향, 즉 곧바로 통용되는 것, 절대적인 것으로 그 모습을 보여 주는 경향이 선명하게 각인된다. 무엇으로 존재하는 것이 오늘날 그것 스스로 이데올로기가 된다. 조직의 피할 수 없는 성격의 테제에 대항하여, 다음과 같은 주장이 고수될 수도 있을 것이다. 다시 말해, 우리가 조직이라고 명명하는 목적 연합체들 중 많은 연합체들의 이성적인 필연성이 조직에 관련되어 있는 사람들에게서 숨겨져 있다는 주장, 따라서 앞에서 말한 테제는 극도로 의문의 여지가 있는 테제가 되는 경우가 빈번하게 발생된다는 주장이 고수될 수도 있을 것이다. 목적들이 이성적이라는 생각, 전체das Ganze는 이성이라는 생각은, 수단들이 단순히 절멸을 위해 고안된 것들이라고 할지라도, 수단들이 최종적으로는 이성적인 것이 되는 데 우연하게 이르게 됨으로써 파멸된다. 그 개념이 조직의 개념과 분리될 수 없는 합리성은 비합리성의 권력 영역에 빠져든다. 외부 자연에 무엇이 자행되었는지를 묻지 않는 외적 자연지배의 맹목성은 인간에 대한 지배로서의 조직으로 넘어가며, 조직 자체의 대상들이 인간들이라는 의식, 즉 조직이 함께 묶어두는 조직의 이른바 주체들과 동일한 인간들이라는 의식은 사라진다. 사회가 개별적인 구획들의 지배에서 항상 더욱 이성적으로 되고 더욱 잘 기능하면서, 사회는 그것의 비이성의 모멘트를 항상 더욱 많이 드러내 보인다. 사회는 전체, 사회에 고유한 존속을 위태롭게 한다. 이렇게 해서, 나는 조직의 필연성의 테제가 참되면서 동시에 참되지 않다는 나의 주장을 강연 참석자들이 이해해 주기를 요청하고자 한다. 인간사人間事가 재생산되기 위해서는 조직이 필요한 한, 나의 테제는 참된 테제이다. 조직으로부터 출발하는 위협이 조직 자체에 일반적으로 놓여 있지 않고 조직이 의존되어 있는 비합리적인 목적들에 놓여 있는 한, 나의 테제는 참되지 않다. 비합리적인 목적들은 그러나 인간이 추구하는 목적들이며 근본적으로 인간에 의해서 변화될 수 있다. 또한 이러한 변화 가능성이 오늘날 대다수 인간들에게서 실행되는 것이 매우 어렵다고 할지라도, 인간에 의해서 실행될 수 있는 것이다. 조직에서 운명적인 것은 조직의 이성이 아니고 그 반대인 조직의 비이성이며, 이런 책임이 이성에게 단순히 전가된다. 관리된 세계에 대한 불안은 조직의 고립된 카테고리에서 그것의 실제적인 대상을 발견하지 않을 것 같고, 오히려 사회적 전체 과정에서 조직이 차지하는 위치에 대한 인식으로 넘어가야 할 것 같다. 조직은 그것 자체로 나쁜 것도 아니고 좋은 것도 아니며, 둘 다 될 수 있다. 조직의 정당함과 본질은 조직이 소용되는 것에 의존되어 있다. 최소한 서구 세계에서는 모든 사람이 조직을 비난하는 경향에 기울어 있는 반면에, 앞에서 말한 불안의 배후에 놓여 있는 해악은 조직에 의존되어 있는 정도가 과도한 것에서 오는 해악이 아니고 조직에 대한 개별 인간의 의식이 지나치게 적은 것에서 오는 해악이다. 모든 것을 절멸시키는 전쟁의 위협, 이러한 위협과 가장 밀접하게 결합되어 있는 의식인 개별 인간의 의식, 즉 지배적인 사회적 작동장치에서 쓸모가 없게 되고 실존의 토대를 상실할 수 있다는 의식이 앞에서 말한 해악인 것이다. 조직이 자유롭고 성숙한 인간성이 필요로 하는 것에 따라 형성되었더라면, 조직에 대한 두려움이 와해되지 않았을까 하는 문제는 사변에 맡겨도 될 것이다. 조직이 인간들에게 자행한 고통스러운 것은 조직이 이성과 투명성을 객관적으로 결여하고 있다는 것에서 그 근거를 갖지, 보루를 쌓으면서 개인 자신에게 고유한 이익을 위해 통제를 실행하는 개인들에서 단순히 그 근거를 갖고 있지는 않다. 이런 문제에 대한 시도가 객관적인 비합리성과 그토록 심하게 오늘날 엉클어져 있음에도, 관료들과 관료주의에 대한 선호되는 한탄은 그럼에도 일반적으로 볼 때 근본이 되는 사실들로부터 빗나가 있다. 관료주의는 공론적인 의견에서 사람들이 이전에 이른바 비생산적이고 기생적인 직업들, 브로커들, 거간꾼들에게 뒤에서 말하곤 하였던 것의 유산에 발을 들여 놓게 되었다. 관료주의가 관리된 세계의 속죄양이 된 것이다. 오늘날 우리가 처해 있는 상태에 결정적으로 중요한 것은, 항상 더욱더 규모가 커지는 경제적이며 사회적인 객체들이 독특하고 자체로서 불투명하며 유해한 목적들을 위해 한군데로 모아진다는 사실이다. 익명적인 것, 객체적인 것을 그것 자체로서 경험하고 꿰뚫어 보는 것만큼 인간에게 어렵게 다가오는 것도 없다. 인간들이 부정적인 것에의 책임을 다시금 인간들에서 찾고 이렇게 함으로써 비인간화의 위험을 말하자면 인간적인 것으로 만듦으로써, 생동적인 존재로서의 인간들이 자신을 극복할 수 있을 뿐이다. 이렇게 되어야 하는 것은 말할 필요도 없이 관료들일 것이다. 비인간화의 위험을 필요로 하는 것인 세계의 설치, 공적인 사물들에 관계하는 모든 사람을 관료적이 되도록 강요하는 것인 세계의 설치가 이렇게 되어야 하는 것은 아니다. 이러한 속박은 그것 자체로 결코 단순히 부정적인 것은 아니다. 어떤 관청으로 가서 관청의 도움을 기대하는 개별 인간은 자신의 개별적인 이해관계나 관청이 대변하며 끊임없이 더욱 일반화되는 이해관계 사이의 차이와 마주치게 된다. 이렇게 됨으로써 개별 인간은 그가 기대했던 것보다 더 적게 그에게 허락하는 관리官吏를 F. 도식에 따라 업무를 처리한다고 비난하는 경향에 기울게 된다. 이처럼 불평하는 사람은 오늘날 가능한 욕구 충족의 척도에서 보면 충분히 옳은 경우가 빈번하다. 개별 인간을 다루는 척도가 되는 F. 도식, 즉 모든 경우를 자동적이고도 "개인에 대한 고려"가 없이 일을 처리하는 것을 관료주의에게 가능하게 해주는 추상적인 처리방식은 그러나 동시에, 형식적인 법에서 그렇듯이, 또한 정의正義의 한 요소이다. 이처럼 추상적인 처리방식은 이것이 일반적인 것과 갖는 관계의 덕택으로 자의, 우연, 족벌주의가 인간의 운명을 지배하지 않게 하는 것에 대한 보증의 한 부분이다. 관료가 상대해야만 하는, 관료 안에 들어가 있는 개별 인간에게서 포착되는 탈개인화와 업무 처리의 사물화는 전체가 전체의 인간에 관련되는 목적으로부터 소외되어 있음을 표현하며, 이러는 한 부정적이다. 그뿐만 아니라 그러한 탈개인화와 업무 처리의 사물화는 또한, 역으로, 모든 사람에게 이익을 줄 수도 있으며 다만 가장 나쁜 것만이라도 저지시키는 이성에 대한 증명이기도 하다. 조직의 이중적 성격이 이보다 더 명백하게 될 수는 거의 없을 것 같다. 조직이 사회적 전체에서 실행하는 것이 문제가 되지 조직이 구실로 삼은 항상 잘못하기 쉬운 개인들이 문제가 되는 것은 아니라는 점도 역시 이보다 더욱 명백하게 될 수는 없을 것이다. 인간이 가진 속성들을 대상이나 사실관계에 잘못 부속시키는 것은 휴머니티를 향하는 과정으로부터 벗어나는 과정에 드리워진 그림자이다. 조직과 사회에 대하여 숙고하는 사람은, 개인들이 조직의 부속품이고 그들의 가장 내적인 반응 방식들에 이르기까지 조직에 자신을 맞춰야한 하는 동안에도, 조직의 나쁜 점을 개인들로부터 직접적으로 도출시키는 것으로부터 자신을 보호해야만 할 것이다.

지금까지 논의한 내용에 이어서 두 번째 테제인 인간에 대한 위협의 테제에 관해서도 몇 가지가 거론될 수 있다. 어느 누구도 모든 개별 인간을, 그가 알고 있든 또는 그렇지 않든, 작동장치의 하나의 기능으로 변모시킬 준비가 되어 있는 위협적인 상태를 부인하지는 못할 것이다. 그러나 이러한 위협을 만나기 위해서, 두 번째 테제는 의식을 마비시키는 것인 형이상학적 열정을 빼앗을 수 있다. 형이상학적 열정은 불안이라는 다루기 쉬운 개념, 즉 그것 자체로 이미 이데올로기의 한 부분인 불안 개념에 의해 반영된다. 불안 개념은 스스로 독립적으로 되어 인간에게 마주 서 있지만 인간의 삶의 과정에 토대를 두고 있기 때문에 변화되는 경향을, 마치 이런 경향이 현존재의 원래부터 주어진 상태이거나 또는 현존재의 "존재성"이라도 되는 것처럼, 변용시킨다. 사고는 그러나 나쁜 것을 본질적인 것으로 정당화시키는 것에서 그 깊이를 갖지 않는다. 조직에 들어 있는 위협적인 것은, 인류에게 그 뿌리를 상실하게 하였으며 인류를 비인간화에 넘겨주었던 신화적으로 발생된 운명으로부터 유래하지 않는다. 오히려 인간은 감추어진 판결에 의해 인간에게 외관상으로 운명처럼 정해진 것에서 더 이상 자기 자신을 다시 인식하지 못하게 된다. 이렇기 때문에, 인간은 이러한 운명을 감내하거나 그렇지 않으면 심지어 긍정할 준비가 되어 있음을 드러내는 것이다. 이러한 준비 상태는 인간에 대한 이른바 위협의 테제를 채색시킨다. 이러한 테제는 맹목적이고 암기적인 것, 즉 사회의 조직과 집결에 대해 내부에서 정지되어 있는 것, 불변적인 것, 인간의 본질을 곧바로 대립시킨다. 인간에 대한 정적靜的인 상像이, 역사적 동역학으로부터 뽑혀 나온 채, 생기는 것이다. 개별적인 실존과 개별적인 실존이 사회적으로 얽혀 있는 상태에서 당하게 되는 것 사이의 균열이 별이 떠 있는 하늘에 투사되고, 이러한 균열은 대상화된 경과와 순수한 내면성의 절대적인 이원주의로 올라서게 되는 것이다. 이렇게 되는 것은 기껏해야 인간은 외부로부터뿐만 아니라 내면으로부터도 위협을 받고 있다는 정도의 수정과 함께 이루어진다. 이러한 수정은 그러나 진실을 다시한 번 왜곡시킨다. 다시 말해, 기술적인 사회에서 인간들 자신에게서 일어나는 변화들이 기술적 및 사회적 전개와 관련하여 인식 가능한 연관관계에 놓여 있다는 점을 숨겨 버리는 것이다. 프랑스의 중요한 사회학자인 조르주 프리드망George Friedment의 저작들은 바로 이러한 중심적인 사실관계에 빛을 비춰 주고 있다. 그러나 나는 일단은 다른 문제에 들어가고자 한다. 우리가 인간의 개념을 오늘날 실존적 존재론의 ―실존적 존재론은 앞에서 말한 오해에 붙어 있는 책임으로부터 벗어나는 것을 기꺼이 바라고 있지만 이렇게 바라는 만큼 책임으로부터 벗어날 수 없다― 결과로 세간에 널리 퍼져 있는 인간 개념처럼 사용하는 경우에 발생하는 기만, 즉 인간 개념 자체에 들어 있는 기만에 대해 논의하고자 하는 것이다. "인간" 은, 사람들이 의견을 잘 말하고 있는 것처럼, 현존재의 토대가 아니다. 인간은, 역사적으로 얽혀 있는 상태에 맞서서 견고한 기반을 다지거나 또는 심지어 본질적인 것에 이르는 문을 밀쳐서 열기 위해서, 꿰뚫고 들어가야만 할 것 같은 현존재의 토대가 아닌 것이다. 오히려 인간은 특정한 역사적인 인간들과 그 관계들로부터 떼 내어진 하나의 추상 개념이며, 그리고나서 이런 추상 개념은 불변의 진리라는 전통적인 철학적 이상理想을 위해 스스로 독립적으로 되었거나, 또는 사람들이 명명하였듯이 철학이 비판하는 것을 여전히 감행하였을 때 실체화되었다. 인간 개념은 성스럽고 양도할 수 없는 것이 결코 아니다. 인간 개념은 서약될 수 없으며 조직의 부당함에 대비될 수 있는 개념이 아니다. 오히려, 인간 개념은 인간에 관련된 사물들로부터 어떻든 획득될 수 있는 가장 공허하고 가장 결핍되어 있는 규정이다. 위대한 철학, 특히 헤겔 철학에의 기억을 교육과 함께 상실하였던 의식만이 역사의 주체와 객체에 대한 구체적인 규정들의 대용품을 통해 이러한 의식 자체를 속일 수 있게 된다. 실존적 존재론이 현존재에 ─현존재는 주관성에 대한 새로운 단어에 지나지 않는다─ 영원한 근본 카테고리로서 산입시켰던 것들 중에서 많은 것은, 다시 말해 불안, "세인世人, das Man", 빈말Gerede, "내던져져 있음Geworfenheit"[01]과 같은 카테고리들은 사회의 매우 특별하고 모순에 가득 차 있는 상태의 상처들, 다른 것이 아니고 바로 이러한 상처들이다. 이렇게 해서, 내던져져 있음의 개념은 모든 개별 인간이 관리된 세계의 맞은편에서 무력하며 어느 때고 바퀴들 밑에 깔릴 수 있다는 것을 병적으로 장식해 주는 표현이 된다. 이러는 동안에도 우리는, 이전에 존재하였던 의존성의 시대와는 구분되게, 우리 스스로 운명을 극복할 수 있다는 이념에서, 우리에게 더욱더 나쁜 것이 알려지는 경우에는 운명을 극복할 수 있기 때문에 회의를 품을 수 있다는 이념에서 우리의 운명을 가늠한다. 인간이 정의로운 세계의 설치를 한번 마음대로 제어하게 되면, 어떤 성직자풍의 거동도 인간의 이념을 가능하게 하는 상태, 다시 말해 인간이 불안으로부터 자유로울 것 같은 상태, 인간이 자신을 맹목적으로 내던져진 존재들로서 더 이상 경험하지 않을 것 같은 상태, 인간들이 익명성과 황폐화된 언어에 더 이상 내맡겨져 있지 않을 것 같은 상태를 쫓아내 버릴 수 없다.

사람들은 그러므로 조직에 의한 인간의 위협에 대해 말할 수 없다. 객관적인 과정과 이 과정의 당사자가 되는 주체들은 서로 대체되어 있을 뿐

---

01 앞의 네 개념은 하이데거가 사용하는 개념들임(역주).

만 아니라 서로 하나를 이루고 있기 때문이다. 두렵게 된 객체적인 것, 즉 증대되는 조직이 그것이 또한 숨겨진 독특한 이해관계들에 의해서도 어느 정도 심하게 결정決定되어 있는 한 단지 겉으로 보기에만 객체적이듯이, 역으로 인간은 앞에서 말한 객관적 과정이 산출하는 결과에 의해 광범위하게 지배되는 상태에 놓여 있다. 바로 이 점이 객관적 과정에의 통찰을 인간에게서 저지시키며, 단순한 이성의 사태Sache로부터 발원하는 변화를 거의 상상할 수 없을 정도로 어려운 것으로 만들어 버린다. 기술적인 노동 과정은 결정적으로 중요한 영역인 산업적인 영역으로부터, 그 매개 부분들이 연구에 의해서 아직도 충분히 규명되지 않고 있는 방식으로, 전체 생활영역으로 확대되었다. 기술적 노동 과정은 이 과정에 시중을 드는 주체들의 형식을 결정하며, 이 과정이 곧바로 주체들을 산출시킨다고 말하는 시도도 때때로 행해지고 있다. 인간에 대한 위협이 진지하게 논의될 수 있다면, 그것은 세계 상태를 꿰뚫어 보고 이로부터 제대로 된 실제를 도출할 수 있을 만한 능력을 가진 사람들이 세계 상태에서 그들 스스로 전개시키는 것을 세계 상태가 이미 방해하고 있다는 의미에서만 유일하게 가능할 것이다. 새로운 시대[02]가 시작되었을 때 인간에게 발생했던 것이 오늘날 역사적으로 더욱 높은 단계에서 거꾸로 뒤집혀진 강조점과 함께 반복되고 있다. 자유로운 시장경제가 봉건 체계를 몰아내고 자유로운 임금 노동자와 마찬가지로 기업가도 필요로 하였을 때, 이러한 유형들은 직업적인 유형들로서뿐만 아니라 동시에 인간학적인 유형들로서 형성되었다. 자기 책임, 선견지명, 자기 스스로 만족하는 개별 인간, 의무 완수와 같은 개념들, 또한 완고한 양심의 압박, 권위에서 내면화된 의무가 상승되었다. 개인 자체는, 그 이론이 오늘날까지 사용되고 있듯이, 특

---

02 근대를 의미함(역주).

별한 실체에 따라서 볼 때 몽테뉴나 햄릿의 뒤에서 더 멀리 나아가지 못한 채 기껏해야 이탈리아의 초기 르네상스로 소급되고 있다. 오늘날에는 경쟁과 자유로운 시장경제가, 결집되어 있는 재벌들과 재벌들에 상응하는 집단들과 마주치게 되면서, 더욱 많은 정도로 그 비중을 상실하고 있다. 역사적으로 발원된 개념인 개인의 개념이 그 역사적인 한계에 도달되어 있는 것이다. 경제에 소용되는 개개의 인간에서는 정신과학들이 근대적 인간의 탄생이라고 칭송하였던 변화들보다도 거의 더 미세하지 않은 정도의 영향을 갖는 변화들이 발생하고 있다. 기술적인 숙련성, 그리고 이를 넘어서서 기술과의 인간학적인 유사성이라고 부를 수 있을 만한 것이 전혀 예상하지 못했던 정도로 상승되어 있다. 이렇게 됨으로써 지연지배에의 신뢰가 증대하고 이와 똑같은 정도로 모든 신화적인 요구 제기에 맞서는 확실한 회의懷疑가 증대한다. 이 시대를 사는 사람들은 모든 장치를 다룰 능력이 있기 때문에 한 사람이 다른 사람으로 대치되는 가능성이 간파될 수 있다. 위계질서적인 관계들이 인간이 본성적으로 타고난 성질이나 또는 직업 교육의 차이를 통해서만 정당화된다는 점에 대해 어느 누구도 더 이상 이 점을 사실로 생각할 수 없게 되었다. 전문화Spezialisierung에 대해 도처에서 불만이 제기되고 있다. 그러나 대량생산에 의해 새로운 단계로 상승된, 노동 과정의 분해는 전문화의 질을, 전문화를 매우 작고 비교 가능한 직무들로 평준화시키면서, 잠재적으로 떨어뜨린다. 그 결과 사람들은 어떤 분야의 어느 전문가를 별로 힘들이지 않고도 다른 분야의 어느 전문가로 생각할 수 있게 된다. 이러한 과정은 그것의 진행과 더불어 경제와 사회의 설치에서 결정적으로 중요한 진보의 과정을 이끄는바, 지금까지 의식을 탈주술화하였지만 결코 계몽시키지 않았다. 이러한 과정에서 생겨난 사람들, 실제적이면서도 이와 똑같은 정도로 세상 물정에 밝은 약아빠진 사람들은 철저하게, 그리고 두 개의 게임 방식으로 나뉘어 있는[03] 전체주의적인 나라들에서 단순히 해당되는 것만은 이런 상태에

616

서, 하나의 당황스러운 준비 상태를 보여 준다. 다시 말해, 약아빠진 사람들에게 그럼에도 매우 강하게 출현하는 이성의 자기결정권을 포기하는 준비 상태, 세계의 설치에 들어 있는 경악스러운 비합리성이 스스로 반사되는 비합리성에 몸을 맡겨 버리는 준비 상태를 약아빠진 사람들이 명백하게 보여 준 것은 그 이유가 없는 것이 아니다. 그들은 자신을 장치에 스스로 비슷하게 만들었다. 그들은 오로지 이렇게 함으로써만 오늘날 존재하는 조건들 아래에서 존속될 수 있는 것이다. 인간[04]은 객관적으로, 더욱더 많이 끊임없이 기계장치의 구성 부분들로 각인될 뿐만 아니라 자기 자신에 대해서도 자기 자신에 고유한 의식에 따라 목적 대신에 수단들이 된다. 전체의 객관적인 이성에 대한 생각은, 예리해지면서 이와 동시에 체념된 이성의 시야로부터 사라지게 된다. 내가 인간과 조직을 유치하고도 고집스럽게 서로 대치시키는 것에 대해 경고하였을 때마다, 나는 이 점을 먼저 생각하였던 것이다. 인간은 인간에게 외부적인 것, 위협적인 것에 내맡겨져 있을 뿐만 아니라 이처럼 인간에게 외부적인 것은 동시에 인간에게 고유한 본질에 대한 규정이 되고 만다. 인간 스스로 외부적이 되고 만 것이다. 이렇기 때문에, 인간은 인간의 행복과 자유에 오래전부터 더 이상 이득이 되지 않는 성과물들로 무마될 수 있게 된다. 인간은 사회적 안전, 안전에 대한 대용물, 모든 사람에게 확대되어 있는 복지후생 사업, 이런 장치가 아직은 포착하고 있지 않은 사람들에게도 역시 확대되어 있는 복지후생 사업에 만족하게 된다. 그러한 복지후생 사업의 수혜가 가능한 대상들로서의 자기 자신을 알고 있을 뿐 연대하는 주체들로서의 자기

---

03 원어는 2격인 beider Spielarten으로 되어 있지만 아도르노가 이 표현을 어떤 의미로 사용하고 있는지가 명확하게 드러나 있지 않음(역주).

04 원전에는 복수로 되어 있으나 '인간들'로 옮기지 않고, 우리말의 어감을 고려하여 단수로 옮겼음. 이것은 다음에 이어지는 단락 전체에 해당됨(역주).

자신을 알지 못하는 인간은 그럼에도 불구하고 계속해서 속박될 수는 없는, 실현된 자유에의 사고에서 경련을 일으키면서 자기 자신을 억제한다. 잘못되고 현혹된 상태에 대한 분개를 이런 상태에 더욱 취약한 희생자들에 대한 분노로 변모시키는 점프, 또는 이러한 분개를 다른 상태를 진지하게 원하였던 사람들에 대한 분노로 변모시키는 점프가 도처에서 일어나고 있다. 인간은 이러한 점프 위에 놓여 있다. 이러한 행동은 그러나 인간의 책임과 타락이 아니고, 인간이 그 밑에서 살고 있는 조건들에 의해서 개별 인간에 이르기까지 지시되어 있다. 내가 간략하게 언급한 전개들은 일반적으로 대중화와 같은 단어들과 함께 고려된다. 이러한 단어들에 대해 분개하는 것은 "도둑이야"라는 구호를 상기시킨다. 적응이 집단적으로 한군데로 모아진 개별 인간에게 강요하는 것이, 단순한 양이나 또는 이들 개별 인간의 ―자율성의 추상적인 이상에서 측정된― 허약함에서 계상計上된다. 살인자가 아니라 살해된 사람이 책임이 있다는, 표현주의자들의 저항적인 문장은 오늘날 타협주의의 평계가 되었으며, 타협주의는 삶이 더 이상 살지 않는다는 것에 대해 죽은 영혼들에 책임을 돌리면서 죽은 영혼들을 비난하고 있다. 죽은 영혼들은 더 이상 살지 않는 삶에 사실상으로 내던져져 있다.

오로지 인간에게 달려 있을 뿐이라는 보증을 우리는 항상 반복적으로 접하게 된다. 인간에게 달려 있다는 것이 경직된 세계의 압박에 신음하는 인간들과 함께 그것 스스로 갖게 되는 것을 우리가 상세하게 말하게 되면, 역습을 받게 되고 비판자 자체가 비인간성으로 몰려 비난을 받게 된다. 오로지 인간에게 달려 있을 뿐이라는 것은, 그 내부에 참된 것과 참되지 않은 것이 상하기 쉬운 상태에서 서로 혼합되어 있는, 추상적이며 이렇기 때문에 공격하기가 어려운 문장들 중의 하나가 또 다시 되고 만다. 운명을 인간으로, 그리고 인간의 사회로 되돌아가게 하고 운명이 인간에 의해 방향이 바뀔 수 있는 한, 인간에게 달려 있을 뿐이라는 것은 진실이 된다. 그러나 운명이 인간에게 직접적으로 놓여 있으며 비로소 한 번은 다른 의미로 되어야 할 것이고 이렇게 함으로써 모든 접합점에서 서로 뒤섞여 맞추어져 있기 때문에, 바로 이렇기 때문에 합당함으로부터 탈선한 세계가 다시 질서에 이른다는 것은 참되지 않다. 인간의 내적인 것이 외적인 것의 형체에 대한 고려가 없이 인간으로부터 나와서 펼쳐진다고 말하는 것은, 개인주의적인 사회가 그것 자체에 대해 저지르는 자기기만이다. 헤겔과 괴테는 이미 오래전에 이러한 자기기만을 환상이라고 비난하였다. 조직에 의한 인간의 위협이, 인간이 결정에 이르는 내적인 자유를 스스로 유지하거나 또는 정신적인 것에서 내적인 자유의 몫을 가지거나 또는 내적인 자유에 대해 무의미하게 판결을 내리는 것에 인간 스스로부터 발원하여 의미를 부여하는 것을 통해서 극복될 수 있다고 말한다면, 그것은 공허하고 헛된 일에 지나지 않을 것이다. 조직을 인간을 사랑하는 조직으로 만들려는 노력들은, 이것들이 좋은 의도를 갖고 있다고 하더라도, 사회적 모순의 현재적인 형태를 완화시키고 윤색시킬 수는 있지만 해체시킬 수는 없을 것이다.

강연 참석자 모두에게는 나치당이 벌였던 행사들의 괴기스러움이 기억에 남아 있을 것이다. 나치의 행사들은 컬러 인쇄물들과 꽃 상자들을 사무실들과 공장들 안으로 가져감으로써 이런 장소에서 민족공동체를 연기演技하였다. 그러한 기동들은 테러를 통한 정서 대체가 뒷받침될 수 있었을 때만 충분하게 상연될 수 있었다. 테스트 심리학적으로 기초가 세워져 있는 인간관계들-방책들을 통해 조직에서 주체들의 공구적인 성격을 건너 뛰어넘도록 도와주는 추천은 그러나 실체에 따라서 볼 때 주체들과 극도로 유사하지 않은 것은 아니다. 미국에서는 사람들이 이곳 독일에서보다도 더욱 폭넓게 인간관계들을 돌보는 것과 관련되어 있다. 이처럼 폭넓게 관련되어 있는 것이 그것 스스로 갖고 있는 것의 의식과도 결합되어 있다는 점도 또한 미국에서 드러나고 있다. 이에 대해 채택된 용어가 바로 젖소-사회학이다.[05] 젖소-사회학은 어떤 우유 재벌이 미국 전체에 알려지는 광고에 따라 나온 용어이며, 우유 재벌은 만족스러운 암소인 엘시를 칭송한다. 이렇게 정선된 동물에게 얼마나 주의 깊은 돌봄이 이루어지고 있는지, 고객들이 소에 대한 확신을 갖도록 하기 위해 소가 얼마나 행복한 관계들에서 살고 있는지, 엘시는 물론이고 엘시와 똑같은 소들이 공급하는 우유가 얼마나 좋은 우유가 될 수밖에 없는지가 고객들에게 선전되는 것이다. 젖소-사회학에 관한 익살에 따르면, 보살펴진 인간관계들은 이런 관계들을 받은 사람들의 상승된 성취력, 젖소의 만족성에 만족하고 싶지 않은 사람들의 상승된 성취력으로 그 결과가 나타나게 된다. 완고한 비이성만이, 기술화되고 조직화된 세계에서 노동 조건들의 개선을 방해할 수 있을 것이다. 이 점은 확실하다. 오늘날 인간을 다루는 것이 기술과 조직의 진보를 위한 한 부분이 되고 있는바, 이러한 진보가 생산과 매상을 위해 우선적으로 실현되고 있는 동안에, 이러한 진보는 진보가 활동하는 곳인 주체들에 대해서 진보의 좋은 것도 역시 항상 갖게 된다. 이렇게 됨으로써 개인이 구출될 수 있거나 또는 다시 산출될 수 있기를 기대하는 것은 그러나 순진하다고 할 것이다. 기술과 조직의 진보를 전개시키는 대가로 사회적인 토대가 오그라들어 있으며, 앞에 보이는 것의 개선은 사회적인 토대에 대해 할 수 있는 것이 아무것도 없다.

인간적인 것, 직접적인 것, 또는 개별적인 것을 조직 안으로 파고 들어가 설치하는 것이 관건이 될 수는 없다. 설치하는 것 자체가 그러한 설치에 의해 조직화되고 말 것이며, 사람들이 지키기를 희망하는 질質들이 탈취당하고 말 것이다. 자연보호공원은 자연을 구출하지 않고 사회적인 작

---

05 아도르노는 1968년 프랑크푸르트 대학에서 강의한 사회학 강의에서도 비합리성과 관련하여 젖소 사회학을 언급하고 있음. 구체적인 내용은 다음의 자리를 참조. 테오드로 아도르노, 『사회학 강의』, 문병호 옮김, 서울, 세창출판사, 2015, 292쪽 이하(역주).

동장치에서 짧거나 또는 긴 기간에 걸쳐 단순히 교통 방해로서 판명될 뿐이다. 꽃에 물을 뿌리듯이 개인에게 물을 뿌림으로써 개인이 도움을 받을 수는 없다. 인간이 스스로 순응해야 한다는 것을 가장 깊은 내부에서 제대로 잘 알고 있는 곳에서 인간은 주체가 된다고 말하는 것이 광기에서 인간에게 굳어지도록 하는 것보다는, 관계들의 강제적 속박이 인간을 신화적인 틀에 묶어 두는 위치를 인간이 알아차리는 것이 인간적인 것에 더욱 좋게 기여한다. 인간이 이 점을 완전히 인식할 경우에만 이 점을 변화시킬 수 있다. 관리된 세계에서 언어는 상투어를 이용하여 살아 움직이는 것을, ―사회적 파트너로부터 만남, 위임, 관심사, 말문이 막힌 사람들이 항상 그 속으로 들어가기를 원하거나 또는 들어가야 하는 대화에 이르기까지,― 보존하는바, 이러한 언어가 갖고 있는 공허함은 시작이 아무것도 아님을 누설한다. 말문이 막힌 사람들은 고유성의 사이비적으로 구체적인, 신성한 은어로 추방되어 있으며, 이러한 은어는 선험적인 반사反射를 신학적인 내용들에 기댈 수도 없는 상태에서 신학으로부터 빌려 온다.

조직의 권력과 개별 인간의 힘 사이의 불균형과 관련하여, 그리고 아마도 더욱 경악스러운 불균형인, 존재하는 것의 폭력과 존재하는 것을 뚫고 들어가려고 시도하는 사고의 무력감 사이의 불균형과 관련하여, 이러한 불균형은 무언가 어리석고 순진한 것을, 존재하는 것을 이제 더욱 좋게 만들 수 있다는 제안들과 함께, 필연적으로 드러나게 하였다. 사람들이 둥근 탁자에 함께 앉아 인간과 내면성을 구원하고 조직에 영혼이 통하도록 하거나 또는 이와 유사한 높은 목적들과 멀리 있는 목적들이 생길 수 있도록 좋은 의지를 갖고 공동으로 찾아낼 수 있다고 믿는 사람은 세계와 낯설게 행동하는 사람이다. 이런 사람은 이성의 그러한 한 목소리를 내는 주체의 부재에서, 바로 이러한 부재에서, 그리고 모순들의 우월적 지배에서 본질이 성립되는 곳에서, 사회의 의식적인 형성의 공동적인 주체를 가정假定한다. 뻔뻔스러움이 없이 제기되어도 되는 유일한 요구는 무력한 개별 인간이 자신의 무력감에 대한 의식을 통해서 자기 자신을 지배하고 있다고 말하는 요구일 것 같다. 그 내부에서 개인들이 묶여 있는 전체를 의식하는 개인적인 의식은 오늘날에는 또한 단순히 개인적이지 않고 사고의 결과에서 일반적인 것을 붙들고 있다. 현재의 세계에서 세계정신을 찬탈하고 있는 집단적인 권력들에 맞서서, 일반적인 것과 이성적인 것은 이성의 일반성을 복종적으로 포기하였던 더욱 강력한 부대部隊들에서 보다는 고립된 개별 인간에게서 더욱 낫게 겨울을 날 수 있다. 천 개의 눈이 두 눈보다 더욱 많은 것을 본다는 문장은 허위이며, 집단성과 조직의 물신화에 대한 정확한 표현이다. 오늘날, 이러한 물신화를 깨부수는 것이 사회적 인식에 관하여 가장 높은 곳에 위치하는 의무를 형성한다.

관리된 세계에서 희망이 머물러 있다면, 희망은 매개에 놓여 있지 않고 극단들에 놓여 있다. 물질적 생활관계들과 이런 관계들에 근거하는 인간들 사이의 관계들의 형성과 같은 것에서처럼 조직이 필연적이어야 할 곳에서는 조직이 지나치게 적은 정도로 존재하고, 의식이 형성되는 영역인 사적인 영역에서는 조직이 지나치게 많은 정도로 존재한다. 나는 여기에서 공적으로 직업적인 영역과 사적인 영역으로의 분리를 인정하고 싶지 않다. 이러한 분리는, 그것 자체로, 쪼개진 사회의 표현이며, 쪼개진 사회의 파편은 모든 개별 인간 내부로 뚫고 들어온다. 더욱 좋은 것에 해당하는 하나의 실제는 그러나 공적인 것과 사적인 것의 역사적으로 설정된 분리를 부인해서는 안 되며, 객관적으로 주어진 것으로서의 이러한 분리에 접속해야 할 것이다. 공적인 것의 이성적인 질서는 다른 극단에서, 개별적인 의식에서 통상의 차원을 벗어나서 그 용적이 정해져 있으며, 동시에 불완전한 조직에 대항하는 모순이 일깨워지는 경우에만 생각될 수 있다. 조직으로부터 여전히 자유로운 상태에 있는, 삶의 말하자면 뒤처져 있는 영역들에서만, 바로 이런 영역들에서만 관리된 세계의 부정적인 것에의 통찰이 성숙한다. 이렇게 함으로써 인간의 가치가 더욱 존중되는 세계의 이념이 무르익게 된다. 문화산업은 이렇게 되는 것이 도래하지 못하게 하고 의식을 족쇄에 묶어 두며 흐리게 하는 사업을 돌보아 준다. 바꿔 말해서, 맹목적으로 사회적으로 생산된 우둔함만을 모든 개별 인간에게 의식적으로 다시 한 번 재생산시키는 메커니즘들로부터의 해방이 절박하게 필요하다고 할 것이다. 이렇기 때문에, 문화산업의 모든 부문에 의한 삶의 이중화에서 성립되는 것인 오늘날의 이데올로기를 솔직하게 말하는 것이 절실하다. 모든 영화, 모든 TV프로그램, 모든 삽화가 들어 있는 신문이 겨누고 있는, 쐐기 모양으로 뾰쪽하게 된 백치적인 언행에 대항하여 인간을 접종接種시키는 것은 변화되는 실제의 한 부분이 스스로 될 수 있을 것이다. 우리는 인간이 무엇이며 인간에 관련된 사물들의 제대로 된 형성이 무엇인지를 알지 않아도 상관없다. 그러나 우리는 인간이 그렇게 되어서는 안 될 모습이 무엇인지, 인간에 관련된 사물들의 어떠한 형성이 잘못된 것인지를 알고 있다. 이처럼 규정되고 구체적인 앎에서만, 유일하게 바로 이런 앎에서만 다른 것, 긍정적인 것이 우리에게 열려 있다.

1953년

이데올로기론에 대한 기고[01]

이데올로기 개념은 학문 언어에 일반적으로 들어오게 되었다. 에두아르트 슈프랑거Eduard Spranger는 최근에 다음과 같이 썼다. "정치적 이념들과 이상理想들에 관한 논의는 여전히 드물 뿐이지만, 이에 반해 정치적 이데올로기들에 관한 논의는 매우 많다."[1a] 정신적인 형상물들이 동기부여 연관관계들과의 관계에 의하여 인식으로부터 사회적 동역학 안으로 끌어 들여지게 된다. 정신적인 형상물들의 즉자 존재에 들어 있는 절대적으로 통용되는 가상假像뿐만 아니라 이와 마찬가지로 이것들이 제기하는 진리에의 요구 제기가 비판적으로 꿰뚫어지게 되는 것이다. 정신적인 형상물들의 독립성, 즉 정신적인 형상물들이 독립적으로 되는 것의 조건이 이데올로기라는 이름에서 사회의 실재적인 운동과 함께 사고된다. 이러한 운동에서 산물들이 발원하고 그 기능을 실행한다. 산물들은 의도적으로나 또는 의도되지 않은 채 특별한 이해관계들에 소용된다. 그렇다. 정신적 산물들의 격리 자체, 정신이라는 영역의 정초, 정신의 선험성이 동

---

01 이 기고는 막스 호르크하이머와 함께 지속적으로 진행한 공동 연구의 연관관계에 속해 있다. 나는 하인츠 마우스(Heinz Maus)와 헤르만 슈베펜호이저(Hermann Schweppenhäuser)가 이 연구에 협력해 준 것에 대해 진심으로 감사드린다.
1a E. Spranger, Wesen und Wert politischer Ideologien(정치적 이데올로기들의 본질과 가치), in: Vierteljahreshefte für Zeitgeschichte 2 (1954), S.118ff.

시에 노동 분업의 사회적인 결과로서 규정되는 것이다. 이러한 선험성은 단순한 형식에 따라서 보아도 쪼개진 사회를 이미 정당화시키고 있다고 보아야 할 것이다. 영원한 이념 세계에서 차지하는 몫은 특권화된 것에서, 즉 육체적 운동으로부터 제외되어 있음을 통해서 특권화된 것에서 창이 열린 채 놓여 있다. 이데올로기가 논의되는 곳이면 어디에서나 함께 울려 퍼지는 그러한 종류의 동기들은 이데올로기 개념과 이 개념을 다루는 사회학을 전통적인 철학과 대립시켜 왔다. 전통적 철학은, 완전히 동일한 단어들을 사용하고 있지 않다고 하더라도, 현상들의 변화의 맞은편에서 머물러 있는 불변하는 본질과 관련을 맺어야 한다고 아직도 항상 주장하고 있다. 오늘날 여전히 대단한 권위를 갖고 등장하는 독일 철학자의 격언이 잘 알려져 있다. 그는 파시즘 전야의 시대에서 사회학을 남의 눈을 피하면서 건물 정면을 기어오르는 사람과 비교하였다. 오래전부터 대중적인 의식에 침투해 있으며 사회학에 대한 불신에 본질적으로 기여하는 그러한 관념들은 오래전부터 서로 용납되지 않는 것, 때로는 현저하게 모순되는 것으로 혼동되는 것보다는 더욱더 많은 성찰을 필요로 한다. 정신적인 내용들이 이데올로기비판에 의해 역동적으로 되는 것 위에서 사람들은 이데올로기론 자체가 역사적인 운동에 귀속된다는 사실, 실체는 아니라고 할지라도 그래도 존재하는 기능인 이데올로기 개념의 기능이 역사적으로 변화하며 동역학에 종속되어 있다는 사실을 망각하곤 한다. 이데올로기라고 명명하는 것과 이데올로기인 것은 우리가 사물의 운동이기도 한 개념의 운동을 동시에 올바르게 평가할 때만 완성될 수 있다.

희랍 철학에서는 서로 반대되는 역류逆流들이 있었지만, 이것들은 플라톤-아리스토텔레스로부터 내려오는 전승의 환호성에 의해 나쁜 평판에 빠져들었고 오늘날에야 비로소 힘들게 재구성되었다. 우리가 이러한 역류들을 일단 제외시킨다면, 최소한 근대 시민사회의 초기인 16세기에서 17세기로의 전환기에 잘못된 의식 내용들의 일반적인 조건들이 언급되었다. 이성의 해방을 위해 프란시스 베이컨이 행하였던, 독단에 반대하는 선언은 "우상들", 즉 집단적인 선입견들에 ―집단적인 선입견들은 근대가 시작되었을 때 그랬던 것처럼 근대의 말기 단계에서 인류를 짓누르는 짐이 되었다― 대항하는 투쟁을 알린다. 베이컨이 정리한 내용들은 때로는 현대의 실증주의적인 언어 비판, 의미론이 전개하는 사고들을 예상한 것처럼 들리기도 한다. 베이컨은 정신이 대중사회의 우상들idola fori로부터 자유롭게 되어야 한다고 말하고 있는바, 이런 우상들을 다음과 같이 특징적으로 기술하고 있다. "사람들은 말의 도움을 받아 서로 함께 있게 된다. 그러나 말은 사물들에 따라 대중이 가진 견해들에 덧붙여진다. 따라서 부적당한 명명은 정신을 기이한 방식으로 다룬다. … 말이 정신에게 폭력을 자행하며 모든 것을 방해하는 것이다."[02] 가장 이른 시기의 근대적 계몽으로부터 발원하는 이러한 문장들에서는 두 가지가 뚜렷하게 드러나도록 한 공로가 있다. 일단은 기만이 "인간이라는 종種 전체를 가리키는" 인간들에게, 말하자면 불변적인 자연존재들에게 책임이 지워져 있고 인간을 그렇게 만드는 조건들이나 또는 인간들이 대중으로서 종속되는 조건들에 책임이 지워져 있지 않다. 인간에게 천성적으로 본유하는 현혹에 관한 교의, 즉 세속화된 신학의 한 부분은 오늘날에도 역시 여전히 통속적인 이데올로기론의 병기 창고에 속한다. 잘못된 의식을 인간의 근본 성질이나 또는 인간의 사회적 조직화에 대충 전가시킴으로써, 인간이 갖고 있는 구체적인 조건들이 무시될 뿐만 아니라 이에 덧붙여서 현혹이

---

02 F. Bacon, Novum Organum(신 기관), in: The Works of Francis Bacon, London 1957, Vol. I, S.164. — Vgl. H. Barth, Wahrheit und Ideologie(진실과 이데올로기), Zürich 1945, S.48. 이데올로기 개념의 전개에 대한 더욱 많은 전거들은 바르트(Hans Barth)의 저작 덕택이며, 나는 이 저작에 기대고 있다.

말하자면 자연법칙으로서 정당화되며 현혹된 사람들에 대한 지배가 이러한 정당화로부터 근거가 세워진다. 베이컨의 제자인 홉스는 이처럼 근거 세우는 것을 나중에 실제로 떠맡았다. 더 나아가, 기만들이 져야 할 부담이 명칭 사전, 논리적인 불결함에 지워지고 있다. 이렇게 됨으로써 객관적이고 역사적인 배열들 대신에 주체들과 주체들의 잘못될 수 있는 가능성에 기만들이 전가된다. 이것은 최근에 테오도르 가이거Theodor Geiger 가 이데올로기들을 "심성"에 관련되는 하나의 문제로 끌어내리고 이데올로기들이 사회구조에 대해 갖는 관계들을 "순수한 신비설"로서 고발했던 것03과 마찬가지의 경우이다. 베이컨의 이데올로기 개념은 이미, 그러한 이데올로기 개념에 대해 논의하는 것이 허용된다면, 오늘날 유통되는 이데올로기 개념만큼이나 주관주의적이다. 베이컨의 우상론이 시민적인 의식을 교회의 후견으로부터 해방시키는 것을 도와주려고 하며 이렇게 함으로써 베이컨 철학 전체의 진보적인 특징에 끼워 맞춰져 있는 동안에도, 시민적인 의식의 한계들이 그에게서 이미 간파될 수 있다. 고대 사람들이 얻으려고 노력한 고대 국가제도들의 모델에 따라 표상된 관계들의 정신적인 영구화의 한계, 주체 자체의 고립된 카테고리에 붙어 있는 비진실의 모멘트에 대해 아무것도 알아차리지 못하는 추상적인 주관주의의 한계가 베이컨에서 간파될 수 있는 것이다.

베이컨이 잘못된 의식에 대해 스케치하듯이 행한 비판의 정치적-진보적인 자극은 18세기의 계몽주의에서 훨씬 확고하게 나타난다. 백과전서파의 좌파 이론가들인 엘베시우스Helvétius와 달바하D'Holbach는 베이컨이 인간들에게 들어 있다고 주장하였던 것과 같은 종류의 선입견들이 특정

03 Th. Geiger, Kritische Bemerkungen zum Begriff der Ideologie(이데올로기 개념에 대한 비판적 언급), in: Gegenwartsprobleme der Soziologie(사회학이 현재 당면한 문제들), Posdam 1949, S.144.

한 사회적인 기능을 갖는다는 점을 알렸다. 선입견들은 불공평한 상태들의 유지에 소용이 된다는 것이며 행복의 실현과 이성적인 사회의 산출에 대항한다는 것이다. 엘베시우스가 지칭하듯이, 강자들의 선입견들은 약자들에게는 법칙들이 된다.[04] 이 인용문이 들어 있는 저작이 아닌 다른 저작에서 그는 다음과 같이 말하고 있다. "경험은 도덕과 정치의 거의 모든 물음들이 이성에 의해서가 아니고 권력에 의해 결정된다는 것을 우리에게 보여 준다. 견해가 세계를 지배한다면, 견해들을 지배하는 권력자가 영구히 세계를 지배한다."[05] 여론 조사의 현대적인 작동장치가 이러한 공리公理를 망각하였던 것에서, 그리고 최종적으로 주어진 자료로서의 매번 확산된 주관적인 견해들에 머물러 있어도 된다고 최근에 이르기까지 믿는 것에서, 사람들은 계몽의 동기들이 사회의 변화와 함께 어떤 기능 변화를 경험하였던가를 인식할 수도 있을 것이다. 한번 비판적으로 구상되었던 것은 "경우인" 것을 확인하는 쪽으로만 뻗어 가야 할 것이며, 이렇게 되는 것에 의해 실상 자체에 접촉된다. 이데올로기의 표면들, 즉 견해의 분포에 관한 진술들이 견해가 전체 사회적으로 의미하는 것에 대한 분석을 대신하게 된다. 물론 백과전서파는 이데올로기들의 객관적인 근원에의 통찰, 이데올로기들의 사회적 기능의 객관성에의 통찰에 아직은 완전히 도달하지 못하였다. 선입견들과 잘못된 의식은 대부분의 경우 여전히 권력자들의 간계로 환원된다. 달바하는 다음과 같이 말한다. "권위는 통용되는 견해들les opinions reçues을 유지시키는 것을 권위의 이해관계로 일반적으로 간주한다. 권위가 필연적인 것이라고 간주하는 선입견들과 착오

---

04 C. A. Helvétius, De l'Esprit(정신에 관하여); in Übersetzung zitiert nach Barth, op. cit., S.65.
05 C. A. Helvétius, De l'Homme(인간에 관하여); in Übersetzung zitiert nach Barth, op. cit., S.66.

들은 권위가 갖는 권력을 확실하게 해 두기 위하여 권력에 의해 영구화되며, 이성에 한 번도 종속되지 않는다."[06] 사유하는 힘에서 볼 때 백과전서파 중에서 아마도 가장 대단한 능력을 가진 엘베시우스는, 달바하와 대략 동시적으로, 백과전서파가 재정학의 사악한 의도에 그 책임을 돌리는 것의 객관적인 필연성을 이미 다음과 같이 검정하였다. "우리의 이념들은 우리가 살고 있는 사회의 필연적인 결과들이다."[07]

필연성의 동기는 그리고 나서 관념학파, 관념연구자들의 학파라고 지칭하였던 프랑스의 학파가 시도한 작업의 중심에 위치한다. 이데올로기라는 단어는 관념학파의 대표자들 중 한 사람인 데스튀 드 트라시Destutt de Tracy로부터 유래한다. 그는 인식의 메커니즘을 들추어내고 진리와 책무에 대한 물음을 정신에 소급시키기 위해 인간의 정신을 분해하였던 경험주의적인 철학에 접속되어 있다. 그의 작업은 그러나 인식론적이지 않으며 형식적이지 않다. 그는 정신에서 판단들이 통용되는 단순한 조건들을 찾아내려고 하지 않고 그 대신에 의식 내용들 자체, 정신적인 현상들을 자연적 대상, 광물 또는 식물처럼 관찰하고 분해하며 기술하려고 한다. 이데올로기는, 그에게서 일단은 도전적인 정리整理로 지칭되고 있듯이, 동물학의 한 부분이라는 것이다. 콩디약Condillacs의 단호하게 유물론적으로 해석된 감각주의에 접속하여 드 트라시는 관념 전체를 감각들에서 관념들의 원천으로 소급시키고자 하는 것이다. 잘못된 의식에 대한 반박과 잘못된 의식이 관계하는 것에 대한 고발은 그에게 더 이상 충분하지 않다. 오히려 잘못된 의식과 올바른 의식을 포함하는 모든 의식이 이것들이

---

06 d'Holbach, Système de la Nature(자연의 체계), A Paris, l'an deuxième de la République Françoise une et indivisible, I, IX, S.306/07; in Übersetzung zitiert — Vgl. Barth, op. cit., S.69.

07 C. A. Helvétius, De l'Esprit; Vgl. Barth, op. cit., S.62.

향해 있는 법칙들로 인도되어야 한다는 것이며, 오로지 거기로부터 모든 의식 내용들의 사회적 필연성에 관한 파악에 이르는 하나의 발걸음이 이루어진다는 것이다. 관념학파는 수학적-자연과학적인 방향 설정을 이전부터 있었던 오래된 전통뿐만 아니라 이와 마찬가지로 당시의 기준으로 가장 최신의 사상이었던 실증주의와도 공유하고 있었다. 데스튀 드 트라시도 언어적 표현의 발생과 교육을 전면에 부각시킨다. 그는 또한 일차적인 자료들에서 이루어진 검토와 모든 관념에 하나의 기호가 명백하게 병렬되어 있을 것 같은 곳인 수학화되는 문법 및 언어를 ―잘 알려져 있듯이 이미 라이프니츠와 초기 합리주의도 역시 이러한 병렬을 마음에 두고 있었다― 서로 결합시키려고 한다. 이러한 모든 것은 그러나 실제적-정치적인 의도에 이용된다. 데스튀 드 트라시는 잘못된 추상적인 원리들이, 이것들은 인간 상호간의 이해뿐만 아니라 국가와 사회의 구축을 해치기 때문에, 감각적으로 주어진 것들과의 대결을 통해 뿌리를 내리는 것을 저지시키려는 희망을 여전히 갖고 있었다. 관념들에 대한 그의 학문, 즉 이데올로기에 대해 그는 물리학과 수학이 명증성과 확실성을 보여 주었던 것처럼 이와 똑같은 정도의 명증성과 확실성을 기대한다. 학문의 엄격한 방법론은 견해들의 자의와 임의성에, 자의와 임의성이 플라톤 이래의 위대한 철학에 의해 비난되었던 것처럼, 종말을 준비해야 한다는 것이며 이것이 마지막이 되어야 한다는 것이다. 나중에 이데올로기로 지칭되는, 잘못된 의식은 학문적 방법론 앞에서 사라져야 한다는 것이다. 이렇게 함으로써 그러나 동시에 학문과 정신에 우위가 할당된다. 유물론적인 원천들뿐만 아니라 이상주의적인 원천들로부터도 생각을 공급받은 관념학파는 경험주의임에도 불구하고 의식이 존재를 규정한다는 믿음을 충실히 지킨다. 데스튀 드 트라시는 인간에 관한 학문을 최상위에 위치하는 학문으로 생각하였으며, 이러한 학문이 정치적이고 사회적인 삶 전체에 대한 토대를 만드는 데 조력한다고 보았다. 사회학이 학문적인 지배자 역할과 최종적으로는 실재적-사회적인 지배자의 역할까지도 수행한다는 콩트의 생각이 그러므로 관념학파에서 이미 잠재적으로 내포되어 있는 것이다.

관념학파의 교설教說도 또한 일단은 진보적으로 의도된 것이었다. 이성이 지배해야 한다는 것이며, 세계는 인간에게 이롭게 설치되어야 한다는 것이다. 사회적인 힘들의 조화로운 균형은, 모든 사람이 그들에게 고유하며 충분히 이해되고 그것 자체로 투명한 이해관계에 따라 행동할 때만 자유주의적 시각에서 수용된다. 이데올로기 개념도 일단은 실재적인 정치적 투쟁들에서 이처럼 작용하였다. 파레토가 나폴레옹을 인용한 자리에 따르면, 나폴레옹은 그의 독재 자체가 많은 면에서 시민적인 해방과 결합되어 있었음에도 불구하고 관념학파에 대해서 이미, 더욱 섬세한 방식으로 행해진 비난이기는 하지만, 비난을 제기하였다. 그는 관념학파가 분해시키는 것에 관련된다는 비난을 제기하였던 것이다. 이러한 비난은 그리고 나서 의식에 대한 사회적인 분석을 마치 그림자처럼 따라다녔다. 이와 동시에 나폴레옹은, 루소에 의해 염색된 언어로, 나중에 사람들이 이데올로기비판의 이른바 지성주의에 맞서서 항상 증거로 삼았던 비합리적인 모멘트들을 강조하였다. 이러는 동안에도, 이데올로기론 자체는 앞에서 말한 단계보다 뒤늦은 단계에서는 파레토에서 극단적인 비합리주의에 또다시 병합되었다. 나폴레옹의 문장은 다음과 같다. "우리는 우리의 아름다운 프랑스를 덮쳤던 모든 불행의 책임을 관념학파가 주장하는 교설에 돌려야 한다. 관념학파의 교설은 일차적인 원인들을 찾아내고 법칙들을 인간의 마음에 대한 지식과 역사의 가르침에 적응시키는 것 대신에 민족들의 법 제정을 일차적인 원인들의 토대에서 구축하려는 불명료한 형이상학이다. 관념학파가 저지를 과오들은, 사실상으로 경우가 되었듯이, 공포 정치가들의 정권을 야기할 수밖에 없었다. 사실상으로, 반란의 원리를 하나의 의무처럼 선포하였던 자가 누구였던가? 행사할 능력이 없었던 주권으로 민족을 궐기시킴으로써 민족을 그릇된 길로 인도

하였던 자가 누구였던가? 법률의 신성함과 법률 준수를 정의의 신성하게
된 원리들, 사물들의 본질, 시민적인 법질서로부터 더 이상 끌어내지 않
고 민법, 형법, 행정법, 정치적 및 군사적 법률들에 대한 지식이 없는 남
자들로 구성되었던 민족 대표자 회의의 자의로부터 전적으로 끌어냄으
로써 법률의 신성함과 법률 준수를 파멸에 이르게 하였던 자가 누구였던
가? 국가를 새롭게 하는 것에 우리가 소명되어 있다면, 서로 모순되는 원
리들을 부단히 따라야 할 것이다. 역사는 인간의 마음을 보여 준다. 우리
는 여러 상이한 법 제정의 장점들과 폐단들을 역사에서 인식하는 것을 모
색해야 한다."[08] 나폴레옹의 이 문장이 별로 명백하지 않다고 하더라도,
그리고 프랑스 혁명의 자연법론이 의식에 대해서 비교적 늦게 다루었던
생리학과 혼동에 빠져드는 것이 이 문장에서 심하게 드러난다고 하더라
도, 나폴레옹이 그에게는 마음에서 더욱 좋게 간직되어 있다고 여겨졌던
긍정성에 대한 위험을 의식에 대한 모든 분석에서 감지하였던 점은 매우
명백하다. 뒤이어 나타났던 언어 사용도, 즉 "세계와 낯선 관념학파"라는
표현을 이른바 추상적인 유토피아주의자들에게 "현실 정치"의 이름으로
돌리는 언어 사용도 나폴레옹의 선언서에서 뚜렷하게 드러난다. 나폴레
옹은 그러나 관념학파의 의식 분석이 지배 이해관계들과 전혀 결합될 수
없는 것은 결코 아니라는 점을 오인하였다. 관념학파의 의식 분석에는 이
미 기술적-조작적인 모멘트가 함께 어울려 있었다. 실증주의적인 사회
론은 이러한 모멘트로부터 벗어난 적이 결코 없었으며, 서로 대립된 사회
적 목적들에 대해 실증주의적 사회론이 행하는 판정들을 항상 준비하여
지니고 있었다. 관념들의 원천과 발생에 대한 지식은 관념학파에게도 역
시 전문가들의 전문 분야였다. 전문가들에 의해 획득된 결과는, 입법자와

08 in Übersetzung zitiert nach V. Pareto, Traité de Sociologie Générale(일반 사회학 개론),
    Paris 1933, Vol. II, § 1793. S.1127.

국가 운영자에게 이 결과가 바라는 질서인 이성적인 질서와 물론 동치되는 질서를 가져오고 유지시키는 관념들의 화학 작용에 대한 올바른 지식을 통해 인간을 조종할 수 있다는 생각이 여전히 우위를 차지하고 있다. 이러한 생각의 맞은편에서, 관념학파가 불어넣었던 회의懷疑의 의미에 들어 있는 것처럼, 관념들의 진리와 구속력에 대한 물음과 마찬가지로 객관적인 역사적 경향들에 대한 물음이 뒷걸음질 치게 된다. 다시 말해, 사회가 사회의 맹목적인 "자연법칙적인" 결과에서뿐만 아니라 사회의 의식적이고 이성적인 질서의 잠재력에서도 의존되어 있는 객관적인 역사적 경향들에 대한 물음이 뒷걸음질 치게 되는 것이다.

　이러한 모멘트들은 그러고 나서 과학적 사회주의의 이데올로기론에서 규정적으로 된다. 나는 이러한 이데올로기론을 다루는 것을 포기하려고 하며, 그것은 그 개요에서 일반적으로 잘 알려져 있다. 그러나 다른 한편으로는 과학적 사회주의의 이데올로기론이 토대를 두고 있는 언어적인 정리整理들, 무엇보다도 특히 정신의 내적인 견고함과 독자성이 정신의 사회적인 위치에 대해 갖는 관계에 대한 물음은 면밀한 해석을 요구한다고 할 것이다. 이데올로기들은 그것들 나름대로 그것들을 발생시켰던 원천인 사회적 현실에 다시 작용한다는 진부한 말은 충분하지 않다. 전통적인 사유가 마무리할 수 없는 모순, 즉 정신적인 것의 객관적 진리와 정신적인 것이 단순히 다른 것을-위해-존재하는 것 사이의 모순은 사물에 들어 있는 하나의 모순으로 규정될 수 있을 것이다. 이러한 모순은 방법론의 단순한 불충분함으로 규정될 수는 없다. 나는 오늘 이데올로기 및 이데올로기비판의 구조 변동과 기능 변전에 우선적으로 관계하고 있기 때문에 그러한 모순을 논의하는 대신에, 다른 모멘트를, 즉 이데올로기와 시민성市民性[09]의 관계를 다루고 싶다. 내가 청중에게 상기시켰던 동기들인 이데올로기 개념의 전사前史로부터 오는 사고思考 동기들은 발전된 산업사회가 아직은 존재하지 않았던 세계, 형식적인 국가시민적 평등의 산출과 함께 자유도 실제로 역시 성취되었는지에 대한 의문이 거의 싹트지 않았던 세계에 통틀어 속한다. 사회의 물질적인 생활 과정에 대한 물음이 출현하지 않는 한, 이데올로기를 다루는 것은 모든 계몽적인 교설들에서 특별한 지위를 갖는다. 사회가 질서를 유지하도록 하기 위해서는 의식을 정돈하는 것으로 충분하다고 사람들이 믿게 되는 것이다. 그러나 이러한 믿음이 시민사회적일 뿐만 아니라 이데올로기의 본질 자체도 시민사회적이다. 이데올로기는, 객관적으로 필연적이면서 동시에 잘못된 의식으로서, 참된 것과 참되지 않은 것의 교차로서, 이러한 교차가 완전한 진실과 분리되어 있는 것과 마찬가지로 완전한 허위로부터도 분리되어 있는 것으로서, 현대적인 시장경제는 아니라고 할지라도 어떤 경우에도 도시에서 전개된 시장경제에 속한다. **이데올로기는 정당화이기 때문이다.** 이데올로기는 방어를 하는 것이 중요한 상태인 이미 문제성이 있는 사회적 상태에 대한 경험을 필요로 하는 것과 마찬가지로 다른 한편으로는 정의의 이념 자체를 필요로 한다. 정의의 이념이 없이는 그러한 변명적인 필연성이 성립되지 않을 것이다. 정의의 이념은 비교 가능한 것의 교환에서 그 모델을 갖는다. 단순한 직접적인 권력관계들이 지배하는 곳에서는 이데올로기들이 원래부터 존재하지 않는다. 복고를 생각하는 사람들은, 즉 봉건적이거나 또는 절대주의적인 관계들의 찬양자들은 개념과 체계를 사용하는 논리의 형식과 평등하고 반위계질서적인 요소를 그 내부에 포함하는 논증하기의 형식을 구사하는바, 그들은 이것만으로도 이미

---

09 원어는 Bürgerlichkeit이며, 이 개념은 1524년 오늘날의 남부 독일과 스위스 지방에서 발발하였던 농민전쟁에서 발원한 개념인 시민계급(Bürgertum)에서 유래한다. 시민계급은 점차 경제사회적으로 그 힘을 키워 부르주아지가 된다. 따라서 시민성이라는 개념에는 부르주아지적인 요소도 들어 있다. 뒤에 나오는 '시민적'이라는 표현의 경우에도 '부르주아적'으로 옮길 수도 있다. 부르주아적인 의식에서 이데올로기는 그 기능을 특히 잘 발휘한다(역주).

시민사회적(부르주아적)인 것을, 그리고 이렇기 때문에 그들이 찬양하는 것을 항상 속이 비게 만들 뿐이다. 군주 체제의 고유한 비합리성을 근거 세워야 하는, 군주 체제에 대한 합리적인 이론은 군주적인 원리가 여전히 실체적으로 작용하는 모든 곳에서 존엄성에 대한 무례처럼 들릴 수밖에 없을 것이다. 이성을 통해 긍정적인 권력을 근거 세우는 것은 기존 질서를 인정하는 원리를 잠재적으로 해체시킨다. 이에 상응하여 이데올로기 비판도 역시, 이데올로기가 그것에 고유한 진실과 대립하는 것으로서, 이데올로기비판이 합리적인 요소를 ―비판은 합리적인 요소에서 완수될 수 있다― 포함하고 있을 때만 가능해진다. 이 점은 자유주의의 이념들, 개인주의의 이념들, 정신과 현실의 동일성의 이념들에 해당된다. 그럼에도 우리가 나치즘의 이론과 이데올로기를 앞의 경우와 마찬가지로 비판하려고 하면, 무력한 순진성에 빠져들고 말 것이다. 히틀러와 로젠베르크Rosenberg라는 문필가가 보여 주는 수준은 모든 비판을 단순히 조종하는 것에서 끝나지 않는다. 그들이 보여 주는 수준 없음에 대해 환호하는 것은 그들에게는 가장 만족스러운 기쁨으로 여겨지는바, 이러한 수준 없음은 이데올로기의 개념, 즉 필연적으로 잘못된 의식의 개념이 더 이상 직접적으로 맞아 들어가지 않는 상태의 징후이다. 사고가 만들어 내는 그러한 물건에서는 객관적인 정신이 반영되지 않는다. 오히려 그러한 물건은 조작적으로 고안된 단순한 지배 수단이다. 사고가 만들어 내는 물건이 신뢰되거나 또는 그것 자체로 진지하게 받아들여질 것이라고 그러한 단순한 지배 수단으로부터 기대하였던 사람은 근본적으로 아무도 없었으며, 이 점에서는 사고가 만들어 내는 물건의 대변자들도 마찬가지였다. 권력을 향하도록, 눈을 깜빡거리면서, 다음과 같이 지시되고 있다. 너의 이성을 권력에 저항하는 방식으로 한번 사용해 보거라, 그렇게 하면 너는 네가 어디에 와 있는가를 이미 알아차리게 될 것이다. 테제들의 불합리성은, 인간들이 상투어들의 뒤에서만 위협을 들어서 알거나 또는 오로지 노획물로부터 그들의 수중에 무엇이 들어온다는 약속을 감지하는 한, 모든 것이 인간에게 부당하게 강요될 수 없다는 것이 무엇인가를 시험해 보는 것을 여러모로 겨누고 있는 것 같다. 인가된 세계관의 포고령에 의해 이데올로기들이 대체되었던 곳에서는, 이데올로기비판은 누가 이익을 보는가cui bono에 대한 분석에 의해 사실상 대체될 수 있다. 여기에서 우리는 이데올로기비판이, 이데올로기비판을 천편일률적으로 다루는 수단이 되는 상대주의와 관련되어 있는 정도가 얼마나 작은지에 대한 예를 뽑아낼 수도 있다.[10] 이데올로기비판은 헤겔적인 의미에서는 규정된 부정이며, 정신적인 것이 그것의 실현과 대결하는 것을 의미한다. 이데올로기비판은 참된 것과 참되지 않은 것을 판단에서 구분하는 것뿐만 아니라 이와 마찬가지로 비판되어진 것에서 진실에의 요구 제기를 전제한다. 이데올로기비판은 상대주의적이지 않고, 오히려 전체주의적인 절대주의, 히틀러, 무솔리니, 즈다노프가 선포한 매질의 법령들이 상대주의적이다. 그들이 선포한 법령들을 그들 스스로 이데올로기라고 명명한 것은 그 이유가 없지 않은 것이다. 전체주의적인 이데올로기들에 대한 비판은 이러한 법령들을 반박할 수 없다. 이러한 법령들은 자율성과 건고함의 요구를 전혀 제기하지 않거나 또는 전적으로 희미하게 제기할 뿐이기 때문이다. 오히려 이러한 법령들이 인간들에서 어떤 성향들을 향해 사고를 전제하는지, 인간들에서 불러일으키려고 노력하는 것이 무엇인지를 그것들을 마주 대하면서 분석하는 것이 적절하다. 그것들은 미사여구를 늘어놓는 공개적인 열변과는 대단히 멀리 떨어져 있다. 그러한 자극들을 필요로 하는 자극들을 요구하는 사람들을, 그리고 넓은 척도에서 볼 때 모든 종류의 유희를 구사하는 우두머리들과 선동가들이 대표자가 되어 불러일으키는

---

10 앞의 두 문장은 이데올로기비판이 상대주의에 빠져서는 안 된다는 주장을 담고 있음 (역주).

자극들을 요구하는 사람들을 현대 사회가 왜 어떤 방식으로 만들어 내는가를 묻는 문제도 계속해서 남아 있다. 이데올로기들을 그러한 변화로 끌고 갔던 전개가 필연적이지 이데올로기들의 내용과 접합점이 필연적이지 않다. 전체주의적인 이데올로기들은 인간학적인 변화들을 향해 짜 맞춰져 있는바, 이러한 변화들은 사회의 구조 변화로부터 나오는 결과이다. 전체주의적인 이데올로기들이 말하는 것 내부에서가 아닌 오로지 이러한 구조 변화 내부에서만, 전체주의적인 이데올로기들은 어떻든 실체적이다. 오늘날 이데올로기는 객관적인 정신으로서의 의식 상태와 무의식 상태이다. 이데올로기는 객관적 정신을 재생산하기 위해 객관적 정신을 모방하고 싼 값으로 제공하는 빈약한 산물들이 아니다. 원래의 의미에서의 이데올로기가 되기 위해서는, 스스로 불투명하고 매개되어 있으며 이러는 한 또한 완화된 권력관계들이 필요하다. 이에 대한 대가로 오늘날에는, 권력관계들의 복잡성으로 인해 부당하게 비난되는 사회가 지나치게 빤히 들여다보이게 되었다.

바로 이 점은 그러나 결국은 사실로서 자백이 된다. 이데올로기가 더욱 적어질수록, 그리고 이데올로기의 유산이 더욱 조잡해질수록, 사회이론을 희생시키면서 현상들의 다양성에 짜 맞추는 것을 약속하는 이데올로기 연구가 더욱 많아진다. 동구권에서는 이데올로기 개념으로부터 하나의 고문 도구가 만들어졌고 고문 도구는 순종하지 않는 사고를 감행하는 사람을 순종하지 않는 사고를 통해서 급히 쫓아가는 반면에, 이쪽에서는 이데올로기비판이 학문 시장의 파손에서 완화되었으며 이데올로기비판의 비판적인 내용과 진실과의 관계를 상실하였다. 이에 대한 관점 설정들은 이미 니체에서 발견된다. 그는 물론 앞에서 말한 내용과는 다른 것을 의도하였으며 제한된 시민사회적(부르주아적)인 이성이 그것의 형이상학적인 품위에 대해 갖는 자부심을 모독하고자 하였다. 그리고 나서 막스 베버가, 그의 사회학이 오늘날에는 철저하게 실증주의적인 사회학이듯이, 사회의 총체적 구조와 정신에 대한 사회의 관계의 실존, 또는 최소한 이러한 관계의 인식 가능성에 대해 논쟁을 제기하였다. 베버는 어떤 원리에도 종속되지 않고 오로지 탐구 관심에 종속되는 이상형들의 도움을 받아 매번 일차적이고 이차적이라고 하는 것을 선입견 없이 뒤따라가야 할 것임을 요구하였다. 이 점에서 베버는 파레토가 행한 노력들과 맞닿아 있다. 막스 베버가 이데올로기 개념을 개별적인 의존성의 증명에 제한시키고 이러한 방식으로 사회에 관한 하나의 이론으로부터 개별적으로 발견되는 것들에 대한 가설로, 이렇지 않으면 심지어 "이해 사회학의 카테고리"로 축소시켰다면, 파레토는, 동일한 효과를 가지면서, 파생체들에 관한 그의 유명한 교설을 통해서 이데올로기 개념이 특별한 차이를 더 이상 포함하지 않는다는 정도까지 이데올로기 개념을 확장시켰다. 잘못된 의식의 사회적인 전개로부터 의식에 관한 사보타지가 곧장 생성되고 있는 것이다. 이데올로기 개념은 막스 베버에게는 매번 검토되어야 하는 선입견이며, 파레토에게는 모든 정신적인 것이 이데올로기가 된다. ─ 두 사람에게서 이데올로기 개념이 중화中和되고 있는 것이다. 파레토는 이데올로기의 중화로부터 사회학적 상대주의의 완전한 결과를 끌어낸다. 정신적인 세계가 기계적인 자연과학보다는 더욱 많은 세계라고 말하는 한, 파레토가 보는 정신적인 세계에서는 모든 진실적인 성격이 부인된다. 파레토의 시각에서는 정신적인 세계는 이해관계가 처해 있는 상태들의 단순한 합리화, 생각해 낼 수 있는 모든 사회적 집단들의 정당화로 해체되고 만다. 이데올로기에 대한 비판으로부터 정신의 정글과도 같은 법이 생성된다. 진실은 매번 관철되는 권력의 기능이 된다. 그럴듯하게 보이는 급진주의에도 불구하고, 파레토는 역사에 관한 개념을 원래 갖고 있지 않다. 파레토가 이데올로기들을, 즉 "파생체들"을 인간에게 곧바로 전가시키고 있는 점에서 그는 초기의 우상론과 닮아 있다. 파레토는 이데올로기 연구를 자연과학적인 견본에 따라 논리적-실험적으로 사실에 충실하게 실행해야 한다는 실증주의적인 요구를 제기하면서 이와 동시에 가치 자유의 열정을 공유하는 막스 베버의 인식비판적인 자각들에 대해 논쟁의 여지가 완전할 정도로 없다는 것을 스스로 보여 주고 있음에도 불구하고, 모든 사람들tout de monde이라는 표현이나 심지어는 인간들les hommes이라는 표현을 사용한다. 파레토는 그에게서 인간의 본성이라고 지칭되는 것이 사회적인 관계들과 함께 변화된다는 점, 그리고 원래부터 추동하는 동기들, 잔류된 것들이 그것들의 후손들, 파생체들 또는 이데올로기들에 대해 갖는 관계도 또한 사회적인 관계들에 관련된다는 점에 맹목적으로 반대한다. 그의 『일반 사회학 논문』에 들어 있는 독특한 자리를 다음과 같이 인용하고자 한다. "근본적으로 파생체들은 수단을 형성하며, 모든 사람이 이 수단에 시중을 든다. … 현재[11]에 이르기까지 사회과학들은 잔류된 것들과 파생체들로 합성되는 이론들로부터 성립되는 경우가 빈번하였다. 사회과학들은 실제적인 관심사를 갖고 있었다. 사회과학들은 인간이 사회를 위해 유용하게 통용되는 특정한 방식으로 행위하는 쪽으로 인간을 인도해야 한다는 것이다. 이 저작은, 이에 대항하여, 직접적으로 실제적인 유용성의 그 어떤 의도도 없는 상태에서 사회적으로 발생한 것들의 법칙성들을 경험하려는 유일무이한 의도를 갖고 사회과학들을 논리적–실험적인 측면으로 전적으로 옮겨 놓으려는 시도이다. … 이와는 반대로, 논리적–실제적 연구를 전적을 행하려고 하는 사람은, 파생체들을 적용하는 것을 모든 세심함을 다해 회피하여야 한다. 파생체들은 이런 연구를 행하는 사람에게는 연구의 대상이지 논증의 도구가 결코 아니다."[12] 파레토는 인간들의 사회적 조직화의 구체적인 형태 대신에 전체로서의 인간들에 관련시킴으로써 이데올로기론

---

11   파레토의 이 저작이 출간된 해는 1916년이었음(역주).

12   V. Pareto, op. cit., Vol. II, § 1403, S.791; in Übersetzung zitiert.

의 더욱 오래된 관점으로, 거의 사회학 이전의 관점이라고 말할 수 있을 만한 관점으로 되돌아가고 있다. 심리적인 관점으로 다시 떨어지고 있는 것이다. 파레토는 "당파들의 상투어들과 상상들을 당파들의 실제적인 기구 및 이해관계들과 구분하고 당파들의 관념을 당파들의 현실과, 여전히 역사적으로 전개되는 투쟁들에서 더욱 많은 정도로, 구분해야 한다"는 보충적인 요구를 지키지 않은 채, "인간이 스스로 생각하고 말하는 것과 인간이 실제로 인간인 것, 인간이 실제로 행하는 것" 사이를 구분해야 한다는 부분적인 인식에 멈추어 있다. 이데올로기 연구가 말하자면 사적인 영역으로 되돌아가 조정되고 있는 것이다. 학자들이 파레토의 파생체 개념은 합리화의 심리분석적인 개념과 밀접한 관계에 놓여 있다고 언급한 것은 정당하다. 이 개념은 에르네스트 요네스Ernest Jones에 의해 도입되었으며 이후 프로이트가 이 개념을 수용하였다. "인간은 논리적인 발달을 비논리적인 행위에 접속시키는 … 강력한 경향을 갖고 있다."[13] 자신의 주관적인 경제학에 되돌아가서 가리키는, 파레토의 원리적인 주관주의는 이데올로기들의 비진실을 사회적인 관계들과 객관적으로 앞에서 드러내 보이는 현혹의 연관관계들로부터 도출하지 않고 인간들이 자신의 진정한 동기들을 보충적으로 근거 세우고 정당화하려고 모색한다는 것으로부터 도출한다. 파레토는 심리적으로는 파악될 수 없고 객관적인 관계들과의 관계들에서만 파악될 수 있는 모멘트인 이데올로기들의 진실의 모멘트에 대해 조회하지 않고 있다. 이데올로기들이 말하자면 이데올로기들의 인간학적인 기능에서 쇠진되고 있는 것이다. 한스 바르트Hans Barth가 『진실과 이데올로기』에서 정리한 내용은 이 점을 적중시킨다. 바르트에 따르면, 파레토에게는 정신적인 세계가, 정신적인 세계가

---

[13] V. Pareto, op. cit., Vol. I, § 180, S.92; in Übersetzung zitiert.

기계학의 전범에 따라 원인적인 관계들을 탐구하는 것과는 다른 어떤 것이 되려는 요구를 제기하는 한, 고유한 법칙성도, 인식 가치도 갖고 있지 않다.[14] 이데올로기론의 표면적인 학문화는 학문의 대상의 맞은편에서 발생하는 학문의 체념을 포함하고 있다. 이데올로기들에서의 이성은 역사적인 필연성의 개념에서 헤겔적으로 함께 사유된 바 있음에도, 파레토는 이데올로기들에서의 이성에 대항하여 스스로 맹목적이 됨으로써, 이성이 제기하는 정당한 요구, 즉 이데올로기들에 대해 판단하는 요구를 동시에 포기하고 있는 것이다. 이러한 이데올로기론은 전체주의적인 권력 국가의 이데올로기에 스스로 탁월하게 쓸모가 있다. 이러한 이데올로기론이 모든 정신적인 것을 선전 선동 목적과 지배 목적에 미리 종속시킴으로써, 냉소주의에 학문적으로 친절한, 판단 메커니즘을 마련해 주는 것이다. 무솔리니의 발언과 파레토의 논문 사이의 연관관계들은 잘 알려져 있다. 모든 사람은 무엇이 자신의 이익과 자기주장에 가장 유리한가만을 생각하기 때문에 무엇이 참된 것인지의 여부와는 아무런 상관이 없이 자신이 원하는 것을 사고하도록 모든 사람에게 허용되어 있는 한, 의견의 자유의 개념에서 상대주의와의 유사성을 그렇지 않아도 갖고 있었던 정치적인 후기 자유주의는, 즉 이러한 자유주의는 이데올로기 개념의 그러한 오용에 대항하는 저항력을 결코 갖고 있지 않았다. 또한 바로 이 점에서, 전체주의적인 지배가 자포자기하는 몇몇 과격한 자들에 의해 자행되지 않았다는 사실, 진보가 가는 길에 직선으로 깔려 있는 고속도로에서 발생한 운전 사고를 의미하지 않았다는 사실이 확인된다. 오히려, 정치적인 후기 자유주의의 그러한 모습에서는, 문화가 전개되는 와중에서 문화를 파괴하는 힘들이 성숙되었음이 확인된다.

14 H. Barth, op. cit., S.345 (Anmerkungen).

이데올로기론이 사회에 대한 철학적 이론으로부터 빠져나와 분리됨으로써 일종의 가상적인 정확성이 산출되지만, 개념의 실제적인 인식력이 희생된다. 이 점은 철학에 관한 개념 자체가 소진되어 버렸던 곳에서도, 즉 막스 셸러Max Scheler에서도 역시 드러날 수 있다. 파레토의 형태 없이 평준화되는 파생론과는 대조적으로, 셸러는 이데올로기들의 존재론이라고 말할 수는 없는 일종의 유형학을 만들려고 노력하였다. 그의 노력으로부터 30년이 채 지나지 않은 오늘날에는, 한때는 많은 경탄을 불러일으켰던 그의 시도는 경악스러울 정도로 순진한 시도로 읽힌다.

그러한 계급에 상응하여 규정되는 형식적인 사고방식들에 나는 예를 들어 다음과 같은 것들을 산입한다 : …

2. 생성에 대한 고찰 — 하위 계급; 존재에 대한 고찰 — 상위 계급 …

4. 실재주의(우선적으로 '저항'으로서의 세계) — 하위 계급; 이상주의 — 상위 계급(우선적으로 '이념들의 영역'으로서의 세계).

5. 유물론 — 하위 계급; 유심론 — 상위 계급 …

8. 낙관주의적 미래 전망과 비관주의적 회고 — 하위 계급; 비관주의적 미래 전망과 낙관주의적 회고 … — 상위 계급

9. 모순들을 찾는 사고방식이나 또는 '변증법적 사고방식' — 하위 계급; 동일성을 찾는 사고방식 — 상위 계급 …

세계를 하나의 의식이나 다른 형식에서 비중이 높게 파악하는 것은 **잠재**의식적인 종류에 들어 있는, 계급에 의해 조건이 지어진 **성향**들이다. 이러한 성향들은 계급-선입견들이 아니며 선입견들보다 오히려 더욱 많이 존재한다. 이것들은 확실한 선입견들을 형성하는 비중이 높은 성향들의 법칙들로서 계급 상황에만 유일하게 뿌리를 둔다. — 이처럼 뿌리는 두는 것은 개별성 … 등등과는 전적으로 별개의 문제이다. 이러한 법칙들이 완전하게 인식되고 그것들이 계급 상황으로부터 필연적으로 발생한다는 점에서 파악된

다면, 그것들은 지식사회학의 바로 새로운 가르침의 한 부분을 완성하게 될 것이다. 나는 이러한 가르침의 한 부분을 베이컨의 우상론의 유사체로 … 사고, 직관, 평가의 '**사회학적인 우상론**'으로 나타내고 싶다.[15]

셸러의 고유한 견해에 따라 만들어진, 상위 계급과 하위 계급의 지나치게 조야한 도식은 그와는 철학적으로 정반대의 대립관계에 있었던 파레토와 역사적 의식의 부재를 공유하고 있는바, 이러한 도식은 또한 사회적 분기分岐들의 구체화는 물론이고 이데올로기 형성의 구체화에도 도달하지 못하고 있음이 명백하게 드러난다. 정적靜的-존재론적 사고와 동적-명목론적 사고의 대립관계가 조야하고 분화되어 있지 않을 뿐만 아니라, 이런 대립관계는 이데올로기 형성 자체의 구조에 관련해서도 잘못된 것이다. 셸러에서 상위 계급의 이데올로기로 지칭된 것은 오랫동안 갖고 있었던 성격, 즉 극단적으로 명목론적인 성격을 오늘날 갖고 있다. 현존하는 관계들에 대한 비판은 위로부터 내려오는 자의적인 개념 구축이자 "형이상학"이라고 말함으로써, 그리고 탐구는 구조화되지 않은 사실들, "불투명한 사실들"을 향해야 한다고 말함으로써 현존하는 질서가 방어되고 있다. 파레토 자신도 그러한 극단적으로 명목론적인 변명론의 실례이다. 오늘날 지배적으로 출현하고 있는 사회과학적 실증주의를 셸러가 만든 도식의 하위 계급에 산입시키기는 어려울 것으로 보이지만, 사회과학적 실증주의도 현존 질서를 방어하는 경향을 보인다. 역으로, 셸러가 하위 계급의 이데올로기들로 분류할 만한, 이론들의 가장 중요한 이데올로기들은 명목론과 대립관계에 들어가게 되었다. 이러한 이데올로기들은 사회의 객관적인 총체적 구조, 헤겔에서 형성된 개념인 스스로 전개되는

---

15   M. Scheler, Die Wissensform und die Gesellschaft(지식 형식과 사회), Leipzig 1926. S.204f.

진리의 객관적인 개념으로부터 출발하였다. 셸러의 현상학적인 처리는, 철학을 이른바 간취看取 가능한 본질성들에 수동적으로, 구축을 포기하면서 짜 맞추는 처리로서, 후기 단계에서는 제2등급의 실증주의에 역시 빠져들었다. 말하자면 정신적인 실증주의에 빠져들었던 것이다. 개념이 사물을 구축하지 않는 곳에서는, 사물 자체가 개념으로부터 떨어져 나가게 된다.

셸러와 만하임Mannheim에서는 이데올로기론으로부터 지식사회학의 아카데미적인 분과가 생성된다. 지식사회학이라는 이름은 충분히 독특하다. 잘못된 의식뿐만 아니라 참된 의식을 포함하는 모든 의식은, 바로 "지식"은 사회적으로 조건이 지어져 있는 상태의 증명에 종속되어야 한다는 것이다. 만하임은 "총체적 이데올로기 개념"의 도입을 스스로 자랑한 바 있었다. 그의 주저작인 『이데올로기와 유토피아』에 대략 다음과 같은 주장이 들어 있다.

총체적인 이데올로기 개념의 일반적인 초안의 등장과 함께, **단순한 이데올로기론으로부터 지식사회학이 성립된다.** … 이데올로기 개념이 이러한 연관관계에서 하나의 새로운 의미를 획득하는 것은 명백하다. 이와 함께 여기에서 두 개의 가능성이 발생한다. 첫 번째 가능성은 우리가 이제부터는 모든 '벗겨서 드러내는' 의도를 포기하고 … **사회적인 존재 상태와 봄(조망) 사이의 연관관계를 도처에서 분석하는 것에 작업을 제한시키는 것에서 성립된다.** 두 번째 가능성은 우리가 이처럼 "가치 자유적인" 태도를 인식론적인 태도와 추가적으로 결합시키는 것에서 성립된다. 이것은 … **상대주의**나 또는 **관계주의에** 이를 수 있으며, 이것들은 서로 혼동될 수 없다.[16]

---

16 K. Mannheim, Ideologie und Utopie(이데올로기와 유토피아), 3. Aufl., Frankfurt a. M. 1952, S.70f.

만하임이 총체적인 이데올로기 개념의 적용을 위해 의도하는 두 개의 가능성들을 진지하게 구분하는 것은 어려운 일이다. 그는 인식론적인 상대주의, 또는 더욱 고상한 말로 하면 관계주의의 가능성인 ―"인식론적인 태도"로서의― 두 번째 가능성을 첫 번째 가능성인 "존재 상태와 봄의 관계에, 즉 하부 구조와 상부 구조의 관계에 대한 가치 자유적인 연구에 대립시키고 있는바, 두 번째 가능성은 첫 번째 가능성에 대해 어떤 대립관계도 형성하지 않는다. 오히려, 두 번째 가능성은 기껏해야 실증주의적인 지식사회학의 절차들을 방법론학적인 이유들을 통해 차단시키려는 의도를 요약 기술하고 있다. 만하임은 이데올로기 개념이 잘못된 의식의 개념으로서만 그 정당성을 갖는다는 점을 충분히 느끼고 있었다. 그러나 그는 그러한 개념을 내용적으로 제어하지 못하고 단순히 형식적으로, 이른바 인식론적인 가능성으로서 주장하고 있다. 규정된 부정 대신에 일반적인 세계관이 들어서고 있으며, 그리고 나서 막스 베버의 종교사회학의 전범典範에 따라 사회와 정신의 경험적인 연관관계들에 대한 증명이 개별적으로 나타나고 있다. 이데올로기론이, 최고도로 추상적이며 적확한 조립이 빠져 있는 총체적 설계와 전공 논문의 연구들로 산산조각이 나고 있는 것이다. 그 사이에, 이러한 진공 상태에서 이데올로기들의 변증법적 문제가 상실된다. 이데올로기들은 잘못된 의식이기는 하지만 오로지 잘못된 의식만은 아닌 것이 되고 마는 것이다. 사회와 사회에 고유한 본질에의 통찰 사이에 필연적으로 놓여 있는 베일은 동시에 그러한 필연성에 힘입어 이러한 본질 자체도 역시 표현한다. 원래의 이데올로기들은 그것들이 현존하는 현실에 대해 갖는 관계에 의해서 비로소 참되지 않은 것으로 된다. 자유, 인간성, 정의와 같은 이념들이 그렇듯이, 이데올로기들도 "즉자적으로" 참될 수 있다. 그러나 이데올로기들은 그것들이 이미 실현된 것처럼 행동한다. 총체적 이데올로기 개념이 허용하는 레테르 붙이기, 즉 앞에서 말한 이념들을 이데올로기들로 레테르를 붙이는 것은 잘못된 의식과 화해되어 있지 않은 상태를 증명하기보다는 아직도 역시 그토록 무력하지만 그럼에도 필요한 정신적 성찰에서 어떤 더욱 좋은 것의 가능성을 가리킬 수도 있는 것에 대한 분노를 여러모로 증명한다. 학자들은 그러한 종류의 이른바 이데올로기적 개념들을 경멸하는 개념들이 그러한 종류의 이데올로기적 개념들이 보증하는 것보다는 오용된 개념들을 의미하는 정도가 여러모로 더욱 적다고 언급했다. 이것은 정당하다.

이데올로기 개념이 오늘날 어떻게 언어로 정리될 수 있는가에 대해 이론적으로 설명하는 것 대신에, 나는 토론을 도입시킨다는 의미에서, 그리고 이 강연의 결론으로서 이데올로기 자체의 구체적이고도 현재적인 형태에 대해 몇 가지 점을 청중에게 언급하고 싶다. 이데올로기에 대한 이론적인 구성이 실제로 이데올로기로 작용하는 것에 의존되어 있는 것에 못지않게, 역으로 이데올로기에 대한 규정과 관통은 이론을 전제한다. 한 가지 경험을 호소할 수 있게끔 청중이 양해해 주기를 바란다. 우리들 중 누구도 이 경험으로부터 빠져나올 수는 없을 것이다. 정신의 특별한 비중에서 결정적인 것이 변화되었다는 경험, 바로 이 경험을 나는 청중에게 호소하고자 한다. 가장 충실한 역사적인 지진계로서의 예술을 내가 잠깐 동안이라도 상기시켜도 된다면, 1910년경의 현대성의 영웅적인 시대와 극도로 대조를 이루는 약화가 나에게는 의심의 여지가 없이 다가온다. 사고를 사회와 관련시키는 사람은, 철학과 같은 다른 정신적인 영역들도 모면되어 있지 않은 이러한 약화를 창조적인 힘들의 이른바 감퇴나 또는 사악한 기술문명에 곧바로 귀착시키는 것에 대해서 만족할 수 없을 것이다. 사고를 사회와 관련시키는 사람은 일종의 암석층의 전위를 감지하게 될 것이다. 사회의 심층 구조들에서의 재앙적인 진행과정들의 맞은편에서, 정신은 무언가 일시적인 것, 얇은 것, 무력한 것을 스스로 받아들였다. 현재의 현실에 직면하여 정신이, 정신의 진지함에의 요구 제기가 19세기의 문화에게는 자명하였던 만큼 그렇게 자명하게 이러한 요구 제기를 깨트려지지 않은 상태에서 주장하는 것은 거의 불가능하다. 문자 그대로 상부 구조의 층들과 하부 구조의 층들 사이의 전위인 암석층의 전위는 의식과 정신적 형성의 가장 민감한 내재적인 문제들에까지 파고 들어가며, 의식이 힘들에서 결여되었던 것보다도 오히려 힘들을 마비시킨다. 이에 대해 성찰하지 않고 아무것도 발생하지 않았다는 듯이 계속해서 앞으로 나아가는 정신은 기댈 곳이 없는 공허한 것으로 앞서서 이미 판정된 것처럼 보인다. 이데올로기론이 정신에게 정신의 허약함을 예로부터 상기시켰다면, 정신의 자의식은 오늘날 정신을 이런 관점에 위치시켜야 할 것이다. 이미 헤겔이 부정적 모멘트로서 본질적으로 규정하였던 의식은, 오늘날 의식이 이데올로기비판을 그 내부로 스스로 받아들일 때만 살아남을 수 있다고까지 말할 수도 있다. 정신적인 것이 독자적이며 실체적으로, 그리고 그것에 고유한 요구 제기와 함께 사회적 과정으로부터 뚜렷하게 나타날 때만, 우리는 이데올로기에 대해 의미 있게 논의할 수 있다. 이데올로기의 비진실은 항상 바로 이러한 분리, 즉 사회적인 토대를 부인하는 것의 대가이다. 그러나 이데올로기의 진실적인 모멘트도 또한 그러한 독자성, 존재자의 단순한 각인 이상인 의식에 붙어 있으며, 존재자를 관통시키려고 노력한다. 이데올로기들의 요구 제기에 들어 있는 기만이라기보다는 오히려 이러한 독자성의 부재가 오늘날에는 이데올로기들의 레테르가 되고 있다. 시민사회의 위기와 더불어 전통적인 이데올로기 개념 자체가 그 대상을 상실한 것 같다. 정신은 두 조각으로 쪼개져 있다. 다시 말해, 비판적이고 가상으로부터 외화外化되어 있지만 비의적秘意的인 진리, 직접적으로 사회적인 작용의 연관관계들로부터 소외된 진리의 조각과 일찍이 이데올로기였던 것에 대한 계획적인 실행의 조각으로 쪼개져 있는 것이다. 오늘날 인간의 의식을 더욱 넓은 정도로 가득 채우고 있는 정신적인 산물들의 총체성을 이데올로기의 유산으로 규정한다면, 우리는 이 점을 정신에 고유한 사회적인 함의들로부터 장막이 쳐진 자율적인 정신으로 이해해도 된다. 이에 못지않게, 우리는 이 점을 대중을 소비자들로서 붙들어 두고 가능하다면 대중의 의식 상태를 모델로 만들어서 고정시키기 위해 대중에게 기성복처럼 입혀진 것의 총체성으로 이해해도 된다. 오늘날 드러나고 있는, 사회적으로 조건이 지어진 잘못된 의식은 더 이상 객관적인 정신이 아니다. 이처럼 잘못된 의식이 사회적 과정으로부터 맹목적으로 익명으로 결정結晶된 것이 결코 아니고 사회를 겨냥하여 학문적으로 편성되어 있다는 의미에서도, 잘못된 의식은 더 이상 객관적인 정신이 아닌 것이다. 이것은 영화, 잡지, 삽화가 들어 있는 신문, 라디오, 매우 다양한 유형들의 베스트셀러-문학, 이러한 유형들 중에서도 특별한 역할을 하는 장편-전기물傳記物, 미국에서는 특히 텔레비전과 같은 문화산업과 함께 발생한다. 이처럼 그 내부에서 제대로 획일화된 이데올로기의 요소들이, 이것들을 확산시키는 수많은 기술들과는 대조적으로, 새롭지 않다는 사실, 그리고 많은 것들이 바로 돌처럼 굳어 있다는 사실은 스스로 이해되는 자명한 사실이다. 이처럼 획일화된 이데올로기는 전통적이며 이미 뚜렷하게 드러나는 구분인 고급문화 영역과 저급문화 영역의 구분에 접맥되어 있다. 이와 동시에 저급문화 영역이 합리화되면서 고급문화로부터 밑으로 내려온 잔재들과 통합된다. 오늘날의 문화산업의 모형들은 특히 1700년경 영국 통속문학의 초기로 소급되어 역사적으로 추적될 수 있다. 영국의 통속문학은 오늘날 우리에게 은막과 텔레비전 화면으로부터 이를 드러내 놓고 웃고 있는 대부분의 상투적인 것들을 이미 구사한다. 질적으로 새로운 현상에 대한 사회적인 고찰은 그러나 이처럼 새로운 현상의 구성 요소들에 의해 기만될 수 있어서는 안 되고, 이러한 구성 요소들에 토대를 두는 주장인 근원적인 욕구들의 충족에 대한 주장의 공경할 만한 연륜을 지적하는 것에 의해 기만될 수 있어서도 안 된다. 그 이유는 다음과 같다. 새로운 현상의 구성 요소들이 중요하지 않고, 오늘날의 대량문화의 원시적인 특징들이 성숙되지 않은 인류의 시대를 관통하면서 동일하게 머물러 있었다는 점이 중요하지도 않으며, 오히려 성숙되지 않은 인류가 오늘날 모조리 지배되어 있다는 사실, 하나의 닫혀진 체계가 전체로부터 만들어져 있다는 사실이 중요하기 때문이다. 닫혀진 체계로부터의 탈주는 더 이상 거의 용인되지 않으며 인간은 모든 측면에 의해 둘러싸여 있다. 잘못된 길로 빠져든 사회심리학, 또는 사람들이 적확하게 명명하듯이 전도된 심리분석이 획득한 결과들과 함께, 증대되는 사회적 압박이 그렇지 않아도 방출시키는 퇴행적인 경향들이 진척된다. 사회학은 커뮤니케이션 조사, 매스미디어 연구라는 이름 아래 이러한 영역을 점취하여 자기 것으로 만들었으며, 이와 동시에 소비자들의 반응들, 무엇보다도 특히 소비자들과 생산자들 사이의 상호 유희의 구조에 중점을 두었다. 시장 조사로부터 오는 기원을 거의 부인하지 못하는 그러한 연구들에서 연구들의 인식 가치가 박탈될 수 없다는 점은 확실하다. 그러나 매스미디어들의 단순한 현존재에서 만족하기보다는 이른바 매스미디어들을 이데올로기비판의 의미에서 다루는 것이 더욱 중요한 것으로 여겨진다. 기술記述하는 분석을 통해 매스미디어들의 현존재를 암묵적으로 인정하는 것은 그것 자체로 이데올로기의 한 부분을 완성한다.

오늘날 매스미디어들이 —그 밖에도 더욱 넓은 의미에서는 이미 오래전에 이데올로기로 넘어간 스포츠도 또한 매스미디어에 속한다— 인간에게 자행하는 이루 말할 수 없는 폭력의 면전에서, 매스미디어들의 이데올로기적인 내용을 구체적으로 규정하는 것은 직접적으로 절박한 일이다. 이러한 이데올로기적인 내용은 대중이 규격들 및 관계들과 종합적으로 동일화되는 것을 목표로 한다. 이러한 규격들과 관계들은, 그것들이 익명이건 문화산업에 의해 의식적으로 선전되든, 문화산업의 배후에 놓여 있다. 한 목소리를 내지 않는 모든 것에 대해 검열이 가해지고, 타협주의가 가장 민감한 영혼의 자극들에까지 뚫고 들어가서 훈련된다. 문화산업이 문화산업에 의해 공급된 것들에서 살아 움직이고 있는 인간학적인 경향들에 매번 접속되어 있는 한, 문화산업은 이와 동시에 객관적인 정신으로서 힘을 과시한다. 문화산업은 이러한 경향들을 움켜쥐고, 강화시키며, 보증한다. 반면에, 문화산업에 복종하지 않는 모든 것은 뒤로 물러나 있거나 명확하게 배척된다. 대중사회에서 우세한, 사고의 경험 없는 경직성이 이러한 이데올로기에 의해 더욱 굳어지게 되는 것이다. 이러는 동안에도, 모든 외부적인 것에서 경험적 현실의 정확한 모사상模寫像을 공급하는, 요점이 숨어 내진 사이비 현실주의는 제공된 것을 사회적 통제의 의미에서 이미 먼저 형식이 만들어진 것으로서 꿰뚫어 보는 것을 방해한다. 제작된 문화적 재화들이 인간에게서 소외되면 될수록, 문화적 재화들이 인간 자신, 인간의 고유한 세계와 관계가 있다면서 인간에게 그럴 듯하게 말해지는 정도가 더욱 많이 증대된다. 사람들이 텔레비전 화면을 향해 쳐다보는 것은 너무나 익숙해진 것과 동일한 것이다. 이러는 동안에도, 모든 외국인은 의심스럽다는 구호나 또는 성공과 경력이 삶에서 가장 높은 것이라는 구호와 같은 구호들의 밀수입품이 주어진 상태에서 언제나 밀수입된다. 대량문화의 이데올로기가 원래부터 그 결과가 되는 것을 한 문장으로 압축해 본다면, 다음과 같은 문장의 패러디로 서술해야만 할 것이다. "너의 신분으로 되게 하라." 다시 말해, 우리는 대량문화의 이데올로기를 모든 선험성과 모든 비판을 포함하는 원래 현존하는 상태에 대한 더욱 높은 수준의 중첩화와 정당화로서 서술하지 않을 수 없는 것이다. 사회적으로 작용하는 정신이 인간의 실존을 그렇지 않아도 결말짓는 것을 인간에게 다만 다시 한 번 제시하는 것에 제한되고 이와 동시에 이러한 현존재를 정신의 고유한 규범으로 공포함으로써, 인간은 순수한 실존에 대한 믿음이 없는 믿음에 고정되고 만다.

현존하는 것 자체에 대한 인정 이외에, 다시 말해 관계들의 위력에 순응하는 행동의 모델들 이외에 이데올로기로서 잔류한 것은 아무것도 없다. 오늘날 가장 영향력이 큰 형이상학들이, 단순한 현존재의 중첩이 현존재로부터 얻어지는 가장 상위에 있는 추상적인 규정들을 통해서 현존재의 의미와 똑같은 의미를 갖기라도 하는 것처럼, 실존이라는 단어에 접속되어 있는 것은 거의 우연이 아니다. 인간의 머리에 들어 있는 상태는 오랫동안 실존이라는 단어와 상응한다. 인간은 행복의 열린 가능성의 면전에서 잘못된 재앙을 통해 인간을 매일 위협하는 얼토당토않은 상황을 ―인간이 국민 국가들의 시민사회적인 체계를 여전히 느끼고 싶어 했을 때와는 다르게― 하나의 이념의 표현으로서 더 이상 감내하지 않는다. 그러나 인간은 현실주의의 이름에서 주어진 것과 타협하게 된다. 개별 인간들은 자기 자신을 체스의 말馬로써 미리 경험하면서 동시에 마음이 진정되는 것이다. 그러나 이데올로기가 그것이 그것인 것처럼 그렇다라고 더 이상 거의 말하지 않은 이래로, 이데올로기에 고유한 비진실도 그것은 그것인 것과 다르게 될 수 없다는 얄팍한 공리公理로 수축된다. 인간이 이러한 비진실에 굴복하는 동안에도, 인간은 이러한 비진실을 동시에 남몰래 꿰뚫어 본다. 권력의 찬양과 단순한 현존재의 저항할 수 없음은 동시에 단순한 현존재의 탈주술화를 위한 조건이다. 이데올로기는 더이상 복면이 아니고, 세계의 위협적인 얼굴일 뿐이다. 이데올로기가 선전 선동에 엮여 들어가는 힘에 의해서뿐만 아니라 이데올로기에 고유한 형태에 따라서도, 이데올로기는 테러로 넘어간다. 이데올로기와 현실이 이토록 서로 겹쳐서 움직이고 있기 때문에, 그리고 현실이 다른 모든 설득력 있는 이데올로기의 결핍으로 인해 현실 자체의 이데올로기가 되고 있기 때문에, 정신의 사소한 노력만을, 즉 전능하면서도 동시에 아무것도 아닌 가상을 정신 스스로부터 던져 버리는 노력만을 필요로 하고 있는 것 같다.

1954년

독일에서의 경험적 사회연구의
현재 위치에 대해

　　독일에서의 경험적 사회학의 위치에 대해 몇 가지를 말하는 것이 나에게 주어진 임무이다. 연구 자체의 상태, 연구와 관련된 제도들, 학문적 방법론들과 문제들, 또한 조직에 대한 물음들이 관건이 되는 한, 이번 학회는 참가자들에게 하나의 구체적인 표상을 마련해 주어야 할 것이다. 이런 이유에서, 나는 참가자들이 학회의 특별 분과들에서 기고된 발제들에서 더욱 잘 경험하는 내용에 관해 무언가를 일반적인 관용구들에서 선취하고 싶지는 않다. 오히려 나는 공론적인 의식에서의 경험적 사회연구의 위치, 경험적 사회연구가 현재의 경향들에 대해 갖는 관계에서의 경험적 사회연구의 위치, 그리고 경험적 사회연구가 항상 마주치게 되는 비판적 반론들에 대해 논의하고 싶다. 나에게서 관건이 되는 것을 나는 "경험적 사회연구의 정신적인 상황"이라는 표현으로 나타낼 수 있을 것 같다. "정신적인 상황"이라는 표현이 지나칠 정도로 근본적으로 말썽에 연루되지 않는다면, 그리고 이 표현에서 정신들의 투쟁, 그리고 최고로 실재적인 사회적-경제적 권력들의 유희가 벌어지는 곳인 순수한 학문적인 대결들이 관건이 되는 것처럼 그렇게 출현될 수는 없다면, 나는 "정신적인 상황"이라는 표현을 사용할 수 있을 것 같다.

　　이번 학회가 대변하며 공통적인 것이 오인될 수 있음에도 그 이름이 결여되어 있는 학문 유형은, 이러한 학문 유형은 독일에서는 최근 몇 년 동안에 비로소 더욱 강력하게 출현하였다. 1차 세계대전과 바이마르 공화국의 기간에는 오로지 개별 앙케트만이 이러한 학문 유형에, 그것이 그것 자체로 고유한 학문 분과로서 정초되지 않은 채, 속해 있었다. 히틀러 독재 기간에는 이 학문 유형은 당시에 통용되었던 특수 용어에 따라 바람직스럽지 않은 것이 되었다. 무엇보다도 특히 "공론 조사"에서, 불행한 단어인 "여론 조사"가 그 사이에 널리 퍼지게 된 영역에서, 나치주의자들은 하나의 민주주의적인 잠재력을 본능적으로 보고 있었다. 통계적인 평가에서는 모든 목소리가 동등한 것으로 많이 통용된다는 점, 전체 국면에 대한 관찰의 형성에서 매우 중요한 개념인 대표 개념은 어떤 특권도 알지 못한다는 점이 자유로우며 비밀리에 행해지는 선거를 ─선거와 관련 있는 조사들도 또한 "여론 조사"라는 이름을 자유 선거 및 비밀 선거와 공유한다─ 과도하게 상기시켰다. 1945년 이래의 미국의 영향, 인간의 판단, 소망, 필요한 것들을 단순히 투표용지에서 통용시키지는 않으려는 욕구는, 즉 조합되지 않았음에도 강력하게 나타나는 인간의 욕구는 전후 독일에서 "사회조사"의 방법론들에 수용되었다. 그 배후에는, 파괴되고 경제적으로 조직이 무너진 나라에서 통제된 경험적인 방법론이 아닌 다른 방법으로는 획득될 수 없다고 볼 수 있는 것인 관계들의 지식에 대한 관리적인 필요성이 놓여 있다. 대략적으로 도망자들이 처한 사회적인 상황과 폭탄에 의한 파괴의 사회적인 결과들에 대한 지식이 필요했던 것이다. 위험 부담을 가능한 한 낮추려는 경제의 경향이 이런 필요성에 결정적으로 협력하였다. 본래의 성향들을 시장의 판단에 보충적으로 종속시키는 것 대신에, 공급과 수요가 서로 어떻게 행동하는가를 높은 확률을 통해 미리 조사하고 나서 배치하려고 하는 것이다. 이것은 거대 재벌들의 영향력이 지배하는 영역에서는 시장 자체의 기능 변화와 직접적으로 연관관계에 놓여 있는 경향이다.

내가 앞에서 언급하였던 민주주의적인 잠재력은, 경험적 사회연구를 부분적인 목적들에 다양하게 사용할 수 있는 가능성과 관련해서 볼 때, 우리의 가장 상위에 있는 의무를 의미한다. 우리는 우리와 관련이 있는 인간들을 그 사고와 행동이 맹목적인 법칙들에 종속되어 있는 단순한 양적 존재들로 보는 것으로부터 우리를 지켜 내야 한다. 인간이 불투명한 연관관계들을 인간 내부에서 스스로 붙들어 매고 있는 상태에 놓여 있을 때 인간은 자유로운 자기규정과 자발성의 가능성을 갖는 인간으로 머물러 있다는 것을 우리는 알고 있다. 우리는 자발적인 것과 의식적인 것의 이러한 요소에서 다수의 법칙이 그 한계를 갖고 있다는 것도 알고 있다. 이런 까닭에서, 우리는 오늘날의 사회의 훨씬 전부터 결정되어진 메커니즘 내부에서 근거가 세워진 개연적인 것에 대한 예측들을 할 수 있지만, 대략 정치적인 돌발적 사건들을 마치 일식日蝕처럼 예언할 수는 없다. 이것을 우리로부터 기대하는 사람은 우리의 의도에 불순물을 섞어서 우리를 부자유의 대리자들로 만드는 사람이다. 반면에, 인간이 사고하고 원하는 것에 대한 우리의 물음은 오로지 인간의 자유에만 기여해야 할 것이다. 우리는 이른바 트랜드의 동맹자들이 아니다. 우리는 우리가 마치 운명의 목소리라도 되는 것처럼 말할 수 없으며 그렇게 말해서도 안 될 것이다.

독일 사회학에서 경험적 경향들의 돌진은 위력을 지닌 사실성에 대한 숭배로부터 발원한 것은 아니다. 경험적 경향들은 내재적인 학문적 전개의 결과로 나타난 것들이다. 이상주의적인 시기에서는, 사회적 사고와 총체성에 대한 철학적 숙고가 동일한 것이었다. 구체적으로 전개된 철학적 사고는 당시에 접근 가능하였던 사실들에 관한 자료 전체를 운용하였다. 그리고 나서 거대한 철학적 체계들과 더불어, 강제적인 이유들 때문에, 이론적인 사고와 특별한 경험 내용의 통일체가 와해되었다. 이론적 개념들은 진리에의 요구 제기를 비판 앞에서 스스로 주장할 수 없었던 체계로부터 분리되었다. 이론적 개념들의 유산은 쪼개진 특별 영역들로 떨어져서 특별 영역들의 소유가 되었다. 한때는 존재의 역동적인 총체성을 의미하였던 정신에 대한 헤겔의 형이상학적인 이념은 정신이라는 특별 영역, 문화라는 특별 영역으로 흘러 들어갔다. 문화라는 특별 영역은 그러고 나서 딜타이Dilthey의 정신과학의 대상을 형성하며, 딜타이의 정신과학의 이념과 방법론은 독일 사회학이 곧바로 정신과학으로 이해되었을 정도의 영향을 독일 사회학에 미쳤다. 그러나 정신과 같은 개념들이 그것들의 연관관계로부터, 자료에 대한 관계로부터 튀어나와 폭발하였을 때, 그러한 개념들은 처음에는 고립되었다가 그 후로는 절대적인 것으로 설정되었다. 정신과 같은 개념들은 마침내 물신적인 것, 비과학적이고 비진보적인 태도의 공구工具들이 되었다. 나는 가장 노골적으로 드러나는 경우에서 이것을 학회 참가자들에게 설명하려고 한다. 거대한 사변적인 체계들의 시대에서는, 인간관계들의 직접성의 개념들과 이것들과 대립되는 소외 및 사물화의 개념들이 결정적인 역할을 하였다.

인간관계들의 직접성의 개념들은, 정신 자체와 함께 스스로 두 개로 갈라지고 다시 화해하는 정신의 필연적인 모멘트로서 근원적으로 생각된 개념들이었다. 이러한 구상은 이상주의적인 학파들과 더불어 와해되었다. 그러나 사회에서의 직접적인 것과 매개된 것의 개념들은 남아 있었다. 현대 독일 사회학에 확실히 도움을 주는 페르디난트 퇴니스Ferdinand Tönnis는 앞에서 본 개념들의 대극성을, 개념의 대극성에 의미와 경계를 부여하였던 철학적 연관관계의 추상 아래에서, 사회적인 인식의 유일한 질서 원리로서 기초를 삼았다. 그의 의도는 불순물이 전혀 섞이지 않은 순수한 것이었다. 다시 말해, 사회학을 인간관계들의 산출에 기여하도록 하는 것이 그의 의도였던 것이다. 그러나 퇴니스가 공동사회나 이익사회의 개념들을 독점적인 분류화 원리들로 만듦으로써, 이 개념들을 거칠게 하고 부분적인 모멘트들을 홀로 지배하는 모멘트로 끌어올렸을 뿐만 아니라 못된 장난에게 창문과 성문을 열어 주었다. 두 개의 얇은 개념들은 파시스트의 집권 이전에 독일 사회학이 타락하였던 시기에서 사회적인 세계를 암컷 양들과 수컷 양들에 따라 분할하는 것을 독일 사회학에게 허용하였다. 공동사회는 좋은 것으로 통용되었고, 이익사회는 나쁜 것에 해당되었다. 거기에서 시작하여 피와 대지大地, 종족이라는 자연 그대로의 관계들에 대한 숭배까지는 다만 한걸음에 지나지 않았다. 이것은 나치에 의해 비방을 당했던 퇴니스가 결코 한 번도 꿈을 꿀 수 없었던 결과들이었다. 독일 사회학은 오늘날에도 여전히 이러한 사고방식의 흔적들을 지니고 있다. 이렇게 해서 우리는 농업사회학에서 아직도 대지와의 결합성, 농부적인 인간과 같은 표현들, 밑으로 내려와 침전된 낭만주의의 유사한 상투어들에 항상 부딪치게 되는 것이다. 이런 것들은, 그것들이 기술화와 합리화의 확고한 경향들을 인간에게 은폐시키든 또는 단맛으로 유쾌한 기분을 주든 관계없이, 어떻든 이렇게 하는 것에 유일하게 쓸모가 있을 뿐이다.

독일의 정신과학적인 사회학의 잔재들이 보여 주는 것이 바로 이러한 상태이다. 이러한 상태는, 그것을 교정하는 것으로서, 경험적인 방법론들을 절박하게 필요로 한다. 경험적인 방법론들이 갖고 있는 진정한 의미는 비판적인 자극이다. 경험적 사회연구가 비판적인 자극들을 방해해서는 안 될 것이며 사회적인 연관관계들의 인식에서 어떤 것도 앞에 놓아서는 안 될 것이다. 사회적 현실의 화해적인 상이 이데올로기적인 개념들의 도움을 받아 적절하게 양식화되고 나서 관계들에 —관계들이 존재하고 있는 그대로, 위안을 받은 채— 만족하는 대신에, 학문은 무엇으로 존재하는 것의 엄격함을 의식하여야 한다. 나는 이렇게, 오로지 이렇게만, 최근에 실재 사회학이라는 이름으로 기꺼이 숙고한 것을 최소한 이해할 수 있다. 사회학은 정신과학이 아니다. 사회학이 다루어야 할 물음들은 본질적으로, 그리고 일차적으로 사회를 구성하는 인간들의 의식이나 또는 무의식에 대한 물음이 아니다. 사회학의 물음들은 인간과 자연 사이에 벌어지는 대결, 사회적 조직화의 객관적 형식들, 즉 인간의 내면적인 상태의 의미에서 정신에 결코 소급될 수 없는 그러한 형식들에 관련되어 있다. 독일에서의 경험적 사회연구는 개별 인간과 집단적 의식 자체로부터도 오랫동안 벗어나 있었던 객체성을, 즉 사회적으로 경우인 것의 객체성을 엄격하고도 변용이 없이 끄집어내서 분석해야 한다. 이른바 농부적인 사람은 그의 본질적으로 보수적인 정신이나 또는 그의 "태도"에 근거하여 기술적이고 사회적인 종류의 갱신들에 대해 저항한다는 진술이 정신과학적인 사회학의 이른바 그 어떤 권위들을 증거로 내세워 우리에게 다가온다면, 사람들은 그러한 설명들에서 자신을 진정시키지 않게 될 것이다. 사람들은 그러한 설명들이 참되다는 설득력 있는 증명을 요구하게 될 것이다. 사람들은 대략 농부들과 친밀한 인터뷰 실행자를 시골로 보내서 농부들이 고향 사랑과 아버지들의 풍습에 충실하기 때문에 농촌에 머무른다고 그들에게 설명하는 경우에도 농부들을 격려하여 계속해서 묻도록 할 것이다. 사람들은 경제적 사실들을 들어서 보수주의와 대결할 것이며, 경영 단위들에서의 기술적인 갱신들이 확실하게 양이 큰 규모 아래에서는 이익이 없으며 기술적 합리화가 그러한 경영 단위에서 비경제적일 정도로 높은 투자비용을 유발하는지를 추적할 것이다. 영업적인 부기 簿記의 원리에 따라서 볼 때 토지 소유가 다만 작은 이익만을 가져온다고 할지라도 토지 소유를 붙드는 것이 농부들에게서 정당화되는지에 대해서도 사람들은 계속해서 관심을 갖게 될 것이다. 다시 말해, 토지를 붙드는 것이 농부들의 자기만족의 값싼 노동력을 통해 농부들에게 도시에서 가능할 것으로 보이는 것보다는 더욱 높은 실질 소득이 획득되기 때문에, 토지 확보가 설문조사 대상이 된 농부들에게서 정당화되는지에 대해서도 사람들은 계속해서 관심을 갖게 될 것이다. 나는 이렇게 함으로써 모든 것이 이해되었다고 말할 의도가 없다. 내가 사회적인 연관관계에서의 비합리적인 모멘트들의 의미를 과소평가하지 않는 것은 확실하다. 그러나 우리는, 독일에서 여전히 항상 관례가 되는 경우가 빈번하듯이, 일반적인 장광설을 통해 우리를 속일 수는 없다. 모든 경험적-사회학적 조사들이 비판적인 기능을 충족시키지 않는다는 점은 자명하다. 그러나 나는 엄밀하게 경계가 정해진 시장 분석들 자체가, 그것들이 약속하는 것을 실제로 성취하기를 바란다면, 계몽적이며 이데올로기적이 아닌 정신으로부터 무언가를 그 내부에 갖고 있어야 한다고 믿고 있다. 계몽과의 관계, 맹목적이고 독단적이며 자의적인 테제들의 해체와의 관계, 즉 이처럼 객관적이고 사태 자체에 놓여 있는 관계가 경험적 사회연구의 철학자로서의 나를 결합시키는 관계이다.

사회적인 현상들이 정신, 인간의 의식에 의해 매개되어 있다는 점이 사회적인 현상들 자체를 어떤 하나의 정신적인 원리로부터 도출하는 것으로 잘못 빠져 들어가서는 안 된다. 인간의 머리 위에서 관철되는 경제적 법칙들에 의해 인간이 오랫동안 지배되어 온 세계에서는, 사회적인 현상들을 "의미에 맞는" 것으로서 원리적으로 이해해 보려고 하는 것은 착각일 것이다. 단순한 사실인 것은 "사실-발견 방법론들"에 의해 적절하게 적중된다. 자연과학적인 방법론들을 정신의 겉으로 보이는 영역에 적용하는 것에 대해 극구 반대하는 경우에는, 사람들은 사회에 관한 학문 Gesellschaftswissenschaft의 대상들 자체가 대단히 많은 정도로 맹목적-자연적인 것들이라는 점, 정신적으로 규정된 것이라기보다는 오히려 모든 것들이라는 점을 동시에 간과한다. 사회에 관한 학문의 대상들 내부에서 인간의 합목적성이 하나의 모멘트를 부여한다는 점이 이러한 대상들 자체를 합리적으로 만들지도 않고 인간적으로 만들지도 않는다. 이러한 대상들이 마치 대상들이라도 되는 것처럼 대상들을 다루려는 자는, 인간에게 단순히 자행되는 것을 칭송하는 데 기여하게 될 것이다. 경험적 사회연구가 지나치게 기계적이며 매우 조야하고 비정신적이라는 통상적인 반론은, 학문의 대상에 관한 책임을 경험적 사회연구에게 전위시킨다. 경험적 사회연구의 ─많은 비난의 대상이 되는─ 비인도성Inhumanität은 비인간적인 것을 휴머니즘으로 만드는 것보다 항상 더욱 많은 휴머니티를 여전히 갖고 있다. 우리는 이 점을 문자 그대로 취할 수도 없고 고집스럽게 취할 수도 없다. 책임의식이 있는 경험적 사회연구는 그것의 가능한 대상들에 대해서 보고해야 할 것이며, 그것이 아무것도 찾을 수 없는 곳에서 빙빙 돌아다닐 필요가 없을 것이다. 기이하지만 그렇다고 해서 결코 단순하게 생각된 것은 아닌 경우를 내세우기 위하여, 사람들이 통계적인 방법론들을 문학에 적용하고 문학에서 단어들이나 생각들을 세어 봄으로써 어떤 엄격한 학문적인 것과 심지어는 객관적인 기준들을 얻기를 희망한다면, 진리에의 더욱 높은 척도가 아닌 속물근성적인 터무니없는 일이 생기게 될 것이다. 그러나 스스로 여기에서, 다시 말해 이번 학회에서는 다루어지지 않은 이른바 "내용 분석"의 영역에서, 사물들은 전통적으로 내려오는 정신과학적인 교만함이 생각하는 것처럼 바로 그렇게 놓여 있지는 않다. 오늘날, 모든 이른바 문화 생산물들은 오래전부터 자율적인 정신적 형상물들이 아니다. 수많은 문화 생산물들은 계산되어 있고, 스스로 시장 카테고리들에서 계획된다. 사람들은 문화의 산물들을 미적인 기준들보다는 오히려 시장 조사의 개념들을 통해서 꿰뚫어 보게 될 것이다. 학회 참가자들이 대략 정치적 선동꾼들의 연설을 생각해 보기 바란다. 이런 연설들은 의미 연관관계나 또는 구조 연관관계와 같은 것을 거의 포함하지 않으며, 심리적인 속임수를 통해서 청취자들을 고객처럼 잡아 두는 것을 유일한 목표로 설정한다. 그러한 속임수들을 끌어내어 만들어 내는 것, 속임수들의 빈도에 대한 양적인 확인, 강도强度, 통계적 여론 조사의 수단들을 통해 얻을 수 있는 결과들과 유사한 결과들은, 추정하건대 그러한 생산물들의 정신에 관한 고찰이나 또는 심지어 원제작자의 심리적 상태에 대한 고찰보다도 분석과 방어에 대해서 더욱 많은 의미를 갖게 될 것이다. 독일에서는 조야한-물질적인 실제에 속해 있는 현상들을 중요한 체하는 멋진 카테고리들로 옷을 입히려는 성벽性癖이 아직도 항상 드러나고 있다. 이런 것을 고치는 것이 경험적 사회연구가 지니고 있는 계몽적인 임무들 중에서도 마지막 임무는 아니다. 서구 지역들의 전통에서는 사회적 인식은, 펼쳐진 것을 그것이 인간과 관련을 갖는 척도로 보내려는 의지와 분리될 수 없다. 그러나 그러한 의지는, 배운 사람들이 '천박한'이라는 단어를 덧붙이지 않은 상태에서 계몽에 대해 말하는 것을 꺼렸던 지역에서는 얼마 전까지도 의심스러운 의지였다. 우리 모두는 철학적 전통으로부터 스스로 출현하였던 사회철학자가 한때 "깊이에 의한 천박화'라고 명명하였던 위험을 현재화해야 할 것이다.

나는 지금까지의 논의를 통해 바로 독일에서 경험적 사회연구에 대항하여 가장 빈번하게 나타나는 반론을 학회 참가자들이 마주 대하게 되었다고 생각한다. 내 스스로 표면성을, 즉 사회과학이 경제와 행정의 단순한 보조 학문분과로 변모되는 것을 이데올로기들을 이용하여 도우러 가고 싶지 않다는 점을 강조할 필요는 없을 것이다. 그 대신에 나는 경험적 사회연구가 만화와 구별되는 몇몇 지점들을 나타내 보이고자 한다. 많은 곳들에서 만화는 경험적 사회연구의 자리에서 그 밑에 밀어 넣어져 있다. 카테고리들은 그것들의 대상에 적절해야 할 것이라는 요구에 대해, 그리고 대량생산과 대량문화의 세계에서는 정신과학적인 방법론들과 더 이상 관련이 없다는 요구에 대해, 적확한 것이 이의 제기로서 대조될 수 있을 것이다. 사실들을 정리하고 분류하며 동시에 사실들이 주어진 것으로서 존재하는 것을 받아들이는 것이 학문의 임무는 아니라는 이의가 제기될 수 있는 것이다. 오히려 사실들을 해석하는 것이 중요하다는 이의 제기, 사실들의 사회적 본질은 현상들을 등장시키는 것으로서 존재하는 것에 의해 단순히 숨겨지는 경우가 충분할 정도로 빈번하다는 이의 제기가 중요한 것이다. 나는 이런 점을 논쟁을 통해 얻고자 하는 마지막 학자이다. 우리는 고향 사랑 때문에 농촌에 머물러 있다는 어떤 농부의 진술에 대략 만족해서는 안 된다. 나는 그러한 진술의 배후에 놓여 있는 정황들을 뒤따라가면서 탐색해야 할 것임을 조금 전에 말하였다. 나는 이렇게 언급함으로써 농부와 같은 단순한 경우에서 현상에서 본질로 나아가는 의무를 알리고자 하였던 것이다. 그러나 모든 것은, 본질로 가는 발걸음이 자의에서 실행되지 않고 고정된 외부로부터 현상들에 옮겨진 관념들에 근거하여 실행되지도 않으며 현상들 자체로부터 나와서 실행되는 것에 달려 있다. 바로 이처럼, 이론이 없이는 아무것도 확인할 수 없는 것처럼, 모든 확인하는 것은 이론에서 통용 기한이 정해진다. 연구자가 현실에 대한 관념을 갖고 있지 않고 특별한 답변들에 대해 전혀 관심을 갖고 있지 않으면서도 오히려 그의 영역에서 경우인 것을 곧바로 모두 경험하기를 바라기라도 하는 듯이 현실에 다가서도 된다고 생각하는 태도가 들어 있는 연구들은 단순한 실상에 만족하는 연구들과 마찬가지로 저급한 연구들이다. 금욕적으로 객관적인 연구 자체에도 선별 원리들이 근원으로 놓여 있다는 점, 선별 원리들에는 이론적 의미가 함축적으로 내재되어 있다는 점, 결실을 맺는 모든 탐구는 하나의 초점을 필요로 한다는 점을 행정적으로 묶여 있는 사회조사연구자들이 결국은 스스로 인정하고 있다.

문제를 마주 대하면서 뜨거운 돌 위에 떨어지는 물방울처럼 자주 작용하는 물음들에, 즉 결정 가능한 소수의 물음들에 모든 경험적 연구를 제한시키는 금욕적 태도에 대해 무언가를 경험하였던 사람이 있을 것이다. 이런 사람은 연구자가 생각들에서 투입했다고 하는 것에서보다도 더욱 많은 것이 그 어떤 의미를 갖는 결과들에서 나오는 경우는 어떤 연구에서도 없다는 것을 규칙으로 정리하고자 하는 경향에 기울어 있는 사람이다. 자료가 이러한 규칙을 매번 빈번하게 확인해 준다고 할지라도, 경험적인 실상의 생산성에 대한 지나치게 성급한 회의懷疑뿐만 아니라 경솔한 신뢰로부터도 연구자를 지켜야 할 것이다. 이성적으로 계획된 조사에서는 스

스로 기대하지 않았던 이론적인 결론을 갖는 결과들이 연구자에게 주어
지게 된다. 자연과학들에서 이루어지는 결과들과 어느 정도 유사한 결과
들이 연구자의 소유가 되는 것이다. 이것은 고안된 단순한 가능성이 아니
다. 사회조사연구소가 미국에서 실질적으로 중요하게 참여하였던 연구
인 아동들에서의 선입견에 관한 연구에서는 이른바 "얌전한" 아동들, 즉
학교에 대해 저항하는 정도가 적은 아동들이 선입견이 없는 아동들이라
는 점이 드러났다. 연구가 시작되었을 때 운용하였던 성인들에 대한 데이
터는 인습주의와 선입견 사이의 높은 상관관계와, 역으로, 비-인습주의
와 선입견으로부터의 자유로움 사이의 높은 상관관계를 증명하였다. 우
리는 이와 유사한 결과를 아동들에게서도 기대하였다. 이러한 결과가 나
오자 우리는 이론을 수정하는 쪽으로 몰리게 되었다. 권위를 내면화시키
는 것이 성공에 이른 아동들은 이러한 내면화를 통해 나중에 성인으로서
독자적으로 사고하고 행위를 하는 능력을 갖게 되었으며, 통용되는 권위
와의 모순 관계에서도 이런 능력을 보여 주었다. 반면에, 유년기에 권위
의 내면화가 성공에 이르지 못한 아동들은 정신적인 독자성으로 발달하
지도 않고 외부적으로 설정된 표준들을 검토되지 않은 상태에서, 성인임
에도, 수용하는 경향을 보인다. 경험적 연구가 없이는 이러한 이론적인
발걸음이 확신할만한 수준에서 실행되는 것이 거의 이루어지지 않았을
것이다. 학회 참가자들은, 내가 놀라운 실상에 대해 제공하는 설명이 우
리가 출발점으로 삼았으며 반박되었던 가설과 정확하게 딱 들어맞게 이
해될 수 있는 설명이라고 대꾸할 수 있을 것이다. 보유적補遺的으로 볼 때,
거의 항상 다음과 같이 보인다. 다시 말해, "명백하게" 해석될 수 없는, 오
로지 근소한 결과들만이 사고될 수 있다. 이러한 사실관계는 연구자가 생
각들에서 투입했다고 하는 것에서보다도 더욱 많은 것이 어떤 연구에서
나오지는 않는다고 말하는 규칙의 배후에 원래부터 충분히 들어 있다. 그
러나 이론적으로 같은 정도로 "명백한 것" 사이에서의 결정은 그것 스스

662

로 이론적인 비중을 갖는다.

　이론이 독단적으로, 매개되지 않은 채, 위로부터 사실들에 강제되었는지의 여부, 이론과 조사된 실상들 사이에 겹쳐서 상호 작용하는 강제적인 관계가 산출되었는지의 여부에 모든 것이 달려 있다. 사실상으로 여기에 경험적 사회연구의 가장 중요한 부분이 놓여 있다. 나는 지금이나 또는 나중에 언젠가 가능한 종합들을 단언함으로써 경험적 사회연구의 문제를 간단히 해치우는 방향으로 미끄러지고 싶지 않다. 사회에 관한 학문들에서는 이론과 사실들이 자연과학들에서와 동일한 방식으로 서로 뒤섞여 나타나지 않는다. 이론적으로 사고된 것의 한 단면만이 "리서치"-물음 설정들로 바뀌질 수 있다. 이처럼 바꿔지는 것으로부터 벗어나 있는 것은, 이론과 사실 자체 사이의 긴장들이 우리가 살고 있는 사회의 상태와 관련이 있는 것보다는 더욱 적은 정도로 인식 가치를 상실한다. 모든 개별적인 것을 각인시키는 총체성은 모든 개별적인 것에서 진단될 수 있지만, 어떤 개별적인 것으로부터도 증명될 수 없다. 이 점에 대해 나는 지금은 더 상세하게 다룰 수는 없다. 학회 참가자 중에는 자신의 연구에서 양적인 실상들을 질적인, 비로소 이론에 의해 해명될 수 있는 실상들과 하나로 통합시키려고 노력하는 사람이 있을 것이다. 이런 사람은 경험적 사회연구의 청소년기를 언급함으로써 해결되지는 않는 원리적인 난관들에 대해 알게 될 것이다. 일반적이며 근원적으로 놓여 있는 이론은 경험세계에 의해 결코 입증되지 않는다. 연구자가 그럼에도 "리서치"-물음 설정들에서 이론들을 처리하려고 항상 노력할 때마다, 데이터들 자체가 하나의 변화된 위치 가치를 획득하게 된다. 데이터들이 말을 하기 시작하는 것이다.

　여기에서 나는 오늘날의 미국 사회과학에서 심리분석에 귀속된 역할만을 학회 참가자들에게 상기시킬 필요가 있다고 본다. 프로이트의 이론은 모든 통계적인 넓이가 없는 상태에서 개별 경우들에서 발달되었다. 이런 이유로 인해 프로이트의 이론은, 정당화되지 않은 일반화라는 비난을 정통파 심리학과 사회학의 진영으로부터 수십 년에 걸쳐 감수해야만 하였다. 오늘날에는 연구자들이 심리분석적인 관계 체계에 근거하여 조사를 실행하기 때문에, 조사 자료가 이론의 의미에서, 그리고 동시에 충분한 통계적 분리도(분리력)를 갖고 구조화된다. 이에 대한 증거를 우리의 고유한 연구들로부터 드러난, 선입견의 경향을 갖는 사람들과 선입견이 없는 사람들의 구분이 제공하고 있다. 잘 알려져 있듯이, 프로이트는 그의 이론을 자연과학적으로 이해된 이론으로 알고 싶어 했었다. 프로이트의 이론이 현대적인 연구방법론들과 이것들의 진보된 세련화에 의해 양적으로도 역시 확인되는 것이 불가능하지는 않다. 그럼에도, 그러한 확인의 요구와 함께 이론 형성에 처음부터 재갈을 물리지 않았더라면, 프로이트의 구상은 결코 가능하지 않았을 것이다. 프로이트의 경우에서 학회 참가자들은 경험적 사회연구와 이론 사이의 복합적인 관계에 대해 무언가를 인식할 수 있을 것이다.

경험적 사회연구는 오래전부터 스스로, 또한 심층심리학의 발달에 영향을 받으면서 방법론들을 발전시켰다. 경험적 사회연구는 방법론들을 통해 표면성에 반대하는 행동을 취할 수 있으며, 조잡한 확인들을 교정할 수 있다. 경험적 사회연구는 개인들의 의식적인 의견을 세는 것에서 쇠진하며 이와 동시에 그러한 의견의 애매함과 비구속성뿐만 아니라 의견의 차별화까지도 간과하고 그러한 의견이 개인적으로 집단적으로 종속되어 있는 역동적인 측면을 내다보지 못한다는 견해가 독일에서 널리 확산되어 있다. ― 그러나 이러한 견해는 잘못 생각한 견해이다. "여론 조사"-방법론들이 사회연구에 많은 자극을 가져다주었던 동안에, 그리고 무엇보다도 특히 통계적으로 전체 국면을 관찰하는 것의 항상 정교해지는 선택 처리가 "여론 조사"-기법이 없이는 거의 결정結晶되지 않았을 것이었던 동안에도, 그러한 종류의 조사들은 경험적 사회연구의 한 단면만을 이룰 뿐이다. 사람들은 "여론 조사"-기법을 통해 예를 들어 주민이 관청들에 대해 갖는 관계, 또한 선거의 예상되는 출발점과 같은 사실들에 대해 많은 것을 경험할 수 있다. 그러나 개인들의 특별한 성질이 실제로 개입되어 있는 곳에서는, "여론 조사"-기법은 충분하지 않다. 연구자들은 간접적인 설문을 통해서든, 테스트를 통해서든, 보완된 상세한 심층 인터뷰들을 통해서든, 양적인 결과들을 확고하게 굳어진 대안적인 물음들 및 이와 유사한 것으로부터 벗어나 있는 모멘트들과 관련짓는 것을 배워왔다. 연구자들은 집단 토론과 집단 인터뷰를 널리 사용한다. 이 기법들은 의견 형성과 행동방식들을 현실에서 거의 같아지는, 실험적인 조건들 아래에서 탐구하는 것을 가능하게 하고, 집단 상황에서의 피시험자들의 반응들을 개인적인 상황에서의 반응들과 비교하는 것을 가능하게 한다. 연구자들은 또한 질적인, 이론적으로 미리 꼴이 만들어진 실상들을 그것들 나름대로 양화量化시키는 수단들과 방법들을 발견하였다. 경험적 사회연구가 지속적으로 진보하면서 분화되었던 동안에, 우리가 살고 있는 세계에서는 인간이 개인주의적인 믿음이 원하는 것과 같은 방식으로 결코 분화되지 않았다는 점이 경험적 사회연구에게 동시에 확인되었다. 인성의 이른바 심층에서는 같은 모양으로 되어 있는 상태가 관찰될 수 있다. 이런 상태는 무의식의 원시적이고-미개한 상태에 관한 프로이트의 교설과 일치하며, 현 시대의 기술문명에서의 인간의 표준화에 의해 외부로부터 인간 내부로 들어와서 강화된다. 여기에서 방법론과 그 대상 사이의 예정된 조화가 두드러지게 나타나고 있는 것 같다.

그러나 경험적 사회연구는 그 반대 진영으로부터 오는 비난들에도 노출되어 있다. 깊이뿐만 아니라 사실적인 신뢰성도 경험적 사회연구에게 부정되고 있다. 경험적 사회연구가 사실상으로 많은 수의 사람들의 행동에 대한 예견에 종사하고 있는 한 ―나는 이것이 경험적 사회연구의 임무들 중에서도 다만 한정된 부분에 지나지 않는다는 점을 반복하고자 한다─, 경험적 사회연구는 이러한 임무에 합당하게 된다. 몇몇 경우들에서는 경험적 사회연구가 쓸모가 없게 되고, 이런 경우들로부터 센세이션이 만들어진다. 다시 말해, 1948년에 트루만이 미국 대통령으로 당선된 선거에서는 결과 예측을 구속력이 있는 주장으로 파악해서는 안 되는 경우였다. 그 책임은, 확실한 기법적인 결함들을 제외하고, 공론장과 "여론 조사"에 대한 공론장의 반응에 놓여 있다. 이와 동시에 비합리적인 모멘트도 간과될 수 없다. 단순화와 노동 절약의 의미에서 "능률적이고" 현대적으로 출현하는 모든 것으로부터, 마법적인 인력引力이 출발한다. 통계적인 예측들과의 비합리적인 동일화, 과대평가되고 격렬한 감정 표현에 의해 점령된 기대가 실망의 결과로 이어지면, 경험적 사회연구는 증오와 맹목적 거부로 전도顚倒된다. 독일에서의 경험적 사회과학의 진보를 위해서는 그러므로 공론장에 대한 경험적 사회연구의 관계가, 이것이 대량 문화에서 가능한 한, 책임의식이 있게, 감상적感傷的이지 않게, 유도심문적인 영향으로부터 자유롭게 형성되는 것이 참으로 중요하다. 우리는 경험적 사회연구가 미래를 알아맞히기 위한 마법 놀이가 아니며 학문적으로 신용할 수 있는 점성술이 아니라는 점을 충분할 정도로 강력하게 강조할 수는 없다. 우리의 학회가 전문학자들만을 향하고 있지 않다는 사실은, 공론장에 대해 사실에 충실한 관계를 산출하는 일과 사회연구가 과도하게 요구를 받아 비난을 받는 것을 저지하는 일에 기여해야 할 것이다. "여론 조사"가 오용될 위험은 의문의 여지가 없다. 확실한 승리자들로 출현하는 사람들과 함께 붙들고 있는 경향인 비민주적이고 통속적인 경향이 학문으로 가면이 씌워진 선전 선동을 통해 이용할 대로 다 이용될 수 있는 것이다. 시장 연구도 또한 그것의 암초를 갖고 있다. 시장연구는 그것 스스로 시장에 놓여 있으며 경쟁해야 한다. 값싸게 일을 처리해야 한다는 요구는 특히 "샘플링"의 신뢰성에 대한 요구와 갈등이 없이 조화되지 않는다. 이런 까닭에서 우리가 이 학회에서 원래의 학문적 물음들 이외에 조직에 대한 물음들을 다루게 되면, 조합적組合的인 특별한 이해관계들이 우리를 이끌지 않으며, 자체로서의 조직들에 대한 사랑이 우리를 이끌지 않는 것도 확실하다. 오히려, 우리는 우의가 있는 협력의 정신에서 오용을 배제시키는 것을 시도하고 싶다. 우리 학회의 회칙들은 어떤 돌팔이 의사도 공론장적인 견해에 자리를 잡지 않도록 배려해야 한다. 우리 학회는, 사실상으로는 다른 사람들의 고유한 결정에 놓여 있는 것에 대한 해명을 다른 사람들에서 찾고자 하는 성향, 즉 인간이 갖고 있는 재앙적인 성향을 어떤 돌팔이 의사도 자신의 이용물로 삼지 않도록 신경을 써야 할 것이다. 경험적 사회연구는 그것 스스로 우리에게 충분한 기준들을 제공한다. "샘플링" 기법, 신뢰성이 있는 통계적인 횡단면 기법이 오늘날 고도로 발달되어 있어서, 학문적으로 얻어 낸 척도들에 의지하는 사람은 이렇게 의지함으로써 횡단면이 아닌 횡단면들을 구속력이 있는 것으로서 교부하지 않도록 하는 몇몇 보증을 제공한다. 가장 엄격한 방법론들을 사용해도 충분한 결과가 나오지 않은 문제들에 이러한 방법론들이 적용되는 경우에는, 방법론들도 역시 잘못된 결과에 이르게 되는 가능성이 물론 항상 존재한다. 그러나 어떤 학문도 이러한 가능성으로부터 벗어나 있지 않다. 만병통치약은 존재하지 않는다. 고집스럽고 굴복하지 않는 자기비판의 의무만이 오로지 존재할 뿐이다. 이렇기 때문에 경험적 사회연구자는, 대략 정치적인 흐름들과 같은 본질적인 사회적 경향들이 전체 주민의 통계적인 횡단면들에 맞추지 않고 가장 강력한 이해관계들, 공론장적인 견해를 만들어 내는 것들에 맞추는 경우가 자주 발생한다는 사실을 기억해야 한다. 경험적 사회연구자는 그가 행한 조사들을, 다만 가능한 한도에서만, 모든 경우들에서 통계적인 수단에 방향을 맞추는 대신에 구체적인 차이들에서 정돈해야 한다. 내가 실상들의 경험적 신뢰성만을 보증하기 위해서도 역시 사회이론이 필요하다고 말했을 때마다, 나는 바로 그러한 문제들을 생각하였던 것이다. 대략 핵심 집단이 무엇인지를 말하는 것에 대해서 그것 자체로서의 통계가 알려 줄 수는 없고, 오히려 사회 내부에서의 실제적인 권력 분배에 대한 성찰만이 그렇게 말하는 것에 대해서 가르쳐 줄 수 있다. 이 사실에서 우리 모두는 양적 및 질적 분석의 관계가 우리가 하는 학문을 위해 실제적으로 얼마나 중요한가를 알 수 있다. 그 이유는 다음과 같다. 통계적 방법론과 통계적 방법론의 특정한 내용들에의 적절한 적용 가능성 사이를 매개하는 통찰들이 광범위할 정도로 질적인 종류의 통찰들이기 때문이다. 바로 미국에서는, 양적인 방법론들이 그 현재적인 높이에 이르도록 몰아붙여진 미국에서는, 보완으로서의 질적인 작업뿐만 아니라 경험적 사회 연구의 근본적인 요소로서의 질적인 작업의 필연성이 오늘날 통찰되고 있다.

더욱 좁은 의미에서의 "소셜 리서치"인 경험적 사회연구가 처해 있는 고유한 상황은, 소셜 리서치가 예전의 종합대학에 원래부터 그 뿌리를 두고 있지 않다는 사실과 관련되어 있다. 소셜 리서치는 다른 모든 학문보다 미국의 실용주의에 더 가깝게 놓여 있다. 소셜 리서치가 시장 조사로부터 출현하였다는 사실, 그것의 기법들이 훨씬 전부터 상업적이고 행정적인 목적들에 맞춰 편성되었다는 사실은 미국 실용주의의 외부에 머물러 있지 않다. 막스 셸러가 사용한 표현을 짧게 줄여서 한번 이용해도 된다면, 소셜 리서치는 지배를 위한 지식을 얻어 내지 교육과 교양을 위한 지식을 획득하지 않는다. 자연과학들에서는 그러한 인식 구조가, 소수의 영역들에서는 제외된 채, 자명한 것으로 간주된다. 인간에 관련된 문제들을 다루는 학문들에서는 그러한 인식 구조는 의아스럽게 보이며 존엄 및 내면성과 같은 개념들과는 서로 용납될 수 없다. 이와 동시에 이론적 통찰의 실제로부터의 분리는, 사고 영역에서도 역시, 오래 끄는 역사적인 과정이 비로소 보여 주는 결과이다. 아리스토텔레스가 자신의 정치학과 플라톤에 대항하는 방향 전환을 희랍 도시국가들의 다수의 헌법들에 대한 비교 연구에 의지했을 때마다, 그것은 근본적으로 "소설 리서치"였다. 조사 처리를 오늘날 우리가 정치학이라고 부르는 것에 적용시키는 전형이었던 것이다. 사람들이 이 점을 상기하는 것에 대해 그토록 정열적으로 자신을 차단시키는 학자들이 있는바, 그 이유가 무엇인지에 대해 숙고해 볼 만하다고 사료된다. 이런 사람들은 사회적인 인식에 대한 그러한 종류의 실제적인 노력들이 인간의 외부에 존재하는 자연을 지배하려는 학문적인 노력들보다도 실재로 비교할 수 없을 정도로 훨씬 덜 유용하다는 점에 대해 아마도 주저하고 있을 것이다. 순수한 명상에 들어 있는, 우월성에의 요구 제기는 너무 높이 걸려 있는 포도를 경시하는 것으로부터 자유롭지 못하다. 모든 경험 자료들에도 불구하고 인간은 자신에 고유한 관심사들을 인간이 생산 재화들, 소비 재화들, 파괴 재화들을 산출하는 데 이용한 합리성과 동일한 합리성을 이용하여 오늘날에 이르기까지 정돈할 수는 없었다. 오히려 인간은 야만으로의 퇴보에 의해 인간이 위협을 받고 있음을 알아차리고 있다. 이렇기 때문에, 경험적으로 제어된 자연과학들로부터 기대되는 환호성과 유사한 환호성을 경험적 사회과학들로부터 기대하는 것은 순진하다고 볼 수 있다. 학문을 사회에 실제적으로 적용할 수 있는 가능성은 본질적으로 사회에 고유한 상태에 의존되어 있다. 대략 학문적인 치료 방법들을 ―이것들에 대해 어떻든 의미 있게 논의할 수 있다면― 의학에서 새로운 약제의 출현과 함께 스스로 이해되는 것과 똑같은 정도로 관철될 수 있을 것 같은 주체인 사회적 전체주체는 존재하지 않는다. 결점들의 제거가 아니고 구조가 문제되는 곳, 바로 그곳에서 이해관계들이 쪼개진다. 바로 이 점이 경험적 사회과학의 방법론들이 그토록 용이하게 부분적인 목적들에 이롭게 되는 진정한 이유이다. 목적들을 대하면서 아무런 힘을 갖지 못하는 곳에서 사람들은 체념한다. 사람들은 미리 주어진 과제들, 상품의 판매, 인간 집단에 영향을 미치는 것을 어떻게 하면 가장 효과 있고 가장 경제적으로 해결할 수 있는가를 끌어내는 일에 더욱더 가까이 자신을 제한시킨다. 이러한 종류의 활동들이 현재적 단계에서 제대로 열망되는 것보다는, 사람들은 위에서처럼 체념하고 자신을 제한시키는 것이다. 사람들이 엄격한 학문적 책임의식의 대변貸邊에 그토록 쉽게 기입해 버리는 영역들인 엄밀하게 정의되고 개관 가능한 영역들에 자신을 제한시키는 것의 배후에는 본유적인 것의 맞은편에서 어찌할 바를 모르는 상태도 역시 항상 동시에 놓여 있다. 우리가 하는 학문에 들어 있는 기술화의 위험, 방법론들이 그 대상으로부터 분리되는 위험은 학문 내부적인 잘못된 전개로부터 유래하지 않고, 학문의 대상의 상태와 오늘날의 사회에서 학문에게 지정된 위치의 상태로부터 유래한다. 이렇기 때문에 학자들은 가장 넓은 의미에서의 "관리적 소셜 리서치"의 개념을 "비판적 리서치"의 개념과 대조시켰다. 그러나 두 개념은 매개되지 않는 것은 아닌 상태에서 서로 대립되어 있다. 오늘날의 조건들 아래에서의 삶의 재생산이, 최고도로 가지각색인 형태로 존재하는 사회적 관계들에 대한 정교한 언명, 즉 오로지 경험적 사회연구의 기법에 의해서만 얻어질 수 있는 언명이 중앙의 계획 관청들에 인도되지 않은 상태에서 출현하는 것은 전혀 가능하지 않다. 사회이론의 구상을 지치지 않고 사실적인 관계들에서 측정하는 것은, 아리스토텔레스의 시대처럼 오늘날에도, 사회에 관한 원래의 이론이 갖고 있는 의무이다. 사회이론에게는 변화가 일요일의 빈말을 뜻하지 않는바, 사회이론이 무력한 꿈으로 —무력한 꿈의 무력함은 기존 질서의 권력에 다시 단순하게 이롭게 된다— 머물러 있지 않으려면, 사회이론은 우리를 거역하는 사실성의 모든 폭력을 그 내부에서 받아들여야 한다. 우리 중에서 누구도 실제가 갖고 있는 부정적 모멘트들을 경솔하게 평가하지 않는다는 점은 확실하다. 우리의 학문 분과와 실제와의 유사성은, 말하자면 자기기만을 배제시키고 정교하면서도 효과적으로 현실에 개입하는 잠재력을 포함한다. 우리가 시도하는 것의 정당성은 이론과 실제의 통합체에 놓여 있으며, 이러한 통합체는 자유롭게 떠돌아다니는 생각들에서 상실되지도 않고 편견에 사로잡힌 활동성으로 미끄러 떨어지지도 않는다. 기술적인 전문가 정신은, 이를테면 보완적으로 덧붙여지고 구속력이 없는 휴머니즘적인 요구들에 의해 극복될 수 없다. 실재적인 휴머니즘의 길은, 전문가주의적이고 기술적인 문제들의 의미를 사회적인 전체에서 깨닫는 것이 성공에 이르게 되는 한에서만, 이러한 문제들을 뚫고 나아가게 된다. 나의 강연에 이어서 진행되는 토론들도 또한 이러한 길에 아마도 기여하게 될 것이다.

1952년

사회연구에서의 팀워크

　미국의 비판가들과 경험적 사회연구 자체의 내부에서 이루어지는 토론에게는, 경험적 사회연구의 점차적으로 더욱 강한 정도로 뚜렷하게 나타나는 결함들, 즉 이미 간과할 수 없게 된 다량의 재료들과 획득된 원래의 인식 사이에서 발생하는 불균형이 단순히 잘못된 전개의 산물이나 되는 것처럼, 이것이 아니라면 베럴슨Berelson도 그 윤곽을 보여 주는 "미국주의"의 산물이나 되는 것처럼 출현하는 경우가 빈번하다. 미국주의의 징후들은 경험적 사회연구가 미국에서 성공하였다는 단순한 이유 때문에 경험적 사회연구에서 관철된다. 경험적 사회연구가 미국에서 그 중심을 발견하였던 것이 우연이 아님은 확실하다. 경험적 사회연구가 사용하는 카테고리들의 많은 카테고리가 물질적 대량생산의 조건들로부터 발원하여 발전되었다고 볼 수 있다. 물질적 대량생산은 투자비용을 정당화시키기 위해 판매 기회를 초과하는 정도로까지 우선적으로 그 방향을 잡으려고 한다. 물질적 대량생산은 매머드 사회에서의 자본 집중에 의해 전통적 의미에서는 그렇지 않아도 더 이상 거의 가능하지 않은 단순한 시장 메커니즘에 물질적 대량생산을 더 이상 맡기지 않으려고 한다. 그럼에도, 경험적 사회연구가 최근에 그것 자체에 대해 제기하는 반론들이 너무 쉽게 받아들여지고 있다는 말이 돌고 있는 것 같다. 다시 말해, 사람들이 경험적 사회연구의 의심되는 측면들을 경험적 사회연구가 전개되는 외적

672

인 조건들에 단순히 전가시키고 경험적 사회연구의 장점들을 가질 수 있으나 단점들로부터는 힘들이지 않고 벗어날 수 있다고 생각하는 경우에는, 앞에서 말한 반론들이 너무나 쉽게 수용될 수 있는 것이다. 이러한 단점들 자체에는 오히려 필연성이 숨겨져 있다. 이 단점들은, 경험적 사회연구가 그것의 개념에 상응하기 위해서는 그것 스스로 설정해야만 하는 정당한 요구들과 밀접하게 연루되어 있다. 바로 이러한 연루성이, 종국적으로는, 역사철학적이며 인식론적인 문제점으로 되돌아가도록 가리키고 있다.

우리는 이 점을 베럴슨도 명명하고 있는 카테고리에서, 즉 경험적 사회연구의 집단적 성격인 "팀워크"에서 아마도 가장 쉽게 통찰할 수 있을 것이다. 자신에 고유한 작업으로부터 발원하여 경험적 사회연구의 실제와 항상 친숙해져 있는 사람에게는, 문제가 되어 있는 것에 관한 연구의 영역에서 팀워크가 옛 스타일의 개별 학자의 작업을 통해서 대체될 수 없다는 점이 떠맡겨지게 될 것이다. "한 사람이 행하는 연구들"은 항상 의문시되고, 대부분의 경우 아마추어적으로 되는 것이다. 선별은 물론이고 하물며 대리적인 임의추출 검사의 구체적인 끌어들이기도 통계적인 특별 집단의 도움이 없이는 착수될 수 없다. 인터뷰를 지배하여 그 밑에 두려는 것은 경험적 사회연구의 탐욕을 일단은 완성시키는바, 인터뷰들도 특별집단의 도움이 없이는 처리될 수 없다. 물질적 생산 과정에 오래전부터 병합되어 있고 물질적 생산 과정의 성과들을 본받으려고 노력하는 영역에서는, 즉 사람들이 계산된 상태에서 연기시키는 영역에서는 —팀워크에 맞서서— 철두철미하게 처리된 선별에서 실제적으로 실행되는 것이 있다. 맹목적인 득점과 같은 처리방식들이 특징적이다. 이러한 처리방식들에서는 팀의 여러 구성원들이 의존되어 있지 않고 서로 활성화되지 않은 채 존재해야 하며, 개별적인 득점자의 판단에 의존되지 않아야 한다. 그러나 팀워크가 그러한 처리방식들 때문에 계약들의 위임을 대중을 포함시키는 연구로서의 경험적 사회연구의 조직화에까지 결국 이르게 하지 못하는 곳에서는, 모든 가장자리, 그리고 카테고리적으로 이미 정돈되어 있지 않은 모든 것을 마모시키는 중요한 문제가 발생한다. 이렇게 됨으로써 새로운 인식의 자유가 제한된다. 연구의 각 구성원이 다른 구성원들의 도움이 없이 전체 자료를 마주 대하게 되는 경우에 연구의 각 구성원이 개별 연구자로서 성취한다고 볼 수 있는 것의 총계의 여러 가지 결과를 이루게 되는 재료들의 다수가 앞에서 말한 방식으로 제멋대로 다루어지게 된다. 그뿐만 아니라, 종국적으로는, 기계장치를 통해서 통과된 모든 작업들이 서로 광범위하게 양립할 수 있게 되며, 이러한 모든 작업들은 소셜 리서치 전체가 산출하는 결과들의 오늘날에 이르기까지 결핍되어 있는 이론적 "통합"이 중첩된 채 역설적으로 작용하게 할 정도로 서로 닮게 된다.

그러한 간소화를 위해 지불되어야 하는 대가는 그러나 매우 높다. 이것은 문화산업 내부에서의 음악의 운명, 즉 대략 영화 음악의 운명과 비교될 수 있을 것 같다. 영화 음악의 생산은 여러 상이한 부문들, 작곡가, 화성 조율자, 악사, 지휘자, 음향 기술자에게 분업적으로 배당되며, 이렇게 함으로써 정교한 작업이 목표로 설정되고 영화가 기술적이며 사회심리학적으로 필요로 하는 모든 것들이 가장 엄밀하게 충족된다. 그러나 이와 동시에 일종의 중화中和가 나타난다. 중화는 그렇게 만들어진 영화 음악에서 자발성의 모든 성격, 모든 프로필, 모든 흔적을 탈취하여 최종적으로는 항상 동일한 상태에서 끝나게 된다. 이러한 항상 동일한 상태는 그러고 나서 다시 가장 정확한 사회심리적인 계산들을 허물어뜨린다. 그러한 방식으로 걸러진 음악은, 종국적으로는, 영화 관람자에 의해 더 이상 지각되지 않기 때문이다. 제거 과정에서 희생되는 것은 개별적인 우연성뿐만이 아니라, 사고하는 개인에게 객관적인 통찰에서 유일하게 부여되는 모든 것이 희생된다. 다시 말해, 더욱 많은 개인들을 하나의 공통적인 의식, 즉 특별한 차이들을 잘라 내는 공통적인 의식의 공식으로 가져가는 과정인 추상화 과정에서 사라져 버리는 모든 것이 희생되는 것이다. 경험적 사회연구자가 했던 경험들은 지난 여러 해 동안의 자기비판적인 폭발에 결국 이르게 되었다. 이런 경험들 중에서도 아마 가장 불편한 경험은, 많은 관점, 본질적인 연관관계들에 대한 생각들, 깊게 목표가 설정된 물음들과 함께 시작되었던 연구가 연구의 구상에서 현실화에 이르는 길에서, 무엇보다도 특히 예비 검사의 좁은 길목에서 연구가 성취할 수 있는 최상의 결과를 여러모로 상실한다는 경험일 것이다. 그 결과 여기에서는 실제로 시도된 것들이 핵심을 충분히 강조하는 이름들에서 그 실행을 상실하게 된다. 이것은 어떤 개별 참가자들의 과실, 나쁜 의도와 우매함에 의해서가 아니고 기계장치 자체에서 연구를 지배하는 강제적 속박에 의해서 초래된다. 이렇게 해서, 그 내부에 가장 큰 결실을 맺는 핵심이 들어 있는 물음들이나 문장들이 연구가 전개되는 동안에 상실되는 것을 사회심리적으로 방향이 맞춰진 연구의 설정에서 항상 다시 관찰하게 될 것이다. 그 이유는 다음과 같다. 그러한 물음들이나 문장들이, 말하자면 지나치게 섬세하게 거미줄처럼 만들어진 것들로서, 요구된 분리도分離度를 갖고 있지 않기 때문이다. 반면에 최종적으로 남아 있는 물음들, 즉 집단들이 사실상으로 서로 강렬하게 대조되도록 해 주는 물음들은 많든 적든 표면에 머물러 있는 견해에 근접해 있는 물음들이다. 이 물음들은 이러한 견해의 조야함 때문에 케이스 스터디나 심층 인터뷰와 같은 추가적인 수단들이 항상 접근 가능한 보충으로서 결코 끌어들여질 필요가 없는 물음들이다. 병목-효과라고 명명될 수 있을 것 같은 효과가 팀워크에서 특별하게 덧붙여 다가온다. 다시 말해, 어떤 연구가 어떤 집단에 의해 실행 가능하게 되기 위해서는 집단 내부에서 가장 적은 정신적인 역량에 적응해야 하기 때문에, 집단에 참여하는 연구자는 어떤 것이 그의 파악 능력을 능가하는 곳에서는 곧바로 비학문성에 대항하여 반란을 일으키는 병목-

효과가 추가로 나타나는 것이다. 연구의 책임자가 그러나 탁월한 조망과 더욱 깊은 통찰에 힘입어 그러한 결함들을 수정할 수 있다고 보는 것은 대부분의 경우 착각에 지나지 않는다. 그가 연구가 개시될 때 자기 자신에서 연구의 내부로 집어넣은 것은, 기계장치의 자기 통제의 넓은 용량에서 희생물이 되고 만다. 그러나 그가 연구의 끝에 이르러, 즉 최종 보고에서 잃어버린 것을 다시 산출하려고 시도하면, 데이터들에 대한 관계가 대부분의 경우 회복하기 힘들 정도로 사라지고 없다. 그리고 지금 고지된 숙고들은 구속력이 없는 것, 사실들에 의해 충족되지 않은 것을 갖게 된다. 그럴 경우에는 낮은 목소리의 아이러니한 배음으로 다음과 같이 말한다. 즉, 그러한 종류의 이념들은 미래에 이루어질 연구들에서 시험될 수 있다고 말하는 것이다. 그러나 이렇게 말하는 것이 미래에 이루어질 연구들에 일반적으로 이르게 되지는 않는다.

이러한 모든 것은 모든 것이 모든 것에 의해 대체 가능하다는 관념, 즉 민주적인 정신의 패러디와 분리될 수 없다. 이러한 관념은 사실상으로 개인들을 임의의 사물들의 단순한 기능들로 생각하며, 개인들 자체의 정신은 이러한 기능들에 대해 본질적인 관계를 가질 필요가 전혀 없다. 일반적인 것과 특별한 것이 서로 내부적으로 얼마나 많은 정도로 교차되어 있는가 하는 점이 이처럼 암암리에 모든 것을 지배하는 파악에 의해 무시된다. 프로이트가 앎-자체의 유희 규칙들에서 기계장치로 잘못 들어서서 마침내는 심지어 프로이트 자신이 진실로서 증명되었다고 말하고, 사람들이 원래부터 전혀 알 수 없다고 하는 것을 알고 있는 주술사의 기적으로 프로이트 자신을 왜곡시킨다면, 오늘날 경험적이며 사회심리적인 연구들의 그토록 광범위한 영역이 유지되도록 해 주는 프로이트 정리定理들 중에서 하나의 정리도 거의 발전되지 못했을 것이라는 비판적 언급은 정당하다. 오로지 이러한 비판적 언급만이 의심을 받지 않는 학문으로 통용된다. 이처럼 통용되는 학문은 사람들이 확인하기 이전에 많든 적든 스스로 이해된다.

팀워크는 개인주의적인 상태에 비해서 더욱 높은 연대성의 형식으로 보인다. 인식하는 사람들의 연대성의 더 높은 형식, 최종적으로는 또한 실제적인 활동들의 연대성의 더욱 높은 형식인 것처럼 보이는 것이다. 팀워크는 그러나 사실상으로는 사물화의 더욱 높은 형식일 뿐이다. 팀워크는 각 개인을 팀워크 내부에서 다른 개인들과 똑같도록 만드는 것으로 끌어내리는 형식일 뿐이다. 이렇게 됨으로써, 팀워크는 대부분의 경우 사회적으로 낙인이 찍힌 선입견의 더욱 높은 형식이 된다. 인간 사이의 정신적인 공동체는 인간이 제3의 것의 이름에서, 인간을 객관적으로 움직이게 하는 사물의 이름에서 서로 결합되는 곳에서 형성된다. 팀워크에서는 그러나 인간이, 근본적으로, 하나의 메커니즘의 더욱 불완전한 부분 기능일 뿐이다. 이런 메커니즘이 무슨 목적으로 존재하는 것은 인간이 하는 작업 자체에 전혀 들어가 있지 않으며, 이렇기 때문에 또한 이러한 작업을 진정한 연대성으로 전혀 가져가지 않는다. 이러한 작업이 한데 모아놓는 것은, 물질적인 이해관계 외에도, 대부분의 경우 일종의 인간관계들, 즉 연구를 이끄는 사람들에 의해 때때로 방법적으로 마무리되는 인간관계들이다. 이러한 작업은 대부분의 경우 동업 조합에게 최종 보고를 대가로 지불해야 한다. 연구들에 관한 논평 기사를 쓸 능력이 있는 인간관계들이 결핍되어 있다는 점이 항상 다시 언급되고 있는바, 이러한 결핍은 저술가적인 재능의 결핍으로 설명되지는 않는다. 그러한 보고가 단순히 문학적인 숙련의 문제가 아니고 연구에 대한 완전한 이해를 요구하기 때문이다. ― 최종 보고가 한편으로는 하나의 의미 연관관계와 같은 것을 표상해야 하는 반면에, 연구의 전체가 의존되어 있는 처리에 들어 있는 내재적인 의미는 다른 것이 아닌, 바로 의미 연관관계의 부정이고 단순한 사실성의 환호성이다. 이것은 최종 보고에 들어 있는 아포리아이다. 이렇기 때문에, 단순히 입술로 하는 서비스가 이론에게 실행된다. 객관적인 경향에 따라서 볼 때 사실들을 통한 이론의 획득이 목표가 되는 것이 전혀 아니고, 오히려 역으로 이론이 말하자면 사실적인 자료에서 실상들에 의해 불필요하게 되어야 할 정도로 —막스 베버가 이것을 그의 이상형들을 위해 이미 주장하였듯이— 와해되기 때문이다. 경험적 사회연구의 결과들을 기술하는 적절한 형식은, 즉 미적으로도 우리를 가장 만족시키는 형식이라고 말해도 되는 형식은 도표이다. 도표를 번역하고 다른 말로 옮기는 말을 통한 도표의 해석은 도표의 맞은편에서 본래의 것이 아닌 것을 갖게 되며, 몰상식한 것을 갖는 경우도 빈번하다. 이러는 동안에도 도표는, 학문이 되기 위해서, 개념을 통해서, 즉 도표가 그것에 고유한 형체를 통해서 거의 부정하는 개념에 의한 해석을 필요로 하고 있는 것 같다.

1957년

독일 사회학의 현재 상태에 대해[01]

    독일에서의 사회학의 현재 상태에 대해 몇 가지 사항을 말하는 과제는 단순한 개관의 의미에서는 거의 파악될 수 없다. 오히려 이 과제는 독일 사회학의 현재 상태에 대해 성찰하고 이 상태를 더욱 잘 파악하는 데 도움을 줄 수도 있는 몇몇 관점들을 부여하는 과제를 안고 있다. 이 과제가 전후 상황에서 출발하는 것은 자명하다. 전후 독일의 아카데미적인 영역에서 지배적으로 나타났던 일반적인 진공 상태, 그리고 독일에서의 아카데미적인 전개가 국제적인 전개로부터 차폐된 것뿐만 아니라 특별한 것, 다시 말해 히틀러와 지식을 매개로 히틀러에 부역하였던 감독관들의 학문으로서의 사회학에 대한 적대감이 상기될 수 있다. 나치주의자들 스스로 그렇게 하고 싶었던 것처럼, 사람들이 이러한 적대감을 역사적이고 사회적인 요인들에 맞서서 이른바 자연적이고 불변하며 이른바 인간학적인 요인들을 강조하는 것으로부터 도출하면, 이러한 적대감은 훨씬 더 많은 정도로 이데올로기적인 것으로 파악되게 된다. 기성복처럼 만들어진

---

01 프랑크푸르트대학 사회조사연구소의 공동연구원들의 기여가 이 보고에 매우 본질적이다. 이 보고는 1인 저작이 아닌 저자 집단에 의한 저작으로 보아도 된다. 헬가 프로스(Helga Pross), 에곤 베커(Egon Becker), 루드비히 폰 프리데부르크(Ludwig von Friedeburg), 칼 마르쿠스 미헬(Karl Markus Michel)에게 특별한 감사가 돌아가야 한다. 텍스트에서는 프랑크푸르트 사회조사연구소의 연구들이 다루어지지 않는다.

신화들에 대해서 침묵하는 —이러한 신화들이 20세기의 신화들[02]로 명명된 것은 이유가 없는 것이 아니다— 앞에서 말한 자연적 요인들은 전혀 자연적 요인들이 아니다. 오히려 자연적인 요인들은 자의적이며 학문적 비판 앞에서 완력에 의해 보호된, 정치적인 목적들을 위해 세계관으로서 강요된 설정들이다. 사회학에 대한 나치주의자들의 증오는 인식들, 다시 말해 사회를 진정한 의미에서 규정하는 권력들, 지배관계들, 관심들의 차이에 손을 댈 수 있을 것 같은 인식들에 대한 단순한 불안감 이상을 표현하지 않는다. 나치주의자들 자신이 더욱 완고하게 지배하면 할수록, 그들은 이러한 인식들을 더욱 냉혹하게 거부하였다. 사회학은 나치주의자들에게 위험한 학문으로 출현하였다. 사회학은 나치 정권이 단순한 권력 도구가 아닌 다른 것으로는 진지하게 받아들이지 않은 채 옹호하였던 선전 선동적인 테제들이 이데올로기로 드러나도록 그 가면을 벗길 수도 있었기 때문이다. 짧게 말해서, 사회학은 권력자들에게는 그들의 언어 사용에 따르면 사회를 분해시키는 학문으로 통용되었다. 권력자들은 사회학을, 단어의 유사성을 값싸게 이용할 대로 이용해 먹으면서, 사회주의와 연합시켰다. 사회학이, 콩트로부터 유래하는 사회학에 특별한 개념에 따르면, 제4 신분의 해방에 의해 풀리게 된 사회적 동역학을 계속해서 몰아붙였다기보다는 이러한 동역학의 방어에 훨씬 더 기여하였다는 점에 관심을 두지 않고 사회주의와 연합시켰던 것이다. 나치주의자들에게는 귀신과도 같았던 사회학이 학문적 객관성에 힘입어 사회적인 힘들의 게임의 건너편에서 사회적인 위치를 차지하고 거기로부터, 플라톤이 이미 널리 알렸듯이, 사회를 조종하려는 요구를 항상 다시 제기하였다는 점에 대해 나치주의자들은 관심을 갖지 않았다. 나치즘은 최후에는, 사이비 혁명적인

---

02 파시즘, 나치즘 등 전체주의 지배 체제를 의미함(역주).

것과 사이비 보수적인 것이 하나로 되면서, 앞에서 말한 객관성보다는 사회학에 대해 갖는 선입견이 덜 나쁜 것으로 생각하였을 수도 있다. 이것은 오늘날 동구권 국가들[03]의 독재 아래에서 객관주의가 욕설이고 죽음의 위협인 것과 유사하다.

　제2차 대전이 끝난 후 일단은 문이 활짝 열리게 되었으며 12년 동안 지체되었던 것[04]으로부터 가능한 한 많은 것이 무엇보다도 특히 미국으로부터 들어오게 되었다. 미국에서는 1930년대 초반 이래 사회학의 특정 분지分枝인 경험적 소셜 리서치Social Research가 시장 조사, 여론 조사, 커뮤니케이션 조사에의 요구 제기들에 의해, 독일에서는 거의 생각될 수 없을 정도로 넓게, 가장 연마된 방법론들로 발전되었다. 전후 독일 사회학에서 두드러지게 나타난 경향은 이러한 방법론들로 향하는 경향과 이론이 뒷전으로 밀려나는 경향이다. 다시 말해, 대재앙 이전에는 독일에 특징적이었으며 여러 가지 면에서 막스 베버처럼 이미 경험적이고 실증주의적으로 의도된 사회학자의 저작에 여전히 깊게 들어와 있었던 이론이 뒷걸음질 치는 경향이다. 베버는 이상형들에서 모든 실체성을 박탈하였던바, 이처럼 전적으로 명목론적으로 생각된 이상형과 가치 자유의 옹호자인 베버가 사회학의 철학적-형이상학적 잔재들과의 대립에서 자신을 스스로 이해하고 있었던 동안에도, 베버는 그의 저작의 대단히 많은 부분을 사회학의 본질 및 처리방식들에 대한 성찰로서의 방법론학에 헌정하였다. 그의 중심 개념들 중의 하나인, 그와 동시대에 살았던 빌헬름 딜타이Wilhelm Dilthey의 철학과 공유하였던 이해 개념은 그것 자체로 철학적 사변의 한 조각이었다. 베버는 사회 자체가 본질적으로 정신적인 것, 이해하는 정신과 유사한 것이라는 희망에서 사회를 이해하려고 한다. 전후 독일의 연

03　1980년대 후반에 멸망한 구동구권 현실사회주의 국가들을 의미함(역주).
04　나치의 지배 기간인 1933-1945년까지를 의미함(역주).

구는 그러나 연구방법론들을 자연과학들의 양화시키고 분류하는 처리에 가능한 한 넓게 동화시키고 싶어 한다. 다시 말해, 독일 남서학파의 이상 주의의 학문이론적인 지지자인 베버가 영역으로서의 방법론들을 그에게 서 독특하게 나타나는 방식으로 분리시키려고 하였던 처리에 넓게 동화 시키고 싶어 하는 것이다.

독일에서 사회학의 현재 상태는 철학으로부터 격렬하게 쪼개져 나와 있는 상태로 특징지을 수 있을 것 같다. 현재 사회의 문제점을 전체적으 로 서술하는 시도들이 ─총체성을 향하는 시각은 필연적으로 철학적이 다─ 전후 수 년 동안에는 뤼스토프Rüstow와 프라이어Freyer와 같은 비교적 오래된 세대의 대표자들에 의해서만 제시되었던바,[05] 이것이 이유가 없는 것은 아니다. 생각해 낼 수 있는 모든 것을 사실상 집어넣을 수 있는 영역 인 사회학 영역의 악무한성은, 젊은 사회학자들이 콩트와 스펜서에서 파 레토에 이르는 그들에 고유한 학문 분과의 역사를 지배하는 것을 철저하 게 포기하는 이유를 충분하게 설명하지 못한다. 변화된 것은 정신적인 태 도이다. 젊은 사회학자들의 세대 자체가 그들이 선호하는 연구대상들 중 의 한 대상을 맡아서 하는 회의적懷疑的인 세대이다. 이 세대는 사람들이 조망 가능하고 확실한 상태에서 고찰하는 개별적인 것과 중간적인 것을 붙드는 것을 선호한다. 젊은 사회학자 세대는 사람들이 많든 적든 의심의 여지가 없이 한 시대의 유산으로서, 다시 말해 사회학의 특별한 과제들과 방법론들이 유산에서 여전히 충분히 명백하게 만들어지지 않았던 것으 로 보이는 유산으로서 느끼는 요구 제기들을 밀고 나아가는 것을 선호하

05 Alexander Rütow, Ortsbestimmung der Gegenwart(현재에 대한 위치 규정). Eine universalgeschichtliche Kulturkritik(보편사적인 문화비판), 3. Bde, Erlenbach-Zürich und Stuttgart 1950-1957; Hans Freyer, Theorie des gegenwärtigen Zeitalters(현재 시대의 이론), Stuttgart 1955.

는 것이다. 사람들은 대부분의 경우에 학자들의 소망과 의지를 거역하면서 여느 때처럼 객관적으로 관철되는 전문화 경향을 비판하기보다는 반사反射에서 오히려 단호하게 제 것으로 만든다.

이러한 전개는, 하나의 극단으로부터 다른 극단으로 가는 독일적인 성향이 미국인들로 하여금 미국화를 넘어가도록 하는 확실한 욕구에서 표현되어 있음에도 불구하고, 대략 미국이 주는 인상을 받아 외부로부터 단순히 유래하는 전개가 아니다. 이러는 동안에도, 역으로, 미국인들 자신은 오히려 오늘날 사회학의 비판적-철학적인 성찰로 향하는 경향을 이미 보이고 있다. 서로 대립된 극단들로부터 미국 사회학과 독일 사회학이 서로 본질적으로 접근하고 있는 것이다. 독일 사회학은 사회적인 거대 계획들을 통해 세계를 거대 공간들로 분류하는 것에 일치하는 것처럼 보이는 과정인 국가적인 통합 과정에 편입되었다. 이렇게 편입된 것은 그러나 독일 사회학에 들어 있는 긴장인 철학적 개념과 경험적 확인 사이의 내재적인 긴장에 힘입어 뒤따르는 결과이다. 다시 말해, 사회학은 철학적 개념이 없이는 사회학의 대상인 사회를 전혀 파악할 수 없는바, 이러한 본질을 갖는 철학적 개념과 경험적인 확인 —경험적 확인이 해방된 사고에 대하여 반신화적으로 행하는 저항이 없이는, 사회에서의 사고가 대단한 것인 체하면 할수록, 이러한 사고는 더욱 많은 정도로 무력감으로 선고를 받은 채 머물러 있게 된다— 사이의 긴장에 힘입어 뒤따르는 결과인 것이다. 경험적 연구는 철학적 전통에 맞서서 꿰뚫어지지 않은 것과 불투명한 것의 모멘트를 그토록 강력하게 강조하고 있는바, 이러한 모멘트는 사회의 개념에 근본적으로 추가되어 속해 있다. 사회의 개념은 사회가, 역사처럼, 인간의 머리 위에서 관철된다는 것을 표현한다. 에밀 뒤르켐은, 사회의 이러한 개념과 전적으로 논리적 일치를 보이면서, 사회적 사실을 개별 주체가 부딪치는 강제적 속박을 통해 정의하였으며 맹목적이고 집단적인 규칙적 상태를 사회학의 고유한 대상과 대등하게 취급하였다. 뒤르켐은 사회학의 고유한 대상이, 그와 동시대인인 막스 베버의 가르침과는 대립적으로, "이해될 수" 있는 것이 아니라고 보았다. 베버와 뒤르켐의 배치背馳는 사태의 이율배반을 표현하고 있다. 비철학적인 사회학은 경우인 것에 대한 단순한 학문 이전적以前的인 서술이 되는 것으로 체념된다. 경우인 것은 개념에 의해 매개되는바, 개념과 관련을 맺지 않고 원래부터 참되지 않은 건물의 전면, 가상으로 체념되는 것이다. 사회학은 그러나, 역으로, 사회학이 그 원천 이래로 종속되어 왔고 실증주의라는 이름과는 떨어질 수 없는 상태에서 결합되어 있는 이념인 학문의 이념에 합당하게 되기 위해서 철학으로부터 사회학을 해방시키도록 강요받는다. 이러한 정신사적인 과정은 더욱 포괄적인 과정의 부분적인 측면을 제공한다. 이러한 부분적인 측면을 통해 철학은, 소크라테스 이전의 철학자들과 함께 개시된 포괄적인 계몽의 행진에서, 철학적 문제의 영역들을 항상 더욱 많은 정도로 개별 학문들에게 넘겨주었어야만 했었다. 철학적 사고가 플라톤의 국가론 이래 그 해결을 위해 본질적으로 노력하여왔던 사회적인 물음들이 이제 자연과 역사에 관한 물음에 뒤이어 나타나게 된다. 방법론들의 지속적인 진보인 분업적인 분화가 형이상학이 의도하였던 총체성을 희생시키는 대가로 ―어제의 합리성이 오늘의 형이상학적 편견이 되는 것은 항상 확실하다― 퇴행의 그림자에 의해 동반된다. 이 점은 나중에 전개되었으며 사회의 퇴행 과정과 나란히 진행되는 것처럼 보이는 사회학에서 포착될 수 있다. 사회학은, 내용적인 관심에 대해 방법론적인 관심이 갖는 우위에 의해 인도되는, 그것 자체로 거의 전적으로 합리적이지 않은 열정을 갖고, 인접 학문들로부터 사회학의 경계를 정하려고 고집스럽게 노력하였다. 이런 노력은 무엇보다도 특히 국민경제학과 심리학에 해당된다. 원래부터 경제적인 물음들로부터 떨어져 나가는 것, 그리고 사회적 조직화의 이른바 형식들에 그 생명을 불어넣는 과정인, 사회의 근본이 되는 생산 및 재생산 과정에 대한 물음들로부터 떨어져 나가는 것은 사회학적인 주제 선택을 엷게 하는 결과로 이어졌다. 사회적인 모멘트들이 사회의 자기보존과 사회의 문제점에 대해 갖는 관계에 관한 추상화를 통해서 사회적인 것을 결정結晶시키는 것을 희망하는 학문은 남은 찌꺼기, 즉 "인간 사이의 관계들"을 물신화하는 쪽으로 압박을 받게 된다. 인간 사이의 관계들의 기능은 자연과의 신진대사처럼 사회적인 총체성과의 신진대사에서도, 모든 근본적인 모순들과 함께, 상실된다. 이렇게 해서 사회학은 과학주의적인 경지 정리의 척도에 따르면 사회학에 적지 않게 고통스러운 것이 된다. 사회학은 사회심리학이 되는 것이다. 사실상으로 현재의 독일의 "실재 사회학"에서는 앞에서 말한 인간 사이의 관계들이, 경제적인 단위들 내부에서 원래의 경제적인 이해관계들이 처해 있는 상황들로부터 분리되어, 이른바 기업에 특별한 동기들에 산입된다. 이러한 동기들은 그러나 그것들 나름대로, 다른 방식으로 관점이 설정된 연구들의 결과에 따르면, 전체사회적인 경제적 조건들의 특징을 나타내는 가면들이다. 기업에 특별한 동기들은 모든 개별 기업에서 구체적으로 실현되지만, 개별 기업의 각기 개별적인 인간 사이의 관계 형식들로부터 생기지 않는다.[06] 바로 이 사실과 일치하는 사실이, 그 밖에도 다른 한편으로, 존재한다. 학문의 지도에서 사회학으로부터 분리된 경제학도 또한 사회의 근본적인 생존 과정을 파악하려는 요구 제기를 경제학 나름대로 포기한다는 사실, 심지어는 이러한 요구 제기를 사회학에, 즉 이러한 요구 제기를 스스로 회피하는 사회학에 넘겨주고 있다는 사실이 앞에서 말한 사

---

06 Vgl. Theo Pirker, Siegfried Braun, Burkart Lutz, Fro Hammelrath, Arbeiter(노동자), Management(경영), Mitbestimmung(공동 결정). Eine industriesoziologische Untersuchung der Struktur, der Organisation und des Verhaltens der Arbeiterbelegschaften in Werken der deutschen Eisen- und Stahlindustrie, für die das Mitbestimmungsrecht gilt(공동 결정권이 통용되는 독일의 철강산업 공장에서의 노동자 전원의 구조, 조직, 행동에 대한 산업사회학적 연구), Stuttgart und Düsseldorf 1955.

실과 일치하는 것이다. 현재의 경제학은 최고로 발달된 과학적인 장치를 이용하여 이미 발달된 교환사회 내부에서 가능한 관계의 도식들을, —교환관계 자체에 대한 분석, 교환관계의 사회적인 본질과 그 동역학에 대한 분석을 경제학의 주제 범위에서 허용하지 않은 채—, 설계한다. 사회학과 경제학 사이의 도랑에서 두 학문 분과에 고유한 존재 이유를 부여하는 관심이 사라진다. 두 학문 분과 중에서 하나의 학문 분과는 다른 학문 분과가 성취할 수 없는 것, 그리고 어떤 주제에 대해 신경을 쓰지 않는 것이 그 학문 분과의 자존심을 만들어내는 것을 다른 학문 분과로부터 기대하는 것이다. 사회학이 심리학으로부터 떨어져 나오는 것도 사회학과 경제학의 관계에 못지않게 불안정하다. 우리가 주관적이며 비합리적인 "인간 사이의 관계들"에 이미 한번 집중하게 되면, 심리학으로부터 벗어날 수 없다. 집단적이며 특별히 사회학적인 심리학을 개별적인 심리학에 대비시킬 수 있다고 보는 것은, 프로이트의 『집단심리학과 자아 분석』에 따르면, 조야할 정도로 독단적이다. 그러나 사회의 주관적인 모멘트들에 강조점을 옮김으로써, 실증주의적인 모든 요구 제기에도 불구하고, 하나의 선입견이 사회학 내부로 옮겨지게 된다. 다시 말해, 사회학은 인간과 직접적으로 관련이 있으며 인간의 실존의 객관적인 조건들, 제도들과는 관련이 없다는 선입견이 사회학 내부로 이전되는 것이다. 중요한 것은 오로지 인간일 뿐이라는 문장이 오래전부터 이데올로기적인 슬로건으로 퇴화한 것은 이유가 없지 않다. 이것은 사회학으로부터 신뢰성이 있는 정보들을 얻기를 원하는 기업에 도움이 된다. 인간으로 이루어지는 집단들이 어떻게 하면 가장 갈등이 없게끔 조직화될 수 있으며 이러한 조직화가 오늘날 말하듯이 어떻게 "조종될" 수 있는가 하는 정보들을 필요로 하는 기업에 도움이 되는 것이다. 이러한 모든 것은 그러나 단순히 잘못 만들어진 것, 잘못된 전개가 아니다. 이것들은 사실상으로 절반쯤 잊혀진 위대한 사회학적 전통에 대한 자각을 통해서, 그리고 철학적 이념의 침투나 또는 심지어는 외부로부터 오는 이른바 "길라잡이 현상들"의 침투를 통해서 수정될 수 있을 것 같지 않다. 사물에 들어 있는 논리, 특별하게 사회학적이며 개별적으로 칼로 쳐도 들어가지 않고 찔러도 들어가지 않는 실상들을 얻으려는 노력은 다음과 같은 제한들을 유발한다. 다시 말해, 체념에서 그 통용 기한을 정하는 제한, 중요한 물음들을 잘라 버리는 제한, 사회적인 의식의 학문적인 반성 형식에서도 역시 사회적인 의식의 퇴행이라는 결과에 이르게 되는 제한을 유발시키는 것이다.

전후 독일 사회학의 도약은 진정한 필요에서 발원한다. 총체적인 항복과 도시들의 물리적인 파괴가 일어나고 수백만 명의 도피자들이 밀려들어오는 것과 같은 돌발적 사건들이 발생한 이후에 제기되었던 계획 과제들은 공격될 수 없는 정보 데이터들을 요구하였다. 예를 들어 도피자들과 귀향자들을 재분류시키는 잠재력과 같은 문제들에서는 단순히 통계적인 보고만으로 끝날 수 없었기 때문에, "관리적인 리서치"[07]의 방법론들이 행정에 필수 불가결하게 되었다. 널리 확산된 많은 면에서 물론 서로 모순되는 연구들은 가족의 형식이 2차 대전 후에 전체 인구 층의 뿌리를 뽑아 뒤흔들어 놓는 쪽으로 작용하였는지, 그리고 뒤흔들어 놓는 쪽으로 어느 정도 작용하였는지를 조사하려고 하였다. 물음 제기는, 불가피하게 이해될 수 있는 방식으로, 확실히 친가족적인 경향을 그 내부로 이미 포함시킨다. 이러한 경향은 방법론들과 연구수단들을 넘어서서 존재하는 결과들에서 그 모습을 드러낸다. 이와는 상반되는, 가족의 약화에 이르는 장기간적인 경향과 같은 경향들은 쉽게 손해를 보게 된다. 의무에 묶이는 것을 위한 이른바 묶이는 것의 긍정이, 특정 상황들에서 묶이는 것이 갖

---

07 Paul F. Lazarsfeld, Remarks on Administrative and Critical Communication Research(관리적 및 비판적 커뮤니케이션 연구에 대한 논평), in: Studies in Philosophy and Social Science, Vol. IX, 1941, p. 2ff.

는 통합적인 효과를 위해, 이론적으로 가까이 놓여 있다. 그러한 묶이는 것의 실체성과 정당성에 대해서는 그러나 더 이상 거의 문의의 대상이 되지 않는다. 그렇게 하지 않으면 사회학의 반反철학적인 금기에 반하는 행위가 되기 때문이다.

산업사회학과 경영사회학에 대한 특별할 정도의 관심도 또한 그 실재적인 근거를 갖고 있다. 빌헬름 시대의 제국에서 유래하는 독일의 중공업은 바이마르 공화국을 건너 냈으며 히틀러 제국에서 강화되었던바, 독일 중공업은 그것의 많든 적든 권위적인 경영 상태가 지나간 후에는 조직, 심리적인 행동방식들, 공동 결정권과 같은 수많은 개별 물음들에서 민주적인 게임 규칙들에 적응하였던 형식들에 성공적으로 이르게 되었다. 이런 이유에서, 노동하는 사람들의 주관적인 의식 상태에 대한 정보들이 필요하게 되었으며, 이런 정보들은 사회학적인 조사 기법들이 아닌 다른 방법으로는 획득될 수 없는 것처럼 보였다. 이러한 관심들도 또한 반反이론적인 행렬과 결합되었으며, 이런 결합은 전후 사회학이 노동자들이 만든 조직들에 의해 지원되었던 곳, 바로 그곳에서도 이루어졌다. 마르크스의 이론으로부터 암묵적으로 거리를 두는 것은 한편으로는 독일 사민주의 Sozialdemokratie의 역사에 의해서, 다른 한편으로는 소련에서 지속된 독재에 의해 변증법적 유물론이 압수당하고 정치선동에 의해 변조됨으로써 결과적으로 발생하였다. 이처럼 거리를 두는 것은 하나의 진공 상태를 만들어 냈다. 노동운동에서 학문성의 전통과 일치하는 것처럼 보였던 유일한 대체는, 마르크스주의적이거나 또는 확실하게 손에 잡힐 정도로 반反마르크스주의적이지 않은 상태에서, 가치 자유적인 경험적 사회학이었다. 탈주술화의 정열, 경험적 사회학이 그 최근 단계에서 고집하는 현실주의는 노동자 계급의 미몽에서 깨어난 의식과 잘 맞아 돌아갔다. 즉, 사회주의적인 전통에서 기대되었던 것처럼 전체를 그 토대로부터 변화시킬 수 있었던 것처럼 보였던 실재적인 권력을 더 이상 거의 내다보지 못하였던 노동자 계급의 미몽에서 깨어난 의식과 잘 맞아 돌아갔던 것이다. 그러한 연관관계들에의 통찰은 그러나 중립적으로 의도된 사회학적 연구의 중립성에 대한 과대평가를 정당화시키지는 않는다. 위에서 내려다보면서 파악하는 것에서, 매번 확인 가능한 것을 넘어서는 것에서, 이렇게 함으로써 절대적으로 통용되는 비판적 사고를 포기하는 것에서 사회학적 연구는 제한된 의식 상태에 지나치게 많이 굴복하게 된다. 사회학적 연구는 등재하는 제한된 의식 상태, 이처럼 제한된 의식 상태를 사회적으로 도출하는 것이 사회학적 연구의 책임이라고 말하는 제한된 의식 상태에 과도하게 굴복하는 것이다. 이처럼 제한된 의식 상태는, 사회적인 기계장치가 더욱 잘 기능하는 것의 관점에서, 하나의 소망할 수 있는 것으로 변모된다. 기능적인 것과 비기능적인 것의 이분법이 가장 높은 이분법이 되는 것이 이유가 없는 것은 아니다. 오늘날 독일에서 도처에서 영향력을 발휘하기 시작하는 탤컷 파슨스의 저작은 이러한 이분법을 향해 기치旗幟를 높이 쳐들고 있다. 이렇게 하는 것 대신에, ―오늘날 여기에서 가능한 것의 척도에 따라서 볼 때―, 오그라든 사회적 성격과 사회적인 적응에의 지속되는 강요 사이에 존재하는 모순으로부터 논리적 귀결이 끌어내질 수 있는 것 같다. 이러한 논리적 귀결은 지금 곁에 있는 자료로는 물론 거의 증명될 수 없을 것으로 보인다. 그러나 현재의 사회학은, 그것의 카테고리적인 구조에 따라, 심지어는 비로소 선입견들이나 의존성들에 의하지 않고, 현존하는 것을 뒤따라가면서 단순하게 구성하는 것을 이상理想으로 끌어올리고 있다. 학문에서 빈번하게 발생하듯이, 동어다의同語多義가 그것의 의미론적인 비판보다 더욱 많은 참된 것을 고백하고 싶어 하는 것이 현존하는 것에 대한 단순한 구성에 대해 말해 준다. 실증주의는 실증적으로 주어져 있는 것에 의지하는 근성일 뿐만 아니라 실증적으로 주어져 있는 것에 긍정적인 입장을 취하는, 말하자면 어떻든 피할 수 없는 것을 반사反射를 통해 확실하게 자기 것으로 해 버리는 근성이다. "그렇게 존재해서는 안 된다." 그렇게 존재할 수 없기 때문이다. 이것은 니체에서 여전히 타협되지 않은 구호처럼 울렸던 운명애의 암담하고 숙명적이며, 그 사이에 사회화된 비밀이다.

이런 문제를 살펴본 후에 비로소, 독일 사회학이 처한 상황에 대한 개별적인 보고들, 즉 모델들로서 끄집어내졌지만 자의가 없이 뽑아내지는 않았던 개별적 보고들이 그 위치 가치를 획득한다. 독일에서의 증대되는 사회학적 관심은 수많은 입문, 개관, 요약, 교과서에 의해 증명된다. 이것들은 지체된 것을 만회하고 사회학을 전공하는 학생들의 수와 그들을 대학에서 가르치는 교육자들 사이에 존재하는 현저한 불균형으로부터 발생하는 정당한 요구들을 들어주어야 하는 필요에서 일차적으로 발원한다. 이것들은 물론 부분적으로는 더 이상 감히 시도되지 않는 이론적인 설계들도 대체하고 싶어 하거나 또는 구체적으로 실행된 연구들을 대체하고 싶어 한다. 대중화의 행렬이 오인될 수 없다. 규모가 큰 출판사들은 사회학 문고판이나 사전에 대한 선호를 새롭게 알리고 있다. 이러한 문헌이 빈틈을 채워 주는 것은 확실하다. 이러한 문헌은 그러나 학문을 "교육화"하고 소비를 위해 정돈하는 압박 아래에 이미 놓여 있으며, 이 점은 의문의 여지가 없다. 다른 나라들에서의 생산, 특히 앵글로 색슨 계열의 나라들에서의 생산에 맞춰 측정해 보면, 독일에서 출판된 진지하게 수행된 경험적 연구들의 숫자는 여전히 항상 빈약하다. 경험적 연구들을 어느 정도 개관하는 가능성도 역시 결여되어 있다. 전후의 최초 몇 년 동안에 서독[08]의 특별한 현상들과 문제들에 대한 정보들에서 운용 가능하였던 것의 빈약함과 비교해 볼 때, 상황은 눈에 띄게 계속해서 개선되었다. 이렇게

---

08 제2차 대전 후 독일이 분할되면서 1949년부터 독일이 통일된 해인 1990년까지 존속하였던 독일연방공화국을 의미함, 통상적으로 구서독으로 호칭됨(역주).

해서 1930년대 이래의 독일에서는 아마도 최초의 출판들이 존재하게 된다. 노동자 계급의 의식의 측면들(Popitz 등), 사무직 노동자들(Bardt, Müller, Neundörfer), 가족, 지방자치단체, 대도시, 중간급 도시, 청소년, 정당 및 여러 집단들에 대한 출판이 이루어지는 것이다. 이러한 출판들은 지난 몇 년 동안에 역사적-사회학적 연구들이나 또는 사회사적인 연구들에서 발행한 것을 양적으로 훨씬 넓은 정도로 능가한다. 독일에서 여태까지는 항상 특별하게 활기를 띠었다는 교리사教理史도 뒷걸음질 친다. 주제적인 중점들의 위치가 1930년 이전의 시기에 비해 눈에 띄게 다른 부분으로 옮겨졌다.

정치사회학은 독일에서는 역사적이며 이론적인 연구의 전통, 즉 국가학으로부터 출현하였음에도 불구하고, 정치사회학에서도 역시 비역사적이며 경험적인 개별 분석들이 우위를 차지한다. 정치사회학은 오토 슈타머Otto Stammer가 이끄는 베를린 정치연구소에서 특히 수행된다. 다른 대학 연구소들에서처럼, 베를린의 정치학 연구소에서도 두 개의 주제 범위가 그 중심에 놓여 있다. 정당을 연구하는 사회학과 의회의 밖에 있는 이익단체들을 연구하는 사회학이 두 개의 주제 범위를 구성하고 있는 것이다. 정당의 연구는 최고로 실재적인 요구들에 힘입고 있다. 독일연방공화국의 기본법은, 바이마르 헌법과는 대조적으로, 국민의 정치적 의사형성에서의 협력을 정당들에게 지정하면서 이러한 협력을 보증하고 있다(기본법 21조). 이와 함께 만들어진 국가법적인 상황이 기본법에서 근거를 갖게 된 원리들인 국민 주권과 의회의 대표성의 원리들에 대해 갖는 관계는 수많은 사회학적인 물음들을 제기한다. SRP[09]에 대한 오토 비쉬Otto Büsch와 페터 푸르트Peter Furth의 연구처럼, 정당사회학에 속하는 연구들

---

09 독일 사회주의 제국당, 구서독에서 네오 나치를 표방한 정당, 1956년에 구서독 헌법재판소에 의해 해산되었으며, 이는 구서독에서 정당이 해산된 최초 사례가 되었음(역주).

중에서 많은 연구가 사회심리학적인 종류의 확실한 인식을, 즉 미국에서는 "권위주의적인 인성"에서 저장되어 있는 인식을 이용하고 있다는 점이 언급되어도 될 것이다.

정당사회학이 다룬 것에 들어 있는 문제의식은 이론적으로 지정된 물음들이 사실상으로 계속해서 추가되는 방향보다는 정치적 조직들과 제도들의 구조적인 변화에 대한 설명을 더욱 많이 향하고 있다. 사회학자, 역사학자, 국가학자 사이의 분업이 경험적 연구들을 사회학자들에게 넘겨주고 있는 한, 사회학자들은 국가학자들의 소견과 논구에 광범위하게 기대고 있다. 독일에서는 국가학자들은 그들 나름대로 사회학적인 연구들과 물음 제기들을 이전보다도 훨씬 더 강도가 높게 알고 있는 학자들이다. 이 영역에서 나온 가장 중요한 책은 베를린 정치연구소가 펴낸 『독일 연방공화국의 정당들. 1953년 독일 연방의회 선거까지의 독일 정당들의 발전에 관한 연구』(hrsg. von Sigmund Neumann, Stuttgart/Düsseldorf 1956)에 힘입고 있다. 7개의 단일 논문들에서 1953년 9월에 독일 유권자들이 선택할 수 있었던 정당들이 논의되고 있다. 이미 존재하는, 이 논문들에 고유한 조사를 통해 획득되지는 않은 자료들에 근거하여 1945년 이래 정당들의 발전, 조직적인 구축, 강령들, 단체들과의 협력, 정당 구성원들의 사회적 출신이 분석되었다. 이에 비해 정당들의 "조직화된 현실", 즉 실제적인 내부 구조, 정당 지도부가 당원과 지역협의회들에 대해 갖는 관계, 정당 수뇌부에서의 의사 형성, 단체들과 정당들의 상호작용 관계에 대한 분석에는 더 적은 가치가 놓여 있다. 저자들은 이러한 결함을 숨기지 않고 명백하게 언급한다. 이러한 결함 때문에 이 저작은 전 단계 연구로 등급이 매겨진다. 이러한 결함에서 출발하는 비난이 이 저작에 가해질 수는 없다. 독일에서는 예나 지금이나 단체들뿐만 아니라 정당들도, 어떤 뉘앙스이든 상관이 없이, 그것들의 본질적으로 실재적인 구조를 ―이 구조는 그것들의 형식적으로 법적인 정초定礎와는 당연히 동질적이지 않다― 학문적으로 파고드는 것에 대해서 가장 격렬한 저항을 내놓는다. 빌헬름 시대의 독일의 권위적인 구조가 "단체들의 시대" 안으로까지 넘어와서 구조가 되고 있다는 사실은, 정치사회학과 정치학이 중요하다고 말하는 물음들, 1920년대에도 여전히 토론을 지배하였던 물음들, 즉 현대 민주주의에서 관료주의의 기능, 고위 관료층의 정치적 의식, 국가와 경제의 관계, 정당들의 재정, 결국은 실재의 사회적인 권력이 제도들에서 어떻게 실현되는가 하는 문제와 같은 물음들이 정치사회학과 정치학에 의해 밀어제쳐지게 된 이유들 중에서 마지막 이유가 되지는 않는다. 권력의 개념 자체가 매우 드물게 다루어지고 있는 것이다. 이러는 한, 정치사회학은 그것 스스로 비정치적인 학문으로 되는 것 같다.

의회 외부에 존재하는 이익단체들에 대한 논의는 테오도르 에센부르크Theodor Eschenburg의 『단체들의 지배?』(Stuttgart 1955)에서 아마도 가장 강력하게 촉진되었을 것이다. 이 책은 연구대상에 대한 원리적인 토론에 이르렀을 뿐만 아니라 비교적 중요한 단체들의 조직, 구축, 구성원, 프로그램과 이런 단체들의 임직원들이 제1차 및 제2차 독일 연방의회에서의 소속 정당에 관하여 알려 주는 참고문헌을 풀어 놓았다(이에 대해서는 에센부르크 이외에도 특히 다음과 같은 책을 참조할 것. 루퍼르트 브라이틀링Rupert Breitling, 『독일 연방공화국의 단체들. 그 종류와 정치적 작용 방식』, Meisenheim am Glan 1955. 요세프 카이저Joseph H. Kaiser, 『조직된 이해관계들의 대변』, Berlin 1956). 에센부르크는 중요한 단체들이 정치적인 결정에 미치는 영향을 증명하고 있다. 그러나 단체들이 내부적으로 기능하는 것, 단체들이 과두 지배와 자멸로 가는 경향, 단체들이 정당·정부·관료에 미치는 영향의 범위와 방법에 대한 경험적 분석은, 짧게 말해서 단체들이 실재로 갖고 있는 사회적 권력에 대한 경험적 분석은 아직은 제시되고 있지 않다. 이러한 결함을 설명해 주는 이유들은 분명하다. 전 세계에서 그렇듯이 독일에서도 사회학이 사회적인 신경점을 건드리는 곳에서는, 사회학은 어느 곳에서나 일차적인 자료에 접근하여 결과를 만들어 내는 것의 어려움에 봉착하기 때문이다. 이것은 연방공화국, 국가들, 사회학의 단체들에서의 ―이와 더불어 공론장에서도 역시― 의사형성의 본질적인 측면들이 학문적으로는 충분할 정도로 잘 알려져 있지 않다는 사실, 민주주의가 기능하는 것에 대한 물음에 관하여 극도로 적은 정도의 진정성만을 우리가 경험할 수 있다는 사실에 못지않은 사실을 말해 준다. 전후 독일 사회학이 현실주의를 강조하고 있음에도 불구하고, 독일 사회학은 가장 중요한 실재적인 복합체에 거의 다가서지 못하였다. 이러한 복합체를 다루는 것이 전후 독일 사회학에 적합한 과제일 것임에도, 그렇게 하지 못하였던 것이다.

정당의 역사를 다루는 저작들은 상대적으로 많은 편이다. 다음과 같은 저작들이 이에 해당된다. 루드비히 베르크스트래서Ludwig Bergsträsser, 『독일 정당사』(8. und 9. völlig neu bearbeitete Auflage, München 1952), 빌헬름 몸젠Wilhelm Mommsen, 『3월 전야부터 현재에 이르는 독일 정당의 강령 선집』(München 1952), 볼프강 트로이에Wolfgang Treue, 『1861-1954년까지의 독일 정당의 강령들』(Göttingen/Frankfurt/Berlin 1954), 플레이트하임O. K. Flechtheim, 『1945년 이후의 독일 정당. 원본들과 초본들』(Berlin/Köln 1955). 정당사회학에 대한 로베르트 미헬스Robert Michels의 반민주적인 내용을 함의하는 저작과 막스 베버의 저작처럼 이 주제에 대한 비교적 오래된 저작들이, 비교적 오래된 많은 사회학적 텍스트들과 마찬가지로, 새로운 판본으로 출간되었다. 서방 세계에서는 동구권 권력 영역을 다루는 사회학이 많지 않다. 독재 국가들이 사물에 충실하게 맞춰진 연구를 훼방하는 어려움들이 이에 대해 물론 일차적인 책임이 있다. 베를린 정치연구소는 동독[10]에 대한 개별 연구들을 제시하고 있다. 랑에M. B. Lange의 『전체주의 국가에서

---

10 구동독을 의미함, 1990년 독일 통일 시 구서독에 흡수되었음(역주).

의 학문. 스탈린주의로 가는 도정에서 소련에 점령당한 지역에서의 학문』(Stuttgart/Düsseldorf 1956).

독일 사회학의 경험적-실증주의적 선회, 그리고 행정적 목적을 위한 독일 사회학의 실제적인 기능과 현존하는 관계들의 우위 밑으로 독일 사회학이 체념적으로 편입되는 것 사이의 연관관계는, 사회학이 ―산업적인 생산권의 영역에서― 사회적인 생활 과정의 중심으로 주제적으로 가장 가깝게 접근하는 곳에서 가장 명백해진다. 여기에서 발생하는 것은 대부분의 경우에 집단사회학의 개념으로 간주된다. 사회학과 사회과학의 안내 책자들과 사전들에서 집단에 대한 매우 상이한 규정들과 정의들이 서술되어 있는 것이 발견됨에도 불구하고(Bernsdorf und Büllow, 1955; Ziegenfuß, 1956; König 1958), 집단의 카테고리에 전념한 것으로 볼 수 있는 전체사회적인 숙고들은 그러나 1945년 이래 거의 알려지지 않고 있다. 사회적인 과정에서 집단들의 의미와 기능에 관한 다만 소수의 근본적인 분석들만이 발견되고 있다.

뒤르켐이나 보가르뒤Bogardus에 의해 대표되듯이 쾨니히의 경우에서도 역시 명백한, 여러 겹으로 대표되는 경향인, 집단들을 다루는 것을 사회학의 고유한 대상으로 끌어올리는 경향은 큰 규모로 의도된 집단 연구들에서의 상대적인 결함과 경악스러운 대조를 보이는 상태에 놓여 있다. 표제어 "집단"에 대한 쾨니히의 도입적인 언급(Fischer Lexikon, 「사회학」, Frankfurt am Main 1958)은 어떤 경우이든 앞에서 언급한 것처럼 이해될 수 있을 것 같다. "집단의 개념이 갖는 중요한 의미를 이해하기 위해서는 플로리안 즈나니키Florian Znanieki의 언급이 서두에서 제시될 만하다. 이 언급에 따르면, 집단의 개념이 오늘날의 사회학에서 이전에는 사회의 개념에 놓여 있었던 자리에 들어섰다는 것이다. 이러한 확인이 올바르고 여러 관점에서 의미가 있다는 점은 의문의 여지가 없다. 첫째, 이러한 확인은 방법론적으로 중요한 경향, 즉 전체사회적인 거대 구조들에 붙잡혀 있는 상태로부터 빠져나오는 경향, 최소한 우리 곁에 가까이 놓여 있으며 이렇기 때문에 전체사회적인 거대 구조들보다 아마도 더욱 잘 조망될 수 있는 부분 구조들을 시야에 들어오게 하는 경향을 보여 준다. 둘째, 이와 함께, 아직은 일반적으로 수용되지 않는 하나의 결정이 뚜렷하게 출현한다. 다시 말해, 집단을 사회학의 중심 대상으로 고찰하는 경향이 출현하는 것이다. 이렇게 됨으로써 이러한 집단들이 전체사회적인 거대 구조들에 대해 어떻게 행동하는가 하는, 계속적으로 이어지는 물음이 발생한다."

그러한 의도들은 경영사회학에서 우위를 차지한다. 경영사회학은 "학문적인 노동 기술, 노동 인상학, 경영학 외에도 경영심리학을 현대적인 학문적 기업경영의 기초들 중의 하나로 되게 하는 최상의 길에 들어서 있다."[11] 독일에서의 이러한 학문 분지의 현재적 상태에 대항하여 비판이 그것의 숙고를 오토 노이로Otto Neuloh의 앞의 인용문에서 드러나는 것처럼 동의하는 방향으로 의도된 언급(in: 『독일의 경영사회학. 재고품 조사』, 합리화 공동체 '인간과 사회'의 저작집Schriften der Rationalisierungsgemeinschaft »Mensch und Arbeit«, 4, 1956)보다 더 자세하게 알릴 수 있는 것은 어려워 보인다. 한때는 비판적 충동이 산업화와 그 결과, 자본주의 아래에서의 생산력과 생산관계의 관계를 학문적으로 다루는 것을 고취시킨 바 있었다. 그리고 나서 20세기에는 이로부터 ―필연적으로 헛일로 끝나고 마는― 노력, 즉 기업으로부터 시작하여 사회의 형식을 개조하려는 노력이 생성되었다(Rosenstock, Michel). 이러한 모든 것은 망각되거나 제거되거나 또는 단순한 교양적인 회상으로서 묵은 이야기를 다시 꺼내는 것처럼 보인다. 사회의 "사회적인 물음"으로부터 기업에서의 "인간관계들"의 문제가 생성되었다. 2차 대전 후 독일에서 이음표(-) 사회학[12]으로 새롭게 성립된 산업사회학과 경영사회학

11 이 인용문은 아래에 언급된 오토 노이로의 글임(역주).
12 개별 사회학들, 자료 중심의 부분적 사회학들을 의미함, 상세한 내용은 다음 자리를 참

은 그것들에 고유한 전래에서보다도 미국의 사회연구의 결과들과 방법론들에 오히려 방향이 맞춰져 있다.

19세기의 거대 이론들과 마찬가지로 20세기의 최초 10년 동안에 이루어진 사회정책적인 노력들도 역시 경험적으로 충분하게 기초를 두고 있지 않다는 반론이 제기될 수 있음은 확실하다. 이러한 불충분함을 만회하려는 소망, 대상에 대한 반사로부터 막스 베버가 제시한 주장에 맞춰진 사실들에 대한 선입견이 없는 조사로의 비중 이동은 그러나 이러한 조사의 맞은편에서 무관하게 머물러 있지는 않는다. 나름대로 매개되어 있으며 오로지 사회적 총체성의 표현으로서 이해될 수 있는[13] 사실들이 최종적으로 주어진 상태, 학문적 인식의 본유적인 원천으로 제시된다. 앞에서 말한 조사는, 이러한 매개를 추적하는 것 대신에, 조사되어야 하는 복합체들에서 이미 통용되는 조사로 전제되며 사회적 총체성으로부터 광범위하게 도외시된다. 그 대가로 경험적 사회연구는 그것의 최근의 발전을 비로소 열어 주었던 하나의 가능성을 이용하게 된다. 대규모의 인간 집단들의 행동과 의식을 학문적인 게임 규칙에 따라 정확하게 기록하고 또한 예견할 수 있는 가능성을 이용하게 되는 것이다. 이러한 가능성은 관리적이면서도 또한 조작적인 수요를 받아들이게 된다. 이 가능성은 주관적으로 방향이 정해진 의도와 일치하며, 기업들 내부에서, 특히 대기업들 내부에서 —테크놀로지적인 조건들이건 집단사회적인 조건들이건 관계없이— 특정한 조건들 아래에서 인간들이 기능하는 것이나 또는 기능하지 않는 것에 대한 조사와 상응한다. 유명한 호손Hawthorne 연구는 이러한 연

조. 테오도르 아도르노, 『사회학 강의』, 문병호 옮김, 서울, 2014, 123, 226쪽.

[13] Vgl. Theodor W. Adorno, Soziologie und empische Forschung(사회학과 경험적 연구). in: Wesen und Wirklichkeit des Menschen(인간의 본질과 현실), Festschrift für Helmuth Plessner, hrsg. von Klaus Ziegler, Göttingen 1957, S.245ff. 이 논문은 지금은 이 책에 게재되어 있음.

구들에 가장 커다란 영향을 미쳤다. 특히 미국에서는 이러한 연구들의 방법론들과 결과들이 오래전부터 논의되었던 반면에,[14] 독일의 경영사회학 문헌에서는 비공식적인 집단들의 핵심적 성격에 관한 생각이 거의 신성불가침적이다.

사회학은 그 생존권을 견고하게 하기 위하여 다른 모든 학문 분과들과 구분되는 대상 영역들을 정의할 수 있어야 한다는 생각은 경영사회학의 "주관주의적인" 구상에 비본질적이지 않다. 공장 경영에서의 이른바 인간 사이의 관계들이 —심층심리적인 측면들을 일단 배제한다면— 그러한 영역들로서 제공된다. 노동의 객관적인 형태와 노동의 상품적 성격이 노동하는 사람들의 생활과 아무런 관계가 없기라도 하는 듯이, 노이로 Neuloh는 "생활의 진행 과정들"을 기업에서의 "노동의 진행 과정들"과 분리시키려고 하면서 다음과 같이 카테고리적으로 설명한다. "사회학자들과 생성물들에 관한 교설에 항상 결정적으로 중요한 것은 인간으로서 공동 작업을 하는 인간들이다. 인간들은 비로소 제2차적으로 전문가, 기능을 담당하는 부서의 소유자, 관리자, 엔지니어, 명인名人, Meister, 노동자로 출현한다. 다시 말해, 기업 내에서 인간들의 관계가 형성되는 방식에서 출현하는 것이다"(in: 『독일의 기업 상태』, 1956). 학문적인 전문 분야들 사이에 존재하는 경계선은 대상들 자체의 존재론적인 질서의 윤곽을 그리지 않는다는 사실을 고백하는 것 대신에, 기업사회학을 경영학으로부터 분리시키려는 시도가 전력을 다해 행해지고 있다. 경영학은 기업에서 노동하는 사람들을 도외시할 수 없다. 이와 마찬가지로, 기업사회학은 노동하

---

14 Vgl. u. a. G. Friedmann, Problèmes humains du machinisme industriel, Paris 1946, S.310ff. D. C. Miller und W. H. Form, Industrial Sociology, New York 1951, S.35ff.; C. M. Arensberg, Behavior and Organisation: Industrial Studies, in: Social Psychology at the Crossroads, hrsg. von J. H. Rohrer und M. Sherif, New York 1951, S.324ff.

는 사람들의 객관적인 기능들을 규정하는 기업 목적을 거의 똑같은 정도로 무시할 수 없다. 노이로가 그렇게 하고 있듯이, 기업을 하나의 "연회宴會"로 명명하는 것, 기업사회학의 대상을 노동자들의 행동의 —기업 목적에 의해 직접적으로 규정되지 않는(쾨니히König)— 영역들로 축소시키는 것은 개인들이 그들의 삶과 사회의 생명을 재생산하기 위해 적응해야만 하는 강제적 속박을 사회학의 대상들로부터 삭제해 버리는 것을 의미한다.

그러한 입장들이 물론 현재의 독일 사회학의 입장들로 곧바로 되는 것은 아니다. 그러한 입장들은 그러나 하나의 강력한 경향을 갖는다. 그것들이 갖는 관계 체계는 상업적이며 사적인 여론 조사 연구소들에 의해 수행된, 기업의 개선에 기여한다는 설문 조사들에도 그 근원으로 놓여 있다. 개별 기업의 사회에의 의존성이 때때로 인정되지만 단지 통틀어서 인정될 뿐이다. — 연구 자체에서는 대부분의 경우 개별 기업이 분리된 채다루어진다. 헬무트 쉘스키Helmut Schelsky는 물론 기업을 밖으로 끌어내서떼어 놓지 말고 "기업의 문제들이 전체 사회의 각기 존재하는 구조들 및 문제점들과 갖는 관련성에서 기업의 문제들을 깊게 숙고할 것"을 산업사회학과 기업사회학에 강력하게 조언한다. 쉘스키는 그러나 순수한 학문적-기술적인 성과 관점들에서 볼 때 하나의 설정에 의해 기업이 사회적으로 편입되려는 노력들 사이의 관계를 "우리의 현대 산업문명에 근원으로 놓여 있는 긴장과 동역학"으로 나타낸다. 이와 동시에 이처럼 "근원적인 긴장"이 생산성의 이윤으로 향해진 상승과 같은 기업내재적인 모멘트들에 의해 유발되지 경제적인 목적으로부터 분리 가능한 그 어떤 관계에의해 유발되지 않는다는 사실이 사라지게 된다. 사회정책적이며 사회심리적인 표준 설정들이 그것들의 사회학적인 중요성에 따라 충분히 과대평가된다. 기업사회학이 일하는 사람들의 사회적이고 영혼적인 만족을 끌어올리고 기업의 생산 성과와 경제성을 상승시키는 이중 목적만을 항상 추구한다면, 기업사회학은 "기업가 정신과 노동자 계급 사이의 갈라진

틈을 연결하는 교량"(in: 쉘스키, 『기업사회학의 과제와 한계』, 1954)을 만들어 낸다는 것이다. 갈라진 틈은 그러나 한편으로는 사회적이고 영혼적인 만족과 다른 한편으로는 생산 성과와 경제성 사이에 놓여 있지 않고, 오히려 경제성 자체의 사회적인 형태에 놓여 있다.

현재의 많은 기업사회학자들의 주관적으로 지향되고 이른바 통합의 문제에 방향이 맞춰진 의도들과는 대조적으로, 일련의 연구들이 공장 기업과 그 구성원들의 객관적으로 주어진 상태와 기능들로부터 출발하고 있다. 이 연구들은 이런 관점에서 갈등, 이해관계 대립, 권력관계들을 분석하고 있다. 이 점에서, 그 밖에도, 여러모로 상이한 연구들인 피르커Pirker와 루츠Lutz의 연구, 포피츠Popitz와 바르트Bardt의 연구, 다렌도르프의 연구, 프랑크푸르트 사회조사연구소의 연구가 일치한다. 다렌도르프는 『산업사회학과 기업사회학』에서 다음과 같이 말한다. "공장 기업에서 일하는 사람들을 다루는 연구에서 사회학자의 시선은 노동하는 사람들이 갖는 모든 충만함과 개별성에의 인격성으로서의 인간을 일차적으로 향하지 않고, 사회적 역할의 담지자, 선반공이나 또는 여직원 또는 과장, 컨베이어 벨트에서 일하는 노동자와 같은 노동자나 또는 우두머리 노동자나 또는 관리자로서의 인간을 향한다. 그러므로 기업사회학자에게는 기업에 속한 사람들의 관계들, 즉 그들의 인격성이 아닌 그들의 지위와 임무에 힘입어 이루어지는 관계들에 대한 물음이 전면에 놓여 있다." 이와 동시에 다렌도르프가 구조적인 갈등들에 어떻게 주목하는가에 대해서는 그의 책 『산업사회에서의 사회계급과 계급갈등』(1957)이 증언한다. 인격성의 카테고리와 같은 카테고리의 객관적인 구조가 인격성의 모든 충만함과 개별성에서 도대체 얼마나 넓게 공간을 남겨 두는가 하는 문제는 여기에서 열린 문제로 남아 있을 수밖에 없다. 기업에서 개인적인 관계들의 민주화의 객관적인 전제 조건들은 피르커Pirker, 루츠Lutz, 브라운Braun이 그들의 대단한 저작인 『노동, 관리, 공동 결정』(1955)에서 다루었다. 포피츠Popitz, 바르트Bardt, 위레스Jüres, 케스팅Kesting의 연구인 『기술과 산업 노동』(1957)의 중심에는 제련소 노동의 객관적인 조건들과 이 조건들로부터 초래되는, 노동자들의 협동 형식들과 반응 형식들이 놓여 있다. 『노동자의 사회상像』(1957)에 관한 연구는 포피츠 등이 수행한 앞의 연구와 밀접하게 결합되어 있었다. 광산에서의 소요에 대한 프랑크푸르트 사회조사 연구소의 연구는 매우 특별한 문제에, 즉 개별 조합들에서의 노무자 전원의 교체에 광산의 사회적인 상황의 관점에서 집중하였다.

전후 청소년 문제에 해당되는 사회적 문헌은 그 범위로 인해 상당히 상세한 개관을 제공하는바, 이러한 개관도 역시 주관적인 연구에 기우는 경향을 확인시켜 준다. 전후 청소년이 처해 있는 객관적인 조건들에 대한 연구는 상대적으로 적은 편이다. 대부분의 연구는 청소년들의 행동방식들을 다루고 있으며, 청소년들의 행동방식들을 사회구조로부터 해석하는 연구는 거의 시도되고 있지 않다. 전후 청소년 연구가 시작된 이래 도처에서 알려진 청소년 사회학의 테제들은 이미 1947년에 나온 2편의 서술적인 논문들인 엘리자베트 리퍼르트Elisabeth Lippert의 「시대심리적인 청소년 연구」와 루드비히 차이제Ludwig Zeise의 「독일 청소년의 모습」(두 논문은 『의회 보고서』임, Bonn 1947, Band III)에서 정리되었다. 두 저자가 청소년의 "폐쇄성"이나 "개방성"에 관한 물음과 같은 여타 지점에서는 아마도 각기 다른 사회심리학적인 심층들이 의도되었기 때문에 서로 견해가 갈라져 있음에도, 두 논문은 청소년들의 계산적이고 실질적이며 현실주의적으로–실제적이고 냉정하면서도 환상을 갖지 않는 태도를 강조한다. 펠릭스 쉔케Felix Schenke가 뉘른베르크에서 행한 강연인 「오늘날 청소년들의 심리에 대하여」(in: 『제2차 뉘른베르크 국가 학문 주간 1952』, Berlin 1953)에서 오늘날 15세에서 25세 사이의 청소년들의 냉정한 계산성과 실질성의 테제가 확인된다. 여기에서는 물론 앞에서 말한 현실주의의 반대 측면, 즉 교육이 되기 어렵고 사람으로부터 보살핌을 받지 못하는 상태에 놓여 있으며 비사회적인 청소년들의 높은 수치도 가시적이다. 페터 하인츠Peter Heintz 와 르네 쾨니히René König가 편찬한 『쾰른에서 발간되는 사회학과 사회심리학 학회지』의 『청소년 범죄의 사회학』에 관한 제2차 특별호는 반대 측면에 전념하였다. 쾨니히도 「사회학에서 청소년 범죄의 문제가 차지하는 위치에 대한 언급」이라는 중요한 논문을 통해 청소년 범죄의 연구에 기여하였다. 그 밖에도, 청소년 범죄로부터 발원하는 연구로는 게르트 비어만Gerd Biermann의 논문 「청소년 범죄로 가는 길」이 강조될 수 있다. 이 논문은, 아동 시절에 보살핌을 받지 못하는 현상들을 연구가 고려해야 할 것임을 요구한다. 아동 시절에 보살핌을 받지 못하는 현상들은 이미 여러 겹으로 스스로 신경질적인 가족에 대해 자아가 약한 아동이 갖는 방해 받은 관계들과 특히 매우 어린 시기의 소년기에 경험되는 어머니-아동-관계에서의 장애들에 되돌아가서 그 의미를 지시해 주는 현상들인바, 이런 현상들에 대한 고려를 청소년 범죄의 연구에 요구하고 있는 것이다. 이에 따라 비사회성과 사회에의 부적응성Dissozialität의 모든 가능한 측면들, 즉 능동적 퇴행(과잉 보상), 수동적 퇴행(의기소침), "도시화 트라우마", 재능 퇴보의 문제(vgl. 빌헬름 뢰슬러Wilhelm Roessler, 『교육의 장에서의 청소년』, Düsseldorf 1957) 가 검사되고 있다. 청소년들의 성적性的 행동에 대해서만은 별로 구속력이 없는 내용이 조사되었다. 오히려 성에 관련된 생활이 현재의 청소년에게는 1900년경이나 또는 1차 대전 이후와 대조적으로 "아무런 문제가 없다"는 것을 일반적으로 알렸을 뿐이다. 다름슈타트 지역 연구로부터 발원하는, 청소년 연구에 해당되는 단일 논문들인 게르하르트 바우머르트 Gerhard Baumert의 『전후의 청소년』, 이르마 쿠르Irma Kuhr의 『폭력으로 폐허가 된 도시에서의 학교와 청소년』(두 논문 모두 1952)은 청소년 사회학의 흐름을 어느 정도 향하는 방향으로 나아간다. 바우머르트는 전후의, 논의에 많이 불러나온 사회적 평준화를 관찰할 수는 없었다. 사회적 평준화에 따라 청소년의 의식도 청소년의 "신분"에 의해 변동되지 않은 것처럼 보인다. 청소년의 반응 방식들은, 무엇보다도 특히 10세의 아동들에서도, 실제적이고 가까이 놓인 것을 극단적으로 향한다는 점이 확인되었다. 이러한 "구체주의"의 얇은 베일 아래에는 그러나 비가시성이 숨어 있다. 청소년들은 잃어버린, 아버지에 의존하는 권위[15]를 대신하는 대체물을 찾고 있는 것이다. 기회주의와 권위에의 구속성의 ―두 가지는 외견상으로 보아도 훨씬 더 용이하게 서로 결합한다― 상반감정 양립은 이르마 쿠르에 의해서도 강조된다. 권위적인 행동방식들이 바로 학생들에서 우위를 차지하는 것 같다는 것이다. 특히 아버지가 없는 학생들, 피난민들의 자녀들, 노동자들의 자녀들에 의해 학교가, 비판 없이, 받아들여진다. 그들은 관계들이 주는 압박 밑에 그토록 심한 정도로 놓여 있어서 학교에 대한 저항을 거의 불러일으키지 못하는 것이다. 청소년들의 "현실에 들어맞는 상태"는 무방비 상태, 최종적으로는 유년기에 높은 수준으로 유보되어 있는 시민적인 형식들의 청산을 가리킨다는 것이다. 타협주의로의 도피를 지시한다는 것이다(이에 대해서는 특히 다음을 참조. 기셀하이트 쾨프닉Gieselheid Koepnick, 『고등학교 최고 학년의 소녀』, Darmstadt 1952).

칼 베드나리크Karl Bednarik의 책 『오늘날의 젊은 노동자 ― 새로운 유형』(Stuttgart 1953)은 학문적인 범위를 넘어서서 영향을 미쳤다. 저자는 빈Wien의 청소년 노동자들과의 경험에 근거하여 노동자 계급이 시민사회의 인습이 강요하는 강제적 속박으로부터 해방되는 것을 서술하며, 프롤레타리아적인 계급의식의 퇴락에 대해서도 기술한다. 저자는 동시에 이른바 "무정부 상태로의 해방"이라는 최고로 문제성이 있는 관점에서 "방향 감각 상실", "대체적 개성", "사회화된 아버지 증오", "잃어버린 연대성", 그리고 이것들과 유사한 것과 같은 존재가 어떻게 서술될 수 있는가 하는

---

15 이 점은 제2차 대전에서 대다수의 독일 남자들이 전사한 사실을 고려하면 용이하게 이해될 수 있음(역주).

가능성을 말해 주는 카테고리들을 ―단순한 반응 형성들을 광범위하게 서술하는 이러한 카테고리들의 심리 동역학적인 함의들이 전개되지 않은 상태에서― 설계한다. 공론적인 영역과의 거리가 청소년들이 노동과 소득에 대해 갖는 구체적인 관계와 일치한다는 것이며, 청소년들은 국가에 대해 일정 부분은 수익자로, 일정 부분은 불평자로 행동한다는 것이다. 앞에서 기술된 유형과의 잠재적인 교감은 때때로 명시적인 찬동으로 넘어간다.

주관적인 관점에서 청소년 노동자를 경험적으로 파악하는 것은 일반적인 사회적 평준화의 테제를 위한 사실적이며-반박될 수 없는 증거들을 약속하기 때문에 오늘날 그토록 인기가 있는 것으로 보아도 될 것 같다. 청소년 노동자들의 정신이 이른바 부르주아적으로 변화하는 것에 의해서, 사회주의적인 사회이론이 노동자들에 들어 있는 주어진 속성으로 결코 한 번도 간주하지 않았던 의식이며 오히려 사회주의적인 사회이론 스스로 최초로 산출하려고 의도하였던 의식인 계급의식의 결여에 의해서, 바로 이러한 계급의식의 결여에 의해서 프롤레타리아가 더 이상 존재하지 않는다는 것이 증명되어야 한다는 것이다. 생산수단들과 생산에 참여한 사람들 사이의 분리를 통해 프롤레타리아를 이론적으로 규정하는 것은, 노동자들, 특히 젊은 노동자들이 노동운동의 전통에서 이제 더 이상 성장하지 않았는가를 가리는 기준, 노동자들이 자신을 어떻든 여전히 노동자로 느끼는가를 가리는 기준에 의해서 배제된다. 헬무트 쉘스키가 편찬한 두 권으로 된『실업과 청소년의 직업난』(Köln 1952)도 앞에서 본 내용과 전혀 낯설지는 않다. 그것 자체로서의 실업의 특별한 조건들과 영향들을 추적하기보다는 오히려 청소년 문제들에 관한 일반적인 언설이 극단적인 상황들로부터 결론으로서 도출되고 있다. 설문 조사는 1950년부터 1951년에 걸쳐 2278명의 14세부터 25세까지의 청소년들을 대상으로 수행되었으며, 조사 수단은 이른바 집중 인터뷰였다. 취업자들의 전체 수치에서 수공업이 차지하는 몫은 산업이 차지하는 몫과 비교해 볼 때, 역으로, 도제들의 전체 수치에서 나타나는 관계들과 비례하는 것 같다. "도제 훈육"은 이른바 옛 중산층에 의해 운영된다. 청소년들이 직업교육을 마친 후에 직업을 바꾸어야 하고 산업에서 "비숙련공"으로 일해야 하는 경우도 자주 발생한다. 직업교육이 가르치는 내용은 신망을 얻기 위한 요구 제기를 위해서 수료되었기 때문에, 이러한 직업 변경은 학교를 떠나자마자 곧바로 공장에 취업하는 청소년들에서보다는 훨씬 높은 정도로 계급에서 떨어지는 느낌과 사기를 잃어버리는 느낌으로 작용된다는 것이다. 연구에 따르면, 설문 조사의 대상이 된 청소년들에서는 직업이 사회적 신분 상승의 견인차로 전체적으로 통용되며, 직업 활동은 이런 기준에 따라 평가된다. 바로 이 점이, 잘못된 직업 선택과 성공에 이르지 못하고 끝난 학습 기간 외에도, 일터의 빈번한 변동에 책임이 있다는 것이다. "실업 상태에 처해 있는 청소년들은 보조 노동자들의 가족 출신이 아니고 전문 노동자들 가족, 부분적으로는 중산층 가족과 지위가 높은 가족 출신"이라는 점이 일반적으로 통용된다. 청소년 노동자들의 60%가 불완전한 가족 출신이다. 부모-자녀-관계가 "과도하게 조직화되어" 있다는 것이며, 이것은 직업 선택의 정서적인 과도한 점령과 이렇게 됨으로써 신경질적인 징후들에 쉽게 이르게 된다는 것이다. 실업이 가족생활에 미치는 여파는, 마리엔탈Marienthal에 관한 유명한 연구처럼 히틀러 이전의 시대에서 발원하는 실업자 연구들과는 대조적으로, 확인되지 않았다. 바로 가족에 대한 위신이 실업자들로 하여금, 더 낮게 등급이 매겨진 직업으로 미끌어 떨어지지 않기 위하여, 실업 기간을 버티게 하는 동기를 부여하는 경우도 빈번하다는 것이다. 클루트는 국가와 정치에 대한 태도들에 대한 그의 기고문에서 "청소년의 접촉 관계들은 접촉 형식이 더욱 비개인적으로, 더욱 추상적으로 되는 만큼, 다시 말해 개인적으로 묶여 있는 정도가 적어지면 질수록 후퇴하고 불확실하게 된다"는 점을 강조한다. 청소년들의 탈

정치화, 정치에 대한 청소년들의 여러 가지의 적대감은, 이러한 적대감을 과대평가하지 않아도 되는 상태에서, 앞에서 말한 경향을 반영한다는 것이다. 청소년들은 성인들의 태도를 단순히 여러모로 모방한다는 것이다. 클루트는 정치적 이데올로기들에 대해 어떻든 상관없다는 태도와 정당들에 대한 불신이 청소년들에서 일반적이라는 점을 지적하고 있다. 국가는 "질서를 더욱 많이 만들어 내야" 하고 "국민 공동체"를 보살펴야 하며 "모든 사람의 재산을 지켜 주어야" 하고 이와 동시에 그러나 개별 인간의 사적인 영역은 성가심을 받지 않은 채 머물러 있어야 한다는 견해처럼 권위와 묶여 있는 상태의 확실한 특징들이 두드러지게 나타난다는 것이다. 클루트는 그러나 권위에 대한 믿음이 깊은 상태에 대해 그의 기고문에서 논의하는 것을 거부하고 있으며, 그 대신에 더욱 긍정적으로 채택된 표현인 "상징에 대한 믿음이 깊은 상태"를 선호한다. 클루트가 권위적인 성격 특징들과 심지어는 나치의 이념들에 대한 공감에 우연히 맞부딪치는 곳에서, 그는 이러한 성격 특징들과 공감을 민주주의에서 정치적으로 일어나는 것의 "추상적인 합리성"에 대한 반응 형성으로 해석한다. 그는 설문 조사에 응한 청소년들이 이야기하는 예사롭지 않은 특수 용어에도 불구하고 앞에서 언급한 것과 같은 퇴행 현상들을 매우 심각한 것으로 받아들이지는 않는다.

쉘스키 자신도 연구 결과들을 그의 구상인 평준화된 중산층 사회의 의미에서 요약한다. 청소년 실업의 원인은 "현재의 독일 청소년들이 성인들의 세계와 사회에 편입되는 것에서 발생하는 어려움"이라는 것이다. 수공업 교리敎理가 젊은 노동자들 사이에서 수공업 교리를 피하는 것보다는 차라리 실업을 감내하겠다고 말할 정도로 인기가 있다는 것에서, 쉘스키는 "시민사회적(부르주아적) 세계의 변모된 소유 목표"를 본다. 그리고 나서 청소년들은 마침내 교리를 여러 측면에서 바꾸어야 한다는 것이며 교리에 대해 실망을 하게 된다는 것이다. 이렇게 되면, "수공업적 교리에 이르게 하는 성취 목표와 통용에의 요구 제기에의 자리에 이제는 직업 활동의 직장-관觀이 단순한 돈벌이로서 들어선다"는 것이다. 이에 반해, 확실히 의심의 여지가 없는 것인 직장-관의 돌진이, 교리뿐만 아니라 전통적 의미에서의 경험을 항상 더욱더 쓸데없는 것으로 만들어 버리고 자질 하락을 유발한다는 사실이 상기될 수 있을 것이다. 즉, 임금 등가물의 양적인 척도 이외에는 그 어떤 다른 척도도 필연적으로 용인하지 않는 자질 하락을 불러일으킨다는 점이 유발한다는 사실이 상기될 수 있는 것이다. 쉘스키는 직업에 대한 입장에 결정적으로 중요한 의미를, 그가 보여 주는 전체적인 파악과 일치되면서, 가족에 할당한다. 그는 현대 산업사회의 추상적인 합리성이 가족의 친밀한 영역과 같은 친밀한 영역들에 인간을 붙들어 매는 쪽으로 몰아간다는 주장에 그럭저럭 고집스럽게 머물러 있다. 세계의 소외에 대한 심리적인 반응 형성들에 대한 고찰이, 가족의 경우와 같은 기본 형식들이 앞에서 말한 기능을 지속적으로 충족시킨다는 것을 결코 보증하지 않는다. 그 밖에도, 전체주의적인 정권들이, 배아 세포로서의 가족에 대한 질긴 이야기를 포기하지 않은 채, 가족을 전체주의적 정권들에 고유한 거대 집단체들을 통하여 위로부터 광범위하게 대체시켰던 것은 그 이유가 없지 않다.

쉘스키는 논문집인 『청소년 노동자의 어제와 오늘』(Heidelberg 1955)을 계속해서 편찬하였다. 하인츠 클루트는 이 책에 들어 있는 논문인 「청소년 노동자: 개념과 현실」에서 오늘날 독일의 청소년 노동자들의 행동과 자의식에서 나타나는 세대적인 특별함을 19세기와 1차 대전 후의 시대와 대조하여 돋보이게 하려고 시도한다. 테제들은 그러나 가장 잘 알려진 테제들이다. 그 첫 번째 자리에 계급의식의 부재에 관한 테제가 위치한다. 어떤 계급이나 집단의 구성원으로서가 아니고 개인으로서 사회적으로 신분을 상승시키려는 소망이 전체 사회, 직업, 자유 시간에 대한 관계를 변화시킨다는 것이다.[16] 이렇기 때문에 오늘날 청소년의 "냉정한 계산성"과 "현실 근접성"이 나타난다는 것이다. 이러한 모든 연구에서 정치적 이데올로기는 이데올로기 개념 및 이데올로기비판을 나름대로 구상하였던 이론으로 그 개념이 주저함이 없이 확대되는바, 정치적 이데올로기에 대한 청소년들의 반감도 또한 앞에서 말한 이유 때문에 출현한다는 것이다. 클루트에 따르면, 청소년들은 그들이 각기 종사하는 일에 묶여 있는 것을 이해하고 있다. 클루트는, 이렇게 됨으로써 청소년들은 공통적인 것을 별로 느끼지 못하는, 수많은 서로 뒤섞여 있는 집단들로 ―대략 이러한 집단들과 사무직 노동자들의 차이를 제외하고는― 부서져 나누어진다고 보고 있다. 그는 다음과 같이 말한다. "직업들의 위계질서는 오늘날 아마도 사회가 청소년들의 욕구 실현을 위해 사회적 위신에 따라 비교적 일반적으로 구속력이 있게 제공할 수 있는 유일한, 질서를 보여 주는 상像일 것이다." 이러한 입장은 그러나 "직업층에 따른 심적인 상태"와 혼동되어서는 안 된다는 것이며, 직업 변동에 대한 반감은 이른바 기업에 묶여 있는 상태에 기초하는 것이 아니고 기회주의에 그 토대를 둔다는 것이다. 이와 동시에 통용되는 가치 관념들은 본질적으로 소시민계급에 의해 수용되었다는 것이다. 쉘스키가 편찬한 같은 책에 들어 있는 연구인 울리히 로마르Ulrich Lohmar의 「사회와 국가에서 이루어지는 조직화의 긴장의 장에서 노동하는 청소년」은 쉘스키로부터 어느 정도 벗어나 있다. 로마르에 따르면, 청소년은 청소년 집단에서 "공동체 체험"을 모색하지 않고 오히려 "개인으로서 간주되기를" 바란다. 그는 소외 현상을 현대 사회의 "미로적迷路的 성격"으로 나타내고 있으며, 이러한 미로적 성격이 국가에 대한 "내적인 관계"를 어렵게 한다고 보고 있다. 쉘스키가 편찬한 책 전체를 거의 꿰뚫고 흐르는 이러한 테제에 대해 다음과 같은 물음들이 고

16 이러한 방식의 간접화법 서술이 뒤따르는 문장들에서 계속되고 있음(역주).

지될 수 있을 것 같다. 다시 말해, 현대 사회가 사회학에 의해 파악한 것들에게, 무엇보다도 특히 사회학자 자신들에게 명백하게 여겨지고 있듯이 바로 그렇게 현대 사회가 그토록 객관적으로 불투명한지에 대한 물음, 거대한 조직들의 시대에서 복잡하게 된 사회적 매개 메커니즘들을 제거하는 방향으로 가는 경향에 의해 절정기 자유방임주의 시기보다도 많은 것이 더욱 단순하게 되지 않았는지에 대한 물음, 사회를 인간들에게 그토록 이해되지 않도록 출현시키는, 그것 자체로 먼저 한 번은 연구되는 것이 긴요할 것 같은 고유한 종류의 은폐 메커니즘이 존재하지 않는지에 대한 물음이 최소한 고지될 수 있을 것으로 보인다. 사회의 미로적 성격은, 학자들이 "자신의 고유한 길을 간다"라고 명명하였던 것을 사회에서 더 이상 실행할 능력이 없는 무력한 학자들의 투사投射로서 잘 이해될 수 있을 것이다.

마지막으로, 루돌프 타르틀러Rudolf Tartler는 「오늘날 청소년의 사회적 형체와 현재의 세대 관계」에서 세대 갈등을 특별히 사회적인 상황들의 표현으로 규정하고 있으며, 이는 전적으로 정당하다. 오늘날의 청소년은 "세대 의식"을 갖고 있지 않다는 것이다. 이것은 오늘날 독일에서 경험적 사회연구의 틀에서도 역시 여러모로 이루어진 관찰인 역사적 연속성의 의식에서의 ―이것이 전체적으로 보아 역사적 의식에서의 단절이 아니라면― 단절에 대한 관찰을 확인시켜 준다. 다른 모든 모멘트들에서처럼 바로 이 점에서도 독일의 젊은 세대가 미국적인 구조들에 가까이 다가서고 있다고 보아도 될 것 같다.

청소년 문제들에 대해 독일에서는 이제 일련의 대표자 설문 조사들이 존재한다. 대표자 설문 조사들에 대한 이론적 성찰은 부분 영역 연구를 마친 후에 비로소 명백하게 시작되었으며, 이런 이유 때문에 광범위한 수치상의 자료의 가치가 떨어지지 않고는 충분히 차별화되는 결과에 도달하기가 어려웠다.

북서독일 방송NWDR은 1953년 초 방송의 송신이 미치는 영역에서 하나의 연구를 실행하였으며, 이 연구는 『오늘날의 청소년들』이라는 제목으로 뮌헨에서 1955년에 출간되었다. 게르하르트 슈뢰터Gerhard Schröter는이 연구에서 "출판 수단들에 대한 관심"에 파고들며, 청소년들의 취향이성인들의 취향과 거의 구분되지 않는다는, 매우 주목할 만한 중심적 결과를 내놓고 있다. 책에 대한 관심은 사람들이 쉽게 받아들이는 것보다 훨씬 크다. 책에 대한 관심은 물론 강호퍼Ganghofer나 크니텔Knittel과 같은 이름들에 의해 정의定義된 수준에 집중되고 있다. 매스컴의 매체들은 서로경쟁하고 있는 것 같지 않고 오히려 서로를 도와주고 있는 것 같다. 어떤경우이든 거대한 매스컴 수단들 중의 하나에 의해 도달되지 않는 청소년은 존재하지 않은 것 같다. ―게오르크 그람세Georg Gramse는 "정치에 대한 청소년들의 태도"에 대해 보고한다. 그람세가 내놓은 결과들은 잘 알려진 다른 연구들로부터 나온 결과들을 본질적으로 확인시켜 준다. 청소년들은, 정당들에 대한 태도에서 성인들과 원리적으로 구분되지 않은 상태에서, 정당들에 대해 거리를 두면서 불신한다는 것이다. 그람세는 그가 내린 판정을 위해 다음과 같은 공식을 선택한다. 다시 말해, 청소년들은 더욱 높은 관심사들에 대해서는 일반적으로 확실한 답답함을 보이지만 정치적 물음들에서는 의식적으로 반대하는 태도를 보이지는 않는다는 공식을 채택하고 있는 것이다.― 헬가 루쉐바이크Helga Ruscheweyk는 "신앙의 물음들에 대한 청소년들의 태도"를 다루며, 청소년들의 과반수에서 "내적인 신앙적 결합"을 확인하려고 한다. 신앙적 결합은, 정치에 대한 관심이 그렇듯이, 중소 도시에서 특히 강하다는 것이다.

시장 조사 및 여론 조사 연구소인 EMNID[17]는 1953년, 1954년, 1955년

---

17 1945년 독일의 빌레펠트에 설립된 여론 조사 전문 기업으로, 현재는 전 세계 80여 나라에서 19,000명의 직원이 일하고 있으며, 규모에서 세계 제2위임(역주).

에 실행되었던 3개의 설문 조사를 내놓고 있다(『15세부터 24세 사이의 청소년』, 세 편의 연구, Bielefeld 1954, 1955, 1956. 마지막 연구는 「불량 청소년들은 얼마나 강한가?」 라는 제목을 갖고 있다). 루돌프 프뢰너Rudolf Fröner와 그의 공동 연구원들이 작성한 세 번째 보고에는 앞의 두 연구에서 나온 결과들이 함께 들어 있다. 이 연구에서는 무엇보다도 특히 청소년들의 "정상적 상태"가 증명되어야 한다는 것이 의도되었다. 정상적 상태는 설문 항목의 구성에 이미 공공연하게 근원으로 놓여 있었던 카테고리이다. 이 연구는 본보기로 삼는 전범典範들에 대해 묻는다. 대부분의 청소년들은 그들과 밀접하게 관련된 생활권 출신인 사람들을 전범典範들로 명명한다. 독일의 과거로부터 유래하는 전범들로는 무엇보다도 특히 정치가들과 전쟁을 수행한 인물들이 떠오르고 있다. 이러한 결과에 따라서 보면 여기에서도 다시금, 현재의 독일 청소년은 권위와 결합된 상태의 강력한 구성 요소를 추론하고 싶어 하는 것이다. 그토록 많이 설득되었던 집단적인 난행亂行들은 다만 겉으로 보기에만 현재의 독일 청소년과 모순되어 있는 것 같다. 대략 3분의 2에 해당되는 대다수 청소년들은 그들의 부모가 취하는 교육적인 조치들에 동의하고 있다. 청소년의 55%가 "청소년들은 규정을 비판해서는 안 되고 따라야 한다"는 문장을 시인하고 있다. 세대 갈등의 징후들은 사회적 신분 상승으로 향하는 강력한 경향을 다시 한 번 인식시켜 주고 있으나(47%), 이것은 "세대를 거치면서 이어지는 국면 이동"으로서의 경향이다. "청소년들은 가까이 있는 목적들에만 매번 끼어든다." 중소기업에서 기대되는 더욱 좋은 "인간관계들" 때문에, 중소기업이 직업적으로 선호된다. 작은 기업에서 일하는 사람들은 이처럼 좋은 인간관계들을 대기업으로부터도 물론 희망하고 있다. 청소년의 냉정한 계산과 실질성에 관한 테제가 항상 다시 강하게 다음과 같이 확인된다. 물질적인 소망들이 설문 대상이 된 청소년의 41%에서 압도적으로 나타났으며, 정치적 관심은 여태까지 추측했던 것보다는 더욱 강하다는 것이다. 청소년의 57%에서 62%는 물론 정치적으로 무관심하다고 응답하였다. 현재의 민주적인 국가에 대해서는 39%가 긍정적으로 답변하였고 19%가 거부 반응을 보였으며 42%가 결정을 유보하였다. 청소년들의 50%만이 정치적으로 공동 책임이 있는 것으로 느끼고 있었다. 이것은 권위와 결합된 태도의 증가를 다시 보여 주는 목록이다. 설문에 응한 청소년들의 3분의 1이 히틀러와 나치즘의 물음에 대해서 회피하는 태도를 보였다. 일반적인 견고화 경향들은 경제적 발전과 나란히 진행되고 있었다. 매스컴 수단들은 큰 역할을 하고 있었다. 설문에 응한 청소년들의 82%가 라디오를 듣고, 72%가 신문을 읽으며, 70%가 삽화가 들어 있는 잡지를 보고 62%가 영화관을 방문한다고 답하였다. 52%는 설문 조사 이전의 마지막 4주 동안에 한 권 또는 여러 권의 책을 읽을 생각을 갖고 있었다.

독일 국민 설문조사 연구소DIVO[18]는 『독일 청소년과 그 지도자들의 이데올로기적 및 정치적 방향 설정』(Bad Godesberg 1957)이라는 고무적인 연구 보고를 내놓고 있다. 독일 연방공화국 영역에 들어 있는 1579명의 청소년들, 대략 이와 비슷한 수의 많은 "청소년 지도자들", 그 외에도 성인들 중에서 전체 국면을 대표적으로 관찰하게 해 주는 사람들이 인터뷰 대상이 되었다. 청소년 조직들의 구성원들은 특히 비교적 작은 자치구에서 살고 있으며, 교회에 방향이 맞춰진 경우가 빈번하고, 대부분의 청소년들은 아직도 직업교육을 받으면서 적은 수입을 올리고 있지만 등급이 더 높아진 직업들을 갖거나 또는 더욱 높은 학교 교육을 받고 있다. 모든 인터뷰 대상자의 25%가 조직되어 있다. ― 라이그로츠기Reigrotzki의 「독일 연방공화국에서의 사회적 분규」와 같은 다른 연구들은 물론 훨씬 더 높은 결과들에 도달하였다. 인터뷰 대상자들의 정치에 대한 관계는 민주적인 모

---

[18] 1951년에 프랑크푸르트에서 설립되어 1969년까지 존속했던 독일의 여론 조사 연구소임(역주).

멘트들과 이른바 개인적인 변수들보다는 경제적 상황에 대한 그들의 판단에 더욱 많이 의존되어 있다는 것이다. 반민주적인 태도와 파시즘과의 교감이 서로 상관관계에 놓여 있다. 그러나 전자가 후자보다 더 광범위하게 다다르고 있다. "우리는 우리 민족의 모든 층의 관심을 실제로 대변하는 유일하고도 강력한 정당을 다시 가져야 할 것이다"라는 문장에 대해 인터뷰 대상자들의 40%가 긍정적으로 답하고 있으며, 42%가 거부 반응을 보이고, 17%는 결정을 유보하고 있다. 이것은 전체 국민에 대해 상응하는 수치인 25%-47%-28%와 비교해서 비로소 그 위치 가치를 발견하는 결과이다. "우리는 강력한 손을 가진 지도자를 필요로 한다"라는 문장에 대해 인터뷰 대상자들의 21%가 긍정하고, 62%는 거부하며, 17%가 결정을 유보하고 있다(전체 국민의 경우 16%-55%-29%). 그 밖에도, 나치즘과의 교감은 군국주의와 제국주의에 관련되어 있지 않고 사람들이 뒤늦게 후회하는 사회적 조치들에 관련되어 있다. 이러한 사회적 조치들은 평소에는 ─우선은 반정신적인 것으로서─ 극도가 인기가 없는 공산주의에서도 칭찬되는 조치들이다. DIVO-연구도 또한, 대부분의 청소년 연구들처럼, 권위와의 결합성과 사회적인 안전성 추구 사이의 관계, 권위와의 결합성과 "돌봄"에의 욕구 사이의 관계에 이르고 있다. ─ 사회에서의 소수 집단들에 대한 관용의 등급은 DIVO가 인터뷰한 대상자들 중에서 공산주의자들에 반대하는 정서가 가장 강력하고 그 뒤를 나치주의자들, 유태인들, 거대 기업가들이 따르고 있음을 보여 준다. 의견이 없는 사람들의 몫도 비교적 큰 편이다. 인터뷰 대상자들은 나치주의자들과 유태인들에 대한 입장을 묻는 물음들을 특히 불편하게 느꼈다.

헬무트 쉘스키의 『회의적인 세대, 독일 청소년의 사회학』(Düsseldorf/Köln 1957)은 경험적 연구들을 냉정한 계산의 테제의 의미에서 해석한다. 그는 대략적으로 청소년 운동의 특징들인 낭만적 자유와 자연에의 탐닉, 애매한 이상주의의 거부를 회의懷疑로 이해한다. 이것들의 자리에서 실제적인 것, 가까이 놓여 있는 것으로의 방향 전환이 대조된다. 계획 및 질서에의 병적 욕망과 함께 간다고 하는 사고 및 행동, 즉 자기보존과 사회적 안전의 이해관계에서의 사고 및 행동이 방향 전환으로서 대조되고 있는 것이다. 현재의 모든 청소년 사회학적인 연구들에 충분히 공통적인 이러한 판정은 그러나 이제 비판적 성찰에 종속되는 것에 못지않게 "구출되는" 판정이다. 바로 이 점이 쉘스키의 이 저작에 특별한 점이기도 하다. "냉담하게 작용하는 회의적인 처세들의 배후에는 철저하게 생동감이 있는 욕구, 즉 물건들과 인간들에서 실체적인 것과 규범적인 의미에서의 구속력이 있는 것을 인식하고 이것들에 따르려는 욕구가 숨겨져 있다. 그러한 처세술의 배후에는 동시에 상투어, 즉 말을 통해서 자신을 속이는 깊은 수치심이 들어 있다"(60쪽). 우리는 이러한 관찰에 들어 있는 진리 내용을 오인할 필요가 없지만, 그러한 수치심에 구체주의의 이해를 위한 핵심적 성격을 할당하는 것을 망설이게 될 것이다. 쉘스키도 또한 앞에서 말한 회의의 부정적인 측면들을 감추지 않으면서도, 정치적 무관심이 청소년을 착각에 빠져드는 것으로부터 어떠한 경우이든 보호한다는 점을 들면서 자신을 위로한다. "거대한 조직적인 구조를 가진 현대 대중민주주의가 … 비정치적으로 동의하는 사람의 이러한 행동 유형을 유발시키고 체계의 중요한 층으로서 지속적으로, 또한 긍정하면서 알아차려야 하는지가 하나의 물음으로 남아 있다." 쉘스키는 정치적인 책임을 회피하려는 청소년들의 성향을 "비정치적-민주적" 행동으로 명명한다. 이러한 행동은 일상의 요구들에 대한 시선을 예리하게 한다는 것이다. 그는 "행동의 안전성"에의 모색이 오늘날 청소년의 "인간학적이며 사회적으로 근거가 세워진 기본 욕구"라고 본다. 경제적인 실존을 구축해야 하는 필연성으로부터 도출되는, 물론 다른 시대들을 제치고 현재를 결코 뚜렷하게 드러나게 하지는 않는 소망인 "사적인 생활관계들의 견고화"에의 소망과 청소년들이 성인들의 세계에 극단적으로 적용하는 것이 서로 일치한다는 것이다. 쉘스키에 따르면, 이 점이 청소년의 특별한 심성의 부재에 관한 결과를 설명해 준다. 쉘스키는 사회에서 청소년의 독자적이고, 이렇기 때문에 긍정적으로 규정 가능한 역할이 "더 이상 존재하지 않는다"고 말한다. 오히려 "사람들이 오늘날 이러한 상태에 처해 있는 청소년의 사회적 역할을 아동의 비교적 독자적으로 머물러 있는 역할이 성인들의 —오늘날 광범위하게 사회적으로 일반적이며 긍정적인 것으로 생각되는— 역할로 넘어가는 단계로서만 규정하도록" 강제되어 있다는 것이다. 객관적으로 사회적으로 주어진 상태에의 적응을 청소년의 특징적인 속성보다 더욱 높은 등급으로 통용시키려고 하지 않는다면, 성인들의 행동에 비교해서 청소년 행동을 사회적으로 구분해 주는 표징들이 결여되어 있다는 것이다. 쉘스키는 "성인이 된 청소년", "적응된 청소년", "회의적인 청소년"의 개념들이 서로 등가치적이라고 본다. 그에 따르면, 물론이러한 적응이 전면에 머물러 있는 경우가 빈번하며 방어 반응들과 문제를 해결하는 반응들에서, 즉 근본적인 행동 불확실성을 감출 뿐이며 제거하지는 않는다는 이러한 반응들에서 쇠진한다. 쉘스키도 구체주의라는 표현이 넌지시 암시하는, 변형의 특징들을 사이비-성인 상태에서 알아차리고 있다. 그러나 그는 가까이 놓여 있는-실재적인 것을 붙드는 것의, 즉 병리적인 것으로서의 이처럼 붙드는 것의 진단 앞에서 정지하고 있으며, 유년기의 손상기에 의해 조건이 지어진 자아 약화 앞에 멈춰 있다. 바로 이 점이 쉘스키에게 긍정을 허용해 준다. 그는 현재의 청소년이 권위와 결합되어 있고 잠재적으로 비민주적이라는 비난에 대항하여 현재의 청소년을 방어하고 있는 것이다. 그는 현재의 청소년은 오히려 사적인 것을 중시하는 생각을 갖고 있으며 관용적이라고 보고 있는 것이다. 이러한 테제들은 우선적으로 고등학생들이나 대학생들이 아닌 젊은 노동자들이나 사무직 노동자들에서 제시된다. 이들 노동자들은 젊은 세대의 "구조를 이끌고 행동을 각인시키는 형체"를 서술한다는 것이다. 대학에 적을 둔 청소년은 그러나 "직업 및 시험에 관련되는" 행동방식에 기운다는 것이다. 쉘스키는 국가에 대해서는 "소비자의 태도"가 우위를 차지한다고 언급한다. 이러한 모든 것은 그러나 변화된 사회적인 조건들에 적절한 것이며, 따라서 환영할 만한 것이다.

게르하르트 부르츠바흐Gerhard Wurzbach와 그의 공동 연구원들은 『젊은 여성 노동자. 일반사회 교과와 청소년 노동에 대한 논문 모음집』(München 1958)에서 많은 점에서 쉘스키로부터 벗어나 있다. 부르츠바흐 등에 따르면, 젊은 미숙련 여성 노동자들의 반응 형식들에서와 마찬가지로 이들 노동자들에 영향을 미치는 규범들과 제도들에서도, 노동, 자유 시간, 가족을 고려한 관점에서 볼 때 산업화 이전 시기와 산업화 초기 시기의 잔재들이 인지될 수 있으며, 이러는 동안에도 동시에 산업사회의 행동 모형들이 광범위하게 수용된다. 여기에서 발생하는 갈등은 지체화를 보여 주는 현상들에 이르게 되고, 이와 마찬가지로 경련을 일으키는 과장으로 나아가게 된다. 쉘스키가 해석한 경험적인 연구들의 전체 복합체에 의존되어 있지 않은 두 편의 사회심리학적 연구가 있다. 이 연구가 내놓은 결과들은 독일 사회학에서 우위를 차지하는 견해들과 대립된다. 에른스트 리히텐슈타인 Ernst Lichtenstein은 『일반사회 교과 핸드북』(A II 부분, S.1-111, Berlin und München 1955)에서 사회학적인 청소년학의 윤곽을 그린다. 그는 사춘기가 단순한 자연적 현상이 아니고 사회적인 동역학과 얽혀 있는 본질적으로 역사적인 현상이라는 점을 예리하게 간파한다. 오늘날 유년 시절이 희생되는 대가로 성숙기가 짧아지는 경향을 보인다는 것이며, 이와 동시에 성숙으로의 이동이 지체되면서 청소년기의 중간 상태가 연장된다는 것이다. 그는 청소년의 사회적 지위의 변화가 이러한 현상들과 일치한다고 본다. 그도 역시 부딪치는, 적응에의 강제적 속박, 이질적인 행동에의 강제적 속박은 그에 따르면 그러나 현실적인 정당성을 실현시키지 않고 오히려 "생활 태도의 정신분열"을 자주 유발시킨다. 노동 세계와 자유 시간이 서로 갈라진다. 노동 성과에 의해 기율화된 인간은 성과 영역의 밖에서 유아기적인 발달 단계에 고정된 채 머물러 있게 되며, 기업에서 쓸모가 있는 행동에의 집중은 경험의 지평, 추상화와 차별화에의 능력, 언어를 오그라들게 한다는 것이다. 이렇게 됨으로써 청소년은 "이미지의 마술", 매스미디어가 제공하는 사회심리학적인 견본들에 전염된다는 것이다. 사회적인 접합에서 너무 일찍 시작된, 기능을 수행하는 것의 타협주의가 최고로 상이한 종류의 대중을 상대로 하는 암시와 잘못된 추론에 전염되게 하는 것이다.

알렉산더 미처리히Alexander Mitscherlich는 『사춘기와 전통』(in: 『제13차 독일 사회학자 대회의 토론문』, Köln, 1957)에서 사회가 전달해 주는 전통적인 행동 모형들이 현실을 제어하는 데 더 이상 충분하지 않으며 따라서 구속력이 있는 힘을 상실하였다고 본다. 이렇게 됨으로써 자리를 잡게 된 갈등뿐만 아니라 많이 고찰된, 사춘기 과정의 가속도 역시 "영속화된 유아증"의 결과로 된다는 것이다. 미처리히에 따르면, 적응의 대가는 쉘스키와 쾨니히가 어림을 잡는 것보다도 훨씬 높을 뿐만 아니라 겉으로 보기에 건강한 행동 자체가, 즉 경련을 일으키면서 과장되는 정상성이 노이로제적인 것으로 드러나게 된다. 이 이론은 새로운 청소년의 현실에 들어맞는 성격에 대한 관찰들을 청소년이 상처를 받고 있는 것의 징후들과 결합시켜 모색한다. 미처리히에 의하면, 청소년의 세계는 자극의 범람에 의해, 그리고 마음이 내키지 않는 상태들과 지나치게 강력한 사회적인 질서가 청소년들에게 내맡기는 충동의 포기를 대체 만족을 통해 균형을 맞추는 경향에 의해 특징이 지어진다. 보호하는 전통의 부재가 자아-형성의 심리적 과정을 침해하고 있는 것이다. 미처리히는 사람들이 현상들의 기술記述에 고집스럽게 머물러 있을 때만 무해하게 나타나는 현상들에 대한 심층심리학적 해석을 진지하게 다루고 있다.

리히텐슈타인과 미처리히의 연구와 같은 연구들에서는 권위 문제가 중심에 들어서 있다. 유네스코가 1954년에 실행한 프로젝트는 독일의 전후 청소년에 대해 집필된 것으로는 가장 생산적인 결과로 평가되는바, 이 프로젝트가 바로 권위 문제에 해당된다. 크누트 피핑Knut Pipping과 공동 연구원들이 집필한 이 프로젝트는 『독일 청소년과의 대화. 권위 문제에 대한 기고』(Helsinki 1954)라는 제목을 갖고 있다. 피핑이 내놓은 연구 결과에 따르면, 아버지-상이 일단은 어머니-상보다는 덜 명백하게 됨에도 불구하고 독일 청소년들의 마음에서 여전히 항상 노출된 위치를 차지한다. 소년들뿐만 아니라 소녀들도 어머니보다는 아버지와 더욱 강력하게 묶여 있다는 것이다. 대부분의 경우 아버지가 사랑이 더욱 깊은 존재로 느껴진다는 것이다. 청소년들의 심리 동역학도 또한, 지배적인 견해가 인정하려고 하는 것처럼, 교육과 체벌이 독일 청소년에게 동의어인 정도가 될 만큼 그 정도로 "진척되어 있지" 않다는 것이다. 연구수단에 들어 있는 문장인 "아동으로서 받아들였던 매에 대해서 나이가 들어 고맙게 생각할 수 있다"에 대해서 설문 조사에 응한 444명의 청소년들 중에서 13%만이 거부 반응을 보였다. 공론적인 용무들은, 피핑 등의 연구에 따르면, 전적으로 사적 영역에서 출현하는 청소년들에게는 다만 사소한 역할을 할 뿐이다. "아버지는 자유롭고 가슴이 따뜻한 동료로서, 어머니는 그러나 상대적으로 차가우면서도 지배적인 존재로 기술된 곳에서, 우리는 권력과의 현실적인 동일화를 자주 발견한다"(421쪽).

독일 청소년 사회학은 다음과 같은 논쟁으로 첨예화된다. 현재의 청소년의 압도적으로 강력한 현실 적응 경향이 중첩된 의미에서 긍정적으로 기록되는지의 여부, 퇴행적인 모멘트들이 실존하는 것에 대해서는 의심할 여지가 없는바, 우리가 이처럼 퇴행적인 모멘트를 개별 인간의 병적인 징후들로서뿐만 아니라 개별 인간들의 상처에서 재생산되는 병적인 사회적 전체 상태의 표현으로서 무겁게 짐을 지우고 있는지의 여부에 대한 논쟁이 첨예하게 이루어지고 있다.

1959년

여론 조사와 공론장

여론 조사는, 일반적으로, 실제적인 필요성에 따라 실행된다. 사람들은 대략 선거의 출구 조사를 신뢰성이 있게 미리 말하는 것을 원한다. 여론 조사에 사용되는 기법들은 시장 조사에서 형성되었다. 성찰되지 않은, 실제적인 사회학은 여론 조사로 그 역할을 대신하고 있다. 사회학이 이전에 다루어 왔던 것에 맞춰 보면, 이것은 외부적이고 표면적인 것으로 쉽게 간주된다. 그럼에도, 사회과학적 인식의 전체로까지 기꺼이 그 영역을 확대시키고 싶어 하는 새로운 부분 학문분과의 발달에는 필연성의 모멘트가 특유하게 들어 있다.

독일어의 여론 조사는, 아마도 축약을 위해서, 여론 조사가 차지하고 있는 것으로서 유일하게 여론 조사를 특징지었던 형용사를 억압한다. 공론적인 견해의 조사가 여론 조사임에도, 공론적이라는 형용사를 억압하는 것이다. 이 형용사는 공론장公論場, Öffentlichkeit의 개념을 가리킨다. 이 형용사가 왜 여론 조사와 같은 것에 이르게 되었는지는 공론장에 고유한 역사로부터 도출될 수 있을 것으로 보인다. 공론장, 즉 사회적인 주변 내부에서 행위들이 가시적으로 되는 것은 역사적으로는 내다볼 수 없을 정도로 멀리 소급된다. 사람들은 대략 17세기에, 시민사회적 시대가 비로소 시작됨과 더불어 공론장에 대해 특별히 숙고하게 되었다. 그 이후로, 모든 가능한 사고방식들, 행동방식들, 행위들이 공론적으로 존재하는 것이 공론장의 개념에서 이처럼 존재하는 것 스스로를 의식하게 되었으며, 이 것이 요구되고 있다. 내가 매우 많이 혜택을 입고 있는, 공론장의 구조변 동에 관한 하버마스의 근본적인 책에서 선명하게 언어로 정리되었듯이, 공론장은 시민사회적인 카테고리이다. 하버마스는 시민적-민주적 사회 의 초기에 활동했던 가장 중요한 국가철학자들 중의 한 사람인 존 로크가 "신적이며 국가적인 법 이외에도 '여론의 법'을 신적 및 국가적 법과 동등 한 지위를 가진 카테고리로서", 하나의 법으로서, 미덕과 악덕이 비로소 규정하는 기준이 되는 법으로서 서술하였다는 점을 강조한다.[01] 공론장과 공론적인 견해의 개념들에는 이미 로크에서 애매함이 붙어 있는바, 이러 한 애매함이 그동안에 정확한 동사動詞적인 정의定義에 의해 고쳐질 수는 없다. 공론장은 견고하게 윤곽이 드러나 있는 것이 아니고 논쟁적인 본질 을 갖고 있다. 이전에는 공론적이지 않았던 것이 공론적이 되어야 한다. 오로지 이런 관계에서만 공론장의 개념이 이해될 수 있는 것이다. 다시 말해, 이 개념은 국민의 의사에 의하지 않고 정부나 군주가 행하는 절대 주의적인 정치에 대한 비판으로서, 역으로는 귀족정치적인 질서들이 비 밀 유지를 필요로 하며 오늘날의 엘리트 이론들에 이르기까지 비밀을 칭 송하는 것처럼, 이해될 수 있는 것이다.

공론장은 이미 주어진 것으로서 결코 고찰될 수 없었으며, 이 점은 현 재에도 해당된다. 공론장은 성숙된 시민들, 시민들의 본질적인 관심들 에 대해 잘 가르쳐진 시민들을 전제하는 민주주의의 정치적 구상에 따라 산출되어져야 하는 생산물이다. 공론장과 민주주의가 서로 꺾쇠로 조여 져 있는 것이다. 자유로운 의견 표출에의 민주적인 권리가 보장되는 조 건 아래에서만 공론장이 형성될 수 있다. 국민이 어떤 문제에 대해 동의

---

01 Habermas, Strukturwandel der Öffentlichkeit(공론장의 구조변동), Neuwied 1962, S. 106.

할 수 있는 것이 공론적일 때만 민주주의가 생각될 수 있다. 공론장 자체는 그러나 그 실재적인 전개에서 시민사회의 경제적인 형식들에 의해 감금되며, 공론장이 주민들에게 공급하는 정보들로부터 이익을 끌어내는, 사회적인 부문들로 되었다. 이렇게 됨으로써, 실제에서의 공론장의 이론적이고 일반적인 개념에는 제한되는 것, 특별한 것의 모멘트가 개념의 시작에서부터 혼합되어 있다. 공론장은 공론장에 의해 그 생명이 유지되는 제도들의 물질적인 이해관계들에 광범위하게 종속되어 있다. 바로 이 점이 공론장의 개념을 파악하는, 잘 알려진 어려움을 설명해 준다. 하나의 사회적인 부분 영역이 정보를 독점하면서 정보를 이러한 부분 영역의 이해관계들에 맞춰 채색한다. 공론장 개념이 주민들로부터 앞에서 말한 제도들로 그 자리를 옮기고 있는 것이다. 사람들이, 공론적인 의견에 대해 말할 때마다, 신문에 났던 것을 생각하였다는 점, 특히 그 어떤 정치적이거나 또는 사회적인 사실들에 대한 이른바 공론적인 의견의 저항들이 주민들이 생각하였던 것을 그것이 방향을 잡고 싶었던 것보다는 더 적게 반영시키고 싶었던 커뮤니케이션 수단들에서 정치적 사실들이거나 또는 사회적 사실들의 반향에 맞춰 평가되었다는 점은 공론장 개념이 그 자리를 주민들에서 제도들로 옮긴 것으로부터 유래한다. 시민사회에서의 모든 카테고리가 스스로 독립적으로 되는 것, 모든 카테고리의 대상화에 공론적인 의견과 공론장도 역시 종속된다. 공론장은 공론장에 관한 개념의 실체를 결정하는 생산력이 있는 주체들로부터 쪼개진다. 이것은 시민사회적인 역사를 관통하면서 진보적이고 민주적인 것으로 통용되었던 것을 일그러뜨린다. 민주적인 정치적 의사 형성이 이른바 명사들과 배운 사람들의 오래된 주변으로 더욱 적게, 더욱 많이[02] 제한되면 될수록, 공론

---

[02] 원문에 weniger mehr로 되어 있으나, 우리말로 옮길 때 쉼표를 삽입시키지 않으면 독자들에게 낯설게 다가올 것 같아 옮긴이가 두 단어 사이에 쉼표를 넣었음(역주).

장이 되려고 원하였으며 되었어야 할 것으로서의 공론장, 대중의 공론적인 의식으로서의 공론장은 더욱더 규정되기 어려운 불명료한 것이 되었다. 민중은 공론적 의견의 기계장치의 부속물, 공론적 의견의 본질적으로 수동적으로 표상된 청중으로 되고 말았다. 다시 말해, 청중에게 전달된 소식들에 대해서뿐만 아니라 객관적으로 가장 중요한 정치적인 소식들에 대해서도 관객에게 무언가가 제공되는 것을 요구하는 극장의 관객과 전혀 다르지 않을 정도로 행동하였던 청중으로 되고 말았던 것이다. 이러는 한, 영화배우들이나 권력자들의 사생활, 즉 민중과는 최고도로 아무런 상관이 없는 사생활에 관하여 떠벌이는 이야기를 담고 있는 오늘날의 가로수 길 신문이나 삽화가 들어 있는 잡지들은 시민사회적인 공론장의 전개로부터 오는 귀결을 끌어당기고 있는 것이다. 공론장은, 사적인 이해관계들과 엉클어지면서, 공론장과 모순 관계에 있는 사적인 요소들에 의해 항상 동반되었다. 오늘날 공론장은 인간과는 아무런 관계가 없는 것을 인간에게 서비스하고 있으며 인간을 억류하거나 또는 인간과 무언가 관계가 있을 만한 것을 이데올로기적으로 준비한다. 하버마스는 이러한 전개를 공론장의 와해로 요약하였다. 공론장은 아마도 사실상으로는 결코 실현되지 않았을 것이다. 공론장은, 처음에는, 현존하지 않는 것으로서 비로소 만들어 낼 수 있는 것이었을 것이다. 그러나 그 후에 공론장은 공론장이 의도하는 성숙함을 증대되는 정도로 저해시켰다. 인간의 공론장에의 권리는 공론장에 인간들을 공급하는 것으로 전도되었다. 인간이 공론장의 주체가 되어야 하는 동안에, 인간은 공론장의 객체로 된다. 매체로서의 공론적인 정보를 필요로 하는, 인간의 자율성은 공론장에 의해 감소된다. 학문적인 엄밀성의 이상理想에 의해 가장 단순한 인간 오성이 침해당하는 것을 거부하는 사람은, 공론적인 견해의 기관器官들이, 바로 대중에 의지하여, 대중을 범람에 빠트리는 내용이 우민화와 거의 다르지 않게 작용할 수 있다는 사실에 대해 발뺌하지는 않을 것이다.

이런 이유 때문에, 즉자적으로 가상적이고 나쁜 것으로서의 공론장 자체에 인간의 품위를 떨어뜨리는 것의 ―오로지 이것을 위해 공론장은 그 사회적인 기능에 힘입어 지배적인 조건들 아래에서 변종된다― 부담이 지워질 수 없다. 전체적인 이해관계와 사적인 이해관계가 화해되어 있지 않은 상태는 공론적인 것과 사적인 것의 모순에서도 또한 명백하게 드러난다. 제도화된 공론적인 견해가 이러한 모순을 잘못된 방식으로 해체시킨다. 제도화된 공론적인 견해에서 사적인 것이 공론적으로 되며, 공론적인 것이 사적으로 된다. 너무 많은 것으로서의 공론장이 나쁜 것이 아니고, 너무 적은 것으로서의 공론장이 나쁘다. 공론장이 완전하다면, 말해진 것을 통해 본질적인 것으로부터, 즉 말해지지 않은 것인 본질적인 것으로부터 빗나가게 되지는 않을 것이다. 이렇게 되면, 공론장은 그것의 제대로 된 자리로 오게 될 것이다.

공론적인 견해의 그러한 문제점이 여론 조사의 위치 가치를 규정한다. 한편으로는, 공론적인 견해가 그것을 생산하는 기관蹈슙들에 의해 대체되는 것에 직면하여, 공론적인 견해에 의해 발산된 견해들이 사실상으로 또한 주민의 견해들로 되거나 또는 선별되고 변전되는지의 여부, 이렇게 된다면 얼마만큼 되는지의 여부, 심지어는 특권 부여에 대한 대중의 저항과 독자성이 지속되는지의 여부를 통제하려는 관심이 공론적인 의견을 산출하는 기관蹈슙들에서 지배적이 된다. 거대한 경제적 및 행정적 개체들의 집적과 합리화의 의미에는 이러한 개체들의 성공의 기획, 시장에 대한 선취적인 학문적 통제가 놓여 있다. 여론 조사의 약진은 이러한 경향과 일치한다. 여론 조사는 응용된 시장 조사이며, 시장 조사의 처리방식들을 상업화된 정신적 형상물들에 적용한다. P. F. 라차스펠드의 관리적 소셜 리서치의 개념, 즉 관리적인 목적들을 위한 경험적 사회연구의 개념은 이러한 사실관계를 적절하게 기술한다. 그 밖에도, 시장 조사는 여론 조사의 하나의 뿌리일 뿐이며, 다른 하나의 뿌리는 그 전사前史가 독일에서도 막스 베버의 이름과 연계되어 있는 사회적 앙케이트이다. 미국에서는 시장 조사와 여론 조사가 현재 동일한 것으로 되어 있으며 이것은 독일에서는 용어상으로 한군데로 모아져 있는바, 이러한 동일성은 상식에 들어 있는 관찰의 의미에서의 동일성이다. 다시 말해, 어떤 정치적인 후보자의 이름에 대한 우선 순위들과 하나의 상표의 이름에 대한 우선 순위들 사이에는 근원적인 차이가, 즉 자율적이고 성숙한 국민과 대량생산의 고객층의 주변 사이에서 이론적인 구분에 따라 기대될 수 있을 것과 같은 그러한 근원적인 차이가 결코 지배적으로 존재하지 않는다는 의미에서의 동일성이다. 이런 관점에서, 여론 조사는 하나의 기법일 뿐만 아니라, 이와 똑같은 정도로 사회의 객관적인 구조법칙들에 대해 묻는 학문으로서의 사회학의 대상도 된다.

그러나 이 사실에서 여론 조사의 의미가 쇠진될 필요는 없다. 여론 조사는 공론적인 견해의 개념이 공론적인 개념의 산출과 통제로 넘어감으로써 발생되는 틈새 속으로, 바로 이 틈새 속으로 들어간다. 여론 조사는, 그 가능성에 따라, 주민의 의견들이 어느 정도까지 조작되고 사실상으로 공론적인 견해가 어느 정도까지 찬탈적인 의견의 반사反射인가를 보여 줄 수 있을 것으로 보인다. 더욱 좋은 것의 잠재력이 조작의 경계선들로부터 발원하여 간취될 수 있을 것 같다. 정치사회학으로 가는 모든 순진하지 않은 승격의 전제를 넘겨주는 내용은, 가장 강력하게 작용하는 것만을 이 자리에서 명명하자면, 다음과 같다. 주민의 이성적인 정치적 결정들이 무엇보다도 앞서서 첫째로 의존되어 있는 정보들을 주민이 사실상으로 마음대로 처리하는지의 여부가 검증 가능한가 하는, 가장 강력하게 작용하는 것이 명명될 수 있는 것이다. 주민이 이러한 정보들을 마음대로 처리하지 못하는 경우에는 여론 조사가, 모든 사회비판적인 의도가 없는 상태에서, 비자의적으로 사회비판이 된다. 여론 조사는 정보들의 원천들에 대한 분석, 정보들이 주민에게 공급하는 것에 대한 분석, 이와 똑같은 정도로 설문에 응한 사람들의 의식 상태에 대한 분석, 즉 그것 나름대로 전체적으로 사회적인 조건들, 특히 정보들이 그 생명을 유지하는 조건이 되는 의식 산업의 조건들에 의해서 본이 떠지는 의식 상태에 대한 분석을 통해서 정보들과의 신뢰성 결여의 이유를 조사할 수 있다. 미국에서 사람들이 말하고 있듯이, 공론적인 견해에 대한 의미 있는 탐구는, 울타리의 다른 측면에서, 즉 대중 자체에서, 공론적인 견해의 이른바 기관器官들이 대중을 실제로 대변하는지, 그리고 역으로 이러한 기관들의 견해들이 동시에 이성적인지 또는 사회적인 강제적 속박의 메커니즘들에 순응하는지를 계속해서 논구할 수 있는 능력을 갖고 있다. 공론적인 견해의 탐구는, 일반에 알려지는 것의 개념이 정치적인 생활에서 중요하게 된 이래로, 공론적인 견해의 시장에서 관철되는 기관들에 의한 공론적 견해의 대체가 자행하는 나쁜 짓의 일부를 복구시킬 수 있을 것으로 보인다. 이것은 물론 여론 조사가 스스로 절대화되지 않아야 한다는 요구, 여론 조사가 부딪치는 데이터들을 최종적이며 직접적인 진리로 오인하지 않고 오히려 더 많은 정도로 증대되는 여론 형성의 제도들에 의해서 여론 조사가 고유하게 매개되어 있다는 것을 스스로 의식하는 요구를 포함한다. 여론 조사가 그 판정들과 여론 조사가 실행하는 연구들에 들어 있는 물음 제기들을, 즉 이미 이 단계에서의 물음 제기들을 객관적인 사회적으로 주어진 상태들에 관련시킬 때만이, 여론 조사는 그 약속을 충족시킬 수 있을 것이다. 언론과 같은 객관적인 사회적 제도들이 공론적인 견해의 민주적인 처리를 강탈하였다면, 공론적인 견해는 중앙집중적으로 되고, 이렇게 됨으로써 살아 있는 주체들의, 그 다양한 의견을 공론적인 견해가 당연히 파악해야 하는 살아 있는 주체들의 이념과 대립되는 쪽으로 옮겨진다. 이에 대한 대가로 이렇게 해서 여론 조사는, 추상적으로 고립된 채, 다음과 같은 시도에 빠져든다. 다시 말해, 의견의 단순한 주관적인 모멘트와 통계적인 우주를 형성하는 개별적인 개인들이 생각하고 있는 것을 고립시키는 시도, 객관적인 사회적 법칙성들의 단순한 반사에 지나지 않는 것을 사회적 과정의 기초와 혼동시키는 시도에 빠져드는 것이다. 그러고 나서 여론 조사는 이데올로기로 된다. 이것은 매스미디어와 같은 공론적 견해의 기관鑛管들이 주민의 견해에, 즉 그것 나름대로 공론적 견해의 조작으로 소급되는 견해에 맞추고 있다고 말하는 요구 제기에서, 대략 이러한 요구 제기에서 식별될 수 있다. 여론 조사는 객관적인 진실을 희생시키는 대가로 의식의 조작에 쉽게 힘을 보탠다. 그러나 여론 조사는 동시에 여론 조사가 예나 지금이나 산입되어 있는 의견의 개념이 고향처럼 정주하였던 영역인 정치적인 것의 영역과 똑같은 변증법을 보여 준다. 여론 조사도 또한 하나의 이데올로기이다. 한번은 비판적으로 선회된 채, 이데올로기를 쳐서 꿰뚫을 수 있을 것 같은 하나의 이데올로기, 여론 조사가 도출한 결론들에서 기존 질서를 변화시킬 수 있을 것 같은 하나의 이데올로기인 것이다.

1964년

사회이론과 경험적 연구

독일 사회학에서는 1957년 이래로 하나의 논쟁이 점차 치열하게 전개되었으며, 이 논쟁은 그럭저럭 하는 사이에 프랑크푸르트에서 개최된 제16차 독일 사회학자 대회에서 정점에 도달하였다. 논쟁의 기록들은 『독일 사회학에서 실증주의 논쟁』[01]에서 출간되었다. 서로 토론을 벌이는 양 방향은 "비판적 사회이론"과 "실증주의"라는 슬로건으로 표시되어도 될 것이다. 이것이 물론 완전히 정확한 표시가 아님에도 불구하고, 그렇게 표시되어도 될 것이다. 총괄적으로 실증주의자로 명명된 사회학자들 중에서 일부 행동주의자들은 자신이 실증주의자로 이해되지 않기를 바라고 있다. 나는 오늘은 원칙에 관련된 논쟁을 다루고 싶지 않고, 원칙 논쟁이 학문 실제적으로 가져오는 결과를 제대로 논의하고 싶다. "프랑크푸르트학파"라는 이름은 비판적 방향에 대해 채택되는 이름인바, 비판적 방향의 대표자들은 경험적 사회연구에 대해 거부하는 입장은 아닐지라도 경험적 사회연구에 낯설게 놓여 있다는 견해가 확산되어 있다. 프랑크푸르트학파가 30년이 넘도록 경험적 연구들을 통하여 능력을 보였음에도 불구하고 이러한 견해가 확산되어 있는 것이다. 실증주의 논쟁에

---

01 Vgl. Theodor W. Adorno u. a., Der Positivismusstreit in der deutschen Soziologie, Neuwied, Berlin 1969.

직접적으로 개입하지는 않았지만 의심할 여지가 없이 실증주의적인 방향에 속한다고 보아도 되는 르네 쾨니히René König는 하나의 용어를 제안하였다. 이 용어에 따르면, 그가 "사회철학"이라고 명명하는 것, "비판적 사회이론"과 널리 일치하는 것을 사회학으로부터 분리시켜야 한다는 것이다. 이것은 편견이 없는 독자에게는 단순한 전문용어의 문제로 여겨질 수도 있다. 그러나 배후에는 매우 실재적인 이해관계들이 놓여 있다. "비판적 사회이론"이 사회학으로부터 빠져나와 분지되면, 경험적 방향이 사회학에서 독점을 요구하게 된다. 더욱 광범위한 사회학적 연구들은, 이 연구들이 넓게 퍼져 있는 주민들의 영역에서의 의견들, 행동방식들, 동기부여들을 겨냥하는 한, 대부분의 경우 팀워크에 의지하고 있다. 이렇기 때문에 그러한 연구들의 비용이, 옛 스타일의 학자가 책상에서 행하는 연구와는 대조적으로, 현저하게 상승된다. 비판 사회학의 대표자들은 그러나, 책상에서 행하는 연구가 그들에게 기꺼이 가정假定되고 있지만, 책상 위의 연구에 결코 만족하고 싶어 하지 않는다. 그들도 역시 이른바 "장場에 대한 연구"를 필요로 한다. 쾨니히가 앞에서 말한 분리로부터 조직적-재정적으로 도출되는 추론들을 뽑아낸다면, 비판적 방향에게는 가장 심각한 불이익의 위협이 닥치게 될 것이다. 경험적 연구들은 경험주의자들의 특권이 되고 말 것이다. 이 점을 마주 대하면서, 논쟁에서는 경험적 연구나 또는 그것의 중지가 관건이 되지 않고 경험적 연구가 하는 해석, 사회학 내부에서 경험적 연구에 할당된 위치가 관건이 된다는 점이 충분할 정도로 명백하게 강조될 수 없다. 사려가 깊은 사회학자라면 어느 누구도 경험적 연구가 없이 자신의 연구를 수행할 수는 없다. 이렇게 되는 것은 다만 다음과 같은 이유 때문만은 아니다. 다시 말해, 독일에서는 자유롭게 된 사변이 —이것은 비판이론의 위대한 여류 대표자가 "강력한 사상가가 모든 것을 끝내 버리지 않았는가"라고 말하면서 지칭하였던 정신적인 행동방식이다— 사회적 생활과정의 결정적으로 중요한 요인으로서의 종족에 관한 교설과 같은 교설들에 의해 최고도로 심각하게 위험에 내맡겨졌기 때문만은 아니다. 더 나아가, 독일 이상주의의 와해와 많든 적든 변장된 채 이상주의를 계승하는 뒤따르는 방향들의 와해 이래로 사실들에 대한 관계가 근본에서부터 변화되었다. 실증주의자가 아닌 것이 확실한 발터 벤야민은 언젠가 현존재의 폭력이 오늘날 확신들에서보다는 사실들에 더욱 많이 놓여 있다고 말하였다. 그는 이렇게 말함으로써 존재자의 오늘날 도처에서 나타나는 우위의 의식에 표현을, 다시 말해 정신이 존재자, 사실들에 만족함으로써 보여 주는 것과 다르지 않게 성장되었음을 스스로 보여 주는 표현을 부여하였다. 사실들이 일찍이 맹목적이고 정신에 낯선 것으로 통용되었다면, 오늘날 정신은, 한때는 스스로 주권을 가졌다고 생각하였던 정신은 사실들로 하여금 말을 하도록 하는 것으로 유일하게 입증될 수 있다. 그러나 정신이 경험세계로 가도록 명령을 받게 되면, 정신은 통제된 경험적 연구의 방법론들에 대해 정신을 자물쇠로 채울 수 없게 된다. 다시 말해, 정신이 양적인 방법론들인 이러한 방법론들을 최종 목표로 간주하게 될 정도가 아무리 적다고 할지라도 경험적 연구로부터 결정結晶되는 방법론들에 대해 정신을 자물쇠로 채울 수 없게 되는 것이다. 방법론들은 자체 목적이 아니고 목적에 이르는 길이기 때문이다. 양적인 연구로부터 튀어나오는, 결실을 맺은 인식은 그것 나름대로 필연적으로 질적인 것이 되어야 한다. 이렇게 되지 않으면, 사회학은 수치들의 우둔한 제시에서 사실상으로 쇠진하게 된다. 다시 말해, 우리가 전 세계에서 알고 있듯이, 조사에 관한 그토록 많은 간행물들을 불임성으로 처분해 버리는 수치들의 무딘 제시에서 사회학이 쇠진하게 되는 것이다. 고대에서는 아리스토텔레스가 도시국가들의 헌법에 관한 연구를 수행하였으며, 이 연구는 현재의 개관survey 개념과 원래부터 이미 일치한다. 오귀스트 콩트의 사회학적인 실증주의에 대해서 다른 것이 아닌, 바로 경멸을 품고 있었던 마르크스는 경험적인 방법론에 의한 노동자 연구, 즉 "노동자 앙케트"에 많은 에너지를 쏟아 부었다. 엥겔스의 『영국 노동자 계급이 처한 상황』에 못지않게 『자본』도 경험적인 자료로 가득 채워져 있으며, 이러한 자료는 물론 이론적 구성의 증거로 전적으로 소용된다. 가치 자유를 향해 밀고 나가며 이론적 구성을 싫어하지만 그럼에도 불구하고 거대한 사회적인 경향들의 이해를 위해 노력하였던 막스 베버도 광범위한 층을 가진 경험적-사회학적 연구들을 설정하였으며 사회사적인 자료에 만족하지 않았다.

나는 프랑크푸르트학파가 그 시작부터 경험적 사회연구의 수단들을 사용하여 연구하였음을 언급하였다. 이 수단들은 『권위와 가족』뿐만 아니라 이와 마찬가지로 미국에서 수행한 연구인 『권위적 인성』 이후 진행된 연구인 독일 주민의 정치적 의식에 관한 집단 연구, 『학생과 정치』, 최근의 연구인, 히틀러 이후의 독일에서 권위적 잠재력을 조사하기 위한 척도에 관한 연구에서 사용되었다. 프랑크푸르트 사회조사연구소는 그 이론적 구상들을 경험적 연구들로 옮기는 것을 본질적인 과제의 하나로 삼고 있다. 이는 구상들을 관리하고, 또한 경험적 연구에 자극들을 부여하며, 이렇게 하지 않는 경우에 빈번하게 경우가 되는 것보다는 경험적 연구의 더욱 의미 있는 연구 과제들을 설정하기 위함이다. 이와 동시에 물론, 앞에서 말한 자극들로부터 다만 단편斷片만이 오늘날까지 경험적 연구 문제들에 사실상으로 변환되었다는 점이 오인될 수 없다. 이처럼 단편만이 변환된 것은 부분적으로는 다수의 경험주의자들이 이론적 관점 설정들에 대해 제기하는 저항에 그 원인이 있다. 이 점은 확실하다. 아직도 긴 시간이 지나지 않은 최근에 학자들은 심각하게 의도된 다음과 같은 언급을 들을 수 있었다. 어떤 연구에 더군다나 너무 많은 생각들을 펌프로 집어넣으면, 생각들이 선입견이 될 것이며, 선입견은 연구의 객관성을 방해하게 될 것이다. 물론 그 사이에 이념들에 의해 이끌어지지 않은 연구들에서는 아무것도 나오지 않는다는 사실이 명백하게 되었다고 보아도

될 것이다. 연구와 이념의 관계가 올바르게 이해되면, 어떤 연구도 연구 내부로 정신적으로 투자되었던 것보다 더욱 많은 이익을 연구 결과들에서 가져올 수 없다. 이것은 대략 다음과 같은 점을 말하려고 하지 않을 뿐이다. 다시 말해, 투자된 이념들이 결과들로도 나와야 할 것임을 말하려고 하지 않을 뿐인 것이다. 이렇게 되는 것은 독단주의라고 보아야 할 것이다. 연구 수단은 예를 들어 쓸모가 없게 될 수 있으며, 정리定理들은 일반적으로 통용되는 방법론들을 통해서는 검증될 수 없는 개연성이 있으며, 무엇보다도 특히 정리들이 틀린 것으로 입증될 수도 있다. 그러나 정리들이 존재하지 않는 곳에서는, 그리고 정리들이 결여된 곳에서는, 아무 것도 생기지 않는다. 기껏해야 그 어떤 정리들을 위해 활용될 수 있는 정보들이 기법적으로 인도引導될 뿐이다. 가장 광신적인 실증주의자도, P. 라차스펠드가 도입한 이른바 관리적 리서치에 사회학이 제한되어야 한다는 것을 더 이상 거의 요구하지 않게 될 것이다.

이와 함께 이론과 경험세계의 영속되는 불균형에 대한 근거가 그럭저럭 하는 사이에 충분할 정도로 그 특징이 드러나지는 않았다. 이러한 불균형을 해가 없는 것으로 방치해서는 안 될 것이다. 사회학의 비교적 새로운 형체가 생시몽과 함께 시작된 것으로 보면 사회학의 새로운 형체는 곧 200년의 나이를 먹게 된다. 그럼에도 불구하고 사회학은 그 청년기에 대해 자만하면서 이른바 전지전능한 것으로 간주된 이론과 균형이 잡히지 않을 정도로 적게 이론에 다가서는 경험적 작업 사이의 균열을 자연과학과 비교해 볼 때 아직도 도달되지 않는 성숙함의 표현으로서 설명하는 것에 사회학의 청년기를 이용하고 있다. 이런 균열은, 사실상으로, 극도로 이름이 같지 않은 것이 사회학이라는 이름 아래에서 한군데로 모아지는 것에 의해서 조건이 지어져 있다. 나는 1957년에 사회학의 처리방식들이 사회적인 것을 그 어떤 방식으로 통틀어서 다룸으로써 단지 극도로 추상적인 의미에서만 사회학의 처리방식들이 서로 결합되어 있다는 점을 기술한 적이 있었다. 많은 처리방식들이 사회적 총체성과 그 운동법칙들에 해당되며, 다른 처리방식들은 이와는 첨예화된 대조를 보이면서 개별적인 사회적 현상들, 즉 이 현상들을 사회에 관련시키는 것이 형이상학적으로 배척되는 사회적 현상들에 해당된다. 그러한 종류의 상이한 관심 방향들과 모델들이 동일한 분모로 공공연하게 인도될 수는 없다. 경험적 연구가 이러한 구상이나 또는 저러한 구상에 소용되는 것에 따라 경험적 연구도 또한 내부에서 그 성질이 다르게 부여된 것임에 틀림이 없다. 이렇게 말함으로써 나는 사회이론과 경험적 연구의 경직된 시대착오적인 대립관계를 주장하려고 하지 않으며, 이론에 방향이 맞춰져 있고 이론적 맥락에서 이해되는 경험적 연구에 무엇이 고유한가에 대해 시선을 어떻든 돌리려고 한다. 이러한 경험적 연구가 이렇게 시선을 돌린다는 것은 연구를 결정하고 이론적으로 고쳐되고 조종된 연구들의 기법적인 기초에까지 파고 들어가서 작용한다. 이처럼 시선을 돌리는 것은 경험적 사회연구의 정립된 연구자들에게까지도, 즉 부분적으로는 통계적이며 부분적으로는 다른 방법으로 진행되는 게임 규칙들에 의지하는 그러한 연구들에까지도 파고 들어가서 효과를 발휘한다. 나는 이 점을 내 자신이 본질적으로 참여하였던 연구들에서 설명해도 되리라 본다. 그 이유는 간단하다. 내가 그 연구들의 내적인 메커니즘을 가장 자세하게 알고 있기 때문이다. 1950년에 출간된 『권위적 인성』은 미국뿐만 아니라 독일에서도 경험적 사회연구에 지속적이고 여러모로 확인된 영향을 미쳤다. 나에게 이미 오래전부터 들여다볼 수 없게 된 문헌들이 이 저작에 연결되었었다. 다른 한편으로 이 저작이, 경험적 사회연구의 관례적인 척도들에 따라서 볼 때, 심각한 결함을 갖고 있다는 점도 의심의 여지가 없다. 대학들에서 그 중심을 갖는 연구들에서 빈번하게 나타나고 있듯이, 일차적으로 학생들에게 의존하였던 임의추출 시험은 대표적인 것과는 모든 것이 다른 임의추출 시험이다. 우리는 이 점을 결코 주장하지 않았다. 사용된 등급들, 즉 질적인 수확성의 최고로 높은 척도를 얻고자 노력하는 등급들은 등급을 나누는 것의 극도로 엄격한 기준들과, 이 기준들이 굿맨Goodman[02] 이래 그 사이에 형성되어 왔듯이, 일치하지 않는다. 심지어는 간접적인 확인과 측정의 원칙조차도 비판에 내맡겨졌다. 간접적인 질문들이 향하는 사실관계들에 관하여 간접적인 질문들이 무언가 결말을 짓는지의 여부를 사람들이 이미 알 수 있을 것임에 틀림이 없기 때문에, 그리고 이것을 바로 간접적인 방법론이 피하려고 시도하는 간접적인 질문들을 통해서만이 알 수 있을 것이기 때문에, 간접적인 확인과 측정의 원리는 순환 논증적이라는 비판에 내맡겨졌던 것이다. 그럼에도 『권위와 인성』이 자극을 불러 일으켰을 뿐만 아니라 경험적 사회연구의 방향 경향을 어느 정도 변화시켰다는 것은, 이 책이 프로이트에 방향이 맞춰진 이론적인 복합체와 경험적 연구방법론들 사이에서 하나의 구체적인 관계를 산출해 냈다는 사실에 그 원인이 놓여 있다. 이 책은 프로이트를 경험적으로 입증하거나 또는 반박하는 것을 주제넘게 행하지는 않았다고 보아도 될 것이다. 프로이트를 경험적으로 증명하거나 반박하는 시도가 그 사이에 결여되어 있지는 않음에도 불구하고, 이처럼 시도하는 것은 심리분석의 내부 진단적인 성격에 직면해서 볼 때 양적으로 거의 가능하지 않다. 이른바 F-척도가 적용되던 당시에는 이 척도에 의해 연구가 가장 많은 정도로 수행되었던바, F-척도의 물음들이 깨우쳐 주는 것이 있다. 그 내용은 다음과 같다. 의견들은 단순히 조사되고 통계적으로 선별되지 않고, 오히려 의견들을 겨냥하는 모든 질문이 성격 구조에 대한 추론, 정치적으로 효과

---

[02] Henry Nelson Goodman. 1906-1998. 미국의 철학자. 특히 메레올로지(mereology), 반사실적(反事實的)인 것(counterfactual)의 문제, 귀납의 문제, 비실재주의, 미학 등의 영역에서 활동하였음(역주).

가 발휘될 개연성이 있는 잠재적인 성향들에 대한 추론을 동시에 포함한다. 『권위적 인성』에서는 설문 항목들이 이른바 학급學級 방법론에 맞춰 사용되었을 뿐만 아니라 앞에서 말한 동일한 연관관계들에서 그 중심을 갖고 있었던 임상 인터뷰들과 같은 일련의 여타 테스트도 사용되었고 테스트의 결과들이 일치하였다. 이렇기 때문에 관점 설정의 생산성이, 사람들이 이 연구를 비난할 수 있는 근거가 되는 기법적인 결함들에도 불구하고, 입증되었다. 그 밖에도, 그러한 종류의 결함들을 처리의 단순한 정확성보다는 본질적인 사실관계들로의 통찰이 더욱 중요한 사회학적인 연구들에서 완전하게 피할 수 있는 것은 어려운 일이다. 경험적 사회연구의 영역에서 집중적으로 일한 경험을 가진 사람은, 일반화될 수 있지만 여러 모로 진부한, 칼로 쳐도 들어가지 않고 찔러도 절대적으로 들어가지 않는 실상들과 그 속에서 무언가가 진지하게 들여다 보이지만 게임 규칙들에 엄격하게 따르지 않은 실상들 사이에서 끊임없는 선택의 앞에 자신이 위치하고 있다는 사실을 확인하게 될 것이다. 정리定理들을 경험적인 물음 제기로 옮기는 일은 내 자신도 노력하고 있는 일이지만, 이것이 이론에 대해서도 마찬가지로 심각한 문제들을 동반한다는 사실이 언급되어도 될 것이다. 정리들은, 경험적 연구들에서 정리들이 어떤 목적으로 되면서, 그것 자체로 가설들이 아니고 사실적으로 나타나는 것에 대한 예견들도 아니다. 정리들은 그 내실에 따라 사실적인 것을 넘어서서 완결되며, 바로 경험주의가 말도 꺼내고 싶지 않은 것인 본질과 현상의 구별에 견고하게 붙어 있다. 엄격한 심리분석가는, 관습을 철저하게 지키는 정통파 사회연구자가 ―아마도― 생산적으로 드러났던 모멘트들을 심리분석에서 이의 제기의 가치가 있는 것으로 생각할 개연성이 없는 것과 마찬가지로, 본질상으로 완성된 심리분석들이 그것 자체로 될 수 없는 연구들인 양적인 연구들을 공격하는 것에 대해 별로 마음이 내키지 않을 것으로 생각된다. 그럼에도 불구하고 우리는 앞에서 언급한 결함을 찾았고, 계속해

734

서 결함을 찾고 있다. 매우 근본적인 사회이론적인 숙고들이 우리로 하여금 공식적인 경험주의에게는 금기인, 본질과 현상의 구별을 붙들도록 동기를 부여하고 있다. 우리는 본질과 현상의 아래에 놓여 있는 것에 관해 단순하게 언급된 견해의 차이에서 본질과 현상의 구별을 추정하고 있다. 본질과 현상은 오래된 옛 시대로부터 오는 동화童話가 아니고 사회구조의 고유한 베일을 필연적으로 초래하는 사회구조에 의해 조건이 지어진다.

　이렇게 함으로써 나는 객관적인 사회구조의 개념을 게임 안으로 끌어들였다. 나는 이 개념이 우리에게 문제가 되고 있는 경험적 연구의 구상에서 어떻게 통용되는가를 최소한 간략하게 언급하고 싶다. 입술로 하는 고백은 이론에 대해 때때로 끝내 버리지만 이론을 그럼에도 원래부터 필연적인 해악으로 고찰하는 정통적 소설 리서치는, 경험주의의 족장族長인 존 로크가 그렇게 하듯이, 비어 있는 목록인 백지 상태의 관념으로부터 출발한다. 사회연구자는 일반 투표나 또는 시장 조사의 모델에 따라, 의견들이 무엇과 관련되어 있는가에 대해 신경을 쓰지 않는다고 말하면서, 설문에 응한 사람들의 언급에 의지해야 한다는 것이다. 의견들이 사회연구자에게 인식의 최종적인 원천이 되는 것이다. 연구자는 의견들이 그것들 나름대로 사회적으로 매개되어 있다는 사실을 딱 잘라서 부인하게 될 경우는 드물지만, 이른바 동기유발 연구를 통해서 이러한 매개를 좇아가는 것에, 즉 피시험자들이 어떤 방식으로 그들의 의견에 이르렀는가를 확인하는 것에 일반적으로 만족하게 될 것이다. 이렇게 됨으로써 연구의 중점이 피시험자들의 단순한 주관성에 머무르고 마는 것이 자명해진다. 우리는 우리의 구상을 통해서 이론과 경험적 연구를 서로 관통시키도록 하고 싶은바, 우리의 구상은 주체들에서 만족하지 않으며, 사회에 대한 일반적인 진술에서도 역시 만족하지 않는다. 통례적인 사회학이 "인간 사이의 관계들"이라고 명명하는 것의 천공天空, 즉 모든 것을 관통시키는 천공인 사회는 물론 그것 나름대로 하나의 추상적인 것이지 개별적인 사실들에서 확정적으로 만들어질 수 있는 것이 아니다. 양적인 경험적 연구들을 조사되어야 하는 의견들 및 행동방식들과 무언가 관계가 있는 것들인 객관적인 사회적 제도들의 분석에 관련시키는 것이 우리에게 가장 이성적일 것 같다. 우리는 단체들의 사회학의 영역에서 대략 단체들의 이데올로기를, 이러한 이데올로기가 단체에 속한 사람들의 언급에서 반사되고 있듯이, 연구하고 있다. 그뿐만 아니라, 우리에게 가능한 한, 조직 자체를 연구하고 있다. 우리는 조직이 간행하여 조직의 구성원들에게 영향을 미치는 출판물들, 무엇보다도 특히 출판물들이 갖고 있는 고유한 구조를 분석하고 있다. 우리는 특히 조직이 실제적으로 하나의 기능을 갖고 있는지에 대한 물음, 막스 베버와 로베르트 미헬스Robert Michels[03] 이래 관료화, 견고화, 스스로 독자적으로 되는 것의 복합체로서 중요하게 되었던 복합체를 조직이 보유하고 있는지에 대한 물음을 분석하고 있다. 주관적인 견해들을 앞에서 말한 객관적인 모멘트들과 대조하는 것은, 시장에서 구매자가 왕이 되는 것처럼 견해에 대해서 왕이 되는 백지-상태 방법론보다 더욱 본질적인 것을 그 결과로 산출한다. 단체에 속해 있는 사람이, 사회학적인 특수 용어에서 말해지듯이, 기능을 잃게 되었음에도, 다시 말해 더 이상 필연적이지 않게 쓸모가 없게 되었음에도 단체에 단단하게 붙어 있으면, 우리는 이 사람의 행동에서 잘못된 의식에 대한 비판, 이데올로기 비판의 객관적인 척도를 갖게 된다. 그러한 모멘트들이 정통적 사회연구에도 역시 낯설지 않다는 것은 자명하다. 그러나 그러한 모멘트들은 배경 정보背景background information로서, 즉 주관적으로 그 방향이 맞춰진 조사의 배경에 관한 추가적인 안내로서 제시되는바, 이것은 결정적으로 중요한 행

---

03 독일의 사회학자이자 정치가. 1876-1936. 베버의 인정을 받아 1913년에 『사회과학 및 사회정책 잡지』의 공동편집자가 되었음. 정당, 조합, 대중사회, 내셔널리즘 등을 연구하였으며 『현대 민주주의에서의 정당 사회학』에서 과두제의 철칙을 밝혀냈음(역주).

보에서 이루어지고 있다. 다시 말해, 주관적인 모멘트들과 객관적인 모멘트들의 대립이 진지하게 실행되지 않은 상태에서 사람들이 배경 정보의 제시를 통해 주관적인 반응 방식들을 더욱 잘 이해하는 것을 배운다고 말하는 불확실한 희망에서 이루어지고 있는 것이다. 이러한 관점에서 볼 때, 그토록 기꺼이 사변적으로 비난되는 프랑크푸르트학파가 그 반대자들보다 더욱 현실주의적일 수 있다. 주체들에서 조사된 것이, 학문적 확인으로부터 벗어나지 않는 정도까지는 객관적으로 주어진 상태의 기능이기 때문이다.

나는 사람들이 언젠가는 아마도 비판적 사회연구나 또는 변증법적 사회연구라고 명명하게 될 것의 프로그램을 체계적으로 발전시키지 않았고, 오히려 몇몇 신경점을 건드렸으며 모델들을, 즉 많이 논의되었던 차이들이 결과로 되는 것들에서 명백하게 되는 모델들을 제시하였다. 비판적 사회연구는 경험세계를 이론적으로 암호를 해독하듯이 해명함으로써 경험세계를 생산적으로 만들고 싶어 한다. 글을 맺으면서 나는 하나의 역설에 대해 주의를 환기시켜도 되리라 본다. 경험주의는, 그 개념에 따라, 인식에서 경험의 우위를 승인하였던 철학이다. 그러나 사실상으로는 경험이, 내 생각으로는 경험주의의 자기 성찰의 결여로 인하여, 경험주의적으로 통제된 학문적 사고에서 자유롭게 되지도 않고 속박으로부터 풀려나지 않았을 뿐만 아니라 경험주의에 의해 마음대로 부려지고 족쇄에 묶이게 되었다. 경험주의에 대항하여 경험을 방어하는 일, 학문의 경험에 관하여 더욱 적게 제한되고 더욱 적게 좁혀지며 더욱 적게 사물화된 개념을 가져오는 것이 우리를 유인하고 있다. 논쟁의 목표는 경험주의에 대한 예 또는 아니오가 아니고, 경험세계 자체에 대한, 특히 이른바 경험적 방법론들에 대한 해석이다. 그러한 해석이 우리에게 철학적인 것 못지않게, 그것은 경험주의자들에게도 철학적이다. 변증법과 마찬가지로 경험주의도 한때는 철학이었다. 경험주의자들이 이 점을 자백한다면, 철학이라는 단어가 마치 치욕이라도 되는 것처럼 경험주의자들이 우리에게 대립시키는 "철학"이라는 단어는 그 두려움을 상실하면서 단순한 기법 이상이 되려고 한다. 철학이라는 단어는 테크노크라시적인 지배에 굴복하지 않는 학문의 조건으로서뿐만 아니라 이와 마찬가지로 목표로서 그 모습이 드러난다.

1969년

사회과학의 논리를 위해

    일반적으로 제2 발제자는 편협한 사람으로 행동하거나 또는 기생하는 사람으로 행동하는 선택을 하게 된다. 나는 포퍼 교수가 이처럼 고통스러운 상황으로부터 나를 빠져나오게 해 것에 대해 먼저 그에게 감사드린다. 나는 포퍼가 말한 것에,* 아담과 이브로 시작하지 않은 상태에서, 내가 그의 발제문에 나를 의존시켜야만 할 정도로 그의 발제문의 자구 내용에 나를 매우 밀접하게 붙들어 매지 않은 상태에서, 논의를 연결시킬 수 있다. 이것은 그토록 상이한 정신적인 혈통을 갖고 있는 학자들에서는 경악스러운 것이며, 이에 못지않게 많은 문제에서 의견의 일치를 보이는 것도 놀랄 만하다. 그의 테제들에 대해 내가 반反테제를 자주 대립시킬 필요는 없다. 나는 오히려 그가 말한 것을 받아들여 계속해서 성찰하는 것을 시도할 수 있다. 나는 물론 논리의 개념을 그보다는 더욱 넓게 파악하고 있다. 이와 동시에 일반적인 사고 규칙들, 즉 연역적 학문 분과보다는 사회학의 구체적인 처리방식이 나의 머리에는 더욱 많이 떠오른다. 나는 사회학에서의 연역적 학문 분과의 문제점을 이 자리에서 끄집어내

---

*   Vgl. Karl R. Popper, Die Logik der Sozialwissenschaften(사회과학들의 논리), in: Kölner Zeitschrift für Soziologie und Sozialpsychologie 14 (1962), S.233ff.; auch in: Theodor W. Adorno u. a., Der Positivismusstreit in der deutschen Soziologie(독일 사회학에서 실증주의 논쟁), Neuwied, Berlin 1969, S.103ff. (Anm. d. Hrsg.)

고 싶지는 않다.

그 대신에 나는 포퍼가 하는 구분, 즉 지식의 충만과 한계가 없는 무지 사이의 구분으로부터 출발한다. 포퍼의 구분은 충분히 납득할 만하며 사회학에서는 전적으로 확실하다. 사회학이 지식을 인정된 법칙들의 자연과학들과 비교할 수 있는 몸통으로 오늘날까지도 가져가지 않았다는 점이 어떤 경우이든 사회학에게 부단하게 상기되고 있다. 포퍼의 구분은 그럼에도 의문의 여지가 있는 잠재성을 포함하고 있다. 통용되고 있는 견해에 따르면, 사회학은 정확한 학문들보다 현저하게 뒤처져 있는 상태에 처해 있기 때문에 사실들을 모으고 방법론들을 정제精製하는 것에 만족해야 한다는 것이다. 구속력이 있고 동시에 중요한 지식에의 요구를 제기하기에 앞서 이처럼 통용되는 견해가 포퍼의 의미에 놓여 있지 않은 것은 확실하지만, 그럼에도 이러한 견해의 애매한 잠재력이 포퍼의 구분에 내포되어 있는 것이다. 이처럼 통용되는 견해에 따르면, 사회와 그 구조에 대한 이론적 숙고들이 미래에 대한 허용되지 않는 예견으로서 경멸되는 경우가 자주 발생한다. 그러나 우리가 사회학이 그 대부인 콩트에서 비로소 시작한 것으로 보지 않고 생시몽과 함께 출발한 것으로 보면, 사회학은 160년 이상이 되었다. 사회학은 그 청년기에게 더 이상 아양을 떨어서는 안 될 것이다. 이것은 부끄러운 일이다. 사회학에서 일차적인 무지無知로 출현하는 것이, 치명적이고 부적절한 용어인 종합이 명명하는 것에 의해, 지속적으로 진보하는 연구와 방법학에서 단순하게 떼어 놓아질 수는 없다. 오히려 사태die Sache는 결합된 문장들의 번지르르한 통일체에 저항한다. 나는 포퍼가 나보다 더욱 긍정적으로 보고 있는 구분인, 리케르트의 법칙정립적인 방법론과 개별적으로 특수한 사례적인 방법론의 차이와 같은 자연과학과 정신과학의 전래되는 구분을 겨냥하고 있지 않다. 일치되며 가능한 한 단순하고 수학적으로 우아한 설명의 인식 이상理想은, 사태 자체die Sache selbst인 사회가 일치되어 있지 않고 단순하지 않은 곳에서는 그러나 제 기능을 발휘하지 못한다. 그러한 인식 이상은, 사회가 카테고리적인 형성의 임의에 중립적으로 맡겨지지 않고 오히려 담론적인 논리의 카테고리 체계가 그것의 객체들에 의해 미리 기대되는 것과는 다르게 맡겨진 곳에서는, 바로 이런 곳에서는 쓸모가 없게 되는 것이다. 사회는 모순에 가득 차 있지만 그럼에도 규정이 가능하고, 합리적인 것과 비합리적인 것이 하나에 들어 있다. 사회도 체계이면서도 깨지기 쉬우며, 맹목적인 본성이면서도 의식에 의해 매개되어 있다. 사회의 이러한 성격에 사회학의 처리방식이 종속되어야 한다. 그렇지 않으면, 사회학은, 모순에 저항하는 청교도적인 열정으로부터 발원하여, 가장 불운한 모순에 빠져든다. 사회학의 구조와 사회학의 대상의 구조 사이의 모순에 빠져드는 것이다. 사회가 합리적 인식으로부터 벗어나는 정도는 매우 적듯이, 그리고 사회가 갖고 있는 모순들과 모순들의 조건들이 쉽게 통찰되듯이, 사회가 갖고 있는 모순들이 사고가 제기하는 주장들에 의해 요술로 감춰질 수 있는 정도도 매우 적다. 사고가 제기하는 주장들은 인식하는 의식에 능숙하게 적응하는 과학주의적인 관례들에 대해 어떤 저항도 설정하지 않는 자료로부터, 즉 인식을 마주 대하면서 말하자면 여러 가지 가능성에 대해 결정되지 않은 채 머물러 있는 자료로부터 떼어 놓여 있는바, 사회의 모순들이 이런 주장들에 의해 감춰질 수 있는 정도는 매우 적은 것이다. 사회과학적인 작업은 그것이, 명확성과 정확성에 대한 사랑 때문에, 인식하려고 하는 것을 놓치는 것에 의해 영속적으로 위협을 받고 있다. 포퍼는 인식이 관찰에서 시작하여 인식 자료의 정돈, 준비, 체계를 투과한다는 상투적인 말에 대항하고 있다. 이처럼 상투적인 말은 사회학에서 불합리하다. 사회학은 사회학적 처리의 대상이 될 자격이 없는 데이터들을 처리하지 않고, 사회적 총체성의 연관관계에 의해 구조화된 데이터들만을 처리하기 때문이다. 이른바 사회학적인 무지無知는 대상으로서의 사회와 전통적 방법론 사이의 배치背馳를 넓은 정도로 단순히 나타낸다. 이렇기 때문에 이른바 사회학적 무지는, 사회학적 무지의 대상의 구조를 지식에 본유하는 방법론학을 위해 거부하였던 지식에 의해 거의 만회될 수 없다. 다른 한편으로는, 이론에 맞서는, 관례적인 경험주의적 고행도 또한 끝까지 지탱될 수는 없으며, 포퍼도 이 점을 마찬가지로 인정하리라는 것은 의문의 여지가 없어 보인다. 개별적인 관찰들로 매번 적합하게 옮겨질 수 있는 것이 거의 불가능한 모멘트인 구조적인 모멘트의 기대가 없이는, 즉 전체에 대한 기대가 없이는 어떤 개별적인 관찰도 그것의 위치 가치를 발견하지 못할 것으로 보인다. 이렇게 말함으로써 문화인류학이 보이는 경향, 즉 많은 원시사회의 중앙집중적이고 총체적인 성격을 병렬 체계를 통해 서구 문명에 적용하는 경향과 비슷한 어떤 것도 옹호되지 않는다. 총체적인 형식들을 향하는 서구 문명의 중력과 개인의 타락에 대해 사람들이 나처럼 매우 적게 착각하고 있다고 할지라도, 개인적인 사회 이전의 사회pra-individuelle Gesellschaft와 개인적인 사회 이후의 사회 post-individuelle Gesellschaft 사이의 차이들이 아직도 결정적으로 중요하다. 총체성은, 산업사회의 민주적으로 관리되는 나라들에서는, 매개를 나타내는 하나의 카테고리이며, 직접적인 지배와 굴복시키기가 아니다. 이 점은 산업적 교환사회에서는 모든 사회적인 것이 교환사회의 원리로부터 곧바로 연역될 수는 결코 없다는 사실을 포함한다. 산업적 교환사회는 수많은 비-자본주의적인, 자국의 영내에 있는 타국의 영토와 같은 것들을 그 내부에 포함하고 있다. 산업적 교환사회가 현재의 생산관계들 아래에서 자국의 영내에 있는 타국의 영토와 같은 것들을 산업적 교환사회에 고유한 영속화를 위해 필연적으로 필요로 하는 것은 아닌지의 여부가 숙고의 대상이 된다. 이러한 영속화의 독특한 비합리성이 구조의 비합리성을 거대한 것에서 보완해 준다. 사회적 총체성은 그것에 의해 한데 모아진 것으로부터 성립된다. 사회적 총체성은 그것에 의해 한데 모아진 것의 위에 존재하면서 그것의 고유한 생명을 영위하지 않는다. 사회적 총체성은 처음부터 끝까지 그것의 개별적인 모멘트들에 의해 생산되고 재생산된다. 이러한 모멘트들 중에서 많은 모멘트가, 원시적-총체적 사회들이 알지 못하든 허용하지 않든 관계가 없는 상대적인 독자성을 보존한다. 앞에서 말한 전체das Ganze가 그러나 전체의 요소들의 생명, 협조, 대립주의로부터 분리될 수 있는 정도는 매우 적다. 이와 마찬가지로 그 어떤 요소가 개별적인 것 자체의 운동에서 그 본질을 갖는 전체에의 통찰이 없는 상태에서, 단순히 그 어떤 요소가 기능하는 것에서 이해될 수 있는 정도도 매우 적다. 체계와 개별성은 상호 관계적이며 그것들의 상호 관계성에서만 인식될 수 있다. 앞에서 말한 자국의 영내에 있는 타국의 영토, 동시에 일어나지 않는 사회적 형상물들, 즉 사회의 개념뿐만 아니라 이와 마찬가지로 지나치게 스펙터클한 철학적 연구 결과로부터 벗어나고 싶어 하는 사회학이 총애하는 것들 자체도 그것들 자체에서가 아니고 그것들과는 다르게 구분되어 있는 것인 지배적으로 총체적인 것과의 관계에서 비로소 사회학의 총애를 받는 대상들로 된다. 바로 이 점이, 오늘날 가장 인기가 있는 사회학적 구상인 중간범위 이론에서 화가 날 정도로 과소평가되어 있다고 보아도 될 것이다.

콩트 이래 사회학 영역에 들어와 널리 퍼져 있는 견해의 맞은편에서, 포퍼는 지식과 무지의 긴장으로서의 문제들의 우위를 대변한다. 나는 포퍼가 자연과학적인 방법론들의 잘못된 치환에 반대하는 것에 대해 공감하며, "잘못된, 오해를 불러일으키는 방법론적인 자연주의나 과학주의"에 대항하는 것에 대해 동의한다. 포퍼는, 사회인류학자가 사회적 현상들을 외부로부터 고찰하는 사람의 잘못 생각된 더욱 높은 객관성을 통해 진리와 비진리에 대한 물음으로부터 빠져 나와 있다고 사회인류학자를 비판하고 있다. 이는 헤겔과 확실하게 맞아 돌아간다. 『정신현상학』 서문에서는 사물(떼)들Sachen 안에 들어가 있지 않기 때문에, 오로지 이런 이유 때문에 사물(떼)들 위에 군림하는 사람들이 조롱되고 있다. 나는 쾨니히가 나에게 화를 내지 않게 되기를 바라며 포퍼와의 대화가 철학이지 사회학이 아니라면서 대화도 역시 비난하지 않게 되기를 희망한다. 내가 보기에는, 변증법을 저주하는 학자도 변증법적 사고에 정주되어 있는 언어적인 정리整理들을 구하려는 모습을 보인다는 점이 언급될 가치가 있는 것 같다. 그 밖에도, 포퍼가 검사한, 사회인류학의 문제성도 방법론이 사물(태)에 대해 스스로 독자적이 되는 것과 밀접하게 연관된다고 보아도 될 것이다. 사회인류학은, 야만적 문화에 대한 베블런의 이론처럼, 자본주의가 고도로 발달한 나라에 들어 있는, 알맞게 갈아서 만들어 끼워진 더욱 많은 것을 추정하건대 점차적으로 과도하게 테스트가 된 트로브리안족族의 제전들과 비교하고 있다. 이것은 사회인류학이 올린 공적임이 확실하다. 그러나 병렬 체계의 선택에서의 잘못된 자유는 객체에 불순물을 섞는 것으로 전도된다. 현대적인 나라의 모든 구성원이, 나라의 경제 시스템에 속해 있는 상태가 토템과 금기에 대한 가장 아름다운 유사성보다는 실재적으로 비교할 수 없이 훨씬 많은 정도로, 현대적인 나라의 모든 구성원에 대해 말해 주기 때문이다.

과학주의에 대한 포퍼의 비판에 대한 나의 동의, 문제의 우위에 대한 포퍼의 테제에 대한 나의 동의에서, 나는 그가 이 점을 인정하는 것보다는 아마도 더 나아가야만 할 것이다. 사회학 자체의 대상인 사회는, 즉 사회와 그 구성원들의 생명을 유지시키고 이와 동시에 멸망의 위협에 놓여 있는 사회는 강조된 의미에서의 문제이기 때문이다. 그러나 이것은 사회학의 문제들이 "우리의 잘못된 지식에서 … 우리의 잘못된 지식에서 하나의 내적인 모순의 전개에서 무언가 질서를 벗어나 있다"는 발견을 통해서 항상 성립되지는 않는다는 것을 말해 준다. 모순은, 포퍼가 최소한 여기에서 가정假定하듯이, 주체와 객체의 단순히 "외관상의" 모순일 필요가 없다. 주체에게만 홀로 부담이 지워질 수 있다고 볼 수 있는, 판단의 불충분함으로서의 모순일 필요가 없는 것이다. 오히려 모순은 사물(사태)에서 최고도로 실재적으로 그 장소를 가지며, 더욱 증대된 지식과 더욱 명확한 언어적인 정리를 통해서 세계로부터 만들어내질 수 있는 것이 결코 아니다. 그러한 사물(사태)에서 필연적으로 전개되는 모순의 가장 오래된 모델은 헤겔의 법철학에서 유래하는, 유명해진 § 243이다. "인간들의 연관 관계의 일반화에 의해서, 인간들을 위해 수단들을 준비하고 가져오는 필요성과 방식에 의해서 부의 축적이 증대된다. ─이처럼 중첩된 일반성으로부터 가장 큰 이득이 끌어당겨지기 때문이다. ─ 한편으로는, 다른 한편으로도 그렇듯, 특별한 노동의 개별화와 제한성, 이러한 노동에 결합되어 있는 계급의 의존성과 궁핍이 증대된다."[01] 내가 동어이의화同語異義化를 한다고 다음과 같이 가볍게 비난될 수도 있을 것 같다. 문제는 포퍼에서는 다만 인식론적인 것이고, 나에게서는 문제가 실제적인 것이며 최종적으로는 더군다나 세계의 문제적인 상태라는 비난이 나에게 제기될 수 있는 것이다. 관건이 되는 것은 그러나 바로 이러한 구별 짓기의 권리이다. 우리가 학문에 내재하는 문제들을 학문의 형식주의들에서 창백하게 반사되는, 실재적인 문제들로부터 극단적으로 분리시키면, 학문을 물신화시키고 말 것이다. 논리적 절대주의의 어떤 교설도, 과거의 후설의 교설과 마찬가지로 타르스키Tarski의 교설도, 그 통용성에의 요구 제기를 모든 사실에 충실한 것의 정제로부터 연역하는 논리적 원리들에 사실들이 종속된다고 판정할 수는 없을 것이다. 나는 『인식론 메타비판』에서의 논리적 절대주의에 대한 비판을 상기시키는 것으로 만족하지 않을 수밖에 없다. 논리적 절대주의에 대한 비판은 이 저작에서 사회학적 상대주의에 대한 비판과 결합되어 있으며, 이러한 비판에서 나는 포퍼와 의견의 일치를 보이는 것으로 알고 있다. 그 밖에도, 사회적 현실의 모순성에 관한 구

---

01 Hegel, Sämtliche Werke, ed. Glockner, Bd. 7: Grundlinien der Philosophie des Rechts(법철학 개요), Stuttgart 1927, S.318.

상이 사회적 현실의 인식을 사보타지하지 않고 미리 예측할 수 없는 것에 인도引渡하는 것은, 모순을 여전히 필연적인 것으로 파악하고 이렇게 함으로써 합리성을 모순으로 확장시키는 가능성에 놓여 있다.

방법론들은 방법론학적인 이상理想에 의존되지 않고 사물(사태)에 의존된다. 포퍼는 문제의 우위에 관한 테제에서 이 점을 함축성이 있게 고려하고 있다. 사회과학적 성과의 질은 사회과학적 문제들의 의미나 또는 관심과의 엄밀한 관계에 놓여 있다는 그의 말을 그가 확인한다면, 그 배후에 시시함의 의식이 놓여 있다는 것은 의문의 여지가 없다. 다시 말해, 수많은 사회학적 연구들이 방법론의 우위에 종속되고 대상의 우위에 종속되지 않음으로써 —이 연구들이 연구들 자체를 위해서 방법론들을 계속해서 발전시키려고 하든, 이미 운용 가능한 방법론들을 통해 다루어질 수 있도록 처음부터 대상들을 선택하든 관계없이— 처해진 시시함의 의식이 놓여 있다는 것은 확실하다. 의미나 관심에 대한 포퍼의 강연에서는 다루어져야 하는 사물(사태)의 비중이 고지되고 있다. 포퍼의 강연은 대상들의 중요성에 대해서도 역시 항상 선험적으로 판단될 수 없다는 점에 의해서만 유일하게 증명될 수 있을 것으로 보인다. 카테고리적인 망網이 그것의 밑에 놓여 있는 많은 것을 의견의 관습들, 학문적 의견의 관습들을 통해 덮어 버릴 정도로 촘촘하게 거미줄처럼 쳐져 있는 곳에서는, 이러한 망에 의해 여전히 붙잡혀지지 않은 중심에서 벗어난 현상들이 때로는 예상외의 비중을 받아들이게 된다. 중심에서 벗어난 현상들의 성질에 대한 통찰은 핵심 영역에 해당되는 것에 대해서도 빛을 투사시켜 준다. 게다가 이것은 부단하게 이루어지지도 않는다. 이러한 학문이론적인 동기가 "현상 세계의 찌꺼기"를 다루려는 프로이트의 결심에 관계가 없는 것은 아니었을 수도 있다. 짐멜의 사회학에서는 그가 —체계적이고 총체적인 것에 대해 불신하면서— 미국인이나 연극배우 안으로 들어가 사회적으로 상세하게 서술하는 것에 침잠하였을 때 이러한 침잠이 프로이트에서와 마찬가지로 결실이 있는 것으로 입증되었다. 우리는 또한 문제의 중요성에의 요구를 독단화해서는 안 될 것이다. 연구 대상들의 선별은 사회학자가 선택한 대상에서 그가 읽어 낼 수 있는 것에 따라 넓은 정도로 정당화된다. 그 밖에도, 사회학자가 이처럼 읽어 낼 수 있는 것이, 수많은 다만 아카데미적인 것이 경력을 위해 실행한 프로젝트들, 즉 대상의 시시함이 리서치 기술자의 둔감함과 행복하게 결합되는 곳인 프로젝트들을 위한 구실을 공급하지 않은 상태에 있을 때, 연구 대상들의 선별이 정당화된다.

나는 포퍼가, 문제의 중요성 이외에도, 참된 방법론에 부여한 속성들에서도 역시 몇몇 조심할 사항을 조언하고 싶다. 진정성은, 즉 속임수를 쓰지 않는 것, 한번 인식된 것을 책략적인 고려가 없이 표현하는 것은 스스로 이해되는 것이 당연하다. 그러나 실제적인 학문적 진행에서는 이러한 규범이 테러처럼 오용되는 경우가 빈번하다. 어떤 사람이 사물(사태)에 자신을 순수하게 내맡긴다는 것은, 그가 자기 것에 속하는 어떤 것도 사물(사태)에 갖다 붙이지 않고 등록된 장치에 자신을 같게 만드는 것과 다름이 없게 되는 것을 의미한다. 상상의 포기나 생산성의 결여가 학문적 품격으로 슬쩍 바뀌게 된다. 우리는 캔트릴Cantril[02]과 올포드Allport[03]가 미국에서 성실함의 이상理想에 대한 비전을 위해 제시했던 것을 망각해서는 안 될 것이다. 모든 사람이 ―겉으로 보이는 공허함이 빠진 상태에서― 사고하는 것을 무언가 특별한 것으로 바라보려고 하고 이렇기 때문에 함께 골에 끼워 넣으려고 사고하는 사람이, 학문에서도 역시 여러 모로 진정한 사람에 해당된다. 이와 마찬가지로 직선성과 단순성도, 사물(사태)이 복합적인 곳에서는 위험하지 않은 이상理想들이 아니다. 상식에 들어 있는 대답들은, 이미 존재하는 것의 범위에서는, 대답이 이미 존재하는 것

---

02 Hadley Cantril. 1906-1969. 미국의 여론 조사 전문가(역주).
03 Gordon Willard Allport. 1897-1967. 미국의 사회심리학자(역주).

의 베일을 꿰뚫는 것 대신에 그러한 베일을 강화시키는 방향으로 향하도록 대답의 카테고리들을 관련시킨다. 직선성에 관한 한, 우리가 그 위에서 하나의 인식에 도달하는 길이 기대될 수 있는 것은 어려운 일이다. 사회학의 현재적 상태에 직면하여, 나는 포퍼가 명명하였던 학문적 질의 기준들 중에서 제안된 해결의 대담성과 고유성에 ―이것도 물론 그것 자체로 항상 다시 비판될 수 있는 상태에 머물러 있지만― 가장 무거운 강조점을 찍고자 한다. 문제의 카테고리도 종국적으로는 실체화될 수 없다. 자신의 작업을 편견이 없이 어느 정도 통제하는 사람은 하나의 사실관계에, 즉 이른바 전제가 없음의 금기들만이 사실관계를 고백하는 것을 어렵게 만드는 사실관계에 부딪치게 될 것이다. 우리가 해결을 갖게 되는 것이 드문 일만은 아니다. 어떤 사람에게 무엇이 명료해지면, 그 후에 우리는 물음을 추가적으로 구성한다. 이것은 우연이 아니다. 위에서 덮는 것으로서의 사회, 서로 잇닿아 접합된 것으로서의 사회가 사회의 개별적인 표명들에 대해 갖는 우위는, 사회의 개념으로부터 유래하는 통찰들 및 선취된 것이 특별한 자료와 보충적으로 대립하는 것에 의해 비로소 사회학적 개별 문제들로 변모되는 통찰들을 통해서 사회적 인식에서 표현된다. 더욱 일반적으로 말하면 다음과 같다. 인식론들은, 그것들이 베이컨과 데카르트 이래로 일치되는 독자성에서 전개되고 전해 내려왔듯이, 경험주의자들에서도 역시 위로부터 내려오는 방식으로 구상되었다. 경험주의자들은 생명력이 있게 실행된 인식에 여러 겹으로 적절하지 않은 채 머물러 있는 것으로 보인다. 경험주의자들은 귀납적이거나 연역적인 연속체로서의 학문에 관한 설계에 따라, 즉 생명력이 있게 실행된 인식에 낯설며 외부에 머물러 있는 설계에 따라 이처럼 생명력이 있는 인식을 나뭇가지를 잘라내듯이 특정 목적에 알맞은 형식으로 가져갔다. 인식론의 만기晩期가 된 과제들 중에서, 생산적인 인식과는 사실상으로 전혀 일치하지 않는 논리적이나 과학적인 모델에 따라 인식 성과를 미리 서술하는 것 대신에 도대체 어떻게 본래 인식되는가에 대해 성찰하는 —베르그송은 이것을 예감하고 있었다— 과제가 마지막 과제만은 아닐 것이다.

포퍼의 카테고리적인 접합에서는 해결 개념이 문제 개념에 부속되어 있다. 해결책들이 제안되고 비판되고 있는 것이다. 관찰의 우위에 관한 원시적이고도 인식에 낯선 교설教說에 맞서서, 비판의 핵심적 성격과 함께 결정적으로 중요한 것이 적중되고 있다. 사회학적 인식은 사실상으로 비판이다. 그러나 이와 동시에, 학문적 입장들의 결정적으로 중요한 차이들이 대단한 세계관적인 개념들로 가져갈 수 있게 되는 것보다는 뉘앙스에서 자주 숨겨져 있듯이, 뉘앙스가 중요한 관건이다. 포퍼가 말하듯이, 어떤 해결 시도가 실질적인 비판에 다가갈 수 없다면, 바로 이런 이유 때문에 해결 시도는, 아마도 다만 잠정적일지라도, 비학문적인 것으로서 배제된다. 이것은 최소한 두 가지 의미를 지닌다. 그러한 비판이 이른바 사실들로의 환원, 즉 관찰된 것에 의해 생각이 건전하게 이행되는 것으로의 환원을 의미한다면, 이러한 결함은 생각을 가설로 평준화하게 할 것이며 사회학에 본질적으로 속하는 기대의 모멘트를 사회학으로부터 박탈하게 될 것이다. 사회학적 정리定理들은, 전면의 뒤에서 지배하는 것들인 사회의 메커니즘들에 대한 통찰들로서, 원리적으로, 스스로 사회적인 이유들 때문에 존재한다. 다시 말해, 현상들로부터 시작하여 충분할 정도로 전혀 비판될 수 없을 만큼 매우 심하게 현상들과 모순 관계에 놓여 있는 사회학적 정리들이 존재하는 것이다. 사회학적 정리들이 행하는 비판은 결과로 나오는 이론, 지속적인 사고의 의무이지 (그 밖에도 포퍼가 언어적으로 정리하지 않았던) 기록문서적인 문장들과의 대립에 들어 있는 의무가 아니다. 그러므로 사실들은 사회에서 최종적인 것이 아니다. 바로 이 점에서 인식은 그 담보 지점을 발견하는 것이다. 인식 자체가 사회에 의해 매개되어 있기 때문이다. 모든 정리들이 가설들은 아니다. 이론은 목적인目的因이지, 사회로부터 오는 차량이 아니다.

비판과 반복 시도를 동치시키는 것에 대해서도 상세하게 논의될 수 있을 것 같다. 반복은 오로지 내재적인 비판으로서만 결실을 맺을 수 있다. 헤겔은 이 점을 이미 알고 있었다. 대논리학 제2권은 "개념의 판단"에 대해서 문장들을 가져오고 있는바, 이 문장들은 동시에 헤겔 이래 가치들에 대해 신탁神託되었던 대부분의 것과 같은 무게를 천칭 접시에 얹어 놓고 있다고 보아도 될 것이다. "좋은, 나쁜, 참된, 아름다운, 바른 등등과 같은 술어들은 사물이 술어들의 개념에 붙어 있는지 또는 그렇지 않은지, 곧장 전제된 당위로서 측정되면서, 그리고 술어의 일반적인 개념과 일치되어 있는지 또는 그렇지 않은지를 표현한다."[04] 외부로부터 시작해서는, 모든 것이 반박될 수 있고 아무것도 반박될 수 없다. 회의懷疑는 토론 게임에 마땅한 의무이다. 토론 게임은 진리의 관할처Instanz로서의 조직화된 학문에 대한 신뢰를 증언하며, 사회학자는 이러한 신뢰에 대항하여 자신을 회피시키는 태도를 취해야 할 것이다. 그 조건들을 사회학이 스스로 명명하는 학문적 사고 통제에 직면하여, 포퍼가 비판의 카테고리에 중심적인 지위를 인정한 것은 특별한 비중을 갖는다. 비판적 충동은 매번 지배적인 의견의 경직된 일치성에 대한 저항과 한 몸이다. 이러한 동기는 포퍼에서도 역시 나타난다. 자신의 12 테제에서 그는 학문적 객관성을 비판적 전통과, 즉 "모든 저항에도 불구하고 지배적인 독단을 그토록 자주 비판하는 것을 가능하게 하는" 비판적 전통과 엄격하게 동치시킨다. 포퍼는, 지나간 지 얼마 되지 않은 과거에 듀이Dewey가 그랬고 한때 헤겔이 그랬던 것과 유사하게, 열려 있고 고정되어 있지 않으며 사물화되지 않은 사고에 호소한다. 이러한 사고에서는 실험적인 모멘트와, 말할 필요도 없이, 놀이적인 모멘트가 절대적으로 통용된다. 나는 물론 이러한 사고를 시도 개

---

04 Hegel, a. a. O., Bd. 5: Wissenschaft der Logik(대논리학), 2. Teil, Stuttgart 1928, S.110f.

넘과 곧바로 동치시키는 것, 더군다나 시행착오 원칙을 채택하는 것에 대해서는 망설이는 입장을 취하고자 한다. 시행착오 원칙이 유래하는 풍토에서는 시도라는 단어는 두 가지 의미를 지닌다. 시행착오 원칙은 자연과학적인 연상들이라는 무거운 짐을 지고 있으며, 테스트가 될 수 없는 모든 생각의 독자성에 대항하여 그것의 날카로운 침을 겨눈다. 그러나 많은 생각들, 최종적으로는 근본적인 생각들이 테스트로부터 벗어나 있어도 진리 내용을 갖는다. 포퍼는 이 점에 대해서도 의견의 일치를 보인다. 어떤 실험도 모든 사회적인 현상의 총체성에의 의존성을 충분히 적확하게 논구할 수는 없을 것이다. 움켜쥘 수 있는 현상들을 미리 형성하는 전체 자체가, 특정한 방식으로 정리를 시도하는 것Versuchsanordnung 안으로 결코 들어가지 않기 때문이다. 그럼에도 사회적으로 관찰될 수 있는 것의 전체 구조에의 의존성이 그 어떤, 개별적인 것에서 반박할 수 없이 입증 가능한 실상들, 단순한 생각의 그물 이상인 모든 것보다 실재적으로 더욱 유효하게 통용된다. 우리가 자연과학적인 모델들을 이용하여 사회학을 최종적으로 혼합시키지 않으려면, 시도의 개념도 역시 사고에 도달하여야 한다. 다시 말해, 경험의 힘과 함께 가득 채워진 채 경험을 파악하기 위해 경험을 넘어서서 움직이는 사고에 도달하여야 하는 것이다. 좁은 의미에서의 시도들은, 심리학에서와는 다르게, 사회학에서는 그렇지 않아도 대부분의 경우에 생산력이 적다.   사변적인 모멘트는 사회적 인식의 결핍이 아니고, 한때 사변을 찬양하였던 이상주의적 철학이 이미 지나간 철학이라고 할지라도, 사회적 인식에 모멘트로서 없어서는 안 될 모멘트이다. 비판과 해결이 서로 전혀 분리될 수 없다는 전회점이 바로 이 점에도 부여될 수 있을 것이다. 해결들은 때로는 일차적이고, 직접적이며, 해결들이 비판을 통해서 인식 과정의 진행으로 매개될 때 비로소 비판을 무르익게 만든다. 그러나 무엇보다도 특히, 역으로, 비판의 형태가 단지 함축성이 있게 성공에 이르는 경우에는 비판의 형태가 해결을 이미 함의할 개연성도 있다. 해결이 외부로부터 덧붙여서 다가오는 경우는 거의 없다. 규정된 부정bestimmte Negation의 철학적 개념은 바로 이 점에 관련되어 있었다. 포퍼가 헤겔에 대해 그토록 적은 사랑을 품고 있었다고 해도, 포퍼도 또한 규정된 부정의 국외자는 아니다. 포퍼가 학문의 객관성을 비판적 방법론의 객관성과 동일화시킴으로써, 그는 비판적 방법론을 진리의 기관器官으로 끌어올리고 있다. 오늘날 어떤 변증법론자도 요구될 필요가 없는 것처럼, 바로 그렇게 끌어올리고 있는 것이다.

  이로부터 나는 포퍼의 발제문에서 명명되지 않고 있는 하나의 귀결을 물론 끌어내어도 되리라 본다. 이러한 귀결로부터, 나는 그가 이 귀결을 수용하는지의 여부에 대해 알지 못한다. 그는 자신의 관점을, 매우 비非칸트적인 의미에서, 비판철학적이라고 명명한다. 그러나 우리가 방법론이 사물에 의존되어 있는 것을 한번은 매우 무겁게 받아들인다면, 이 점이 중요성과 관심에 관한 규정들을 사회적 인식에 대한 척도들로서 규정하는 포퍼의 규정들에 들어 있는 몇몇 규정들에 내재되어 있는 것처럼, 사회학의 비판적 작업은 자기 비판에 한정될 수 없고, 사회학의 문장들, 정리들, 개념 장치들, 방법론들에 대한 성찰에 제한될 수는 없을 것으로 보인다. 사회학의 비판적 작업은 동시에 또한 대상에 대한 비판이다. 다시 말해, 앞에서 말한 이러한 모든 ―주관적 측면에서, 조직화된 학문으로 함께 결합된 주체들의 측면에서― 어떤 장소에 국한된 모멘트들이 의존되어 있는 대상에 대한 비판인 것이다. 처리방식의 모멘트들이 여전히 매우 도구적으로 정의定義되어 있는 개연성이 있다면, 이러한 모멘트들이 대상과의 접촉에서 갖는 적절성이 동시에 여전히 부단히 요구된다. 그것이 숨겨져 있더라도 그렇게 요구되는 것이다. 처리들이 그러한 적절성을 결여하면, 처리들은 비생산적이 된다. 사물은 그것에 고유한 비중에 맞춰 방법론에서 유효하게 되어야 한다. 그렇지 않으면, 갈아서 끼워 맞춰진 최고로 세련된 방법론이 나쁜 것이 된다. 이 점은 이론의 형체에서 사물의 형체가 출현해야 한다는 사실에 못지않은 사실을 포함하고 있다. 사회학적 카테고리들에 대한 비판이 언제 방법론에 대한 비판에 지나지 않는지, 개념과 사물의 상위가 사물이 존재하는 것을 요구하는 것이 아 닌 사물의 부담이 언제 되는지에 대해서는 비판에 놓여 있는 정리定理의 내용이 결정한다. 비판적인 길은 형식적일 뿐만 아니라 재료적이다. 비 판적 사회학의 개념들이 참이 되려고 한다면, 비판적 사회학은, 호르크하 이머가 전통적 이론과 비판적 이론에 대한 그의 논문에서 전개시켰듯이, 그 고유한 이념에 따라 동시에 필연적으로 사회에 대한 비판이다. 칸트 의 비판 철학도 이 점에 관하여 무언가를 갖고 있었다. 칸트의 비판 철학 이 신神, 자유, 불멸성에 대한 학문적 판단들에 대항하여 제시하였던 것 은 다음과 같은 상태와 대립되어 있었다. 다시 말해, 이러한 이념들이 그 신학적 구속성을 상실한 이후, 사람들은 이 이념들을 합리성에 대한 허위 진술을 통해 구출하려고 노력하였던 상태에 처해 있었던바, 칸트의 비판 철학이 제시하였던 것은 이러한 상태와 대립되어 있었던 것이다. 앞에서 말한 칸트의 용어, 즉 사취는 사고의 오류에서 변명적인 거짓을 적중시 킨다. 비판 철학은 전투적인 계몽이었다. 현실 앞에서 정지하고 작업 자 체에서 스스로 만족하는 비판적 성향은 그러나 한편으로는 계몽으로서 는 거의 진보되어 있지 않은 성향으로 보아야 할 것이다. 그러한 비판적 성향도 역시, 그것이 계몽의 동기들을 절단시킴으로써, 관리적인 리서치 와 사회비판이론의 비교가 결정적으로 보여 주는 것과 같은 정도로 그 내 부에서 수축되지 않을 수 없을 것이다. 접해질 수 없는 방법론의 배후에 서 보루를 쌓고 있는 그러한 수축에 사회학이 저항해야 할 때가 온 것 같 다. 인식은 인식 자체가 아닌 것과의 관계, 인식이 갖는 다른 것과의 관계 에 의해서 생명이 유지되기 때문이다. 인식은 그러나, 인식이 단순히 간 접적으로 비판적 자기 성찰에서 실행되는 한, 이러한 관계에 만족하지 않 는다. 인식은 사회학적 대상에 대한 비판으로 넘어가야 한다. 사회과학이 ─나는 지금 이 순간 문장들에 관하여 아무런 내용적인 것도 예단하지 않는다─ 한편으로는 자유로운 사회의 개념을 자유와 평등으로 파악하고 다른 한편으로는 자유방임주의 아래에서의 이러한 카테고리들의 진리 내용에 대해, 인간들 사이의 관계들을 결정하는 사회적 권력의 불평등 때문에, 이론異論을 제기하는 경우에, 구체적인 정의定義들에 의해 제거될 수 있다고 볼 수 있는 논리적 모순들이나 또는 출발 당시의 정의에 대한 보충적으로 덧붙여지는 경험적 제한들과 차별화가 관건이 되지 않는다. 그런 경우에는, 자체로서의 사회의 구조적 실상이 관건이 된다. 이렇게 된 이후에는 비판은 그러나 모순적인 문장들을 학문적 연관관계의 일치를 위해 바꿔 정리하는 것만을 지칭하지 않는다. 그러한 논리성은 실재적인 비중들의 전위轉位에 의해 틀린 것으로 될 수 있다. 나는 이러한 선회가 사회학적 인식의 개념적 수단들을 촉발시킨다는 점을 덧붙여 말하고 싶다. 사회비판이론은 사회학적 인식의 영구적인 자기 비판을 다른 차원으로 이끌어 준다. 나는 조직화된 사회과학 내부로의 순진한 신뢰를 진리의 보증인이라고 간략하게 언급하였던바, 이 사실만을 이 자리에서 상기시키고자 한다.

이러한 모든 것은 물론 진리와 비진리의 구분을 전제하며, 포퍼는 이러한 구분을 매우 엄격하게 붙들고 있다. 회의적 상대주의에 대한 비판자로서의 포퍼는 무엇보다도 특히 파레토Pareto와 만하임Mannheim에 의해 각인된 지식사회학에 대해서 내가 반복적으로 논박했던 것과 똑같은 정도로 그렇게 예리하게 반박한다. 그러나 이른바 총체적 이데올로기 개념, 그리고 참된 것과 참되지 않은 것의 구분의 말살은 고전적 이데올로기론의 ─우리가 그렇게 말해도 된다면─ 의미에 놓여 있지 않다. 이른바 총체적 이데올로기 개념은 고전적인 이데올로기론의 타락 형식이다. 이러한 타락 형식은 고전적 이데올로기론으로부터 비판적 예리함을 탈취하고 타락 형식을 학문 작업에서 하나의 부문으로 중화中和시키는 시도와 결합되어 있다. 일찍이 이데올로기는 사회적으로 필연적인 가상이었다. 이데올로기비판은 어떤 정리定理나 또는 독트린의 비진실에 대한 구체적인 증명을 그 의무로 삼고 있었다. 단순한 이데올로기 혐의는, 만하임이 그렇게 명명하였듯이, 충분하지 않다. 마르크스는 단순한 이데올로기 혐의를, 헤겔의 정신에서, 추상적인 부정이라고 조롱했었을 것이다. 사회적인 필연성으로부터 이데올로기들을 연역하는 것은 이데올로기들의 비진리에 대한 판단을 완화시키지 않았다. 제일차적으로 잘못된 것πρῶτον ψεῦδος을 명명하는 것인 상품의 물신적 성격과 같은 구조법칙들로부터 이데올로기들을 도출하는 것은, 이데올로기들을 포퍼도 또한 계획하고 있는 척도인 학문적 객관성의 척도에 종속시키려고 하였었다. 상부구조와 하부구조에 관한 널리 퍼져 있는 논의는 이렇게 종속시키는 것을 이미 천박하게 만든다. 올바른 의식과 잘못된 의식의 구분을 무르게 하는 지식사회학이 학문적 객관성의 의미에서 진보라도 되는 것처럼 행동하는 동안에도, 지식사회학은 앞에서 본 무르게 하기를 통하여 마르크스에서 학문에 관하여 전적으로 객관적으로 이해된 개념의 뒤로 돌아가고 만다. 총체적 이데올로기 개념은 사물에 충실한 규정들을 통해서가 아니고 관점주의처럼 하찮은 것과 신조어들을 통해서만 세계관적-상투어적인 통속적 상대주의로부터 거리를 둘 수 있다. 이렇기 때문에 지식사회학의 열려 있거나 또는 숨겨져 있는 주관주의가 발생하는 것이다. 포퍼가 지식사회학의 주관주의를 고발한 것은 정당하며, 지식사회학의 주관주의에 대한 비판에서 위대한 철학은 구체적인 학문적 작업과 의견이 일치한다. 구체적인 학문적 작업은 인간에 관련된 모든 인식의 상대성의 추상적 바꿔 쓰기의 법칙 규정에 의해 혼란에 빠져들 수는 결코 없었다. 포퍼가 학문의 객관성의 불순화를 학자의 객관성을 통해 비판하고 있다면, 이렇게 함으로써 그는 총체적 개념으로 퇴화된 총체적 이데올로기 개념을 만날 뿐이지 이데올로기 개념의 진정한 구상을 적중시키지는 않는다. 이러한 진정한 구상은 잘못된 의식의 객관적인 사회구조의 분석에서, 즉 개별 주체들과 개별 주체들이 많이 의지한 입장에 오랫동안 의존되어 있지 않은 사회구조의 분석에서 증명 가능한 결정을 염두에 두고 있었다. 그 밖에도 이러한 구상은, 베이컨까지 소급되지는 않는다면, 엘베시우스Helvétius까지 소급되는 생각이다. 개별 사유자들이 그들의 입장에 묶여 있는 이유 때문에 발생하는 진지한 염려는 진리의 객관적인 왜곡에 대해 이전에 도달된 통찰을 붙들고 있는 무력감에서 발원한다. 이러한 통찰은 개별 사유자들, 더욱이 그들의 심리와 그렇게 많은 정도로 관련되어 있지 않다. 짧게 말해서, 나는 지식사회학에 대한 포퍼의 비판에 동의한다. 묽게 되지 않은 이데올로기론에 대해서도 포퍼와 견해와 나의 견해가 일치한다.

사회과학적 객관성에 대한 물음은 포퍼에서, 이전에 막스 베버의 유명한 논문에서 그랬던 것처럼, 가치 자유에 대한 물음과 결합되어 있다. 그 사이에 독단이 된, 실증주의적인 학문 작업과 너무나도 사이가 좋게 서로 의사소통이 되는 가치 자유의 카테고리가 새롭게 깊게 숙고되어야 한다는 점이 포퍼에서 모면되어 있지 않다. 객관성과 가치의 연계[05]는 막스 베버에서 읽히는 것처럼 그렇게 간결하지는 않다. 이러한 연계는 베버의 텍스트들에서는 베버를 따르는 사람들의 함성이 기대하게 하였던 것보다는 물론 더욱 많은 정도로 그 성질이 부여되어 있다. 포퍼는 무조건적으로 엄격한 가치 자유의 요구를 학문적 객관성 및 가치 자유 자체가 가치들이라는 이유를 들어 역설적인 것이라고 명명한다. 이러한 통찰은 그가 그 사이에 자신의 통찰을 평가하는 것보다 중요하지 않은 것은 거의 아닌 통찰이 되고 있다. 포퍼의 통찰로부터 학문이론적인 결과들이 끌어

---

[05] 원어는 Disjunktion이며, 두 개의 진술을 배제적인 양자택일을 통해 연계시키는 것을 의미함(역주).

내질 수 있을 것으로 보인다. 포퍼는 학자가 행하는 평가들이, 인간으로서, 그리고 또한 학자로서의 학자를 파괴함이 없이, 학자에게서 금지되거나 파괴될 수 없다는 점을 역설한다. 그러나 이렇게 함으로써 포퍼는 단순히 인식 실제적인 것보다는 더 많은 것을 말하고 있다. "학자로서의 학자를 파괴한다"는 것은 학문 자체로서의 학문에 관한 객관적인 개념을 포함하고 있는 것이다. 가치 평가하는 행동과 가치 자유적인 행동의 분리는, 가치와 함께 가치 자유가 사물화인 한에서는, 잘못된 것이다. 그러한 분리는, 정신의 행동이 사물화의 상태로부터 임의로 벗어날 수 없는 한에서는, 옳다. 가치 문제로 명명된 것은, 마찰이 없는 자연지배를 위해 수단들과 목적들이 서로 갈라지게 되었던 단계에서, 비로소 이 단계에서 대개 정초된다. 수단들의 합리성에서, 가치로 명명된 것은 목적들의 줄어들지 않은 비합리성이거나 또는 아마도 증대되는 비합리성에도 불구하고 앞으로 나아간다. 칸트와 헤겔은 정치경제학에서 정주되었던 가치 개념을 여전히 사용하지 않는다. 가치 개념은 로체Lotze에서 철학적 용어 안으로 비로소 충분히 밀고 들어오게 되었다. 품위와 값어치에 대한 칸트의 구분은 포퍼와 양립할 수 없을 것이다. 가치 개념은 교환관계에서 형성되었다. 가치 개념은 다른 것을 위해 존재하는 하나의 존재이다. 모든 것이 그러한 교환관계로 대체될 수 있는 사회에서는 —포퍼에 의해 확인된, 진리의 거부도 아마 이와 동일한 사실관계를 털어 놓고 있다— 앞에서 본 "다른 것을 위한 것"이 하나의 "즉자적인 것", 하나의 실체적인 것으로 마법에 걸려 둔갑되었다. 다른 것을 위한 것은 그것 자체로 다른 것을 위한 것이 되고 나서는 참되지 않은 것으로 되었고, 느낄 수 있는 진공 상태를 지배적인 이해관계들이 마음에 들어 하는 것에 맞춰 채울 준비를 하게 되었다. 이에 뒤이어 사람들이 가치로 인가하였던 것은 사물에 외부적으로 행동하지 않으며 분리된 채χωρίς 사물과 마주서 있지 않고, 오히려 사물에 내재한다. 사물(사태)[06], 즉 사회적 인식의 대상은 당위로부터 자유로운 것, 단순히 현존하는 것이 아니며 —사물은 추상화의 절단면들에 의해 비로소 이런 것들이 된다—, 이는 가치들이 저 건너편에서 이념의 하늘에 못으로 박혀질 수 없는 것과 마찬가지이다. 주관적인 동시성을 확실히 필요로 하는, 하나의 사물에 대한 판단은 동시에 사물에 의해 항상 그 밑그림이 그려지며, 베버의 생각에 맞춰 하는 결정처럼 주관적으로 비합리적인 결정에서 쇠진되지 않는다. 사물에 대한 판단은, 철학의 언어에서는, 사물 자체에 대한 사물의 판단이다. 차제에, 사물의 깨지기 쉬운 상태는 사물에 대한 판단을 불러낸다. 그러나 사물에 대한 판단은 사물이 사물에 들어 있는 전체와 갖는 관계에서, 직접적으로 주어지지 않고 사실성으로 존재하지 않은 채, 정초된다. 사물은 사물의 개념에서 측정될 수 있다고 말하는 문장은 바로 이런 목적을 갖고 있다. 사회학과 다른 학문 분과들을 마치 쓸모가 없는 물건처럼 질질 끌고 가는 가치 문제 전체는 그러므로 잘못 설정되어 있다. 가치 자유적으로 거드럭거리는 의식인 사회에 관한 학문적 의식은, 많든 적든 지정되고 자의적으로 확정된 가치들에 의지하는 것과 마찬가지로, 사물을 잡지 못하고 놓친다. 대안에 굴복하면, 이율배반들에 빠지게 된다. 실증주의도 또한 이율배반들에서 빠져나올 수 없는 채 현재에 이르고 있다. 뒤르켐의 관념의 구체화는 실증주의적 근성에서는 베버를 능가하였던바 —베버는 종교사회학에서 그의 검토되어야 할 주제thema probandum를 스스로 갖고 있었다—, 뒤르켐은 가치 자유를 인정하지 않았다. 포퍼가 한편으로는 가치와 인식의 분리를 거부하면서 다른 한편으로는 인식의 자기 성찰이 인식에 포함되어 있는 가치들에 내재되어 있다고 말하고 싶어 하는 한, 그는 이율배반의 공세貢稅를 지불하고 있다. 포퍼는 무엇을 증명하기 위해서 인식의 진리 내용을 변조하지는 않

---

06 이어지는 글에서 나오는 사물은 사물(사태)을 의미함. 원어는 Sache이며, 이 단어는 우리말로 사물, 사태로 옮길 수 있음(역주).

는다고 말하고자 하는 것이다. 포퍼가 절실하게 필요로 하는 두 가지 사항은 정당하다. 단지 두 가지 사항의 이율배반의 의식이 사회학 내부로 들어와 받아들여질 수도 있을 뿐이다. 존재와 당위의 이분법은 이것이 역사적으로 강제적인만큼 그렇게 잘못된 것이다. 그러므로 간단하게 무시될 수 없다. 존재와 당위의 이분법은 사회적 비판을 통해 이러한 이분법의 강제성을 통찰하는 것에서 비로소 간파될 수 있다. 사실상으로, 가치 자유적인 행동은 심리적으로 행동하는 것을 금지할 뿐만 아니라 사물에 충실하게 행동하는 것을 스스로 금지한다. 사회학은 사회에 대한 인식을 최종적으로 겨냥하는바, 사회는, 사회가 단순한 기술技術보다는 더 많은 것이 되고자 하면, 오로지 올바른 사회의 구상을 위해서만 결정結晶된다. 그러나 이러한 구상은 기존의 사회에 추상적으로, 바로 이른바 가치로서, 대비될 수는 없다. 올바른 사회의 구상은 비판으로부터, 즉 사회가 갖고 있는 모순들과 사회의 필연성으로부터 오는 사회에 대한 의식으로부터 발원한다. 포퍼는 "우리가 우리의 이론들을 합리적으로 정당화시킬 수 없고 사실인 것처럼 한 번도 증명할 수 없음에도 불구하고 우리는 이론들을 합리적으로 비판할 수 있다"고 말하고 있다. 포퍼의 이러한 언급은 사회에 대한 이론에 해당되는 것 못지않게 사회에도 해당된다. 이로부터 하나의 행동이 결과로서 나타날 것으로 보인다. 다시 말해, 사회의 본질적인 관심에 대해 눈을 멀게 하는 가치 자유를 고집하지 않는 행동, 추상적이며 정적靜的인 가치 독단주의에 의해 이끌어지지도 않는 행동이 결과로서 출현할 것으로 보이는 것이다.

지식사회학은 과학적인 선입견 없음을 특별히 많이 자만하는바, 포퍼는 가치 자유적인 지식사회학에 들어 있는 잠재적인 주관주의를 꿰뚫어 보고 있다. 이와 동시에 그는 사회학적 심리주의를 시종일관하게 공격한다. 이 점에서도 역시 나는 그와 의견을 같이 하며, 호르크하이머-기념논문집에 들어 있는 나의 논문이 참조되어도 된다고 본다. 이 논문에서는 인간에 관한 학문의 얇은 상위 개념 아래에서 한군데로 모아진 두 학문 분과들[07]의 비연속성이 전개되어 있다. 포퍼와 나를 동일한 결과에 이르게 하는 동기들은 그러나 동일하지 않다. 인간과 사회적 환경 사이의 분리는 내가 보기에는 외면적이며, 그 실체를 포퍼가 근본적으로 거부하는 학문들의 이전에 주어진 지도地圖에 지나치게 심한 정도로 방향이 맞춰져 있는 것 같다. 심리학을 연구하는 것을 책임으로 삼는 주체들은, 사람들이 그렇게 명명하고 있듯이, 사회에 의해 영향을 받을 뿐만 아니라 사회에 의해, 가장 내적인 것에까지 들어와, 그 형식이 만들어진다. 환경에 대립되어 있다는 인간의 실체는 ―이것은 실존주의에서 되살아나고 있다― 그것 스스로 공허한 추상 개념에 머물러 있다고 보아야 할 것이다. 사회적으로 작용을 일으키는 환경은 역으로, 그것이 여전히 매우 간접적이고 식별하기 어렵다고 해도, 인간에 의해, 그리고 조직화된 사회에 의해 산출된다. 그럼에도 심리학이 사회과학들의 기본 학문으로 간주되어서는 안 된다. 나는 여기에서 다음과 같은 사실을 간단하게 상기시키고자 한다. 사회적 조직화Vergesellschaftung의 형식들은, 즉 앵글로 색슨의 언어 사용에서는 제도를 지칭하는 이러한 형식들은, 그것들에 내재하는 동역학에 힘입어, 살아 있는 인간과 인간의 심리에 맞서서 낯선 것이면서도 동시에 위력적인 것으로서 인간과 인간의 심리에 대립되어 다가오는 방식으로 스스로 독립적으로 되었다. 이렇기 때문에, 인간의 일차적인 행동방식들로의 환원과 ―심리학이 이러한 환원을 연구하고 있듯이― 전형적이고 납득할 수 있게끔 일반화될 수 있는 행동 형태들behavior patterns 자체로의 환원이 인간들의 머리 위에서 일어나는 사회적 과정들에 도달하지 못한다. 물론 나는 심리학에 대한 사회의 우위로부터 두 학문의 비의존성

---

07 구체적으로 지칭되고 있지 않지만, 내용상으로 심리학과 사회학을 지칭함(역주).

을, 포퍼가 극단적으로 추론했던 것처럼 그렇게 극단적으로, 추론하지는 않으려고 한다. 사회는 전체적 과정이다. 객체성에 의해 에워싸이고 조종되며 형식이 만들어진 인간들도 역시 전체적 과정에서 다시금 사회에 반작용을 한다. 심리학은 그것 나름대로, 생물학적 성질과 그 자연사에서의 개별 존재가 사회학에서 전개되는 정도가 적은만큼 그렇게 적은 정도로, 사회학에서 전개되고 있다. 파시즘이 사회심리학적으로 설명될 수 없다는 것은 전적으로 확실하다. 사람들은 이 점과 관련하여 『권위주의적 인성』을 때때로 오해하곤 하였다. 사회학적으로 볼 때 그것들 나름대로 통찰력이 있는 이유들로부터 오는, 권위와 결합된 성격이 그토록 넓게 확산되어 있지 않았다면, 파시즘은 어떤 경우이든 권력 기반을 발견하지 못하였을 것이다. 파시즘은, 권력 기반이 없이는, 바이마르 공화국의 민주주의와 같은 사회에서 권력에 거의 이르지 못하였을 것이다. 사회적 과정들의 자율성은 그것 스스로 즉자적인 존재가 아니고 사물화에서 그 기초를 세운다. 인간을 소외시키는 과정들도 또한 인간에 관련된 것으로 머물러 있다. 이렇기 때문에 두 학문 사이의 경계는 사회학과 경제학 사이의 경계, 또는 사회학과 역사의 관계가 절대적이지 않은 만큼 바로 그렇게 절대적이지 않다. 총체성으로서의 사회에 대한 통찰은 또한, 이러한 총체성에서 작용을 하며 남김이 없이 잇달아 환원될 수 없는 모든 모멘트들이 인식 안으로 들어가야 한다는 것을 포함한다. 그러한 통찰이 학문적 노동 분업에 의해 테러의 대상이 되어서는 안 된다. 개별 인간에 관련되는 것에 대해 사회가 갖는 우위는 뒤르켐에서 바로 사회적 사실들의 기준이었던 사물로부터, 즉 사회를 마주 대하면서 개인이 느끼는 무력감으로부터 설명된다. 사회학의 자기 성찰은 또한 학문사적인 유산에 대해서도 깨어 있어야 한다. 유럽에서 교육과 연구의 통합universitas litterarum에 의해 동등한 권리가 있는 것으로 항상 여전히 받아들여지지 않은 학문의 자족自足, 즉 나중에 출현한 학문의 자족이 정도가 지나치게끔 미혹하는 것인 학문

사적인 유산에 대해서도 깨어 있어야 한다.

포퍼는 내가 제2 발제문을 언어로 정리하기 이전에 신문에 게재되었던 그의 기고문에서 우리 두 사람이 갖고 있는 입장들의 차이를 다음과 같이 나타냈다. 그는 여태껏 존재하였던 세계 중에서 가장 좋은 세계에서 우리가 살고 있다고 믿고 있다는 것이며, 나는 이것을 믿고 있지 않다는 것이다. 포퍼에 관한 한, 그는 조금은, 토론의 격렬함을 위해, 과장해서 말하였다. 여러 상이한 시대에 존재하는 사회들에 들어 있는 나쁜 상태를 서로 비교하는 것은 불안정하다. 어떤 사회도 아우슈비츠를 잉태하였던 사회보다 더 좋지는 않았다고 말하는 것은 나에게 심각하게 받아들여질 수 있다. 이러는 한, 포퍼는 나를 정확하게 특징지었으며, 이 점은 의문의 여지가 없다. 단지 나는 대립관계를 단순한 관점들의 대립관계로서가 아니라 결정 가능한 것으로서 고찰하고 있을 뿐이다. 두 사람은 관점 철학에 대해서 똑같은 정도로 부정적 입장을 취하고 있다고 보아도 될 것이며, 이것은 관점 사회학에 대해서도 해당될 것이다. 사회적 현실의 모순에 가득 차 있는 성격에 관한 경험은 임의적인 출발점이 아니고 사회학을 비로소 정초시키는 동기이다. 사회를 실존하는 사회와는 다른 사회로 사고할 수 있는 사람에게만, 포퍼의 언어를 따르면, 사회가 문제로 된다. 사회가 아닌 것을 통해서만이 사회는 사회인 것으로 그 모습이 드러나게 될 것이다. 공적 및 사적 관리의 목적 등에서 만족하지 않는 —물론 사회학의 프로젝트들의 다수가 그렇듯이— 사회학에서는, 바로 이 점에 문제가 달려 있는 것 같다. 이렇게 됨으로써, 개별 학문적인 실상으로서의 사회학에서, 사회가 왜 그 공간을 갖고 있지 않은가 하는 이유가 자세히 명명된다. 사회학이라는 새로운 학문의 설계는 콩트에서 그의 시대의 생산적인 경향들과 생산력의 맹위를 이미 당시에 이러한 경향들에서 성숙되어 있었던 파괴적인 잠재력으로부터 보호하려는 의도에 의해 떠받쳐져 있었다. 이렇기 때문에, 사회학은 이렇게 출발한 이래 출발 상황에서 아무것도 변화하지 않았다. 사회학이 최고도로 첨예화되었다고 할지라도, 출발 상황 이래 변화된 것은 아무것도 없는 것이다. 사회학은 이 점을 명백하게 해 두어야 할 것이다. 우두머리 실증주의자인 콩트는 사회의 대립주의적인 성격을 결정적으로 중요한 것으로 의식하고 있었으며, 콩트 이후의 실증주의의 전개는 이러한 성격을 형이상학적 사변으로 보면서 요술로 감추려고 하였다. 여기에서 그의 후기 단계의 어리석은 짓들이 유래한다. 이러한 어리석음은 사회적 현실이 사회적 현실을 인식하는 것이 직업인 사람들의 요구 제기를 얼마나 많이 비웃는가를 다시금 증명해 보였다. 사회학은 위기를 외면한 채 성장되었기 때문에 사회학의 성장된 상태를 위기에게 보여 주어야만 한다. 사회학이 외면한 이러한 위기는 그 사이에 부르주아지적인 질서 하나만의 위기가 더 이상 아니고, 사회의 물리적 존속을 문자 그대로 전체적으로 위협하고 있다. 관계들의 벌거벗은 채 출현하는 위력의 면전에서, 사회학이 사회적 권력을 조종할 수 있다는 콩트의 희망은 순진한 희망으로 그 모습을 드러내고 있다. 사회학이 전체주의적인 권력자들을 위한 계획들을 제공한다고 말해도 콩트의 희망은 순진한 것일 뿐이다. 사회학이 사회비판이론을 포기하는 것은 체념적이다. 전체를 변화시키는 것에 대해 절망해야만 하기 때문에 전체에 대해 사고할 용기를 더 이상 내지 못하는 것이다. 그러나 사회학이 이런 이유 때문에 기존 질서에 시중을 들면서 사실들과 형태들의 인식에 충실하겠다고 선서하려고 한다면, 부자유에서의 그러한 진보는, 세부 통찰들을 이용하여 사회학이 이론에 대해서 승리를 구가하는 것을 망상하는 세부 통찰들도 역시 증대되는 정도로 방해하지 않을 수 없을 것이다. 그러한 진보는 하찮은 것으로서 저주의 대상이 철두철미하게 되어야만 할 것이다. 포퍼의 발제문은 크세노파네스를 인용하면서 끝을 맺고 있다. 이것은 그가 나처럼 철학과 사회학의 분리에, 즉 오늘날 사회학을 도와 사회학이 영혼의 평화를 얻도록 해 주는 이러한 분리에 만족하지 않고 있음을 보여 주는 징후이다. 그러나 크세노파네스는, 엘레아학파의 존재론에도 불구하고, 계몽가였다. 아나톨 프랑스에서는 어떤 동물 종이 신성神性에 관한 표상을 갖고 있다면 이 표상이 이 동물 종에 고유한 상일 것이라는 이념이 되돌아오고 있는바, 이러한 이념이 이미 크세노파네스에서 발견되는 것은 이유가 없지 않다. 그러한 유형의 비판은 고대 이래 유럽의 모든 계몽에 의해 전해 내려오고 있다. 그러한 비판의 유산은 오늘날 넓은 정도로 사회과학에 주어져 있다. 사회학은 탈신화화Entmythologisierung를 의도한다. 탈신화화는 그럼에도 단순히 이론적인 개념이 아니며, 참된 것과 참되지 않은 것의 구분을 이용하여 옳은 것과 옳지 않은 것의 구분도 역시 때려 부순다고 볼 수 있는 우상 파괴의 개념도 아니다. 계몽이 탈주술화에서 항상 실행하는 것은, 계몽에 고유한 의미에 따라 인간들을 신화적인 강제적 속박의 틀로부터 해방시키고자 하는 것이다. 그것은 옛날에는 귀신들의 강제적 속박의 틀로부터, 오늘날에는 인간의 관계들이 인간의 위에서 행사하는 신화적인 강제적 속박의 틀로부터 인간을 해방시키려고 하는 것이다. 이런 의지를 망각하는 계몽은 이런 의지를 신화적인 강제적 속박의 틀에 내버려 두면서 해방에 무관심하며, 쓸모가 있는 개념적 장치들의 산출에서 쇠진하고, 포퍼가 지식사회학에 대해 이의를 제기하는 개념인 진리의 개념과 함께 스스로 태업하게 된다. 진리의 강조된 개념에서 사회의 올바른 설치가, 이것이 미래상으로서 화필로 완성될 수 있는 정도가 매우 적다 해도, 숙고하여 실행된다. 대인對人논증 reductio ad hominem은, 인간이 자기 자신을 스스로 제어할 수 있는 사회에서 만들어질 수 있을 것 같은 인간을 그 실체로 갖는다. 그러나 현재의 사회에서는 사회의 유일한 목록은 사회적으로 참되지 않은 것의 목록이다.

1962년

부 록

강연문: 「사회」에 대한 도입적인 언급

아도르노는 1966년 10월 14일 로마에서 「사회」라는 제목으로 강연하였으며,
그는 다음에 이어지는 내용을 강연문인 「사회」 텍스트에 앞서서 언급하였다.

내가 여기에서 제기하는, 사회에 관한 숙고들은 도입적인 언급을 필요
로 한다. 내가 언어로 정리한 내용들은 이러한 숙고들을 유발시킨 동기
와 분리되기 어렵다. 나는 이 숙고들을 복음 국가사전을 위해 집필하였
다. 복음 국가사전에서 사회라는 표제어를 다뤄 줄 것을 요청하는 초대가
나에게 도달되었을 때, 나는 오로지 책 한 권에서나 어느 정도 책임이 있
게 논의될 수 있을 것 같은 대상을 엄밀하게 제한되어 있고 매우 빠듯한
범위에서는 정당하게 판단할 수 없는 명백한 불가능성에 직면하여 처음
에는 경악하였으며, 이것은 순리에 맞는 것이었다. 나는 이 과제를, 하나
의 다리에 의지하여 서 있는 상태에서, 오로지 진기珍技, tour de force로만 착
수할 수 있었다. 그러나 바로 이 점이 나를 매혹시켰다. 나는 여기에서 찬
스를 보았다. 생각들을 심하게 축소시키지만 이에 대한 대가로 나를 방해
하는 것을 고려함이 없이 생각들을 표현하는 찬스를 보았던 것이다. 나는
통상적인 참조 사항들과 현학적인 장치를 거의 완전히 포기하였을 뿐만
아니라 사람들이 당연히 기대하는 근거 세우기의 연관관계들도 포기하
였다. 숙고들 자체를 주는 것이 아니고 숙고들의 결과를 농축시키는 것이
시도되었다. 물음 제기들과 많은 답변들의 중요성이 그것들에 대해 스스

로 말을 하는 경우에 이러한 처리의 정당화가 유일하게 기대될 수 있다. 나는 말하자면 독단적으로, 학문적인 관례에 따라서 보면 불쾌한 일이듯이, 사회에 관한 나의 이론적인 생각들의 정수精髓와 같은 것을 앞에 내놓는 위험을 감수하였다.

그러한 종류의 보호받지 않은 생각들은 주관주의의 반론을 유발한다. 생각해 낸 것을 사실들이나 또는 충분한 정신사적인 관계들을 통해서 받쳐 주지 않은 채 생각해 낸 것을 언급한다는 반론에 직면하게 되는 것이다. 그러나 나는 이처럼 판에 박은 말에 따라 주관주의적인 것처럼 보이는 것을 그것과 반대되는 것으로 간주한다. 오늘날 지배적인 사회과학은, 경험적 방법론들의 엄격한 객관성의 이름으로, 주관적인 판정들로 되돌아가고 있다. 다시 말해, 통계적으로 일반화되는, 매번 조사된 의견들, 견해들, 주체들의 태도들로 되돌아가고 있는 것이다. 이에 비해 내가 추적하는 관심은 사회적 객체성에의 관심이다. 사회적 객체성이 주관적인 행동방식들을 비로소 정초한다. 바로 사회적 객체성이 이것을 구축해 주는 주관적인 생각들을 필요로 하는 것이다. 사회적 객체성은 직접적으로 발견할 수 있는 것이 아니다. 사회적 객체성은 대상화된 학문적 방법론들로부터 멀리 벗어나 있다. 이러한 방법론들은 사회적 객체성 내부에서 유일하게 그 위치 가치를 획득하며, 그리고 나서 객관적으로 의도된 이론적 구성들을 그것들 편에서 변화시킬 수도 있다. 따라서 모든 사회적인 것, 생각될 수 있는 모든 연구 결과가 그 자리를 발견하는 서술 도식과 이 도식을 사회의 이론으로서 제시하는 것이 의도된 것은 아니다. 하나의 방법론학을 인식 주체들 사이에서 밀어 넣고 사물을 밀어서 옮겨 놓고 나서 방법론학을 아마도 사물로 간주하는 것이 의도된 것도 아니다. 나는 사물자체, 바로 사회에 대해 몇몇 사항을 말하고자 하는 것보다 더 많은 것을 의도하지 않는다.

이에 대한 시도는 지식인의 행동방식에 해당되는 것과 엄밀하게 일치한다. 이 순간 다시 파도처럼 밀려오는, 지식인에 대한 중상이 이러한 시도에 닥치게 되리라는 것은 의문의 여지가 없다. 사회학에 대한 아카데미적인 토론에서는 그러나 지식인을 연구 기술자를 통해 많든 적든 대체시키고 싶어 하는 목소리들이 이미 결여되어 있지 않다. 이러한 노력들에는 주관적 이성의 모델이 그 근원으로 놓여 있다. 숙고들은 오로지 사고하는 사람의 유형에서만 측정되며 사고된 것에서 측정되지 않는다. 지식인과 그 토대를 평가 절하하는 사람들은 여러 가지의 진리를, 이것을 충분히 완전하게 실현시키지 않은 채, 표상한다. 그들은 건전한 오성을 가진 이성적인 사람들을 위한 진리, 사람들이 경멸하곤 하는 대중을 위한 진리, 지식인들을 위한 진리를 표상한다. 다시 말해, 제공되는 이른바 긍정적인 과제들이 제대로 처리하지 못하여 반감을 불러일으키는 것들, 즉 일반적으로 볼 때 이제 어떻든 달갑지 않은 것들을 말하는 지식인들을 위한 진리를 표상하는 것이다. 그러나 중요한 것은 인식의 객관성이지 인식하는 사람들의 사회적이거나 또는 심리적인 상태가 아니다. 오늘날에는 무엇보다도 특히, 본질적인 것이 접촉되었는지의 여부, 또는 상식과 학문적 장치가 이처럼 접촉되는 것으로부터 저지되고 있는지의 여부가 중요하다. 사실들을 통해서도, 그리고 기고문들을 통해서도 자신의 먹이를 모두 먹어치울 수는 없는 지식인의 행동은, 그 사이에 도처에서 존재하는 미리 형식이 주어진 의견들과 행동방식들의 면전에서, 전면에 만족하는 것을 거부하는 특별한 기능을 갖는다고 해도 될 것이다. 이것은 확실한 고집스러움이며, 지식인의 그러한 행동이 원래 어떤 것인가 하고 묻는 물음은 인가된 것에 해당되는 것보다도 이러한 확실한 고집스러움에 더욱 많이 해당된다.

그럭저럭하는 사이에, 파시즘 이전의 시대와 파시즘의 시대에 사람들이 지식인들에 대항하여 논쟁하였던 것만큼 그렇게 공개적으로 더욱 많이 논쟁을 하는 경우가 드물게 될 것이다. 사람들이 지식인들을 분쇄하듯이 비난하는 것이 어려워질 것이다. 이것은 전략적으로 현명하지 못할 뿐만 아니라 학문적 가치 자유의 칭송된 이상을 향하여 사라지고 말 것이다. 지식인들을, 사회과학적인 사실들을 조사하는 것에 만족하는 사람들과 비교하여, 시대에 뒤진 존재로 끝내 버리는 것이 더욱 선호되고 있다. 이와 동시에 사람들은 사회적 다윈주의Sozialdarwinismus를 은밀하게 따르고 있는 것이다. 지식인들은 단절되어 있는 것 같다. 지배적으로 우위를 점하는 실제의 내부에서 지식인들의 노동에 대한 필요성이 더 이상 존재하지 않기 때문이다. 지식인들은 더 이상 활용될 수 없다는 것이다. 대략 고생대 시기에서나 일어났을 법한 일이, 적응에 실패한 기관器官들 및 생물체들과 함께, 지식인들에게서 일어나고 있는 것 같다. 히틀러의 이데올로기에서 지식인들은 하이에나의 역할을 하였다. 오늘날 지식인들은 오히려 공룡의 파충의 역할을 하고 있다. 심지어 사람들은, 사람들이 지식에서 배울 수 있는 것이 직업을 얻는 기회를 직접적으로 열어 주지 않고 게다가 직업적으로 기능을 수행하는 것에 방해가 되기 때문에 지식인들을 따르는 사람들이 없다는 것에 의지하여, 지식인의 본질을 지식인들에게서 몰아낸다. 이러한 진단은 막스 베버로 소급된다. 그는 물론 이러한 진단을 비판적으로 의도하였다. 베버는 절대주의 시대와 그 이전의 시대에서 발원한 교양인의 유형이 전문인의 유형에 의해 대체될 것임을 예견하였다. 이러한 전개가 그에게 세계의 지속적으로 진행되는 관료화만큼이나 강제적으로 출현하였던 동안에도, 그는 교정 방법들에 대해 숙고하였다. 비참한 결과를 가져왔던, 카리스마에 대한 그의 생각들은 그러한 교정을 위해 전적으로 성립되었다. 『경제와 사회』의 초판이 출간된 이후 40년 이상의 시간이 지나면서 지배적인 의식은 그러나 사실관계를 전도시켰다. 사회학적 자기 성찰은 베버를 전율시켰던 전개의 측면 위에 놓이게 되었다. 역사적인 경향에 대한 사고의 싱싱하도록 기쁜 패배주의가, 역사에 관한 최고로 피상적인 견해에 의해 운반되면서, 생성된다. 정신의 진보는 힘에서 성립되지도 않으며, 정신이 행하는 통찰의 논리에 맞는 결과에서 성립되지 않는다는 것이다. 외부로부터 이질적으로 의식에 설정된 과제들에 대해 의식이 갖는 적절성이 진보의 기준으로 된다. 재즈는 사회적-심리적으로 조건이 지어진 욕구들의 특정한 방식에 일치한다. 이렇기 때문에 재즈를 질적으로 인정된 근현대음악보다 더욱 현대적이라고 생각하는 사람들의 견해도 앞에서 말한 내용과 근본적으로 유사하다. 시대에 맞는 것은 사물 자체의 형태에 놓여 있다는 사실이 망각되고 있다. 이른바 곧바로 필요로 하게 되는 것에의 적응과 때때로 거의 관계가 없는 내재적 진보 상태가 존재한다. 내재적 진보 상태는 이 순간에는 그것의 반대의 상태로 존재하고 있다. 적응 메커니즘들의 보편성에 맞서서, 이런 메커니즘들에 굴복하지 않고 그것들의 게임 규칙들에 따라 처리하는 것을 거부하는 생각들이 오늘날 더욱 진보된 생각들이라고 보아도 될 것이다. 사고가 발견하였던 기계들에 사고를 적응시키는 것의 위를 걷는 진보의 길은 진보의 길이 아니고 퇴행적이다. 이러한 길은 정신박약에서 끝난다. 본질적인 것을 생각하는 것이 사고의 기술화에 의해 불구가 되는 정도가 많을수록, 사고는 이 과정에서 희생된 것, 시장에서, 그리고 정신적인 시장에서도 수요가 없는 것을 더욱 많이 필요로 하게 된다. 지식인이 이러한 관심을 대변한다. 생각에 대한 통제에 복종하는 것 대신에 생각에 대한 통제를, 충분할 정도로 의존되지 않은 채, 두려워하지 않고 움츠러들지 않을 수 있는 지식인이 이러한 관심을 대변하는 것이다. 내가 청중에게 강연한 내용은 지식인이 자신의 입장을 스스로 의식하는 명백한 입장으로부터 오는 내용이며, 이러한 입장은 오늘날 추방된 사변에의 권리도 역시 위축시키지 않는다. 정신은 그 고유한 개념에 맞춰서 볼 때 적응의 반대 개념인바, 적응이 정신으로부터 요구하는 척도인 지배적 직관의 척도 자체에 따라, 지식인에 대한 연대기적인 중상中傷에 그 답변이 주어질 수 있다. 인간은 규제된 생각의 관리자들이 기꺼이 원하는 만큼 바로 그런 정도로 규제되지 않은 생각을 사실상으로 저버리지는 않는다. 정돈되지 않은 의식, 사물화되지 않은 의식이 아직도 과감하게 움직이는 곳에서 인간은 오히려 길게 숨을 내쉬고 있다. 이에 기대어 나는 사회에 관한 나의 사유들 중에서 몇몇 사유를 청중에게 알렸으며, 나의 사유가 이러한 구상에 놓여 있는 것처럼 바로 그렇게 감사드려야 할 것이다.

이 텍스트는 라디오 토론을 위해 1960년 10월에 집필되었으나,
토론에 사용되지 않았다.

　우리가 토론에 기초로 삼은 강연은 교육사회학에 대한 경험적 연구에
토대를 두고 있지 않다. 이 강연은 이론적 종류의 강연이며, 경험적으로
답변될 수 있는 일종의 물음 제기들도 역시 촉진시키려는 의도를 갖고 있
지 않은 것은 물론 아니다. 이 강연은 이런 취지에서 언어로 정리되었다.
이 텍스트는 『모나트Monat』 132권에서 간행되었으며, 1959년에 베를린에
서 개최되었던 독일 사회학회의 자료집에도 역시 게재되었다. 이런 간행
물들이 청중에게 알려져 있다는 것을 우리가 전제할 수는 없기 때문에,
나는 이 텍스트에서 발원하는 몇몇 생각을 최대한 축약하여 재현시키고
싶다. 나는 그러나, 사람들이 그렇게 말하듯이, 강연 자체를 보고하고 싶
지는 않다. 책임을 지면서 언어로 정리된 글을 개괄하는 가능성에 대해
나는 회의적이다. 내가 쓴 글은 바로 개괄 가능성과 대립되어 있다. 개괄
가능성은 서술 형식과 내용의 분리를 전제하는바, 나는 이러한 분리를,
내 입장이 방해되지 않은 상태에서는, 인정할 수 없다. 어떤 텍스트가 적
절하게 개괄될 수 있다면, 그것은 텍스트를 필요로 하지 않을 것이다. 오
히려 개괄은 사물 자체라고 보아야 할 것이다. 내가 간략하게 언급하는
동기들은 따라서 단편적이며 불충분하다. 이러한 동기들은 그것들 자체

로 간주되려고 하지 않으며, 단지 토론의 원재료로서의 동기들일 뿐이다.

우리가 토론의 기초를 삼은 강연은 교육이 오늘날 사회화된[01] 반쪽 교육이 되었다는 테제로부터 출발된다. 그러나 테제의 이러한 출발은 반쪽 교육에 고유한 역사나 또는 대략 교육학의 역사로 되돌아가지는 않으며, 사회적으로 파악된다. 문화는 그 자체로 이중적 성격을 갖는다. 한편으로는 정신문화의 성격을 가지며 다른 한편으로는 스스로 적응되는 자연지배의 성격을 갖는다. 교육이 휴머니티 개념에 의해 의도되었던 것처럼, 교육은 그 정점에서 이러한 두 가지 모멘트들을 그 내부에 포함한다. 두 모멘트들 사이의 긴장은 그 사이에 도처에서 널리 사라졌다. 정신적인 문화는, 그것이 직업적으로 다루어진 것들을 제외하고는, 실체적인 것으로 더 이상 경험되지 않는다. 보편적으로 사회적으로 조직화된 사회의 그물망에서의 적응이 모든 것에 대해 지배적으로 되었으며, 정신적으로 독립적인 것에의 기억을 더 이상 거의 남겨 놓지 않는다.

정신은, 앞에서 말한 물론 항상 문제성이 있는 독자성의 의미에서, 쓸모가 없게 되기 시작한다. 정신이 성찰되지 않은 채 이러한 과정에 대립되는 곳에서는, 진실하지 않은 것이 정신을 위협한다. 정신은 물신物神이 된다. 적응도 또한 이와 다르지 않다. 사회적 전체의 각기 개별적인 이성적인 목적에 대해 보편적으로 조직화된 수단들이 우위를 점하는 것으로서의 적응도 역시 물신이 된다.

교육은, 이성적인 사회를 가져온다고 망상하였지만 혼자 힘으로는 이성적인 사회를, 결코 한 번도, 망상하였던 대로 가져왔거나 보증하지 않

---

01 이곳에서 아도르노가 사용하는 개념은 사회 구성원이 사회 규범들, 가치들을 한편으로는 자신에게서 내면화시키고 다른 한편으로는 사회적이고 문화적인 환경에서 자신의 사회적 역할들을 내면화시키는 것을 의미하는 개념이며, 넓은 의미에서 교육을 의미하는 개념으로 볼 수 있는 사회화(Sozialization)임. 이 개념은 사회적 조직화를 뜻하는 Vergesellschaftung과는 다른 개념임(역주).

았다. 교육은 문화를 절대적인 것으로 설정하는 이상을 갖고 있는바, 문화의 물음을 불러일으키는 불확실한 상태가 교육의 이러한 이상에 스스로 스며들어 있다. 전체 역사를 처음부터 끝까지 관통하면서 작용하는, 경제적 권력과 무력감의 모순에서, 그리고 이와 함께 무력한 사람들에게 객관적으로 억지로 떠맡겨진 한계인 교육의 한계에서 결정적으로 중요한 것은 아무것도 변화하지 않았던 동안에도, 이데올로기는 더욱 근본적으로 변화되었다. 오늘날 이데올로기는 짐을 떠맡아야만 하는 사람들에서도 역시 사회적 균열을 인식하는 것을 가능하게 한다. 상류층과 하류층의 의식은 서로 비슷해진다. 사회적인 차이들은 주관적으로는 항상 더욱 많은 정도로 액체로 녹여진다. 이전에 상류층을 위해 예약되어 있었던 교육 재화들의 수를 셀 수 없는 운하와 같은 통로들이 대중에게 공급된다. 그럼에도 교육에 이르는 전제가, 즉 그 사이에 교육재로 흘러 들어간 것의 살아 있는 경험에 이르는 전제가 그것 자체로 의문을 불러일으키는 상태에 머물러 있다. 이전에 교육으로 지칭되었던 모든 것을 떠맡는 개념인 경험의 개념은 노동 과정들에 의해 전적으로 와해된다. 이러한 전개는 우연적이지 않으며 문화산업을 운용하는 사람들의 사악한 의지에 대략적으로 전가될 수 없다. 이러한 전개는 오히려 사회의 경향에 객관적으로 기초하고 있으며, 또한 선한 의지에 의해서 임의적으로 폐기될 수도 없다.

이러한 경향의 결과는 그 사이에 보편적인 반쪽 교육이 된다. 모든 정신적인 내실이 소비재들로 변모되는 결과에 이르게 되는 것이다. 이러한 소비재들에게는 어떤 의무도 더 이상 없고, 이것들은 원래부터 있는 것으로만 이해되는 선에서 끝나지도 않는다. 그 대신에 사람들은 문화에 참여하기 위한 목적으로 소비재들에 대해 정보를 수집하게 된다. 소비재들은, 실제적으로는, 중요한 사회적 진행 과정들을 감추는 데만 여전히 쓸모가 있다. 반쪽 교육은 살아 있는 주체들에 대한 살아 있는 관계가 없는 상태에서 정신적인 것이 확산되는 현상이며, 지배적인 이해관계들에 적응하는 직관들로 평준화된다. 모든 매체들을 관통하면서 뻗쳐 있는 체계가 된 문화산업은 집중과 기술적 평준화의 경제적인 필연성에 순종할 뿐만 아니라 문화를 밀어젖혔던 사람들을 위해 문화를 동시에 명시적으로 생산한다. 반쪽 교육은 배제된 사람들에 들어 있는 조작된 정신이다.

정신은, 비판적으로 경험되고 정신 스스로 비판적인 요소가 되는 것 대신에, 길잡이 상像들로 가공加工된다. 길잡이 상들은 상이 없는 것의 암담한 상태에서, 즉 인간들이 그 속으로 빠져든 절망적인 상태에서 인간들에게 대체물을 제공한다. 표현주의 시대까지는 여전히 파고 들어가서 말할 수 있지만 그것 자체로 이미 공허하고 의문을 불러일으키는 표현인 정신적인 인간으로 지칭되었던 것은 사멸하고 있다. 정신적인 인간의 유산, 자신을 현실적이라고 생각하는 능수능란한 사람은 그러나 사물들에 가까이 다가서 있지 않고, 자신의 내부로 채워 넣어진 모든 것을 힘들지 않게 삼켜 버릴 준비만이 유일하게 되어 있다.

정신 자체가 모든 것으로부터 정신을 순수하게 유지시킬 수 없다. 교육이 더 이상 진지하게 기대되지 않으며 더 이상 사회적으로 존중받지 않는다는 사실이 정신의 가장 내적인 합성에서 정신에 얽혀 있다. 사회적으로 유용하고 활용 가능한 것이 반쪽 교육이다. 반쪽 교육은 상품의 물신적 성격에 의해 움켜쥐어진 정신이다. 물신적 정신은 이전에는 높은 곳에 있었던 것도 그 내부로 빨아들여 찢어 버렸다. 아무것도 지나치게 좋지 않고 아무것도 지나치게 비싸지 않지만, 아무것도 그 외형이 손상되지 않은 채 머물러 있지 않다. 모든 것이, 생산적 측면으로부터 출발하여, 사람들을 소비자들로 계산하는 것에 맞춰 재단된다.

현재의 조건들 아래에서는 교육의 극단화에 대한 무조건적인 계몽적 도정에 대해 의구심이 일어난다. 이러한 과정이 취소될 수는 없는 만큼 바로 그 정도로 이 과정은 그 열매를 맺게 할 수 있다. 확산된 교육재는 사람들이 확산시키는 것을 자랑하는 바로 그러한 의미를 교육재의 가공을 통해서 변화시킨다. 정신적인 것들에서는 진리의 근사치가 존재하지 않는다. 절반쯤 이해되고 절반쯤 경험된 것은 교육의 전前단계가 아니고 교육의 불구대천의 원수이다. 천재적인 것과 위대한 것은 그것들 자체에 대해 직접적으로 증언하며 그것들 자체를 이해시킨다는 생각은 착각이다.

교육이라고 지칭되는 어떤 것도 전제가 없이 포착될 수 없다. 반쪽 교육은 그럼에도 감추어진 왕국을 갖고 있다. 많은 사람들이 이 왕국에 의해 부당하게 배제되었으며, 이 사실 하나만으로도 이 왕국은 그러므로 정당한 왕국이 아니다. 모든 사람이 이처럼 부당한 왕국을 위해 만들어진다. 모든 사람이 말에 끼어들 수 있으며 모든 사람이 함께 말하는 것에 속하지만, 타협하는 사람들로서만 단순히 존재할 뿐이다. 모든 사람이 자율성에서 존재하지 않는다. 모든 사람이 관계에서 책무로의 성장을 의미하는 자유에서, 교육 자체의 이념이 이전에 그랬던 것처럼, 존재하지도 않는다.

나는 앞에서 말한 숙고들을 강연에서 제시하였다. 헬무트 베커Helmut Becker 씨가 발언을 하기에 앞서서, 나는 이러한 숙고들이, 사회비판이론의 의미와 이 이론이 갖고 있는 잠재력의 뒤에서 뒤로 머물러 있는 상태의 의미에서, 진보성에 관하여 항간에서 행해지는 개념과 결합되는 바로 그러한 직관들에 상처를 입히고 있다는 점에 대해 청중에게 주의를 환기시켜도 되리라 본다. 이러한 모순이 원래 매개체가 되어, 매개체에서 토론이 일어나고 있는 것이다.

「후기 자본주의 또는 산업사회?」에 대한 토론문

아도르노는 프랑크푸르트 암 마인에서 개최된 제16차 독일 사회학자대회에서 1968년 4월 8일 「후기 자본주의 또는 산업사회?」라는 제목으로 기조 강연을 하였으며, 이에 대해 랄프 다렌도르프가 다음날 그의 발제문 「지배, 계급관계와 계층」에서 반응하였다(vgl. Spätkapitalismus oder Industriegesellschaft? Verhandlungen des 16. Deutschen Soziologentages, hrsg. von Theodor W. Adorno, Stuttgart 1969, S.88ff). 아도르노는 다음의 기고문으로 다렌도르프의 발제문에 접속되는 토론의 문을 열었다. 다음의 토론문은 언어로 자유롭게 정리되어 있다. 아도르노가 이 토론문에 앞서서 언급했던 것에 비해서 원리적인 유보를 노출시키고 있음에도 불구하고, 토론문이 제기된 물음과 관련하여 중요성을 갖고 있기 때문에 이 자리에 다시 인쇄된다.

　여기에 벌써 다시 나타나게 된 것에 대해 나는 청중에게 송구하다는 말을 먼저 드리지 않을 수 없다. 나의 발제문에 대해 계획된 토론이 어제 이루어지지 않았고 다렌도르프가 이에 대해 명시적으로 언급하였기 때문에, 그에게 답변하지 않는다면 나는 이것을 의무의 회피로 느끼게 될 것이다. 나는 다렌도르프가 나에게 설정했던 것과 똑같이 단호하게 그에게 답변할 것이다. 테쉬너Teschner의 공동연구 그룹의 자리에 달려들어 이 그룹을 넘어뜨렸던 공동연구 그룹의 발제문, 즉 브란트Brandt가 목청을 높여 읽었던 발제문과 관련되는 점들을 나는 예단하고 싶지 않으며, 이러한 예단이 없는 상태에서 다렌도르프에게 답변하는 것은 자명하다.

　나는 이론과 실제의 복합체에 대해 최소한 먼저 한마디 말하고 싶다. 다렌도르프는 내가 대변하였던 공동연구 그룹에 의해서도 역시 대변된 것들은 실제로부터 너무나 멀리 떨어져 있었다는 비난을 제기하였다. 이러한 비난은 나를 경악시켰다. 나는 그렇지 않아도 지금까지, 오히려 전적으로 다른 측면에서 출발하여, 이러한 비난에 대한 준비가 원래부터 되어 있다. 나는 이론과 실제의 전체적인 복합체를 풀어서 펼칠 수는 없고, 그가 이론과 실제에 관한 논점에 대해 말했던 것에 대한 내재적 비판에 만족하고 싶다. 이른바 전체사회적인 구상은 필연적으로 전체사회적인 실제의 개념도 포함한다는 것이며, 이러는 동안에도 사람들이 실제에서 실재적인 어떤 것을 정말로 개선시킬 수 있는 실제는, 즉 성공을 약속하는 실제는 사람들이 일상의 잘 알려진 요구에서 만족하는 실제, 구체적인 세목들에서 입증되는 실제라는 것이 다렌도르프가 제시하는 논증의 핵심이다. 이제 나는 이론과 실제의 모든 연관관계가 전적으로 새롭고도 근본적으로 숙고되어야 하며 무엇보다도 특히 이론과 실제의 연관관계를 덜거덩거리는 기계적인 방식으로 주장해서는, 사실상으로, 안 된다고 생각한다. 나는 위험을 또한 의식하고 있으며, 이 점을 나의 저작들에서 충분히 표현함으로써 말하려고 하는 바는 다음과 같다. 다시 말해, 나는 이론과 실제의 통합에의 요구가 실제에 의해 이론이 입증의 검열을 받는 결과에 매우 용이하게 이르게 되고 만다는 점을 말하고자 하는 것이다. 이러한 결과에 이르게 됨으로써 중요한 의미를 지니는 실제에 대해 필연적인 사회적인 분석이, 바로 이러한 분석이, 사정에 따라서는, 일어나지 않게 된다. 그러나 나는 이론과 실제 카테고리들과 전체사회적이나 또는 경험적인 개별 분석 사이를 연결시키는 개념 결합이, 이 개념 결합이 다렌도르프의 구축물에 필연적으로 놓여 있듯이, 유지될 수 없다고 생각한다. 나는 이와 동시에 매우 간단한 사실 하나를 지적하고 싶다. 다시 말해, 우리가 제한된 이른바 구체적인 범위에서 —오늘날 어느 누구가 구체적이고 싶지 않겠는가— 거의 추상적인 필연성을 통해서 무언가를 변화시키려고 시도한다면, 앞에서 말한 그러한 독특한 실제의 한계에 부딪치게 된다는 점을 지적하고자 한다. 이러한 연관관계에서 나는 동료인 테쉬너가 우리와 함께하지 못하고 있는 것에 대해 매우 특별하게 유감으로 생각한다. 테쉬너는 정치적 수업에 관한 그의 연구들에서 자유로운 사회의 미래를 위해 매우 특별할 정도로 중요한 영역에서 행해진 개혁 제안들과 개선 제안들이 오로지 체계에 의해 주어진 한계들로서만 나타낼 수 있는 한계들에 즉각적으로 부딪치게 된다는 사실을 예외적이라 할 정도로 구체적이고 이론의 여지가 없을 만큼 확실하게 입증해 보였다. 그의 연구는, 내가 거대 관점인 이론과 실제를 지금 풀어서 펼치고 싶지 않은 상태에서도, 실제는 개별적이고 구체적인 필요 상황들에서 일차적으로 전개되지 않고 전체가 의미하는 것을 실제의 내부에 편입시킨다는 사실을 충분히 정당화시키고 있다고 보아도 될 것이다. 사회적인 실체가 최종적으로는 구체적인 상황이라는 것은 자명하다. 변화되어야 하는 것은 개별 인간들의 실재적인 삶이다. 그러한 변화는 그러나 지금 여기에서는 인간들의 삶의 변화로 필연적이고도 직접적으로 되고 있지 않다. 인간들의 삶이 직접적인 삶이 아니고 오래전부터 앞에서 말한 전체사회적인 모멘트들에 의해 결정되어 있기 때문이다. 이러한 모멘트들을 인식하는 것, 이 모멘트들의 모든 순간에서 경험될 수 있지만 그것들 나름대로 다시 사실들로 옮겨질 수 있게 되기는 특별할 정도로 어려운 실태, 바로 이것이 현재의 사회학의 가장 상위에 있는 시급한 과제를 이룬다. 다렌도르프는 이러한 연관관계에서 나를 공격하였던바, 그 이유는 내가 고유성의 새로운 은어와 같은 것을 확산시키기 때문이라는 것이다. 나는 고유성의 은어가 프랑크푸르트학파의 이론적으로 방향이 맞춰진 연구들의 용어에 관련된다는 것을 받아들이고 싶다. 내가 여기에서 매우 격렬하게 말하고 있다면, 다렌도르프에게 이에 대해 양해를 요청한다. 그러나 그와 견해를 함께하는 사람이 제기한 반론은 같은 말과 형식으로 나를 보복하는 반론이며, 나를 동행시키지도 않는 보복이다. 어떤 학문도, 어떤 종류이건 상관이 없이,

확실한 용어가 없이는 부화되지 않는다. 고유성의 은어를 읽은 사람들은 내가 은어의 용어적인 것을 공격하지 않았고 용어가 아닌 것처럼 행동하는 용어를 공격한 것을 알고 있다. 또는 다르게 말한다면, 나는 사회적으로 매개된 관계들의 표현을, 즉 인간의 원原경험들의 표현이라도 되는 듯이 행동하는 표현을 공격하였던 것이다. 고유성의 은어는 이데올로기비판의 한 부분이며 오로지 그것 자체로 이해될 수 있다. 이렇기 때문에 고유성의 은어는 오로지 그것의 특별한 내용에서만 비판될 수 있다. 우리가 대략 은어 개념을, 이 개념이 이데올로기비판에서 출현하고 있듯이, 학문적 게임 규칙들에 따라 단순하게 다루며 묻는 ―이것이 실제로 하나의 은어가 된다― 태도를 취하지 않고 비판적-패러디적 모멘트를 은어 개념에서 함께 사고하는 것은, 앞에서 말한 이데올로기비판에 대한 기본적인 이해에 속한다. 나는 물론 이것을 돕는 입장에 서 있으며, 은어에 관련된 연구가 독일의 분위기를 이데올로기로부터 벗어나게 하는 데 끊임없이 조금은 기여해 왔다고 자부하고 있다. 나와 나의 가까운 친구들을 비난의 대상이 되게 하는 이른바 은어가 가벼운 이해로부터 벗어나는 것에 의해 그 특징이 두드러지게 드러난다면, 이것은 일반적인 커뮤니케이션의 타락된 무절제성으로부터 ―이러한 무절제성은, 사회가 오늘날 그러한 성질을 갖고 있는 것처럼, 일반적인 동의의 가상을 통해 진실을 어둡게 하는 것에만 오로지 도움을 줄 뿐이다― 사물 자체에 대한 매우 임격한 표현을 통해 벗어나는 시도가 이루어지는 것으로부터 오는 결과이다.

다렌도르프는, 매우 신중하면서도 사려 깊게 자신을 표현하고 있지만, 내가 주관적인 것과 객관적인 것의 카테고리들을 완전하게 책임지지 않은 채 사용하고 있다고 나를 비난하였다. 내가 옹호하는 직관들은 나와 반대 입장에 서 있는 사람들이 대변하는 직관들처럼 그렇게 가차 없이 정의定義의 원리에 동의하지 않는다는 것을 청중이 잘 알고 있음에도 불구하고, 나는 주관적인 것과 객관적인 것의 개념들을 명백하게 해 두고 싶다. 내가 줄곧 의도했던 바는 다음과 같은 내용이다. 내가 여기에서 **객관적** 사회학과 함께 의도하는 사회학은 사회의 구조들로 되돌아갈 수 있다고 믿는 사회학이다. 내가 어제 표현하였듯이, 사회체계로부터 스스로 끌어내는 구조들, 또는 사회체계 자체를 적중시키는 구조들, 대략 과학적인 필요성과 과학적인 조직화에 의해 산출된 체계화들이나 또는 정돈 모형들이 아닌 구조들로 되돌아갈 수 있다고 믿는 사회학이 객관적 사회학이다. 이에 비해, 나는 **주관적인 것**을 두 가지로 나타냈었다.

나는 먼저 과학적 주관주의를 다음과 같이 나타냈었다. 분류적인 학문들의 정돈 카테고리들이 사물 자체의 구조를 희생시키는 대가로 인식의 본래의 매체들을 내준다고 말하는 것이 과학적 주관주의이다. 그러고 나서 나는 다음과 같은 주관주의를 나타냈으며, 이것은 다렌도르프가 주목하였던 의미를 더욱 많이 담고 있었다. 주관주의는 다음과 같은 것에서 성립된다. 다시 말해, 생산 과정에서 개별 인간들의 객관적으로 그 모습이 드러나는 위치가 실제로 관건이 되는 곳에서, 주관주의가 주관적인 데이터, 예를 들어 소득별 집단들이나 또는 신분 의식과 같은 데이터, 역할 의식, 또는 그 위에 덧붙여 ─미국의 계층사회학이 사용하듯이─ 알려진 목록들에 되돌아가는 것에서 성립되는 것이다.

다렌도르프는 노동자 자녀들이 이른바 더욱 높은 교육제도들에 훨씬 낮게 대표되면서 참여하는 것과 같은 사회적 사실이 결국은 하나의 구체적인 문제인 것은 확실하다는 점을 인정하였고, 내가 사용하는 카테고리들에 따르면 이 문제가 어떻든 상관이 없는 것에 빠져든다는 것을 매우 효과 있게 지적하였다. 나는 어떤 오해도 일어나게 하고 싶지 않다. 나는 다렌도르프가 앞에서 말한 것들을 과소평가하는 최후의 사회학자이다. 그러나 그것들은 여전히 지나치게 많이 빈약하고 궁색하게 말해진 것들이다. 사회비판이론의 최종적인 공격점이 개별 인간들의 실재적인 삶이라는 것은 당연하다. 차이는 그러나 우리가 개별적 부분들로부터 출발할 것인지 또는 개별적 부분들, 개별적 경험들을 자체로서의 사회와의 구조 연관관계에서 볼 것인지에서 성립된다. 우리가 사회의 구조 연관관계와 의존되지 않은 상태에서 개별 현상들에서 무엇을 얼마나 넓게 변화시킬 수 있는가 하는 것은 지금 당장은 그것 자체에 기인할 수밖에 없다. 나는 변화시킬 수 있는 한계들을 매우 좁은 것으로 간주하고 있다. 나는 그러나 마르크스에 대해 잘 알고 있는 학자인 다렌도르프에게도 나와 마찬가지로 확실히 기억에 남아 있는 것을 이 자리에서 의도하고 있다. 다시 말해, 마르크스와 엥겔스가 빈곤과 부유의 두 개념의 사용을, 이러한 사용이 대략 유토피아주의자들과 이미 오래된 토마스 모어Thomas More에 놓여 있는 것처럼, 가장 예리하게 비판하였다는 사실이 그의 기억에도 확실히 남아 있을 것이다. 빈곤과 부유의 개념을 사용하는 것에 대한 비판은 마르크스가 빈곤이라는 사실을 경시하려고 했던 의도에서 이루어진 것이 아니다. 이 점은 자명하다. 오히려 마르크스가, 가장 실재적이고 가장 절박한 빈곤, 즉 인간들의 실재적인 빈곤은 구조에서 출발해 보면 동시에 첫 번째 것이 아니고 두 개념을 사용하는 것의 매개에서 사람들이 인식해야만 하는 것인 제2차적인 것이라는 사실을 믿었기 때문이다. 이런 이유에서 엥겔스와 마르크스는 빈곤과 부유의 개념을 사용하는 것을 비판하였던 것이다. 사람들이 또한 여기에서 뿌리까지 파고들면, 이것이 인간에 대해 직접적으로 사유하지 않고 있기 때문에 비인간성에 빠져 있다는 비난에 내맡겨지게 된다. 그러나 나는 이러한 비난에 내맡겨지는 것도 또한 현혹의 연관관계Verblendungszusammenhang의 한 부분이라고 생각하고 있다. 여기에서 문제되는 비인간성은 인간들이 그들의 살아 움직이는 운명에서 객체들로 되고 말았다는 것, 바로 이것이 비인간성이다. 이 점을 명백하게 말하려고 시도하는 사회학이 비인간성으로 되는 것은 아니다.

미래와 관련한 신중함에 관한 한, 나는 어제 말했던 내용, 즉 힘을 들여 강조하는 이론의 의미는 진단이 아니라는 내용을 반복할 수 있을 뿐이다.

이 점은 원래 실증주의-논쟁의 연관관계에 속한다. 실증주의에서는 진리에 대한 입증 기준들이 모조리 진단적인 종류이기 때문이다. 다렌도르프가 너무나 많은 물음들을 던졌기 때문에 나는 진단이라는 주제에 대해서 아마도 다음과 같이 하나의 물음으로 답을 해도 될 것이다. 특히 전체 사회적인 종류의 진단들이 공동연구 그룹이 지적하였던 체계에 낯선 요인들 때문에, 바로 이런 요인들 때문에 더 이상 가능하지 않다는 점이 사회의 비합리성의 고유한 특질에 속하는 것이 가능할 수도 있다는 물음이 제기될 수 있는 것이다. 호르크하이머는 최근의 논문에서 이 문제를 매우 인상 깊게 추적한 바 있었다.

무정부 상태에 관한 한, 나는, 미안한 말이지만, 다렌도르프가 이 문제를 다루는 자리에서 조금은 비변증법적으로 사고하였다고 생각한다. 이것이 놀랄 만한 일이 아니라는 것은 당연하지만, 이 점을 아마도 말해도 될 것이다. 마르크스에서 무정부 상태의 개념은 전적으로 비판적인 의미에서 사용되었던 것으로 보인다. 우리 모두 이 점을 알고 있다. 그러나 이처럼 비판적으로 사용되었던 것의 배후에는 상품 생산의 무정부 상태에 관한 생각이 놓여 있다. 하나의 상태, 즉 이 상태에서 인간들이 자신의 위에서 일어나는 사회적인 전체 과정을 모든 개별 인간에 대해 맹목적인 것, 우연적인 것으로 경험하는 하나의 상태에 관한 생각이 놓여 있는 것이다. 그러한 무정부 상태에 대한 비판의 배후에 놓여 있는 이념은 인간을 지배하는 체계에 대한 비판의 이념이지, 지배로부터의 자유의 이념에 대한 비판이, 전체적으로 볼 때, 결코 아니다. 우리가 무정부 상태, 그리고 무정부 상태에 대한 태도의 비판에 들어 있는 이중적 성격에 끼어들지 않는 한, 전체적인 복합체를 지나치게 짧게 보게 된다. 마르크스는 그의 생애 중에서 무정부 상태를 비판하는 일에 사용하였던 기간 동안에 지배가 없는 상태를 뒤로 쫓아 보내려고 하지 않았으며, 오히려 그에게 떠올랐던 생각이 특정한 단락적短絡的, kurzschlüssig인 활동들에 의해 뒤로 쫓겨나고 있다는 견해를 갖고 있었다.

　중심적인 지점은 지배에 대한 물음이다. 잘 알려져 있듯이 엥겔스의 반反-뒤링과 거친 대립관계에 놓여 있는 카테고리적인 지배의 카테고리를 다시 받아들이는 것이, 내가 보기에는, 호르크하이머와 내가 제기한 계몽의 변증법으로 되돌아가려고 하는 것 같다. 이론이 단순하게 뒤로 되돌아가 형성되는 것은, 학자들은 우리가 뒤로 되돌아가서 이론을 형성하고 있다고 기회가 있을 때마다 우리를 비난하고 있지만, 어려운 일이다. 학자들이 우리를 비난하고 있지만, 계몽의 변증법에는 오히려 매우 실재적인 것, 매우 심각한 것이 표현되어 있다. 이것들은 지금까지의 기고문들에서 항상 다시 화제가 되어 왔다. 현재의 사회는, 그 정치적인 형식들이 강제의 밑에서 경제적인 형식들에 근원적으로 접속되는 것이 당연할 것임에도, 메타-경제적인 형식들의, 즉 고전적인 교환 메커니즘에 의해 더 이상 정의되지 않는 형식들의 중요한 의미에서 직접적으로 그 방향이 정해지는 경향을 ―나는 경향에 대해 명백하게 말하고 있다― 보여주는바, 이처럼 매우 실재적이고 심각한 경향이 계몽의 변증법에 표현되어 있는 것이다. 이런 경향들이 존속되고 있다는 것에 대해서는 논쟁거리가 별로 되지 않는다고 보아도 될 것이다. 그리고 나서 지배의 개념은 그러나 순수한 경제적 과정들에 비해 하나의 확실한 우위를 사실상으로 새롭게 획득하게 된다. 내재적인 사회-경제직 운동에 의해서 형식들이 구조적으로 산출되거나 또는 그 모습을 드러내는 것처럼 보이며, 이런 형식들은 그리고 나서 그것들 나름대로 순수한 경제와 순수한 내재적인 사회적 변증법의 결정 연관관계로부터 빠져나와서 확실한 정도까지 스스로 독립적으로 된다. 그러나 이런 형식들은 결코 좋은 것으로 되지는 않는다. 헤겔은 이렇게 되는 것을 법철학의 자리에서 악마와 같은 순진함으로 진단하였다. 그는 이 자리에서 시민사회가, 조각들로 부서지지 않기 위해서, 어느 정도 온전하게 계속해서 기능하기 위해서, 그것 내부로부터 이른바 단체들과 경찰이라는 힘들을, 즉 그것들 나름대로 다시 순수한 사회적인 힘들의 게임으로부터 제외되어 있다고 하는 힘들을 불러일으킨다고 말하고 있다. 그는 이것을 긍정적으로 보았다. 반면에 우리는 파시즘을 통해 —나는 파시즘이 무엇인가를 우리가 알고 있다고 생각한다— 직접적인 지배로 새롭게 전이되는 것이 무엇을 의미할 수 있는가에 대해 그 사이에 가장 근본적으로 배우게 되었다.

나는 갈등 이론이, 짐멜에 의해 발전되었으며 다렌도르프도 이 이론을 최소한 때때로 지지하였듯이, 실체화될 수 없다는 견해를 갖고 있다. 갈등은 그것 자체로서 실체화될 수 없는 것이다. 현재의 상황에서는 정당한 갈등의 투명한 목적인目的因은 평화의 산출이 된다. 나는 이 점을 말해 두고 싶다. 공동연구 그룹의 발제문에서뿐만 아니라 이 발제문과 전혀 의존되지 않은 채 어제 발표된 나의 발제문에도 표현되어 있는 내용인, 다른 모든 욕구에 선행하는 인간의 기본적인 욕구는, 사람들이 살아 있을 때만이 모든 욕구를 가질 수 있기 때문에 우위를 갖는다. 이처럼 소름끼치는 진부한 말을 하는 것에 대해 다렌도르프에게 양해를 구한다. 현재의 균열된 대립적인 사회에 대해서 사회적 투쟁의 수단들을 통해 답변될 수 있다는 것이, 갈등의 카테고리 자체를 인간 본성에 들어 있는 하나의 불변수로 절대적으로 설정하는 결과에 이르게 되어서는 안 된다. 나는 이처럼 절대적으로 설정하는 것이 지나치게 비용이 많이 드는 인간학적인 스포츠라고 생각한다. 오늘날 현재 중요한 갈등의 형식들은 실재적이다. 인간의 삶을 문자 그대로 말소시키려고 위협하는 형식들이 실재적인 것이다. 갈등이나 또는 생활고가 생산적이라는 생각은 그 진리 모멘트를 한때 확실하게 갖고 있었다. 현재의 기술이 보여 주는 파괴적인 잠재력의 면전에서, 다른 한편으로는 실제로는 무분별한 평화적 상태를 내다볼 수 있는 가능성의 면전에서 나는 갈등이 활기를 북돋는 힘이라는 생각이 아직도 통용된다고 보지 않는다. 이러한 생각은 비교적 해가 없는 경쟁 단계로부터 실제로 유래하지만, 이러한 경쟁 단계는 그것의 무해성을 상실하였다. 우리는 우리가 살고 있는 사회의 구조가 오래전부터 원래의 경쟁 구조의 구조가 더이상 아니라는 것을 여러 가지 상이한 방식으로 들어 왔다. 피히테의 이상주의에서는 인간의 자유로운 행위가 속박이 없이 전개될 때만이 동역학이 자기목적이 되는바, 나는 피히테의 이상주의보다는 영구 평화에 대한 칸트의 이념을 오히려 신봉한다. 이에 대해 사람들이 평화로운 사회가이제 실제로 잠에 빠져들고 침체되지 않았는가 하고 말하는 등등의 걱정을 통해 대답한다면, 나는 일단은 그것이 우선적이지 않은 관심사들curae posteriores이라고 매우 간단하게 말하고자 한다. 세계가 너무나 아름답게 된다고 말하는 가능성이 나에게 그토록 심한 정도로 겁을 먹게 만드는 가능성은 아니다. 그 밖에도, 19세기로부터 유래하는, 다시 데워진 자유주의를소리를 내서 울리게 한다면, 바로 이것이야말로 민감한 걱정이 될 것이다.

유토피아의 카테고리에 대해 몇 마디 말을 하는 것에 대해 청중의 양해를 구한다. 유토피아의 카테고리도 역시 역사적인 동역학에 종속되어 있다. 나는 무정부주의적인 유토피아주의에 대항하는 투쟁에 들어 있는, 마르크스의 문제점에 대해서는 이 순간에는 일단 논외로 해 두고자 한다. 그러나 오늘날 생산력, 물질적인 생산력은 사회가 합리적으로 설치된 경우에는 물질적인 곤궁이 더 이상 필요하지 않을 정도로 발전되었다. 그리한 상태가 지구 전체에서, 지구적인 척도에서 산출될 수 있다고 말하는 것은 19세기에는 터무니없이 유토피아적인 것이라고 배척되었을 것이다. 그렇게 말하는 것은 진미珍味와 청어靑魚의 예에서나 함께 움직였을 뿐이다. 객관적 가능성이 그토록 끝이 없을 정도로 확대되었다는 것에 의해서 유토피아에 대한 일종의 비판이, 즉 결핍의 영속화에 방향이 맞춰졌을 비판이 어떤 경우이든 시의성을 더 이상 갖지는 못한다.

지배에 관한 한, 지배에 대해 아직도 언급해도 된다면, 나는 다렌도르프의 해석이 오늘날 존속되는 잠재력들에 직면해서 볼 때 여기에서도 역시 지나치게 순진했다고 생각한다. 지배는 공포스러운 것의 모멘트를 그 내부에 항상 갖고 있었다. 오늘날 우리가 지배에 대한 근본적인 비판으로 나아가야 한다면, 종려나무 아래에서 천당과 같은 상태를 꿈꾸는 어린 아이의 꿈이 그 이유가 아니다. 지배에 대한 근본적인 비판으로 나아가야 하는 이유는 오히려 단순하다. 지배가, 지배로서 유지되기 위하여, 오늘날 총체성으로서의 경향을 그 내부에서 부화시키고 있기 때문이다. 우리는 전체주의적인 지배가 무엇을 의미하는가를 알고 있다. 바로 이것이 우리가 지배를 그렇게 고상한 체하면서 다루어서는 안 되고 지배가 확실하게 갖고 있었던 좋은 측면들을 생각해서도 안 되는 이유이다. 나는 우리가 예나 지금이나 절대적인 공포와 마주보고 서 있다고 확신하는바, 절대적인 공포의 잠재력을 마주 대하는 형국에서 지배의 좋은 측면들이 진지하게 중요한 것으로 될 수는 없다.

나는 총체성과 합생合生에 대해 계속해서 몇 마디 말하고자 한다. 이 학회의 지금까지의 토론에서는 다음과 같은 점이 용이하게 보이고 있다. 한쪽에는 구체적인 것을 다루면서 확실한 것을 꿈꾸세요의 공식에 따라 행위하는 신중하고 사려가 깊은 학자들의 그룹이 있고, 다른 한쪽에는 추상적인 총체성 이외에는 다른 것을 머릿속에 갖고 있지 않은 정상을 벗어난 사유자들, 즉 말뿐인 사람들이 있는 것처럼 보이고 있는 것이다. 이에 대해 내가 곧바로 말할 필요는 없겠지만, 나는 총체적인 것과 개별적인 것의 연관관계의 복합성을 매우 의식하고 있는 사람이기를 희망하고 있다. 총체적인 것의 우위도 또한 실체화되어서는 안 된다. 총체적인 것은 사회적인 삶의 개별성들로부터, 최종적으로는 개인들로부터 발원하여 스스로 항상 다시 재생산된다. 우리가 그러한 가치를 사회적 총체성 위에 올려놓는다면, 그것은 우리가 대단한 개념들, 총체적인 것의 권력과 영광에 취했기 때문이 아니고, 오히려 그 반대로 우리가 사회적 총체성에서 지옥을, 내가 나를 인용해도 된다면 그 내부에서 "전체는 참된 것이 아닌" 지

788

옥을 보고 있기 때문이다. 나는 이 점을 다렌도르프에게 말해 두고자 한다. 이에 반해 오늘날 복수주의에 대해 논의된다면, 이러한 복수주의가 전체 체계의 상승되는 지배 아래에서 이데올로기로 되고 말았다는 점이 의식될 수 있다. 복수주의가 이미 실존하는 것처럼 행동하는 대신에, 총체적인 것의 우위를 깨트리는 것이 요체가 되어야 할 것이다. 복수성, 자유로운 개별적인 인간들의 연합과 같은 것이 그래도 한번은 가능하게 되도록 목표를 설정하여 노력을 기울일 수 있다. 이와 동시에 모든 변증법이 개인과 사회의 관계에서도 역시 함께 사유될 수 있다는 것은 말할 것도 없다.

이 글을 마치면서, 나는 내 자신이 이 순간 모든 권위를 배제한 상태에서 말하고 있는 사회론의 구상에서도 역시 가장 중요한 강조점은 구체적인 것, 개별적인 것에 그 방점이 찍혀 있다는 점을 말해 두고 싶다. 그러나 이 방점은 다른 의미에서 찍히는 방점이다. 다시 말해, 추상적이지만 일반적인 개념으로부터도 역시 확실한 의미에서 벗어나 있는 것인 총체적인 것의 지배적 권력은 개별적인 것의 경험과 개별적인 것의 경험에 대한 해석에서만 오로지 마주칠 수 있다는 의미에서 가장 중요한 강조점이 구체적인 것, 개별적인 것에 방점이 찍히는 것이다. 이로부터 제외되어 있는 곳이 있다. 개별적인 것과 구체적인 것을 움켜쥐는 것이 사고에게 아직도 가능한 곳에서는 그렇게 방점이 찍히는 것이 제외되는 것이다. 바로 이곳에 사회의 더욱 좋은 설치의 잠재력이 추운 겨울을 나면서 버티고 있다. 많은 것이 위험에 처하게 되지 않고 서로 평화롭게 실존할 수 있는 상태가 사회의 더욱 좋은 설치라고 볼 수 있을 것이다. 총체성은 사회비판이론이 총체성을 산출하고 싶어 할 만큼, 바로 그 정도로 사회비판이론의 관심이 되는 것은 아니다. 다렌도르프의 강연에 대해 나에게 떠올랐던 것은 충분히 단편적인 것들이다. 그가 나에게 그토록 많은 주의를 기울여 준 것에 대해 감사드린다.

옮긴이 후기

I

한국의 독자들에게 내놓는 아도르노의 『사회학 논문집 I』은 그가 일생 동안 사회, 사회학에 대해 집필한 논문들과 독일 사회학회 등에서 행한 강연문들을 한데 묶은 저작이다. 그는 생애 전체에 걸쳐 사회에 대해 치열하고도 심도 있는 비판적 사유를 초학제적으로 전개하였으며, 이는 '이성적인 사회의 이성적인 구축'을 학문 활동의 목표로 삼았던 계몽사상가인 아도르노의 신념에서 유래한다. 그의 이러한 사유와 신념이 집중적으로 퇴적되어 있는 책이 『사회학 논문집 I』과 『사회학 논문집 II』이다. 『사회학 논문집 I』은 아도르노 전집 제8권으로, 『사회학 논문집 II』는 제9권으로 출간되어 있다. 『사회학 논문집 II』에 수록된 글들은 모두 영어로 집필된 글들이다. 이에 비해 『사회학 논문집 I』에 들어 있는 글들은 파시스트 선전 선동을 논의한 2편의 논문을 제외하고 모두 독일어로 집필된 글들이다. 방대한 분량을 가진 『사회학 논문집 II』는 한국어로 아직 번역되어 있지 않다. 그럼에도 독자들은 『사회학 논문집 I』을 통해 아도르노 사회학의 중심에 일단 진입할 수 있다. 옮긴이는 그가 1968년 프랑크푸르트대학에서 행한 강의인 『사회학 강의』를 한국어로 번역하였고, 이 번역본은 2014년에 출간되었다. 이 책을 읽은 독자들은 아도르노 사회학의 윤곽을 경험할 수 있었을 것으로 사료된다.

『사회학 강의』를 읽은 독자들뿐만 아니라 『사회학 논문집 I』을 통해 아도르노 사회학을 처음 접하는 독자들이 이 책을 정독한다면, 그의 사회이론, 사회철학, 사회사상, 사회비판, 사회학 연구방법론의 핵심과 구체적인 내용에 더욱 심도 있게 진입할 수 있을 것으로 확신한다. 독자들은 더 나아가 서양 철학이 제기하는 중심적인 물음이라고 볼 수 있는 본질과 현상, 논리와 모순, 인식과 경험, 사실과 개념, 개념과 경험, 사물(태)과 방법론, 역사와 사회의 관계 등 여러 관계들에 대한 물음, 변증법, 총체성 등에 대해서도 보편사상가인 아도르노의 사유를 통해 값진 인식을 획득하는 기쁨을 누리게 될 것이다. 또한 옮긴이는 『사회학 논문집 I』의 출간이 사회학자로서의 아도르노의 위상이 한국 학계에서 뚜렷하게 정립되는 계기가 될 수 있기를 기대해 본다. 동시에 『사회학 논문집 I』은 한국의 사회학도들에게 사회학적 물음 제기에 신선한 자극을 부여할 것으로 보며, 연구대상과 방법론의 관계, 사회에 대한 인식과 사회변혁에서 변증법과 총체성의 문제, 사회학과 심리학·경제학·역사의 관계에 대한 성찰의 계기를 제공할 수 있을 것으로 보인다. 실증주의 사회학에 대한 아도르노의 가차 없는 비판은 오늘날의 세계 상황에서, 그리고 현재의 한국 사회에서, 사회학자가 추구하는 인식에 대한 물음, 사회학자의 임무 또는 소명의식에 대한 성찰, 사회학의 존재 가치에 대한 비판적 반성을 한국의 사회학자들에게 던지는 효과를 발휘하게 될 것으로 본다. 한국의 사회학은 아도르노가 지배적인 사회학이라고 명명하는 실증주의 사회학, 실증주의 사회학이 실행하는 사회조사방법론에 기초한 데이터와 통계 중심의 사회연구에 의해 절대적으로 지배되어 있기 때문이다. 마지막으로, 『사회학 논문집 I』은 한국의 지식인들에게 사회의 본질적인 것에 대한 비판적 성찰의 계기를 제공할 수 있을 것이며, 한국 사회에서 극단적으로 출현하고 있는 대립주의들의 본질을 인식하여 이를 바탕으로 사회변혁의 가능성과 잠재력을 모색하는 성찰에도 도움을 줄 수 있을 것이다.

II

『사회학 논문집 I』의 차례를 접한 독자는 이 책의 핵심적인 주제가 무엇인가 하는 의구심을 가질 수 있을 것이다. 차례만 보고서는 이 책의 주제와 체계를 파악하는 것이 매우 어렵기 때문이며, 사회학 관련 저작들은 책이 다루는 주제를 대부분의 경우 논리적으로 구축된 엄격한 체계에 맞춰 제시하고 독자들은 이러한 논리와 체계에 익숙하기 때문이다. 『사회학 논문집 I』은 이러한 논리와 체계를 보여 주지 않는 저작이다. 아도르노의 모든 글이 매우 난해하듯이, 이 책에 들어 있는 글들도 역시 난해하며 따라서 독자들에게 깊은 사유와 성찰을 요구하고 있다. 사회학이 개념, 논리, 체계, 데이터와 통계를 주로 사용하여 학문적 인식을 매개하는 학문임에도 불구하고, 이 책에 들어 있는 글들의 형식도 또한 학술적인 논문에 일반적으로 채택되는 형식인, 즉 근거 세우기에 기초한 논증의 형식을 갖고 있지 않다. 아도르노는 자신의 모든 저작을 대부분의 경우 에세이 형식으로 집필하였으며, 이는 『사회학 논문집 I』에 수록된 대부분의 글들에도 해당된다. 초대를 받아 행한 강연문이나 학회에서의 기조 강연, 발제문에서는 어느 정도 논리가 구사되고 있지만, 이러한 글들도 논리적으로 단계를 밟아 엄격하게 논증을 전개하는 형식과는 거리가 멀다. 그는 자신의 자유로운 사유가 개념의 엄격성, 논리의 형식성, 체계의 경직성과 폐쇄성에 의해 제한될 수 있는 가능성을 늘 경계하였고, 이런 까닭에서 에세이 형식을 선호하였다. 그의 글이 갖고 있는 이런 성격 때문에, 논리적이고 체계적인 글에 익숙한 독자들은 『사회학 논문집 I』을 대하면서 당혹감을 느낄 수도 있다. 『사회학 논문집 I』을 읽는 독자들의 편의를 위해서, 그리고 독자들이 경험할 수 있는 당혹감을 줄인다는 의미에서 이 책을 관통하는 핵심 주제에 대해 이 자리에서 먼저 언급하고자 한다.

『사회학 논문집 I』을 관통하는 핵심적인 주제는 실증주의 사회학에 대한 비판과 변증법적 비판 사회학의 주창으로 요약될 수 있다. 이 점은 『사회학 논문집 I』을 이해하는 데 절대적으로 요구되는 핵심적인 전제 조건이다. 실증주의 사회학은 미리 주어진 사실, 있는 그대로의 사실만이 ―특히 자연과학적인 연구방법론에 맞춰진― 객관적인 연구방법론에 의해 설명이 가능하다고 주장하며, 이러한 설명의 결과가 바로 경험이라고 본다. 바로 이것이 실증주의 사회학이 추구하는 최종적인 목표이다. 이러한 성격을 가진 실증주의 사회학은 아도르노의 눈에는 소셜 리서치social research에 지나지 않는다.

아도르노는 실증주의 사회학의 그러한 기본 입장을 『사회학 논문집 I』의 전편에 걸쳐 비판하고 있다. 그에 따르면 실증주의 사회학이 채택하는 연구방법론은 연구대상에 대해 절대적인 우위를 갖기 때문에 실증주의적 연구방법론을 통해서는 연구대상이 제대로 파악될 수 없다. 실증주의 사회학이 성취했다고 주장하는 인식은 그에게는 방법론의 지배적인 우위에 의해 방법론에 맞춰 도출되어진 인식일 뿐이다. 따라서 실증주의 사회학에서는 방법론과 사물(態)의 분리가 필연적으로 발생할 수밖에 없다. 아도르노가 볼 때, 방법론에 갇힌 사회학, 이것이 바로 실증주의 사회학인 것이다. 그는 이 점을 집중적으로 주장한다. 그는 또한 실증주의 사회학의 체제 옹호적인 성격을 비판한다. 사물(態), 현상을 역사적으로, 변증법적으로 관통하면서 인식하는 것을 거부하는 실증주의 사회학은 기존하는 질서와 체제를 옹호하는 속성을 근본적으로 갖는다는 것이며, 따라서 대립주의적인 현실의 반복적 재생산에 시중을 든다는 것이다.

그에게 실증주의 사회학은 부정적이고 비극적인 현실을 더욱 이성적이고 더욱 좋은 현실로 변혁시킬 수 있는 가능성을 원천적으로 차단하는 사회학이다. 그에 따르면, 실증주의 사회학은 사회적으로 필연적인 가상인 이데올로기의 생산에 시중을 들고, 심지어는 예컨대 파레토의 사회학의 경우에서처럼 실증주의 사회학 스스로 이데올로기가 되기도 한다. 그는 실증주의 사회학에 대한 이러한 비판적인 시각으로 실증주의 사회학의 창시자인 오귀스트 콩트에 대한 비판을 시작으로 뒤르켐, 베버, 파레토, 파슨스를 집중적으로 비판한다.

『사회학 논문집 I』에 게재되어 있는 가장 중요한 논문이라고 볼 수 있는 「독일 사회학에서 실증주의 논쟁' 서문」에서 아도르노는 가장 직접적이고도 격렬하게 실증주의 사회학을 비판한다. 이러한 비판적 시각은 「사회학과 심리학의 관계에 대하여」, 「문화와 관리」, 「사회학과 경험적 연구」, 「사회학적 카테고리로서의 정역학과 동역학에 대하여」, 「사회과학적 객관성에 대한 메모」, 「에밀 뒤르켐 입문, '사회학과 철학'」, 「독일에서의 경험적 사회연구의 현재 위치에 대해」, 「사회연구에서의 팀워크」, 「독일 사회학의 현재 상태에 대해」, 「여론 조사와 공론장」, 「사회이론과 경험적 연구」, 「사회과학의 논리를 위해」에서도 직간접적으로 드러난다. 그는 실증주의 비판을 자신의 학문적인 소명으로까지 생각하고 있었으며, 이러한 신념이 위에서 예거한 글들에서 시도된 실증주의 사회학 비판에서 확인되는 것이다. 독자들이 위의 글들을 대할 때, 실증주의 사회학에 대한 비판이 공통분모로서 위의 글들에 근원으로 놓여 있음을 항상 염두에 두면 글을 읽는 어려움이 많은 부분 해소될 수 있을 것이다.

아도르노의 변증법적 비판 사회학은 사회적 현상들과 사회적 사실들의 본질을 역사적 맥락에서 변증법적으로 파악하고 해석하려는 목표를 갖고 있다. 아도르노 사회학에서는 실증주의 사회학이 거부하는 분리인 본질과 현상의 분리가 그 근원으로 놓여 있으며, 이런 시각에서 그는 본질과 현상의 변증법적 관계에 의해서 사회적 현상들과 사회적 사실들의 본질이 파악되고 해석될 수 있다는 입장을 견지한다. 이러한 입장은 호르크하이머가 프랑크푸르트학파를 출범시킬 때 알렸던 방법론, 즉 "철학적 이론과 개별 학문적인 실제의 변증법적인 관통 및 전개"와 정확하게 부합된다. 변증법적 비판 사회학은 사회학적으로 탐구되어야 할 실제에 대해 실증주의처럼 미리 주어진 사실들, 지각과 경험을 통해 확인 가능한 사실들만을 설명하는 것에 그치지 않고, 철학적 이론과 개별 학문적인 실제가 변증법적으로 관통되게 함으로써 이 실제의 본질에 대한 파악과 해석에 도달할 수 있다고 보는 입장을 취한다. 이렇게 함으로써, 비판 사회학은 예를 들어 계급과 같은 사회의 객관적인 운동법칙들을 역사적으로, 변증법적으로 인식하는 것을 목표로 하며, 이러한 인식에 근거하여 사회의 변혁 가능성을 추구한다. 변증법적 비판 사회학이 실증주의 사회학과 첨예한 대립을 보이면서 추구하는 이러한 입장이 『사회학 논문집 I』 전체를 관통하고 있다는 사실을 독자들이 염두에 두면서 이 책을 읽으면, 독서과정에서 부딪치는 여러 가지 어려움이 경감될 수 있을 것이다.

III

『사회학 논문집 I』을 관통하는 핵심적인 주제와 아도르노의 변증법적 사유를 언급하였기 때문에, 이제 이 책의 내용을 독자들에게 안내하고자 한다. 옮긴이는 『사회학 논문집 I』이 다루고 있는 주제들을 각 개별 글에 들어 있는 중심적인 주제에 따라 대략 7개의 주제로 나누어서 살펴보려고 한다. 이렇게 나누는 시도는 물론 아도르노의 사유에 합당하지 않다고 볼 수 있다. 초학제적으로 이루어지는 그의 사유는 다층적·다의적·다차원적이며, 『사회학 논문집 I』도 이러한 사유에서 예외적인 텍스트가 아니기 때문이다. 예를 들어 「이데올로기론에 대한 기고」의 중심 주제는 이데올로기이다. 그러나 이데올로기를 논의하는 이 기고문에는 사회의 본질 문제와 같은 사회이론적 성찰, 본질과 가상의 문제와 같은 철학적 물음, 이데올로기론과 관련시켜 시도하는 실증주의적 사회학 비판, 베버와 파레토의 이데올로기론에 대한 비판, 문화산업 비판, 이데올로기에 대한 역사철학적 성찰 등이 들어 있다. 이렇기 때문에, 「이데올로기론에 대한 기고」가 이데올로기를 단순히 사회학적 차원에서 논의하는 글일 것이라고 예단하는 독자는 아도르노 사유의 다층성·다의성·다차원성이 매개하는 심도 있는 인식을 놓칠 수도 있다. 『사회학 논문집 I』에 들어 있는 글들을 주제에 따라 나누는 것이 이러한 문제점을 갖고 있음에도, 옮긴이는 독자들의 편의를 위해 『사회학 논문집 I』에 들어 있는 논문, 강연문, 기고문, 발제문을 주제에 따라 나누고, 그 내용을 안내하고자 한다.

　독자들이 중심 주제의 관점에서 아도르노의 글을 먼저 읽어 보고, 이어서 그의 글에 들어 있는 다층적·다의적·다차원적인 사유를 초학제적으로 뒤따라가 보는 방식을 취한다면, 사회와 사회학에 대한 그의 깊은 사유를 만나게 될 것이다. 아래에 제시할 7개의 주제들 중에서 옮긴이는 아도르노의 실증주의 비판, 『사회학 논문집 I』에 들어 있는 글들 중에서 가장 중요한 글이라고 볼 수 있는 「독일 사회학에서 실증주의 논쟁' 서문」에 대해 상대적으로 더 많은 비중을 두어 독자들을 안내할 것이다. 또한 한국 사회에서 2016년 10월 이후 노출되고 있는 주술적이고도 원시적인 지배 형태와 관련하여 「프로이트의 이론과 파시스트 선전 선동 형태」를 상대적으로 조금 더 구체적으로 살펴볼 것이다. 이와 동시에 오늘날 인류가 처해 있는 세계 상황과 한국의 현실에 비추어 볼 때 중요하다고 볼 수 있는 논문들에 대해 더 많은 지면을 사용하려고 하며, 이에 해당되는 논문이 예컨대 「계급 이론에 대한 성찰」이다. 다른 주제들과 다른 글들에 대해서는 가능한 한 간략하게 언급하려고 한다.

IV

『사회학 논문집 I』의 중심 주제들 중 첫 번째로 명명될 수 있는 주제는 사회의 개념과 본질에 관한 물음이다. 이 물음에 대해 아도르노는 「사회」, 「후기 자본주의 또는 산업사회?」에서 자신의 생각을 밝힌다. 「개인과 조직」도 이 물음에 해당될 수 있는 글이다. 특히 「사회」는 짧은 기고문이지만, 이 글에는 사회를 보는 아도르노의 시각이 농축되어 퇴적되어 있기 때문에 독자들이 이 글을 통독하면 다른 글들을 읽는 데 크게 도움을 받을 수 있다고 본다. 아도르노에게 사회는 본질적으로 과정이며, 기능의 연관관계이고, 개인들의 총합이 아니며, 기능에 의해 매개되는 개인들의 관계이자, 강제적 속박의 틀이다. 그에 따르면, 기능의 연관관계를 작동시키는 근본 원리는 교환법칙이며, 오늘날의 사회에서는 모든 개인이 교환법칙에 종속되어 있다. 사회는 따라서 실체가 아니고 매개 카테고리이다. 사회를 이렇게 보는 아도르노에게 사회는 이해될 수 없는 기이한 현상이면서도 동시에 이해될 수 있는 현상이다. "이해 가능성과 이해 불가능성이 하나에서 결합되어 있는 것이 사회이다."(400쪽) 그가 사회를 이해될 수 있는 현상으로 본 근거가 바로 교환법칙이지만, 사회는 그에게는 전체적으로 보아 이해될 수 없는 현상이다. 이런 시각에서, 이해될 수 없는 현상을 이해하는 것이 사회학에 주어진 과제라는 그의 주장이 비로소 이해될 수 있다. 기능의 연관관계를 작동시켜 주는 법칙인 교환법칙의 총체성, 특수한 것에 대한 일반적인 것의 지배, 사회적 조직화Vergesellschaftung와 이것에 필연적으로 내재하는 대립주의들, 통합과 분화, 계급과 계급의식, 강제적 구성원으로서의 개인에 대한 사회의 지배, 이데올로기로서의 적응, 기술에 의해 관리되는 삶, 관리된 사회의 개념이 위의 글들에서 중심적으로 논의되고 있다.

이러한 논의에서 핵심적인 역할을 하는 개념이 바로 사회적 조직화이다. 「후기 자본주의 또는 산업사회?」에서 아도르노는 산업사회에서 생산력과 생산관계, 계급과 계급의식, 기술에 대한 논의를 집중적으로 전개하고 있으며, 개인에 대한 사회의 지배를 테크놀로지적인 베일이라는 새로운 용어로 비판하고 있다. 이 기조 강연에서 그는 산업사회에서 사회적 조직화가 더욱 촘촘해지는 현상을 비판한다. "체계가 모든 사람에 맞서서, 그리고 체계를 옹호하는 사람들에 맞서서도 역시 스스로 독립적으로 되는 것은 그 한계 가치를 성취하였다"(501쪽)라는 그의 비판은 산업사회에서의 사회적 조직화의 강화가 자신의 중요 테제들 중의 하나인 개인의 폐기로 이어지고 있음을 통찰하고 있다. 「개인과 조직」은 특히 사회적 조직화의 관점에서 사회의 본질을 묻는 글이며, 조직에 강제적으로 속박되는 개인이 해방될 수 있는 가능성을 모색하고 있다. 그는 「사회」에서 "삶이 살고 있지 않다"(21쪽)라는 충격적인 비판을 통해 개인의 폐기를 알리고 있는바, 이러한 비판은 신자유주의와 정보혁명이 추동하는 기술화의 결과로 드러나고 있는 극단적인 경제적·사회적 양극화의 시대인 오늘날에도 역시 통용된다고 볼 수 있겠다.

V

두 번째로 명명될 수 있는 주제는 실증주의 사회학에 대한 비판이다. 실증주의 사회학을 비판한 모든 글에는 사회의 개념과 본질에 대한 아도르노의 생각이 물론 퇴적되어 있다. 따라서 앞에서 첫 번째로 명명한 주제와 두 번째의 주제가 서로 엄격하게 분리될 수는 없다. 두 번째 주제에 해당되는 글로는 「독일 사회학에서 실증주의 논쟁' 서문」, 「사회학적 카테고리로서의 정역학과 동역학에 대하여」, 「사회과학적 객관성에 대한 메모」, 「에밀 뒤르켐 입문, '사회학과 철학'」, 「사회과학의 논리를 위해」를 들 수 있다. 이 글들은 순수한 이론적 차원에서 실증주의 사회학을 비판한 글들이다.

그중에서도 「독일 사회학에서 실증주의 논쟁' 서문」이 특히 중요하다. 칼 포퍼Karl Popper와 한스 알버트Hans Albert가 하나의 진영을 이루고 테오도르 아도르노Theodor Adorno와 위르겐 하버마스Jürgen Habermas가 반대 진영을 이루어서 1960년대에 진행되었던 실증주의 논쟁은 20세기 후반 서구 사회과학계에서 전개된 최대의 논쟁으로 기록되고 있다. 비판적 합리주의를 표방한 포퍼와 알버트는 개별적인 사실 자체를 중시하면서 인식에서의 논리적 오류를 반증하는 방식으로 사회를 인식할 것을 주장한 반면에, 아도르노와 하버마스는 변증법적 사회이론의 시각에서 사회의 총체성의 개념을 주장하였다. 실증주의 논쟁은 큰 틀에서 볼 때 사회의 개념, 사회과학의 방법론, 가치판단, 사회의 본질, 사회의 총체성에 관하여 양 진영이 벌인 세기의 논쟁이었다.

이 논쟁의 과정에서 집필된 발제문인 「독일 사회학에서 실증주의 논쟁' 서문」은 철학, 사회학, 심리학에 통달하였고 예술과 음악에 대해 최고의 지식과 인식을 갖고 있었던 만년의 아도르노가 자신의 모든 학문적 역량을 투입해서 집필한 논문으로 평가될 수 있다. 이 논문은 20세기 후반에 독일어로 집필된 논문들 중에서 가장 난해한 논문이라는 평을 듣고 있기도 하다. 독자들이 이 논문을 최고도의 집중력을 갖고 반복해서 읽어 본다면, 아도르노가 학문(사회학, 철학), 사회과학의 방법론, 인식, 인식의 방법론, 본질과 현상의 문제, 논리와 모순의 문제, 개념과 경험의 문제, 가치·가치 자유·가치 중립의 문제, 사회의 개념과 본질, 사회의 총체성에 대해 전개한 심오한 사유를 만날 수 있게 될 것이다. 축약하여 정리한다면, 세계를 보는 아도르노의 시각이 이 논문에, 고도로 농축된 문장들에서, 퇴적되어 있다. 이 논문의 주제는 실증주의 비판이지만, 그는 이 논문에서 사실상으로 주제를 넘어서서 자신의 사상의 핵심을 보여 주고 있다. 아도르노의 실증주의 비판은, 그가 생애 전체에 걸쳐 이성적인 사회의 이성적인 구축을 학문의 목표로 삼았던 것과 거의 대등하다고 말할 수 있을 정도로, 그의 학문 활동에서 매우 중요한 목표였다. 이렇게 볼 때, 독자들은 이 논문에서 아도르노 사상의 핵심을, 예술에 관한 내용을 제외하고, 경험할 수 있는 것이다.

「독일 사회학에서 실증주의 논쟁' 서문」이 차지하는 이러한 비중과 의미를 고려하여, 옮긴이는 이 자리에서 원문을 인용하여 이 논문의 핵심을 독자들에게 안내하고자 한다. 이처럼 핵심적인 안내가 전체적으로 볼 때 난해한 저작이라고 볼 수 있는 『사회학 논문집 I』에 들어 있는 다른 글들을 이해하는 데도 도움을 줄 수 있을 것이라고 보기 때문이다. 아도르노는 실증주의자들이 형식 논리, 논리의 내재성, 논리의 무모순성에 붙잡혀 있다고 비판한다. 무모순성을 추구하는 실증주의자들은 그에게는 그것 자체로 모순이 된다. "모순들은 실증주의에게는 저주와도 같은 것이다. 실증주의는 그러나 그것의 가장 깊고 그것 스스로 의식하지 못하는 모순을 갖고 있는바, 이러한 모순은 실증주의가 그 근성에 따라 모든 주관적인 투사投射들로부터 정화된 극도의 객관성에 몰두하고 있지만 이와 동시에 **단순히 주관적이고 도구적인 이성의 독특성**[01]에서 더욱 많이 붙잡혀 있을 뿐이라는 점에서 드러난다."(385쪽) 객관성을 금과옥조로 삼는 실증주의자들이 그의 눈에는 주관적이고 도구적인 이성의 독특성에 붙잡혀 있는 사람들일 뿐이다.

아도르노는 실증주의 사회학이 객관적이지 않고 주관적이라는 비판을 실증주의 사회학이 실행하는 작업, 즉 데이터를 통한 작업으로부터도 이끌어낸다. "현재 지배적으로 나타나고 있는 실증주의적 사회학을 주관적

[01] 강조는 옮긴이에 의한 것임. 이는 뒤이어 나오는 진하게 강조된 부분에 모두 해당됨.

인 경제학과 동일한 의미에서 주관적이라고 불러도 되는 근거가 존재한다. 주관적인 경제학을 중심적으로 대표하는 사람들 중의 한 사람인 빌프레도 파레토에서 현재의 사회학적 실증주의는 그 뿌리들 중의 한 뿌리를 갖고 있다. 동시에, '주관적'이라는 것은 중첩된 의미를 갖는다. 하버마스가 표현하듯이, 지배적인 사회학은 어떻든 망판용 스크린들, 그리고 데이터에 부과된 도식들을 이용하여 작업한다. 데이터가 어떤 부분에 접합되어야 하는가에 맞춰서 데이터도 또한 이러한 도식들에서 통용에 이르게 된다는 것이 의심할 여지가 없는 반면에, 데이터 현상들이 ―이것들에 즉자적으로 미리 배열되어 있는 차이에 걸맞게― 학문이 분류적으로 산출한 구조에 의해 비로소 해석되는 것은 아닌지, 또는 그렇지 않은지에 대해 데이터가 하나의 중심적인 차이를 만들어 낸다."(388쪽) 객관성 확보의 기준인 데이터가 데이터 현상들에 대한 해석에서 중심적인 차이를 만들어 내면서 실증주의 사회학은 데이터 작업을 통한 객관성 확보에 실패하고 오히려 주관적으로 되고 만다는 것이다.

실증주의 사회학이 객관성 담보를 위해 사용하는 통계적인 방법들도 아도르노에게는 사회의 인식에서 모순을 잉태할 뿐이다. 실증주의 사회학은 그 출발점부터 잘못되었다는 것이다. "실증주의적 사회학은 사회로부터 출발하는 것 대신에 개별적인 주체들 및 사회의 견해들, 행동방식들, 자명함으로부터 출발한다. 그러한 구상에게는, 사회는 훨씬 전부터 통계적으로 조사되는 평균적인 의식이거나 또는 사회적으로 조직화되고 사회적으로 행위하는 주체들의 무의식이 된다. 그러한 구상에게는, 사회가 매개체가 되지 않는다. 앞에서 말한 주체들이 매개체에서 운동하고 있음에도 매개체가 되지 않는 것이다."(389쪽) 실증주의 사회학이 채택하는 주체들이 사회라는 매개체에서 운동하고 있음에도 사회가 매개체가 되지 않는 모순을 아도르노가 비판하고 있는 것이다.

총체성에 대한 견해에서 아도르노와 실증주의자들은 첨예한 대립을 보인다. "총체성에 관한 변증법적 견해와 실증주의적 견해의 차이는 다음과 같은 정도로 첨예화된다. 다시 말해, 변증법적 총체성 개념은 '객관적으로', 즉 모든 사회적 개별 확인의 이해에 의도가 맞춰져 있다. 반면에, 실증주의적인 체계 이론들은 가능한 한 일반적인 카테고리들의 선택을 통해서, 오로지 이런 선택을 통해서만 확인들을 하나의 논리적인 연속체에서 ―가장 상위에 있는 구조들을 이것들 아래에서 포괄되는 사실관계들의 조건으로서 인식하지 않은 채― 총괄하고 싶어 한다."(399쪽) 이러한 시각에서 아도르노는 실증주의자들이 사실들에 대한 해석을 총체성으로 인도하는 오류를 범하고 있다고 비판한다. **"총체성은 체제 긍정적인 카테고리가 아니고, 오히려 하나의 비판적 카테고리이다.** 변증법적 비판은 총체성에 순종하지 않는 것, 총체성에 저항하는 것, 또는 아직도 존재하지 않는 개별화의 잠재력으로서 비로소 형성되는 것을 구제하거나 또는 산출하는 것을 돕고 싶어 한다. 사실들에 대한 해석이 총체성으로, 총체성 자체가 사실이 아닌 채, 인도된다."(395쪽) 그는 이런 비판과 함께 개별적인 현상과 총체성의 관계를 명료하게 정리하면서 이 책에 들어 있는 논문인「오늘날의 사회적 갈등에 대하여」가 의도하는 핵심적인 인식관심을 독자들에게 안내하고 있다. "개별적 현상은 그 내부에서 전체 사회를 숨기고 있기 때문에, 세밀함과 매개는 총체성에 의해서 서로 대위법적인 관계에 놓여 있다. 오늘날 사회적 갈등에 관한 기고는 이 점을 설명하려는 의도를 갖고 있었다."(437쪽) 여기에서도 역시, 사회적 갈등에 관한 아도르노의 글이 갈등에 관한 논의에 집중되어 있으면서도 실증주의 비판, 총체성 개념과 연관되어 있음이 드러난다.

실증주의 사회학에 대한 아도르노의 비판은 실증주의를 인식의 청교도주의라고 명명하는 것에서 정점에 이른다. "실증주의는 사고가 총체적으로 조직화된 사회에서 기능하도록 하기 위해서 총체적으로 조직화된 사회가 사고에게 영향을 미치는 속박들을, 즉 정신적 태도에 대한 강제적 속박들을 내면화시킨다. 실증주의는 인식의 청교도주의이다. 이러한 청교도주의가 도덕적 영역에서 실현시키는 것이, 실증주의에서는 인식의 규범들로 승화된다."(462쪽) 아도르노의 시각에서는, 실증주의는 총체적으로 조직화된 사회가 인간에 강요하는 강제적 속박, 즉 인간의 정신적 태도에 대한 강제적 속박을 내면화시킴으로써 사회의 강제적 속박으로부터 인간의 사고, 더 나아가 인간을 해방시킬 수 있는 가능성을 원천적으로 차단시키는 학문적 경향일 뿐이다.

앞에서 살펴본 내용은 「독일 사회학에서 실증주의 논쟁' 서문」에서 개진된 아도르노의 핵심적인 비판을 최대한으로 압축한 것에 불과하다. 이 내용 이외에도 포퍼의 사회과학 방법론, 사회과학은 개별적인 문제의 해결에 중점을 두어야 한다는 포퍼의 주장, 포퍼가 주장하는 가치 중립성, 반증 가능성, 포퍼에서의 비판 개념 등에 대한 상세한 논박이 이 논문에 들어 있다. 이러한 논박은 매우 난해하다. 비트겐슈타인, 카르납과 같은 언어철학자까지 논의되고 있을 뿐만 아니라 희랍어와 라틴어에서 유래하는 개념들이 도처에서 등장함으로써 논문의 난해성을 높이고 있다. 그럼에도 독자들이 이 논문을 반복하여 정독한다면, 20세기 서양 사상에서 최고도로 심오한 사유를 보여 주는 아도르노의 사유 능력에 힘입어 사회학과 철학에서 인식의 진보를 얻게 될 것이다.

「사회학적 카테고리로서의 정역학과 동역학에 대하여」, 「사회과학적 객관성에 대한 메모」, 「에밀 뒤르켐 입문, '사회학과 철학'」, 「사회과학의 논리를 위해」의 핵심에도 실증주의 비판이 들어 있다. 「사회학적 카테고리로서의 정역학과 동역학에 대하여」는 실증주의의 창시자인 콩트의 사회학에 대한 비판이다. 아도르노는 사회를 정역학적인 카테고리인 질서와 동역학적인 카테고리인 진보의 이분법으로 보는 콩트의 이론을 비판하면서 콩트의 사회학이 종국적으로는 기존 질서의 유지를 위한 정역학에 머물러 있을 뿐이라는 결론을 내리고 있다. 아도르노는 "정역학적인 것과 동역학적인 것의 구분이, 이것이 분류적인 필요에 의한 것이든 어떤 잠재적인 철학에 의한 것이든, 실재 사회에 부당하게 책임을 지우고 있다. 현상들은 그것들 나름대로 이러한 구분에 결코 종속되어 있지 않다"(295쪽)면서 콩트의 이분법을 비판하고 있으며, 콩트의 동역학을 역사성이 없는 동역학으로 보고 있다. 다시 말해, 콩트의 동역학은 기존 질서의 유지에 시중을 드는 동역학일 뿐인 것이다. "목적이 없이 그 내부에서 순환되는 동역학적인 본질이야말로 역사성이 없는 것이다."(319쪽)

「에밀 뒤르켐 입문, '사회학과 철학'」은 프랑스 사회학을 대표하는 사회학자로 볼 수 있는 뒤르켐의 사회학에 대한 아도르노의 강력한 비판을 담고 있다. 아도르노는 뒤르켐의 주장, 즉 사회적 사실들이 존재하지만 이 사실들은 꿰뚫어질 수 없다는 주장을 일단 인정하는 입장을 갖고 있다. 그러나 그는 이 논문에서는 뒤르켐의 주장을 반박하면서 변증법적 통찰을 통해 사회적 사실들을 꿰뚫어 보는 것이 사회학에 부여된 과제임을 주장한다. 이해될 수 없는 것을 이해하는 것이 사회학의 임무라는 것이다. 이러한 임무를 도외시하는 뒤르켐 사회학은 아도르노의 시각에서는 타협주의에 지나지 않는다. 그에게 뒤르켐의 사회학은 "객체성을 담지하는 삶의 과정들의 자리에 집단의식의 객체성을 밀어 넣는"(333쪽) 사회학이며, "… 형식상으로는, 실증주의적 객관주의, 의식에 극단적으로 매달리는 객관주의라고 표시될 수 있을 것 같은"(336쪽) 사회학이고, 따라서 타협주의의 사회학(355쪽)일 뿐이다. 그는 뒤르켐의 실증주의적 사회학을 페당티슴이라고 비판하는바, 이 비판을 통해 그는 뒤르켐 사회학을 현학적이며 편협하고 고루한 학문으로 보는 시각을 드러낸다. 페당티슴은 그에게는 이데올로기, 즉 파괴적 광기에 관련되어 있는 이데올로기이다. "페당티슴은 이데올로기들이 어떻게 해서 물질적인 현실보다 더 느리게 변화되는가에 대한 견본을 보여 주며"(364쪽) "… 수단들이 목적들로 보편적으로 주술화되는 것을 예기하게 한다. 이러한 주술화는 시민사회적 단계

의 끝에 이르러서는 파괴적 광기로 전도된다."(365쪽)

「사회과학적 객관성에 대한 메모」에서도 역시 뒤르켐 사회학에 대한 비판이 관건이 되고 있다. 이 메모는 뒤르켐에서 중심적인 개념인 사회적 객체성의 우위에 대한 비판을 담고 있다. 뒤르켐의 사회적 사실들의 사물화 개념은 사회적 사실들의 인식을 저해한다는 것이 아도르노의 기본 시각이다. 그의 예리한 비판의 핵심을 이 자리에서 보기로 한다. "뒤르켐에서는 대립주의적인 모멘트들이 겹친 채 상호작용하면서 모멘트들이 서로 가리켜지고 있는 것에 대한 기관器官, Organ이 결여되어 있었다. 뒤르켐의 개념인 사회적 사실들은 전적으로 아포리아적aporetisch이다. 이 개념은 부정성否定性, 불투명성, 사회적인 것이 개별 인간에게 가하는 고통스러운 낯섦을 방법론적인 준칙으로 바꾸어 놓는다. '너는 이해해서는 안 돼'[02]로 옮겨 놓는 것이다. 뒤르켐은 지속되는 신화를, 즉 운명으로서의 사회를 실증주의적인 학문 근성을 이용하여 배가시킨다."(323쪽) 「사회과학의 논리를 위해」는 「독일 사회학에서 실증주의 논쟁' 서문」에 대한 보론적인 성격을 갖고 있는 글이다. 이 논문에서 아도르노는 사회과학의 방법론, 사회과학적 객관성, 가치 자유의 문제와 관련하여 포퍼와 자신이 서로 일치하는 점, 서로 견해가 상충되는 점을 논의하고 있다.

VI

세 번째로 명명될 수 있는 주제는 사회학 방법론과 경험적 사회연구이다. 나치의 집권 이전에 미국에 망명한 아도르노는 1950년대 초 독일로

---

02 작은따옴표는 독자의 편의를 위해 옮긴이가 임의로 붙였음(역주).

되돌아올 때까지 미국에서 경험적 사회연구에 주로 종사하였다. 그가 미국에서 경험한 사회학은 실증주의적인 이념과 방법론에 기초하여 사회연구를 수행하는 사회학이었다. 그는 미국의 사회학을 소셜 리서치, 관리적인 소셜 리서치를 수행하는 사회학으로 보았으며, 이런 과제를 실행하는 사회학자를 리서치 기술자라고 명명한다. 그의 이러한 비판적 시각이 「사회학과 경험적 연구」, 「독일에서의 경험적 사회연구의 현재 위치에 대해」, 「사회연구에서의 팀워크」, 「사회이론과 경험적 연구」에 퇴적되어 있다. 그는 미국의 실증주의 사회학을 방법론이 사물에 대해 우위를 점하는 사회학으로 규정한다. 자연과학적인 방법론에 기초를 두는 사회 연구방법론에 대해 그는 사회과학은 자연과학이 아니라는 반론을 제기한다. 방법론이 우위를 점하는 사회학에서는 사물(事)이 사물 자체로 인식되지 않고, 다시 말해 사물의 본질이 인식되지 않고 방법론에 의해 사물의 본질이 규정되는 결과에 이르게 된다는 것이 아도르노의 기본 시각이다.

방법론의 우위에 대한 아도르노의 비판을 「사회학과 경험적 연구」의 한 구절을 통해 보기로 하자. "방법론이 방법론의 사물을 물신화시키려고 위협할 뿐만 아니라 스스로 물신으로 변종되는 위협에 처하게 되는 것이다. 경험적 사회연구의 토론에서 방법론에 관한 물음들이 내용적인 물음들을 압도하고 있는 것은 그 이유가 없는 것이 아니다. 이것이 또한 논의에 놓여 있는 학문적 처리방식들의 논리로부터 당연히 드러나는 결과라는 점도 그 이유가 없지 않다. 탐구되어야 할 대상들이 갖고 있는 존엄성의 자리에 방법론으로 조사되는 상태의 객관성이 기준으로서 여러모로 등장한다. 경험적 학문의 작동에서는 연구 대상들의 선택과 연구의 관점 설정이, 실제적이고-관리적인 절실한 필요성에 따른 것이 아니라고 할지라도, 연구되는 것의 본질성에 따르기보다는 처리 가능하고 필요한 경우에는 계속해서 전개될 수 있는 처리방식들에 따라 그 방향이 훨씬 더 많이 맞춰진다."(271쪽) 아도르노에 따르면, 방법론의 우위가 유발하는 이러한 부정적인 결과를 극복하기 위해서는 경험주의에 대항하여 경험을 방어하는 일이 중요하며, 이 일은 철학과 변증법의 도움이 필요하다. 방법론의 우위는 경험을 방법론을 통해 규제한다는 것이며, 이런 관점에서 그는 하버마스가 주장한 "규제되지 않은 경험"을 변증법적으로, 역사적으로 인식하는 것을 그의 변증법적 비판 사회학에 주어진 소명으로 본다.

그는 이러한 소명을 **경험주의에 대항하여 경험을 방어하는 일**이라고 명명하고 있다. 경험주의가 방법론을 통해 규제하는 경험을 구출하는 것은 아도르노에게는 암호를 해독하는 일처럼 어려운 일이다. "비판적 사회연구는 경험세계를 이론적으로 암호를 해독하듯이 해명함으로써 경험세계를 생산적으로 만들고 싶어 한다. 글을 맺으면서 나는 하나의 역설에 대해 주의를 환기시켜도 되리라 본다. 경험주의는, 그 개념에 따라, 인식에서 경험의 우위를 승인하였던 철학이다. 그러나 사실상으로는 경험이, 내 생각으로는 경험주의의 자기 성찰의 결여로 인하여, 경험주의적으로 통제된 학문적 사고에서 자유롭게 되지도 않고 속박으로부터 풀려나지 않았을 뿐만 아니라 경험주의에 의해 마음대로 부려지고 족쇄에 묶이게 되었다. 경험주의에 대항하여 경험을 방어하는 일, 학문의 경험에 관하여 더욱 적게 제한되고 더욱 적게 좁혀지며 더욱 적게 사물화된 개념을 가져오는 것이 우리를 유인하고 있다. 논쟁의 목표는 경험주의에 대한 예 또는 아니오가 아니고, 경험세계 자체에 대한, 특히 이른바 경험적 방법론들에 대한 해석이다. 그러한 해석이 우리에게 철학적인 것 못지않게, 그것은 경험주의자들에게도 철학적이다. 변증법과 마찬가지로 경험주의도 한때는 철학이었다."(737쪽)

「독일 사회학의 현재 상태에 대해」는 실증주의적 경향을 갖는 전후 독일 사회학의 연구 동향을 논의한 논문이며, 아도르노에게 특유한 실증주의 비판의 논지는 이 글에서 별로 보이지 않는다. 「사회연구에서의 팀워크」는 팀워크 형식으로 이루어지는 사회연구에 대한 예리한 비판을 담은 글이다. "팀워크는 개인주의적인 상태에 비해서 더욱 높은 연대성의 형식으로 보인다. 인식하는 사람들의 연대성의 더 높은 형식, 최종적으로는 또한 실제적인 활동들의 연대성의 더욱 높은 형식인 것처럼 보이는 것이다. 팀워크는 그러나 사실상으로는 사물화의 더욱 높은 형식일 뿐이다. 팀워크는 각 개인을 팀워크 내부에서 다른 개인들과 똑같도록 만드는 것으로 끌어내리는 형식일 뿐이다. 이렇게 됨으로써, 팀워크는 대부분의 경우 사회적으로 낙인이 찍힌 선입견의 더욱 높은 형식이 된다."(677쪽) 아도르노의 이러한 비판은 한국 사회과학계에서 ―성찰이 별로 없는 상태에서― 이루어지는 팀워크 형식의 사회연구에 대한 경종으로 받아들여질 수도 있을 것이다.

VII

네 번째로 명명할 수 있는 주제는 사회학과 심리학의 관계, 사회학과 심리분석의 관계, 미신에 대한 분석, 파시스트의 선전 선동 분석이다. 이 글들에서 독자들은 사회학과 심리학을 결합시킴으로써 둘 중 하나의 학문만으로는 성취할 수 없는 인식에 초학제적으로 도달하려는 아도르노의 노력을 읽어 낼 수 있다. 이러한 노력에 해당되는 글들이 「수정된 심리분석」, 「사회학과 심리학의 관계에 대하여」, 「제2차적인 미신」, 「반유대주의와 파시스트 선전 선동」, 「프로이트 이론과 파시스트 선전 선동 형태」이다. 아도르노는 프랑크푸르트대학의 학생 시절에 철학, 사회학, 음악학과 함께 심리학을 공부하였고 일생 동안 프로이트, 심리학, 사회심리학에 대한 관심을 유지하였다. 아도르노는 심리학자로서의 위상도 갖고 있는 것이다.[03] 위의 글들은 심리학자로서의 그의 위상을 입증한다.

매우 긴 논문인 「사회학과 심리학의 관계에 대하여」는 파시즘에서 보이는 대중의 심리와 같은 사회적인 현상들을 분석하기 위해서는 사회학과 심리학이 상호 보완적으로 결합되어야 한다는 점을 주장하고 있다. 이 논문은 매우 난해한 논문이다. 그러나 독자들이 반복해서 정독해 보면, 사회학자이자 심리학자인 아도르노가 개인, 사회, 개인과 사회의 관계, 주체성, 합리화, 비합리성, 지배 등의 주제들에 대해 펼치는 깊은 사유를 만나게 될 것이다. 이 논문은 "사회적으로 결정되는 요인們因들의 인식과 대중에게서 지배적인 충동 구조들의 인식의 협력은 총체성에 응집되어 있는 상태에 대한 충분한 통찰"(54쪽)을 가능하게 한다는 점에서 출발한다. 이러한 출발과 함께 이 논문은 "대중의 행복이라는 이념은 위협과 폭력에 의해 단호하게 대체되고 있으며, 과도한 희생이 대중에게 부과되고 있고, 대중의 실존이 직접적으로 위험에 처해 있으며, 죽고 싶다는 마음이 잠복된 채 호소되고 있다"(53쪽)는 문제를 제기한다.

아도르노는 이런 문제가 "사회적 현상들이 객관적인 조건들로부터 도출될 수 있는지 또는 사회적으로 조직화된 개인들의 영혼적인 삶으로부터 도출될 수 있는지의 여부, 또는 두 가지로부터 도출될 수 있는지의 여부, 설명의 두 유형들이 서로 보완되는지, 서로 배제되는지, 또는 두 개의 관계 자체가 비로소 그 이상의 이론적 숙고를 필요로 하는지의 여부와 같은 모든 것"(54쪽)을 분석할 때 비로소 해결 가능성을 찾을 수 있다고 본다. 그럼에도 파슨스는 이런 모든 것을 방법론학에 환원시킨다는 것이며, 이러한 환원은 비교적 오래된 독일의 사회학 전통, 뒤르켐에서도 나타나고 있다는 것이다. 이처럼 비판적인 관점에서, 그는 "사회의 이론을 심리

---

03 2006년 독일의 메츨러 출판사에서 간행된 방대한 규모의 『프로이트 핸드북』(Freud-Handbuch. Leben-Werk-Wirkung)에 들어 있는 논문들 중의 많은 논문에서 아도르노가 자주 논의되고 있다. 이 책은 최근에 한국어로 번역되었다(『프로이트 연구 I』, 『프로이트 연구 II』, 한스 마르틴/요아힘 파이퍼 엮음, 원당희 옮김, 서울, 2016).

학, 그중에서도 특히 분석적으로 지향된 사회심리학을 통해 보완하는 것이 필연적"(53쪽)이라고 전제한다. 이 전제에 근거하여 그는 사회학과 심리학의 관계에 대한 파슨스의 입장을 비판하며, 프로이트의 심리학과 중요 개념을 매우 상세하고도 집중적으로 분석한다. 독자들이 아도르노의 상세한 분석 내용을 반복적으로 읽어 보면, 사회학과 심리학의 상호 보완적인 결합이 파시즘에서의 대중의 심리와 같은 사회적 현상들을 깊게 이해할 수 있는 길이 될 수 있음을 알아차리게 될 것이다.

개인의 폐기를 자신의 중심 테제들 중의 하나로 내세운 아도르노에게 원래는 심리학의 인식 대상인 인간의 행동은 심리학만으로는 더 이상 이해될 수 없다. "인간은 사회에서 자기 자신을 재인식할 수 없으며, 사회를 자기 자신에서 재인식할 수 없게 되었다. 인간이 서로 소외되어 있고 전체와의 관계에서도 소외되어 있기 때문"(55-56쪽)이며, "개별적인 개인들에서 보이는 차이들은 사회적인 압력의 흔적들이며, 이와 똑같은 정도로 인간의 자유에 대한 암호들이기도 하기"(63쪽) 때문이다. 따라서 그에게는 개별적인 개인들에서 보이는 차이들을 심리학적으로 분석하는 것은 의미가 없다. 그는 "사회적인 경향들이 인간의 머리 위에서 관철되고 있다는 점, 인간이 이러한 경향을 자신에게 고유한 경향으로서 알고 있지 못하다는 점은 사회적인 가면을 완성시킨다"(68쪽)고 보기 때문에, 심리학은 인간의 행동, 더 나아가 인간의 행위를 설명하는 데 한계를 지닐 수밖에 없다. 그는 이 점을 특히 경제와 관련하여 주장한다. "경제의 투명한 합리성에 대한 확신은 부르주아지적인 사회의 자기기만이다. 행위의 충분한 근거로서의 심리학에 대한 확신도 이에 못지않을 정도로 부르주아지적인 사회의 자기기만에 지나지 않는다. 경제의 합리성은 육체적인 속박, 몸이 당하는 고통, 물질적인 모멘트에 기초한다." 부르주아지적인 사회의 비합리성에 대한 통찰이 없이는 행위의 근거를 밝히는 심리학적인 확신이 아무런 의미를 갖지 못한다는 점을 강조하고 있는 것이다. 이러한 인식 관심에 기초하여 그는 "인간의 평균적인 심리적 질도 그것 자체로 인간의 평균적인 사회적 관계로 들어간다"(71쪽)는 결론을 도출한다.

「사회학과 심리학의 관계에 대하여」의 후반부에서 아도르노는 자아를 사회학과 심리학의 관계의 관점에서 논의한다. "자아가 올리는 환호성은 독특한 것에 의한 현혹의 하나일 뿐이다. 바로 이것이 심리치료자들을 속임수에 이르도록 자극시키는 모든 심리치료가 갖고 있는 객관적인 비진실의 근거이다. 치료된 사람이 미친 전체에 자신을 비슷하게 함으로써 치료된 사람은 비로소 제대로, 치료가 성공에 이르지 못한 사람이 그렇다고 해서 더욱더 건강하지는 않은 상태에서, 질병에 걸리게 된다."(73쪽) 자아, 심리치료 등의 개념은 아도르노에게 심리학적인 차원에서만 논의될 수 없는 개념이며, 그가 미친 전체라고 표현하고 있는 사회와의 연관관계에서만 그 본질이 드러나는 개념이다. 그에게 자아는 심적인 개념이면서도 동시에 역사적·사회적·변증법적 개념이다. "자아의 개념은 변증법적이며, 심적이면서도 심적이지 않다. 자아의 개념은 리비도의 한 조각이며, 세계의 대변자이다."(90쪽) 아도르노는 심리학주의에 반대하며, 동시에 사회학주의의 한계도 지적한다. 「'독일 사회학에서 실증주의 논쟁' 서문」에 들어 있는 각주에서 그는 "사회학은 경제학, 역사, 심리학, 인류학에 의해 상대적으로 서로 독립적으로 다루어진 요소들의 내재적 상호작용을 목표로 삼는다"(462쪽)고 명확하게 언급함으로써 심리학주의와 사회학주의에 대한 자신의 입장을 밝히고 있다. 이를 다음과 같이 쉽게 정리해 볼 수 있을 것이다. 심리학적으로 인식될 수 있을 것으로 보이는 문제들은 심리학적 차원에서만 인식되어서는 안 되고 동시에 사회학, 경제학, 역사, 인류학의 도움을 받아야 한다. 사회학적으로 인식될 수 있을 것으로 보이는 문제들은 사회학적 차원에서만 인식되어서는 안 되고 동시에 심리학, 경제학, 역사, 인류학의 도움을 받아야 한다.

「사회학과 심리학의 관계에 대해 덧붙이는 글」은 「사회학과 심리학의 관계에 대하여」에서 이루어진 논의를 보충하는 의미를 갖고 있다. 아도르노는 이 글에서 "사회적 인식의 매체로서의 심리학은 개별 인간들, 무엇보다도 특히 집단들의 비합리적인 행동방식과 관련하여 비로소 중요한 의미를 갖는다"(113쪽)고 주장함으로써 심리학과 사회학의 상호 협력관계를 강조한다. 이와 동시에 "심리분석을 사회학화하는 것은 거의 불가능하다"(116쪽)라고 단언한다. 이 입장은 「수정된 심리분석」에서도 확인된다. 그는 이 논문에서 심리분석의 사회학화를 의도하는 학자들을 수정주의자들이라고 명명한다. 이 논문은 프로이트의 심리학을 구성하는 개념들을 사회학화하려는 수정주의자들의 시도에 대한 비판적 고찰을 담고 있다. 아도르노는 수정주의자들이 "개인뿐만 아니라 개별성의 카테고리도 이미 사회의 산물이라는 점을 망각하고 있다"(34쪽)고 지적하며, 예를 들어 신문의 독자의 소리 난은 그에게는 "심리학이 성공과 사회적 적응의 수단으로 다루어지고 있는 곳들"(42쪽)이다. 심리분석은 "현실 원리라는 이름에서 현실 원리 자체를, 합리적인 조사에 내맡기지 않은 채, 개인의 심적인 희생을 정당화하는"(50쪽) 수정주의에 지나지 않는다는 것이다. 이 논문의 요체를 인식시켜 주는 결정적인 주장이 「사회학과 심리학의 관계에 대하여」에서 발견되는바, 독자들은 이 구절에서 아도르노가 수정주의자들을 어떻게 보고 있는지를 명백하게 확인할 수 있다. "시민사회 이전의 세계는 심리학이 무엇인지를 아직도 모르며, 총체적으로 사회적으로 조직화된 사회는 심리학을 더 이상 알지 못한다. 이러한 세계에 상응하는 것이 바로 분석적 수정주의이다."(108쪽)

「제2차적인 미신」은 아도르노가 점성술과 운명점을 사회학적 · 심리학적으로 논의한 글이다. 점성술은 그에게 "제2차적인 미신"(199쪽)이며 "사이비 합리성"(201쪽)이다. 점성술의 "관심은 사이비 합리성, 그리고 자아와 무의식적인 것 사이에 존재하며 이성과 광기 사이에 존재하는 투명한 영역에 해당된다."(202쪽) 점성술에 이어서 그는 운명점을 분석한다.

운명점은 그에게 나르시즘의 산물이며(209쪽), "자아 약화와 실재적인 사회적 무력감을 전제로 하는"(211쪽) 미신이고, "사회적인 타협주의의 대변자"(211쪽)이자 "개별 인간을 위협하면서 동시에 개별 인간을 유지시키는 사회가 만들어 놓은 베일"(211쪽)이다. 그는 운명점과 노동 및 즐김의 관계를 분석하고(214쪽), 운명점과 적응의 상호 연관관계에 대한 통찰(216쪽)을 매개한다. 더 나아가 운명점과 의존성의 관계를 관리된 사회, 전체주의적인 이데올로기의 관점에서 파헤친다.(230쪽 이하) 이 부분에서 독자들은 운명점을 심리학적·사회학적으로 예리하게 통찰하는 아도르노를 만날 수 있으며, 사회적 병리현상에 대한 근원적인 분석과 비판을 그를 통해 경험할 수 있을 것이다. 「제2차적인 미신」의 말미 부분에서 그는 점성술에 대해, 사회심리학과 천체학에 관련시키는 관점에서, 다음과 같이 결론을 내리고 있다. "점성술 밑에서 관련을 맺지 않은 채 분리되어 합리적으로 다루어지는 사회심리학의 영역들과 천체학의 영역들을 점성술이 어떻게 하면 하나로 합칠 수 있는가 하는 방식을 찾는 것, 바로 이것이 점성술의 비밀과 속임수이다."(234쪽) 「제2차적인 미신」은 오늘날의 한국 사회에서도 함의를 가질 수 있는 논문이다. 한국 사회에서 발간되는 주요 일간지를 비롯한 수많은 종류의 인쇄 매체들, 더 나아가 인터넷에서 광범위하게 일상적으로 실행되고 있는 점성술과 운명점에 대해 사회학적·심리학직인 인식을 시도할 경우에 이 논문이 근원적이고도 본질적인 학문적 인식을 매개할 수 있다고 볼 수 있기 때문이다.

「반유대주의와 파시스트 선전 선동」, 「프로이트 이론과 파시스트 선전 선동 형태」는 영어로 집필된 논문들이다. 「반유대주의와 파시스트 선전 선동」은 1940년대 미국 서부지역을 중심으로 활동하였던 파시스트 선동가들의 연설을 심리학적으로 분석한 논문이다. 이 논문은 파시스트 선전 선동의 특징들, 기법들을 분석하며, 파시스트 선전 선동 자료에 "천편일률성"(550쪽), "모조된 종교적 태도"(551쪽), "현재 상태와의 동일화"(552쪽),

"빈정거림"(552쪽)이 들어 있음을 밝힌다. 아도르노는 이 요소들을 제의祭
儀의 실행으로 보며, "제의의 실행은 대부분의 파시스트 선전 선동의 궁
극적인 내용으로서 기능한다"(553쪽)고 해석한다. 「반유대주의와 파시스
트 선전 선동」에 비해, 「프로이트 이론과 파시스트 선전 선동 형태」는 파
시스트 선전 선동을 이론적으로 더 깊게 탐구한 논문이다.

아도르노의 이 논문은 1960년대 이후 한국 사회에서 창궐하였고 지금
도 여전히 그 잔재가 남아 있는 —한국 사회에서의— 전체주의적 지배 체
제에 대한 해석에 도움을 줄 수 있는 논문이다. 이러한 관점에서, 한국의
인문사회과학계가 이 논문에 주목하는 것은 적지 않은 의미가 있을 것으
로 사료된다. 한국 사회가 1960년대 이후 1987년 6·10 항쟁에 이르기까
지의 시기에서 전체주의적 지배 체제의 형식, 파시즘적인 특징을 갖는 군
사 독재에 혹독하게 시달렸다는 역사적인 사실, 시민들이 추동하였던 민
주화 운동의 결과 한국 사회에서 민주주의가 일부 실현된 것으로 보였지
만 2008년 이후 정치·자본·언론·검찰·사법·교육 권력에 의해 구조화
된 비민주성과 비합리성으로 인해 한국 사회가 전체주의적 지배 체제로
퇴행하는 경향을 보이면서 고통의 늪에서 여전히 허우적거리고 있다는
사실은 전체주의적인 지배 권력의 형성, 파시스트들이 권력을 쟁취하면
서 사용하는 기술에 대한 심도 있는 이론적 분석과 해석을 요구한다.

민주적인 투표권을 보장받았으면서도 이러한 퇴행의 원인을 제공한
한국인들의 투표 행위와 전체주의적인 지배 권력의 형성 사이의 연관관
계를 이론적으로 분석·해석해야 하는 과제에 대해 한국의 사회과학이나
심리학은 아직까지 설득력이 강한 답을 내놓지 못하고 있다고 볼 수 있
다. 1960년 초부터 1970년대 말까지 한국 사회를 절대적으로 지배하면서
통치하였던 군사 독재자에 대한 향수가 신화로 되고 이러한 신화가 한국
인들의 투표 행위, 특히 노년층의 투표 행위가 퇴행적이 되도록 견인하였
다는 정도의 해석이 한국의 사회과학이나 심리학이 내놓은 결과이다. 이

러한 사정에서, 나는 아도르노의 「프로이트 이론과 파시스트 선전 선동 형태」가 앞에서 말한 과제에 대해 설득력이 있는 학문적 인식을 매개할 수 있다는 견해를 갖고 있다. 특히 2012년 12월 한국의 대통령 선거에서 드러났던 비합리적이고도 집단 광기적인 투표 행위, 2016년 이후 10월 이후 한국 사회에서 노출되고 있는 지배 형태의 총체적인 타락, 비합리성, 더 나아가 주술과 결합된 양상을 보이는 원시적인 지배 형태를 근원적으로 이해하는 데 「프로이트 이론과 파시스트 선전 선동 형태」는 학문적으로 매우 중요한 인식의 모멘트를 제공할 수 있다고 본다. 한국 사회에서 1960년대 이후 30년 넘게 지속되었던 군사 독재 지배체제와 최근의 지배 형태의 분석에 관심을 갖는 학자들이 아도르노가 —프로이트로부터 이끌어 내서— 제기하는 동일화·이상화 테제를 한국 사회에서의 지배의 분석에 적용해 보면, 이로부터 설득력 있는 학문적 인식이 도출될 수 있을 것으로 기대된다.

「프로이트 이론과 파시스트 선전 선동 형태」는 파시스트 선동가들이 심리적 계산에 기초하여 고안한 방책들에 대한 심리분석적 해석의 필요성을 제기하면서 프로이트의 『집단 심리학과 자아 분석』으로부터 그 이론적인 준거 틀을 이끌어 낸다. 아도르노에 따르면, "프로이트의 책이 채택하는 방법론은 대중의 마음에 관한 르봉의 저술에 대한 역동적인 해석과 몇몇 독단적인 개념들에 —이를테면 주문呪文적인 단어들— 대한 비판을 토대로 하고 있다."(560쪽) 프로이트가 르봉을 비판하는 맥락에서 아도르노가 중시한 개념이 암시Suggestion이다. 암시는 "히틀러가 실행한 주문呪文과 대중에 퍼져 있는 히틀러를 닮은 사람들에 대한 통속적인 사고에서 임시방편으로서 커다란 역할을 여전히 부수적으로 수행한다."(561쪽) 아도르노는 암시를 파시스트 지휘자인 히틀러가 집단을 선동할 때 사용한 핵심 개념으로 보고 있는 것이다. 그는 대중이 집단으로 조직되면서 파시스트 선전 선동에 지배를 당하는 메커니즘을 파악하기 위해 먼저 르봉의 입장을 검토한다. 그는 르봉을 다음과 같이 해석한다. 르봉은 "대중이 광범위하게 탈-개인화되며 비합리적이고 쉽게 영향을 받으며 폭력적인 활동에 걸려드는 경향을 가지며 퇴행적인 본성을 대체적으로 지닌다고 대중을 특징적으로 표현하였다."(561쪽) 아도르노에 따르면, 프로이트에서 관건이 되는 것은 그러나 "대중에 대한 전통적 경멸"(561쪽)이 아니고, "무엇이 일반 대중을 집단으로 만드는가" 하는 물음이다.

프로이트가 이에 대해 내놓은 답이 리비도적인 끈이다. "일반적인 심리분석적 이론과 부합되면서, 프로이트는 개인들을 하나의 집단으로 통합시키는 끈이 리비도적인 본질을 갖고 있다고 확신한다."(562쪽) 아도르노의 프로이트 해석을 계속해서 들어 보기로 하자. "프로이트는 대중의 응집을 만족 원칙이라는 측면에서 설명함으로써 … 사실상의 욕구 충족이나 또는 대리 욕구 충족이 집단에 굴복함으로써 얻어진다고 보고 있는 것이다. 히틀러가 특별히 여성, 수동적인 유형의 사람들이 그의 모임의 참석자가 되는 성향을 갖고 있다고 생각했을 때, 어쨌든 그는 **굴복을 통한 집단 형성의 리비도적인 원천**을 잘 알고 있었다."(563쪽) 프로이트의 이러한 인식에 근거하여 아도르노는 파시스트 리더십의 본질을 통찰한다. "기본적인 리비도적 에너지를 무의식적인 수준에서 유지시킴으로써 이 에너지의 표출을 정치적 목적에 어느 정도 적합하도록 방향을 바꾸게 하는 것은 파시스트 리더십에 들어 있는 기본 교리들 중의 하나이다. 종교적 구제와 같은 객관적 이념이 대중 형성에서 행하는 역할이 작을수록, 대중 조작이 유일한 목적이 되는 정도가 더욱 증대되며, 완전할 정도로 제약받지 않은 사랑이 억압되어야 하는 정도와 복종의 틀에 맞춰지는 정도가 더욱 증대된다."(566쪽)

이처럼 아도르노는 파시즘이 리비도적인 형태를 갖고 있다고 보며, 파시스트 선동가가 구사하는 전체 기술을 권위주의적이라고 명명한다. 그는 더 나아가 전자와 후자의 관계를 프로이트가 『집단 심리학과 자아 분석』에서 제시한 원시 부족장과 부족민의 관계, 최면술사와 피최면자 사이에서 작동되는 최면술, 집단 형성에 들어 있는 암시의 현상들, 집단의 이상理想, 에고의 이상을 통해서 분석한다. 아도르노가 프로이트의 책에서 결정적으로 주목한 대목은 다음의 구절이다. "원시 부족장은 집단의 이상이며, 집단의 이상은 에고ego의 이상의 자리에서 에고를 지배한다. 최면술은 두 사람으로 이루어진 집단으로 서술되는 것에 대한 권리 요구에 딱 들어맞는다. 최면술에서는 암시에 대한 정의定義로서의 확신이, 즉 지각과 추론에 토대를 두지 않고 성적性的인 끈에 기초한 확신이 없어지지 않고 남아 있는 것이다."(567쪽) 아도르노는 프로이트의 이 구절이 "파시스트 선전 선동의 본질과 내용을 실제적으로 정의하고 있다"(568쪽)고 본다. 파시스트 선전 선동의 본질과 내용을 분석하기 위해 그는 "리비도를 지휘자와 추종자 사이, 추종자들 자신 사이를 연결해 주는 끈으로 변환시키는 메커니즘"(569쪽)이 무엇인지를 묻는다. 이 메커니즘이 「프로이트 이론과 파시스트 선전 선동 형태」에서 가장 중점적으로 논의되는, 바로 이상화理想化, idealization의 메커니즘이다. 프로이트는 『집단 심리학과 자아 분석』에서 이 메커니즘을 집중적으로 분석하였는바, 아도르노는 이것을 파시스트 선전 선동의 본질과 내용의 분석에 적용하고 있는 것이다.

이상화 논의와 관련하여 아도르노는 동일화 교의를 매우 간략하게 먼지 언급하며, 동일화 교의가 파시스트 선전 선동 및 파시스트 정신 상태와 관련이 있다고 본다. 그는 "어린아이가 외디푸스 콤플렉스에 대한 답으로서 자신을 그의 아버지에 동일화시키는 것이 단지 하나의 이차적인 것이 된 이래로, 유아기적 퇴행은 이러한 아버지 이미지를 넘어서면서 항문기의 과정을 통해 더욱 원시적인 이미지에 도달한다고 볼 수 있다"(571쪽)는 주장을 통해 파시스트 지배 형태에서 대중이 파시스트 지휘자의 선전 선동에 자신을 원시적으로 동일화하는 메커니즘이 성립된다는 점을 근거 세운다. 동일화는 "파시스트 집단의 형성에서 게임을 한다"(571쪽)는 것이다.

아도르노는 동일화에 대한 간단한 언급에 이어 이상화를 본격적으로 논의한다. 이상화는 「프로이트 이론과 파시스트 선전 선동 형태」에서 결정적으로 중요한 개념이므로 그가 프로이트의 『집단 심리학과 자아 분석』으로부터 인용한 구절을 이 자리에서 보기로 한다. "우리는, 우리가 사랑에 빠졌을 때 나르시스적인 리비도의 상당한 양이 대상 위에 흘러넘치듯이 대상이 우리 자신에게 고유한 에고와 똑같은 방식으로 다루어지고 있음을 보고 있다. 사랑 선택의 많은 형식에서, 대상이 우리 자신의 도달되지 않은 에고의 이상理想에 대한 하나의 대체물로서 소용된다는 것은 명백하다. 우리는 우리 자신에 고유한 에고에 도달하기 위해 노력하였던 완벽함, 그리고 우리의 나르시즘을 만족시키는 수단으로서 이러한 우회적인 방식으로 손에 넣는 것을 우리가 이제 좋아해야만 하는 완벽함 때문에 에고의 이상을 사랑한다."(571쪽) 아도르노에 따르면, "자기 자신에 대한 이러한 이상화는 파시스트 지휘자가 그 추종자들에서 조장하려고 노력하며 총통 이데올로기에 의해 도움을 받는 이상화와 정확하게 일치한다."(571-572쪽) 이렇게 해서 형성되는 파시스트 공동체는 집단에 대한 프로이트의 정의, 즉 "하나의 대상 및 동일한 대상을 자신들의 에고의 이상理想으로 대체시켜 왔고 자신들의 에고에서 자신들을 서로 일관성 있게 동일화시켜 온 일군의 개인들"(572-573쪽)이라는 정의와 일치한다는 것이다. 이것을 아도르노는 파시스트 공동체에서 기능하는 나르시스적인 동일화로 보고 있다. "나르시스적인 동일화를 허용하기 위해, 지휘자는 자신을 절대적으로 나르시스적으로 출현시켜야 한다. 이러한 통찰로부터, 프로이트가 히틀러의 모습이라고 볼 수 있는 '원시 부족장'의 모습을 끌어내고 있다는 점이 드러난다."(573쪽) 여기에서, 아도르노가 파시스트 지휘자인 히틀러와 히틀러에 의해 지배되는 집단 사이의 관계를 원시 부족장과 원시 부족민의 관계로 보고 있음이 명백하게 드러난다.

아도르노에 따르면, 이러한 관계에서 파시스트 지휘자는 "한편으로는 초인으로 출현하면서도 동시에 보통 사람으로서의 출현이라는 기적을 만들어야 하며"(574쪽), "위대한 작은 사람"의 개념과 같은 기본 방책을 구사해야 한다. "위대한 작은 사람은 전능함을 가진 사람이라는 생각, 그리고 그도 보통 사람들과 똑같은 한 사람이고 평범하며 혈기 왕성한 미국인이자 물질적이나 정신적 부에 의해 때 묻지 않은 사람이라는 생각을 둘 다 암시한다. 심리적인 상반감정 양립이 하나의 사회적인 기적이 만들어지도록 돕고 있는 것이다. 지도자 이미지는 추종자의 이중적인 소망, 즉 권위에 종속되면서 추종자 자신이 권위가 되는 소망을 충족시킨다."(575쪽) "위대한 작은 사람"의 방책은, 1987년 6·10 항쟁 이후 실시된 대통령 직선제 선거에서 야당 후보들의 분열로 인해 1988년에 정권을 잡았던 군사 독재의 계승자가 "보통 사람"이라면서 가방을 들고 다녔던 속임수를 연상하게 한다.

프로이트에 의하면, 파시스트 선동가가 사용하는 표준적인 방책들은 개개인에 파고드는 기술, 위대한 작은 사람의 이념의 노선에 따라 설계된다. 아도르노는 이처럼 설계되는 것의 구체적인 몇몇 예를 분석한다. 파시스트들은 "제의적인 행사와 위계질서적인 구별을 지속적으로 강조한다"(577쪽)는 것이 그가 보는 첫 번째 예이다. 그는 이를 다음과 같이 설명한다. "고도로 합리화되고 양화量化된 산업사회 내부에서의 위계질서가 정당화되는 정도가 적을수록, 객관적인 존재 이유를 갖지 않는 인위적인 위계질서가 구축되며 파시스트들에 의해 순전히 기술적-심리적인 이유를 위해 엄격하게 부과된다."(577쪽) 이러한 방책은 히틀러에서 구체적으로 드러난다. "히틀러의 유명한 공식, 즉 위로 향하는 책임, 아래로 향하는 권위는 이러한 성격의 반대감정 양립을 능숙하게 합리화시킨다."(577쪽) 두 번째 예는 "국외자들에 대한 증오"(577쪽)이다. 이러한 증오는 "사랑받는 내부-집단과 배척된 외부-집단 사이의 도처에 만연하는 엄격한 구분"(577쪽)에 토대를 두며, 종교의 중화中和와 더불어 "사랑에 대한 종교적 교리의 완화되는 영향력이 사라지면서"(579쪽) 파시스트들이 고안하는 방책에 이용된다. 아도르노는 이를 다음과 같이 정리한다. "파시스트 선동가들이 누가 선택되었고 누가 거부되었는가에 관련하여 어떤 정신적인 기준도 인정하지 않은 이래로, 종족과 같은 사이비-자연적인 기준을 대리로 내세운다."(579쪽) 아도르노는 프로이트가 이러한 기준을 내세우는 방책의 리비도적인 기능의 정체를 확인하는 데 성공하였다고 보고 있다. 프로이트에 의하면, "부정적으로 통합하는 힘"(580쪽)으로서 활동하는 것이 리비도적인 기능의 정체이다. 부정적인 통합은 파괴성의 본능을 지니며, 외부 집단에 대한 적개심, 적개심과 관련하여 내부 집단에 속한 사람들에서의 불관용을 없애는 효과로 나타난다. 아도르노는 바로 이것들을 파시스트 선동가들이 추구하는 노선인 "통일성 속임수"(582쪽)라고 명명한다. 통일성 속임수에 대한 아도르노의 결론적인 해석을 들어 보기로 하자. "악의적인 평등주의의 암류暗流, 모든 것을 망라하는 굴종의 형제애의 암류는 파시스트 선전 선동 및 파시즘 자체의 구성 요소이다. 이 암류는 아인토프 일품 요리Eintopfgericht[04]에 관한 히틀러의 악명 높은 명령에서 그 상징을 찾았다. 파시스트 선동가들이 본래부터 존재하는 사회구조가 변화되는 것을 바라는 정도가 적으면 적을수록, 그들은 '사람들의 공동체'의 어떤 구성원도 개인적인 쾌락에 빠져서는 안 될 것이라는 의미로 말하면서 사회정의에 대해 더욱 많이 씨부렁거린다. 억압의 폐지를 통한 평등의 실현 대신에 억압적인 평등주의가

---

04 냄비 하나에 콩과 소시지 등을 넣고 끓여 만드는 매우 간단한 요리임. 모든 사람을 이처럼 간단하고 천편일률적인 요리에 묶어 두는 효과, 이와 동시에 모든 사람이 평등하다고 느끼게 하는 효과를 발휘하는 요리라고 볼 수 있으며, 아도르노는 히틀러가 이 점을 악용하고 있음을 주지시키고 있음.

파시스트 정신 상태의 본질적인 부분이며, 이처럼 억압적인 평등주의는 선동가들이 사용하는 방책에 반사되어 있다."

아도르노는 파시스트 선전 선동이 구사하는 호소들 중에서 청중이 가장 현혹되기 쉬운 현혹들만이 살아남았다는 점을 지적하면서 그 이유를 밝히고 있다. "호소들의 효율성은 그것 자체로 소비자 심리의 기능이다. 얼어붙는 과정은 현대의 대중문화에서 채택된 기술들을 관통하면서 관찰될 수 있는바, 살아남은 호소들은 이처럼 '얼어붙는' 과정을 통하여 표준화된다. 이것은 비즈니스의 판매 촉진 활동에서 가장 가치 있는 것으로 증명된 광고 슬로건과 유사하다. 이러한 표준화는, 교대로, 천편일률적인 사고와 일치한다. 다시 말해, 이러한 선전 선동에 민감한 사람들의 '천편일률적인 감정', 그리고 이처럼 민감한 사람들이 갖고 있는 유아기적인 소망, 즉 끝이 없으며 변동이 없는 반복에 대한 소망과 일치하는 것이다."(586쪽) 파시스트들이 선전 선동을 위해 사용하는 호소를 소비자 심리의 기능과 연결시켜 해석하는 시각은 파시스트들의 권력 쟁취의 본질을 이해하는 데 기여할 수 있는 시각이라고 볼 수 있겠다.

「프로이트 이론과 파시스트 선전 선동 형태」의 말미 부분에서 아도르노는 파시스트 선전 선동의 본질에 관하여 몇 가지 내용을 제시하고 있다. "파시즘의 객관적인 목표들은 … 광범위하게 비합리적"(588쪽)이라는 것이 첫 번째 내용이다. "합리적인 논변을 통해서 대중의 마음을 얻는 것이 파시즘에게 가능하지 않을지도 모르게 된 이래로, 파시스트 선전 선동은 담론적인 사고로부터 벗어나 그 방향이 필연적으로 변화될 수밖에 없다. 파시스트 선전 선동은 심리적으로 그 방향이 설정되어야 하며, 비합리적이고 무의식적이며 억압적인 과정들을 가동시켜야만 한다."(588쪽) 그가 두 번째 내용으로 제시하는 것은 조작이다. "이른바 파시즘 심리는 조작에 의해 광범위하게 발생한다. 합리적으로 계산된 기술들은 대중의 '자연적인' 비합리성으로 순수하게 간주되는 것을 기술의 결과로서 이루어 낸다."(589쪽) 그는 파시즘의 심리 조작을 다음과 같이 꿰뚫고 있다. "오히려 파시즘은 자기-이해관계의 전적으로 비심리적인 이유를 위해 파시즘을 조장하는 힘들이 성공적으로 활용할 수 있는 범위인 심리적인 범위를 정의한다."(590쪽)

아도르노가 파시스트의 선전 선동과 권력 쟁취에서 통찰한 것은 파시스트 "지휘자들에 의한 대중 심리의 전유"(593쪽)가 이루어졌다는 점, 파시스트들이 "구사하는 기술의 능률화가 최면술적인 주문을 집단화시키는 것"(593쪽)을 그들에게 가능하게 해 주었다는 점이다. 이렇게 해서 파시즘에서 **주문呪文의 집단화와 제도화"**(593쪽)가 이루어지고, **"동일화의 허위성"**이 증대되었다는 것이다. 그가 「프로이트 이론과 파시스트 선전 선동 형태」에서 프로이트의 이론에 힘입어 시도한 분석, 해석, 제시한 개념들, 주장들이 1960년대 이래 한국 사회에서 창궐하였고 여전히 청산되지 않은 전체주의적 지배 체제와 지배 형태에 곧바로 직접적으로 적용될 수는 없을 것이다. 그럼에도 동일화 개념과 이상화 테제는 한국 사회에서 비합리적이고도 파시즘의 성향을 갖는 지배 권력이, 선거라는 민주적인 제도가 있음에도 불구하고, 어떻게 해서 성립될 수 있는가에 대해 이론적으로 답을 구하는 데 기여할 수 있을 것으로 사료된다.

군사 쿠데타를 통해 권력을 장악한 후 장기간 절대 권력자로 군림했던 사람의 비합리적이고도 파시즘적인 지배 형태가 한국 사회의 노년층에 속하는 다수와 특정 지역에서 신화와 같은 위력을 갖게 되고 이러한 신화에 위 범주에 속하는 대중들이 자기 자신을 동일화시키며 더 나아가 이러한 동일화가 이상화의 메커니즘으로까지 굳어지면서 이 대중들은 프로이트가 말하는 리비도적인 끈을 통해 부정적으로 통합되는 집단에 편입되었다. 바로 이러한 메커니즘이 1960년대 이후 한국 사회에서 오늘날까지, 때로는 전체적으로 때로는 부분적으로, 작동되고 있다. 정치권력은 앞에서 말한 동일화와 이상화 메커니즘을 작동시키는 다양한 방책들을 통해 집단의 심리를 관리하고 조작함으로써 대중의 정치적인 비판 능력을 감소시키거나 봉쇄하였고, 이러한 관리와 조작의 결과가 총선에서의 이른바 보수 세력의 거듭된 승리, 2007년 대통령 선거, 무엇보다도 특히 2012년 대통령 선거에서의 이른바 보수 후보의 승리로 나타났다고 볼 수 있다. 2016년 10월경에 노출된, 주술적인 권력에 의한 한국 사회의 비합리적인 지배 형태는 앞에서 말한 동일화와 이상화가 부른 참극이라고 해석될 수 있다. 이렇게 볼 때, 「프로이트 이론과 파시스트 선전 선동 형태」가 매개하는 학문적 인식은 한국 사회에 대해서도 값진 인식인 것이다.

VIII

다섯 번째로 명명할 수 있는 주제는 계급과 갈등이다. 「계급 이론에 대한 성찰」은 계급의 이중적 성격을 분석하고 비판한 논문이다. 『사회학 논문집 I』의 맨 앞에 게재되어 있는 글인 「사회」, 「후기 자본주의 또는 산업사회?」에서도 드러나는 것처럼, 계급과 계급의식은 아도르노에게서 명백하게 구분되는 개념이다. 이 점이 「계급 이론에 대한 성찰」에서도 전제되어 있다. 생산성의 향상과 이에 따른 물질적인 풍요로 인해 계급은, 계급의식이 감소되면서, 겉으로 보기에는 과거의 경우처럼 부르주아지 계급과 프롤레타리아 계급으로 뚜렷하게 구분되는 양상을 보여 주는 정도를 감소시키지만, 체계와 결합된 지배 형식을 발전시킴으로써 그 지배력을 오히려 정교하게 유지하고 있다는 것이 계급에 대한 아도르노의 시각이다. 이 시각은 이 논문에 들어 있는, 매우 유명한 구절에서 확인된다. "사람들이 아직도 바리게이트를 칠 수 있었던 시절은 수공업이 금빛처럼 빛나는 토대를 갖고 있었던 시절과 똑같은 정도로 이미 축복을 받던 시절이었다. **억압의 전능함과 억압의 비가시성은 동일한 것이다.**"(510쪽) 계급은 그에게 억압의 비가시성 안으로 숨어 들어간 억압의 전능함이다. 이것을 가능하게 하는 것이 계급과 결합된 체계들이다.

아도르노는 계급의 지배력을 유지시키는 체계가 항상 새로운 모습으로 출현한다고 본다. "끊임없이 새롭게 하는 것은 참되지 않은 옛것을 최상으로 은폐시킨다"(507쪽)와 같은 촌철살인의 통찰에서, 독자들은 참되지 않은 옛것으로서의 계급이 새로운 형식으로 포장한 체계에서 그 지배력을 유지한다는 것을 알 수 있다. 아도르노의 눈에는, 계급은 "항상 새로운 것이 자행하는 부단히 파괴적인 전개"(507쪽)를 가능하게 하는 원리, 즉 사회에 의한 개별 인간의 지배를 구조적이고도 체계적으로 가능하게 하는 근원적인 원리이다. 체계로 포장되면서 항상 새로운 형식을 구사하는 계급의 지배력은, 계급이 과거의 경우처럼 부르주아지 계급과 프롤레타리아 계급으로 양분되는 모습을 뚜렷하게 보여 줌으로써 계급투쟁을 불러일으키는 것을 차단하고 봉쇄하기 위해, 익명성을 필요로 한다. 아도르노는 이 점을 통찰하고 있다. "계급의 지배는 계급의 익명으로 된 객관적인 형식을 존속시키는 데 적합하다."(515쪽) 그는 이러한 형식을 독특한 것이라고 본다. 그러나 "독특한 것은 독특한 것이 실행되는 전능함에 힘입어 전체를 찬탈한다."(515쪽)

아도르노는 한편으로는 계급의 지배력에서 체계에 의한 개별 인간의 지배, 새로운 것의 파괴성, 익명성, 독특함을 통찰하고 있지만, 다른 한편으로는 지배 계급에 대한 비판도 놓치지 않고 있다. "지배 계급은 그러나 체계에 의해 지배되는 것만은 아니며, 체계를 통해서 지배하고 최종적으로는 체계를 스스로 지배한다."(522쪽) 이 관점에서, 생산성 향상과 물질적 풍요에 의해 계급의식이 감소하고 쇠퇴하는 것이 허위라는 것이 드러나며, 계급 문제에서 항상 문제가 되는 빈곤 개념이 아도르노의 사유에서 여전히 중요한 위치를 점하고 있다는 것이 확인된다. 지배 계급이 지배하는 "체계는 그것의 맹목성에서 역동적이며, 빈곤을 축적시킨다."(522쪽) 이러한 비판적 통찰은, 1980년대 이후의 세계에서 계급의식을 흐리게 하고 동시에 계급을 익명성으로 가리면서 작동하는 체계들이 산출해 놓은 극단적인 양극화를 선취적으로 인식한 통찰로 평가받을 수 있다고 본다.

오늘날 창궐하고 있는 극단적인 양극화는 지배 계급이 운용하는 체계들이 만들어 놓은 재앙이며, 지배 계급에게는 자본의 기하급수적인 축적을 가능하게 하지만 피지배 계급을 빈곤의 절대적인 축적으로 몰고 가는 재앙이다. 아도르노가 이 논문을 발표한 해가 1942년임을 볼 때, 계급과 체계가 결합하면서 빈곤을 축적한다는 그의 통찰은 오늘날의 극단적인 양극화 상황에도 해당된다고 볼 수 있다. 다음의 구절에서 독자들은 그의 선취적인 통찰을 더욱 세밀하게 확인할 수 있을 것이다. "빈곤의 동역학은 축적의 동역학과 함께 중지된다. 하류층에서의 경제적 상황의 개선이나 또는 안정화는 경제의 외부에 관련되는 문제이다. 더욱 높은 기준은 소득이나 독점으로 얻는 이익으로부터 발원하여 얻어지는 것이지, 무엇으로부터 곧장 얻어지는 것은 아니다. **더욱 높은 기준은** 실업자 보조금이 선포되어 있지 않은 곳에서도, 그리고 노동과 임금의 가상이 밀접하여 지속되는 곳에서도, **실업자 보조금이다.** 지배자들의 의미에서 보조하는 보너스, 팁tip, Trinkgeld인 것이다. 선의善意와 심리학은 이것들과 아무런 관련이 없다. 그러한 진보에 들어 있는 계산은 **체계의 영속화의 조건들에 관한 체계의 자의식**이다."(523쪽) 1968년에 발간되자마자 세계 학계에서 많은 주목을 받은 저작인 하버마스의 『이데올로기로서의 학문과 기술』은 보너스, 생리 휴가가 임금 체계로 기능하면서 대중을 지배하는 데 이용되고 더 나아가 대중의 탈정치화를 촉진한다고 그러한 기형적인 임금 체계를 비판하였는바, 하버마스의 비판은 위에서 본 아도르노의 비판과 접맥될 수 있다.

오늘날 창궐하는 극단적인 양극화는 계급을 논의하는 것조차 어렵게 할 정도로 심화되고 있다. 양극화가 절대 다수의 무력한 개별 인간들에게 강요하는 고통이 극대화되고 절대화됨으로써 이 고통에 시달리는 무력한 개별 인간들이 계급에 대해 원리적이고도 비판적으로 성찰할 기회까지 박탈당하는 실정에 놓여 있기 때문이다. 이렇게 볼 때, 아도르노의「계급 이론에 대한 성찰」은 여전히 현재적 중요성을 상실하지 않은 논문으로 평가받을 수 있다고 사료된다.

「오늘날의 사회적 갈등에 대하여」는 사회적 갈등들의 표면적인 다양성에 대한 비판을 시도한 글이다. 사회적 갈등들의 본질이 인식되지 못하고 피상적으로 관찰되는 것에 대한 비판이 아도르노가 제기하는 인식 관심이다. 이를 위해 그는 게오르크 짐멜, 루이스 코저, 랄프 다렌도르프의 갈등 이론을 비판하는 것에서 출발하며, 이 비판은 이들이 사회적 갈등의 본질에 대한 통찰에 도달하지 못하고 있다는 것을 향하고 있다.

이 논문에서도 계급에 대한 아도르노의 시각이 드러나고 있으며, 그는 사회적 갈등의 근원에는 계급이 놓여 있다는 점을 강조한다. "계급을 유발시키는, 사회의 경제적인 근본 과정들은 주체들이 모두 통합되었음에도 불구하고 변화되지 않았다"(248쪽)는 시각을 갖고 있는 그에게 계급들은 "객관적이지만 간파되지 않았던"(248쪽) 사회적 현상들에 속한다. 계급들은 변화되지 않은 객관적인 사회적 현상들임에도 불구하고 사회적 갈등들의 표면적인 다양성에 의해 감춰진 사회적 현상들인 것이다. "계급 구조에 의한, 사회적 현상들의 매개에 관한 물음은 요술로 감춰지고 만다."(246쪽) 따라서 사회적 갈등들은 계급관계, 계급구조, 계급투쟁에서 인식되어야 한다는 것이 사회적 갈등들에 대한 아도르노의 기본 시각이다.

그는, 사회심리학자 알렉산더 미처리히의 통찰에 힘입어, 개인들이 사회적 갈등들의 특징을 나타내는 분장扮裝을 꿰뚫어 보지 못하는 현상에 주목한다. "개인들이 이러한 분장[05]을 꿰뚫어 보지 못한다는 점은 개인들의 지속적으로 증대되는 심적인 단절과 지리멸렬에 의해 조건이 지어진다. 다시 말해, '상황적인 조건들로부터 충동을 빌려 오고 이와 마찬가지로 충동을 여러 가지로 변화시키지만 개별적인 모멘트들을 하나의 통일적인 역사로 결합시키지 못하는 인간들'의 지리멸렬에 의해 조건이 지어진다."(255쪽) 개인들이 심적으로 단절되고 지리멸렬에 빠지는 정도가 증대되면서 개인들은 사회적 갈등들을 특징적으로 보여 주는 분장의 배후에 무엇이 본질로 놓여 있는가를 통찰할 수 있는 능력을 상실한다는 것이다. 이처럼 '하나의 통일적인 역사로 결합시키지 못하는 인간들'은 사회적 압력에 의해 관리를 당하게 된다. "사회적 압력에 의해 손상을 입은 사람들은 그들에게 상처를 입혔던 물리적 폭력과 쉽게 결합한다."(260쪽) 아도르노의 사유를 다음과 같이 요약해 보기로 한다. 사회적 갈등들은 표면적으로 다양하게 분장의 형식으로 나타나지만, 개인들은 이를 꿰뚫어 보지 못하고 사회가 개인들에게 자행하는 물리적 폭력과 결합한다. 이러는 사이에 계급에 의한 개인의 지배가 강화된다.

아도르노는 사회적 갈등들의 인식 가능성을 사회가 개인에게 가하는 상처에서 본다. 이 시각은 사회학적인 갈등 이론에 대한 그의 불신과 접맥되어 있기도 하다. "사회적 갈등들은, 전체 상황을 더욱 잘 파악하려는 의도에 대해, 그것들이 나타내 보이는 것들에서보다도 그것들이 받은 상처들, 상처를 입게 된 것의 표현에서 갈등을 더욱 많이 인식하게 해 준다. 이렇기 때문에, 우리가 사회적 갈등이 무엇인가에 대해 사회학적으로 엄격한 정의를 요구하게 되면, 우리 스스로 사회직 갈등에 대한 통로를 차단하게 된다."(261쪽) 그 밖에도, 집단적인 비웃음과 웃음에는 사회적 갈등들을 은폐시키는 메커니즘이 들어 있다는 아도르노의 통찰은 오늘날에도, 현재의 한국 사회에 대해서도 설득력이 높은 통찰이라고 사료된다. 오늘날 극단적인 사회적 양극화와 대립주의들이 창궐하고 있는 한국 사

05 사회적 갈등들의 특징을 나타내는 분장(扮裝)을 지칭함.

회에서 문화산업 매체들이 인위적으로 생산해 내는 집단적인 웃음이 소비재로 기능함으로써 한국 사회에서 사회적 갈등을 은폐시키는 부정적인 역할을 수행하고 있다는 사실에 이의를 제기하기는 어려울 것이다.

IX

여섯 번째로 명명할 수 있는 주제는 이데올로기, 공론장, 문화와 관리이다. 옮긴이 후기인 이 글의 서두 부분에서도 언급하였듯이, 이데올로기 개념은 아도르노의 사회학 저작들뿐만 아니라 거의 모든 저작들에서 그의 사유의 공통분모와 같은 역할을 하는 개념이다. 아도르노는 「이데올로기론에 대한 기고」에서 이데올로기 연구자인 한스 바르트의 『진실과 이데올로기』를 기반으로 삼아 근대 시민사회의 초기부터 본격적으로 전개되어 온 이데올로기 개념을 검토하고, 더 나아가 자신이 생각하는 이데올로기론을 펼쳐 보인다. 이데올로기는 근대 시민사회의 초기에 논의될 때부터 잘못된 의식을 지칭하며, 이런 관점에서 아도르노는 이데올로기에 대한 다양한 개념 규정들과 논의들을 검토하고 있다. 프란시스 베이컨의 우상론, 백과전서파인 엘베시우스와 달바하가 제기한 선입견에 관한 논의들, 이데올로기라는 단어를 만든 사람이자 관념학파의 대표자인 데스튀 뒤 트라시의 이데올로기론, 나폴레옹의 이데올로기론, 과학적 사회주의의 이데올로기론, 파레토가 보는 이데올로기, 막스 셸러의 이데올로기 유형론, 만하임의 지식사회학에서의 총체적인 이데올로기 개념을 비판적으로 검토하는 것이 이 기고문의 중심적인 내용이다. 독자들은 이 글을 다른 글들에 비해 비교적 용이하게 읽을 수 있으며, 이 글을 통해 이데올로기론에 대해 역사적으로 전개된 내용을 일목요연하게 경험할 수 있을 것이다.

아도르노에게 이데올로기는 사회적으로 필연적인 가상假像, Schein이다. 사회가 작동되는 한 이데올로기는 필연적으로 발생하는 가상인 것이며, 이데올로기에 대한 분석과 이해가 없이는 사회가 이해될 수 없는 것이다. 그에게 이데올로기 개념은, 만하임이 이데올로기를 가치중립적인 개념으로 보는 것과는 반대로, 비판의 대상이 되는 개념이다. 따라서 이데올로기비판은 아도르노 사유의 전체를 관통하는 중심 개념이다. 이에 상응하여, 그는 이 기고문의 뒷부분에서 문화산업, 매스미디어를 거론하면서 이것들이 2차 대전 후의 현대사회에서 핵심적인 이데올로기로서 기능하고 있음을 비판한다. 이 기고문의 결론 부분은 아도르노가 이데올로기비판을 얼마나 중시하고 있는가를 보여 준다. "이데올로기는 더 이상 복면이 아니고, 세계의 위협적인 얼굴일 뿐이다. 이데올로기가 선전 선동에 엮여 들어가는 힘에 의해서뿐만 아니라 이데올로기에 고유한 형태에 따라서도, 이데올로기는 테러로 넘어간다. 이데올로기와 현실이 이토록 서로 겹쳐서 움직이고 있기 때문에, 그리고 현실이 다른 모든 설득력 있는 이데올로기의 결핍으로 인해 현실 자체의 이데올로기가 되고 있기 때문에, 정신의 사소한 노력만을, 즉 전능하면서도 동시에 아무것도 아닌 가상을 정신 스스로부터 던져 버리는 노력만을 필요로 하고 있는 것 같다."(651쪽) 이데올로기가 된 현실, 이 현실에서 테러로 넘어가는 이데올로기의 폭력성, 하나의 닫혀 진 전체로서 작동하는 사회에 개별 인간들을 순응하게 하는 메커니즘으로서의 문화산업의 작동 체계가 강화시키는 이데올로기의 위력이 아도르노가 이 기고문을 통해 독자들에게 매개하는 인식이다.

「여론 조사와 공론장」은 아도르노가 자신의 학문적 역량을 최대로 보여 주면서 활동하였던 시기이며 실증주의 논쟁을 주도하였던 시기인 1964년에 발표된 논문이다. 공론장에 대해서는 하버마스가 교수자격 취득 논문으로 이미 1962년에 발간하였던 『공론장의 구조 변동』에서 매우 상세하게 분석한 바 있었다. 아도르노는 한편으로는 이 논문을 매우 높게 평가하면서 다른 한편으로는 공론장에 대한 자신의 생각을 개진하고 있다. 그에게 공론장은 파악되기 어려운 개념이다. 공론장은 원래는 민주주의의 발전과 궤를 같이하면서 전개되어야 하지만 그것이 시작되었던 시기인 시민사회 초기부터 이미 "그 실재적인 전개에서 시민사회의 경제적인 형식들에 의해 감금되며, … 주민들에게 공급하는 정보들로부터 이익을 끌어내는, 사회적인 부문들로 되었기"(721쪽) 때문이다. 이러한 이유로 인해 "실제에서의 공론장의 이론적이고 일반적인 개념에는 제한되는 것, 특별한 것의 모멘트가 개념의 시작에서부터 혼합되어 있으며, 공론장은 공론장에 의해 그 생명이 유지되는 제도들의 물질적인 이해관계들에 광범위하게 종속되어 있다"(721쪽)는 것이 공론장에 대한 아도르노의 부정적인 시각이다.

그에 따르면, 공론장이 물질적인 이해관계에 종속되어 있음을 보여 주는 대표적인 사회적인 현상이 바로 여론 조사이다. 그는 여론 조사를 근본적으로 시장 조사의 응용된 형식으로 보며, 미국에서는 시장 조사와 여론 조사가 동일한 것으로 되어 있음을 강조한다.(723-724쪽) 계몽사상가인 아도르노가 여론 조사를 비판하는 시각은 매우 예리하며 내용은 치열하다. "여론 조사는, 추상적으로 고립된 채, 다음과 같은 시도에 빠져든다. 다시 말해, 의견의 단순한 주관적인 모멘트와 통계적인 우주를 형성하는 개별적인 개인들이 생각하고 있는 것을 고립시키는 시도, 객관적인 사회적 법칙성들의 단순한 반사에 지나지 않는 것을 사회적 과정의 기초와 혼동시키는 시도에 빠져드는 것이다."(725-726쪽) 이러한 시도에 빠져듦으로써 여론 조사는 아도르노가 사회적으로 필연적인 가상이라고 정의한 이데올로기가 된다. 이데올로기가 된 여론 조사는 "… 객관적인 진실을 희생시키는 대가로 의식의 조작에 쉽게 힘을 보탠다. 그러나 여론 조사는 동시에 여론 조사가 예나 지금이나 산입되어 있는 의견의 개념이 고향처럼 정주하였던 영역인 정치적인 것의 영역과 똑같은 변증법을 보여 준다."(726쪽) 정치적인 영역에서의 의식 조작이 작동되도록 시중을 드는 여론 조사가 매스미디어를 이용하는 것은 아도르노에게는 자명한 이치이다.

다음의 구절에서 볼 수 있는 촌철살인의 비판은, 공론장에 주체적으로 참여하는 권리를 가진 인간이 공론장에 의해 의식 조작을 당하면서 공론장의 관리 대상으로 전락한 역설을 독자들이 인식하게 해 준다. "인간의 공론장에의 권리는 공론장에 인간을 공급하는 것으로 전도되었다."(722쪽) 공론장이 잉태하는 역설은 오늘날 인류의 운명과도 같은 것이 되었다. 이는 한국인들에게는 더욱 절박하게 해당된다. 거대 주류 언론권력이 공론장이라는 이름으로 한국 사회에 대해 자행하는 폭력에서 쉽게 입증되듯이, 공론장에 의해 인간이, 더 나아가 사회가 포로로 잡힌 모습이 이 모습에 대해 이의를 제기하기 힘들 정도로 한국 사회에서 선명하게 드러나고 있다. 이렇게 볼 때, 아도르노의 공론장 비판이 오늘날에도 역시 현재적 중요성을 유지하고 있다는 점에 대해서는 이론異論이 제기되기 어려울 것이다. 더 나아가 이 비판은 오늘날 그 중요성이 더욱 증대되고 있다고 볼 수 있다. 거대 자본권력이 장악한 매스미디어들이, 한편으로는 특정 사회나 특정 국가 단위에서 다른 한편으로는 범지구적 차원에서, 인간을 공론장이라는 이름을 가진 의식 조작의 장場에 더욱 대량적이고 더욱 효율적으로 공급하는 권력을 독점하고 있기 때문이다.

「문화와 관리」는 관리된 세계에서의 문화와 관리에 대한 성찰을 담은 논문이다. 문화가 관리된 세계의 메커니즘, 교환관계에 의해 관리되는 현상을 비판하는 것이 이 논문의 핵심이다. 문화는 원래는 관리에 대립되는 "더욱 높고 더욱 순수한 것이 되고 싶어 하는"(164쪽) 것이며, "사회에서의 기능의 연관관계를 고려하지 않은 채"(164쪽) 존재한다고 지칭되는 개념이기 때문에 문화에서는 무엇보다도 자율성이 중요하다는 것이 문화를 보는 일반적인 시각이라는 점을 아도르노도 인정한다. 그러나 그는 문화가 관리에 종속되는 현상에 주목한다. 따라서 그는 "문화에 대해 더욱 많은 것이 발생하면 할수록, 이것은 문화에는 잘못된 것이다"(164쪽)라는 에두아르트 스토이어만의 주장에 동조하는 입장을 보인다. 아도르노는 문화가 관리에 종속되는 정도가 증대되는 현상을 막스 베버의 관료주의론을 끌어들여 분석하며, "관리가 문화에 대해 요구하는 것은 본질적으로 타율적"(171쪽)임을 지적한다. "관리는 문화적인 것을, 이것이 항상 어떤 것이든, 규범들에서, 즉 문화적인 것에 내재되어 있지 않고 객체의 질과는 전혀 관계가 없으며 오히려 외부로부터 가져온 그 어떤 척도들과 관계가 있을 뿐인 규범들에서 측정해야만 한다. 반면에 관리하는 사람은 이와 동시에 그가 사용하는 규정들과 특별한 사정에 따라 내재적인 질, 사물 자체의 진실, 사물의 객관적인 이성과 같은 물음들에 스스로 들어가는 것을 대부분의 경우 거부해야만 한다."(171-172쪽) 이렇게 해서, 문화는 그것에 고유한 질을 탈취당하면서 외부로부터 가져 온 규범들에서 측정을 당하는 처지에 놓이게 된다.

아도르노에 따르면, 문화는 일찍이 19세기 중반 이래 목적 합리성에 저항하였지만, 관리된 세계에서 문화는 유용한 것과 쓸모가 없는 것 사이에서 전적으로 쓸모가 없는 것에 지나지 않는 것으로 되면서 문화에 관한 새로운 이데올로기가 발생한다. 이러한 이데올로기에는 "물질적인 생활과정으로부터 문화가 분리되는 것, 종국적으로는 육체노동과 정신노동의 사회적인 분업이 퇴적되어 있는 것이다. 이러한 분업은 문화와 관리의 이율배반으로 그 상속이 이어진다."(173쪽) "사회적이고 정신적인 상황의 산물인, 사고에서의 문화와 관리의 엄격한 대립상태는 사회적 상황과 정신적 상황 두 가지를 동시에 함께 구부리게 하는 상태"(174쪽)이며, 이 상태가 바로 문화와 관리의 이율배반을 보여 준다. 예를 들어 이탈리아 도시 국가의 군주들이나 절대 왕정의 군주들이 지배하던 시기에 지배 권력이 문화를 관리하는 형식은 문화와 관리의 이율배반에 해당된다는 것이며, 바흐와 같은 예술가는 이러한 이율배반에 처한 상태에서 관리와의 영속적인 갈등 속에서 살았다는 것이다.

문화의 중화中和는 「문화와 관리」에서 아도르노가 제기하는 중심적인 개념들 중의 하나이다. 문화의 중화는 문화가 실재적인 생활 과정으로부터 해방됨으로써 발생한다. "문화가 스스로 독자적인 것으로 변모되는 것, 가능한 한 실제와의 관계로부터 외화外化되는 것은 문화의 중화이다. 이러한 중화 과정은 지칠 줄 모르면서 문화를 청소하는 작동장치에 모순이 없이, 그리고 위험이 없이 문화를 적응시키는 것을 가능하게 한다."(177쪽) 문화가 중화되는 것은 아도르노에게는 문화가 관리되는 것과 동일한 의미를 갖는다. 관리를 통해 중화된 문화에 대한 그의 예리한 통찰은 오늘날 관리된 사회에서의 문화의 실상을 보여 주며, 그가 일생 동안 비판하였던 문화산업은 문화가 관리되고 중화되었음을 입증하는 대표적인 현상이다. "문화 개념이 실제에 대해 갖는 가능한 관계를 상실함으로써, 문화 개념은 스스로 작동장치의 한 모멘트가 된다. 도전적이지만 쓸모가 없게 된 것은 관대하게 된 아무것도 아닌 것, 또는 잘못된 유용한 것, 윤활유, 다른 것을 위해 존재하는 것, 비진실, 문화산업의 고객들을 위해 계산된 상품들이 된다."(177쪽) 문화가 이렇게 되는 것을 그는 "오늘날 문화와 관리의 관계에서 나타나는 불편함이 기록하고 있는 내용"(177쪽)이라고 보고 있으며, 이 내용은 그가 「문화와 관리」에서 매개하고자 하는 인식의 핵심이라고 볼 수 있다.

이 관점에서, 그는 문화가 관리되는 실상과 형식을 구체적으로 분석한다. 축제를 합리화시키면서 축제를 관리하는 이성이 축제의 축제적인 성격을 해체하는 것(178쪽), 문화 관리자들이 속죄양이 되는 것(179쪽), "문화와 문화의 객관적인 조건들 사이에 들어 있는 긴장의 균형이 … 문화를 동사凍死로 위협"(182쪽)하는 것, 심지어는 아방가르드적인 예술 생산물에 이르기까지 관리 카테고리들이 문화를 뒤덮고 있는 실상(184쪽), 문화적인 것의 개념에 대한 부정(185쪽), 공식적인 문화에서 이루어지고 있는 계산(186쪽), "관리에 의해서 위협을 받게 된 자발성을 관리를 통하거나 또는 그러한 현상이 일어나는 주변에서 지칭된 '파악'을 통해서 구제하려는 시도"(187쪽)가 그가 제시하는 관리의 실상들과 형식들이다.

아도르노는 관리된 세계에서의 문화는 인간을 조작하는 기능까지 갖는다고 보고 있다. "문화의 순수한 직접성은 존재하지 않는다. 문화가 인간에 의해 소비재로서 임의적으로 소비될 수 있는 곳에서는, 문화는 인간을 조작한다. 주체는 사물에 관한 규율의 매개를 통해서 유일하게 문화의 주체가 된다. 관리된 세계에서 이러한 규율의 대변자는 어떤 경우이든 전문가이다."(194쪽) 문화의 이처럼 부정적인 기능을 지양하는 길은 전체를 지배하는 도구적 합리성의 지배로부터 벗어나는 것에서 찾을 수밖에 없다. "문화는 지배적인 합리성으로부터 벗어나는 것에서 유일하게 문화의 합리성을 찾는다."(195쪽)

관리된 세계에서의 문화의 비극적인 실상을 분석한 「문화와 관리」는 한국 사회에서의 문화와 관리의 문제를 논의하는 데도 유익한 논문이라고 사료된다. 한국 사회에서는 군사 독재 시기뿐만 아니라 최근에도 정권 차원에서 문화를 관리하고 조작하는 것이 지속적이면서도 반복적으로 드러나고 있기 때문이다. 2016년 10월 이후 이른바 국정 농단이라는 이름 아래에서 한국 사회에서 드러나고 있는 수많은 퇴행적인 현상들 중의 하나인 문화예술인들에 대한 블랙리스트 작성은 정권을 장악한 권력이 문화를 권력에 적응시키기 위한, 극단적 형식의 문화 관리라고 볼 수 있다.

X

마지막으로 명명할 수 있는 주제는 교육이다. 「반쪽 교육의 이론」은 아도르노가 교육에 대해 자신의 입장을 표명한 논문이다. 이 논문은 주어캄프 출판사에서 2006년에 63쪽 분량의 작은 문고판으로 따로 출판되어 나와 있을 정도로 많은 주목을 받는 논문이다. 또한 이 논문에 대해 최근에 해당되는 2010년, 2013년 6월과 7월에도 연구문헌이 출간되고 있는 것을 볼 때,「반쪽 교육의 이론」은 그것의 현재적 중요성을 유지하고 있다고 볼 수 있을 것이다. 그 이유는 이 논문이 교육과 비판 능력의 상호관계의 중요성을 주장하는 논문이기 때문이다. 교육에서 비판 능력의 고양은 아무리 강조해도 지나치지 않을 만큼 중요하다는 주장에 대해 이의를 제기하는 것은 쉽지 않을 것이다. 옮긴이가 1987년에 프라이부르크대학에서 프랑크푸르트대학으로 이동하여 그곳에서 공부할 때 프랑크푸르트대학의 교육학과가 아도르노의 교육 비판이론을 받아들여 비판 교육학을 시도한 것을 목격한 적이 있었다. 이는 프랑크푸르트대학의 법학과가 비판 법학을 시도한 것과 비슷한 것이었다. 프랑크푸르트대학의 교육학과의 학문적 방향에 영향을 줄 수 있을 정도로「반쪽 교육의 이론」은 학문적으로 중요한 논문인 것이다.

아도르노의 반쪽 교육의 이론은 사회에 의한 개인의 지배가 개인에게 출구를 허용하지 않은 채 빈틈이 없이 작동된다는 전제에서 출발한다고 볼 수 있다. 단적으로 말해서, 반쪽 교육은 사회가 개인을 총체적으로 지배하는 메커니즘에서 발생하는, 불구가 된 교육의 모습이다. 따라서 아도르노의 반쪽 교육의 이론을 이해하는 데 필요한 기본적인 개념들은 그의 사회이론에서 중심적인 위치를 점하는 사회적 조직화, 자기보존, 적응, 이데올로기, 사물화 등이다. 그는 이 논문의 서두에서 반쪽 교육과 사회적 조직화의 관계에 대해 언급한다. "반쪽 교육에서는 모든 것이 사회적 조직화의 그물망에 의해서 붙잡혀 있다"(123쪽)는 것이며, 따라서 "형태로 가공되지 않는 본성은 더 이상 존재하지 않는다. 이러한 본성에 내재하는 거칢, 즉 오래된 비진실은 삶에서 집요하게 유지되고 있으며 확대된 채 재생산된다"(123쪽)는 것이다. 이렇기 때문에 아도르노에게 반쪽 교육은 "자기를 스스로 규정하는 것으로부터 벗어나 있는 의식의 총체"(123쪽)이다. 이런 상태에 빠진 반쪽 교육은 "인가된 문화 요소들에 불가항력적으로 반쪽 교육을 묶고 있다"(123쪽)는 것이며, 마침내 야만적인 상태에 놓이게 된다. "반쪽 교육이 인가된 문화 요소들의 강제적 속박에 놓이면서, 썩어 빠진 교육으로서, 야만적인 것 안으로 끌려 들어간다."(123쪽) 반쪽 교육은 아도르노에게는 썩어 빠진 교육이며, 야만 상태 안으로 끌려 들어간 불구가 된 교육이다. 그에게 사회적 조직화의 그물망이 촘촘해지는 것은 사물화의 진척을 의미한다. 이 그물망에 붙잡혀 있는 반쪽 교육이 사물화에 빠지는 것은 자명하다. "반쪽 교육은 상품의 물신적 성격에 의해 포착된 정신과 같은 것이다."(144쪽) 사물화에 빠져든 반쪽 교육이 이데올로기로서 기능하는 것도 역시 그에게는 자명하다.

반쪽 교육을 야만적인 교육으로 본 아도르노는 반쪽 교육의 작동과 기능을 가능하게 하는 원리들을 고찰한다. 반쪽 교육은 그에게는 적응 메커니즘, 적자생존의 메커니즘이다.(125-126쪽) "적응은 그러나, 일단 실존하고 있으며 맹목적으로 지속되는 사회에서, 사회를 넘어서지 않는다. 관계들의 형성은 권력의 경계에 부딪치게 된다. 관계들의 형성을 인간에게 어울리도록 설치하려는 의지에서, 권력은 화해를 거부하는 원리로서 살아남는다. 이렇게 됨으로써 적응은 다시 둑으로 막히게 된다. 적응은 정신이 물신이 되는 것과 똑같은 정도로 물신이 된다."(127쪽) 물신이 된 적응이 구축하는 메커니즘, 바로 이것이 아도르노에게는 반쪽 교육을 작동시키는 원리이며, 이 점에서 반쪽 교육이 작동되는 근원에는 자기보존의 강제적 속박이 놓여 있다. 이 속박과 결합되어 있는 "적응의 동역학은 교육의 동역학과 하나이다."(128쪽) 적응에서 중심적인 역할을 하는 것이 교육 재화들이다. "대중에게는 수많은 통로들을 통해서 공급되는" 교육 재화들은 "중화中和되고 돌처럼 굳어진 재화들"(132쪽)이다. 이러한 교육

재화들이 " … 시장 메커니즘을 넘어서서, 교육이 주는 특권에 의해서 차단되어 있던 사람들의 의식, 그리고 교육이 이처럼 차단되어 있는 교육을 변화시킬 수 있을 것 같다고 생각하는 사람들의 의식에 적응됨으로써 성공하게 되는 것"(132쪽)이 바로 반쪽 교육의 성립 과정이다. 아도르노는 교육이 부여하는 특권 의식과 대중 교육이 교육 특권을 변화시킬 수 있다고 생각하는 의식이 서로 결합된 상태에서 반쪽 교육을 성립시킨다고 보고 있는 것이다. 그의 이러한 주장에서 주목할 점은, 특권층을 위한 교육뿐만 아니라 대중 교육도 반쪽 교육의 성립에 동시에 연루되어 있다는 점이다. 그는 "반쪽 교육의 모델은 오늘날 중간계층 사무직 노동자들의 층에 여전히 해당된다. 반면에, 본래부터 낮은 계층들에서의 반쪽 교육의 메커니즘들은 평준화된 의식이 전체적으로 명백하게 증명되지 않은 것과 마찬가지로 명백하게 증명될 수 있는 정도가 매우 적을 뿐이다"(134쪽)라고 주장함으로써 대중 교육이 반쪽 교육의 성립에 연루되어 있음을 강조한다.

앞에서 핵심적으로 살펴본 논의에 기초하여 아도르노는 반쪽 교육을 정의한다. 그는 어떤 개념에 대해 정의하는 것을 매우 꺼리지만 반쪽 교육의 개념에 대해서는 이례적으로 정의를 시도하고 있는 것이다. "반쪽 교육의 풍토에서는 교육의 상품처럼 사물화된 사실 내용들이 교육의 진리 내용을 희생시킴으로써, 그리고 생기 있는 주체들에 대한 교육의 생기 있는 관계들을 희생시킴으로써 지속적으로 살아남는다."(136쪽) 이처럼 정의를 시도한 아도르노는 반쪽 교육이 전체주의적 형체를 갖고 있음을 고발하고, 길라잡이Leitbild에 연루되면서 파시즘의 폭력 활동과 같은 폭력 활동을 교육 자체의 이념 안으로 되돌아오게 하는 기능을 갖는다고 비판한다.(137–138쪽) 그는 반쪽 교육이 특권이 저지르는 죄의 연관관계에 연루된다는 점도 강조한다.(142쪽)

아도르노는 이러한 논의에 이어서 반쪽 교육을 여러 가지 관점에서 고찰한다. 그는 매스미디어가 반쪽 교육의 작동에 연루되어 있음을 고발하며(142쪽 이하), 사회적 분화의 모멘트들이 반쪽 교육을 진척시키는 기능을 갖는다고 본다.(144쪽 이하) 그는 "반쪽 교육은 문화적 간극에 기생적으로 정주한다"(146쪽)는 충격적인 주장을 펼치면서 문화적인 간극을 기생충처럼 이용하는 반쪽 교육의 정체를 일깨워 준다. 반쪽 교육은 욕구 및 물신주의와 밀접한 관계에 놓여 있다는 점(150쪽 이하), 집단적 나르시즘의 형성에 시중을 든다는 점(152쪽 이하), "반쪽 교육이 된 사람은 자기 자신을 갖지 못한 상태에서 자기보존을 실행한다"(154쪽)는 점, 반쪽 교육은 "편집증과 한패를 이룬다는 점"(156쪽)을 구체적으로 고찰한다. 이렇게 함으로써 그가 반쪽 교육에 대한 심층적인 인식을 매개하는 데 성공한 것도 「반쪽 교육의 이론」이 올린 학문적인 성과이다. 반쪽 교육과 편집증에 대한 아도르노의 주장은 충격적이다. "광기 체계들은 반쪽 교육에 의해 차단된 본질적인 통찰을 대체시킨다."(156쪽) 반쪽 교육이 광기 체계들의 형성과 작동에 연루되어 있음을 고발하고 있는 것이다.

반쪽 교육을 기획하고 실행하는 집단은 지배 계급이지만 반쪽 교육에 의해 의식을 조작당하고 반쪽 교육이 유지되도록 해 주는 집단은 피지배 계급이다. 이 점에서 반쪽 교육은 전형적인 이데올로기라고 볼 수 있다. 『사회학 논문집 I』의 부록으로 첨부된 글인 「반쪽 교육의 이론」의 토론에 대한 도입적인 언급」에서 아도르노는 "반쪽 교육은 배제된 사람들에게 들어 있는 조작된 정신이다"(776쪽)라고 통찰하고 있다. 반쪽 교육은 배제된 사람들에게 드리워져 있는 운명과도 같은 이데올로기인 것이다.

「반쪽 교육의 이론」은 한국 사회에서 교육이 처해 있는 실상을 본질적이고도 심층적으로 이해하는 데 도움을 줄 수 있는 논문이라고 볼 수 있다. 교육이 자기보존의 강제적 속박에 총체적으로 종속됨으로써 유아기 교육부터 대학 교육에 이르는 모든 교육이 무한경쟁의 형식, 더 나아가 무한투쟁의 형식으로 실행되고 있다는 점, 다시 말해 교육이 만인에 대한 만인의 투쟁 수단으로 전락했다는 점, 교육이 그것의 공공적인 기능을 거의 상실한 채 교육의 물신화·사물화·상업화·상품화에 빠져듦으로써 인간 가치의 상품화를 더욱 부정적으로 추동하고 있다는 점, 이른바 명문 대학 학벌이 계층과 계급의 재생산 및 고착화의 수단, 특권 형성과 유지의 수단으로 전락했을 뿐만 아니라 피에르 부르디외가 말하는 상징 권력의 역할을 중심적으로 실행함으로써 사회적·경제적 양극화를 부정적으로 추동하면서 악화시키고 있다는 점, 교육이 정신적 욕구 실현의 도구로 기능할 뿐만 아니라 물질적인 욕구 실현을 위한 가장 직접적인 도구로 기능함으로써 욕구 실현에 의해 포획되어 있다는 점 등은 아도르노가 「반쪽 교육」에서 매개하는 학문적인 인식과 비판이 한국 사회에서의 교육의 부정적인 실상의 인식과 비판에도 기여할 수 있음을 보여 준다고 말할 수 있는 근거들이다.

교육은 오늘날 한국 사회에서 작동하는 모든 대립주의들에 근원으로 놓여 있다는 점을 부인하기가 어려울 것이다. 이것이 오늘날 한국 사회에서의 교육의 실상이다. 나는 한국 교육이 아도르노가 말하는 반쪽 교육의 부정성을 능가하는 부정성에 처해 있다고 본다. 한국 교육이 처해 있는 이처럼 비극적이고 절박한 상황에서, 한국 교육의 부정성을 근원적이고도 원리적으로 인식하고 비판하여 한국 교육이 올바른 길에 접어들 수 있도록 해야 한다는 당위의 관점에서 볼 때 「반쪽 교육의 이론」이 한국 교육에 시사하는 바가 적지 않다고 할 수 있을 것이다.

XI

사회가 인간의 사회적 행위에 대한 해석을 통해 이해 가능하다고 보았던 막스 베버에게 사회는 그럼에도 의미 없는 무질서적인 것이었다. 에

밀 뒤르켐의 눈에는 사회적 사실들이 존재할 뿐 그것들은 꿰뚫어질 수 없는 것들이다. 뒤르켐에게 사회는 이해될 수 없는 현상이었던 것이다. 사회를 기능의 연관관계, 교환 법칙의 총체적인 작동 체계, 불의의 총체적 연관관계, 관리된 사회로 보는 아도르노에게 사회는 이러한 속성들에서 볼 때 이미 소멸되었거나 해체되었을 것 같은 현상임에도 여전히 존재하면서 기능하는 기이한 현상이다. 그에게 사회는 매개 카테고리이며, 특히 불의의 연관관계를 매개하는 카테고리이다. 그에게 사회는 교환법칙의 작동에서 드러나듯이 한편으로는 이해될 수 있는 현상이지만, 다른 한편으로는 사회는 원리적으로 비합리적인 현상이며 예컨대 개인에 대한 사회의 지배 기술은 가변적·은폐적·비가시적·기만적·이데올로기적이기 때문에 이해될 수 없는 현상이다. 그가 「후기 자본주의 또는 산업사회?」에서 개인에 대한 사회의 지배를 "테크놀로지적인 베일"이라고 통찰한 것은 사회가 이해 가능성의 범주를 벗어난 현상이라는 것을 단적으로 보여 준다. 사회는 이해 가능성을 벗어나서 스스로 독립적으로 된 현상이라는 것이 아도르노가 특히 집중적으로 강조하는 내용이다. 나는 사회를 보는 아도르노의 이러한 부정적인 시각이 한국 사회에 적용될 수 있다고 본다. 한국 사회는 서구에서 태동한 민주주의를 정치와 행정의 체제로, 자본주의를 사회경제질서로 채택하고 있지만 이 체제와 질서가 근본적으로 요구하는 합리적 행위는 한국 사회에 낯설다. 투표와 선거, 삼권 분립 체제, 생산·유통·소비의 경제 시스템 등은 표면상으로는 이해될 수 있는 것처럼 보이고 따라서 한국 사회가 이해될 수 있는 사회인 듯하지만, 이 체제와 질서를 지배하는 권력은 비합리적이고 비가시적이며 은폐된 채 작동하기 때문에 한국 사회의 이해 가능성은 매우 낮다고 볼 수 있다.

이제 한국의 사회학은 이해될 수 없는 한국 사회를 이해하려는 모든 노력을 경주할 때가 되었다는 인식 관심에서, 나는 —옮긴이 후기인 이 글의 앞부분에서 사회의 이해 가능성과 이해 불가능성에 대한 아도르노의 통찰에 대해 매우 간략하게 언급하였음에도 불구하고— 이 자리에서 그의 통찰을 더 깊게 들여다볼 필요가 있다고 본다. 긴 구절이지만 직접 인용해 보기로 한다. "이해 가능성과 이해 불가능성이 하나에서 결합되어 있는 것이 사회이다. 사회에서 객관적으로 척도를 부여하는 사실관계인 교환이라는 사실관계 자체가 추상화, 추상화의 객체성에 맞춰 하나의 주체적인 활동을 포괄하는 한, 사회는 이해될 수 있다. 주체는 이러한 주체적인 활동에서 주체 자체를 진정으로 다시 인식한다. 학문 이론적으로 볼 때, 바로 이 점이 베버 사회학이 왜 합리성의 영역에 그 중심을 놓고 있는가 하는 이유를 설명해 준다. 베버는 자신의 사회학에서, 의식을 갖고 행하는지 또는 그렇지 않은지는 아무런 상관이 없이, 주체와 객체 사이의 동일한 것을 —이것은 사물을 그 소여성과 선별 안으로 분산시키는 것 대신에 사물의 인식과 같은 것으로 허용해 주었다— 손으로 더듬었던 것이다. **그러나 사회의 객관적인 합리성, 교환 합리성은 그 동역학에 의해 논리적 이성의 모델로부터 항상 더 멀리 떨어져 나간다. 이렇기 때문에 사회는, 스스로 독립적으로 된 것인 사회는 다시금 더 이상 이해될 수 없는 것이다. 스스로 독립적으로 되는 것의 법칙만이 오로지 존재한다. 이해 불가능성은 사회가 갖고 있는 구조의 하나의 본질적인 것을 표시할 뿐만 아니라 이와 마찬가지로 이데올로기를, 바로 이것을 통해 사회가 사회의 비합리성에 대한 비판에 대항하여 사회를 철갑으로 싸는 이네올로기를 나타낸다.**"(400-401쪽)

사회는 이처럼 스스로 독립적인 것으로 되면서 이해 가능성을 차단하지만 아도르노는 사회를 이해해서 사회를 변화시켜 보려는 의지를 포기하지 않는다. "하늘과 땅 사이에, 또는 지구상에 존재하는 모든 것 중에서 사회에 의해서 매개되지 않은 것은 아무것도 존재하지 않습니다"(아도르노, 『사회학 강의』, 문병호 옮김, 2014, 143쪽)라는 거의 선언적宣言的인 주장에서 드러나듯이, 그에게 사회는 지구상에 존재하는 모든 것을 서로 매개하는 매개 카테고리이기 때문이다. 매개 카테고리로서의 사회가 지구상에 존재하는 모든 것을 매개하는 기능이 합리적으로 이해될 수 있을 때, 아도르노에게는 필생의 소망인 이성적인 사회의 이성적인 구축이 가능해진다. 이런 관점에서, 사회학에 부여된 과제는 이해될 수 없는 것을 이해하는 것이라는 그의 주장이 설득력을 획득할 수 있다. 이제 한국의 사회학도 이해 불가능성의 상태에서 기형적으로 작동하는 한국 사회를 더욱 다층적이며 다차원적이고 심층적으로 이해하려는 시도에 나설 때가 되었다. 이 시도에 『사회학 논문집 I』이 기여할 수 있다는 점은 두말할 나위가 없을 것이다.

아도르노가 인식하였던 '관리된 세계'는 1980년대 중반부터 창궐하여 인류를 사회적·경제적 양극화의 재앙으로 몰고 가는 신자유주의, 금융 자본주의, 이와 궤를 같이하면서 인간을 빈틈이 없이, 심지어 범세계적으로 실시간으로, 통제하고 관리할 수 있는 테크놀로지인 IT와 결합되면서 인류 전체를 자본권력의 ―아도르노가 말하는― '강제적 구성원'이 되게 하는 비극적인 형식으로 진화하였다. 관리된 세계의 이러한 진화는 인류에게는 재앙의 양적이고도 질적인 증대이다. 신자유주의가 추동한 경제적 무한경쟁은, 최근에 영국의 유럽연합 탈퇴와 미국의 대통령 선거에서 드러나는 것처럼, 세계 각국들이 앞다투어 보여 주는 자국 경제 우선주의, 보호 무역주의의 형식으로 변화되는 경향을 보이고 있다. 이것은 경제 전쟁이 신자유주의에서의 경제 전쟁과 다르게 진행되고 있음을 알려 주는 형식일 뿐이다. 신자유주의의 창궐 이래 자본권력이 인간을 지배하는 절대적인 권력이 되었다는 본질은 전혀 변화되지 않았다. 오늘날 지구상에 존재하는 절대 다수의 무력한 사람들은, 아도르노가 진단하고 비판하였던 대로, 아무런 출구가 없는 상태에서 자본권력이 강요하는 동일한 삶을 동일하게 반복하는 재생산 메커니즘에 완전하게 종속된 채 신음하고 있다. 이러한 신음의 정도가 한국 사회에서 특별하고 기이할 정도로 강력하다는 것에 대해 한국 사회의 구성원의 절대 다수가 동의하고 있다. 최근의 한국 사회에서 마치 보통 명사처럼 전파되어 있는 헬조선이라는 신조어는 이러한 신음을 비극적으로 반사하는 단어이다.

인류 사회의 구성원인 절대 다수의 무력한 개별 인간들을 삶이 아닌 삶의 질곡에 더욱 빈틈이 없이 몰아넣고 있는, 현재 지구상에서 작동되고 있는 양극화 사회는 이제 변혁되어야 한다. 이러한 절박한 당위는 특히 한국 사회에 해당된다. 이성적인 사회의 이성적인 구축을 위해 사회를 비판한 저작인 아도르노의 『사회학 논문집 I』의 출간이 한국 사회를 변혁시켜야 한다는 당위에 동의하는 지식인들과 독자들에게 도움이 되었으면 한다. 사회학이 세계 사회학계와 한국 사회학계를 지배하는 실증주의 프레임으로부터 벗어나 사회비판을 사회학의 가장 중심적인 임무로 설정할 때, 오늘날 극단적인 양극화의 양상을 보이는 비극적인 세계 상황과 한국 사회의 상황이 개선될 수 있을 것이다. 지배적인 실증주의 사회학에 맞서는 변증법적 비판 사회학의 활성화는 이 시대가 부르는 소명이라고 볼 수 있는 것이다. 니체의 철학이 증명하듯이, 주류 학문의 일방적인 흐름과 지배력에 맞서는 비주류의 학문에서 진실과 진리가 통찰될 수 있다. 아도르노 사회학이 이에 해당된다.

XII

이제 『사회학 논문집 I』의 내용에 대한 해설과 이 책이 한국 사회에 던지는 함의에 대한 해석을 마칠 때가 되었다. 마지막으로, 이 책을 옮기면서 발생한 몇몇 문제들에 대해 독자들에게 간략하게 알림으로써 독자들의 책 읽기에 도움을 드리고 싶다. 먼저, 문장의 술부에 대해 언급하고자 한다. 『사회학 논문집 I』에 들어 있는 글들의 형식은 크게 보아 두 가지이다. 하나의 형식은 아도르노가 논문 형식으로 쓴 글들에 해당되며, 다른 하나의 형식은 초대를 받아 행한 강연의 형식, 학회에서의 기조 강연과 집담회에서의 기조 강연의 형식을 갖는 글들에 해당된다. 강연의 경우에는 문장을 '~입니다, ~합니다'로 옮기는 것이 원칙적일 수 있지만, 옮긴이는 이렇게 하지 않고 '~이다', '~하다'로 옮겼다. 강연문이 사회학적인 주제를 논문 형식의 글보다는 비교적 용이하게 다루고 있지 않을 뿐만 아니라 논문 형식의 글에서처럼 아도르노에 고유한 사회이론, 사회철학, 사회사상을 담고 있기 때문이다. 이런 까닭에서, 『사회학 논문집 I』의 한국어판에서는 모든 문장의 술어가 '~이다', '~하다'와 같은 표현으로 통일되었다.

이어서 독일어 단어 Instanz와 Sache를 우리말로 옮기는 문제에 대해 언급하고자 한다. 아도르노는 두 단어를 특히 많이 사용하는 학자이다. 사유하는 근본적인 방식을 헤겔로부터 배운 아도르노는 Sache를 특히 많이 사용하며, 그가 Sache를 사용하여 의도하는 바를 우리말로 옮기는 일은 매우 까다로운 문제에 속한다. Instanz는 '어떤 경우나 어떤 결정에 대해 관할하거나 결정하는 자리, 장소'를 의미하는 독일어 단어이며, 이에 상응하는 우리말 단어를 발견하기가 거의 불가능하다고 볼 수 있다. 이런 어려움에서 Instanz는 우리말로 '심급'이라는 단어로 가장 많이 번역되어 왔으며, 옮긴이도 과거의 번역에서 심급을 Instanz의 역어로서 부득이 사용하였다. 그러나 심급이라는 단어는 법적인 소송에 사용되는 단어이므로, 옮긴이는 Instanz에 고유한 의미를 살려 '관할처'라는 새로운 단어를 채택하였다. 이와 동시에 옮긴이는 Instanz를 관할처로 옮기는 것을 학계에 제안하고자 한다. Instanz를 관할처로 옮기는 것에 대해서는 Instanz가 출현하는 문장에 관련되는 역주에서 몇 차례 언급하였으므로 독자들이 해당 역주들을 참조하기를 바란다. Sache는 그 뜻이 너무 다양하여 우리말로 옮기는 데 특별한 어려움을 주는 단어이다. 앞에서 말했듯이 Sache는 헤겔 철학에서 매우 중요한 역할을 하는 단어이며, 이 단어를 우리말로 적절하게 옮기는 문제는 헤겔 철학 연구자들에게 여전히 골치 아픈 문제로 남아 있다고 생각한다. Sache는 사물, 물건, 대상, 객체, 용무, 사건, 정황 등의 많은 의미를 갖고 있지만 학문적으로는 사물로 번역되는 것이 통례이다. 사물은 문자 그대로 일과 물건이다. 그럼에도 옮긴이는 Sache를 사물로 옮기는 것이 Sache가 내보이는 의미를 가능한 한 충분하게 전달할 수 없다고 판단하여 필요한 경우에는 사물(사태)로 번역하였다. 동적이며 변증법적 사유를 하는 아도르노에게 Sache는 사물과 사태를 동시에 의미하는 경우가 많다는 것이 옮긴이의 입장이다.

『사회학 논문집 I』을 우리말로 옮기는 과정은 옮긴이에게는 힘겹고도 지난한 과정이었다. 이 과정에서 발생한 모든 오류나 과실은 오로지 옮긴이의 책임이다. 모든 오류나 과실은 옮긴이의 학문이 이 책을 한국어로 번역하는 데 필요한 학문적인 수준에 도달하지 못하였기 때문에 발생한 결과로 보아야 하기 때문이다. 한국어 번역본에 들어 있을 문제점들에 대해 독자 여러분의 가차 없는 질책을 바란다. 이 책이 출간되는 도정에서 많은 분들의 도움이 있었다. 희랍어와 라틴어를 해독해 주신 김진성 선생님, 프랑스어를 우리말로 옮겨 주신 최인령 선생님에게 감사의 말씀을 전한다. 오랜 시간에 걸쳐서 모든 노력과 지원을 아끼지 않으신 세창출판사 사장님을 비롯한 직원 여러분에게 깊이 감사드린다. 이 책의 출판이 아내와 두 딸, 그리고 최근에 우리 가족이 된 사위에게 기쁨이 되었으면 한다.

2017년 2월
서울 보문동 서재에서
문 병 호

[인명 색인]

[용어 색인]

874

저자소개

테오도르 W. 아도르노(1903~1969)

아도르노는 프랑크푸르트학파 1세대를 대표하는 보편사상가이다. 그는 철학, 사회학, 미학, 음악, 문학 분야에서 비판이론적인 시각을 갖고 독보적인 이론을 펼쳐 보였으며, 100년 가까운 역사를 가진 프랑크푸르트학파에서 가장 빛나는 이론가로 평가받고 있다.

아도르노는 도구적 이성의 개념을 정립하고 부정변증법을 주창한 철학자이며, 예술이론 분야에서는 20세기 최고의 이론가로 우뚝 솟아 있다. 사회이론 분야에서도 '관리된 사회'의 이론을 내놓음으로써 후기 산업사회의 인식에 새로운 지평을 열어 놓았으며, 20세기 중후반 신음악 이론을 중심으로 창작에도 많은 영향을 준 음악이론가였다.

아도르노는 『계몽의 변증법』, 『부정변증법』, 『미학이론』, 『사회학 논문집』, 『신음악의 철학』, 『음악사회학』, 『문학론 I, II, III, IV』를 비롯한 방대한 저작을 여러 분야에 걸쳐 남겨 놓았으며, 현재에도 유고들이 계속해서 출간되고 있다. 그의 저작들은 후세대 연구자들에게 끊임없이 학문적 자극을 불러일으키는 독특한 특징을 갖고 있다. 프랑크푸르트 대학에서 행하였던 강의들 중에서 일부 강의를 녹음한 내용이 17권으로 기획되어 독일의 주어캄프 출판사에서 1993년에 『사회학 강의』가 나온 이래 2017년 현재까지 출간이 진행 중이다.

옮긴이소개

문병호

고려대학교 독어독문학과와 동 대학원을 졸업하고 독일 프라이부르크 대학과 프랑크푸르트 대학에서 독문예학, 사회학, 철학을 전공하였고 프랑크푸르트 대학에서 테오도르 W. 아도르노 철학에 대한 연구로 철학박사 학위를 받았다.

고려대, 연세대, 이화여대 대학원과 고려대, 성균관대, 서울여대에서 강의하였으며 광주여자대학교 문화정보학과 교수와 연세대학교 인문한국(HK) 교수로 일하였다. 현재는 아도르노 저작 간행위원장으로 활동하면서 아도르노 저작의 번역에 참여하고 있으며, 사회비판에 관련된 연구 및 저서 집필을 병행하고 있다.

논문으로는 「변증법적 예술이론의 현재적 의미」, 「자연-인간-사회관계의 구조화된 체계로서의 기술」, 「문화산업과 문화의 화해를 위하여」 등 20여 편이 있으며, 저서로는 『아도르노의 사회 이론과 예술 이론』(1993, 2001), 『서정시와 문명비판』(1995), 『비판과 화해』(2006), 『문화산업시대의 문화예술교육』(2007), 『왜 우리에게 불의와 불행은 반복되는가? ― 관리된 개별 인간과 예외 상태로서의 권력관계』(2015), 『한국사회 정의 바로 세우기』(2015, 공저)가 있고, 옮긴 책으로는 아도르노의 『신음악의 철학』(2012, 공역), 『미학 강의 I』(2014), 『사회학 강의』(2014), 『베토벤. 음악의 철학』(2014, 공역), 『사회학 논문집 I』(2017)이 있다. 그중 『베토벤. 음악의 철학』, 『사회학 논문집 I』은 대한민국학술원 우수도서로 선정되었다.